専修大学松戸高等学校

〈収録内容〉

2024 年度 ……………… 前期 1 月 17 日（数・英・理・社・国）
前期 1 月 18 日（数・英・理・社・国）

※前期 1 月 18 日国語の大問一は、問題に使用された作品の著作権者が二次使用の許可を出していないため、問題を掲載しておりません。

2023 年度 ……………… 前期 1 月 17 日（数・英・理・社・国）
前期 1 月 18 日（数・英・理・社・国）

2022 年度 ……………… 前期 1 月 17 日（数・英・理・社・国）
前期 1 月 18 日（数・英・理・社・国）

※前期 1 月 18 日国語の大問二は、問題に使用された作品の著作権者が二次使用の許可を出していないため、問題を掲載しておりません。

2021 年度 ……………… 前期 1 月 17 日（数・英・理・社・国）

2020 年度 ……………… 前期 1 月 17 日（数・英・国）

DL 2019 年度 ……………… 前期 1 月 17 日（数・英）

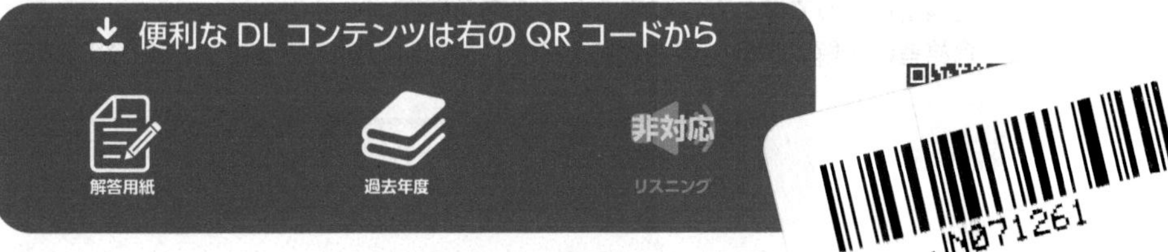

※データのダウンロードは 2025 年 3 月末日まで。
※データへのアクセスには、右記のパスワードの入力が必要と … ⇒ 034051

〈合格最低点〉

	前　期(1/17)		前　期(1/18)	
	E 類	A 類	E 類	A 類
2024年度	211／350	209／344	213／339	211／332
2023年度	197／341	195／323	207／330	196／317
2022年度	210／371	197／350	210／364	194／341
2021年度	213／369	208／358	223／368	214／351
2020年度	203点	185点	―	―
2019年度	221点	197点	―	―

※2021～2024年度の点数は3科／5科

本書の特長

実戦力がつく入試過去問題集

▶ 問題 ……………… 実際の入試問題を見やすく再編集。
▶ 解答用紙 …… 実戦対応仕様で収録。
▶ 解答解説 …… 詳しくわかりやすい解説には、難易度の目安がわかる「基本・重要・やや難」の分類マークつき（下記参照）。各科末尾には合格へと導く「ワンポイントアドバイス」を配置。採点に便利な配点つき。

入試に役立つ分類マーク 

基本 確実な得点源！
受験生の 90％以上が正解できるような基礎的、かつ平易な問題。
何度もくり返して学習し、ケアレスミスも防げるようにしておこう。

重要 受験生なら何としても正解したい！
入試では典型的な問題で、長年にわたり、多くの学校でよく出題される問題。
各単元の内容理解を深めるのにも役立てよう。

やや難 これが解ければ合格に近づく！
受験生にとっては、かなり手ごたえのある問題。
合格者の正解率が低い場合もあるので、あきらめずにじっくりと取り組んでみよう。

合格への対策、実力錬成のための内容が充実

▶ 各科目の出題傾向の分析、合否を分けた問題の確認で、入試対策を強化！
▶ その他、学校紹介、過去問の効果的な使い方など、学習意欲を高める要素が満載！

解答用紙ダウンロード 解答用紙はプリントアウトしてご利用いただけます。弊社ＨＰの商品詳細ページよりダウンロードしてください。トビラのＱＲコードからアクセス可。

見やすく読みまちがえにくいユニバーサルデザインフォントを採用しています。

専修大学松戸高等学校

普通科
生徒数　1286名
〒271-8585
千葉県松戸市上本郷2-3621
☎047-362-9101
常磐線・千代田線北松戸駅　徒歩10分
新京成線松戸新田駅　徒歩15分

進学校でありながら 奉仕活動やスポーツも盛ん 現役合格を目指す類型制システムで実力アップ

URL	https://www.senshu-u-matsudo.ed.jp/

地元に密着した親しみやすい校風

1959（昭和34）年、地域社会の強い要望により、故川島正次郎専修大学総長を中心に、付属高校が開校された。2000年、高校の建学精神「報恩奉仕・質実剛建・誠実力行」を基本に、一貫教育を行う中学校も開校。社会に貢献できる知性豊かな人材の育成を目指している。

好環境の中で充実した施設

緑が多い静かな住宅街に位置する。校舎は全館冷暖房完備で、2つの体育館、相撲場、さらに、図書館、自習室、グループ学習室、カフェテリアが設置された「川島記念館」、特別教室棟、英語授業専用校舎アンビションホールなど充実。2009年、人工芝グラウンドとテニスコートも完成。

英語教育に定評「使える英語」を習得

類型制システムを採用。**E類型**は難関国公立大を目標とするコース。授業の進度や補助教材などを配慮し、各種講座と効果的に組み合わせる。**A類型**は上位国公立大や私立大を目標とするコース。両コースとも2年次より文系・理系、3年次より国公立・私立に分かれる（A類型は専大コースあり）。スポーツ推薦対象者の**S類型**は、部活動で全国大会を目指すスポーツ推薦のコース。ネイティブ教員は中高で7名、姉妹校との交流、短期留学制度など英語教育環境を充実させており、実践的な英語力の取得を目指している。また特別活動では、奉仕活動にも力を入れている。

英語教育専用校舎アンビションホール

千葉県下でも有数の運動部の充実校

クラブ活動は活発で、中でも全国大会出場の陸上、相撲や野球、ラグビー、サッカーなどが、すばらしい実績をあげている。

学校2大行事は体育大会と文化祭。学年の壁を越えたチームを編成する体育大会では、先輩・後輩の絆が深まる。また、毎年8000人以上の来場者が訪れる文化祭は、クラス単位で工夫を凝らした作品を発表する、最大のイベントだ。

［運動系部活動］　陸上競技、野球、サッカー、ラグビー、相撲、バスケットボール、テニス、ソフトテニス、バレーボール、体操、バドミントン、剣道、柔道、卓球、空手道、ハンドボール、合気道、弓道、チアリーディング
［文化系部活動］　英語、社会、合唱、理科、放送、美術、演劇、茶華道、書道、吹奏楽、文芸、写真、和太鼓
［同好会・愛好会］　自然、フォークソング、家庭科、コンピュータ研究会、かるた

併設大学への優先入学制度あり

専修大学への推薦入学制度があり、2023年3月卒業生のうち51名が進学している。

近年は、他大学へ進学する生徒が大幅に増え、約9割が他大学を受験している。国公立では東京大、東北大、北海道大、千葉大、筑波大、埼玉大、私立では早稲田大、慶應義塾大、上智大、東京理科大などである。

また、千葉大、早稲田大、東京理科大など53大学が結集した大学説明会を開催し、入試担当者から最新情報の収集やアドバイスを受ける機会を提供している。

アメリカで生きた英語を

姉妹校交流＆グローバル研修

アメリカネブラスカ州にあるLincoln Southwest高校と姉妹校提携。短期留学制度やペンパルプログラムなどを通して交流している。また夏休みには、アメリカのネブラスカやニュージーランドのオークランドへの夏期グローバル研修（希望制）や冬期はマレーシアでの研修も実施している。また、校内では、日本の大学へ留学している外国人との交流プログラムを実施。このような活動を通して、英語を実際に使う機会を多く設けている。

2024年度入試要項

試験日　1/17または18（E類型・A類型〈一般・第一志望・帰国生〉）
1/18（S類型）

試験科目　国・数・英・理・社または国・数・英（E類型・A類型一般）
国・数・英＋面接（A類型第一志望・S類型）
国・数・英（帰国生）

2024年度	募集定員	受験者数	合格者数	競争率
E類型 17日/18日	72	378/296	337	−/−
A類型 17日/18日	150	1212/1083	641	−/−
S類型	34	37	37	1.0

過去問の効果的な使い方

① **はじめに**　入学試験対策に的を絞った学習をする場合に効果的に活用したいのが「過去問」です。なぜならば，志望校別の出題傾向や出題構成，出題数などを知ることによって学習計画が立てやすくなるからです。入学試験に合格するという目的を達成するためには，各教科ともに「何を」「いつまでに」やるかを決めて計画的に学習することが必要です。目標を定めて効率よく学習を進めるために過去問を大いに活用してください。また，塾に通われていたり，家庭教師のもとで学習されていたりする場合は，それぞれのカリキュラムによって，どの段階で，どのように過去問を活用するのかが異なるので，その先生方の指示にしたがって「過去問」を活用してください。

② **目的**　過去問学習の目的は，言うまでもなく，志望校に合格することです。どのような分野の問題が出題されているか，どのレベルか，出題の数は多めか，といった概要をまず把握し，それを基に学習計画を立ててください。また，近年の出題傾向を把握することによって，入学試験に対する自分なりの感触をつかむこともできます。

過去問に取り組むことで，実際の試験をイメージすることもできます。制限時間内にどの程度までできるか，今の段階でどのくらいの得点を得られるかということも確かめられます。それによって必要な学習量も見えてきますし，過去問に取り組む体験は試験当日の緊張を和らげることにも役立つでしょう。

③ **開始時期**　過去問への取り組みは，全分野の学習に目安のつく時期，つまり，9月以降に始めるのが一般的です。しかし，全体的な傾向をつかみたい場合や，学習進度が早くて，夏前におおよその学習を終えている場合には，7月，8月頃から始めてもかまいません。もちろん，受験間際に模擬テストのつもりでやってみるのもよいでしょう。ただ，どの時期に行うにせよ，取り組むときには，集中的に徹底して取り組むようにしましょう。

④ **活用法**　各年度の入試問題を全問マスターしようと思う必要はありません。できる限り多くの問題にあたって自信をつけることは必要ですが，重要なのは，志望校に合格するためには，どの問題が解けなければいけないのかを知ることです。問題を制限時間内にやってみる。解答で答え合わせをしてみる。間違えたりできなかったりしたところについては，解説をじっくり読んでみる。そうすることによって，本校の入試問題に取り組むことが今の自分にとって適当かどうかが，はっきりします。出題傾向を研究し，合否のポイントとなる重要な部分を見極めて，入学試験に必要な力を効率よく身につけてください。

数学

各都道府県の公立高校の入学試験問題は，中学数学のすべての分野から幅広く出題されます。内容的にも，基本的・典型的なものから思考力・応用力を必要とするものまでバランスよく構成されています。私立・国立高校では，中学数学のすべての分野から出題されることには変わりはありませんが，出題形式，難易度などに差があり，また，年度によっての出題分野の偏りもあります。公立高校を含め，ほとんどの学校で，前半は広い範囲からの基本的な小問群，後半はあるテーマに沿っての数問の小問を集めた大問という形での出題となっています。

まずは，単年度の問題を制限時間内にやってみてください。その後で，解答の答え合わせ，解説での研究に時間をかけて取り組んでください。前半の小問群，後半の大問の一部を合わせて50%以上の正解が得られそうなら多年度のものにも順次挑戦してみるとよいでしょう。

英語

英語の志望校対策としては，まず志望校の出題形式をしっかり把握しておくことが重要です。英語の問題は，大きく分けて，リスニング，発音・アクセント，文法，読解，英作文の5種類に分けられます。リスニング問題の有無(出題されるならば，どのような形式で出題されるか)，発音・アクセント問題の形式，文法問題の形式(語句補充，語句整序，正誤問題など)，英作文の有無(出題されるならば，和文英訳か，条件作文か，自由作文か）など，細かく具体的につかみましょう。読解問題では，物語文，エッセイ，論理的な文章，会話文などのジャンルのほかに，文章の長さも知っておきましょう。また，読解問題でも，文法を問う問題が多いか，内容を問う問題が多く出題されるか，といった傾向をおさえておくことも重要です。志望校で出題される問題の形式に慣れておけば，本番ですんなり問題に対応することができますし，読解問題で出題される文章の内容や量をつかんでおけば，読解問題対策の勉強として，どのような読解問題を多くこなせばよいかの指針になります。

最後に，英語の入試問題では，なんと言っても読解問題でどれだけ得点できるかが最大のポイントとなります。初めて見る長い文章をすらすらと読み解くのはたいへんなことですが，そのような力を身につけるには，リスニングも含めて，総合的に英語に慣れていくことが必要です。「急がば回れ」ということわざの通り，志望校対策を進める一方で，英語という言語の基本的な学習を地道に続けることも忘れないでください。

国語

国語は，出題文の種類，解答形式をまず確認しましょう。論理的な文章と文学的な文章のどちらが中心となっているか，あるいは，どちらも同じ比重で出題されているか，韻文(和歌・短歌・俳句・詩・漢詩)は出題されているか，独立問題として古文の出題はあるか，といった，文章の種類を確認し，学習の方向性を決めましょう。また，解答形式は，記号選択のみか，記述解答はどの程度あるか，記述は書き抜き程度か，要約や説明はあるか，といった点を確認し，記述力重視の傾向にある場合は，文章力に磨きをかけることを意識するとよいでしょう。さらに，知識問題はどの程度出題されているか，語句(ことわざ・慣用句など)，文法，文学史など，特に出題頻度の高い分野はないか，といったことを確認しましょう。出題頻度の高い分野については，集中的に学習することが必要です。読解問題の出題傾向については，脱語補充問題が多い，書き抜きで解答する言い換えの問題が多い，自分の言葉で説明する問題が多い，選択肢がよく練られている，といった傾向を把握したうえで，これらを意識して取り組むと解答力を高めることができます。「漢字」「語句・文法」「文学史」「現代文の読解問題」「古文」「韻文」と，出題ジャンルを分類して取り組むとよいでしょう。毎年出題されているジャンルがあるとわかった場合は，必ず正解できる力をつけられるよう意識して取り組み，得点力を高めましょう。

出題傾向の分析と合格への対策

●出題傾向と内容

本年度の出題数は，前期1日目・2日目とも大問5題，小問数にして19題と，ほぼ例年並みであった。

出題内容は，前期1日目・2日目とも①は独立小問で6題，②は1日目がデータの整理，数の性質，2日目が方程式の利用，確率の4題，③～⑤は小問3題からなる図形と関数・グラフの融合問題，平面図形，空間図形の大問で，応用力を必要とする問題を含んでいる。いずれも出題範囲は，ほぼ中学数学全体にわたり，計算力，思考力がともに問われる問題となっている。

学習のポイント

教科書の全問題が解けるように，基本事項や例題などをきちんとまとめ，すみずみまで理解した上で応用問題に取り組もう。

●2025年度の予想と対策

来年度も問題の量・質ともに，これまでとあまり変わらないと思われる。問題数は18～20題で範囲も全分野にわたっているが，基本的な計算力や考え方を問うことに重点が置かれているので，何よりもまず教科書の内容をしっかりおさえることが大切である。その上で，標準レベルの問題集を使い，いろいろな問題に慣れるとともに速く正確に解けるように練習しておこう。

関数・グラフ，図形，それらの融合問題では，与えられたグラフや図形にかき込みながら解くだけでなく，自分でグラフや図をかいて考える習慣をつけておくことが大切である。

▼年度別出題内容分類表……

※前期1日目をA，前期2日目をBとする。

出題内容			2020年	2021年	2022年	2023年	2024年
数と式	数の性質		AB	AB	AB	AB	AB
	数・式の計算		AB	AB	AB	AB	AB
	因数分解						B
	平方根		AB	AB	AB	AB	AB
方程式・不等式	一次方程式			A	A	A	B
	二次方程式		AB	AB	AB	B	A
	不等式						
	方程式・不等式の応用		AB	B	B	AB	B
関数	一次関数		AB	AB	AB	AB	AB
	二乗に比例する関数		AB	AB	AB	AB	AB
	比例関数		A		B	A	B
	関数とグラフ		AB	AB	AB	AB	AB
	グラフの作成						
図形	平面図形	角度	B	AB		A	B
		合同・相似	AB	AB	AB	AB	AB
		三平方の定理	AB	AB	AB	AB	AB
		円の性質	AB	AB	AB	AB	AB
	空間図形	合同・相似	AB	B		B	
		三平方の定理	AB	AB	AB	AB	AB
		切断		A			
	計量	長さ	AB	AB	AB	AB	AB
		面積	AB	AB	AB	AB	AB
		体積	AB	A	B	AB	AB
	証明		AB				
	作図						
	動点						
統計	場合の数						
	確率		AB	AB	B	A	B
	統計・標本調査		B	A	A	B	A
融合問題	図形と関数・グラフ		AB		A	AB	AB
	図形と確率				B		
	関数・グラフと確率						
	その他						
その他							

専修大学松戸高等学校

出題傾向の分析と合格への対策

●出題傾向と内容

本年度の前期1日目の入試は，リスニング問題，長文読解問題2題，語句補充問題，語句整序問題，正誤問題の計6題が出題された。2日目入試も同じ出題構成である。

2題の長文読解問題のうち1題は総合問題形式で，設問も内容一致，英問英答，文・語補充，文整序問題などさまざまである。もう1題は主に内容理解を問うものとなっている。文章は特に難解ではないが，細部まで注意して英文を読む力が求められている。

文法問題は高校レベルのものも含まれる。出題形式は前期・後期とも同じ。語句整序問題に使わない語句が含まれており，正誤問題にも「誤りなし」の選択肢があるため通常の出題形式よりも難度が高い。

学習のポイント

本番での時間配分が重要なので，過去問を解くときは時間をはかろう。

●2025年度の予想と対策

来年度も本年度までと同様に長文読解に重点をおいた出題になると予想される。

長文読解問題は例年，分量が多いので，内容吟味・要旨把握を中心に速読速解力を身につける練習を積んでおくことが重要である。

文法問題対策としては，過去4～5年において必ず出題されてきた不定詞，分詞・動名詞，比較，現在完了，接続詞，関係代名詞などを確実に身につけておくことが有効だ。

また，リスニング問題対策としてテレビ，インターネットやリスニングCD問題集を活用して，英文を聞き取る練習をしておこう。

▼年度別出題内容分類表 ……

※前期1日目をA，前期2日目をBとする。

	出題内容	2020年	2021年	2022年	2023年	2024年
話し方・聞き方	単語の発音					
	アクセント					
	くぎり・強勢・抑揚					
	聞き取り・書き取り	AB	AB	AB	AB	AB
語い	単語・熟語・慣用句	AB	AB	AB	AB	AB
	同意語・反意語					
	同音異義語					
読解	英文和訳(記述・選択)					
	内容吟味	AB	AB	AB	AB	AB
	要旨把握					
	語句解釈	B				
	語句補充・選択	AB	AB	AB	AB	AB
	段落・文整序	A	AB	AB	AB	AB
	指示語					
	会話文					
文法・作文	和文英訳					
	語句補充・選択	AB	AB	AB	AB	AB
	語句整序	AB	AB	AB	AB	AB
	正誤問題	AB	AB	AB	AB	AB
	言い換え・書き換え					
	英問英答	AB	AB	AB	AB	AB
	自由・条件英作文					
文法事項	間接疑問文	AB	AB	A	AB	AB
	進行形		A	AB	B	
	助動詞	B	A		A	AB
	付加疑問文					
	感嘆文					
	不定詞	AB	AB	AB	AB	AB
	分詞・動名詞	AB	AB	AB	AB	AB
	比較	AB	AB	AB	AB	AB
	受動態		A	A		AB
	現在完了	B	AB	AB	A	AB
	前置詞	AB	AB	A	AB	AB
	接続詞	AB	A	AB	AB	A
	関係代名詞	A	AB	AB	B	AB

専修大学松戸高等学校

出題傾向の分析と合格への対策

●出題傾向と内容

本年度は大問8題，小問数30問前後であった。小問の内訳は，大問8題すべてがマークシート方式であった。地学・物理・化学・生物の各分野から2題ずつの出題であった。

内容としては，基本～標準レベルの問題が中心の選択問題で，選択肢の数は4～6つが中心ではあるが，8つや9つのものも複数題あった。また，計算結果としての数値を選択したりマークしたりするものもあった。

選択肢の数が多いものがあることもあり，試験時間50分に対して，問題数はやや厳しいと考えられる。

学習のポイント

教科書に書かれている内容を中心に，幅広い範囲についての学習をしよう。

●2025年度の予想と対策

マークシート方式の基本～標準レベルの問題が続くと考えられる。また，計算結果の数をマークする計算問題の出題も引き続き複数題出題されると考えられる。

生物・地学・物理・化学分野の各分野が大問2題ずつ出題される形式は続き，出題単元も幅広いという傾向も続くと考えられる。出題される問題のレベルとしては，基礎～標準レベルなので，教科書の内容をしっかりと学習した上で，基礎～標準レベルの問題集などでしっかりと練習を重ねて力をつけておこう。

▼年度別出題内容分類表 ••••••

※前期1日目をA，前期2日目をBとする。

	出題内容	2021年	2022年	2023年	2024年
第一分野	物質とその変化		B	B	AB
	気体の発生とその性質			A	
	光と音の性質	B	A	A	B
	熱と温度			B	
	力・圧力	AB	AB		A
	化学変化と質量	AB	AB	B	B
	原子と分子	AB	A		B
	電流と電圧	A	B	A	AB
	電力と熱		B		AB
	溶液とその性質	A	B	B	
	電気分解とイオン	B	A	A	A
	酸とアルカリ・中和	B			
	仕事	A		B	
	磁界とその変化			AB	B
	運動とエネルギー	A	A	B	AB
	その他				A
第二分野	植物の種類とその生活		A		
	動物の種類とその生活	A			B
	植物の体のしくみ	B	B	AB	A
	動物の体のしくみ	A			
	ヒトの体のしくみ	B	A	A	B
	生殖と遺伝	A	B	A	A
	生物の類縁関係と進化			B	B
	生物どうしのつながり				B
	地球と太陽系	B	AB	B	B
	天気の変化	A	B	AB	AB
	地層と岩石	AB		A	A
	大地の動き・地震		A		
	その他				

専修大学松戸高等学校

出題傾向の分析と 合格への対策

●出題傾向と内容

前期1日目・2日目とも大問8題で小問は36問程度，解答形式はすべてマークシートである。分野別では大問1が総合問題，2と3が地理，4～6が歴史，7と8が公民。資料の読み取りもあるので時間配分には注意する必要がある。

総合問題では1日目が世界遺産，2日目はサミットが題材。地理は日本と世界各1題ずつでいずれも地形図や統計資料などの読み取り問題が多い。歴史は古代と中・近世，近・現代と時代ごとの大問が3題。時代の並び替えや世界史分野などの出題もみられる。公民は政治と経済から各1題ずつ。憲法や政治のしくみ，財政や社会保障，国際政治などが問われている。

学習のポイント

地理：統計資料は常に最新のものでチェック！
歴史：時代の並び替えには要注意！
公民：三権のしくみと働きを完璧にしよう！

●2025年度の予想と対策

前期1日目・2日目ともに出題傾向に大きな違いは見られない。内容的には基本的なものが中心ではあるが，選択肢では単純に正解を一つ選ぶというものではなく，正しいものをすべて選べという形式が多いので注意を要する。

地理は常に地図帳を傍らに置いて学習することが大切である。わからない地名などがあったら必ず調べる習慣をつけよう。歴史はまずは大きな流れをつかむことである。そのうえで政治や外交といった分野ごとの内容把握に進んでいこう。公民はまず憲法や政治のしくみを中心に学習，社会保障や税金など時事問題に絡んだ内容まで掘り下げることも大切である。

▼年度別出題内容分類表 ……

※前期1日目をA，前期2日目をBとする。

		出題内容	2021年	2022年	2023年	2024年
地理的分野	(日本)	地形図	AB	AB	AB	AB
		地形・気候・人口	AB	AB	AB	A
		諸地域の特色	AB		AB	AB
		産業	AB	AB	A	AB
		交通・貿易	B	B	A	
	(世界)	人々の生活と環境	A	A	AB	A
		地形・気候・人口	AB	AB	AB	A
		諸地域の特色	AB	AB	AB	AB
		産業	AB	B	AB	AB
		交通・貿易			AB	
	地理総合					
歴史的分野	(日本史)	各時代の特色	AB			
		政治・外交史	AB	AB	AB	AB
		社会・経済史	AB	AB	AB	AB
		文化史	AB	AB	AB	AB
		日本史総合				
	(世界史)	政治・社会・経済史	AB	AB	AB	AB
		文化史	A	AB	B	A
		世界史総合				
	日本史と世界史の関連		AB	AB	AB	AB
	歴史総合					
公民的分野	家族と社会生活		AB	B	B	B
	経済生活		AB	A	AB	AB
	日本経済		B	B	A	
	憲法（日本）		AB	AB	AB	AB
	政治のしくみ		AB	AB	A	AB
	国際経済				B	B
	国際政治		A		B	AB
	その他					
	公民総合					
各分野総合問題						

専修大学松戸高等学校

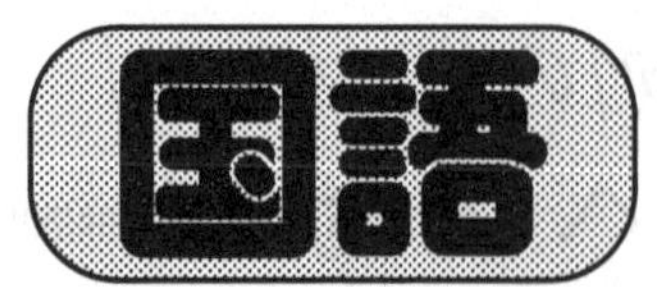

出題傾向の分析と 合格への対策

●出題傾向と内容

本年度は，前期1日目，2日目ともに，現代文の読解問題が2題，古文の読解問題1題の計3題の出題であった。漢字，文法，語句などの知識は，読解の中に組み込まれる形で出題された。現代文の読解は，ていねいな読み取りが求められる内容である。

古文は，前期1日目は「御伽物語」，2日目は「大和物語」からの出題で，詳しい注釈を参考に読み進めれば大意はとらえられるが，やや難しい問題も含まれていた。

解答形式はすべてマークシート方式。設問数が多いので要領よく解答する力が必要である。

学習のポイント

読解問題の対策として，論説文や随筆を中心にさまざまな種類の文章に触れよう。要旨をまとめる練習をしておくと効果的だ。

●2025年度の予想と対策

来年度も，現代文の読解問題と古文あるいは漢文の問題という構成が予想される。

現代文の読解問題では，難解な内容や，選択肢に紛らわしいものが含まれるので，ていねいな読み取りを身につけておきたい。

古文は，細部に不明な部分があっても，大まかな話の流れをつかむ練習をしておきたい。長めの文章を読みこなす力をつけておくことも必要だ。漢文は，返り点などの基礎をおさえた上で多くの例題にあたっておきたい。韻文は，表現技法や形式はもちろん鑑賞する力も養おう。

知識分野の出題は，やや難しいものも含まれるので，文法，語句，文学史など基礎を固めておこう。

▼年度別出題内容分類表 ……

※前期1日目をA，前期2日目をBとする。

		出題内容	2020年	2021年	2022年	2023年	2024年
内容の分類	読解	主題・表題					
		大意・要旨	AB	AB	AB	AB	AB
		情景・心情	AB	AB	AB	AB	AB
		内容吟味	AB	AB	AB	AB	AB
		文脈把握	AB	AB	AB	AB	AB
		段落・文章構成	B				
		指示語の問題	B	A		AB	
		接続語の問題	AB	AB	AB	AB	AB
		脱文・脱語補充	AB	AB	AB	AB	AB
	漢字・語句	漢字の読み書き	AB	AB	AB	AB	AB
		筆順・画数・部首					
		語句の意味	AB	AB	AB	AB	AB
		同義語・対義語					
		熟語		B		B	B
		ことわざ・慣用句	B				
	表現	短文作成					
		作文(自由・課題)					
		その他					
	文法	文と文節	A	A	A	B	AB
		品詞・用法	AB	AB	AB	AB	AB
		仮名遣い					
		敬語・その他					
	古文の口語訳		AB	AB	AB	AB	AB
	表現技法		AB		A	A	
	文学史						
問題文の種類	散文	論説文・説明文	AB	AB	AB	AB	AB
		記録文・報告文					
		小説・物語・伝記	AB	AB	AB	AB	AB
		随筆・紀行・日記					
	韻文	詩					
		和歌(短歌)	AB		A		
		俳句・川柳					
	古文		AB	AB	AB	AB	AB
	漢文・漢詩						

専修大学松戸高等学校

2024年度 合否の鍵はこの問題だ!!

（前期1月17日）

数学 ②, ③, ⑤

② (1) 四分位数の定義をしっかりと理解しよう。

③ (3) 解説では平行四辺形を利用したが，y軸上に△ABC＝△ABFとなる点F(0, 11)をとって，等積変形に持ち込む。

⑤ (3) 平面LMN⊥NOに気づくかどうかがポイントである。

◎ 図形の定理や公式を正しく理解し，使いこなせるようにしておこう。

英語 【2】 問2

本校では例年，文整序問題が出題されるため，しっかりと対策をしておきたい。文整序問題は，文の順序を見極めるいくつかのポイントがある。

①first「まず」，then「次に，そして，それから」，also「また」，at last「ついに，最後に」など，順序を表す語に着目する。

②冠詞の使い分けに着目する。英語では初めて話題に上ったものや読み手が知らないものに対して a を付け，すでに話題に上ったものや読み手が知っているものには the をつける決まりがある。

③名詞・代名詞の使い分けに着目する。最初に名詞を用い，その後は代名詞に変える。

以上のポイントに気をつけながら，問題の箇所を並べ替えてみよう。

前段落　They don't have a very strong sense of taste like humans have

イ　**Another week point of dogs** is **their ability to see color.**

… 前段落の「犬は味覚があまり良くない」という内容を受け，「さらにもう1つの弱点は色を見る能力だ」と述べる。another は「もう1つ」の意味で，追加する時に用いる。

エ　Many people think that dogs are **color blind,** but **in fact they are not.**

… 前文を受け，「色盲(色が区別できない)と思われているがそうではない」と続ける。

ウ　They **just see things in blue and yellow, but not red.**

… 全くの色盲ではなく，「青と黄色のものだけ見えるが，赤は見えない」と続ける。

ア　**So** the world looks a little different to dogs than it does to us.

… So は「だから，そこで」という意味で，まとめの文を導く。

理科 3(4)，4(2)

大問は8題で，生物，化学，地学，物理の各分野からの2題ずつの出題で教科書レベルを中心とした基礎～標準レベルの問題であった。その中で，鍵となる問題として3の(4)と4の(2)をとりあげる。

3はエタノールと水の混合物の蒸留に関する問題で，(4)は，加熱前の混合物中のエタノールの割合と加熱したときに発生する蒸気中のエタノールの割合の関係がグラフとして与えられ，2回蒸留を行ったとき後に得られた液体中のエタノールの割合を答える問題である。水とエタノールの混合物を蒸留する問題ではめずらしいタイプの問題ではあったが，実験に関する文章や小問の問題文で必要な内容は与えられているため，きちんと読み取って必要な情報を取捨選択して解答していけば，簡単な割合の計算とグラフの読み取りだけの比較的やさしい問題となる。ただし，本校の問題は試験時間に対する問題数が多いため，その点を考慮するとやはり難易度は高めとなるかもしれない。日頃から，見慣れない問題にあたった場合に冷静にスムーズに対応できるような問題演習を心がけたい。

4は豆電球の回路に関する問題で，(2)は，回路と電圧計の値が実験内容として与えられ，さらに豆電球について電圧と電流の関係のグラフが与えられた上でそれらをもとに正解を導く問題であった。豆電球や白熱電球は，電流と電圧の関係がオームの法則に従わず，問題に与えられたような関係を示す。教科書内容ではないが，発展的な内容まで出題するような高校では時折見かける問題でもあるので，日頃から教科書範囲を少しはずれるような問題が出題されるような学校の問題も演習しておくとよいであろう。また，電流と電圧の関係がオームの法則に従わないものとしては，LEDもあげられる。LEDが題材となる入試問題も多いので注意が必要である。

社会 6(5)

設問は「日本国憲法の施行以後に起こった出来事を年代の古い順に並べた資料の空欄に当てはまるものを選べ」というもの。資料は憲法の施行→①→公害対策基本法の制定→②→55年体制の終焉という現代史の問題である。現代史というと学校の授業でも駆け足となることが多く，特に歴史を苦手とする受験生にとってはかなり難易度の高いものとなっているのは間違いないであろう。公害対策基本法とは公害防止対策を総合的に推進する法律である。この制定の背景にあるのは公害列島とも呼ばれた日本の高度経済成長が存在する。「消費は美徳」を合言葉に60年代の高度経済成長を推し進めた日本だが，その裏では各地で公害問題が発生しその影響は現在にまで残っている。法律の制定4年後には環境庁も設置され環境が大きな課題となっていった。現在は環境省に格上げされ，法律も地球環境問題まで幅を広げ環境基本法へと発展的に解消されている。一方55年体制は1955年に成立した戦後日本の支配体制である。この年，左右両派に分裂していた社会党が統一，保守陣営も自由党と民主党が合同して自由民主党が誕生，これにより自民党優位の2大政党が出現し自民党の長期支配体制が続くことになる。長期にわたる自民党政権下ではロッキード事件・リクルート事件などさまざまな汚職事件が発生。政治改革を求める声が高まる中，1993年に自民党が分裂し反自民の細川護熙内閣が成立することで55年体制は崩壊した。

さて，空欄に入る5つの選択肢について考えてみよう。アは大逆事件。これは明治天皇の暗殺計画で多くの社会主義者が逮捕・処刑されたが事件の大半は「でっち上げ」といわれる。イは沖縄の祖国復帰。戦後長きにわたって占領されていた沖縄が日本に復帰したのは1972年のことである。ウは警察予備隊の設置。これは1950年の朝鮮戦争の際にマッカーサーの命令で組織された。エは東日本大震災。これは2011年のことであるから記憶に残っている受験生もいるかもしれない。オは全国水平社。これは民主主義的な動きが高まった大正デモクラシー下の1922年である。並べ替えというと細かな年号の暗記と思いがちだが，大切なことは大きな流れをつかむことである。戦後の政治や社会の流れを確認することさえできれば正解にたどり着くことはさほど困難ではあるまい。

国語 一 問十二

一 「学ぶ」ことに対する筆者の考えをとらえよう。

★合否を分けるポイント

本文全体に書かれている筆者の考えを正確に読み取れているかどうかが問われている。本文の要旨に係る設問なので，この設問に答えられるかどうかが合否を分けることになる。本文は長文で，それぞれの選択肢の内容が書かれている場所も，全体にわたっているが，筆者の提示する構成やキーワードを意識しながら読み進めることがポイントだ。

★こう答えると「合格」できない！

それぞれの選択肢の内容は，本文に書かれているものであるが，該当箇所を探すのに手間取ってしまうと時間が足りなくなり，「合格」できない。また，本文で筆者が提示しているキーワードの意味を正確に理解していないと，間違った内容を含むものを選んでしまうことになる。

★これで「合格」！

選択肢を順に見て，少しでも本文の内容と違う内容が含まれているものは素早く外していこう。まず，1の「記銘・保持，想起という過程」について書かれている「『学ぶとは何か』」で始まる段落に注目しよう。「正解のない複雑な現代社会を生き抜くうえで十分ではありません」とあるので，「深い学びにつながる」とある1は一致しない。次に，2の「オンライン」について書かれている「みなさんが」で始まる段落では，「オンライン上で生徒同士が議論し，課題解決を行うといった探究的な学びも可能」とあり，「深いやりとりができない」とある2も一致しない。3では「自主性」と「主体性」について述べているが，「まず」で始まる段落の自主性と主体性の定義とは一致しない。最後に，4の「学ぶ」ことについて書かれている「では」で始まる段落の内容を確認しよう。「自分の視野を広げ，世界との関わり方を身につけ」を4の「現実の世界と深く関わって」に，「自ら課題を設定し，身につけた力を用いて解決する」を4の「自ら課題を解決していく」と言い換えていると気づけば，正答の4を選べ「合格」だ！

大切なことはメモしておこうネ！

2024年度

★★★★★★★★★★★★★★★★★★★★★★★

入　試　問　題

2024年度

専修大学松戸高等学校入試問題（前期1月17日）

【数　学】（50分）〈満点：100点〉

【注意】1．解答は解答用紙の解答欄にマークしなさい。問題文中の［アイ］，［ウ］などの［　］には，特に指示がないかぎり，数値が入ります。これらを次の方法で解答用紙の指定欄に解答しなさい。

注1．ア，イ，ウ，…の一つ一つは，それぞれ1から0までの数字のいずれか一つに対応します。それらを，ア，イ，ウ，…で示された解答欄にマークしなさい。
例えば，［アイ］に12と答えたいとき，下図のようにマークしなさい。

ア	●	②	③	④	⑤	⑥	⑦	⑧	⑨	⓪
イ	①	●	③	④	⑤	⑥	⑦	⑧	⑨	⓪

注2．分数形で解答が求められているときは，既約分数で答えなさい。例えば，$\dfrac{\boxed{ウエ}}{\boxed{オ}}$に$\dfrac{25}{3}$と答えるところを$\dfrac{50}{6}$と答えてはいけません。

注3．比の形で解答が求められているときは，最も簡単な自然数の比で答えなさい。例えば，2：3と答えるところを4：6と答えてはいけません。

注4．根号を含む形で解答が求められているときは，根号の中に現れる自然数が最小となる形で答えなさい。例えば，$\boxed{カ}\sqrt{\boxed{キ}}$に$4\sqrt{2}$と答えるところを$2\sqrt{8}$と答えてはいけません。

注5．小数で解答が求められているとき，例えば，［ク］.［ケ］に2.5と答えたいときは，［ク］に2，［ケ］に5をマークしなさい。

2．定規，コンパス，電卓の使用は認めていません。

1

（1）$(\sqrt{24}-4)(5\sqrt{6}+10)-(\sqrt{15}+\sqrt{5})^2$を計算すると，$-\boxed{アイ}\sqrt{\boxed{ウ}}$である。

（2）xについての2次方程式　$x^2+ax+b=0$　の解が-4のみになるとき，$a=\boxed{ア}$，$b=\boxed{イウ}$である。

（3）$a=\dfrac{7}{10}$，$b=-\dfrac{7}{15}$のとき，$4a^2+9b^2$の値は，$\dfrac{\boxed{アイ}}{\boxed{ウエ}}$である。

（4）関数$y=\dfrac{1}{3}x^2$について，xの値が$2t$から$4t$まで増加するときの変化の割合は6である。このとき，$t=\boxed{ア}$である。

（5）$\sqrt{\dfrac{128n}{27}}$の値が有理数となる自然数nのうち，最小の値は［ア］である。

(6) 右図のように，平行四辺形ABCDの辺AB，BC，CD，DA上に，AE：EB＝BF：FC＝CG：GD＝DH：HA＝1：2となる4点E，F，G，Hをそれぞれとり，線分EGと線分FHとの交点をIとする。

このとき，△EHIの面積と平行四辺形ABCDの面積の比は，[ア]：[イウ]である。

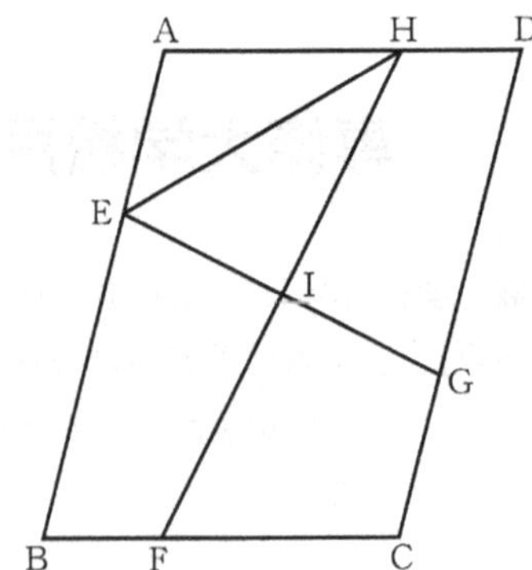

2

(1) 外国人旅行者24人を対象に行った，日本に来た回数の調査結果を箱ひげ図に表した。

8回と回答した人は1人，7回と回答した人は0人，6回と回答した人は3人であった。

また，最頻値は2回で7人，平均値は3回であった。

① この資料の四分位範囲は，[ア]回である。

② 4回と回答した人数は，[イ]人である。

(2) 2つの自然数A，Bがある。

Aを自然数nで割ったときの商は18，余りは3であり，Bを自然数nで割ったときの商は12，余りは8である。

① AとBの和を10で割ったときの余りは，[ア]である。

② 設問に不備があることが判明いたしました。

3 右図のように，放物線$y=\frac{1}{2}x^2$のグラフ上に2点A，Bがあり，点Aのx座標は-4，点Bのx座標は2である。

点Cはx軸上の点で，そのx座標は-3である。

また，放物線$y=\frac{1}{2}x^2$のグラフのx座標が2より大きい部分に，△ABPの面積が△ABCの面積と等しくなる点Pをとる。

(1) 直線ABとy軸との交点のy座標は，[ア]である。

(2) △ABCの面積は，[イウ]である。

(3) 点Pのx座標は，$-$[エ]$+\sqrt{\text{オカ}}$である。

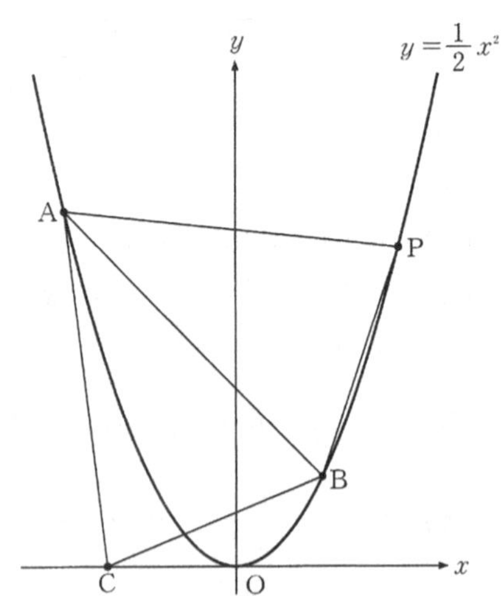

4 右図のように，8cmの線分ABを直径とする円Oがある。

円Oの周上に$\overset{\frown}{AC}$：$\overset{\frown}{CB}$＝2：1となる点Cをとり，点Cを通る円Oの接線と直線ABとの交点をDとする。

また，線分CEが円Oの直径となるように点Eをとり，直線DEと円Oとの交点のうち，点Eと異なる点をFとする。

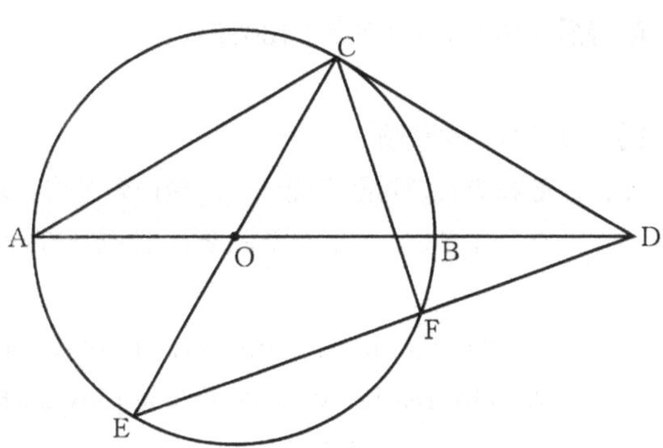

(1) AD＝［アイ］cmである。

(2) △CDEの面積は，［ウエ］$\sqrt{［オ］}$cm^{2}である。

(3) CF＝$\dfrac{［カ］\sqrt{［キク］}}{［ケ］}$cmである。

5 右図のように，1辺の長さが12cmの立方体ABCD－EFGHがある。

辺AB，AD，AEの中点をそれぞれL，M，Nとし，線分EGと線分FHとの交点をOとする。

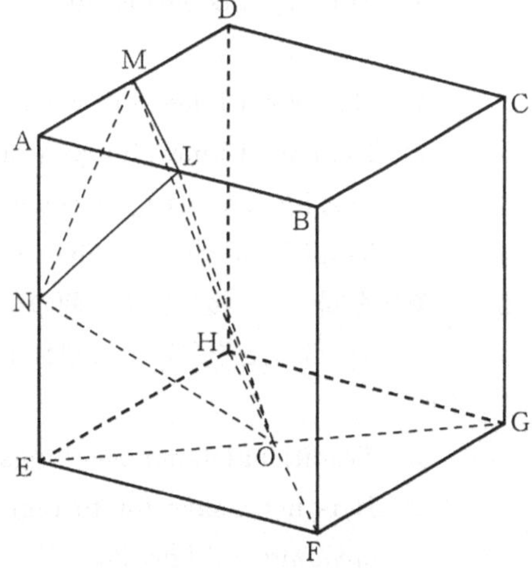

(1) NO＝［ア］$\sqrt{［イ］}$cmである。

(2) △LMNの面積は，［ウエ］$\sqrt{［オ］}$cm^{2}である。

(3) 四面体LMNOの体積は，［カキク］cm^{3}である。

【英　語】（50分）〈満点：100点〉

※リスニングテストの放送台本は非公表です。

【1】 リスニング試験

1．　それぞれの対話を聞いて，最後の発言に対する最も適切な応答を1つ選び，その番号をマークしなさい。対話はそれぞれ2回放送されます。

（1）

① That's nice. I want to try to play cricket with them, too.

② Oh, really? Why don't you play with us?

③ Oh, really? I didn't know you played baseball very well.

④ That's nice. I haven't played any ball sports.

（2）

① Yes. Let's play the video game I bought yesterday.

② No. We couldn't climb it because it was raining.

③ Yes, I do. I'm planning to see a movie next Saturday.

④ Sure. I think eating lunch on the mountain is very nice.

（3）

① No, I don't know, but you can get there at about nine twenty.

② No, I don't know, but you can be there by two it you walk.

③ Yes, it's ten forty. So, you can get there at about eleven ten.

④ Yes, it's eleven forty-five. So, you can get there by noon.

2．　英文を聞いて，後に続く質問の解答として最も適切なものを1つ選び，その番号をマークしなさい。英文と質問はそれぞれ2回放送されます。

（1）

① Traditional Japanese things and culture were very popular among foreign tourists.

② It is necessary for foreign tourists to see traditional Japanese things such as *otedama* and *hagoita*.

③ If there is more English information about the speaker's city, foreign tourists will feel happy.

④ If an English map with useful information for foreign tourists isn't made, the number of those people will become smaller.

（2）

① The English club did a lot of things to help foreign tourists.

② The *kominka* cafe is one of the examples for the English map.

③ *Matcha* cake made Mary happy because *matcha* is very popular in the world.

④ The English club members will discuss the map they made.

【2】 次の英文を読んで，以下の問題に答えなさい。

Dogs are the most popular pets in Japan. Does your family have a dog? Do you want one? Maybe if you learn more about them, you will have a better chance of getting one, after you explain to your parents how amazing they are!

It is often said that dogs are "man's best friend." Dogs are very *loyal to their owners. They *care about their owners and protect the owners. But why are they said to be "man's best friend?" Because dogs have been spending a lot of time with people for thousands of years.

Maybe you can tell by looking at them, but dogs actually *evolved from *wolves! Scientists believe that thousands of years ago, wolves followed groups of people and ate their *leftover scraps of food and even garbage. Some of those wolves became so comfortable around the people that they started living with them. These were the first "pet dogs." [①]

*Speaking of eating garbage, sometimes dogs actually will eat garbage, and worse. They don't have a very strong sense of taste like humans have, so in some situations they will eat grass, leftover food, or other things that don't have a good taste. Many people believe this helped them to survive when good food was (1).

(2)
ア. So the world looks a little different to dogs than it does to us.
イ. Another weak point of dogs is their *ability to see color.
ウ. They just see things in blue and yellow, but not red.
エ. Many people think that dogs are color blind, but in fact they are not.

Though they don't see color as well as we do, dogs can see much better and much *farther. They have better *peripheral vision because of where their eyes are, and they can see in the dark more easily, too. It is difficult to say how much better dogs see than people do, because there is such a big difference. People often think of dogs' excellent sense of hearing and smell, but many don't realize how (3) their eyes are.

As I said, one of the most famous abilities of dogs is their hearing. They can hear many things we cannot. They can often sense when a *storm is coming, because they can hear it! Actually, because their hearing is so good, sometimes the sounds of a big storm can hurt their ears. So, many dogs become *upset during a storm. Dogs have 18 muscles they use to move their ears to hear better and understand where sounds are coming from. Not only that, but they use their ears to communicate their emotions, so their ears are very important! [②]

And of course, dogs have a fantastic sense of smell. As you probably know, dogs can smell things that humans and many other animals cannot. So, they are used by police and others to find people or things. Their sense of smell is so good that they can often know if people are sick. Some dogs can detect some types of cancer, too! Another important use for their amazing noses is (4). There are so many stories about dogs that went away from their owners once, but traveled far away and finally returned to their owners.

Dogs can learn and understand about 200 words, so they are very smart. And they are *emotionally intelligent, too. If you are sad or scared, your dog may try to (5). Scientists say tests show that dogs can "love" their owners. But they will also try to *comfort people they don't even know, because they have such a strong ability to understand and share another's feelings.

Many people let their dogs sleep with them on their beds. But did you know that dogs have dreams in the same way that people do? Sometimes they even *bark in their dreams! ③

As time passed, dogs developed many differences, of course. Dogs are different not only in size, but also in how they look. Different types of dogs are better at different things. Dogs with longer noses smell better, for example. And smaller dogs live a little longer and can hear different sounds. Some dogs run very fast, and some dogs like to be carried by their owners better.

It is said that people who have dogs are happier, healthier, and live longer! Keeping a pet dog can be hard work. Dogs need love and attention, food and water, medical care, and daily walks. But it is easy to see why many people believe that living with dogs is *worth all the *extra effort!

④

*Even if you can't keep a pet dog, you can visit dogs at your local shelter. One type of volunteer work is walking those dogs and spending time with them. It's a nice way to help these animals. But be careful. You may fall in love!

(注) *loyal 忠実な　*care about ~ ~を大切にする　*evolve from ~ ~から進化する
*wolves wolfの複数形　*leftover scraps 残り物　*speaking of ~ ~といえば
*ability 能力(複数形 abilities)　*farther もっと遠く　*peripheral vision 周辺視野
*storm 嵐　*upset 動揺した
*emotionally intelligent 感情的知性が高い　*comfort ~ ~をなぐさめる
*bark ほえる　*worth ~ ~の価値がある　*extra 余分な
*even if ~ たとえ~でも

問1 空欄(1)に入れるのに最も適切なものを①~④から1つ選び，その番号をマークしなさい。

① found without them
② possible to find
③ hard to find
④ not found with them

問2 (2) 内のア~エの文を文脈が通るように並べかえたとき，順番として最も適切なものを①~④から1つ選び，その番号をマークしなさい。

① イーアーエーウ
② イーエーウーア
③ エーアーウーイ
④ エーイーアーウ

問3 空欄(3)に入れるのに最も適切なものを①~④から1つ選び，その番号をマークしなさい。

① important

② careful

③ different

④ good

問4 空欄(4)に入れるのに最も適切なものを①～④から1つ選び，その番号をマークしなさい。

① going away from their owners

② traveling for a long time

③ finding their way home

④ finding people or things

問5 空欄(5)に入れるのに最も適切なものを①～④から1つ選び，その番号をマークしなさい。

① make you feel better

② know the reason

③ bark harder

④ touch you more often

問6 次の英文を入れるのに最も適切な位置を，本文中の[①]～[④]から1つ選び，その番号をマークしなさい。

Dogs truly are our good friends.

問7 本文の内容に合うものを①～④から1つ選び，その番号をマークしなさい。

① The writer is sure that you will explain to your parents how amazing dogs are to get one after you know more about them.

② Many senses of dogs are stronger than those of humans, but the sense of taste is not.

③ You must not sleep with your dogs on your beds because some dogs may bark at you while you are sleeping.

④ Many people who have dogs think living with their dogs is often hard because it takes a lot of time and money.

問8 本文の内容について，(1)，(2)の質問に対する答えとして最も適切なものを①～④からそれぞれ1つずつ選び，その番号をマークしなさい。

(1) What is NOT true about dogs?

① They evolved from some wolves living with groups of people a long time ago.

② They can see better than humans even in the dark.

③ When a big storm comes, it may sometimes hurt their ears because they don't keep quiet.

④ They have developed a lot of differences over a long time, so we can see many types of dogs now.

(2) Why have dogs been our good friends?

① Because they sometimes eat our food that doesn't have good taste and that people can't eat.

② Because their fantastic sense of smell helps us a lot in our daily lives.

③ Because they are so smart that they can understand about two hundred words.

④ Because they are not only very smart, but they also understand and share our feelings.

【3】 次の英文を読んで，以下の問題に答えなさい。

When I was seven, my brother Joey was fourteen. He was always taking care of me. But he wanted the freedom to do things with boys of his own age and did not want a little brother *holding him back. Joey did not want the *responsibility of taking care of me anymore, and our father understood how he felt. So, our father decided that I should live with my grandparents on their farm during the summer because I had no school for about three months. My brother was happy.

My grandmother always cooked my favorite food. My grandfather worked hard and grew vegetables. He always said, "Your father wanted to become a scientist when he was your age. That was his dream. I wanted him to go to a good college and get a good job as a scientist in the future. I was so happy when his dream of becoming a scientist came true." My grandfather loved his son so much. He also loved me!

My grandfather and father, though, were different types of people. My grandfather was a man who worked hard with his hands every day, *except Sunday. He didn't work on Sunday because that was against his *religion. He had to go to church that day, and rest for the next week. He always said, "A good person has a responsibility to help people." I remember that he always helped people who needed help. He was more interested in people and nature than in science. My father was more interested in using science and technology to make the world a better place, and was less interested in people.

Giving food to the pigs every day was my job, but one day, my grandfather found me sleeping behind the *barn. He *scolded me very *strongly. I remember his words, "If you don't work, people will not respect you in the future." I did not want to make him angry, but I said, "Father said that a man should work with a pencil instead of doing hard work with his hands." Then, he said in a soft voice, "Your father is not sleeping with a pencil. He is working with a pencil. You were sleeping behind the barn. You didn't work with your hands or your pencil. You should *pay attention to how I work in the *fields with my hands, and how your father works in his office with his pencil. If you learn both ways, 【 (1) 】" I understood his words, and I told him I was sorry. I quickly ran back to my job of giving food to the pigs. He had a smile on his face.

My grandfather could always explain things very *simply. He was a simple person, and was always kind to everybody. One day when I was helping him in the fields, the *tractor *broke down. He was using the same tractor for more than twenty-five years, and he depended on "her." He called the tractor "Daisy" because the tractor was very simple like the flowers with the same name. When Daisy had trouble, he always *fixed her.

One day Daisy broke down. My father *happened to be there that day and explained how the tractor worked and how to fix it for more than forty minutes. My grandfather kept quiet and seemed to listen. Then, my father went somewhere. I looked at my grandfather and said, "I don't think Father's solution will fix Daisy." He agreed. I asked, "So, what are we going to do, Grandpa?" *In a very calm manner, he said, "Well, you and I have fixed Daisy many times before, and I'm sure【　　　(2)　　　】" He fixed Daisy in less than half an hour. It was amazing. Daisy seemed to know that my grandfather's hands were taking care of her.

My grandfather was one of the hardest working men that I have ever known. There were always many things to do on the farm. He worked *from sunup to sundown. He only stopped to eat, drink some water, or help someone. When I was in school and living at home, my father sometimes did the same thing. When he had an idea, he worked on that idea throughout the day and only stopped to eat, and get some water. Sometimes he worked throughout the night, too. But he always stopped working to help me with my homework when I needed him. I realized that part of my grandfather was also part of my father.

When I became a junior high school student, I stopped going to my grandparents' farm. I wanted to improve my pencil skill, so I stayed home and went to summer school to improve my grades. I have never been able to decide who influenced my life more, my father or my grandfather. They both taught me in their own ways the importance of hard work and helping others.

(注) *hold ~ back　~をさまたげる　*responsibility　責任　*except ~　~を除く
*religion　宗教　*barn　畜舎　*scold ~　~を叱る
*strongly　厳しく　*pay attention to ~　~に注意を払う
*field　畑　*simply　簡単に　*tractor　トラクター
*break down　壊れる　*fix ~　~を修理する　*happen to ~　たまたま~する
*in a calm manner　落ち着いて　*from sunup to sundown　朝から晩まで

問1　本文の内容について，(1)~(5)の質問に対する答えとして最も適切なものを①~④からそれぞれ1つずつ選び，その番号をマークしなさい。

(1) Which is the best to put in【　(1)　】?

① you can work for your father and me.
② you can work on my farm or in your father's office.
③ you will become someone everyone respects.
④ you will become someone who loves people.

(2) Which is the best to put in【　(2)　】?

① your father will fix her for the first time.
② we can fix her again.
③ you can fix her without my help.
④ we should help your father fix her.

(3) How did Joey feel about taking care of his little brother one summer?

① He wanted to take his brother to his grandparents' farm to live with them.

② He felt his father should have the responsibility of taking care of his brother.
③ He felt his brother should do things with boys of his own age.
④ He didn't want to spend time taking care of his brother.

(４) What did the writer's grandfather want his son to do when his son was a boy?
① To go to a good college to look for his dream.
② To work with his hands in the fields.
③ To be a scientist after studying at a college.
④ To get interested in nature more.

(５) Why did the writer's grandfather help people who needed help?
① Because he thought a good person should do so.
② Because his family told him to do so.
③ Because he was free on Sundays and had enough time to do so.
④ Because he wanted his son to do so like him.

問２ 本文の内容に合うものを①～⑧から３つ選び，その番号をマークしなさい。
① Both the writer's grandfather and father were more interested in science than in people to make the world better.
② The writer was scolded because he was sleeping behind the barn instead of giving food to the pigs.
③ All the writer's grandfather's words were said in a strong voice, so the writer told his grandfather he was sorry near the barn.
④ The tractor was named "Daisy" by the writer's grandfather because he liked the name of the flower.
⑤ When Daisy broke down, the writer's father tried to fix her alone, but he finally asked the writer's grandfather to help him.
⑥ The writer's grandfather worked hard from Monday to Saturday and did many things on the farm.
⑦ The writer's grandfather and father were different types of people, but one part of them was the same.
⑧ The writer learned a lot from his grandfather and father, but he has never had a person who influenced him.

【４】 次の各文の(　　)に最も適する語(句)を①～④から１つ選び，その番号をマークしなさい。

(１) I have a dream (　　　　　) a doctor.
① of becoming
② at becoming
③ on being
④ for being

(２) They have two houses. One is in Chiba. (　　　　　) is in Nagano.
① The other

② Other
③ The one
④ Another

(3) (　　　　　) the restaurant was crowded, we were able to find a table.
① If
② Because
③ When
④ Although

(4) I will stay (　　　　　) my aunt for a week during the spring vacation.
① at
② with
③ in
④ to

(5) His grandfather (　　　　　) for four years.
① died
② got death
③ has died
④ has been dead

【5】 次の各日本文の内容を表すように，(　　)内の語(句)を並べかえたとき，空所[1]～[12]に入る語(句)の番号をマークしなさい。ただし，不要な語が１語ずつあります。

(1) いつパーティーが開かれるか聞いた？
Did ＿＿ ＿＿ [1] ＿＿ ＿＿ [2] ＿＿ ?
(① the party　② held　③ hear　④ be　⑤ have
⑥ will　⑦ you　⑧ when)

(2) 昨日，通りで男の人に話しかけられたんだ。
Yesterday ＿＿ ＿＿ ＿＿ [3] ＿＿ [4] ＿＿ the street.
(① a man　② spoken　③ I　④ for　⑤ on　⑥ was
⑦ by　⑧ to)

(3) 部屋を出る前に明かりを消すのを忘れないで。
Don't ＿＿ [5] ＿＿ ＿＿ [6] ＿＿ ＿＿ leave the room.
(① light　② to　③ turning　④ before　⑤ turn
⑥ forget　⑦ off the　⑧ you)

(4) 彼を知っているだれもがその知らせに驚くでしょうね。
Anyone ＿＿ [7] ＿＿ ＿＿ ＿＿ [8] ＿＿ the news.
(① at　② be　③ all　④ knows　⑤ will
⑥ surprised　⑦ who　⑧ him)

(5) この写真を見るとカナダでの幸せな日々を思い出すよ。
This picture ＿＿ [9] ＿＿ ＿＿ ＿＿ [10] ＿＿ Canada.

(① of ② remembers ③ me ④ days ⑤ reminds
⑥ my ⑦ in ⑧ happy)

(6) 彼女は全校生徒の中でいちばん速く泳ぐのよ。

She ＿＿ [11] ＿＿ ＿＿ [12] ＿＿ ＿＿ her school.

(① fastest ② in ③ other ④ faster ⑤ any
⑥ swims ⑦ student ⑧ than)

【6】 次の各文について，下線を引いた部分に誤りのある箇所をそれぞれ①～④から1つずつ選び，その番号をマークしなさい。ただし，誤りのある箇所がない場合は，⑤をマークしなさい。

(1) ①I lived in China ②for three years ③when I was a child, ④so I can speak Chinese a little. ⑤誤りなし

(2) ①This watch is very important to me ②because my uncle bought it to me ③on my birthday ④last year. ⑤誤りなし

(3) ①Which way ②do you think ③we should choose ④to get to the top of the mountain safer? ⑤誤りなし

(4) ①Because some of my friends ②are good singing, ③it is great fun ④to go to *karaoke* with them. ⑤誤りなし

(5) ①I will be happy ②to meet you again ③because it is a long time since ④you went to Australia. ⑤誤りなし

(6) ①I would like you ②to hand this report to Mr. Taylor ③when you will see him ④after school. ⑤誤りなし

【理　科】（50分）〈満点：100点〉

1　Sさんは，エンドウの生殖と遺伝について調べました。これに関する先生との会話文を読んで，あとの**(1)**～**(4)**の問いに答えなさい。ただし，エンドウの種子の形質は，メンデルが行った実験と同じ規則性で遺伝するものとします。

図1

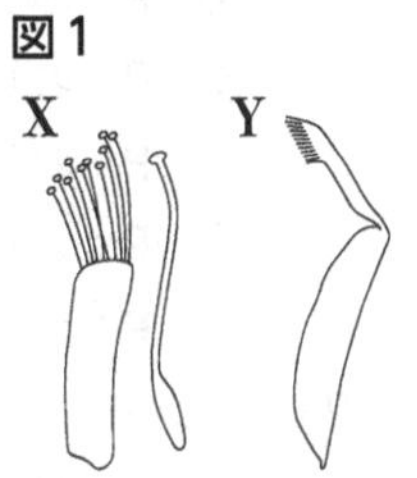

Sさん：エンドウの生殖について調べるために，エンドウの花から，受粉に関係する**図1**のXとYの部分をとってきました。

先　生：Xは[P]で，先端の[Q]は，[R]部分ですね。

Sさん：はい。Yの先端は，[S]部分です。エンドウの花では，受粉が行われると，花粉から花粉管がのび，その中を精細胞が胚珠（はいしゅ）へ向かって移動していきます。先生，精細胞は受粉の前からずっと花粉の中にあったということでしょうか。

先　生：a精細胞は，花粉管の中で行われる細胞分裂によってつくられます。つまり，受粉して，花粉管がのびたところで初めて精細胞ができる，ということになります。

Sさん：わかりました。

先　生：花粉管の中を移動した精細胞は，胚珠に達するとどうなりますか。

Sさん：胚珠の中では，細胞分裂によってb卵細胞がつくられています。精細胞の核と卵細胞の核が合体すると，受精卵がつくられ，細胞分裂をくり返してc胚となっていきます。

先　生：そうですね。胚珠全体は，やがて種子になります。この種子をまくと，胚がさらに細胞分裂をくり返し，親と同じようなd個体ができていく，というわけです。

Sさん：エンドウの場合，できる種子には丸形としわ形がありますね。

先　生：そうです。**図2**のように，丸形の純系としわ形の純系を親として交配すると，子の種子はすべて丸形になります。また，子の種子をまいて育てたエンドウを自家受粉させると，孫の種子では丸形としわ形の両方が現れます。さて，これらのことから，種子の形質や遺伝子の伝わり方について何がわかるでしょうか。

図2

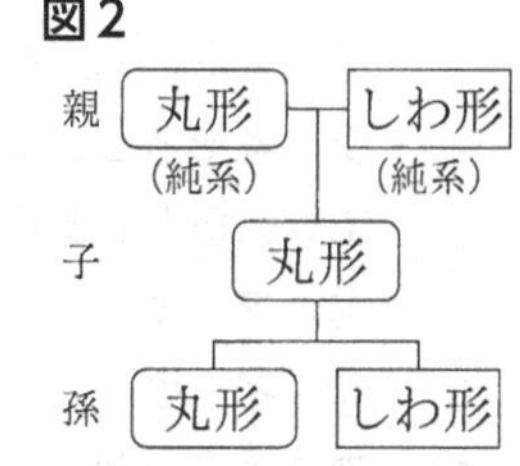

Sさん：形質については，丸形が顕性形質であるということがわかります。遺伝子の伝わり方については，「丸形としわ形の両方の遺伝子をもつ個体では，丸形の遺伝子だけが生殖細胞に入る」といえるのではないでしょうか。

先　生：残念ながら，遺伝子の伝わり方は誤りです。仮にそれが正しいとすると，「[T]」ということの説明がつかなくなりますよ。「丸形としわ形の両方の遺伝子をもつ個体では，丸形の遺伝子としわ形の遺伝子が，分かれて別々の生殖細胞に入る」というのが正しいですね。

Sさん：なるほど，確かにそうですね。

(1) 会話文中の[P]～[S]にあてはまるものの組み合わせとして最も適当なものを，次の①～⑧のうちから一つ選びない。

	P	Q	R	S
①	P：めしべ	Q：やく	R：花粉がつくられる	S：受粉が行われる
②	P：めしべ	Q：やく	R：受粉が行われる	S：花粉がつくられる
③	P：めしべ	Q：柱頭	R：花粉がつくられる	S：受粉が行われる
④	P：めしべ	Q：柱頭	R：受粉が行われる	S：花粉がつくられる
⑤	P：おしべ	Q：やく	R：花粉がつくられる	S：受粉が行われる
⑥	P：おしべ	Q：やく	R：受粉が行われる	S：花粉がつくられる
⑦	P：おしべ	Q：柱頭	R：花粉がつくられる	S：受粉が行われる
⑧	P：おしべ	Q：柱頭	R：受粉が行われる	S：花粉がつくられる

(2) エンドウの体細胞1個に含まれる染色体の数を$2x$本と表した場合，会話文中の下線部**a**～**d**で，それぞれつくられる細胞1個に含まれる染色体の数として最も適当なものを，次の①～⑥のうちから一つ選びなさい。

	a	b	c	d
①	**a**：x本	**b**：x本	**c**：x本	**d**：x本
②	**a**：x本	**b**：x本	**c**：x本	**d**：$2x$本
③	**a**：x本	**b**：x本	**c**：$2x$本	**d**：$2x$本
④	**a**：$2x$本	**b**：x本	**c**：x本	**d**：x本
⑤	**a**：$2x$本	**b**：$2x$本	**c**：x本	**d**：x本
⑥	**a**：$2x$本	**b**：$2x$本	**c**：$2x$本	**d**：$2x$本

(3) 会話文中の[T]にあてはまる可能性のある内容をすべて選んだ組み合わせを，あとの①～⑧のうちから一つ選びなさい。

ア 丸形と丸形を親とした交配で，子の種子がすべて丸形になる
イ 丸形と丸形を親とした交配で，子の種子が丸形としわ形になる
ウ 丸形としわ形を親とした交配で，子の種子がすべて丸形になる
エ 丸形としわ形を親とした交配で，子の種子が丸形としわ形になる

① **ア，イ**　② **ア，イ，ウ**　③ **ア，ウ，エ**　④ **ア，エ**
⑤ **イ，ウ**　⑥ **イ，ウ，エ**　⑦ **イ，エ**　⑧ **ウ，エ**

(4) **図2**の子の種子をまいて育て，しわ形の純系と交配させて種子を得た場合，得られた種子における丸形としわ形の個数の割合を最も簡単な整数の比で表すとどのようになるか。[X]，[Y]にあてはまる数字を一つずつ選びなさい。

丸形：しわ形＝[X]：[Y]

2 Sさんたちは，日本の気象について調べるために，次の**観測**を行いました。これに関して，あとの**(1)**～**(4)**の問いに答えなさい。

観測

千葉県のある地点で，3月のある連続した3日間に気象観測を行い，その結果を**図1**のようにまとめた。**図1**のA～Cは，気温，湿度，気圧のいずれかの変化を，それぞれ表したグラフである。**図2**は，この3日間の同じ時刻における日本付近の天気図である。

図1

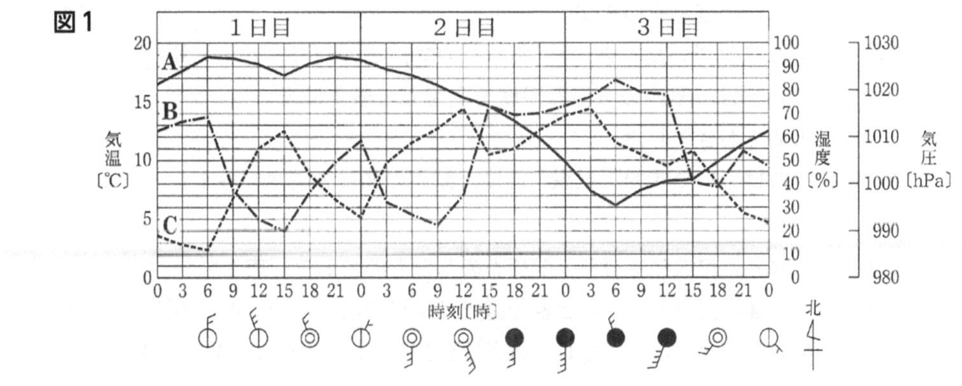

図2

1日目

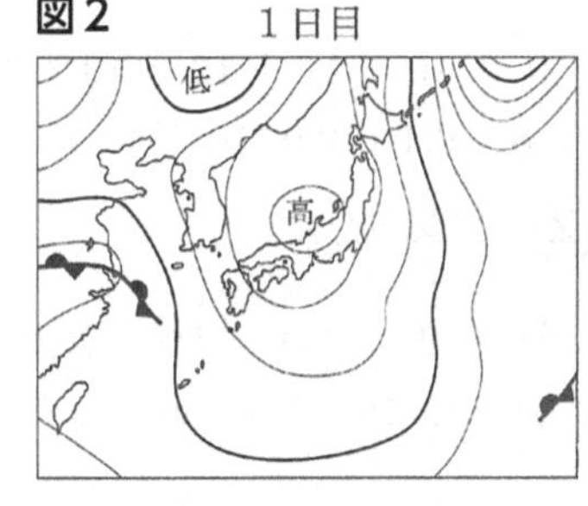

2日目

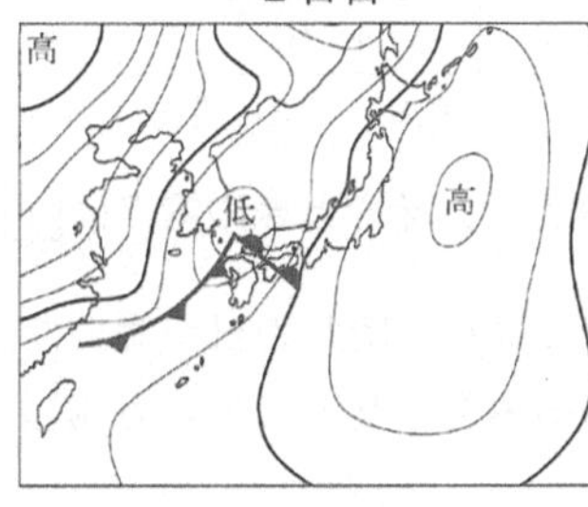

3日目

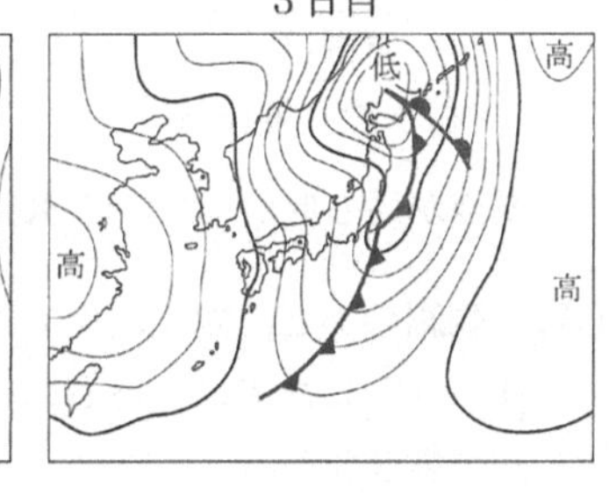

(1) **図1**から，1日目の天気について述べた文として正しいものをすべて選んだ組み合わせを，あとの①～⑧のうちから一つ選びなさい。

ア 夜明け前に，1日のうちで最も湿度が低くなった。

イ 昼ごろには，北寄りの風が吹いていた。

ウ 気温は，15時ごろに一度下がり，その後再び上がった。

エ 日中はおおむね晴れていたが，夕方には雲が広がった。

① **ア，イ**　② **ア，イ，ウ**　③ **ア，ウ，エ**　④ **ア，エ**

⑤ **イ，ウ**　⑥ **イ，ウ，エ**　⑦ **イ，エ**　⑧ **ウ，エ**

(2) **観測**から，3日目の朝に千葉県のあたりを寒冷前線が通過したと考えられる。寒冷前線付近に雨を降らせる雲の名称として最も適当なものを，次の①～④のうちから一つ選びなさい。

① 乱層雲　② 高積雲　③ 巻層雲　④ 積乱雲

(3) 次の文章は，**観測**についてのSさんたちと先生の会話である。あとの問いに答えなさい。

先　生：観測中に，何か気づいたことはありましたか。
Sさん：観測は屋外で行っていたのですが，観測を終えて室内に入ると，窓ガラスの内側がくもっていることがありました。冷たい窓ガラスに触れている空気が冷やされて露点に達し，空気中の水蒸気が凝結したのだと思います。
Tさん：それに気づいたときが4回あったので，この4回については，室内の気温と湿度を測定して**表1**にまとめておきました。
先　生：それはいいですね。気温，湿度，露点の関係を調べてみましょう。

表1

	気温〔℃〕	湿度〔%〕
1回目	12	78
2回目	14	76
3回目	14	85
4回目	11	78

表2は，気温と飽和水蒸気量との関係を表したものである。**表1**の1～4回目のうち，露点が最も低かったのは何回目で，そのときの露点は何℃であったか。あとの[X]～[Z]にあてはまる数字を一つずつ選びなさい。ただし，露点は整数とし，1桁である場合は[Y]に0を選ぶこと。

表2

気温〔℃〕	3	4	5	6	7	8	9	10	11	12	13	14
飽和水蒸気量〔g/m^3〕	5.9	6.4	6.8	7.3	7.8	8.3	8.8	9.4	10.0	10.7	11.4	12.1

露点が最も低かったのは[X]回目で，そのときの露点は[Y][Z]℃であった。

(4) **観測**のあと，観測地点ではしばらく晴れの日が続いた。その理由について述べた次の文の[P]～[S]にあてはまるものの組み合わせとして最も適当なものを，あとの①～⑥のうちから一つ選びなさい。

晴れの日が続いたのは，観測地点が，[P]によって移動してきた[Q]におおわれたためである。この[Q]の中心には[R]へ向かう空気の流れがあり，空気が[S]ことによって気温が上昇するため，雲ができにくい。

	P	Q	R	S
①	P：季節風	Q：温帯低気圧	R：地上から上空	S：膨張する
②	P：季節風	Q：移動性高気圧	R：上空から地上	S：膨張する
③	P：季節風	Q：温帯低気圧	R：地上から上空	S：圧縮される
④	P：偏西風	Q：移動性高気圧	R：地上から上空	S：圧縮される
⑤	P：偏西風	Q：温帯低気圧	R：上空から地上	S：膨張する
⑥	P：偏西風	Q：移動性高気圧	R：上空から地上	S：圧縮される

3 Sさんたちは，エタノールを用いて，次の**実験**を行いました。これに関する先生との会話文を読んで，あとの**(1)**～**(4)**の問いに答えなさい。

実験

❶ 水$12cm^3$とエタノール$8cm^3$の混合物をつくった。混合物の半分をビーカーに入れ，残りの半分を，沸騰石とともに枝付きフラスコに入れた。

❷ ビーカーに入れた混合物はそのままにし，枝付きフラスコに入れた混合物は，**図1**のように，温度を測定しながらガスバーナーで加熱した。

❸ 混合物が沸騰すると，発生した蒸気はガラス管から出たところで氷水によって冷やされ，液体として試験管**A**にたまった。このとき，液体が試験管**A**にたまり始めたときの温度を記録した。

❹ 液体が約$2cm^3$たまったところで試験管**A**を試験管**B**にかえ，試験管**B**にも液体が約$2cm^3$たまったところで試験管**C**にかえた。このとき，試験管**A**のときと同様に，液体が試験管**B**，**C**にたまり始めたときの温度をそれぞれ記録した。

図1

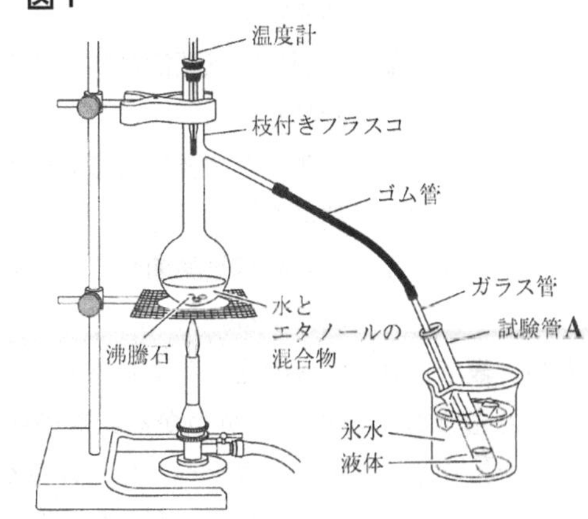

❺ ❶でビーカーに入れた混合物と，試験管**A**～**C**にたまった液体を，それぞれ少量ずつ蒸発皿に入れ，マッチの炎を近づけたときのようすを調べた。

表は，液体がたまり始めた温度と，液体にマッチの炎を近づけたようすをまとめたものである。

表

	液体がたまり始めた温度〔℃〕	液体にマッチの炎を近づけたようす
ビーカーに入れた混合物	—	火はつかなかった。
試験管**A**にたまった液体	79.0	火がつき，よく燃えた。
試験管**B**にたまった液体	83.0	火はついたが，すぐに消えた。
試験管**C**にたまった液体	90.5	火はつかなかった。

Sさん：**実験**では，混合物から，水とエタノールを分けて取り出すことができました。

先　生：このような[P]では，混合物に含まれる物質のうち，沸点の[Q]物質のほうが先に気体となるので，それぞれの物質を分けて取り出せるのですよ。

Tさん：**実験**の場合だと，最初にたまった試験管**A**の液体は，水よりも沸点の[Q]エタノールだということですね。

先　生：実際には，この液体は純粋なエタノールではなく，水もわずかに含まれています。試験管**A**の液体を枝付きフラスコに入れて，**実験**と同じように加熱する操作をくり返すと，より純粋に近いエタノールを得ることができますよ。

(1) **実験**で，沸騰石を入れた理由を**Ⅰ群**の①～③のうちから，ガスバーナーに点火したあとの操作を**Ⅱ群**の①～④のうちから，最も適当なものをそれぞれ一つ選びなさい。

Ⅰ群
① 混合物が早く沸騰するようにするため。
② 混合物が急に沸騰するのを防ぐため。
③ 混合物が蒸発してしまうのを防ぐため。

Ⅱ群
① 下側のガス調節ねじで炎の大きさを調節した後，上側の空気調節ねじで炎の色を調節する。
② 下側の空気調節ねじで炎の大きさを調節した後，上側のガス調節ねじで炎の色を調節する。
③ 上側のガス調節ねじで炎の大きさを調節した後，下側の空気調節ねじで炎の色を調節する。
④ 上側の空気調節ねじで炎の大きさを調節した後，下側のガス調節ねじで炎の色を調節する。

(2) **表**で，試験管**A**の液体がよく燃えたことから，この液体には，有機物であるエタノールが多く含まれていることがわかる。次の化学反応式は，エタノール(C_2H_6O)が燃焼するようすを，化学式を用いて表そうとしたものである。ⓐ～ⓓにあてはまる数字を，一つずつ選びなさい。なお，数字を入れる必要がない場合は①を選ぶこと。

$$C_2H_6O + ⓐ\ O_{ⓑ} \rightarrow ⓒ\ CO_2 + ⓓ\ H_2O$$

(3) 会話文中の P ， Q にあてはまるものの組み合わせとして最も適当なものを，次の①～④のうちから一つ選びなさい。

①	P：再結晶	Q：高い	②	P：再結晶	Q：低い
③	P：蒸留	Q：高い	④	P：蒸留	Q：低い

(4) **図2**は，混合物に含まれるエタノールの質量の割合と，蒸気に含まれるエタノールの質量の割合との関係を表したものである。試験管**A**の液体を**実験**と同様に加熱し，試験管**D**に液体を集めたとき，試験管**A**と**D**に，**図2**の割合のとおりに液体がたまっていたとすると，試験管**D**の液体に含まれるエタノールの質量の割合は何％か。最も近いものを，あとの①～⑤のうちから一つ選びなさい。ただし，水の密度を1.0g/cm^3，エタノールの密度を0.8g/cm^{3}とし，沸騰している間の混合物におけるエタノールの割合は変化しないものとする。また，蒸気を冷やして得られた液体中に含まれるエタノールの質量の割合は，蒸気に含まれるエタノールの質量の割合と同じであるものとする。

図2

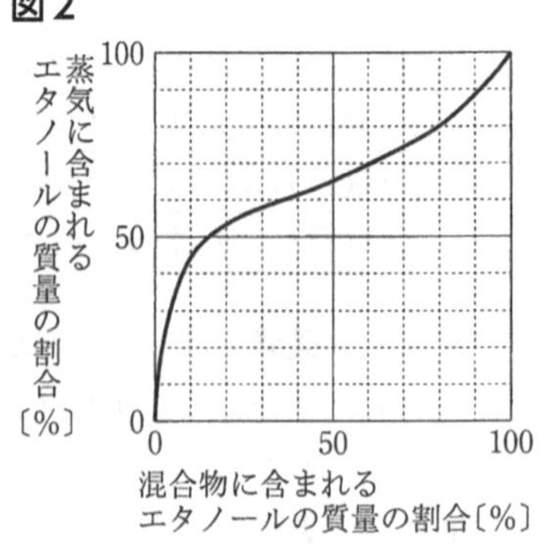

① 65%　② 70%　③ 75%　④ 80%　⑤ 85%

4 Sさんたちは，電流と電圧の関係について調べるため，次の**実験1**，**2**を行いました。これに関する先生との会話文を読んで，あとの(**1**)～(**4**)の問いに答えなさい。

実験1

❶ 2種類の豆電球**X**と**Y**を用意し，それぞれについて**図1**のような回路をつくり，電源装置の電圧を3.0Vにして，それぞれの回路に電流を流した。その結果，豆電球**X**のほうが豆電球**Y**よりも明るく点灯した。

❷ **図2**のように，豆電球**X**と**Y**を直列につないだ回路をつくり，電源装置の電圧を3.0Vにして回路に電流を流した。その結果，豆電球**Y**のほうが豆電球**X**よりも明るく点灯した。

❸ **図3**のように，豆電球**X**と**Y**を並列につないだ回路をつくり，電源装置の電圧を3.0Vにして回路に電流を流した。その結果，豆電球**X**のほうが豆電球**Y**よりも明るく点灯した。

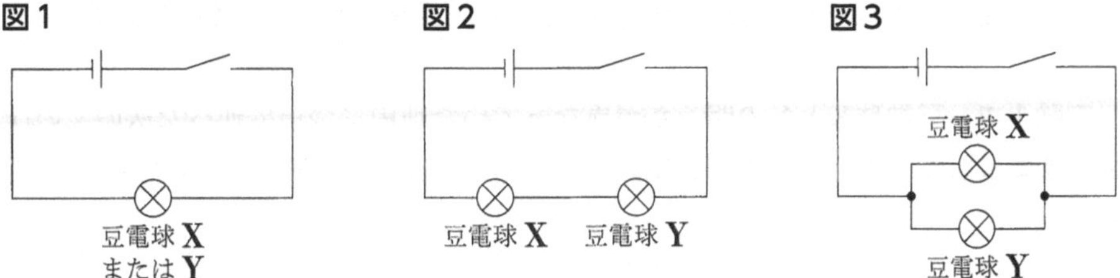

実験2

❶ **実験1**で用いた豆電球**X**と**Y**，6V－18Wと表示のある電熱線**Z**，ハンドルをして電流を発生させることのできる手回し発電機を用意した。この発電機は，内部にコイルと磁石が入っており，ハンドルを回すと，電磁誘導によって導線に電流が流れるようになっている。1秒間に一定の回数ハンドルを回すと，回路に一定の電圧が加わる。

❷ **図4**のように，豆電球**X**，電流計，電圧計を手回し発電機に導線でつないで，ある速さでハンドルを回した。このとき，**3V**の－端子を用いて接続した電圧計は**図5**の値を示していた。

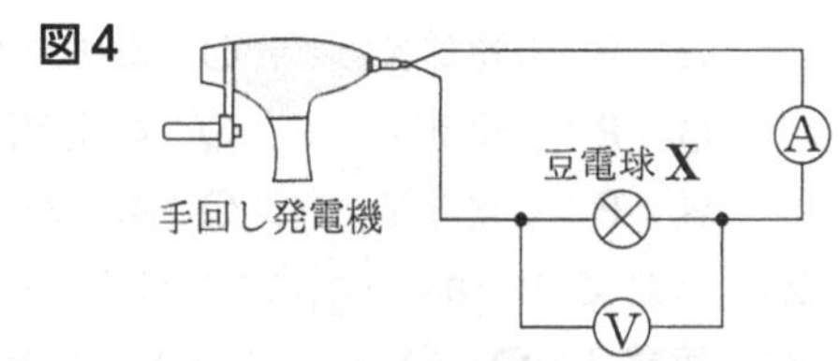

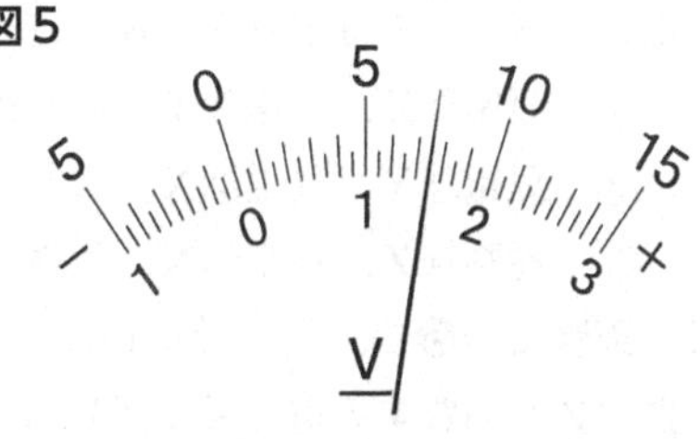

❸ 手回し発電機を豆電球**X**につないだまま，1秒間に一定の回数ハンドルを回し，電流計が示す値と電圧計が示す値を調べた。

❹ ❸の豆電球**X**を豆電球**Y**にかえて，❸と同じ速さで手回し発電機のハンドルを回し，電流計が示す値と電圧計が示す値を調べた。

❺ ❹の豆電球**Y**を電熱線**Z**にかえて，❸，❹と同じ速さで手回し発電機のハンドルを回し，電流計が示す値と電圧計が示す値を調べた。このとき，電圧計は1.0Vを示していた。

先　生：**図6**は，豆電球**X**に加わる電圧の大きさと流れる電流の大きさとの関係を，グラフに表したものです。

図6

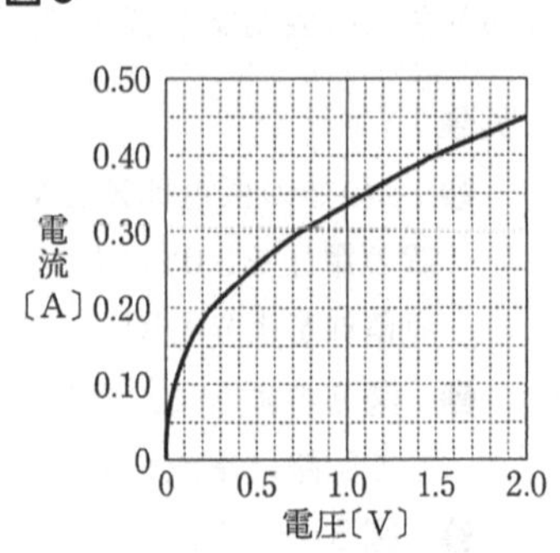

Sさん：**図6**から，**実験2**の❷で豆電球**X**に流れた電流の大きさは[a].[b][c]Aだとわかりますね。

Tさん：**実験2**の❸～❺では，豆電球**X**，豆電球**Y**，電熱線**Z**をそれぞれつないだときで，手回し発電機のハンドルを回す手ごたえが異なっていました。

先　生：手回し発電機のハンドルを回すと，コイルが磁界から力を受けるために手ごたえを感じます。このとき，流れる電流が大きいほど，手ごたえが重く感じます。

(1) **実験1**で，豆電球**X**と**Y**の明るさが異なっていた理由について述べた次の文の[P]～[R]にあてはまるものの組み合わせとして最も適当なものを，あとの①～④のうちから一つ選びなさい。

> **実験1**の❶から，豆電球**X**と**Y**では，抵抗の大きさは[P]のほうが大きいと考えられる。**実験1**の❷で豆電球**Y**のほうが明るく点灯したのは，豆電球**Y**に**X**よりも大きな[Q]，消費電力が大きくなったからである。**実験1**の❸で豆電球**X**のほうが明るく点灯したのは，豆電球**X**に**Y**よりも大きな[R]，消費電力が大きくなったからである。

① P：豆電球**X**　Q：電流が流れ　R：電圧が加わり
② P：豆電球**X**　Q：電圧が加わり　R：電流が流れ
③ P：豆電球**Y**　Q：電流が流れ　R：電圧が加わり
④ P：豆電球**Y**　Q：電圧が加わり　R：電流が流れ

(2) 会話文中の[a]～[c]にあてはまる数字を一つずつ選びなさい。

(3) **実験2**の❸～❺で，豆電球**X**，豆電球**Y**，電熱線**Z**を，ハンドルを回す手ごたえが重かった順に並べたものはどれか。最も適当なものを，次の①～⑥のうちから一つ選びなさい。

① 豆電球**X**，豆電球**Y**，電熱線**Z**　② 豆電球**X**，電熱線**Z**，豆電球**Y**
③ 豆電球**Y**，豆電球**X**，電熱線**Z**　④ 豆電球**Y**，電熱線**Z**，豆電球**X**
⑤ 電熱線**Z**，豆電球**X**，豆電球**Y**　⑥ 電熱線**Z**，豆電球**Y**，豆電球**X**

(4) **実験2**の❺で，電圧計が1.0Vを示すようにしたまま30秒間ハンドルを回し続けた場合，電熱線**Z**が消費する電力量は何Jか。[d]～[f]にあてはまる数字を一つずつ選びなさい。

[d][e].[f]J

5 Sさんたちは，ヒトが行う呼吸のはたらきについて**調べたこと**をまとめました。これに関して，あとの**(1)**～**(3)**の問いに答えなさい。

調べたこと

ヒトは，一生を通じて肺で呼吸をしている。**図1**は，ヒトの胸部のつくりを模式的に表したものである。**図1**の気管は，肺で枝分かれして気管支となり，その先端に多数の肺胞がある。肺胞のまわりは毛細血管で囲まれていて，酸素と二酸化炭素の交換は，肺胞と毛細血管との間で行われている。**図2**は肺胞の断面を模式的に表したものであり，矢印**X**は血液の流れる向きを，矢印**a**と**b**は肺胞と毛細血管との間で気体が移動する向きを表している。

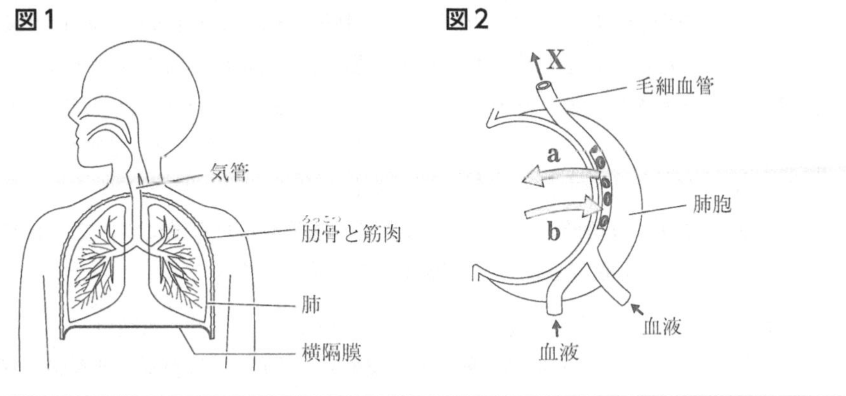

(1) **図1**で，息が吸い込まれるときの肺のようすとして最も適当なものを，次の①～④のうちから一つ選びなさい。

① 筋肉によって肋骨が引き上げられ，横隔膜が上がることにより，肺がふくらむ。
② 筋肉によって肋骨が引き上げられ，横隔膜が下がることにより，肺がふくらむ。
③ 筋肉によって肋骨が引き下げられ，横隔膜が上がることにより，肺がふくらむ。
④ 筋肉によって肋骨が引き下げられ，横隔膜が下がることにより，肺がふくらむ。

(2) **図2**について述べた次の文の[P]～[R]にあてはまるものの組み合わせとして最も適当なものを，あとの①～④のうちから一つ選びなさい。

図2で，矢印**a**は[P]が移動する向きを，矢印**b**は[Q]が移動する向きを，それぞれ表している。**図2**の矢印**X**の向きに流れた血液は，[R]を通り，心臓へ送られたあと，全身へ送り出される。

	P	Q	R
①	P：酸素	Q：二酸化炭素	R：肺動脈
②	P：酸素	Q：二酸化炭素	R：肺静脈
③	P：二酸化炭素	Q：酸素	R：肺動脈
④	P：二酸化炭素	Q：酸素	R：肺静脈

(3) 次の文章は，**調べたこと**についての**S**さんたちと先生の会話である。あとの(a)，(b)の問いに答えなさい。

先　生：肺胞で体内に取り入れられた酸素は，血液によって全身の細胞へ送られ，養分を分解してエネルギーをつくり出すという細胞のはたらきに使われます。

Tさん：激しい運動をしたあとに心拍数が多くなるのは，細胞でより多くのエネルギーをつくり出すために，より多くの血液を心臓から送り出して，より多くの酸素を全身の細胞へ送るようにするためですよね。

先　生：よいところに着目しましたね。安静時には，心臓が1回拍動すると約70cm^{3}の血液が送り出されるのですが，運動後には，拍動1あたりの血液量が増え，1分間に心臓から送り出される血液の量が，安静時の5倍になるそうです。

Sさん：運動をすると，それだけ多くの血液から酸素をとり入れることが必要になるのですね。運動をする前後での心拍数の変化を，実験をして調べてみました。

先　生：どのような方法で実験を行いましたか。

Sさん：まず，安静時と，校庭を5分間走る運動をした直後について，1分間あたりの心拍数を3回測定しました。**表**は，その結果です。

表

	1回目		2回目		3回目		平均	
	安静時	運動後	安静時	運動後	安静時	運動後	安静時	運動後
心拍数〔回/分〕	73	192	67	187	70	188	70	189

Tさん：**表**の数値の平均から考えると，運動後には心拍数が増え，さらに，1回の拍動で送り出される血液の量が安静時の約[X].[Y]倍になっているといえます。

Sさん：運動をすると心臓から送り出される血液の量が増加し，体内により多くの酸素が送られるのだと確かめることができました。

先　生：よくできました。

(a) **図3**は，ヒトの体内で血液が循環する経路を，正面から見て模式的に表したものであり，心臓の①～④の位置には血液の逆流を防ぐための弁がある。心臓から肺へ血液が送り出されるときに開く弁と，肺から心臓へ血液が戻ってくるときに開く弁はどれか。[P]，[Q]にあてはまるものを，**図3**の①～④のうちから一つずつ選びなさい。

心臓から肺へ血液が送り出されるときに開く弁：[P]

肺から心臓へ血液が戻ってくるときに開く弁　：[Q]

図3

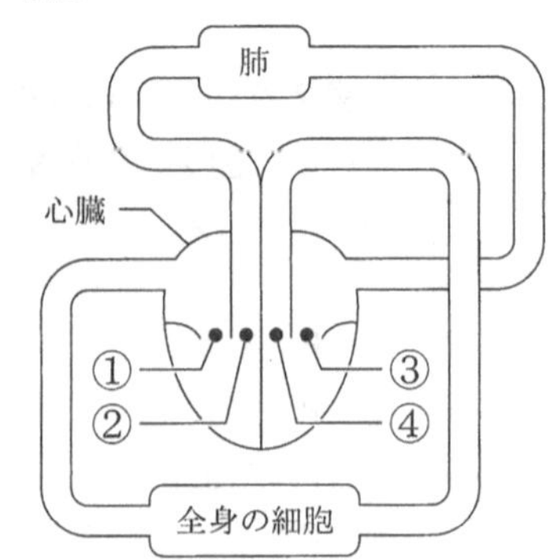

(b) 会話文中の[X]，[Y]にあてはまる数字を一つずつ選びなさい。ただし，答えは小数第2位を四捨五入して答えなさい。

6 Sさんたちは，露頭を見つけ，地層に興味をもちました。これに関する先生との会話文を読んで，あとの**(1)**～**(3)**の問いに答えなさい。

Sさん：先生，学校の近くで露頭を見つけたのですが，**図1**の**M－N**のように，**a**地層が大きくずれている部分が見られました。**図1**で同じ番号のついている層は，もともとは，それぞれ一続きの層だったそうです。

先　生：この露頭のようすから，地層ができる間に，大地に大きな力がはたらいたのだということがわかりますね。地層の重なり方や，地層の中から見つかる化石などは，地層ができた当時のようすを知る資料となるのですよ。

Tさん：地域の郷土博物館へ行ったときに，この地域のある地層から発見されたという**図2**のような化石や，**b**ボーリング調査で得られた試料をもとにした柱状図を見ました。こういったものも，過去のできごとを知る手がかりになるのですよね。

先　生：そのとおりです。**図2**は，イカや[P]などと同じ，軟体動物のなかまに分類される生物の化石ですね。

Sさん：郷土博物館には，[Q]に栄えた生物の化石だと書かれていました。

先　生：そうですね。このような，限られた期間に[R]範囲で栄えた生物の化石は，地層が堆積した年代を推定するのに役立ちます。

Tさん：ほかに，地層からわかることには，何がありますか。

先　生：たとえば，凝灰岩の層は，何が堆積してできた岩石ですか。

Sさん：火山灰や軽石です。

先　生：そうです。つまり，凝灰岩の層ができたときには，火山の噴火があったと推測することができるのです。また，れき岩，砂岩，泥岩がどのように堆積しているかを調べると，それらの層ができた当時の，海岸からの近さについて考えることができます。

Tさん：地層から読み取れることについて，もっと調べてみたいと思います。

図1

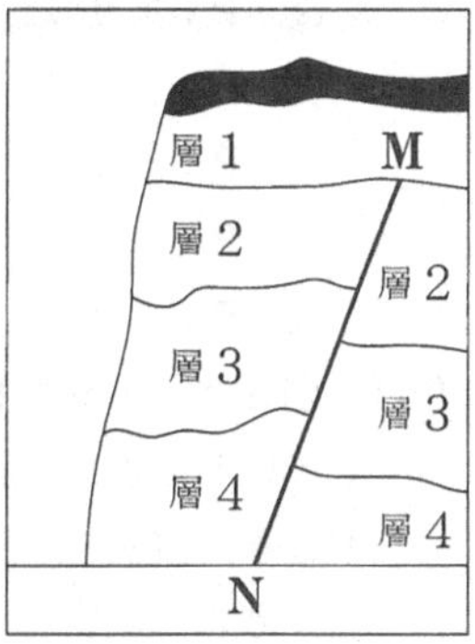

層1　M
層2　層2
層3　層3
層4　層4
N

図2

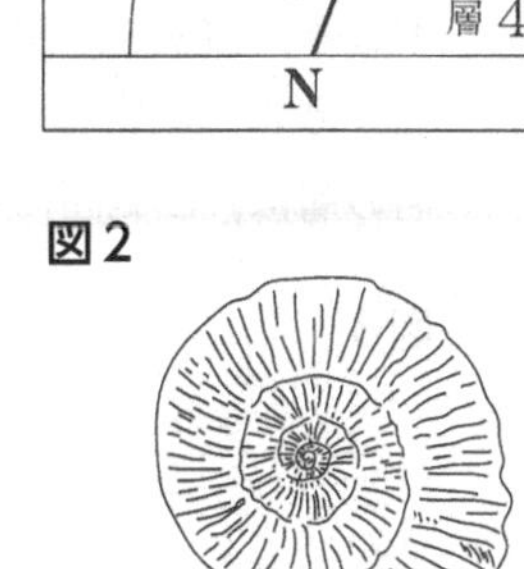

(1) 会話文中の下線部**a**について，地層のずれの名称を**Ⅰ群**の①～④のうちから，**図1**のような地層のずれのでき方を表した模式図を**Ⅱ群**の①～④のうちから，最も適当なものをそれぞれ一つ選びなさい。ただし，**Ⅱ群**の①～④で，⇨は大地にはたらいた力の向きを，➡は地層のずれた向きを，それぞれ表しているものとする。

Ⅰ群　①　しゅう曲　②　隆起　③　断層　④　侵食

Ⅱ群　①　②　③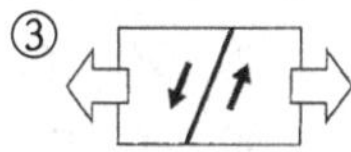　④

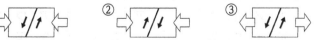

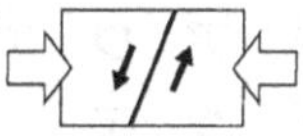

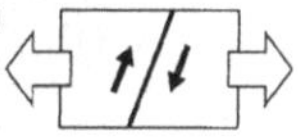

(2) 会話文中の[P]～[R]にあてはまるものの組み合わせとして最も適当なものを，次の①～⑥のうちから一つ選びなさい。

① P：アサリ　Q：古生代　R：狭い
② P：アサリ　Q：中生代　R：広い
③ P：アサリ　Q：新生代　R：広い
④ P：クラゲ　Q：古生代　R：狭い
⑤ P：クラゲ　Q：中生代　R：狭い
⑥ P：クラゲ　Q：新生代　R：広い

(3) **図3**は，下線部**b**が行われた5地点**A**～**E**を地図上に示したものであり，曲線は等高線を表している。また，**図4**は，このうち地点**A**～**D**におけるボーリング試料をもとにした柱状図における，凝灰岩の層の位置を示したものであり，凝灰岩の層のすぐ下にある層**w**～**z**は，れき岩，砂岩，泥岩のいずれかである。あとの(a)，(b)の問いに答えなさい。なお，**図4**の凝灰岩の層は，広範囲にわたって水平に広がっていることがわかっている。

図3

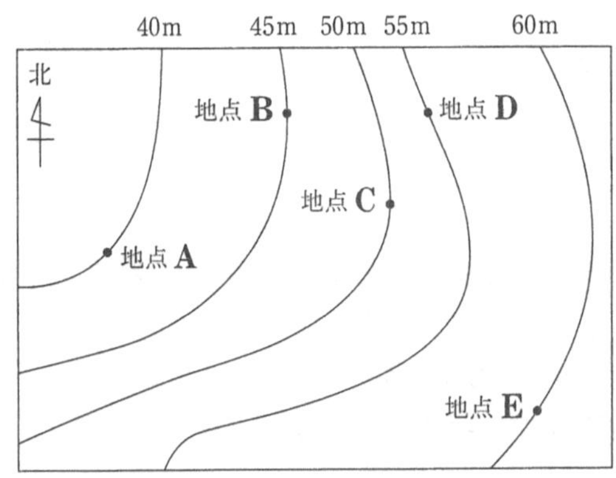

図4

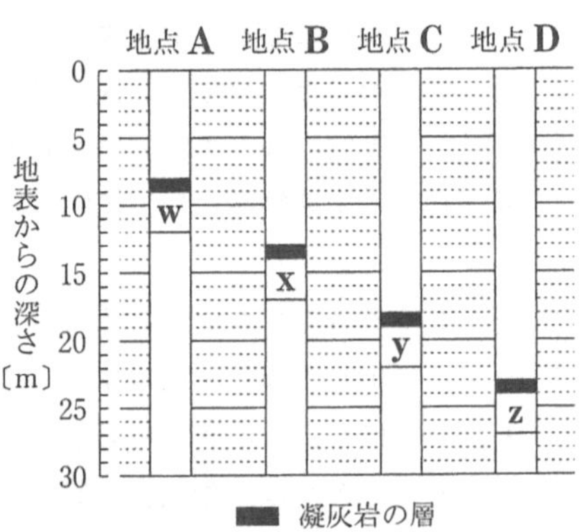

(a) **図3**の地点**E**において，凝灰岩の層の上端は，地表からの深さが何mの位置にあると考えられるか。[X]，[Y]にあてはまる数字を一つずつ選びなさい。

[X][Y]m

(b) **図4**の凝灰岩の層ができた当時，**図3**に示された範囲は，西にいくほど河口から遠くなっていたことがわかっている。**図4**の**w**～**z**の層について述べた文として正しいものをすべて選んだ組み合わせを，あとの①～⑧のうちから一つ選びなさい。

ア **w**～**z**の層のうち，**z**の層に含まれる粒が最も小さい。
イ **w**の層に含まれる粒は，**x**の層に含まれる粒よりも小さい。
ウ **x**と**z**の層には，同じ大きさの粒が含まれている。
エ **y**の層に含まれる粒は，**w**の層に含まれる粒よりも大きい。

① ア，イ　② ア，イ，ウ　③ ア，ウ　④ ア，ウ，エ
⑤ イ，ウ　⑥ イ，ウ，エ　⑦ イ，エ　⑧ ウ，エ

7 金属のイオンへのなりやすさや電池のしくみについて調べるため，次の**実験1**，**2**を行いました。これに関して，あとの**(1)**～**(4)**の問いに答えなさい。

実験1

❶ マイクロプレートを用意し，**図1**のように，その大きさに合わせて台紙に表をかいた。

❷ プラスチックのピンセットを用いて，台紙にかいた表のとおりに，3種類の金属片(マグネシウム，銅，亜鉛)を**a**～**i**の部分にそれぞれ入れた。

❸ 金属片の上から，台紙にかいた表のとおりに，3種類の水溶液(硫酸マグネシウム水溶液，硫酸銅水溶液，硫酸亜鉛水溶液)を金属片がひたる程度に入れ，金属片と水溶液の組み合わせが9通りできるようにした。

❹ 金属片と水溶液のようすを観察したところ，変化の見られた組み合わせと，変化の見られなかった組み合わせとがあった。変化の見られた組み合わせのうちの一つは，**図1**の**g**の部分であった。**a**～**i**の結果から，マグネシウム，銅，亜鉛は，<u>イオンになりやすい順にマグネシウム，亜鉛，銅であると考えることができた</u>。

図1

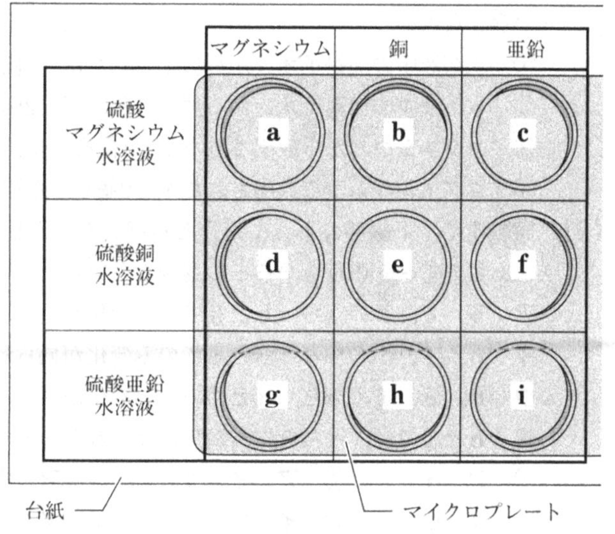

実験2

❶ **実験1**で用いた3種類の金属と3種類の水溶液を用いて，**図2**のような，金属板**X**と水溶液**X**，金属板**Y**と水溶液**Y**を組み合わせた電池**A**～**C**をつくった。それぞれの電池で，金属板と水溶液は**表**のような組み合わせとした。

図2

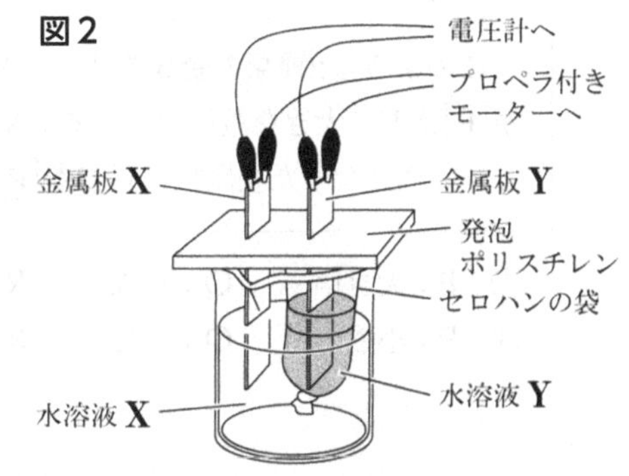

表

	金属板X	水溶液X	金属板Y	水溶液Y
電池A	マグネシウム	硫酸マグネシウム水溶液	銅	硫酸銅水溶液
電池B	マグネシウム	硫酸マグネシウム水溶液	亜鉛	硫酸亜鉛水溶液
電池C	銅	硫酸銅水溶液	亜鉛	硫酸亜鉛水溶液

> ❷ 電池**A**～**C**を，プロペラ付きモーターと電圧計につないだ結果，いずれもプロペラが回転し，電圧計の針が振れた。電圧計の示した値は，電池**A**で最大であった。

(1) **実験1**で，**図1**の**g**で起こった電子の移動として最も適当なものを，次の①～④のうちから一つ選びなさい。

① 水溶液中の亜鉛イオンから放出された電子1個を，マグネシウムが受け取った。
② 水溶液中の亜鉛イオンから放出された電子2個を，マグネシウムが受け取った。
③ マグネシウムから放出された電子1個を，水溶液中の亜鉛イオンが受け取った。
④ マグネシウムから放出された電子2個を，水溶液中の亜鉛イオンが受け取った。

(2) **実験1**で，下線部のように考える根拠となった正しい実験結果をすべて選んだ組み合わせを，あとの①～⑧のうちから一つ選びなさい。

ア **b**，**e**，**h**のうち，**b**と**h**でのみ変化が見られた。
イ **c**，**f**，**i**のうち，**c**と**i**でのみ変化が見られた。
ウ **d**，**e**，**f**のうち，**d**と**f**でのみ変化が見られた。
エ **h**と**i**では，どちらにも変化が見られなかった。

① **ア，イ**　② **ア，イ，ウ**　③ **ア，ウ，エ**　④ **ア，エ**
⑤ **イ，ウ**　⑥ **イ，ウ，エ**　⑦ **イ，エ**　⑧ **ウ，エ**

(3) **実験2**の電池**A**～**C**において，金属板**X**はそれぞれ何極になっていたか。最も適当なものを，次の①～④のうちから一つ選びなさい。

① 電池**A**では＋極，**B**と**C**では－極になっていた。
② 電池**A**では－極，**B**と**C**では＋極になっていた。
③ 電池**A**と**B**では＋極，**C**では－極になっていた。
④ 電池**A**と**B**では－極，**C**では＋極になっていた。

(4) **実験2**の電池について述べた次の文の[P]～[R]にあてはまるものの組み合わせとして最も適当なものを，あとの①～④のうちから一つ選びなさい。

> このような2種類の金属を用いた電池では，2種類の金属のイオンへのなりやすさの差が[P]ほど，大きな電圧が生じる。電流が流れ続けると，＋極となった金属板は質量が[Q]し，－極となった金属板は質量が[R]する。

① P：大きい　Q：増加　R：減少　② P：大きい　Q：減少　R：増加
③ P：小さい　Q：増加　R：減少　④ P：小さい　Q：減少　R：増加

8 物体の運動について調べるため，次の**実験1**，**2**を行いました。これに関して，あとの(1)～(4)の問いに答えなさい。ただし，物体間にはたらく摩擦や，空気の抵抗は考えないものとします。

実験1

❶ 斜面Xと，斜面Xよりも傾きの小さい斜面Yを用意した。

❷ 斜面XとYを**図1**のように組み合わせて水平面上に固定し，斜面X，Y上の，水平面からの高さが同じである点x_1と点y_1に，質量の等しい台車AとBをそれぞれ置いて手でおさえた。

図1

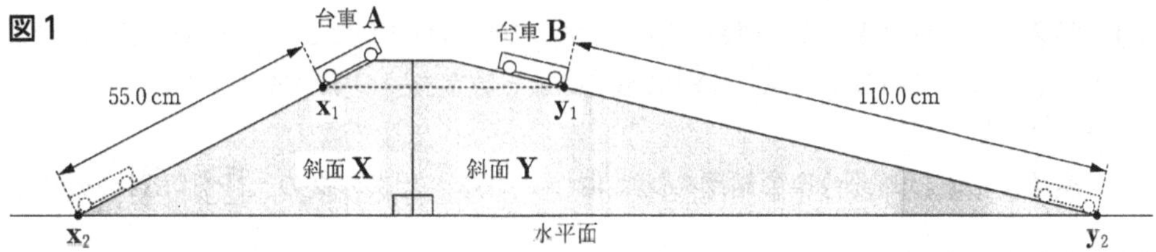

❸ 台車AとBから同時にそっと手を離し，それぞれの台車を運動させた。**図2**は，台車AとBが運動を始めてからの時間と，斜面上を運動する台車の速さとの関係を，グラフに表したものである。斜面を下ったあとは，どちらの台車も，それぞれの斜面の下端の点x_2，y_2を通過して水平面上を運動していった。

図2

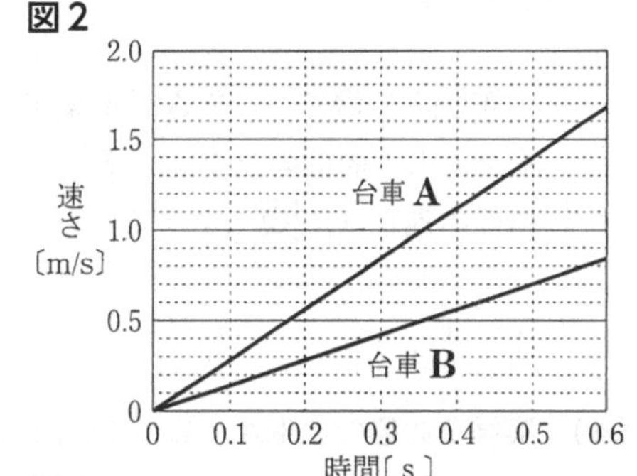

❹ 質量が台車AとBの半分である台車Cを斜面X上の点x_1に置き，そっと手を離して運動させ，❸の斜面X上における台車Aの運動のようすと比較した。

実験2

❶ **実験1**の斜面XとYそれぞれの上部に，滑車を取り付けた。この滑車にひもをかけ，ひもの両端に，**実験1**で用いた台車AとBを付けた。

❷ **図3**のように，斜面X，Y上の，水平面からの高さが同じである位置に台車AとBを置き，ひもがたるまないようにそれぞれの台車を手でおさえたあと，同時にそっと手を離した。

図3

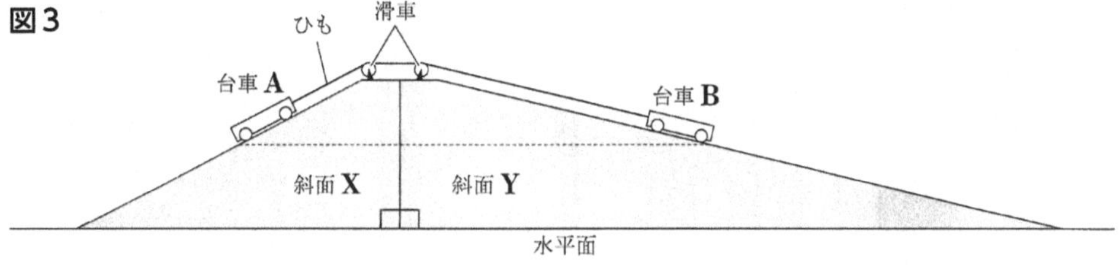

(1) **実験１**で，台車**A**と**B**が運動を始めてからの時間と，台車**A**と**B**がそれぞれの斜面上を移動した距離との関係を表したグラフとして最も適当なものを，次の①～④のうちから一つ選びなさい。

①
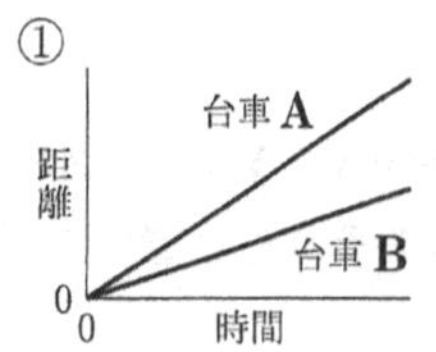

②
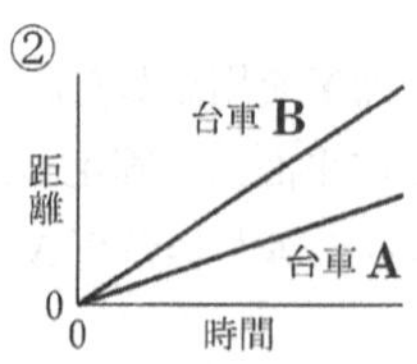

③
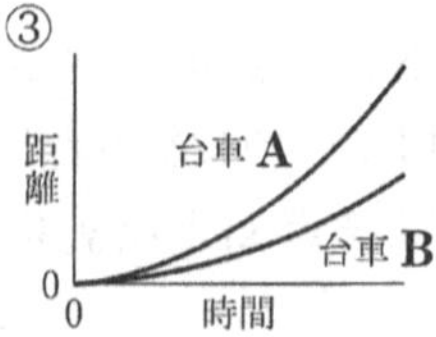

④
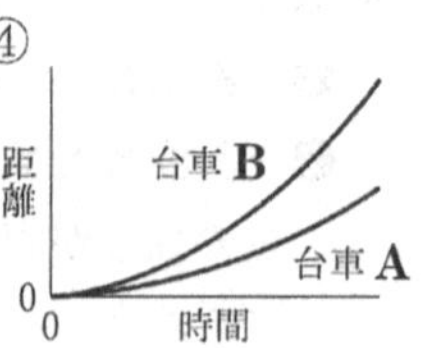

(2) **図２**から，台車**A**と**B**が運動を始めてからの時間が同じとき，台車**A**の速さは台車**B**の速さの何倍になっているか。[X]，[Y]にあてはまる数字を一つずつ選びなさい。

[X].[Y]倍

(3) **実験１**における，台車の瞬間の速さについて述べた次の文の[P]，[Q]にそれぞれあてはまるものを，あとの①～⑤のうちから一つずつ選びなさい。ただし，同じ番号を何度選んでもよいものとする。

> **実験１**の❸で，台車**A**が点 $\mathbf{x_2}$ を通過した瞬間の速さを x m/sとすると，台車**B**が点 $\mathbf{y_2}$ を通過した瞬間の速さは，[P]と表すことができる。また，❹で台車**C**が点 $\mathbf{x_2}$ を通過した瞬間の速さは，[Q]と表すことができる。

① $\frac{1}{4}x$ m/s　② $\frac{1}{2}x$ m/s　③ x m/s　④ $2x$ m/s　⑤ $4x$ m/s

(4) **実験２**の❷で台車**A**と**B**から同時に手を離したときの，斜面**X**から台車**A**にはたらく垂直抗力の大きさについて述べた文を**Ⅰ群**の①～③のうちから，台車**B**の運動のようすを**Ⅱ群**の①～③のうちから，最も適当なものをそれぞれ一つ選びなさい。

Ⅰ群
① 斜面**Y**から台車**B**にはたらく垂直抗力の大きさよりも大きい。
② 斜面**Y**から台車**B**にはたらく垂直抗力の大きさよりも小さい。
③ 斜面**Y**から台車**B**にはたらく垂直抗力の大きさと等しい。

Ⅱ群
① 斜面上方へ向かって運動をした。
② 斜面下方へ向かって運動をした。
③ 手を離しても，静止したままであった。

【社　会】（50分）〈満点：100点〉

1　社会科の授業で，あきらさんは，「日本の世界遺産」に関するレポートを作成した。次の**資料１**は，あきらさんが作成したレポートの一部である。これに関して，あとの**(１)**～**(４)**の問いに答えなさい。

資料１　あきらさんが作成した「日本の世界遺産」に関するレポートの一部

知床 (北海道)	流氷の影響を受けた海と陸の生態系の豊かなつながりなどが評価され，2005年に世界自然遺産に登録された。この地域周辺では，a環境などに配慮したエコツアー（エコツーリズム)が行われている。
国立西洋美術館 (東京都)	bフランスなどと共同で申請した「ル・コルビュジエの建築作品－近代建築運動への顕著な貢献－」の建築物の一つとして，2016年に世界文化遺産に登録された。
紀伊山地の霊場と参詣道 (三重県，奈良県，和歌山県)	c近畿地方南部の3県に連なる紀伊山地周辺の高野山・熊野三山などの霊場や参詣道，それらを取り巻く文化的な景観などが評価され，2004年に世界文化遺産に登録された。この世界文化遺産の参詣道の中には，古代から使われていたものがある。
長崎と天草地方の潜伏キリシタン関連遺産 (長崎県，熊本県)	d港がある長崎の周辺や天草地方では，江戸時代初めにキリスト教が禁止されてからも信仰を続けた人々がいた。キリスト教の宗教施設や信仰を続けた人々が住んだ集落，1637年に起こった島原・天草一揆の一揆軍が立てこもった原城跡などが，2018年に世界文化遺産に登録された。

(１)　**資料１**中の下線部**a**に関連して，次の文章は，あきらさんが知床の周辺の環境運動についてまとめたものの一部である。文章中の［　　］にあてはまる語として最も適当なものを，あとの**ア**～**エ**のうちから一つ選び，マークしなさい。

> 知床の周辺では，1977年から開拓跡地を寄付金で買い取り，豊かな森林に戻す「しれとこ100平方メートル運動」が行われてきた。また，国際連合の総会で採択された「持続可能な開発目標(略称は［　　］)」の目標11「住み続けられるまちづくりを」などに基づき，知床の環境保全運動が行われている。

ア　ODA　　**イ**　NGO　　**ウ**　TPP　　**エ**　SDGs

(2) **資料1**中の下線部**b**に関連して，右の**資料2**は，フランスを含むヨーロッパ州周辺の農業分布を示したものである。**資料2**中の**W**，**X**のうち，フランス南部で行われている農業分布にあたるものと，次の**Y**，**Z**の文のうち，フランス南部で行われている農業についての説明にあたるものの組み合わせとして最も適当なものを，あとの**ア**～**エ**のうちから一つ選び，マークしなさい。

資料2　ヨーロッパ州周辺の農業分布

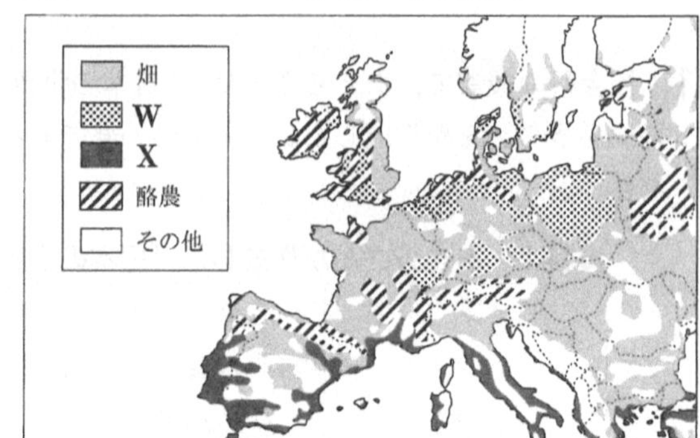

Y	小麦やライ麦などの栽培と，豚などの家畜の飼育を組み合わせて行っている。
Z	夏に乾燥に強いオリーブなどの果実，冬に小麦などの栽培を行っている。

ア　分布：**W**　説明：**Y**　　**イ**　分布：**W**　説明：**Z**
ウ　分布：**X**　説明：**Y**　　**エ**　分布：**X**　説明：**Z**

(3) **資料1**中の下線部**c**に関連して，次の**資料3**中の**ア**～**オ**は，**資料4**中の近畿地方のいずれかの府県を示している。①三重県と②和歌山県を示すものとして最も適当なものを，**ア**～**オ**のうちからそれぞれ一つずつ選び，マークしなさい。

資料3　近畿地方の各府県の人口密度，みかん生産量，海面漁業漁獲量及び輸送用機械出荷額

府県名	人口密度(人/km²)(2021年)	みかん生産量(トン)(2021年)	海面漁業漁獲量(トン)(2020年)	輸送用機械出荷額(億円)(2019年)
ア	356	—	—	1,768
イ	647	—	41,591	17,459
ウ	304	18,500	124,667	27,351
エ	4,622	12,100	14,884	15,699
オ	193	147,800	13,065	198
滋賀県	351	—	—	10,864
京都府	555	—	9,716	4,379

(「データでみる県勢 2023」より作成)

資料4　近畿地方の地図

(4) **資料1**中の下線部**d**に関連して，次のⅠ～Ⅲの文は，古代から近世までの港などに関係するできごとについて述べたものである。Ⅰ～Ⅲの文を年代の**古いものから順**に並べたものとして最も適当なものを，あとの**ア～カ**のうちから一つ選び，マークしなさい。

Ⅰ　鑑真が，遣唐使の船に乗って九州地方の南部に到着した。
Ⅱ　東北地方の港と大阪の港とを結ぶ西廻り航路が開拓された。
Ⅲ　平清盛が，兵庫の港(大輪田泊)の修築を行った。

ア　Ⅰ→Ⅱ→Ⅲ　**イ**　Ⅰ→Ⅲ→Ⅱ　**ウ**　Ⅱ→Ⅰ→Ⅲ
エ　Ⅱ→Ⅲ→Ⅰ　**オ**　Ⅲ→Ⅰ→Ⅱ　**カ**　Ⅲ→Ⅱ→Ⅰ

2 次の図を見て，あとの**(1)**～**(4)**の問いに答えなさい。

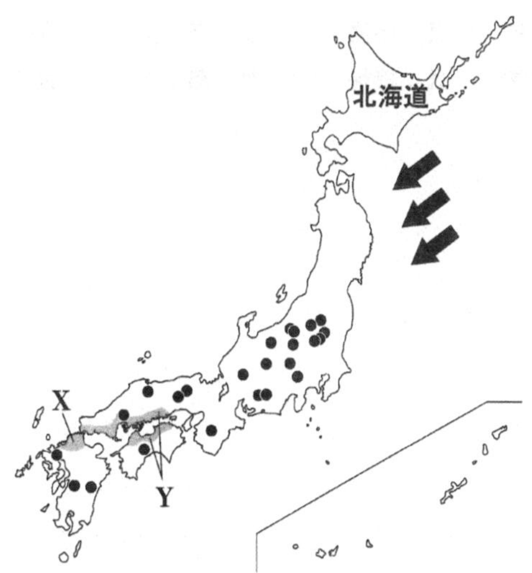

(1)　次の文章は，図中に➡で示した風とそれによる被害について述べたものである。文章中の［Ⅰ］，［Ⅱ］にあてはまる語の組み合わせとして最も適当なものを，あとの**ア～エ**のうちから一つ選び，マークしなさい。

> 図中に➡で示した風は，［Ⅰ］と呼ばれる。この風が夏に吹き続けると冷害が発生し，東北地方の太平洋側の［Ⅱ］，青森県東部などで米の生産量が大幅に減少することがある。

ア　Ⅰ：からっ風　Ⅱ：宮城県や岩手県　**イ**　Ⅰ：からっ風　Ⅱ：山形県や秋田県
ウ　Ⅰ：やませ　Ⅱ：宮城県や岩手県　**エ**　Ⅰ：やませ　Ⅱ：山形県や秋田県

(2) 右の**資料1**は，日本の主な発電の1971年度から2021年度までの発電量の推移を示したものであり，**資料1**中の**ア**～**ウ**は，水力，火力，原子力のいずれかにあたる。図中に●で主な分布を示した発電所による発電量の推移にあてはまるものとして最も適当なものを，**ア**～**ウ**のうちから一つ選び，マークしなさい。

資料1　日本の主な発電の1971年度から2021年度までの発電量の推移

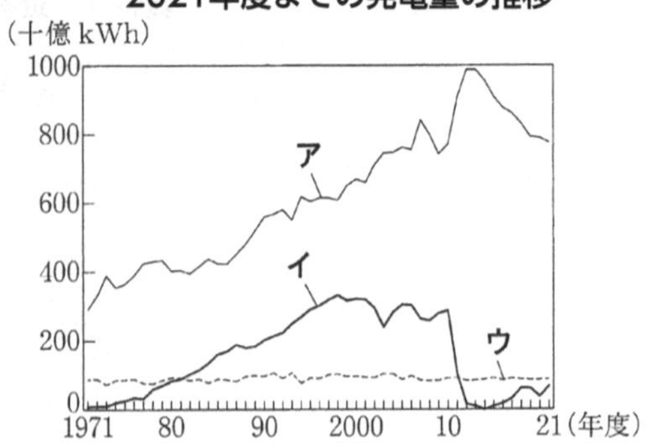

(「日本国勢図会 2023/24」などより作成)

(3) 右の**資料2**は，図中の**X**，**Y**の工業地域の製造品別の出荷額割合を示したものであり，**資料2**中の**あ**～**お**は，化学，機械，金属，食料品及びせんいのいずれかの工業にあたる。**あ**，**え**にあてはまる工業の組み合わせとして最も適当なものを，次の**ア**～**カ**のうちから一つ選び，マークしなさい。

資料2　図中のX，Yの工業地域の製造品別の出荷額割合　(2020年)

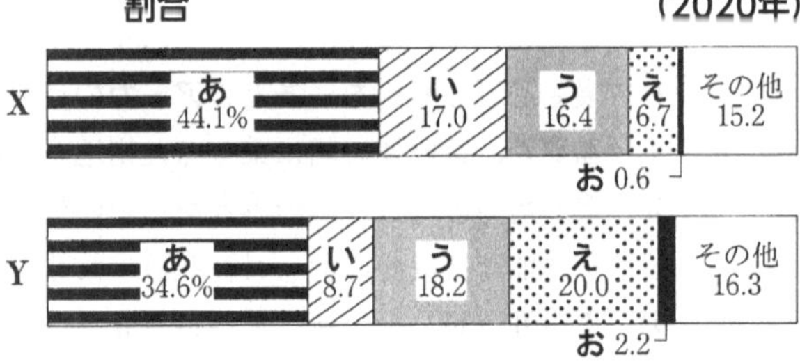

(「日本国勢図会 2023/24より作成」)

ア　**あ**：機械　**え**：化学　　**イ**　**あ**：機械　**え**：金属　　**ウ**　**あ**：金属　**え**：化学
エ　**あ**：金属　**え**：機械　　**オ**　**あ**：化学　**え**：機械　　**カ**　**あ**：化学　**え**：金属

(4) 次の地形図は，図中の**北海道**のある地域を示したものである。これを見て，あとの①，②の問いに答えなさい。

※編集の都合で80%に縮小しています。

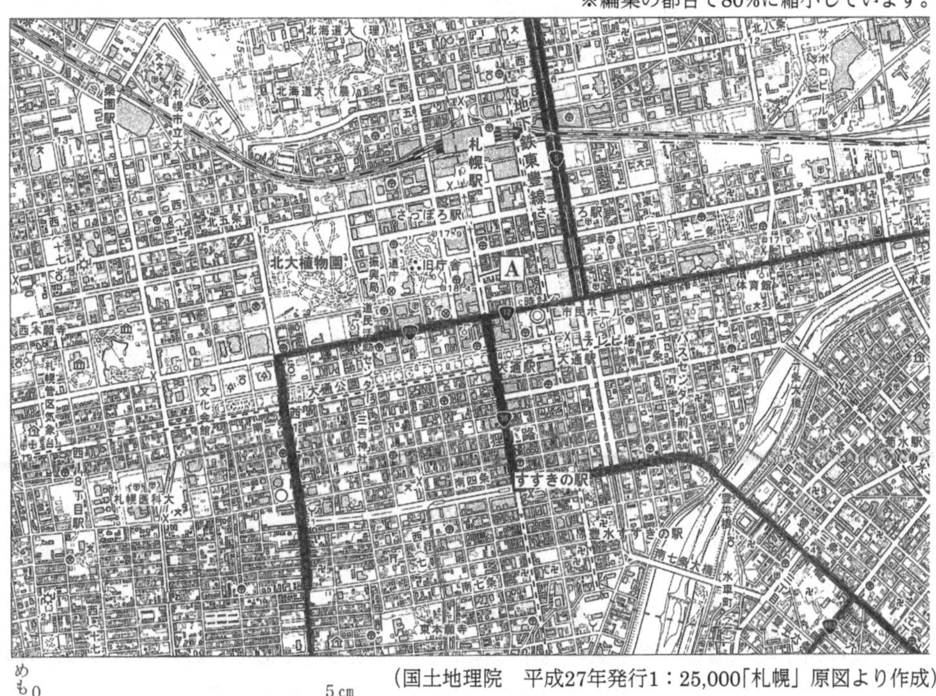

めもり 0 5cm

(国土地理院　平成27年発行1：25,000「札幌」原図より作成)

① JR札幌駅から札幌市役所までの実際の直線距離と，それを5万分の1の地形図上で示したときの長さの組み合わせとして最も適当なものを，次の**ア**～**エ**のうちから一つ選び，マークしなさい。

ア 実際の直線距離：約1500m　　5万分の1の地形図上の長さ：約1.5cm
イ 実際の直線距離：約750m　　5万分の1の地形図上の長さ：約1.5cm
ウ 実際の直線距離：約1500m　　5万分の1の地形図上の長さ：約6cm
エ 実際の直線距離：約750m　　5万分の1の地形図上の長さ：約6cm

② 次の文章は，くみさんが，上の地形図から読み取ったことがらをまとめたレポートの一部である。文章中の下線部**a**～**c**の内容の正誤の組み合わせとして最も適当なものを，あとの**ア**～**ク**のうちから一つ選び，マークしなさい。

> JR札幌駅から見て，北大植物園はおおよそ**a**<u>南東</u>の方向に位置し，北大植物園には，**b**<u>果樹園</u>が見られる。**A**の道路をJR札幌駅からすすきの駅に向かって進むと，すすきの駅のすぐ先に**c**<u>警察署</u>がある。

ア	**a**：正 **b**：正 **c**：正	**イ**	**a**：正 **b**：正 **c**：誤
ウ	**a**：正 **b**：誤 **c**：正	**エ**	**a**：正 **b**：誤 **c**：誤
オ	**a**：誤 **b**：正 **c**：正	**カ**	**a**：誤 **b**：正 **c**：誤
キ	**a**：誤 **b**：誤 **c**：正	**ク**	**a**：誤 **b**：誤 **c**：誤

3 次の地図を見て，あとの(**1**)～(**4**)の問に答えなさい。

(注)島等は省略したものもある。また，国境に一部未確定部分がある。

(**1**) 次の**ア**～**エ**のグラフは，地図中の**W**～**Z**のいずれかの地点における年平均気温と年降水量及び月平均気温と月降水量の変化の様子を示したものである。これらのうち，**W**の地点，**Z**の地点のグラフとして最も適当なものを，それぞれ一つずつ選び，マークしなさい。

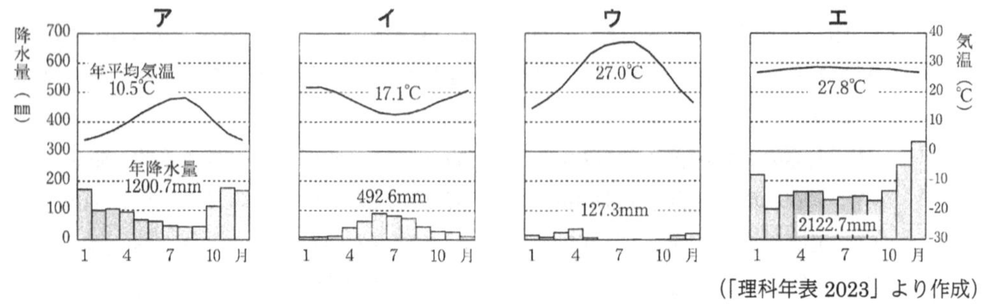

(「理科年表 2023」より作成)

(**2**) 次のⅠ～Ⅳのうち，地図中の**南アメリカ州**について述べた文はいくつあるか。最も適当なものを，あとの**ア**～**エ**のうちから一つ選び，マークしなさい。

Ⅰ この州の西部に連なる山脈の高地では，アルパカの飼育が行われている。

Ⅱ この州では，アマゾン川の流域を中心に，森林の伐採などの環境破壊が問題になっている。

Ⅲ この州の西部には，アルプス山脈などを含む造山帯(変動帯)が形づくられている。

Ⅳ この州の国々は，地域の団結を強め，地域の統合をめざす組織であるAUを結成している。

ア 一つ　　**イ** 二つ　　**ウ** 三つ　　**エ** 四つ

(**3**) 次の文章は，しんじさんが地図中の**A**の国の移民についてまとめたレポートの一部である。文章中の Ⅰ ～ Ⅲ にあてはまる語の組み合わせとして最も適当なものを，あとの**ア**～**エ**のうちから一つ選び，マークしなさい。

地図中の**A**の国には先住民族(先住民)である[Ⅰ]がいるが，国民の大部分は海外からの移民やその子孫である。次の**資料1**は，1981年と2011年の**A**の国への移民の州別の割合を示したもので，**資料1**中の**あ**～**う**のうち，**あ**には[Ⅱ]，**い**には[Ⅲ]があてはまる。

資料1　1981年と2011年の地図中のAの国への移民の州別の割合

	あ	い	う	アフリカ州	不明・その他
1981年	6.2	11.6%	70.7	2.9	8.6
2011年	9.4%	30.8	32.6	5.2	22.0

(**A**の国の統計局の資料より作成)

ア　Ⅰ：アボリジニ(アボリジニー)　Ⅱ：オセアニア州　Ⅲ：アジア州
イ　Ⅰ：アボリジニ(アボリジニー)　Ⅱ：ヨーロッパ州　Ⅲ：アジア州
ウ　Ⅰ：マオリ　Ⅱ：アジア州　Ⅲ：オセアニア州
エ　Ⅰ：マオリ　Ⅱ：アジア州　Ⅲ：ヨーロッパ州

(4)　右の**資料2**は，地図中の**アメリカ合衆国**，**インド**，**中国**及び**日本**の1970年から2020年までの自動車生産台数の推移を示したものである。次のⅠ～Ⅲの文は，**資料2**から読み取れることについて述べたものである。Ⅰ～Ⅲの文の正誤の組み合わせとして最も適当なものを，あとの**ア**～**ク**のうちから一つ選び，マークしなさい。

資料2　アメリカ合衆国，インド，中国及び日本の1970年から2020年までの自動車生産台数の推移

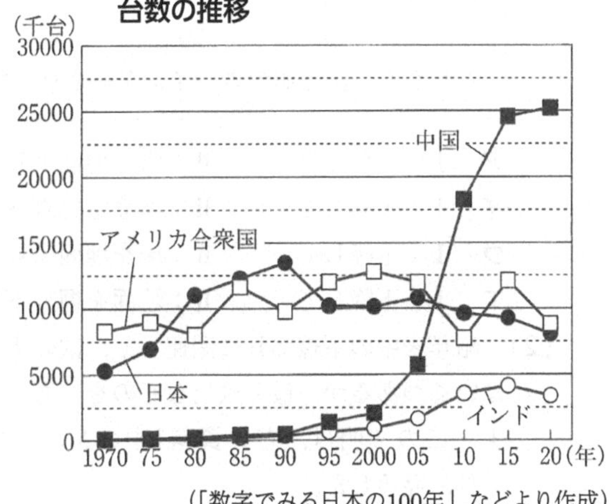

(「数字でみる日本の100年」などより作成)

Ⅰ　**資料2**中で，2010年における中国の自動車生産台数はアメリカ合衆国の自動車生産台数の2倍以上である。

Ⅱ　**資料2**中で，2020年のアメリカ合衆国，日本，インドの自動車生産台数の合計は，2020年の中国の自動車生産台数よりも多い。

Ⅲ　**資料2**中で，中国の自動車生産台数の増加数が5年前と比較して最も多い2010年に，インドの自動車生産台数の増加数も最も多く，アメリカ合衆国と日本の自動車生産台数は減少している。

ア　Ⅰ：正　Ⅱ：正　Ⅲ：正　　**イ**　Ⅰ：正　Ⅱ：正　Ⅲ：誤
ウ　Ⅰ：正　Ⅱ：誤　Ⅲ：正　　**エ**　Ⅰ：正　Ⅱ：誤　Ⅲ：誤
オ　Ⅰ：誤　Ⅱ：正　Ⅲ：正　　**カ**　Ⅰ：誤　Ⅱ：正　Ⅲ：誤
キ　Ⅰ：誤　Ⅱ：誤　Ⅲ：正　　**ク**　Ⅰ：誤　Ⅱ：誤　Ⅲ：誤

4 次の略年表を見て，あとの(1)～(5)の問いに答えなさい。

時期・年代	主なできごと
1万数千年前	a 縄文時代が始まる
紀元前3000年ごろ	b メソポタミア文明がおこる
4世紀末～5世紀	c 倭国(日本)が高句麗と戦う
743年	d 朝廷が土地に関係する法令を出す
794年	桓武天皇が都を平安京に移す
	↕ e
1156年	保元の乱が起こる

(1) 略年表中の下線部aに関連して，次の文章は，ちかさんたちの班が，縄文時代の日本列島について話し合っている場面の一部である。文章中の Ⅰ ， Ⅱ にあてはまるものの組み合わせとして最も適当なものを，あとのア～エのうちから一つ選び，マークしなさい。

> ちかさん：縄文時代の初めごろに海水面が Ⅰ 日本列島ができたんだよね。
> けんさん：そうだね。縄文時代になって人々のくらしもいろいろと変わったね。
> とわさん：大型動物に代わり，イノシシやシカなどの小型動物の狩りが行われるようになったよ。
> ひろさん：ほかにも，食料が安定して得られるようになり， Ⅱ たて穴住居に住むようになったね。
> ちかさん：図書館の本やインターネットも使って，縄文時代のことをもっと調べようよ。

ア　Ⅰ：上昇して　　Ⅱ：床を地面よりも高いところにつくった
イ　Ⅰ：上昇して　　Ⅱ：地面を掘り下げて床にした
ウ　Ⅰ：下降して　　Ⅱ：床を地面よりも高いところにつくった
エ　Ⅰ：下降して　　Ⅱ：地面を掘り下げて床にした

(2) 略年表中の下線部bに関連して，次のⅠ～Ⅳのうち，メソポタミア文明について述べた文はいくつあるか。最も適当なものを，あとのア～エのうちから一つ選び，マークしなさい。

Ⅰ　この文明は，右の**資料1**中の**X**の地域でおこり，発達した。
Ⅱ　この文明は，チグリス川(ティグリス川)・ユーフラテス川の流域で発達した。
Ⅲ　この文明では，月の満ち欠けをもとにした太陰暦が発明された。
Ⅳ　この文明では，文明が発達した地域周辺を統一したハンムラビ王が法典を整備した。

資料1

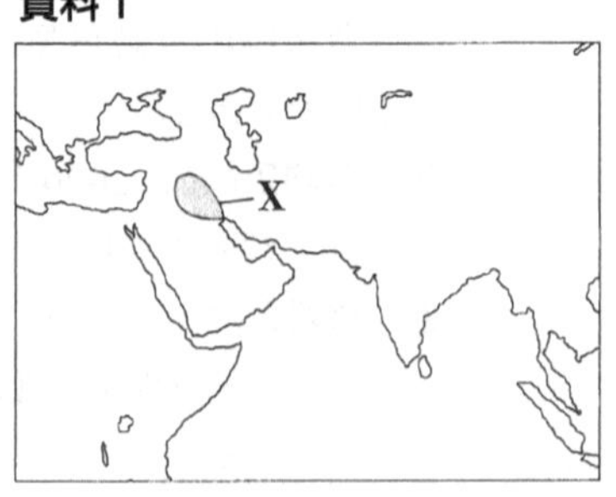

ア　一つ　　**イ**　二つ　　**ウ**　三つ　　**エ**　四つ

(3) 略年表中の下線部**c**に関連して，倭国(日本)と戦った高句麗の位置として最も適当なものを，右の**資料2**中の**ア**～**エ**のうちから一つ選び，マークしなさい。

資料2　4～5世紀ごろの朝鮮半島周辺の様子

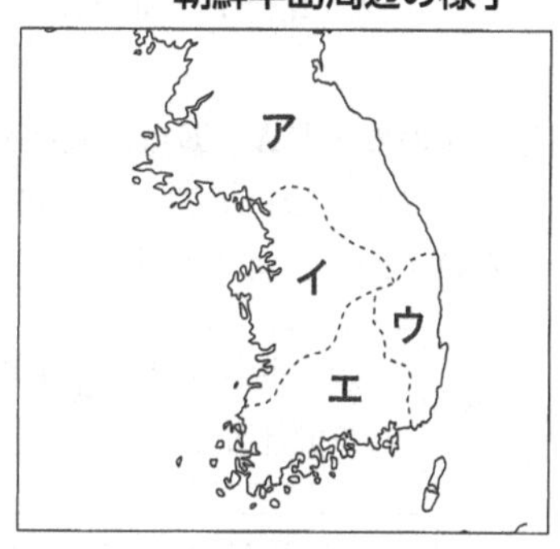

(4) 略年表中の下線部**d**に関連して，次の**資料3**は，このときに朝廷が出した土地に関係する法令の一部である。あとのⅠ～Ⅲの文は，**資料3**の法令について述べたものである。Ⅰ～Ⅲの文の正誤の組み合わせとして最も適当なものを，下の**ア**～**ク**のうちから一つ選び，マークしなさい。

資料3　朝廷が出した土地に関係する法令(天平十五年の法令)の一部

> 以前の養老七年の法令では三代という期限が過ぎると，開墾した土地は他の土地と同じく国家に収められることになっている。しかしこのことから人は意欲をなくし，せっかく開墾した土地が再び荒れてしまう。(今回の天平十五年の法令により)今後は開墾した土地をそのまま私財と認め，三代という期限に関係なく国家に収めなくてよい。
> …(省略)…

Ⅰ　**資料3**中の「養老七年の法令」では，土地を新たに開墾した人が死ぬと，開墾された全ての土地はすぐに国家に収められることになっていた。

Ⅱ　**資料3**の法令(天平十五年の法令)が出されたことにより，朝廷が人々に支給した全ての土地は，死んでも国家に収めなくてよいことになった。

Ⅲ　**資料3**の法令(天平十五年の法令)などが出された背景には，人口の増加などにより口分田が不足していたことがあった。

ア　Ⅰ：正　Ⅱ：正　Ⅲ：正　　**イ**　Ⅰ：正　Ⅱ：正　Ⅲ：誤
ウ　Ⅰ：正　Ⅱ：誤　Ⅲ：正　　**エ**　Ⅰ：正　Ⅱ：誤　Ⅲ：誤
オ　Ⅰ：誤　Ⅱ：正　Ⅲ：正　　**カ**　Ⅰ：誤　Ⅱ：正　Ⅲ：誤
キ　Ⅰ：誤　Ⅱ：誤　Ⅲ：正　　**ク**　Ⅰ：誤　Ⅱ：誤　Ⅲ：誤

(5) 次のⅠ～Ⅳの文は，略年表中の**e**の時期に起こったできごとについて述べたものである。Ⅰ～Ⅳの文を年代の**古いものから順**に並べたものとして最も適当なものを，あとの**ア**～**エ**のうちから一つ選び，マークしなさい。

Ⅰ　藤原純友が，瀬戸内の周辺で朝廷に対して反乱を起こした。

Ⅱ　最澄が天台宗，空海が真言宗をおこした。

Ⅲ　藤原道長が，幼い天皇のかわりに政治を行う摂政になった。

Ⅳ　東北地方の有力者どうしの争いから，後三年合戦が始まった。

ア Ⅰ→Ⅱ→Ⅲ→Ⅳ　**イ** Ⅰ→Ⅱ→Ⅳ→Ⅲ
ウ Ⅱ→Ⅰ→Ⅲ→Ⅳ　**エ** Ⅱ→Ⅰ→Ⅳ→Ⅲ

5 次のカード**A**～**E**は，社会科の授業で，のりひろさんが，「鎌倉時代から江戸時代までの社会などの様子」について調べ，年代の古い順にまとめたものの一部である。これらを読み，あとの**(1)**～**(5)**の問いに答えなさい。

A	鎌倉時代後半に$_{a}$荘園などに押し入って年貢を奪い，幕府などに反抗する「悪党」と呼ばれる武士が登場した。
B	$_{b}$室町時代半ばに応仁の乱が起こったころから，下の身分の者が実力で上の身分の者を倒し，権力をにぎる下剋上の風潮が広がった。
C	安土桃山時代のころに織田信長と$_{c}$豊臣秀吉が天下統一を進めるとともにさまざまな政策を行い，近世の社会の基礎が固まった。
D	江戸時代初めに幕府が鎖国の体制を完成させた後，産業が発達したり都市が繁栄したりした。江戸時代前半の上方では町人たちが力をもち，彼らを担い手とする$_{d}$元禄文化が生まれた。
E	$_{e}$江戸時代末に社会不安が広がり，世直しへの期待が高まるなか，「ええじゃないか」の騒ぎが起こった。

(1) カード**A**中の下線部**a**に関連して，次の**資料1**は，鎌倉時代後半に紀伊国のある荘園の農民たちが，領主に提出した訴え状の一部である。**資料1**中の□に共通してあてはまる語として最も適当なものを，あとの**ア**～**エ**のうちから一つ選び，マークしなさい。

資料1　鎌倉時代後半に紀伊国のある荘園の農民たちが，領主に提出した訴え状の一部

> 阿氐(弖)河荘の上村の農民たちが申し上げます。
> 一　材木の納入が遅れていることについてですが，□が京都に上るとか近所の労役とかいって，人夫を□にこき使われますので，納入の余裕がありません。
> …(省略)…

ア 大目付　**イ** 郡司　**ウ** 執権　**エ** 地頭

(2) カード**B**中の下線部**b**に関連して，次のⅠ～Ⅲの文は，室町時代に起こったできごとについて述べたものである。Ⅰ～Ⅲの文を年代の**古いものから順**に並べたものとして最も適当なものを，あとの**ア**～**カ**のうちから一つ選び，マークしなさい。

Ⅰ　中国船に乗って種子島に流れ着いたポルトガル人が，日本に初めて鉄砲を伝えた。
Ⅱ　山城国の武士や農民たちが，国一揆を起こして大名を退かせて自治を始めた。
Ⅲ　二つに分裂していた南朝と北朝が統一され，60年近く続いた内乱が終わった。

ア Ⅰ→Ⅱ→Ⅲ　**イ** Ⅰ→Ⅲ→Ⅱ　**ウ** Ⅱ→Ⅰ→Ⅲ
エ Ⅱ→Ⅲ→Ⅰ　**オ** Ⅲ→Ⅰ→Ⅱ　**カ** Ⅲ→Ⅱ→Ⅰ

(3) カード**C**中の下線部**c**に関連して，次の**Ⅰ**～**Ⅴ**のうち，安土桃山時代に豊臣秀吉が行ったことについて述べた文はいくつあるか。最も適当なものを，あとの**ア**～**オ**のうちから一つ選び，マークしなさい。

Ⅰ　この人物は安土城を築き，天下統一の拠点とした。
Ⅱ　この人物は，京都の東山の別荘に銀閣や東求堂などを建てた。
Ⅲ　この人物はものさしなどを統一し，支配した地域で太閤検地を行った。
Ⅳ　この人物は刀狩令を出し，百姓たちが武器をもつことを禁止した。
Ⅴ　この人物は，キリスト教の宣教師を日本の国外に追放する命令を出した。

ア 一つ　**イ** 二つ　**ウ** 三つ　**エ** 四つ　**オ** 五つ

(4) カード**D**中の下線部**d**に関連して，次の文章は，のりひろさんが江戸時代前半の元禄文化で活躍した人物についてまとめたレポートの一部である。文章中の［Ⅰ］，［Ⅱ］にあてはまる人物名と語の組み合わせとして最も適当なものを，あとの**ア**～**エ**のうちから一つ選び，マークしなさい。

> ［Ⅰ］は，江戸時代前半に栄えた元禄文化で活躍した人物の一人である。この人物は，弟子とともに東北地方など各地を旅行し，平泉では「夏草や　兵(つわもの)どもが　夢の跡」という俳句(俳諧)をよんだり，右の**資料2**で示した［Ⅱ］を訪ねたりした。この俳句(俳諧)などは，のちに『おくのほそ道(奥の細道)』としてまとめられた。
>
> **資料2　平泉にある阿弥陀堂**

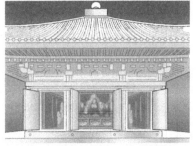

ア Ⅰ：与謝蕪村　Ⅱ：平等院鳳凰堂　**イ** Ⅰ：与謝蕪村　Ⅱ：中尊寺金色堂
ウ Ⅰ：松尾芭蕉　Ⅱ：平等院鳳凰堂　**エ** Ⅰ：松尾芭蕉　Ⅱ：中尊寺金色堂

(5) カード**E**中の下線部**e**に関連して，次の**Ⅰ**，**Ⅱ**の文は，江戸時代末に起こったできごとについて述べたものである。**Ⅰ**，**Ⅱ**の文の正誤の組み合わせとして最も適当なものを，あとの**ア**～**エ**のうちから一つ選び，マークしなさい。

Ⅰ　江戸幕府が欧米諸国との間に日米修好通商条約などを結ぶと，生糸などを日本の主な輸出品とする貿易が横浜などで始まった。
Ⅱ　薩摩藩の藩士が生麦でイギリス人を殺傷する事件を起こすと，翌年にその報復としてイギリス艦隊が鹿児島を砲撃した。

ア Ⅰ：正　Ⅱ：正　**イ** Ⅰ：正　Ⅱ：誤
ウ Ⅰ：誤　Ⅱ：正　**エ** Ⅰ：誤　Ⅱ：誤

6 次のパネルA～Dは，社会科の授業で，やよいさんたちが，「近現代の資料」をテーマに作成したものの一部である。これらを見て，あとの(1)～(5)の問いに答えなさい。

A：地券

明治時代の1873年，政府は a地租改正を行った。土地の所有者には，上の資料で示した地券が交付された。

B：米騒動

大正時代の b第一次世界大戦中の1918年に c米騒動が発生した。上の資料は，米騒動の様子を示したものである。

C：日中戦争や太平洋戦争中の標語・スローガン

・日本人ならぜいたくは出来ない筈(はず)だ
・欲しがりません勝つまでは
・進め一億火の玉だ
・足らぬ足らぬは工夫が足らぬ
・月月火水木金金

上の資料は，昭和時代前半の d日中戦争・太平洋戦争中に使われた標語・スローガンの一部である。

D：『あたらしい憲法のはなし』

(国立国会図書館ウェブサイトより転載)

戦後の1947年に e日本国憲法が施行されると，上の資料で示した『あたらしい憲法のはなし』が教科書として発行された。

(1) パネルA中の下線部aに関連して，右の**資料1**は，1875年から1910年までの日本政府の租税収入及び租税収入に占める地租の割合の推移を示したものである。次のⅠ，Ⅱの文は，**資料1**から読み取れることなどについて述べたものである。Ⅰ，Ⅱの文の正誤の組み合わせとして最も適当なものを，あとの**ア**～**エ**のうちから一つ選び，マークしなさい。

資料1　日本政府の租税収入及び租税収入に占める地租の割合の推移

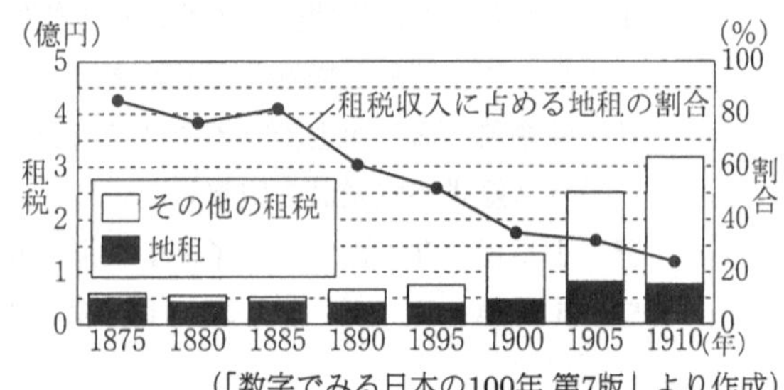

(「数字でみる日本の100年 第7版」より作成)

Ⅰ　日本が韓国併合を行った年，地租による収入額は，5000万円を上回っていた。

Ⅱ　日清戦争が終わって下関で講和会議が開催された年，日本政府の租税収入に占める地租の割合は，60%以上であった。

ア　Ⅰ：正　Ⅱ：正　　**イ**　Ⅰ：正　Ⅱ：誤

ウ　Ⅰ：誤　Ⅱ：正　　**エ**　Ⅰ：誤　Ⅱ：誤

(2)　パネル**B**中の下線部**b**に関連して，第一次世界大戦中に海外で起こったできごとについて述べた文として最も適当なものを，次の**ア**～**エ**のうちから一つ選び，マークしなさい。

ア　ドイツでナチス(ナチ党)を率いるヒトラーが首相になり，政権をにぎった。

イ　ワシントン会議が開催され，主要国の主力艦の保有の制限などが決められた。

ウ　アメリカ合衆国で奴隷制などをめぐって対立が深まり，南北戦争が始まった。

エ　ロシアでレーニンらが臨時政府を倒し，世界最初の社会主義の政府が誕生した。

(3)　パネル**B**中の下線部**c**に関連して，次の文章は，やよいさんが1918年の米騒動の発生後の日本の政治の動きなどについてまとめたレポートの一部である。文章中の［Ⅰ］，［Ⅱ］にあてはまるものの組み合わせとして最も適当なものを，あとの**ア**～**エ**のうちから一つ選び，マークしなさい。

> 1918年に米騒動への対応を批判された陸軍出身の首相が辞職した後に，原敬が，陸軍・海軍・外務の各大臣をのぞき，衆議院第一党である［Ⅰ］の党員が大臣を務める本格的な政党内閣をつくった。なお，この年において，衆議院議員を選挙で選ぶことができる有権者の資格は［Ⅱ］であった。

ア　Ⅰ：立憲改進党　　Ⅱ：一定額以上の税金を納める25歳以上の男性

イ　Ⅰ：立憲改進党　　Ⅱ：25歳以上の全ての男性

ウ　Ⅰ：立憲政友会　　Ⅱ：一定額以上の税金を納める25歳以上の男性

エ　Ⅰ：立憲政友会　　Ⅱ：25歳以上の全ての男性

(4)　パネル**C**中の下線部**d**に関連して，次のⅠ～Ⅳのうち，昭和時代前半の日中戦争や太平洋戦争中に日本国内で起こったできごとについて述べた文はいくつあるか。最も適当なものを，あとの**ア**～**エ**のうちから一つ選び，マークしなさい。

Ⅰ　社会主義者たちを取り締まるために，治安維持法が初めて制定された。

Ⅱ　20歳になった男性に兵役の負担をさせる徴兵令が制定された。

Ⅲ　ほとんどの政党や政治団体が解散し，大政翼賛会に合流した。

Ⅳ　関東大震災が発生し，地震や火災などにより大きな被害が出た。

ア　一つ　　**イ**　二つ　　**ウ**　三つ　　**エ**　四つ

(5)　パネル**D**中の下線部**e**に関連して，次の**資料2**は，日本国憲法の施行以降に起こったできごとを年代の**古いものから順**に左から並べたものである。**資料2**中の［Ⅰ］，［Ⅱ］にあてはまるできごととして最も適当なものを，あとの**ア**～**オ**のうちからそれぞれ一つずつ選び，マークしなさい。

資料2

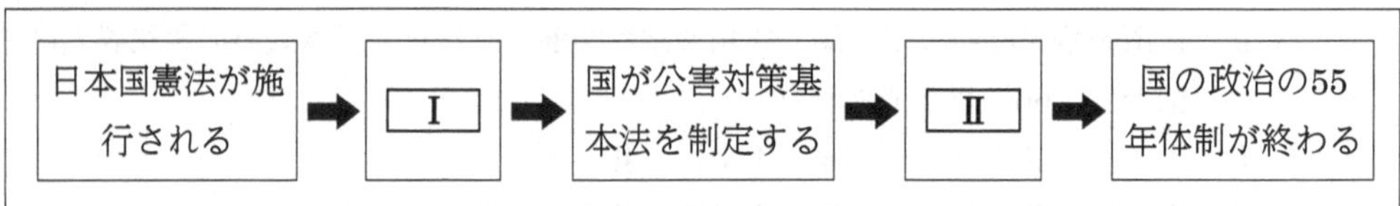

ア　大逆事件が起こる　　**イ**　沖縄が日本に復帰する
ウ　警察予備隊が組織される　　**エ**　東日本大震災が発生する
オ　全国水平社が結成される

7　次の文章を読み，あとの(1)～(3)の問いに答えなさい。

日本では，国民が$_{\mathbf{a}}$選挙で選出する議員で構成される国会が立法権をもち，国会が指名する内閣総理大臣(首相)が組織する$_{\mathbf{b}}$内閣が行政権をもっている。また，国民の$_{\mathbf{c}}$人権を守るための裁判所が司法権をもち，権力を分けることにより三権が均衡を保っている。

(1)　下線部**a**に関連して，次の文は，衆議院議員の比例代表選挙における南関東ブロック(定数22名)の架空の投票結果を示した**資料**について述べたものである。文中の［Ⅰ］～［Ⅲ］にあてはまる語の組み合わせとして最も適当なものを，あとの**ア**～**ク**のうちから一つ選び，マークしなさい。なお，各政党には9人以上の立候補者がいるものとする。

次の**資料**のような投票結果の場合，ドント式(ドント方式)で**A**～**E**党に配分される議席数を求めると，このうち**A**党は［Ⅰ］，**B**党は［Ⅱ］，**C**党は［Ⅲ］になる。

資料　衆議院議員の比例代表選挙における南関東ブロック(定数22名)の架空の投票結果

政党	得票数	÷1	÷2	÷3	÷4	÷5	÷6	÷7	÷8	÷9
A党	200	200	100	66.6…	50	40	33.3…	28.5…	25	22.2…
B党	150	150	75	50	37.5	30	25	21.4…	18.7…	16.6…
C党	100	100	50	33.3…	25	20	16.6…	14.2…	12.5	11.1…
D党	45	45	22.5	15	11.2…	9	7.5	6.4…	5.6…	5
E党	30	30	15	10	7.5	6	5	4.2…	3.7…	3.3…

(注)得票数などの単位は「万票」である。

ア　Ⅰ：8議席　Ⅱ：6議席　Ⅲ：3議席　　**イ**　Ⅰ：8議席　Ⅱ：6議席　Ⅲ：4議席
ウ　Ⅰ：8議席　Ⅱ：7議席　Ⅲ：3議席　　**エ**　Ⅰ：8議席　Ⅱ：7議席　Ⅲ：4議席
オ　Ⅰ：9議席　Ⅱ：6議席　Ⅲ：3議席　　**カ**　Ⅰ：9議席　Ⅱ：6議席　Ⅲ：4議席
キ　Ⅰ：9議席　Ⅱ：7議席　Ⅲ：3議席　　**ク**　Ⅰ：9議席　Ⅱ：7議席　Ⅲ：4議席

(2)　下線部**b**に関連して，次のⅠ，Ⅱの文は，日本の内閣について述べたものである。Ⅰ，Ⅱの文の正誤の組み合わせとして最も適当なものを，あとの**ア**～**エ**のうちから一つ選び，マークしなさい。

Ⅰ　内閣を構成する国務大臣の過半数は，必ず国会議員から選出されることになっている。
Ⅱ　衆議院で内閣不信任の決議が可決された場合，内閣は30日以内に衆議院を解散するか，総辞職しなければならない。

ア　Ⅰ：正　Ⅱ：正　　**イ**　Ⅰ：正　Ⅱ：誤
ウ　Ⅰ：誤　Ⅱ：正　　**エ**　Ⅰ：誤　Ⅱ：誤

(3)　下線部**c**に関連して，次のⅠ～Ⅶのうち，基本的人権について述べている日本国憲法の条文の一部を示しているものはいくつあるか。最も適当なものを，あとの**ア**～**キ**のうちから一つ選び，マークしなさい。

Ⅰ	何人も，公共の福祉に反しない限り，居住，移転及び職業選択の自由を有する。
Ⅱ	すべて国民は，法律の定めるところにより，その能力に応じて，ひとしく教育を受ける権利を有する。
Ⅲ	何人も，裁判所において裁判を受ける権利を奪(わ)はれない。
Ⅳ	何人も…（省略）…行政機関の長に対し，当該行政機関の保有する行政文書の開示を請求することができる。
Ⅴ	すべて国民は，法の下に平等であつ(っ)て，人種，信条，性別，社会的身分又は門地により，政治的，経済的又は社会的関係において，差別されない。
Ⅵ	何人も…（省略）…平穏に請願する権利を有し，何人も，かかる請願をしたためにいかなる差別待遇も受けない。
Ⅶ	環境の保全は，環境を…（省略）…維持することが人間の健康で文化的な生活に欠くことのできないものであること…（省略）…にかんがみ，…（省略）…適切に行われなければならない。

ア　一つ　　**イ**　二つ　　**ウ**　三つ　　**エ**　四つ
オ　五つ　　**カ**　六つ　　**キ**　七つ

8　次の文章を読み，あとの**(1)**～**(3)**の問いに答えなさい。

私たちは普段，小売店などで商品を購入し，a消費している。最近はb情報化の進展によりインターネットを通じて商品を購入する機会も増加している。商品を購入するときには消費税を支払うが，その大部分は国の税収になり，c国の予算の元手になる。

(1)　下線部**a**に関連して，次のⅠ～Ⅴのうち，商品の消費や消費者問題などについて正しく述べた文はいくつあるか。最も適当なものを，あとの**ア**～**オ**のうちから一つ選び，マークしなさい。

Ⅰ　お金を払ってスポーツを観戦することは，財とサービスのうちサービスの消費に分類される。
Ⅱ　商品の購入は，買い手と売り手の間で契約について合意があれば，口頭だけでも成立する。
Ⅲ　日本では，小売店で購入した商品について，一定期間内であれば無条件で返品できる。
Ⅳ　日本ではPL法により，欠陥商品による損害を賠償する責任を製造者に負わせている。
Ⅴ　日本の消費者行政を主に担当する役所として，環境庁が設置されている。

ア 一つ　**イ** 二つ　**ウ** 三つ　**エ** 四つ　**オ** 五つ

(2) 下線部**b**に関連して，次のⅠ，Ⅱの文は，情報化などについて述べたものである。Ⅰ，Ⅱの文の正誤の組み合わせとして最も適当なものを，あとの**ア**～**エ**のうちから一つ選び，マークしなさい。

Ⅰ　情報化の進展により，インターネット上に誤った情報が載ることは現在ではほぼない。

Ⅱ　コンピューターに人間と同様の知能のはたらきをもたせたものをAIという。

ア　Ⅰ：正　Ⅱ：正　　**イ**　Ⅰ：正　Ⅱ：誤

ウ　Ⅰ：誤　Ⅱ：正　　**エ**　Ⅰ：誤　Ⅱ：誤

(3) 下線部**c**に関連して，次の文は，日本の1990年度と2023年度の国の歳出の内訳を示した**資料**について述べたものである。文中の［Ⅰ］～［Ⅲ］にあてはまる語の組み合わせとして最も適当なものを，あとの**ア**～**カ**のうちから一つ選び，マークしなさい。

次の**資料**は，日本の1990年度と2023年度の国の歳出の内訳を示したものであり，**資料**中の**あ**には［Ⅰ］，**い**には［Ⅱ］，**う**には［Ⅲ］があてはまる。

資料　日本の1990年度と2023年度の国の歳出の内訳(一般会計の当初予算)

	あ	い	う	公共事業関係費	文教・科学振興費	防衛関係費	その他
1990 年度	23.0%	20.7	16.6	10.0	7.8	6.1	15.8
2023 年度	14.3%	22.1	32.3	5.3	4.7	8.9	12.4

(「日本国勢図会 2023/24」などより作成)

ア　Ⅰ：地方交付税交付金など　Ⅱ：社会保障関係費　Ⅲ：国債費

イ　Ⅰ：地方交付税交付金など　Ⅱ：国債費　Ⅲ：社会保障関係費

ウ　Ⅰ：社会保障関係費　Ⅱ：地方交付税交付金など　Ⅲ：国債費

エ　Ⅰ：社会保障関係費　Ⅱ：国債費　Ⅲ：地方交付税交付金など

オ　Ⅰ：国債費　Ⅱ：地方交付税交付金など　Ⅲ：社会保障関係費

カ　Ⅰ：国債費　Ⅱ：社会保障関係費　Ⅲ：地方交付税交付金など

2　侍は札を書いた翌月の縁起の良い日に、浦に出かけて湖底にもぐり、蛇を退治しようとした。

3　侍が湖底のさまざまな場所を探しても、うわさとなっている蛇の姿を見つけられなかった。

4　侍の自宅に蛇退治に関する札を貼った者の正体はわからないため、侍も返答を札に書いて貼り付けることにした。

問四　傍線部3「ころさではかなはぬ」とあるが、ここでの意味として最適なものを後より一つ選び番号で答えなさい。

1　殺すことはできない　　2　殺さないではいられない
3　殺してはならない　　4　殺せそうもない

問五　傍線部4「下官いかでか辞せんや」とあるが、ここでの意味として最適なものを後より一つ選び番号で答えなさい。

1　私はどんなときでも断ることしかできない。
2　私はどうしても断ることができない。
3　私は何とかして断りたい。
4　私は絶対に断りたくはなかった。

問六　傍線部5「見る」の動作主として最適なものを後より一つ選び番号で答えなさい。

1　ある里さぶらひ　　2　此浦の蚫
3　見物のもの　　4　武者

問七　傍線部6「いかさま合点ゆかぬものなり」とあるが、これは具体的にどのようなことか。その説明として最適なものを後より一つ選び番号で答えなさい。

1　水中の洞窟に光っているものが見えたため、何なのだろうと思って近づいて刀で刺してみたが、まったく手ごたえが感じられなかったのでがっかりしたということ。
2　水中の洞窟で蛇が光っているように見えたため、近づいてくる蛇に攻撃されると思って刀で刺そうとしたが、蛇がまったく動かないので拍子抜けしたということ。
3　水中の洞窟で蛇が光っているように見えたので、近づいてみて刀で刺そうと何度か試みたが、思うように自分の体が動かなくなったのでおかしいと感じたということ。
4　水中の洞窟に光っている何かが見えたため、目的の蛇だと思い近づいて刀で刺してみたがまったく動こうとしないので、奇妙なことだと感じたということ。

問八　傍線部7「天晴、蚫をころせる勇士かな」とあるが、こう言ったときの見物のものたちの心情の説明として最適なものを後より一つ選び番号で答えなさい。

1　侍が危険をかえりみずに暗い洞窟の中で大きな蛇と戦って切り殺し、さらに貴重な黄金の武具まで引き上げたので、勇気のある行動だと尊敬の思いを抱いている。
2　侍が蛇を退治するという善行を重ねたからこそ、湖岸の洞窟から黄金をあしらった重い武具を着こんだ武者を救い出すことができたのだと称賛する思いを抱いている。
3　侍が大きな蛇を切ってしまえるほど勇敢な人間だからこそ、湖岸の洞窟から貴重な武具を見つけ出し、その武具から黄金を手に入れることができたのだと感嘆している。
4　侍が蛇を探しながら湖岸の暗い洞窟の中を進み、黄金をあしらった貴重な武具を引き上げてそれを身につけた行動や様子が、あまりに勇壮で驚きを感じている。

問九　本文の内容として不適当なものを後より一つ選び番号で答えなさい。

1　侍は、自宅に蛇退治に関する札をずっと貼られ続けたことで、うわさの蛇は実際に存在するのだろうと確信した。

れども、金はまたふして（もとのままで）此侍徳（利益）を得たり。＊6保元寿永か、あるは＊7建武延元の比の、しかるべき大将にやといへり。見物のものも「天晴、蛇をころせる勇士かな」とほめてかへりしと。

（『御伽物語』）

＊1　江州……近江国。現在の滋賀県。
＊2　里さぶらひ……郷士。農村に土着している武士。
＊3　かのえとら……庚寅の日。庚寅は干支の一つ。
＊4　わきざし……脇差。短めの刀剣。通常は腰の脇に差した。
＊5　具足……甲冑（武具）。
＊6　保元寿永……戦乱のあった時代の年号。保元は一一五六～一一五九年。寿永は一一八二～一一八四年。
＊7　建武延元……戦乱のあった時代の年号。建武は一三三四～一三三六年。延元は一三三六～一三四〇年。

問一　本文中に「　」（かぎかっこ）のついていない会話文が一箇所ある。その会話文の初めと終わりの組み合わせとして最適なものを後より一つ選び番号で答えなさい。

1　扨々蛇やある～かへるべし
2　扨々蚫やある～又いる
3　しかれどもここなる～かへるべし
4　しかれどもここなる～又いる

問二　傍線部1「ちまた挙て『蚫切』とよぶ」とあるが、このことに対する侍の心情として最適なものを後より一つ選び番号で答えなさい。

1　蛇を切ったことは誇らしいが、「蚫切」としてさまざまなうわさを立てられていることは面倒である。
2　蛇を切ったことでよい成果があったわけでもないのに、世間の人々から「蚫切」と称賛されるのは照れくさい。
3　蛇を切ったことは不本意で何かの役に立ったとも思っていないので、「蚫切」などと呼ばれるのは迷惑である。
4　蛇を切ったことで多くの人から悪く言われて不運が続いているので、「蚫切」と呼ばれるのはつらいことだ。

問三　傍線部2「筆まめなる事」とあるが、この侍の言葉の説明として最適なものを後より一つ選び番号で答えなさい。

1　蛇を退治するのは当然だと書かれた札が自分の住まいに貼られていることにうんざりして、まったく美しくない筆跡であることだという意味の怒りのこもった発言をしている。
2　蛇を退治するよう指図する内容を書いた札が自分の住まいに貼られていることに腹を立て、こまめにこんなものを書くとはあきれることだという意味の皮肉を言っている。
3　蛇を退治することを頼む内容を書いた札が自分の住まいに貼られていることをうれしく思い、とても丁寧に書かれていて感心することだという意味の発言をしている。
4　蛇を退治しなくてはいけないと命じる札が自分の住まいに貼られていることに驚いて、このような繊細な文字を書くのは一体誰だろうかという疑問をつぶやいている。

には捨てもすてても、ふだ六七枚八九枚もをして、あまさへざふごん（そのうえ、悪口雑言を言う）悪口(あつこう)す。軽忽(きやうこつ)（軽率でばかげたこと）なる事いふばかりなし。さぶらひ見て、「いまはあるに（いても、）し、なきにし（いなくても）、3ころさではかなはぬ」と思ひ、我もぜひなく（しかたなく）ふだをたてたり。「我不幸に虵をころす。人たのまぬに虵切とよぶ。うれしきにもあらず。又手がらと思はねば自讃(じさん)したる事もなし。しかるに此浦に虵あるよしにて、我をさしづし給ふ。頗(すこぶ)る難義(なんぎ)なれども、又一人にえらばるるも、かつは面目なり。これやむ事えがたし。4下官(やつがれ)（拙者）いかでか辞せんや。幸(さいは)ひ来月いくか、*3かのえとらにして吉日也(きちじつなり)。巳(み)の刻(こく)（朝の十時）に退治可申候(さうらふ)（退治いたそう）。その浦へ御よりあるべく候也（お寄りになってください）」とかけり。もろ人見て、「ふだのおもて聞こえたり。無理なる所望(しよまう)にこそ」といひあへり。

かくて其日(その)になるに侍も幕(まく)ひかせ、かしこにゆけば、見物も群(むれ)つれて来る。時にのぞめば、侍酒あくまで酌(く)みてはだかになり、下帯(したおび)（ふんどしに）に*4わきざし指して、千尋(ちひろ)（深い湖底）の底に入る。あはやと5見るにあがらず。しばしてうかめり。息をとくとつぎて、扨々(さてさて)蚰やあると右往左往(あふさきるさ)（あちらこちら）見るに、もとなきか、あれど出(い)でぬか、虵とおもふものもなし。しかれどもこなる岸の下に広さ三間四方ばかりのうつろ（洞窟）あり。この岫(ほら)に水のうごくにうつろふて、光(ひかり)ものみえたり。さてこそとおもひ、やがて側(そば)により、二刀(ふたかたな)三刀(みかたな)さすに、あへてはたらきもせず。6いかさま合点(がてん)ゆかぬものなり。今一度(いちど)ゆきてとりてかへるべしといひ、ながきなはをとりよせ、其はしを下帯につけ、又いるとみえしが、やがてあがり、「引きあげよ」といふ。人々よりて、これをひくに、*5具足甲(ぐそくかぶと)きたるもの引きあげたり。其時見物一度にどつとほむる声やまず。さてよく見ればよろひ武者の入水(じゆすい)したるとみえて、すぢほねの差別(しやべつ)もなく凝りたる躰(てい)（筋や骨の区別もないくらいに崩れて固まっている状態で）にして、かぶと、具足、太刀(たち)、さしぞへ（脇差）も金作(こがねづくり)なり。よの物さびくさ

1　南雲の気持ちを信じることができていない栗山に対して、栗山とは疎遠の父親が、栗山と南雲の将来を認めてくれていることを伝えて、これからも栗山とずっと一緒にいたいという思いを伝えたくなっている。

2　二人の別れを想像する栗山の影響を受け、南雲は二人の関係が壊れることを確信し、その前に栗山の父親の思いに応えて、栗山と父親の関係を取り持たなくてはいけないという使命感が強くなっている。

3　南雲に頼り切っている栗山の姿を見て、南雲が栗山を裏切って栗山の嫌う父親とつながっていることが申し訳なくなり、事実を打ち明けて栗山の父親の優しい思いを伝えなくてはいけないと覚悟を決めている。

4　南雲との別れを思い弱気になっている栗山が心の支えとなるものを持てるように、幸せを願う栗山の父親が、南雲との交際に協力的であるという思いもよらない真実を伝えたいという衝動に駆られている。

問十　本文の説明として最適なものを後より一つ選び番号で答えなさい。

1　現在の場面と、現在の南雲が過去の出来事を振り返って語る形で物語が展開し、それぞれの場面で佐伯と栗山について丁寧な人物描写が行われ、三人の複雑な関係性が実感を伴って伝わる内容になっている。

2　現在は第三者からの視点、過去はその時点の南雲の視点で描写されているが、どちらも南雲の心情を中心にした佐伯や栗山との細かなやりとりが展開され、過去と現在の南雲の変化が伝わるような構成や表現となっている。

3　現在の場面は佐伯の視点を通して南雲の人物像を描写し、過去の場面では高校生の頃の南雲の視点を通して栗山とのいくつかのエピソードが淡々と描写され、過去と現在の南雲の心情の変化が感じ取れる内容になっている。

4　現在の場面は第三者の視点から南雲と佐伯の心情を描写し、過去の場面はそのときの南雲の視点によって栗山との関係が繊細に描写され、心情の明確でない栗山に対する関心が高まるような表現がされている。

三、次の文章は『御伽物語』の一部である。これを読んで後の設問に答えなさい。

*1江州にてある里さぶらひ*2、長二間ばかりの蛇（蛇）を切り、1ちまた挙て「蛇切」とよぶ。この人の住所はびはのうみ（琵琶湖）の東なり。「其浦に蛇あり」「つねに湖の底にすむ」などいひふれり。しかるに何もののわざにや、かのさぶらひの門に、「此浦の蛇御退治しかるべし」と札にかきてをす。侍みて「2筆まめなる事」とてひきまくりて捨てけり。又つぎの夜も「ぜひころし給へ」とてをす。これもとりて捨つるに、後

4　南雲が栗山にとって一緒にいて気楽で心を落ち着かせることのできる存在だったから、写真に撮られるのが苦手な栗山が南雲の撮影には素直に応じて笑顔を見せたということ。

問六　傍線部3「彼女に不安な表情を浮かべさせる」とあるが、栗山が不安な表情を浮かべた理由として最適なものを後より一つ選び番号で答えなさい。

1　南雲の言葉はこれからの進路を優先して、自分の写真を撮るのも控えるよう告げるもので、ずっと一緒にいたい自分と冷静な南雲との間ですれちがいが生じたように思えたから。

2　これが最後かもしれないと告げる南雲の言葉によって受験の結果次第で南雲が函館に行く可能性を想像し、父親とその家族の近くには行きたくないという思いがよぎったから。

3　南雲の言葉がこの先の進路によっては故郷や自分から離れて行くことを予期させるもので、もうすぐ一緒に過ごすこともできなくなるのではないかと感じたから。

4　今回が最後になると決意して写真を撮ろうとする南雲の言葉によって、南雲が自分に相談なく進路を決めていることに気づき、その進路が自分の期待を裏切るものなのではないかと感じたから。

問七　傍線部4「すでに新品は買えないし、気軽に高校生に預ける類のコンパクトカメラではなかった」に副詞はいくつ用いられているか。最適なものを後より一つ選び番号で答えなさい。

1　一つ　　2　二つ　　3　三つ　　4　四つ

問八　傍線部5「大学の四年間を二人で過ごすということが、彼女の足枷になってしまっているのではないかと不安になる」とあるが、このときの南雲の心情の説明として最適なものを後より一つ選び番号で答えなさい。

1　栗山がすぐれた絵を描く人たちに追いつくために本格的に絵を学びたいと強く望んでいることを察して、南雲とともにいることを優先して進路を決めることで彼女の夢がかなわなくなるのではないかと気まずさと申し訳なさを感じている。

2　栗山が対象をもっと深くとらえて描こうとしているのに対して、南雲はイラストレータはそこまでする必要はないと考えており、大学でも絵を学びたい栗山と南雲が四年間一緒に過ごすことは難しいのではないかと重圧を感じ始めている。

3　栗山が才能のある人たちに負けたくないと真剣に絵に取り組んでいるのに、南雲のことは思い入れが深すぎて描けない様子を見て、南雲と一緒にいることで彼女が絵に対する意欲を失って何も成し遂げられなくなるのではないかと心配になっている。

4　栗山がすぐれた能力をもっているのに自信がないかのようにふるまっている様子を見て、南雲とともに過ごすために進路を妥協していることを気づかれないように彼女が気を遣っているのではないかと疑い、情けなさを感じている。

問九　傍線部6「ぼくは、彼女の父親から、手許のカメラで彼女のウェディングドレス姿を撮るように頼まれたことを話してしまいたくなる」とあるが、このときの南雲の心情の説明として最適なものを後より一つ選び番号で答えなさい。

3　自分の能力に対する誇り

4　なかなか解決することのない悩み

問三　本文中の［A］～［C］に入る言葉の組み合わせとして最適なものを後より一つ選び番号で答えなさい。

1　A＝探るような視線
　　B＝後ろめたさ
　　C＝ぼんやりした気分

2　A＝探るような視線
　　B＝わずらわしさ
　　C＝もやもやした気分

3　A＝責めるような視線
　　B＝わずらわしさ
　　C＝ぼんやりした気分

4　A＝責めるような視線
　　B＝後ろめたさ
　　C＝もやもやした気分

問四　傍線部1「繰り返し聞かされたユーミンの歌詞が頭から離れない」とあるが、このときの南雲の心情の説明として最適なものを後より一つ選び番号で答えなさい。

1　離れ離れになって長い年月が経過したにもかかわらず、元恋人がかつて自分に寄せてくれた期待に応えることができていないことを思い、みじめさと元恋人への申し訳なさを感じている。

2　離れ離れになってから高い名声を得て充実した人生を生きる元恋人のことを考えると、未熟で平凡なままの自分とは大きな隔たりができてしまったと感じ、せつなく苦しい思いになっている。

3　離れ離れになってから長い年月の間に元恋人が成功を積み上げてきたことを考えると、元恋人は自分のことを少しも気にかけていなかったのだろうと感じられ、やるせなく寂しい思いになっている。

4　離れ離れになってから努力を重ねて夢をかなえることのできた元恋人のことを思い、いつか再び顔を合わせることができるように、自分も早くしっかりとした立場を確立したいと必死な思いになっている。

問五　傍線部2「笑顔の彼女を写真に撮れるのは、その対価であり、ぼくの特権だった」とあるが、これはどういうことか。その説明として最適なものを後より一つ選び番号で答えなさい。

1　南雲が自分の時間を削って、栗山が快適にスケッチできるように付き合い続けていたから、写真に撮られるのが苦手な栗山が南雲の撮影には屈託のない笑顔を見せたということ。

2　南雲が栗山にとって理想の人物であり、南雲自身もその理想どおりにふるまうように努力していたから、写真を撮られるのを嫌う栗山も南雲の撮影は嫌うことなく笑顔を見せたということ。

3　南雲が、栗山の父親との約束を守って、栗山には内緒で記念写真を残せるように気を利かせていたから、写真を撮られるのを嫌う栗山が楽しそうに絵を描く姿を撮影できたということ。

＊6　マウント……相手よりも自分を優位に見せようとすること。
＊7　廉価版……消費者が購入しやすいよう、内容はそのままで低価格化した商品。
＊8　ユーミン……歌手の松任谷由実の愛称。
＊9　あいみょん……歌手。シンガーソングライター。
＊10　安全弁……危険をあらかじめ防ぐ動きをするもの。
＊11　セイフティネット……安全網。安全装置。万が一のリスクに備えておく仕組み。
＊12　設計閾値……設計上の限界値。
＊13　東工大か電通大……「東工大」は「東京工業大学」、「電通大」は「電気通信大学」の略称。いずれも東京都にある。
＊14　仮面浪人……大学などに在籍した状態で、第一志望である別の学校に入学するために受験勉強を行うこと。
＊15　サテライト授業……本来の校舎、教室とは異なる場所で行われる授業。
＊16　最適解……最も適している答え。
＊17　ライカ……カメラのメーカーの名称。
＊18　藝大……東京藝術大学の略称。
＊19　美大……美術大学の略語。
＊20　ＨＴＭＬ……**Hyper Text Markup Language** の略。ＷＥＢページを作成するためにつくられた言語のこと。
＊21　ＣＦ……コマーシャル・フィルム。映像による広告。
＊22　ウッドストックのマグカップを選んだ……「ウッドストック」はチャールズ・Ｍ・シュルツの漫画『ピーナッツ』のキャラクター。南雲は佐伯にコーヒーを出すときに、佐伯の趣味や世代を考慮して、ウッドストックのイラストが描かれたマグカップを選んだ。

問一　二重傍線部ａ～ｃのカタカナの部分を漢字に改めたとき、同じ漢字を用いるものはどれか。後より選びそれぞれ番号で答えなさい。

ａ　オトズれ
　１　ホウ煙　　２　歴ホウ
　３　ホウ囲網　　４　ホウ食

ｂ　トけて
　１　掲ヨウ　　２　ヨウ接
　３　ヨウ護　　４　動ヨウ

ｃ　ナガめて
　１　予チョウ　　２　チョウ躍
　３　風チョウ　　４　チョウ望

問二　傍線部ア～ウの意味として最適なものを後より選びそれぞれ番号で答えなさい。

ア　不毛そうなので
　１　気分が悪くなりそうなので
　２　何の成果も得られそうにないので
　３　自分が不利になりそうなので
　４　力がまったく入りそうにないので

イ　寓話
　１　教訓を含んだたとえ話
　２　土地に言い伝えられる神話
　３　空想上の物語
　４　歴史上の人物の考えをまとめた伝記

ウ　矜持
　１　当然しなくてはいけない役割
　２　目的の達成に対する充足感

スターを描いてくれ」とか「同人誌の挿絵（さしえ）を描いてほしい」と言われるのがわずらわしいのだと言う。

けれども、二年生の夏休み明け、東京の予備校から帰ってきた彼女から、イラストを公開するウェブサイトを作るのを手伝ってほしいと頼まれた。ウェブサイトを作るＨＴＭＬ[*20]を二人で調べ、ぼくの部屋でイラストをスキャナで読み取って、彼女のイラストを全世界に公開している。ひとつひとつの被写体の輪郭はシャープだけれども全体としてふんわりとした彼女らしいイラストを、十日に一回くらいの頻度で更新している。

サイト名を考える際、「本名を公開するのは怖いし、わたしのファーストネームだけだと大学みたいだしなぁ」と悩む彼女に、「それならフランスの高校相当のLycéeは？」とぼくが適当に返したら、「リセ」になってしまった。だから、彼女が無事に大学に受かったら、別のサイトを作るのかもしれない。そして、大学生になって条件のいいアルバイトをできるようになれば、素人（しろうと）のぼくが貼ったキャンバスよりも、画材店で売られているしっかりとしたキャンバスを選ぶのだろう。

ぼくは、彼女に何も応えずに、片耳につけたイヤホンでユーミンを聞く。彼女によると、ぼくたちが小学校に上がる以前、ＪＲ東海の新幹線のＣＦ[*21]で使われた曲だったらしい。

――何も云（い）わなくていい　力を下さい　距離に負けぬよう

「わたしは距離に負けちゃいそう」

「大人になれば変わるのかもしれない」

「南雲君がわたしを振って遠くに行くって言うなら、最後に南雲君を描かせてほしい。そのときは残酷さだけを物語にするから、南雲君を描けるかもしれない。でも、そんなときが来たら、きっと泣いちゃって絵なんか描くどころじゃないか」

6ぼくは、彼女の父親から、手許（てもと）のカメラで彼女のウェディングドレス姿を撮るように頼まれたことを話してしまいたくなる。ぼくたちの四人の親の中に、ひとりだけ、高校生の結婚の約束を見守ってくれている人がいることを、彼女に伝えたかった。

南雲はぼんやり港の貨物船をCナガめていた。大学の研究室でも同じだが、無言で数時間を過ごしても気に障（さわ）らないのは、佐伯の美点のひとつだ。ウッドストック[*22]のマグカップを選んだ一因が、その印象のせいだった。高校生のころ、リセにとっての自分は、いまの佐伯のような存在だったのかもしれない。そう思っていたのに、スピーカーから流れる曲が、突然、あいみょんに変わる。携帯電話の選曲をリモコン代わりにして教員を操縦しようとする佐伯にあきれながら、ソファーのほうを振り向かなければならなかった。

（早瀬耕『十二月の辞書』）

＊１　冬は早く来る　～着ていますか……歌手・松任谷（まつとうや）由実（ゆみ）の楽曲「青いエアメイル」の一節。
＊２　ＵＣ……カリフォルニア大学。
＊３　グラフィックアート……平面上に表現される視覚芸術。
＊４　スターダム……人気のあるスターの立場。
＊５　センター試験……一九九〇年から二〇二〇年まで実施された試験。二〇二一年からは大学入学共通テストが実施されている。

に行かせてもらえるだけで感謝しなきゃならない」

ぼくは、うなずいて、彼女から離れて写真を撮った。自分と同じブランドの深緑色のダッフルコートが、冬季閉園前の植物園にとても似合っている。

彼女は「わたしはともかく」と言うけれども、二週間前に会った彼女の父親は、ぼくの両親と同じように子どもの幸福を心から願っている。彼を思い返すと、いま手にしているコンパクトカメラのような感じの男性だった。インターネットで調べたら、このカメラは、レンズ交換が可能で、レンズに応じてファインダーの距離計が変わるものだ。初期モデルはライカ*17との共同開発だったらしい。4すでに新品は買えないし、気軽に高校生に預ける類(たぐい)のコンパクトカメラではなかった。

彼女の父親の言葉を思い出しながら、ファインダーの中でピントを合わせて、あるひとつの色が消えた世界を想像する。言葉で聞いたときには簡単に思えたのに、いざファインダーの中で色を消そうとしても、それができない。

(ぼくの視覚はコンピュータ以下だな)

そう思いながらシャッターボタンを押してフィルムを巻き上げる。デジタルカメラのようにその場で画像を確認できないし、二十四枚か三十六枚分のフィルムしか入っていないから、予備のためにもう一度、シャッターボタンを押すかどうかにさえ気を遣う。ぼくは、彼女がスケッチを終えて、どぎつい色で溢(あふ)れる市街地に戻れば、色が欠けた世界を想像できるかもしれないと思って、二枚目の写真を撮らずに彼女の隣に戻った。

「何か、音楽を聴きたい」

そう言う彼女にiPodを渡すと、「もう写真を撮れないように、片方は南雲君」と言われて、イヤホーンを耳に嵌(は)められる。

「栗山さんは、ぼくを描かないよね」

「南雲君をモデルにするなんて無理だよ。わたしは、南雲君の残酷なところも優しいところも、みんなひっくるめて好き。南雲君は物語を抱えすぎていて描き切れない。それに、描いている間に、どんどん物語が追加されるでしょう?」

「いいところだけ描いてくれればいい」

「モデルの一面だけを描いた絵はつまらないって、東京の予備校でさんざん言われた。本質を炙(あぶ)り出せていないとか、陰影がないってね。きっと、それがわたしの限界なんだと思う」

そう自己評価する彼女は寂しそうだった。

「栗山さんの目標はイラストレータなんだから、デッサンや油絵にそこまで取り組む必要がある?」

「南雲君の考え方も正解のひとつだろうね。イラストも音楽も、本当に才能がある人は藝大(げいだい)*18に行く必要なんかないんでしょう。でも、わたしは、いまのままだったらその人たちに敵(かな)いそうもない」

やっぱり、彼女は、美大*19を諦め切れないんだなと思う。そして、5大学の四年間を二人で過ごすということが、彼女の足枷(あしかせ)になってしまっているのではないかと不安になる。

「リセのサイトを広める方法があればいいんだけれど……」

彼女は高校でも二、三人の親しい友人にしかイラストを描いていることを伝えていない。そのことをクラスメイトに話すと「学校祭のポい」という忠告を与えるのではなく、利用者がそれをできない安全弁[*10]か、仮にそれをしてしまっても被害を軽減できるセイフティネット[*11]を同時に作るべきだと思う。イカロスの翼を飛行機に喩（たと）えるなら、設計[*12]閾値（いきち）以上に上昇しないようにアラームを鳴らす高度計や、エンジンに異常が生じたときのためのパラシュートを同時に提供するのが、技術者としての責任であり ウ<u>矜持（きょうじ）</u>だと思う。

　太陽に近づくことが危険だとわかっていたのなら、つまり自分が技術者として二流以下だと気づいたなら、ダイダロスは、せめてイカロスの飛行を満月の夜にすればよかったのだ。

　ぼくは、［　C　］を吹き飛ばしたくてベンチから立つ。

「ん？　どうしたの？」

　彼女が、驚いたような顔で鉛筆を動かす手を止める。

「ちょっと離れたところからも撮っておこうと思って」

「まだ撮るの？」

「明日から植物園に入れなくなるから、ここで栗山さんの写真を撮るのは最後かもしれない」

　文化の日の翌日から翌年の四月下旬まで、植物園は温室を除いて閉園される。何気なく口に出た言葉が、3<u>彼女に不安な表情を浮かべさせる</u>。

「南雲君はセンター試験の成績がよかったら、やっぱり東工大[*13]か電通大にする？」

「ううん、それはなさそう。でも、逆に悪かったら函館か室蘭（むろらん）にするかもしれない」

「函館はやめてほしい」

　そこに彼女の父親の家族が住んでいるのは知っているけれども、函館の公立大学には情報工学部がある。北見にも工科大学があるけれど、北上する戦争は勝てない。

「じゃあ、来年は予備校生かな」

「予備校には体育祭も学校祭もないから、南雲君はきっと成績が伸びるよ。そしたら……」

　彼女の言葉が途切れる。センター試験の五教科の総合得点が九割前後の彼女は、市内の国立大学にストレートで難なく受かるはずだ。夏休みまで美大受験の予備校に行っていなければ、東大にも受かるレベルだと思う。

「ぼくが落ちたら、栗山さんは東京の予備校に行くの？」

「仮面浪人[*14]で夏期講習だけ予備校に行くかも……。そうすれば、南雲君が予備校で成績が伸びても伸びなくても、再来年には同じ大学に通える」

　予備校の国公立理系コースにはサテライト[*15]授業があり、ぼくは東京の予備校に通う必要性を感じない。けれども、彼女によると美大受験の予備校は、札幌と東京ではまったく違うのだと言う。実技の課題が成績順に張り出されて講評を受けるときに、札幌の予備校では上位五位から落ちたことがなかったのに、東京で受けた夏期講習では「よくて中の上」だったらしい。

「それが最適解[*16]かなぁ」

　学費を出してくれる両親には申し訳ないけれども、私立大学に通うことを考えれば、そのくらいの我儘（わがまま）を言ってもいいと考えてしまう。

「そっちはBプランだよ。わたしはともかく、南雲君は予備校や大学の隣にいた。このままだと卒業アルバムには、中間テスト明けに撮ったクラスの全体写真と個人写真にしか彼女の姿が残らないことになる。当然だけれど、真面目な彼女は、その写真で笑っていない。彼女の父親は、そんな状況を母親から聞かされていたから、ぼくにカメラを託したのだろう。

「課外活動の写真を撮っているだけ。ぼくたちは帰宅部だから、将来、卒業アルバムを見返しても、栗山さんの写真がなくて寂しくなるかもしれない」

「そのときは、隣にいるわたしを見てくれればいいでしょう。離れ離れになるみたいな未来の話をしないで」

二年前の彼女は、デート中に絵を描く二、三時間の間、「わたしがスケッチをしていても、ほんとに退屈じゃない?」と、ずっと気を遣っていた。けれども、ぼくが、傍(かたわ)らでぼんやりしていたり本を読んだりして過ごせることを知ると、彼女は「わたしの理想の恋人。やっぱり運命の出会いだったんだよ」と安心してくれた。その代わりに、ぼくが絵を描く姿を写真に撮っても、彼女は不快感を露(あら)わにしない。たぶん、2笑顔の彼女を写真に撮れるのは、その対価であり、ぼくの特権だった。

「それ、フィルムカメラ? 母から借りたの?」

「ううん、父に借りた。栗山さんのお母さんもフィルムカメラを持っているの?」

誰の父親かを言わなかったので嘘(うそ)はついていないけれども、 B が消えない。撮影するたびにフィルムを巻き上げるレバーを回すのが、携帯電話のカメラよりも写真を撮っているという実感を与えてくれる。

「以前は使っていた。いまはもう持っていないんじゃないかな。南雲君がフィルムカメラを使えるなら、センター試験の受験票の写真、南雲君に撮ってもらえばよかった」

「それで栗山さんの点数が悪かったら、ぼくは落ち込むと思う」

ぼくは、スケッチブックに視線を戻した彼女の横顔を見ながら、イカロスの寓話(ぐうわ)のことを考える。

ギリシア神話に登場するイカロスは、工匠にして発明家でもあるダイダロスの息子である。神話というからイカロスは神様なのかと思ったけれども、親子とも人間だった。父ダイダロスとともにミノス島の塔に幽閉され、そこから逃れるために父の作った翼を背負う。ダイダロスは、翼の素材に蜜蠟が使われていることから「湿度が高い海の上を飛んではならない」と「太陽に近づき過ぎてはならない」という二つのことを忠告する。けれどもイカロスはその忠告に従わず、太陽に近づき過ぎて墜落して死んでしまう。この寓話は、工業技術の行き過ぎた発展に対する警笛として捉えられているようだ。

そして、イカロスは、この警笛のためだけにギリシア神話の中で名前を与えられる。言い替えると、逃亡が成功すれば、翼を作ったダイダロスの功労のほうが残り、イカロスは無名の存在だったに違いない。実際、イカロスの死後、父ダイダロスは幽閉から解放されており、ぼくはイカロスのことを調べるまでダイダロスの名前を知らなかった。

ぼくが思うに、ダイダロスは工匠や発明家として二流以下である。新しい技術を実用化するなら、その利用者に「何々をしてはならな

「そうですね。でも、リセがロスにいたころのイラストには、ダッフルコートが多かったんです。南雲さんは知らなかったんですか」

リセが描いたダッフルコートのイラストを思い出そうとするが、そんな絵はなかったように思う。

「なぁ……、いまのってマウント取りじゃないのか」

「違います。個展のカタログが見つかったら立証できますけれど、事実を述べただけです」

（それをマウントって言うんだ）

南雲は、佐伯と話を続けても[ア]不毛そうなので脚立の上の身体を窓に向ける。ユーミン[*8]の同じ曲が二度繰り返されても、[A]から逃げられない。佐伯を無視するのを諦めて吹き抜けの下に降り、机の上に伏せてあった電子書籍端末を佐伯に差し出す。

「この家にいる間は電書端末を貸すから、別の曲にしてくれ」

「あいみょん[*9]でいいですか」

電子書籍端末を受け取り胸の上に置いた佐伯が、ソファーに置いてあった携帯電話を操作する。

「全然好きになれないし、ホラー映画も嫌いだ。歌詞がないほうがいい」

佐伯が見返りを要求せずにクラシックのピアノ曲（たぶんドビュッシーだ）に変えてくれる。流れる音楽が変わったのに、[1]繰り返し聞かされたユーミンの歌詞が頭から離れない。

――5年　いえ8年たってたずねたなら　声もかけれぬほど輝く人でいてほしい

彼女は、そんなふうに考えてくれたことがあっただろうか。離れ離れになってから七年後、輝く人になっていたのは、南雲ではなく彼女だった。新作アニメーション映画のキャラクターデザイナーとして舞台の上にいたリセは、トレーニングに裏付けられたセンスを持って自信に満ちた表情で輝いていた。南雲は、その彼女を動画サイトのスクリーン越しに見ることしかできなかった。

当時、修士号をとったばかりの南雲にとって、リセは声も届かない遠い存在だった。

翼を支える蜜蠟（みつろう）が[b]トけてしまわないかと心配するほど、彼女は高く羽ばたいていた。

彼女の父親の依頼に応えるために、ぼくは、十一月最初の祝日に、彼女を植物園に誘った。毎日のように放課後の図書館や予備校の自習室で一緒に過ごしていたし、そのあとにJRの札幌駅まで彼女を送っていたけれど、ひさしぶりに受験勉強から解放されたデートだった。

「やっぱり毎日描いていないと駄目だなぁ」

植物園のベンチでスケッチブックをひろげた彼女が、真っ白なページに視線を落として寂しそうに言う。ぼくは、その彼女に借り物のコンパクトカメラを構える。

「また写真撮るの？」

彼女は、一拍、頬を膨らませたけれど、ぼくがカメラを下げないでいると、はにかんだような笑顔を見せてくれる。彼女は写真を撮られるのが嫌いだ。それは徹底されていて、一年前の修学旅行でクラスの集合写真を撮るとき、彼女はそこから離れて、別のクラスだったぼく

二、次の文章を読んで、後の設問に答えなさい。

〈これまでのあらすじ〉

ＡＩ研究者の南雲薫（ぼく）には、故郷の札幌で過ごしていた高校生の頃、栗山という恋人がいた。栗山は、南雲と別れた後はリセというペンネームで、全国的に人気のイラストレータになっている。あるとき、南雲は栗山から ある依頼を受ける。その依頼は、亡くなった栗山の父親が遺したという、栗山を描いたポートレイト（肖像画）の捜索だった。栗山とは別に家庭を持っていた父親は、当時函館に住んでいた。南雲は、職場である大学の学生、佐伯とともにその絵を探すことになった。

——冬は早く来る[*1]　あなたの町の方が　最後に会ったときのコートを着ていますか

リセになる前の彼女がＵＣ[*2]のバークレイ校でグラフィックアート[*3]を専攻したことさえ、リセがスターダム[*4]に上がるまで知らなかった。流れている歌詞のとおり、ロサンゼルスに比べて札幌のほうが冬の[a]オトズれは早いので、その部分だけが南雲と彼女の関係に合致する。

「わたし、高校生のころ、恋人が札幌の大学に進学するって聞いたとき、この歌みたいに北上した彼からの手紙を待つのかなぁって思っていたんです。彼はダッフルコートを着ていなかったし、私もいまの大学に受かったから、そうはなりませんでしたけれど」

（はあ……、説教のあとは、恋愛成就の自慢話かよ）

佐伯の恋人が亡くなっていなければ、わざとらしくため息をつくところだった。南雲の場合、リセのほうが北国の街を離れて南下したのだから、歌詞に描かれたカップルとは立場が逆だ。

「南雲さんみたいに札幌で生まれ育った人は実感がないでしょうけれど、函館にもひと通りの大学はそろっているので、高校生が目標を実現するために勉強して札幌の大学に進学するのって、たいへんなことなんです」

「札幌に住んでいたって同じだよ。東京の大学に行きたくても、センター[*5]試験の結果で、親を説得できないこともある」

南雲が高校生のころ、いまの勤務先より偏差値の高い大学を目指す生徒のために「図南塾」という受験予備校があった。

「北上と南下は全然違うんです。それに、センター試験の点数でマウント[*6]を取らないでください。わたしはいまの大学が精一杯だったのに、滑り止め扱いされて不愉快です」

（先にマウントとってきたのは、どっちだ？）

「言い方が悪かった。ごめん」

「ええ、ほんとに失礼だと思います。南雲さんが大学でぼんやりしている時間のお給料は、わたしの学費が原資なんです。東大や京大でも統一価格なのに、それを廉価版[*7]みたいに言われたんですから、消費者庁に電話をかけたいくらいです。それはともかく、この部屋に入ったときこの曲がかかっていて、南雲さんとダッフルコートを見たとき、リセは、もしかすると南雲さんみたいな人を思い出しながらイラストを描いていたのかなぁって思ったんです」

リセが南雲を描いたのは、香港から届いた残暑見舞いの自転車の一度だけで、付き合っていたころ、彼女の絵の中に南雲は描かれなかった。自分の欠片でも描かれた絵があるなら、それを見てみたいと思う。

「この歌詞だと、ダッフルコートかどうかわからない」

1　消費や生産の中心となる人口が減少していることや、人間の仕事がAIやロボットに代替されるようになったことで、人間それぞれが多様な経験を積んで人間だけがもつ性質や力を発揮することが重要になっているから。

2　少子高齢化で経済が不安定になることや、技術革新によってAIやロボットの活用が進んでいることで、AIやロボットを人間にとってよい方法で用いて困難な状況を解決することを考えなくてはいけないから。

3　生産を担う人口の増加が今後見込めない中で、AIやロボットが人間の仕事を奪っているため、人間はAIやロボットに支配されないよう、単純作業の技術の向上や新たな知識の獲得を進めなくてはいけないから。

4　少子高齢化による社会問題に加えて、AIやロボットの処理によって知識や情報の量が膨大になっているため、その処理に適応するための人間の豊富な経験や人間だけがもつ力の発揮が重要になっているから。

問十一　傍線部9「人々の価値観や人生形成も多様になってきました」とあるが、この部分で筆者が言おうとしていることの説明として最適なものを後より一つ選び番号で答えなさい。

1　価値観の多様化で、これまで正しいとされてきた生き方が否定され、多くの選択肢から自由に生き方を決めることができるようになったため、これまで以上に人生に責任を負う主体性が求められるだろうということ。

2　価値観の多様化で、常識に縛られずに自由に生きていくことが可能になったため、これからはさまざまな可能性からどう生きるかを決定して実際の行動につなげる主体性をもって、社会を生き抜いていってほしいということ。

3　価値観の多様化で、生き方を自分で選ぶことが求められるため、正解として示されている生き方と自分で決める生き方の違いを判断できる主体性がないと、旧来の常識にとらわれ現代社会を生き抜けないということ。

4　価値観の多様化で、見本や指針となる生き方が示されなくなったため、今後は、決められた方法で学ぶことよりも自分なりに学ぶことで、人生をより豊かなものにすることができるだろうということ。

問十二　本文の内容と一致するものを後より一つ選び番号で答えなさい。

1　人間の深い学びにつながる記銘、保持、想起という過程には、他者と対面で協働することが必要であり、オンライン授業によってそれを代替することは不可能である。

2　オンラインを通して他者と協働する技術が開発・実装されているが、学びをいくら経験したとしても深いやりとりができないため、対面授業との使い分けはなかなか難しい。

3　自主性とは自ら目標や課題を設定することで、主体性はこれに加えて自ら目標に向けて行動し、その責任をもつことを指しており、どちらも現代の人間には欠かせない。

4　学ぶということは、知識を記憶して再現できるようになることではなく、そうできるようになることで現実の世界と深く関わって、自ら課題を解決していくことである。

かりと向き合わないと誤解が生まれやすく、また、自分に対する不安が高まるので注意が必要である。

2　直接出会うことのない遠い存在の人たちから学ぶ機会を設けられるが、コミュニケーションは物足りない状態で意思疎通が難しく、現実の人間関係よりも価値や学びは少ないので、あまり力を入れすぎてはいけない。

3　幅広い層の人たちと簡単につながることができるが、情報の多さや未発達なコミュニケーションが原因で悪影響を受けやすいため、さまざまな手段を試して意思疎通の度合いを向上させ、自分に必要な対象を見分ける必要がある。

4　簡単に多くの人と関係を築けるが、その情報の多さから自己否定を招いたり、不完全なコミュニケーションが原因で行き違いを引き起こしたりするため、すべてに対応するのではなく、取捨選択することが重要である。

問七　傍線部4「見定める」と活用の種類が同じものを後より一つ選び番号で答えなさい。

1　泣きさけぶ　　2　待ちわびる

3　うなだれる　　4　疎(うと)んずる

問八　傍線部5「こうした学びは一人で画面と向きあうオンライン授業ではなかなか得られないものです」とあるが、筆者がこのように考える理由として**不適当な**ものを後より一つ選び番号で答えなさい。

1　思春期や青年期の間に奥深い学びを行うには、他者とともに学ぶ一体感を通して、自分の学力の評価への不安や他者に自分が受け入れてもらえない不安を取り除き、精神を安定させる必要があるから。

2　学び方をしっかり身につけるには、決められた時間をうまく使って心を休ませたり、健やかな成長や発達のためにその過程を指導者や同年代の人たちに評価してもらったりすることが必要だから。

3　奥深く幅広い学びに必要な協働を深めるためには、同じ空間で学ぶ人たちから実際に反応を得たり、他者の意見や先生に対して身体を使って自分から反応したりすることが必要だから。

4　学習にしっかり取り組むには、自分の近くで同じように学んでいる人たちがいることや、指導者から指名される可能性があることによって、緊張感や学習への意欲を高めておく必要があるから。

問九　本文中の［6］・［7］に入る言葉の組み合わせとして最適なものを後より一つ選び番号で答えなさい。

1　6＝優柔不断　　7＝自己決定の積み重ね

2　6＝用意周到　　7＝自己決定による変化

3　6＝経験不足　　7＝自己決定の目標化

4　6＝意志薄弱　　7＝自己決定による社会参加

問十　傍線部8「主体性が、なぜこんなにも必要だといわれているのでしょうか」とあるが、社会的側面から主体性が必要とされている理由の説明として最適なものを後より一つ選び番号で答えなさい。

問三　本文中には、次の部分が抜けている。これを入れる位置として最適なものを後より一つ選び番号で答えなさい。

また、何度もくり返し見たり、再生速度を変更したり、時間的にも物理的にも自分のペースで学べるので、むしろオンデマンド型のほうがよいという声も多くあります。

1【Ａ】　2【Ｂ】　3【Ｃ】　4【Ｄ】

問四　傍線部１「そのときの他人とはだれでもいいのか、という疑問」とあるが、筆者は「そのときの他人」はどういう存在であるとよいと言っているか。最適なものを後より一つ選び番号で答えなさい。

1　自分にとって好感度が低く受け入れがたく感じるため、関わりをもつことはないが、相手に負けないように自分を成長させ視野を広げるきっかけを与えてくれる存在。

2　自分と同じような環境で過ごしているため、互いの考えや趣味についてよく理解し合うことができており、身近にいることで自分の精神を安定させてくれる存在。

3　自分とは違う考え方や趣向をもちあわせているため、一見自分にとって親しみがわきづらくて気にさわる部分があるが、新しいものの見方や異なる世界に気づかせてくれる存在。

4　自分と類似した考え方や価値観をもっていることで互いに信頼し合い、率直に意見を交わしやすいため、バイアスやスティグマを指摘し合い、視野を広げてくれる存在。

問五　傍線部２「『他人に踏み込めない』『他人に興味がもてない』」とあるが、この原因の説明として最適なものを後より一つ選び番号で答えなさい。

1　自分の弱い部分やみにくい部分を知られることへの恐怖感や、明確な夢や目標がないために自分自身を客観的に評価できないという状況のせいで、コミュニケーションの技術を適切に伸ばすことができていないから。

2　自分が相手を傷つけたり相手のよくないところを知って傷つけられたりすることの苦痛や、自分自身が他者と比べて夢中になれるものがないというあせりから、他人と接することへの苦手意識が強くなっているから。

3　自分が内心に抱える問題を知られるつらさや、自分の間違いに気づかされることへの嫌悪感と、将来がどうなるかわからないという心細さのせいで、他人とのコミュニケーションに価値を見いだすことができていないから。

4　自分の欠点を知られる怖さや失敗して恥ずかしい思いをしたくないという気持ちがあることや、一生懸命になる対象がなく今後の見通しが立たないという状況によって、他人と深くかかわることへの不安を抱いているから。

問六　傍線部３「現代はインターネットやＳＮＳを通じて膨大な情報が流れ込んできます。みなさんの人間関係もその中に組み込まれています」とあるが、インターネットやＳＮＳにおける人間関係についての筆者の考えの説明として最適なものを後より一つ選び番号で答えなさい。

1　ふだん直接出会う機会のない人たちと簡単に出会い、さまざまな経験を知ることができるが、どんな情報や人物でもしっ験を通じて身につけた力が重視・評価される学習歴社会へと移行しています。

ここまで、社会の変化の側に焦点をあててきましたが、同時に、9人々の価値観や人生形成も多様になってきました。みんな同じがいいという価値観から、みんなと違うことがいいという価値観が少数派ではなくなりました。高校から大学に進学し、卒業後に新卒一括採用で入社し、結婚（・出産）を経て、同じ会社で定年まで働く。これまで大部分を占めていたこのような人生形成モデルは、もはや当たり前ではなくなりました。もちろんそうしたライフコースを描いている人もいるでしょうし、それ自体が悪いわけではありません。人生形成の「正解」や「常識」はなくなり、「選択肢」や「自由度」が大きく増えたのです。みなさんが生きる時代は、親や先生ら大人が過ごした時代とは大きく異なります。その意味では、大人が提示する「正解」や「常識」は、みなさんにとって必ずしもベストなものではないかもしれません。ロール（役割）モデルがなく、選択肢や自由度は高いということは、それだけ「自分」をしっかりもっていないと大海で溺れてしまいかねません。溺れないためには、自分の頭で考えて、選択・判断し、責任をもって行動すること、すなわち主体性が必要になるのです。

これまで見てきた通り、現代における社会の変化と個人の価値観・生き方の変化のいずれもが、主体性をもつことの必要性へとつながります。主体性を発揮することで、自分の人生の物語を紡（つむ）ぎだせる人（セルフ・オーサーシップ）へと成長を遂げるのです。

（山田剛史『心のなかはどうなっているの？　高校生の「なぜ」に答える心理学』）

＊1　キーパーソン……問題解決のためのかぎを握る重要人物。

＊2　ブロックする・ミュートする……ブロックはSNS等でつながりを拒否できる状態にすること、ミュートはSNS等で特定の人物などの発言を見えなくすること。

＊3　プラットフォーム……ネットワークを構築するための土台。動作環境。

＊4　ノイズ……雑音。不要な情報。

＊5　ICT……Information and Communication Technology（情報通信技術）の略。通信技術を活用したコミュニケーションのこと。

＊6　スパイラル……らせん。連鎖的な動き。

問一　二重傍線部a～cのカタカナの部分を漢字に改めたとき、同じ漢字を用いるものはどれか。後より選びそれぞれ番号で答えなさい。

a　ヒ難　　1　回ヒ　　2　ヒ弊　　3　ヒ劣　　4　ヒ判

b　猛イ　　1　イ政者　　2　経イ　　3　イ跡　　4　イ圧

c　エン算　　1　エン天下　　2　エン説　　3　応エン　　4　エン岸部

問二　本文中の（　ア　）～（　ウ　）に入る語として最適なものを後より選びそれぞれ番号で答えなさい。

ア　1　なぜなら　　2　ところで　　3　それどころか　　4　また

イ　1　たとえば　　2　だから　　3　あるいは　　4　要するに

ウ　1　つまり　　2　むしろ　　3　ただし　　4　したがって

とに慣れてしまうと、物事に対する主体感が薄くなってしまいます。他人の意見に安易に流されたり、自分のこととして考えられなくなったりします。そうなると、主体性は発動されません。「自分は[6]だから」という人も多いですが、日常の小さなことからでも、だれかに判断を委ねるのではなく、自分で決めるということを心がけてみてください。この[7]を通じて、主体性が磨かれていきます。主体性は、試験対策のような短期間で身につくようなものではなく、長い時間をかけて磨いていくものなのです。

そんな[8]主体性が、なぜこんなにも必要だといわれているのでしょうか。その最大の理由は、社会環境の変化です。社会環境の変化といってもさまざまですが、とくに、少子高齢化に代表される人口動態の変化と人工知能（ＡＩ＝Artificial Intelligence）に代表される産業構造の変化が大きく影響しています。

日本の出生数をみてみると、１９７４年には２００万人を超えていたところから徐々に減少し始め、２０１６年には１００万人を切り、２０２１年は約81万人と、人口減少が止まらない状況です。生産年齢人口（生産活動の中心にいる15歳以上65歳未満の人口）も１９９０年代をピークに減少し、増加の見込みがない状況です。他方で、医療・福祉の発達にともない、平均寿命・健康寿命が伸びているなど、少子高齢化によってさまざまな社会問題が引き起こされています。たとえば、消費の中心である若年層や生産年齢人口が減少することで、消費が落ち込み、企業経営が厳しくなり、雇用が抑制されるといった負の[＊6]スパイラルにもつながりかねません。

こうした人口動態の変化に、大きな産業構造の変化（第４次産業革命）が加わります。モノのインターネット（ＩｏＴ＝Internet of Things）やＡＩなどの技術革新によって、あらゆる分野でＡＩやロボットの活用が進められています。周りを見渡せば、お店にはセルフレジが入り、店員はいなくなるかごく少数になっています。これまで専門家の手で行われていたさまざまな仕事も、パソコン（ソフト）やスマートフォン（アプリ）で簡単にできるようになっています。いままで当たり前のように存在していた仕事がなくなり、新しい仕事がどんどん生まれています。機械が人間の仕事を奪うといったシミュレーションも行われていますが、単純作業や定型業務は代替されやすいといわれています。ＡＩやロボットは、膨大な知識や情報を保有し、瞬時に検索・[c]エン算し、最適処理を行うことが可能です。さらに、自ら学習することで処理を強化します。

さらに、現代社会はＶＵＣＡ（ブーカ）の時代といわれています。これは、Volatility（変動性）、Uncertainty（不確実性）、Complexity（複雑性）、Ambiguity（曖昧性）の頭文字をとったものです。みなさんは、正解がなく将来の予測が困難な時代を生きていくことになります。こうした社会・時代だからこそ、ＡＩやロボットに代替されない、人間が発揮すべきもっとも重要な力は主体性だという結論にいたります。たとえば、経済産業界が実施した調査で「企業が学生に求める力」の第1位が主体性でした。教育界でも、新学習指導要領では主体的な学びが、ＯＥＣＤ（経済協力開発機構）のEducation 2030プロジェクトでは主体性に近い概念であるエージェンシー（Agency）が中核に据えられています。現代は、いい学校に入っていい会社に入るといった学歴社会から、学校生活の中で主体的に学び、多種多様な経れて自らも発言する。なんとなく自信がなさそうな発言にアイコンタクトを送ったり、よい意見だと感じればあいづちや笑顔で反応したりする。わからないことがあれば気軽に尋ねたり、何かあればすぐに教師に一声かけたりすることができる」といったようなことです。協働が深まるためには、こうした一体感や身体性が重要になります。とくに、思春期・青年期を過ごす人たちは、他者と学ぶことに対してさまざまな不安を抱いています。無知・無能だと思われる不安、邪魔をしていると思われる不安、ネガティブだと思われる不安などです。こうした不安を払拭（ふっしょく）し、十分に心理的安全性（チームメンバーに非難される不安を感じることなく、安心して自身の意見を伝えることができる状態）が確保されなければ、深い学びに転じることは難しいでしょう。

先に、オンデマンド型では自分のペースで学べるという利点を述べましたが、集中力が続かない、学習意欲がわかないといった声も多く聞きます。当然だと思います。学習に強く動機づけられていて、ある程度自分なりの学び方が身につけられている人であれば可能かもしれません。ただし、多くの場合そうではありません。周りで学んでいるクラスメイトがいて、先生にいつ当てられるかわからない緊張感があって、そういう中で集中力や動機づけを維持・向上させることができます。他にも、休み時間に友だちとの雑談でリフレッシュして、チャイムで頭の切り替えをして、登下校時に気持ちをつくったり一日をふり返ったりしてといった、授業だけではない学校（対面）のもつ意味があります。

「授業は全部オンラインでいいんじゃない？」に対する私の答えはNoです。みなさんの健やかな成長・発達のためにも、学校生活を含む対面での授業は不可欠です。（　ウ　）、オンラインやICT[*5]は今後も発展し、大学はもちろん、社会に出てからも活用することは間違いありません。対面とオンラインを使い分けて、自分なりの学びをデザインしていってください。

主体性という言葉を頻繁に耳にするようになりました。みなさんもインターネットで見たり、先生や親御さんから聞いたりしたことがあるのではないでしょうか。でも、いったい何を表しているのか、なぜこんなに言われるようになったのか、どうすれば身につけられるのかなど、いろんな疑問もあるでしょう。ここではそんな疑問について一緒に考えていきたいと思います。

まず、主体性という言葉についてみていきましょう。端的にいえば、「自分の頭で考えて、選択・判断し、責任をもって行動する」ということになります。ここには、最終的な目標や課題の設定自体も自らが行うことを含んでいます。近い言葉として自主性というものがあります。これはあらかじめ目標や課題が定められていて、そこに向けて自らが行動することを意味します（たとえば、自主的に宿題をするなど）。主体性には、自分で決めること（＝自己決定）と自分の行動に責任をもつことの２つの要素が加わります。

この自己決定は、主観的幸福感（ウェルビーイング）を高めるうえでとても重要な役割を果たすことがいわれています。みなさんは、中学校から高校への進学、高校から大学への進学などに関して、どのくらい自分の意志で決めてきたでしょうか。こうした自分の人生に関わる重要な局面（転機）において、親や先生に頼るのではなく、自分自身で決めることはとても大切です。決めてもらうこと、与えられるこブレットなどのデバイスが1台あれば、自宅にいながらリアルタイムの個別指導も受けられるようになっています。また、大規模公開オンライン講座（ＭＯＯＣ＝Massive Open Online Course）とよばれるプラットフォーム[*3]はすでに世界中で利用されています。海外の有名教授の授業を世界中の受講生と学べる無料（一部有料）のオンライン講義です。日本語で学べるＪＭＯＯＣも無料で利用することができます。高校生のうちからでも大学で提供される専門的な学びに触れることが可能です。他にも、動画配信をはじめインターネット上にさまざまな学習コンテンツがアップされていて、知識や情報を得ようと思えばいくらでも可能な時代にみなさんは生きています。【　Ｂ　】

　そうなると、授業はオンラインでいいんじゃない？　と思うかもしれません。そう思ってもおかしくないくらいオンラインによる学びは発展しています。では、高校生のみなさんにとって「学ぶ」とはどういうことでしょうか。また、「何のために」学んでいるのでしょうか。答えは一つではないし、正解があるわけでもありません。こうした問いについて、じっくり考えてみてほしいですし、友だちや保護者、先生らと話しあってみてほしいと思います。【　Ｃ　】

「学ぶとは何か」について考えてみましょう。教科書に載っている知識を覚えて、それを試験で再現すること、と考えた人は多いのではないでしょうか。この記銘、保持、想起という記憶の過程としてとらえられる学びは、正解のない複雑な現代社会を生き抜くうえで十分ではありません。知識を記憶するだけの学びであれば、オンライン授業でもある程度代替可能です。上でも書いた通り、オンラインで学ぶための方法やツールにはさまざまなものがあり、そこには膨大な知識が蓄積され、日々更新されています。【　Ｄ　】

　では、なぜわざわざ学校（対面）で学ぶのでしょうか。その意味や意義は何なのでしょうか。それは学ぶという営みは記憶と再生のその先にあるからです。学びとは、自分の視野を広げ、世界との関わり方を身につけることです。学習指導要領では、習得・活用・探究が必要な学習活動として示されています。基礎的な知識や技能を習得して、それらを活用することで思考力・判断力・表現力を身につけます。探究では、自ら課題を設定し、身につけた力を用いて解決することを目指します。そして、こうした学びには他者が不可欠です。他の生徒との協働を通じて学んでいきます。協働することによって、自分一人では思いつかない考え方を学んだり、多様な価値観に触れることで多角的なものの見方を学んだりすることができます。

　みなさんが思っている以上に、学びとは奥が深く幅が広いものだということを感じてもらえたでしょうか。こうした学びは一人で画面と向きあうオンライン授業ではなかなか得られないものです。「なかなか」と書いたのは、技術革新によって、さまざまな方法やツールが開発・実装され、オンラインによる協働も可能になっているからです。リアルタイム型を用いれば、オンライン上で生徒同士が議論し、課題解決を行うといった探究的な学びも可能になり、実際に多くの実践がなされています。しかし、学ぶということに成熟していない生徒にとって、画面越しでの深いやりとりは非常に難しいと感じます。

　教室（対面）でのやりとりと比べてみると一目瞭然です。（　イ　）、「教室があり、そこに同じ学びの空間を共有するクラスメイトがいて、先生がいる。他のグループで話しあう声[*4]（雑談やノイズ）に押さ他人とのつきあいが苦手だと感じる人の他の理由として、[2]「他人に踏み込めない」「他人に興味がもてない」といったものもよく聞きます。これは自分の中の「不安」や「不安定さ」が背景にあります。他人に踏み込めないというのは、自分が踏み込まれたくない、踏み込まれることで自分の弱さや嫌なところをのぞかれたくないといった不安な心理の現れです。また、間違ってはいけない、正しいことを言わなければいけないといった考えが強すぎると、他人への踏み込みが浅くなってしまいます。他人に興味がないというのは、自分自身が何か没頭・熱中できるものがない、将来の夢や目標がないといった不安定さの現れともいえます。他人とのつきあいが苦手と思っている人は、表面的な技術を磨くだけではなく、失敗してもいいという気持ちで、他人と接し、自分と向きあう中で、少しずつ不安が解消され、苦手意識も少なくなることでしょう。

[3]現代はインターネットやSNSを通じて膨大な情報が流れ込んできます。みなさんの人間関係もその中に組み込まれています。さまざまなツールを介して、自分のクラスメイトをはじめ、委員会や部活動など自分が所属している集団のメンバーとのリアルのつきあいの延長もあれば、直接会ったことのない人たちとのつきあいも可能な時代です。簡便にさまざまな人たちの人生に触れることができる、異質な他者に出会えるというメリットはありますが、玉石混交な情報の中で「自分にとって何が大切なのか」を見失ってしまったり、優れた人たちの情報に触れすぎて「自分には何もできない」と不安が高まったり、自尊心が低下してしまったりといったデメリットもあります。

SNSでのつきあいは、コミュニケーションに必要な要素の多くを欠いているため、誤解や誤認も生じやすくなります。いかようにでも操作が可能なため、相手との意思疎通を図ることは難しいといえます。自分にとって必要な他者はだれか、自分の中に取り込む必要のない他者はだれかを[4]見定めること、時として逃げる（[*2]ブロックする・ミュートする）ことも必要です。すべてに全力投球する必要はありません。正面から向きあうことだけが正解ではないし、つきあう人数が多ければよいという問題でもありません。

社会的存在である人間にとって、他人とつきあっていくことは不可欠です。自分という存在を探究し、成長させるためにも必要です。ただし、さまざまな手段があり、いつでもだれとでもつながれる時代なので、逃げたり一時[a]ヒ難したりしながら、自分なりの他人とのつきあい方を模索していってください。

２０２０年１月に新型コロナウイルス感染症（ＣＯＶＩＤ－19）が発生し、世界中で猛[b]イをふるいました。２０２２年末時点でもまだ終息はみえていません。そんな中、学校では「学びを止めない」をスローガンに、オンライン授業が始まりました。地域や学校によって違いはありますが、生徒のみなさんは何らかの形でオンラインによる学びを経験したのではないでしょうか。

オンライン授業には、あらかじめ録画された授業動画を自分のペースで視聴するオンデマンド型と、オンライン会議ツールを活用して画面越しに授業を受けるリアルタイム型とが代表的なものとして挙げられます。とはいえ、塾や予備校などでも通信教育などの形で以前から導入されていましたし、最近ではアプリなどでも効果的に学習できるようになっています。【　A　】物理的に離れていても、パソコンやタ

【国　語】（五〇分）〈満点：一〇〇点〉

一、次の文章を読んで、後の設問に答えなさい。

　高校生くらいになると、「自分はどんな人間なのか」といった問いをもつようになります。自分はどんな性格で、どんなことが得意・好きで、どんなことが苦手・嫌いなのかなど、いわゆる「自分らしさ」に意識が向けられます。他人と距離をとり、一人になって自分と向きあいたいという衝動にかられるのもこの時期の特徴です。そこで生じる孤独感も青年が大人へと成長するうえで大切な感情だと古くからいわれています。

　では、他人とのつきあいは不要なのか、というとそうではありません。自分らしさは、自分一人で考えているだけでは見つからないのです。他人とは自分を映し出す鏡といわれます。他人とのつきあいを通じてこそ、他人とは違う自分が見えてくるのです。自分はやさしいという性格への気づきは、そうではない他人と比べること（相対化）によって生じるのです。

　さらに、[1]そのときの他人とはだれでもいいのか、という疑問がわいてくるかもしれません。自分の周りにいる友だちを思い浮かべてみてください。小中学校が同じだった人やいまのクラスメイト、同じ趣味や価値観をもっている人が多いのではないでしょうか。このような近接性や類似性は、友だちをつくるうえで有効なポイントになります。一緒にいて心地よい、話さなくてもわかってくれるなど、たくさんのメリットがあります。一方で、自分と同じ考え方や価値観をもっている人たちとだけつきあっていると、視野が狭くなったり、思わぬバイアス（ゆがんだ見方）やスティグマ（偏見）をもっていることに気がつかなかったりすることがあります。

　そこで大切になってくるのが、異質な他者（異質性）との出会いです。異質な他者とは、自分と異なる考えや価値観をもっている人を指します。通常、こうした人は、自分にとって嫌だと感じる人だったり、苦手な人だったりすることが多いです。第一印象が悪かったり、どうにも気になってしまったりする人はいないでしょうか。実はその人が、自分にはないものをもっていたり（相補性）、自分を成長させるうえでのキーパーソン[*1]だったりするのです。もしそんな人が周りにいたら、じっくり観察してみてください。いろんな気づきが得られると思います。そして、少しずつ関わってみてください。

　自分が成長するためにも、他人とのつきあい、とくに異質な他者との出会いやつきあいは必要ということを伝えました。とはいえ、どうしても他人とのつきあいが苦手という人はたくさんいます。他人とのつきあいなんて必要ないという人の心理には、自分が苦手だからという理由が存在していることが多いです。では、なぜ、苦手だと感じているのでしょうか。その理由として、「うまく話せない」「何を話していいかわからない」など、コミュニケーションの技術（とくに発話面）を挙げる生徒がたくさんいます。コミュニケーションとは、お互いの意思疎通を図る手段の一つで、言葉だけではなく、身ぶりや態度など言葉以外の方法を用いて行うものです。（　ア　）、発話だけでなく、聴くことも重要なコミュニケーションの要素になります。うまく話そうとするのではなく、相手の話に耳と身体を傾けて、あいづちやうなずきなどを入れるだけでもコミュニケーションは十分成立します。

大切なことはメモしておこうネ！

2024年度

専修大学松戸高等学校入試問題(前期1月18日)

【数　学】 (50分) 〈満点：100点〉

【注意】 1．解答は解答用紙の解答欄にマークしなさい。問題文中の［アイ］，［ウ］などの［　］には，特に指示がないかぎり，数値が入ります。これらを次の方法で解答用紙の指定欄に解答しなさい。

注1． ア，イ，ウ，…の一つ一つは，それぞれ1から0までの数字のいずれか一つに対応します。それらを，ア，イ，ウ，…で示された解答欄にマークしなさい。
例えば，［アイ］に12と答えたいとき，下図のようにマークしなさい。

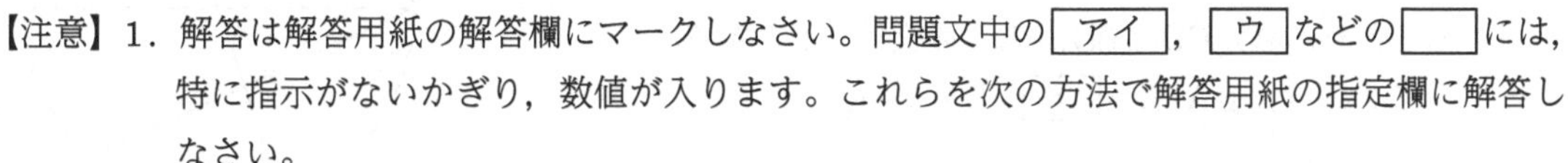

注2． 分数形で解答が求められているときは，既約分数で答えなさい。例えば，$\frac{\boxed{ウエ}}{\boxed{オ}}$に$\frac{25}{3}$と答えるところを$\frac{50}{6}$と答えてはいけません。

注3． 比の形で解答が求められているときは，最も簡単な自然数の比で答えなさい。例えば，2：3と答えるところを4：6と答えてはいけません。

注4． 根号を含む形で解答が求められているときは，根号の中に現れる自然数が最小となる形で答えなさい。例えば，$\boxed{カ}\sqrt{\boxed{キ}}$に$4\sqrt{2}$と答えるところを$2\sqrt{8}$と答えてはいけません。

注5． 小数で解答が求められているとき，例えば，［ク］.［ケ］に2.5と答えたいときは，［ク］に2，［ケ］に5をマークしなさい。

2．定規，コンパス，電卓の使用は認めていません。

1

(1) $-\frac{\sqrt{21}}{3}\times\sqrt{3}-(14-\sqrt{35})\div(-2\sqrt{7})$を計算すると，$-\frac{\sqrt{\boxed{ア}}}{\boxed{イ}}$である。

(2) x，yについての連立方程式$\begin{cases} ax-2by=-3 \\ bx-ay=\frac{1}{6} \end{cases}$の解が$x=6$，$y=-2$になるとき，

$a=-\frac{\boxed{ア}}{\boxed{イ}}$，$b=\frac{\boxed{ウ}}{\boxed{エ}}$である。

(3) $6xy+14x-15y-35$を因数分解すると，$(\boxed{ア}x-\boxed{イ})(\boxed{ウ}y+\boxed{エ})$である。

(4) 関数$y=\frac{a}{x}$のグラフ上に2点A，Bがあり，x座標はそれぞれ-4，1である。

直線ABの傾きが6のとき，$a=\boxed{アイ}$である。

（5）　$5<\sqrt{5n}<9$となる自然数nの個数は［アイ］個である。

（6）　右図のように，線分ABを直径とする円Oの周上に$\overset{\frown}{AC}:\overset{\frown}{CB}=3:2$となる点Cをとり，線分CDが円Oの直径となるように点Dをとる。

また，点Aを含まない$\overset{\frown}{BD}$上に$\overset{\frown}{BE}:\overset{\frown}{ED}=4:5$となる点Eをとり，線分CDと線分AEとの交点をFとする。

このとき，∠AFC＝［アイ］°である。

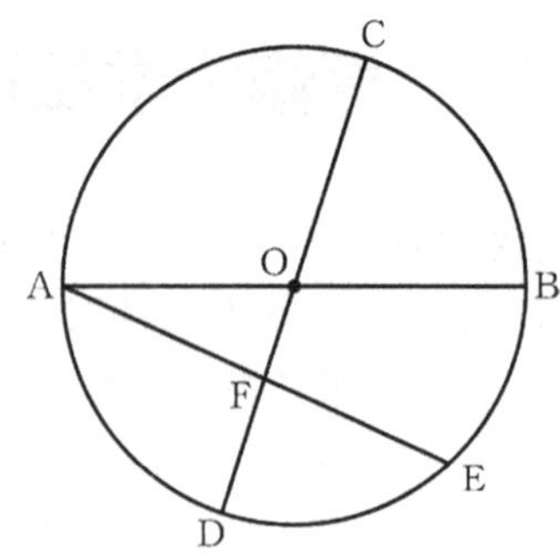

2

（1）　ある町内会では，参加費を参加者から集めて行事を運営している。昨年は，おとな1人300円，子ども1人200円の参加費を集めたところ，全体の経費より800円多くなった。

今年は，昨年よりおとなの参加者が6人増え，子どもの参加者が1人減ることがわかったので，おとな1人250円，子ども1人150円の参加費を集めることにした。集める参加費と昨年余った800円を合わせると，昨年の全体の経費の10％多い9900円となる。

①　昨年の全体の経費は，［アイウエ］円である。

②　今年のおとなの参加者は，［オカ］人，子どもの参加者は，［キク］人である。

（2）　袋の中に，同じ大きさの白玉4個，青玉2個，赤玉1個，合わせて7個の玉が入っている。この袋の中から玉を同時に2個取り出す。

①　取り出した2個の玉が2個とも白玉である確率は，$\dfrac{\boxed{ア}}{\boxed{イ}}$である。

②　取り出した2個の玉の色が異なる確率は，$\dfrac{\boxed{ウ}}{\boxed{エ}}$である。

3

右図のように，放物線$y=x^2$のグラフ上に2点A，Bがあり，点Aのx座標は-1，点Bのx座標は3である。

また，放物線$y=x^2$のグラフのx座標が負の部分に，AP＝BPとなる点Pをとる。

（1）　直線ABの式は，$y=$［ア］$x+$［イ］である。

（2）　点Pを通り，△PABの面積を2等分する直線と直線ABとの交点の座標は，（［ウ］，［エ］）である。

（3）　点Pのx座標は，$\dfrac{-\boxed{オ}-\sqrt{\boxed{カキ}}}{\boxed{ク}}$である。

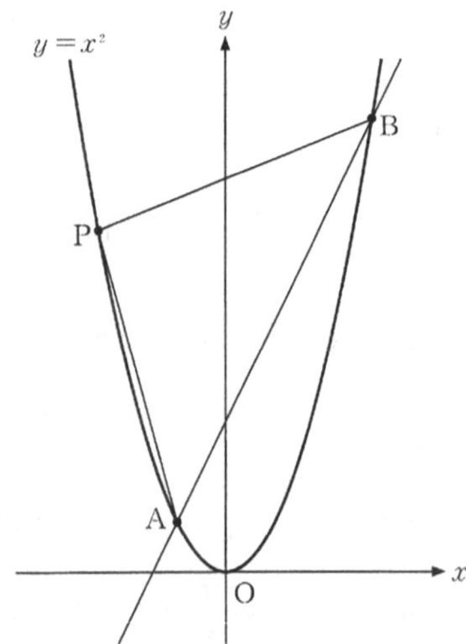

4 右図のように，BC＝18cm，CA＝12cm，∠BCA＝60°の△ABCがある。

辺BC上にBD：DC＝1：2となる点Dをとり，辺ACの中点をEとする。

また，辺AB上に△AFEの面積と△ADEの面積が等しくなる点Fをとり，線分ADと線分EFとの交点をGとする。

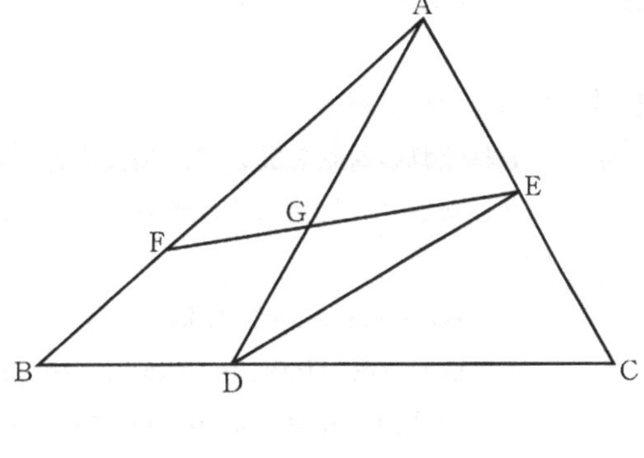

（1） △ABCの面積は，$\boxed{アイ}\sqrt{\boxed{ウ}}$ cm²である。

（2） AG：GD＝$\boxed{エ}$：$\boxed{オ}$である。

（3） △AFGの面積は，$\dfrac{\boxed{カキ}\sqrt{\boxed{ク}}}{\boxed{ケ}}$ cm²である。

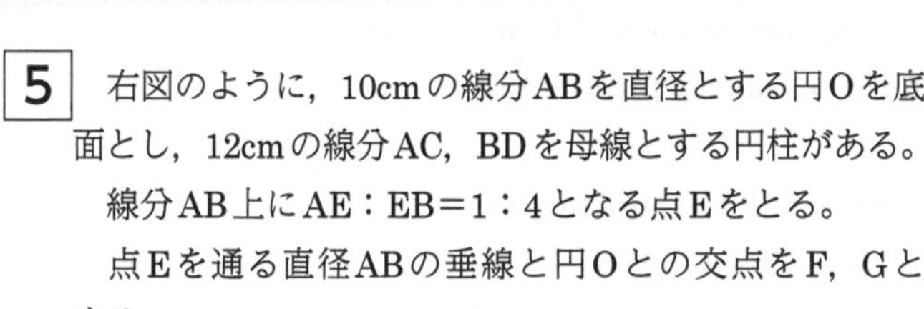

5 右図のように，10cmの線分ABを直径とする円Oを底面とし，12cmの線分AC，BDを母線とする円柱がある。

線分AB上にAE：EB＝1：4となる点Eをとる。

点Eを通る直径ABの垂線と円Oとの交点をF，Gとする。

また，線分BDの中点をMとする。

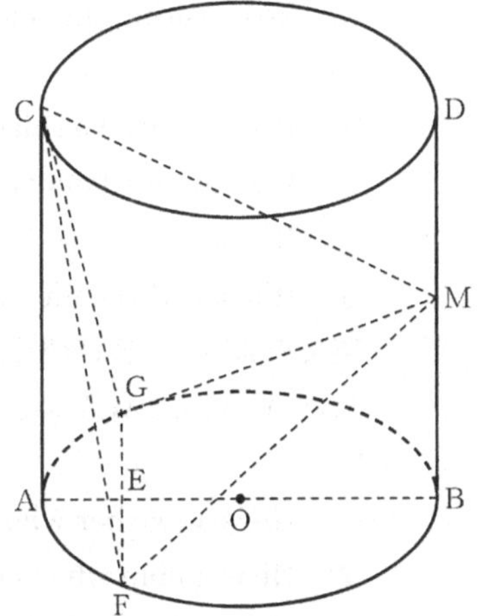

（1） FG＝$\boxed{ア}$ cmである。

（2） △FGMの面積は，$\boxed{イウ}$ cm²である。

（3） 四面体CFGMの体積は，$\boxed{エオカ}$ cm³である。

【英　語】（50分）〈満点：100点〉

※リスニングテストの放送台本は非公表です。

【1】 リスニング試験

1．　それぞれの対話を聞いて，最後の発言に対する最も適切な応答を1つ選び，その番号をマークしなさい。対話はそれぞれ2回放送されます。

(1)

① Well, you should take curry and rice that she made.
② Let's see. How about giving them some apples?
③ Well, I'll make some bags for them tomorrow evening.
④ Let's see. We can invite her for dinner, too.

(2)

① No, there are not any good restaurants in Okinawa.
② Yes, I brought lunch from Chiba and had it with my family.
③ No, the moment I enjoyed trying traditional dishes was great.
④ Yes, visiting the temples in Kyoto was my favorite part.

(3)

① It's now twelve thirty-five, so you will be there by one.
② It's now one twenty, so you can get there by one forty-five.
③ It's now two fifty-five, so you can get there at around three thirty.
④ It's now three fifteen, so you won't get there until five.

2．　英文を聞いて，後に続く質問の解答として最も適切なものを1つ選び，その番号をマークしなさい。英文と質問はそれぞれ2回放送されます。

(1)

① He is a teacher who will teach English at some schools in Japan.
② He is a man who is from India and has lived in Japan for one year.
③ He is a teacher who has studied Japanese for five years in Japan.
④ He is a man who learned English in India and will study Japanese in Japan.

(2)

① They don't have to use English in their daily lives in their country.
② They learn many languages at school and speak them at home.
③ They have to learn English to understand other people.
④ They think learning Japanese is useful to make new friends around the world.

【2】 次の英文を読んで，以下の問題に答えなさい。

"A trip of a thousand miles begins with one step." Have you ever heard this *saying? This is a famous saying from the writings of the Chinese teacher, Lao Tzu, called Roshi in Japanese. It is more than 2,400 years old, but it is as important to understand today as it was then.

These are nice sounding words, but what do they really mean? It may seem like they are simply saying something which is already known. Of course, any journey begins with the first step. Today we can travel 1,000 miles, or 1,609 kilometers, by car in about fifteen to twenty hours. [①] In an airplane we may make that trip in two hours! But there were no cars or airplanes more than 2,400 years ago. A journey of 1,000 miles was so difficult that most people would not even try it. But it was (1). The idea here is not to *allow yourself to be *overwhelmed by the difficult thing you must do. It is, of course, to begin with the first step and try hard to complete something step by step.

Instead of thinking about the 1,000 miles you must travel, you can think about traveling four hours until lunchtime. Then enjoy your lunch break and think about another few hours until you take a break for tea, and then again for dinner. After one day like this, you are already closer to your goal. But because we almost never try to walk 1,000 miles, let's think about some examples that are more useful for our daily lives.

How about cleaning a house? If a house is very dirty, cleaning it is a very big job! But what are some ways we can *divide up this very big job into smaller jobs? Or, if I ask you in another way, what will be a good first step to a clean house? A house has various rooms, so we can start with just one room for the first step. If you really (2), you may want to start with the smallest, easiest room. Or you may want to start with your own room because you can really enjoy cleaning it when you finish. [②] There are different areas in your room, right? A sleeping area, a *closet area, a desk, a *bookshelf, the floor, and so on. Each of these areas can be a smaller step. Well, when you clean the room, you should remember one good rule. That is to work from top to bottom. So, you should clean your floor after you cleaned the other areas and *put away your clothes, books, and other things.

(3)
ア. In this case, you want to *move toward a clean house!
イ. However, you will also feel happy to have a nice, clean room.
ウ. When you finish cleaning your room, you will probably feel a little tired.
エ. This should give you some energy to help you keep moving in the direction you want to go.

With each room you finish, you will get more energy and you will be much closer to reaching your goal. [③]

Now imagine that you try to clean your house without using a plan. Maybe you put away a few toys in your room, some clothes in the bathroom, some dishes in the dining room, and so on. You spend about the same amount of time you have spent cleaning your room *completely, but after that time you still don't feel like you have made much progress. The task still seems overwhelming. [④] You may not get any energy, and instead of continuing, you may just (4) in your dirty living room and watch TV.

That's enough for the cleaning example. What about studying? If you have to *memorize one hundred words, memorize ten every day. If you have to learn difficult math *formulas, practice for a few minutes every day until they don't seem so difficult. What about health? Maybe you want to be able to do thirty *push-ups, but now you can only do ten. If you try to do just one more every day, you may be able to do thirty push-ups in (5)! Maybe you want to be able to run 20 km without walking, but now you can only run 3 km. Each time you go jogging, you can try to add 500 meters. What about money? Maybe you want to save 10,000 yen for new shoes. If you keep all your 500-yen coins in a box, you only need twenty of them. You can even get them faster by *making sure that your *change includes a 500-yen coin when you pay for things in stores.

There are many other uses for this principle. The next time you feel like you have something very difficult to do, try to divide it up into steps, and then take the first step. You can do it!

(注) *saying　ことわざ　*allow oneself to ～　あえて～する　*overwhelm　圧倒する
*divide up ～ into … [divide ～ up into …]　～を…に分ける　*closet　戸棚
*bookshelf　本棚　*put away ～　～を片付ける　*move toward ～　～に向かって進む
*completely　完全に　*memorize ～　～を暗記する　*formula　公式
*push-up　腕立てふせ　*make sure that ～　～ということを確かめる　*change　おつり

問1　空欄(1)に入れるのに最も適切なものを①～④から1つ選び，その番号をマークしなさい。
① necessary
② possible
③ easy
④ close

問2　空欄(2)に入れるのに最も適切なものを①～④から1つ選び，その番号をマークしなさい。
① like cleaning
② need to clean your house
③ hate cleaning
④ want to clean your house

問3　(3) 内のア～エの文を文脈が通るように並べかえたとき，順番として最も適切なものを①～④から1つ選び，その番号をマークしなさい。
① ア－ウ－イ－エ
② ア－エ－ウ－イ
③ ウ－イ－エ－ア
④ ウ－エ－イ－ア

問4　空欄(4)に入れるのに最も適切なものを①～④から1つ選び，その番号をマークしなさい。
① give up and sit down
② get tired and go to bed
③ think about traveling 1,000 miles
④ try to find a better way

問5　空欄(　　5　　)に入れるのに最も適切なものを①～④から1つ選び，その番号をマークしなさい。

① one week
② two weeks
③ three weeks
④ one month

問6　次の英文を入れるのに最も適切な位置を，本文中の ① ～ ④ から1つ選び，その番号をマークしなさい。

Let's start there.

問7　本文の内容に合うものを①～④から1つ選び，その番号をマークしなさい。

① Today, traveling 1,000 miles is easier than it was more than 2,400 years ago.
② The first step should be the hardest part of something that you should do.
③ If you want to accomplish your goal, you should not spend a lot of time.
④ The rule of cleaning can be used in many ways because it was made by a famous Chinese teacher.

問8　本文の内容について，(1)，(2)の質問に対する答えとして最も適切なものを①～④からそれぞれ1つずつ選び，その番号をマークしなさい。

(1) What is NOT true about "A trip of a thousand miles begins with one step"?
① It was important to understand the saying not only more than 2,400 years ago, but is also important now.
② The idea of the saying shows that we should continue doing hard work step by step.
③ If we follow the idea of the saying, we can make progress without using any plans.
④ We can do many kinds of things by following the idea of the saying.

(2) What should we do when we must do something hard?
① We should teach the rule of cleaning to people around us.
② We should do the hard work together with other people.
③ We should find some good examples to finish the work.
④ We should divide up the work into small parts and do them one by one.

【3】 次の英文を読んで，以下の問題に答えなさい。

There was once an eleven-year-old boy named Jim. He lived in a small town with his parents and his sister Tina. Tina was four years older than Jim. Jim and Tina *got along most of the time, but sometimes they fought. Their parents both worked during the week. 【　　　(1)　　　】 On these nights Jim and Tina were home *by themselves for a few hours. Sometimes they made dinner together. Their *relatives didn't live nearby, so Jim and Tina couldn't go to their houses easily. They usually only saw their aunts, cousins, and grandparents at Christmas and during summer vacation.

Jim and Tina were comfortable with being home alone, though. They liked making their own dinner and watching their favorite TV shows. They both got good grades in school, so their parents weren't *strict with them. They both had a small *allowance, so they had some money they could use if they wanted to buy snacks or other things. Jim was saving most of his allowance because he wanted to buy his own TV. But Tina usually spent her allowance on things like candy, juice, and potato chips at the convenience store. Sometimes she even asked Jim *if she could borrow some money from him. He always said yes, but he told her to *pay him back soon. He really wanted to buy his own TV, so he was very careful with his money. Because of that, he wrote it down when he lent money to his sister.

One day, Jim and Tina were home alone. When they were watching their favorite TV show in the living room, Jim said to Tina, "Can you pay me back soon? There will be a big sale this week and I almost have enough money to buy a TV. If you pay me back, I can buy it! But after the sale, the TV will be too expensive, so I really want to get to the store before Sunday. You *owe me almost 50 dollars. Do you think you can pay me back by Friday?"

Tina was surprised and became a little angry. "What? Fifty dollars?! No! I never borrowed that much money from you!" But Jim showed her the paper he kept in his *wallet and said, "This paper says you borrowed two or three dollars from me nearly twenty times. It *adds up to 49 dollars." She couldn't believe it. She said, "Who *keeps track of money like that? That's so *stingy! I'm your sister. I always do things for you, too!" Then she went into her bedroom and closed the door with a big noise. She thought it was *rude of Jim to write down such small things and tell her to pay him back. But she also felt bad because she didn't have any money to pay him back. She thought, "Jim always said, 'Pay me back soon.' He is not wrong; I am."

After a few minutes, Tina came back into the living room and said, "Jim, I'm sorry I got angry. I was wrong. You are not stingy. 【 (2) 】You really want your own TV, right?" Jim said, "Yes, I do. And I *forgive you. I'm not angry, but I'm a little worried because I don't know how you can get the money. The big sale ends on Sunday." They talked some more and decided to talk with their parents about it later.

It was hard for Tina to talk with her parents because she felt *embarrassed about borrowing so much money from her little brother. She didn't really want to tell her parents about that, but she didn't know what else to do. She thought, "I borrowed a lot of money from Jim. I really didn't think about it until he showed me the paper from his wallet." She wanted to help him get his own TV, somehow.

That night, Jim and Tina talked with their parents together. Their parents said they were proud of them for trying to solve the problem without fighting. They told Tina to be more careful about money, and they told Jim that he was good at saving money. They agreed to give Jim the money he needed, and Tina would pay them back with half of her allowance each month.

Jim got his TV, and Tina learned a *lesson. She stopped borrowing money, and she stopped buying so many snacks. Actually, she became healthier because of it! After she finished paying her parents back the 49 dollars, she decided to save 50% of her allowance every month.

Jim and Tina got along most of the time again. Sometimes she bought some snacks for him, and they enjoyed eating them together when they were watching their favorite TV shows.

(注) *get along 仲良くする　*by themselves 自分たちだけで　*relative 親戚
*strict 厳しい　*allowance こづかい　*if ～ ～かどうか
*pay ～ back ～を返済する　*owe ～ ～に借金がある　*wallet 財布
*add up to ～ 合計～になる　*keep track of ～ ～の流れを記録する　*stingy けちな
*rude 失礼な　*forgive ～ ～を許す　*embarrassed 恥ずかしい
*lesson 教訓

問1 本文の内容について,(1)～(5)の質問に対する答えとして最も適切なものを①～④からそれぞれ1つずつ選び,その番号をマークしなさい。

(1) Which sentence is the best to put in【 (1) 】?
① Sometimes they asked their friends to stay home with their children.
② Sometimes they wanted to talk with their children after dinner.
③ Sometimes they cooked dinner with their children.
④ Sometimes they didn't come home until after dinner.

(2) Which sentence is the best to put in【 (2) 】?
① I will ask the staff at the store to make the TV cheaper.
② I will try to find a way to get you the money.
③ I will go to the store to buy the TV with you.
④ I will pay you back right now.

(3) Why did Tina borrow some money from her brother?
① Because she wanted to get a higher grade.
② Because the allowance that her parents gave her was too small.
③ Because her allowance wasn't enough to buy all the things she wanted.
④ Because she wanted to buy Christmas presents for her relatives.

(4) When Jim talked about the money in the living room, what did Tina think first?
① She thought he was rude to talk about it.
② She thought she wanted him to wait until she made enough money.
③ She thought she should ask her parents to lend her money.
④ She thought she should buy a TV for him.

(5) What did Jim's parents do for him?
① They lent him some money.
② They gave him the money he needed to buy a TV.
③ They went to the store to buy a TV for him.
④ They told Tina to pay him back every month.

問2 本文の内容に合うものを①～⑧から3つ選び,その番号をマークしなさい。
① Jim and Tina sometimes cooked dinner without their parents' help.
② Jim and Tina's relatives lived far away from their house, but they often came and took care of them.

③ Jim and Tina's parents thought their children should study more to be better students.

④ Jim knew the amount of money he lent Tina because he always wrote the amount down.

⑤ Although Tina had some money, she didn't want to pay it back to Jim soon.

⑥ It was easy for Tina to tell her parents about a large amount of money from her brother.

⑦ Jim and Tina's parents said that both of their children should be more careful about money.

⑧ Tina started saving half of her allowance after learning a lesson about money.

【4】 次の各文の(　　)に最も適する語(句)を①～④から１つ選び，その番号をマークしなさい。

(1) A new library (　　　　　　) near the park next year.

① is building
② is built
③ will be built
④ has been built

(2) (　　　　　　) of these five students has painted a picture.

① Both
② Each
③ Almost all
④ Some

(3) I remember (　　　　　　) that movie last weekend. It was interesting.

① to watch
② watched
③ watching
④ watch

(4) Do you know the boy (　　　　　　) a school uniform over there?

① at
② of
③ by
④ in

(5) If I had a car, I (　　　　　　) shopping easily.

① had to go
② may go
③ could go
④ won't go

【5】 次の各日本文の内容を表すように，(　　)内の語(句)を並べかえたとき，空所[1]～[12]に入る語(句)の番号をマークしなさい。ただし，不要な語が1語ずつあります。また，文頭にくる語(句)も小文字にしてあります。

(1) 彼ほど経験のあるランナーは日本にいないよ。

In ____ [1] ____ ____ ____ ____ [2] as he does.

(① other　② has　③ much experience　④ Japan　⑤ no
⑥ as　⑦ than　⑧ runner)

(2) その映画を見た感想を聞かせてください。

I'd like to ____ [3] ____ [4] ____ ____ ____ .

(① movie　② hear　③ about　④ you　⑤ think
⑥ feel　⑦ how　⑧ the)

(3) この箱はとても重くて私には運べないわ。

This ____ ____ [5] ____ ____ ____ [6] carry.

(① to　② heavy　③ too　④ box　⑤ for　⑥ so
⑦ me　⑧ is)

(4) 興味がある言語についてスピーチしなさい。

Make ____ ____ ____ [7] ____ [8] ____ .

(① interested　② a　③ interesting　④ you're　⑤ in
⑥ about　⑦ the language　⑧ speech)

(5) 実生活でどのようにAIを利用するかを教えていただけますか。

____ ____ [9] ____ ____ [10] ____ AI in real life?

(① me　② way　③ tell　④ could　⑤ how　⑥ you
⑦ to　⑧ use)

(6) スミス先生が英語教師になって5年がたちますね。

____ ____ [11] ____ ____ ____ [12] teaching English.

(① have　② Mr. Smith　③ since　④ passed　⑤ has
⑥ years　⑦ started　⑧ five)

【6】 次の各文について，下線を引いた部分に誤りのある箇所をそれぞれ①～④から1つずつ選び，その番号をマークしなさい。ただし，誤りのある箇所がない場合は，⑤をマークしなさい。

(1) ①The letter says ②that our aunt will visit us, so ③I'm looking forward to ④see her. ⑤誤りなし

(2) ①If it will rain tomorrow, ②we will enjoy a picnic ③and have lunch in the park ④near the lake. ⑤誤りなし

(3) ①I heard ②that Meg was angry with me, ③so I think ④we should talk each other. ⑤誤りなし

(4) ①The teacher who came to our school last month ②let the students to choose ③their own topics ④for the project. ⑤誤りなし

(5) ①The book my father gave me ②for my birthday ③is enough easy ④for me to read. ⑤誤りなし

(6) ①Because one of the staff members ②was against the plan, ③we could not ④reach a decision that day. ⑤誤りなし

【理　科】（50分）〈満点：100点〉

1　Sさんたちは，脊椎(せきつい)動物について**調べたこと1**，**2**をまとめました。これに関して，あとの**(1)**～**(4)**の問いに答えなさい。

調べたこと1

・　脊椎動物を，特徴ごとに，**表**のようにまとめた。**表**の**A**～**E**は，脊椎動物のうちの魚類，両生類，爬虫(はちゅう)類，鳥類，哺乳類のいずれかである。

表

特徴		A	B	C	D	E
呼吸のしかた	えらで呼吸をする時期がある			○	○	
	肺で呼吸をする時期がある	○	○	○		○
子のうまれ方	卵生である	○	○	○	○	
	胎生である					○

・　**C**～**E**については，**表**の「呼吸のしかた」と「子のうまれ方」から，どのなかまであるかを特定することができた。

・　**A**と**B**は，**表**ではまったく同じ結果となり，区別することができなかった。そのため，これらを，「体表のようす」と「卵をうむ場所が陸上か水中か」という2つの特徴でさらに分類できるかどうか調べた。

　その結果，「体表のようす」については，**C**～**E**の中に体表が**B**と同じであるなかまがいたことから，**A**と**B**を特定する手がかりとなった。また，「卵をうむ場所が陸上か水中か」については，**A**と**B**で同じ結果となったため，これらを特定する手がかりとはならなかった。

調べたこと2

・　脊椎動物は，水中生活から陸上生活へ適応できるように進化してきたと考えられている。**表**の**A**～**E**の動物が，それぞれ異なる特徴をもつのも，生物がそれぞれの生活環境に適した特徴をもつように進化してきた結果である。

・　**図**のⅠ～Ⅴは**表**の**A**～**E**のいずれかであり，これらの動物が，地球上にいつ頃現れたかを表している。「水中生活に適した特徴をもつ動物ほど，地球上に出現した時期が早かった」と考えると，**図**のⅠは**表**の**P**，Ⅱは**Q**だといえる。また，ⅢはB，Ⅳは**R**，Ⅴは**S**である。

図

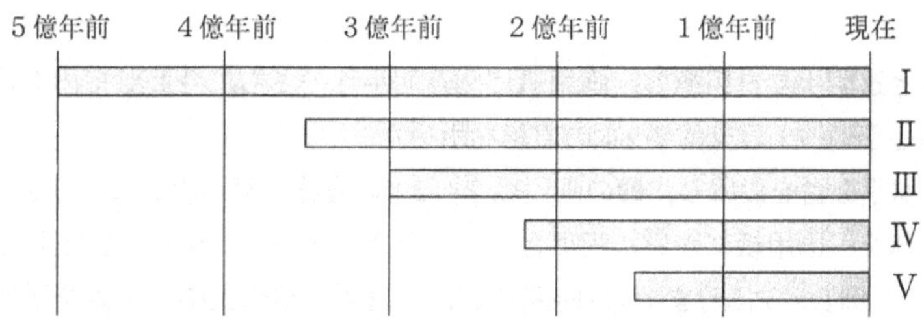

(1) **調べたこと1**の下線部について述べた次の文の[a]～[c]にあてはまるものの組み合わせとして最も適当なものを，あとの①～⑥のうちから一つ選びなさい。

> **表**のCは「えらで呼吸をする時期がある」「肺で呼吸をする時期がある」の両方に○がついている。これは，Cに分類されるカエルや[a]などの動物は，「幼生は[b]で，成体は[c]で呼吸をする」という特徴をもつためである。

① a：トカゲ　b：えら　c：えらと肺
② a：トカゲ　b：えらと皮膚　c：肺と皮膚
③ a：トカゲ　b：えらと肺　c：肺
④ a：イモリ　b：えら　c：えらと肺
⑤ a：イモリ　b：えらと皮膚　c：肺と皮膚
⑥ a：イモリ　b：えらと肺　c：肺

(2) **表**のA～Eの体表のようすについて述べた文として正しいものをすべて選んだ組み合わせを，あとの①～⑧のうちから一つ選びなさい。

ア　Aの体表は湿った皮ふである。　**イ**　体表のつくりがBと同じなのはDである。
ウ　Cの体表は湿ったうろこである。　**エ**　Eの体表は毛でおおわれている。

① **ア，イ**　② **ア，イ，ウ**　③ **ア，ウ，エ**　④ **ア，エ**
⑤ **イ，ウ**　⑥ **イ，ウ，エ**　⑦ **イ，エ**　⑧ **ウ，エ**

(3) **表**で，「卵生である」という特徴をもつA～Dのうち，殻のある卵をうむなかまをすべて選んだ組み合わせを**Ⅰ群**の①～③のうちから，水中にたまごをうむなかまをすべて選んだ組み合わせを**Ⅱ群**の①～③のうちから，最も適当なものをそれぞれ一つ選びなさい。

Ⅰ群　① A，B　② A，B，C　③ A，C
Ⅱ群　① Cのみ　② C，D　③ Dのみ

(4) **調べたこと2**の[P]～[S]にあてはまるものの組み合わせとして最も適当なものを，次の①～④のうちから一つ選びなさい。

① P：C　Q：D　R：A　S：E　② P：C　Q：D　R：E　S：A
③ P：D　Q：C　R：A　S：E　④ P：D　Q：C　R：E　S：A

2　Sさんたちは，太陽の1日の動きを調べるために，夏至の日に，千葉県のある地点で，次の**観測**を行いました。これに関する先生との会話を読んで，あとの(1)～(4)の問いに答えなさい。

観測

❶ 画用紙と透明半球を用意し，画用紙に，透明半球のふちに合わせて円をかいた。また，その円の中心を通って直交する2本の直線を引いた。

❷ 屋外に水平な台を設置し，❶の画用紙を，2本の直線が東西南北に合うようにして置いた。

❸ 透明半球を，画用紙にかいた円に合わせて置き，テープで位置を固定した。

❹ 8時半と，9時から15時までの1時間ごとに，透明半球に太陽の位置を示す●印をペンでつけていき，記録した印をなめらかな曲線で結んだ。また，その曲線をさらに透明半球のふち

まで延長した。**図1**は，このときの透明半球のようすであり，**O**は画用紙にかいた円の中心を，**a**～**d**はそれぞれ東西南北のいずれかを，**A**と**B**は8時半と15時のいずれかの時刻における太陽の位置を表す印を，**X**と**Y**は曲線と透明半球のふちが接する点を，それぞれ表している。

図1

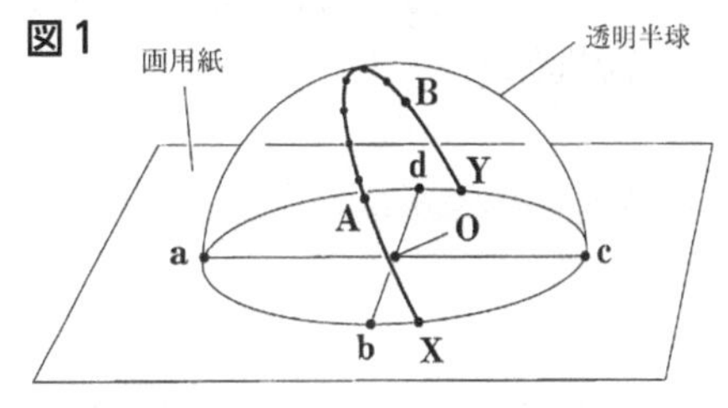

❺ 透明半球に記録した曲線に紙テープをあて，曲線の長さを測定した。その結果，**XY**間の長さは35.0cmであり，そのうち**XA**間は9.8cm，**AB**間は15.6cm，**BY**間は9.6cmであった。

先　生：太陽の位置を透明半球に記録するときには，何に気をつけましたか。

Sさん：朝から午後まで観測を行うので，1日を通して透明半球に日光がよく当たる場所を選び，ペンの先端の影を**図1**の P に合わせて，透明半球に印をつけました。

先　生：よくできました。透明半球にかいた曲線を見ると，日の出と日の入りの位置が真東・真西からずれていて，南中高度が高くなっていることがわかりますね。

Tさん：地球が地軸を傾けて公転していることで，季節ごとに太陽の南中高度が変化するのでしたね。以前，出かけた先で太陽光発電のためのソーラーパネルを見たことがあるのですが，季節によって太陽の当たる角度が変化するので，より効率的に発電を行えるように，年に何度かパネルの傾きを変えているという話でした。

先　生：ソーラーパネルは，太陽光がパネルに対して垂直に当たるときに，最も発電効率が高くなると言われています。たとえば千葉県でいえば，太陽の南中高度は夏と冬で40度以上も変わりますから，パネルの傾きを変えるのは発電効率を上げるために有効でしょうね。

Sさん：夏と冬で，そんなに変わるのですか。地球の地軸は，どのくらい傾いているのでしょうか。

先　生：現在，地球の地軸は，公転面に垂直な方向に対して23.4度傾いています。

Tさん：「現在」ということは，地軸の傾きは変化する場合もあるということですか。

先　生：いいところに気がつきましたね。じつは，地軸の傾きは，数万年という長い周期で変化すると言われているのですよ。

(1) 会話文中の P にあてはまる最も適当なものを，次の①～⑤のうちから一つ選びなさい。

① **a**　② **b**　③ **c**　④ **d**　⑤ **O**

(2) 会話文中の下線部について，**観測**を行った日における日の出の時刻は何時何分であったか。 a ～ c にあてはまる数字を一つずつ選びなさい。

a 時 b c 分

(3) **図2**は，北緯36度の地点に設置されたソーラーパネルを，真横から見て模式的に表したものであり，角**Z**は調整することができるようになっている。春分の日に，このパネルの傾きを変えて発電効率が最も高くなるようにするためには，角**Z**が何度になるように傾きを調整すればよいか。[V], [W]にあてはまる数字を一つずつ選びなさい。
[V][W]度

図2

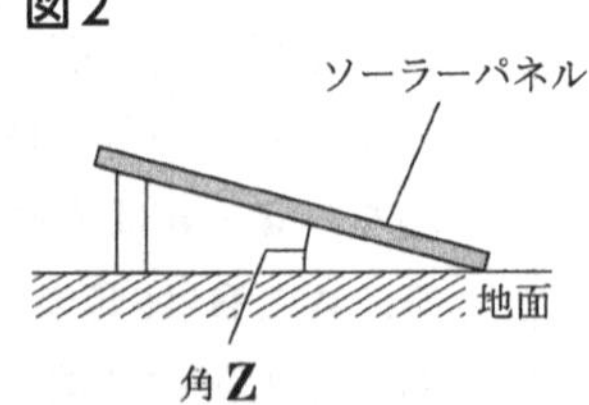

(4) 北緯36度の地点における，夏至の日の太陽の南中高度は何度か。[X]～[Z]にあてはまる数字を一つずつ選びなさい。ただし，地球の公転面に立てた垂線に対して，地軸は23.4度傾いているものとする。
[X][Y].[Z]度

3 Sさんは，物質どうしの結びつきについて調べるために，次の**実験1～3**を行いました。これに関して，あとの(1)～(4)の問いに答えなさい。なお，**実験1～3**に用いた物質**A**～**E**のうち，**A**～**C**は銅，銀，マグネシウムのいずれかであり，**D**と**E**は酸化銅，酸化銀のいずれかである。

実験1

❶ 物質**A**～**E**を同質量ずつはかり取り，5つのステンレス皿にそれぞれ入れた。

❷ 物質**A**～**E**の入ったステンレス皿を，それぞれガスバーナーでじゅうぶん加熱し，加熱後に生じた物質のようすを調べた。**表**は，その結果をまとめたものである。

表

	加熱後に生じた物質のようす
物質**A**	完全に反応し，質量は加熱前の1.25倍になった。
物質**B**	反応は起こらず，質量は加熱前と変わらなかった。
物質**C**	完全に反応し，質量は加熱前の約1.67倍になった。
物質**D**	反応は起こらず，質量は加熱前と変わらなかった。
物質**E**	完全に反応し，質量は加熱前の約0.93倍になった。

実験2

❶ 物質**D**を2.00gはかり取って，炭素の粉末0.40gと混ぜ合わせて混合物をつくり，かわいた試験管**X**に入れた。

❷ **図1**のように，試験管**X**をガスバーナーで加熱し，ガラス管の先から出てきた気体を石灰水に通したところ，石灰水が白くにごった。

図1

物質**D**と炭素の粉末の混合物
ピンチコック
ゴム管
試験管**X**
ガラス管
石灰水

❸ 気体の発生が止まったら加熱をやめ，試験管**X**がじゅうぶん冷めてから，加熱後に残った固体について調べた。その結果，試験管**X**内に残った固体は物質**A**と炭素の混合物であり，その質量の合計は1.85gであることがわかった。

実験３

❶ マグネシウムリボンに空気中で火をつけたところ，光と熱を出して反応した。

❷ 集気びんに二酸化炭素を満たし，**図２**のように，火のついたマグネシウムリボンを入れた。その結果，空気中よりも二酸化炭素中の方が，マグネシウムリボンは激しく光と熱を出して反応した。また，反応が終わったあとの集気びん内には，白色の固体と黒色の固体が残った。

図２

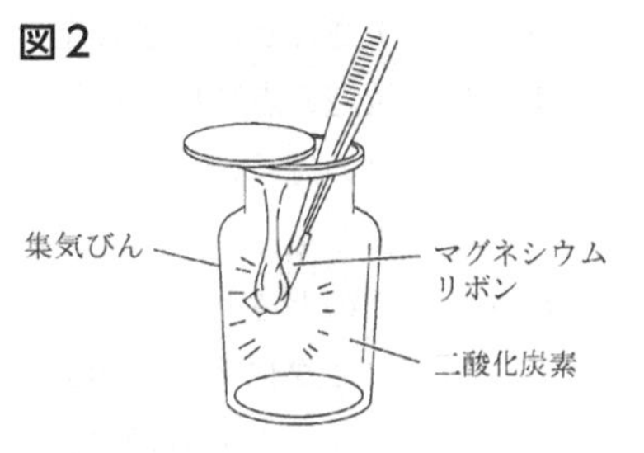

(1) 次の**ア～ウ**は，**実験２**の❸で加熱をやめるときに行った操作を，順序に関係なく並べたものである。**ア～ウ**を，適切な操作の順に並べたものはどれか。最も適当なものを，あとの①～⑥のうちから一つ選びなさい。

ア ガスバーナーの火を消す
イ ピンチコックでゴム管を閉じる
ウ ガラス管を石灰水から出す

① **ア→イ→ウ**　② **ア→ウ→イ**　③ **イ→ア→ウ**
④ **イ→ウ→ア**　⑤ **ウ→ア→イ**　⑥ **ウ→イ→ア**

(2) **実験２**で，加熱後の試験管**X**に残った固体1.85g中に，炭素は何％含まれているか。X，Yにあてはまる数字を一つずつ選びなさい。ただし，答えは小数第1位を四捨五入して整数で答えなさい。

X Y％

(3) 次の化学反応式は，**実験３**で，マグネシウムが二酸化炭素中で反応していたようすを，化学式を用いて表したものである。ⓐ～ⓓにあてはまる数字を，一つずつ選びなさい。なお，数字を入れる必要がない場合は①を選ぶこと。

ⓐ Mg ＋ ⓑ CO_2 → ⓒ MgO ＋ ⓓ C

(4) **実験１～3**から，物質**A～E**について述べた文として正しいものをすべて選んだ組み合わせを，あとの①～⑧のうちから一つ選びなさい。

ア 物質**A**と酸素の結びつきよりも，炭素と酸素の結びつきの方が強い。
イ 物質**A～C**のうちで，最も酸素と結びつきにくいのは物質**B**である。
ウ 物質**C**は，マグネシウムである。
エ **実験２**では，物質**D**が酸化されると同時に炭素が還元されている。
オ 物質**E**は，2種類の原子が結びついて分子となったものである。

① **ア，イ**　② **ア，イ，ウ**　③ **ア，ウ，オ**　④ **イ，ウ，エ**
⑤ **イ，ウ，オ**　⑥ **イ，エ，オ**　⑦ **ウ，エ，オ**　⑧ **ウ，オ**

4　Sさんたちは，音の性質について調べました。これに関する先生との会話文を読んで，あとの**(1)～(4)**の問いに答えなさい。

Sさん：Tさんと，校舎の壁で反射する音について調べる実験をしました。

Tさん：校庭の点Xに，朝礼で使うマイクを立て，それをコンピュータに接続しました。マイクの近くの点Yに立ち，手をたたいて音を出すと，校舎の壁で反射した$_{\mathbf{a}}$音が聞こえました。

Sさん：このとき私は，マイクの近くでコンピュータを持ち，マイクに入力された音を調べました。その結果，コンピュータの画面には音の波形が2つ表示されました。1回目は大きい音，2回目はそれよりも小さい音の波形で，1回目の音と2回目の音との間隔は0.141秒でした。**図1**は，1回目の音の波形の一部を，模式的に表したものです。

図1

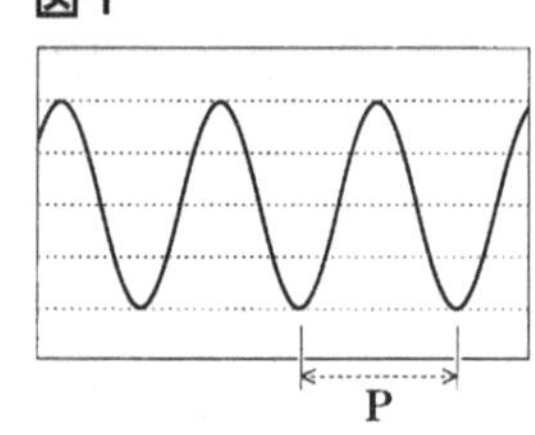

先　生：最初にTさんが出した音が直接マイクに入力され，そのあと，校舎の壁で反射して戻ってきた音がもう一度マイクに入力されたことがわかりますね。点Xと校舎との間の距離は何mでしたか。

Tさん：測定したところ，24mでした。**図2**は，このときの位置関係を表したものです。

図2

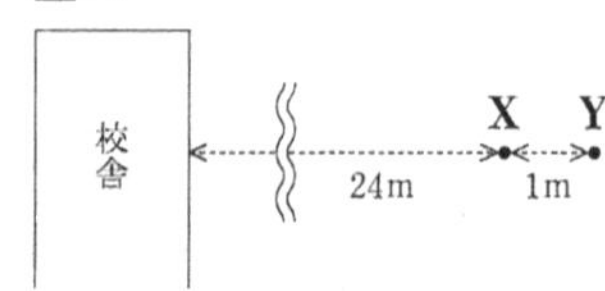

先　生：実験の結果から，$_{\mathbf{b}}$空気中で音の伝わる速さを求めることができますね。ほかに，音の性質を調べるために計画している実験はありますか。

Sさん：テレビでアーティスティックスイミングを見ていて，水中での音の伝わり方も調べてみたいと思いましたが，実験の方法はまだ考えていません。

先　生：アーティスティックスイミングでは，選手たちは，水中でも音楽を聞きながら演技をしているようですね。

Sさん：選手が水中にもぐっているときも，スピーカーから出る音にぴったり合わせて演技をしているようだったので，陸上の音が水中にも聞こえるのか疑問に思ったのです。

先　生：アーティスティックスイミングが行われているプールでは，プールサイドと水中の両方にスピーカーがあるそうですよ。そのため，選手はどのような体勢になっていても音を聞くことができるのだそうです。

Tさん：空気中と水中とで，音の伝わる速さにちがいはないのですか。

先　生：水中を音が伝わる速さは，空気中を音が伝わる速さよりもずっと速いのですが，競技が行われるプールは一辺の長さが20～30m程度ですから，誤差が生じたとしてもわずかなのですよ。$_{\mathbf{c}}$選手のいる位置によっては，プールサイドのスピーカーから出る音と，水中のスピーカーから出る音とが，まったく同時に聞こえるそうです。

(1) **図3**は，ヒトの耳のつくりの一部を，模式的に表したものである。会話文中の下線部**a**で声が聞こえたとき，空気の振動を受け取った部分を**Ⅰ群**の①～④のうちから，ヒトが音の刺激を受けてから「聞こえた」と意識するまでの刺激の信号の伝わる経路を**Ⅱ群**の①～④のうちから，最も適当なものをそれぞれ一つ選びなさい。

図3

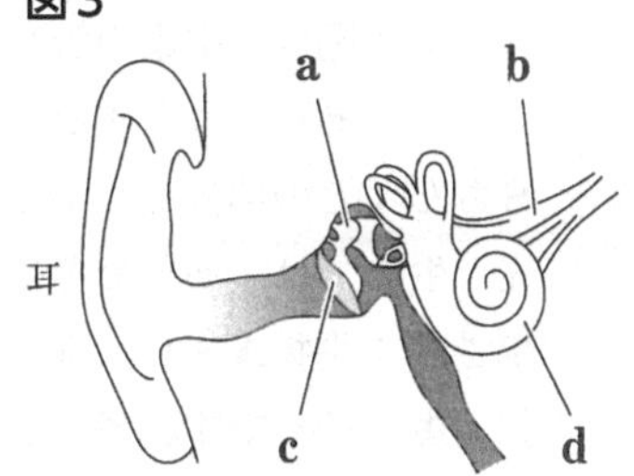

Ⅰ群 ① **図3**の**a** ② **図3**の**b** ③ **図3**の**c** ④ **図3**の**d**

Ⅱ群 ① 耳→感覚神経→せきずい→脳 ② 耳→感覚神経→脳
③ 耳→運動神経→せきずい→脳 ④ 耳→運動神経→脳

(2) **図1**の波形で，縦軸は振動の振れ幅を，横軸は時間を表しており，1回の振動(**P**で示された部分)が振動するのにかかった時間は0.004秒であった。この音の振動数として最も適当なものを，次の①～⑥のうちから一つ選びなさい。

① 25Hz ② 40Hz ③ 250Hz
④ 400Hz ⑤ 2500Hz ⑥ 4000Hz

(3) 会話文中の下線部**b**について，実験の結果から求められる，空気中を伝わる音の速さは何m/sか。[P]～[R]にあてはまる数字を一つずつ選びなさい。ただし，答えは小数第1位を四捨五入して整数で答えなさい。

[P][Q][R]m/s

(4) 会話文中の下線部**c**で，プールの水中にスピーカー**A**が，プールサイドにスピーカー**B**が設置されているとき，スピーカー**A**からの距離が18.0m，スピーカー**B**からの距離が4.1mである位置においては，両方のスピーカーから出る音が同時に聞こえた。水中を伝わる音の速さに最も近いものを，次の①～⑤のうちから一つ選びなさい。

① 900m/s ② 1100m/s ③ 1300m/s ④ 1500m/s ⑤ 1700m/s

5 Sさんたちは，自然界における物質の循環について**調べたこと**をまとめました。これに関する先生との会話文を読んで，あとの(1)～(4)の問いに答えなさい。

調べたこと

図は，自然界における炭素の循環を模式的に表したものである。地球上において，生命の歴史がこれほど長く続いている理由の一つには，炭素や酸素などの物質が，生物のからだと周囲の環境との間を**図**のように循環していることも挙げられる。

図

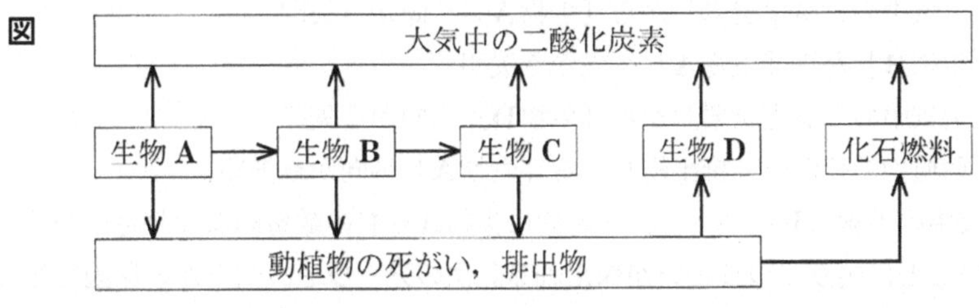

先　生：**図**は，炭素の流れを矢印で表しているのですね。a矢印が抜けてしまっている部分があるようですが，気づいていますか。

Sさん：どの部分でしょうか，気づきませんでした。

先　生：では，あとで考えてみてください。その部分以外はとてもよくできていますよ。

Tさん：生物**A**～**C**の個体数を比較すると，**A**が最も多いと聞いたのですが。

先　生：そうです。多い順に**A**，**B**，**C**で，b通常この数量関係はつり合いが保たれた状態になっています。これは，具体的な生物の例で考えてみないと，想像しにくいかもしれませんね。

Tさん：ここに，7種類の生物の名前を一覧にした**表**があります。**図**の生物**A**～**D**に**表**の生物をあてはめるとどのようになるか，これから考えてみようと思っています。

表

1	カエル	5	バッタ
2	ミジンコ	6	メダカ
3	イネ	7	ミカヅキモ
4	ダンゴムシ		

Sさん：生物**A**は，**表**の生物でいうと[P]ですよね。

Tさん：[P]以外にもあると思います。生物**C**に**表**の6があてはまる環境であれば，生物**A**は[Q]だということになると思います。

先　生：そのとおりです。**表**の生物を**図**にあてはめる場合には，いくつもの可能性を考えることができますね。また，生物**D**にあてはまる[R]は，「ほかの生物から有機物を得る」という観点から見れば生物**C**であるともいえます。

Tさん：生物どうしの関係は，複雑に入り組んでいるのですね。

先　生：**図**では，生物だけでなく，化石燃料も関係の中に入っている点がおもしろいですね。

Sさん：ニュースなどから，大気中の二酸化炭素の量には，化石燃料が大きく関わっていると思ったので，**図**にも入れました。化石燃料である石油や石炭は，数千万年から数億年前の生物の死がいが，地中の熱などの影響で変化してできたものだそうです。

先　生：よく調べてありますね。化石燃料は炭素を含む有機物で，火力発電における燃料となっています。

Sさん：火力発電所では，化石燃料を燃やして水を沸騰させ，発生した水蒸気でタービンを回して発電をしているそうです。

(1)　会話文中の下線部**a**について，**図**にかき足す必要があるのはどのような矢印か。最も適当なものを，次の①～④のうちから一つ選びなさい。

① 「大気中の二酸化炭素」から「生物**A**」へ向かう矢印
② 「生物**B**」から「生物**A**」へ向かう矢印
③ 「大気中の二酸化炭素」から「生物**D**」へ向かう矢印
④ 「動植物の死がい，排出物」から「生物**A**」へ向かう矢印

(2)　会話文中の下線部**b**について，一時的に生物**A**～**C**の数量的なつり合いがくずれた場合，いずれ再びもとに戻り，つり合いが保たれる。次の**ア**～**ウ**を，何らかの原因で急に生物**B**の個体数が減少した場合，その後起こる変化の順に並べたものはどれか。最も適当なものを，あとの

①～⑥のうちから一つ選びなさい。

ア　生物**B**が増加する。

イ　生物**A**が増加し，生物**C**が減少する。

ウ　生物**A**が減少し，生物**C**が増加する。

①　**ア→イ→ウ**　　②　**ア→ウ→イ**　　③　**イ→ア→ウ**

④　**イ→ウ→ア**　　⑤　**ウ→ア→イ**　　⑥　**ウ→イ→ア**

(3)　会話文中の**P**～**R**にあてはまるものの組み合わせとして最も適当なものを，次の①～④のうちから一つ選びなさい。

①　**P**：2　**Q**：7　**R**：4　　②　**P**：2　**Q**：7　**R**：5

③　**P**：3　**Q**：7　**R**：4　　④　**P**：7　**Q**：3　**R**：4

(4)　火力発電におけるエネルギーの移り変わりとして最も適当なものを，次の①～④のうちから一つ選びなさい。

①　化学エネルギー → 光エネルギー → 位置エネルギー → 電気エネルギー

②　化学エネルギー → 光エネルギー → 運動エネルギー → 電気エネルギー

③　化学エネルギー → 熱エネルギー → 位置エネルギー → 電気エネルギー

④　化学エネルギー → 熱エネルギー → 運動エネルギー → 電気エネルギー

6　**S**さんは，気象について調べました。これに関する先生との会話文を読んで，あとの**(1)**～**(4)**の問いに答えなさい。

Sさん：この1年間で，天気について何度か調べる機会がありました。**メモ**のⅠ～Ⅲは，1年のうちの3日分の天気について調べた内容で，どれも異なる季節のものです。**図1～3**は，その3日分の天気図ですが，どの天気図がどの日のものだか，わからなくなっています。

メモ

Ⅰ　気温は高い。山陰地方の沖から東北地方に**a**<u>前線</u>がのび，日本海側の地域では広くくもりや雨となった。

Ⅱ　本州は高気圧におおわれ，全国的に気温が高くなった。

Ⅲ　全国的に気温が低く，日本海側の地域では大雪となった。

図1

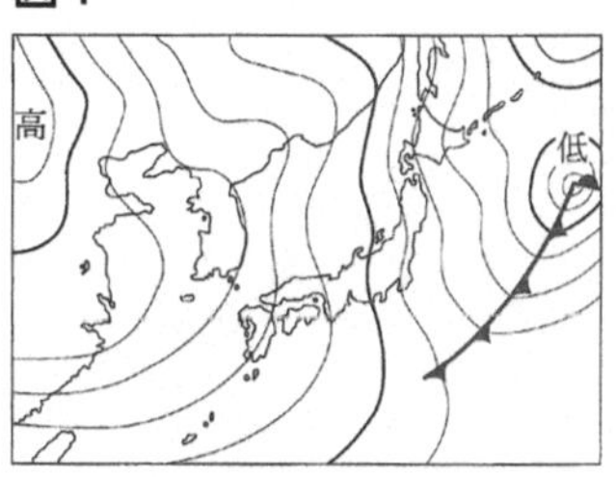

図2

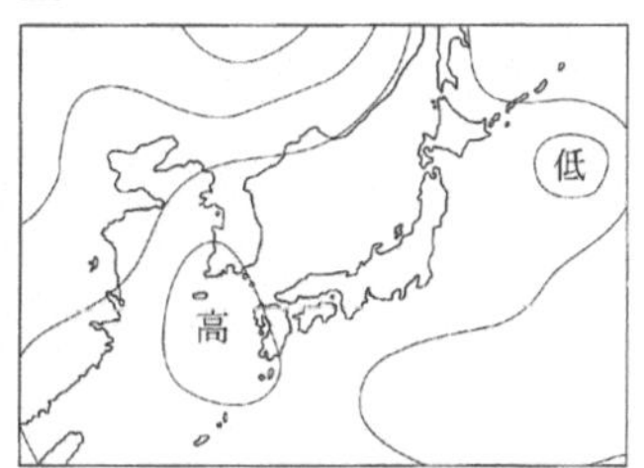

図3

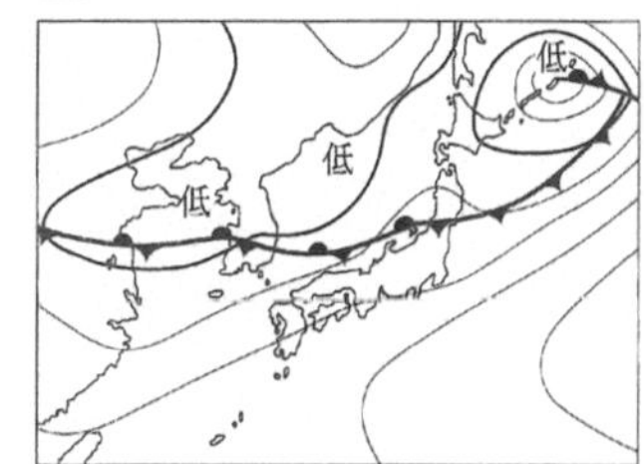

先　生：どの天気図がⅠ～Ⅲのどの日のものかわからなくなったとのことですが，よく見ればわかりますね。**図1～3**には，季節ごとの天気の特徴がよく現れています。

Sさん：	確かに，改めて見ると，Ⅰは[P]の説明，Ⅱは[Q]の説明，Ⅲは[R]の説明だと判断できます。
先　生：	千葉県の天気については，何か記録してありましたか。
Sさん：	それが，全国の天気については**メモ**にあったとおりなのですが，千葉県のことは何も書いていませんでした。おそらく，Ⅰの日は千葉県でもくもりや雨，ⅡとⅢの日はどちらも晴れだったのではないかと思います。
先　生：	そのように考えた理由を，**メモ**の内容から説明できますか。
Sさん：	はい。Ⅰの日は前線の影響があったと考えました。Ⅱの日は，高気圧におおわれていたという内容から，千葉県でも雲ができにくかったはずです。気温が高かったのであれば，一時的に**b**積乱雲が発達した可能性はありますが，くもりになるほどではないと思います。
先　生：	Ⅲの日についてはどうでしょうか。
Sさん：	Ⅲの日は，**c**季節風が強く吹いていたと考えられるので，太平洋側に位置する千葉県の天気には，その影響があったのではないかと推測しました。
先　生：	よく説明できました。

（1） **メモ**の下線部**a**で，本州の日本海側にのびている前線のでき方について述べた文として最も適当なものを，次の①～④のうちから一つ選びなさい。

① 南の乾いた気団と，北の乾いた気団がぶつかり合ってできる。
② 南の湿った気団と，北の湿った気団がぶつかり合ってできる。
③ 南の湿った気団と，北の乾いた気団がぶつかり合ってできる。
④ 南の乾いた気団と，北の湿った気団がぶつかり合ってできる。

（2） 会話文中の[P]～[R]にあてはまるものの組み合わせとして最も適当なものを，次の①～⑥のうちから一つ選びなさい。

①	P：図1	Q：図2	R：図3	②	P：図1	Q：図3	R：図2
③	P：図2	Q：図1	R：図3	④	P：図2	Q：図3	R：図1
⑤	P：図3	Q：図1	R：図2	⑥	P：図3	Q：図2	R：図1

(3) 会話文中の下線部**b**について，このような雲ができるのは，水蒸気を多く含む空気が上昇し，露点に達したあともさらに上昇を続けていくためである。地上付近に気温が26.0℃，湿度が75%の空気のかたまりがあり，この空気が上昇して露点に達したあともさらに上昇していった場合，空気のかたまりとその周囲の大気は，地上から何m上昇した位置で温度が等しくなるか。最も適当なものを，次の①～④のうちから一つ選びなさい。なお，**表**は気温と飽和水蒸気量との関係を表したものである。また，露点に達していない空気のかたまりは100m上昇するごとに温度が1℃下がり，露点に達したあとの空気のかたまりは100m上昇するごとに温度が0.5℃下がり，空気のかたまりの周囲にある大気は高度100mにつき温度が0.6℃下がるものとする。

① 約2000m　　② 約2300m
③ 約2500m　　④ 約2800m

表

気温〔℃〕	飽和水蒸気量〔g/m^3〕
15	12.8
16	13.6
17	14.5
18	15.4
19	16.3
20	17.3
21	18.3
22	19.4
23	20.6
24	21.8
25	23.1
26	24.4

(4) 会話文中の下線部**c**について述べた次の文の X ， Y にあてはまるものの組み合わせとして最も適当なものを，あとの①～④のうちから一つ選びなさい。

> 陸は海よりも X ため，この季節には大陸上で気圧が高くなる。大気は気圧の Y へ流れるので，その大気の流れと同じ向きに，下線部**c**の風が吹く。

① X：あたたまりやすく冷えやすい　　Y：高い方から低い方
② X：あたたまりやすく冷えやすい　　Y：低い方から高い方
③ X：あたたまりにくく冷えにくい　　Y：高い方から低い方
④ X：あたたまりにくく冷えにくい　　Y：低い方から高い方

7 Sさんたちは，物質の状態変化について調べるため，次の**実験**を行いました。これに関する先生との会話文を読んで，あとの**(1)～(4)**の問いに答えなさい。なお，水の密度は1.00g/cm^{3}である。

実験

❶ **図1**のように，ビーカー**A**に氷50.0gと温度計を入れた。

❷ 氷の入ったビーカー**A**をガスバーナーで加熱したところ，やがて氷はすべてとけて水になり，盛んに沸騰した。**図2**は，このときの温度変化を記録して模式的に表したものである。

図1

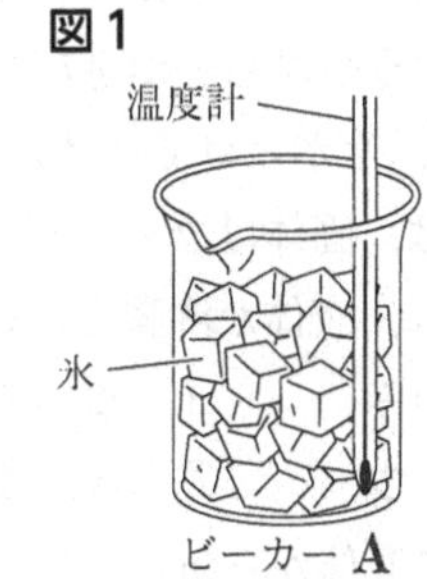

図2

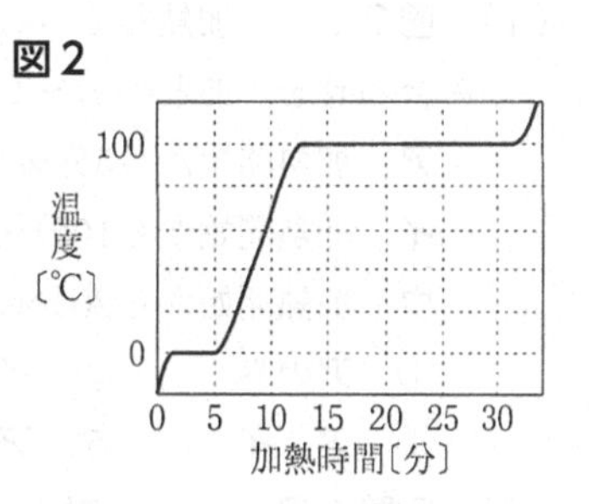

❸ ビーカーBに水50.0gを入れ，図3のように，水面の位置にペンで印をつけた。

❹ ビーカーBにラップフィルムをかけて冷凍庫に入れ，一晩置いた。

図3

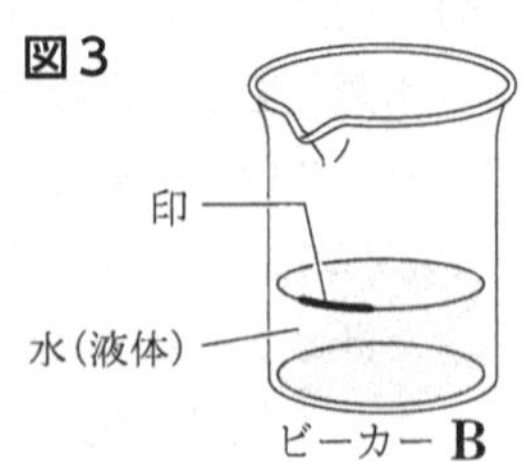

Sさん：図2のように，温度変化のグラフには水平な部分が現れました。

先　生：そうですね。水は[P]ですから，融点と沸点が決まった温度になります。

Sさん：水以外に，5種類の物質A～Eについても，融点と沸点を調べてみました。**表**はその結果をまとめたものです。確かに，融点と沸点はそれぞれの物質で決まった温度になっていますね。

表

物質	融点[℃]	沸点[℃]
水	0	100
A	−39	357
B	43	217
C	−115	78
D	−95	56
E	−210	−196

Tさん：水の融点は0℃ですが，同じ0℃のとき，物質A～Eのうち，[Q]は固体，[R]は液体，[S]は気体ということになりますね。

先　生：そのとおりです。どの物質も，温度が上昇していけば最終的には気体となります。このとき，どの物質も，質量は変わらずに体積が変化します。**実験**の❹で冷凍庫に入れておいたビーカーBを取り出してみましょう。

Sさん：液体だった水が，すべてこおって氷になっています。氷の表面が盛り上がって，**実験**の❸でつけた水面の印よりも上の位置に来ていますね。

先　生：そうですね。つまり，水が液体から固体に状態変化したとき，体積が大きくなったということです。

Tさん：水の体積が変化した割合はどれくらいでしょうか。

先　生：氷の密度は，約0.917g/cm^{3}です。この値をもとに，**実験**で水が液体から固体になったとき，体積は何％増加したか考えてみましょう。

(1) **図2**から，加熱している間の水の状態について述べた文として正しいものをすべて選んだ組み合わせを，あとの①～⑥のうちから一つ選びなさい。

ア 加熱開始から5分後に，氷がとけて液体になり始めた。
イ 加熱開始から10分後は，固体はなく，液体だけの状態だった。
ウ 加熱開始から20分後は，液体が沸騰している状態だった。

① **ア**のみ　② **イ**のみ　③ **ウ**のみ
④ **ア**，**イ**　⑤ **ア**，**ウ**　⑥ **イ**，**ウ**

(2) **実験**の❷で，水が沸騰して液体から気体へ変化していたときの，水をつくる粒子の変化として最も適当なものを，次の①～⑥のうちから一つ選びなさい。

① 粒子の1個1個が大きくなり，粒子どうしの間隔が広くなった。

② 粒子どうしの間隔は変わらず，粒子の1個1個が大きくなった。
③ 粒子の数が増え，粒子の運動が激しくなった。
④ 粒子の運動のようすは変わらず，粒子の数が増えた。
⑤ 粒子の運動が激しくなり，粒子どうしの間隔が広くなった。
⑥ 粒子どうしの間隔は変わらず，粒子の運動が激しくなった。

(3) 会話文中の[P]～[S]にあてはまるものの組み合わせとして最も適当なものを，次の①～⑧のうちから一つ選びなさい。

	P	Q	R	S
①	P：単体	Q：B	R：A，C，D	S：E
②	P：単体	Q：B，D	R：A，C	S：E
③	P：単体	Q：B	R：A，D	S：C，E
④	P：単体	Q：B，D	R：A	S：C，E
⑤	P：純粋な物質	Q：B	R：A，C，D	S：E
⑥	P：純粋な物質	Q：B，D	R：A，C	S：E
⑦	P：純粋な物質	Q：B	R：A，D	S：C，E
⑧	P：純粋な物質	Q：B，D	R：A	S：C，E

(4) 水の状態変化における体積の変化について述べた次の文の[a]～[d]にあてはまる数字を一つずつ選びなさい。ただし，氷の密度を$0.917g/cm^3$とし，答えは[a]～[c]については小数第2位を四捨五入して小数第1位まで，[d]については小数第1位を四捨五入して整数で答えなさい。また，**実験**を通して水の質量は変化しなかったものとする。

> **実験**で，水がこおってできた氷の体積は[a][b].[c] cm^3であり，液体の水だったときよりも[d]%体積が増加していた。

8

LED(発光ダイオード)を用いて，次の**実験1～3**を行いました。これに関して，あとの**(1)～(4)**の問いに答えなさい。

実験1

❶ 豆電球とLEDを用意し，それぞれを，**図1**のように乾電池とスイッチにつないだ。なお，LEDには短いあしと長いあしがあり，短いあしを**a**，長いあしを**b**と表している。

❷ それぞれの回路のスイッチを入れたところ，豆電球は点灯したが，LEDは点灯しなかった。

❸ 点灯しなかったLEDのあし**a**と**b**を逆につなぎかえて，再び回路のスイッチを入れたところ，LEDは点灯した。

図1

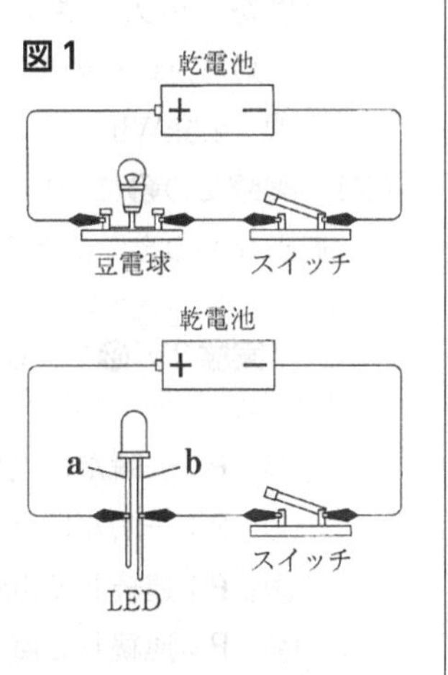

実験2

❶ 2つのコイル**X**と**Y**を用意して，コイル**X**は中に鉄しんを入れた。

❷ **図2**のように，コイル**X**は乾電池とスイッチに，コイル**Y**はLEDにつないだ。

❸ コイル**X**をつないだ回路のスイッチを入れたところ，コイル**Y**に電流が流れてLEDが点灯した。

図2

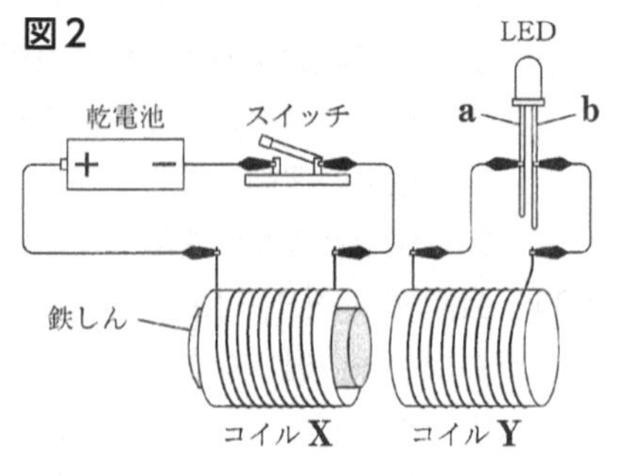

❹ **図2**からコイル**X**を取り除き，**図3**のように，コイル**Y**の近く(点線で示した位置)で棒磁石を動かした。その結果，棒磁石をある動かし方で動かしたときに，コイル**Y**に電流が流れてLEDが点灯した。

図3

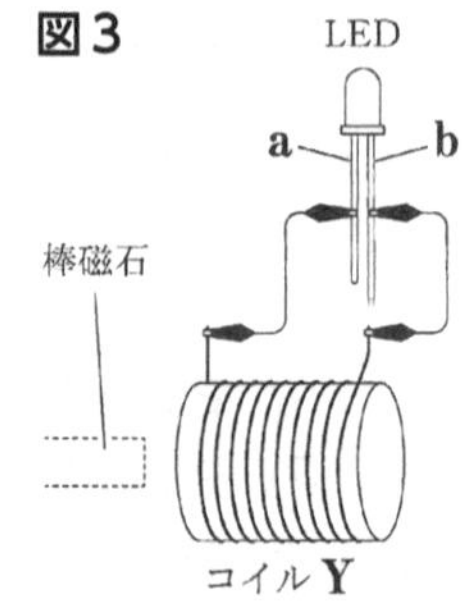

実験3

❶ 2個のLEDを，**図4**のように電源装置につないだ。

❷ 電源装置のスイッチを入れて，回路に電流を流したところ，2個のLEDが同じ明るさで点滅した。

❸ **図4**の回路からLEDを1個だけ取り除いたところ，残ったLEDが❷と同じ明るさで点滅した。

図4

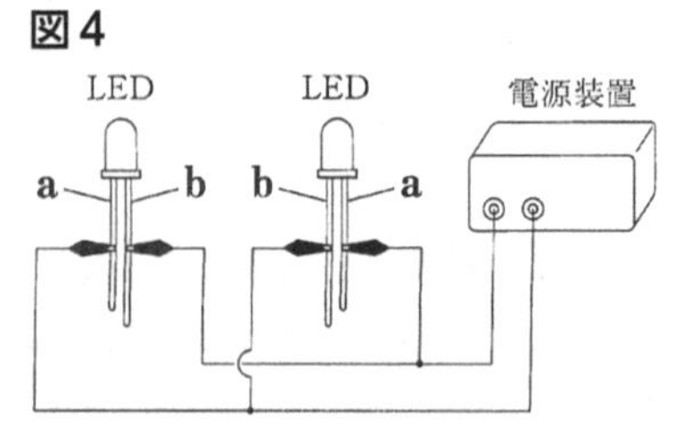

(1) **実験1**で用いた豆電球とLEDとを比較すると，LEDの方が消費電力が小さい。これは，家庭用の電球でも同じであり，同じ明るさの白熱電球とLED電球とを比較すると，消費電力はLED電球の方が小さい。消費電力が7.4WであるLED電球を48時間使用した場合の電力量と，消費電力の大きさが60Wである白熱電球を48時間使用したときの電力量との差は，何kWhか。最も近いものを，次の①～④のうちから一つ選びなさい。

① 2.5kWh　② 25.2kWh　③ 2525kWh　④ 151490kWh

(2) **実験2**の❸について述べた次の文の，P，Qにあてはまるものの組み合わせとして最も適当なものを，あとの①～④のうちから一つ選びなさい。

> **実験2**の❸で，LEDはP。このあと，回路のスイッチを切ると，LEDはQ。

① P：一瞬だけ点灯して消えた　Q：一瞬だけ点灯して消えた
② P：一瞬だけ点灯して消えた　Q：スイッチを切る前の状態から変化しなかった
③ P：連続して点灯し続けた　Q：一瞬だけ点灯して消えた
④ P：連続して点灯し続けた　Q：スイッチを切る前の状態から変化しなかった

(3) **実験2**の❹で，LEDが点灯したときの棒磁石の動かし方をすべて選んだ組み合わせを，あとの①～⑥のうちから一つ選びなさい。

ア 棒磁石のN極をコイルYに近づけるように動かした。

イ 棒磁石のN極をコイルYから遠ざけるように動かした。

ウ 棒磁石のS極をコイルYに近づけるように動かした。

エ 棒磁石のS極をコイルYから遠ざけるように動かした。

① **ア，イ**　② **ア，ウ**　③ **ア，エ**

④ **イ，ウ**　⑤ **イ，エ**　⑥ **ウ，エ**

(4) **実験3**の❷でのLEDの点滅のようすを**Ⅰ群**の①，②のうちから，**実験3**で用いた電源装置の電流について**実験3**の結果からわかることを**Ⅱ群**の①，②のうちから，最も適当なものをそれぞれ一つ選びなさい。

Ⅰ群　① 2個のLEDが同時に点滅した。

② 2個のLEDが交互に点滅した。

Ⅱ群　① この電流は，向きが一定である。

② この電流は，向きが周期的に変化している。

【社　会】（50分）〈満点：100点〉

1　社会科の授業で，りえさんは，「日本で開催されたサミット(主要国首脳会議)」に関するレポートを作成した。次の**資料1**は，りえさんが作成したレポートの一部である。これに関して，あとの**(1)～(4)**の問いに答えなさい。

資料1　りえさんが作成した「日本で開催されたサミット(主要国首脳会議)」に関するレポートの一部

サミットとは	1975年に「先進国首脳会議」として，世界経済や$_a$国際的な問題などについて，主要国の首脳が話し合うために始まった。
東京サミット	東京では，1979年，1986年，1993年の3回開催された。
九州・沖縄サミット	2000年に開催され，首脳会議は沖縄県名護市が会場になった。このサミットを記念して，首里城の守礼門などを描いた2000円の$_b$紙幣が発行された。
北海道洞爺湖サミット	2008年に北海道の洞爺湖の湖畔で首脳会議が開催された。アメリカ合衆国のサブプライム住宅ローン問題が世界金融危機に発展する直前の時期に開催され，世界経済のほか，環境・$_c$エネルギーなどの問題が議題となった。
伊勢志摩サミット	2016年に三重県の英虞湾にある賢島で首脳会議が開催された。世界経済のほか，気候変動などの環境問題，難民問題，サイバー攻撃の問題などが議題となった。
広島サミット	2023年5月に$_d$広島県広島市で首脳会議が開催された。国際経済のほか，ロシア連邦によるウクライナ侵攻の問題，持続可能な世界に向けての共通の努力などが議題となった。日程の初日に主要国の首脳が平和記念資料館を訪問したり，原爆死没者慰霊碑に献花したりした。また，主要国の首脳以外にブラジルやオーストラリア，韓国，インドなどの首脳も招待された。

北海道洞爺湖サミット
広島サミット
伊勢志摩サミット
九州・沖縄サミット
東京サミット

(1)　**資料1**中の下線部**a**に関連して，次のⅠ～Ⅲの文は，現代の国際的な問題に関係するできごとについて述べたものである。Ⅰ～Ⅲの文を年代の**古いものから順**に並べたものとして最も適当なものを，あとの**ア～カ**のうちから一つ選び，マークしなさい。

Ⅰ　アメリカ軍のベトナムからの撤退後，ベトナム戦争が終了した。
Ⅱ　ソビエト連邦などが，ワルシャワ条約機構を結成した。
Ⅲ　イラクがクウェートに侵攻した翌年，湾岸戦争が起こった。

ア　Ⅰ→Ⅱ→Ⅲ　　**イ**　Ⅰ→Ⅲ→Ⅱ　　**ウ**　Ⅱ→Ⅰ→Ⅲ
エ　Ⅱ→Ⅲ→Ⅰ　　**オ**　Ⅲ→Ⅰ→Ⅱ　　**カ**　Ⅲ→Ⅱ→Ⅰ

(2) **資料1**中の下線部**b**に関連して，次の文章は，りえさんが紙幣などの通貨に関係する為替相場(為替レート)についてまとめたものの一部である。文章中の Ⅰ ， Ⅱ にあてはまるものの組み合わせとして最も適当なものを，あとの**ア**～**エ**のうちから一つ選び，マークしなさい。

> 為替相場(為替レート)は，通貨と通貨を交換する比率である。1ドル＝150円が1ドル＝120円になるようなことを Ⅰ という。日本国内で75万円の自動車は，1ドル＝120円のときにアメリカ合衆国に輸出すると，為替相場(為替レート)以外の関税や消費税，輸送費などを考慮しない場合，アメリカ合衆国国内で Ⅱ で販売することになる。

ア　Ⅰ：円高　Ⅱ：5000ドル　　**イ**　Ⅰ：円高　Ⅱ：6250ドル
ウ　Ⅰ：円安　Ⅱ：5000ドル　　**エ**　Ⅰ：円安　Ⅱ：6250ドル

(3) **資料1**中の下線部**c**に関連して，右の**資料2**は，アメリカ合衆国における石油と鉄鉱石の産出地の分布を示したものである。**資料2**中の**X**，**Y**のうち石油を示しているものと，**A**～**C**のうち鉄鋼業が発達したピッツバーグを示しているものの組み合わせとして最も適当なものを，次の**ア**～**カ**のうちから一つ選び，マークしなさい。

資料2　**アメリカ合衆国における石油と鉄鉱石の産出地の分布**

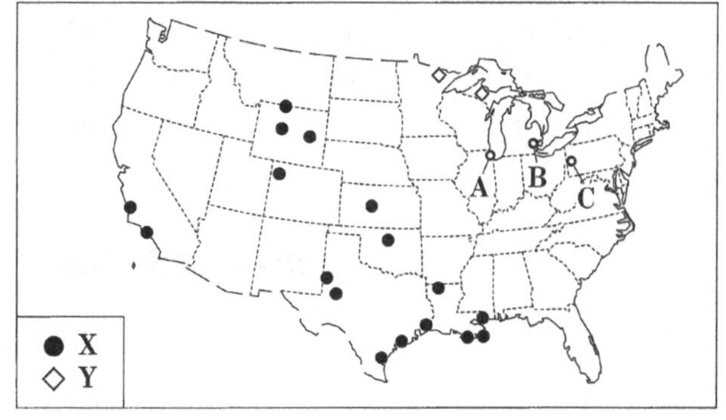

ア　石油：**X**　　ピッツバーグ：**A**
イ　石油：**X**　　ピッツバーグ：**B**
ウ　石油：**X**　　ピッツバーグ：**C**
エ　石油：**Y**　　ピッツバーグ：**A**
オ　石油：**Y**　　ピッツバーグ：**B**
カ　石油：**Y**　　ピッツバーグ：**C**

(4) **資料1**中の下線部**d**に関連して，次の**資料3**中の**ア**～**オ**は，広島県を含む**資料4**中の中国・四国地方のいずれかの県を示している。①広島県と②香川県を示すものとして最も適当なものを，**ア**～**オ**のうちからそれぞれ一つずつ選び，マークしなさい。

資料3　中国・四国地方の各県の総人口，野菜産出額，化学工業出荷額及び県庁所在地の年降水量

県名	総人口 (万人) (2021年)	野菜産出額 (億円) (2020年)	化学工業出荷額 (億円) (2019年)	県庁所在地の 年降水量 (mm)
ア	94	242	1,680	1,150
イ	188	223	11,023	1,143
ウ	68	711	108	2,666
エ	278	247	4,348	1,572
オ	55	214	52	1,931
島根県	66	101	333	1,792
山口県	133	160	19,791	1,928
徳島県	71	352	6,298	1,620
愛媛県	132	197	3,440	1,405

(「データでみる県勢 2023」などより作成)

資料4　中国・四国地方の地図

2 次の図を見て，あとの**(1)～(4)**の問いに答えなさい。

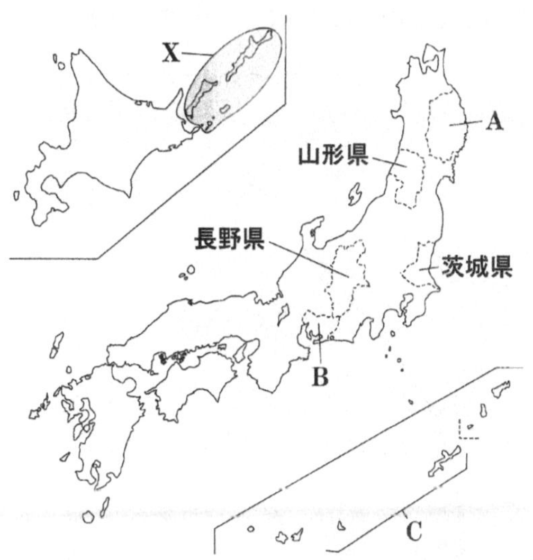

(1) 次の文章は，図中の**X**の島々について述べたものである。文章中の［Ⅰ］，［Ⅱ］にあてはまる語の組み合わせとして最も適当なものを，あとの**ア～エ**のうちから一つ選び，マークしなさい。

> 図中の**X**の島々はロシア連邦に占拠されている北方領土で，択捉島や［Ⅰ］などが含まれる。総面積は約5003km^{2}で，東京都と隣り合っている千葉県や，［Ⅱ］と隣り合っている福岡県とほぼ同じである。

ア　Ⅰ：歯舞群島　Ⅱ：大分県　　**イ**　Ⅰ：歯舞群島　Ⅱ：宮崎県
ウ　Ⅰ：奄美群島　Ⅱ：大分県　　**エ**　Ⅰ：奄美群島　Ⅱ：宮崎県

(2) 右の**資料1**は，東京都中央卸売市場における，ある野菜の2県からの月ごとの入荷量を示したものであり，**資料1**中の**Y**，**Z**は，図中の**茨城県**，**長野県**のどちらかにあたる。**資料1**で月ごとの入荷量を示した野菜と，**Y**にあたる県の組み合わせとして最も適当なものを，次の**ア～エ**のうちから一つ選び，マークしなさい。

ア　野菜：ピーマン　　**Y**：茨城県
イ　野菜：ピーマン　　**Y**：長野県
ウ　野菜：レタス　　**Y**：茨城県
エ　野菜：レタス　　**Y**：長野県

資料1　東京都中央卸売市場における，ある野菜の2県からの月ごとの入荷量(2022年)

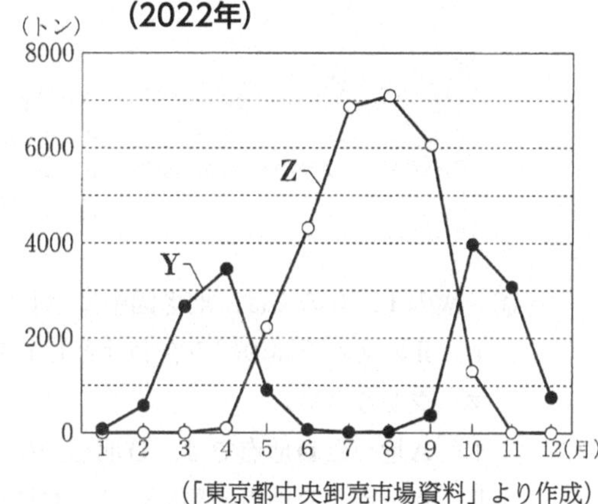

(「東京都中央卸売市場資料」より作成)

(3) 右の**資料2**は，3県の産業別の就業者数割合を示したものであり，**資料2**中の**ア～ウ**は，図中の**A～C**のいずれかの県にあたる。**ア～ウ**のうち，**C**の県に

資料2　3県の産業別の就業者数割合(2020年)

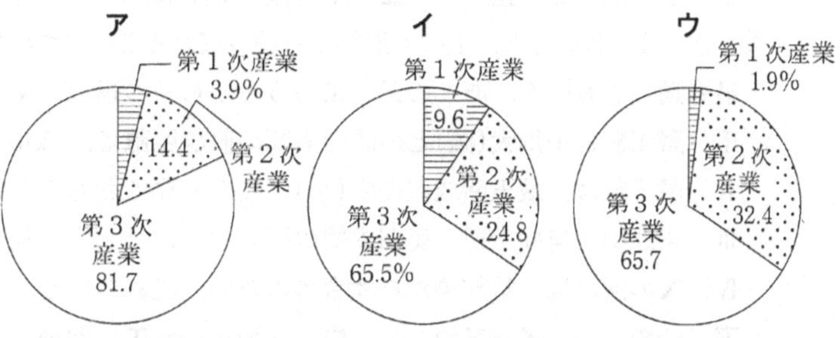

※四捨五入の関係で合計が100%にならない場合がある。

(「データでみる県勢 2023」より作成)

あたるものとして最も適当なものを一つ選び，マークしなさい。

（4） 次の地形図は，図中の**山形県**のある地域を示したものである。これを見て，あとの①，②の問いに答えなさい。

※編集の都合で80%に縮小しています。

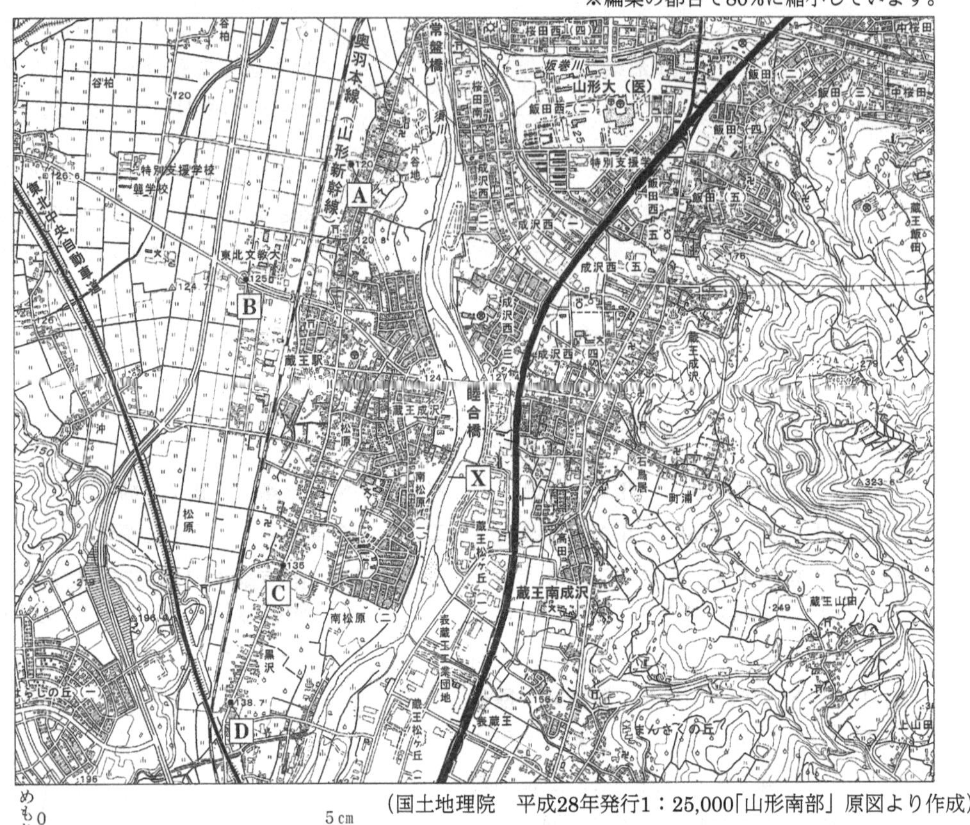

（国土地理院　平成28年発行1：25,000「山形南部」原図より作成）

① 次のⅠ，Ⅱの文は，地形図中に示した**A**～**D**の四つの地点の標高差を比較したものである。Ⅰ，Ⅱの文の正誤の組み合わせとして最も適当なものを，あとの**ア**～**エ**のうちから一つ選び，マークしなさい。

Ⅰ　**A**地点と**D**地点では，**D**地点のほうが50m以上高い。

Ⅱ　**A**地点と**B**地点の標高差は，**C**地点と**D**地点の標高差より小さい。

ア　Ⅰ：正　Ⅱ：正　　　**イ**　Ⅰ：正　Ⅱ：誤

ウ　Ⅰ：誤　Ⅱ：正　　　**エ**　Ⅰ：誤　Ⅱ：誤

② 次のⅠ～Ⅳのうち，上の地形図から読み取れることについて正しく述べた文はいくつあるか。最も適当なものを，あとの**ア**～**エ**のうちから一つ選び，マークしなさい。

Ⅰ　蔵王駅と山形大（医）との間の実際の直線距離は，1km以上離れている。

Ⅱ　蔵王駅は，蔵王南成沢の中（小）学校から見ておおよそ北西の方向に位置している。

Ⅲ　東北中央自動車道と奥羽本線の間の地域には，主に荒地と茶畑が広がっている。

Ⅳ　**X**の河川は，常盤橋から睦合橋の方向へ流れている。

ア　一つ　　**イ**　二つ　　**ウ**　三つ　　**エ**　四つ

3 次の地図を見て，あとの**(1)**～**(4)**の問いに答えなさい。

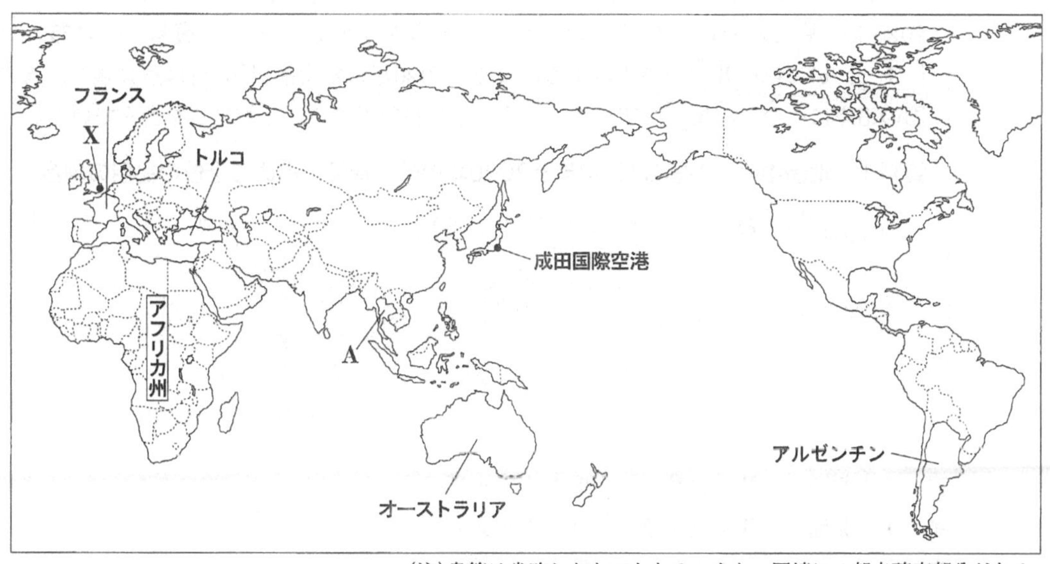

(注)島等は省略したものもある。また，国境に一部未確定部分がある。

(1) 次の文章は，地図中の**X**の都市に位置する国際空港から**成田国際空港**まで航空機で移動したときのことについて述べたものである。文章中の［　　］にあてはまる語として最も適当なものを，あとの**ア**～**エ**のうちから一つ選び，マークしなさい。

> 地図中の**X**の都市に位置する国際空港を現地の日時で2月5日午後2時に出発した航空機が，成田国際空港に日本の日時で2月6日午前11時に到着した。この航空機が直行便である場合，その飛行時間は［　　］である。ただし，**X**の都市は本初子午線を標準時子午線とし，サマータイム(夏時間)は考慮しないものとする。

ア　10時間　　**イ**　12時間　　**ウ**　14時間　　**エ**　16時間

(2) 次のⅠ～Ⅲの文は，地図中の**アフリカ州**について述べたものである。Ⅰ～Ⅲの文の正誤の組み合わせとして最も適当なものを，あとの**ア**～**ク**のうちから一つ選び，マークしなさい。

Ⅰ　この州の北部では，乾燥に強いらくだや羊などの遊牧が行われている。

Ⅱ　この州には，1970年代までヨーロッパ州以外からの移民を制限する白豪主義を実施していた国が含まれる。

Ⅲ　この州には，総人口が世界で最も多い国と世界で2番目に多い国が含まれる。

ア　Ⅰ：正　Ⅱ：正　Ⅲ：正　　**イ**　Ⅰ：正　Ⅱ：正　Ⅲ：誤
ウ　Ⅰ：正　Ⅱ：誤　Ⅲ：正　　**エ**　Ⅰ：正　Ⅱ：誤　Ⅲ：誤
オ　Ⅰ：誤　Ⅱ：正　Ⅲ：正　　**カ**　Ⅰ：誤　Ⅱ：正　Ⅲ：誤
キ　Ⅰ：誤　Ⅱ：誤　Ⅲ：正　　**ク**　Ⅰ：誤　Ⅱ：誤　Ⅲ：誤

(3) 次の文章は，かつきさんが，地図中の**A**の国の輸出についてまとめたレポートの一部である。文章中の［Ⅰ］～［Ⅲ］にあてはまる語の組み合わせとして最も適当なものを，あとの**ア**～**ク**のうちから一つ選び，マークしなさい。

地図中のAの国の輸出は近年，変化している。次の**資料１**は，Aの国の1980年と2020年の輸出総額に占める上位の品目の割合を示したもので，**資料１**中の**あ**には［Ⅰ］，**い**には［Ⅱ］があてはまる。また，2020年の輸出品目第8位は魚介類で，Aの国の沿岸に広がる［Ⅲ］を切り払って建設した養殖場でつくったエビを含んでいる。

資料１　地図中のAの国の1980年と2020年の輸出総額に占める上位の品目の割合

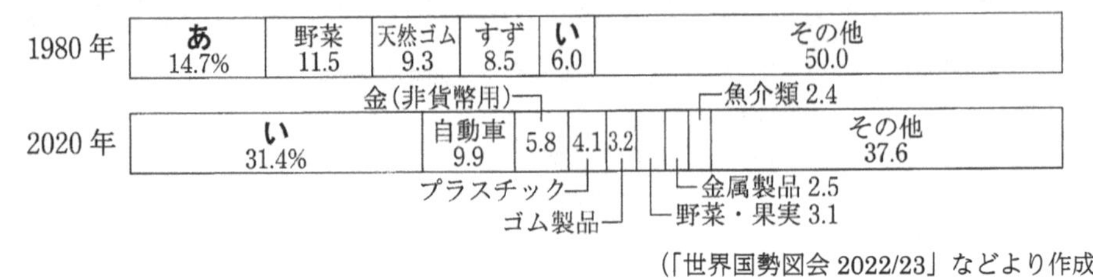

(「世界国勢図会 2022/23」などより作成)

ア　Ⅰ：原油　Ⅱ：衣類　Ⅲ：ステップ
イ　Ⅰ：原油　Ⅱ：機械類　Ⅲ：ステップ
ウ　Ⅰ：原油　Ⅱ：衣類　Ⅲ：マングローブ
エ　Ⅰ：原油　Ⅱ：機械類　Ⅲ：マングローブ
オ　Ⅰ：米　Ⅱ：衣類　Ⅲ：ステップ
カ　Ⅰ：米　Ⅱ：機械類　Ⅲ：ステップ
キ　Ⅰ：米　Ⅱ：衣類　Ⅲ：マングローブ
ク　Ⅰ：米　Ⅱ：機械類　Ⅲ：マングローブ

(4)　次の**資料２**は，地図中の**フランス**，**トルコ**，**オーストラリア**及び**アルゼンチン**の4か国の主な家畜の飼養数，肉類生産量，牛乳生産量を示したものである。あとのⅠ～Ⅳのうち，**資料２**から読み取れることについて正しく述べた文はいくつあるか。最も適当なものを，次の**ア**～**エ**のうちから一つ選び，マークしなさい。

資料２　フランス，トルコ，オーストラリア及びアルゼンチンの4か国の主な家畜の飼養数，肉類生産量，牛乳生産量(2020年)

国名	主な家畜の飼養数				肉類生産里(千トン)	牛乳生産量(千トン)
	牛(千頭)	豚(千頭)	羊(千頭)	鶏(百万羽)		
フランス	17,789	13,737	7,301	242	5,417	25,147
トルコ	17,965	1	42,127	379	3,275	20,000
オーストラリア	23,503	2,258	63,529	101	4,797	8,797
アルゼンチン	54,461	5,377	14,572	119	6,227	11,113

(「世界国勢図会 2022/23」より作成)

Ⅰ　トルコの鶏飼養数は，フランス，オーストラリア，アルゼンチンの鶏飼養数の合計よりも多い。
Ⅱ　豚飼養数が500万頭未満の国は，いずれの国も羊飼養数が2000万頭以上である。
Ⅲ　牛飼養数が2000万頭以上の国は，いずれの国も牛乳生産量が2000万トン以上である。
Ⅳ　**資料2**中の4か国は，いずれの国も牛乳生産量が肉類生産量の2倍以上である。

ア 一つ　　**イ** 二つ　　**ウ** 三つ　　**エ** 四つ

4 次のパネル**A**～**D**は，社会科の授業で，せいらさんたちが，「原始から古代までの資料」をテーマに作成したものの一部である。これらを見て，あとの**(1)**～**(5)**の問いに答えなさい。

A：弥生土器

弥生時代には，縄文土器よりも薄くて硬い，上の資料で示した弥生土器がつくられ，$_{\mathbf{a}}$食べ物の煮たきや貯蔵などに使われた。

B：十七条の憲法

・一に曰く，和をもって貴しとなし，さからうことなきを宗とせよ。
・二に曰く，あつく三宝を敬え。三宝とは，仏，法，僧なり。
・三に曰く，詔をうけたまわりては必ずつつしめ。

飛鳥時代前半に聖徳太子らは，$_{\mathbf{b}}$天皇を中心とする国家づくりのために，上の資料で示した十七条の憲法の制定などを行った。

C：東大寺の正倉院

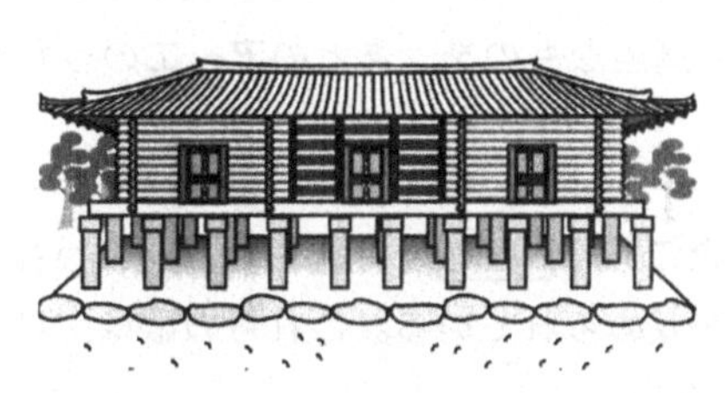

奈良時代に$_{\mathbf{c}}$天平文化が栄えたころ，上の資料で示した東大寺の正倉院が建てられ，聖武天皇の遺品などが収められた。

D：寝殿造の屋敷

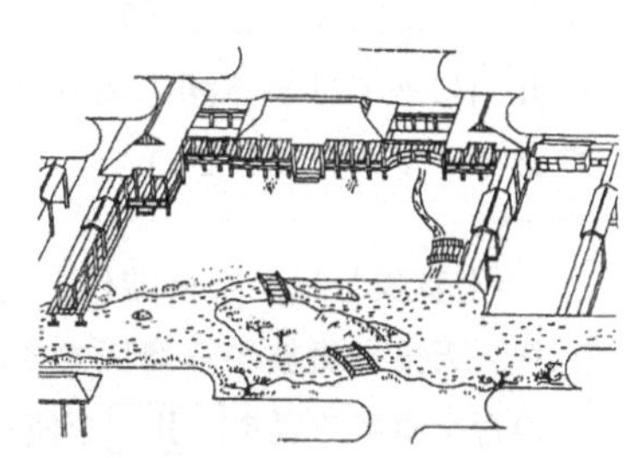

平安時代半ばに$_{\mathbf{d}}$藤原氏の摂関政治が全盛期をむかえていたころ，有力な貴族は上の資料で示した寝殿造の屋敷に住んだ。

(1) パネル**A**中の下線部**a**に関連して，次のⅠ，Ⅱの文は，弥生時代の人々の食べ物について述べたものである。Ⅰ，Ⅱの文の正誤の組み合わせとして最も適当なものを，あとの**ア**～**エ**のうちから一つ選び，マークしなさい。

Ⅰ　狩りでは，主にマンモスやナウマンゾウなどの大型動物が対象とされた。
Ⅱ　稲作では，収穫した稲の脱穀を，千歯こきなどの農具を使って行っていた。

ア　Ⅰ：正　Ⅱ：正　　**イ**　Ⅰ：正　Ⅱ：誤
ウ　Ⅰ：誤　Ⅱ：正　　**エ**　Ⅰ：誤　Ⅱ：誤

(2) 次の文章は，パネル**A**とパネル**B**の間の時代に成立した大和政権(ヤマト王権)について述べたものである。文章中の［Ⅰ］，［Ⅱ］にあてはまる語の組み合わせとして最も適当なものを，あとの**ア**～**エ**のうちから一つ選び，マークしなさい。

> 大和政権(ヤマト王権)は，朝鮮半島から［Ⅰ］の延べ板を輸入し，これをとかしてさまざまなものをつくった。関東地方の［Ⅱ］からは，「ワカタケル大王」の名が刻まれた［Ⅰ］の剣が発掘されている。

ア Ⅰ：鉄　Ⅱ：稲荷山古墳　**イ** Ⅰ：鉄　Ⅱ：江田船山古墳
ウ Ⅰ：青銅　Ⅱ：稲荷山古墳　**エ** Ⅰ：青銅　Ⅱ：江田船山古墳

(3) パネル**B**中の下線部**b**に関連して，次のⅠ～Ⅳのうち，天皇を中心とする国家づくりを進める中で飛鳥時代末に完成した律令国家について正しく述べた文はいくつあるか。最も適当なものを，あとの**ア**～**エ**のうちから一つ選び，マークしなさい。

Ⅰ 律令国家は，刑罰のきまりである律と，政治などのきまりである令に基づき運営された。
Ⅱ 律令国家では，戸籍が30年ごとに作成されることになっていた。
Ⅲ 律令国家では，6歳以上の男女に口分田が与えられることになっていた。
Ⅳ 律令国家では，地方の特産物を庸として都まで運んで納めることになっていた。

ア 一つ　**イ** 二つ　**ウ** 三つ　**エ** 四つ

(4) パネル**C**中の下線部**c**に関連して，次の文章は，せいらさんが，奈良時代の天平文化が栄えたころに完成した『万葉集』についてまとめたレポートの一部である。文章中の［Ⅰ］，［Ⅱ］にあてはまる語の組み合わせとして最も適当なものを，あとの**ア**～**エ**のうちから一つ選び，マークしなさい。

> 『万葉集』は，奈良時代の天平文化が栄えたころに［Ⅰ］が完成させたといわれており，天皇や貴族から農民までの約4500の歌が収められている。これらの歌は，日本語の音を漢字で表す［Ⅱ］を使って書かれている。

ア Ⅰ：大伴家持　Ⅱ：万葉がな　**イ** Ⅰ：大伴家持　Ⅱ：ひらがな
ウ Ⅰ：紀貫之　Ⅱ：万葉がな　**エ** Ⅰ：紀貫之　Ⅱ：ひらがな

(5) パネル**D**中の下線部**d**に関連して，次のⅠ～Ⅳのうち，藤原道長が摂政となった時期よりもあとに起こったできごとについて述べた文はいくつあるか。最も適当なものを，あとの**ア**～**エ**のうちから一つ選び，マークしなさい。

Ⅰ 菅原道真が，唐の衰退などを理由に遣唐使の停止を朝廷に提言した。
Ⅱ 平将門が，国司と対立していた豪族と結んで反乱を起こした。
Ⅲ 院政の実権などをめぐる朝廷内の争いから保元の乱が起こった。
Ⅳ 藤原定家らが『新古今和歌集』を編集し，西行などの和歌が収められた。

ア 一つ　**イ** 二つ　**ウ** 三つ　**エ** 四つ

5 次の略年表を見て，あとの**(1)**～**(5)**の問いに答えなさい。

年代	主なできごと	
1274	一度目のa元寇(蒙古襲来)が起こる	
1333	鎌倉幕府が滅亡する	↑
	↕ b	
1560	織田信長が桶狭間の戦いで今川義元を破る	c
1603	徳川家康が征夷大将軍に任命される	
	↕ d	
1858	e日米修好通商条約が結ばれる	↓

(1) 略年表中の下線部**a**に関連して，次のⅠ～Ⅳのうち，鎌倉時代後半に二度にわたって起こった元寇(蒙古襲来)について正しく述べた文はいくつあるか。最も適当なものを，あとの**ア**～**エ**のうちから一つ選び，マークしなさい。

Ⅰ　元寇(蒙古襲来)は，元の皇帝であるフビライ・ハンの命令により始まった。

Ⅱ　元寇(蒙古襲来)のときの鎌倉幕府の執権は，北条時宗であった。

Ⅲ　元寇(蒙古襲来)を描いた絵巻物を示した右の**資料1**中の馬に乗った人物は，日本の御家人である。

資料1　元寇(蒙古襲来)を描いた絵巻物

Ⅳ　元寇(蒙古襲来)のとき，鎌倉幕府は大宰府の周辺に水城などを築かせた。

ア　一つ　　**イ**　二つ　　**ウ**　三つ　　**エ**　四つ

(2) 次の文章は，つぐみさんが，略年表中の**b**の時期に行われた日本と明との間の貿易についてまとめたレポートの一部である。文章中の［ Ⅰ ］，［ Ⅱ ］にあてはまるものの組み合わせとして最も適当なものを，あとの**ア**～**エ**のうちから一つ選び，マークしなさい。

> 15世紀初めから16世紀半ばごろまでの日本と明との貿易は，日本が明に朝貢するという形式で行われた。この貿易では，正式な貿易船であることを証明するために，右の**資料2**で示した［ Ⅰ ］が使われた。また，この貿易には室町幕府や守護大名，堺や博多などの商人が参加し，日本は明から［ Ⅱ ］などを輸入した。
>
> **資料2**

ア　Ⅰ：朱印状　　Ⅱ：絹織物や陶磁器　　**イ**　Ⅰ：朱印状　　Ⅱ：刀剣や銅

ウ　Ⅰ：勘合　　Ⅱ：絹織物や陶磁器　　**エ**　Ⅰ：勘合　　Ⅱ：刀剣や銅

(3) 次の**資料3**は，略年表中の**c**の時期に海外で起こったできごとを年代の**古いものから順**に左から並べたものである。**資料3**中の[Ⅰ]，[Ⅱ]にあてはまるできごととして最も適当なものを，あとの**ア**～**オ**のうちからそれぞれ一つずつ選び，マークしなさい。

資料3

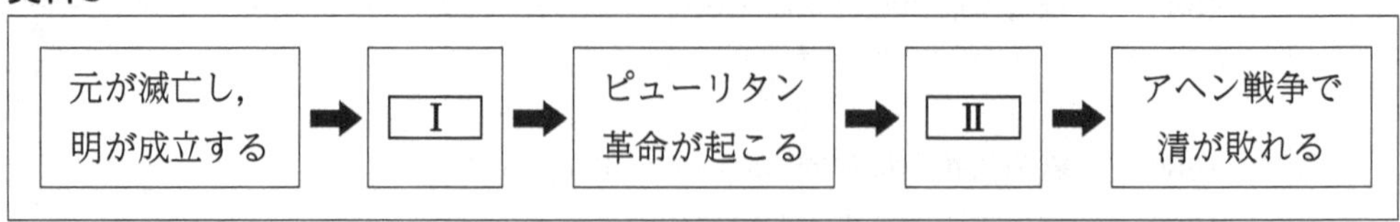

ア 最初の十字軍の遠征が行われる　　**イ** マゼランの艦隊が世界一周に成功する
ウ 義和団事件が起こる　　**エ** 新羅が朝鮮半島を統一する
オ フランス革命が始まる

(4) 次のⅠ～Ⅲの文は，略年表中の**d**の時期に行われた江戸幕府の政治改革について述べたものである。Ⅰ～Ⅲの文の正誤の組み合わせとして最も適当なものを，あとの**ア**～**ク**のうちから一つ選び，マークしなさい。

Ⅰ 享保の改革，寛政の改革ではともに，商品作物の栽培が制限され，米などの生産がすすめられた。
Ⅱ 享保の改革，天保の改革ではともに，洋書の輸入がすべて禁止され，出版が統制された。
Ⅲ 寛政の改革，天保の改革ではともに，江戸に出てきていた農民が故郷の村に帰された。

ア Ⅰ：正　Ⅱ：正　Ⅲ：正　　**イ** Ⅰ：正　Ⅱ：正　Ⅲ：誤
ウ Ⅰ：正　Ⅱ：誤　Ⅲ：正　　**エ** Ⅰ：正　Ⅱ：誤　Ⅲ：誤
オ Ⅰ：誤　Ⅱ：正　Ⅲ：正　　**カ** Ⅰ：誤　Ⅱ：正　Ⅲ：誤
キ Ⅰ：誤　Ⅱ：誤　Ⅲ：正　　**ク** Ⅰ：誤　Ⅱ：誤　Ⅲ：誤

(5) 略年表中の下線部**e**に関連して，次の文章は，みなこさんが，日米修好通商条約などについてまとめたレポートの一部である。文章中の[Ⅰ]，[Ⅱ]にあてはまる記号の組み合わせとして最も適当なものを，あとの**ア**～**カ**のうちから一つ選び，マークしなさい。

右の図中の**A**～**C**のうち[Ⅰ]は，日米和親条約で開かれた後，日米修好通商条約で閉ざされた港の位置を示している。また，日米修好通商条約が結ばれた後，約10年で江戸幕府が滅亡したが，図中の**X**，**Y**のうち[Ⅱ]は，江戸幕府滅亡後に，戊辰戦争の最後の戦いが行われた五稜郭の位置を示している。

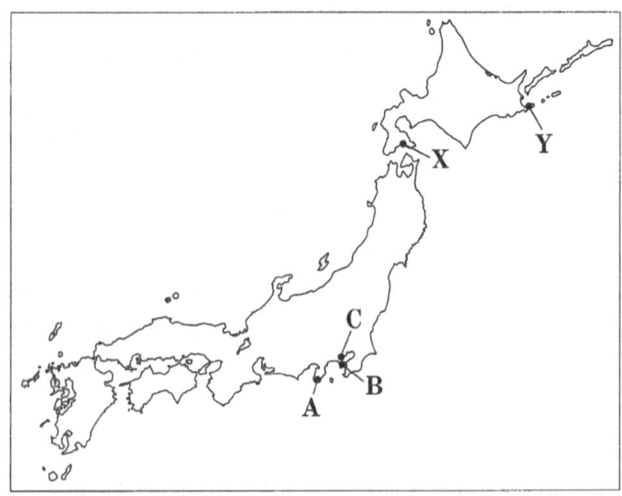

ア Ⅰ：A Ⅱ：X　**イ** Ⅰ：A Ⅱ：Y　**ウ** Ⅰ：B Ⅱ：X
エ Ⅰ：B Ⅱ：Y　**オ** Ⅰ：C Ⅱ：X　**カ** Ⅰ：C Ⅱ：Y

6 次のカードA～Eは，社会科の授業で，なつさんが，「明治時代から昭和時代までの産業・経済の状況」について調べ，年代の古い順にまとめたものの一部である。これらを読み，あとの**(1)**～**(5)**の問いに答えなさい。

A	明治時代前半に $_{\text{a}}$政府は，廃藩置県などを行うとともに，官営模範工場の建設など殖産興業政策も行った。
B	日本の産業革命が進むなか，明治時代後半以降に三井や三菱などが財閥に成長した。また，明治時代末に労働争議が増加したことなどから，$_{\text{b}}$工場法が制定された。
C	第一次世界大戦中に $_{\text{c}}$大正デモクラシーの風潮が広まるなか，日本の輸出が好調になり，重化学工業も発達した。
D	昭和時代前半に日本が $_{\text{d}}$日中戦争と太平洋戦争に突入すると，政府が国家総動員法に基づく命令などにより，経済を統制した。
E	昭和時代前半の $_{\text{e}}$1945年から1952年まで日本は連合国軍最高司令官総司令部(GHQ)に占領され，産業・経済を含むさまざまな改革が行われた。

(1) カードA中の下線部aに関連して，次のⅠ～Ⅲの文は，明治時代に政府が行ったことについて述べたものである。Ⅰ～Ⅲの文を年代の**古いものから順**に並べたものとして最も適当なものを，あとの**ア**～**カ**のうちから一つ選び，マークしなさい。

Ⅰ　日英通商航海条約が結ばれ，領事裁判権(治外法権)が撤廃された。
Ⅱ　ロシアに対抗するため，日本とイギリスとの間で日英同盟が結ばれた。
Ⅲ　八幡製鉄所が設立され，筑豊炭田の石炭などを利用した鉄鋼生産が始まった。

ア Ⅰ→Ⅱ→Ⅲ　**イ** Ⅰ→Ⅲ→Ⅱ　**ウ** Ⅱ→Ⅰ→Ⅲ
エ Ⅱ→Ⅲ→Ⅰ　**オ** Ⅲ→Ⅰ→Ⅱ　**カ** Ⅲ→Ⅱ→Ⅰ

(2) カードB中の下線部bに関連して，次の**資料１**は，工場法が制定される前年の1910年に石川啄木がつくった歌である。**資料１**中の□にあてはまる語として最も適当なものを，あとの**ア**～**エ**のうちから一つ選び，マークしなさい。

資料１　1910年に石川啄木がつくった歌

地図の上　□国に　黒々と　墨をぬりつつ　秋風を聴く

ア 台湾　**イ** 樺太　**ウ** 満州　**エ** 朝鮮

(3)　カード**C**中の下線部**c**に関連して，次の**資料２**は，大正デモクラシーと関係が深い吉野作造の論文の一部である。あとのⅠ，Ⅱの文は，**資料２**の論文について述べたものである。Ⅰ，Ⅱの文の正誤の組み合わせとして最も適当なものを，下の**ア**～**エ**のうちから一つ選び，マークしなさい。

資料２　大正デモクラシーと関係が深い吉野作造の論文の一部

> 我々が憲政の根底とするのは，政治上一般民衆を重んじ，その間に貴賤上下の別を立てず，しかも国体が君主制か共和制かを問わないで，普遍的に通用する主義であるので，民本主義という比較的新しい用語が一番適当である。…（省略）…その定義は二つの内容がある。一つは政権運用の目的，つまり「政治の目的」が一般民衆の利益にあるということで，もう一つは政権運用の方針の決定，つまり「政策の決定」が一般民衆の意向によるということである。
> （部分要約）

Ⅰ　吉野作造は，民本主義は，君主制や共和制という国の体制に関係なく使うことのできる用語であると主張している。

Ⅱ　吉野作造は，政治の目的や政権運用の方針は，一般民衆の利益や意向にとらわれずに決定するべきであると主張している。

ア　Ⅰ：正　Ⅱ：正　　**イ**　Ⅰ：正　Ⅱ：誤

ウ　Ⅰ：誤　Ⅱ：正　　**エ**　Ⅰ：誤　Ⅱ：誤

(4)　カード**D**中の下線部**d**に関連して，右の文章は，なつさんたちの班が，昭和時代初めの日中戦争・太平洋戦争中の日本国内の人々の生活などについて話し合っている場面の一部である。文章中の［Ⅰ］，［Ⅱ］にあてはまる語の組み合わせとして最も適当なものを，次の**ア**～**エ**のうちから一つ選び，マークしなさい。

> なつさん：日中戦争・太平洋戦争中に国民が戦争に協力するしくみがつくられたんだよね。
> ふくさん：［Ⅰ］だね。町内会などの下に置かれ，住民どうしが協力するだけでなく，互いに監視させることにもなったよ。
> なつさん：人々の生活も苦しくなっていったんだよね。
> のぶさん：米や衣類，マッチなどが配給制や［Ⅱ］制（配給［Ⅱ］制）になったよ。

ア　Ⅰ：隣組　Ⅱ：問屋　　**イ**　Ⅰ：隣組　Ⅱ：切符

ウ　Ⅰ：五人組　Ⅱ：問屋　　**エ**　Ⅰ：五人組　Ⅱ：切符

(5)　カード**E**中の下線部**e**に関連して，次のⅠ～Ⅳのうち，昭和時代前半の連合国軍最高司令官総司令部(GHQ)に占領されていた時期の日本に関係するできごとについて述べた文はいくつあるか。最も適当なものを，あとの**ア**～**エ**のうちから一つ選び，マークしなさい。

Ⅰ　この時期に，日本国内の治安を守るために警察予備隊が発足した。

Ⅱ　この時期に，アメリカの水爆実験で第五福竜丸が被ばくした。

Ⅲ　この時期に，極東国際軍事裁判（東京裁判）が始まった。

Ⅳ　この時期に，日本で労働条件の最低基準を定めた労働基準法が制定された。

ア 一つ　　**イ** 二つ　　**ウ** 三つ　　**エ** 四つ

7 次のカード**A**～**C**は，社会科の授業で，ようたさんが，公民の分野で興味をもったことについて調べ，まとめたものの一部である。これらを読み，あとの**(1)**～**(3)**の問いに答えなさい。

A	都道府県など各地の地方公共団体では，地方税などの**a**<u>歳入</u>を元手に教育，福祉といった行政サービスなどを提供している。
B	日本は，アメリカ合衆国など特定の国とのほか，**b**<u>国際連合</u>などを通じて多国間での条約なども結び，外交関係を保っている。
C	日本では明治時代以降，急激に総人口が増加する傾向にあったものの，近年は**c**<u>少子高齢化</u>が進んで，総人口が減少しつつある。

(1) カード**A**中の下線部**a**に関連して，次の文章は，ある2県と全国の2020年度の歳入の内訳について述べたものである。文章中の［ I ］，［ II ］にあてはまる語の組み合わせとして最も適当なものを，あとの**ア**～**エ**のうちから一つ選び，マークしなさい。

> 次の**資料1**は，ある2県と全国の2020年度の歳入の内訳を示したものであり，**資料1**中の**P**，**Q**には千葉県か富山県のどちらかが，**X**，**Y**には地方税か地方交付税のどちらかがあてはまる。このうち**P**にあてはまるのは［ I ］で，**Y**にあてはまるのは［ II ］である。
>
> **資料1　ある2県と全国の2020年度の歳入の内訳**
>
> 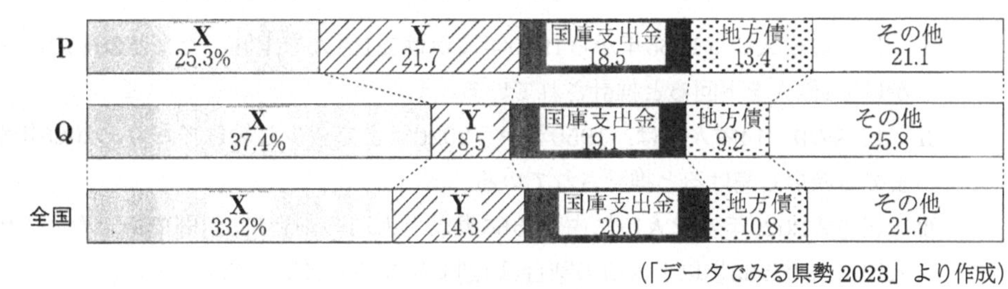
>
>
> (「データでみる県勢 2023」より作成)

ア I：千葉県　II：地方税　　**イ** I：千葉県　II：地方交付税
ウ I：富山県　II：地方税　　**エ** I：富山県　II：地方交付税

(2) カード**B**中の下線部**b**に関連して，次の**I**～**V**のうち，国際連合について正しく述べた文はいくつあるか。最も適当なものを，あとの**ア**～**オ**のうちから一つ選び，マークしなさい。

I　国際連合の総会は，全ての加盟国により構成されている。

II　国際連合の安全保障理事会では，アメリカ合衆国やドイツなどが常任理事国になっている。

III　国際連合の安全保障理事会での議題については，常任理事国と非常任理事国の3分の2以上の賛成があれば必ず決定されることになっている。

Ⅳ　国際連合の専門機関には，ASEANやAUなどがある。

Ⅴ　国際連合では，世界人権宣言や国際人権規約などが採択されている。

ア　一つ　　**イ**　二つ　　**ウ**　三つ　　**エ**　四つ　　**オ**　五つ

(3)　カードC中の下線部cに関連して，次の**資料2**は，近年少子高齢化が進む日本の1950年から2070年までの5年ごとの総人口と人口構成の推移及び将来推計を示したものである。あとのⅠ～Ⅴのうち，**資料2**から読み取れることについて正しく述べた文はいくつあるか。最も適当なものを，下の**ア**～**オ**のうちから一つ選び，マークしなさい。

資料2　日本の1950年から2070年までの5年ごとの総人口と人口構成の推移及び将来推計

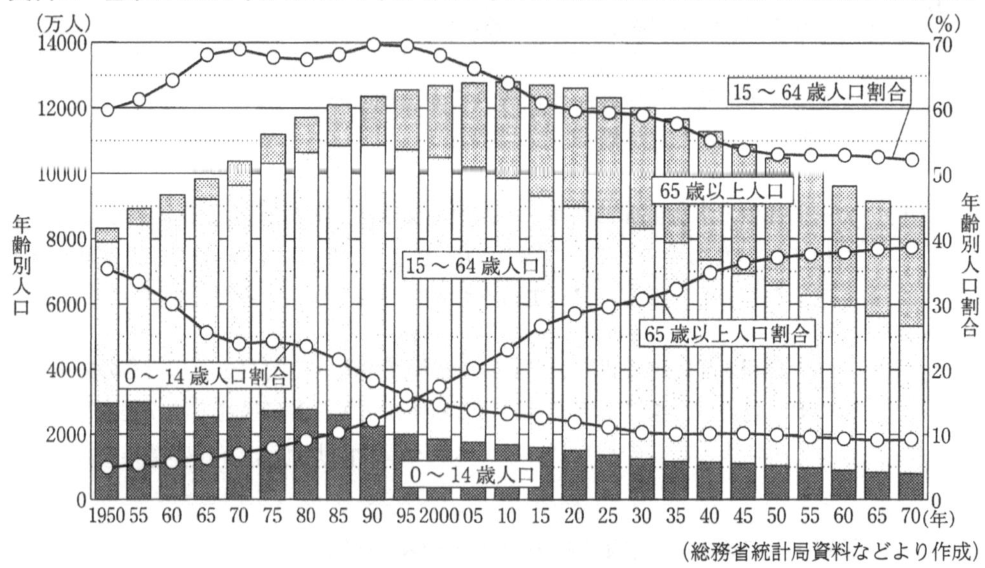

(総務省統計局資料などより作成)

Ⅰ　日本の総人口は1965年から1970年にかけて1億人を上回ったが，2045年から2050年にかけて1億人を下回ると推計されている。

Ⅱ　日本の0～14歳人口は，1950年から2020年まで減少し続けており，2025年から2070年までも減少し続けると推計されている。

Ⅲ　日本の2020年の総人口に占める65歳以上人口の割合は3割弱であったが，2070年の総人口に占める65歳以上人口の割合は4割弱になると推計されている。

Ⅳ　日本の1950年の15～64歳人口は約5000万人であったが，日本の2020年の15～64歳人口は1億人以上になった。

Ⅴ　日本の0～14歳人口は1985年から1990年にかけて65歳以上人口を下回り，1990年の0～14歳人口は2000万人未満である。

ア　一つ　　**イ**　二つ　　**ウ**　三つ　　**エ**　四つ　　**オ**　五つ

8　次の文章を読み，あとの**(1)**～**(3)**の問いに答えなさい。

日本は資本主義経済を採用しているので，a商品の価格は原則として，市場における供給・需要の関係により決定される。b国の三権のうち行政権をもつ内閣の下には，市場が独占状態・寡占状態にならないように競争を促す公正取引委員会が設置されている。また，資本主義経済では経済格差が生じることから，国などは c社会保障制度の整備などにより格差を是正しようとしている。

(1) 下線部**a**に関連して，次の文章は，ある農産物の価格と供給・需要の関係について述べたものである。文章中の［Ⅰ］，［Ⅱ］にあてはまるものの組み合わせとして最も適当なものを，あとの**ア**～**ク**のうちから一つ選び，マークしなさい。

> 右の**資料**は，ある農産物の価格と供給・需要の関係を示したものである。**資料**中の**X**，**Y**のうち**Y**にあたるのは［Ⅰ］曲線である。**Y**が何かしらの事情で**Y'**に移動する場合，その要因としては，その農産物が［Ⅱ］ことなどが考えられる。

資料 **ある農産物の価格と供給・需要の関係**

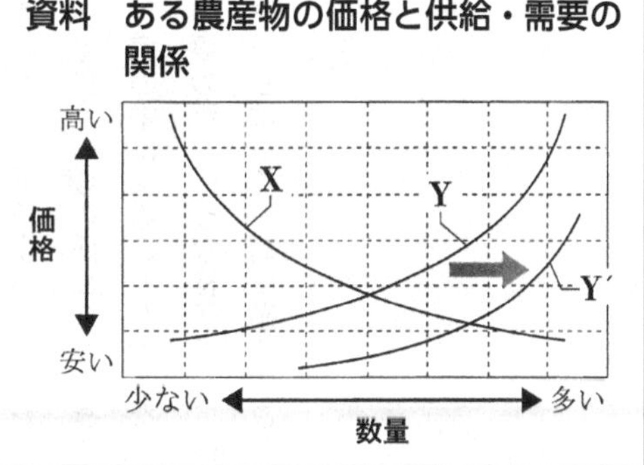

ア Ⅰ：供給 Ⅱ：不作であった　**イ** Ⅰ：供給 Ⅱ：豊作であった
ウ Ⅰ：需要 Ⅱ：不作であった　**エ** Ⅰ：需要 Ⅱ：豊作であった
オ Ⅰ：供給 Ⅱ：ほしい人が増えた　**カ** Ⅰ：供給 Ⅱ：ほしい人が減った
キ Ⅰ：需要 Ⅱ：ほしい人が増えた　**ク** Ⅰ：需要 Ⅱ：ほしい人が減った

(2) 下線部**b**に関連して，次のⅠ～Ⅴのうち，日本の国の三権などについて正しく述べた文はいくつあるか。最も適当なものを，あとの**ア**～**オ**のうちから一つ選び，マークしなさい。

Ⅰ 立法権をもつ国会について，議員の総数は参議院のほうが衆議院よりも多い。
Ⅱ 立法権をもつ国会は，弾劾裁判所を設置することができる。
Ⅲ 行政権をもつ内閣は，条例を制定することができる。
Ⅳ 司法権をもつ裁判所について，最高裁判所のみ違憲審査の権限をもつ。
Ⅴ 日本の国の政治では，ルソーが提唱した権力分立(三権分立)が採用されている。

ア 一つ　**イ** 二つ　**ウ** 三つ　**エ** 四つ　**オ** 五つ

(3) 下線部**c**に関連して，次のⅠ，Ⅱの文は，日本の社会保障制度について述べたものである。Ⅰ，Ⅱの文の正誤の組み合わせとして最も適当なものを，あとの**ア**～**エ**のうちから一つ選び，マークしなさい。

Ⅰ 社会福祉は，子どもや高齢者など，社会的弱者を支援するためのものである。
Ⅱ 公的扶助は，保険料を支払っていない場合は利用できない。

ア Ⅰ：正 Ⅱ：正　**イ** Ⅰ：正 Ⅱ：誤
ウ Ⅰ：誤 Ⅱ：正　**エ** Ⅰ：誤 Ⅱ：誤

3　今の妻は、自分にはあまりよい人柄には見えなかったが、自分のいないときには大変美しい姿で親切にふるまっており、やはりもとの妻の方が自分を思いやってくれていると悟って、大変よかったことだと思っている。

4　今の妻は、自分には裕福に見えていたが、自分のいないときには貧しい身なりをして食事の仕度まで自分でする有り様であるのに、髪だけは美しくありたいと気にする様子で、たいへん愛くるしいと思っている。

問九　本文の内容として不適当なものを後より一つ選び番号で答えなさい。

1　もとの妻は夫のことを思って泣きながら、金のおわんに水を入れて胸のあたりにあてることを繰り返していた。

2　夫はもとの妻が貧しかったため、思い悩みながらも、裕福である今の妻のもとへ通うようになった。

3　夫は久しぶりに今の妻の所にやってきたとき気まずさから気が引けて、家の中に入ることができなかった。

4　夫はもとの妻の苦しそうな様子を見て体調不良ではないかと気にかかり、しばらく一緒に過ごすことにした。

していない様子だったが、心の中ではにくらしくて苦しく思いながら、何とか我慢していたということ。

問四　傍線部3「見れば」の動作主として最適なものを後より一つ選び番号で答えなさい。

1　夫　　2　もとの妻

3　今の妻　　4　もとの妻の召使い

問五　傍線部4「人待つなめり」の本文中での意味として最適なものを後より一つ選び番号で答えなさい。

1　もとの妻は人を待っているのだろう

2　もとの妻は人を待っていると言った

3　もとの妻は人を待つ様子ではない

4　もとの妻は人を待つのを嫌がっている

問六　傍線部5「わがうへを思ふなりけりと思ふ」とあるが、これはどういうことか。その説明として最適なものを後より一つ選び番号で答えなさい。

1　もとの妻の和歌が、夜中でも山を一人越えて夫に会いたいという内容だったため、夫はもとの妻が自分のことをあきらめられないでいると思ったということ。

2　もとの妻の和歌が、夫が夜中に険しい山を越えていけるはずもないという内容だったため、夫はもとの妻が自分がそばにいることを知っていると思ったということ。

3　もとの妻の和歌が、夜中に危険な山を越えていく夫の身を案じる内容だったため、夫はもとの妻が自分のことを心配し、恋しく感じているのだと思ったということ。

4　もとの妻の和歌が、治安の悪い山を越えても今の妻に会おうとする夫に皮肉を言う内容だったため、夫はもとの妻が自分のことを恨みながらも未練があるのだと思ったということ。

問七　傍線部6「かくいかぬをいかに思ふらむ」の本文中での意味として最適なものを後より一つ選び番号で答えなさい。

1　このように自分が訪れたことを今の妻はどう思っているだろうか

2　このように自分が訪れないことを今の妻はどう思っているだろうか

3　このように自分が訪れたことを今の妻はどうも思わないはずだ

4　このように自分が訪れないことを今の妻はどうも思わないはずだ

問八　傍線部7「いといみじと思ひて」とあるが、これは夫のどのような心情を表現した部分か。その心情の説明として最適なものを後より一つ選び番号で答えなさい。

1　今の妻は、自分の前では見栄(みえ)を張っていたがそうでないときはつつましく暮らしており、もとの妻と同じように貧しさに苦しんでいることを知って、とても気の毒なことであると同情を感じている。

2　今の妻は、自分の前では上品にしているのにそうでないときはみすぼらしい姿で過ごしており、できる限り身なりを整えて夫を思っていたもとの妻との違いを思い知って、大変みっともないことであると思っている。

くはしたまふぞといひて、かき抱きてなむ寝にける。かくてほかへもさらにいかで、つとゐにけり(じっと離れないでいた)。かくて月日おほく経て思ひやるやう、つれなき顔なれど、女の思ふこと、いといみじきことなりけるを、6かくいかぬをいかに思ふらむと思ひいでて、ありし女のがりいきたりけり(その女の所に行った)。久しくいかざりければ、つつましくて立てりける。さてかいまめば(すきまからそっとのぞき見れば)、われにはよくて見えしかど、いとあやしきさまなる衣(きぬ)を着て、大櫛(おほぐし)を面櫛(つらぐし)にさしかけてをり(大きな櫛を前髪に差して)、手づから飯(いひ)もりをりける。7いといみじと思ひて、来にけるままに、いかずなりにけり。

(『大和物語』)

＊1　大和の国、葛城の郡……現在の奈良県の地名。

＊2　しらなみたつた山……「しらなみ」は「白浪」で、「風吹けば沖つしらなみ」が「たつ」を導く序詞(じょことば)。「たつた山」は「龍田山」で現在の奈良県にある山の名前。「しらなみ」は盗賊の異称であるため、「盗賊のいる龍田山」と解釈する場合もある。

問一　本文中に「　」(かぎかっこ)のついていない会話文が一箇所ある。その会話文の初めと終わりの組み合わせとして最適なものを後より一つ選び番号で答えなさい。

1　見るにいと～したまふぞ
2　見るにいと～かき抱きてなむ
3　いかなる心地～したまふぞ
4　いかなる心地～かき抱きてなむ

問二　傍線部1「ことに思はねど」のここでの意味として最適なものを後より一つ選び番号で答えなさい。

1　前と変わっているように思ったけれど
2　特別大切であるようには思わないけれど
3　どこか間違っているように思ったので
4　とても劣っているように思っていると

問三　傍線部2「心地にはかぎりなくねたく心憂く思ふを、しのぶるになむありける」とあるが、これはどういうことか。最適なものを後より一つ選び番号で答えなさい。

1　夫は、自分がよその女の所へ行くことに耐えるもとの妻を気の毒がる様子だったが、心の中ではうとましくて面倒に思い、こそこそと行動していたということ。
2　夫は、自分がよその女の所へ行くことをもとの妻は気にしていないと思っていたが、だんだんもとの妻が怒っているような感じがして気にかかったということ。
3　もとの妻は、夫がよその女の所へ行くことを悔しく思っていなかったが、夫が自分を恨んでいるような感じがしてきて、以前よりもおとなしく過ごしていたということ。
4　もとの妻は、夫がよその女の所へ行くことを表面的には気にうとしており、マイナスなことを「笑い」に変えるというオカンの助言に強く共感している。

三、次の文章は『大和物語（やまと）』の一部である。これを読んで後の設問に答えなさい。

むかし、*1大和の国、葛城（かつらぎ）の郡（こほり）にすむ男女ありけり。この女、顔かたちいと清らなり。年ごろ思ひかはしてすむに、この女、いとわろくなりにければ（貧しくなったので）、思ひわづらひて、かぎりなく思ひながら妻（め）をまうけてけり。この今の妻は、富みたる女になむありける。1ことに思はねど、いけばいみじういたはり、身の装束（さうぞく）もいと清らにせさせけり。かくにぎはしき所（豊かで活気がある）にならひて、来たれば、この女、いとわろげにてゐて、かくほかにありけど、さらにねたげにも見えずなどあれば、いとあはれと思ひけり。2心地にはかぎりなくねたく心憂（こころう）く思ふを、しのぶるになむありける。とどまりなむ（泊まろう）と思ふ夜も、なほ「いね」（行きなさい）といひければ、わがかく歩（あり）きするをねたまで（ねたましく思わないで）、ことわざするにやあらむ（ほかの男を通わせているのだろうか）。さるわざせずは、恨むることもありなむなど、心のうちに思ひけり。さて、いでていくと見えて（出て行くと見せかけて）、前栽（せんざい）（庭先の草木）の中にかくれて、男や来ると、3見れば、はしに（縁側に）いでゐて、月のいといみじうおもしろきに、かしらかいけづり（髪をとかすなどしていた）などしてをり。夜ふくるまで寝ず、いといたううち嘆きてながめければ、「4人待つなめり」と見るに、使ふ人の前なりける（前にいた召使い）にいひける。

風吹けば*2沖つしらなみたつた山夜半（よは）にや君がひとりこゆらむ

とよみければ、5わがうへを思ふなりけりと思ふに、いと悲しうなりぬ。この今の妻の家は、龍田山（たつたやま）こえていく道になむありける。かくてなほ見をりければ、この女、うち泣きてふして、かなまり（金のおわん）に水を入れて、胸になむすゑたりける。あやし（変だ）、いかにするにかあらむとて、なほ見る。さればこの水、熱湯（あつゆ）にたぎりぬれば、湯ふてつ（捨てた）。また水を入る。見るにいと悲しくて、走りいでて、いかなる心地したまへば、か

問八　傍線部5「僕は素っ気なく『了解』と伝えた」とあるが、このときの「僕」の様子の説明として最適なものを後より一つ選び番号で答えなさい。

1　オカンの「僕」に対する思いの深さや死に対する覚悟を知り、不満や辛さを感じつつも「僕」自身もその思いを受け止めなくてはいけないと感じ、冗談で誤魔化すのをやめている。

2　オカンが死を覚悟して今後の「僕」に対する思いを真剣に語っているので、自分もその真意をしっかり理解しなくてはいけないと思い直し、はぐらかすのをやめて冷静さを取り戻している。

3　もっと生きてほしいという「僕」の願いを拒否して、「僕」のことを思う遺言を残そうとするオカンの態度が気に入らず抵抗を感じ、わざと冷たく突き放すような態度をとっている。

4　死の恐怖の中でも「僕」を思いやるオカンの言葉を聞き、胸が締め付けられながらもうれしさを感じて照れくさく、何とかその気持ちを落ち着けようとしている。

問九　傍線部6「沈みゆく夕日」とあるが、本文中での「夕日」の描かれ方の説明として最適なものを後より一つ選び番号で答えなさい。

1　途中までオカンの死が近づいていることを象徴する悲しいものとして描かれているが、最後の場面では将来「僕」がオカンの願いをかなえて「笑い」で成功したことを暗示する希望に満ちた存在になっている。

2　重苦しい雰囲気の中に華やかな明るさをもたらして、「僕」の幸せを願うオカンの前向きな思いやその色に照らされた美しい表情の裏にある心の闇を際立たせる存在になっており、「僕」の心を強く揺さぶるものとして描かれている。

3　沈みゆく様子がオカンの死と重ねられ切なさを強調する一方で、死んでも「僕」を支え続けたいというオカンの愛情とその美しさを象徴しており、「僕」にとって永遠に特別な存在として描かれている。

4　永遠の別れが迫る悲しさを強調するものである一方で、「僕」にとって外出できないオカンとともに見た貴重な風景で、その美しい姿とともにオカンが抱いていた苦悩と不安を鮮やかに想起させる存在として描かれている。

問十　本文中の「僕」とオカンの関係についての説明として最適なものを後より一つ選び番号で答えなさい。

1　オカンは自分の死後、「僕」が笑いをあきらめることが不安で「笑い」がいかに大切かを「僕」に伝え、「僕」もその思いに応えようと決意している。

2　「僕」とオカンは深刻な雰囲気の中でも冗談を通して明るくやりとりしており、生きる上で「笑い」をとても重要なものとして共有している。

3　「僕」はオカンから「笑い」を教わったことが自分の力を伸ばしたと考えており、オカンの「笑い」への思いの強さや考え方を見習いたいと思っている。

4　「僕」はオカンと死に別れる辛さを「笑い」によって和らげよ

４　決勝進出の残り１組の発表を待つ深刻な雰囲気の中で、これまで「笑い」だけに力を入れて生きてきた自分を振り返り、ここで負けると自分のすべてが失われる気がして不安や焦りを感じ始めている。

問五　傍線部２「に」と、同じ意味用法の「に」が含まれるものとして最適なものを後より一つ選び番号で答えなさい。

１　時間がかかりそうに思う。
２　学校の雰囲気になじむ。
３　声高らかに歌う。
４　ただちに帰宅する。

問六　傍線部３「僕の心は大変心細くなった」とあるが、なぜか。その理由の説明として最適なものを後より一つ選び番号で答えなさい。

１　死が迫っているオカンの気持ちを想像して寄り添おうとしたことで、オカンが生きることをあきらめたことを感じ取り、同じ場所でまだ一緒に過ごしているのに、見捨てられたように感じたから。
２　オカンのそばにいてその苦しい気持ちを理解したいのに、生と死の境界にいるオカンと健康な自分との間に取り払うことのできない大きな隔たりを感じ、もうオカンと思いを共有することはできないのだと思ったから。
３　オカンと同じ空間でともに過ごしたことで、今一緒に過ごしているオカンがこれまでのオカンとはまったく変わってしまったように感じて、間もなく迫る死によってオカンが自分のそばからいなくなる現実を突きつけられたから。
４　オカンと確かに一緒に過ごしている中で、健康な自分には知り得ない生と死の間で揺れ動くオカンの危険な状況を実感し、もう自分の力でオカンの命を救うことも勇気づけることもできないのだと悟ったから。

問七　傍線部４「……それやったら。……それやったら、……車椅子に乗せて連れてったるわ」とあるが、このときの「僕」の様子や心情の説明として最適なものを後より一つ選び番号で答えなさい。

１　オカンが深刻な雰囲気で自らの死について話している様子を見て、自分が動揺していることを知られてオカンをさらに不安にさせてはいけないと思い、落ち着いた態度でこれからのことを明るく話し合おうとしている。
２　自らの死期を察して弱気になっているオカンの様子や言葉に接して、病気が治ることを信じていた「僕」の思いが裏切られたようで悲しい気持ちになり、オカンが再び気力を取り戻すように懸命に元気づけようとしている。
３　自らの死が近いと察しているオカンの言葉や様子を目の当たりにし、それを肯定することで傷つきやすいオカンが絶望してしまうことを恐れ、必死に前向きな話をして、オカンの気持ちを厳しい現実から遠ざけようとしている。
４　オカンが自らの寿命を覚悟していることを知り、そう話すオカンの辛い思いを想像して恐怖を感じながらも、将来について相談することで気力を持ってもらうために何とかふだんどおりに振る舞おうとしている。

c 保湿　　1 帰還　　2 無償
　　　　3 栄枯　　4 登頂

問二 傍線部ア～ウの意味として最適なものを後より選びそれぞれ番号で答えなさい。

ア 気兼ね

1 精神的に疲れ切ること
2 やる気に満ちていること
3 相手の心中を思いやって行動すること
4 まわりの人を疑って不安になること

イ 空返事

1 うわべだけのいいかげんな返事
2 相手の機嫌を取るような返事
3 相手を納得させるしっかりした返事
4 すぐに反応する勢いのよい返事

ウ 判然たる

1 不安定で混乱している
2 容赦がなく厳しい
3 平凡でおもしろみがない
4 はっきりとわかりやすい

問三 本文中の[A]～[C]に入る言葉の組み合わせとして最適なものを後より一つ選び番号で答えなさい。

1 A＝気持ちがたかぶった
　B＝にこやかな表情で
　C＝弱気を晒(さら)した

2 A＝冷静でいられた
　B＝にこやかな表情で
　C＝弱気を晒した

3 A＝気持ちがたかぶった
　B＝真面目な顔をして
　C＝強がりを発した

4 A＝冷静でいられた
　B＝真面目な顔をして
　C＝強がりを発した

問四 傍線部1「そうだ。僕には何も無いけれど『笑い』がある」とあるが、このときの「僕」の心情の説明として最適なものを後より一つ選び番号で答えなさい。

1 決勝進出できるかどうかの緊張感の中、苦しいときに「笑い」だけが自分の支えであったと改めて感じ、これからも「笑い」によって厳しい現実を乗り越えていきたいという意欲と覚悟を抱いている。

2 決勝進出の残りの1組の発表を控え、自分の無力さを痛感して落ち込んでいたが、自分にとって「笑い」が何よりも大切であることを改めて感じ、必ず決勝にいけるはずだと確信している。

3 決勝進出できるかどうかという周囲の興奮が高まる中、恵まれない環境にいた自分とオカンをつないできた「笑い」の存在の大きさを実感し、これからはもっと腕を上げようと決意を新たにしている。

「泣いてるやんか?」
「目にゴミが入っただけや」
「うわっ! 昭和の昼ドラの台詞みたいな言い訳するやんか」
今更、自分の言い訳を冗談に昇華させることもできず、また真面目に処理することもできなくなったので僕は腹の中でただただ赤面した。
「そんな言葉選びじゃ、MANZAI甲子園優勝でけへんよぉ」と揶揄うオカンに僕は「……うっさい! 優勝するから!」と声を震わせて［ C ］。僕の涙腺は呆気なく瓦解*16し、保湿クリームと僕の涙が混ざり合ってオカンの足はぐちゃぐちゃになった。
「駿ちゃん、ほんま頼むで。オカン、絶対、決勝戦観に行くからな。朝一で並んで、最前列の席とって応援するわ。駿ちゃんなら大丈夫。駿ちゃんはめちゃくちゃオモロいから。私が笑いを教えてきたサラブレッド*17やからねぇ」
6沈みゆく夕日がオカンの優しい横顔を照らした。僕はちらりとそれを見て、オカンの象足を、揉んだり、さすったり、たたいたりした。時が経って後から思い返してみたって、僕はこの時ほど夕日を美しいと思うことはなかったということをここに自白する。茜が照らした麗しい横顔と慈愛に満ちた息子への情感から導かれる感慨の二つで、有形無形の両方面からきらきらと輝いて見えたから僕にはそう感じられたのだと思う。

(成海隼人『尼崎ストロベリー』)

*1 俯瞰する……上から広範囲を見渡す。
*2 キャッチーさ……人目を引きつけるほど印象的であること。
*3 スパイス……香辛料。ここでは、刺激をもたらす要素。
*4 ネタを飛ばす……笑いのネタを披露しているときに、台詞が出てこなくなったりネタを忘れたりすること。
*5 ティーン……ティーンエイジャー。
*6 咆哮……ほえること。ほえさけぶ声。
*7 きよぴー……マコトは「僕」のオカンのことを「きよぴー」と呼んでいる。
*8 跳梁跋扈……悪人などが好き勝手にのさばること。
*9 パノラマ……見渡すことができる広々とした風景。全景。
*10 メランコリー……気持ちがふさぐこと。憂うつになること。
*11 QOL……クオリティオブライフ。生活の質。
*12 尼崎センタープール前のキムタク……「僕」のことを有名人になぞらえている。
*13 安臥……楽な姿勢で横たわること。
*14 たゆたう……ゆらゆら揺れる。心が定まらずに迷う。
*15 トラバーチン模様……大理石などの縞模様や虫食いあとのあるような模様をまねている天井の模様。
*16 瓦解……一部の崩れから全体が崩れていくこと。
*17 サラブレッド……改良、育成によって誕生した馬の品種の一つ。転じて、育ちがよく優秀な人物。完全に育てあげられたもの。

問一 二重傍線部a~cと熟語の構成が同じものを後より選びそれぞれ番号で答えなさい。

a 新築
1 幼稚　2 前進
3 閉会　4 美化

b 呼吸
1 起伏　2 最善
3 帰国　4 人造

「ありがとう。それじゃあね、一つ目伝えるね」
「はいよ」
「駿ちゃんのこれからの長い人生でね、私と過ごした時間をネタにして生きていって欲しいねん。二人で生活してきた色々なことあるやろ？　うち、他の家に比べて貧乏やったやん？　駿ちゃんも辛（つら）かったやろうけど。そんなマイナスなありとあらゆることをな、最後に全て、笑いに変えて欲しいねん」
「笑いに変える？」
「笑いに変えて、駿ちゃんにはこれからの人生を力強く生きていって欲しいねん。それが私の母親としての願いやねん」
「……おん」
「これまで辛かった過去も、これから起こる哀しい未来もね、笑いに変えること。どんな困難だって笑いに変えなさい。全てを笑い飛ばして生きていきなさい」
　彼女は瞳を定めて僕を見つめた。僕はその瞳の中に言葉を超えた深い訴えを認めた。
「これ、一つ目ね。続きまして～」
「ショートコントみたいに言うな！」
「あはは。ほんまやね。じゃ、二つ目」
　僕は手を動かし、足のマッサージを続けた。
「私が、この世からいなくなったらね？」オカンは哀しそうな顔と幸せそうな顔を足して二で割って、小数点第二位を切り上げたような表情をした。病室の窓には哀しくて優しい夕焼け空。沈みゆくまっ赤っかの太陽をオカンは指差した。
「見て、駿ちゃん」
　おんと相槌（あいづち）をうち、オカンが指差す方を僕は見た。
「綺麗なオレンジのお日さんやねぇ。お日さんはすごいなぁ。こんな貧乏人の私らみたいな親子のところにまで、優しく平等に光を照らしてくれるんやもんなぁ」
　僕は黙ってオカンを見た。
「私がこの世からいなくなったらね、あの真っ赤っかなお日さんになるわ。ほんで駿ちゃんのこと、ずっと応援する。ずっと照らし続けるやから、たまにはでええから、あのお日さん見てオカンの事思い出してくれる？」
　オカンは、寂しい笑い方をした。
「私がこの世界から消えてなくなっても、あのお日さんになって、駿ちゃんのことずっと見守ってるからね」
5僕は素っ気なく「了解」と伝えた。
　寝巻姿のオカンをふと見た。もう、いつから化粧をしていないかなぁ。随分と老け込んだため、粋な格好をしていた若いあの頃の写真の面影はなく髪も白くなった。目の前に見え隠れする死の影を眺めながら、オカンは遺言らしきものを口に出したから、ポツポツと僕のジーンズにしょっぱい水滴が落ちた。太もものその部分だけ生地が濃いブルーに変わった。漏れ出た自分の溜め息を利用して、僕は太ももを乾かそうとした。ジーンズに落としたしょっぱい水分と、吹き込んだ溜め息が、だんだんと滲（にじ）む。
「あれ？　駿ちゃん？　泣いてんの？」
「……泣いてない！」

「せやせや、思い出したわ。東京スカイツリー。前にオカン、東京スカイツリー行きたい、て言うてたやんか。覚えてる？　そろそろ計画たてなあかんなぁ？」

「スカイツリーね。言うてたなぁ。でもな、もう……、私は行かれへん」

　話を逸らそうとした僕をオカンは制した。

「お腹にも水が溜まってきて、足も腫れ上がって、もう歩かれへん。こんな体で東京なんて行かれへんわ」

　僕は、*14たゆたう。

「[4]……それやったら。……それやったら、……車椅子に乗せて連れてったるわ。俺がずっと車椅子を押してあげるから。それやったら大丈夫やろ？　一緒に行こうや！　オカン！　計画立てようや！　いろんな奇麗な景色をオカンに見せてあげたいねん！」

　オカンを丸め込むように、たたみかけるように、僕は早口で流暢に喋った。その取ってつけたようなしゃべくりが僕の心の中の焦りを露呈する。オカンは飼い猫を撫でるような優しいトーンと笑みで僕の名を呼んだ。

「駿ちゃん？」

　口元に笑みを帯びて我が子を優しく見つめる姿に、僕は甘い苦しみを感じた。その感情を誤魔化すように、ふくらはぎに保湿クリームをベタベタと塗りながら僕は黙って耳を傾けた。

「ほんまに、私の命は……、もう長くないねん。ここまできたら、もうわかるんよ。自分の体やもん。最近はあんまり食べられへんようになったし、お腹も足もここまで腫れ上がってきてしもて、もう歩かれへんようにもなったし……」

　オカンは*15トラバーチン模様の天井をじっと見つめた。無限の恐怖に包まれた僕は黙ってマッサージを続ける。

「神様が私に与えた寿命なんやろね」

　自分の余命を予算した彼女。僕は黙ってマッサージをしながら、その神様とやらを恨んだ。

「あのね、まだ命があるうちに、駿ちゃんに遺言を伝えておこうと思って」

「遺言って……。何言うてんねん」

「遺言って言うとちょっと大袈裟かもしれへんね。要は駿ちゃんにお願いがあるねん。一生のお願いってやつ、ここで使っていい？」

「オカン……」

　僕は、たゆたう。

「オカン、欲張りやから、二つあるねんけど聞いてくれるかなぁ？」

「オカンさ、……俺はな、オカンがすぐに死ぬなんて思ってない。……もっともっと長生きできると思ってるねん。もしかしたら、……新しいがんの特効薬ができるかもしれへん。で、がんが治るかもしれへん。生きてさえいたら、何が起こるかわからへんもんやろ？」

　僕の言葉は少しの嘘を孕んだ。[ウ]判然たる事実が目の前に立ち塞がろうとも、優しくて哀しい嘘をつき通さねばならないことが、僕たちの人生にはある。

「だからオカンさ。そこは絶対に絶対に譲られへんねんけど、それでもよかったらオカンの願い事ってことで、とりあえず聞くだけ聞いておくわ」

た。この病院を選んで本当に良かった。オカンが退屈そうにしていたら看護師が話しかけてきてくれる、オカンが寝苦しそうに不快感を訴えるとすぐに声をかけて対処してくれる、特定の看護師だけではなく、このフロアにいる看護師全てがそうであった。オカンもそう感じていたからこそ、結婚するなら緩和ケア内科の看護師にしなさいと僕に忠告したのだと思う。

　僕のこれからの人生で女性看護師と出会うことはあるだろう。しかし緩和ケア内科縛りで女性看護師と出会う確率は激低だと思う。ターゲットが狭すぎる。しかし今後、合コンなどで奇跡的に緩和ケア看護師と出会ったらば速攻口説きにかかるぜ、オカン。浮腫んだ足をマッサージしながら僕はそう心に誓った。

「駿ちゃん。マッサージありがとう。そうやって、さすってくれたら足が楽になるねん」

「そりゃ良かった。ほな次は左足やろか」

「お願いします。ところで、ＭＡＮＺＡＩ甲子園の決勝楽しみやな。テレビ映るし」

「せやな」

「＊12尼崎（あまがさき）センタープール前のキムタクが、いよいよ、テレビデビューやな」

「おう、デビューやで」と僕は鼻で笑って応じた。

「この前の準決勝は体調悪くて観に行かれへんかったからなぁ。あのネタ、ウケた?」

「なかなか会場沸かしたで。オカンが考えてくれたボケも、むっちゃウケたで」

「そっかあ。観に行きたかったなぁ。あ、駿ちゃん、決勝は絶対、観に行くからな」

「絶対きてや」

「会場、道頓堀（どうとんぼり）なんば劇場やもん。あの有名な劇場で、駿ちゃんが漫才するんやもんやぁ。もう、プロの漫才師やな」

「あははは。プロちゃうけどな」

　オカンは少し黙った。もう笑ってはいない。話題を転じる。

「真面目な話、聞いてくれる?」

「マッサージしながらでもええなら」

　オカンはベッドに＊13安臥（あんが）したまま天井の蛍光灯を見ながら言った。僕は象のように腫れ上がったふくらはぎをマッサージしながら、耳だけオカンの方へやった。

「オカンはね……、もう長くないかも……」

　あまりに直球だったオカンの言葉に僕のノミのような心臓がキュキュキュと縮こまった。縮こまったんだけれども、それをオカンに悟られてはいけないと思って、僕は大袈裟（おおげさ）に笑って誤魔化すように弁じた。

「なんでやねん。オカンにはまだまだ生きてもらわなあかんねんから。頼むで、ほんまに。何を言いだすんや」

　オカンと寿命の話をすることを僕は嫌った。元来繊細で心配性な性格のオカンに、死期が近いんだという残酷な現実を叩（たた）きつけることが耐えられなかったし、オカンをネガティブにさせてしまうことに何も意味は無いので、その話になると僕はすぐに話を逸（そ）らそうとするんだ。

緩和ケア病棟に転院して間もなく、オカンの身体はみるみる悪くなってきた。食欲もなくなり身体は痩せ細った。入院から数週間経った頃、足の痺れと浮腫により歩行困難になった。足の痛みが激しく手すりに寄りかからないと歩けない状態となっていたので、病院内でも車椅子で移動するようになっていた。

　オカンは談話室で熱帯魚をじーっと見つめたり、病室の窓からの景色をずーっと眺めたりして限られた日々を消化していた。緩和ケア病棟という生と死の狭間のような場所で、彼女は何を想い、どのような気持ちで熱帯魚や窓から広がる景色を眺めて日々を過ごしていたのだろうか。水中を自由[2]に泳いでいる熱帯魚を羨ましく思っていただろうか。大空を自由に飛び回る鳥の群れを羨ましく思っていただろうか。オカンの内側に潜んでいるメランコリー*10のようなものを、できる限り自分のものとして共有できるように僕は想像を膨張させた。

　その日。熱帯魚や窓から広がる景色について、二人で問答しているうちに日が暮れた。抗がん剤の副作用で薄くなった彼女の白髪混じりの後頭部を朧げに見つめていると、談話室から見える空が怪しくなってきた。どんよりとした雲が、空の青にもたれかかって[ア]気兼ねもなく広がってゆくなと感じていたら、いつの間にか崩れ出した。しとしとと冷たい雨が降り出した。オカンは自分の隣に確かに存在していて[b]呼吸をしている。彼女の世界と僕の世界は、確かにこの空間に存在し展開されているのであるのだけれども、その空間同士がどこも接着しておらず独立しており、自分が置き去りにされてしまうような気持ちになった。[3]僕の心は大変心細くなった。

「結婚するなら、緩和ケア内科の看護師さんにしなさい」

ベッドに寝そべりながら、オカンはキュッとした［　B　］僕に忠告するのが口癖だった。自分の死がいよいよ近づいてきたことを感じ、息子の将来を案じての発言なのであろう。パンパンに浮腫んだオカンの両足に、僕が[c]保湿クリームを塗ってマッサージをしながら、せやなぁ、と[イ]空返事をする。

　オカンの両足はスリッパを履く事ができないくらいに腫れ上がっていた。また、足が大層ダルいとよく訴えた。年をとったといえども、オカンも一人の女性である。象のように腫れ上がっていた両足をかなり気にしていたので、医者に相談してクリームを出してもらったり、リンパマッサージの方法を聞いたりして僕が実践していた。また腹部にもどんどん水が溜まってきており、まるでスイカが入ってるように腹もパンパンに膨れ上がっていた。両足の浮腫と腹部に水が溜まる症状は、どちらも末期がん患者によくみられる症状であるらしい。栄養失調が原因。食欲が無い中で食べる僅かな食事から摂取した栄養素をがん細胞が奪い取ってしまうのだ。体内に吸収される栄養成分がかなり貧困な状態になり蛋白質が不足し足が浮腫んだり腹に水が溜まるらしい。

　オカンが一番気にしていた足の浮腫を取り除いて、少しでも生活から不便さや不快さを軽減してくれようと、リフレクソロジーと呼ばれるマッサージ師を呼んで施術してくれたり、看護師が指圧やクリームを塗ってくれたりと病院側もできるかぎり協力してくれた。緩和ケア内科の看護師は、本当に優しい人格者ばかりだった。「患者のＱＯＬ*11を最大限に尊重する医療の実践」という医療精神を標榜していたのだが、全くその通り嘘偽りなく実践されている病院だと僕は感じてい

「アホか！　優勝狙うわ！　ただストロベリーズがここまで来れたことに感激してるねん。きよぴー、今日観に来て欲しかったな」

「今日は体調がよろしくなかったからな。残念やけど」

「きよぴーがさ、もしも今日の俺らの漫才観てたらどう言うたかな？」

「多分、駄目出し、やろうな」

「そうか」

「そうや」

「やと思った」

幼い頃の記憶を丁寧になぞって、順番に思い浮かべて並べてみたって。僕には何も無かった。カネも教養も、何もかも。あるのは「笑い」だけ。ただ「笑い」だけがそこにはあった。僕は、オカンから「笑い」を教えてもらった。僕は、「笑いのチカラ」を信じている。ナチュラルキラー細胞を信じている。「笑い」があれば、なんだって乗り越えられる。恐怖、哀しみ、怒り、不安、がん細胞、羞恥心、後悔、醜さ、劣等感、借金、見栄、孤独、貧困、人間の生き死に……、僕らの周りに*8跳梁跋扈する負なんかにのみ込まれてたまるか。

全ての負を「笑い」に変えてみせる。

どんな困難だって、最後は「笑い」に変えたい。

全てを笑い飛ばして生きていきたい。

[1]そうだ。僕には何も無いけれど「笑い」がある。

オカンに教えてもらった「笑い」があるんだ。

「それでは、最後のファイナリストを発表します！　エントリーナンバー408番、ストロベリーズ！！！」

〈中略〉

「じーっと見てられるわぁ」

「オカンさ、さっきからずっと見てるけど全然飽きひんな」

「だって、カワイイもん。ほら、駿ちゃん見てみ？　この青のちっちゃい子、カワイイで」

病棟内の談話室壁面に設置されている装飾された大型水槽の中の熱帯魚を、オカンはじっと見ていた。赤、青、金や桃色などで彩られた様々な熱帯魚に夢中。暫くの間、オカンはことりとも音を立てなかった。

オカンが入院した緩和ケア病棟は市立病院の中に併設されていた。病院自体は築三十二年の古い建物であったが、緩和ケア病棟だけは一年前にリニューアルしたばかりで[a]新築のようにキレイだった。優しいピンク色の壁面、温かみのあるオレンジ色のソファが置いてある談話室、病室は個室が標準で、家族も泊まりやすい広いスペースの部屋である。炊事場やシャワー設備だって完備と痒い所に手が届く申し分のない美化の行き届いた内装設備であった。僕らがこの病院をチョイスした一つの要素がこの病院の美しさ。オカンは綺麗好きだったから、最期の死に場所くらい、綺麗な部屋を選んでやろうと思った。

この病院を選んだもう一つの理由。それは病室や談話室の窓から広がる絶景である。山手にそびえる病院で、緩和ケア内科は六階にあったので大阪府と兵庫県を一斉に見渡せる眺望が素晴らしい。夜になると超高層タワーマンションの眺望級の*9パノラマ夜景が広がる。オカンは高いところから眺める景色が大好きだったから。

【国　語】（五〇分）〈満点：一〇〇点〉

一、※問題に使用された作品の著作権者が二次使用の許可を出していないため、問題を掲載しておりません。

（出典：今井むつみ・秋田喜美『言語の本質』）

二、次の文章を読んで、後の設問に答えなさい。

〈これまでのあらすじ〉

「僕（駿一）」の母（「オカン」）は末期のがんで緩和ケア病棟に入院している。「僕」は「笑い」ががん細胞を攻撃するナチュラルキラー細胞の活性化に役立つと知り、ＭＡＮＺＡＩ甲子園という高校生限定の大会に、友人のマコトと出場することに決めた。「僕」とマコトのコンビ・ストロベリーズは準決勝まで進み、決勝戦に進出するコンビの発表を待っている。

他のコンビ名を読み上げられる度に、マコトは残念そうに頭を垂れた。一方、僕は会場全体を俯瞰[*1]するように見つめて微動だにしなかった。自分ができる漫才の全てを出し切ったからであろうか、何故だか［Ａ］。幼少時代から、オカンに教授してもらったお笑い技術を駆使して創ったネタを演った。偏りすぎるとウケないので、キャッチー[*2]さを残して誰でも笑える普遍的なスパイス[*3]をいれたネタにしたが、自分がオモロいと思うことには拘った。漫才中もネタを飛ばす事[*4]もなく、マコトのツッコミも生き生きとしていて納得できる漫才ができたと感じていた。

「エントリーナンバー1085番、たこ燦燦」

司会者がコンビ名を読み上げる度に、名を呼ばれたティーン[*5]が咆哮[*6]。コンビ同士で抱き合う。泣く者もいる。そりゃそうだ。この大会に青春の全てを捧げて精進してきた人間ばかりだもの。

歓喜と咆哮の中、司会者は次々と決勝進出するコンビ名を読み上げて自分の仕事を淡々と全うした。

決勝戦に進出できるファイナリストは、８組のみ。

現在、７組確定。残り枠は、あと１組。

「駿ちゃん？」

前のめりになっているマコトが、僕の方を向かず司会者を見つめたまま口を開いた。僕もマコトの方を向かず、舞台上の司会者の赤い蝶ネクタイを見つめた。

「準決勝で俺らがやったネタな。今までで一番最高な漫才ができたと思ってるねん」

「俺もそうや」

「きよぴー[*7]さ、準決勝を制するものは大会を制す、って言ってたよな？」

「せやな」

「最近さ、漫才やってたら楽しくて楽しくて。きよぴーの病気のためにって始めたことやけどさ、今は自分が楽しくやってる感じ。きよぴーと駿ちゃんにはほんま感謝やわ。ありがとうな」

「それ今言うヤツか？　俺らのコンビ名呼ばれてから言うヤツちゃうの？」

「いや、ええねん。俺はここまで来れただけで満足してる」

「優勝あきらめるんか？」

大切なことはメモしておこうネ！

T.G

前期1月17日

2024年度

解　答　と　解　説

《2024年度の配点は解答欄に掲載してあります。》

＜数学解答＞《学校からの正答の発表はありません。》

1 (1) ア 1　イ 0　ウ 3　(2) ア 8　イ 1　ウ 6
(3) ア 9　イ 8　ウ 2　エ 5　(4) ア 3　(5) ア 6
(6) ア 5　イ 3　ウ 6

2 (1) ① ア 3　② イ 1　(2) ① ア 1　② イ～オ　設問に不備

3 (1) ア 4　(2) イ 2　ウ 1　(3) エ 1　オ 2　カ 3

4 (1) ア 1　イ 2　(2) ウ 1　エ 6　オ 3　(3) カ 8　キ 2
ク 1　ケ 7

5 (1) ア 6　イ 3　(2) ウ 1　エ 8　オ 3　(3) カ 1　キ 0
ク 8

○推定配点○
1～4(1)　各5点×14　4(2)～5　各6点×5　計100点

＜数学解説＞

基本 1 (平方根，2次方程式，式の値，変化の割合，数の性質，平面図形)

(1) $(\sqrt{24}-4)(5\sqrt{6}+10)-(\sqrt{15}+\sqrt{5})^2=2(\sqrt{6}-2)\times5(\sqrt{6}+2)-(15+2\times5\sqrt{3}+5)=10(6-4)-20-10\sqrt{3}=-10\sqrt{3}$

(2) $x=-4$のみを解とする2次方程式は，$(x+4)^2=0$　$x^2+8x+16=0$と表せるから，係数を比べて，$a=8$，$b=16$

(3) $4a^2+9b^2=4\times\left(\frac{7}{10}\right)^2+9\times\left(-\frac{7}{15}\right)^2=\frac{49}{25}+\frac{49}{25}=\frac{98}{25}$

(4) $\left\{\frac{1}{3}\times(4t)^2-\frac{1}{3}\times(2t)^2\right\}\div(4t-2t)=\frac{4t^2}{2t}=2t$　$2t=6$　$t=3$

(5) $\frac{128n}{27}=\frac{2^7\times n}{3^3}$より，題意を満たす自然数$n$は，$2\times3=6$

重要 (6) 平行四辺形ABCDの面積をSとすると，$\frac{\triangle AEH}{\triangle ABD}=\frac{1}{3}\times\frac{2}{3}=\frac{2}{9}$より，$\triangle AEH=\frac{2}{9}\triangle ABD=\frac{2}{9}\times\frac{1}{2}S=\frac{1}{9}S$　同様にして，$\triangle BFE=\triangle CGF=\triangle DHG=\frac{1}{9}S$　よって，四角形EFGHの面積は，$S-\frac{1}{9}S\times4=\frac{5}{9}S$　ここで，四角形EFGHは平行四辺形だから，△EHIの面積は，四角形EFGHの面積の$\frac{1}{4}$に等しい。よって，$\triangle EHI=\frac{5}{9}S\times\frac{1}{4}=\frac{5}{36}S$　したがって，△EHIの面積と平行四辺形ABCDの面積の比は，5：36

基本 2 (データの整理，数の性質)

(1) ① 箱ひげ図から，第1四分位数は1.5回，第3四分位数は4.5回だから，四分位範囲は，4.5－1.5＝3(回)

② 第1四分位数は，回数の少ない方から6番目と7番目の平均だから，1回と回答した人は6人いる。第3四分位数は，回数の多い方から6番目と7番目の平均だから，5回と回答した人は2人いる。3回と回答した人をx人，4回と回答した人をy人とすると，$6+7+x+y+2+3+0+1=24$より，$x+y=5$…㋐　平均値は，$1\times6+2\times7+3x+4y+5\times2+6\times3+7\times0+8\times1=3\times24$より，$3x+4y=16$…㋑　㋑－㋐×3より，$y=1$　これを㋐に代入して，$x=4$　よって，4回と回答した人は1人

(2) ① $A=18n+3$，$B=12n+8$と表せる。$A+B=(18n+3)+(12n+8)=30n+11=10\times(3n+1)+1$より，AとBの和を10で割ったときの余りは，1

3 (図形と関数・グラフの融合問題)

基本 (1) $y=\frac{1}{2}x^2$に$x=-4$，2をそれぞれ代入して，$y=\frac{1}{2}\times(-4)^2=8$，$y=\frac{1}{2}\times2^2=2$　よって，A$(-4,\ 8)$，B$(2,\ 2)$　直線ABの傾きは，$\frac{2-8}{2-(-4)}-(-4)=-1$　直線ABの式を，$y=-x+b$とすると，点Bを通るから，$2=-2+b$　$b=4$　よって，直線ABとy軸との交点のy座標は4

基本 (2) 直線AB上にx座標が-3の点Dをとると，y座標は，$-(-3)+4=7$　よって，$CD=7-0=7$
$\triangle ABC=\triangle ACD+\triangle BCD=\frac{1}{2}\times7\times\{-3-(-4)\}+\frac{1}{2}\times7\times\{2-(-3)\}=21$

重要 (3) 四角形ACBEが平行四辺形になるように点E$(x,\ y)$をとると，平行四辺形の対角線はそれぞれの中点で交わるから，$x+(-3)=-4+2$より，$x=1$　$y+0=8+2$より，$y=10$　よって，E$(1,\ 10)$
点Eを通り直線ABに平行な直線の式は，$y=-x+11$だから，$y=\frac{1}{2}x^2$と$y=-x+11$との交点をPとすれば，$\triangle ABP=\triangle ABE=\triangle ABC$となる。$y=\frac{1}{2}x^2$と$y=-x+11$から$y$を消去して，$\frac{1}{2}x^2=-x+11$
$x^2+2x=22$　$(x+1)^2=23$　$x=-1\pm\sqrt{23}$　$x>2$より，点Pのx座標は，$-1+\sqrt{23}$

重要 **4** (平面図形)

(1) 点BとCを結ぶ。ABは直径だから，$\angle ACB=90°$　$\angle ABC:\angle BAC=$弧AC：弧CB$=2:1$より，$\angle BAC=90°\times\frac{1}{2+1}=30°$　接弦定理より，$\angle BCD=\angle BAC=30°$　よって，$\angle CDB=180°-(30°+90°+30°)=30°$より，$BC=BD$　ここで，$\triangle ABC$は内角が30°，60°，90°の直角三角形だから，$AB:BC=2:1$より，$BC=8\times\frac{1}{2}=4$　よって，$AD=AB+BD=AB+BC=8+4=12$(cm)

(2) $\angle ECD=90°$　$CE=AB=8$　$CD=AC=\sqrt{3}BC=4\sqrt{3}$　よって，$\triangle CDE=\frac{1}{2}\times8\times4\sqrt{3}=16\sqrt{3}$(cm²)

(3) $\triangle CDE$に三平方の定理を用いて，$DE=\sqrt{CE^2+CD^2}=\sqrt{8^2+(4\sqrt{3})^2}=4\sqrt{7}$　$\angle CFE=90°$だから，$\triangle CDE=\frac{1}{2}\times DE\times CF$　よって，$CF=16\sqrt{3}\times\frac{2}{4\sqrt{7}}=\frac{8\sqrt{21}}{7}$(cm)

重要 **5** (空間図形)

(1) $NE=\frac{1}{2}AB=\frac{1}{2}\times12=6$　$EO=\frac{1}{2}EG=\frac{1}{2}\times12\sqrt{2}=6\sqrt{2}$　$\angle NEO=90°$だから，$NO=\sqrt{6^2+(6\sqrt{2})^2}=6\sqrt{3}$(cm)

(2) $\triangle LMN$は1辺の長さが$6\sqrt{2}$cmの正三角形だから，その面積は，$\frac{\sqrt{3}}{4}\times(6\sqrt{2})^2=18\sqrt{3}$(cm²)

(3) LからEFにひいた垂線をLPとすると，$\angle LPO=90°$だから，$LO=\sqrt{6^2+12^2}=6\sqrt{5}$　$\triangle OLN$において，$LO^2=LN^2+NO^2$が成り立つから，$\angle LNO=90°$　同様にして，$\angle MNO=90°$　よっ

て，平面LMN⊥NOとなるから，四面体LMNOの体積は，$\frac{1}{3}\times\triangle\text{LMN}\times\text{NO}=\frac{1}{3}\times18\sqrt{3}\times6\sqrt{3}=108(\text{cm}^3)$

★ワンポイントアドバイス★
出題構成や難易度に大きな変化はない。図形分野の出題が多いのでいろいろな問題を解いて慣れておきたい。

＜英語解答＞ 《学校からの正答の発表はありません。》

【1】 リスニング問題解答省略
【2】 問1 ③ 問2 ② 問3 ④ 問4 ③ 問5 ① 問6 ④ 問7 ②
問8 (1) ③ (2) ④
【3】 問1 (1) ③ (2) ② (3) ④ (4) ③ (5) ① 問2 ②，⑥，⑦
【4】 (1) ① (2) ① (3) ④ (4) ② (5) ④
【5】 (1) 1 ⑧ 2 ④ (2) 3 ⑧ 4 ① (3) 5 ② 6 ①
(4) 7 ④ 8 ⑥ (5) 9 ③ 10 ④ (6) 11 ④ 12 ③
【6】 (1) ⑤ (2) ② (3) ⑤ (4) ② (5) ③ (6) ③

○推定配点○
【1】 各2点×5 【2】 問8 各4点×2 他 各3点×7 【3】 問1 各3点×5
問2 各2点×3 【5】 各3点×6 【4】・【6】 各2点×11 計100点

＜英語解説＞

【1】 リスニング問題解説省略。

【2】 (長文読解問題・エッセイ：語句補充・選択，文整序，脱文補充，内容一致，英問英答，内容吟味)

(全訳) 犬は日本で最も人気のあるペットだ。あなたの家族は犬を飼っていますか。あなたは犬がほしいと思いますか。彼らについてもっと学べば，あなたが親に彼らがどれほど素晴らしいかを説明すると，飼える可能性が高まるかもしれません！

犬は「人間の最高の友」だとよく言われる。犬は飼い主に非常に忠実だ。犬は飼い主を大切にし，飼い主を守る。しかし，どうして彼らは「人間の最高の友」と言われるのだろうか。犬は数千年間も人間とともに多くの時間を過ごしてきたからだ。

彼らを見てわかるかもしれないが，犬は実はオオカミから進化したのだ！ 数千年前，オオカミたちは人間の集団の後を追い，彼らの食べ残しやゴミすらも食べた，と科学者たちは確信している。そのようなオオカミのうちの何頭かは，人間のそばにいることが非常に快適になり，一緒に暮らし始めた。これらが最初の「ペットの犬」だった。

ゴミを食べることと言えば，犬は実際にゴミやもっとひどい物を食べることがある。彼らは人間のように強力な味覚を持っていないので，場合によっては草，食べ残し，あまりおいしくないものを食べる。このため，彼らは良い食料が(1)見つかりにくい時でも生き伸びることができたのだ，と多くの人が信じている。

(2) イもう1つの犬の弱点は，色を見る能力である。エ多くの人が犬は色盲だと思っているが，実はそうではない。ゥ彼らは青と黄色のものだけが見え，赤が見えない。ァそのため，この世界は犬たちにとって私たちとは少し違って見える。

犬は私たちと同じようには色を見ないけれども，私たちより目がよく，遠くまで見ることができる。彼らは目の位置のおかげで周辺視野がよく，暗闇の中でも容易に見ることができる。犬が人間よりどのくらいよく見えるのか言うことは難しい，なぜならそのような大きな違いがあるからだ。人はしばしば犬の優れた聴覚や嗅覚について思い浮かぶが，多くの人は彼らの目がどれほど(3)良いのかわかっていない。

すでに述べたように，犬の最も知られた能力の1つは聴力だ。彼らは私たちに聞こえない多くのものを聞くことができる。彼らはしばしば，いつ嵐が来るのか気づくことができる，なぜならそれが聞こえるからだ！　実際，彼らの聴力は非常に良いので，大きな嵐の音が彼らの耳を傷めることもある。そのため多くの犬は嵐の最中にとても動揺する。犬は18の筋肉を使って耳を動かし，より良く音を聞いて音がどこから来るのか理解する。それだけでなく，彼らは感情を伝えるためにも耳を使うので，彼らの耳は非常に大切だ！

そしてもちろん，犬は素晴らしい嗅覚を持つ。おそらくあなたも知っての通り，犬は人間や他の動物がかぎ取れないものをかぐことができる。そのため，彼らは人間やものを見つけるために，警察やその他に利用されている。彼らの嗅覚は非常に良いので，人が病気かどうかもわかる。ある種のがんを検知できる犬もいる！　彼らの素晴らしい鼻のもう1つの利用法は(4)自宅へ帰る道を見つけることだ。犬が飼い主から離れて行ってしまったが，長距離を移動して最終的に飼い主のもとへ戻ってきた，という話が非常にたくさんある。

犬は200語程度を覚えて理解することができるので，非常に賢い。そして彼らは感情的知性も高い。あなたが悲しんでいたり怖がっていたりすると，あなたの犬は(5)あなたの気分を良くしようとするかもしれない。科学者たちによると，犬が飼い主を「愛する」ということは実験が証明している。しかし彼らは知らない人々のことも慰めようとするだろう，なぜなら彼らは他者の気持ちを理解して共感する能力が非常に高いからだ。

多くの人は犬が自分のベッドの上で一緒に寝ることを許す。しかし犬が人間と同じように夢をみることをあなたは知っていただろうか。彼らは夢を見ながら吠えることもある！

時が経つにつれ，犬は当然ながらさまざまな違いを発展させた。犬は大きさだけでなく見た目も違っている。種類の異なる犬は得意なことも違う。例えば，長い鼻を持つ犬はより嗅覚が優れている。また，小型犬は少し寿命が長く，さまざまな音を聞くことができる。非常に速く走る犬もいれば，飼い主に抱っこされる方が好きな犬もいる。

犬を飼っている人のほうが幸せで健康で長生きすると言われている！　ペットの犬を飼うことは大変な仕事になりうる。犬は愛と世話，エサと水，医療，毎日の散歩が必要だ。しかし，なぜ多くの人が犬と暮らすことは全ての労力に値すると思っているのかを理解するのは容易である！　④犬は本当に私たちの最高の友なのだ。

たとえペットの犬を飼えなくても，地元の動物シェルターで犬たちを訪問することができる。ボランティアの仕事の1つには，そのような犬たちを散歩させて一緒に過ごす，というものがある。それはこのような動物たちを助ける，良い方法だ。でも気をつけて。あなたは恋してしまうかもしれない！

問1　犬は味覚があまり優れていないため，よい食べ物を見つけるのが難しい時でもおいしくないものを食べて生き延びることができた，ということ。

重要 問2　全訳下線部参照。直前の段落で，味覚が優れていないという犬の弱点が述べられている。これを受け，空所の段落の第1文をイ Another weak point of dogs「もう1つの犬の弱点」とする。

問3　多くの人は犬の目が良いことをわかっていない，という内容が適切。how good their eyes were は「彼らの目がどれほど良いか」という間接疑問。

問4　空所の直後の returned to their owners「飼い主の元に戻った」より，finding their way home「家に帰る道を見つけること」が適切。

重要　問5　犬は他者の感情を理解するので，飼い主が悲しんだり怖がったりしている時には気分を良くしようとしてくれる。< make ＋人＋動詞の原形 >「(人)に～させる」 make you feel better は「あなたに気分よく感じさせる」ということ。

重要　問6　本文は，犬が「人間の最高の友」と言われる理由を説明したものである。犬の特徴や良い点を具体的に述べた後，④を含む段落では犬を飼う大変さについて説明し，それでも犬と一緒に暮らすことは価値がある，なぜなら犬は「最高の友」だからだ，と結論づけている。

やや難　問7　①「筆者は，あなたが犬についてもっと知った後，犬を手に入れるために親に犬がどれほど素晴らしいかを説明するだろうと確信している」(×)　第一段落第3文は「あなたが犬について知り，親に犬がどんなに素晴らしいかを説明すると，犬が飼える可能性が高まる」という内容であり，似ているものの異なる。 ②「犬の感覚の多くは人間のものより強力だが，味覚はそうではない」(○)　③「あなたはベッドで犬と一緒に寝てはならない，なぜなら寝ている間にあなたに対して吠える犬もいるからもしれないからだ」(×)　④「犬を飼っている多くの人は犬と暮らすことは大変だと思っている，なぜならたくさんの時間とお金がかかるからだ」(×)

問8　(1)「犬について正しくないものはどれか」 ③「大きな嵐が来ると，それは彼らの耳を傷つけるかもしれない，なぜなら彼らは静かにしていられないからだ」 犬は耳が良いため大きな音で耳を傷める。 (2)「なぜ犬は私たちの最高の友なのか」 ④「彼らはとても賢いだけでなく，私たちの感情を理解して共感してくれるから」

【3】 (長文読解問題・物語文：英問英答，語句補充・選択，内容吟味，内容一致)

(全訳) 僕が7歳の時，兄のジョーイは14歳だった。彼はいつも僕の面倒を見てくれた。しかし彼は同年代の少年たちと一緒に行動する自由がほしかった，そして自分を妨げるような幼い弟がいやだった。ジョーイは僕の世話をする責任がいやになり，僕たちの父は彼がどのように感じているかを理解した。そして，父は僕が夏の間，祖父母と農場で暮らすのがよいと決めた，なぜなら僕は3か月間学校がなかったからだ。兄は喜んだ。

祖母はいつも僕の大好きな食べ物を作ってくれた。祖父は一生懸命働いて野菜を育てた。彼はいつも言った。「お前の父さんはお前の年齢の頃，科学者になりたかった。それが彼の夢だった。私は彼が良い大学に行き，将来科学者として良い仕事に就いてほしいと思っていた。私は科学者になるという彼の夢がかなった時，とてもうれしかったよ」 祖父は自分の息子をとても愛していた。彼は僕のことも愛していた！

しかし祖父と父は違うタイプの人だった。祖父は日曜日以外の毎日，自分の手を使って一生懸命働く人だった。彼は日曜日には働かなかった，なぜならそれは彼の宗教に反することだったからだ。彼はその日，教会に行き，翌週のために休まなくてはならなかった。彼はいつも言った。「良い人間は人を助ける責任がある」 僕は，彼がいつも助けを必要としている人を助けていたことを覚えている。彼は科学よりも人や自然に興味があった。父は世界をもっと良いところにするために科学や技術を使うことに興味があり，人にはあまり興味がなかった。

毎日豚にエサをやることが僕の仕事だったが，ある日祖父は僕が畜舎の裏で寝ているのを見つけた。彼は僕を非常に厳しく叱った。僕は彼の言葉を覚えている。「働かないと，将来人はお前を尊敬しないぞ」 僕は彼を怒らせたくなかったが，「お父さんは，人は手を使って大変な仕事をする代わりに，鉛筆を使って仕事をするべきだって言ったよ」と言った。すると彼は穏やかな声で言った。「お前の父さんは鉛筆を持ったまま寝ていない。彼は鉛筆を使って仕事をしている。お前は畜舎の裏で寝ていた。お前は手を使って働くことも鉛筆を使って働くこともしていなかった。お前は，私が畑で手を使ってどう働いているのか，そしてお前の父さんが会社で鉛筆を使ってどう働いているのかを注意して見るべきだ。もしお前が両方のやり方を学んだら，(1)お前は皆が尊敬する人物になるだろう」　僕は彼の言葉を理解し，ごめんなさいと言った。僕は豚にエサをやるという自分の仕事に走って戻った。彼は笑顔を浮かべていた。

祖父はいつも物事を非常にシンプルに説明することができた。彼は素朴な人間でいつも皆に優しかった。ある日，僕が畑で彼を手伝っていると，トラクターが故障した。彼は同じトラクターを25年以上も使っていて，「彼女」に頼っていた。彼はそのトラクターを「デイジー」と呼んでいた，なぜならそのトラクターはその名前の花のようにシンプルな造りだったからだ。デイジーに問題があった時，彼はいつも彼女を修理した。

ある日デイジーが故障した。その日たまたま父がいて，そのトラクターの動作状況やそれを40分以上かけて修理した方法を説明した。祖父は黙って聞いていたようだった。それから父がどこかへ行った。僕は祖父を見上げて「父さんの解決法ではデイジーは直らないと思う」と言った。彼も同意見だった。僕は「それでは，おじいちゃん，僕たちは何をする？」と尋ねた。彼は落ち着いて「お前と私は今まで何度もデイジーを修理してきた。きっと(2)また私たちは彼女を直すことができる」と言った。彼は30分もかからずデイジーを修理した。それは素晴らしかった。デイジーは祖父の手が自分の世話をしてくれていると知っているようだった。

祖父は私が知る中で最も勤勉な人物の1人だった。農場には常にやるべきことがたくさんあった。彼は朝から晩まで働いた。彼は食事したり水を飲んだり誰かを助けたりする時だけ仕事を中断した。僕が学校に通って自宅で暮らしていた時，父も時々同じことをした。父は何か考えがあると，その考えに一日中取り組み，食事したり水を飲んだりする時だけ中断した。彼は一晩中仕事することもあった。しかし彼は僕の宿題を手伝うときにはいつも仕事を中断してくれた。僕は祖父の一部は父の一部でもあると実感した。

僕は中学生になった時に祖父の農場に行くのをやめた。僕は自分の鉛筆力(学力)を向上させたかったので，家にとどまり成績を上げるためにサマースクールへ通った。僕は父か祖父のどちらが僕の人生により大きな影響を与えたか決めることはできない。彼らは2人とも僕にそれぞれのやり方で勤勉と人助けの大切さを教えてくれた。

問1　(1)「(1)に入れるのに最適なものはどれか?」③「お前は皆が尊敬する人物になるだろう」
(2)「(2)に入れるのに最適なものはどれか?」②「また私たちは彼女を直すことができる」
(3)「ある年の夏，ジョーイは弟の世話をすることに対してどう感じたか?」④「彼は弟の世話をして時間を過ごしたくはないと思った」(4)「筆者の祖父は自分の息子が幼かった頃，何をしてほしいと思っていたか?」③「大学で学んだ後に科学者になること」(5)「なぜ筆者の祖父は助けを必要としている人々を助けたのか?」①「なぜなら彼は良い人物はそうするべきだと思っていたから」

やや難　問2　①「筆者の祖父と父は2人とも世界を良くするために人よりも科学に興味を持っていた」(×)　②「筆者は豚にエサをやる代わりに畜舎の後ろで寝ていたので叱られた」(○)　③「祖父の言葉は全て強い口調で言われたので，筆者は祖父に畜舎のそばで謝った」(×)　④「そのトラクターは筆者の祖父によって『デイジー』と名づけられた，なぜなら彼はその花の名前が好きだったからだ」(×)　⑤「デイジーが故障した時，筆者の父はそれを一人で修理しようとしたが，最終的には筆者の祖父に手伝ってくれるよう頼んだ」(×)　⑥「筆者の祖父は月曜日から土曜日まで一生懸命働き，農場でたくさんのことをした」(○)　⑦「筆者の祖父と父はタイプの違う人間だが，一部は同じだった」(○)　⑧「筆者は祖父と父から多くを学んだが，自分に影響を与えた人物は1人もいない」(×)

【4】（語句補充・選択：前置詞，動名詞，単語，接続詞，熟語，現在完了）

(1)「私は医師になるという夢がある」　<名詞+ of ~ing >「~という(名詞)」

(2)「彼らは家を2軒持っている。1軒は千葉にある。もう1軒は長野にある」　2者のうち，1つはone，もう1つはthe otherと表す。

(3)「そのレストランは混んでいたが，私たちは席を見つけることができた」　although「~だけれども」

(4)「私は春休みの間，おばのところに1週間滞在するつもりだ」　< stay with +人 >「(人)のところに滞在する」

(5)「彼の祖父は亡くなって4年になる」　継続を表す現在完了で「4年間死んだ状態のままである」と表す。

重要 **【5】（語句整序：間接疑問，助動詞，受動態，不定詞，接続詞，関係代名詞，比較）**

(1)　(Did)you hear when the party will be held ?　Did you hear「あなたは聞きましたか」の後ろに間接疑問<疑問詞+主語+動詞 >を続ける。will be heldは受動態。⑤ haveが不要。

(2)　(Yesterday)I was spoken to by a man on(the street.)　< speak to +人 >「~に話しかける」の受動態はbe spoken toで後ろにby ~「~によって」を置く。④ forは不要。

(3)　(Don't)forget to turn off the light before you(leave the room.)　< don't forget+ to +動詞の原形 >「~することを忘れない，忘れずに~する」　このbefore「~する前に」は接続詞で，後ろには<主語+動詞 >が続く。③ turningは不要。

(4)　(Anyone)who knows him will be surprised at(the news.)　whoは主格の関係代名詞でwho knows him「彼を知っている」がAnyone「誰もが」を後ろから修飾する。be surprised at ~「~に驚く」　③ allは不要。

(5)　(This picture)reminds me of my happy days in(Canada.)　直訳は「この写真は私にカナダでの幸せな日々を思い出させる」となる。< remind +人+ of~ >「(人)に~を思い出させる」　② remembersは不要。

(6)　(She)swims faster than any other student in(her school.)　<比較級+ than any other+単数名詞 >「他のどの(名詞)よりも…」は比較級を使って最上級の内容を表す構文。① fastestは不要。

やや難 **【6】（正誤問題：時制，前置詞，熟語，現在完了）**

(1)「私は子供の頃，中国に3年間住んでいたので，少し中国語が話せる」　誤りなし。

(2)「この腕時計は私にとってとても大切だ，なぜなら去年おじが私の誕生日に買ってくれたからだ」　②の語中のto meをfor meと直す。< buy +もの+ for +人 >「(人)に(もの)を買ってあげる」

(3)「より安全に山の頂上に到達するにはどちらの道を選ぶべきだと思いますか?」　誤りなし。

(4)「私の友達の何人かは歌を歌うのが上手なので，彼らと一緒にカラオケに行くのはとても楽しい」　②をare good at singingと直す。be good at ~ing「~するのが上手だ」

(5)「あなたがオーストラリアへ行ってから長い時間が経っているので，またあなたに会えたら私はとてもうれしいだろう」　③をbecause it has been a long time sinceと現在完了形に直す。

(6)「あなたが放課後テイラー氏に会った時，このレポートを彼に提出してほしい」　時を表す節では未来のことでも現在形で表すので，③の語中のwillは不要。

★ワンポイントアドバイス★

【6】の正誤問題は「誤りなし」が含まれているため難度が高い。

<理科解答> 《学校からの正答の発表はありません。》

1 (1) ⑤ (2) ③ (3) ⑦ (4) X 1 Y 1
2 (1) ⑦ (2) ④ (3) X 4 Y 0 Z 7 (4) ⑥
3 (1) Ⅰ群 ② Ⅱ群 ① (2) ⓐ ③ ⓑ ② ⓒ ② ⓓ ③
(3) ④ (4) ②
4 (1) ④ (2) a 0 b 4 c 0 (3) ⑤ (4) d 1 e 5 f 0
5 (1) ② (2) ④ (3) (a) P ② Q ③ (b) X 1 Y 9
6 (1) Ⅰ群 ③ Ⅱ群 ② (2) ② (3) (a) X 2 Y 8 (b) ⑦
7 (1) ④ (2) ⑧ (3) ④ (4) ①
8 (1) ③ (2) X 2 Y 0 (3) P ③ Q ③ (4) Ⅰ群 ② Ⅱ群 ①

○推定配点○
1 各3点×4 **2** 各3点×4((3)完答) **3** 各3点×4((1)・(2)各完答)
4 (3) 4点 他 各3点×3 **5** 各3点×4((3)(a)完答) **6** 各3点×4((1)完答)
7 各3点×4 **8** 各3点×5((4)完答) 計100点

<理科解説>

1 (生殖と遺伝─遺伝の規則性)

基本 (1) Xはおしべ，Yはめしべである。おしべの先端はやくとよばれ，花粉がつくられる。また，めしべの先端は柱頭とよばれ，受粉が行われる。

重要 (2) 生殖細胞である精細胞と卵細胞は減数分裂によってでき，細胞内の染色体の数は体細胞の半分となる。また，精細胞と卵細胞が受精してできた受精卵が成長してできる胚や新しい個体は，もとの体細胞と同じ数の染色体をもつ。

やや難 (3) 丸形の種子をつくる遺伝子をA，しわ形の種子をつくる遺伝子をaとする。「丸形としわ形の両方の遺伝子をもつ個体(Aa)では，丸形の遺伝子(A)だけが生殖細胞に入る」とすると，丸形と丸形の交配では，子のもつ遺伝子の組み合わせはすべて「AA」となり，すべてが丸形となる。また，丸形としわ形(aa)の交配では，子のもつ遺伝子の組み合わせはすべて「Aa」となり，すべてが丸形となる。これらのことから，イとエについて矛盾が生じることがわかる。

(4) 純系の丸形の親(AA)と純系のしわ形の親(aa)を交配させてできた丸形の子のもつ遺伝子の組み合わせはすべて「Aa」となる。子の種子(Aa)としわ形の純系(aa)を交配させると，できる種子のもつ遺伝子の組み合わせは Aa：aa=1：1 となるので，得られる種子の個数の割合は 丸形：しわ形=1：1となる。

2 (天気の変化─気象観測，日本の天気)

重要 (1) 図1で，日中晴れている1日目において，昼過ぎに高くなっているCは気温，低くなっているBは湿度を表していることがわかり，残ったAは気圧を表していることがわかる。
ア…Bの変化から，夜明け前の湿度は高いことがわかる。よって誤り。

イ…天気図記号から，昼頃は北寄りの風が吹いていたことがわかる。よって正しい。

ウ…Cの変化から，15時以降気温は下がり続けていることがわかる。よって誤り。

エ…天気図記号から，6時と12時は晴れ，18時はくもりであることがわかる。よって正しい。

基本 (2) 寒冷前線付近には積乱雲ができ，短時間に強い雨を降らせる。一方，温暖前線付近には乱層雲ができ，弱い雨を降らせる。

重要 (3) 空気1m^{3}中にふくまれる水蒸気の量は，同じ気温では湿度が高いほど，同じ湿度では気温が高いほど多くなる。このことから，空気1m^{3}中にふくまれる水蒸気の量が最も少なかったのは，2回目か4回目のどちらかである。

2回目の空気1m^{3}中にふくまれる水蒸気の量は 12.1(g/m^3)×0.76＝9.196(g/m^3)

4回目の空気1m^{3}中にふくまれる水蒸気の量は 10.0(g/m^3)×0.78＝7.8(g/m^3)　である。

空気1m^{3}中にふくまれる水蒸気の量が少ないほど露点は低くなるので，露点が最も低いのは4回目で，露点は，飽和水蒸気量が7.8g/m^{3}の7℃である。

(4) 3日目の天気図で大陸に見られる高気圧は，日本付近の上空を西から東に向かってふく偏西風によって日本列島上空に移動してくる。このような高気圧を移動性高気圧という。高気圧の中心付近では上空から地上に向かう空気の流れがあり，地上付近では空気が圧縮されて温度が上昇するため雲ができにくく良い天気になることが多い。

3 (物質とその変化―エタノールの蒸留)

重要 (1) 液体を加熱するときは，液体が急激に沸騰するのを防ぐために沸騰石を入れる。ガスバーナーで点火するとき，下側のガス調節ねじで炎の大きさを調節し，上側の空気調節ねじで青色の炎になるように調節する。

やや難 (2) 化学反応式では「→」の左右で原子の種類と数が同じになるようにする。エタノールC_2H_6Oは1つなので，「→」の左側で炭素原子Cは2個，水素原子は6個だから，「→」の右側の二酸化炭素CO_2が2つ，水素原子2個がふくまれる水H_2Oは3つとわかる。「→」の右側の酸素原子Oは，二酸化炭素CO_2が2つ，水H_2Oが3つあることから，2×2＋1×3＝7(個)とわかる。「→」の左側では，エタノールC_2H_6Oに酸素原子は1個ふくまれるので，酸素O_2は(7−1)÷2＝3(個)となる。

基本 (3) 液体を加熱して気体にし，冷やして再び液体として集める操作を蒸留という。液体の混合物を加熱すると，沸点の低いもののほうが先に気体となる。

(4) 実験では20cm^{3}の混合物中に8cm^{3}のエタノールがふくまれているので，混合物にふくまれるエタノールの割合は 8(cm^3)÷20(cm^3)×100＝40(%) となり，図2より，蒸気にふくまれるエタノールの割合は60%だから，蒸気を冷やして得られた試験管Aの混合物にはエタノールが60%ふくまれていることになる。これを加熱して蒸気にすると，図2より，蒸気にふくまれるエタノールの割合は70%だから，蒸気を冷やして得られた試験管Dの混合物には70%のエタノールがふくまれていることになる。

図2

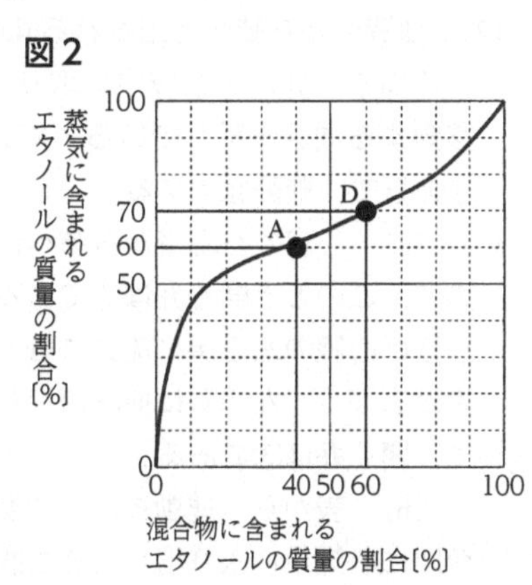

4 (電流と電圧―豆電球の回路)

重要 (1) 実験1の❶で，図1の回路では豆電球X，Yに加わる電圧の大きさは等しく，豆電球Xのほうが豆電球Yよりも明るく点灯したことから，豆電球Xのほうが豆電球Yよりも流れる電流が大きいことがわかる。同じ電圧が加わるとき，電流と抵抗は反比例するので，豆電球XとYでは豆電球

Yのほうが抵抗が大きい。

実験1の❷で，図2の回路では豆電球X，Yに流れる電流の大きさは等しく，豆電球Yのほうが豆電球Xより明るく点灯したことから，豆電球Yに豆電球Xよりも大きな電圧が加わったことがわかる。

実験1の❸で，図3の回路では豆電球X，Yに加わる電圧の大きさは等しく，豆電球Xのほうが豆電球Yよりも明るく点灯したことから，豆電球Xのほうが豆電球Yよりも流れる電流が大きいことがわかる。

(2)　図5は，3Vの－端子を用いたときの値を示しているので，電圧は1.5Vであることがわかる。図6より，電圧が1.5Vのときの電流の大きさは0.40Aなので，豆電球Xには0.40Aの電流が流れたとわかる。

(3)　手回し発電機は流れる電流が大きいほど手応えが重くなるので，電流が流れやすい，つまり抵抗が小さいほど手応えが重いといえる。(1)より，豆電球XとYでは，豆電球Xのほうが抵抗が小さいので，手応えは豆電球Xのほうが重い。6V－18Wの電熱線Zは，6Vの電圧を加えたときの電力が18Wなので，加えた電圧が6Vのとき，18(W)÷6(V)＝3(A)の電流が流れることから，抵抗は 6(V)÷3(A)＝2(Ω)とわかる。実験2の❺で，電熱線Zに加わる電圧が1.0Vなので，流れる電流は 1.0(V)÷2(Ω)＝0.5(A)である。(2)より，実験2で豆電球Xに流れる電流は0.40Aなので，実験2で，豆電球Xと電熱線Zで流れる電流を比べると，電熱線Zのほうが大きいため，手応えは電熱線Zのほうが重くなる。これらのことから，手応えが重いものから順に，電熱線Z，豆電球X，豆電球Yとわかる。

重要 (4)　(3)より，実験2で電熱線Zに1.0Vの電圧が加わるとき，0.5Aの電流が流れるので，消費電力は 1.0(V)×0.5(A)＝0.5(W)となり，30秒での消費する電力量は 0.5(W)×30(s)＝15.0(J)

5 （ヒトの体のしくみ－肺・血液循環）

重要 (1)　ろっ骨が引き上げられ，横隔膜が下がることで肺のまわりの空間が広くなり，肺がふくらんで息が吸い込まれる。

基本 (2)　血液中から肺へと出されるaは二酸化炭素が移動する向き，肺から血液中に取り込まれるbは酸素が移動する向きを示している。Xは肺から心臓へ向かう血管で，肺静脈である。

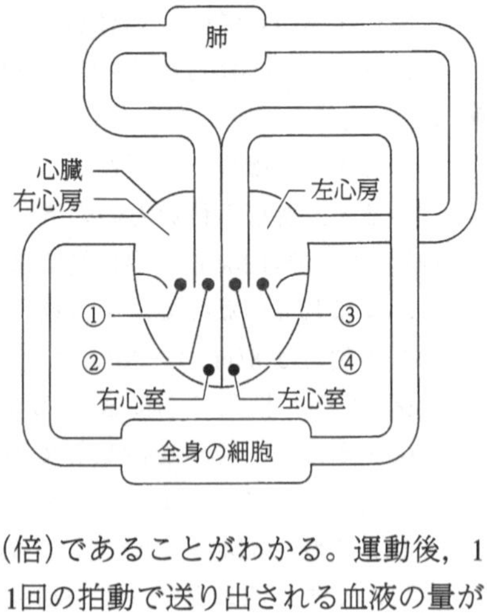

(3)　(a)　心臓の右心室から肺へ血液は送り出されるので，このとき開く弁は②である。また，肺からの血液は心臓の左心房に流れこむが，このとき，左心室が広がって左心房に血液が流れこむようにするので，開く弁は③である。

図3

(b)　表から，運動後の心拍数は安静時の 189÷70＝2.7(倍)であることがわかる。運動後，1分間に心臓から送り出される血液量は安静時の5倍なので，1回の拍動で送り出される血液の量が安静時のx倍であるとすると，$2.7\times x=5$ となり，$x=1.85\cdots$より，$x=1.9$倍となる。

6 （地層と岩石－地層のでき方）

基本 (1)　M－Nのような地層のずれを断層(逆断層)といい，図のようなずれ方をするのは，地層の両側から押すような大きな力が加わり，右側の層が下へ，左側の層が上に動いたからである。

重要 (2)　アサリは軟体動物，クラゲはその他の無セキツイ動物(刺胞動物)である。図2は，アンモナイトの化石を表したもので，アンモナイトは中生代に栄えた生物である。地層が堆積した年代を推定するのに役立つ化石を示準化石といい，限られた期間に広い範囲で生息していた生物の化石が利用される。

重要 (3) (a) 地点A～Dの地表面の標高はそれぞれ40m，45m，50m，55mで，図4から，地点A～Dにおける凝灰岩の層の上端の地表面からの深さはそれぞれ8m，13m，18m，23mであることから，地点A～Dのどの地点でも，凝灰岩の層の上端の標高は32mであることがわかる。このことから，地点Eの地表面の標高は60mなので，凝灰岩の層の上端は地表から 60－32＝28(m)の深さの位置にあることがわかる。

(b) 流水によって運ばれた土砂が海底に堆積するとき，河口から遠いところほど粒が小さくなる。凝灰岩の層をつくる火山灰は同じ時期に堆積するので，W～Zの層は同じ時期に堆積したと考えることができる。その当時，西にいくほど河口から遠くなっていたことから，西側にある層ほど河口から遠いところにあって堆積した土砂の粒は小さいといえる。よって，粒の大きさが小さいものから順に，W，X，Y，Zとなる。よって，イとエが正しい。

7 (電気分解とイオン―イオンへのなりやすさ，ダニエル電池)

基本 (1) 亜鉛よりマグネシウムのほうがイオンになりやすいので，マグネシウム原子Mgは電子を2個はなしてマグネシウムイオンMg^{2+}となり，水溶液中の亜鉛イオンZn^{2+}は電子を2個受けとって亜鉛原子Znとなる。

やや難 (2) イオンになりやすい順にマグネシウム，亜鉛，銅であることから，a～iのうちで変化が見られたのは，d，f，gである。dの変化から銅よりマグネシウムのほうがイオンになりやすいことがわかり，fの変化から銅より亜鉛のほうイオンになりやすいことがわかる。gで変化があり，hとiで変化がないことから，マグネシウムは銅や亜鉛よりもイオンになりやすいことがわかる。これらのことから，ア～エのうち正しいのはウとエであることがわかる。

重要 (3) 電解質の水溶液と，2種類の金属を電極とした電池では，イオンになりやすいほうの金属板が－極，イオンになりにくいほうの金属板が＋極になる。よって，電池AとBでは金属板Xは－極，電池Cでは金属板Xは＋極となる。

重要 (4) 2種類の金属のイオンへのなりやすさが大きいほど，大きな電圧が生じる。また，＋極側の金属板では，水溶液中のイオンが電子を受けとって金属板に付着するため質量が増加し，－極側の金属板では金属原子が電子をはなしてイオンになるため質量は減少する。

8 (運動とエネルギー―物体の運動)

(1) 図2から，台車Bより台車Aのほうが速さの変化の割合が大きいことがわかる。速さが時間に比例するとき，移動距離は時間の2乗に比例する。よって，台車A，Bの時間と距離の関係は③のようになる。

(2) 図2で，台車A，Bの速さは時間に比例することがわかり，運動をはじめてから0.5秒後の速さから，台車Aの速さは台車Bの速さの 1.4(m/s)÷0.7(m/s)＝2.0(倍)とわかる。

重要 (3) 台車の質量や斜面の角度や斜面上の移動距離が異なっていても，移動したときの高さの差が同じであれば速さは等しくなる。

(4) 台車にはたらく斜面からの垂直抗力は，台車にはたらく重力の斜面に垂直な方向の分力とつり合うので，斜面が急なほど小さくなる。よって，台車Aにはたらく垂直抗力のほうが，台車Bにはたらく垂直抗力より小さくなる。

台車A，Bの質量は等しいので，それぞれにはたらく重力の大きさも等しくなるが，それぞれの台車にはたらく重力の斜面に平行な分力は，斜面が急な台車Aのほうが大きくなる。よって，台車Aが斜面を下るように動くため，台車Bは斜面上方へ向かって運動する。

★ワンポイントアドバイス★

全問がマークシート方式で，極端に難易度の高い問題は見られないが，単に知識を問う問題だけでなく，与えられた問題文を読み取った上で解答する必要があるものも多いので，読解力・思考力を高める練習を重ねておこう。

＜社会解答＞ 《学校からの正答の発表はありません。》

1 (1) エ　(2) エ　(3) ① ウ　② オ　(4) イ
2 (1) ウ　(2) ウ　(3) ア　(4) ① イ　② ク
3 (1) W ア　Z エ　(2) イ　(3) ア　(4) ウ
4 (1) イ　(2) エ　(3) ア　(4) キ　(5) ウ
5 (1) エ　(2) カ　(3) ウ　(4) エ　(5) ア
6 (1) イ　(2) エ　(3) ウ　(4) ア　(5) Ⅰ ウ　Ⅱ イ
7 (1) カ　(2) イ　(3) オ
8 (1) ウ　(2) ウ　(3) イ

○推定配点○

1 (3) 各2点×2　他 各3点×3　**2** (4) 各2点×2　他 各3点×3
3 (1) 各2点×2　他 各3点×3　**4** (1) 2点　他 各3点×4
5 (1) 2点　他 各3点×4　**6** (5) 各2点×2　他 各3点×4
7 (1) 2点　他 各3点×2　**8** 各3点×3　計100点

＜社会解説＞

1 (総合―日本の世界遺産・近畿地方・ヨーロッパの農業・古代～近世の交易など)

重要 (1) 貧困や環境問題など17の目標と169のターゲットからなる2030年までの行動計画。

(2) 分布：Yは広くヨーロッパで行われている混合農業。　説明：夏季の乾燥に耐えるオリーブなどのかんきつ類と，冬季の降雨を利用した小麦栽培を中心とする地中海式農業。

(3) ① マグロなどの遠洋漁業や真珠・タイの養殖，鈴鹿市周辺では自動車関連の工業も盛んな三重。 ② ミカンやウメ，カキなど果実王国で知られる和歌山。アは奈良，イは兵庫，エは大阪。

(4) 鑑真の来日は奈良時代の天平年間，西回り航路は河村瑞賢により江戸時代に整備・発展，平清盛による日宋貿易は平安時代の末期。

2 (日本の地理―国土と自然・工業・地形図など)

(1) Ⅰ かつては餓死風などと呼ばれた冷涼で湿潤な北東風。 Ⅱ 北上高地を越えて吹き降ろすことから「やませ(山背)」と呼ばれる。

(2) 2011年3月11日の東日本大震災で全ての原発が稼働を停止，政府は火力発電のフル稼働で電力不足に対応した。アは火力発電，イは原子力発電，ウは水力発電。

(3) 日本は機械45%，化学18%，金属13%程度。製鉄の北九州も現在は自動車などの機械が中心，瀬戸内はコンビナートが多く化学の割合が比較的高い。イは食料品，ウは金属，オは繊維。

基本 (4) ① 3(cm)×25000＝75000(cm)＝750(m)。5万分の1の地形図では75000(cm)÷50000＝1.5(cm)。
② 北大植物園の方向は南西，植物園にあるのは広葉樹林，×の地図記号は交番。

3 (地理―気候・南アメリカ・オーストラリアの民族問題など)

(1) カリフォルニアからカナダにかけての太平洋岸は夏に乾燥する地中海性気候，赤道直下のシンガポールは1年中暑く降水量の多い熱帯雨林気候。Xはイ，Yはウ。

(2) アルパカはアンデス高地で飼育されているラクダ科の家畜，アマゾンの流域では現在も毎年岩手県と同じくらいの面積の森林が焼失。造山帯は環太平洋，AUはアフリカ統一機構。

(3) 狩猟採集生活をしていた先住民。イギリスの入植当時は50万～100万人いたといわれるが20世紀前半には7万人程度に激減し，現在は80万人程度まで回復。1970年代に白豪主義を撤廃してからアジア系の移民が増加，マオリはニュージーランドの先住民。

基本 (4) 中国の生産台数は約2500万台，3か国の合計は約1950万台。

4 (日本と世界の歴史―古代の政治・文化・外交史など)

(1) Ⅰ 縄文時代は温暖な気候のため関東の内陸部まで海水が浸入(縄文海進)していた。 Ⅱ 竪穴住居は地表を50cmほど掘り下げその上に屋根をふいた掘立柱の建物。

(2) メソポタミアとは川の間の土地の意味。太陰暦では季節のずれが生じるため，閏月(うるうづき)などを設けて調整している。生活全般にわたる法でペルシアの古都で楔形文字の石碑が発見された。

(3) 中国東北部から朝鮮半島北部にあった国家で7世紀後半に唐と新羅の連合軍によって滅ぼされた。イは百済，ウは新羅，エは伽耶。

(4) 養老七年の法令は三世一身の法で三代にわたって墾田の所有が認められた。天平十五年の法令は墾田永年私財法で新たに開墾した土地が対象。

やや難 (5) 最澄や空海の入唐(にっとう)は9世紀初頭，藤原純友の反乱は10世紀前半，藤原道長の摂政就任は11世紀初め，後三年の役は11世紀の中ごろ。

5 (日本の歴史―中世～近世の政治・社会・文化史など)

(1) 夫役が大きな負担となっていた農民たちが苛酷な地頭の様子を荘園領主に訴えた文書。

(2) 14世紀末の南北朝の統一，応仁の乱(15世紀後半)の一因ともなった畠山氏の内紛に介入し8年間の自治を行った山城国一揆，戦国の世に大きな影響を与えた16世紀中ごろの鉄砲伝来。

重要 (3) 安土城の建設は織田信長，銀閣や東求堂は足利義政。

(4) Ⅰ 俳諧を芸術として確立させた松尾芭蕉。 Ⅱ 奥州藤原氏の初代・藤原清衡が平泉に建設した中尊寺。金色堂には藤原3代のミイラも収められている。

(5) Ⅰ 生糸が主要輸出品で，主に横浜港でイギリスを相手に行われた。 Ⅱ 行列を乱したイギリス商人を殺傷，薩英戦争で敗れた薩摩藩はイギリスと和解し討幕に方向転換していった。

6 (日本と世界の歴史―近代～現代の政治・社会史など)

(1) 韓国を日本の植民地とした韓国併合条約は1910年，下関条約は1895年。

(2) ロシア革命は第一次世界大戦中の食糧事情の悪化などが原因で発生。

重要 (3) Ⅰ 立憲政友会の創立にも参加，爵位を持っていないことから平民宰相と呼ばれた。 Ⅱ 納税額を10円から3円に引き下げたが普通選挙には反対し東京駅で刺殺された。

(4) 大政翼賛会は1940年に結成された組織。Ⅱは明治時代，ⅠとⅣは大正時代。

(5) 憲法施行は1947年，公害対策基本法は1967年，55年体制の崩壊は1993年。警察予備隊は1950年，沖縄の復帰は1972年。アは1910年，エは2011年，オは1922年。

7 (公民―憲法・政治のしくみなど)

(1) ドント式は政党の得票数を1から順に整数で割って商の大きい順に議席を配分。

重要 (2) Ⅰ 憲法68条1項。 Ⅱ 内閣は10日以内に解散するか総辞職。

(3) Ⅳは情報公開法，Ⅶは環境基本法。

8 (公民ー国家財政・経済活動など)

(1) Ⅲ 無条件で返品できるわけではない。 Ⅴ 消費者行政は内閣府の外局である消費者庁。

(2) Ⅰ 誤情報や偽情報が氾濫。 Ⅱ AI(人工知能)は知的な情報処理を可能とするもの。

重要 (3) 高齢化の進展で社会保障関係費が急増,残高が1000兆円を突破し国債費も増えている。

★ワンポイントアドバイス★

歴史的事項の並び替えは受験生を悩ませる分野の一つである。まずは大きな流れをつかみ,類似の問題に数多く触れることで対応していこう。

<国語解答> 《学校からの正答の発表はありません。》

一 問一 a 1 b 4 c 2 問二 ア 4 イ 1 ウ 3 問三 4
問四 3 問五 4 問六 4 問七 3 問八 1 問九 1 問十 1
問十一 2 問十二 4

二 問一 a 2 b 2 c 4 問二 ア 2 イ 1 ウ 3 問三 4
問四 2 問五 4 問六 3 問七 1 問八 1 問九 1 問十 2

三 問一 1 問二 3 問三 2 問四 2 問五 2 問六 3 問七 4
問八 3 問九 1

○推定配点○

一 問一・問二 各1点×6 問七 2点 他 各4点×9 二 問一・問二 各1点×6
問七 2点 他 各4点×7 三 問九 4点 他 各2点×8 計100点

<国語解説>

一 (論説文ー大意・要旨,内容吟味,文脈把握,接続語の問題,脱文・脱語補充,漢字の読み書き,品詞・用法)

問一 a 避難 1 回避 2 疲弊 3 卑劣 4 批判
b 猛威 1 為政者 2 経緯 3 遺跡 4 威圧
c 演算 1 炎天下 2 演説 3 応援 4 沿岸部

問二 ア 「コミュニケーションとは……言葉だけではなく,身ぶりや態度など言葉以外の方法を用いて行う」という前に,後で「聴くことも重要なコミュニケーション」と付け加えているので,添加の意味を表す語が入る。 イ 前の「教室(対面)でのやりとり」について,後で「『教室があり……教師に一声かけたりすることができる』」と具体的な例を挙げて説明しているので,例示の意味を表す語が入る。 ウ 「対面での授業は不可欠」という前に対して,「オンラインやICTは今後も発展し」と付け加えているので,説明の意味を表す語が入る。

問三 脱落文では「オンデマンド型学習」の利点を述べており,冒頭に「また」という添加の意味を表す接続詞があるので,「オンデマンド型学習」の利点を述べている【D】の後に入れる。

問四 「そのときの他人」を直後の段落で「異質な他者」と言い換え,「自分と異なる考えや価値観をもっている人……自分にとって嫌だと感じる人だったり,苦手な人」と説明している。この内容に2と4は適当ではない。さらに,「実はその人が,自分にはないものをもっていたり」「自分を成長させるうえでのキーパーソン」と説明しており,この内容を述べている3が最適。1は「関わりをもつことはない」の部分が適当ではない。

問五　同じ段落で「他人に踏み込めないというのは……自分の弱さや嫌なところをのぞかれたくないないといった不安な心理の現れ」「他人に興味がないというのは……将来の夢や目標がないといった不安定さの現れ」と原因を述べている。この内容を言い換えて説明している4が最適。1の「コミュニケーションの技術」や2の「自分が相手を傷つけ」ること，3の「他人とのコミュニケーションに価値を見いだすこと」については，述べていない。

問六　直後の段落の「SNSでのつきあいは，コミュニケーションに必要な要素の多くを欠いているため，誤解や誤認も生じやすく……自分にとって必要な他者はだれか，自分の中に取り込む必要のない他者はだれかを見定めること，時として逃げる(ブロックする・ミュートする)ことも必要」という筆者の考えに，「取捨選択することが必要」と説明している4が最適。2は，この直後の段落の内容に合わない。1の「しっかりと向き合う」，3の「さまざまな手段を試して」と筆者は言っていない。

基本　問七　「見定める」は「め／め／める／める／めれ／めろ・めよ」と活用するので，下一段活用。

問八　傍線部5の「こうした学び」は，直前の段落の「学校(対面)」での学びを意味しており，直前の段落に2，直後の段落に3，「先に」で始まる段落に4の理由が書かれている。1の「自分の学力への不安」に通じる内容は書かれていない。

問九　6　前の「主体性は発動されません」という文脈から，思い切りが悪く決断力がないという意味の言葉が入る。　7　直後の文の「長い時間をかけて磨いていく」に通じる言葉を選ぶ。

問十　直後の文で「最大の理由は，社会環境の変化」と述べた後，「人口動態の変化と……産業構造の変化」と説明している。「さらに」で始まる段落で「こうした社会・時代だからこそ，AIやロボットに代替されない，人間が発揮すべきもっとも重要な力は主体性」と筆者は結論づけ，「主体的に学び，多種多様な経験を通じて身につけた力が評価される」と考えを述べている。ここから1の理由が読み取れる。2と3は，主体性が必要とされる理由にならない。4の膨大な知識や情報の量への対応については，本文で述べていない。

問十一　同じ段落の「自分の頭で考えて，選択・判断し，責任をもって行動する……主体性が必要になる」という筆者の考えに2が最適。同じ段落の「それ自体が悪いわけではありません」に，1の「正しいとされてきた生き方が否定」は合わない。3の「違いを判断」，4の「自分なりに学ぶ」ことについて，筆者は言及していない。

重要　問十二　「では」で始まる段落の内容と4が一致する。

二　(小説─情景・心情，内容吟味，文脈把握，脱文・脱語補充，漢字の読み書き，語句の意味，品詞・用法)

問一　a　訪れ　　1　砲煙　　2　歴訪　　3　包囲網　　4　飽食
　　　b　溶けて　1　掲揚　　2　溶接　　3　擁護・養護　4　動揺
　　　c　眺めて　1　予兆　　2　跳躍　　3　風潮　　4　眺望

問二　ア　「不毛(ふもう)」は，土地が痩せていて作物が育たないこと。　イ　教訓や風刺が盛り込まれた物語。　ウ　「自信」「自負」「プライド」といった同義語がある。

問三　Aには，前の「そうですね……知らなかったんですか」や「違います……事実を述べただけです」は，佐伯が南雲を「責める」ものである。Bには，「ぼく」は彼女の父親からカメラを借りたことを「言わなかった」ので，気がとがめるという意味の言葉が入る。Cには，直後の「吹き飛ばし」に合う言葉を選ぶ。「ぼんやり」の直後には，「集中」などがふさわしい。

問四　直後の段落に「輝く人になっていたのは，南雲ではなく彼女だった……修士号をとったばかりの南雲にとって，リセは声も届かない遠い存在だった」とある。この南雲の心情から，1の

「元恋人への申し訳なさ」や4の「自分も早くしっかりとした立場を確立したい」という思いは読み取れない。3の「元恋人は自分のことを少しも気にかけていなかった」と嘆いていない。

問五　「対価」は南雲が栗山のそばで「ぼんやりしていたり本を読んだりして過ご」すことで,「特権」は「笑顔の彼女を写真に撮れる」ことなので,4が最適。1の「時間を削って」いたことや3の「記念写真を残せるように気を利かせていた」ことは「対価」ではない。2にあるように「南雲自身もその理想どおりにふるまうように努力していた」わけではない。

問六　前の「栗山さんの写真を撮れるのは最後かもしれない」や,後の「南雲君はセンター試験の結果がよかったら,やっぱり東工大か電通大にする?」という二人の会話から,栗山は南雲の将来の進路によって会えなくなることを不安に思っている。この内容を述べる3が最適。2の「函館に行く可能性」を聞いて「不安な表情」を浮かべたわけではない。「最後かもしれない」という表現に,4の「決意」は合わない。二人の言動からは,1の「すれちがい」は読み取れない。

基本　問七　自立語で活用がなく「買えない」という用言を修飾している「すでに」が副詞。

問八　「足枷」は自由な行動を妨げるものという意味であることから考える。大学の四年間を二人で過ごすことが東京の美大で学びたいという栗山の自由を奪っているのではないかという心情に最適なのは,1の「気まずさと申し訳なさ」。2の「重圧」や,4の「情けなさ」は,南雲の心情に合わない。3の「彼女が絵に対する意欲を失って」いることが読み取れる描写はない。

やや難　問九　傍線部6は,「南雲君がわたしを振って遠くに行くって言うなら」と南雲を信じられないでいる栗山に対するものである。直後の文「親の中に,ひとりだけ……結婚の約束を見守ってくれている人がいることを,彼女に伝えたかった」から,南雲も同様に栗山とずっと一緒にいたいと思っており,この心情を説明している1が最適。この直後の文の内容に2の「二人の関係が壊れることを確信」や,3の「申し訳なくなり」は合わない。栗山は父親を嫌っているので,父による交際の承認は,4「栗山の心の支え」とはならない。

重要　問十　1「三人の複雑な関係性」　3「佐伯の視点を通して」　4「佐伯の心情を描写」が,不適当。

三　(古文一大意・要旨,情景・心情,内容吟味,文脈把握,文と文節,口語訳)

〈口語訳〉　近江国である侍が,長さが二間(一間は約1.8m)ほどの蛇を切ったので,世間の人々はみな(侍を)「蛇切り」と呼んだ。この武士の住所は琵琶湖の東であった。(人々は)「その浦には蛇がいる」「(蛇は)ふだん湖の底に住んでいる」など言い合っていた。さて何者の仕業だろうか,その侍の(家の)門に,「この浦の蛇を退治するべきだ」と札に書いてある。侍は(この札を)見て「筆まめなことだな」と言って引き抜いて捨ててしまった。また次の夜も「ぜひ(蛇を)殺してください」とある。これも取って捨てると,後は捨てても捨てても,札が六七枚八九枚にもなって,そのうえ(人々は侍の)悪口雑言を言う。軽率でばかげたことに言葉もない。侍は(この様子を)見て,「今となってはいてもいなくても,(蛇を)殺さないではいられない」と思い,自分もしかたなく札を立てた。「私は不幸なことに蛇を殺す。人は頼んでもいないのに蛇切りと呼ぶ。うれしくはない。また手柄にも思わないし自慢したこともない。それなのにこの浦に蛇がいるからという理由で,私に命令なさる。大変面倒だが,一人選ばれるのも,一方では名誉である。これは仕方がないことだ。私はどうしても断ることができない。運良く来月の何日かが,庚寅で吉日だ。朝の十時に退治いたそう。その浦へお寄りになってください」と書いたのだった。人々は見て,「札のお願いが叶ったぞ。無理なお願いであったのに」と言い合った。

そしてその日になると侍は幕を引かせ,その場所に行くと,見物人も大挙してついて来た。その時になって,侍は酒を思う存分酌んで裸になり,ふんどしに脇差を差して,深い湖底に入る(人々が)どうしたのだろうと思って見ても(侍は)上がってこない。しばらくして浮かんできたようだ。侍は息をゆっくりとついて,「さて蛇はいるかとあちらこちら見るが,もともといないのか,いるが出てこないのか，蛇と思うものはいなかった。けれどもここにある岸の下に広さが三間四方ほどの洞窟がある。この洞窟に水が動くのに映って，光るものが見えた。やはりと思い，すぐに側によって，二回三回刺してみたが，まったく手応えがない。何としても納得がいかない。もう一度行って取って帰ってこよう」と言い，長い縄を引き寄せ，その端をふんどしにつけ，まだいると見えていたが，すぐに上がり，「引き上げよ」と言う。人々は集まって，これを引くと，甲冑を着たものを引き上げたのだった。その時見物人は一斉にどっと褒める声が止まない。そしてよく見るとよろいを着た武者が身投げしたものと思われ，筋や骨の区別もないくらいに崩れて固まっている状態で，兜，具足，太刀，脇差は黄金製である。世の中の物は錆びて腐るが，金は元のままでこの侍は利益を得た。(湖の武者は)保元寿永か，あるいは建武延元の頃の，それなりの大将に違いないと言った。見物の人々も「たいしたものだ，蛇を殺した勇士だ」と誉めて帰ったということだ。

問一　会話の終わりを意味する「～といひ」を探す。

基本　問二　後の「人たのまぬに蚍切とよぶ。うれしきにもあらず。又手がらと思はねば自讃したる事もなし」という「さぶらひ」の言葉に合うのは3。「札」は，4の「不運」とまでは言えない。

問三　「筆まめ」は，面倒がらずに文章をよく書くという意味。侍の皮肉が込められている。

問四　直後で「我不幸に蚍をころす」という札を立てていることから判断する。

問五　「いかでか……や」には，どうして……か，いやできない，という反語の意味がある。

問六　「千尋の底に入」った「侍」を，「あはや」と思って「見る」のは，3の「見物のもの」。

やや難　問七　「合点ゆかぬ」は納得できない様子を表す。この意味に1の「がっかりした」は合わない。前の「光ものみえたり……二刀三刀さすに，あへてはたらきもせず」に合う4を選ぶ。

問八　見物のものたちは，金の武具を見つけ出した侍を賞賛している。侍は湖の蛇を退治したわけではないので，1と2は最適ではない。侍は武具を身につけていないので，4も最適ではない。

重要　問九　1の「うわさの蛇は実際に存在するのだろうと確信した」ことが読み取れる描写はない。

★ワンポイントアドバイス★

読解問題の選択肢には，紛らわしいものが多い。いったん正解だと思っても，他の選択肢も確認する慎重さが必要だ。

前期1月18日

2024年度

解　答　と　解　説

《2024年度の配点は解答欄に掲載してあります。》

＜数学解答＞　《学校からの正答の発表はありません。》

1　(1)　ア 5　イ 2　(2)　ア 2　イ 3　ウ 1　エ 4
(3)　ア 2　イ 5　ウ 3　エ 7　(4)　ア 2　イ 4
(5)　ア 1　イ 1　(6)　ア 8　イ 4

2　(1)　①　ア 9　イ 0　ウ 0　エ 0　②　オ 2　カ 2　キ 2　ク 4
(2)　①　ア 2　イ 7　②　ウ 2　エ 3

3　(1)　ア 2　イ 3　(2)　ウ 1　エ 5　(3)　オ 1　カ 8　キ 9
ク 4

4　(1)　ア 5　イ 4　ウ 3　(2)　エ 3　オ 2　(3)　カ 3　キ 6
ク 3　ケ 5

5　(1)　ア 8　(2)　イ 4　ウ 0　(3)　エ 1　オ 4　カ 4

○推定配点○

1～4(1)　各5点×14　　4(2)～5　各6点×5　　計100点

＜数学解説＞

基本　**1**　(平方根，連立方程式，因数分解，反比例，数の性質，角度)

(1)　$-\frac{\sqrt{21}}{3}\times\sqrt{3}-(14-\sqrt{35})\div(-2\sqrt{7})=-\frac{3\sqrt{7}}{3}+\frac{14}{2\sqrt{7}}-\frac{\sqrt{35}}{2\sqrt{7}}=-\sqrt{7}+\sqrt{7}-\frac{\sqrt{5}}{2}=-\frac{\sqrt{5}}{2}$

(2)　与えられた連立方程式に解を代入して，$6a+4b=-3$…㋐　$6b+2a=\frac{1}{6}$より，$12a+36b=1$…㋑　㋑－㋐×2より，$28b=7$　$b=\frac{1}{4}$　これを㋐に代入して，$6a+1=-3$　$a=-\frac{2}{3}$

(3)　$6xy+14x-15y-35=2x(3y+7)-5(3y+7)=(2x-5)(3y+7)$

(4)　$A\left(-4,\ -\frac{a}{4}\right)$，$B(1,\ a)$　直線ABの傾きは，$\left\{a-\left(-\frac{a}{4}\right)\right\}\div\{1-(-4)\}=\frac{a}{4}$　$\frac{a}{4}=6$　$a=24$

(5)　$5<\sqrt{5n}<9$　$25<5n<81$　$5<n<16.2$　これを満たす自然数nは，6，7，…，16の11個

(6)　$\angle BOD=\angle AOC=180^\circ\times\frac{3}{3+2}=108^\circ$　$\angle BOE=108^\circ\times\frac{4}{4+5}=48^\circ$　円周角の定理より，$\angle BAE=\frac{1}{2}\angle BOE=24^\circ$　三角形の内角と外角の関係より，$\angle AFC=\angle AOC-\angle BAE=108^\circ-24^\circ=84^\circ$

基本　**2**　(方程式の利用，確率)

(1)　①　$9900\div1.1=9000$(円)

②　今年のおとなの参加者をx人，子どもの参加者をy人とすると，昨年の参加費について，$300(x-6)+200(y+1)=9000+800$より，$3x+2y=114$…㋐　今年の参加費について，$250x+150y+800=9900$より，$5x+3y=182$…㋑　㋑×2－㋐×3より，$x=22$　これを㋐に代入して，$66+2y=114$　$y=24$

(2) ① 玉の取り出し方の総数は，$7\times6\div2=21$(通り) このうち，白玉2個の取り出し方は，$4\times3\div2=6$(通り) よって，求める確率は，$\frac{6}{21}=\frac{2}{7}$

② 青玉2個の取り出し方は1通りだから，求める確率は，$\frac{21-6-1}{21}=\frac{2}{3}$

3 (図形と関数・グラフの融合問題)

基本 (1) $y=x^2$に$x=-1$，3をそれぞれ代入して，$y=(-1)^2=1$，$y=3^2=9$ よって，A$(-1,\ 1)$，B$(3,\ 9)$ 直線ABの傾きは，$\frac{9-1}{3-(-1)}=2$ 直線ABの式を，$y=2x+b$とすると，点Aを通るから，$1=-2+b$ $b=3$ よって，直線ABの式は，$y=2x+3$

重要 (2) 点Pを通り，△PABの面積を2等分する直線は線分ABの中点Mを通る。そのx座標は，$\frac{-1+3}{2}=1$ y座標は$\frac{1+9}{2}=5$ よって，$(1,\ 5)$

重要 (3) PM⊥ABで，垂直に交わる2直線の傾きの積は-1より，直線PMの式を$y=-\frac{1}{2}x+c$とすると，点Mを通るから，$5=-\frac{1}{2}+c$ $c=\frac{11}{2}$ $y=x^2$と$y=-\frac{1}{2}x+\frac{11}{2}$から$y$を消去して，$x^2=-\frac{1}{2}x+\frac{11}{2}$ $2x^2+x-11=0$ 解の公式を用いて，$x=\frac{-1\pm\sqrt{1^2-4\times2\times(-11)}}{2\times2}=\frac{-1\pm\sqrt{89}}{4}$ $x<0$より，点Pのx座標は，$\frac{-1-\sqrt{89}}{4}$

重要 **4** (平面図形)

(1) AからBCにひいた垂線をAHとすると，AC：AH$=2:\sqrt{3}$より，AH$=\frac{\sqrt{3}}{2}\times12=6\sqrt{3}$ よって，△ABC$=\frac{1}{2}\times18\times6\sqrt{3}=54\sqrt{3}$ (cm^2)

(2) △AFE＝△ADEより，FD // AC 平行線と比の定理より，FD：AC＝BD：BC＝1：3 よって，AG：GD＝AE：FD$=\frac{1}{2}$AC：FD$=\frac{3}{2}:1=3:2$

(3) AF：AB＝CD：CB＝2：3 $\frac{\triangle AFG}{\triangle ABD}=\frac{2}{3}\times\frac{3}{3+2}$より，△AFG$=\frac{2}{5}$△ABD$=\frac{2}{5}\times\frac{1}{3}$△ABC$=\frac{2}{15}\times54\sqrt{3}=\frac{36\sqrt{3}}{5}$(cm^2)

重要 **5** (空間図形)

(1) OE＝BE－BO$=\frac{4}{5}$AB$-\frac{1}{2}$AB$=\frac{3}{10}\times10=3$ EG$=\sqrt{\mathrm{OG}^2-\mathrm{OE}^2}=\sqrt{5^2-3^2}=4$ よって，FG＝2EG＝8(cm)

(2) ME$=\sqrt{\mathrm{BE}^2+\mathrm{BM}^2}=\sqrt{8^2+6^2}=10$ △FGM$=\frac{1}{2}\times$FG$\times$ME$=\frac{1}{2}\times8\times10=40$ (cm^2)

(3) CE$=\sqrt{\mathrm{AE}^2+\mathrm{AC}^2}=\sqrt{2^2+12^2}=\sqrt{148}$ CM$=\sqrt{\mathrm{CD}^2+\mathrm{DM}^2}=\sqrt{10^2+6^2}=\sqrt{136}$ CからEMにひいた垂線をCHとし，EH＝$x$cmとすると，CH^2＝CE^2－EH^2＝CM^2－MH^2 $148-x^2=136-(10-x)^2$ $148-x^2=136-(100-20x+x^2)$ $20x=112$ $x=\frac{28}{5}$ CH$=\sqrt{148-\left(\frac{28}{5}\right)^2}=\frac{54}{5}$ よって，四面体CFGMの体積は，$\frac{1}{3}\times$△FGM$\times$CH$=\frac{1}{3}\times40\times\frac{54}{5}=144$(cm^3)

★ワンポイントアドバイス★

出題構成や難易度は前期1月17日と大きな変化はない。過去の出題例をよく研究しておこう。

＜英語解答＞ 《学校からの正答の発表はありません。》

【1】 リスニング問題解答省略

【2】 問1 ② 問2 ③ 問3 ③ 問4 ① 問5 ③ 問6 ② 問7 ①
問8 (1) ③ (2) ④

【3】 問1 (1) ④ (2) ② (3) ③ (4) ① (5) ②
問2 ①, ④, ⑧

【4】 (1) ③ (2) ② (3) ③ (4) ④ (5) ③

【5】 (1) 1 ⑤ 2 ③ (2) 3 ⑦ 4 ⑥ (3) 5 ③ 6 ①
(4) 7 ⑦ 8 ① (5) 9 ③ 10 ⑦ (6) 11 ① 12 ⑦

【6】 (1) ④ (2) ① (3) ④ (4) ② (5) ③ (6) ⑤

○推定配点○

【1】 各2点×5 【2】 問8 各4点×2 他 各3点×7 【3】 問1 各3点×5
問2 各2点×3 【5】 各3点×6(各完答) 【4】・【6】 各2点×11 計100点

＜英語解説＞

【1】 リスニング問題解説省略。

【2】 (長文読解問題・エッセイ:語句補充・選択, 文整序, 脱文補充, 内容一致, 英問英答, 内容吟味)

(全訳) 「千里の道も一歩から」 このことわざを聞いたことがありますか。これは日本語で老子と呼ばれる, 中国の教師 Lao Tzu の著書中の有名な言葉だ。それは2,400年以上も前のものだが, 当時も今も理解することが大切である。

これらは響きの良い言葉だが, 実際はどのような意味だろうか。それはすでにわかっていることをただ言っているだけのように思われるかもしれない。もちろん, どんな旅路も最初の一歩から始まる。現在私たちは1,000マイル, つまり1,609kmを車でおよそ15時間から20時間で移動できる。飛行機に乗ればその旅行を2時間でできる！ しかし2,400年以上も前には車も飛行機もなかった。千里の旅は非常に困難だったので, ほとんどの人がやってみようとも思わなかっただろう。そかしそれは(1)可能だった。ここでの主旨は, あなたはやらなくていけないことの困難さに圧倒されてはいけない, ということである。それはもちろん, 最初の一歩から始めて, 完成させるためには一歩ずつ一生懸命やるということだ。

千里を移動することを考える代わりに, 昼食時間までに4時間移動することを考えよう。そして昼食休憩を楽しみ, お茶休憩までさらに数時間移動することを考え, その後同じように夕食まで考える。このようにして1日過ごすと, あなたはすでに自分のゴールに近づいているのだ。でも私たちは千里を歩いてみようとすることはほとんどないので, 私たちの日常生活にもっと役立つ例について考えよう。

家を掃除することはどうだろう？ もし家がとても汚れていたら, 掃除することは非常に大仕事だ！ しかし, この大仕事を小さな仕事に分ける方法は何だろう。また, 別の方法で尋ねるなら,家を掃除するのに良い最初の一歩は何か。家にはさまざまな部屋があるので，最初の一歩には1部屋だけに手を付けよう。あなたが本当に(2)掃除嫌いなら，最も小さくて最も簡単な部屋から始めたいと思うかもしれない。または，自分の部屋から始めたいと思うかもしれない，なぜなら終わったら掃除したことを喜べるからだ。②そこから始めよう。あなたの部屋にはたくさんの箇所がありますね？　寝る場所，クローゼットの場所，机，本棚，床など。これらの場所のそれぞれが小さな一歩になる。部屋を掃除する時には，1つの良いルールを覚えておくべきだ。それは上から下へ作業するということだ。よって，床は，他の場所を掃除して服や本やその他の物を片付けた後に掃除すべきである。

(3)　ゥあなたは自分の部屋の掃除を終えると，少し疲れを感じるだろう。ィしかし，きれいで清潔な部屋を持つことができて喜びも感じるだろう。ェこれがあなたに，自分の望む方向へ動き続ける力を与えてくれるはずだ。ァこの場合，あなたはきれいな家に向かって進みたくなる！

各部屋を終わらせるごとに，あなたはさらに力を得て自分のゴールに到着することにぐっと近づく。

では，あなたが計画もなしに家を掃除しようとする場合を想像してみよう。あなたは自分の部屋にある玩具，浴室にある洋服，ダイニングルームの食器などを片付けるかもしれない。あなたは自分の部屋を完璧に掃除するのに費やした時間と同じくらいの時間を費やすが，そうした時間の後でもあまりはかどらなかったように感じる。仕事は今でも圧倒的な量に思われる。まったく力が得られず，続ける代わりに(4)あきらめて汚れた居間に座ってテレビを見るかもしれない。

掃除の例はこれで十分だ。学習についてはどうだろう？　もし単語100個を記憶するなら毎日10個覚える。難しい数学の公式を覚えなくてはならないなら，難しいと思わなくなるまで毎日数分間練習する。健康についてはどうか。あなたはもしかしたら腕立てふせを30回できるようになりたいが，今は10回しかできないかもしれない。もし毎日1回だけ多くやってみたら，(5)3週間後には30回できるかもしれない！　あなたはもしかしたら歩かずに20kmを走れるようになりたいが，今は3kmしか走れないかもしれない。ジョギングに行く時に毎回，500mを追加してみよう。お金についてはどうか。あなたは新しい靴のために10,000円を貯金したいかもしれない。箱にすべて500円硬貨を貯めたら，20枚だけ必要だ。店で支払いをしたときにお釣りが500円硬貨を含むようにすることによって，速くそれらを集めることもできる。

この原則には他に多くの使い道がある。次回あなたがとても困難なことをやらなくてはならないと感じたら，それを段階に分けて，最初の一歩を踏み出そう。あなたはできる！

問1　難しいけれども可能だ，という文脈。possible「可能な」

問2　hate ~ing「~することが大嫌いだ」

重要　問3　全訳下線部参照。自分の部屋の掃除を終えると疲れるが，喜びも感じて，望む方向へ進み続ける力が得られる。そして家全体をきれいにするという目標に進む。

問4　空所の直前に instead of continuing「(掃除を)続ける代わりに」とあることに着目する。give up「あきらめる」

重要　問5　腕立てふせ30回が目標で，現在10回できるなら，1日1回ずつ増やしていくと20日，およそ3週間で30回に達する。

やや難　問6　空所②の直前の文の start with your own room「自分の部屋から始める」に着目する。②に Let's start there.「そこから始めよう」を入れると「自分の部屋から始めよう」の意味になり，文意が通る。

問7　①「現在，千里を移動することは2,400年以上前よりも容易だ」(○)　②「最初の一歩はあなたがすべきことの最も難しい部分であるべきだ」(×)　③「目標に到達したいなら，たくさんの時間を費やすべきではない」(×)　④「掃除のルールはさまざまな方法で利用できる，な

ぜならそれは有名な中国の教師によって作られたからだ」(×)

重要 問8 (1) 「『千里の道も一歩から』について正しくないものはどれか?」 ③ 「私たちがこのことわざの考えに従えば，全く計画がなくても進歩することができる」 最後から3番目の段落参照。計画を立てて取り組まなければ，はかどらず，気力がなくなって続かなくなる。 (2) 「私たちは何か大変なことをやらなくてはいけない時，どうするべきか?」 ④ 「私たちはその仕事を小さな部分に分け，1つ1つやるべきだ」

【3】 (長文読解問題・物語文：英問英答，語句補充・選択，内容吟味，内容一致)

(全訳) 昔，11歳のジムという少年がいた。彼は小さな町に両親と姉のティナと一緒に住んでいた。ティナはジムより4歳年上だった。ジムとティナはほとんどの時間，仲が良かったが，時々ケンカした。彼らの両親は2人とも平日の間働いていた。(1)時々彼らは夕食後まで帰宅しなかった。そのような夜にはジムとティナは彼ら2人だけで数時間家にいなくてはならなかった。時々彼らは一緒に夕食を作った。彼らの親戚たちは近くには住んでいなかったので，ジムとティナは彼らの家に簡単には行けなかった。彼らはふだん，おば，いとこ，祖父母にクリスマスや夏休みの間しか会わなかった。

しかしジムとティナは2人だけで家にいても快適だった。彼らは夕食を作って大好きなテレビ番組を見ることが好きだった。彼らは2人とも学校の成績が良かったので，両親は彼らに対して厳しくなかった。彼らは2人とも少額のお小遣いがあったので，お菓子やその他の物を買いたい時に使えるお金を持っていた。ジムは自分のテレビがほしかったのでお小遣いのほとんどを貯めていた。しかしティナはたいていコンビニでキャンディ，ジュース，ポテトチップスなどにお小遣いを使ってしまった。彼女はジムにお金を少し借りられないかと頼むことすらあった。彼はいつもいいよと言ったが，すぐに返すように言った。彼は本当に自分自身のテレビがほしかったので，自分のお金には非常に慎重だった。そのため，彼は姉にお金を貸した時にはそれを書き留めた。

ある日，ジムとティナは家に2人きりだった。彼らが居間で大好きなテレビ番組を見ていた時，ジムはティナに言った。「すぐにお金を返してくれない？　今週，ビッグセールがあって，僕はテレビを買うのにほぼ十分なお金があるんだ。もしお姉ちゃんがお金を返してくれたら，僕はそれが買える！　でもセールの後はそのテレビはとても高くなってしまうから，僕は日曜日よりも前にその店に行きたい。お姉ちゃんは僕に50ドルくらい借りがあるよ。金曜日までに僕にお金を返せると思う？」

ティナは驚いて少し怒った。「何ですって？　50ドル？　いいえ！　私はあんたからそんなにたくさんのお金を借りていないわ！」 しかしジムは財布に入れていた紙を彼女に見せて言った。「この紙にはお姉ちゃんが僕から20回近く，2ドルか3ドルを借りたって書いてある。合計で49ドルだよ」

彼女は信じられなかった。彼女は「誰がこんな風にお金の流れを記録するのよ？　すごくケチね！　私はあんたのお姉ちゃんよ。いつもあんたのためにいろいろやってあげているでしょ！」そして彼女は自分の寝室に行き，大きな音を立ててドアを閉めた。彼女は，そんな小さなことを書き留めてお金を返すように言うなんて，ジムは失礼だと思った。でも彼女は気分も悪かった，なぜなら彼に返せるお金が全くなかったからだ。彼女は思った。「ジムはいつも『すぐに返してね』と言っていたわ。彼が悪いんじゃなくて，私が悪い」

数分後，ティナは居間に戻ってきて言った。「ジム，怒ってごめんなさい。私が悪かった。あなたはケチじゃない。(2)私はあなたにそのお金を渡す方法を見つけるわ。あなたは自分のテレビが本当にほしいんでしょう？」 ジムは言った。「うん，ほしい。それに僕はお姉ちゃんを許すよ。僕は怒っていないけれど，ちょっと心配しているよ，だってどうやってお姉ちゃんがお金を得るのかわからないから。ビッグセールは日曜日に終わるんだよ」 彼らはもう少し話して，そのことについて後で両親と話すことに決めた。

ティナにとって両親と話すことは難しかった，なぜなら弟からそんなたくさんのお金を借りることを恥ずかしく思ったからだ。彼女はそれについて両親にあまり話したくなかったが，他にどうするべきかわからなかった。彼女は思った。「私はジムからたくさんのお金を借りた。私は彼が私に財布から紙を出して見せるまで，そのことについてあまり考えていなかった」 彼女はどうにかして彼が自分のテレビを手に入れるのを手伝いたいと思った。

その夜，ジムとティナは一緒に両親と話した。両親は彼らがケンカをせずに問題を解決しようとしたことを誇りに思うと言った。彼らはティナにお金にもっと気をつけるように言い，ジムには貯金が上手だと言った。彼らはジムに必要な金額を渡すことにし，ティナは毎月お小遣いの半分を彼らに返すことになった。

ジムは自分のテレビを手に入れ，ティナは教訓を学んだ。彼女はお金を借りるのをやめ，たくさんお菓子を買うのもやめた。実際のところ，彼女はそのおかげで健康になった！ 彼女は両親に49ドルを返し終わった後，毎月お小遣いの50％を貯金することにした。

ジムとティナは再びほとんどの時間を仲良く過ごした。時々彼女は彼にお菓子を買い，彼らは大好きなテレビ番組を見ている時にそれを一緒に食べて楽しんだ。

問1 (1) 「(1)に入れるのに最適なものはどれか?」 ④ 「時々彼らは夕食後まで帰宅しなかった」 (2) 「(2)に入れるのに最適なものはどれか?」 ② 「私はあなたにそのお金を渡す方法を見つける」 (3) 「なぜティナは弟からお金を借りたのか?」 ③ 「なぜなら彼女のお小遣いは彼女がほしいもの全てを買うには十分でなかったから」 (4) 「ジムがお金について居間で話した時，ティナは最初にどう思ったか?」 ① 「彼女は，彼がそれについて話すのを失礼だと思った」 (5) 「両親はジムのために何をしたか?」 ② 「彼らは彼にテレビを買うために必要なお金を与えた」 最後から3番目の段落の最終文参照。ティナがジムに借りた49ドルを両親が肩代わりしてジムに渡し，ティナが両親にその分のお金を返すことになった。

やや難 問2 ① 「ジムとティナは時々両親の助けなしに夕食を作った」(○) ② 「ジムとティナの親戚たちは彼らの家から遠くに住んでいたが，しばしばやってきて彼らの世話をした」(×) ③ 「ジムとティナの両親は，自分の子供たちはもっと良い生徒になるためにもっと勉強すべきだと思った」(×) ④ 「ジムは自分がティナに貸した金額を知っていた，なぜなら彼はいつも額を書き留めていたからだ」(○) ⑤ 「ティナはいくらかお金を持っていたが，すぐにジムに返したくはなかった」(×) ⑥ 「ティナにとって弟から借りた多額のお金について両親に話すことは容易だった」(×) ⑦ 「ジムとティナの両親は，子供たち2人ともお金にもっと注意深くなるべきだと言った」(×) ⑧ 「ティナはお金について教訓を学んだ後，お小遣いの半分を貯金し始めた」(○)

【4】 **（語句補充・選択：時制，助動詞，受動態，単語，動名詞，前置詞，仮定法）**

(1) 「新しい図書館が来年その公園の近くに建設される」 未来を表す助動詞 will の後ろに受動態＜ be ＋過去分詞 ＞を続ける。build – built – built

(2) 「これらの5人の少年のそれぞれが絵を描いた」 has が3人称単数形であることに着目する。each「それぞれ，各自」は単数扱いなので適切。

(3) 「私はその映画を先週見たことを覚えている。おもしろかった」 remember ～ing「～したことを覚えている」 ＜ remember ＋ to ＋動詞の原形 ＞「忘れずに～する」と区別して覚えよう。

(4) 「向こうにいる制服を着た少年を知っていますか」 ＜ in ＋服 ＞「～を着た」

(5) 「もし私が車を持っていたら，簡単に買い物に行けるのに」 現在の事実に反することを仮定する，仮定法過去の文。＜ If ＋主語＋動詞の過去形～，主語＋助動詞の過去形＋動詞の原形… ＞

「もし～なら，…なのに」

重要 **【5】（語句整序：比較，間接疑問，不定詞，関係代名詞，熟語，助動詞，現在完了）**

(1) (In)Japan no other runner has as much experience(as he does.) < No other+単数名詞+ as … as ～>「～ほど…な(名詞)はいない」 ⑦ than が不要。

(2) (I'd like to)hear how you feel about the movie. 直訳は「私はあなたがその映画についてどう感じるか聞きたい」。< would like to +動詞の原形 >「～したい」 how 以下は間接疑問<疑問詞+主語+動詞 >。⑤ think は不要。

(3) (This)box is too heavy for me to(carry.) < too … for +人+ to +動詞の原形 >「…すぎて(人)は～できない，とても…で(人)には～できない」 ⑥ so は不要。

(4) (Make)a speech about the language you're interested in. you の前に目的格の関係代名詞が省略されており，you're interested in「あなたが興味のある」が language「言語」を後ろから修飾する。be interested in ～「～に興味がある」 ③ interesting は不要。

(5) Could you tell me how to use(Ai in real life ?) Could you ～ ?「～してくれませんか」 < how to +動詞の原形 >「～する方法，どのように～するか」 ② way は不要。

(6) Five years have passed since Mr. Smith started(teaching English.) 直訳は「スミス先生が英語を教え始めてから5年が経った」となる。～ year have passed since …「…から～年が経った」 ⑤ has は不要。

やや難 **【6】（正誤問題：時制，前置詞，熟語，現在完了）**

(1) 「手紙にはおばが私たちを訪問すると書かれている，それで私は彼女に会うことを楽しみにしている」 ④を seeing herと直す。look forward to ~ing「～することを楽しみにする」

(2) 「もし明日雨が降らなかったら，私たちは湖の近くの公園でピクニックをして昼食を食べるつもりだ」 ①を If it doesn't rain tomorrow または Unless it rains tomorrowと直す。条件を表す副詞節中では未来のことでも現在形で表すので will rain は誤り。また文意を考えても，「雨が降ったらピクニックする」はおかしいので，「雨が降らなかったら」に直す。unless は否定の意味を含む接続詞で「もし～でなければ，～でない限り」の意味。

(3) 「メグは私に対して怒っていたそうだ，そこで私は，私たちは話し合うべきだと思う」 ④を we should talk with each other と直す。talk with each other「話し合う」

(4) 「先月私たちの学校に来た先生は，生徒たちにプロジェクトのテーマを自分で選ばせた」 ②を let the students chooseと直す。< let +人+動詞の原形 >「(人)に自由に～させる」

(5) 「父が私に誕生日にくれた本は，やさしいので私でも読める」 ③を is easy enough for me to readと直す。< 形容詞+ enough for +人+ to +動詞の原形 >「…なので(人)は～できる」「(人)が～できるほど…」

(6) 「スタッフのメンバーの1人がその計画に反対だったので，私たちはその日決断を下すことができなかった」 誤りなし。

★ワンポイントアドバイス★

【2】の長文読解は「千里の道も一歩から」ということわざの意味することを「家の掃除」という具体的なケースで考える文章である。

＜理科解答＞ 《学校からの正答の発表はありません。》

1 (1) ⑤　(2) ⑥　(3) Ⅰ群 ①　Ⅱ群 ②　(4) ④

2 (1) ⑤　(2) a 4　b 2　c 5　(3) V 3　W 6
(4) X 7　Y 7　Z 4

3 (1) ⑤　(2) X 1　Y 4　(3) ⓐ ②　ⓑ ①　ⓒ ②　ⓓ ①
(4) ②

4 (1) Ⅰ群 ③　Ⅱ群 ②　(2) ③　(3) P 3　Q 4　R 0　(4) ⑤

5 (1) ①　(2) ⑤　(3) ③　(4) ④

6 (1) ②　(2) ⑥　(3) ③　(4) ①

7 (1) ⑥　(2) ⑤　(3) ⑤　(4) a 5　b 4　c 5　(d) 9

8 (1) ①　(2) ②　(3) ③　(4) Ⅰ群 ②　Ⅱ群 ②

○推定配点○

1 各3点×4((3)完答)　**2** (2) 4点　他 各3点×3　**3** (2) 4点　他 各3点×3((3)完答)　**4** (4) 4点　他 各3点×3((1)完答)　**5** 各3点×4　**6** (3) 4点　他 各3点×3　**7** 各3点×4((4)完答)　**8** 各3点×4((4)完答)　計100点

＜理科解説＞

1 (動物の種類とその生活―セキツイ動物の分類と進化)

重要 (1) 表のCにあてはまるのは両生類で，カエルやイモリが分類される。両生類の幼生はえらと皮膚，成体は肺と皮膚で呼吸する。なお，トカゲはは虫類である。

基本 (2) Aは鳥類，Bはは虫類，Cは両生類，Dは魚類，Eはほ乳類である。鳥類(A)の体表は羽毛でおおわれている。

重要 (3) 鳥類(A)とは虫類(B)は陸上に殻のある卵をうみ，両生類(C)と魚類(D)は水中に殻のない卵をうむ。

(4) セキツイ動物は，水中生活から陸上生活に適するように進化したので，Ⅰは魚類(D)，Ⅱは両生類(C)となり，Ⅳはほ乳類(E)，Ⅴは鳥類(A)である。

2 (地球と太陽系―太陽の動き)

基本 (1) 透明半球を用いて太陽の動きを記録するとき，ペンの先端の影は透明半球の中心Oにくるようにする。

重要 (2) 日本では太陽は真南にきたときに最も高くなるので，図1ではaが南とわかり，bは東，cは北，dは西となる。このことから，Xは日の出，Aは8時半，Bは15時，Yは日の入りの太陽の位置を表していることがわかる。❺より，XA間は9.8cm，AB間は15.6cmであることから，テープの長さと太陽の動いた時間は比例するので，日の出から8時半までx時間とすると，

9.8(cm)：15.6(cm)＝x(時間)：6.5(時間)　$x=\frac{49}{12}$(時間)＝$4\frac{1}{12}$(時間)＝4(時間)5(分)である。

よって，日の出の時刻は8時半の4時間5分前の4時25分である。

(3) 太陽光発電で発電効率が最も高くなるのは，太陽光がソーラーパネルに垂直に当たるときである。春分の日の太陽の南中高度は90－緯度で求めることができるので，北緯36度の地点では，90－36＝54(度)となる。右の図より，角Z＝90－54＝36(度)

太陽光
ソーラーパネル
54°
角Z

重要 (4) 夏至の日の太陽の南中高度は90－緯度＋23.4で求めることができるので，90－36＋23.4＝77.4(度)

3 (化学変化と質量―酸化と還元)

(1) 加熱をやめると試験管X内の圧力が下がって石灰水が逆流してしまうので，それを防ぐためにまずガラス管を石灰水から出す。加熱していると試験管X内の圧力は上がっていくので，加熱中はピンチコックを閉じずに，加熱をやめてからピンチコックを閉じる。

やや難 (2) 実験1で加熱しても質量が変化しなかったことから，物質Dは酸化銅であることがわかる。また，実験2で，物質D(酸化銅)と炭素の混合物を加熱したときに物質Aが生じていることから，物質Aは銅であることがわかる。実験1で，物質A(銅)を加熱すると質量が加熱前の1.25倍になっていることから，銅が完全に反応したときの銅と酸化銅の質量の比は1：1.25＝4：5であることがわかる。物質D(酸化銅)2.00g中の銅の質量をxgとすると，4：5＝x(g)：2.00(g)　x＝1.60(g)とわかる。よって，実験2で，加熱後の試験管Xに残った固体1.85g中の炭素の質量は1.85－1.60＝0.25(g)とわかり，その割合は0.25(g)÷1.85(g)×100＝13.5…より14％

重要 (3) 「→」の左右で原子の種類と個数が一致するように係数を決定すると，$2Mg + CO_2 \rightarrow 2MgO + C$となる。

やや難 (4) ア…実験2で，酸化銅(D)と炭素の混合物を加熱すると，銅(A)と二酸化炭素が生じることから，銅(A)よりも炭素のほうが酸素と結びつきやすいことがわかる。よって正しい。

イ…実験1で，物質B(銀)を加熱しても変化がなかったことから，物質A～Cのうちで，最も酸素と結びつきにくいことがわかる。よって正しい。

ウ…物質Aが銅，物質Bが銀，物質Cがマグネシウム，物質Dが酸化銅，物質Eが酸化マグネシウムである。よって正しい。

エ…実験2では，物質D(酸化銅)が還元され，炭素が酸化されている。よって誤り。

オ…物質E(酸化銀)は，銀と酸素の2種類の原子(元素)からなるが，分子ではない。よって誤り。

4 (音の性質―音の性質)

基本 (1) 空気の振動は鼓膜(c)で受けとり，耳小骨(a)からうずまき管(d)と伝わって刺激の信号となって，感覚神経(b)を通って脳へと伝わる。

重要 (2) 振動数は1秒間に振動する回数を表し，図1では，0.004秒で1回振動していることから，振動数は1÷0.004(s)＝250(Hz)

(3) 0.141秒で，24m離れた壁との間を往復したことから，速さは24(m)×2÷0.141(s)＝340.4…より，340m/s

やや難 (4) スピーカーA，Bからの音が同時に聞こえたことから，音が，水中を18.0m進むのにかかる時間と空気中を4.1m進むのにかかる時間は等しいことがわかる。水中での音の速さをvm/s，空気中での音の速さを(3)より340m/sとすると，18.0(m)÷v(m/s)＝4.1(m)÷340(m/s)　v＝18.0×340÷4.1＝1492.6…より，約1500m/s

5 (生物どうしのつながり―自然界の物質の循環)

重要 (1) 生物Aは光合成を行って有機物をつくり出す生産者である植物である。植物は光合成を行うときに二酸化炭素の形で炭素をとりこんでいる。

重要 (2) 生物Bの個体数が急激に減少すると，生物Bをえさとする生物Aは減少し，生物Bに食べられる生物Cは増加する。次に，生物Aが減少したことで食べられにくくなった生物Bがしだいに増加する。そして，生物Bが増加したことで，えさが増加した生物Aは増加し，食べられやすくなった生物Cは減少する。このようにして，生物の数量的なつり合いはもとにもどっていく。

(3) 表の生物のうち，生産者にあたる生物Aにあてはまるのは，イネ(3)とミカヅキモ(7)である。

また，消費者のうち草食動物にあたる生物Bにあてはまるのはミジンコ(2)とバッタ(5)で，肉食動物に当たる生物Cにあてはまるのはカエル(1)とメダカ(6)で，分解者である生物Dにあてはまるのはダンゴムシ(4)である。なお，ダンゴムシは，ほかの生物から有機物を得るという観点で考えると，生物Cにもあてはまる。生物Cがメダカ(6)である環境，つまり，水中においては，生物Aはミカヅキモ(7)となる。これらのことから，Rはダンゴムシ(4)，Qはミカヅキモ(7)，Pはイネ(3)となる。

基本 (4) 火力発電では，化石燃料を燃やすことで化学エネルギーが熱エネルギーに変換され，その熱によってつくられた水蒸気によってタービンを動かして発電する。

6 (天気の変化―日本の天気)

(1) 本州の日本海側にのびる前線aは，図3の停滞前線のことである。日本付近にできる停滞前線は，南の湿った気団と北の湿った気団がぶつかり合ってできる。

重要 (2) Ⅰ…山陰地方の沖から東北地方に前線がのびているという内容から，図3があてはまる。

Ⅱ…本州が高気圧におおわれているという内容から，図2があてはまる。

Ⅲ…日本海側の地域で大雪となったという内容から，西高東低の冬型の気圧配置となっている図1があてはまる。

やや難 (3) 気温26℃の飽和水蒸気量は24.4g/m^{3}なので，気温26℃，湿度75%の空気1m^{3}にふくまれる水蒸気量は24.4(g)×0.75＝18.3(g)である。飽和水蒸気量が18.3g/m^{3}であるのは気温21℃なので，この空気のかたまりは26℃から21℃までは100m上昇するごとに1℃下がり，21℃以下では100m上昇するごとに0.5℃下がる。また，空気のかたまりの周囲は100m上昇するごとに0.6℃下がる。これらのことから，空気のかたまりが上昇し，高度xmで周囲の温度と等しくなったとすると，

空気のかたまりの温度は，$100(\mathrm{m})\times\dfrac{26-21(℃)}{1(℃)}=500(\mathrm{m})$より，高度500mまでで$26-21=5(℃)$下がり，その後，$x$mまでで$0.5(℃)\times\dfrac{x-500(\mathrm{m})}{100(\mathrm{m})}=\dfrac{x-500}{200}(℃)$下がる。

まわりの空気の温度は，xmまでで$0.6(℃)\times\dfrac{x(\mathrm{m})}{100(\mathrm{m})}=\dfrac{3x}{500}(℃)$下がる。

下がった温度は等しいので，$5+\dfrac{x-500}{200}=\dfrac{3x}{500}$　　$5x+2500=6x$　　$x=2500(\mathrm{m})$

重要 (4) 陸と海では，陸のほうがあたたまりやすく冷えやすいため，冬は大陸のほうが地表付近の空気の温度が低くなって重くなり，気圧が高くなる。大気は気圧の高いほうから低いほうに向かって動くので，冬は大陸から太平洋に向かって北西の季節風がふく。

7 (物質とその変化―物質の状態変化)

重要 (1) 水は0℃より低い温度では固体(氷)，0℃と100℃の間では液体，100℃より高い温度では気体となり，状態が変化する0℃と100℃では，状態変化している間は温度は一定のまま変化しない。

ア…0℃の間は氷がしだいにとけて液体に変化しているので，5分後では氷はほとんどとけて水になっている。よって誤り。

イ…10分後の温度は0℃と100℃の間なので，水はすべて液体である。よって正しい。

ウ…20分後は，温度が100℃で一定になっているところなので，水は沸騰して気体に変化している状態である。よって正しい。

基本 (2) 状態変化では粒子の数や大きさは変化しない。液体から気体に変化すると，粒子の運動が激しくなり，粒子どうしの間隔が広くなる。

やや難 (3) P…水は純粋な物質で，単体ではなく化合物である。

Q…0℃で固体である物質は，融点が0℃より高い物質なので，Bがあてはまる。

R…0℃で液体である物質は，融点が0℃より低く，沸点が0℃より高い物質なので，A，C，Dがあてはまる。

S…0℃で気体である物質は，沸点が0℃より低い物質なので，Eがあてはまる。

やや難 (4) 液体の水の密度は1.00g/cm³なので，50gの液体の水の体積は50cm³である。状態変化では質量は変化せず，氷の密度は0.917g/cm³なので，氷50gの体積は50(g)÷0.917(g/cm³)＝54.52…より，54.5cm³であり，氷の体積は水に比べて54.5(cm³)÷50.0(cm³)＝1.09より，9％増加している。

8 (電流と磁界―LED，電磁誘導)

重要 (1) 電力量(Wh)＝電力(W)×時間(h)で求められるので，LED電球と白熱電球を48時間使用したときの電力量の差は(60−7.4)(W)×48(h)＝2524.8(Wh)＝2.5248(kWh)

やや難 (2) 実験2で，スイッチを入れるとコイルXに電流が流れて，右側がN極，左側がS極となるような電磁石になる。電磁誘導は周囲の磁界が変化したときだけ起こり，図のLEDはb側から流れこむときだけ電流が流れるので，コイルYはスイッチを入れてコイルXに電流が流れはじめた瞬間だけ，左側がN極，右側がS極になるように電流が流れる。スイッチを切ったとき，コイルYは，左側がS極，右側がN極になるように磁界ができるが，LEDには図のa側から流れこむ電流は流れない。これらのことから，LEDはスイッチを入れた瞬間だけ点灯して消える。

(3) LEDはb側から電流が流れこんだときに点灯するので，コイルYの左側がN極，右側がS極になるときに点灯することになる。よって，棒磁石のN極をコイルYに近づけるか，棒磁石のS極をコイルYから遠ざけるときにLEDが点灯する。

やや難 (4) 図4から，電源装置の一方の端子に対して，2個のLEDは片方がa，もう一方がbにつながれているため，2個のLEDに同時に電流が流れて点灯することはないことがわかる。また，LEDが点滅したことから，電流の向きが切りかわっていることがわかる。これらのことから，2個のLEDは交互に点滅し，電源装置からの電流は向きが周期的に変化する交流であることがわかる。

★ワンポイントアドバイス★

全問がマークシート方式で，基本～標準レベルの問題が中心だが，大問数が8題と多く，選択肢の数も多いものもあるため，すばやくスムーズに解答していけるような練習を重ねておこう。

＜社会解答＞ 《学校からの正答の発表はありません。》

1 (1) ウ　(2) イ　(3) ウ　(4) ① エ　② ア
2 (1) ア　(2) ウ　(3) ア　(4) ① エ　② イ
3 (1) イ　(2) エ　(3) ク　(4) ア
4 (1) エ　(2) ア　(3) イ　(4) ア　(5) イ
5 (1) ウ　(2) ウ　(3) Ⅰ イ　Ⅱ オ　(4) キ　(5) ア
6 (1) イ　(2) エ　(3) イ　(4) イ　(5) ウ
7 (1) ウ　(2) イ　(3) ア
8 (1) イ　(2) ア　(3) イ

○推定配点○

1 (4) 各2点×2　他 各3点×3　**2** (4) 各2点×2　他 各3点×3　**3** 各3点×4

4 (1) 2点　他　各3点×4　**5** (3) 各2点×2　他　各3点×4　**6** (2) 2点
他　各3点×4　**7** 各3点×3　**8** 各3点×3　計100点

<社会解説>

1 (総合―中国・四国地方・現代史・為替相場など)

(1)　ワルシャワ条約機構は米ソ対立が激化した1955年に結成，1973年アメリカはベトナム戦争の泥沼から撤退し76年には南北ベトナムの統一が達成，湾岸戦争は冷戦終結直後の1991年。

重要 (2)　円高とは円の購買力が上がること。1ドル150円が120円になると75万円の自動車は5000ドル(750000÷150)から6250ドル(750000÷120)になり輸出企業には不利に働く。

(3)　石油はメキシコ湾などの海底からも産出。ピッツバーグはアパラチア炭田の中心に位置し，「鉄の都」と呼ばれた都市。産業構造の変化で一時は衰退したが近年は再開発が進んでいる。

(4)　瀬戸内海に面する香川は降水量が少なく面積は日本で最も小さい。広島は中国・四国地方の地域の政治・経済・文化の中心。イは岡山，ウは高知，オは鳥取。

2 (日本の地理―国土と自然・産業・地形図など)

(1)　Ⅰ　国後・択捉・歯舞・色丹の4島。　Ⅱ　福岡と隣接する県は佐賀・熊本・大分。

(2)　長野は高原の涼しい気候を利用した抑制栽培がさかんで夏から秋にかけてレタスを生産。

(3)　基地や観光産業に依存する沖縄は東京に次ぎ第3次産業の割合が高く，日本最大の中京工業地帯を背景とする愛知は第2次産業の割合が高くなっている。

基本 (4)　①　Aは120m，Bは125m，Cは135m，Dは138.7m。　②　Ⅰ　直線距離は約7(cm)×25000＝1.75(km)。　Ⅲ　土地利用は主に水田と果樹園。　Ⅳ　河川は南から北に流れている。

3 (地理―時差・アフリカ・各国の産業など)

(1)　ロンドンとの時差は9時間(135÷15)なので出発は日本時間の2月5日午後11時。

(2)　白豪主義はオーストラリア，人口が多いのはインド・中国の順。

(3)　かつては世界1のコメの輸出国であったタイだが，近年は日本の企業進出も激しく機械を中心とする産業が発展している。マングローブは海岸や河口に広がる常緑樹の一群。

基本 (4)　Ⅰ　トルコの鶏飼育数は約379百万羽，3ケ国の合計は約462百万羽。　Ⅲ・Ⅳ　オーストラリアとアルゼンチンの牛乳生産量は1000万トン前後で肉類生産量の2倍以下。

4 (日本の歴史―古代の政治・社会・文化史など)

(1)　マンモスやナウマンゾウは旧石器時代，千歯こきは江戸時代の農具。

(2)　Ⅰ　古代，倭国は朝鮮半島から短冊形の鉄の板(鉄鋌(てってい))を搬入，半島進出の理由にもなっていた。
Ⅱ　埼玉県の埼玉(さきたま)古墳群から出土。江田船山古墳は熊本県。

(3)　戸籍は6年ごとに作成，特産物は調で，庸は都での労役の代わりに布を納める税。

(4)　Ⅰ　紀貫之は古今和歌集。　Ⅱ　漢字の音・訓を用いて1字1音を表したもの。

やや難 (5)　藤原道長の摂政就任は11世紀初め(1016年)。Ⅰは9世紀末，Ⅱは10世紀前半，Ⅲは12世紀中ごろ，Ⅳは13世紀初頭。

5 (日本と世界の歴史―中世～近世の政治・経済・外交史など)

(1)　水城は7世紀に白村江の戦で唐・新羅の連合軍に敗れた日本が大宰府防衛のために築いたもの。

(2)　倭寇や密貿易などとの識別に用いられた割符。明との貿易では銅銭や生糸などが輸入され，日本からは銅や硫黄，刀剣などが輸出された。朱印状は朱印を押した公文書。

重要 (3)　元の滅亡は1368年，ピューリタン革命は1642～60年，アヘン戦争は1840～42年。アは11世紀末，イは16世紀前半，ウは19世紀末，エは7世紀後半，オは18世紀末。

(4) 享保の改革では甘藷(かんしょ)など商品作物の栽培を奨励，さらにキリスト教と関係のない漢訳洋書の輸入を許可するなどのちの洋学発展の基礎を築いた。

(5) Ⅰ 下田は神奈川の開港と引き換えに閉鎖。 Ⅱ 五稜郭は函館にあった洋式城郭。

6 (日本と世界の歴史—近～現代の政治・経済・文化史など)

(1) 領事裁判権の撤廃は1894年，日英同盟は1902年，八幡製鉄所の操業は1901年。

(2) 1910年に強行された日韓併合条約に対し石川啄木は批判的な立場をとっていた。

(3) デモクラシーを国民の利益や意向に沿う政治という意味で民本主義を名づけた。

(4) Ⅰ 国民統合のために造られ大政翼賛会の最末端の協力組織となった。 Ⅱ 物資不足対策として実施，各家庭の人数に応じて配られた切符と交換できた。

やや難 (5) GHQの占領は1945～51年。Ⅰは1950年，Ⅱは1954年，Ⅲは1946年，Ⅳは1947年。

7 (公民—社会生活・財政・国際政治など)

(1) 地方交付税は財政状況に応じて配布されるため東京のように豊かな自治体は支給されない。

重要 (2) 常任理事国は米・英・仏・露・中の5か国でこれらの国には拒否権が与えられている。ASEAN(東南アジア諸国連合)やAU(アフリカ連合)は地域経済統合組織。

(3) 総人口は2055年まで1億人を維持，0～14歳人口は1970～80年には増加し1995年までは65歳以上人口をオーバー，2020年の15～64歳人口は8000万人以下。

8 (公民—価格・政治のしくみ・社会保障など)

(1) Ⅰ 価格が高くなると数量は増加。 Ⅱ 生産コストの低下や生産量の増加で右に移動。

(2) 衆議院465名，参議院248名，条例を制定するのは地方自治体で内閣は政令，違憲審査権はすべての裁判所，三権分立はモンテスキュー。

重要 (3) 保険料の支払いは社会保険，公的扶助は最低限の生活を国が保障する制度。

★ワンポイントアドバイス★

資料の読み取り問題は本校の特徴の一つでもある。内容的には決して難しくないので，落ち着いてていねいに読み込むことで確実に点数に結びつけよう。

<国語解答> 《学校からの正答の発表はありません。》

一 問一 a 2 b 4 c 3 問二 ア 1 イ 4 ウ 3 問三 2 問四 2 問五 3 問六 2 問七 2 問八 4 問九 3 問十 4 問十一 3 問十二 2

二 問一 a 2 b 1 c 4 問二 ア 3 イ 1 ウ 4 問三 4 問四 1 問五 3 問六 3 問七 3 問八 2 問九 3 問十 2

三 問一 3 問二 2 問三 4 問四 1 問五 1 問六 3 問七 2 問八 2 問九 4

○推定配点○

一 問一・問二 各1点×6 問五 2点 他 各4点×9 二 問一・問二 各1点×6 問五 2点 他 各4点×7 三 問九 4点 他 各2点×8 計100点

<国語解説>

一 (論説文―大意・要旨,内容吟味,文脈把握,接続語の問題,脱文・脱語補充,漢字の読み書き,文と文節)

問一 a 阻害 1 空疎 2 阻止 3 措置 4 粗暴
b 顕著 1 権利 2 堅固 3 派遣 4 顕微鏡
c 検索 1 対策 2 錯誤 3 索引 4 削除

問二 ア 一つ前の文の「『アナログからデジタル』への変化」について,直後で「誰かが〈ボールを投げた〉ことを表現する状況」を挙げて説明しているので,例示の意味を表す語が入る。 イ 直前の段落の「意味の派生によって,オノマトペのもとの意味がわからないほどになってしまう場合」を説明している部分である。直前の段落の「『ぱおん』というのは,もともとはゾウの鳴き声の擬音語」という内容に対して,後で「『ぱおん』は非常に大きい失意や悲しみ……喜びのことを言う」と相反する内容を述べているので,逆接の意味を表す語が入る。 ウ 直前の段落の「語彙が増加する」と「単語の音が似ていては,情報処理の負荷が高くなり,単語の検サクや想起がしにくくなるので,単語の意味と音の間は恣意的なほうがかえって都合がよくなる」という内容を受けて,後で「語彙の密度が高くなると意味と音の関係に恣意性が増すというパターンが生まれるのは,必然的な流れ」とまとめているので,説明の意味を表す語が入る。

問三 脱落文では「オノマトペは万能ではない」と述べ,冒頭に「つまり」という説明の意味を表す接続詞があるので,「オノマトペ」の欠点を具体的に述べている後の【B】に入れる。

問四 同じ段落の「言語がどのように始まったのかは……間接的なデータからの推測でしかわからない」が「ニカラグア手話の場合には,同時代にリアルタイムで言語が発生し進化している……その過程を目の当たりにできる」から理由を読み取る。この内容を「言語変化の実態をつかむことにつながる」と言い換えている2が最適。この内容に3は合わない。1の「わずかな記録」は存在しない。「言語がどのように始まったか」について述べているので,「どういった言語が」とある4も適当ではない。

基本 問五 「投げると/いう/動作は,/さまざまな/投げ方で/行う/ことが/できる」と分ける。

問六 3 直前の「時空を超えて」から,すべての物に共通するという意味の言葉が入る。 4 直前の「ジェスチャーの特徴」にふさわしいのは,そのままの形でという意味の「直接的」。

やや難 問七 一つ後の段落に「実際に観察した事象をより小さな意味単位に分け,それを組み合わせることをし」,「共通の要素を持たない,まったく別の単語を用意」しなかったとあるので,不適当なのは「共通の要素のない単語をあてた」とある2。4の「観測データを連続した物理量」が,「実際のシーンを」で始まる段落の「『転がりながら坂を落ちている』様子をそのまま写し取って表現」の言い換えであることを確認する。

問八 直後の段落で,「一拍語根型」の例として「バン」を,「二泊語根型」の例として「バタン」を挙げて説明した後,「純粋に衝撃音を言語音で真似る『バン』と比べると,『バタン』は『t=打撃・接触』というデジタル的で体系的な音象徴を用いている」と説明している。この内容を述べている4が最適。1の「異なる音を写し取った音節を組み合わせ」,2の「現実の音を写し取らずに」,3の「実際の音だけではなくあらゆる事象を表現できる」などが適当ではない。

問九 オノマトペが「多義性」を持つ原因について,一つ後の段落で「想像によって意味を派生させる志向性」を挙げ,さらに「意味の派生によって」で始まる段落で「オノマトペのもとの意味がわからないほどになってしまう場合もある」と説明を加えている。この内容を述べているのは3。1「社会状況の影響を受けて」,2「意味は古いものから順次消失」,4「使い方には違和感が生まれやすくなる」に通じる叙述はない。

問十　直後の段落で「すべてのことばがオノマトペだったら」と例を挙げて説明し，一つ後の段落で「似た意味で似た音をもつライバルの単語が多数あったら，情報処理の負荷は非常に重く……言い間違い，聞き間違いも多く起こる」と答えている。オノマトペは，1「音と意味のつながりが薄い」ものではない。2「覚えるという負荷」，3「言葉の拒否」については述べていない。

問十一　傍線部9について，筆者はこの後でオノマトペにしやすい分野を「レベル1」から「レベル4」に分類している。この分類の内容に，3が最適。「レベル3」では身体反応が伴わなくてもオノマトペになる例を挙げているので，「身体反応が伴わないと」とある1は不適当。「身体感覚，感情，味，匂い」はオノマトペが多い分野なので，2と4も合わない。

重要　問十二　最終段落の内容に2が一致する。最終段落の「アイコン性は薄まる方向」に3は一致しない。1の「語彙の密度」と4の「オノマトペ」の説明は，本文の内容と一致しない。

二　(小説一情景・心情，内容吟味，文脈把握，脱文・脱語補充，熟語，語句の意味，品詞・用法)

問一　a　上の漢字が下の漢字を修飾する構成で，同じものは2。　b　反対の意味の漢字を重ねる構成で，同じものは1。　c　動詞の下に目的語がくる構成で，同じものは4。

基本　問二　ア　「気兼(きが)ね」と読む。同類語は「気遣い」「遠慮」など。　イ　「からへんじ」と読む。「空」にはうわべだけという意味がある。　ウ　「はんぜん(たる)」と読む。

問三　Aには，直前の文の「微動だにしなかった」という様子や，直前の「何故だか」に続くにふさわしい言葉が入る。Bには，直前の「キュッとした」や，後の「忠告」にふさわしい言葉を選ぶ。Cの直前の「……うっさい！優勝するから！」は，弱みを見せまいとするものである。

問四　少し前の「『笑い』があれば，なんだって乗り越えられる」や「全ての負を『笑い』に変えてみせる」に着目する。この内容を「『笑い』によって厳しい現実を乗り越えていきたいという意欲と覚悟」と言い換えている1が最適。この「僕」の心情を述べた部分から，2の「自分の無力さを痛感」，3の「もっと腕を上げようと決意」，4の「不安や焦り」は感じられない。

基本　問五　傍線部2は「自由だ」という形容動詞の一部で，同じ意味用法が含まれているものは3。

問六　直前の文の「彼女の世界と僕の世界は……その空間同士がどこも接着しておらず独立しており，自分が置き去りにされてしまうような気持ち」に通じるのは，「オカンが自分のそばからいなくなる」とある3。1の「見捨てられた」と感じさせる描写はない。2の「共有することはできない」，4の「オカンの命を救うことも勇気づけることもできない」は，「自分が置き去りにされてしまうような気持ち」とは重ならない。

問七　「もう長くないかも……」とオカンが言う場面の「元来繊細で心配性な性格のオカンに，死期が近いんだという残酷な現実を叩きつけることが耐えられなかった……その話になると僕はすぐに話を逸らそうとする」に着目する。この「僕」の様子と心情には，3が最適。1「落ち着いた態度」，2「病気が治ることを信じていた」，4「ふだんどおりに」などの部分が適当ではない。

やや難　問八　自らの死を覚悟したオカンが，「僕」に遺言を伝えようとする場面である。前の「僕は黙ってオカンを見た」という様子からも，「僕」は母の遺言をしっかり受け止めようとしていることがわかる。この様子を「はぐらかすのをやめて冷静さを取り戻して」と表現している2が最適。1の「不満」や3の「抵抗」，4の「うれしさ」や「照れくさ」さは読み取れない。

問九　同じ段落で，「沈みゆく夕日」について「この時ほど夕日を美しいと思うことはなかった」「茜が照らした麗しい横顔と慈愛に満ちた息子への情感から導かれる感慨の二つで，有形無形の両方面からきらきらと輝いて見えた」と描写している。「夕日」をオカンの「僕」に対する愛情とその美しさの象徴としている3を選ぶ。1の「『笑い』で成功したことを暗示」，2の「心の闇」，4の「苦悩と不安を鮮やかに想起させる」は，本文の描写に合わない。

重要 問十　1「『僕』が笑いをあきらめることが不安」，3「オカンの『笑い』への想いの強さや考え方を見習いたい」，4「オカンと死に別れる辛さを『笑い』によって和らげよう」の部分が不適当。

三 **(古文一大意・要旨，情景・心情，内容吟味，文脈把握，文と文節，口語訳)**

〈口語訳〉 昔，大和の国の，葛城郡に住む男と女がいた。この女は，姿形が大変美しかった。(男と女は)長年にわたって思いを交わして住んでいたが，この女が，大変貧しくなったので，(男は)思い悩んで，限りなく(女を)愛しく思いながらも(他の)妻をめとってしまった。この新しい妻は，金持ちの女だったのだ。(男は新しい妻を)特別大切であるようには思わないけれど，行けばとても大切にし，衣装なども大変美しくさせていた。(男は)豊かで活気がある所に慣れて，(もとの妻の所に)来ると，この女は，大変みすぼらしい様子で暮らしていて，このように他の女がいるのに，決してねたましい様子も見せないので，大変かわいそうに思った。(もとの妻は)心の中では限りなくねたましく辛く思うのを，耐え忍んでいたのだった。(男が，今夜はここに)泊まろうと思う夜も，いつものように「(今の妻の所へ)行きなさい」と言ったので，(男は)自分がこのように出歩くのをねたましく思わないで，ほかの男を通わせているのだろうか。そうでなければ，恨むこともあるだろうなどと，心の中で思った。そこで，(男は)出て行くと見せかけて，庭先の草木の中に隠れて，男が来るだろうかと，見ていると，(もとの妻は)縁側に出てきて，月が大変美しいなかで，髪をとかすなどしていた。夜が更けても寝ないで，ため息をついているのを見て，(男は)「人を待っているのだろう」と思っていると，(もとの妻は)前にいた召使いに言った。

風吹けば沖つしらなみたつたやま夜半にや君がひとりこゆらむ(風が吹けば，沖の白波が立つという恐ろしい龍田山をこの夜更けにあの人は一人で越えていらっしゃるのだろう)

と詠んだので，(男は)自分の身を心配しているのだと思って，大変悲しくなった。この新しい妻の家は，龍田山を越えていく道にあった。このようにしてまだ見ていると，もとの妻は，泣き伏して，金のおわんに水を入れて，胸の上に置いた。(男は)変だ，どうするのだろうと，見ている。するとこの水が，熱湯に煮えたぎったので，(もとの妻は)湯を捨てた。また水を入れる。(男は)見ているうちに大変悲しくなり，走り出て，「どのような気持ちで，このようになさるのだ」と言って，(もとの妻を)しっかり抱いて寝たのだった。このように他の(女の所へは)もう行かず，じっと離れないでいた。このようにして長い間を過ごして思うには，そしらぬ顔でいても，女の思いは，大変深いもので，このように(自分が)訪れないことを(今の妻は)どう思っているだろうかと思って，その女の所に行った。長く行かなかったので，(男は)気が引けて立っていた。そしてすきまからそっとのぞき見れば，(今の妻は)自分にはよく見せていたけれど，大変みすぼらしい様子の衣を着て，大きな櫛を前髪に差していて，自分でご飯をよそっていた。(男は)大変(みっともないこと)だと思って，帰って来たきり，(今の妻の所へは)訪れなくなったのだった。

問一　男がもとの妻をのぞき見ている場面に着目。「～といひて」という会話の終わりを探す。

問二　「ことに」は，普通と変わっている，特別に，という意味。男の今の妻に対する気持ちを述べている。「～ど」という逆接の後に「いといみじういたはり」と続く文脈からも判断できる。

問三　傍線部2の「しのぶる」は「もとの妻」の動作なので，「夫」が主語となっている1と2は適当ではない。「心地にはかぎりなくねたく心憂く思ふ」とあるので，4が最適。

問四　女の所にほかの男が来るのではないかと，隠れて「見」ているのは，「夫」。

問五　「なめり」は「なるめり」の形が変わったもので，……だろう，という意味を表す。

問六　「風吹けば」の歌は，もとの妻が夜の山道を一人で行く夫の身を案じるものである。

問七　「いかぬ」は訪れない，「いかに」は，どのように……か，という疑問の意味を表す。

重要 問八　直前に「いとあやしきさまなる衣を着て……手づから飯もりをりける」とある。みすぼらしい姿で行儀が悪い今の妻の様子に対する男の心情には，「みっともない」とある2が最適。1の

「同情」は男の心情に合わない。3の「親切にふるまって」いるわけではない。4の「髪だけは美しくありたい」とするのは，もとの妻なので適当ではない。

重要 問九　男は，自分を心配して和歌を詠んだもとの妻の深い思いを知って一緒に過ごすことにしたのである。4の「体調不良ではないか」と思ったためではないので，不適当なものは4。

★ワンポイントアドバイス★

聞き慣れない用語には注釈が付されている。注釈を活用しながら，自分の言葉で置き換えながら読み進めよう。

2023年度

★★★★★★★★★★★★★★★★★★★★★★★★★

入　試　問　題

2023年度

専修大学松戸高等学校入試問題（前期１月17日）

【数　学】（50分）　＜満点：100点＞

【注意】　1．解答は解答用紙の解答欄にマークしなさい。問題文中の アイ ，ウ などの □ には，特に指示がないかぎり，数値が入ります。これらを次の方法で解答用紙の指定欄に解答しなさい。

注1．ア，イ，ウ，…の一つ一つは，それぞれ０から９までの数字のいずれか一つに対応します。それらを，ア，イ，ウ，…で示された解答欄にマークしなさい。
例えば， アイ に10と答えたいとき，下図のようにマークしなさい。

ア	⓪	●	②	③	④	⑤	⑥	⑦	⑧	⑨
イ	●	①	②	③	④	⑤	⑥	⑦	⑧	⑨

注2．分数形で解答が求められているときは，既約分数で答えなさい。
例えば， $\frac{\text{ウエ}}{\text{オ}}$ に $\frac{25}{3}$ と答えるところを $\frac{50}{6}$ と答えてはいけません。

注3．比の形で解答が求められているときは，最も簡単な自然数の比で答えなさい。
例えば，２：３と答えるところを４：６と答えてはいけません。

注4．根号を含む形で解答が求められているときは，根号の中に現れる自然数が最小となる形で答えなさい。
例えば， カ$\sqrt{\text{キ}}$ に $4\sqrt{2}$ と答えるところを $2\sqrt{8}$ と答えてはいけません。

注5．小数で解答が求められているとき，
例えば， ク．ケ に2.5と答えたいときは， ク に２， ケ に５をマークしなさい。

2．定規，コンパス，電卓の使用は認めていません。

1　次の問いに答えなさい。

(1)　$(\sqrt{3}-2)(\sqrt{28}+\sqrt{21})-\sqrt{2}\div\sqrt{14}$ を計算すると，$-\frac{\text{ア}\sqrt{\text{イ}}}{\text{ウ}}$ である。

(2)　$a>0$ とする。x，y についての連立方程式 $\begin{cases} ax:by=4:15 \\ abx-ay=2 \end{cases}$ の解が $x=2$，$y=5$ になるとき，
$a=$ ア ，$b=$ イ である。

(3)　$a=\frac{2}{5}$，$b=-\frac{2}{3}$ のとき，$\frac{3a-5b}{2}-\frac{2a-6b}{3}$ の値は，$\frac{\text{ア}}{\text{イ}}$ である。

(4)　関数 $y=\frac{a}{x}$ について，x が２から４まで増加するときの変化の割合は $-\frac{3}{4}$ である。
このとき，$a=$ ア である。

(5)　m，n はともに２以上の自然数で，$m < n$ である。
$\sqrt{mn}$ の値が１けたの自然数となるような自然数 n の個数は ア 個である。

(6)　右図のように，△ABCの辺BCと点Ｂで接し，点Ａを通る円の中心をＯとする。
∠BAC＝36°，∠BCA＝28°のとき，∠OAB＝ アイ °である。

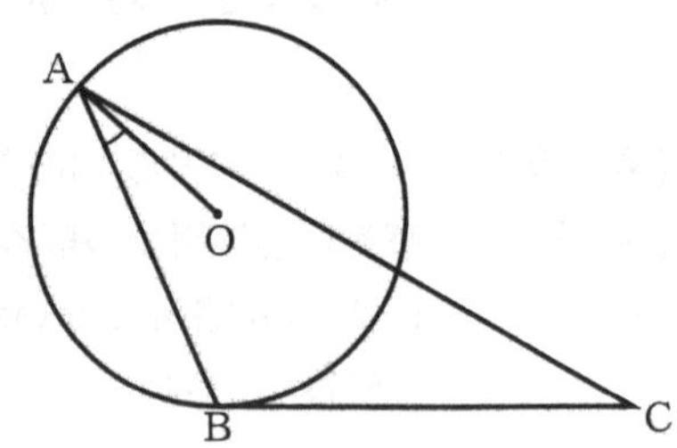

2　次の問いに答えなさい。

(1)　濃度がそれぞれ８％，20％，４％の食塩水がある。この３種類の食塩水を混ぜることを考える。

①　８％の食塩水50ｇと20％の食塩水 x ｇを混ぜたところ，濃度は12％になった。
このとき，x ＝ アイ である。

②　20％の食塩水 y ｇと４％の食塩水 z ｇを混ぜたところ，10％の食塩水が80ｇできた。
このとき，y ＝ ウエ ，z ＝ オカ である。

(2)　袋の中に１から８までの数字が１つずつ書かれた８枚のカードが入っている。
この袋の中から同時に２枚のカードを取り出し，取り出したカードに書かれた数字のうち，小さい方の数を a，大きい方の数を b とする。
a を十の位の数，b を一の位の数とする２けたの整数をつくる。

①　この２けたの整数が30以上になる確率は，$\frac{\text{アイ}}{\text{ウエ}}$ である。

②　この２けたの整数が３の倍数になる確率は，$\frac{\text{オ}}{\text{カキ}}$ である。

3　右図のように，放物線 $y=\frac{1}{4}x^2$ のグラフ上に２点Ａ，Ｂがあり，x 座標はそれぞれ－６，４である。
点Ａを通る傾きが－１の直線と x 軸，y 軸との交点をそれぞれＣ，Ｄとする。
３点Ａ，Ｂ，Ｃを通る円と直線BDとの交点のうち，点Ｂとは異なる方をＥとする。

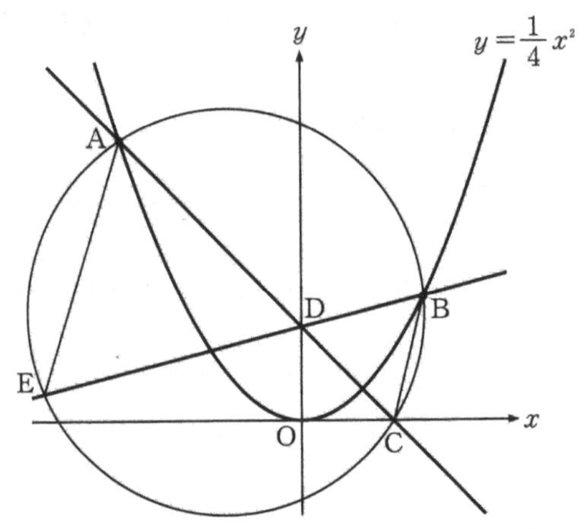

(1)　直線BDの式は，$y=\frac{\text{ア}}{\text{イ}}x+$ ウ である。

(2)　線分BDの長さは，$\sqrt{\text{エオ}}$ である。

(3)　△AEDの面積と△BCDの面積の比は，カキ：クケ である。

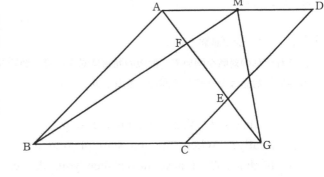

4 右図のように，AB＝12㎝，BC＝10㎝，∠ABC＝45°の平行四辺形ABCDの辺ADの中点をMとし，辺CD上にCE：ED＝１：２となる点Eをとる。

直線AEと直線BM，BCとの交点をそれぞれF，Gとする。

⑴ AF：FG＝［ア］：［イ］である。

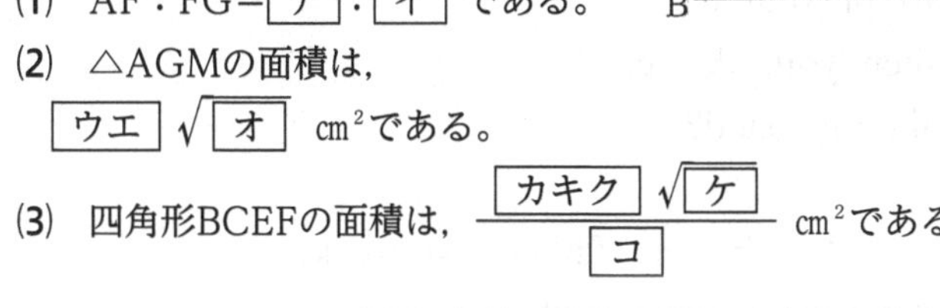

⑵ △AGMの面積は，

［ウエ］$\sqrt{［オ］}$ cm²である。

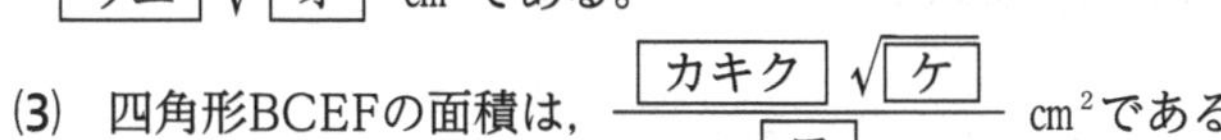

⑶ 四角形BCEFの面積は，$\dfrac{［カキク］\sqrt{［ケ］}}{［コ］}$ cm²である。

5 右図のように，８㎝の線分ABを直径とする円Oを底面とし，８㎝の線分APを母線とする円すいがある。

円Oの周上に点Cを∠AOC＝60°となるようにとる。

線分ABに対して点Cと対称な点をDとし，線分BP上にBE：EP＝３：５となる点Eをとる。

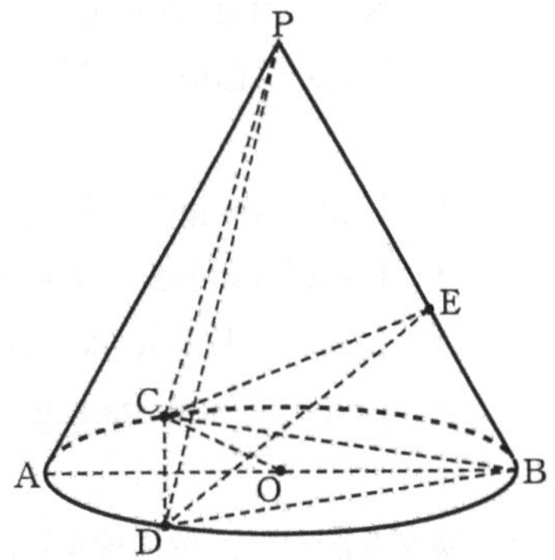

⑴ 円周率をπとする。

円すいの体積は，$\dfrac{［アイ］\sqrt{［ウ］}}{［エ］}\pi$ cm³である。

⑵ △BCDの面積は，［オカ］$\sqrt{［キ］}$ cm²である。

⑶ 四面体PCDEの体積は，［クケ］cm³である。

【英　語】（50分）　＜満点：100点＞

※リスニングテストの放送台本は非公表です。

【１】 リスニング試験

1．それぞれの対話を聞いて，最後の発言に対する最も適切な応答を１つ選び，その番号をマークしなさい。対話はそれぞれ２回放送されます。

(1)

① Is that so? You were on the stage.
② Really? When did you start playing it?
③ Is that so? I have never seen your dance.
④ Really? Why don't you join my band?

(2)

① Yes, I do. Here is a picture taken by my father last week.
② Yes, I have some. But I don't have them with me now.
③ No. But you can take pictures of the puppy if you come to my house.
④ Sure. Look. This black one is the bear I told you about.

(3)

① I understand. I think it looks larger to you.
② I understand. You should buy another one for her.
③ I see. I'll look for that in a larger size.
④ I see. You can get the smaller one.

2．英文を聞いて，後に続く質問の解答として最も適切なものを１つ選び，その番号をマークしなさい。英文と質問はそれぞれ２回放送されます。

(1)

① If the sound of *wadaiko* is heard, students who don't know *wadaiko* will get excited and want to play it.
② When the sound of *wadaiko* was heard, everyone got excited to listen to the exciting sound.
③ When the students from abroad listened to the *wadaiko*, they got excited by its cool sound.
④ If the students from abroad listen to the *wadaiko*, the cool sound will make them excited.

(2)

① There will be a party for the students from abroad next Monday.
② Mr. Tanaka is good at dancing and plays the *wadaiko* well.
③ Only two of the students from abroad understand Japanese.
④ The speaker will do some volunteer work with the students from abroad.

【２】 次の英文を読んで，以下の問題に答えなさい。

Do you have a dream? Do you know what you would like to do for a job? If you do, that's great! I hope you will work hard to make your dream come true. But if you don't have a dream, don't worry! In some ways, you are lucky! Looking for your dream can be a lot of fun! [①] It's important to enjoy the process of trying new things to find the things which you like and the things which you don't like, the things which you are good at and the things which you are not good at. Some people like to say that we should "enjoy the *journey" in finding our dream, and not just *focus on the goal. Each person should learn about himself or herself, and find the best *path. What are some good ways to do this?

One is making a list of things you enjoy, and another list of things you are good at. Sometimes we enjoy things that we are not good at, and they can be good hobbies. I like to play the guitar, but I am not good at it! [②] And sometimes we are good at things that we don't really enjoy. We can do those things well when it is (1), but we don't want to do them every day. I am good at cleaning the bathroom, but I don't want to do it as a job. If you can find some things that you are good at AND enjoy, those are the types of things that would be good to do in your future job. Many people think money is the most important thing about working, and that is *partly true. But if you can't enjoy your job, it will be difficult to be happy, *even if you make a lot of money.

(2)

ア. You can ask them the thing which they like about their work and the thing which they don't like, the thing which is difficult about it, *and so on.

イ. Another way to help you think about your future is talking with people who have jobs that are interesting to you.

ウ. There may be things you can start doing now to prepare.

エ. Most people will be happy to talk with you about their work and give you advice about how to get a similar job in the future.

For example, if you think you want to be a sports trainer, you should do sports training yourself. If you want to be a Japanese teacher, you should study Japanese harder. If you want to work at a bank, you should practice *managing your own money and start learning about how to *invest money for the future.

But what happens if you work hard at something, but then you decide that you don't want to do that for a job in the future? That's (3)! To find things which we want to do, it's also important to find things which we DON'T want to do! And all that hard work will still help you, because you will be in better *physical shape, or really good at Japanese, or good at saving and investing money!

When I was in university, I had a sales job. I had to learn a lot about the products and services offered by my company. I had to learn how to talk to people and how to help them. I worked very hard, talked to many people, and became good at the job. But during the process, I learned that I really didn't enjoy that kind of job. That helped me a lot in (4). I also worked for various restaurants and delivery services. Those jobs were OK, but I decided that I didn't want to do them later in life.

One day I saw an *advertisement in the university newspaper. It was looking for people to help Japanese students practice their English. I decided to try it. I learned that I really liked Japanese people and their culture, and I learned more about the Japanese language. And I learned a lot about my own language, English! I enjoyed helping the students as a *tutor, and they said I was a good teacher. [③] I made new friends in this way.

One day one of those friends told me about teaching English in Japan. I didn't even know that was a job people could do! I never forgot about that, and a few years later I came to Japan to start working as an English teacher! Now I do some other things here too, but I have always enjoyed helping Japanese students (5). I believe that this is the job that I was looking for. I married a Japanese woman and have a family and a home here. [④] I have lived here for almost 20 years!

So, keep trying new things, keep working hard, and keep talking with people! You can find your dream! Just remember to "enjoy the journey!"

（注）*journey　旅　　*focus on ～　～に集中する　　*path　道のり　　*partly　部分的に
*even if ～　たとえ～でも　　＊～, and so on　～など　　manage ～　～を管理する
*invest ～　～を投資する　　*physical shape　体調　　advertisement　広告
*tutor （大学の）家庭教師

問１　空欄（１）に入れるのに最も適切なものを①～④から１つ選び，その番号をマークしなさい。
①　possible　　②　happy　　③　necessary　　④　free

問２　[(2)] 内のア～エの文を文脈が通るように並べかえたとき，順番として最も適切なものを①～④から１つ選び，その番号をマークしなさい。
①　イーアーエーウ　　②　イーエーウーア　　③　エーアーウーイ　　④　エーイーアーウ

問３　空欄（３）に入れるのに最も適切なものを①～④から１つ選び，その番号をマークしなさい。
①　wrong　　②　too bad　　③　funny　　④　good

問４　空欄（４）に入れるのに最も適切なものを①～④から１つ選び，その番号をマークしなさい。
①　choosing the next job
②　thinking about my future
③　deciding where to live
④　giving up my dream

問５　空欄（５）に入れるのに最も適切なものを①～④から１つ選び，その番号をマークしなさい。

①　find their dreams　　②　become good teachers

③　make a lot of friends　　④　improve their English

問６　次の英文を入れるのに最も適切な位置を，本文中の ① ～ ④ から１つ選び，その番号をマークしなさい。

That made me feel good.

問７　本文の内容に合うものを①～④から１つ選び，その番号をマークしなさい。

①　You have to start learning how to save and invest money now if you want to be a sports trainer or a Japanese teacher.

②　To make two kinds of lists about yourself always makes you find your good hobbies.

③　If you want to make a lot of money in the future, you should find a job you don't enjoy.

④　The writer wants you to know about yourself when you are young and to find the best job for you in the future.

問８　本文の内容について，(1)，(2)の質問に対する答えとして最も適切なものを①～④からそれぞれ１つずつ選び，その番号をマークしなさい。

(1)　What is NOT true about the writer?

①　He is good at cleaning the bathroom, but he isn't good at playing the guitar.

②　He worked at a company hard and learned how to sell things to people when he was a university student.

③　He learned about Japanese culture and language at a university in Japan.

④　One of his friends told him about one of the jobs that the writer has now.

(2)　According to the writer, what is important for finding your dream?

①　To know only the things which you like to do most.

②　To keep working hard at anything that you do.

③　To keep talking with people to share information and money.

④　To visit various places, see a lot of people, and enjoy the journey.

【３】 次の英文を読んで，以下の問題に答えなさい。

There was a little girl named April. She was a happy, healthy child, and she enjoyed being the center of attention in her family. Her mother and father loved her so much, of course, and they were always working to give her a good life and a good future. She was their most important person. As April grew, she learned to walk, and soon after that, she started talking. When April experienced new things, her parents enjoyed watching her. For example, each new food was an adventure. Sometimes she loved it, like the first time she tried ice cream! And other times she was not so happy about the new food, like the first time she tried green peppers.

As time passed, April got more and more books and toys. Her mother and father made space for her to play because they knew it was important. There was not much time for her mother and father to do the things they enjoyed before, but they didn't *mind because they were so happy to have April in their lives. They were a happy little family, and April was a happy only child. Everything was perfect.

Well, almost perfect. April wanted a dog. One of her friends had one, and she loved to touch her and play with her. She often asked her mother and father for a puppy, but their answer was always the same: "Our apartment is too small, and we are not allowed to keep pets. But don't be sad. Maybe someday!" April understood, but she kept asking anyway because she hoped that "someday" might come soon.

Then one day, when April was four years old, her mother said she had some big news to share with her after dinner. April couldn't wait and she kept saying, "Tell me now! Tell me now!" She wondered what it might be. "Am I finally going to get a puppy? Please, please let it be a puppy!" she thought. She wanted a girl puppy, and she even decided on her name. She ate her dinner very quickly, even the green peppers, because【 (1) 】

Finally, after a few hours, April's mother and father sat down with her in the living room and asked her, "Do you want to guess what the big news is?" She was almost afraid to ask because she was too excited, but she said, "Umm ... is it a puppy?"

April's parents smiled at her and then they each took one of her hands, then put them on her mother's stomach. "April," her mother said, "You are going to have a sister!"

April was not *expecting this. She didn't know how to express how she felt. In fact, she didn't really understand how she was feeling herself. She was *disappointed that she would not get a puppy. "Will 'someday' never come?" she thought. And she *was used to being the only child in the house. She liked having her mother and father all to herself. She even slept between them in their big bed at night. She thought a new baby would be *noisy and *take up all her parents' time. She also thought that she would be bored, lonely, and sad. "Aren't you excited?" her father asked. "Oh, um ... What?" April said. "Did you hear us? Aren't you excited to be a big sister?" her father asked again. "Mommy, Daddy, um ... Do I have to?" April began to cry. She ran to the sofa and started crying. "I have an idea. Let's have some ice cream!" her mother said.

April found the strength to stop crying. She was *upset, but【 (2) 】 "With *sprinkles? And chocolate *syrup?" she looked up, wiped the tears from her eyes with the back of her hand, and asked. "Of course!" her father laughed and said. Then, he held her in his arms and took her into the kitchen.

While they enjoyed their ice cream together, April's parents explained how she would always be special and their love for her would never change after having another baby. And they told her that they would look for a house, because of their growing family. And that meant they could finally get a puppy.

April was not upset anymore. She was very, very happy. "A baby sister! Wow! AND a new house. AND a puppy?" she thought. She was really looking forward to doing things together as a family and having new adventures. She had so many things to think about.

Suddenly, before putting the last *spoonful of ice cream in her little mouth, April asked, "Mommy, can we name her Cinnamon?" "THE BABY?!" her mother was surprised and said. "No! The PUPPY!" April answered.

（注） *mind いやがる　*expect ～ ～を予期する　*disappointed がっかりして
*be used to ～ ～に慣れている　*noisy うるさい　take up ～ ～を奪う
*upset 動揺して　*sprinkles スプリンクル（トッピング用のカラフルな菓子）
*syrup シロップ　*spoonful スプーン一杯の

問１　本文の内容について，(1)～(5)の質問に対する答えとして最も適切なものを①～④からそれぞれ１つずつ選び，その番号をマークしなさい。

(1) Which is the best to put in【　(1)　】?
① she liked green peppers very much.
② she wanted even more green peppers.
③ she really wanted to hear the big news.
④ she was excited to get a puppy.

(2) Which is the best to put in【　(2)　】?
① she was not going to say no to ice cream!
② she was not going to say yes to ice cream!
③ she wanted to make ice cream!
④ she wanted to buy ice cream!

(3) Why did April want a dog?
① Because she wanted to make her family perfect.
② Because she missed a sister.
③ Because she felt lonely to be an only child.
④ Because she liked to play with her friend's dog very much.

(4) How did April spend her days with her family until she heard she was going to have a sister?
① She tried various things in front of her parents to be the center of attention.
② She enjoyed being the only child and having her parents all to herself.
③ She was given many things such as books, toys, or ice cream.
④ She was always noisy and took up all her parents' time.

(5) How did April feel when she learned about having a baby sister?

① She felt that she would cry.　② She felt excited.

③ She felt several feelings.　④ She felt disappointed.

問２　本文の内容に合うものを①～⑧から３つ選び，その番号をマークしなさい。

① April's parents gave her more and more books, toys, and space because she said to them that they were important.

② April wanted to have a baby sister, and she even decided to call her Cinnamon.

③ When April heard about her new sister, her parents were sitting with her in the living room.

④ April's hands were on her mother's stomach when April heard the big news.

⑤ April started crying without saying anything just after she heard the surprising news.

⑥ April stopped crying because she saw ice cream on the table in the kitchen.

⑦ When April was eating ice cream, she learned that she was still special to her parents and that she was loved by them.

⑧ After eating ice cream, April was not upset anymore, but she didn't want a sister.

【４】 次の各文の（　）に最も適する語(句)を①～④から１つ選び，その番号をマークしなさい。

(1) Tom was told by his teacher (　　) another report.

① write　② wrote　③ writing　④ to write

(2) Is today the happiest day (　　)?

① of your life　② by us all　③ than yesterday　④ in the world

(3) Do you know (　　)? I was late.

① what time did the party start　② what time the party will start

③ what time will the party start　④ what time the party started

(4) Who is the boy (　　) the tree?

① among　② between　③ behind　④ through

(5) I was surprised to see (　　) yesterday.

① the window break　② the window broken

③ the broke window　④ the break window

【５】 次の各日本文の内容を表すように，（　）内の語(句)を並べかえたとき，空所 1 ～ 12 に入る語（句）の番号をマークしなさい。ただし，不要な語が１語ずつあります。また，文頭にくる語（句）も小文字にしてあります。

(1) 私の姉は英語だけじゃなくてフランス語も話せるのよ。

____ ____ [1] ____ ____ [2] ____ French.

(① only　② but　③ English　④ can　⑤ my　⑥ speaks not

⑦ also ⑧ sister ）

(2) 僕はこの写真をどこで撮ったのか全く思い出せない。

I ＿＿ ＿＿ [3] ＿＿ [4] ＿＿ ＿＿ all.

（① this picture ② taking ③ remember ④ took ⑤ I ⑥ at ⑦ where ⑧ can't ）

(3) 彼女にその机をとなりの部屋に移動するように頼んでください。

Please [5] ＿＿ [6] ＿＿ ＿＿ ＿＿ ＿＿ room.

（① to ② move ③ the desk ④ her ⑤ for ⑥ next ⑦ ask ⑧ to the ）

(4) 私が上手なダンサーになるには時間がかかりすぎたのよ。

It ＿＿ [7] ＿＿ ＿＿ [8] ＿＿ ＿＿ good dancer.

（① for ② to ③ took ④ long ⑤ me ⑥ a ⑦ too ⑧ be ）

(5) 宿題を終わらせるまでゲームをしてはだめだぞ。

You ＿＿ [9] ＿＿ ＿＿ [10] ＿＿ ＿＿ your homework.

（① games ② play ③ if ④ before ⑤ must ⑥ finish ⑦ you ⑧ not ）

(6) 私たちの町にはこの湖より大きいものはないわよ。

Nothing ＿＿ [11] ＿＿ ＿＿ [12] ＿＿ ＿＿ .

（① larger in ② this ③ is ④ town ⑤ our ⑥ than ⑦ lake ⑧ there ）

【６】 次の各文について，下線を引いた部分に誤りのある箇所をそれぞれ①～④から１つずつ選び，その番号をマークしなさい。ただし，誤りのある箇所がない場合は，⑤をマークしなさい。

(1) ① I was not born in the U.S, like you, ② so I don't think ③ I'm as a good English speaker ④ as you are. ⑤誤りなし

(2) ① Here was hot ② like a desert yesterday, ③ so a lot of cold drinks were sold ④ in the stores. ⑤誤りなし

(3) ① My parents hope my dream to come true ② because I practice soccer hard ③ every day ④ to become a professional soccer player. ⑤誤りなし

(4) ① Though he plays basketball ② very well, ③ he isn't good at playing ④ online basketball games. ⑤誤りなし

(5) ① Meg has been playing the piano ② since twelve years, ③ so she is often asked to play ④ in front of her classmates. ⑤誤りなし

(6) ① The new program I shared ② with you yesterday ③ has helped many students ④ improve their English. ⑤誤りなし

【理　科】（50分）　＜満点：100点＞

1　植物のつくりと成長について調べるため，次の**観察１～３**を行いました。これに関して，あとの(1)~(4)の問いに答えなさい。

観察１

ある植物の花を取り，めしべ，おしべ，花弁，がくをピンセットで取りはずして分解した。**図１**は，取りはずした花の部分を，台紙の上に並べたものである。

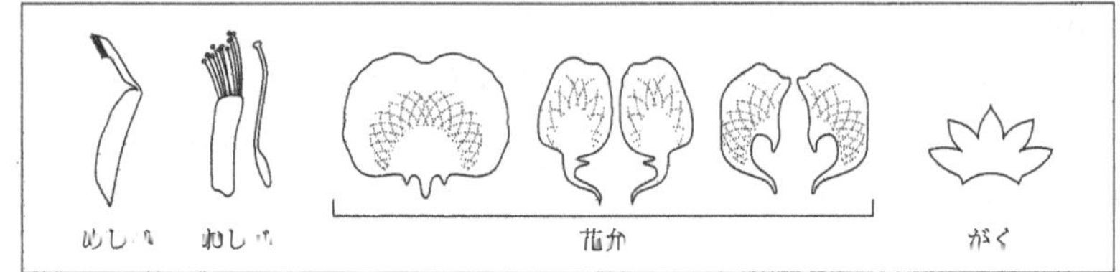

観察２

❶　**観察１**と同じ植物の種子を，水で湿らせた脱脂綿の上にのせて発芽させた。

❷　根が１cm程度のびたところで，**図２**のように，根に等間隔の印a～dをつけた。

❸　さらに根を成長させたところ，根につけた印の間隔が変化した。

図２

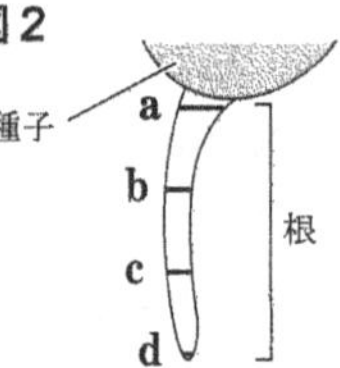

観察３

❶　**観察２**のあと，**図２**の根の一部を３mmほどカッターナイフで切り取って，スライドガラスにのせた。

❷　❶の根にある操作を行ったあと，酢酸オルセイン液を１滴落として，さらに５分間置いた。**図３**のように，ここにカバーガラスをかけ，上からろ紙をかぶせて指で押しつぶしたあと，顕微鏡で観察した。

図３

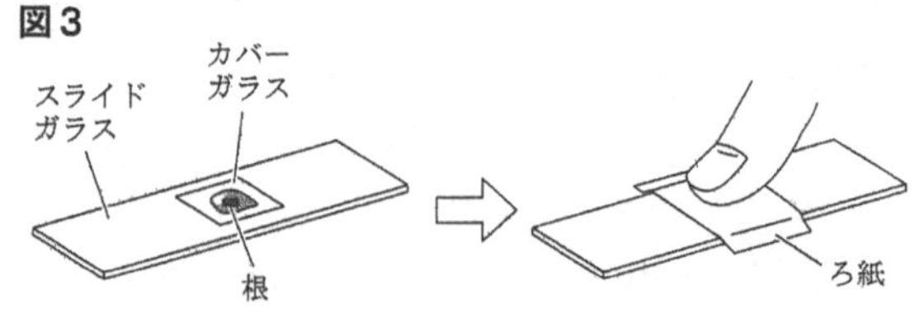

図４は，このとき顕微鏡で観察された細胞のようすである。この部分では細胞が多数集まっており，Aのように核の見えている細胞や，BやCなどのように，ひも状の染色体や，染色体がかたまりになったものなどの見えている細胞があった。

図４

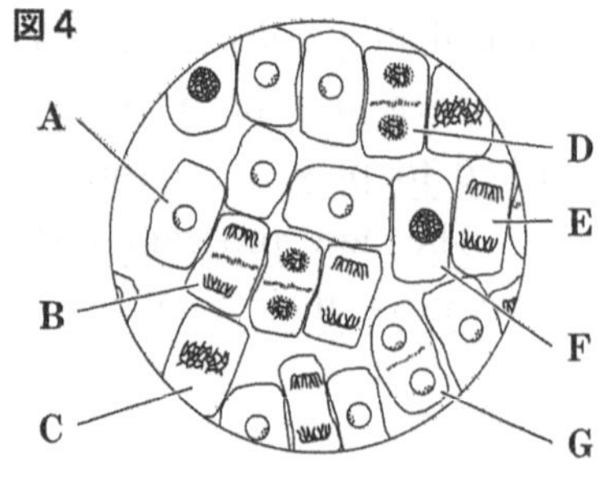

(1) 次の**ア**～**カ**のうち，**観察１**で用いた植物について正しく述べた文を組み合わせたものを，あとの①～⑥のうちから一つ選びなさい。

ア アブラナである。　**イ** エンドウである。
ウ 子葉の枚数が１枚の植物である。　**エ** 子葉の枚数が２枚の植物である。
オ 自然な状態では自家受粉をする。　**カ** 自然な状態では他家受粉をする。

① **ア**，**ウ**，**オ**　② **ア**，**エ**，**オ**　③ **ア**，**エ**，**カ**
④ **イ**，**ウ**，**オ**　⑤ **イ**，**エ**，**オ**　⑥ **イ**，**エ**，**カ**

(2) **観察２**における，根につけた印の間隔の変化について述べた文を**Ⅰ群**の①～④のうちから，**観察３**の❷における，下線部のある操作を**Ⅱ群**の①～④のうちから，最も適当なものをそれぞれ一つ選びなさい。

Ⅰ群 ① a～d間がすべて均等に広くなった。
② ab間が最も広くなった。
③ bc間が最も広くなった。
④ cd間が最も広くなった。

Ⅱ群 ① 細胞分裂が活発に行われるようにするため，根に温めたうすい塩酸を１滴落とした。
② 細胞分裂が活発に行われるようにするため，根に温めたエタノールを１滴落とした。
③ 細胞どうしが離れやすくなるようにするため，根に温めたうすい塩酸を１滴落とした。
④ 細胞どうしが離れやすくなるようにするため，根に温めたエタノールを１滴落とした。

(3) **観察３**で，**図４**のＡを１番目，Ｇを７番目として，細胞分裂が進んでいく順にしたがってＡ～Ｇを並べたとき，４番目にあたるものを，次の①～⑤のうちから一つ選びなさい。

① Ｂ　② Ｃ　③ Ｄ　④ Ｅ　⑤ Ｆ

(4) **観察３**で見られたような体細胞分裂や，生物のふえ方について述べた文として**適当ではないもの**を，次の①～⑥のうちから一つ選びなさい。

① 体細胞分裂が行われる前に，染色体は複製されて数が２倍になる。
② 体細胞分裂の前後で染色体の数は変化せず，生物の種類ごとに染色体の数は決まっている。
③ 植物の根は，体細胞分裂によって細胞の数がふえ，それらの細胞が成長することでのびていく。
④ ある生物の体細胞に含まれる染色体の数は，生殖細胞に含まれる染色体の数とは異なる。
⑤ 体細胞分裂によってふえる無性生殖を行う生物には，植物だけでなく動物もいる。
⑥ 生物の体が２つに分裂して新しい個体をつくる無性生殖を，栄養生殖という。

2 日本の気象について調べるため，次の**観測**と**実験**を行いました。これに関して，あとの(1)～(4)の問いに答えなさい。

観測

２月下旬のある日に，千葉県の地点Ｘで気象観測を行った。次のページの**図１**は，この日の11時から23時までの，気温，湿度，風向の変化をグラフにまとめたものである。

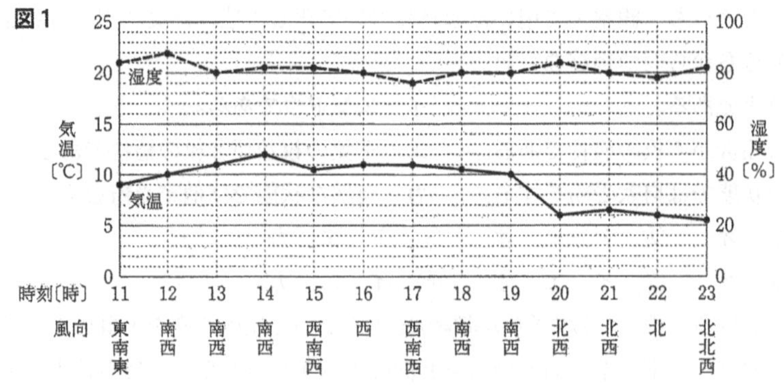

図２は，この日の11時における日本付近の天気図である。この日，観測を行っている間に，図２の前線A，Bをともなった低気圧が地点Xの上空を通過した。また，低気圧が通過したあとは，日本の多くの地域で気温が下がった。

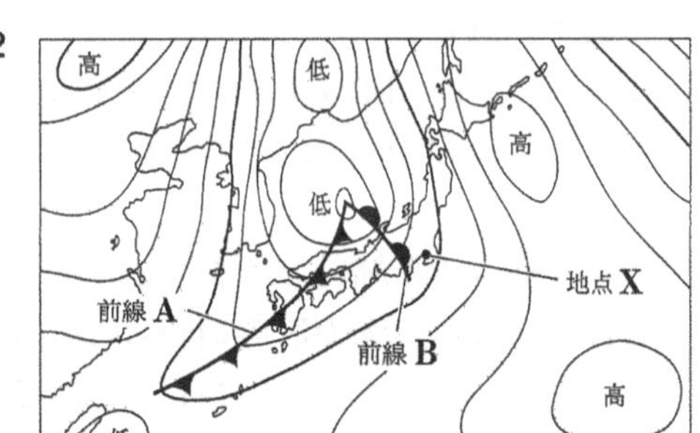

実験

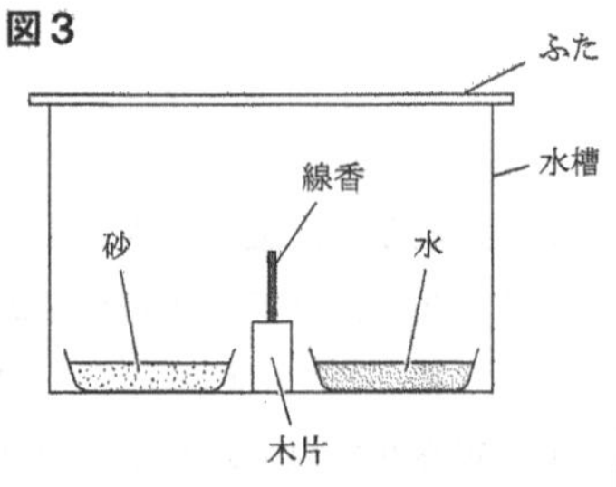

❶ 図３のように，透明な水槽の中央に仕切りとなる木片を入れて，線香を立てた。仕切りの片側にはプラスチックの容器に入れた砂を，反対側には同じ大きさのプラスチックの容器に入れた水を，それぞれ置いた。このとき，砂と水の温度を測定すると，どちらも15℃であった。

❷ 水槽にふたをして，日光のよく当たる屋外に30分間置いてからふたを開け，線香に火をつけて再びふたをした。その結果，線香の煙が水槽の中で動くようすが見られた。

❸ 線香を取り出し，水槽にふたをして，日光の当たらない部屋の中に30分間置いてからふたを開け，線香を立てて火をつけて再びふたをした。その結果，線香の煙が水槽の中で動くようすが見られた。

(1) 観測を行った日の気温と湿度について述べた次の文の P ， Q にあてはまるものの組み合わせとして最も適当なものを，あとの①～④のうちから一つ選びなさい。

> 地点Xにおいて，12時の空気と19時の空気を比べると，12時の空気の方が露点が P 。また，16時の空気と21時の空気を比べると，16時の空気の方が１ m^3 中に含まれる水蒸気の量が Q 。

① P：低い　Q：少ない　　② P：低い　Q：多い
③ P：高い　Q：少ない　　④ P：高い　Q：多い

(2) 観測を行った日における地点Xの天気について，図１から考えられることとして最も適当なものを，次の①～④のうちから一つ選びなさい。

① 14時から15時にかけて，前線A付近にできた積乱雲が狭い範囲に雨を降らせた。
② 14時から15時にかけて，前線A付近にできた乱層雲が広い範囲に雨を降らせた。
③ 19時から20時にかけて，前線A付近にできた積乱雲が狭い範囲に雨を降らせた。
④ 19時から20時にかけて，前線A付近にできた乱層雲が広い範囲に雨を降らせた。

(3) **実験**の❷で，図３の水槽内で線香の煙が動く向きを矢印で表したものとして最も適当なものを，次の①～④のうちから一つ選びなさい。

①
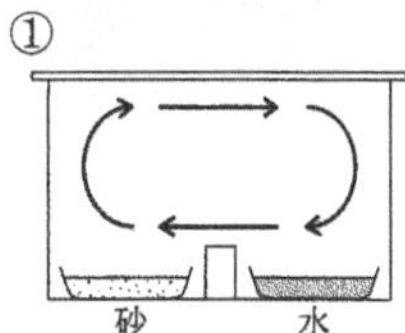

②
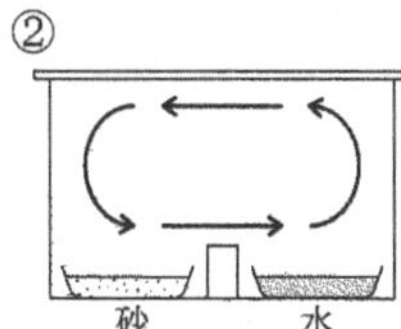

③
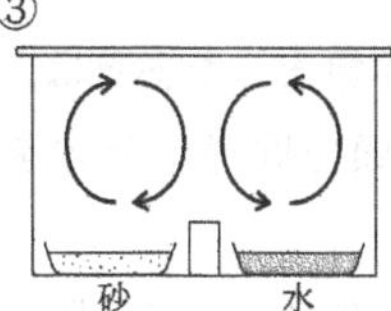

④
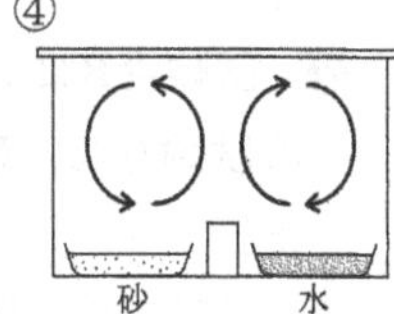

(4) **観測**で下線部のようになったことで，日本では，冬に典型的な西高東低の気圧配置になったと考えられる。このとき日本列島にふいた風について述べた次の文の R ～ U にあてはまるものの組み合わせとして最も適当なものを，あとの①～④のうちから一つ選びなさい。

> 下線部のとき，日本列島には R へ向かって風がふいた。この向きに風がふいたのは，大陸上の気温が太平洋上の気温よりも S ことで，大陸上の気圧が T ためである。**実験**においては， U での線香の煙の動きが，このときの風を表している。

① R：太平洋から大陸　S：下がった　T：上がった　U：❷
② R：太平洋から大陸　S：上がった　T：下がった　U：❸
③ R：大陸から太平洋　S：下がった　T：上がった　U：❸
④ R：大陸から太平洋　S：上がった　T：下がった　U：❷

3 いろいろな気体について**調べたこと**をまとめ，気体の性質について次の**実験**を行いました。これに関して，あとの(1)～(4)の問いに答えなさい。

調べたこと

・理科の授業では，化学変化によって気体が発生するいろいろな実験を行ってきた。図１のⅠ～Ⅲは，気体が発生する化学変化を原子のモデルで表したものであり，a～cには，それぞれの化学変化で発生する気体の分子のモデルが一つずつあてはまる。ただし，同じ記号は同一元素を表しており，また，Ⅰ～Ⅲのうち，Ⅲは，炭酸水素ナトリウムと塩酸の反応を表している。

図１

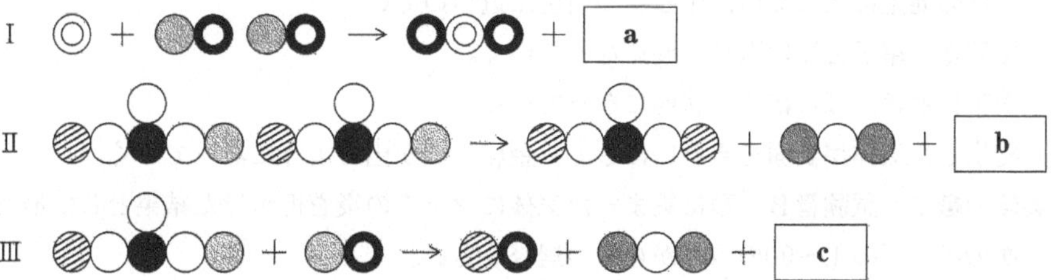

実験

調べたことの図１における，Ⅰの化学変化を使って次の実験を行った。

❶　容積が80cm³である大型の試験管Aに，うすい塩酸を20cm³入れた。ここに金属片Xを入れ，ガラス管の先から気体が出てきたらすぐに，**図２**のような装置で，容積が40cm³である小型の試験管Bに集めてゴム栓をした。

図２

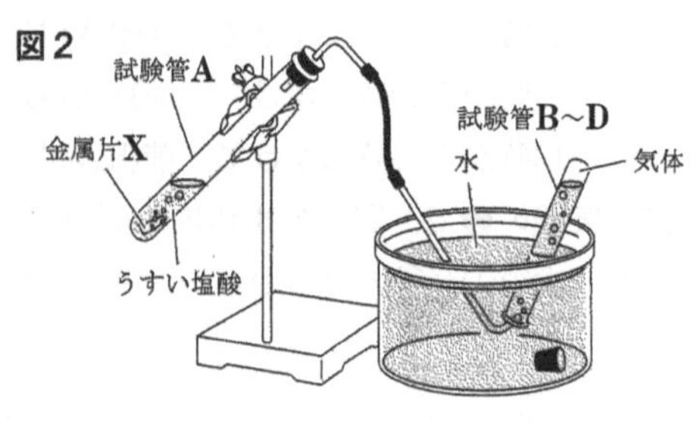

❷　試験管Bに気体が集まったあとは，小型の試験管C，Dの順で同様に気体を集めた。

❸　試験管B～Dの気体について，**図３**のように，ゴム栓をはずしてマッチの炎を近づけた。その結果，それぞれの試験管で次の**あ**～**う**のいずれかの結果が見られた。

図３

あ　音をたてて，気体が一瞬で燃えた。

い　試験管の口付近に小さく火がつき，ゆっくり燃えた。

う　気体は燃えず，何も起こらなかった。

(1)　図１のａとｂとして考えられる物質の組み合わせを，次の①～⑥のうちから一つ選びなさい。

①　ａ：二酸化炭素　ｂ：酸素　　②　ａ：二酸化炭素　ｂ：水素
③　ａ：酸素　ｂ：二酸化炭素　　④　ａ：酸素　ｂ：水素
⑤　ａ：水素　ｂ：二酸化炭素　　⑥　ａ：水素　ｂ：酸素

(2)　図１のｃの気体について正しく述べた文をすべて選んだ組み合わせを，あとの①～⑧のうちから一つ選びなさい。

ア　特有のにおいがある。　　**イ**　石灰水に通じると，白くにごる。
ウ　空気よりも密度が大きい。　　**エ**　有機物が燃焼したときに発生する。
オ　水に非常によく溶ける。　　**カ**　水に溶けると酸性を示す。

①　**ア，ウ，エ**　　②　**ア，ウ，エ，カ**　　③　**ア，エ，オ**
④　**イ，ウ，エ，カ**　　⑤　**イ，エ，オ**　　⑥　**ウ，エ，オ，カ**
⑦　**ウ，エ，カ**　　⑧　**エ，オ，カ**

(3)　**実験**で，気体が発生し続けたとき，金属片Xはどのようになるか。最も適当なものを，次の①～④のうちから一つ選びなさい。

①　気体の発生にともない，少しずつ白色に近づいていく。
②　塩素から電子を受け取り，硬くなっていく。
③　次第にとけ，ぼろぼろの状態になっていく。
④　発生した気体が表面をきれいにして，金属光沢が出るようになっていく。

(4)　**実験**の❸で，試験管B～Dに集まった気体にマッチの炎を近づけた結果として最も適当なものを，次のページの①～⑥のうちから一つ選びなさい。

① 試験管Ｂではあ，Ｃではい，Ｄではうのようになった。
② 試験管Ｂではあ，Ｃではう，Ｄではいのようになった。
③ 試験管Ｂではい，Ｃではあ，Ｄではうのようになった。
④ 試験管Ｂではい，Ｃではう，Ｄではあのようになった。
⑤ 試験管Ｂではう，Ｃではあ，Ｄではいのようになった。
⑥ 試験管Ｂではう，Ｃではい，Ｄではあのようになった。

4 鏡で反射する光の道すじについて調べるため，次の**実験１～３**を行いました。これに関して，あとの(1)～(4)の問いに答えなさい。

実験１

❶ 水平な台に方眼用紙を敷き，その上に鏡Ａを，鏡面が西を向くようにして垂直に立てた。

❷ その状態から，鏡Ａ上の点Ｍを中心として，真上から見て時計回りに鏡Ａを27度回転させ，**図１**のように，光源装置の光を点Ｍに入射させたところ，光は点Ｍで反射して進んでいった。

図１

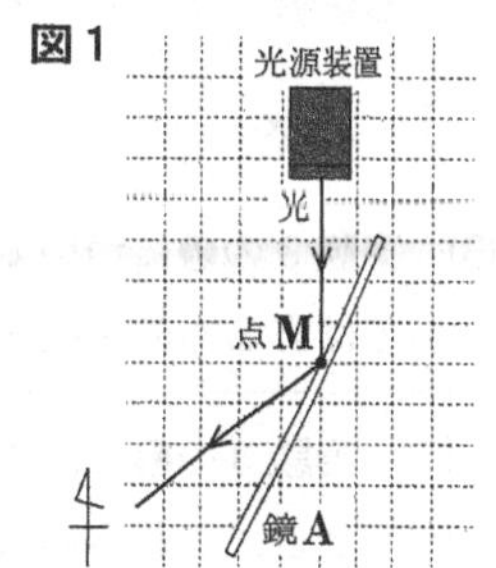

実験２

❶ 水平な台に方眼用紙を敷き，その上に鏡Ａを垂直に立てた。また，鏡Ａ上の点Ｍから西へ1.0m離れた同じ台の上に，**図２**のように，鏡Ａと同じ大きさの鏡Ｂを垂直に立てた。

❷ 光源装置の光を鏡Ａ上の点Ｍに入射させたところ，点Ｍで反射した光は鏡Ｂへと進み，さらに鏡Ｂ上の点Ｎで反射して，鏡Ａ上の点Ｍに戻るように進んだ。

図２

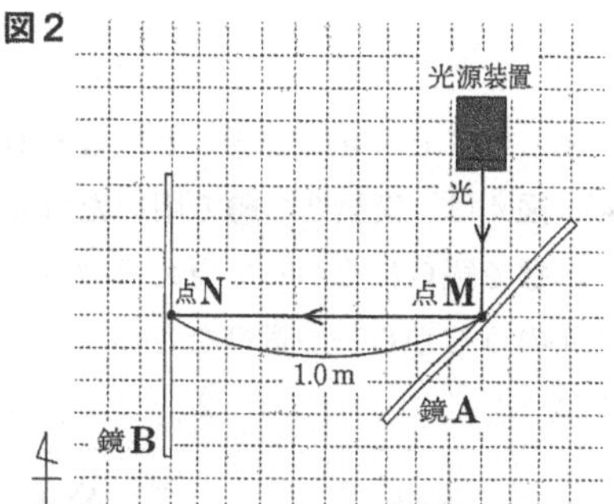

実験３

❶ 水平な台に方眼用紙を敷き，その上に３枚の鏡Ａ～Ｃを，それぞれ方眼用紙に垂直に立てた。

❷ 光源装置の光を鏡Ａ上の点Ｍに入射させたところ，点Ｍで反射した光は鏡Ｂへと進み，さらに鏡Ｂで反射して鏡Ｃへと進んだ。鏡Ｃで反射した光は，**図３**の①～④のいずれかの点を通過して進んでいった。

図３

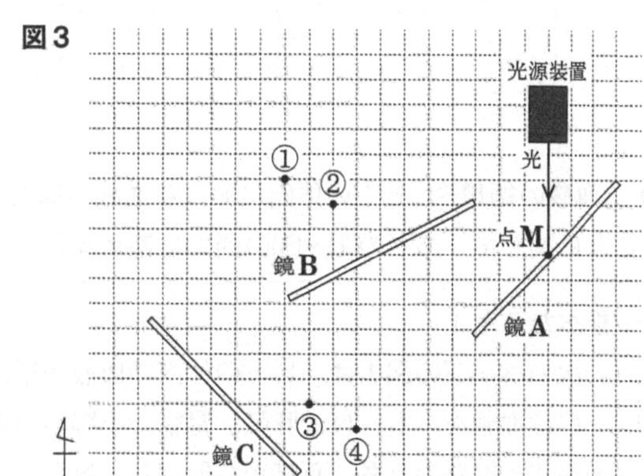

❸ **図３**から光源装置を取りのぞき，光源装置があった位置にコップを置いた。

❹ **図３**の①～④のうちの，❷で光が通過した点から鏡Ｃを見たところ，コップの像が鏡Ｃにうつって見えた。

(1) **実験1**で，**図1**の点Mに入射する光の入射角は何度か。[X]，[Y] にあてはまる数字を一つずつ選びなさい。

[X][Y] 度

(2) 光の速さは非常に速いことを利用し，地球から光（電波）を発して天体の表面で反射させ，光が戻ってくるまでにかかる時間を測定すれば，地球と天体とのおおよその距離を知ることができる。**実験2**で，光が点M－N間を1往復するのに x〔秒〕かかった場合，「地球から発した光Pが月面で反射して地球へ戻ってくる」という例において，光Pが発せられてから戻ってくるまでにかかる時間は，どのような式で求めることができるか。次の①～④のうちから一つ選びなさい。ただし，光を発する地球上の地点と光を反射する月面上の地点との距離を y〔m〕とし，大気による影響は考えず，光は直進するものとする。

① $2y \times \frac{x}{1.0}$　② $2y \times \frac{1.0}{x}$　③ $2y \times \frac{x}{2.0}$　④ $2y \times \frac{2.0}{x}$

(3) **実験3**の❷について述べた次の文の [P] にあてはまるものをあとの①～⑥のうちから，[Q] にあてはまるものを**図3**の①～④のうちから，最も適当なものをそれぞれ一つ選びなさい。

> **実験3**の❷で，光が鏡A，B，Cで反射したときの光の反射角をそれぞれa，b，cとしたとき，これらの大きさの関係は [P] となる。最終的に鏡Cで反射したあとの光は，**図3**の [Q] の点を通過していった。

① a＜b＜c　② a＜c＜b　③ b＜a＜c
④ b＜c＜a　⑤ c＜a＜b　⑥ c＜b＜a

(4) **図4**は，**実験3**の❸で用いたコップを南側から見たようすである。**実験3**の❹で鏡Cにうつって見えるコップの像として最も適当なものを，次の①～④のうちから一つ選びなさい。

図4

①

②

③

④

5 血液の循環や，ヒトの体内における血液のはたらきについて，**調べたこと1，2**をまとめました。これに関して，あとの(1)～(3)の問いに答えなさい。

調べたこと1

次のページの**図1**は，ヒトの体内で血液が循環する道すじを模式的に表したものであり，A～Gは血管を，L～Nは肝臓，腎臓，小腸のいずれかの器官を，それぞれ表している。血液が循環する経路のうち，心臓から器官L～Nなど，肺以外の全身をまわって再び心臓へ戻る経路を体循環といい，心臓から肺を通って再び心臓へ戻る経路を肺循環という。

血液を送り出すのは，**図1**の中央付近に示された心臓の役割である。心臓が拍動することで，血液は全身をめぐっている。**図2**は，心臓の断面を正面から見たようすを模式的に表したものである。心臓はａ～ｄの部分に分かれており，これらの部分が順に縮んだり広がったりすることで，体内に血液を送り続けている。

図１

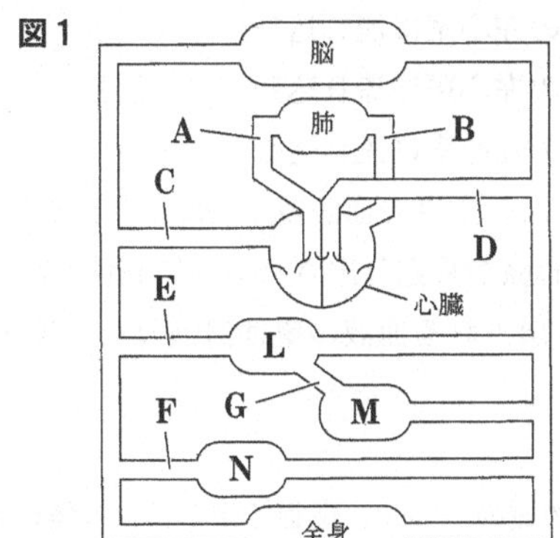

図２

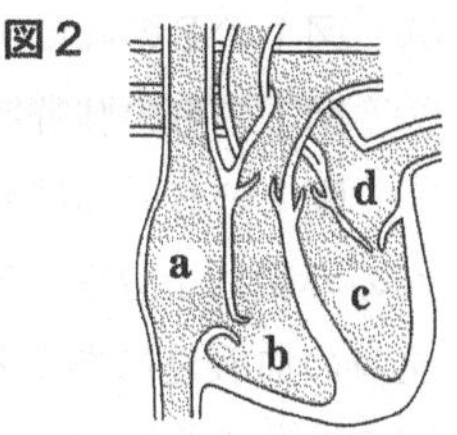

図３

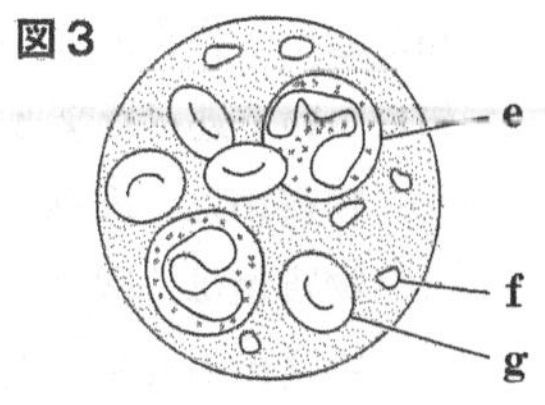

調べたこと２

血液には，いろいろな成分が含まれている。**図３**は，ヒトの血液を顕微鏡で観察したようすを模式図に表したものであり，ｅ～ｇは血液中の固形成分を表している。これらの成分にはそれぞれ異なるはたらきがあり，細胞に必要な物質や，体内で不要となった物質は，血液の流れによって運搬される。

(1) 体循環において，**図１**の血管Ｇを流れる血液について述べた次の文の P にあてはまるものを**Ｐ群**の①～④のうちから，Q にあてはまるものを**Ｑ群**の①～④のうちから，R にあてはまるものを**Ｒ群**の①～④のうちから，最も適当なものをそれぞれ一つ選びなさい。

ヒトが食事をしたあと，**図１**の血管Ｇには，養分を多く含む血液が流れている。この養分とは P と Q であり，このうち Q の一部は，器官Ｌと筋肉で R に変えられて貯蔵される。

Ｐ群：① ブドウ糖　② アミノ酸　③ 脂肪酸　④ モノグリセリド
Ｑ群：① ブドウ糖　② アミノ酸　③ 脂肪酸　④ モノグリセリド
Ｒ群：① 脂肪　② アミラーゼ　③ トリプシン　④ グリコーゲン

(2) 肺循環と心臓のはたらきについて，次の(a)，(b)の問いに答えなさい。

(a) 肺循環において，肺で取り入れた酸素を全身へ運搬する血液中の成分を**Ⅰ群**の①～⑥のうちから，肺を通って心臓へ戻る血液について述べた文を**Ⅱ群**の①～⑧のうちから，最も適当なものをそれぞれ一つ選びなさい。

Ⅰ群
① **図３**のｅの赤血球　② **図３**のｅの白血球
③ **図３**のｆの赤血球　④ **図３**のｆの白血球
⑤ **図３**のｇの赤血球　⑥ **図３**のｇの白血球

Ⅱ群
① **図１**のＡの肺動脈を通り，**図２**のａの右心房に流れ込む。
② **図１**のＡの肺動脈を通り，**図２**のａの右心室に流れ込む。
③ **図１**のＡの肺静脈を通り，**図２**のａの右心房に流れ込む。

④　図１のＡの肺静脈を通り，図２のａの右心室に流れ込む。
⑤　図１のＢの肺動脈を通り，図２のｄの左心房に流れ込む。
⑥　図１のＢの肺動脈を通り，図２のｄの左心室に流れ込む。
⑦　図１のＢの肺静脈を通り，図２のｄの左心房に流れ込む。
⑧　図１のＢの肺静脈を通り，図２のｄの左心室に流れ込む。

(b)　Ｓさんの心臓は１分間に75回拍動する。Ｓさんの全身の血液量が4230cm^{3}であり，体循環において全身の血液量にあたる4230cm^{3}がすべて心臓から送り出されるのに48秒かかるとした場合，１回の拍動で心臓から肺以外の全身へ送り出される血液の量は何cm^{3}か。［X］～［Z］にあてはまる数字を一つずつ選びなさい。

［X］［Y］.［Z］cm^3

(3)　**調べたこと**２の下線部の，体内で不要となった物質の一つに，細胞で生じる，人体に有害な物質ｍがある。物質ｍは，無害な物質ｎに変えられてから，尿として体外へと排出される。これらの物質について述べた文として最も適当なものを，次の①～⑤のうちから一つ選びなさい。

①　物質ｍは，細胞で脂肪が分解されるときに生じる。
②　物質ｍは，図１の血管Ｅを流れる血液に多く含まれる。
③　物質ｍもｎも，血液中の液体成分である組織液によって運ばれる。
④　図１の器官Ｎは，物質ｍを物質ｎに変えるはたらきをする。
⑤　図１の血管Ｆには，物質ｎをほとんど含まない血液が流れる。

6　生徒が，火山と火成岩について調べるため，次の**観察**を行いました。これに関して，あとの(1)～(4)の問いに答えなさい。

観察

マグマが冷え固まってできた岩石Ｘと，岩石Ｘが風化して砂になったものとを採取した。

・図１は，岩石の表面をみがき，図２のような双眼実体顕微鏡で観察したようすを表したものである。この岩石に含まれる鉱物は，白色や無色であるものの割合が大きく，全体的に白っぽい色に見えた。

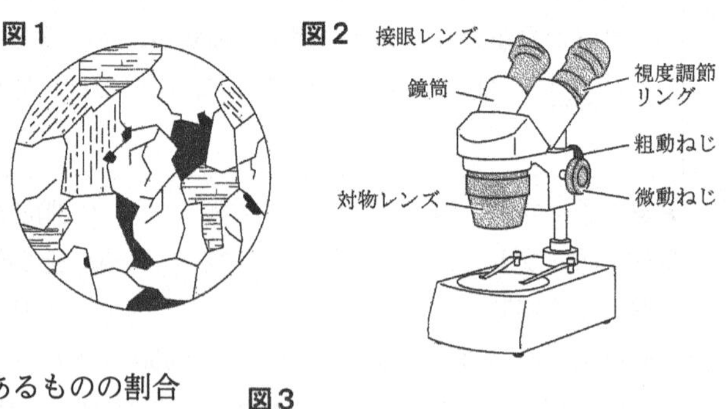

・砂については，火山灰の観察を行うときと同様に，少量の水とともに蒸発皿に入れて，何度か水をかえながら指で押し洗いするという操作を行った。その結果現れた鉱物の結晶について，一部を取り分け，粒の数をもとに含まれる鉱物の割合を調べた結果，おおよそ図３のような割合となることがわかった。

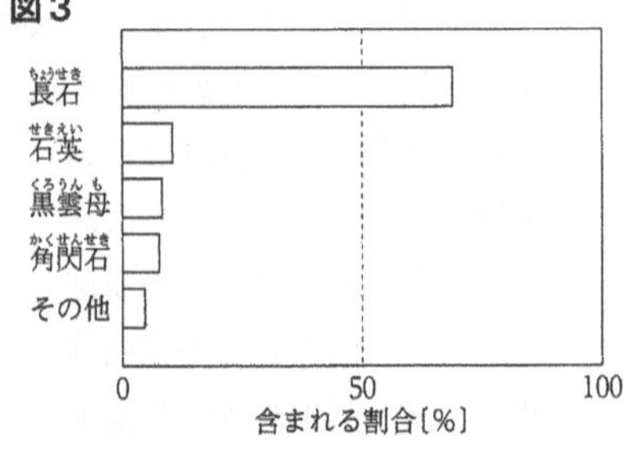

(1) 次のア～エを，双眼実体顕微鏡で観察を行う操作の順に左から並べたものはどれか。最も適当なものを，あとの①～⑧のうちから一つ選びなさい。

ア 左右の視野が重なって見えるよう，鏡筒の間隔を調節する。

イ 粗動ねじをゆるめ，観察物の大きさに合わせて鏡筒を上下させる。

ウ 接眼レンズを左目でのぞきながら，視度調節リングを回してピントを合わせる。

エ 接眼レンズを右目でのぞきながら，微動ねじを回してピントを合わせる。

① **ア→イ→ウ→エ**　② **ア→イ→エ→ウ**　③ **ア→ウ→エ→イ**　④ **ア→エ→ウ→イ**

⑤ **イ→ア→ウ→エ**　⑥ **イ→ア→エ→ウ**　⑦ **イ→ウ→エ→ア**　⑧ **イ→エ→ウ→ア**

(2) 次のア～エのうち，**観察**で見られた鉱物について正しく述べた文を組み合わせたものを，あとの①～⑥のうちから一つ選びなさい。

ア 長石は白色やうす桃色の鉱物で，柱状の形をしている。

イ 石英は無色や白色の鉱物で，不規則な割れ方をする。

ウ 黒雲母は黒色や褐色の鉱物で，丸みのある短い柱状である。

エ 角閃石は板状の形の鉱物で，決まった方向にうすくはがれる。

① **ア，イ**　② **ア，ウ**　③ **ア，エ**　④ **イ，ウ**　⑤ **イ，エ**　⑥ **ウ，エ**

(3) **図４**のAは傾斜のゆるやかな形の火山を，Bは盛り上がった形の火山を，それぞれ模式的に表したものである。**図１**の岩石Xができた火山について述べた文として最も適当なものを，次の①～④のうちから一つ選びなさい。

図４

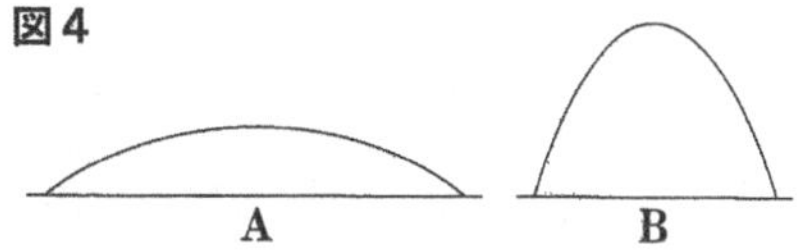

① キラウエアに代表される，**図４**のAのような形をした火山であった。

② キラウエアに代表される，**図４**のBのような形をした火山であった。

③ 昭和新山（しょうわしんざん）に代表される，**図４**のAのような形をした火山であった。

④ 昭和新山に代表される，**図４**のBのような形をした火山であった。

(4) マグマが冷え固まってできた岩石である火成岩は，火山岩と深成岩に分類することができる。また，火山岩と深成岩は，含まれる鉱物の種類や割合の違いによって，それぞれ３種類に分類できる。**表**は，火山岩をａ～ｃの３種類に，深成岩をｄ～ｆの３種類に，それぞれ分類したものであり，**表**の上段にある岩石ほど白っぽい色，下段にある岩石ほど黒っぽい色であるものとする。**図１**の岩石Xについて述べた文を**Ⅰ群**の①～④のうちから，その岩石の名称を**Ⅱ群**の①～⑥のうちから，最も適当なものをそれぞれ一つ選びなさい。

表

火山岩	深成岩
a	**d**
b	**e**
c	**f**

Ⅰ群
① 岩石Xは，斑状組織をもつことから，**表**のａに分類される。
② 岩石Xは，斑状組織をもつことから，**表**のｄに分類される。
③ 岩石Xは，等粒状組織をもつことから，**表**のａに分類される。
④ 岩石Xは，等粒状組織をもつことから，**表**のｄに分類される。

Ⅱ群
① 閃緑岩（せんりょくがん）　② 安山岩（あんざんがん）　③ 斑れい岩（はんれいがん）
④ 流紋岩（りゅうもんがん）　⑤ 花崗岩（かこうがん）　⑥ 玄武岩（げんぶがん）

7　金属のイオンへのなりやすさや，水溶液と金属板から電気を生み出すしくみについて調べるため，次の**実験１**，**２**を行いました。これに関して，あとの(1)～(3)の問いに答えなさい。

実験１

❶　９本の試験管を用意し，そのうちの３本にはうすい硫酸亜鉛水溶液を，３本にはうすい硫酸マグネシウム水溶液を，３本にはうすい硫酸銅水溶液を，それぞれ入れた。

❷　**図１**のように，同じ水溶液が入った３本ずつの試験管に，それぞれ亜鉛板，マグネシウム板，銅板を入れた。

❸　それぞれの金属板付近のようすを観察し，**表**にまとめた。

図１

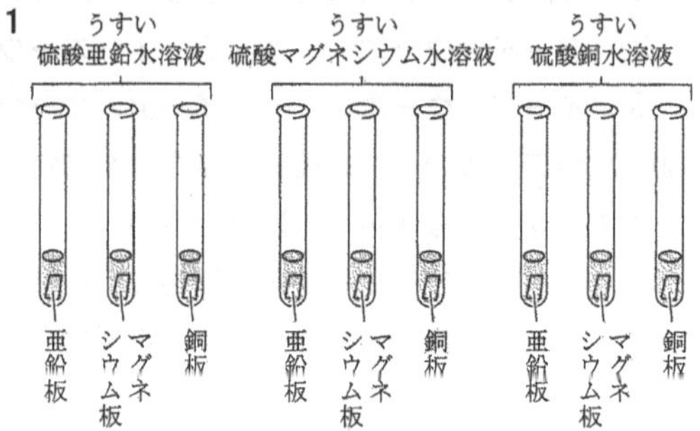

表

	うすい硫酸亜鉛水溶液	うすい硫酸マグネシウム水溶液	うすい硫酸銅水溶液
亜鉛板	変化なし	変化なし	金属板に赤色の物質が付着した。
マグネシウム板	金属板に黒色の物質が付着した。	変化なし	金属板に赤色の物質が付着した。
銅板	変化なし	変化なし	変化なし

実験２

❶　**図２**のようなダニエル電池用の容器に，２種類の溶液がすぐに混ざるのを防ぐ役割をするセロハンを取り付け，ビーカーに入れた。

❷　❶の容器の中には硫酸銅水溶液を，❶の容器の入っていないビーカーの中には硫酸亜鉛水溶液を入れ，硫酸銅水溶液には銅板を，硫酸亜鉛水溶液には亜鉛板を，それぞれさし込んで固定し，ダニエル電池をつくった。

図２

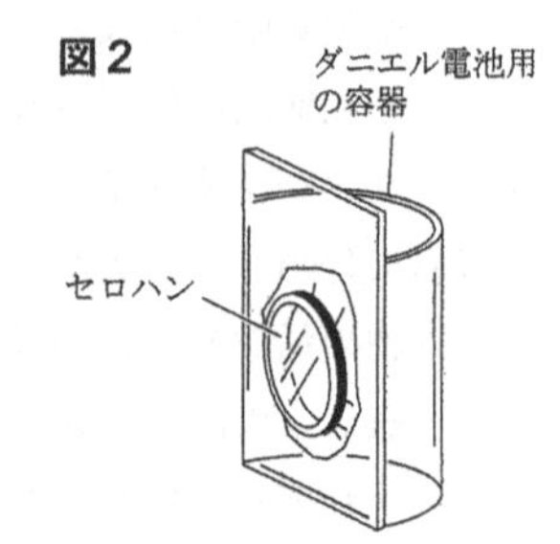

❸　**図３**のように，銅板と亜鉛板に，プロペラ付きモーターを導線で接続したところ，電流が流れ，プロペラが回転した。

図３

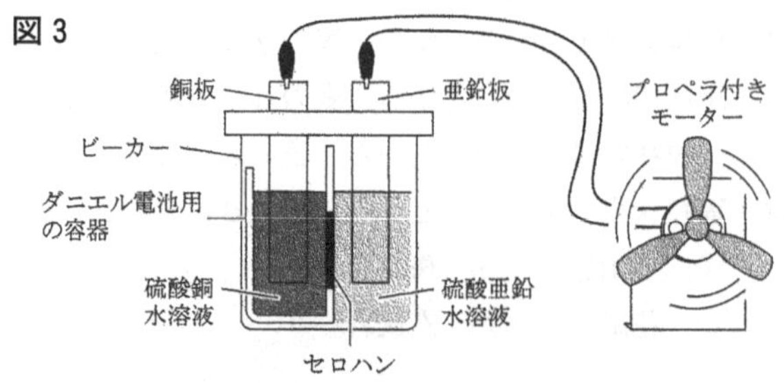

⑴　次の化学反応式は，硫酸亜鉛が水に溶けて電離しているようすを，化学式やイオンを表す化学式を用いて表したものである。ⓐ～ⓓにあてはまる数字についての関係式として最も適当なものを，次の①～④のうちから一つ選びなさい。

$$ZnSO_{ⓐ} \rightarrow Zn^{ⓑ+} + SO_{ⓒ}^{ⓓ-}$$

①　a＝b　　②　b＝d
③　c＝b　　④　c＝d

⑵　**実験２**のダニエル電池について，次の(a)，(b)の問いに答えなさい。

(a)　電極や電子について述べた文として最も適当なものを，次の①～④のうちから一つ選びなさい。

①　銅板が＋極，亜鉛板が－極となり，電子が銅板から導線を通って亜鉛板へ移動した。
②　銅板が＋極，亜鉛板が－極となり，電子が亜鉛板から導線を通って銅板へ移動した。
③　銅板が－極，亜鉛板が＋極となり，電子が銅板から導線を通って亜鉛板へ移動した。
④　銅板が－極，亜鉛板が＋極となり，電子が亜鉛板から導線を通って銅板へ移動した。

(b)　硫酸銅水溶液を硫酸マグネシウム水溶液にかえ，銅板ではなくマグネシウム板をさし込んで，プロペラ付きモーターをマグネシウム板と亜鉛板に導線で接続した。このときの結果について，**実験１**から考えられることを述べた次の文の［P］にあてはまるものを**P群**の①～⑥のうちから，［Q］にあてはまるものを**Q群**の①，②のうちから，最も適当なものをそれぞれ一つ選びなさい。

> **実験１**で用いた３種類の金属は，イオンになりやすい順に，左から［P］である。そのため，硫酸マグネシウム水溶液・マグネシウム板と硫酸亜鉛水溶液・亜鉛板という組み合わせでつくった電池では，**図２**のダニエル電池と［Q］にプロペラが回転する。

P群　①　亜鉛→銅→マグネシウム　　②　亜鉛→マグネシウム→銅
③　マグネシウム→銅→亜鉛　　④　マグネシウム→亜鉛→銅
⑤　銅→亜鉛→マグネシウム　　⑥　銅→マグネシウム→亜鉛

Q群　①　同じ向き　　②　反対の向き

⑶　**実験２**で，硫酸亜鉛水溶液の濃度を濃くして飽和状態に近いものを用いた場合，**実験２**の❸の結果と比べると，プロペラ付きモーターの回転する速さはどのようになるか。それを説明したものとして最も適当なものを，次の①～④のうちから一つ選びなさい。

①　亜鉛が溶けにくくなり，生じる電子が少なくなることから，モーターの回転する速さは遅くなる。
②　亜鉛が溶けやすくなり，生じる電子が多くなることから，モーターの回転する速さは速くなる。
③　銅が溶けにくくなり，生じる電子が少なくなることから，モーターの回転する速さは遅くなる。
④　銅が溶けやすくなり，生じる電子が多くなることから，モーターの回転する速さは速くなる。

8 電流と磁界について調べるため，次の**実験**１～３を行いました。これに関して，あとの(1)～(4)の問いに答えなさい。ただし，地球の磁場による影響はないものとし，電熱線以外の抵抗は考えないものとします。

実験１

❶ 図１のように，コイル，U字形磁石，抵抗の大きさが20Ωの電熱線Xを用いた装置をつくった。スイッチを入れて電流を流したところ，電流計は018Aを示し，コイルは矢印（⬅）で示した方向に動いた。

❷ 図１の装置の電熱線Xに，図２のように，抵抗の大きさがわからない電熱線Yを並列につないだ。電源装置の電圧を❶のときの半分の大きさにして電流を流したところ，電流計は0.24Aを示し，コイルは図１のときと同じ向きに動いた。

図１
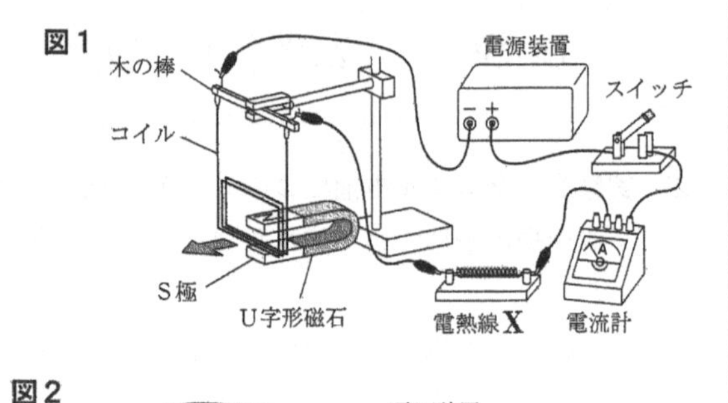

図２
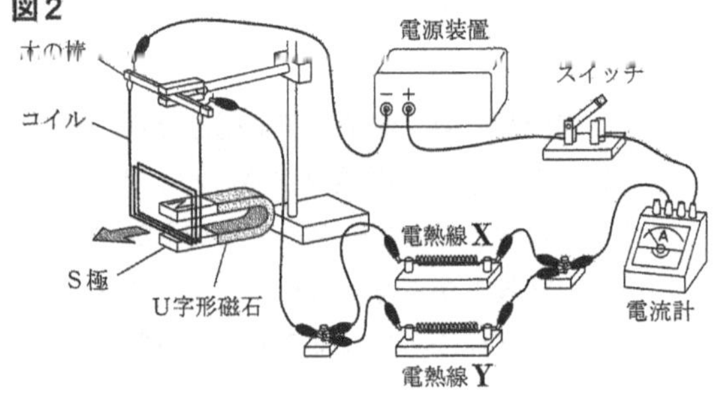

実験２

❶ 図３のように，コイルAを電源装置につなぎ，図４のように，真上から見てコイルAの東西南北にあたる周囲の点a～dに，方位磁針をそれぞれ置いた。

❷ 電源装置のスイッチを入れてコイルAに電流を流したところ，方位磁針の針はそれぞれ東西南北のいずれかの方位をさした状態で静止した。

図３　図４
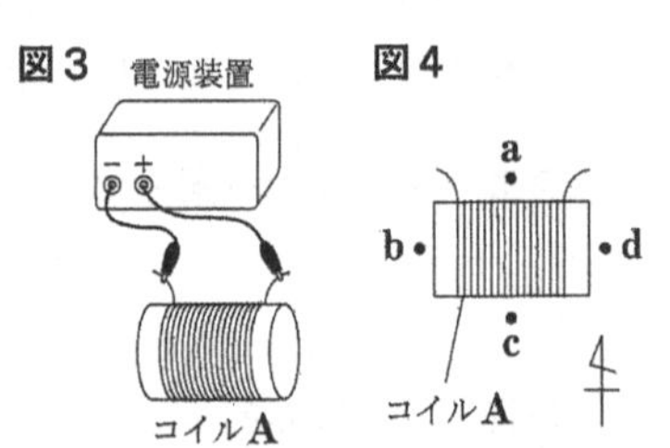

実験３

❶ **実験**２のコイルAの周囲から方位磁針を取りのぞき，図５のように，コイルAの右側にコイルAと同じ向きに巻いたコイルBを置いて，検流計をつないだ。

❷ 電源装置のスイッチを入れてコイルAに電流を流したところ，コイルBにつないだ検流計の針が左側（－側）に振れてから再び０に戻った。

図５
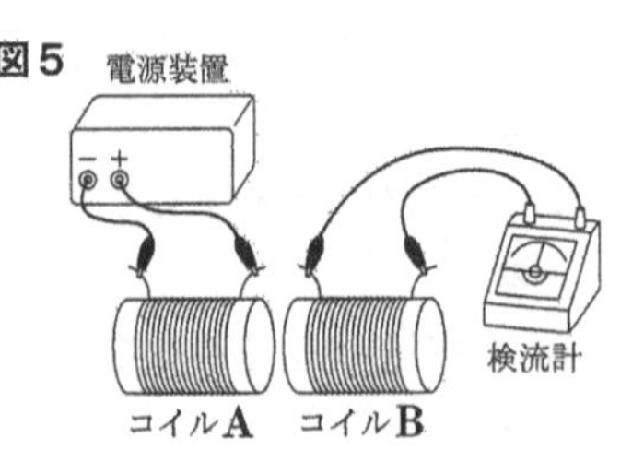

⑴ **実験１**の❶で，**図１**の装置に電流を流したときの電源装置の電圧として最も適当なものを，次の①～④のうちから一つ選びなさい。

① 0.9V　② 3.6V　③ 9.0V　④ 3600.0V

⑵ **実験１**では，U字形磁石の磁界と，コイルを流れる電流がつくる磁界によって力がはたらき，コイルが動いた。これについて述べた次の文の P ， Q にあてはまる数値を，あとの①～⑥のうちからそれぞれ一つ選びなさい。

> **実験１**の❷では，電源装置の電圧の大きさを，❶のときの半分にしたにもかかわらず，❶のときよりも大きな電流がコイルに流れており，回路全体の抵抗が，❶のときよりも小さい P Ωになっている。これは，❷では抵抗が20Ωの電熱線Xと，抵抗が Q Ωの電熱線Yを並列につないだためである。

① 3.2　② 7.5　③ 9.3　④ 12.0　⑤ 13.2　⑥ 16.8

⑶ 次のア～エのうち，**実験２**の❷での方位磁針について正しく述べた文をすべて選んだ組み合わせを，あとの①～⑥のうちから一つ選びなさい。

ア　点aとcの方位磁針は，互いに逆の方位をさした。
イ　点bとdの方位磁針は，互いに逆の方位をさした。
ウ　点cとdの方位磁針は，互いに逆の方位をさした。
エ　すべての方位磁針のうち，南をさした方位磁針は一つもなかった。

① ア，イ　② ア，ウ　③ ア，エ
④ イ，ウ　⑤ イ，エ　⑥ ウ，エ

⑷ **実験３**では，コイルAの中の磁界が変化したことで，電流が発生する現象が起こった。**実験１**の現象を利用した例と，**実験３**の現象を利用した例の組み合わせとして最も適当なものを，次の①～④のうちから一つ選びなさい。

	実験１の現象を利用した例	**実験３**の現象を利用した例
①	モーター	IH 調理器
②	モーター	燃料電池
③	非接触型 IC カード	IH 調理器
④	非接触型 IC カード	燃料電池

【社　会】（50分）　＜満点：100点＞

1　社会科の授業で，中学生のとうまさんは，「世界の国々の衣食住」に関するレポートを作成した。次の**資料１**は，「衣食住」についての説明であり，**資料２**は，インド，オランダ，サウジアラビア，カナダ及びインドネシアの「衣食住」などについて調べ，まとめたものの一部である。これに関して，あとの(1)～(4)の問いに答えなさい。

資料１　「衣食住」について

インターネットで，「衣食住」について調べてみたところ，次のような説明があった。

> １．衣服と食物と住居。生活をしていく基礎。
> ２．暮らしを立てていくこと。暮らし向き。生計。　（小学館「デジタル大辞泉」より）

上記のように，「衣食住」は，人間が生活をしていくうえで重要な基盤となっているもので，世界の人類に共通する概念といえる。そこで，世界各国の「衣食住」を知ることで，それぞれの国の気候や文化，風習，歴史などの理解を深めることができると考え，いくつかの国の「衣食住」やその他の生活に関することがらについて調べてみた。

資料２　インド，オランダ，サウジアラビア，カナダ及びインドネシアの「衣食住」などの説明

インド	この国の気候に適した，汗をよく吸収して速乾性が高いサリーと呼ばれる民族衣装が見られる。また，多くの国民が［　　　］を信仰しており，［　　　］で聖なる川とされているガンジス川で沐浴する人が多くいる。移動電話契約数が，2000年から2019年にかけて300倍以上に増加している。
オランダ	低湿地が多いため，現在でも木靴が農業や漁業の場では使用され，フォーレンダムの民族衣装が知られている。また，アムステルダムでは運河が広がり，居住用ボートであるハウスボートや水上住宅が多く見られる地域がある。2019年の移動電話契約数がこの５か国の中で最も少ないが，100人あたり契約数は最も多い。
サウジアラビア	イスラム教のきまりにより，女性はアバヤと呼ばれる目のあたりを除いて全身を黒い布で覆う衣服を身に付けている。また，強い日差しや砂ぼこりを避ける日干しレンガの家が多く見られる。2018年の一人一日あたり食料供給量の，穀物，いも類，野菜，肉類，牛乳・乳製品，魚介類の合計が，日本も含めた６か国の中で最も少ない。
カナダ	国土の大部分が冷帯（亜寒帯）のため，長く寒い冬に対応できる断熱に特化した居住環境となっている。また，移民大国であり，様々な人種・民族の食文化が共生している。2018年の一人一日あたり食料供給量を日本と比べると，いも類，野菜，肉類，牛乳・乳製品は日本よりも多いが，穀物，魚介類は日本よりも少ない。
インドネシア	女性は円筒状のゆったりとした腰布を着用し，代表的な民族衣装は，ワンピースとブラウスを組み合わせたケバヤである。ケチャップマニスと呼ばれるとろみのある甘いソースを使ったナシゴレンは，この国を代表する料理である。2018年の一人一日あたり食料供給量の内訳では，穀物が最も多く，肉類の約20倍である。

(1) **資料2**のインドの文章中の［　　］にあてはまる宗教について，その信者数にあてはまるものを次の**資料3**のa，bのうちから，その宗教に関することがらを下のc，dのうちから，それぞれ正しく選んだ組み合わせとして最も適当なものを，あとの**ア～エ**のうちから一つ選び，マークしなさい。

資料3　世界の宗教人口の割合（2020年）

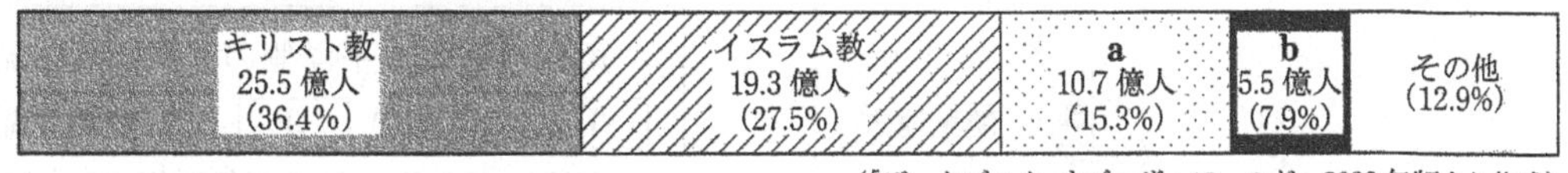

（「データブック オブ・ザ・ワールド」2022年版より作成）

> c　この宗教では，牛は神聖なものとされているので，信者は牛肉を食べない。
> d　この宗教では，豚はけがれたものとされているので，信者は豚肉を食べない。

ア　aとc　　**イ**　aとd　　**ウ**　bとc　　**エ**　bとd

(2) **資料2**のカナダは，2020年に同じ北アメリカ州に属しているアメリカ合衆国，メキシコとの間で新しい貿易協定を結んだ。この協定の略称として最も適当なものを，次の**ア～エ**のうちから一つ選び，マークしなさい。

ア　ASEAN　　**イ**　USMCA　　**ウ**　MERCOSUR　　**エ**　NAFTA

(3) 次のⅠ～Ⅳの文は，**資料2**のインド，オランダ，サウジアラビア，インドネシアに関連したできごとについて述べたものである。Ⅰ～Ⅳを年代の**古いものから順**に並べたものとして最も適当なものを，あとの**ア～エ**のうちから一つ選び，マークしなさい。

Ⅰ　インド人兵士のイギリス人上官への反乱がきっかけとなって，インド大反乱が起こった。
Ⅱ　スペインから独立したオランダは，東インド会社を設立して，アジアへの進出を強めた。
Ⅲ　第四次中東戦争に際し，サウジアラビアなどの産油国が石油供給を一時停止した。
Ⅳ　インドネシアのバンドンで，アジア・アフリカ会議が開かれ，平和共存路線が確認された。

ア　Ⅰ→Ⅱ→Ⅲ→Ⅳ　　**イ**　Ⅰ→Ⅱ→Ⅳ→Ⅲ　　**ウ**　Ⅱ→Ⅰ→Ⅲ→Ⅳ　　**エ**　Ⅱ→Ⅰ→Ⅳ→Ⅲ

(4) 次の**資料4**と**資料5**中のA～Eは，インド，オランダ，サウジアラビア，カナダ及びインドネシアのいずれかの国を示している。**資料2**を参考に，BとEにあてはまる国として最も適当なものを，あとの**ア～オ**のうちからそれぞれ一つずつ選び，マークしなさい。

資料4　日本とA～Eの一人一日あたり食料供給量

国名	穀物	いも類	野菜	肉類	牛乳・乳製品	魚介類
日本	383	68	255	143	130	128
A	490	83	242	12	294	19
B	711	189	122	36	13	121
C	521	45	166	128	112	30
D	255	194	159	192	757	60
E	302	215	279	253	451	60

単位：g　　2018年（「世界国勢図会2021/22」より作成）

資料5　A～Eの移動電話契約数

国名	契約数（千件）		100人あたり契約数（件）	
	2000年	2019年	2000年	2019年
A	3,577	1,151,480	0.3	84.3
B	3,669	341,278	1.7	126.1
C	1,376	41,299	6.7	120.5
D	10,755	21,762	67.5	127.3
E	8,727	34,367	28.5	91.9

（「世界国勢図会2021/22」より作成）

ア　インド　　**イ**　オランダ　　**ウ**　サウジアラビア　　**エ**　カナダ　　**オ**　インドネシア

2　日本を八つの地方に区分した次の図を見て，あとの(1)～(4)の問いに答えなさい。

(1)　次の文は，図中の**東北地方**について述べたものである。文中の Ⅰ ～ Ⅲ にあてはまる語の組み合わせとして最も適当なものを，あとの**ア**～**エ**のうちから一つ選び，マークしなさい。

> 東北地方の太平洋側の沖には，暖流の Ⅰ と寒流の Ⅱ がぶつかる潮目（潮境）があり，多くの魚が集まる好漁場となっているため，沿岸には， Ⅲ などの日本有数の漁港がある。

ア　Ⅰ：親潮　Ⅱ：黒潮　Ⅲ：石巻
イ　Ⅰ：親潮　Ⅱ：黒潮　Ⅲ：釧路
ウ　Ⅰ：黒潮　Ⅱ：親潮　Ⅲ：石巻
エ　Ⅰ：黒潮　Ⅱ：親潮　Ⅲ：釧路

(2)　右の**資料１**は，図中の**四国地方**に属しているある県の1987年～2000年における交通機関別の観光入込客数の推移を示したものである。**資料１**にあてはまる県として最も適当なものを，次の**ア**～**エ**のうちから一つ選び，マークしなさい。

ア　徳島県　　**イ**　香川県
ウ　愛媛県　　**エ**　高知県

資料１　ある県の観光入込客数の推移

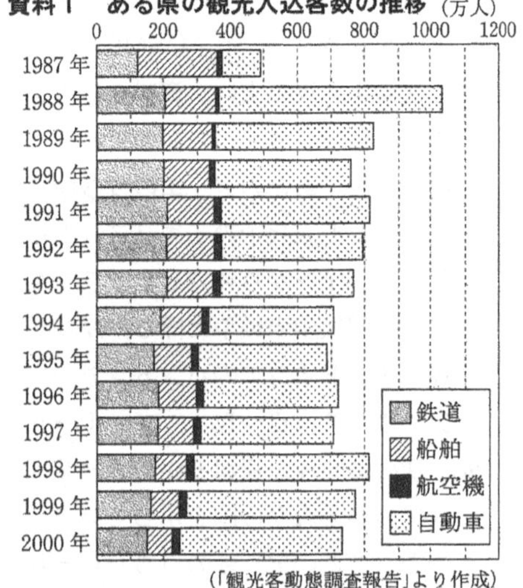

（「観光客動態調査報告」より作成）

(3)　次の**資料２**は，図中の**九州地方**に属している８県の米，畜産，野菜のいずれかの産出額を示したものである。**資料２**のXとYにあてはまるものの組み合わせとして最も適当なものを，あとの**ア**～**エ**のうちから一つ選び，マークしなさい。

資料２　九州地方の８県の農業産出額（2019 年）

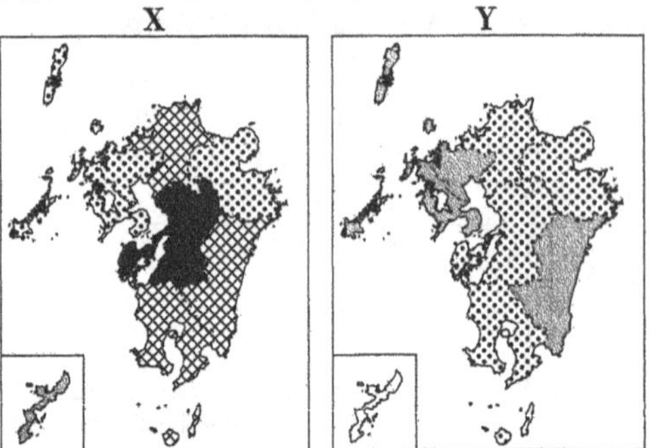

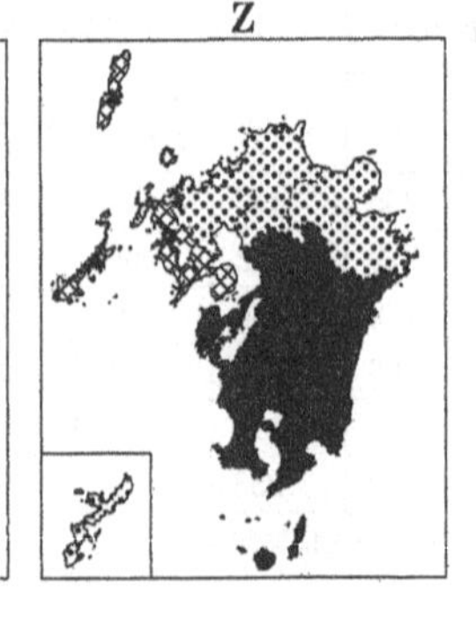

(単位：億円)
- 1000以上
- 500～1000未満
- 200～500未満
- 100～200未満
- 100未満

（「データでみる県勢 2022」より作成）

ア　X：米　Y：野菜　　**イ**　X：米　Y：畜産
ウ　X：野菜　Y：米　　**エ**　X：畜産　Y：米

(4) 次の地形図は，前のページの図中の**中部地方**に属している岐阜県のある地域を示したものである。これを見て，あとの①，②の問いに答えなさい。

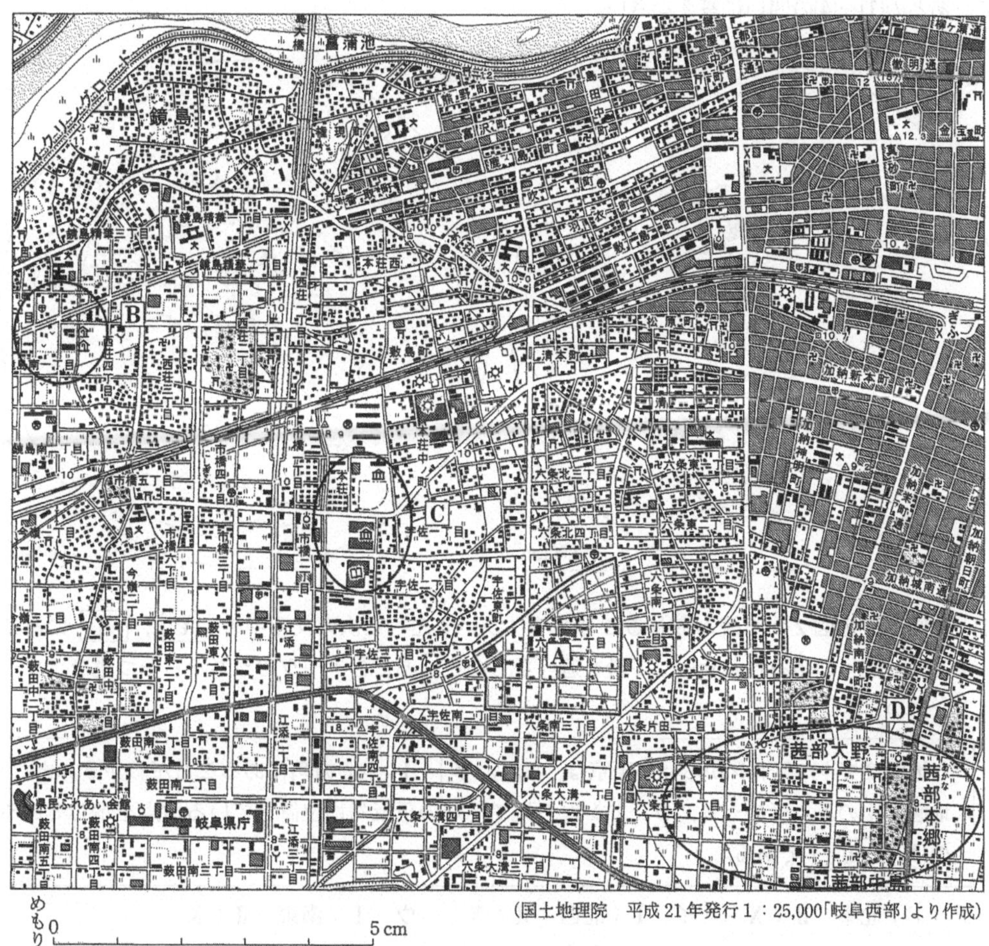

（国土地理院　平成21年発行１：25,000「岐阜西部」より作成）

① 地形図中にAで示した範囲の地形図上での面積は約 4 ㎠である。この範囲の実際の面積として最も適当なものを，次の**ア**～**エ**のうちから一つ選び，マークしなさい。

ア　約0.1km²　　**イ**　約0.25km²　　**ウ**　約0.5km²　　**エ**　約1.25km²

② 次のⅠ～Ⅳのうち，上の地形図から読み取れることがらについて正しく述べているものはいくつあるか。最も適当なものを，あとの**ア**～**エ**のうちから一つ選び，マークしなさい。

Ⅰ　JR「ぎふ」駅から見て，岐阜県庁はほぼ南西の方角にある。

Ⅱ　地形図中にBで示した範囲には，老人ホームが二つと，病院が一つある。

Ⅲ　地形図中にCで示した範囲には，博物館(美術館)が二つと，図書館が一つある。

Ⅳ　地形図中にDで示した範囲の大部分には，田(水田)が広がっている。

ア　一つ　　**イ**　二つ　　**ウ**　三つ　　**エ**　四つ

3 次の**地図１**は，中心の東京からの距離と方位が正しく表される図法で描かれたもので，**地図２**は，中心のロンドンからの距離と方位が正しく表される図法で描かれたものである。これらを見て，あとの⑴～⑷の問いに答えなさい。

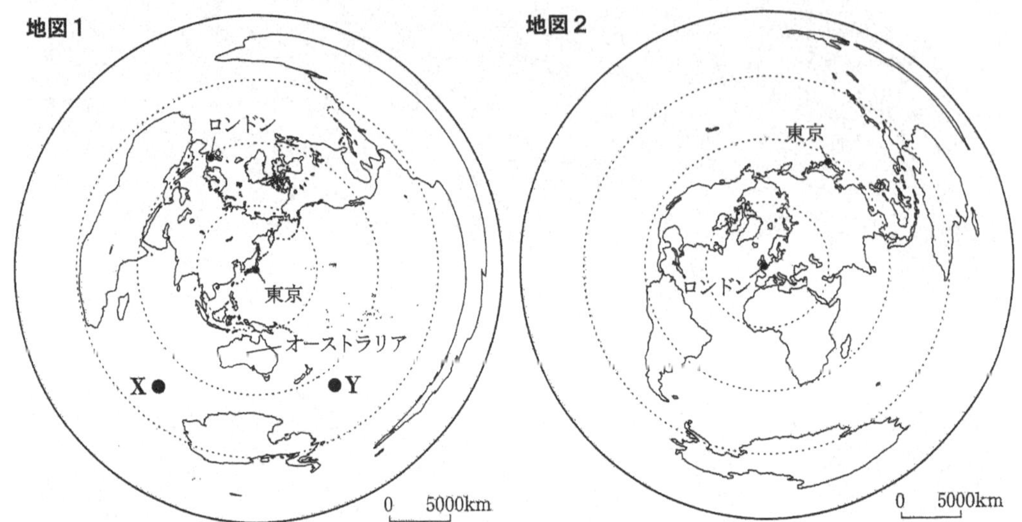

⑴ **地図１**と**地図２**から読み取れることがらについて述べた次の文章中の Ｉ ，Ⅱ にあてはまる語と記号の組み合わせとして最も適当なものを，あとの**ア～ク**のうちから一つ選び，マークしなさい。

> **地図２**で，ロンドンから見て東京は，おおよそ Ｉ の方角にあることがわかる。また，**地図１**中のX，Yのうち，ロンドンから見て地球の正反対に位置している地点を示しているのは，Ⅱ である。

ア Ｉ：北東 Ⅱ：X　**イ** Ｉ：北西 Ⅱ：X　**ウ** Ｉ：南東 Ⅱ：X
エ Ｉ：南西 Ⅱ：X　**オ** Ｉ：北東 Ⅱ：Y　**カ** Ｉ：北西 Ⅱ：Y
キ Ｉ：南東 Ⅱ：Y　**ク** Ｉ：南西 Ⅱ：Y

⑵ **地図１**と**地図２**を参考にして，次のⅠ，Ⅱの文章の正誤の組み合わせとして最も適当なものを，あとの**ア～エ**のうちから一つ選び，マークしなさい。

Ⅰ 東京から真東に進んで地球を一周すると，六大陸のうちの三つの大陸と，三大洋のすべての海洋を通って東京に戻ってくる。また，ロンドンから真南に進んで地球を一周しても，六大陸のうちの三つの大陸と，三大洋のすべての海洋を通ってロンドンに戻ってくる。

Ⅱ 東京から，ロンドンとアメリカ合衆国の首都ワシントンD. C. までの距離を比べると，ワシントンD. C. のほうがやや遠いが，ロンドンから，東京とワシントンD. C. までの距離を比べると，ワシントンD. C. のほうが近い。

ア Ｉ：正 Ⅱ：正　**イ** Ｉ：正 Ⅱ：誤　**ウ** Ｉ：誤 Ⅱ：正　**エ** Ｉ：誤 Ⅱ：誤

⑶ 次の文章と**資料１**は，みはるさんが，上の**地図１**中のオーストラリアについてまとめたレポートの一部である。文章中の Ｉ ～ Ⅲ にあてはまる語の組み合わせとして最も適当なものを，あとの**ア～エ**のうちから一つ選び，マークしなさい。

オーストラリアはさまざまな鉱産資源に恵まれている国で，右の**資料１**中にAで示した地域には［ Ⅰ ］，Bで示した地域には［ Ⅱ ］の産出地が分布しており，それぞれ近くの港から海外に輸出されている。また，**資料１**中のC，D，Eの地点を，年降水量の多い順に並べると，［ Ⅲ ］となる。

資料１

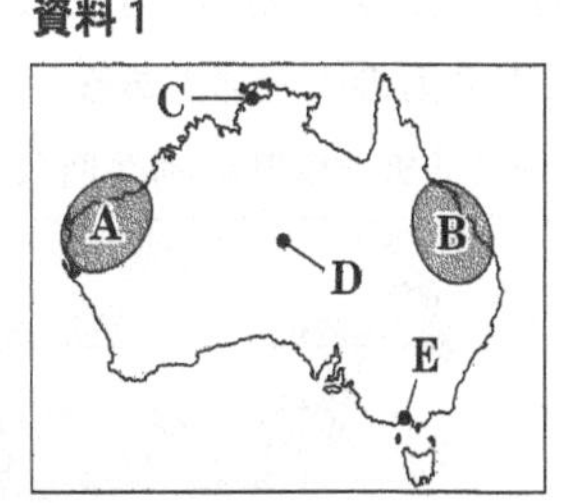

ア　Ⅰ：鉄鉱石　Ⅱ：石炭　Ⅲ：C→E→D
イ　Ⅰ：鉄鉱石　Ⅱ：石炭　Ⅲ：D→E→C
ウ　Ⅰ：石炭　Ⅱ：鉄鉱石　Ⅲ：C→E→D
エ　Ⅰ：石炭　Ⅱ：鉄鉱石　Ⅲ：D→E→C

(4)　次の**資料２**は，フランス，ドイツ，アルゼンチン及びウクライナの2016年から2019年にかけての小麦の生産量と輸出量を示したものである。あとのⅠ～Ⅳのうち，**資料２**から読み取れることがらについて正しく述べている文はいくつあるか。最も適当なものを，あとの**ア**～**エ**のうちから一つ選び，マークしなさい。

資料２　フランス，ドイツ，アルゼンチン及びウクライナの小麦の生産量と輸出量　（単位：千トン）

	生産量				輸出量			
	2016年	2017年	2018年	2019年	2016年	2017年	2018年	2019年
フランス	29,504	38,678	35,424	40,605	18,344	15,229	18,940	19,957
ドイツ	24,464	24,482	20,264	23,063	10,170	7,891	5,229	5,551
アルゼンチン	11,315	18,395	18,518	19,460	10,266	13,099	11,725	10,543
ウクライナ	26,099	26,209	24,653	28,370	17,921	17,314	16,373	13,290

（「世界国勢図会 2021/22」ほかより作成）

Ⅰ　４か国とも，生産量，輸出量のどちらも，2016年から2017年にかけては増加しており，2017年から2018年にかけては減少している。

Ⅱ　４か国の中で，2016年と2019年とを比べて生産量，輸出量ともに減少しているのはドイツだけで，生産量，輸出量ともに100万トン以上減少している。

Ⅲ　2019年における４か国の生産量の合計は１億トン以上で，4か国の輸出量の合計は5000万トン以上である。

Ⅳ　2019年における４か国の生産量に占める輸出量の割合を見ると，フランスとドイツは50％未満であるが，アルゼンチンとウクライナは50％以上である。

ア　一つ　　**イ**　二つ　　**ウ**　三つ　　**エ**　四つ

4　次のＡ～Ｄのパネルは，社会科の授業で，なぎささんたちが，「古代の建造物」をテーマに作成したものの一部である。これに関して，あとの(1)～(5)の問いに答えなさい。

Ａ：吉野ヶ里遺跡（弥生時代）

弥生時代になると，物見やぐらや高床倉庫がつくられるようになり，佐賀県の吉野ヶ里遺跡などから出土している。

Ｂ：法隆寺（飛鳥時代）

法隆寺は，７世紀初めごろに聖徳太子により建てられた。現存する世界最古の木造建築として，世界文化遺産に登録されている。

Ｃ：東大寺の大仏（奈良時代）

鎮護国家思想に基づいて，天災や疫病などから国家を守ろうとして建立された。ａ<u>東大寺はその後，戦乱により何度も焼失した</u>。

Ｄ：金剛峯寺（平安時代）

遣唐使とともに唐に渡った空海は，唐で密教を学び，帰国後，高野山に金剛峯寺を建てて真言宗を開いた。

(1)　パネルＡの時代の遺物として適当なものは，次の①～⑤のうちにいくつあるか。最も適当なものを，あとの**ア**～**オ**のうちから一つ選び，マークしなさい。

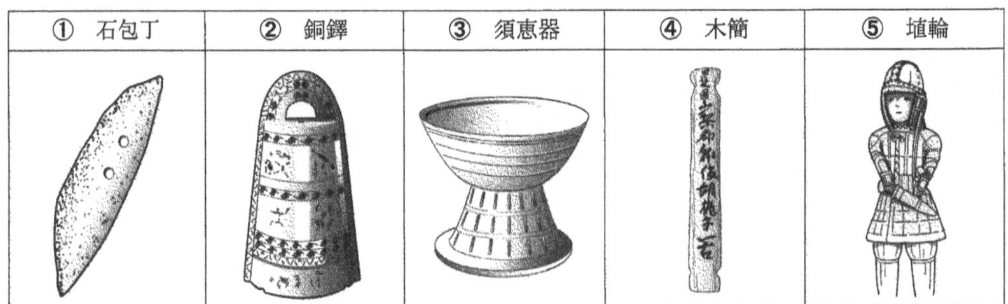

ア　一つ　　**イ**　二つ　　**ウ**　三つ　　**エ**　四つ　　**オ**　五つ

(2)　パネルＢの時代に起こった次のⅠ～Ⅳのできごとを，年代の**古いものから順**に並べたものとして最も適当なものを，あとの**ア**～**ク**のうちから一つ選び，マークしなさい。

Ⅰ　藤原京に都が移された。

Ⅱ　大海人皇子が即位して天武天皇となった。

Ⅲ　大宝律令が制定された。

Ⅳ　朝鮮半島に兵を送ったが，白村江の戦いに敗れた。

ア　Ⅱ→Ⅳ→Ⅲ→Ⅰ　　イ　Ⅰ→Ⅲ→Ⅳ→Ⅱ

ウ　Ⅲ→Ⅰ→Ⅳ→Ⅱ　　エ　Ⅳ→Ⅱ→Ⅰ→Ⅲ

オ　Ⅱ→Ⅲ→Ⅰ→Ⅳ　　カ　Ⅰ→Ⅱ→Ⅲ→Ⅳ

キ　Ⅲ→Ⅱ→Ⅰ→Ⅳ　　ク　Ⅳ→Ⅰ→Ⅲ→Ⅱ

(3)　パネルCの下線部ａに関連して，次の文章と**資料１**は，なぎささんが，鎌倉時代に再建された東大寺についてまとめたものである。文章中の［Ⅰ］，［Ⅱ］にあてはまる語の組み合わせとして最も適当なものを，あとの**ア**～**エ**のうちから一つ選び，マークしなさい。

> 鎌倉時代に東大寺が再建されたとき，右の**資料１**に示した南大門には，天竺様（てんじくよう）と呼ばれる［Ⅰ］の技術が取り入れられた。南大門の中には，［Ⅱ］らによって制作された金剛力士像が安置されている。
>
> **資料１**
>
> 

ア　Ⅰ：元　Ⅱ：観阿弥・世阿弥　　イ　Ⅰ：元　Ⅱ：運慶・快慶

ウ　Ⅰ：宋　Ⅱ：観阿弥・世阿弥　　エ　Ⅰ：宋　Ⅱ：運慶・快慶

(4)　パネルDの時代の文化について述べた次のⅠ，Ⅱの文の正誤の組み合わせとして最も適当なものを，あとの**ア**～**エ**のうちから一つ選び，マークしなさい。

Ⅰ　仮名文字を使った文学がさかんになり，清少納言は「枕草子」，紫式部は「源氏物語」を著した。

Ⅱ　浄土教（浄土の教え）がさかんになり，藤原頼通は宇治に阿弥陀堂である平等院鳳凰堂を建立した。

ア　Ⅰ：正　Ⅱ：正　　イ　Ⅰ：正　Ⅱ：誤　　ウ　Ⅰ：誤　Ⅱ：正　　エ　Ⅰ：誤　Ⅱ：誤

(5)　次の**資料２**は，パネルA～パネルDの時代に起こったできごとを年代の**古いものから順**に左から並べたものである。**資料２**中の［Ⅰ］，［Ⅱ］にあてはまるできごととして最も適当なものを，あとの**ア**～**オ**のうちから一つずつ選び，マークしなさい。

資料２

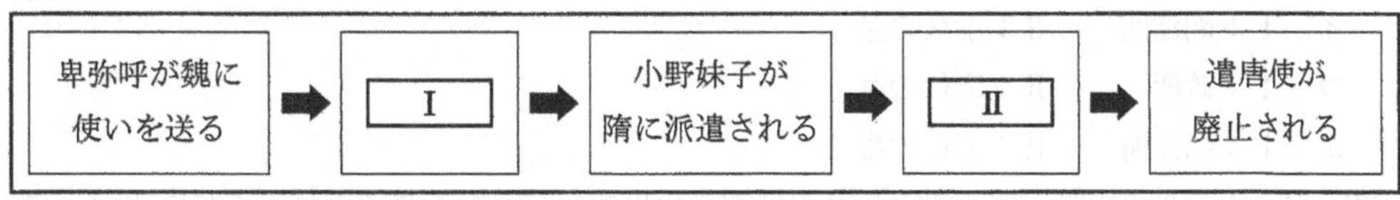

ア　坂上田村麻呂が征夷大将軍に任じられる

イ　平将門の乱が起こる

ウ　倭の奴国王が漢（後漢）に使いを送る

エ　白河上皇が院政を始める

オ　倭王武が中国の南朝に使いを送る

5　次の略年表は，ただしさんが，12世紀後半から19世紀後半までの主なできごとをまとめたものである。これを見て，あとの(1)～(5)の問いに答えなさい。

年代	主なできごと
1192	A <u>源頼朝が征夷大将軍に任じられる</u>
1232	武家社会の道理などをもとに，御成敗式目（貞永式目）が定められる
1338	足利尊氏が北朝の天皇から征夷大将軍に任じられる
	↕ B
1573	C <u>織田信長が足利義昭を追放して室町幕府を滅ぼす</u>
1603	D <u>徳川家康が征夷大将軍に任じられる</u>
1635	武家諸法度に参勤交代の制度が加えられる
	↕ E
1867	徳川慶喜が政権を朝廷に返上する大政奉還を行う

(1)　略年表中の下線部Aに関連して，次の文章と**資料１**は，ただしさんが，源頼朝が開いた鎌倉幕府についてまとめたものである。文章中の［Ｉ］，［Ⅱ］にあてはまる語の組み合わせとして最も適当なものを，あとの**ア**～**エ**のうちから一つ選び，マークしなさい。

右の**資料１**は，鎌倉幕府のしくみを示したものである。中央に設置された三つの役所のうち，［Ｉ］は裁判を担当していた。また，**資料１**中の六波羅探題は，［Ⅱ］の後に，朝廷を監視するために京都に設置された。

資料１　鎌倉幕府のしくみ

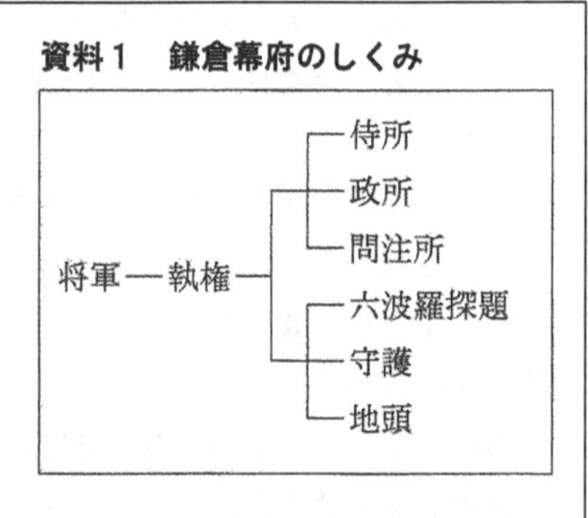

ア　Ｉ：政所　　Ⅱ：承久の乱
イ　Ｉ：問注所　Ⅱ：承久の乱
ウ　Ｉ：政所　　Ⅱ：応仁の乱
エ　Ｉ：問注所　Ⅱ：応仁の乱

(2)　次のＩ～Ⅳのうち，略年表中のＢの時期に世界で起こったできごとはいくつあるか。最も適当なものを，あとの**ア**～**エ**のうちから一つ選び，マークしなさい。

Ｉ　聖地エルサレムの奪還を目指して第１回の十字軍が派遣された。
Ⅱ　朝鮮半島で高麗が滅び，朝鮮国（李氏朝鮮）が成立した。
Ⅲ　ルターらが，ローマ教皇が免罪符を販売したことを批判して宗教改革を始めた。
Ⅳ　コロンブスが大西洋を横断して，カリブ海の島に到達した。

ア　一つ　　**イ**　二つ　　**ウ**　三つ　　**エ**　四つ

⑶　略年表中の下線部Cに関連して，次の文章は，先生と生徒が，**資料２**を見ながら，織田信長について会話をしている場面の一部である。文章中の Ⅰ ， Ⅱ にあてはまる語の組み合わせとして最も適当なものを，あとの**ア**～**エ**のうちから一つ選び，マークしなさい。

> 生徒：**資料２**は，織田信長が鉄砲を有効に活用し，甲斐の武田勝頼を破った Ⅰ の様子を示しています。
> 先生：その後，信長は琵琶湖のほとりの安土に城を築きましたね。
> 生徒：はい。そして信長は城下町に Ⅱ という政策を行いました。

資料２　ある戦いの様子

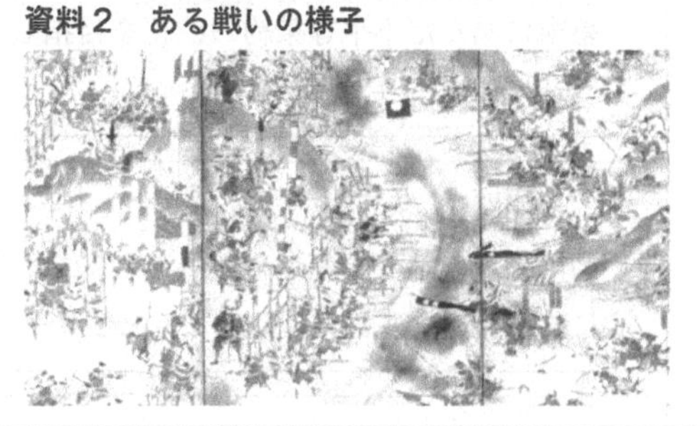

ア　Ⅰ：桶狭間の戦い　　Ⅱ：市場の税を免除し，誰でも自由に商売ができるようにする
イ　Ⅰ：桶狭間の戦い　　Ⅱ：売買後の年月に関係なく，御家人に土地を返させる
ウ　Ⅰ：長篠の戦い　　Ⅱ：市場の税を免除し，誰でも自由に商売ができるようにする
エ　Ⅰ：長篠の戦い　　Ⅱ：売買後の年月に関係なく，御家人に土地を返させる

⑷　略年表中の下線部Dに関連して，右の**資料３**は，江戸幕府による大名配置の様子を示したものである。**資料３**中のX～Zにあてはまる大名の組み合わせとして最も適当なものを，次の**ア**～**エ**のうちから一つ選び，マークしなさい。

ア　X：親藩　　Y：外様大名　Z：譜代大名
イ　X：親藩　　Y：譜代大名　Z：外様大名
ウ　X：外様大名　Y：親藩　　Z：譜代大名
エ　X：譜代大名　Y：親藩　　Z：外様大名

資料３　江戸時代の大名の配置
（17 世紀後半，10 万石以上の大名）

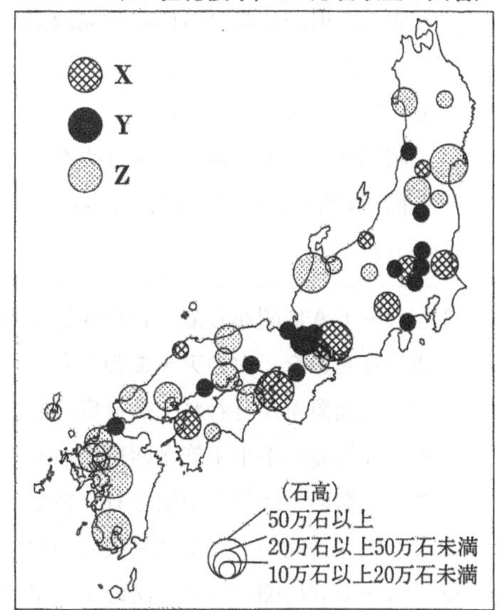

⑸　略年表中のEの時期の文化に関するできごとを，次のⅠ～Ⅳのうちから**三つ選び**，年代の**古いものから順に**並べたものとして最も適当なものを，あとの**ア**～**カ**のうちから一つ選び，マークしなさい。

Ⅰ　千利休がわび茶の作法を完成させる。
Ⅱ　杉田玄白と前野良沢が解体新書を出版する。
Ⅲ　菱川師宣が浮世絵を描く。
Ⅳ　滝沢馬琴が南総里見八犬伝を著す。

ア　Ⅰ→Ⅱ→Ⅲ　　**イ**　Ⅰ→Ⅲ→Ⅳ　　**ウ**　Ⅱ→Ⅲ→Ⅳ
エ　Ⅱ→Ⅳ→Ⅲ　　**オ**　Ⅲ→Ⅳ→Ⅰ　　**カ**　Ⅲ→Ⅱ→Ⅳ

6 次のＡ～Ｅのカードは，社会科の授業で，明治時代以降の歴史について，各班で調べ，まとめたものの一部である。これらを見て，あとの(1)～(5)の問いに答えなさい。

> Ａ　岩倉使節団
> 幕末に結んだ不平等条約の改正を目指して，岩倉具視を団長とする使節団がアメリカやヨーロッパに派遣された。

> Ｂ　文明開化
> 明治維新の諸改革が進められるのにあわせて欧米の文化もさかんに取り入れられ，都市を中心に，伝統的な生活が変化していった。

> Ｃ　第一次世界大戦
> 「ヨーロッパの火薬庫」と呼ばれていたバルカン半島のサラエボで，オーストリア皇太子夫妻がセルビア人の青年に暗殺された事件がきっかけとなって，第一次世界大戦が始まった。

> Ｄ　軍部の台頭
> 1930年代の日本では，世界恐慌の影響を受けて昭和恐慌と呼ばれる深刻な不況（不景気）が発生し，財閥と結びついた政党政治への不信から軍部の力が強まっていった。

> Ｅ　冷戦（冷たい戦争）
> 第二次世界大戦後，アメリカを中心とする資本主義陣営とソ連を中心とする共産主義陣営との間で冷戦と呼ばれる対立が起こった。この対立は1980年代末から1990年代初めにかけて終わった。

(1) カードＡに関連して，岩倉使節団が日本を出発したのと同じ年に起こったできごととして最も適当なものを，次の**ア**～**エ**のうちから一つ選び，マークしなさい。

ア　廃藩置県が行われ，藩を廃止して府や県が置かれた。
イ　鹿児島の不平士族が西郷隆盛をおしたてて蜂起する西南戦争が起こった。
ウ　五箇条の御誓文が出され，新しい政治の方針が示された。
エ　板垣退助が，民撰議院設立の建白書を提出した。

(2) カードＢに関連して，次のⅠ～Ⅴの文のうち，明治時代前半の文明開化の様子について述べているものはいくつあるか。最も適当なものを，あとの**ア**～**オ**のうちから一つ選び，マークしなさい。

Ⅰ　新橋と横浜の間に，日本最初の鉄道が開通した。
Ⅱ　電気冷蔵庫などの「三種の神器」と呼ばれる電化製品が普及した。
Ⅲ　映画が製作されて多くの観客を集め，ラジオ放送が開始された。
Ⅳ　暦が太陰暦から太陽暦に変更され，1日を24時間とした。
Ⅴ　欧米風の外観で，居間や応接間を持った「文化住宅」が流行した。

ア　一つ　　**イ**　二つ　　**ウ**　三つ　　**エ**　四つ　　**オ**　五つ

(3) カードＣに関連して，次の文章は，第一次世界大戦の終戦に関することがらについて述べたものである。文章中の［Ⅰ］，［Ⅱ］にあてはまる場所を右の図中から正しく選んだ組み合わせとして最も適当なものを，あとの**ア**～**エ**のうちから一つ選び，マークしなさい。

> 第一次世界大戦は，1918年に連合国の勝利で終わり，翌年，［Ⅰ］で講和会議が開かれ，ベルサイユ条約が結ばれた。この条約では，ドイツに多額の賠償金を課すことや，アメリカのウィルソン大統領の提案に基づいて［Ⅱ］に本部を置く国際連盟を設立することなどが定められた。

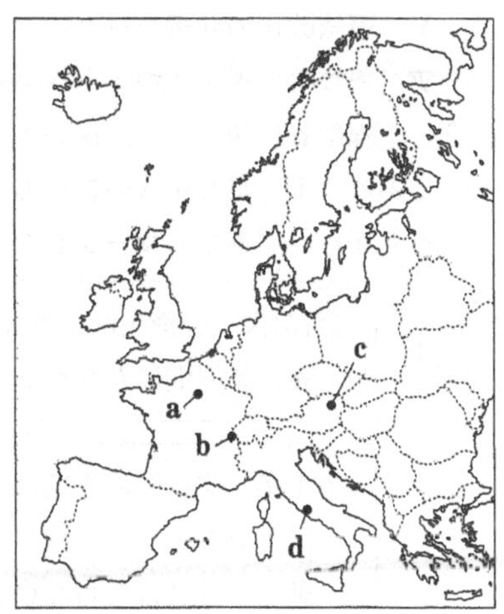

※国境線は現在のもの。

ア　Ⅰ：a　Ⅱ：b
イ　Ⅰ：a　Ⅱ：c
ウ　Ⅰ：d　Ⅱ：b
エ　Ⅰ：d　Ⅱ：c

(4)　カードDに関連して，次のⅠ～Ⅳの文は，それぞれ1930年代の軍部に関係するできごとについて述べたものである。Ⅰ～Ⅳを年代の**古いものから順**に並べたものとして最も適当なものを，あとの**ア**～**カ**のうちから一つ選び，マークしなさい。

Ⅰ　陸軍の青年将校らが軍隊を率いて首相官邸などを占拠する二・二六事件が起こった。
Ⅱ　海軍の青年将校らが犬養毅首相を暗殺する五・一五事件が起こった。
Ⅲ　盧溝橋付近で日本と中国の軍隊が衝突した事件をきっかけとして，日中戦争が始まった。
Ⅳ　柳条湖で南満州鉄道が爆破された事件をきっかけとして，満州事変が起こった。

ア　Ⅰ→Ⅱ→Ⅳ→Ⅲ　**イ**　Ⅰ→Ⅲ→Ⅱ→Ⅳ　**ウ**　Ⅳ→Ⅰ→Ⅱ→Ⅲ
エ　Ⅰ→Ⅳ→Ⅱ→Ⅲ　**オ**　Ⅳ→Ⅱ→Ⅰ→Ⅲ　**カ**　Ⅳ→Ⅲ→Ⅰ→Ⅱ

(5)　カードEに関連して，冷戦（冷たい戦争）が起こっていた時期のできごととして**適当でないもの**を，次の**ア**～**エ**のうちから一つ選び，マークしなさい。

ア　アフリカで17の国が独立を果たし，「アフリカの年」と呼ばれた。
イ　北ベトナムと南ベトナムとの間で，ベトナム戦争が起こった。
ウ　第四次中東戦争がきっかけとなって，石油危機が起こった。
エ　アメリカのニューヨークなどで同時多発テロ事件が起こった。

7　次の文章を読み，あとの(1)～(3)の問いに答えなさい。

現在の日本の政治には，三権分立と呼ばれるしくみが取り入れられている。a日本における三権分立とは，国の権力を立法権，行政権，司法権の三つに分け，それぞれ国会，内閣，裁判所に担わせるしくみである。これは，b18世紀ごろのフランスの思想家モンテスキューが唱えたもので，権力を分散させることでその濫用を防ぎ，国民のc基本的人権を守ろうとする考え方である。

(1)　下線部aに関連して，次のⅠ～Ⅴの文のうち，内閣が行うことがらについて述べているものはいくつあるか。最も適当なものを，あとの**ア**～**オ**のうちから一つ選び，マークしなさい。

Ⅰ　国政調査権を使って，国の政治について調査する。
Ⅱ　天皇の国事行為に助言と承認を与える。

Ⅲ　最高裁判所の長官を指名し，その他の裁判官を任命する。

Ⅳ　罷免の訴追を受けた裁判官の弾劾裁判を行う。

Ⅴ　憲法改正の発議を行う。

ア　一つ　　**イ**　二つ　　**ウ**　三つ　　**エ**　四つ　　**オ**　五つ

⑵　下線部ｂに関連して，次のⅠ～Ⅲの文は，人権思想の発達に関係する条文の一部を示したものである。Ⅰ～Ⅲを年代の**古いものから順に**並べたものとして最も適当なものを，あとの**ア**～**カ**のうちから一つ選び，マークしなさい。

Ⅰ

> 第151条　経済生活の秩序は，全ての人に人間に値する生存を保障することを目指す，正義の諸原則にかなうものでなければならない。（略）

Ⅱ

> 第１条　すべての人間は，生(うま)れながらにして自由であり，かつ，尊厳と権利とについて平等である。人間は，理性と良心とを授けられており，互いに同胞の精神をもって行動しなければならない。
> 第２条　①すべて人は，人種，皮膚の色，性，言語，宗教，政治上その他の意見，国民的若しくは社会的出身，財産，門地，その他の地位又はこれに類するいかなる事由による差別をも受けることなく，この宣言に掲げるすべての権利と自由とを享有することができる。

Ⅲ

> 第１条　人は生まれながらに，自由で平等な権利を持つ。社会的な区別は，ただ公共の利益に関係のある場合にしか設けられてはならない。
> 第２条　政治的結合（国家）の全ての目的は，自然でおかすことのできない権利を守ることにある。この権利というのは，自由，財産，安全，および圧政への抵抗である。

ア　Ⅰ→Ⅱ→Ⅲ　　**イ**　Ⅰ→Ⅲ→Ⅱ　　**ウ**　Ⅱ→Ⅰ→Ⅲ
エ　Ⅱ→Ⅲ→Ⅰ　　**オ**　Ⅲ→Ⅰ→Ⅱ　　**カ**　Ⅲ→Ⅱ→Ⅰ

⑶　下線部ｃに関連して，次のページの**資料**は，人権に関する意識調査の結果の一部を示したものである。下のⅠ～Ⅳの文のうち，**資料**から読み取れることについて正しく述べているものはいくつあるか。最も適当なものを，あとの**ア**～**エ**のうちから一つ選び，マークしなさい。

Ⅰ　平成27年と令和元年の全体の結果を見ると，「そう思う」と「わからない・無回答」の割合は令和元年のほうが低く，「どちらともいえない」と「そうは思わない」の割合は令和元年のほうが高くなっている。

Ⅱ　令和元年の年齢別において，「そう思う」と回答した割合が最も高いのは30～39歳で，「そう思う」と回答した割合が最も低いのは18～29歳である。

Ⅲ　「どちらともいえない」と回答した割合と，「そうは思わない」と回答した割合との合計は，平成27年と令和元年の全体においても，また，令和元年の年齢別のすべての年代においても50％以上である。

Ⅳ　令和元年の年齢別において，30歳以上のすべての年代では，「そう思う」と回答した割合が40％以上あり，「そうは思わない」と回答した割合の２倍以上となっている。

ア　一つ　　**イ**　二つ　　**ウ**　三つ　　**エ**　四つ

資料　「今の日本は基本的人権が尊重されている社会であると思いますか。」という問いに対するアンケート結果

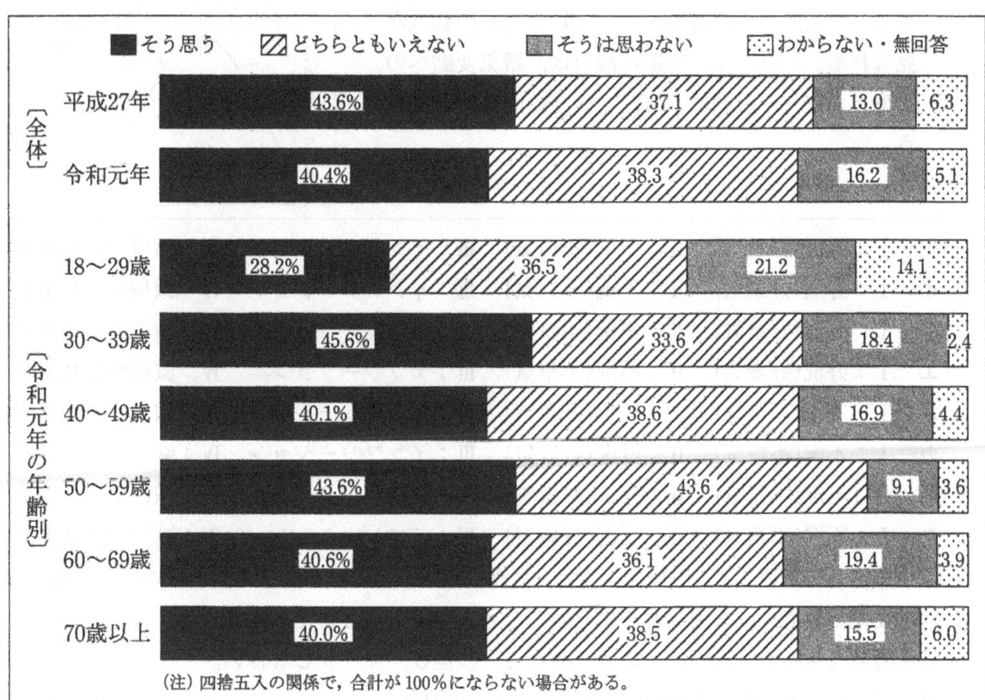

（「人権意識調査報告書」より作成）

8　次の文章を読み，あとの⑴～⑶の問いに答えなさい。

政府は$_{a}$<u>税金</u>などで得た収入をもとに，$_{b}$<u>景気変動の調整</u>などのさまざまな活動を行っている。税金による収入だけでは足りない場合には，国債を発行し，家計や$_{c}$<u>企業</u>から借金をして不足を補う。

⑴　下線部ａに関連して，右の**資料１**は，国税の内訳を示したものである。**資料１**の税のうち，直接税に含まれる税の金額の合計が国税の合計に占める割合として最も適当なものを，次の**ア**～**エ**のうちから一つ選び，マークしなさい。ただし，「その他」はすべて間接税であるものとする。

ア　約40%

イ　約45%

ウ　約50%

エ　約55%

資料１　国税の内訳　（単位：億円）

消費税	217,190	酒税	12,650
所得税	195,290	関税	9,460
法人税	120,650	たばこ税	9,140
相続税	23,410	その他	70,689
揮発油税	22,040	合計	680,519

※ 2020年度当初予算

（「日本国勢図会 2021/22」より作成）

⑵　下線部ｂに関連して，次のページの文章と**資料２**は，ひろみさんが，景気変動についてまとめたものである。文章中の Ⅰ ～ Ⅳ にあてはまる語の組み合わせとして最も適当なものを，あとの**ア**～**ク**のうちから一つ選び，マークしなさい。

資料２中のＸは［Ⅰ］，Ｙは［Ⅱ］の時期を表し，一般的にＸの時期には［Ⅲ］などの状況が見られる。一方，Ｙの時期に政府は，景気変動への対策として，一般的に［Ⅳ］などの財政政策を行う。

資料２　景気変動の様子

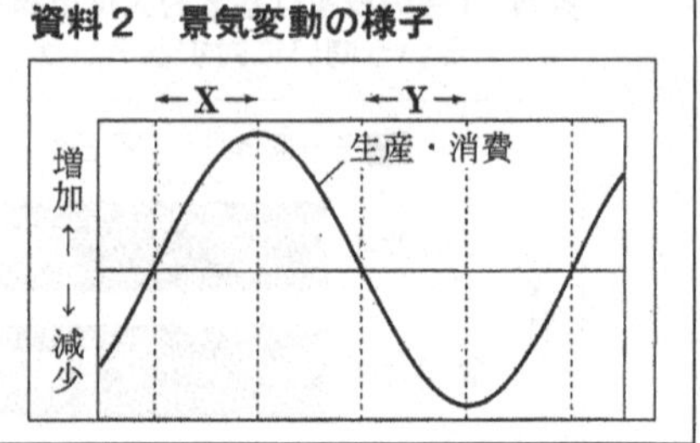

ア　Ⅰ：好況(好景気)　Ⅱ：不況(不景気)　Ⅲ：インフレーション　Ⅳ：増税や公共事業の削減
イ　Ⅰ：好況(好景気)　Ⅱ：不況(不景気)　Ⅲ：インフレーション　Ⅳ：減税や公共事業の増加
ウ　Ⅰ：好況(好景気)　Ⅱ：不況(不景気)　Ⅲ：デフレーション　Ⅳ：増税や公共事業の削減
エ　Ⅰ：好況(好景気)　Ⅱ：不況(不景気)　Ⅲ：デフレーション　Ⅳ：減税や公共事業の増加
オ　Ⅰ：不況(不景気)　Ⅱ：好況(好景気)　Ⅲ：インフレーション　Ⅳ：増税や公共事業の削減
カ　Ⅰ：不況(不景気)　Ⅱ：好況(好景気)　Ⅲ：インフレーション　Ⅳ：減税や公共事業の増加
キ　Ⅰ：不況(不景気)　Ⅱ：好況(好景気)　Ⅲ：デフレーション　Ⅳ：増税や公共事業の削減
ク　Ⅰ：不況(不景気)　Ⅱ：好況(好景気)　Ⅲ：デフレーション　Ⅳ：減税や公共事業の増加

⑶　下線部ｃに関連して，現代の企業は，利潤を追求するだけでなく，消費者の保護や雇用の確保，地域文化や環境への貢献などを果たすことも重要であると考えられている。これを何というか，最も適当なものを，次の**ア**～**エ**のうちから一つ選び，マークしなさい。

ア　CSR　　**イ**　GDP　　**ウ**　POS　　**エ**　NPO

うのをいやがって、本来の行き方ではなく、近道をして西山へ行くこと。

3　西山での用事の方が自分に得だと思って、すぐに済ませなければならない東山での用事を取りやめて、日を変えずに西山に向かうこと。

4　今訪れている東山での用事をすませることを優先し、本当に大切な西山での用事は特に日が定まっていないことだからと先送りすること。

問七　傍線部６「いたむべからず」の本文中での意味として最適なものを後より一つ選び番号で答えなさい。

1　優しくしてはいけない
2　手を抜いてはいけない
3　傷がついてはいけない
4　嘆いてはいけない

問八　傍線部７「ゆゆしくありがたう覚ゆれ」とあるが、これはどのようなことについて言っているのか。最適なものを後より一つ選び番号で答えなさい。

1　ふつうの人は不安な面ばかりに気をとられてしまうが、登蓮法師は天候などささいなことを気にせず、自然のものにむやみにおびえるべきではないという心の強さを説いたこと。

2　登蓮法師が、自分の追求していることを確実に手にするために、次にまた機会があるなどと油断することなく、悪天候で人に制止されたにもかかわらず、迅速に行動したこと。

3　登蓮法師が、目的を絶対に果たすためなら自分の命を危険にさらすこともためらわないと決意して、周囲との対立にもじっと耐えて、最後には願いをかなえたこと。

4　課題を解決するために急がなければならないときに、登蓮法師が、厳しい現実をしっかりと受け止めながら人の言葉に惑わされずに成功する方法を見極めたこと。

問九　本文の内容として不適当なものを後より一つ選び番号で答えなさい。

1　何が大事なことに役立つかはわからないので、登蓮法師のように人の集まる場で情報を得ることが大切だ。

2　何かを成し遂げるには、人に見下されることも気にとめず、すべてを犠牲にして行うことが必要である。

3　一度怠けてしまうと同じことをくりかえしてしまうようになることを自覚して、緊張感を持つべきだ。

4　大事なことを達成するのに必要な気持ちは、碁を打つときに一手もむだにしないという心構えと似ている。

かさやある、貸し給(たま)へ。かのすすきの事習ひに、わたのべの聖のがり尋ねまからんと言ひけるを、「あまりにものさわがし。雨やみてこそ」と人の言ひければ、「むげの事をも仰(おほ)せらるるものかな。人の命は、雨のはれ間をもまつものかは。われも死に、聖も失(う)せなば、たづね聞きてんや」とて、走り出でて行(い)きつつ、習ひ侍りにけりと申し伝へたるこそ、7ゆゆしくありがたう（めったにないこと）覚ゆれ。「敏(と)き時はすなはち功あり」とぞ、論語と言ふ文にも侍るなる。このすすきをいぶかしく思ひけるやうに、＊3一大事の因縁をぞ思ふべかりける。

（兼好法師『徒然草』）

＊1　ますほのすすき、まそほのすすき……赤みを帯びたすすき。
＊2　蓑……わらなどで編んだ雨具。肩からはおり、体をおおう。
＊3　一大事の因縁……仏道の悟りを開ける大事な縁。

問一　本文中に「　」（かぎかっこ）のついていない会話文が一箇所ある。その会話文の初めと終わりの組み合わせとして最適なものを後より一つ選び番号で答えなさい。

1　聞きて～貸し給へ　　2　聞きて～まからん
3　蓑・かさ～貸し給へ　　4　蓑・かさ～まからん

問二　傍線部1「あまたの事」とあるが、本文中でこれが指す内容と同じ内容を表している言葉として最適なものを後より一つ選び番号で答えなさい。

1　一生　　2　あらまほしがらん事　　3　第一の事　　4　その外

問三　傍線部2「心にとり持ちては」の意味として最適なものを後より一つ選び番号で答えなさい。

1　心の中で断念すると　　2　心を落ち着かせると
3　心の中で執着していると　　4　心を通わせると

問四　傍線部3「十までなりぬれば、をしく覚えて、多くまさらぬ石にはかへにくし」とあるが、ここで筆者はどういうことを言っているか。その説明として最適なものを後より一つ選び番号で答えなさい。

1　多くの利益を手にすると、別の手段に変えるのが惜しくなり、今ある利益とより多くの利益の両方ともを守る手段を選ぶことができなくなるということ。
2　現在の利益がそれなりにあるとこれを失うのが惜しくて、少しであっても利益を増やせる手段に変えるという正しい判断ができなくなるということ。
3　今よりも一つだけしか利益が増えないのに手間がかかることを面倒がって、ほどほどの現状に満足してしまうと、結局何もかも失う結果になるということ。
4　ある程度利益が増えるとそれが減るのが惜しくて、一つずつ増やすという安全な手段を選び、いっきに増やすという思い切った判断ができなくなるということ。

問五　傍線部4「道」とあるが、ここでの意味として最適なものを後より一つ選び番号で答えなさい。

1　方法　　2　教え　　3　道徳　　4　道理

問六　傍線部5「一時の懈怠」とあるが、ここでは具体的にどのようなことか。最適なものを後より一つ選び番号で答えなさい。

1　西山での用事の方が重要であると気づいたのに、今日は東山に行きたいという自分勝手な欲をとって、西山へ行くのをとりやめたこと。
2　東山にいるときに西山に行く方が大切だと思い、日が暮れてしまる精神に反するものなのに、千瑛が素直に受け入れていることに疑問を感じたが、初心者である自分の意見が正しいとも思えず、もし意見したとしてもすでに高みにいる二人は自分を拒むだろうと感じている。

問十　本文の説明として最適なものを後より一つ選び番号で答えなさい。

1　登場人物が水墨を描いている様子や絵に描かれている情景を、視覚だけではなく聴覚で感じたことも取り入れながら詳しく描写し、それぞれの視点から心の内面を詳しく説明することで登場人物の成長と心情の変化を、現実感を持たせながら表現している。

2　前半と後半で登場人物どうしの関係の変化を描き、その合間に水墨の絵や絵を描いている様子を写実的で淡々とした文章で説明したり、場面の風景をとりとめなく描写したりすることで、文章全体で緩急をつけてめまぐるしく変わる展開を印象づけている。

3　水墨をめぐる登場人物どうしの会話によって物語が展開しているが、その中で絵を描く様子や絵そのものについて比喩を用いながら細部まで丁寧に描かれ、情景やその絵に反映されている登場人物の人がらや心情が、強く印象に残るように表現されている。

4　登場人物どうしが互いを探るようなやりとりを、たとえの表現を多用してユーモアも交えて表現する一方で、水墨の絵の描写や絵を描いている人物の描写では抽象的な表現を用いて緊張感を持たせ、これからの展開が重々しいものになることを暗示している。

三、次の文章は『徒然草（つれづれぐさ）』の一部である。これを読んで後の設問に答えなさい。

一生のうち、むねと（主として）あらまほしからん事の中に、いづれかまさるとよく思ひくらべて、第一の事を案じ定めて、その外（ほか）は思ひすてて、一事をはげむべし。一日のうち、一時のうちにも、[1]あまたの事の来たらんなかに、すこしも益のまさらん事をいとなみて、その外をばうちすてて、大事を急ぐべきなり。いづかたをも捨てじと[2]心にとり持ちては、一事も成るべからず。

たとへば、碁を打つ人、一手もいたづらにせず、人に先だちて、小を捨て大につくがごとし。それにとりて、三つの石をすてて、十の石につくことはやすし。十をすてて、十一につく事はかたし。一つなりともまさらん方へこそつくべきを、[3]十までなりぬれば、をしく覚えて、多くまさらぬ石にはかへにくし。これをも捨てず、かれをも取らんと思ふ心に、かれをも得ず、これをも失ふべき[4]道なり。

京にすむ人、いそぎて東山に用ありて、すでに行きつきたりとも、西山に行きてその益まさるべき事を思ひ得たらば、門より帰りて西山へ行くべきなり。ここまで来つきぬれば、この事をばまづ言ひてん。日をささぬ事なれば、西山の事は、帰りてまたこそ思ひ立ためと思ふに、[5]一時の懈怠（けだい）（怠け心）、すなはち一生の懈怠となる。これを恐るべし。

一事を必ずなさんと思はば、他の事の破るるをも[6]いたむべからず。人のあざけりをも恥づべからず。万事にかへずしては、一の大事成るべからず。人のあまたありける中にて、ある者、「ますほのすすき[*1]、まそほのすすきなど言ふ事あり。わたのべの聖（ひじり）、この事を伝へ知りたり」と語りけるを、登蓮（とうれん）法師、その座に侍（はべ）りけるが、聞きて、雨のふりけるに、*2蓑（みの）・

きて、水墨の世界をもっと知りたいという気持ちになったから。

2　湖山先生とのやりとりで、他者から期待をかけられる喜びや水墨のもつ穏やかな雰囲気を味わったことで、久しぶりにいやされたような気持ちになり、水墨のもつ魅力をもっと知りたいと思ったから。

3　水墨の難しさや千瑛には決して勝てないという現実を思い知っても、水墨を嫌いになることはなく前向きな気持ちが続いており、これほどの向上心を感じる体験は他にないだろうと感じていたから。

4　ほんのわずかな間であるのに、水墨を通して学んだことは日常では味わえない刺激があって自分を変えるようなものだったため、すでに意欲がわいて、水墨を好きになるだろうと思ったから。

問八　傍線部５「彼女の完成を志す意志そのものが、彼女にまた同じものを描かせてしまうのだ」とあるが、これはどういうことか。その説明として最適なものを後より一つ選び番号で答えなさい。

1　ひたすら自分の技術の完成を追い求める千瑛には、他人の助言や感想は影響を与えないだろうから、彼女の作品はいつでも、熱意が全面に出て水墨画としての情感や落ち着きが欠けてしまうだろうということ。

2　絵を描いている最中の千瑛は、激しい熱意にとらわれて、注意を促す他人の言葉も耳に入らなくなっているため、いつも同じ失敗を繰り返してしまい、理想の絵を完成させることはできないだろうということ。

3　千瑛は、情熱のあふれる作品に仕上げることが大切だと信じているので、「僕」や他の人が彼女の絵の華やかさが欠点だと伝えても、何が問題なのか理解できず、同じ主題の絵を描き続けるだろうということ。

4　「僕」が千瑛の絵にあふれる彼女の思いに心打たれたことを打ち明けたとしても、自分の絵が完成には程遠いと思っている千瑛は受け入れず、同じ絵を納得できるまで描き直すのだろうということ。

問九　傍線部６「僕は何かを言いたかったが、どんな言葉も二人には受け取ってもらえないような気がした」とあるが、この「僕」の心情の説明として最適なものを後より一つ選び番号で答えなさい。

1　自分に対して攻撃的にふるまう千瑛が、斉藤さんにミスを指摘されたことで弱気になっていることにいらだっているが、互いの絵を見て意思が確認できるほど親しい二人を見て、千瑛は斉藤さん以外の人の言葉を信じないし、彼を否定することも許さないだろうと感じている。

2　千瑛の絵に趣を与えている部分を、斉藤さんがミスだと指摘し、千瑛も自信を失っていることにもどかしさを感じたが、言葉がなくても理解し合っている二人の様子を見ると、知り合ったばかりで水墨初心者の自分の意見は重みもなく、理解されないだろうと感じている。

3　二人のやりとりには具体的な説明がなく、千瑛の絵のよい部分がなぜミスになるのか分からないので、教えてほしいと思っているが、水墨の知識がないためうまく伝えられないので、経験豊富な二人に自分のもやもやした思いは分かってもらえないだろうとあきらめている。

4　斉藤さんの千瑛に対する態度は水墨の相手との繋がりを大切にす

問三　傍線部１「その決定的な一線は、たった一筆によって引かれたものだった」に、副詞はいくつ用いられているか。最適なものを後より一つ選び番号で答えなさい。

1　一つ　2　二つ　3　三つ　4　四つ

問四　傍線部２「青山君、力を抜きなさい」とあるが、湖山先生がこう言った理由として最適なものを後より一つ選び番号で答えなさい。

1　力を入れている「僕」の状態は、自分のことにとらわれて心を開かず、自然や他者との繋がりを拒むものなので、さまざまな結びつきを表現する水墨画の本質とはかけ離れているから。
2　水墨は、墨のさまざまな表現で森羅万象を描くものであり、ただまじめに力を入れることが習慣になってしまうとそれらの表現をする技術が上達せず、水墨を理解することができなくなるから。
3　「僕」の様子を見ると、「僕」は自分に厳しく、過ちを許せない思いから力を入れており、このまま水墨を描いても他者の影響を受けるばかりで、自分らしさを表現できないと思ったから。
4　水墨の世界は、森羅万象を深く理解しなければならない難しさがあるので、「僕」のようにあまりに熱心に力を入れて臨もうとすると、水墨にのめり込みすぎて、孤独に陥ることになるから。

問五　本文中の［Ａ］～［Ｃ］に入る言葉の組み合わせとして最適なものを後より一つ選び番号で答えなさい。

1　Ａ＝悲しそうな　Ｂ＝値踏みする　Ｃ＝鬼気迫る
2　Ａ＝不思議そうな　Ｂ＝値踏みする　Ｃ＝悠然とした
3　Ａ＝悲しそうな　Ｂ＝拒絶する　Ｃ＝悠然とした
4　Ａ＝不思議そうな　Ｂ＝拒絶する　Ｃ＝鬼気迫る

問六　傍線部３「千瑛は少しの間だけ考え込んだ」とあるが、このときの千瑛の心情の説明として最適なものを後より一つ選び番号で答えなさい。

1　「僕」がまだ水墨を描いてもいないことを知ってあきれ、それほど才能がありそうもない相手に嫉妬してしまったことが恥ずかしくなり、気まぐれな祖父の湖山に気に入られた「僕」を気の毒に思い始めている。
2　祖父の湖山が「僕」を高く評価していると考えていたなかで、指導がそれほどまでに進んでいないとは思いもしなかったため、「僕」がどのような人間で、どこに魅力を感じているのか興味を持ち始めている。
3　祖父の湖山が「僕」に初歩的なことしか教えていないことが信じられず、湖山と「僕」が何かをたくらんでいるのかと疑いを感じて、「僕」との勝負には絶対に負けたくないという気持ちが強くなっている。
4　わざわざ内弟子にした「僕」に、祖父の湖山が特別な指導をまったくしていないことを知って安心感が湧くとともに、「僕」に対する敵対心がなくなって、率直にどのような人間なのか知りたいと思っている。

問七　傍線部４「僕は逡巡することもなくうなずいた」とあるが、なぜか。その理由の説明として最適なものを後より一つ選び番号で答えなさい。

1　水墨を少しやってみたことで、今までに経験したことでは味わえなかった、自分にも何かができるかもしれないという希望がわいて千瑛が情熱をたたえる赤一色の絵だとしたなら、斉藤さんの絵は真冬の雪あかりに映る紫一色だった。重く強くぶれない絵だ。

湖山先生に迫るようなとんでもない技量だった。

最後に筆を洗う『ポチャン』という音が響き、凍るように胸に刺さるウ幽玄な花が斉藤さんの目の前に出来上がっていた。

「ここと、ここと、ここ」

と斉藤さんは自分の絵を指しながら言った。千瑛は自分の絵と見比べて、落ち込んだようにうなずいた。千瑛のミステイクのポイントなのだろう。確かにその場所に墨だまりができていたり、墨のグラデーションが安定していない箇所があったりした。

だが、僕には斉藤さんの指摘の意味が、いまひとつ分からなかった。その微妙な、歪(ゆが)みやミスこそが千瑛の花に柔らかさを与えているように思えたからだ。

千瑛はそれでも斉藤さんに指摘されると、萎縮(いしゅく)して小さくなってしまった。自分のミスを心から恥じているという様子だった。僕にはそれも納得できなかった。[6]僕は何かを言いたかったが、どんな言葉も二人には受け取ってもらえないような気がした。

ただ単に絵を描いて場所を示すだけで、この二人の会話は完結していた。それだけ強いきずながこの二人にはあるということだ。

（砥上裕將『線は、僕を描く』）

＊１　内弟子……師匠の近くで、家事なども手伝いながら芸事を学ぶ弟子。
＊２　西濱さん……湖山の弟子。斉藤さんも同様。
＊３　トーン……語調。
＊４　雅号……書家や画家などが、本名以外につける風雅な名前。
＊５　逡巡する……ためらう。
＊６　古前君……「僕」の友人。
＊７　鹿威し……竹筒に水を注いだときに重みで筒が傾くのを利用して、音を出す仕掛け。
＊８　グラデーション……絵画などで濃淡が段階的に変化していること。

問一　二重傍線部ａ～ｃのカタカナの部分を漢字に改めたとき、同じ漢字を用いるものはどれか。後より選びそれぞれ番号で答えなさい。

ａ　ヘダてている
１　輪カク　２　遠カク　３　威カク　４　仏カク

ｂ　オヨばない
１　困キュウ　２　キュウ助　３　普キュウ　４　復キュウ

ｃ　スかし見る
１　トウ過　２　トウ達　３　トウ論会　４　トウ磁器

問二　傍線部ア～ウの意味として最適なものを後より選びそれぞれ番号で答えなさい。

ア　愕然とした
１　絶望を感じた　２　非常に驚いた
３　納得できた　４　非常にとまどった

イ　いやしくも
１　本格的に　２　図々しく
３　仮にも　４　ほんの少しでも

ウ　幽玄な
１　華やかで目立っている　２　緊張感があって恐ろしい
３　はかなくて頼りない　４　味わい深く神秘的である

それでも彼女の熱意の大きさは、見るものを圧倒する。
僕も彼女の絵を見ていると、何かが自分に決定的に欠けていることに気づいてしまう。それが何なのか分からずに、彼女の絵の中にそれを探してしまう。彼女の熱が胸に伝わってくるのだ。
自分の絵を見ている彼女は、とても真剣だった。
何かを伝えたいと思ったけれど、僕には選ぶべき言葉がなかった。伝えようと思いついた言葉は、どれも適当なものではなかった。
たとえばそれは生まれてから一度も音楽を聴いたことのない人に、音楽の説明をするようなものだった。たぶんこうだろう、という答えを言っても、相手はきっと別のことを理解する。誰も彼女には彼女のことを伝えられない気がした。5彼女の完成を志す意志そのものが、彼女にまた同じものを描かせてしまうのだ。
二人で黙って言葉を探しているところに、先ほどお茶菓子を持ってきた斉藤さんがやってきた。
「湖栖(こせい)先生」
と、千瑛は視線を上げて微笑んだ。斉藤さんは無表情のままうなずいた。千瑛のすぐそばに立つと新しい紙を広げさせて、千瑛とまったく同じレイアウトの絵を描いて見せた。
斉藤さんが筆を持ったとき、いちばん最初に驚いたのは、筆洗に筆を浸(つ)けた音だった。
*7鹿威し(ししおどし)のような、
『ポチャン』
という音が鳴った後、斉藤さんの集中力が僕と千瑛に伝わってきた。動きはけっして速くない。おおらかで優雅だが千瑛や湖山先生とは違う、もっと近寄りがたいものだ。
僕はそれを冷たく感じた。
真冬のスケートリンクに、たった一人で立っているようなそんな気分だった。
冷たく、重い。
それほど手が速くも感じられないのに、絵は次々と出来上がっていく。筆遣いを見ているとけっして筆数が少ないわけではなく、細かい画を描いているのに、ゆっくりと見えて、出来上がる絵は速い。
よく見てみると、梅皿や硯(すずり)に筆が着地する回数が少ない。紙の上を筆が舞い続ける時間が極端に長いのだ。
「そうか、無駄がないのだ」
ということに気が付いた。一回、筆が墨を啜(すす)ると墨がなくなるまで筆を可能な限り使って絵を描いている。湖山先生や千瑛のように速さで描くのではなく、確実に一手一手を決めていっている。
絵はすぐに出来上がった。
それは千瑛と同じように描いた牡丹の絵だった。二枚の画を並べると、明らかな違いがいくつも見えてきた。
千瑛の描いた絵は、斉藤さんの描いた絵よりも乱れて荒い。
斉藤さんの絵は、驚くほど均一な*8グラデーションを一枚一枚の花びらや葉っぱが宿していた。その均一さや技術の精度の高さは、確かに千瑛の絵にはない。牡丹はまるで写真かCGのように、ほぼブレもなく写実的に描かれていた。同じ技法を使って、これほど雰囲気が違うものが作れるのだろうか。斉藤さんに感じた遠さは、こんな技術を支えるための集中力だったかも知れない。

「まあ、そうでしょうね。僕もまったくあなたに勝てるとは思えないから」

「あなたはそれでも水墨をするの？」

それは、なぜ水墨を始めるのか、という問いそのもののような気がした。

練習の結果も、勝負の行方もすべて分かっている。それでも水墨を始めるのか、という問いだ。

4 僕は＊5逡巡（しゅんじゅん）することもなくうなずいた。

「もちろん、やってみようと思いますよ。理由は、うまく言葉にできないけど……僕はたぶん水墨を好きになると思います」

千瑛は不思議そうなものを見る目でこちらをじっと見ていた。

「まだ、何の画題も描いていないのに？」

確かにそうだ。僕が習ったことといえば、落書きをすることと、力を抜いて墨をすることだけだ。だがそれでもこれまでの僕では思いつきもしなかったことを知ることができた。

「ええ、たぶん」

と、うなずいて見せると、千瑛はほんの少しだけ笑った。考えてみれば、いったい僕に何ができるというのだろう？

この世界で僕に期待している人間は、＊6古前君と湖山先生のたった二人しかいない。

古前君のほうはただの勘違いだという気がするけれど、湖山先生が僕をこの世界に引き込んだのだからこちらには理由があるはずだ。だがその理由はまったく分からない。

僕と千瑛はたぶん同じ問いを抱えているのだ。僕自身が何者なのかをお互いが探していた。僕らは見つめ合ったまま沈黙していた。そのまま何度か呼吸した後、その沈黙のこっけいさに気づいて僕は口を開いた。

「凄い絵ですね」

僕はさっき描かれた牡丹（ぼたん）の絵を見た。千瑛はすぐに首を振った。

「いいえ。たいしたことないわ。難しい画題だし、まだまだ細かいミスがたくさんある」

「そうなのですか？　僕には分からないけれど」

「あなたは何も知らないから分からないだけよ。致命的とは言わないまでも、確かなミスがいくつもあるわ」

どうやら謙遜でもなんでもないようだ。僕がこの絵から感じていたのは、そういう細かなミスというよりも画面があまりにも華やかすぎるということだった。落ち着かないほど豪華で、パッと見た瞬間の驚きの向こう側に入っていけない。だがそんなことを、口にするとまた怒られそうだったので、僕は黙って絵を見つめていた。すると、彼女は、

「何かが足りない」

と言った。

僕は彼女を見た。彼女にも分かっているのだ、分かってはいるけれど、それが何なのかを掴（つか）むことができない。僕はガラスの向こう側の景色をcスかし見るように、絵の中の彼女の気持ちを眺めることができた。

彼女の牡丹は、その壮麗な技術の中で際立（きわだ）って華やかに咲いている。その技の完成を求める心や向上心が熱意になって、花そのものの燃えるような情感を浮き立たせている。だが、一方でその情熱が、彼女の絵の中にある余白や、湖山先生が言っていた『自然』な心の変化や情感を消し去ってしまっている。たった一色にしか見えなくなるのだ。

と、言った。僕はその声のトーン[*3]に言葉を掻き消されて、同じように冷静にこんにちは、と言った。
「本当に、来ていたのね」
「ええ。お世話になっています」
それだけ言うと千瑛は描き上げた紙を横において、新しい紙を下敷きの上に敷いた。そしてまた無造作に何かを描き始めた。見ていると竹のようだった。鋭い直線が剣で空間を斬るように次々に描かれていくが、どこかゆったりと描いている。先ほどの絵のような［C］様子はない。
身構えて次の言葉を待っていると、千瑛は意外にも、
「この前は、感情的になってしまって申し訳なかったわ」
と言った。ごめんなさい、という言葉を使わないところが彼女らしいな、と思った。彼女の手はただひたすら紙面の上を斬って動き続けている。
彼女は僕の言葉を待っているのだろうか。
待っているともいえるし、待っていないともいえる。彼女が筆を止めたタイミングを見計らって僕は、
「いえ、なんでもないことです。僕があなたでも、同じ反応をするかもしれない」
と言葉を繋いだ。彼女はようやく視線を上げて、
「そう」
と呟いてまた絵を描き始めた。教室の中ではただ、千瑛が筆を振るう音が響いている。紙と筆が擦れ、画面の上に命が吹き込まれていく音だ。

「今日は何を習ったの？」
千瑛は描きながら僕に訊ねた。髪が動きに合わせて微かに揺れて光っている。漆黒の髪は鏡のように夕方の光を反射する。
「墨のすり方と、力を抜くこと、それだけです」
「それだけ？」
「ええ。それだけです」
[3]千瑛は少しの間だけ考え込んだ。
「そうなの……意外だったわ。お祖父ちゃんの考えていることは、やっぱり分からないわね。お祖父ちゃんらしいといえば、らしいけど……」
そして千瑛はまた下を向いたまま少しの間、筆を止めた。それから、ゆっくりと筆を置いて、こちらを見た。
「この前、勝負だと言ったけれど……」
「ええ」
「常識的に考えて、あなたは私に勝てないわ」
「そうでしょうね」
それは間違いない。それは始める前から分かっていることだ。いま目の当たりにした技術を見ても、どうひっくり返っても一年では千瑛のいる場所には[b]オヨばない。誰が見ても明らかなことだ。
「私は来年の湖山賞公募展で、大賞の湖山賞を狙ってる。それを獲れば、通例ではお祖父ちゃんが雅号[*4]を付けてくれて、プロの作家として認められる。私はその場所を狙っているの。だから、私に勝つということは、あなたが画歴一年足らずで、水墨画家にとっての最大のタイトルの一つである湖山賞を獲るということなの。それはどう考えても無理だと思う。十年練習したって入選すらしない生徒さんもたくさんいるわ」

持ちで向き合ったことがなかったのだと僕は気づいた。

　一礼して部屋を出るときに、湖山先生が描いたお手本をすべて持って帰っていいと言われたので、僕は湖山先生の描いた紙の束を一抱え持って、離れにある湖山先生のアトリエから敷地内の教室のほうへ移動した。玄関は教室の先にあり、教室に＊2西濱さんがいれば車で送ってもらえるからだ。

　湖山先生の自宅はそのまま教室とアトリエをすっぽりと抱えていて、おまけに広く整った庭まである。庭には水墨の画題になる植物がたくさん植えられているらしい。

　教室には無数の道具と机といすが並べられていて、机は大作を描くことも可能な横長で広い面積もある。この教室で練習できるのは、内弟子とそれに準ずる実力のある湖山門下の数人の門人だけらしい。つまりほとんど、西濱さんや斉藤さん専用の教室で、当然そこには千瑛も含まれることになる。この前、展覧会で会ったときの強気な態度が思い返されて、教室で出くわさなければいいな、と思ったところで、案の定、千瑛に鉢合わせした。

　千瑛は、ただひたすら立ったままテーブルの上の白紙に向かい練習していた。

　今日は和服ではなく、真っ黒なワンピースだった。僕が教室に入ってもまるで気づかず、一心不乱に筆を振るっている。

　細く長く白い腕に、長い指先、その特別な指に摘まれた筆は、まるで白鷺の足のように奇妙な優雅さをたたえていた。しかし、その筆は、千瑛の手には余るほど長く大きい。それなりの重さがあるはずだが、千瑛はものともせずに見えないものを斬るように筆を動かしていく。

　立ったまま掛け軸のような長い画面を描いているのだが、筆の速さは湖山先生を思わせた。湖山先生よりも少しだけ遅いが、息遣いや描く雰囲気が確かによく似ている。

　白い画面の中に大輪の花が次々に描かれ、真っ白な空間が美しく飾られていく。絶頂という言葉があるが、千瑛の描く花はまさしくそれだった。花の盛りを迎えた豪華な花が人の手によって次々に描き込まれ、花の洋服のように鋭い葉が余白に着せられていくと画面はほとんど埋め尽くされて、絢爛としか言いようのない花や葉の墨調の変化に眩しささえ覚える。

　最後に茎を描き、全体に点を打ち、数手、手を入れると千瑛はようやく筆を置いた。

　繊細な動きや細かな動作には向かないような大きな筆一本だけで、限りなく細やかに細部に向かって穂先を動かしていく様子は、一流のバイオリニストの弓さばきを思わせた。体幹をあんなふうに小刻みに揺らして身体全体を使って適切な力が伝わるポイントを探していく。

　千瑛の動きや、湖山先生の動きを見ていると、水墨画というのは武術や楽器の演奏のような動きだなと思ってしまう。身体全体が筆と化して、優れた一筆のために整えられている。描き終わって、集中力が薄れ、千瑛がぼんやりと物憂げに絵を眺めているときに、ようやくこちらに気が付いた。

　すごい、とほめ称えようとしたところで、彼女は［B］ように、

「こんにちは」

力を抜くことが技術？　そんな言葉は聞いたことがなかった。僕は分からなくなって、
「まじめというのは、よくないことですか？」
と訊ねた。湖山先生はおもしろい冗談を聞いたときのように笑った。
「いや、まじめというのはね、悪くないけれど、少なくとも自然じゃない」
「自然じゃない」
「そう。自然じゃない。我々はいやしくも水墨をこれから描こうとするものだ。水墨は、墨の濃淡、潤渇、肥痩、階調でもって森羅万象を描き出そうとする試みのことだ。その我々が自然というものを理解しようとしなくて、どうやって絵を描けるだろう？　心はまず指先に表れるんだよ」
　僕は自分の指先を見た。心が指先に表れるなんて考えたこともなかった。それが墨に伝わって粒子が変化したというのだろうか。だが、たしかにその心の変化を墨のすり方だけで見せつけられた身としては、うなずくしかない。
「君はとてもまじめな青年なのだろう。君は気づいていないかもしれないが、真っすぐな人間でもある。困難なことに立ち向かい、それを解決しようと努力を重ねる人間だろう。その分、自分自身の過ちにもたくさん傷つくのだろう。私はそんな気がするよ。そしていつの間にか、自分独りで何かを行おうとして心を深く閉ざしている。その強張りや硬さが、所作に現れている。そうなるとその真っすぐさは、君らしくなくなる。真っすぐさや強さが、それ以外を受け付けなくなってしまう。でもね、いいかい、青山君。水墨画は孤独な絵画ではない。水墨画は自然に心を重ねていく絵画だ」
　僕は視線を上げた。
　言葉の意味を理解するには、湖山先生の声があまりにも優しすぎて、何を言ったのか、うまく聞き取れなかった。［A］顔で、僕は湖山先生を見ていたのだろう。湖山先生は言葉を繰り返した。
「いいかい。水墨を描くということは、独りであるということとは無縁の場所にいるということなんだ。水墨を描くということは、自然との繋がりを見つめ、学び、その中に分かちがたく結びついている自分を感じていくことだ。その繋がりが与えてくれるものを感じることだ。その繋がりといっしょになって絵を描くことだ」
「繋がりといっしょに描く」
　僕は言葉を繰り返した。僕にはその繋がりをヘダてているガラスの部屋の壁が見えていた。その壁の向こう側の景色を、僕は眺めようとしていた。
　その向こう側にいま、湖山先生が立っていた。
「そのためには、まず、心を自然にしないと」
　そう言って、また湖山先生は微笑んだ。湖山先生が優しく筆を置く音が、耳に残った。その日の講義は、ただそれだけで終わった。
　何か、とても重要なことを惜しみなく与えられているようで、そのすぐ前を簡単に通り過ぎてしまいそうになっている自分を感じていた。
　小さな部屋に満たされた墨の香りと、湖山先生の穏やかな印象が、カチコチに固まっていた水墨画のイメージをボロボロと打ち壊していくのが分かった。
　父と母が亡くなって以来、誰かとこんなふうに長い時間、穏やかな気

3　生産性を向上させることとクリエイティビティを発揮することは相反する行為であるため、生産性を追い求めながらクリエイティビティを高めていくことはできないといえる。

4　トータルフットボール感覚とブリコラージュ感覚は、仕事を進めるときに安心感を与えるのではなく、アイデアを考えながら取り組んでいくライブ感をもたらすものである。

二、次の文章を読んで、後の設問に答えなさい。

〈これまでのあらすじ〉

大学生の「僕（青山霜介）」は、両親を交通事故で亡くし、喪失感から立ち直れずにいた。そんなとき、アルバイト先で水墨画家の篠田湖山に目をかけられ、内弟子[*1]となった。湖山の孫で水墨画家の千瑛は「僕」が内弟子になることに反発し、翌年の「湖山賞」をかけて勝負することを宣言する。「僕」は二回目の練習で、湖山から何度も墨をすり直させられた。疑問に思いながらも繰り返していたが、そのうち疲れを感じて適当に墨をすったあと、湖山を呼んだ。

「これでいい。描き始めよう」

僕は湖山先生が何を言っているのか、分からなかった。どうしてまじめにすった墨が悪くて、適当にすった墨がいいんだ？

僕はなんとも腑に落ちないという表情をしていたのだろう。湖山先生はにこやかに笑って答えた。

「粒子だよ。墨の粒子が違うんだ。君の心や気分が墨に反映しているんだ。見ていなさい」

湖山先生は、筆をもう一度取り上げて、いちばん最初に描いた風景とまったく同じものを描いた。木立が前面にあり、背後に湖面が広がり、さらにその背後に山が広がっているという絵で、レイアウトはまったく同じだ。

だが湖山先生が筆を置いた瞬間の墨の広がりや、きらめきが何もかも違った。

画素数の低い絵と高い絵の違いと言ったらいいのだろうか。実際に粒子が違うというのなら、そういうことなのだろう。小さなきらめきや広がりが積み重なり、一枚の風景が出来上がったとき、最初に見たときは漠然と美しいとしか感じられなかった絵が、二枚目になると懐かしさや静けさやその場所の温度や季節までも感じさせるような気がした。細かい粒子によって出来上がった湖面の反射は、夏の光を思わせた。薄墨で描かれた線のかすれが、ごく繊細な場所まで見て取れるので、眩しさや、色合いまでも思わせ、波打つ様子は静けさまでも感じさせた。[1]その決定的な一線は、たった一筆によって引かれたものだった。同じ人物が同じ道具で、同じように絵を描いても、墨のすり方一つでこれほどまでに違うものなのかと、僕は[ア]愕然とした。とたんに僕は恥ずかしくなった。

僕はとんでもない失敗をさっきまで繰り返していたのだ。湖山先生は相変わらず、にこやかに笑っている。

私が何も言わなかったのが悪いが、と前置きした後に湖山先生は言った。

静かな口調だった。

[2]「青山君、力を抜きなさい」

「力を入れるのは誰にだってできる、それこそ初めて筆を持った初心者にだってできる。それはどういうことかというと、凄くまじめだということだ。本当は力を抜くことこそ技術なんだ」

ことが大切だ。

4　没入して創造する作業を行うために、事前に自分自身の気持ちを整えて準備したり、没入した後に休憩する時間をとったりする必要がある。

問十　傍線部８「ボッティチェリの『春（プリマヴェーラ）』」とあるが、この作品についての筆者の説明として最適なものを後より一つ選び番号で答えなさい。

1　たった一冊の古い本から新しい発見を得て描かれ、時代を代表する作品になったことから考えると、古いものは知識として膨大に蓄積されるより、驚きを与えるためにあるべきものだと示唆している。

2　はるか過去に書かれた本が発見されたことに影響を受けて描かれているため、取り立てて価値のなかった古いものでも、時間の経過によって希少性を帯び、新しい価値を持つことがあると示している。

3　古い本が長い空白期間を経て突然よみがえったことをきっかけに誕生した作品で、古いものは後世に知識として残されるだけでなく、新しさをもたらして時代を切り開くことを示している。

4　失われていた古い本が再発見された出来事に触発されて誕生しており、古い知識から学ぶことだけではなく、古いものの再生が創造につながって、新しい時代をもたらすことを象徴している。

問十一　傍線部９「これからの時代に求められる『頭の良さ』」とはどのようなことか。この説明として最適なものを後より一つ選び番号で答えなさい。

1　アイデアを出し合うことが停滞してしまった場合に、議題を一つのプロジェクトと考えて、周囲の人々と積極的にコミュニケーションをとり、それぞれがすでに身につけている知識や技術を活用しながら、教えられたことや解法を当てはめて正解を出すこと。

2　創造性を発揮することを特別視せずに、日常生活をもっと充実させるために必要なことと考え、根気よくアイデアを出し続けることによって既存の知識や技術を新しい形でつなぎあわせたり、これまで用いられていない状況でも使えるように改良したりすること。

3　現代社会の抱える問題を解決して多くの人に利益がもたらされるように、既存のアイデアに手を加えたり新しい使い方を試したりして社会に広めることと、既存のアイデアに頼らずに目新しいアイデアを恒常的に考え続けることを両立できるようにすること。

4　古典的な知識や既存の技術、アイデアが現在どのように人々に影響を与えているかをよく観察し、古いものの価値を認めて無理に新しいものを生み出そうとすることはやめ、現在の状況を解決するためにふさわしい知識や技術を活用できるようになること。

問十二　本文の内容と一致するものを後より一つ選び番号で答えなさい。

1　マニュアル化されたサービスを利用する場合も独自のサービスを利用する場合も、対価や労力が同じくらいかかることが、クリエイティビティが発揮されない原因となっている。

2　決められたルールを守ることを重視する日本人のやり方は、トータルフットボール感覚はあっても、ブリコラージュ感覚に欠けていて、物事をうまく進めることができない。

1　3＝鋭敏さ　4＝鋭敏な思考力をもつ
2　3＝素朴さ　4＝いつでも素朴に生きる
3　3＝柔軟さ　4＝頭を柔軟に使う
4　3＝寛容さ　4＝寛容な精神を大切にする

問七　傍線部5「この二つの時間の使い方は、車の両輪のようなもので、どちらも必要です」とあるが、なぜか。その理由として最適なものを後より一つ選び番号で答えなさい。

1　時間を管理することと時間を忘れるほどの没入は、どちらも自分に刺激を与えるものであり、その刺激がなければ、継続的に物事に取り組んでいても、課題を解決していく実感や達成感が得られなくなるから。
2　没入して時間感覚を忘れつつ重大な課題を探究すると本当に好きなものを見つけ出すことにつながり、時間を管理することで没入したときの疲労感を取り除いて没入の時間にも計画性を持たせることができるから。
3　好きなことに没入することと時間を管理することは、どちらも将来に向けて自分が何をしていくかの計画に関わることであるため、没入の時間や時間の管理がなければ精神的な成長や安定が望めなくなるから。
4　時間を管理しなければ、目の前のことに没入しすぎて将来を見通すことや現実生活に対応することができなくなり、反対に、自分の関心に没入する快感がなければ、心身のバランスをくずしてしまうことになるから。

問八　傍線部6「その余裕」とあるが、これはどのようなことを指しているか。その説明として最適なものを後より一つ選び番号で答えなさい。

1　生産方式と提供サービスが大きく発展したので、新しい「物」の研究開発に莫大(ばくだい)な労力や時間をかける必要がなくなり、利益を確保しながら新しい価値を探すための時間ができたこと。
2　自由に使える時間を増やして時間に対する管理をやめたことで、創造性を発揮しやすくなり、新しい「物」を開発することにおいて、他人や他社より先行することができていること。
3　マニュアル化・合理化であらゆる作業が迅速に行われ、生産性が向上したことで、多大な利益を確保することができ、研究開発にかける時間と予算が大幅に増加したこと。
4　システムの整備によって時間の厳密な管理と作業の効率化が実現され、余計な労力をかける必要がなくなったため、新しい「物」を開発するための時間と精神的ゆとりが生まれたこと。

問九　傍線部7「クリエイティビティを発揮する時間」とあるが、この説明として、不適当なものを後より一つ選び番号で答えなさい。

1　時間を短縮して無駄を省略することよりも、納得できるアイデアを生み出せるまで充分な時間をかけ、リラックスして行うことが大切である。
2　アイデアを思いつくための材料があるかどうかわからなくても、アイデアを得るために外に出て、未知の世界を知ろうとする必要がある。
3　よいアイデアを自然に思いつくことは簡単にできないので、条件を設定して他者と競うなど、遊ぶような気持ちで取り組み、慣れる

＊4　ブックハンター……本を探し求める人。
＊5　パッケージ……関連する要素を一つにまとめたもの。

問一　二重傍線部ａ～ｃのカタカナの部分を漢字に改めたとき、同じ漢字を用いるものはどれか。後より選びそれぞれ番号で答えなさい。

ａ　ユウ通　　1　ユウ予　　2　ユウ致　　3　ユウ合　　4　ユウ猛

ｂ　改カク　　1　沿カク　　2　カク心　　3　カク充　　4　カク僚

ｃ　発ショウ　1　暗ショウ　2　不ショウ事　3　ショウ格　4　ショウ像画

問二　本文中の（ア）～（ウ）に入る語として最適なものを後より選びそれぞれ番号で答えなさい。

ア　1　したがって　2　たとえば　3　ちなみに　4　いっぽうで

イ　1　さらには　2　つまり　3　しかし　4　そのため

ウ　1　そのかわり　2　けれども　3　あるいは　4　ですから

問三　本文中には、次の部分が抜けている。これを入れる位置として最適なものを後より一つ選び番号で答えなさい。

確かに、現代の発明や新商品も、一人で無から有を生み出すように作られたものは、多くありません。

1　【Ａ】　2　【Ｂ】　3　【Ｃ】　4　【Ｄ】

問四　傍線部１「クリエイティビティを高めるために必要なのが『トータルフットボール感覚』です」とあるが、この部分で筆者が言おうとしていることの説明として最適なものを後より一つ選び番号で答えなさい。

1　ある目的を達成したり問題を解決したりするために、多くの人数で協力して行う場合でも、他人を頼らずに作業に関わり、一人ひとりが自分の役割をしっかりと果たすようにすることで、それぞれがたくさんのアイデアを考える力が身につくということ。

2　自分に関係ないと思われる課題や仕事でも、日頃から他人に任せきりにせずに責任を持って積極的に関わっていくことで、それぞれが異なる状況に適切に対応できる力を身につけることにつながり、効果的なアイデアを生み出せるようになるということ。

3　問題に対してこれまでにない解決策を提案できるようにするには、日常的に周囲の状況に鋭く目を向けて困っている人のためにすぐに行動したり、必要なときに他人の力を借りたりして、困難を乗り越えるような経験を積んでおく必要があるということ。

4　その時々に必要な新規の解決策を示せるようにするために、日頃から一つの物事に執着することなく、視野を広げながらあらゆる物事に気軽に触れる経験をしていくことや、重要な課題に対応するための数多くの知識を蓄えておく必要があるということ。

問五　傍線部２「駆けつける」と活用の種類が同じものを後より一つ選び番号で答えなさい。

1　逃げ散る　2　追い求める　3　徹する　4　あせる

問六　本文中の［3］・［4］に入る言葉の組み合わせとして最適なものを後より一つ選び番号で答えなさい。

で新しいものを生み出せるのだ、と。

【Ｂ】ほとんどのものは、既存のアイデアを組み合わせたり、異なる文脈に移動したりすることで、新たな需要が生まれているのです。言わば、アレンジです。

【Ｃ】このように、アイデアをアレンジと捉えることで、私たちは意図的にクリエイティビティを高めることができます。

【Ｄ】エジソンは無線や電話、白熱電球などの発明家と思われがちですが、実は彼が発明したというより、より広めさせた性質のものも多いのです。それがだめだというのではなく、アレンジして世に広めたことにこそ、アイデアの価値があるのです。

日本発ショウ[c]のカラオケは今や世界中に広まり、まさにすぐれた発明です。これを新規性のみから判断すれば、新しい技術は一つもありません。しかし、歌を抜いた演奏だけの音源とマイクという組み合わせを[＊5]パッケージにすることで、世の中にはこんなにも歌いたい人がいたのか、と思わせるくらい新たな需要を引き出したわけです。

プリクラも同様です。その場で写真を撮り、それが小さなシールとなって出てくる。言ってしまえば、そこまでの新しさはないように思えます。けれども、当時二十代の女性社員が発案したこの機械は、全国の若い人たちをどれだけ幸せにしたでしょうか。プリクラは単なる写真シールではなく、コミュニケーションを変えたのです。

つまり、クリエイティビティとは、この世界を豊かにするようなアイデアであり、それは何も天才だけがすることではなく、すでにあるものをちょっとアレンジすることでも十分に生み出せるものなのです。

ですから、クリエイティビティに対して恐れず、目を開き、心を開くことが大切です。そして、日々のなかでアイデアを出すことを習慣づけましょう。

ためしに何人かでグループを作り、課題を挙げ、それに対するアイデアを出し合ってみてください。最初は勢いよく出ていたアイデアも、三周くらいで尽きるでしょう。しかし、ここでやめてはいけません。苦しいなかで絞り出していると、さらに一周、二周とするうちに、また調子が出てくるはずです。

会社の会議などでよく見かけるのが、司会者が「この議題について何か案のある方？」と問いかけて、皆がシーンとしている光景です。これは、その部署の空気がアイデアを出す雰囲気になっていないのです。

議題を一つのプロジェクトと捉え、学生が文化祭をおもしろくするためにどうするかと問われた時のように、さまざまな案を出す。誰かが案を言ったら、とりあえず「それいいかもしれないね」と相槌（あいづち）を打つ。すると、皆がアイデアを出すようになり、次第にアイデアを出すことがおもしろくなり、止まらなくなってきます。

[9]これからの時代に求められる「頭の良さ」とは、こういうものであると私は考えています。これまでは、教えられたことや解法を当てはめて正解を出すことが良いとされてきましたが、これからはそこから新しいものを生み出す能力が問われるのです。

（齋藤孝『潜在能力を引き出す「一瞬」をつかむ力』）

＊1　フォワードやディフェンダー……サッカーのポジション。そのポジションを担当する選手。

＊2　フロー……目の前のことに完全に集中している精神状態。

＊3　神保町……東京都の地名。書店・古書店が多い。

実際、江戸時代の古書やカレーについて報告してくれる人もいます。なかには、映像作品を作って発表してくれる人もいます。

　こうして、今まで気づかなかった街の魅力が引き出されます。言わば、街全体が一つの大きなテキストとなって、それを読み解くことで創造的なアイデアが生まれてくる。これは、単に教科書を読んでいるだけでは味わえない、発見のある勉強です。

　このように、アイデアは自分の頭で探すだけではなく、外に出てつかまえることができるのです。街を読み解くおもしろさを味わった人は、さらに東京という街をこのようにデザインしたらおもしろいのではないか、といった発想ができるようになるはずです。

〈中略〉

　今あるもののなかに新しい意味を見出(みいだ)し、それをもっとおもしろく見せるにはどうすればいいかを考えていく。これこそ、まさにクリエイティビティです。

「温故知新」という言葉があります。「故(ふる)きを温(たず)ねて新しきを知る」と訓読されるように、古いもののなかに新しい発見があるとの意味ですが、古いものを知っているからこそ、新しさとは何かを知ることができるとも言えます。

　クリエイティビティを発揮するとは、新奇性を追うようなイメージがありますが、ほとんどの新しいものは、古いもののなかに「ほう！」と驚けるようなものを見つけ出すことから始まっているのです。

　十四世紀から十五世紀、西欧において新たな芸術・学問・科学が花開きました。いわゆるルネサンスです。ルネサンスという言葉が「再生」という意味であったり、「文芸復興」などと訳されていたりすることからもわかるように、そもそもは失われた古代ギリシア・ローマの文化を再興しようとしたものです。

　ルネサンスを象徴する絵画に、8ボッティチェリの「春（プリマヴェーラ）」があります。ボッティチェリがこの絵を描いた理由には諸説ありますが、古代ローマの詩人ルクレティウスの『物の本質について』に影響を受けたと言われています。

　ハーバード大学教授のスティーヴン・グリーンブラットは著書『一四一七年、その一冊がすべてを変えた』（ピューリッツァー賞と全米図書賞を受賞）において、ルクレティウスの本は一〇〇〇年以上失われており、それが十五世紀になって一人のブックハンター[*4]によって再発見されたことが、ルネサンスにつながったのではないかと述べています。

　一冊の本の再発見がルネサンスの発端になったとすれば、これはまぎれもなく創造性にあふれたクリエイティブな行為です。ですから、古典や歴史の勉強は古来の知恵を学ぶということだけでなく、今を生きる私たちにとって創造的行為となりうるのです。

　幕末に吉田松陰(よしだしょういん)は当時の国防の状況を考えるために、孟子(もうし)の教えを門下生たちと議論しました。それが『講孟箚記(こうもうさつき)』としてまとめられていますが、今のゼミのようなものです。孟子は紀元前四～三世紀の中国の思想家ですから、当時の日本でも大古典です。それを使って国防を考えたということは、松陰がまさに温故知新の視点で、そこからクリエイティブなアイデアを生み出そうとした証(あかし)です。

【Ａ】ドイツの文学者ゲーテも、近代的なロマン主義に批判的でした。いわく、ロマン主義者は、自分一人で何かを生み出すことができると思い込んでいるが、それは病的な考えであり、むしろ古典に学ぶこと

　こうした生産性の向上は、仕事において非常に大切です。すべての仕事は、他人や他社よりもいかに生産性を上げるかで決まると言っても、過言ではありません。

　ただし、いくら生産性を上げたとしても、肝心の「物」を生み出さなければしかたありません。それを担（にな）うのが、本章のテーマでもあるクリエイティビティです。

　本来、合理化によって無駄を省けば、働いている人には余剰時間が生まれるはずです。その余剰時間を、クリエイティビティを高める・発揮することに回すことが重要です。かつてのソニーなど日本のメーカーではいい意味での「遊び」が、新商品を生み出す研究開発につながっていました。

　しかし、今は多くの企業において、6その余裕をさらなる人員削減に回してしまっています。企業は利益を確保しなければいけませんから、人員削減は一つの手段です。しかし、それだけでは、新たな価値を生み出す能力そのものが落ちてしまいます。

　実際、近年とみに日本企業の開発能力が落ちていると内外から指摘されているのはご存じの通りです。

　7クリエイティビティを発揮する時間は、生産性を上げる時間とは、質が異なります。生産性を上げるには、一分一秒でも無駄な時間を削る必要がありますが、クリエイティビティを発揮する時間はそうではありません。没入する時間は一部ですが、それ以外の時間も必要になります。

　作家や作曲家は締め切りに追われているイメージがありますが、クリエイティブな仕事はなかなか計画通りにはいきません。

　たとえば、私が原稿を書かねばならない時、実際に執筆する時間は一時間であっても、その一時間だけあればいいかと言えば、そうではありません。構想を練ったり、終わったあとにしばらく休んだり、そもそも書く気になるまで待ったり、その前後に、「無駄」な時間がどうしても必要なのです。

　昔の作家には、原稿を書くのに鉛筆を一本ずつ削る人がいたそうですが、それも集中に入るための準備作業の一つなのでしょう。ただし、単に時間があればよいのではなく、うまく集中して、没入できる状態にしなければなりません。

　そのために必要なのが、遊び・ゲーム的要素です。アイデアを求められた時、慣れている人はすぐに一つ二つ出てきますが、慣れていない人は、そこで考え込んでしまいます。しかも、アイデアは時間をかければ出てくるというものでもありません。

　実は、アイデアを出すには慣れが必要で、そのためには訓練が有効です。たとえば、アイデアを出すために時間を区切ったり、制約条件をつけたり、競争をしたりするのです。これらの要素は、あくまで楽しく取り入れることが重要です。

　たとえるなら、生産性の管理は農耕的な時間世界であり、創造性は狩猟的な時間世界です。（　ウ　）、アイデアは自分の内にこもって考え込むのではなく、とりあえず外に出てつかまえられるかわからないけれど、獲物を狩りにいくイメージです。

　私は大学の授業で、学生をグループに分け、グループごとに街に出て、自分の知らない世界を発見して報告してもらうことをしています。明治大学は＊3神保町（じんぼうちょう）が近いですから、古書店も多いですし、古くからあるカレーショップや喫茶店もあります。

いっぽう、超一流レストランや家庭の食事は、自分に合わせて作ってくれるようなスペシャル感を味わえます。

ジュール・ヴェルヌの小説『十五少年漂流記』は、まさにブリコラージュの世界です。無人島に漂流した少年たちが、今あるもので難関を乗り越えていく様に、読者はワクワクするのです。このようなワクワク感は、[*2]フロー体験につながります。今、目の前にある課題に集中することで、時間感覚を忘れられるからです。

実は、時間の使い方には二つの方法があります。

一つが、今述べたフロー感覚につながるような、没入して時間を忘れることです。ただ、こうした没入はその瞬間はいいのですが、長期的な視点がありません。ずっと没入してばかりいては（天才はいいかもしれませんが）、普通の社会生活に対応できなくなってしまいます。

そうした時に必要なのがもう一つの、時間を管理することです。将来に向けて逆算して、今何をやるべきかを計画的に決めるのです。

[5]この二つの時間の使い方は、車の両輪のようなもので、どちらも必要です。

実は、学校という制度はこの二つの使い方をうまく学べるようにできています。まず勉強は時間割という名の通り、毎週何をするべきかが区切られ、管理されています。これはおおむね、必要な勉強時間数に比例しています。

いっぽう、部活動は没入の時間です。基本的に、部活は自分が好きで選んだものです。もちろん、大会までにこれを身につけなければいけないといった計画的部分がないわけではありませんが、部活で求められるのは、何よりも好きなことに没頭する時間です。

私は、高校時代にテニス部でしたが、三年生になって大学受験のために部活動ができなくなると、とたんに心身の調子が悪くなりました。やはり、管理された時間での生活だけではだめで、没入する時間があることが人生にとって大切なのです。

没入と時間の管理という、相反する要素をうまく組み合わせていくことは、生産性と創造性のバランスを取ることにつながります。

生産性は、もともと日本が得意にしてきたことです。トヨタ自動車は生産方式を改[b]カクすることで無駄をなくし、世界で有数の自動車会社になりました。

アメリカの経営学者ドラッカーも、時間と生産性の関係に着目しています。そして、仕事において何が時間を奪っているかを知り、時間という希少資源をどのように使うかを決めることが、経営者の重要な資質であると指摘しています。

日本において、時間を緻密に管理するシステムを作り上げた最たる例は、コンビニエンスストアでしょう。全国に一万店舗以上を抱える大手チェーンでは、各店に毎日必要なだけの商品を送り届けます。余りすぎてもだめだし、足りなくてもいけない。売れ行きを予測するなどして、物流システムを整えています。

私たちは、おにぎりが品切れしていたりすると「ちぇっ」と思ったりしますが、よく考えれば、長時間お店が開いているのに、ほとんどの場合に品切れ商品がないのはとてつもなくすごいことです。

（　イ　）、公共料金からチケットまであらゆるサービスを網羅するレジを、日本語が完璧ではない外国の方でもできるように、徹底してマニュアル化・合理化しています。

【国　語】（五〇分）〈満点：一〇〇点〉

一、次の文章を読んで、後の設問に答えなさい。

[1]クリエイティビティを高めるために必要なのが「トータルフットボール感覚」です。

トータルフットボールとは、オランダのサッカーチーム、アヤックスの元監督リヌス・ミケルスが考案した戦術で、教え子だったヨハン・クライフが中心となって、一九七四年のW杯オランダ代表チームやスペインのFCバルセロナで体現しました。簡単に言えば、ポジションを固定せず、チームがボールをキープするために、すべての選手がゲームに参加しなければいけないということです。

それまではフォワード[*1]やディフェンダーなど、役割に応じてオフェンス（攻撃）とディフェンス（防御）をしていました。しかし、トータルフットボールではボールがあるところにいる選手が、攻撃も防御も両方やらなければなりません。〝点取り屋〟だからといって、守備をしないことは許されないのです。

アイデアを出すとは、その時々に起きている状況に応じた解決策を、「当事者意識」を持って常に考えることです。

たとえば、スーパーでレジに行列ができていたら、ふだんは品出しをしている人が応援に[2]駆けつける。災害が起こった年には保険会社の担当部門は忙しくなりますから、別の部署の人が応援に行けるようなしくみを作る。そうした臨機応変な対応をできることが、トータルフットボール感覚です。

実は、この感覚を持っている人は、アイデアの出し手であることが多い。今、何が必要とされるかを考えて、そのためにはこうしたらいいと言えるからです。

もう一つ、クリエイティビティを高めるのに大切なのが「ブリコラージュ感覚」です。

ブリコラージュとは、フランスの文化人類学者レヴィ＝ストロースが提唱した概念で、「器用仕事」と訳されます。

これは、未開と思われている部族の人たちが何かをする時、その場にあるものを組み合わせて、間に合わせで解決してしまうことを指します。本来はその目的ではない道具も使う、またはあり合わせのものでなんとかする［ 3 ］が「野生の思考」であるとしました。

日本人のまじめさは長所ですが、[a]ユウ通が利かないところもあります。（　ア　）マッサージ店で六〇分と九〇分のコースがあったとします。時間の都合で七五分でやってくれませんかと言うと、日本では断られることが多いようですが、海外では柔軟に対応してくれます。

このように、ブリコラージュ感覚は［ 4 ］ということでもあります。

日常生活において、その最たる例は料理上手な人です。料理上手とは、おいしく豪華なものを作れることだけを意味するのではありません。料理上手な人は、あり合わせのもので一品作ることに長けています。それは、まさにブリコラージュ感覚です。

トータルフットボール感覚やブリコラージュ感覚によって生み出されるのが、仕事のライブ感です。

たとえば、飲食チェーン店の食事はどこに行っても同じものが味わえる安心感がある反面、その時・その場ならではの楽しみは薄くなります。

2023年度

専修大学松戸高等学校入試問題（前期１月18日）

【数　学】（50分）　＜満点：100点＞

【注意】 1．解答は解答用紙の解答欄にマークしなさい。問題文中の [アイ]，[ウ] などの [　] には，特に指示がないかぎり，数値が入ります。これらを次の方法で解答用紙の指定欄に解答しなさい。

注１．ア，イ，ウ，…の一つ一つは，それぞれ０から９までの数字のいずれか一つに対応します。それらを，ア，イ，ウ，…で示された解答欄にマークしなさい。

例えば，[アイ] に10と答えたいとき，下図のようにマークしなさい。

ア	⓪	●	②	③	④	⑤	⑥	⑦	⑧	⑨
イ	●	①	②	③	④	⑤	⑥	⑦	⑧	⑨

注２．分数形で解答が求められているときは，既約分数で答えなさい。

例えば，$\dfrac{[\text{ウエ}]}{[\text{オ}]}$ に $\dfrac{25}{3}$ と答えるところを $\dfrac{50}{6}$ と答えてはいけません。

注３．比の形で解答が求められているときは，最も簡単な自然数の比で答えなさい。

例えば，２：３と答えるところを４：６と答えてはいけません。

注４．根号を含む形で解答が求められているときは，根号の中に現れる自然数が最小となる形で答えなさい。

例えば，$[\text{カ}]\sqrt{[\text{キ}]}$ に $4\sqrt{2}$ と答えるところを $2\sqrt{8}$ と答えてはいけません。

注５．小数で解答が求められているとき，

例えば，[ク].[ケ] 2.5と答えたいときは，[ク] に２，[ケ] に５をマークしなさい。

2．定規，コンパス，電卓の使用は認めていません。

1 次の問いに答えなさい。

(1) $\dfrac{\sqrt{10}}{3}-\sqrt{15}\div\dfrac{1}{\sqrt{2}}\div\dfrac{\sqrt{3}}{2}$ を計算すると，$-\dfrac{[\text{ア}]\sqrt{[\text{イウ}]}}{[\text{エ}]}$ である。

(2) ２次方程式　$x^2+ax=40$ の１つの解が $x=a-2$ になるとき，$a=-$ [ア]，[イ] である。

(3) $a>b$ とする。$a+b=8$，$ab=3$ のとき，$a-b=[\text{ア}]\sqrt{[\text{イウ}]}$ である。

(4) 関数 $y=ax^2$ と関数 $y=ax+\dfrac{16}{3}$ のグラフの１つの交点の x 座標が -3 のとき，$a=\dfrac{[\text{ア}]}{[\text{イ}]}$ である。

(5) $\sqrt{3n}<13<\sqrt{4n}$ を満たす自然数 n の個数は [アイ] 個である。

(6) 次のページの図のように，AD//BCの台形ABCDの辺AB，CD上に，AD//EFとなるように２点E，Fをとり，線分ACと線分EFとの交点をGとする。

AD＝５cm，BC＝７cm，GF＝３cmのとき，

EG＝$\dfrac{\boxed{アイ}}{\boxed{ウ}}$ cmである。

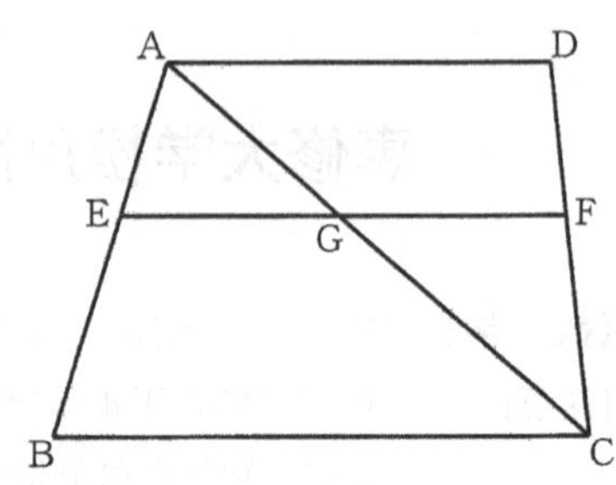

2 次の問いに答えなさい。

(1) 体育の授業で，生徒20人がバスケットボールのフリースローを１人10回ずつ行い，ゴールした回数を表にまとめた。

① 四分位範囲は，$\boxed{ア}$ 回である。

② 平均値は，$\boxed{イ}$．$\boxed{ウ}$ 回である。

回数(回)	人数(人)
0	2
1	4
2	5
3	1
4	3
5	0
6	3
7	1
8	1
9	0
10	0
合計	20

(2) １辺３cmの正方形の紙がたくさんある。

この紙を，のりしろを１cmずつとってはりあわせ，大きな長方形をつくる。

たとえば，右図は，正方形の紙を縦２枚，横３枚はりあわせたときのものである。

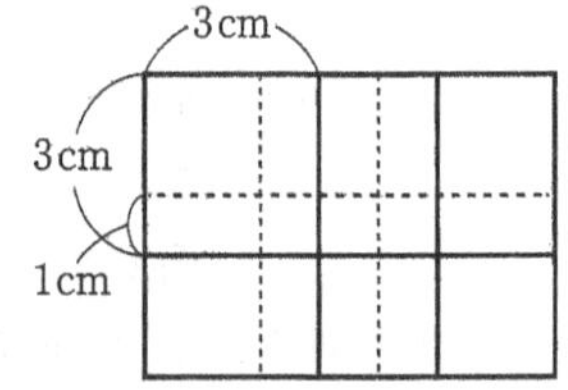

① 正方形の紙を縦，横それぞれ n 枚ずつはりあわせたとき，できた大きな正方形の面積は，（$\boxed{ア}n^2+\boxed{イ}n+\boxed{ウ}$）$cm^2$である。

② 横１列にはりあわせた正方形の紙の枚数が縦１列にはりあわせた正方形の紙の枚数より２枚多く，できた長方形の面積が$77cm^2$のとき，用いた正方形の紙の枚数は $\boxed{エオ}$ 枚である。

3 右図のように，放物線 $y=\dfrac{1}{2}x^2$ のグラフ上に２点A，Bがあり，点Aの x 座標は－4，点Bの x 座標は４である。

線分ABと y 軸との交点をCとする。

点Cを通り傾きが２である直線上に，AB＝ADとなる点Dをとる。

ただし，点Dの y 座標は点Cの y 座標よりも大きい。

(1) 直線CDの式は，$y=\boxed{ア}x+\boxed{イ}$ である。

(2) 直線CDと放物線の２つの交点の x 座標は，

$\boxed{ウ}\pm\boxed{エ}\sqrt{\boxed{オ}}$ である。

(3) 点Dの x 座標は，$\dfrac{\boxed{カキ}}{\boxed{ク}}$ である。

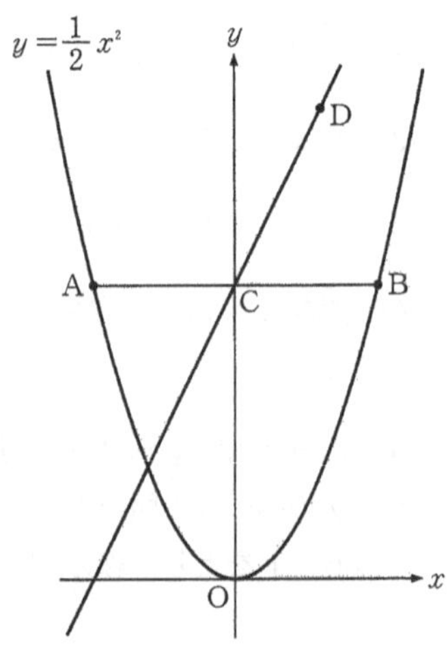

4 下図のように，AB＝AC＝４㎝，BC＝６㎝の△ABCの辺BCの中点をMとする。辺BCと点Mで接し点Ａを通る円と，辺AB，ACとの交点をそれぞれD，Ｅとする。線分CDと線分EMとの交点をＦとする。

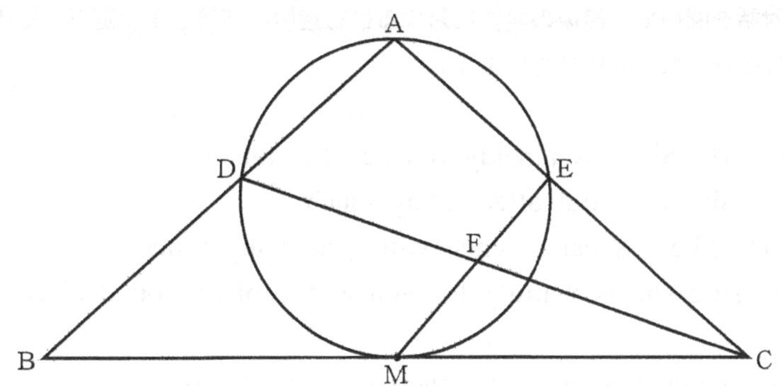

(1) CE＝$\frac{\boxed{ア}}{\boxed{イ}}$㎝である。

(2) CF：FD＝$\boxed{ウ}$：$\boxed{エ}$である。

(3) EF＝$\frac{\boxed{オ}\sqrt{\boxed{カ}}}{\boxed{キク}}$㎝である。

5 右図のように，１辺６㎝の正四面体ABCDの辺BCの中点をMとし，辺AC上にAE＝２㎝となる点Ｅをとる。

(1) 正四面体ABCDの表面積は，$\boxed{アイ}\sqrt{\boxed{ウ}}$ cm^2である。

(2) △MADの面積は，$\boxed{エ}\sqrt{\boxed{オ}}$ cm^2である。

(3) 四面体EMADの体積は，$\boxed{カ}\sqrt{\boxed{キ}}$ cm^3である。

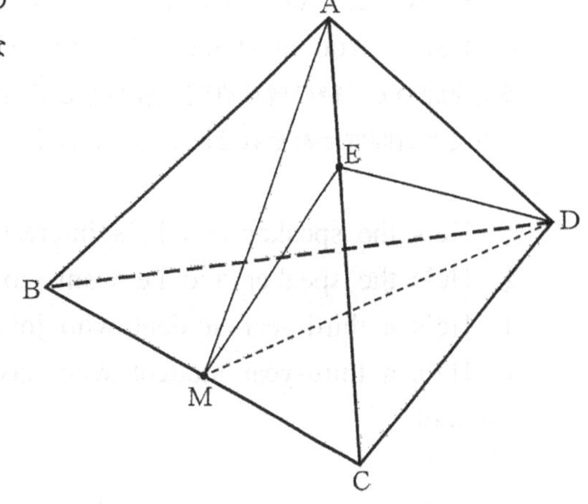

【英　語】（50分）　＜満点：100点＞

※　リスニングテストの放送台本は非公表です。

【１】 リスニング試験

１．それぞれの対話を聞いて，最後の発言に対する最も適切な応答を１つ選び，その番号をマークしなさい。対話はそれぞれ２回放送されます。

(1)

① Follow her! She has already finished her lunch.
② Really? She went out after eating lunch.
③ Do you? She has eaten lunch with you many times.
④ Oh, I'm sure she is waiting for you at the place you decided.

(2)

① Yes. I bought it at the cake shop near my house.
② No. I don't think the cake I made is delicious.
③ Actually, I made it with my mother this morning.
④ Well, I have never eaten any cake you made.

(3)

① I see. I think you have the wrong number.
② Look. It's on the other side of Bus No. 10.
③ Look. It's between Bus No. 10 and Bus No. 12.
④ I see. You must take Bus No. 10.

２．英文を聞いて，後に続く質問の解答として最も適切なものを１つ選び，その番号をマークしなさい。英文と質問はそれぞれ２回放送されます。

(1)

① He's the speaker and he's interested in three clubs in his school.
② He's the speaker and he wants to join the strongest club in his school.
③ He's a third-year student who joins the English club three times a week.
④ He's a third-year student who has a sister playing tennis in a strong club at school.

(2)

① Students who are interested in one of the clubs should go to the computer room on Wednesday.
② The English club makes movies and plays games in English because they want to do something for their school.
③ The tennis club has a lot of students, and they meet in their club room every Tuesday.
④ The rugby club needs some managers to take care of the club members.

【２】 次の英文を読んで，以下の問題に答えなさい。

We often hear the words, "Reduce, Reuse, and Recycle!" Of course, this is good advice for all of us to help to protect the environment. But have you ever really stopped to think about the differences between each of these words? It is important to understand because one of these things is not as good for the environment as the others.

When we say "reduce," we usually mean that we should try to decrease the amount of things we buy or use. For example, many people have a lot of shoes and clothes that they almost never wear, and they keep buying more. Other people, or in some cases the same people, have many bags which they almost never use. Because people buy so many things, companies that make shoes, clothes, and bags make more of those things. Making those things uses energy and *resources. For example, factories use a lot of electricity and fuel, *as well as many *materials to make the goods. Some of those materials, like plastics, are bad for the environment. So usually, it is better for the earth to use (1) things.

"Minimalism" has become popular recently. This is taking the idea of reducing the number of things we buy or use to an *extreme level. But some people find a sense of happiness and freedom in (2) very few things. They don't need so much space, and they don't need to spend much time taking care of the things they have. Minimalists, people who practice minimalism, often save a lot of money because they use so little. They often say, "Less is more." It just means "It is better to have fewer things." There are many different kinds of minimalism, so it is useful to think about them. [①] For example, we might try *applying minimalism to one thing, such as tools for eating. If everyone always carries their own knife, fork, spoon, and chopsticks, a large amount of energy and resources can be saved. This is one kind of minimalism.

Another way of using the word "reduce" is to (3) for a long time, instead of buying new ones so often. My smartphone is about four years old, but it is still fast and works well. [②] By waiting another year or two after the newest ones are sold, I can help to reduce the number of smartphones.

"Reuse," on the other hand, means that when I finally get a new smartphone, I sell or give the older one to someone else who can use it, or find another use for it myself, instead of *throwing it away. [③] Many of the materials in a smartphone are difficult to *dispose of and are not good for the environment. In my case, I use my old smartphone as a baby monitor only to watch my baby at home. Other people give their older smartphones to their children or use them only to watch movies or listen to music. They might not be so fast for playing some games or using the Internet, but they can still be very useful!

Another way we can reuse things is to (4) their *purpose. Some very creative people have even found ways to make houses by using plastic bottles!

(5)

ア. If you search online, you can find so many interesting ideas for reusing things instead of throwing them away.

イ. Though most of us can't imagine something like that, we can do simpler things.

ウ. PET bottles can be used to put flowers in.

エ. For example, old clothes can be used when we clean our house.

And that brings us to our third word, "recycle." Of course, it is much better to recycle our *trash than to just throw it away. In my city, we *separate trash into four categories: *burnables, plastics, bottles and cans, and non-burnables. But in the city I used to live in, there was no "plastic" category, so most people just put their plastics in with the burnable trash. I was sad. [④] We have to do some extra work for recycling, but we can feel better about the way we are disposing of our trash.

However, recycling also needs a lot of energy. It is better to recycle a plastic bottle than to burn it, of course, but even recycling is actually not so good for the environment. *That is why we should first try to reduce the amount of things we use, and reuse them *as much as we can. After we have done those things, then we should recycle the things which are left.

So, as you can see, the "3 Rs" should be done in this *order:

1. REDUCE
2. REUSE
3. RECYCLE

Let's do our best!

（注） *resource 資源　*as well as ～ ～と同様に　*material 原料　*extreme 極端な
*apply ～ to … ～を…に当てはめる　*throw ～ away［throw away ～］ ～を捨てる
*dispose of ～ ～を捨てる　*purpose 目的　*trash ごみ　*separate ～ ～を分ける
*(non-)burnable 燃える（燃えない）ごみ，燃える　*that is why ～ そういう訳で～
*as ～ as … can …ができるだけ～　*order 順序

問1 空欄（1）に入れるのに最も適切なものを①～④から1つ選び，その番号をマークしなさい。
① fewer　② smaller　③ more　④ larger

問2 空欄（2）に入れるのに最も適切なものを①～④から1つ選び，その番号をマークしなさい。
① making　② selling　③ living with　④ putting on

問3 空欄（3）に入れるのに最も適切なものを①～④から1つ選び，その番号をマークしなさい。
① buy old things　② continue using things
③ follow the old rules　④ use many things

問4 空欄（4）に入れるのに最も適切なものを①～④から1つ選び，その番号をマークしなさい。
① share　② choose　③ change　④ forget

問５ ⑸ 内のア～エの文を文脈が通るように並べかえたとき，順番として最も適切なものを①～④から１つ選び，その番号をマークしなさい。

① アーウーイーエ　② アーエーウーイ　③ イーアーウーエ　④ イーエーウーア

問６ 次の英文を入れるのに最も適切な位置を，本文中の ① ～ ④ から１つ選び，その番号をマークしなさい。

I do not need a new one.

問７ 本文の内容に合うものを①～④から１つ選び，その番号をマークしなさい。

① Using a lot of energy and resources to make products is good for the environment.

② Saving a lot of money and time means saving a large amount of energy and resources.

③ Throwing away smartphones is not bad for the environment if they are disposed of in the right way.

④ Using plastic bottles to make houses is one thing we can do to protect the environment.

問８ 本文の内容について，⑴，⑵の質問に対する答えとして最も適切なものを①～④からそれぞれ１つずつ選び，その番号をマークしなさい。

⑴ What is NOT true about "reduce, reuse, and recycle?"

① "Reduce" means that we try to have something less.

② "Reduce" is similar to the idea of "minimalism."

③ "Reuse" is to find a new use for something that does not have to be thrown away.

④ "Recycle" has almost the same meaning as "reuse."

⑵ What should we do to make recycling better for the environment?

① We should first reduce the number of our own things, and reuse or recycle half of the things that are left.

② We should first decrease the number of things we use, reuse them, and then recycle when something is left.

③ We should choose our favorite way from the "3 Rs" and keep doing it.

④ We should choose two or three ways among "reduce, reuse, and recycle" and do them.

【３】 次の英文を読んで，以下の問題に答えなさい。

Today I'd like to talk about my cousin Tony. We grew up together in the *countryside, and he was like a little brother to me. We rode the school bus together and played together almost every day. His mother was like a second mother to me. I didn't have any brothers or sisters, so I was very glad to have my cousin to play with.

We usually did things that many other children did. For example, we played video games or played with toys. When we got older, we rode our bicycles and played sports together, especially baseball and basketball. We both lived on farms. There were no large *grassy areas to play baseball, and no hard, *flat surfaces for basketball. So, we practiced baseball in the *rocky driveway, and we practiced basketball in the *dirt. It was not a perfect situation, but we had fun anyway.

Sometimes we did things that brought us trouble, though. Because I was three years older than my cousin, I often received more of the *blame. And sometimes if he did something bad at home, his parents said to me, "You taught him that bad thing!" That was almost never true, but I just laughed. He was a *naughty little boy, actually. I was usually a good boy; but when we were together, we sometimes made choices that were not the best.

Living in the countryside was wonderful because there was always fresh air and a lot of space. 【　　(1)　　】 On days like this, we sometimes did something that might get us in trouble. I remember one Saturday I was going to stay at my cousin's house *overnight. That afternoon we decided to *dig a hole in the ground, just for something to do. We thought maybe if we dug a deep enough hole, we might find something interesting, like a fossil, or something valuable. We dug and dug, and dug some more, but we didn't find anything. It began to get dark, so we went home. We decided to leave the hole to dig even deeper the next day.

We washed our hands and got ready for dinner, then waited for my uncle because we wanted to eat together after he came home. We were excited when he walked in the door because we were very hungry thanks to digging! Our exciting feelings did not last long, though. When my uncle saw us, he asked, "Did you dig that big hole over there by the side of the road?" "Yes," we both said. We could see he was angry, but we didn't understand why. "【　　(2)　　】 We didn't dig a hole in the road. It's on the side of the road," I said. I don't remember the thing which my uncle said after that, but he was not happy because it was dangerous for cars, especially at night. We had to go back outside with *flashlights and *fill the hole back in. We weren't allowed to have dinner first. We still didn't understand why he was so angry, but of course, we didn't say anything to him.

We rode our bicycles back to the hole and began filling it in with the dirt which we dug out earlier. After we finally finished, we were really hungry. We went back to my cousin's house by bicycle, washed our hands again, and finally had our dinner. It tasted better *than usual because we were really hungry after all the hard work.

My uncle was a good man, but he was *strict. I often think about him and miss him. He loved to read books. He was very good at remembering things about people, and he worked very hard. He died about ten years ago.

But this story is about my cousin. He was my best friend when I was a child, even though I didn't realize that at the time. After I went to college, we didn't talk or see each other very often. We chose very different *paths in life. But around the time my uncle died, my cousin and I started talking a lot more, and our friendship grew strong again. I *am very thankful for that. Now we gather once a month and talk a lot. Once a year, we have a party at my house or his house with our families. My wife and his wife are good friends. My daughter and his daughter are like real sisters. My cousin and I always say that we feel like we have one, big family. I'm happy to have a friend like him.

（注） *countryside　田舎　*grassy area　草原　*flat surface　平面
*rocky driveway　岩だらけの私道　*dirt　（未舗装の）地面，土　*blame　非難
*naughty　いたずら好きな　*overnight　一晩中　*dig ～　～を掘る（過去・過去分詞形 dug）
*flashlight　懐中電灯　*fill ～ (back) in　～を埋めて平らにする（戻す）
*than usual　いつもより　*strict　厳しい　*path　進路　*be thankful for ～　～に感謝している

問１　本文の内容について，(1)～(5)の質問に対する答えとして最も適切なものを①～④からそれぞれ１つずつ選び，その番号をマークしなさい。

(1) Which sentence is the best to put in【 (1) 】?
① So we always felt relaxed.　② So we often had troubles.
③ But some days we felt bored.　④ But sometimes we were surprised.

(2) Which sentence is the best to put in【 (2) 】?
① What's the problem?　② We're sorry.
③ Thanks a lot.　④ Why are you so sad?

(3) When the writer visited Tony one time, they dug a hole. Why?
① Because they wanted someone to fall into the hole and feel surprised.
② Because they thought they could find something they wanted in the ground.
③ Because they wanted to hide something interesting, like a fossil, or something valuable.
④ Because they hoped that the writer's uncle would be happy to see the hole.

(4) Why was the writer's uncle angry?
① Because he found two boys who were waiting for him to eat dinner.
② Because he saw a deep hole in the road.
③ Because he found something bad happening when he was driving his car.
④ Because he saw something dangerous for people and cars before arriving home.

(5) What made the friendship between the writer and Tony strong again after college?
① The books of the writer's uncle.
② To choose very different paths in life.
③ The death of the writer's uncle.
④ To have a party with their families.

問２　本文の内容に合うものを①～⑧から３つ選び，その番号をマークしなさい。

① The writer was an only child, so Tony was a good teammate to play with in the school team.

② The places the writer and Tony practiced baseball and basketball were in a bad condition for sports, but they enjoyed playing there anyway.

③ Tony was three years younger than the writer, so Tony's parents got angry at the writer like Tony's real older brother.

④ Tony was a naughty boy and sometimes made wrong choices, so he took more blame than the writer.

⑤ The day after the writer visited Tony, they made the hole deeper.

⑥ The writer and Tony didn't understand why the writer's uncle was angry, so they were not allowed to have dinner before him.

⑦ After digging and filling the hole back in, the writer and Tony were very hungry and enjoyed dinner more than usual.

⑧ Tony has been the writer's best friend, and both of them have known that since they were children.

【４】 次の各文の（　）に最も適する語（句）を①～④から１つ選び，その番号をマークしなさい。

(1) When she (　　) home, could you give her this notebook?

① got　② will get　③ has got　④ gets

(2) I broke my umbrella, so I'll buy (　　) tomorrow.

① it　② the one　③ one　④ that

(3) I finished (　　) the video at ten last night.

① watching　② to watching　③ watch　④ to watch

(4) I'll go fishing (　　) it is sunny.

① all the time　② while　③ during　④ so

(5) I would keep playing the piano even in the dark if the audience (　　) here.

① staying　② to stay　③ will stay　④ could stay

【５】 次の各日本文の内容を表すように，(　) 内の語（句）を並べかえたとき，空所 1 ～ 12 に入る語(句)の番号をマークしなさい。ただし，不要な語が１語ずつあります。また，文頭にくる語(句)も小文字にしてあります。

(1) この英語の本は辞書がなくても読めるほど簡単だよ。

This English ＿＿ ＿＿ ＿＿ [1] [2] ＿＿ ＿＿ a dictionary.

(① without　② is　③ read　④ to　⑤ easy　⑥ book　⑦ even　⑧ enough)

(2) メニューに料理がたくさんあるので，どれを食べたらいいのか決められないわ。

I can't decide ＿＿ [3] ＿＿ [4] ＿＿ ＿＿ ＿＿ many dishes on the menu.

（① eat ② which ③ there ④ of ⑤ food ⑥ because ⑦ are ⑧ to ）

⑶ 手紙がどれほど良いのか私たちに教えて。

_____ _____ _____ [5] _____ [6] _____.

（① the letters ② us ③ what ④ good ⑤ are ⑥ let ⑦ how ⑧ know ）

⑷ トムと話したら，思ったよりずっとおもしろい人だと気づいた。

I [7] _____ _____ [8] _____ _____ _____ talking with him.

（① after ② much ③ Tom ④ interesting ⑤ in ⑥ realized ⑦ more ⑧ is ）

⑸ 科学技術の発展とともに，私たちの生活は豊かになっているね。

Our _____ _____ [9] _____ [10] _____ _____.

（① more ② develops ③ becoming ④ technology ⑤ lives ⑥ as ⑦ richer ⑧ are ）

⑹ 忙しすぎて，新聞を読む時間がないと言っている人は多いよ。

Many people say they are [11] _____ [12] _____ _____ _____ _____ to read newspapers.

（① time ② to ③ don’t ④ so ⑤ they ⑥ busy ⑦ have ⑧ that ）

【６】 次の各文について，下線を引いた部分に誤りのある箇所をそれぞれ①～④から１つずつ選び，その番号をマークしなさい。ただし，誤りのある箇所がない場合は，⑤をマークしなさい。

⑴ ①I’d like to build schools ②for poor children ③in another countries ④in the near future. ⑤誤りなし

⑵ ①We are glad to see ②the sky full of stars ③with all of you here tonight ④thanks to Mr. Ogawa. ⑤誤りなし

⑶ ①There are a lot of traffic ②on the street, ③so be careful ④when you cross. ⑤誤りなし

⑷ ①When we went to Kyoto, ②we were able to visit three famous temples ③and to be seen ④one of my old friends. ⑤誤りなし

⑸ ①The teacher said to the student, “②Tell me about ③the places which is ④included in the story.” ⑤誤りなし

⑹ ①I’ll give Mary the birthday present ②I bought for her ③the day before yesterday ④before she goes home. ⑤誤りなし

【理　科】（50分）　＜満点：100点＞

1　植物の花のつくりについて調べるため，次の**観察１～３**を行いました。これに関して，あとの**(1)**～**(4)**の問いに答えなさい。

観察１

学校の周辺に生えていたマツの木とイチョウの木をそれぞれ観察したところ，マツでは，同じ木の枝に雌花と雄花が別々に咲くのに対し，イチョウには，雌花だけが咲く雌株と雄花だけが咲く雄株があることがわかった。

マツの若い枝の先端についていた花Aと，花Aよりも枝のつけ根寄りについていた花Bをそれぞれ採取した。また，イチョウの雌株と雄株から，花CとDをそれぞれ採取した。**表**は，花A～Dのスケッチと，それぞれの花について気付いたことをまとめたものである。

表

	マツ	イチョウ
スケッチ	花**A**　花**B**	花**C**　花**D**
気付いたこと	花**A**も**B**も，りん片と呼ばれるうろこ状のつくりが集まってできていた。	花**C**は遠くから見ると房のように見えたが，くわしく観察すると，小さなつくりが多数集まっていた。

観察２

マツの花AとBからりん片を１枚ずつはがし，ルーペで観察した。**図１**のりん片XとYは，花AとBのいずれかからはがしたりん片を，それぞれ模式的に表したものである。

また，マツの花粉をスライドガラスに取り，顕微鏡で観察した。**図２**は，このとき見られた花粉のようすである。

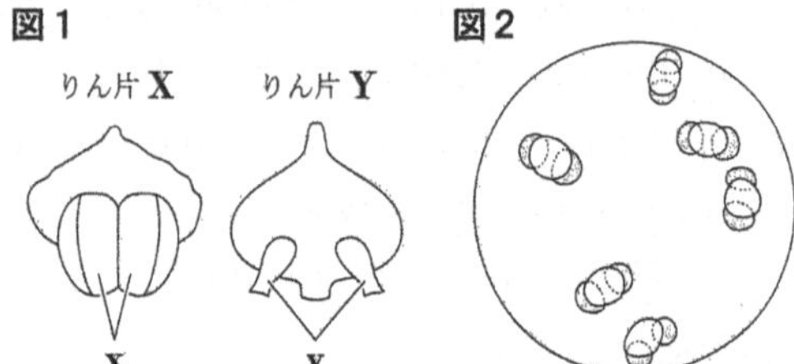

観察３

ツツジの枝から花を取り，ピンセットで分解した。**図３**は，１つずつ取りはずした花の部分a～dを，台紙の上に並べたものである。

図３

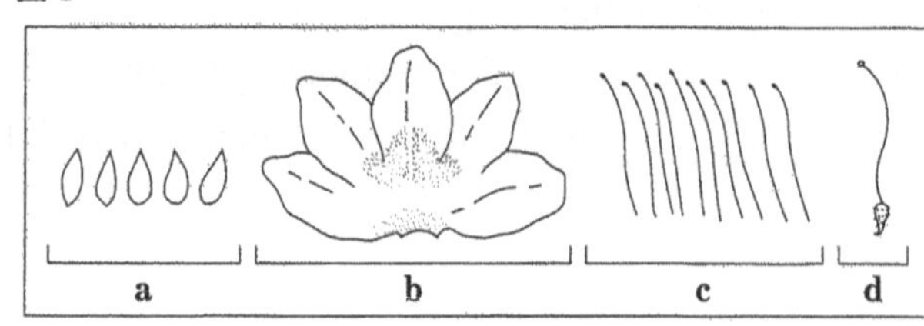

(1) 前のページの**表**のマツの花とイチョウの花について述べた文として最も適当なものを，次の①～④のうちから一つ選びなさい。

① マツの花Ａとイチョウの花Ｃは雌花，マツの花Ｂとイチョウの花Ｄは雄花である。
② マツの花Ａとイチョウの花Ｄは雌花，マツの花Ｂとイチョウの花Ｃは雄花である。
③ マツの花Ｂとイチョウの花Ｃは雌花，マツの花Ａとイチョウの花Ｄは雄花である。
④ マツの花Ｂとイチョウの花Ｄは雌花，マツの花Ａとイチョウの花Ｃは雄花である。

(2) **観察２**で，机に置いたマツのりん片をルーペで観察するときのピントの合わせ方を**Ⅰ群**の①～④のうちから，マツの花粉について述べた文を**Ⅱ群**の①～④のうちから，最も適当なものをそれぞれ一つ選びなさい。

Ⅰ群 ① ルーペをりん片に近づけ，ルーペを前後に動かしてピントを合わせる。
② ルーペをりん片に近づけたまま，顔を前後に動かしてピントを合わせる。
③ ルーペを目に近づけ，ルーペを前後に動かしてピントを合わせる。
④ ルーペを目に近づけたまま，顔を前後に動かしてピントを合わせる。

Ⅱ群 ① **図１**のりん片Ｘのｘの部分に入っており，風に飛ばされやすい形状をしている。
② **図１**のりん片Ｘのｘの部分に入っており，虫に運ばれやすい形状をしている。
③ **図１**のりん片Ｙのｙの部分に入っており，風に飛ばされやすい形状をしている。
④ **図１**のりん片Ｙのｙの部分に入っており，虫に運ばれやすい形状をしている。

(3) **観察３**の，ツツジの花のつくりについて述べた次の文の［Ｐ］，［Ｑ］にあてはまるものの組み合わせとして最も適当なものを，あとの①～④のうちから一つ選びなさい。

> **図３**のａ～ｄの部分が花についている順を考えたとき，最も外側についているのは［Ｐ］である。また，ツツジの花で花粉がつくられるのは，［Ｑ］の先端にあるやくである。

① Ｐ：ａの部分　Ｑ：ｃの部分　② Ｐ：ａの部分　Ｑ：ｄの部分
③ Ｐ：ｂの部分　Ｑ：ｃの部分　④ Ｐ：ｂの部分　Ｑ：ｄの部分

(4) マツ，イチョウ，ツツジのすべてに共通する特徴として**適当ではないもの**を，次の①～④のうちから一つ選びなさい。

① 必要な水分を根から吸収し，道管を通じて全身へ送る。
② 細胞にある葉緑体で，水と二酸化炭素から養分をつくるはたらきを行う。
③ 受精によって子をつくる，有性生殖でなかまをふやす。
④ 花に，受粉するとやがて果実になる部分と種子になる部分とがある。

2 生徒が，太陽系の天体について**調べたこと**をまとめました。これに関する先生との会話を読み，あとの(1)～(4)の問いに答えなさい。

> **調べたこと**
> 太陽系には，地球を含めて８個の惑星がある。**表**は，太陽と，太陽系の惑星について，それぞれの特徴をまとめたものであり，Ａ～Ｅは，水星，金星，火星，木星，土星のいずれかである。

表

	直径 （地球＝１）	太陽からの距離 （地球～太陽間＝１）	密度 〔g/cm³〕	公転周期 〔年〕
太陽	109.00	−	1.41	−
地球	1.00	1.00	5.51	1.00
A	0.95	0.72	5.24	0.62
B	9.45	9.55	0.69	29.46
C	11.2	5.20	1.33	11.86
D	0.53	1.52	3.93	1.88
E	0.38	0.39	5.43	0.24
天王星	4.01	19.20	1.27	84.02
海王星	3.88	30.10	1.64	164.77

生徒：**表**で，地球の直径から，太陽系の惑星の中では，地球は中くらいの大きさだといえそうです。また，太陽からの距離を見ると，地球に最も近い天体は**A**の惑星であることがわかります。

先生：地球に最も近い「惑星」ということなら**A**で正解ですが，最も近い「天体」となると，もっと近いものがありますよ。夜空で最も大きく見えている天体です。

生徒：そうか，月ですね。

先生：地球と太陽との距離を１としたとき，地球と月との距離は0.0025で，**A**の惑星よりもはるかに近い位置にあることがわかります。

生徒：わたしたちから見ると，太陽も月も，同じように東からのぼって南の高い空を通り，西へ沈んでいくように見える天体で，距離や大きさのちがいを意識することは少ないですね。

先生：そうですね。**図１**は地球を北極側から見たときの，太陽，地球，月の位置関係を表しています。太陽や月が，東からのぼって西へ沈むように見えるのは，地球が自転しているためでしたね。

図１

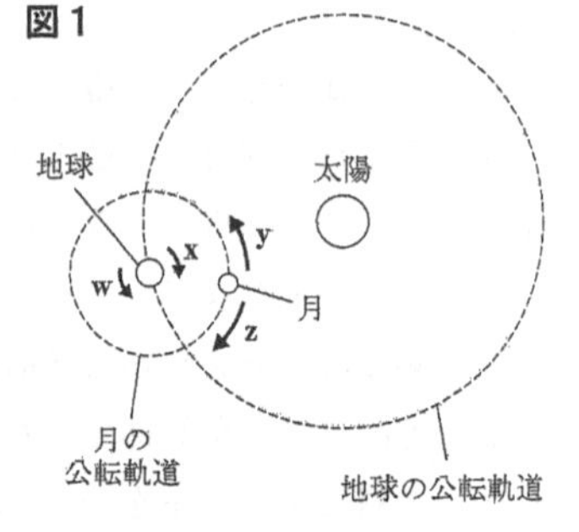

生徒：太陽と月が日周運動をするときの速さは，どちらも同じなのでしょうか。地球が**図１**の P に自転しているとき，月が Q に公転していることを考えると，速さが異なりそうですが。

先生：そのとおりです，日周運動をする速さは，月のほうが R といえます。

(1) 下線部について，生徒が，２地点における太陽の南中高度から，地球の直径を求めることにした。**図２**のように，同じ子午線上にあって距離が555km離れている地点**X**と**Y**で，夏至の日の太陽の南中高度を調べたところ，地点**X**での南中高度が73°，地点**Y**での南中高度が78°であった。このことから，地球の直径は約何kmと考えられるか。次の①～④のうちから，最も適当なものを一つ選びなさい。なお，地球は球体で，円周率は3.14とする。

図２

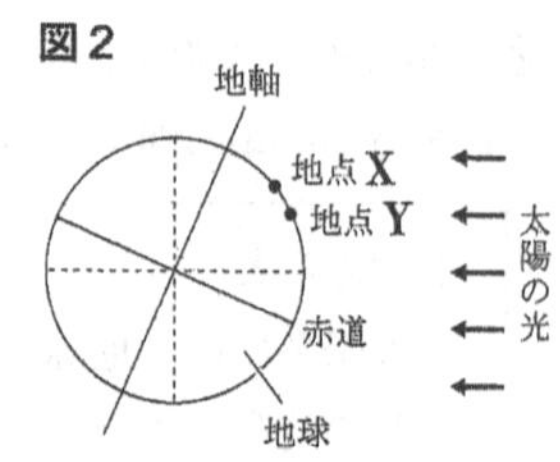

①　約6365km　　②　約12730km　　③　約17427km　　④　約39960km

(2) 前のページの表の惑星Ａ～Ｅの名称を組み合わせたものとして最も適当なものを，次の①～⑥のうちから一つ選びなさい。

① Ａ：水星　Ｂ：木星　Ｃ：土星　Ｄ：金星　Ｅ：火星
② Ａ：水星　Ｂ：土星　Ｃ：木星　Ｄ：火星　Ｅ：金星
③ Ａ：金星　Ｂ：木星　Ｃ：土星　Ｄ：水星　Ｅ：火星
④ Ａ：金星　Ｂ：土星　Ｃ：木星　Ｄ：火星　Ｅ：水星
⑤ Ａ：火星　Ｂ：木星　Ｃ：土星　Ｄ：金星　Ｅ：水星
⑥ Ａ：火星　Ｂ：土星　Ｃ：木星　Ｄ：水星　Ｅ：金星

(3) 表から，惑星Ｄが１回公転するときの惑星Ａが公転する回数と，その回数に最も近い公転周期の関係をもつ２つの惑星はどれか。それらを組み合わせたものとして最も適当なものを，次の①～⑥のうちから一つ選びなさい。

① 回数：約２回　２つの惑星：惑星Ａと惑星Ｅ
② 回数：約２回　２つの惑星：惑星Ｂと惑星Ｃ
③ 回数：約２回　２つの惑星：惑星Ｂと天王星
④ 回数：約３回　２つの惑星：惑星Ａと惑星Ｅ
⑤ 回数：約３回　２つの惑星：惑星Ｂと惑星Ｃ
⑥ 回数：約３回　２つの惑星：惑星Ｂと天王星

(4) 会話文の［P］～［R］にあてはまるものの組み合わせとして最も適当なものを，次の①～⑧のうちから一つ選びなさい。

① P：wの向き　Q：yの向き　R：遅い　② P：wの向き　Q：yの向き　R：速い
③ P：wの向き　Q：zの向き　R：遅い　④ P：wの向き　Q：zの向き　R：速い
⑤ P：xの向き　Q：yの向き　R：遅い　⑥ P：xの向き　Q：yの向き　R：速い
⑦ P：xの向き　Q：zの向き　R：遅い　⑧ P：xの向き　Q：zの向き　R：速い

3

物質の性質について調べるため，次の**実験１，２**を行いました。これに関して，あとの(1)～(4)の問いに答えなさい。

実験１

❶ 異なる物質でできている固体Ａ～Ｅを用意し，電子てんびんでそれぞれの質量を測定した。

❷ メスシリンダーに水を入れ，固体Ａ～Ｅをそれぞれ水中に沈めて体積を測定した。このとき，水面に浮かんでしまう固体については，細い針金で水中に押し込むようにして沈め，すべての固体について体積を測定した。

表１は，固体Ａ～Ｅの質量と体積との関係をまとめたものである。

表１

固体	A	B	C	D	E
質量〔g〕	16.90	14.25	17.60	17.60	17.10
体積〔cm^3〕	13.0	15.0	16.0	20.0	18.0

実験２

❶ 密度の異なる３種類の液体ａ～ｃを，それぞれ180ｇずつ用意した。これらの液体は，水，菜種油，食塩の飽和水溶液のいずれかであり，食塩の飽和水溶液は，20℃の水に食塩を溶けるだけ溶かしてつくったものである。**表２**は，これらの液体の密度をまとめたものである。

表２

液体	密度〔g/cm³〕
水	1.00
菜種油	0.90
食塩の飽和水溶液	1.20

❷ ビーカーＰに液体ａとｃを，ビーカーＱに液体ｂとｃを，ビーカーＲに液体ａとｂを，それぞれ50㎤ずつ入れて混ぜ合わせた。

❸ **実験１**の固体Ａ～ＥをビーカーＰに入れると，上下２層に分かれた液体の中で，固体の浮き沈みは**図１**のようになった。なお，固体はすべて同じ大きさで示している。

図１

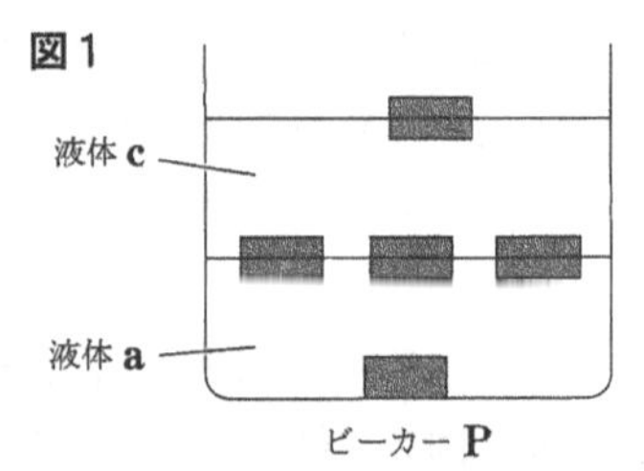

❹ 同様に，固体Ａ～ＥをビーカーＱに入れると，上下２層に分かれた液体の中で，**図１**のときとは浮き沈みのようすが変化した固体が一つあった。

⑴ **実験１**の❷を行っていたとき，メスシリンダーに入れた固体を取り出さないうちに次の固体を入れてしまった。固体が２つ沈んだ状態では，メスシリンダーの目盛りは**図２**の値を示し，この値は，水中に何も入れないときの値の1.66倍であった。このとき水中に沈んでいる固体の組み合わせとして最も適当なものを，次の①～⑥のうちから一つ選びなさい。

図２

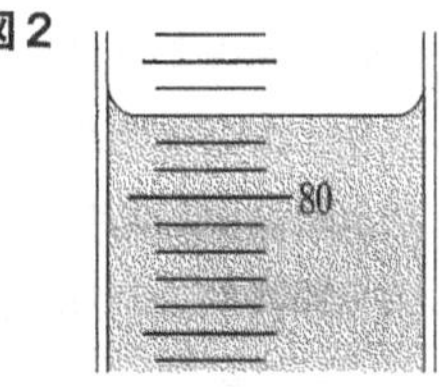

① 固体ＡとＢ　② 固体ＡとＣ　③ 固体ＡとＥ
④ 固体ＢとＤ　⑤ 固体ＢとＥ　⑥ 固体ＣとＥ

⑵ **実験１**で，固体Ａ～Ｅについて正しく述べた文をすべて選んだものを，あとの①～⑧のうちから一つ選びなさい。

ア 固体ＡとＣは密度が同じである。
イ 固体ＢとＥは密度が同じである。
ウ 最も密度の大きい物質でできているのは固体Ａである。
エ 最も密度の小さい物質でできているのは固体Ｅである。

① **ア**　② **イ**　③ **ウ**　④ **エ**
⑤ **ア**，**ウ**　⑥ **ア**，**エ**　⑦ **イ**，**ウ**　⑧ **イ**，**エ**

⑶ **実験２**の❹で，ビーカーＱのようすは**図３**のようになった。ビーカーＱの中の液体ｂと，**実験２**の❸と比べて浮き沈みのようすが変化した固体は何か。これらを組み合わせたものとして最も適当なものを，次の①～⑥のうちから一つ選びなさい。

図３

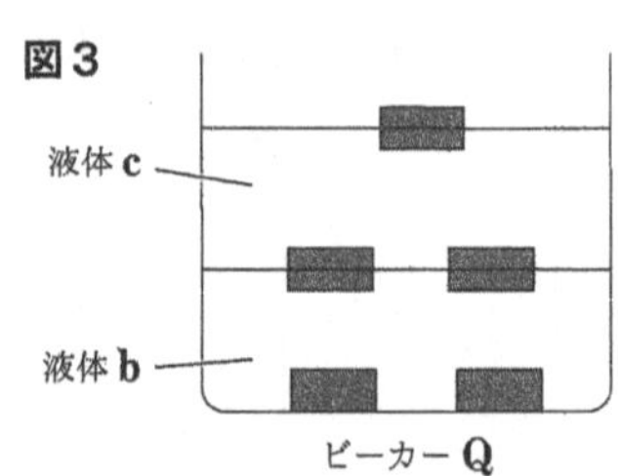

① 液体ｂ：水　浮き沈みのようすが変化した固体：Ｂ
② 液体ｂ：水　浮き沈みのようすが変化した固体：Ｃ

③　液体ｂ：水　　浮き沈みのようすが変化した固体：D
④　液体ｂ：食塩の飽和水溶液　　浮き沈みのようすが変化した固体：B
⑤　液体ｂ：食塩の飽和水溶液　　浮き沈みのようすが変化した固体：C
⑥　液体ｂ：食塩の飽和水溶液　　浮き沈みのようすが変化した固体：D

(4)　**実験２**で用意した食塩の飽和水溶液180ｇ中には，何ｇの食塩が溶けているか。X ～ Z にあてはまる数字を一つずつ選びなさい。ただし，20℃での食塩の溶解度を36ｇとし，答えは小数第２位を四捨五入して答えなさい。

X Y . Z ｇ

4　電子の移動によって起こる現象について調べるため，次の**実験１，２**を行いました。これに関して，あとの(1)～(4)の問いに答えなさい。

実験１

❶　30㎝ほどに切ったポリエチレンのひもの中央を，**図１**のように糸でしばり，細く裂いた。

❷　木の棒につるした❶のひもをティッシュペーパーでよくこすったところ，**図２**のように，ひもが大きく広がった。

図１

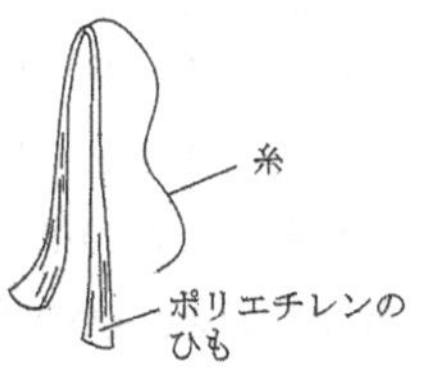

糸
ポリエチレンのひも

図２

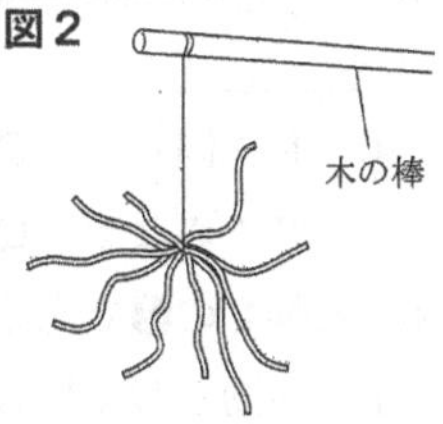

木の棒

❸　ティッシュペーパーでよくこすった塩化ビニルのパイプを，木の棒につるしたひもに下から近づけたところ，**図３**のように，糸がたるみ，ひもは大きく広がった状態のまま，パイプから離れて空中で静止した。

図３

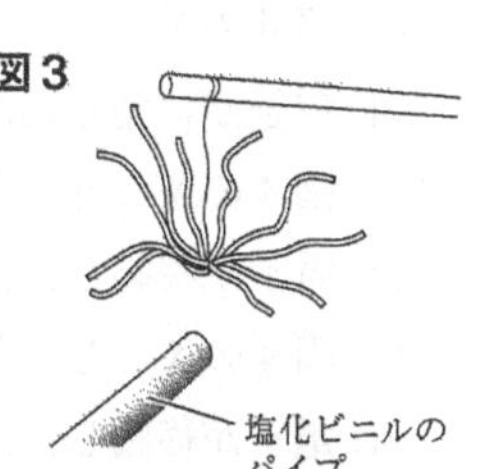

実験２

❶　**図４**のような誘導コイルと，中に蛍光板の入ったクルックス管（真空放電管）を用意した。誘導コイルは数万Ｖという大きな電圧を発生させることのできる装置であり，**図４**の誘導コイルのＸは－極，Ｙは＋極である。

図４

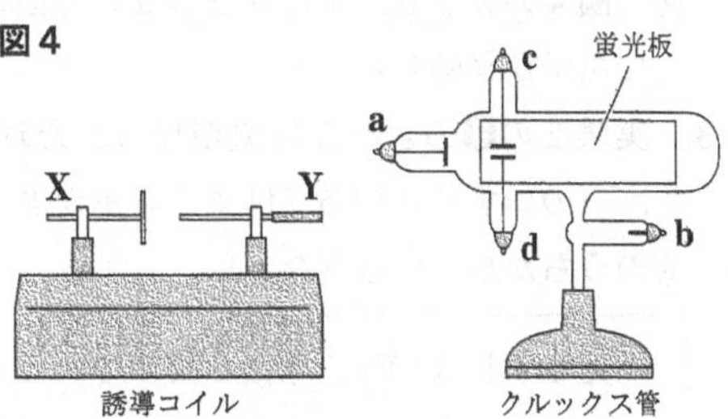

❷　**図４**のクルックス管の電極ａとｂを誘導コイルにつなぎ，電圧を加えたところ，蛍光板上に，**図５**のような光るすじが現れた。

❸　電極ａとｂに誘導コイルの電圧を加えたまま，電極ｃとｄを電源装置につないで電圧を加えたところ，光るすじが上に曲がった。

図５

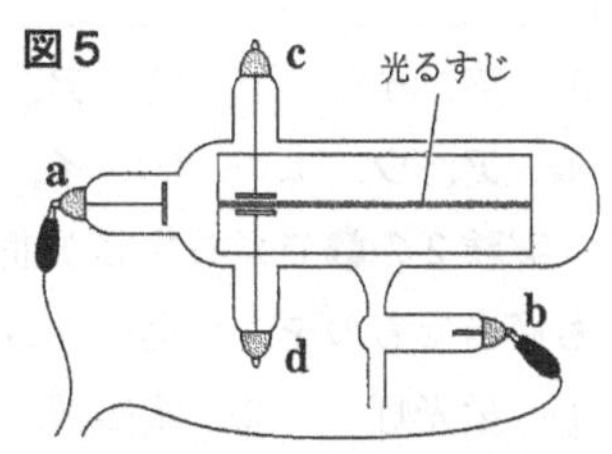

❹　電極ｃとｄにつないだ電源装置のスイッチを切り，電極ａとｂに誘導コイルの電圧を加えたまま，図６のように，Ｓ極を手前に向けたＵ字形磁石を，クルックス管をはさむように上から近づけたところ，光るすじが上に曲がった。

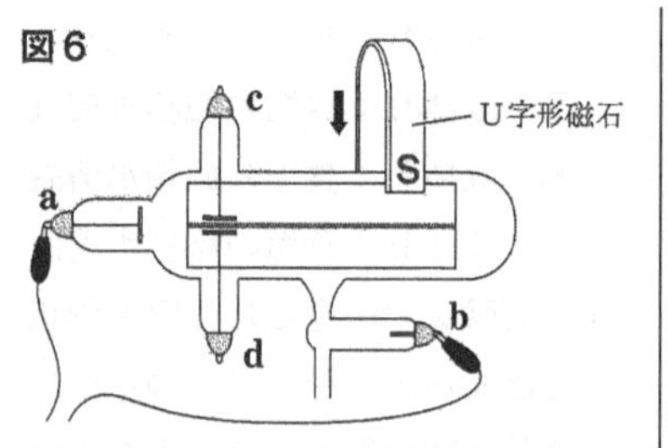

(1)　**実験１**について述べた次の文の P ， Q にあてはまるものの組み合わせとして最も適当なものを，あとの①～④のうちから一つ選びなさい。

> **実験１**で，**図２**のようにひもが大きく広がったのは，物体どうしの摩擦によって電子が移動し，ひもの１本１本が P 種類の電気を帯びていたためである。また，**図３**のようにひもがパイプから離れて空中で静止したのは，ひもとパイプが Q 種類の電気を帯びていたためである。

①　Ｐ：同じ　　Ｑ：同じ　　②　Ｐ：同じ　　Ｑ：異なる
③　Ｐ：異なる　Ｑ：同じ　　④　Ｐ：異なる　Ｑ：異なる

(2)　**実験２**の❷で光るすじが見られたのは，電子が移動したことによる現象である。このときの電子の移動として最も適当なものを，次の①～④のうちから一つ選びなさい。

①　図４のＸとａ，Ｙとｂをつないで高電圧を加えたとき，Ｘから導線を通ってａへ向かうように電子が移動した。
②　図４のＸとａ，Ｙとｂをつないで高電圧を加えたとき，Ｙから導線を通ってｂへ向かうように電子が移動した。
③　図４のＸとｂ，Ｙとａをつないで高電圧を加えたとき，Ｘから導線を通ってｂへ向かうように電子が移動した。
④　図４のＸとｂ，Ｙとａをつないで高電圧を加えたとき，Ｙから導線を通ってａへ向かうように電子が移動した。

(3)　**実験２**の❸のような現象が見られた理由について述べた次の文の ア ～ エ には，それぞれ＋，－のいずれかがあてはまる。＋があてはまるものをすべて選んだ組み合わせを，あとの①～⑥のうちから一つ選びなさい。

> 光るすじは ア の電気を帯びているので，電極ｃを電源装置の イ 極に，電極ｄを ウ 極につないで電圧を加えると，光るすじが エ 極に引かれたから。

①　ア，イ　　　②　ア，イ，エ　　③　ア，ウ
④　ア，ウ，エ　⑤　イ，エ　　　　⑥　ウ，エ

(4)　**実験２**の❹で光るすじが曲がった現象に関係の深いものはどれか。次の①～④のうちから，最も適当なものを一つ選びなさい。

①　蛍光灯　　②　電磁調理器　　③　非接触型ICカード　　④　モーター

5 生物の進化について，**調べたこと**１，２をまとめました。これに関して，あとの(1)～(4)の問いに答えなさい。

調べたこと１

脊椎動物は，魚類，両生類，爬虫類，鳥類，哺乳類という５つのなかまに分類される。さまざまな脊椎動物の骨格を調べると，現在の見かけの形やはたらきが異なる器官であっても，もとは同じものであったと考えられる器官がある。

図は，陸上でくらすヒトの腕の骨格と，水中でくらすクジラの胸びれの骨格を，それぞれ模式的に表したものである。これを見ると，腕と胸びれには，形や役割のちがいはあっても，骨格に共通している部分があることがわかる。このような，同じものから変化したと考えられる器官を相同器官といい，生物の進化を示す証拠の一つであると考えられている。

図

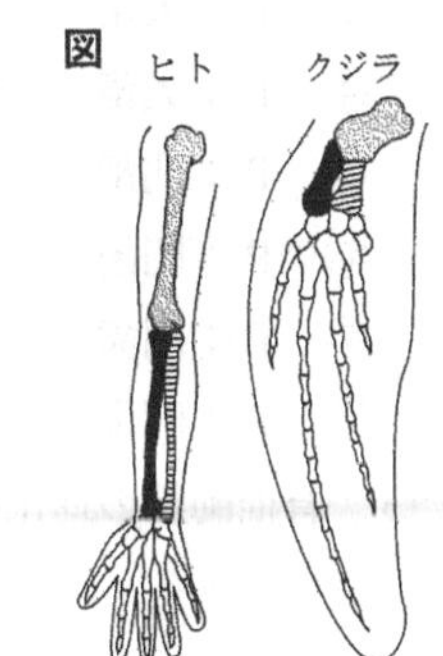

また，陸上でくらす哺乳類の中でも，草食動物のシマウマと肉食動物のライオンでは体のつくりにちがいがあり，どちらもそれぞれの生活に都合のよい形質をもっている。これは，動物が親から子へ，子から孫へと代を重ねていく中で，環境に適した形質のちがいがつくり出された結果である。

調べたこと２

脊椎動物において，魚類，両生類，爬虫類，鳥類，哺乳類というなかまが進化の過程で生まれてきたことは，相同器官のほかに，シソチョウの化石などからも推測できる。シソチョウは，［X］の地層からその化石が発見された生物である。シソチョウには，鳥類の特徴である「体表が羽毛でおおわれている」などの点が見られるが，同時に爬虫類の「［Y］をもつ」という特徴ももっている。このことから，シソチョウは，爬虫類が鳥類へ進化する過程で存在していた生物であったと考えられている。

(1) 脊椎動物について正しく述べた文を**Ⅰ群**の①～④のうちから，**調べたこと**１の下線部と同じものから進化してきたと考えられる器官の例を**Ⅱ群**の①～④のうちから，最も適当なものをそれぞれ一つ選びなさい。

Ⅰ群
① 体表がうろこでおおわれているなかまは，魚類だけである。
② 魚類と両生類は殻のない卵を，爬虫類と鳥類は殻のある卵をうむ。
③ 両生類のなかまには，カメやトカゲなどが分類される。
④ 一生を通じて肺で呼吸をするなかまは，鳥類と哺乳類だけである。

Ⅱ群
① ニワトリのあし　② コイの背びれ
③ トンボのはね　④ コウモリのつばさ

(2) シマウマとライオンのちがいについて述べた次の文の［P］～［S］にあてはまるものの組み合わせとして最も適当なものを，あとの①～⑧のうちから一つ選びなさい。

シマウマとライオンの体のつくりで大きく異なっている部分に，歯の形状や目のつき方がある。シマウマの歯では P や臼歯が発達しているのに対し，ライオンの歯では Q が発達している。また，ライオンの目は顔の R についていて，シマウマよりも S 。

① P：犬歯　Q：門歯　R：側面　S：広範囲を見渡すことができる
② P：犬歯　Q：門歯　R：前面　S：立体的に見える範囲が広い
③ P：犬歯　Q：門歯　R：側面　S：立体的に見える範囲が広い
④ P：犬歯　Q：門歯　R：前面　S：広範囲を見渡すことができる
⑤ P：門歯　Q：犬歯　R：側面　S：広範囲を見渡すことができる
⑥ P：門歯　Q：犬歯　R：前面　S：立体的に見える範囲が広い
⑦ P：門歯　Q：犬歯　R：側面　S：立体的に見える範囲が広い
⑧ P：門歯　Q：犬歯　R：前面　S：広範囲を見渡すことができる

(3) 脊椎動物の進化の過程を表した図として最も適当なものを，次の①～④のうちから一つ選びなさい。

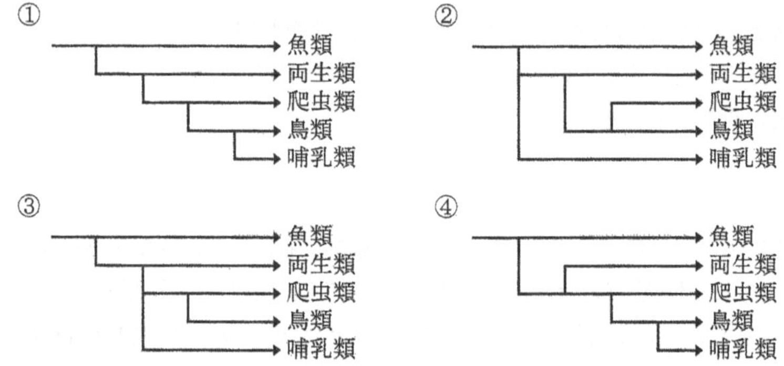

(4) **調べたこと2**の X ，Y にあてはまるものの組み合わせとして最も適当なものを，次の①～⑥のうちから一つ選びなさい。

① X：古生代　Y：爪のはえた後ろあし
② X：古生代　Y：骨のある長い尾
③ X：中生代　Y：爪のはえた後ろあし
④ X：中生代　Y：骨のある長い尾
⑤ X：新生代　Y：爪のはえた後ろあし
⑥ X：新生代　Y：骨のある長い尾

6 生徒が，天気の変化や空気中の水の変化について調べるため，次の**観測**と**実験**を行いました。これに関して，あとの(1)～(4)の問いに答えなさい。

観測

千葉県の地点Xで，3時間ごとの気温と湿度を2日間にわたって観測した。次のページの図1は，このときの観測結果をグラフに表したものである。

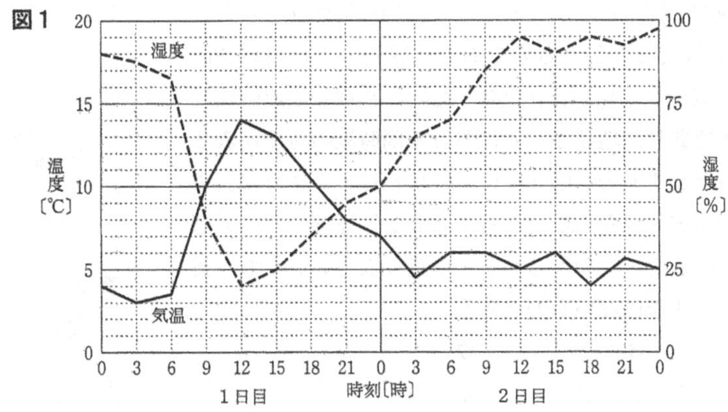

実験

❶　１日目の日中に，水を入れた金属製のコップを３個用意してA，B，Cとし，冷蔵庫に入れて４℃に冷やしておいた。

❷　観測の２日目の９時にAを，12時にBを，それぞれ冷蔵庫から取り出してテーブルの上に置き，コップの表面のようすを調べた。**表１**は，その結果をまとめたものである。また，**表２**は，気温と飽和水蒸気量との関係を表したものである。

表１

A	変化はなかった。
B	水滴がついた。

表２

気温〔℃〕	1	2	3	4	5
飽和水蒸気量〔g/m³〕	5.2	5.6	5.9	6.4	6.8

気温〔℃〕	6	7	8	9	10
飽和水蒸気量〔g/m³〕	7.3	7.8	8.3	8.8	9.4

⑴　**観測**における，気温の測定のしかたとして**適当ではないもの**を，次の①～④のうちから一つ選びなさい。

①　まわりに建物のない，風通しのよい場所で測定する。

②　温度計の感温部に日光が当たらないようにして測定する。

③　雨が当たらず，同じ位置で測定できる，百葉箱などで測定するのが望ましい。

④　地上約50cmの高さに温度計の感温部が来るようにして測定する。

図２

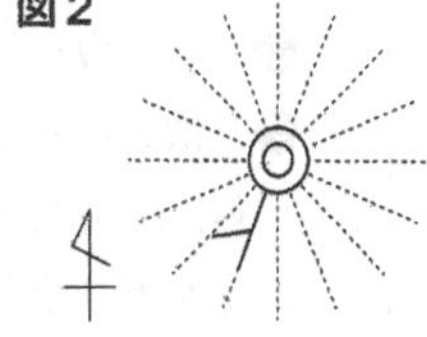

⑵　**図２**は，観測中のある時刻の，地点Xにおける天気，風向，風力を，天気図記号で記録したものである。**図２**の天気図記号から読み取れる，このときの天気を**Ⅰ群**の①～③のうちから，風向を**Ⅱ群**の①～③のうちから，風力を**Ⅲ群**の①，②のうちから，最も適当なものをそれぞれ一つ選びなさい。

Ⅰ群　①　快晴　②　晴れ　③　くもり

Ⅱ群　①　南西　②　南南西　③　西南西

Ⅲ群　①　1　②　2

(3) **図３**は，**観測**を行った地点Xと，その周辺の地点a～cとの位置関係を地図上に表したものである。**観測**の１日目の12時に，地点Xの気圧は1010.3hPaであった。これらの地点の標高がすべて０mであり，地点a～cにおける同時刻の気圧が**表３**のようであったとすると，**図３**中に，等圧線はどのように表されるか。**図３**の**ア**～**ウ**から適当と考えられる等圧線をすべて選んだものを，次の①～⑥のうちから一つ選びなさい。なお，省略されている等圧線はないものとする。

① **ア**　　② **イ**　　③ **ウ**
④ **ア，イ**　　⑤ **ア，ウ**　　⑥ **イ，ウ**

図３

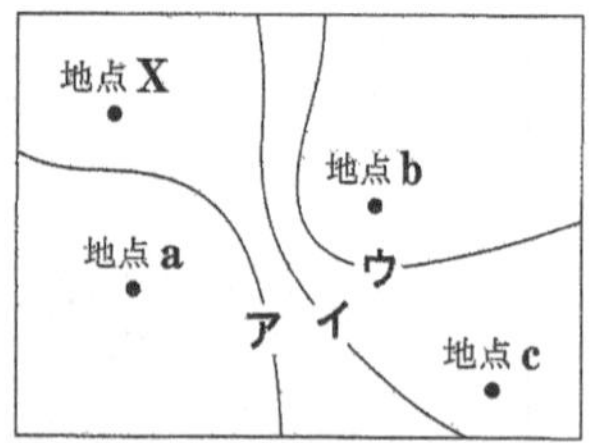

表３

地点	気圧〔hPa〕
a	1009.9
b	1013.5
c	1011.0

(4) **観測**と**実験**について述べた次の文の［P］～［R］にあてはまるものの組み合わせとして最も適当なものを，あとの①～⑥のうちから一つ選びなさい。

> **観測**で，２日目の９時の空気１m^3中に含まれていた水蒸気量は約［P］g／m^3である。**実験**で，Aに水滴がつかなかったのは，４℃での飽和水蒸気量がこの値よりも大きく，露点に達しなかったためである。このとき，Aに氷を加えて水の温度を下げていくと，［Q］℃になるまでにAの表面に水滴がつき始めると考えられる。また，２日目の15時にCを冷蔵庫から取り出してテーブルの上に置いた場合，コップの表面に［R］。

① **P**：5.8　**Q**：4　**R**：変化はない
② **P**：5.8　**Q**：3　**R**：水滴がつく
③ **P**：6.0　**Q**：4　**R**：変化はない
④ **P**：6.0　**Q**：3　**R**：水滴がつく
⑤ **P**：6.2　**Q**：4　**R**：変化はない
⑥ **P**：6.2　**Q**：3　**R**：水滴がつく

7　化学変化にともなう熱の出入りについて調べるため，次の**実験１**，**２**を行いました。これに関して，あとの(1)～(4)の問いに答えなさい。

> **実験１**
> ❶ ビーカーに，鉄粉８gと活性炭５gを入れて，よく混ぜ合わせた。
> ❷ 次のページの**図１**のように，❶のビーカーに食塩水を数滴たらしてガラス棒で混ぜながら，５分ごとに60分間温度を測定した。次のページの**図２**は，この実験における温度の変化をグラフに表したものである。

図1

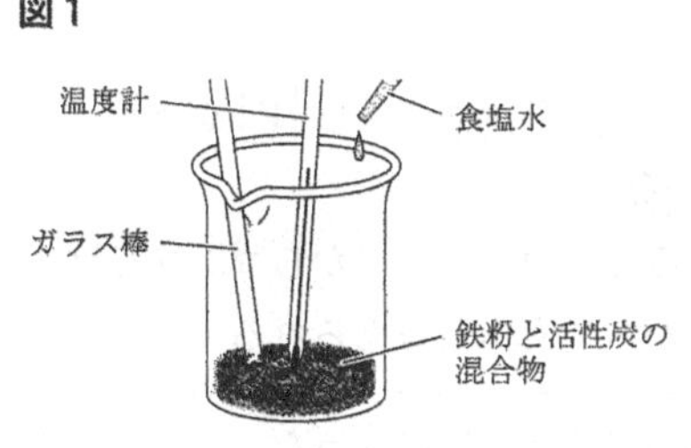

図2

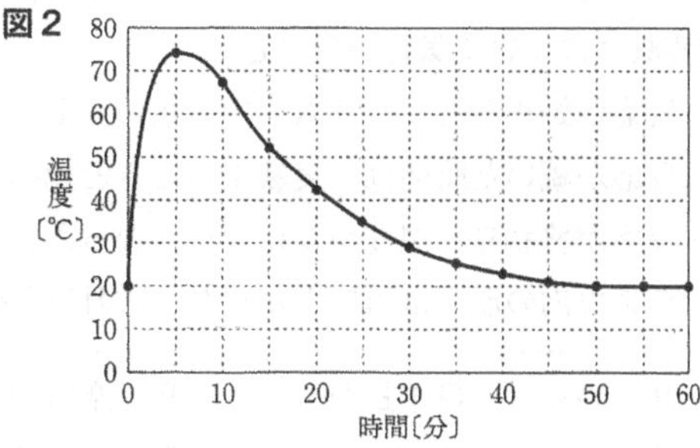

実験2

❶ **実験1**と同様に，鉄粉8 gと活性炭5 gをよく混ぜ合わせて食塩水を加えたものを，三角フラスコに入れた。

❷ ❶の三角フラスコに，**図3**のように温度計とガラス管を取り付けたゴム栓をして，ガラス管の一端が，ビーカーに入れた水の中に入っている状態にした。このとき，ガラス管内には，水面と同じ高さまで水が入っていた。

❸ **図3**の装置を放置し，5分ごとに60分間温度を測定した。**図4**は，この実験における温度の変化をグラフに表したものである。この実験中，ガラス管内の水の高さに変化が見られた。

図3

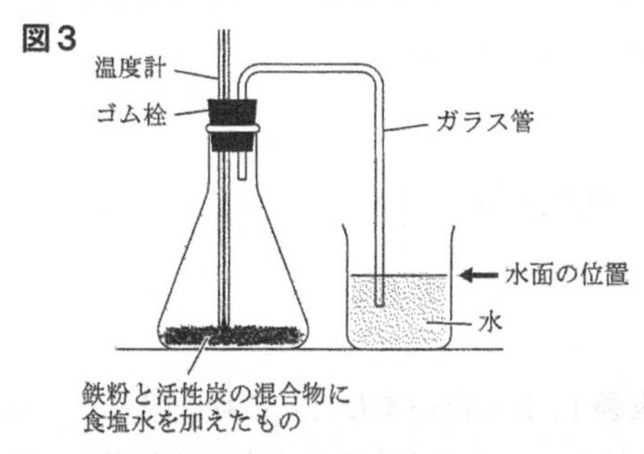

図4

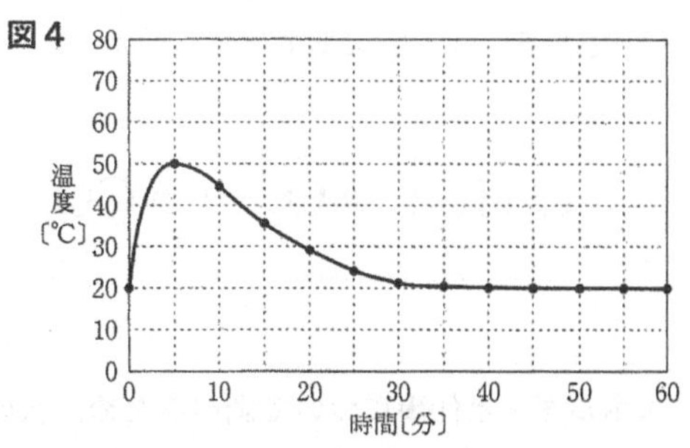

(1) **実験1**で，**図2**のような温度変化に直接関わったものはどれか。それらの組み合わせとして最も適当なものを，次の①～⑥のうちから一つ選びなさい。

① 鉄粉と活性炭　② 鉄粉と食塩水　③ 活性炭と空気中の酸素
④ 鉄粉と空気中の酸素　⑤ 活性炭と食塩水　⑥ 食塩水と空気中の酸素

(2) **実験1**では，化学変化にともなって**図2**のように温度が上昇した。このとき起こったエネルギーの変換をⅠ群の①，②のうちから一つ選びなさい。また，**実験1**では，実験開始5分後から温度は低下し，60分後では温度の下降はなくなった。この理由をⅡ群の①，②のうちから一つ選びなさい。

Ⅰ群　① 化学エネルギーが熱エネルギーに変換された。
　　　② 熱エネルギーが化学エネルギーに変換された。

Ⅱ群　① 化学反応で生成された物質が，化学反応する物質の表面を覆ってしまったから。
　　　② 化学反応する物質のうちのあるものがなくなったから。

(3) 生徒が，**実験2**について気付いたことを次のようにまとめた。P ～ R にあてはまるものの組み合わせとして最も適当なものを，あとの①～⑧のうちから一つ選びなさい。

【実験２について気付いたこと】
・反応が始まると，ガラス管内の水の高さがビーカーの水面よりも P なった。
・反応が続いた時間は，**実験１**のときと比べて Q 。
・反応が終わり，温度が変化しなくなったところで三角フラスコからゴム栓をはずすと，フラスコ内の温度は再び上がった。これは R からであると考えられる。

① P：高く　Q：長かった　R：空気が三角フラスコ内に入った
② P：高く　Q：長かった　R：三角フラスコ内の空気の圧力が上がった
③ P：高く　Q：短かった　R：空気が三角フラスコ内に入った
④ P：高く　Q：短かった　R：三角フラスコ内の空気の圧力が上がった
⑤ P：低く　Q：長かった　R：空気が三角フラスコ内に入った
⑥ P：低く　Q：長かった　R：三角フラスコ内の空気の圧力が上がった
⑦ P：低く　Q：短かった　R：空気が三角フラスコ内に入った
⑧ P：低く　Q：短かった　R：三角フラスコ内の空気の圧力が上がった

(4) わたしたちの生活の中では，化学変化によって発生する熱がさまざまな場面で利用されている。たとえば，家庭用のガスコンロでは，プロパンやメタンなどの有機物を燃焼させ，その熱が調理に使われている。次の化学反応式は，プロパン（C_3H_8）の燃焼を，化学式を用いて表したものである。ⓐ～ⓒにあてはまる数字を，一つずつ選びなさい。

$$C_3H_8 + ⓐO_2 \rightarrow ⓑCO_2 + ⓒH_2O$$

8 エネルギーと仕事について調べるため，次の**実験１，２**を行いました。これに関して，あとの(1)～(4)の問いに答えなさい。ただし，質量100ｇの物体にはたらく重力の大きさを１Ｎとし，物体間にはたらく摩擦や空気の抵抗は無視できるものとします。また，実験に用いた滑車，糸の質量や，糸の伸び縮みも無視できるものとします。

実験１
❶ 図１のように，水平面上にコースⅠ，Ⅱをつくった。この２つのコースは，斜面の傾きがすべて等しく，水平面Ｘの長さも等しい。

図１

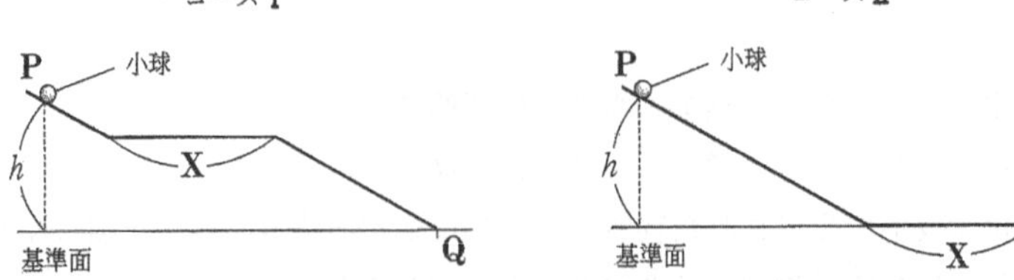

❷ コースⅠ，Ⅱのそれぞれの基準面からの高さが等しいh(cm)の位置にある点Ｐから，質量が80ｇの小球をそれぞれ置いて静かに放し，小球が点Ｑに到達するときの速さと，小球

が点Qに到達するまでにかかった時間を測定した。

実験２

❶　図２のA，Bのような，定滑車や動滑車を用いた装置を用意し，質量が800ｇの物体Yの上面に糸の一端を付け，滑車にかけた糸の他端をモーターに取り付けた。このモーターは，A，Bの装置において同じ速さで糸を巻き取ることができる。

図２

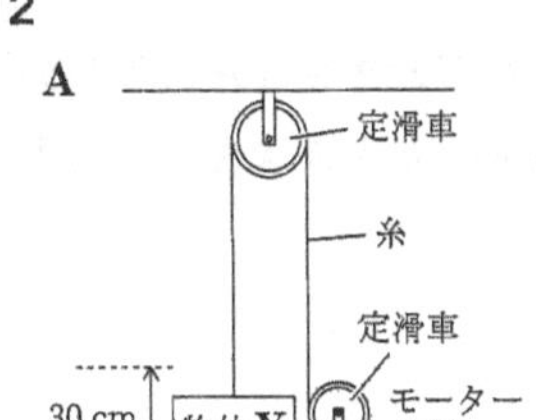

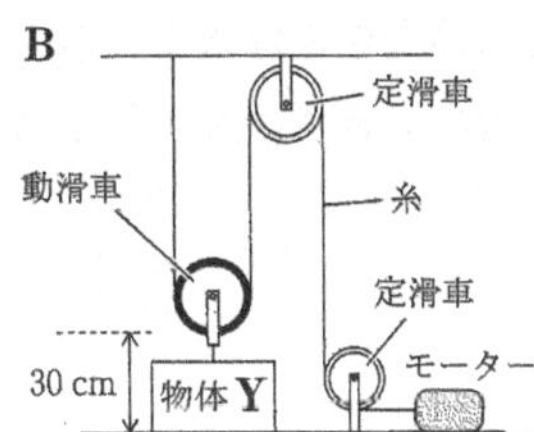

❷　A，Bの装置でモーターのスイッチを入れ，物体Yの底面がそれぞれ床から30㎝の高さになるまで引き上げて，引き上げるのにかかった時間を調べた。

⑴　**実験１**の❷で，測定した結果について述べた次の文の［a］，［b］にあてはまるものの組み合わせとして最も適当なものを，あとの①～⑨のうちから一つ選びなさい。

> コースⅠとⅡで，小球を等しい高さからそれぞれ静かに放すと，小球が点Qに到達するときの速さは［a］，小球が点Qに到達するまでにかかった時間は［b］。

①　a：コースⅠのほうが速く　　b：コースⅠのほうが長かった
②　a：コースⅠのほうが速く　　b：コースⅡのほうが長かった
③　a：コースⅠのほうが速く　　b：コースⅠとⅡで等しかった
④　a：コースⅡのほうが速く　　b：コースⅠのほうが長かった
⑤　a：コースⅡのほうが速く　　b：コースⅡのほうが長かった
⑥　a：コースⅡのほうが速く　　b：コースⅠとⅡで等しかった
⑦　a：コースⅠとⅡで等しく　　b：コースⅠのほうが長かった
⑧　a：コースⅠとⅡで等しく　　b：コースⅡのほうが長かった
⑨　a：コースⅠとⅡで等しく　　b：コースⅠとⅡで等しかった

⑵　**実験２**で，**図２**のAでは，物体Yを30㎝の高さまで引き上げるのに５秒かかった。このときの仕事率は何Wであったか。［X］～［Z］にあてはまる数字を一つずつ選びなさい。

［X］.［Y］［Z］W

⑶　**実験２**で，**図２**のBの装置を用いて，物体Yを床から30㎝の高さまで持ち上げたとき，モーターで巻き上げた糸の長さは何mであったか。［X］～［Z］にあてはまる数字を一つずつ選びなさい。

［X］.［Y］［Z］m

⑷　**実験２**で，**図２**のBについて，糸を引く力の大きさと仕事率の大きさを，それぞれAと比較した。その結果として最も適当なものを，次のページの①～⑨のうちから一つ選びなさい。

① 糸を引く力の大きさはAと等しく，仕事率の大きさはAよりも小さい。
② 糸を引く力の大きさはAと等しく，仕事率の大きさはAと等しい。
③ 糸を引く力の大きさはAと等しく，仕事率の大きさはAよりも大きい。
④ 糸を引く力の大きさはAよりも小さく，仕事率の大きさはAよりも小さい。
⑤ 糸を引く力の大きさはAよりも小さく，仕事率の大きさはAと等しい。
⑥ 糸を引く力の大きさはAよりも小さく，仕事率の大きさはAよりも大きい。
⑦ 糸を引く力の大きさはAよりも大きく，仕事率の大きさはAよりも小さい。
⑧ 糸を引く力の大きさはAよりも大きく，仕事率の大きさはAと等しい。
⑨ 糸を引く力の大きさはAよりも大きく，仕事率の大きさはAよりも大きい。

【社　会】（50分）　＜満点：100点＞

1　次の会話文は，社会科の授業で，先生とゆきのさんたちが，あとの**資料１**を見ながら，「世界平和」について話し合っている場面の一部である。これに関して，次のページの(1)～(4)の問いに答えなさい。

先　生：今日は，「世界平和」について考えたいと思います。まずは，**資料１**を読み，ロシア連邦，ドイツ，大韓民国，aブラジル及びザンビアの５か国について気づいたことを話してください。

ゆきの：2022年２月，ロシア連邦はウクライナに侵攻しました。ウクライナでは多くの民間人が犠牲となっています。さらに，ロシア連邦が事態打開策として核兵器を使用するのではないかという懸念もあります。

先　生：そうですね。さらに，世界各国がロシア連邦への経済制裁を行っていることなどによって物価が高騰し，エネルギーの供給や食料の流通などに大きな影響が及んでいますね。

あきこ：b歴史は繰り返す，と言いますが，同様にかつて1939年にドイツがポーランドへ侵攻したことがありましたね。

ゆきの：それがきっかけとなって第二次世界大戦が起こりました。

先　生：そうですね。そして，大戦後の1945年，世界の平和と安全の維持を目的としてc国際連合が発足したのですね。

あきこ：国際連合の本部はアメリカ合衆国のニューヨークにあり，全加盟国で構成されている総会，安全保障理事会など六つの主要機関と専門機関から成り立っています。主な活動としては，世界の平和と安全の維持のほかに，紛争予防，軍縮，宇宙空間の平和構築など多岐に渡っています。

ゆきの：**資料１**の５か国は，位置している州もいろいろですし，国土の様子や人口，気候などに大きな違いが見られますが，いずれの国も国際連合に加盟しています。

資料１　５か国についての説明

ロシア連邦	首都はモスクワで，アジア州とヨーロッパ州にまたがる国である。日本の約45倍の国土面積を持ち，その大部分が冷帯（亜寒帯）や寒帯に属している。
ドイツ	首都はベルリンで，ヨーロッパ州に位置する国である。黒・赤・金の三色旗を使用している。西部にライン川，南部にドナウ川という国際河川が流れている。
大韓民国	首都はソウルで，アジア州のうちの東アジアに位置する国である。冬は寒く乾燥する一方，夏は暑く湿度が高い。1991年に国際連合に加盟した。
ブラジル	首都はブラジリアで，南アメリカ州に位置する国である。世界で最も流域面積の大きいアマゾン川が北部を流れ，その流域には熱帯林が広がっている。
ザンビア	首都はルサカで，アフリカ州の南部に位置する国である。1964年に独立を果たし，国際連合にも加盟した。国土の大部分が標高1000～1300 mの高原となっている。

先　生：これまで歴史を学んできましたが，現在だけでなく将来の世代につなげていけるような世界平和が求められています。では，このあと，よりよい未来を目指して取り組まなくてはならない「世界平和」についてさらに考えていきましょう。

(1)　会話文中の下線部aに関連して，2000年代以降に目覚ましい経済発展をとげたブラジルを含む5か国の総称として最も適当なものを，次のア～エのうちから一つ選び，マークしなさい。

ア　APEC　　イ　WTO　　ウ　NIES　　エ　BRICS

(2)　会話文中の下線部bに関連して，次のⅠ～Ⅲの文は，20世紀に世界で起こったできごとについて述べたものである。Ⅰ～Ⅲを年代の**古いものから順**に並べたものとして最も適当なものを，あとのア～カのうちから一つ選び，マークしなさい。

Ⅰ　イタリアで，ファシスト党を率いるムッソリーニが国民の支持を受けて首相となった。
Ⅱ　オーストリアの皇太子夫妻が，セルビア人青年に暗殺されるサラエボ事件が起こった。
Ⅲ　ニューヨークの株式市場の株価の暴落をきっかけに世界恐慌が起こった。

ア　Ⅰ→Ⅱ→Ⅲ　　イ　Ⅰ→Ⅲ→Ⅱ　　ウ　Ⅱ→Ⅰ→Ⅲ
エ　Ⅱ→Ⅲ→Ⅰ　　オ　Ⅲ→Ⅰ→Ⅱ　　カ　Ⅲ→Ⅱ→Ⅰ

(3)　会話文中の下線部cに関連して，右の**資料2**は，国際連合の州別の加盟国数の推移を示したものである。アジア州とアフリカ州にあてはまるものを**資料2**中のX～Zのうちから正しく選んだ組み合わせとして最も適当なものを，次のア～エのうちから一つ選び，マークしなさい。

ア　アジア州：X　　アフリカ州：Y
イ　アジア州：Y　　アフリカ州：X
ウ　アジア州：Z　　アフリカ州：Y
エ　アジア州：Z　　アフリカ州：X

資料2　国際連合の州別の加盟国数の推移

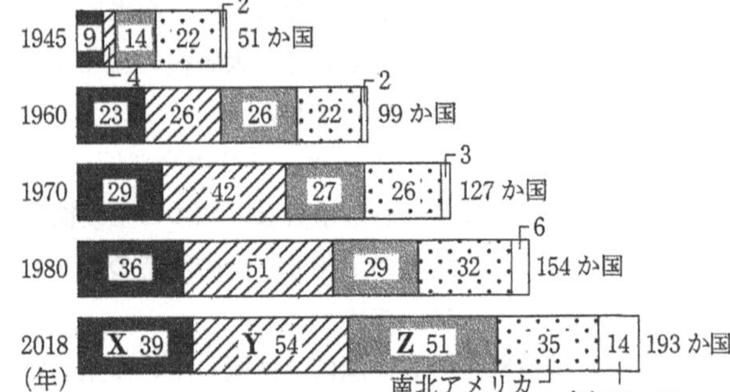

※ヨーロッパ州の加盟国には独立国家共同体（CIS）の構成国を含む。
（国連広報センター資料ほかより作成）

(4)　次の**資料3**中のA～Eは，ロシア連邦，ドイツ，大韓民国，ブラジル及びザンビアのいずれかの国を示している。BとDが示す国として最も適当なものを，あとのア～オのうちからそれぞれ一つずつ選び，マークしなさい。

資料3　A～Eの輸出額と輸出額1位の品目及び首都の1月と7月の平均気温，年平均気温，年降水量

国名	輸出額（百万ドル）	輸出額1位の品目	1月の平均気温（℃）	7月の平均気温（℃）	年平均気温（℃）	年降水量（mm）
A	509,347	機械類	- 2.4	24.9	12.6	1429.0
B	7,772	銅	21.5	14.9	19.9	882.1
C	1,380,379	機械類	0.9	19.8	10.0	578.3
D	324,477	原油	- 6.5	19.2	5.8	706.5
E	209,891	大豆	22.1	19.5	21.6	1479.1

（注）輸出額，輸出額1位の品目は2020年のものである。
（「データブック オブ・ザ・ワールド2022」ほかより作成）

ア　ロシア連邦　　イ　ドイツ　　ウ　大韓民国　　エ　ブラジル　　オ　ザンビア

2 次の図を見て，あとの⑴～⑷の問いに答えなさい。

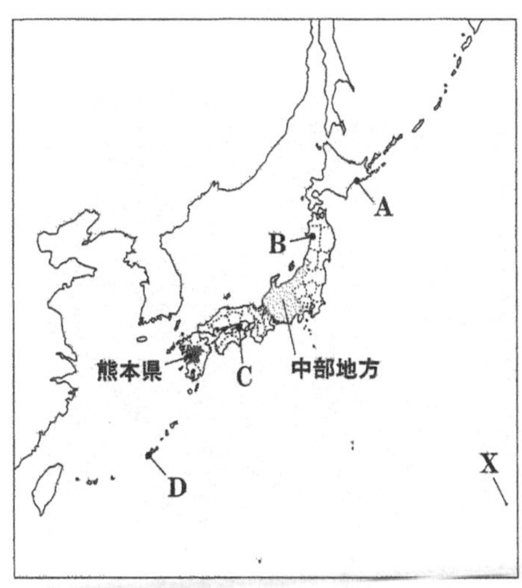

⑴ 次の文章は，図中の**中部地方**に属しているある県についてまとめたものである。文章中の Ⅰ ， Ⅱ にあてはまる語の組み合わせとして最も適当なものを，あとの**ア**～**エ**のうちから一つ選び，マークしなさい。

> この県は，日本の都道府県の中で４番目に面積が大きく，周囲を八つの県に囲まれて海に面していない内陸県で，県名と県庁所在地の都市名が Ⅰ 。この県と接している八つの県のうち，この県が属している中部地方とは異なる地方に属している県は Ⅱ ある。

ア　Ⅰ：同じである　　Ⅱ：二つ　　　**イ**　Ⅰ：異なる　　Ⅱ：二つ
ウ　Ⅰ：同じである　　Ⅱ：三つ　　　**エ**　Ⅰ：異なる　　Ⅱ：三つ

⑵ 次の文章と**資料**は，あきこさんが，図中のXの島についてまとめたレポートの一部である。文章中の Ⅰ ， Ⅱ にあてはまる語の組み合わせとして最も適当なものを，あとの**ア**～**エ**のうちから一つ選び，マークしなさい。なお，１海里は1.85kmとし，この島はごく小さく，その面積は無視できるものとする。

> Xの島は，日本の最東端に位置する Ⅰ で東京都に属している。この島の周囲には他の島がないため，この島を中心とする周囲の Ⅱ の水域が日本の領海や排他的経済水域となっており，近年，海底資源のレアアースの存在が確認され，注目を集めている。

資料

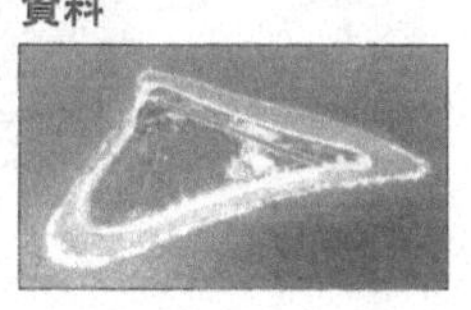

ア　Ⅰ：南鳥島　　Ⅱ：約43,000km²　　　**イ**　Ⅰ：沖ノ鳥島　　Ⅱ：約43,000km²
ウ　Ⅰ：南鳥島　　Ⅱ：約430,000km²　　**エ**　Ⅰ：沖ノ鳥島　　Ⅱ：約430,000km²

⑶ 次のグラフは，図中のA～Dのいずれかの地点における月平均気温と月降水量の変化の様子を示したものである。Bの地点のグラフとして最も適当なものを，**ア**～**エ**のうちから一つ選び，マークしなさい。

ア

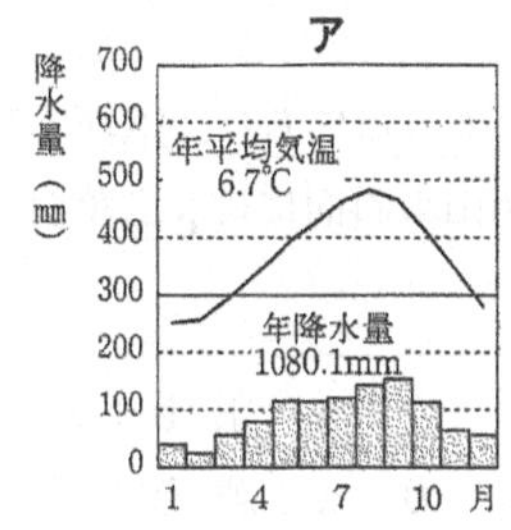

イ

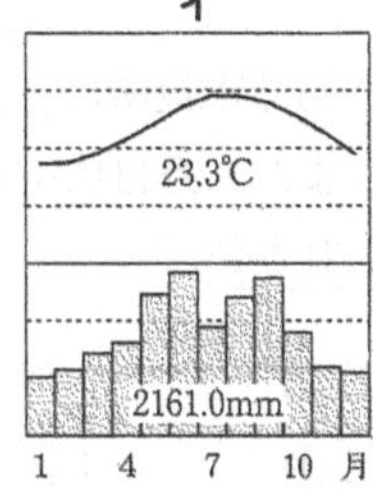

ウ

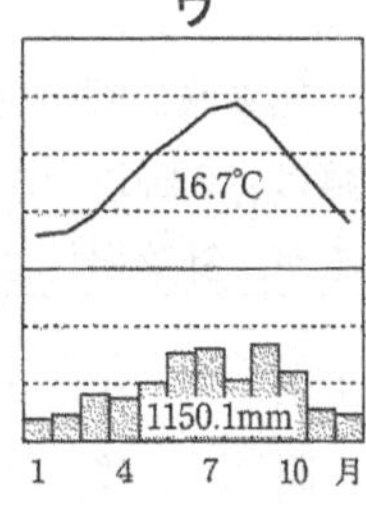

エ

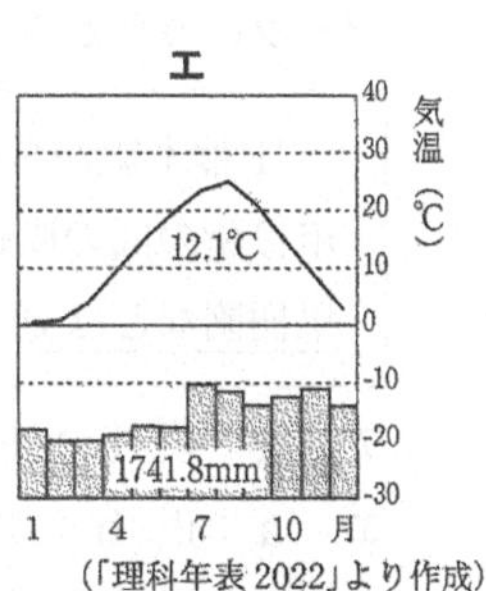

（「理科年表 2022」より作成）

(4) 次の地形図は，前のページの図中の**熊本県**のある地域を示したものである。これを見て，あとの①，②の問いに答えなさい。

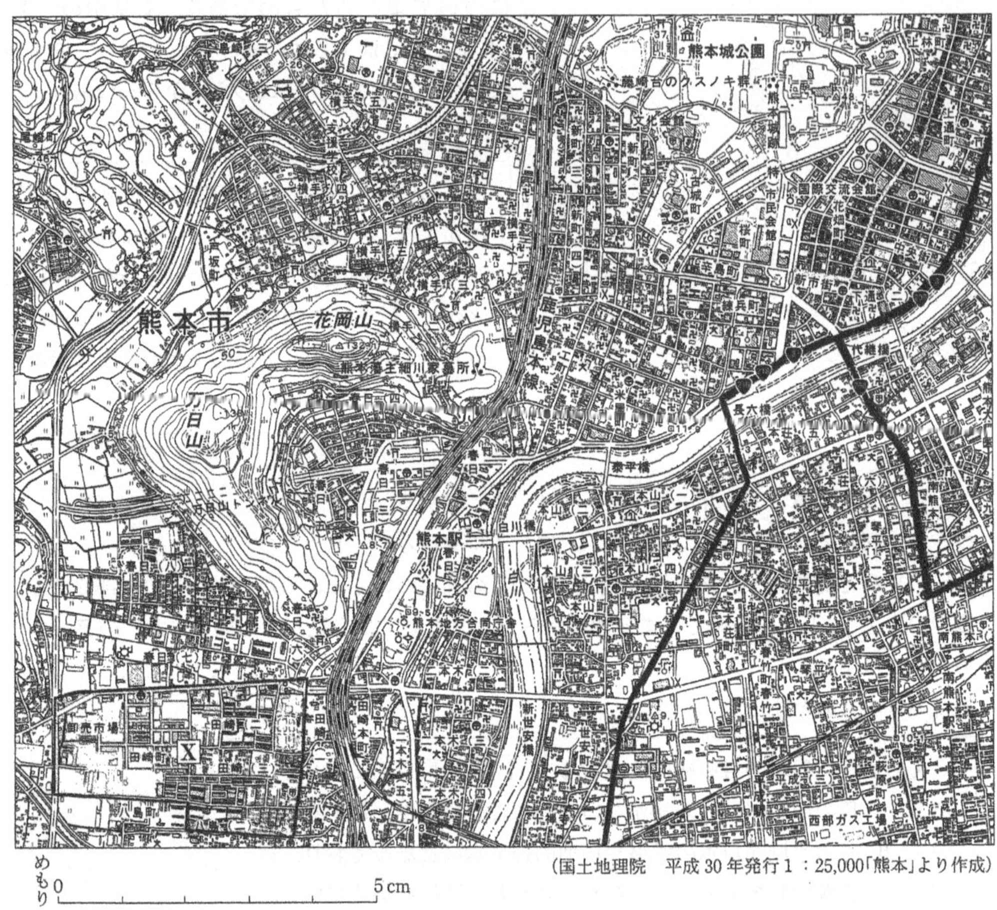

めもり 0　　5 cm

（国土地理院　平成30年発行１：25,000「熊本」より作成）

① 地形図中にXで示した範囲の実際の面積は約0.5㎞²である。この範囲の５万分の１の地形図上での面積として最も適当なものを，次の**ア**～**エ**のうちから一つ選び，マークしなさい。

ア 約１㎝²　**イ** 約２㎝²　**ウ** 約４㎝²　**エ** 約８㎝²

② 次の文章は，この地形図を見て，ゆきのさんが読み取ったことがらをまとめたレポートの一部である。文章中の下線部ａ～ｃの内容の正誤の組み合わせとして最も適当なものを，あとの**ア**～**ク**のうちから一つ選び，マークしなさい。

> JR熊本駅から見て，熊本城公園の近くにある市役所は ａ 北西の方角にあり，JR熊本駅と市役所の間の直線距離は ｂ ２㎞以上ある。また，万日山や花岡山の斜面には ｃ 広葉樹林や果樹園などは見られるが，針葉樹林は見られない。

ア ａ：正 ｂ：正 ｃ：正　**イ** ａ：正 ｂ：正 ｃ：誤　**ウ** ａ：正 ｂ：誤 ｃ：正
エ ａ：正 ｂ：誤 ｃ：誤　**オ** ａ：誤 ｂ：正 ｃ：正　**カ** ａ：誤 ｂ：正 ｃ：誤
キ ａ：誤 ｂ：誤 ｃ：正　**ク** ａ：誤 ｂ：誤 ｃ：誤

3 次の図は，緯線と経線が直角に交わる図法で描かれた世界地図で，緯線と経線は15度ごとに引かれている。この図を見て，あとの⑴～⑷の問いに答えなさい。

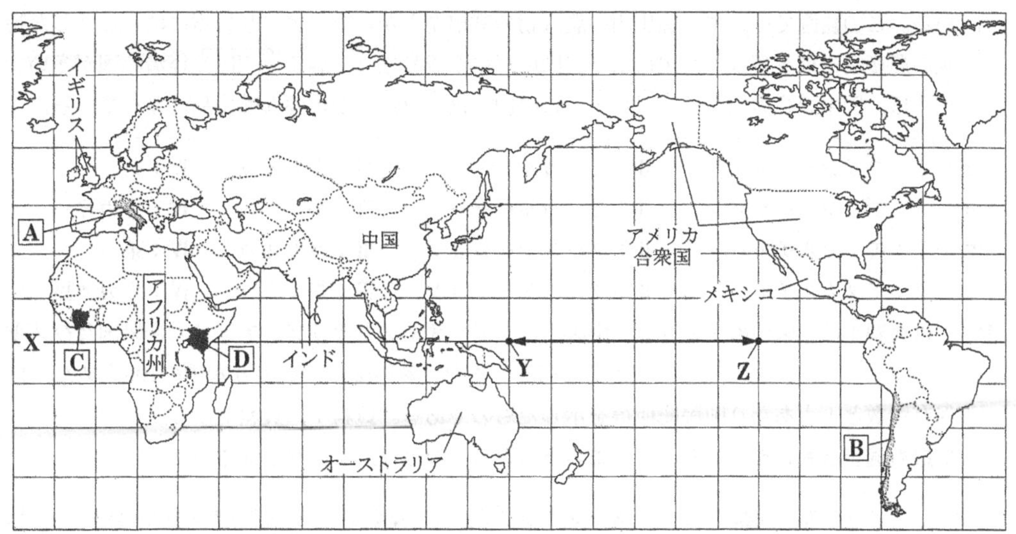

⑴ 次の文章は，上の世界地図の特徴について述べたものである。文章中の Ⅰ ， Ⅱ にあてはまる語の組み合わせとして最も適当なものを，あとの**ア**～**エ**のうちから一つ選び，マークしなさい。

> 図中のXの線は０度の緯線である赤道で，赤道上のY点とZ点の間の ←→ で示した部分の実際の距離は Ⅰ である。また，Y点を通る経線を標準時子午線とする都市と，Z点を通る経線を標準時子午線とする都市との時差は Ⅱ である。

ア Ⅰ：約5,000㎞ Ⅱ：６時間 **イ** Ⅰ：約10,000㎞ Ⅱ：６時間
ウ Ⅰ：約5,000㎞ Ⅱ：18時間 **エ** Ⅰ：約10,000㎞ Ⅱ：18時間

⑵ 次のⅠ，Ⅱの文章は，図中のA，Bの国についてそれぞれ述べたものである。Ⅰ，Ⅱの文章の正誤の組み合わせとして最も適当なものを，あとの**ア**～**エ**のうちから一つ選び，マークしなさい。

Ⅰ Aの国は地中海に面し，夏に降水量が多く，冬に乾燥する地中海性気候に属しているため，この気候に適したオリーブや小麦などの栽培がさかんである。EUの加盟国の一つで，ユーロと呼ばれる共通通貨を使用し，原則として加盟国間では国境を自由に通過できる。

Ⅱ Bの国の公用語はスペイン語で，キリスト教のうちのカトリックの信者が多い。メスチソ（メスチーソ）と呼ばれる，先住民とヨーロッパから来た人々との間の混血の人々が住む。東部の国境沿いに連なるアンデス山脈には銅鉱山がいくつも見られ，銅鉱の産出量は世界有数である。

ア Ⅰ：正 Ⅱ：正 **イ** Ⅰ：正 Ⅱ：誤 **ウ** Ⅰ：誤 Ⅱ：正 **エ** Ⅰ：誤 Ⅱ：誤

⑶ 次のページの文章は，ゆきのさんが，図中のアフリカ州の国々についてまとめたレポートの一部である。文章中の Ⅰ ～ Ⅳ にあてはまる語の組み合わせとして最も適当なものを，あとの**ア**～**エ**のうちから一つ選び，マークしなさい。

アフリカ州の大部分の地域は，かつてヨーロッパの列強によって植民地支配されていたため，そのころにヨーロッパの人々によって開かれた［Ⅰ］と呼ばれる大農園が今も残っている。この農園では，主に輸出用の農産物の栽培がさかんで，アフリカ州には，こうした特定の農産物や鉱産資源の輸出によって国の経済が成り立っている［Ⅱ］経済の国が多い。例えば，図中のＣの国では［Ⅲ］，Ｄの国では［Ⅳ］が重要な輸出品となっている。

ア　Ⅰ：プランテーション　Ⅱ：モノカルチャー　Ⅲ：カカオ豆　Ⅳ：茶
イ　Ⅰ：プランテーション　Ⅱ：モノカルチャー　Ⅲ：茶　Ⅳ：カカオ豆
ウ　Ⅰ：モノカルチャー　Ⅱ：プランテーション　Ⅲ：カカオ豆　Ⅳ：茶
エ　Ⅰ：モノカルチャー　Ⅱ：プランテーション　Ⅲ：茶　Ⅳ：カカオ豆

(4)　次の**資料１**は，図中のイギリス，中国，インド，オーストラリア，アメリカ合衆国及びメキシコの面積と1990年，2000年，2019年の人口を，また，**資料２**は，この６か国の100人あたり自動車保有台数と１人あたり国民総所得を示したものである。**資料１**，**資料２**から読み取れることとして最も適当なものを，あとの**ア**～**エ**のうちから一つ選び，マークしなさい。

資料１　イギリス，中国，インド，オーストラリア，アメリカ合衆国及びメキシコの面積と人口

	面積（千 km²）	人口（千人）		
		1990 年	2000 年	2019 年
イギリス	242	57,134	58,923	67,530
中国	9,600	1,176,884	1,290,551	1,433,784
インド	3,287	873,278	1,056,576	1,366,418
オーストラリア	7,692	16,961	18,991	25,203
アメリカ合衆国	9,834	252,120	281,711	329,065
メキシコ	1,964	83,943	98,900	127,576

（注）面積は 2019 年。

資料２　６か国の 100 人あたり自動車保有台数と１人あたり国民総所得（2017 年）

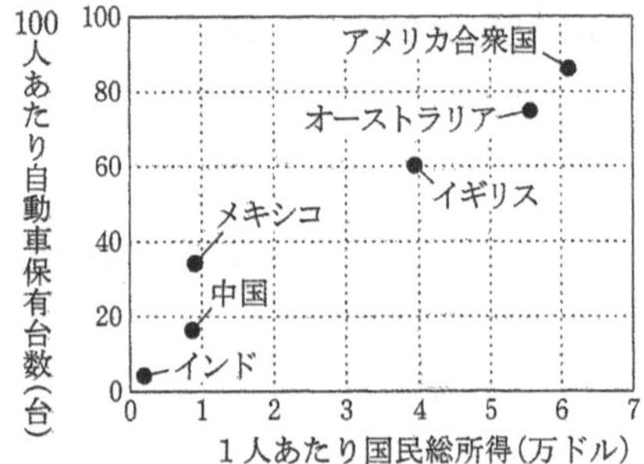

（**資料１**，**資料２**は「世界国勢図会 2021/22」より作成）

ア　６か国の中で，2019年における人口が多い順位と，1990年から2019年にかけての人口の増加数が多い順位は同じである。

イ　６か国の中で，2019年における人口が最も少ない国が，2019年における人口密度が最も低く，1 km²あたりの人口密度は10人未満である。

ウ　６か国の中で，面積が500万km²以上の国はすべて，100人あたり自動車保有台数が60台以上で，１人あたり国民総所得が５万ドル以上である。

エ　６か国の中で，2019年における人口が１億人未満の国はすべて，100人あたり自動車保有台数が60台未満で，１人あたり国民総所得が５万ドル未満である。

4　次のＡ～Ｄのカードは，社会科の授業で，生徒たちが，「平安時代までの歴史」をテーマに作成したものの一部である。これに関して，あとの(1)～(5)の問いに答えなさい。

Ａ　人類のおこり
今から約700万年前に，最古の人類といわれている猿人が現れた。その後，約200万年前に原人が現れ，約20万年前に，現在の人類の直接の祖先にあたる新人が現れて，世界中に広がった。

B　大陸との関係

紀元前後ごろから，日本にも小国ができ始め，中には，中国に使いを送る国も現れた。このころの日本の様子は，中国の歴史書に記されている。

C　平城京

唐の都の長安にならって，律令国家の新しい都として平城京がつくられた。平城京は外京も含めて東西約６km，南北約５kmあり，中央を南北に通る朱雀大路は，道幅が70mもあった。

D　武士の台頭

10世紀ごろから地方で武士の力が強くなり，朝廷に対して反乱を起こす者も現れるようになった。12世紀には，中央の政治も動かすようになった。

(1)　Aのカードに関連して，次のⅠ，Ⅱの文章は，それぞれ旧石器時代と新石器時代について述べたものである。Ⅰ，Ⅱの文章の正誤の組み合わせとして最も適当なものを，あとの**ア**～**エ**のうちから一つ選び，マークしなさい。

Ⅰ　旧石器時代は，今から１万年前ごろまで続き，そのころの地球は氷河時代で，陸地の広い範囲が氷河におおわれるような時期と比較的暖かい時期とを繰り返していた。人類は，石を打ち欠いてつくる打製石器などを使って，マンモスなどの大型動物を捕らえて食べていた。日本の旧石器時代の遺跡としては，佐賀県の吉野ヶ里遺跡などがある。

Ⅱ　新石器時代は，今から１万年前ごろから始まり，このころから気温が上がり始めたことから，狩猟や採集だけでなく，農耕や牧畜を始めるようになった。人類は，石を磨いてつくる磨製石器を使うようになったほか，粘土を焼いてつくる土器を使って食物の煮炊きをするようになった。日本での新石器時代は縄文時代にあたり，遺跡としては青森県の三内丸山遺跡などがある。

ア　Ⅰ：正　Ⅱ：正　　**イ**　Ⅰ：正　Ⅱ：誤　　**ウ**　Ⅰ：誤　Ⅱ：正　　**エ**　Ⅰ：誤　Ⅱ：誤

(2)　Bのカードに関連して，右の**資料１**は，日本のある国が中国に使いを送ったときの様子を記した中国の歴史書である。**資料１**中の［　　］にあてはまる中国の国名として最も適当なものを，次の**ア**～**エ**のうちから一つ選び，マークしなさい。

ア　秦　　**イ**　後漢(漢)　　**ウ**　魏　　**エ**　宋

資料１　中国の歴史書

建武中元２年(57年)に倭の奴国が［　　］に朝貢したので，光武帝は印綬を送った。

(3)　Cのカードに関連して，次のⅠ～Ⅳのうち，平城京に都が置かれていた時期に起こったできごとはいくつあるか。最も適当なものを，あとの**ア**～**エ**のうちから一つ選び，マークしなさい。

Ⅰ　大宝律令が制定された。

Ⅱ　鑑真が苦難の末に来日し，日本に正しい戒律を伝えた。

Ⅲ　日本最初の銅銭とされる富本銭がつくられた。

Ⅳ　神話や伝承などを基にした歴史書の「古事記」と「日本書紀」がつくられた。

ア　一つ　　**イ**　二つ　　**ウ**　三つ　　**エ**　四つ

(4)　Dのカードに関連して，次のページの文章は，12世紀に起こったできごとについて述べたものである。文章中の Ⅰ ， Ⅱ にあてはまる語の組み合わせとして最も適当なものを，あとの**ア～エ**のうちから一つ選び，マークしなさい。

> 1156年に，院政を行っていた Ⅰ が亡くなると，後白河天皇と崇徳上皇の間で，次の政治の実権をめぐる対立が激しくなって保元の乱が起こり，源氏や平氏の武士が動員されて戦った。その後，1159年に平治の乱が起こり，平清盛が Ⅱ を破って勢力を広げ，1167年には武士として初めて太政大臣となって政治を行うようになった。

ア　Ⅰ：白河上皇　Ⅱ：源義家　　**イ**　Ⅰ：鳥羽上皇　Ⅱ：源義家
ウ　Ⅰ：白河上皇　Ⅱ：源義朝　　**エ**　Ⅰ：鳥羽上皇　Ⅱ：源義朝

(5) 次の**資料２**は，ＢのカードからＤのカードまでの時期に世界で起こったできごとを年代の**古いものから順に**左から並べたものである。**資料２**中の Ⅰ ， Ⅱ にあてはまるできごととして最も適当なものを，あとの**ア～オ**のうちから一つずつ選び，マークしなさい。

資料２

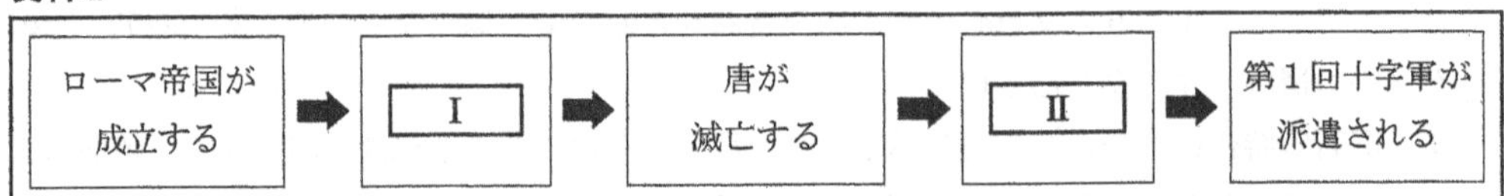

ア　ムハンマドがイスラム教を開く　　**イ**　シャカが仏教を開く
ウ　北イタリアの都市でルネサンスがおこる　　**エ**　高麗が朝鮮半島を統一する
オ　ギリシャのアテネなどにポリスが生まれる

5　次のＡ～Ｄのパネルは，社会科の授業で，中世から近世までの各時代の人物について各班で調べ，まとめたものの一部である。これらを見て，あとの(1)～(5)の問いに答えなさい。

Ａ　源頼朝

国ごとに守護，荘園や公領ごとに地頭を置き，征夷大将軍に任じられて，鎌倉幕府を開いた。

Ｂ　足利尊氏

南北朝の対立の中で，北朝の天皇から征夷大将軍に任じられて，京都に幕府を開いた。

Ｃ　豊臣秀吉

本能寺の変で倒れた織田信長の後継者となり，その後，全国統一を成しとげた。

Ｄ　徳川家康

関ヶ原の戦いで石田三成らに勝利し，その後，征夷大将軍に任じられて，江戸幕府を開いた。

⑴　Ａのパネルに関連して，鎌倉時代に起こった次のⅠ～Ⅳのできごとを，年代の古いものから順に並べたものとして最も適当なものを，あとの**ア**～**エ**のうちから一つ選び，マークしなさい。

Ⅰ　武家社会の慣習などに基づいて，守護の職務などを定めた御成敗式目(貞永式目)が出された。

Ⅱ　後鳥羽上皇が，幕府を倒そうとして承久の乱を起こしたが，敗れて隠岐に流罪となった。

Ⅲ　中国を支配したフビライ・ハンが，日本も従えようとして２度にわたり大軍を送ってきた。

Ⅳ　分割相続などで生活が苦しくなった御家人を救おうとして，永仁の徳政令が出された。

ア　Ⅰ→Ⅱ→Ⅲ→Ⅳ　　**イ**　Ⅰ→Ⅱ→Ⅳ→Ⅲ　　**ウ**　Ⅱ→Ⅰ→Ⅲ→Ⅳ　　**エ**　Ⅱ→Ⅰ→Ⅳ→Ⅲ

⑵　Ｂのパネルに関連して，次のⅠ～Ⅵのうち，室町時代の文化について述べた文はいくつあるか。最も適当なものを，あとの**ア**～**カ**のうちから一つ選び，マークしなさい。

Ⅰ　東大寺の南大門が再建され，運慶や快慶らによってつくられた金剛力士像が安置された。

Ⅱ　中国にわたって多くの絵画技法を学んだ雪舟が，帰国後，各地をめぐって水墨画の名作を描いた。

Ⅲ　観阿弥と世阿弥の親子が，猿楽や田楽などの芸能をもとにして，能（能楽）を大成した。

Ⅳ　清少納言の「枕草子」や紫式部の「源氏物語」など，かな文字を使った文学作品が数多く生まれた。

Ⅴ　出雲の阿国と呼ばれる女性がかぶき踊りをはじめ，人気を集めた。

Ⅵ　畳を敷き，床の間を設けた書院造の様式を用いて，東求堂同仁斎が建てられた。

ア　一つ　　**イ**　二つ　　**ウ**　三つ　　**エ**　四つ　　**オ**　五つ　　**カ**　六つ

⑶　Ｃのパネルに関連して，次の文章は，豊臣秀吉が行った朝鮮出兵について述べたものである。文章中の［Ⅰ］，［Ⅱ］にあてはまる語の組み合わせとして最も適当なものを，あとの**ア**～**エ**のうちから一つ選び，マークしなさい。

> 豊臣秀吉は全国を統一したあと，明の征服をめざして，1592年に，大軍を朝鮮半島に派遣した。これを［Ⅰ］という。初めは順調に兵をすすめていたが，やがて明の援軍を受けた朝鮮の民衆の抵抗に苦戦するようになった。そこで，明との間で講和交渉が始まったが，講和は成立せず，1597年に再び戦いが始まった。これを［Ⅱ］という。この戦いも苦戦が続き，1598年に秀吉が病死したのを機に全軍が引き上げて，朝鮮出兵は失敗に終わった。

ア　Ⅰ：文永の役　　Ⅱ：弘安の役　　**イ**　Ⅰ：文禄の役　　Ⅱ：慶長の役

ウ　Ⅰ：弘安の役　　Ⅱ：文永の役　　**エ**　Ⅰ：慶長の役　　Ⅱ：文禄の役

⑷　Ｄのパネルに関連して，江戸幕府の全国支配について述べた文として最も適当なものを，次の**ア**～**エ**のうちから一つ選び，マークしなさい。

ア　武家諸法度という法律を定め，大名が許可なく城を修理したり，大名家どうしが無断で婚姻関係を結んだりすることを禁止した。

イ　徳川氏の一門や，古くからの家来である外様大名を江戸の近くや重要なところに置き，新しく家来となった譜代大名を江戸から遠い地域に置いた。

ウ　江戸幕府の支配する領地は，旗本や御家人の領地を合わせると全国の石高の半分以上を占め，京都・大阪などの重要な都市やおもな鉱山を直接支配した。

エ　禁中並公家諸法度（禁中並公家中諸法度）という法律で天皇や公家の行動を制限し，六波羅探題を置いて朝廷を監視して，政治上の力を持たせないようにした。

(5) Dのパネルに関連して，次の**資料**は，江戸時代に採掘がさかんに行われていた鉱山を示したものである。**資料**中の①～③にあてはまる鉱山の種類の組み合わせとして最も適当なものを，あとの**ア**～**カ**のうちから一つ選び，マークしなさい。

資料　江戸時代の鉱山

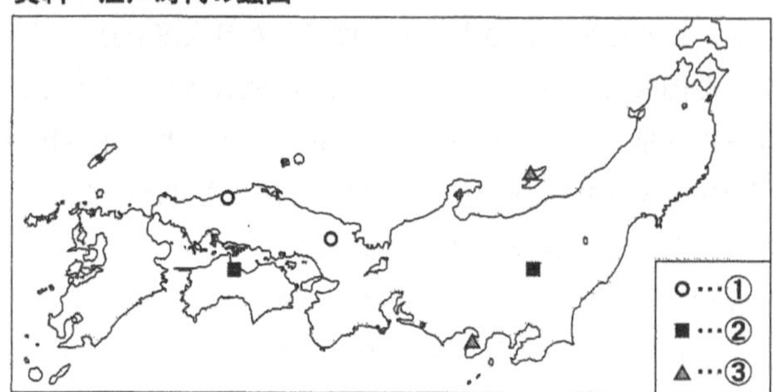

ア　①…金山，②…銀山，③…銅山
イ　①…金山，②…銅山，③…銀山
ウ　①…銀山，②…金山，③…銅山
エ　①…銀山，②…銅山，③…金山
オ　①…銅山，②…金山，③…銀山
カ　①…銅山，②…銀山，③…金山

6　次の略年表は，19世紀後半以降の主なできごとをまとめたものである。これを見て，あとの(1)～(5)の問いに答えなさい。

年代	主なできごと
1858	a 日米修好通商条約が結ばれる
1867	b 江戸幕府が滅亡する
1889	大日本帝国憲法が発布される
1915	c 中国に対して二十一か条の要求を出す
1941	太平洋戦争が始まる
1945	d 太平洋戦争が終わる
1956	日ソ共同宣言が発表される
	↕ e
1978	日中平和友好条約が結ばれる

(1) 略年表中の下線部aに関連して，次の文章は，日米修好通商条約などの条約の不平等な点の改正について述べたものである。文章中の［Ⅰ］～［Ⅳ］にあてはまる語の組み合わせとして最も適当なものを，あとの**ア**～**ク**のうちから一つ選び，マークしなさい。

> 幕末に結ばれた日米修好通商条約などの不平等条約の改正は，明治政府にとって重要な課題であった。まず，1894年の日清戦争の直前に，［Ⅰ］外務大臣によって［Ⅱ］に成功した。次に，1911年に，［Ⅲ］外務大臣によって，［Ⅳ］に成功して，条約改正が成しとげられた。

ア　Ⅰ：小村寿太郎　Ⅱ：治外法権の回復　Ⅲ：陸奥宗光　Ⅳ：関税自主権の撤廃
イ　Ⅰ：小村寿太郎　Ⅱ：治外法権の撤廃　Ⅲ：陸奥宗光　Ⅳ：関税自主権の回復

ウ　Ⅰ：小村寿太郎　Ⅱ：関税自主権の回復　Ⅲ：陸奥宗光　Ⅳ：治外法権の撤廃
エ　Ⅰ：小村寿太郎　Ⅱ：関税自主権の撤廃　Ⅲ：陸奥宗光　Ⅳ：治外法権の回復
オ　Ⅰ：陸奥宗光　Ⅱ：治外法権の回復　Ⅲ：小村寿太郎　Ⅳ：関税自主権の撤廃
カ　Ⅰ：陸奥宗光　Ⅱ：治外法権の撤廃　Ⅲ：小村寿太郎　Ⅳ：関税自主権の回復
キ　Ⅰ：陸奥宗光　Ⅱ：関税自主権の回復　Ⅲ：小村寿太郎　Ⅳ：治外法権の撤廃
ク　Ⅰ：睦奥宗光　Ⅱ：関税自主権の撤廃　Ⅲ：小村寿太郎　Ⅳ：治外法権の回復

⑵　略年表中の下線部ｂに関連して，次のⅠ～Ⅳの文は，江戸幕府が滅亡したあとに起こったできごとについて述べたものである。Ⅰ～Ⅳのできごとを年代の**古いものから順**に並べたものとして最も適当なものを，あとの**ア**～**カ**のうちから一つ選び，マークしなさい。

Ⅰ　天皇の政治に戻すことを宣言する王政復古の大号令が出された。
Ⅱ　天皇が神に誓うという形式で新しい政治の方針を示す五箇条の御誓文が出された。
Ⅲ　旧幕府軍と新政府軍との間で鳥羽・伏見の戦いが起こった。
Ⅳ　函館の五稜郭の戦いで旧幕府軍が敗れ，戊辰戦争が終わった。

ア　Ⅰ→Ⅱ→Ⅲ→Ⅳ　イ　Ⅰ→Ⅲ→Ⅱ→Ⅳ　ウ　Ⅰ→Ⅲ→Ⅳ→Ⅱ
エ　Ⅲ→Ⅰ→Ⅱ→Ⅳ　オ　Ⅲ→Ⅰ→Ⅳ→Ⅱ　カ　Ⅲ→Ⅳ→Ⅰ→Ⅱ

⑶　略年表中の下線部ｃに関連して，次の**資料１**は，中国に対して出した二十一か条の要求の一部を示したものである。**資料１**中の［Ⅰ］にあてはまる国名と［Ⅱ］にあてはまる場所を右の図中から選んだ組み合わせとして最も適当なものを，あとの**ア**～**エ**のうちから一つ選び，マークしなさい。

資料１　二十一か条の要求（一部）

一　中国政府は，［Ⅰ］が［Ⅱ］に持っている一切の権益を日本にゆずる。
一　日本の旅順・大連の租借の期限，南満州鉄道の期限を99か年延長する。

A
B

ア　Ⅰ：イギリス　Ⅱ：A　イ　Ⅰ：イギリス　Ⅱ：B
ウ　Ⅰ：ドイツ　Ⅱ：A　エ　Ⅰ：ドイツ　Ⅱ：B

⑷　略年表中の下線部ｄに関連して，太平洋戦争の終戦後に，GHQの指令により，日本の民主化政策が行われた。右の**資料２**は，ある民主化政策の前後における農村の変化の様子を示したものである。この民主化政策の名称と，**資料２**中のX，Yにあてはまる語の組み合わせとして最も適当なものを，次の**ア**～**エ**のうちから一つ選び，マークしなさい。

ア　名称：地租改正　X：自作地　Y：小作地
イ　名称：地租改正　X：小作地　Y：自作地
ウ　名称：農地改革　X：自作地　Y：小作地
エ　名称：農地改革　X：小作地　Y：自作地

資料２　農村の変化の様子

年	X	Y	その他
1940年	54.5%	45.5%	
1950年	89.9%	9.9	0.2

（「完結昭和国勢総覧」などより作成）

⑸　次のページのⅠ～Ⅳの文のうち，略年表中のｅの時期に起こったできごとはいくつあるか。最も適当なものを，あとの**ア**～**エ**のうちから一つ選び，マークしなさい。

Ⅰ　第四次中東戦争が始まり，石油危機が起こる。
Ⅱ　朝鮮戦争が始まり，特需景気が起こる。
Ⅲ　バブル景気が崩壊し，不況（不景気）となる。
Ⅳ　東海道新幹線が開通し，アジアで最初の東京オリンピック・パラリンピックが開催される。
ア　一つ　　**イ**　二つ　　**ウ**　三つ　　**エ**　四つ

7　次の文章を読み，あとの(1)～(3)の問いに答えなさい。

日本国憲法は，国民主権，基本的人権の尊重，平和主義を三大原則としている。基本的人権の尊重に関しては多くの条文があてられており，a自由権，平等権，b人権を保障するための権利，c社会権などのさまざまな権利が保障されている。

(1)　下線部aに関連して，自由権は，身体の自由（生命・身体の自由），精神の自由（精神活動の自由），経済活動の自由の三つに分けられる。次のⅠ～Ⅵの日本国憲法の条文のうち，精神の自由（精神活動の自由）について記されているものはいくつあるか。最も適当なものを，あとの**ア**～**カ**のうちから一つ選び，マークしなさい。

Ⅰ　何人（なんぴと）も，損害の救済，公務員の罷免，法律，命令又は規則の制定，廃止又は改正その他の事項に関し，平穏に請願する権利を有し，何人も，かかる請願をしたためにいかなる差別待遇も受けない。
Ⅱ　何人も，いかなる奴隷的拘束も受けない。又，犯罪に因（よ）る処罰の場合を除いては，その意に反する苦役に服させられない。
Ⅲ　思想及び良心の自由は，これを侵してはならない。
Ⅳ　信教の自由は，何人に対してもこれを保障する。いかなる宗教団体も，国から特権を受け，又は政治上の権力を行使してはならない。
Ⅴ　集会，結社及び言論，出版その他一切の表現の自由は，これを保障する。
Ⅵ　何人も，公共の福祉に反しない限り，居住，移転及び職業選択の自由を有する。
ア　一つ　　**イ**　二つ　　**ウ**　三つ　　**エ**　四つ　　**オ**　五つ　　**カ**　六つ

(2)　下線部bに関連して，人権を保障するための権利の一つに，裁判を受ける権利がある。次のⅠ，Ⅱの文章は，2009年から導入された裁判員制度について述べたものである。Ⅰ，Ⅱの文章の正誤の組み合わせとして最も適当なものを，あとの**ア**～**エ**のうちから一つ選び，マークしなさい。

Ⅰ　裁判員制度の対象となるのは殺人などの重大な犯罪についての刑事裁判で，裁判員が参加するのは地方裁判所で行われる第一審だけで，第二審以降には参加しない。
Ⅱ　裁判員は裁判官とともに裁判に出席し，被告人や証人の話を聞いたり，証拠を調べたりする。そのうえで，裁判員と裁判官とで話しあい，被告人が有罪か無罪かを決定し，有罪の場合はどのような刑罰にするかも決定する。
ア　Ⅰ：正　Ⅱ：正　　**イ**　Ⅰ：正　Ⅱ：誤　　**ウ**　Ⅰ：誤　Ⅱ：正　　**エ**　Ⅰ：誤　Ⅱ：誤

(3)　下線部cに関連して，社会権の基本となる権利が，健康で文化的な最低限度の生活を営む権利と規定されている生存権である。次のページの**資料**は，「国民生活に関する世論調査」の結果の一部を示したものである。**資料**から読み取れることについて正しく述べている文として最も適当なものを，あとの**ア**～**エ**のうちから一つ選び，マークしなさい。

資料　「あなたは全体として現在の生活にどの程度満足していますか。」という問いに対する結果

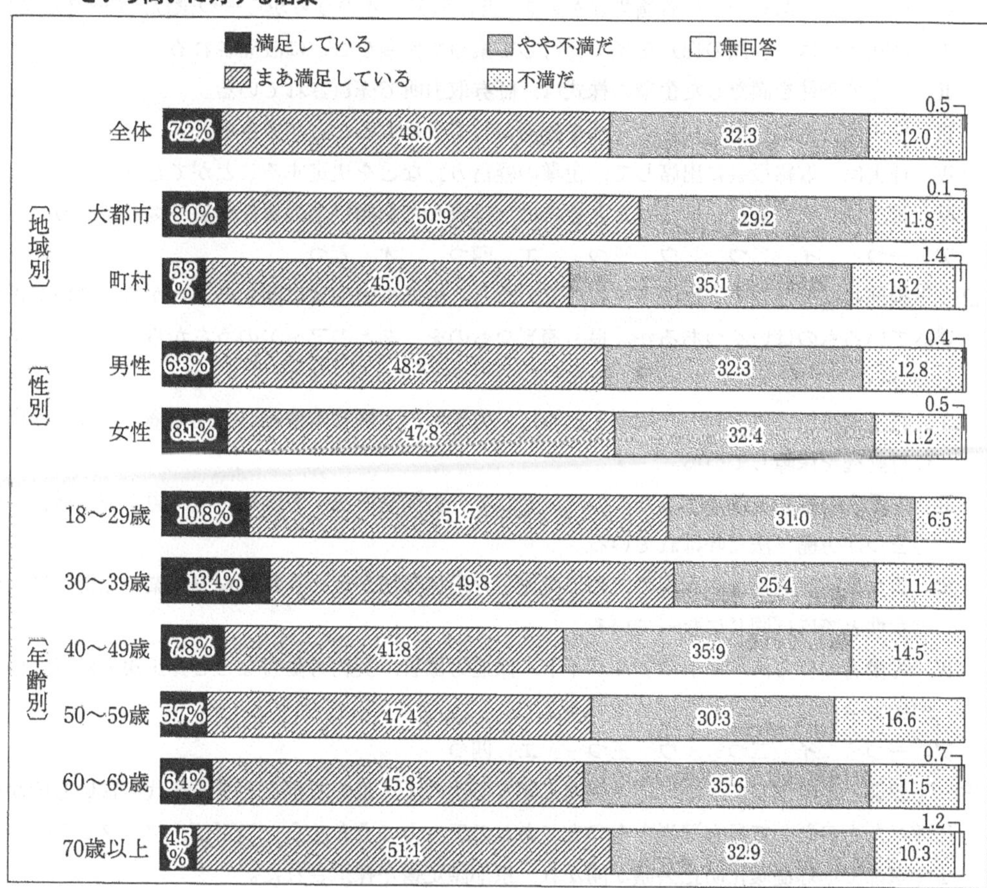

（総務省「令和３年度　国民生活に関する世論調査」より作成）

ア　全体においても，地域別や性別，年齢別のどの区分においても，無回答を除く四つの回答のうちでは，「まあ満足している」の割合が最も高く，「満足している」の割合が最も低い。

イ　地域別で見ると，大都市では「満足している」と「まあ満足している」と回答した割合がそれぞれ全体よりも高く，町村では「不満だ」と「やや不満だ」と回答した割合がそれぞれ全体よりも高い。

ウ　性別で見ると，「やや不満だ」と回答した割合は男性より女性のほうが高く，「やや不満だ」と「不満だ」と回答した割合の合計も男性より女性のほうが高い。

エ　年齢別で見ると，すべての年齢において，「満足している」と「まあ満足している」と回答した割合の合計は，50％を上回っている。

8　次の文章を読み，あとの(1)～(3)の問いに答えなさい。

資本主義経済では，家計，ａ<u>企業</u>，政府の三つが主体となり，その間をお金が血液のように循環している。例えば，家計は企業にｂ<u>労働力</u>を提供して賃金を受け取り，企業は家計に財やサービスを提供して代金を受け取り利益（利潤）を得ている。また，企業は，利益（利潤）をあげるだけでなく，教育や文化，ｃ<u>環境保護</u>などの面で積極的に社会に貢献することも求められている。

⑴　下線部ａに関連して，次のⅠ～Ⅴの文のうち，企業のうちの株式会社について正しく述べているものはいくつあるか。最も適当なものを，あとの**ア～オ**のうちから一つ選び，マークしなさい。

Ⅰ　株式会社は，少額の株式を多く発行して集めた資金をもとに設立される。

Ⅱ　一定の条件を満たした企業の株式は，証券取引所で売買されている。

Ⅲ　株主は，企業が得た利益の一部を配当として受け取ることができる。

Ⅳ　株主は，取締役会に出席して，企業の経営方針などを決定することができる。

Ⅴ　株主は，株式会社が倒産したときには，投資した金額以上の責任を負う場合がある。

ア　一つ　　**イ**　二つ　　**ウ**　三つ　　**エ**　四つ　　**オ**　五つ

⑵　下線部ｂに関連して，次のⅠ～Ⅳの文のうち，労働や労働者に関することがらについて正しく述べているものはいくつあるか。最も適当なものを，あとの**ア～エ**のうちから一つ選び，マークしなさい。

Ⅰ　日本国憲法では，勤労の権利とともに，労働者の労働基本権として団結権，団体交渉権，団体行動権を保障している。

Ⅱ　労働者の権利を保障するための法律として，労働基準法，労働組合法，男女雇用機会均等法の三つが労働三法と呼ばれている。

Ⅲ　男女共同参画社会の実現のために育児・介護休業法が定められ，育児休業の取得率は，男性と女性とでほぼ同じになっている。

Ⅳ　労働者のうち，パートやアルバイト，派遣労働者，契約労働者などを非正規労働者といい，労働者全体の６割以上を占めている。

ア　一つ　　**イ**　二つ　　**ウ**　三つ　　**エ**　四つ

⑶　下線部ｃに関連して，地球環境問題に関する次のⅠ～Ⅲのできごとを，年代の**古いものから順に**並べたものとして最も適当なものを，あとの**ア～カ**のうちから一つ選び，マークしなさい。

Ⅰ　京都で地球温暖化防止会議が開かれ，京都議定書が採択された。

Ⅱ　パリ協定が採択され，温室効果ガスの削減目標が定められた。

Ⅲ　ブラジルのリオデジャネイロで国連環境開発会議（地球サミット）が開かれた。

ア　Ⅰ→Ⅱ→Ⅲ　　**イ**　Ⅰ→Ⅲ→Ⅱ　　**ウ**　Ⅱ→Ⅰ→Ⅲ

エ　Ⅱ→Ⅲ→Ⅰ　　**オ**　Ⅲ→Ⅰ→Ⅱ　　**カ**　Ⅲ→Ⅱ→Ⅰ

ため、実際にひどい状況になっても家を売ることはせずに、親の言う通りに訪れた旅人を信頼し、助けてもらうためにもてなしたこと。

2　女が、親が亡くなってからしばらくの間は困窮にも耐えることができていたが、今年になっていよいよ我慢できなくなったので、親の占いによると親から借金をしている旅人がこの家を訪れると予知されていたという作り話をして、必死に金を手に入れようとしていること。

3　女の親が、女がそのうち生活に苦しむこととその頃のある日に旅人が泊まりに来ることを予知し、金を渡してくれる旅人が十年後のある日に泊まりに来ることを女に告げたうえで金をこっそり隠して、女が金をすぐに使い切ったり、家を売ったりしないようにしていたこと。

4　女が、家を売ってはならないという親の言葉をしっかり守ったうえで、困窮する状況も工夫して乗り切りながら生活して、親から大金を奪った旅人にいつか仕返しをしたいと強く思い続けることができたため、その願いがかなって旅人から金を取り返す機会を得たこと。

問九　本文の内容として**不適当なもの**を後より一つ選び番号で答えなさい。

1　旅人の従者は、女から金にまつわる話を聞かされて、ありえないと嘲笑した。

2　旅人は、女に対して困ったときは、占いを頼るとよいという助言をした。

3　女は、早く旅人が訪れる日が来ないかと、心待ちにしていた。

4　家の柱をたたくと、空洞になっているような音がして、中に金があることがうかがえた。

問一　本文中に「　」（かぎかっこ）のついていない会話文が一箇所ある。その会話文の初めと終わりの組み合わせとして最適なものを後より一つ選び番号で答えなさい。

1　うつほなる声～はあるぞ　　2　うつほなる声～使ひ給へ
3　くは、これが～はあるぞ　　4　くは、これが～使ひ給へ

問二　傍線部1「この家」の様子の説明として最適なものを後より一つ選び番号で答えなさい。

1　とても広く見え、誰でも入りやすそうなのに不穏な雰囲気が漂っていた。
2　ゆったりとした風流な雰囲気で、人がやってこないほど静かだった。
3　大きくりっぱで、多くの人が泊まることのできる宿屋のようになっていた。
4　いかにも広く感じられるが、閑散としていて荒れはてていた。

問三　傍線部2「え出でおはせじ」のここでの意味として最適なものを後より一つ選び番号で答えなさい。

1　外出なさってはいけません
2　おそらくお出かけになったのだろう
3　お出かけになれないことはありません
4　まさか外出なさらないだろう

問四　傍線部3「わきまへ」とあるが、ここでの意味として最適なものを後より一つ選び番号で答えなさい。

1　お礼　　2　返済　　3　心配　　4　判別

問五　傍線部4「この旅人、『しばし』と言ひて、またおりゐて」とあるが、この旅人の行動の説明として最適なものを後より一つ選び番号で答えなさい。

1　女の身の上話を聞いて気の毒に感じ、一緒に食事をとって励まそうとしている。
2　女が自分に疑いを持っているようなので、占いの結果を見せて無実を証明しようとしている。
3　女の話した出来事が気になり、一体何が起きているのか、占いをして判断しようとしている。
4　女が悩んでいる様子が気になり、話を聞いて、解決してやろうとしている。

問六　傍線部5「世の中にあるべきほどの物など」のここでの意味として最適なものを後より一つ選び番号で答えなさい。

1　女の親が現世で話していたのであろう遺言など
2　女が現世を渡っていけるような知恵など
3　この世で集められるあらゆる金など
4　女がこの世で生きていくために必要な物など

問七　傍線部6「引きてゆきて」の動作主として最適なものを後より一つ選び番号で答えなさい。

1　旅人　　2　女　　3　旅人の従者ども　　4　女の親

問八　傍線部7「心をみて」は、「わけを知って」という意味であるが、どのようなことを知ったのか。その説明として最適なものを後より一つ選び番号で答えなさい。

1　女の親が、いずれ女が財産を使い果たして貧しくなるだろうと予想し、旅人が大金を持って訪れ助けてくれると女に言い残していた

し。ただ女一人ぞあるけはひしける。

かくて、夜明けにければ、物食ひしたためて、出でてゆくを、[1]この家にある女、出で来て、「[2]え出でおはせじ。とどまり給へ」と言ふ。「こはいかに」（どうしたことか）と問へば、「おのれは（あなたは）金千両負ひ給へり。[3]そのわきまへしてこそ出で給はめ」と言へば、この旅人の従者ども笑ひて、「あらじや、讒なめり」（言いがかりであるようだ）と言へば、[4]この旅人、「しばし」と言ひて、またおりゐて、*1皮籠乞ひ寄せて（取り寄せて）、幕引きめぐらして、しばしばかりありて、この女を呼びければ、出で来にけり。

旅人問ふやうは、「この親は（あなた）、もし*2易の占ひといふことやせられし」と問へば、「いさ、さや侍りけん。そのし給ふやうなることはし給ひき」（あなたのなさったようなことはしておりました）と言へば、「さるなり」と言ひて、「さても、何事にて、『千両金負ひたる、そのわきまへせよ』とは言ふぞ」と問へば、「おのれが（私の）親の失せ侍りしをりに、[5]世の中にあるべきほどの物など得させおきて、申ししやう、『いまなむ十年ありて、その月に、ここに旅人来て宿らんとす。その人は、わが金を千両負ひたる人なり。それに、その金を乞ひて、たへがたからんをりは（それまで、生活に困った時には）、売りて過ぎよ』と申ししかば、今までは、親の得させて侍りし物をすこしづつも売り使ひて、今年となりては、売るべき物も侍らぬままに、いつしか、わが親の言ひし月日の、とく来かし（早く来てほしい）と待ち侍りつるに、今日にあたりて、おはして宿り給へれば、金負ひ給へる人なりと思ひて、申すなり」と言へば、「金の事はまことなり。さることあるらん」とて、女を片隅に[6]引きてゆきて、人にも知らせで、柱を叩かすれば、うつほなる声（中が空洞になっているような音）のする所を、「くは（さあ）、これが中に、のたまふ金はあるぞ、あけて、すこしづつ取り出で使ひ給へ」と教へて、出で去にけり。

この女の親の、易の占ひの上手にて、この女の有様を勘へけるに、いま十年ありて、貧しくならんとす、その月日、易の占ひする男来て宿らんずると勘へて、かかる金あり（その前にこんな金があると）と告げては、まだしきに（早いうちに）取り出でて、使ひ失ひては、貧しくならんほどに、使ふ物なくて、惑ひなむと思ひて、しか言ひ教へて、死にける後にも、この家をも売り失はずして、今日を待ちつけて、この人をかく責めければ、これも易の占ひする者にて、[7]心をみて、占ひ出だして教へ、出で去にけるなり。

（『宇治拾遺物語』）

＊1　皮籠……皮張りの籠。占いの道具が入っていたと思われる。
＊2　易……『易経』という古代中国の書物の説にもとづいて、万物のよしあしを占うこと。

3　アンカーとして出場した大会について歩から指摘されて、どうしようもない理由で負けた悲しさや悔しさがよみがえったから。

4　陸上について無知だと思っていた歩が、毬がアンカーとして走ったことやゴールが遅かったことを知っていてあせりを覚えたから。

問九　傍線部６「明日は一時間早く家を出るけ。」はよ起こして」とあるが、この歩の言葉はどのようなことを表しているか。最適なものを後より一つ選び番号で答えなさい。

1　歩が、陸上部の練習は苦しそうだが思っていたよりは難しくないと気付いて、何もせずにあきらめようとして周りの人達に心配をかけたことを反省し、明日からは応援してくれる家族や陸上部の人達のためにも心を入れ替えてまじめに練習に挑んでみようと思っていること。

2　歩が、陸上部の部員達と衝突しながらも打ち解けることができ、自分も部員達のように厳しい練習を怖がらずにやってみたいという気持ちになったため、これまで学校で心細く感じていた思いが消え、明日からは友人達と一緒に練習できることに興奮を抑えられなくなっていること。

3　歩が、陸上部の練習があまり大変ではないという話を聞いて、自分でもついていけるかもしれないという希望を持ち、助けてくれる人の存在も実感できたことで、これまで沈んでいた気持ちから立ち直って、朝練にも参加してできることを頑張ってみようと引きしまった思いになっていること。

4　歩が、予想とは違って自分でも陸上部の練習に入っていけそうなことに驚き、今まで抱えていた不安や悲しさからすっかり解放されて、自分の目標を実現するために頑張る姿を見せて目立つことや、力になってくれる部員の期待に応えることを地道にやっていこうと決意を強くしているということ。

問十　本文中の登場人物同士の関係の説明として最適なものを後より一つ選び番号で答えなさい。

1　工藤ちゃんは、様子がおかしい歩のことを気にして応援していたが、畑谷さんの前で感情的になる歩を見て面倒に感じ、距離を置いている。

2　歩は、陸上部に入れないという悩みを母親に打ち明けたものの気持ちがどんどん混乱して憂鬱になり、母親はそんな歩をずっと心配していた。

3　畑谷さんや栞は、後藤田先生の陸上の経歴や指導者としての凄さに尊敬を感じているが、畑谷さんはその強引な人がらに疑問を感じてもいる。

4　苦労して陸上部員を集め、生徒に親身に接する高瀬先生のことを畑谷さんや栞は慕っており、畑谷さんは高瀬先生なら歩を受け入れそうだと思っている。

三、次の文章は『宇治拾遺物語』の一部である。これを読んで後の設問に答えなさい。

旅人の宿求めけるに、大きやかなる家の、あばれたるがありけるに、寄りて、「ここに宿し給ひてんや」と言へば、女声にて、「よきこと、宿り給へ」と言へば、みなおりゐにけり。屋大きなれども、人ありげもなければならない歩に同情している。

3　陸上部に入りたいというわりには、たいした実力がないうえに、練習もほとんどやっていないことを知ってあきれ、歩が本気で陸上をしたいのか疑っている。

4　歩の力になってやりたい気持ちはあるものの、歩の能力や練習状況から考えると、陸上部への参加は難しいだろうと思い、どう対応したらよいのか悩んでいる。

問六　傍線部４「ありがとうございました！　し、失礼しますっ！」とあるが、このように言ったときの歩の心情の説明として最適なものを後より一つ選び番号で答えなさい。

1　陸上部のやり方が、経験はなくても陸上をやりたがる人の気持ちを見下すようなものだとわかって屈辱を感じ、自分の力でそのやり方を変えたいと思うが、現実的に難しいということもだんだん自覚してきて、これ以上落ち込みたくないので早く立ち去ろうと思っている。

2　陸上部の部員たちのレベルの高さと部の厳格な方針に絶望を感じて、それを知らなかった恥ずかしさや実力が劣っている自分自身へのいらだちが強くなり、畑谷さんに八つ当たりをしてしまいそうなので、これ以上情けない思いをしないようにこの場から離れようと思っている。

3　能力や経験だけを重んじて、陸上をやりたいと強く願う生徒であっても排除する陸上部の方針が許せず悔しい気持ちになり、その事実をこれ以上突き付けられると我を失ってしまいそうなので、必死に気持ちを抑えようとしており、早くこの場から逃れたいと思っている。

4　陸上部の大変さを知ってもまだ陸上部に入れないという現実を受け入れられず、自分にもできるはずだという気持ちがますます強くなったが、たかぶった感情をぶつけて畑谷さんに嫌われたくないという気持ちもあって、何とか明るい態度のままこの場から移動したいと思っている。

問七　本文中の［Ａ］～［Ｃ］に入る言葉の組み合わせとして最適なものを後より一つ選び番号で答えなさい。

1　Ａ＝膨らんだ期待が萎んでゆく　　Ｂ＝語尾がきつくなる
　　Ｃ＝息を呑む

2　Ａ＝膨らんだ期待が萎んでゆく　　Ｂ＝くだけた口調になる
　　Ｃ＝息を呑む

3　Ａ＝微かな期待が現実になっていく
　　Ｂ＝語尾がきつくなる
　　Ｃ＝ため息が出る

4　Ａ＝微かな期待が現実になっていく　　Ｂ＝くだけた口調になる
　　Ｃ＝ため息が出る

問八　傍線部５「稔の顔が見る間に紅潮する」とあるが、稔がこのような様子になったのはなぜか。その理由として最適なものを後より一つ選び番号で答えなさい。

1　大会当時の苦しい事情も知らない歩から、アンカーとして走った稔のゴールが遅かったことを指摘され、不愉快に感じたから。

2　大会でアンカーの稔が大幅に遅れてゴールした瞬間を、見下していた歩がはっきりと覚えていたことがわかり恐ろしくなったから。

番号で答えなさい。

ａ　遅刻　　１　再現　　２　変換　　３　未知　　４　上陸

ｂ　正門　　１　平然　　２　本質　　３　営業　　４　安否

ｃ　勧誘　　１　相互　　２　私設　　３　諸国　　４　抑揚

問二　傍線部ア～ウの意味として最適なものを後より選びそれぞれ番号で答えなさい。

ア　音を上げる

１　怖くなって身構える

２　不満がたまって抵抗する

３　思いがけない出来事に驚く

４　耐えられなくなって弱気になる

イ　顛末

１　初めから終わりまでのいきさつ

２　最も盛り上がるところ

３　物語の結びの部分

４　何かが起きた結果と原因

ウ　不敵な

１　嬉しさが隠し切れない　　２　大胆でおそれがない

３　堂々として目立っている　　４　関心がなく冷たく見える

問三　傍線部１「何処からか蝶々が飛んできて、からかうように歩の周りをひらひらと舞った」とあるが、この部分は歩のどのような心情が表現されているか。その説明として最適なものを後より一つ選び番号で答えなさい。

１　歩も自分達と同様に楽しい高校生活を送っていると信じて疑わない同級生達の様子に隔たりを感じると同時に、季節があっという間に変化していくことも実感し、あせりや不安が増していく心情。

２　充実した新生活を送る同級生達の姿を見て、先行きの見えない自分との違いを思い知らされたため、ますます孤独を感じて、自分の気持ちに似つかわしくない春の温かな雰囲気にすらうんざりする心情。

３　楽しそうに新しい出会いについて話す同級生達の態度にひやかされたように感じたが、落ち込む自分を励ましているのだとわかり、明るい春の風景にも感化されて前向きになる心情。

４　同級生達が思い悩む歩の気持ちに気づかずに、新生活の話をして無邪気にはしゃいでいるので、信頼する人達から裏切られた気持ちになり、周りの人達がみんな敵のように見えてくる心情。

問四　傍線部２「ない」と、同じ意味用法の「ない」が含まれるものとして最適なものを後より一つ選び番号で答えなさい。

１　湖のない地域。　　２　この問題は複雑でない。

３　挑戦を怖がらない。　　４　足もとがおぼつかない。

問五　傍線部３「畑谷さんは『うーん』と言ったきり、暫し黙り込んだ」とあるが、このときの畑谷さんの心情の説明として最適なものを後より一つ選び番号で答えなさい。

１　歩がしっかりと練習もせず、陸上を甘く見ていることがわかって腹が立ったが、悪気のなさそうな歩にどのように注意したらよいのか、困惑している。

２　歩が、無謀に思える状況でも陸上に熱意を持ち続けることに感心しつつも、陸上には向いていないことがわかり、陸上をあきらめなね！　高瀬先生がじきじきに中学まで練習を見に来られてね。その場で是非、二人揃って港ヶ丘高校に来て欲しいって頼まれた。つまり、ここでもレギュラーで走る事を期待されてんだよ！」

しょうがないから「へぇ、凄いんねぇ」と感心する振りをしておく。いや、自分に比べればずっと凄い人達なのだ。謙虚に振る舞う。

「ここの練習、めちゃくちゃきついんやろう？　やっぱり初心者には無理なんかな？」

途端に、稔が不敵（ウ）な笑みを見せた。

「べっつに。高校の練習はもっと凄いのかと思ってたけど。拍子抜け。かったるいのなんの」

稔は「ふふん」と笑った。

「つまりだ。一般生徒は入部させないなんてお高く止まってるけど、まだまだこれからの学校。あんたにだって付け入る隙、あるんじゃね？ま、レベルの低い子に足を引っ張られたくないけど」

そこまで言って気が済んだのか、稔はくるりと背中を向けた。

「あのう……」

腹筋を始めた稔は、もう返事をしなかった。

両手を耳の位置に保ったまま、何度も体を折り曲げた後はうつ伏せになって、背筋をやり始めた。

――そうか。そうなんや……。言う程のレベルでもないんや……。

畑谷さんは傍で一緒に走って、熱意を見せればいいと教えてくれた。尻込みしてる場合ではなかった。僅（わず）かでも可能性があるなら賭けてみたい。

その夜、母に（6）「明日は一時間早く家を出るけ。はよ起こして」*7と頼むと、ほっとしたような顔をされた。

――心配かけてごめん。

食事も風呂（ふろ）もさっさと済ませ、宿題もそこそこに布団に入ったものの、なかなか寝付けなかった。

朝練への参加が不安だったからではない。陸上部員達の中に、自分の味方をしてくれる人がいたのが嬉しかったのだ。

枕元に立てかけた二枚の色紙に目をやる。一枚はソフトボール部の、もう一枚は陸上部の後輩達が卒業する時に贈ってくれた。長い髪をなびかせて走る歩の似顔絵と、「卒業おめでとうございます」の言葉。

そして、傍には襷（たすき）が置かれている。大会の後で一緒に走った陸上部員達が寄せ書きしてプレゼントしてくれた。部員でもない自分が貰（もら）うのは気が引けたが、キャプテンが「是非に」と言ってくれた。襷には人数分の「ありがとう」と「おつかれさま」が書かれている。

彼女達の顔を一人一人思い浮かべながら、やがて歩はまどろみ始めた。

（蓮見恭子『襷を、君に。』）

＊１　しゃーしい……方言で、「うるさい」という意味。
＊２　カラコン……カラー（色のついた）コンタクトレンズ。
＊３　ナンジョか一高……歩の地元で、駅伝の強い高校。
＊４　ピロティ……上の階を支える柱だけに囲まれた、一階部分の空間。
＊５　インターハイ……全国高等学校総合体育大会。全国規模の競技大会。
＊６　フォロー……助けること。
＊７　一時間早く家を出るけ。はよ起こして……一時間早く家を出るので、早く起こしてほしい。

問一　二重傍線部ａ～ｃと熟語の構成が同じものを後より選びそれぞれ

かけてたんだけど、最初は全然相手にされなくて苦労したって……」

「ちょっ、何で女子？」

「さあ、女の子が好きなんじゃない」

　何となく良からぬ匂いを感じた。

「冗談、冗談。男子は、いい選手が集まらなかったみたい。それに、女子だって南原さんや畑谷さんのような選手を呼べるようになるまで、十年はかかったと仰っていた」

　話を聞けば聞くほど、何も知らずにいた自分のお気楽さが恥ずかしくなる。

「ふうん。そんな歴史があるん。公立やから誰でも入部できると思い込んでたから……」

　後ろで「ぷっ」と吹き出す声がした。

　離れた場所で黙々とストレッチしていた部員だった。

「煩(うるさ)いなぁ……。さっきから聞いてたら、ほんっとよく喋(しゃべ)る……」

　ゆらりと立ち上がると、斜め上から見下ろすような目つきをした。

　思わず［ C ］。

　――え？　なん？

　彼女の顔を見た後、もう一度栞の顔を見直した。

　リスが二匹。いや、そっくりな顔が二つ。

　全く同じ顔をしている上、髪の質感や背恰好まで同じ。姉妹というにはあまりに似過ぎている。

　双子だった。

　よく見ると、その子は顎に目立つ黒子(ほくろ)があった。

「稔(みのり)はお黙り。畑谷さんから、仲良くしてあげてって頼まれたじゃない。ちょっとは協力しなさい」

　どうやら、双子でも性格は正反対らしい。

　――やだなぁ。こんな人が一緒なんて。

「中学は何処？」

「門司海青中。すぐ近所」

「ふうん。聞いた事ないなぁ。だいたい、あたしらを知らないようじゃねぇ」

「知っとるよ。確か全国大会では、優勝した学校のインタビューの後にゴールしとったね」

　記憶が確かなら、福岡代表のアンカーは完全にへバっており、開いた口からリスのような前歯が見えていた。顎の黒子も何となく覚えている。

5　図星だったようだ。

　稔の顔が見る間に紅潮する。

「これだから素人(しろうと)は……。前でブレーキが起こったら、いくらアンカーが追い上げても勝てないだろうがっ！」

「しょうがないよ。あの時は、故障した子がいたし」

　隣で栞も加勢する。

　しまった。

　栞まで敵に回してしまったようだ。せっかく仲良くなれそうだったのに。

「ああ、ごめんね。そうなん。私、ほんま初心者やから」

　＊6フォローしたが遅かった。稔の勢いは止まらない。

「とにかくっ！　あんたと違って、あたし達は選ばれて来たんだから

「私、あなたを知ってるよ」
「え?」
「駅伝の予選に出てたでしょ?」
　詳しく聞くと、栞は県予選で優勝した千早中学のメンバーだった。つまり、彼女は福岡代表として全国大会に出場していたのだ。
「わ!　そんな凄い人が……。てか、何でー?　予選には県内から大勢の選手が集まってたのに、高田さんは何で私の事を覚えてるん?」
「だって、あんなに長い髪をなびかせて走ってたら、嫌でも目立つよ。見学に来てた時も、すぐに分かったよ。あ、あの子だって」
　大会の日も長い髪を、頭のてっぺんで結んでいた。
「うち、父ちゃんが髪を切ると怒るんよ。髪の毛が長ければ長いほど女らしい。そう思っとる人やから」
　歩が髪を切って帰った後、ちょっとした騒ぎになった。父の趣味を知っていたから、幅広のターバンを頭に巻いて、念の為にヨットパーカーのフードまで被って食卓についたが、それと察した父は機嫌を損ねて、無言で席を蹴って立ってしまった。
　見た目と違って優しい父の、数少ない地雷だった。その顛末（てんまつ）〔イ〕を話すと、栞はひっくり返りそうになりながら笑った。
「あはは、ウケるぅ。普通、フードは被らないよ」
「その後が大変で『鬘（かつら）を買って来いっ』て、母ちゃんに向かって怒鳴ったんよ。下に弟がいるから『坊主頭（ぼうずあたま）が家に二人もいたらむさくるしい』って言うんよ」
「あなた、面白いね。私の事は栞って呼んでね」
　これ、これ。歩が求めていたもの。同学年の仲間だ。
「こっちこそ、よろしく」
「それじゃ、聞きたい事があれば、どうぞ。何でも聞いて」
「じゃ、じゃあ……。高田さん、いや、栞は何で港ヶ丘に決めたん?」
「これから強くなるのは港ヶ丘高校だって、陸上部の先生から薦められたの。後藤田コーチがいるからって」
「へえ。あの後藤田コーチって、どういう人なん?」
「何だ、知らないの?」
「うん、何も知らずに来たんよ。教えて」
　この機会に、色々と情報収集する事にした。
「高校時代、インターハイ*5にも出てらしたけど、勉強がよく出来たから推薦じゃなくて自力で大学に入ったの。凄いでしょ?　選手として大会に出場しながら、女子長距離ランナーのトレーニング法や健康管理について勉強をされてて……。でも、コーチが凄いのは、指導者になってから」
　実業団には進まず、母校の大学に残って女子選手の育成に力を注ぎ、後に国際的な大会に出場することになる女子選手を二名、指導していた。
「ご家庭の都合で福岡に戻ってきたおかげで、私達はコーチの指導を受けられるというわけ。普段は保健体育科を教えてる」
「じゃあ、監督の高瀬先生っていうのは?」
　栞の顔がぱっと輝いた。
「面白い先生よ。城南女子が全国大会で優勝するのを見て、以前から女子の中長距離選手を育てたいと考えてたみたい。県内の有力選手に声を

[A]。

「じゃあ、どうすればいいんですか？」

「高瀬先生の目に止まるように、暫く私達の傍で一緒に走るのはどう？　校外ランニングで近くを走るのは自由だし、競技場は利用料を払えば誰でも使える。そうやって、やる気をアピールするの。走っているのを見てもらって、見込みがあると思われたら入部許可が下りるかもしれないし」

高瀬先生がどういう人かも分からず、何とも頼りない話だったが、歩は黙って聞いていた。

「良かったら、放課後においでよ。今日はコーチが来ない自主練の日だから。こっそり部員に紹介してあげる」

通りかかった先生の「早く、教室に入りなさい」の声で、畑谷さんは勢い良く立ち上がった。

「じゃ、後でね」

現れた時と同じように、畑谷さんは全力疾走で校舎まで走って行った。

教室に入ると、工藤ちゃんが走り寄ってきた。話を聞くなり歩の両腕をがしっと摑み、揺さぶるように動かした。

「歩ちゃんっ！　びびらんと、やり！　何もせんより、ずっとええよ」

その日の放課後、畑谷さんから教えられた場所に行った。

午後から雨が降り出したせいか、陸上部はいつものエントランスではなく、学内のピロティ*4に集合していた。集まっているのは三人だけだった。

畑谷さんは長い脚を投げ出すようにして座り、向かい合う形で話している最中だった。少し離れた場所で、寝転がってストレッチしている部員が一人。

畑谷さんが歩に気付く。

「あ、来た、来たー。こっちおいでよ」

畑谷さんは自分の横に座れと地面を叩く。遠慮して、少し離れた場所に正座した。

「この子、高田栞」

近くで見ると、栞はかなりの痩せ型で、ジャージの中で体が泳いでいる。目をぱちくりと見開いたまま、畑谷さんの言う事に小刻みに相槌を打つ姿は、リスがどんぐりを食べているみたいだ。

「じゃ、あとよろしく」と畑谷さんが去って行く。え？　行ってしまうの？　急に不安になる。

顔を見合わせると、栞の方から「一年？」と聞いてきた。

「よ、よ、よろしくお願いします」

大汗をかきながら自己紹介すると「くすっ」と笑われた。

「私も一年だよ」

安心すると同時に恥ずかしくなる。同い年の子を年上と間違えた時って、何でこんなに照れくさいんだろう。

「あ、あぁ、そうなん。先輩達と同じ恰好してるから、てっきり上級生かと……」

「他の子達より早めに、春休みから練習に参加してるから」

栞は真新しいジャージの表面を撫でる。

「凄いねぇ。選ばれて来たんやろ？」

安心したせいか、歩も[B]。

されるのは迷惑なのだ。

邪魔だから、どいてろ。そう言われたようなものだった。

納得できない。腹に据えかねる。

激しい怒りが、ずっと腹の底でわだかまっている。このまま一緒にいると、その怒りを畑谷さんにぶつけてしまいそうだ。苦しい。

「でもね、倉本さん……」

もう、何も聞きたくない。

4「ありがとうございました！　し、失礼しますっ！」

話を遮るように立ち上がったら、手首を摑(つか)まれた。

「とりあえず、座って」

話の続きがあるようだったので、歩は素直に従った。にもかかわらず、畑谷さんは困ったような顔をしている。

「あの……、こういう事を薦めていいのかどうか分からないけど……」

ちょうど、顔の前に畑谷さんの目があった。カラコン*2をしたような茶色い瞳が、しっかりと歩を捉えている。

「あなたにやる気があるんだったらの話……。コーチは、ああ言ったけど、高瀬先生なら……入部させてくれるかもしれない」

「ど、どういう事でしょうか？」

もう一度、きちんと座りなおす。

「今の陸上部の基礎を作ったのは高瀬先生なの。南原さんを呼べたのも高瀬先生のお人柄」

今、例に出されたキャプテン、一番速い選手だ。

「あの南原さんが『自分の手で高瀬先生を全国に連れて行ってあげたい』と仰(おっしゃ)ってたぐらい」

「すみません。南原さんって、そんなに凄(すご)い選手なんですか？」

「え、知らないの？　南原理沙さんよ。三年前、福岡県で一番速い中学生だった」

陸上部員ではなかった歩には、三年前の話を出されてもぴんと来ない。

「南原さんに憧れて、一緒に走りたいからという理由で、ここに来た人も多いよ。私も最初はナンジョ*3か一高に行くつもりだったけど……」

高瀬先生は何度も中学を訪れて来て、畑谷さんを熱心に勧誘[c]したのだと言う。

「先生は『ナンジョも一高も県外から選手を集めているけど、うちは福岡県内の子供達だけで強くしたい。福岡県の力を見せてやりたい』と仰った。私だって当時、県大会で三位以内には入っていた。自惚(うぬぼ)れかもしれないけど、県で一番と三番の選手が揃ってたら、ナンジョに勝てるかもしれない……。自分達の手で強くするのって楽しそうじゃない？」

「……その高瀬先生とは、どうすればお話しできるんですか？」

「問題はそこなのよねぇ」

畑谷さんは人差し指を突き出した。

「最近、高瀬先生は部活に顔を出さなくなって……。何時(いつ)お見えになるか分からないの。長距離の指導はコーチの方が専門だから、あまり口出ししないように心がけてるみたい。でも、来てないと思っても、人目につかない場所でこっそり練習を見てる事もあったり……」

あまりに静かなので、誰も気付かないのだと言う。

「ご病気されてるのではなさそうだから、大会が近付けば、頻繁にお見えになると思うんだけど……」

ると、ふわんといい匂いがした。
「可哀想に。知らなかったのね……」
後藤田コーチが説明してくれなかった事を、畑谷さんは教えてくれた。
「三年前、後藤田コーチがきてから、ここの陸上部は大きく変わったのよ」
中長距離に絞って規模が縮小された事。
昨年度卒業生の代から、一般生徒の入部は断っている事。
「監督の高瀬先生は女子駅伝に力を入れていて、もう随分前から県内の中学校を回って、長い距離を走れそうな生徒を集めていたの。そこに、中長距離の選手だった後藤田先生がお見えになって……」
昨年は、あと一歩で全国大会出場を逃した。
港ヶ丘高校陸上部は今、初の「全国高等学校駅伝競技大会」への出場を目指して、厳しい練習を消化しているところだった。畑谷さんが「全中に出場した選手ですらア音を上げるぐらい」と言うほどの。
「だから、短距離やフィールド競技にまで手を広げて大所帯にしたり、レベルがあまりに違い過ぎると指導が難しくなる……の」
「……あの、公立高校だから、てっきり、うちみたいな初心者でも大丈夫なのかと思ってて……」
「うーん、一応、サイトの陸上部紹介の欄には書いてあるんだけどなぁ」
畑谷さんがスマホの小さな画面を見せてくれた。
確かにある。
〈陸上部から新入生へのメッセージ　募集については、施設・環境・スタッフの関係で、部員数を絞らせていただきます〉
「男子がいないのは……」
「多分、女子ばかりだから怖気づいてるんだと思う」
畑谷さんは苦笑する。
「ね、良かったらベストタイムを教えて。八〇〇か一五〇〇の」
「……半年前のタイムですが、一五〇〇が五分〇三秒でした」
顧問からは「県大会の参加標準記録を突破している」と褒めてもらえた。
「この半年間、走ってた？」
「……家の周りをジョギングする程度には」
3 畑谷さんは「うーん」と言ったきり、暫し黙り込んだ。
「半年、まともに走ってないとしたら、ちょっと厳しい。……それに、新入生の一番遅い子でもベストタイムは五分を切ってたからなぁ……」
どんなに速い選手でも、一年も走らなければ「タダの人」だと言う。
「あの、ちなみに一番速い人って、どのぐらいのタイムで走ってるんでしょうか？」
「今、陸上部で一番走れてる人の一五〇〇ベストタイムが四分二十五秒。三〇〇〇は九分二十三秒。現キャプテン、三年生の南原さんが、去年の全九州高校新人陸上で出した記録」
目が眩んだ。
ざっと計算したら、千メートルを三分十秒足らずで走っている。最上級生とはいえ、別世界の話を聞いているように思えてくる。
「今、一年生達は上級生とは設定タイムを分けて走ってるの。それでも、すぐに追いついてくる子がいるでしょうね」
つまり、港ヶ丘高校陸上部は少数精鋭のチームで、初心者にうろうろた。そして、固まって走る上級生達から随分と遅れている部員が二人。新入生達だろう。

　彼女達の姿が見えなくなるのを待って、道路を横断した。

　港ケ丘高校は山の中腹にある。

　県道七十二号線はだらだらとした上り坂で、生徒達は門司港駅から歩いてきた後、途中で左に折れて急な坂を登らなければならない。その通学路の途中、二手に分かれた場所で工藤ちゃんが待っていた。おかっぱ頭のてっぺんが、朝の光を受けてきらきらと光っている。

「良かった。来ないんじゃないかと思った」

　二日続けて遅れて登校してきたのを心配して、待っていてくれたらしい。無言のままの歩の横を、彼女も黙ってついてきた。

　[b]正門をくぐると、ちょうど朝練から戻ってきたばかりの陸上部員達が、エントランスでミーティングを開いていた。

　輪の傍で新入部員が二人、直立不動で立っている。まだ先輩達とお揃いのジャージを着ておらず、中学時代に使っていたらしい着古したトレーニングウエア姿だ。

　陸上部員達は後藤田コーチから厳しく叱責されており、それすら羨ましかった。自分は[2]叱られる機会すらないのだと思うと。

　畑谷さんに気付かれないように、そそくさと傍を通り過ぎる自分が情けなかった。

「辛いね……」

「……」

「ねぇ、中学時代はソフトボールをやっとったんやろ？　港ケ丘高校にもあるよ。見学だけでも行ってみたら？」

返事をしない歩に、工藤ちゃんも黙り込む。

「……あのね、歩ちゃん……」

　暫く並んで歩いた後、工藤ちゃんが遠慮がちに口を開いた。

「もう一回、陸上部にかけあってみない？　だって、せっかく駅伝やりたくて入ったんやもん。駄目元でね。私も応援するけ」

「う……ん」

　気持ちは嬉しかったが、持って行き場のない怒りと悔しさで、胸が張り裂けそうだった。今も平静さを装うのが精一杯で、気のない返事しかできない自分が嫌になる。

「あ、あれ、こないだの人やない？」

　工藤ちゃんが、歩の制服を引っ張った。

　振り返ると、練習着のままで畑谷さんが走ってくるのが見えた。

　百七十センチの長身が全力疾走する姿は、登校してきた生徒達の注目を集めていた。皆が立ち止まって畑谷さんを見ている。

　こうして正面から見ると、肩幅が広く、男の子が走っているようだった。畑谷さんは、徐々にスピードを落としながら、歩の前で止まった。息ひとつ乱れていない。

「おはよう。元気？」

　笑顔を向けられた途端、顔が熱くなり、堪えていた涙が溢れ出た。ぼたぼたと大粒の雫が顎を伝う。

　工藤ちゃんが「私、先に行っとくね」と言いながら蟹歩きで立ち去ってゆくのが見えた。

「何処かで座って話そ」

　畑谷さんに背中を押され、木陰のベンチに連れてゆかれる。近くにい

「勝っちゃん！　しゃーしい！」[*1]
「うるさくないもーん」
全く、いい気なもんだ。
誰のせいで、こんな思いをしてるのかと考えたら、朝から頭が煮えくりかえりそうだった。勝男さえ「港ヶ丘高校」の名を出さなければ、友達と同じ高校に進学していたのに――。
憂鬱だった、ここ何日か、ただ学校に行って帰ってくるだけの日々。
「はい、お弁当」
手渡された包みは、いつもより大きい。覗(のぞ)くと、弁当の他におにぎりも入っていた。急いで握ってくれたらしく、ほかほかと温かい。
――母ちゃん。ごめん。
きちんと説明できない自分が情けなかった。
――でも、今は無理。気持ちの整理がつかん。
気持ちの整理。
それが出来た時、自分は一体どうなっているのか想像もできない。虚(むな)しさを抱えたまま、機械的に学校に通い、ただ時間が過ぎるのを待つのだろうか？
「行ってきます」
魚の臭いが染み付いた店舗で、市場から戻った父が開店の準備を始めていた。靴の踵(かかと)を踏んづけたまま、半分開いたシャッターをくぐるようにして外に出る。
「プラザ祇園(ぎおん)」のアーケードでは、駅に向かう人や、子供を自転車に乗せて保育所に向かう母親達とすれ違う。
「おはよー」
中学時代の同級生が三人、手を振りながら前から歩いてきた。揃(そろ)って、同じ高校に進学したソフトボール部員達だ。
懐(なつ)かしさから暫(しば)し、立ち話をする。
「どうね？　港ヶ丘高校は」
「陸上部に入るんやろ？」
「う……」
咄嗟(とっさ)に返事ができなかった。
「ち、近いし、中学校ん時と変わらんねぇ。そっちこそ、どうなん？　電車通学は大変？」
「ううん、そうでもない。楽しいよ。他の学校のカッコイイ男の子を見つけたり」
早速、目を付けた男子がいるらしく、三人は路上でわいわい言い始めた。話について行けずに黙っていると、中の一人が叫んだ。
「あ！　もう、こんな時間」
「ごめん。電車を乗り過ごすと遅刻[a]するっちゃ」
「やばいっちゃ」
言うが早いか、三人は駆け出した。
取り残されたような気分のまま暫(しば)く佇(たたず)んでいると、[1]何処(どこ)からか蝶々(ちょうちょう)が飛んできて、からかうように歩の周りをひらひらと舞った。気分は最悪なのに、陽気だけはいい。
とぼとぼと民家の間を歩いて県道に出たところで、足が止まった。
校外ランニングから戻ってきた陸上部員達が、道路の向こう側を走っていた。
一際(ひときわ)、背の高い畑谷(はたや)さんは先頭付近を走っており、すぐに見つけられ

3　結論が書かれている部分だけを探し出して、その内容は理解しているが、それ以外の部分は速く読むという快楽を優先しているので、著者の伝えたいことをしっかり受け止めていない。

4　自分の知りたい知識や情報の部分だけに注目して、それ以外の部分は読むことをしないので、結論にたどり着かないことも多く、本の内容をぼんやりとしか理解できていない。

問十二　本文の内容と一致するものを後より一つ選び番号で答えなさい。

1　電子書籍が普及してから、ページ番号がないものもある電子書籍の性質に従って、学術論文に引用するページ番号を書くことが少なくなった。

2　電子辞書はずっと触っていても劣化することはほぼないが、紙の辞書は使うことで傷んでいくのがよくわかるため勉強したという感覚を得やすい。

3　著者が長い時間かけて書き上げたものは、著者が費やした時間と同じかそれ以上の時間をかけて読まないと、著者の考えを理解できるはずがない。

4　著者の体験してきた遅読は、他者の話を聞いてから興味を持って新しく本を読もうとしたり、本を改めてゆっくり読み直したりすることである。

二、次の文章を読んで、後の設問に答えなさい。

〈これまでのあらすじ〉

倉本歩は福岡県の中学生。テレビで見た全国中学駅伝大会の選手の姿に感銘を受け、自分もやってみようと、陸上部の強い高校に進学することに決めた。そして、弟・勝男のすすめで、新しい指導者が入り女子駅伝に力を入れている港ヶ丘高校に入学した。

朝、廊下をどすどすと歩く音に続いて、勢いよくドアが開けられた。

「歩、早く起きいよ！」

布団をめくられ、ベッドから追い立てられるようにして起こされた。

「さっきからずっと目覚まし時計が鳴っとるやろ？」

五分おきにアラームが鳴っていたが、頭から布団を被って聞こえない振りをしていた。

「どしたん？　あんなに張り切っとったのに」

仕方なくのろのろと着替え始めたが、母は部屋から出てゆこうとしない。

「別にぃ。ちょっと疲れてるだけちゃ」

「そうね？　週明けに学校行ってからおかしいよ。何かあったやろ。その猿みたいな頭を誰かにからかわれたとか」

「だからぁ、何でもないって」

空は晴れ、春らしい爽やかな気候なのに、これから学校に行くのかと思うと、体が重かった。洗面所で歯を磨き、寝癖を直している間に勝男の声が聞こえてくる。

「姉ちゃんだけずるいっちゃ」

歩の席には薄切りにしたリンゴが置かれていた。食欲がない歩の為に母が用意してくれたのだ。一枚だけ口に入れる。

「俺も、俺もー！」

のではなく、調べた項目について書かれている情報はすべて確認して記憶に残すこと。

2　調べたいことが載っている部分を探し出して内容を確認するのではなく、辞書や事典の中で自分が決めた部分を見て内容を理解しようとすること。

3　最初から最後までざっと見て要点を確認するのではなく、自分の意志で内容を知りたいと思った部分を選び、集中して見ることで全体の内容を把握すること。

4　調べたいことを一つだけ確認して終わらせるのではなく、時間を置かずに知りたいことをいくつも調べるようにして、辞書や事典の中身を確認し続けること。

問九　傍線部６「十三年経った時、突如としてギリシア語の講義が閉講になりました」とあるが、このことに対する筆者の考えとして最適なものを後より一つ選び番号で答えなさい。

1　対費用効果の高さを正義とする現代の流れに乗って、ギリシア語の講義を閉講することは、大学が担ってきた学問の基礎となる古典知識の継承の役割を放棄するやり方で、学生の知的欲求にすら応えない事態になっているため、学問さえをも卑怯な手段で経済的利益を得る手段にしている恥ずべき動きである。

2　ギリシア語の講座が受講生の少なさを理由に閉講したことは、学問においても実用的なことばかりを重視して、一見役に立たないように思われる古典知識への関心を高める対策を大学自身がとらなかった結果であり、今こそ実用性よりも文化的な営みに目を向けるよう方針を転換すべきだ。

3　受講人数の少なさによるギリシア語の講義の閉講は、費用の問題で引き起こされたものだが、閉講によって古典知識を理解する先生がいなくなり、本来の学問の意義を見失う結果になっており、大学の特色を自ら消したばかりか、かえって経済的損失を引き起こすと予想され憤りを感じる。

4　ギリシア語の講義の閉講は、経済的利益を生み出さないものは価値がないと見なす現代社会の風潮の影響を受けたもので、学問の深い理解に必要不可欠な知識を学ぶ機会を学生から奪い、大学を目に見える形で社会に貢献することだけを提供する場に変えようとする愚かな行為である。

問十　本文中の［7］に入る言葉として最適なものを後より一つ選び番号で答えなさい。

1　他人の将来について優しく示唆してくれる人がいる
2　他者が無知であり続けることを許容できる人がいる
3　自分を犠牲にしても、次世代のために動く人がいる
4　何の見返りも求めず、ただ与えてくれる人がいる

問十一　傍線部８「速読をする人」とあるが、その説明として最適なものを後より一つ選び番号で答えなさい。

1　結論に至るまでに示されている内容を押さえきることができていないため、本の内容を正しく理解できておらず、読み応えも本の面白さも感じない空虚な読書の仕方になっている。

2　本を読み終えることを目的にしていて、結論までの内容どころか結論にすら関心がなく、読書の途中にやめることや休憩することもできないため、読書をした実感がわかない。

問五　傍線部２「電子書籍を読む時、表示されているページだけを読んでいるので、過去も未来もなく、今ここしかない人生を生きているようです」とあるが、これはどういうことか。その説明として最適なものを後より一つ選び番号で答えなさい。

1　電子書籍を読んでいるときに本に触れることで得られる身体的な感覚がないまま、ただ新しいページへ進まなくてはならないところは、現在の自分の姿や未来の自分がわからないまま、ひたすら人生が進んで、もどることができないところと同じだということ。

2　電子書籍は、全体を見通す一覧性やページ番号が欠落していて、目的とする場所を確認できない不便さがあり、これは、人生にはあらかじめストーリーがあるのに、今この瞬間に留まらなければならない不自由さを人間が強いられているのと似ているということ。

3　電子書籍において、ページ番号が記されていないためにどのくらい読んで残りがどのくらいなのかを実感することができない点は、人が生まれてからどのくらい生きて残りの人生がどのくらいなのかを今の時点では知ることが不可能であることと同じだということ。

4　電子書籍は、本そのものが存在せず全体を確認できる一覧性もないので、完成していないように感じられ、これは、決まった物語もなく、生きてきた時間経過よりも今この瞬間を大切にして、常に変化し続けなければならない人間の生き方と同じだということ。

問六　傍線部３「辞書についていえば、最近はすべて電子辞書を使い、紙の辞書は一冊も使っていません」とあるが、電子辞書と紙の辞書についての筆者の考え方の説明として、最適なものを後より一つ選び番号で答えなさい。

1　辞書として速さや軽さなどの利便性の面では電子書籍が圧倒的に有利だが、精神的な充足を求めて、検索をすることでより視野を広げたり、時間をかけて楽しんで学んだりするには紙の辞書が役に立つ。

2　紙の辞書の場合、多くの言葉を一度に覚えられるばかりではなく、辞書に慣れ使い込むことで実際に知識がよく身につくようになるが、検索では速く調べることが最も重要なので、電子辞書を使う方がよい。

3　調べるときに検索する言葉以外も知ることができるのは紙の辞書の長所ではあるが、他の言葉に気をとられ時間がかかる結果にもなり、目的の言葉に絞って迅速に作業を進めることができる電子辞書の方がすぐれている。

4　紙の辞書ならばある言葉を検索したときに、別の言葉を知る喜びがあるし、紙の辞書で調べることをくり返すと検索時間はかからなくなるが、検索がより早く、どこでも使える電子辞書の方が使いやすい。

問七　傍線部４「講義に出ないことの口実にしていたわけではありません」は、いくつの文節に分けることができるか。最適なものを後より一つ選び番号で答えなさい。

1　七文節　2　八文節　3　九文節　4　十文節

問八　傍線部５「辞書も事典も『読む』時は本の方がいい」とあるが、ここでの「読む」はどういうことか。その説明として最適なものを後より一つ選び番号で答えなさい。

1　調べるときに、必要な情報だけを見て一瞬で辞書や事典を閉じるすし、途中でその旅をやめることも可能です。

とにかく、過程を楽しまなければ読書は意味がありません。

（岸見一郎『本をどう読むか　幸せになる読書術』）

＊１　プラトン……古代ギリシアの哲学者。

＊２　ワープロ……ワードプロセッサ。コンピュータで文章を入力、編集、印刷できる文書作成編集機。

＊３　『ソクラテスの弁明』……プラトンの著作。ソクラテスは古代ギリシアの哲学者であり、プラトンの師。

問一　二重傍線部ａ～ｃのカタカナの部分を漢字に改めたとき、同じ漢字を用いるものはどれか。後より選びそれぞれ番号で答えなさい。

ａ　重ホウ

１　ホウ納　２　ホウ石　３　ホウ年　４　模ホウ

ｂ　語ゲン

１　削ゲン　２　ゲン界値　３　ゲン想　４　水ゲン地

ｃ　退カン

１　器カン　２　カン要　３　突カン　４　カン過

問二　本文中の（ア）～（ウ）に入る語として最適なものを後より選びそれぞれ番号で答えなさい。

ア　１　あるいは　２　そのため　３　ただし　４　その上

イ　１　それから　２　要するに　３　それなのに　４　いわば

ウ　１　そこで　２　たとえば　３　それとも　４　このように

問三　本文中には、次の部分が抜けている。これを入れる位置として最適なものを後より一つ選び番号で答えなさい。

ギリシア語で書かれた本を毎日読んでいましたが、辞書が手元にないと読めないのです。

１【Ａ】　２【Ｂ】　３【Ｃ】　４【Ｄ】

問四　傍線部１「紙の本か電子書籍か」とあるが、紙の本と電子書籍を筆者が比較した内容の説明として、不適当なものを後より一つ選び番号で答えなさい。

１　紙の本は、住んでいる地域によって手に入らないことも多く、簡単に手に入る人と比べて獲得できる情報が少なくなる一方、電子書籍は誰でも手に入れやすいものの、ほしい本が紙の本でしかない場合もあり万能ではない。

２　電子書籍は、本そのものの姿が目に入らないので存在を忘れがちだが、紙の本は姿を確認しやすいものの、置く場所によっては結局目に入らなくなるので、存在を忘れる可能性があるのは電子書籍と同じである。

３　紙の本は、重さや大きさが原因でどの本を持ち運ぶのかを選択する手間がかかるが、電子書籍の場合は、機械からどの本がよいかおすすめされ、いつでも開くことができるので選択する手間がかからない。

４　紙の本は他者に何を読んでいるかを見られる可能性があり、それをきっかけに話題を共有することもあるが、電子書籍は、外から見ると何を読んでいるかわからないので他者から見られて話題を提供することは少ない。

なる」

そういい残して大学を去ったのですが、その後文学部が大学から消えてしまうような時代になってきたのです。大学は実用的なことを学ぶところではありません。役に立たない文化系の学問など必要でないと考える無知な政治家のために学問の自由が脅(おびや)かされています。

この読書会で森先生は参加者から謝礼を取っていませんでした。父に「ギリシア語を教えてもらえることになった」と話したところ、「月謝はいくらだ」と父は私にたずねました。「聞いてないけど、たぶん取っておられないと思う」と答えたら「世の中にそんな甘い話があるはずはない。今すぐ電話をして聞け」と叱られました。

父のみならず、私もまた［7］ことは驚きだったので、電話をして先生に謝礼のことについてたずねました。先生の答えは次のようなものでした。

「今後もしも君より後進の人でギリシア語を学びたいという人がいれば、今度はその人に君が教えればいいのだ」

師から受けたものを師に返すことはできません。同じように、子どもは親から受けたものを親に返すことはできません。これまで多くの人から受けてきたものを、親ではなく自分の子どもに、次代を担(にな)う若い人に、あるいは社会に返していくしかないのです。

後に大学でギリシア語を教えるようになった時、個人的にギリシア語やラテン語、また他の言語を教えていた時にこの先生の言葉を思い出しました。

8 速読をする人は、著者がどれだけ時間をかけて本を書いたか知らないのでしょう。

また、ただ知識や情報を提供するためだけではない本があるということを知らないのです。そのような本ももちろん必要ですが、それがすべてではありません。

いつか友人の一人が本はいつも速読しているというので、それならと私が書いた本を手渡すと、あっという間に読み終えました。

（　ウ　）、私は彼が本当に本を読んで内容を理解しているのか知りたいと思っていくつか質問をしてみましたが、まったく理解していないことがわかりました。章の最初に結論が書いてあって、その後はそれの例証が書いてあるという構成の本であれば、そこだけ読むことで速読することはできるのでしょうが、すべての本がそんなふうに書いてあるわけではありません。

結論だけを理解してもあまり意味がありません。英語には「長い話を短くすれば」という表現がありますが、長い話は短い話にしなかった必然性があったはずなのです。

本を書くためには膨大な時間がかかります。それほど長い時間をかけて書かれた本を速読してみたところであまり意味がありません。目的地に着くためだけであれば新幹線や飛行機を利用すればいいのですが、途中の景色を楽しもうと思うのであれば、新幹線や飛行機はあまりに速すぎると思います。自転車でも景色を楽しめないといっていいくらいです。歩いてこそ、見えてくるものがあります。

読書についても同じことがいえます。読書は生きることと同じであって、目的地に着くことが目的ではありません。生きることの目的地が死であるなら、いち早く死ねばいいかというと、もちろんそんなことはありません。どこにも到着しなくていいのです。途中で休むこともできまクラスに入りたいと思いましたが、もちろん、すぐにはギリシア語の力がつかなかったので、もう何年もギリシア語を学んでいる人ばかりの上のクラスに入るほどの力がない私が下のクラスで学ぶことは当然のことだったのです。

やがて力がついても、大学なら上のクラスに入ってもいいが、何年も下のクラスで勉強している人もいるので、すぐに上のクラスには入れないという説明を先生から受け、なかなか難しい問題があるものだと驚きました。そんなことも、あまり個人的に親しくなろうとは思わなかった理由かもしれません。

それでも、一九八九年の十二月に長く続いたプラトン読書会を閉じた記念に、皆で倉敷（くらしき）に一泊旅行に出かけた時のことは今も楽しく思い出されます。倉敷の料理旅館で晩餐会（ばんさんかい）を開き、その夜は倉敷国際ホテルに泊まりました。晩餐会が始まる前に、このホテルに据えてあったワープロ[*2]の専用機（パソコンではありません）を使って読書会についての短文を書き、先生に渡しました。作家でもあった先生に思いがけず、「こういうのはなかなかいいね」といってもらえて驚いたことをついこの間のことのように覚えています。

大学院を終えると、奈良女子大学でギリシア語を教えることになりました。四月にα（アルファ）、β（ベータ）、γ（ガンマ）から学び始める学生が秋には『ソクラテスの弁明』[*3]を読めるようになりました。

この時も私が参加していた読書会と同様、毎回わずかなページを読み進め、文法の説明はもとより内容についても学生たちと議論することがありました。【D】

私にとって遅読というのは読書会や大学の講義でテキストを長い時間かけて読むことでした。外国語の学び方については後で書きますが、外国語で読むということはゆっくりしか読めないものです。

外国語でも速読がいいという人もいますが、ゆっくり読まないと力はつきませんし、著者が時間をかけて書いたものを速く読んでもあまり意味がないように思います。

この『ソクラテスの弁明』は文法の勉強を終えると、毎年続きを読むことにしていました。最初から読むのではないということです。この分だと読み終わるのに何十年もかかることになるだろうと思っていたのですが、⁶十三年経（た）った時、突如としてギリシア語の講義が閉講になりました。受講生が少ないからというのがその理由でした。

受講生が少ないのは当然で、ギリシア語の講義に何十人もの学生がくるはずもありません。ヨーロッパの思想や文化を学ぶためには古典語の知識は必須ですし、英語を学ぶ時でもギリシア語やラテン語の知識があって初めて語ゲン[b]もわかり、深い理解に到達できるはずです。

奈良女からギリシア語がなくなるのは奈良女の恥であると力説した先生もかつてはおられたのですが、そんな先生方も退カン[c]していき、残った若い先生方は古典語が読めず、したがって、古典語を学ぶ意味や必要が理解できなくなっていました。

今の世の中は、何でも経済効果、対費用効果などといって、役に立つものとそうでないものを峻別（しゅんべつ）しようとしますが、このような弊害が学問の世界にまで及んできていたわけです。大学が古典語を学ぶ機会をなくしてどうするのか。沸々と私の中で湧いた怒りはなかなか鎮（しず）まることはありませんでした。

「今あなた方がしようとしてることは、やがて自分の首を絞めることに指す言葉の近辺にある言葉も目にするからです。人工知能を使って、関連語まで表示するような辞書もできるかもしれませんが、今は紙の辞書であれば引いた言葉以外の言葉も目にすることがありますから、思いがけない言葉との出会いがあります。

紙の本が検索が遅いかというとそうでもなくて、普通の本もそうですが、慣れると一回で目指す単語のページを出すことができるようになります。ただし、紙の辞書を使っていた時はそうすることができたということであり、今同じことができるかはわかりません。

紙の辞書は使い込むと勉強したと思えますが、電子辞書はいつまでも新しくそのような感覚を持つことはできません。

もっとも、勉強したと「思える」とか他の人に勉強しているように「見える」というようなことは勉強にとっては何の意味もありません。本当に勉強して学ぶことが大切です。

辞書のことを書いていたら中学生の頃、百科事典が毎月届き熱心に読んでいたことを思い出しました。事典であれ辞書であれ引くものだと普通は思われていますが、読むとなかなか面白いです。

私は毎月、百科事典が届くたびに最初のページから読みました。読んだといっても眼（め）を通すだけだったのかもしれませんが、最後まで眼を通した頃に新しい巻が届きました。

今はあの頃と違って、百科事典も電子書籍で読む人が多いように思います。もちろん、それはそれで便利なのですが、先に紙の辞書について見たように、関係のない項目も目に触れることになりますし、そのことで思いがけずそれまで知らなかった分野に関心を向けるようになることもあります。

とはいえ、紙の百科事典は重く、引くことはしても、百科事典を読もうという気にはなりませんでした。必要な情報を断片的に読みましたが、それでも毎月配本されたので、本を買った時とよく似た感覚はありました。

辞書も事典も「読む」時は本の方がいいように思います。検索の時は電子書籍が便利ですが。学生の頃、先生が「私は一日に一回は必ず広辞苑（こうじえん）を引く」といっていました。そんなことはなかなかできないことだと思ったものですが、「引く」なら一瞬ですから一日に数え切れないほど何度も引いています。一日、一回広辞苑を「読む」というのであれば、今でもなかなかできないことだと思います。

遅読といえば、大学時代、プラトン[*1]の『法律』を読書会で八年間もかけて読んだことがあります。これはプラトンの最晩年の未完の大作です。翻訳は岩波文庫で二冊ですからかなり大部なものですが、この読書会ではギリシア語で読みました。毎回三ページずつ読みます。

〈中略〉

読書会に参加するに当たって、ギリシア哲学を学ぶことを先生に勧められました。先にも書いたように、哲学は言葉も概念もギリシアのものなので、ギリシア哲学を学ばないといつまでもあてずっぽうの議論しかできないというようなことをいわれたのです。【C】

先生の家で開かれていた読書会には上のクラスと下のクラスがありました。上のクラスは二階にある先生の書斎で、下のクラスは一階のダイニングで本を読みました。下のクラスは先生が直接指導するわけではありませんでした。

私はといえば、ギリシア哲学を学ぶ決心をしたので、一日も早く上のだ本が何かがわからないので、医師が私に本について話しかけることはなかったでしょう。

電子書籍の欠点は一覧性に欠けるところです。電子書籍でもまったくできないわけではないのですが、本をパラパラとめくって、読みたいページにたどり着くのは容易ではありません。

分厚い本を読むと次第に残りページ数が少なくなってくることが嬉(うれ)しくなります。読み終わるのが残念だと思うこともあります。その時には本を支える右手と左手への重みが違ってきます。電子書籍にはその感覚がありません。

もう後少しで読み終わるという快感はありませんし、ページ番号ではなく何パーセントと表示されていても電子書籍では一向に本を読み進んだという感覚を持つことができません。

ついでながら、ページ番号についていえば、今は私は本を引用する時にページ番号を書くことは少なくなりましたが、学術論文であれば何ページから引用したということをはっきりと書かなければなりません。（　イ　）、電子書籍の場合はページ番号が書かれている本はほとんどないので、本や論文に引用する時に困ります。そのような時のために、電子書籍で買ったけれども、それとは別に紙の本を持っている人がいます。一冊でいいところを二冊も買わなければならないので経済的ではありません。

このように電子書籍にページ番号がついていなくて、今どのあたりを読んでいるかがわかりにくいというのは、私たちの人生のようだともいえます。

人は生まれてからすぐに自叙伝を書き始めます。この自叙伝は死んだ時に書き終えることになります。大抵、未完に終わります。もともと人生には決められたストーリーなどないので、未完という言葉そのものが本当はおかしいのですが、この自叙伝は電子書籍のようにページ番号が記されておらず、その上、読み進むと新しいページが現れるので今どれくらい読んだともわからないのです。

2電子書籍を読む時、表示されているページだけを読んでいるので、過去も未来もなく、今ここしかない人生を生きているようです。

3辞書についていえば、最近はすべて電子辞書を使い、紙の辞書は一冊も使っていません。検索は圧倒的に速く、大きな辞書は持ち歩くことができませんが、電子辞書であれば何冊も持ち歩くこともできますし、複数の辞書で同じ言葉を調べることもできます。

装幀(そうてい)のことなどを考えて紙の本に愛着があるという人は多いのですが、辞書に関しては速く引けることが一番重要なので、どうしても紙でなければならないと考える人は少ないように思います。

学生の頃使っていたギリシア語の辞書は百科事典のように大きく重かったので外に持ち運ぶことはできませんでした。【A】

そこで、辞書を外に持ち出せないというわけで大学にやってこない仲間はたくさんいました。今は電子辞書があるのでそのようないい訳は許されないのですが、当時も勉強をサボるために4辞書が重いことを講義に出ないことの口実にしていたわけではありません。【B】

電子辞書のメリットはたくさんありますが、それでも、紙の辞書にもいいところがあります。検索しない言葉にも思いがけず出会い（という感じです）、その意味を知り覚えることができるということです。電子辞書であれば検索した言葉しか出てきませんが、紙の辞書であれば、目

【国語】（五〇分）〈満点：一〇〇点〉

一、次の文章を読んで、後の設問に答えなさい。

最近は電子書籍を読むことが多くなりました。電子書籍は置き場がいらないのでありがたいのですが、私にとって問題は、買ったことを忘れてしまうということです。目に見えるところに本がないと、買ったことを忘れることがあるのです。

その意味では、紙の本を手近なところ、目に見えるところに置いておくことには意味があります。

もっともそうしたくても本を置く場所がないこともあります。私は本棚の前列だけでなく後列にも、さらにその後ろにまで本を置きます。そうなると、見えない本はたちまちその存在を忘れてしまうことになります。

私は紙の本か電子書籍かどちらがいいかというようなことを考える[1]ことは最近はあまりなくなりました。電子書籍を買ったけれども、後になって紙の本がほしくなることがありますし、その逆のこともあります。

海外で出版された本の場合、私の学生の頃は書店にあればすぐに手に入れることができましたが、洋書を扱う書店は多くなかったので、手に入れるのは簡単ではありませんでした。在庫がなければ注文しなければならず、そうなると手に入るまでには数週間から数ヵ月かかりました。（　ア　）、本の価格も高かったので、私のように西洋哲学を学んでいると出費はかなりのものになりました。

今はワンクリックで洋書を買うことができますし、すぐに読み始めることができます。もちろん、すべての本が電子書籍になっているわけではありませんが、昔のように手に入れるまでに何ヵ月もかかるというようなことは少なくなりましたから、海外の学者と研究の点で不利なことはなくなってきました。

電子書籍を重ホウ[a]するのは外に出かける時です。

私は出かける時には何冊も本を鞄（かばん）に入れます。紙の本はかさばり、重くて持ち歩くのは大変です。持ち運ぶ本を少なくすればいいわけですが、どの本を読みたくなるかわかりません。今日はこの本を読もうと思っていても、他の本を読みたくなるかもしれません。そうなると、出かける時にどの本を持って行こうか迷ってしまい、結局、選ぶことができずその日読むかもしれない本をすべて鞄の中に詰め込むことになってしまいます。

電子書籍であればどの本を読もうと悩まなくていいのでありがたいです。それでも、どんな本も電子書籍で読めるわけではありませんから、紙の本も持ち歩くので鞄の重さは以前とそう変わっていないかもしれません。

私が心筋梗塞で入院した頃はまだ電子書籍というものがなかったので、家からたくさんの本を病室に運び込みましたが、今であれば電子書籍の端末があれば本を持ち込まなくてもよかったはずです。入院が数ヵ月も続くようなら話は別でしょうが、一ヵ月の入院と医師に聞いていたので、それくらいの期間であれば紙の本でなくても我慢できたでしょう。

主治医が私の持ち込んだ本を見て、本のことについて話をしたことを先に書きましたが、電子書籍では私が読んでいる、あるいは、持ち込ん

大切なことはメモしておこうネ！

前期1月17日

2023年度

解　答　と　解　説

《2023年度の配点は解答欄に掲載してあります。》

＜数学解答＞ 《学校からの正答の発表はありません。》

1 (1) ア 8　イ 7　ウ 7　(2) ア 2　イ 3　(3) ア 2　イ 3
(4) ア 6　(5) ア 7　(6) ア 2　イ 6

2 (1) ① ア 2　イ 5　② ウ 3　エ 0　オ 5　カ 0
(2) ① ア 1　イ 5　ウ 2　エ 8　② オ 5　カ 1　キ 4

3 (1) ア 1　イ 4　ウ 3　(2) エ 1　オ 7　(3) カ 7　キ 2
ク 1　ケ 7

4 (1) ア 1　イ 3　(2) ウ 1　エ 5　オ 2　(3) カ 1　キ 1
ク 5　ケ 2　コ 4

5 (1) ア 6　イ 4　ウ 3　エ 3　(2) オ 1　カ 2　キ 3
(3) ク 3　ケ 0

○推定配点○

1～4(1)　各5点×14　　4(2)～5　各6点×5　　計100点

＜数学解説＞

1 (平方根，連立方程式，式の値，関数，数の性質，平面図形)

基本 (1) $(\sqrt{3}-2)(\sqrt{28}+\sqrt{21})-\sqrt{2}\div\sqrt{14}=2\sqrt{21}+3\sqrt{7}-4\sqrt{7}-2\sqrt{21}-\frac{1}{\sqrt{7}}=-\sqrt{7}-\frac{\sqrt{7}}{7}=-\frac{8\sqrt{7}}{7}$

基本 (2) $ax:by=4:15$，$abx-ay=2$にそれぞれ$x=2$，$y=5$を代入して，$2a:5b=4:15$　$3a=2b$…①　$2ab-5a=2$…②　①を②に代入して，$3a^2-5a-2=0$　解の公式を用いて，$a=\frac{-(-5)\pm\sqrt{(-5)^2-4\times3\times(-2)}}{2\times3}=\frac{5\pm7}{6}=2,\ -\frac{1}{3}$　$a>0$より，$a=2$　これを①に代入して，$3\times2=2b$　$b=3$

基本 (3) $\frac{3a-5b}{2}-\frac{2a-6b}{3}=\frac{3(3a-5b)-2(2a-6b)}{6}=\frac{9a-15b-4a+12b}{6}=\frac{5a-3b}{6}=\frac{5}{6}\times\frac{2}{5}-\frac{3}{6}\times\left(-\frac{2}{3}\right)=\frac{1}{3}+\frac{1}{3}=\frac{2}{3}$

基本 (4) $\left(\frac{a}{4}-\frac{a}{2}\right)\div(4-2)=-\frac{1}{4}a\div2=-\frac{1}{8}a$　$-\frac{1}{8}a=-\frac{3}{4}$　$a=6$

(5) 題意を満たすmnの値は，1，4，9，16，25，36，49，64，81であるが，m，nはともに2以上の自然数で，$m<n$だから，$(m,\ n)=(2,\ 8)$，$(2,\ 18)$，$(3,\ 12)$，$(4,\ 9)$，$(2,\ 32)$，$(4,\ 16)$，$(3,\ 27)$の7組。よって，nの個数は7個。

基本 (6) $\angle ABC=180°-36°-28°=116°$　$\angle OBC=90°$だから，$\angle OBA=116°-90°=26°$　OA=OBだから，$\angle OAB=\angle OBA=26°$

2 (食塩水，確率)

基本 (1) ① 食塩の重さについて，$50\times\frac{8}{100}+x\times\frac{20}{100}=(50+x)\times\frac{12}{100}$ $400+20x=600+12x$ $8x=200$ $x=25$

② $y+z=80\cdots$(ⅰ) $y\times\frac{20}{100}+z\times\frac{4}{100}=80\times\frac{10}{100}$より，$5y+z=200\cdots$(ⅱ) (ⅱ)－(ⅰ)より，$4y=120$ $y=30$ これを(ⅰ)に代入して，$z=50$

重要 (2) ① つくれる2けたの整数は全部で$8\times7\div2=28$(通り) このうち，2けたの整数が30未満になるのは，12，13，14，15，16，17，18，23，24，25，26，27，28の13通りだから，求める確率は，$1-\frac{13}{28}=\frac{15}{28}$

基本 ② 3の倍数は12，15，18，24，27，36，45，48，57，78の10通りだから，求める確率は，$\frac{10}{28}=\frac{5}{14}$

3 (図形と関数・グラフの融合問題)

基本 (1) $y=\frac{1}{4}x^2$に$x=-6$，4をそれぞれ代入して，$y=9$，4 よって，A$(-6,\ 9)$，B$(4,\ 4)$ 直線ADの式を$y=-x+b$とすると，点Aを通るから，$9=6+b$ $b=3$ よって，$y=-x+3$より，D$(0,\ 3)$ 直線BDの式を$y=ax+3$とすると，点Bを通るから，$4=4a+3$ $a=\frac{1}{4}$ よって，$y=\frac{1}{4}x+3$

基本 (2) $\mathrm{BD}=\sqrt{(4-0)^2+(4-3)^2}=\sqrt{17}$

重要 (3) △AEDと△BCDにおいて，対頂角だから，∠ADE＝∠BDC 弧ABの円周角だから，∠AED＝∠BCD 2組の角がそれぞれ等しいから，△AED∽△BCD $\mathrm{AD}=\sqrt{(-6-0)^2+(9-3)^2}=\sqrt{72}$より，△AEDと△BCDの面積の比は$\mathrm{AD}^2:\mathrm{BD}^2=72:17$

4 (平面図形の計量)

基本 (1) 平行線と比の定理より，AD：CG＝DE：EC＝2：1 よって，$\mathrm{AF}:\mathrm{FG}=\mathrm{AM}:\mathrm{BG}=\frac{1}{2}\mathrm{AD}:(\mathrm{BC}+\mathrm{CG})=\frac{1}{2}\mathrm{AD}:\left(\mathrm{AD}+\frac{1}{2}\mathrm{AD}\right)=1:3$

重要 (2) AからBCにひいた垂線をAHとすると，∠ABC＝45°より，$\mathrm{AH}=\frac{1}{\sqrt{2}}\mathrm{AB}=\frac{12}{\sqrt{2}}=6\sqrt{2}$ よって，$\triangle\mathrm{AGM}=\frac{1}{2}\times\mathrm{AM}\times\mathrm{AH}=\frac{1}{2}\times\frac{1}{2}\times10\times6\sqrt{2}=15\sqrt{2}$(cm^2)

重要 (3) $\triangle\mathrm{ABG}=\frac{1}{2}\times\mathrm{BG}\times\mathrm{AH}=\frac{1}{2}\times\left(\frac{3}{2}\times10\right)\times6\sqrt{2}=45\sqrt{2}$ AF：FG＝1：3より，$\triangle\mathrm{ABF}=\frac{1}{4}\triangle\mathrm{ABG}$ また，AB // ECより，△ECG∽△ABG 相似比はEC：AB＝EC：DC＝1：3より，面積比は$1^2:3^2=1:9$ よって，四角形BCEFの面積は，$\left(1-\frac{1}{4}-\frac{1}{9}\right)\triangle\mathrm{ABG}=\frac{23}{36}\times45\sqrt{2}=\frac{115\sqrt{2}}{4}$(cm^2)

重要 5 (空間図形の計量)

(1) $\mathrm{PO}=\sqrt{\mathrm{PA}^2-\mathrm{OA}^2}=\sqrt{8^2-4^2}=4\sqrt{3}$ よって，円すいの体積は，$\frac{1}{3}\times\pi\times4^2\times4\sqrt{3}=\frac{64\sqrt{3}}{3}\pi$(cm^3)

(2) ABとCDとの交点をHとすると，AB⊥CDだから，△OCHは内角が30°，60°，90°の直角三角形となり，$OH=\frac{1}{2}OC=2$，$CH=\sqrt{3}OH=2\sqrt{3}$　よって，$\triangle BCD=\frac{1}{2}\times CD\times BH=\frac{1}{2}\times 2\sqrt{3}\times 2\times(2+4)=12\sqrt{3}$(cm^2)

(3)　EからABにひいた垂線をEIとすると，EI：PO＝BE：BP＝3：8　四面体PCDEの体積は，三角すいPBCDと三角すいEBCDの体積の差に等しいから，$\frac{1}{3}\times 12\sqrt{3}\times 4\sqrt{3}\times\left(1-\frac{3}{8}\right)=48\times\frac{5}{8}=30$(cm^3)

★ワンポイントアドバイス★

ここ数年，出題構成は変わらず，年々取り組みやすい内容になっている。あらゆる分野の基礎をしっかりと固めておこう。

＜英語解答＞ 《学校からの正答の発表はありません。》

【1】 リスニング問題解答省略

【2】 問1　③　問2　①　問3　④　問4　①　問5　④　問6　③　問7　④
問8　(1)　③　(2)　②

【3】 問1　(1)　③　(2)　①　(3)　④　(4)　②　(5)　③　問2　③，④，⑦

【4】 (1)　④　(2)　①　(3)　④　(4)　③　(5)　②

【5】 (1)　1　⑥　2　②　(2)　3　⑦　4　④　(3)　5　⑦　6　①
(4)　7　⑤　8　②　(5)　9　⑧　10　④　(6)　11　①　12　⑥

【6】 (1)　③　(2)　①　(3)　①　(4)　⑤　(5)　②　(6)　⑤

○推定配点○

【1】 各2点×5　【2】 問1　2点　他　各3点×8　【3】・【5】 各3点×14(【5】各完答)
【4】・【6】 各2点×11　計100点

＜英語解説＞

【1】 リスニング問題解説省略。

【2】 **(長文読解問題・エッセイ：語句補充・選択，文整序，脱文補充，内容一致，英問英答，内容吟味)**

(全訳)　あなたには夢があるだろうか。あなたは職業として何をしたいか，わかっているだろうか。もしそうなら，それは素晴らしい！　私はあなたが夢をかなえるために一生懸命に取り組むことを願っている。しかし，もしあなたが夢を持っていないのであれば，心配無用！　ある意味，あなたはラッキーだ。夢を探すことはとても楽しくなる可能性がある。自分が好きなこと，好きではないこと，得意なこと，得意ではないことを見つけるために，新しいことをやってみる過程を楽しむことが重要だ。私たちは夢を見つける際に「その旅を楽しむ」べきであり，ゴールだけに集中するべきではない，と好んで言う人もいる。各自が自分自身について学ぶべきであり，最も良い道を見つけるべきだ。こうするのに良い方法とは何だろうか。

1つは，あなたが楽しむことのリストと，あなたが得意ではないことのリストを作ることである。私たちは自分が得意ではないことを楽しむこともある，そしてそれらは良い趣味になりうる。私はギターを演奏するのが好きだが，得意ではない！　そして私たちは，自分があまり楽しめないものを得意とする場合もある。それらのことは(1)必要な場合はうまくできるが，毎日したいとは思わない。私は浴室の掃除をするのが得意だが，それを仕事としてやりたいとは思わない。もしあなたが，得意でかつ楽しめるものを見つけたら，それらは将来の仕事でやると良い種類のものだろう。多くの人は，お金が働くことに関して最も重要だと考えている，そしてそれは部分的には真実だ。しかしもしあなたが自分の仕事を楽しむことができなければ，たとえたくさんのお金を稼ぐとしても，幸せになるのは難しいだろう。

イあなたが自分の将来について考えるのに役立つもう1つの方法は，あなたにとって興味のある仕事を持つ人々と話すことだ。アあなたは彼らに，自分の仕事について好きなことや好きではないこと，難しいことなどを尋ねることができる。エほとんどの人は喜んで自分の仕事についてあなたと話し，将来同様の仕事を得る方法についてあなたに助言してくれるだろう。ウもしかしたら，あなたが準備のために今すぐに始められることがあるかもしれない。例えば，スポーツトレーナーになりたいと思っているならば，あなたは自分自身のスポーツトレーニングをするべきだ。もし国語の教師になりたいなら，国語をもっと一生懸命に勉強すべきだ。もし銀行で働きたいなら，自分自身のお金を管理する練習をして，将来のためにお金を投資する方法について学び始めるべきだ。

しかし，あなたが何かに努力して，その後それを将来の仕事にしたくないと決めた場合，どうなるだろうか。それは(3)良い！　やりたいことを見つけるために，やりたくないことを見つけることも重要なのだ！　それにそのように努力したことは全てあなたの役に立つだろう，なぜならあなたは体調がより良くなったり，国語が本当に得意になったり，お金を節約したり投資したりするのが得意になっているからだ！

私は大学在籍中，営業の仕事をした。私は自分の会社が提供する製品やサービスについて，たくさん学ばなくてはならなかった。私は人への話し方や人の役に立つ方法について学ばなくてはならなかった。私は一生懸命働き，たくさんの人と話し，その仕事が得意になった。しかしその過程において私はそのような種類の仕事をあまり楽しめないとわかった。それは私が(4)次の仕事を選ぶ際にとても役立った。私はさまざまなレストランや配達業でも働いた。それらの仕事は大丈夫だったが，その後の人生でそれらをしたいとは思わないと結論づけた。

ある日私は大学新聞にある広告を見つけた。それは，日本人学生が英語の練習をするのを助ける人を探していた。私はそれをやってみることにした。私は自分が日本人と日本の文化が本当に好きだとわかり，日本語についてもっと学んだ。そして私は自分の言語である英語についてももっと学んだ！　私は家庭教師として生徒を助けることを楽しみ，彼らは私を良い先生だと言った。③それは私の気分をよくした。このようにして私は新しい友達を作った。

ある日，そのような友人の1人が私に，日本で英語を教えることについて話してくれた。私はそれが仕事になるのだということさえ知らなかった！　私はそれについて決して忘れることなく，数年後，私は英語教師として働き始めるために日本にやってきた。今私はここで別のこともいくつかやっているが，私は常に日本の学生が(5)英語を向上させる手伝いをすることを楽しんでいる。これが私の探していた仕事だと，私は信じている。私は日本人女性と結婚し，ここに家族と家がある。私はここにおよそ20年住んでいる！

だから新しいことに挑戦し続け，努力し続け，人と話し続けよう！　あなたは自分の夢を見つけることができる！　ただ「旅を楽しむ」ことを覚えておいてほしい！

問1　necessary「必要な」 if it is necessary「必要なら」

問2　全訳下線部参照。直前の段落の第1文が One is ～「1つには～」となっていることに着目する。これを受け，空所の段落の第1文をイ Another way ～「もう1つの方法～」とする。

問3　直後の文に also important とあることから，肯定的な単語を選ぶ。

重要 問4　ある仕事をして，それが自分にとってあまり楽しくないと知ることは，次に仕事を選ぶ際に役立つ，ということ。

重要 問5　筆者は英語教師で，日本人の生徒の英語力向上の手助けをしている。

問6　That は③の直前の文の内容を指す。筆者は家庭教師の仕事を楽しみ，生徒たちから良い先生と言われたことで，良い気分になった。それが後に，日本に来て英語教師をするということにつながったと考えられる。

重要 問7　①「もしスポーツトレーナーや国語教師になりたいなら，お金の節約法や投資法を今すぐ学び始めなくてはならない」(×)　②「あなた自身について2種類のリストをつくることは，良い趣味を見つけることに常に役立つ」(×)「良い趣味」ではなく「将来の夢」を見つけるのに役立つ。③「将来大金を稼ぎたいなら，自分が楽しまない仕事を見つけるべきだ」(×)　④「筆者はあなたに，若い時に自分について知り，将来自分にとって最適な仕事を見つけてほしいと思っている」(○)

問8　(1)「筆者について正しくないものはどれか」③「彼は日本の大学で日本文化と日本語を学んだ」日本に来る前に，自分の国の大学で日本語を学んだ。(2)「筆者によれば，夢を見つけるのに何が大切か」②「自分がすることに一生懸命取り組み続けること」最終段落参照。筆者は，夢を見つけるには，新しいことに挑戦し，がんばるという経験が必要だと考えている。文中の enjoy the journey「旅を楽しむ」とは「目的地(夢を見つけること)に向かう過程(さまざまな経験を積むこと)を楽しみなさい」という意味であり，実際に旅行に行って楽しみなさい，ということではない。

【3】(長文読解問題・物語文：英問英答，語句補充・選択，内容吟味，内容一致)

(全訳)　エイプリルという名の幼い女の子がいた。彼女は幸せで健康な子供で，自分が家族の関心の中心にいることを喜んでいた。彼女の母親と父親はもちろん彼女を大変かわいがり，彼女に良い人生と良い未来を与えるために常に働いていた。彼女は彼らの一番大切な人だった。エイプリルは成長し，歩くようになり，その直後には話すようになった。エイプリルが新しいことを経験する時，両親は彼女を見守るのが楽しかった。例えば，新しい食べ物1つ1つが冒険だった。初めてアイスクリームを食べてみた時のように，大好きになることもあった。そして，初めてピーマンを食べた時のように，新しい食べ物をあまり喜ばない時もあった。

時がたつにつれて，エイプリルはますます本やおもちゃをもらった。彼女の母親と父親は彼女が遊ぶスペースを作った，なぜなら彼らはそれが大事だと知っていたからだ。彼女の母親と父親にとって，かつて自分たちが楽しんだことをするための時間はあまり多くなかったが，それを嫌だとは思わなかった，なぜなら自分たちの人生にエイプリルがいることがとても幸せだったからだ。彼らは幸せな小さな家族で，エイプリルは幸せな一人っ子だった。全てが完璧だった。

まあ，ほぼ完璧だった。エイプリルは犬がほしかった。彼女の友達の1人が犬を飼っていて，彼女はその犬を撫でて一緒に遊ぶのが大好きだった。彼女はしばしば父母に子犬をねだったが，彼らの返事はいつも同じだった。「うちの共同住宅はとても狭いし，ペットを飼うのが許されていないの。でも悲しまないで。もしかしたら，いつかね！」エイプリルは理解したが，彼女はそれでもお願いし続けた，なぜなら「いつか」はすぐ来るかもしれないと願っていたからだ。

そしてある日，エイプリルが4歳の時，彼女の母は夕食後に彼女に伝える大ニュースがあると言った。エイプリルは待ちきれず，「今教えて！　今教えて！」と言い続けた。彼女はそれは何かと不思議がった。「私，ついに子犬をもらえるの？　どうかどうか，子犬でありますように！」と彼女は思った。彼女はメスの子犬がほしくて，名前さえ決めていた。彼女は大急ぎで夕食を食べ，ピーマンすらも食べた，なぜなら(1)<u>その大ニュースが本当に聞きたかったからだ</u>。

ついに数時間後，エイプリルの母親と父親は居間で彼女と一緒に座り，「大ニュースが何か，当てたい？」と彼女に尋ねた。彼女は興奮しすぎていて，怖くて聞けないほどだったが，「えーと，それは子犬？」と言った。

エイプリルの両親は彼女に微笑みかけ，それぞれが彼女の手を片方ずつ取り，その手を彼女の母親のお腹にあてた。母親は「エイプリル，あなたに妹ができるのよ！」と言った。

エイプリルはこのことを予想していなかった。彼女は自分がどう感じているかを表す方法がわからなかった。実際のところ，彼女は自分自身でもどのように感じているかあまり理解していなかった。彼女は子犬をもらえるのではないことにがっかりした。「『いつか』は来ないの？」と彼女は思った。そして彼女は家の中で唯一の子供であることに慣れていた。彼女は母親と父親を独り占めすることが好きだった。彼女は夜，彼らの大きなベッドで彼らの間で寝ていた。彼女は新しい赤ちゃんはうるさくて彼女の両親の時間をすべて奪ってしまうだろうと思った。彼女はきっと退屈して，孤独で，悲しくなるだろう，とも思った。「わくわくしていないの？」と彼女の父親が尋ねた。「ああ，えーと，何？」とエイプリルが言った。「私たちの言うことを聞いたかい？　お姉ちゃんになることがわくわくしないの？」と父親が再び尋ねた。「ママ，パパ，えーと，私はわくわくしなくちゃいけないの？」　エイプリルは泣き出した。彼女はソファに駆け寄り，泣き出した。「私に考えがあるわ。アイスクリームを食べましょう！」と彼女の母親が言った。

エイプリルは泣き止む力を得た。彼女は動揺していたが，(2)<u>アイスクリームを断るつもりはなかった</u>。「スプリンクルをかけて？　それにチョコシロップも？」　彼女は顔を上げ，手の甲で目の涙をぬぐって尋ねた。「もちろんだよ！」と父親は笑って言った。そして彼は彼女を抱っこしてキッチンに連れて行った。

一緒にアイスクリームを堪能している間，エイプリルの両親は彼女がずっと特別な存在であること，そして彼女に対する愛情はもう1人赤ちゃんが生まれても決して変わらないということを説明した。そして彼らは家族が増えるため，一軒家を探すつもりだと彼女に言った。そしてそれは，ついに子犬を飼うことができるという意味だった。

エイプリルはもはや動揺していなかった。彼女はとてもとてもうれしかった。「赤ちゃんの妹！　やった！　それに新しい家。さらに子犬も？」と彼女は思った。彼女は家族として一緒に物事を行い，新しい冒険をすることを本当に楽しみにしていた。彼女には考えることがとてもたくさんあった。

突然，最後のスプーン1杯のアイスクリームを小さな口に入れる前に，エイプリルは尋ねた。「ママ，彼女にシナモンという名前を付けてもいい？」「赤ちゃんに？！」と彼女の母親は驚いて言った。「違う！　子犬に！」とエイプリルは答えた。

問1　(1)「(1)に入れるのに最適なものはどれか」　③「彼女は本当にその大ニュースを聞きたかった」　(2)「(2)に入れるのに最適なものはどれか」　①「彼女はアイスクリームを断るつもりはなかった」　say no to ～ は「～に対してノーと言う」ということから「～を断る」の意味。(3)「なぜエイプリルは犬がほしかったのか」　④「彼女は友達の犬と遊ぶことがとても好きだったから」　(4)「エイプリルは妹ができるということを聞くまで，家族とどのように日々を過ごしていたか」　②「彼女は一人っ子であることと両親を独り占めにすることを楽しんでいた」　(5)「エイプリルは妹が生まれることについて知った時，どのように感じたか」　③「彼女はいくつかの感情を感じた」　第7段落参照。エイプリルは自分の感情を自分でもわからなかったことから，いろいろと複雑な感情を抱いたと推測できる。子犬がもらえないことにがっかりした，と書かれているが，それだけではないため，④より③が適切。

やや難　問2　①「エイプリルの両親は彼女に本とおもちゃとスペースをどんどん与えた，なぜなら彼女が彼らにそれらは大切だと言ったからだ」(×) ②「エイプリルは赤ちゃんの妹がほしくて，妹をシナモンと呼ぶことすら決めていた」(×) ③「エイプリルが新しい妹について聞いた時，両親は彼女と一緒に居間で座っていた」(○) ④「エイプリルが大ニュースについて聞いた時，エイプリルの手は母親のお腹の上にあった」(○) ⑤「エイプリルは驚くべきニュースについて聞いた直後，何も言わずに泣き出した」(×) ⑥「エイプリルはキッチンのテーブルの上にアイスクリームを見つけたので泣き止んだ」(×) ⑦「エイプリルはアイスクリームを食べている時に，自分が両親にとって変わらずに特別な存在であることや彼らから愛されていることがわかった」(○) ⑧「アイスクリームを食べた後，エイプリルはもう動揺していなかったが，妹をほしいとは思わなかった」(×)

【4】 (語句補充・選択：不定詞，比較，前置詞，間接疑問，時制，分詞)

(1) 「トムは先生に別のレポートを書くように言われた」 < tell +人+ to +動詞の原形>「(人)に～するように言う」を受動態にした文。

(2) 「今日はあなたの人生で最も幸せな日ですか」 < the +最上級+ of ～>「～の中で最も…」< the +最上級+ in the world >「世界で最も…」もよく使う表現だが「世界で最も幸せな日」は内容的に不適切。

(3) 「何時にパーティーが始まったか知っていますか。私は遅れました」 what time 以下は間接疑問で<疑問詞+主語+動詞>の語順になる。I was late.「私は遅くなった，遅刻した」とあるので，既にパーティーは始まっていると考えられる。よって④が適切。

(4) 「木の後ろの少年は誰ですか」 behind ～「～の後ろの」 among「(3つ以上の)間に」や between「(2つの)間に」の後ろには複数名詞が続くので，trees でなければ不可。

(5) 「私は昨日，窓が割られているのを見て驚いた」 < see +目的語+過去分詞>「－が～されているのを見る」。なお，「割れた窓，割られた窓」であれば the broken window となるため，③④は誤り。

重要 **【5】 (語句整序：熟語，間接疑問，不定詞，助動詞，接続詞，比較)**

(1) My sister speaks not only English but also(French.) 動詞が speaks と -s が付いているため，④の助動詞 can は用いない。not only A but also B「AだけでなくBも」

(2) (I)can't remember where I took this picture at(all.) where 以下は間接疑問で<疑問詞+主語+動詞>の語順。② taking は不要。

(3) (Please)ask her to move the desk to the next(room.) < ask +人+ to +動詞の原形>「(人)に～するように頼む」 move A to B「AをBに動かす」 ⑤ for は不要。

(4) (It)took me too long to be a(good dancer.) 「時間がかかりすぎた」は「あまりにも長くかかった」と表す。< It takes +人+時間+ to +動詞の原形>「(人)が～するのに(時間)がかかる」 ① for は不要。

(5) (You)must not play games before you finish(your homework.) 「宿題を終わらせるまで」は「宿題を終わらせる前に」と表す。You must not ～「～してはならない」 ③ if は不要。

(6) (Nothing)is larger in our town than this lake. < Nothing is +比較級+ than ～>「～よりも…なものはない」 ⑧ there は不要。

やや難 **【6】 (正誤問題：比較，動詞，現在完了，前置詞)**

(1) 「私はあなたのようにアメリカで生まれていないので，あなたほど英語が上手に話せるとは思わない」 ③を I'm as good an English speakerに直す。as … as の中に< a +形容詞+名詞>を入れる場合，< as +形容詞+ a +名詞+ as >の語順になる。もしくは I'm such a good

English speaker とする。

(2) 「ここは昨日砂漠のように暑かったので，店ではたくさんの冷たい飲み物が売られた」 ①を It was hot here と直す。

(3) 「私の両親は私の夢が実現することを望んでいる，なぜなら私はプロのサッカー選手になるために毎日一生懸命サッカーを練習しているからだ」 ①を My parents hope that my dream will come true と直す。動詞 hope は < hope ＋目的語＋ to ＋動詞の原形>の形をとることができない。

(4) 「彼はバスケットボールをとても上手にプレイするが，オンラインのバスケットボールの試合は得意ではない」 誤りなし。

(5) 「メグは12年間ピアノを弾いている，そのため彼女はよくクラスメートの前で演奏することを頼まれる」 ②を for twelve years と直す。for ～ で期間を表す。

(6) 「私が昨日あなたと共有した新しいプログラムは，多くの生徒たちが英語を向上させるのに役立っている」 誤りなし。< help ＋人＋動詞の原形>「(人)が～するのに役立つ」

★ワンポイントアドバイス★

【5】の語句整序問題は不要な語が含まれているため難度が高い。

<理科解答> 《学校からの正答の発表はありません。》

1 (1) ⑤　(2) Ⅰ群 ④　Ⅱ群 ③　(3) ④　(4) ⑥

2 (1) ④　(2) ③　(3) ①　(4) ③

3 (1) ⑤　(2) ④　(3) ③　(4) ⑥

4 (1) X 6　Y 3　(2) ③　(3) P ⑥　Q ③　(4) ②

5 (1) P群 ②　Q群 ①　R群 ④　(2) (a) Ⅰ群 ⑤　Ⅱ群 ⑦
(b) X 7　Y 0　Z 5　(3) ⑤

6 (1) ②　(2) ①　(3) ④　(4) Ⅰ群 ④　Ⅱ群 ⑤

7 (1) ②　(2) (a) ①　(b) P群 ④　Q群 ②　(3) ①

8 (1) ②　(2) P ②　Q ④　(3) ⑥　(4) ①

○推定配点○

1 各3点×4((2)完答)　2 各3点×4　3 各3点×4　4 各3点×4
5 各3点×4((1)，(2)(a)は各完答)　6 各3点×4((4)完答)　7 各3点×4((2)(b)完答)
8 (2) 各4点×2　(4) 2点　他 各3点×2　計100点

<理科解説>

1 (植物の体のしくみ―植物のなかま，生殖)

(1) 図1より，おしべが10本あり，そのうち1本が長く独立していること，花弁が5枚であることなどから，観察1で用いた植物はエンドウであることがわかる。エンドウは子葉が2枚の双子葉類で，自然な状態では開花のときに受粉する自家受粉の植物である。

基本 (2) 根は，先端に近い部分が最も良く成長するので，cd間が最も広くなる。細胞分裂の観察では，細胞どうしを離れやすくするために，あたためたうすい塩酸を利用する。

重要 (3) 細胞分裂では，Aのような状態から，まずひも状のつくりをした染色体が現れ(F)ていったん中央付近に集まる(C)。その後，染色体は両端に向かって移動していく(E)。それから，中央に仕切りができはじめ(B)，染色体が集まっていって(D)新しい2つの細胞ができる(G)。

(4) ⑥栄養生殖とは，植物などの体の一部から新しい個体ができる無性生殖のことである。

2 (天気の変化―気象観測，日本の天気)

やや難 (1) 12時と19時の空気で，気温はともに10℃，湿度は12時が88％，19時が80％であることから，12時の空気のほうが空気中1m³中にふくまれる水蒸気の量が多い。よって，12時の空気のほうが露点は高い。16時と21時の空気で，湿度はともに80％，気温は16時が11℃，21時が7.5℃である。気温が高いほど飽和水蒸気量が大きいので，16時の空気のほうが1m³中にふくまれる水蒸気の量が多い。

重要 (2) 図2の前線Aは寒冷前線である。図1より，19時から20時の間に気温が急に低下していることからこの時間帯に寒冷前線が通過したことがわかる。また，寒冷前線付近では積乱雲が発達し，狭い範囲に強い雨を降らせる。

(3) 砂と水では砂のほうがあたたまりやすいので，日光に当ててしばらくすると砂のほうが水よりも温度が高くなる。そのため，砂の上の空気はあたためられて上昇する。その結果，砂の上では上昇し，水の上では下降するような空気の流れができる。

重要 (4) 大陸と太平洋では，大陸のほうが冷えやすいため，冬は大陸上の気温は太平洋上の気温より低くなる。そのため，太平洋上では上昇気流，大陸上では下降気流が生じ，大陸上では気圧が高くなり，大陸から太平洋に向かって風がふく。また，実験で冬の日本付近を再現しているのは，日光が当たらない状態で砂のほうが温度が低くなった❸である。

3 (気体の発生とその性質―水素，酸素，二酸化炭素の性質)

やや難 (1) 図1のⅢが炭酸水素ナトリウムと塩酸の反応を表していて，炭酸水素ナトリウム$NaHCO_3$と塩酸HClが反応すると，塩化ナトリウムNaClと水H_2Oと二酸化炭素CO_2ができることから，図1のⅢの反応のモデルと化学式は図Aのようになり，それぞれの記号が表す元素記号は図Bのようになる。

図A　図B

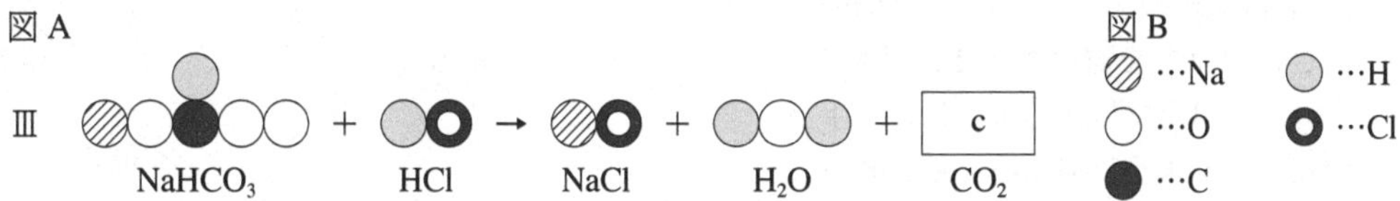

図A，図Bから，図1のⅡの化学変化は炭酸水素ナトリウム$NaHCO_3$の分解であることがわかり，反応のモデルは図Cのようになる。したがって，気体は二酸化炭素CO_2である。

図C

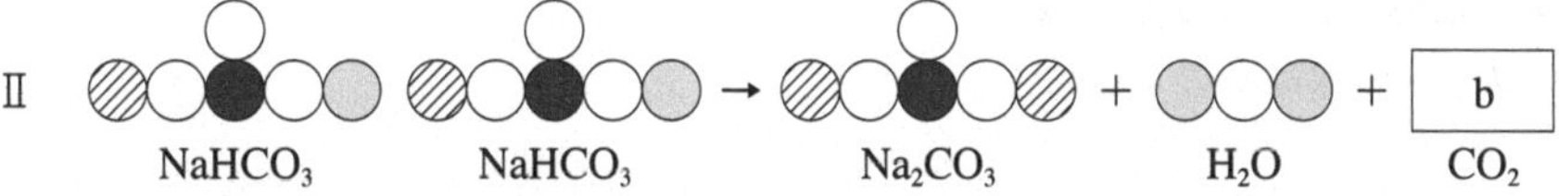

図Bから，図1のⅠの化学変化は◎で表される物質と塩酸HClが反応して，◎の塩化物と気体aが発生したと考えることができ，モデルから気体aは水素H_2であることがわかる。

基本 (2) (1)より，気体cは二酸化炭素で，二酸化炭素は空気よりも密度が大きく，有機物が燃焼したときに発生する。また，二酸化炭素には，石灰水に通じると石灰水を白くにごらせたり，水にとけると水溶液(炭酸水)が酸性を示したりするなどの性質をもつ。

(3) うすい塩酸に金属片を入れたときに発生する気体は水素である。金属とうすい塩酸が反応して水素が発生するとき，金属片はイオンとなって塩酸中にとけていくため，しだいにぼろぼろの状態になっていく。

重要 (4) 図2のような装置で気体が発生する実験を行うと，はじめのうちは反応によって生じた気体ではなく，試験管にあった空気が出てくる。そのため，試験管B～Dに集まる気体は，はじめのうちは空気だけで，しだいに空気の割合が小さくなって水素の割合が大きくなっていく。空気に火をつけても燃えず，水素に火をつけると水素が音を立てて燃えることから，試験管Bに集まった気体の結果は「う」，試験管Cに集まった気体の結果は「い」，試験管Aに集まった気体の結果は「あ」である。

4 (光の性質―光の性質)

やや難 (1) 右の図で，鏡Aを西に向く状態から27度回転させたので，∠p＝∠q＝27度である。また，点Mを通り鏡Aの面に垂直な直線と光のなす角r，sはそれぞれ入射角，反射角で，光の反射の法則より∠r＝∠sとなるから，入射角rは90(度)－∠q＝90－27＝63(度)

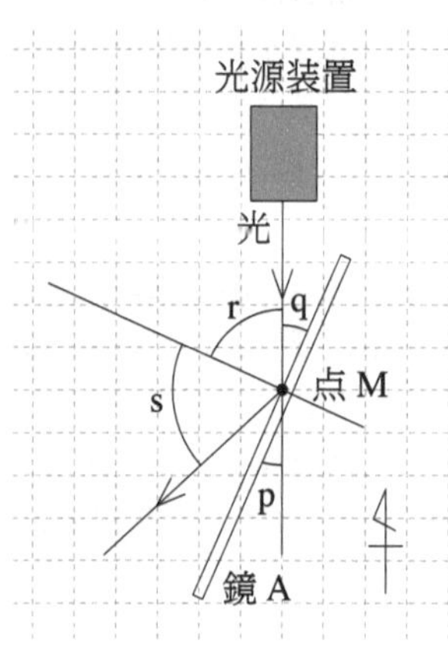

(2) 図2の点M－N間1.0mを往復するのにx秒かかることから，光の速さは1.0(m)×2÷x(秒)＝$\frac{2.0}{x}$(m/秒)とわかる。地球上の地点と光を反射する月面上の地点との距離がy(m)のとき，往復したときに光は2y(m)進むので，かかる時間は2y(m)÷$\frac{2.0}{x}$(m/秒)＝2y×$\frac{x}{2.0}$(秒)

やや難 (3) 実験3の❷で，光源装置から出た光は，右の図のように，鏡Aの点M，鏡Bで反射し，点③を通過して鏡Cで反射する。また，鏡A，B，Cにおける反射角a，b，cの大きさは，図の通り，c＜a＜b となる。

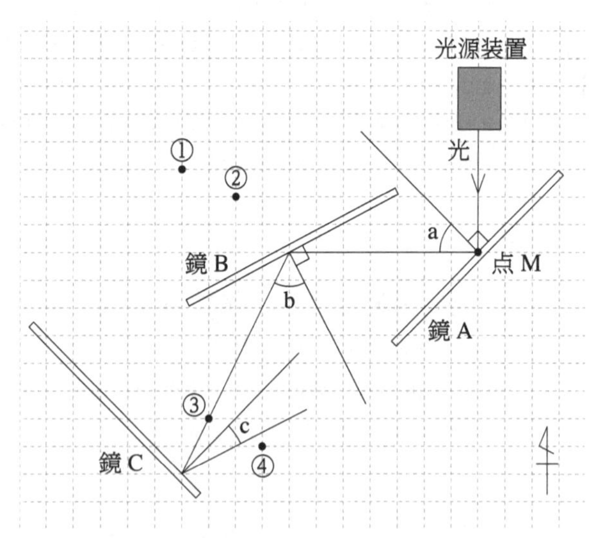

(4) 光源装置のあった位置に，図4の向きにコップを置いたとき，鏡Aにうつったコップは②のように持ち手が左にあるように見える。鏡に映った像は上下は変わらず，左右の向きが逆になることから，持ち手に注目すると，鏡Bでは右側，鏡Cでは左側にあるように見える。よって，鏡Cに映ったコップの像は②のように見える。

5 (ヒトの体のしくみ―血液循環)

重要 (1) 器官M(小腸)と器官L(肝臓)の間の血管Gは門脈(肝門脈)で，器官M(小腸)で吸収されたブドウ糖やアミノ酸がふくまれる。ブドウ糖の一部は，器官L(肝臓)や筋肉でグリコーゲンに変えられて貯蔵される。

(2) (a) 酸素は血液中の赤血球によって運ばれる。図3で赤血球はgである。図3で，eはウイルスや細菌などの病原体を分解する白血球，fは出血したときに血を固める血小板である。

肺循環は，心臓の右心室(図2のb)→肺動脈(図1のA)→肺→肺静脈(図1のB)→心臓の右心房(図2のd)という血液の流れである。

(b) 1分間に75回拍動するとき，48秒間では75(回)×$\frac{48(秒)}{60(秒)}$=60(回)である。よって，1回の拍動で心臓から肺以外の全身へ送り出される血液の量は4230(cm^3)÷60(回)=70.5(cm^3)

重要 (3) 細胞で生じる，人体に有害なアンモニア(物質m)で，アンモニアは肝臓(図1のL)で，無害な尿素(物質n)に変えられてから尿として排出される。

①…物質m(アンモニア)はタンパク質が分解されたときに生じる。

②…物質m(アンモニア)は器官L(肝臓)で尿素に変えられるため，血管Eを流れる血液にはほとんどふくまれない。

③…物質m(アンモニア)もn(尿素)も血液の液体成分である血しょうによって運ばれる。

④…物質m(アンモニア)は器官L(肝臓)で尿素に変えられる。

6 (地層と岩石―火山と岩石)

基本 (1) 図2のような双眼実体顕微鏡でピントを合わせるとき，まず，接眼レンズをのぞいて左右の視野が重なって見えるよう，鏡筒の間隔を調節する(①)。次に，粗動ねじをゆるめて鏡筒を上下させる(②)。その後，右目でのぞきながら微動ねじでピントを合わせ(④)，左目でのぞきながら視度調節リングでピントを合わせる(③)。

(2) 黒雲母は黒色や褐色の鉱物で，決まった方向にうすくはがれる。角閃石は濃い緑色や黒色の鉱物で，細長い柱状の形をしている。

重要 (3) 昭和新山は白っぽいマグマからできたドーム状の火山(B)，キラウエアは黒っぽいマグマからできた傾斜がゆるやかな火山(A)である。

(4) 図1のような同じくらいの鉱物の結晶が集まったつくりを等粒状組織といい，深成岩の特徴である。深成岩のうちで，石英や長石，黒雲母などをふくんだ白っぽいものは，表のdにあてはまる花崗岩である。なお，表のaは流紋岩，bは安山岩，cは玄武岩，eは閃緑岩，fは斑れい岩である。

7 (電気分解とイオン―イオンへのなりやすさ，ダニエル電池)

(1) 硫酸亜鉛$ZnSO_4$は水溶液中で，亜鉛イオンZn^{2+}と硫酸イオンSO_4^{2-}に電離する。

重要 (2) (a) 銅よりも亜鉛のほうがイオンになりやすいため，ダニエル電池では亜鉛板で亜鉛原子が電子を失って亜鉛イオンになり，電子は亜鉛板から導線を通って銅板へと移動する。電子の移動する向きと電流の向きは逆であるため，銅板が＋極，亜鉛板が－極となる。

(b) 実験1から，マグネシウムが最もイオンになりやすく，銅が最もイオンになりにくいことがわかる。よって，イオンになりやすい順に，マグネシウム→亜鉛→銅となる。そのため，硫酸マグネシウム水溶液・マグネシウム板と硫酸亜鉛水溶液・亜鉛板の組み合わせでつくった電池では，マグネシウムがイオンとなるため，マグネシウム板が－極，亜鉛板が＋極となり，ダニエル電池のときとは電流の向きが反対になり，プロペラの回転の向きも反対になる。

(3) 水溶液中の硫酸亜鉛の濃度を高くして飽和状態に近くすると，水溶液中に亜鉛イオンが増加しにくくなるため，亜鉛はとけにくくなり，生じるイオンは少なくなる。

8 (電流と磁界―磁界中の電流にはたらく力，電磁誘導)

基本 (1) オームの法則より，20(Ω)×0.18(A)=3.6(V)

やや難 (2) (1)より，実験1の❶での電源装置の電圧は3.6Vだから，❷での電源装置の電圧は3.6(V)÷2=1.8(V)とわかる。回路全体に流れた電流が0.24Aなので，回路全体の抵抗は1.8(V)÷0.24(A)=7.5(Ω)である。また，電熱線Xと電熱線Yは並列につながれているので，どちらにも1.8Vの電圧が加わっている。電熱線Xに流れる電流は1.8(V)÷20(Ω)=0.09(A)なので，電熱線Yには0.24−0.09=0.15(A)の電流が流れる。よって，電熱線Yの抵抗は1.8(V)÷0.15(A)=12.0(Ω)である。

(3)　コイルAには，d側から見て時計回りの電流が流れ，このときコイルの内部にはdからbの向き(西向き)の磁界ができる。また，コイルの外側では東向きの磁界ができる。よって，方位磁針のN極は，a点とc点では右向き(東向き)，b点とd点では左向き(西向き)となる。

(4)　実験1で，磁界の中の電流に対して力がはたらきコイルが動いた。このしくみを利用しているものはモーターである。また，実験3のように，コイルの中の磁界が変化して電流が流れる現象を電磁誘導といい，IH調理器はこの原理を利用して，磁界の変化によって調理器内に電流を流し，電流による発熱を利用している。

★ワンポイントアドバイス★

全問がマークシート方式で，問題は標準レベルの問題が中心だが，試験時間に対してやや問題数が多く，選択肢の数が多い問題もあるので，標準的な問題にしっかりととり組み，すばやく正確に解答できるようになっておこう。

＜社会解答＞ 《学校からの正答の発表はありません。》

1	(1)　ア	(2)　イ	(3)　エ	(4)　B　オ　　E　エ	
2	(1)　ウ	(2)　イ	(3)　ウ	(4)　①　イ　　②　ウ	
3	(1)　オ	(2)　ウ	(3)　ア	(4)　ア	
4	(1)　イ	(2)　エ	(3)　エ	(4)　ア	(5)　Ⅰ　オ　　Ⅱ　ア
5	(1)　イ	(2)　ウ	(3)　ウ	(4)　イ	(5)　カ
6	(1)　ア	(2)　イ	(3)　ア	(4)　オ	(5)　エ
7	(1)　イ	(2)　オ	(3)　エ		
8	(1)　ウ	(2)　イ	(3)　ア		

○推定配点○

1　(4)　各2点×2　　他　各3点×3　　2　(4)　各2点×2　　他　各3点×3

3　各3点×4　　4　(5)　各2点×2　　他　各3点×4　　5　(5)　2点　　他　各3点×4

6　(5)　2点　　他　各3点×4　　7　各3点×3　　8　各3点×3　　計100点

＜社会解説＞

1　(総合—世界の国々の宗教・歴史・貿易など)

基本　(1)　2023年度中にも中国を抜いて世界最大の人口大国になると予想されているインドは，国民の約80%がヒンドゥー教徒でイスラム教徒も15%程度を占める。bは仏教，dはイスラム教。

(2)　トランプ前大統領はNAFTA(北米自由貿易協定)からの離脱を表明，新たにUSMCA(アメリカ・メキシコ・カナダ協定)が結成された。アは東南アジア諸国連合，ウは南米南部共同市場。

(3)　17世紀初頭の欧米によるアジア進出→イギリスの植民地化につながった反乱→第二次大戦後の第3勢力による首脳会議→日本の高度成長にとどめを刺した石油危機の順。

(4)　Aはインド，Bはインドネシア，Cはサウジアラビア，Dはオランダ，Eはカナダ。

2 (日本の地理―地形図・各地の産業など)

(1) Ⅰ 世界最大級の暖流で日本の気候や文化に大きな影響を与える日本海流。 Ⅱ 豊富なプランクトンで知られ,魚介類を育むことから親潮と呼ばれる千島海流。

やや難 (2) 1988年,本四連絡橋で最初に開通したのが鉄道・道路併用の児島(倉敷)・坂出ルート。

(3) 米と野菜は熊本・福岡,畜産は鹿児島・宮崎の順。沖縄の米の生産は極めて少ない。

(4) ① $4cm^2$を2cm×2cmとすると0.5km×0.5km。 ② 老人ホームは ⌂,病院は ⊕,博物館は 血,図書館は 🕮。Dは岐阜駅から2km前後で住宅地の中に水田が散在している。

3 (地理―地図・世界の国々の農業や産業など)

重要 (1) 対蹠点(たいせきてん)(地球の正反対)は経度が180度異なり緯度の絶対値が同じ(北緯と南緯が逆)となる。正距方位図法では外周が対蹠点に位置する。

(2) Ⅰ ロンドンから南に進むと大西洋から太平洋を通るがインド洋は通過しない。 Ⅱ ワシントンはアメリカ大西洋側のメリーランドとバージニア両州の間に位置する。

(3) 鉄鉱石は西側,石炭は東側が主産地でいずれも日本の最大の輸入先となっている。Cはサバナ気候,Dは砂漠気候,Eは西岸海洋性気候。

(4) 2017～2018年のフランスの輸出量は増加(Ⅰ),2019年の輸出量の合計は4934万トン(Ⅲ),2019年のウクライナの輸出量の割合は46.8%(Ⅳ)。

4 (日本の歴史―古代の政治・外交・社会史など)

(1) 弥生時代を特徴づけるのは稲作(石包丁)と金属器(銅鐸)。③・⑤は古墳,④は飛鳥時代以降。

やや難 (2) 白村江の戦い(663年)→壬申の乱(672年)→藤原京(694年)→大宝律令(701年)の順。

(3) Ⅰ 中国(南宋)の建築様式でかつては天竺様とも呼ばれていた。 Ⅱ 奈良を中心に活躍した慶派と呼ばれる仏師集団。新しく力強い作風で知られ造仏界で一大勢力を形成した。

(4) 平等院鳳凰堂は極楽浄土を表現した浄土芸術の代表建築。

(5) 卑弥呼の朝貢は3世紀前半,遣唐使の廃止は9世紀末。アは8世紀末,イは10世紀前半,ウは1世紀中ごろ,エは11世紀後半,オは5世紀後半。

5 (日本と世界の歴史―中世～近世の政治・文化史など)

(1) Ⅰ 侍所は軍事・警察,政所は一般政務を担当。 Ⅱ 執権などに次ぐ要職で北条一門が就任。

(2) 十字軍は11世紀末から13世紀。Ⅱは14世紀末,Ⅲは16世紀前半,Ⅳは15世紀末。

(3) Ⅰ 織田・徳川連合軍が武田の騎馬隊を撃破。 Ⅱ 戦国大名の商工業振興策。

基本 (4) 親藩は徳川一門,譜代は三河以来の家来,外様は関ケ原以降に徳川に臣従した大名。

(5) 千利休は秀吉の命で自刃。元禄文化(Ⅲ)→洋学の発展(Ⅱ)→化政文化(Ⅳ)の順。

6 (日本と世界の歴史―近代～現代の政治・外交・社会史など)

(1) 使節団の派遣は1871年11月～73年9月。彼らの不在中は西郷隆盛を中心とする留守政府が地租改正などのさまざまな政策を実施。アは1871年,イは1877年,ウは1868年,エは1874年。

(2) 冷蔵庫などの三種の神器は1950年代の高度経済成長期,ラジオ放送は大正末年に放送開始,文化住宅は大正後半から昭和初期。

(3) Ⅰ パリ郊外のベルサイユ宮殿で調印。 Ⅱ 提案国のアメリカは参加せずジュネーブに設置。

(4) Ⅳ(1931年)→Ⅱ(1932年)→Ⅰ(1936年)→Ⅲ(1937年)の順。

重要 (5) 冷戦は1989年の米ソ首脳によるマルタ会談で終結。同時多発テロは2001年9月11日。

7 (公民―憲法・政治のしくみなど)

重要 (1) 国政調査権は衆参両議院，弾劾裁判と憲法改正の発議は国会の権能。

(2) Ⅰ 1919年に制定されたドイツのワイマール憲法。 Ⅱ 第3回の国連総会で採択された世界人権宣言。 Ⅲ 1789年のフランス人権宣言。

(3) Ⅰ 「そう思う」「わからない・無回答」は平成27年の49.9％に対し令和元年が45.5％，「どちらともいえない」「そうは思わない」は50.1％と54.5％。 Ⅱ 最高が30～39歳の45.6％に対し最低は18～29歳の28.2％。 Ⅲ 平成27年の50.1％に対し令和元年が54.5％，年齢別の最低は30～39歳の52.0％。 Ⅳ 30歳以上の「そう思う」が40.1％～45.6％に対し「そうは思わない」が9.1％～19.4％でいずれも2倍以上となっている。

8 (公民―税金・景気の変動など)

(1) 納税者と負担する人が同じ直接税は所得税・法人税・相続税，これ以外はすべて間接税。

重要 (2) 好況時は市中に流通する通貨量が増え物価が上昇(インフレ)，そのため政府は増税や公共事業の削減を通じて通貨量を減らす政策を選択する。

(3) 企業の社会的責任(Corporate Social Responsibility)と訳される。イは国内総生産，ウは販売時点管理，エは非営利団体。

★ワンポイントアドバイス★

本年度も意識調査の読み取り問題が出題されている。時間配分に十分注意し，ていねいに読み取ることで確実に得点することを心がけよう。

＜国語解答＞ 《学校からの正答の発表はありません。》

一 問一 a 3 b 1 c 2 問二 ア 2 イ 1 ウ 4 問三 4
問四 4 問五 2 問六 3 問七 4 問八 4 問九 1 問十 4
問十一 3 問十二 4

二 問一 a 2 b 3 c 1 問二 ア 2 イ 3 ウ 4 問三 1
問四 2 問五 4 問六 2 問七 4 問八 1 問九 2 問十 3

三 問一 4 問二 4 問三 3 問四 3 問五 4 問六 4 問七 4
問八 2 問九 1

○推定配点○

一 問一～問三・問五 各2点×8 他 各3点×8 二 問一～問三 各2点×7
他 各3点×7 三 問一・問五 各2点×2 他 各3点×7 計100点

＜国語解説＞

一 (論説文－漢字，脱文・脱語補充，接続語，動詞の活用，文脈把握，内容吟味，指示語，要旨)

問一 a 融通 1 猶予 2 誘致 3 融合 4 勇猛
b 改革 1 沿革 2 核心 3 拡充 4 閣僚
c 発祥 1 賠償 2 不祥事 3 昇格 4 肖像画

問二 ア 直後で「マッサージ店で……」と具体例を示しているので，例示を表す「たとえば」が入る。 イ 直前の「長時間お店が開いているのに，……とてつもなくすごいことです」に，直後の「公共料金からチケットまであらゆるサービスを網羅するレジを……マニュアル化・合理化しています」を付け加えているので，累加を表す「さらには」が入る。 ウ 直前の「創造性は狩猟的な時間世界です」と直後の「アイデアは……獲物を狩りに行くイメージです」は順当につながる内容なので，順接を表す「ですから」が入る。

問三 【D】の直後に「エジソンは……実は彼が発明したというより，より広めさせた性質のものも多い」とあり，「一人で無から有を生み出すように作られたものは多くありません」ということの具体例となっているので，Dに補うのが適切。

問四 直後に「ポジションを固定せず，チームがボールをキープするために，すべての選手がゲームに参加しなければいけない」とあり，このような感覚について筆者は「その時々に起きている状況に応じた解決策を，『当事者意識』を持って常に考える」「そうした臨機応変な対応をできることが，トータルフットボール感覚です」としているので，4が適切。

問五 「駆けつける」は，「け／け／ける／ける／けれ／けろ／けよ」と活用する下一段活用。1は五段活用。2は下一段活用。3はサ行変格活用。4は五段活用。

問六 3の直前の「ありあわせのもので何とかする」は，「柔軟さ」と言い換えるのが適切で，4の直前の「ブリアージュ感覚」は，その前の「柔軟な対応」を意味するので，3が適切。

問七 「二つの時間」とは，前に示されている「没入して時間を忘れること」と「時間を管理すること」を指す。後に「やはり，管理された時間での生活だけではだめで，没入する時間があることが人生にとって大切なのです」「没入と管理という，相反する要素をうまく組み合わせていくことは，生産性と創造性のバランスを取ることにつながります」としているので，「心身のバランス」とある4が適切。

問八 直前の「合理化によって無駄を省けば，働いている人には余剰時間が生まれるはずです。その余剰時間を，クリエイティビティを高める，発揮することに回すことが重要です。……いい意味での『遊び』が，新商品を生み出す研究開発につながっていました」という内容を指すので4が適切。

やや難 問九 「クリエイティビティを発揮する時間」については，「没入する時間は一部ですが，それ以外の時間も必要」「実際に執筆する時間は一時間であっても，……その前後に，『無駄』な時間がどうしても必要なのです」「アイデアを出すには慣れが必要で，……制約条件をつけたり，競争をしたりするのです」「アイデアは自分の頭の中で探すだけでなく，外でつかまえることもできるのです」と説明されているので，2～4はあてはまる。

やや難 問十 直後に「古代ローマの詩人ルクレティウスの『物の本質について』に影響を受けたと言われています」「ルクレティウスの本は一〇〇〇年以上失われており，それが十五世紀になって一人のブックハンターによって再発見されたことが，ルネサンスにつながったのではないかと述べています」とあり，「一冊の本の再発見がルネサンスの発端になったとすれば，これはまぎれもなく創造性にあふれたクリエイティブな行為です。……古典や歴史の勉強は古来の知恵を学ぶということだけでなく，今を生きる私たちにとって創造的行為となりうる」と説明されているので4が適切。

やや難 問十一 直後に「教えられたことや解法を当てはめ正解を出すこと」ではなく，「これからはそこから新しいものを生み出す能力が問われる」と説明されているので3が適切。

問十二 4は，「たとえば……」で始まる段落に「臨機応変な対応ができることが，トータルフットボール感覚です」とあり，さらに「トータルフットボール感覚やブリコラージュ感覚によって生み出されるのが，仕事のライブ感です」とあることと合致する。

二 (小説－漢字，語句の意味，品詞，脱文・脱語補充，情景・心情，表現)

問一 a 隔てて 1 輪郭 2 遠隔 3 威嚇 4 仏閣
b 及ばない 1 困窮 2 救助 3 普及 4 復旧
c 透かし見る 1 透過 2 到達 3 討論会 4 陶磁器

問二 ア 直前の「同じ人物が同じ道具で，……これほど違うものなのか」という思いを指すので，「非常に驚いた」とする2が適切。「愕然と」は，ひどく驚く様子。 イ 直後の「水墨画をこれから描こうとするものだ」にかかる意味として3が適切。 ウ 直前の「凍るように胸に突き刺さる」にあてはまるものとして4が適切。

問三 「その(連体詞)・決定的な(形容動詞)・一線(名詞)・は(助詞)，・たった(副詞)・一筆(名詞)・に(助詞)・よって(接続詞)・引か(動詞)・れ(助動詞)・た(助動詞)・もの(名詞)・だっ(助動詞)・た(助動詞)」と分けられるので，副詞は一つ。

問四 後に「本当は力を抜くことこそ技術なんだ」「まじめというのはね，……少なくとも自然じゃない」「水墨は，墨の濃淡，……でもって森羅万象を描き出そうとする試みのことだ。その我々が自然というものを理解しようとしなくて……と続いているので2が適切。

問五 A 直前に「うまく聞き取れなかった」とあるので，「不思議そうな(顔で)」とするのが適切。 B 直前の「すごい，とほめ称えようとした」という態度を無視して言葉を発した，という文脈なので，「拒絶する」が適切。 C 直前の「ゆったりと」とは対照的な様子が入るので，「鬼気迫る」が適切。

やや難 問六 直後に「『……意外だったわ。お祖父ちゃんの考えていることは，やっぱり分からないわね』」とあるので，「どこに魅力を感じているのか興味を持ち始めている」とする2が適切。

問七 直後に「僕はたぶん水墨を好きになると思います」「僕が習ったことといえば，……墨をすることだけだ。だがそれでも……知ることができた」とあるので4が適切。

やや難 問八 「彼女(千瑛)」の絵については，前に「彼女の牡丹は，その壮麗な技術の中で際立って華やかに咲いている。……。だが，一方でその情熱が，彼女の絵の中にある余白や，……『自然』な心の変化や情感を消し去ってしまっている」と説明されているので1が適切。

問九 直前に「僕には斎藤さんの指摘の意味が，いまひとつ分からなかった。その微妙な，歪みやミスこそが千瑛の花に柔らかさを与えているように思えたからだ」「千瑛はそれでも……委縮して小さくなってしまった。……僕にはそれが納得できなかった」とあり，直後には「ただ単に……この二人の会話は完結していた。それだけ強いきずながこの二人にはあるということだ」とあるので2が適切。

問十 本文は，水墨画をめぐり，「湖山先生」「僕」「千瑛」の会話文が多用され，水墨画を描く様子が，「筆は，まるで白鷺の足のように奇妙な優雅さをたたえていた」「剣で空間を斬るように次々描かれていく」と印象的に表現されていることが特徴といるので，3が適切。1の「それぞれの視点から」，2の「写実的で淡々とした文章」，4の「ユーモアも交えて表現」は適切でない。

三 (古文－会話文，指示内容，口語訳，語句の意味，文脈把握，内容吟味，大意)

〈口語訳〉 一生のうち，主としてありたいようなことのうち，どれがいちばん価値のあることかと，よく比べて考え，もっとも大事なことを考え定めて，それ以外のことは思い捨てて，第一のこと一つだけを励むのがよい。一日のうち，(あるいは)一時のうちにも，多くのしたいことが起こってくるその中で，少しでも価値のまさっているようなことをこつこつとやって，その外のことはきっぱりと捨てて，一つの大事なことを着々とやるべきである。どちらをも捨てまいと心に思い込んでいては，一事も成就するはずはないのである。

たとえば，碁を打つ人が，一手もむだにすることなく，相手に先んじて，小を捨てて大にとりかかるようなものである。とりわけ，三つの石を捨てて，十の石にとびつくことはやさしい。(しかし)十の石を捨てて，十一につくことはむずかしい。一つであってもまさっているような方へつくべきなのに，十までになってきていると，惜しく思われて，あまりまさっていない石とは交換したいと思わない。これも捨てず，あれも取ろうと思う心から，(結局)あれをも取ることができず，これも失うという道理なのである。

京に住む人が，急いで東山に用事があって，すでにそこに行き着いていたとしても，西山に行けばその利益がまさるはずだと考えついたならば，門口から引き返して西山へ行くべきである。ここまで来てしまったのであるから，この用事をまず言っておこう。日限を決めていないのだから，西山の用事は，帰ってからまた(この次に)しようと思うから，その一時の怠け心が，そのまま一生の怠りとなるのである。このことを恐れなければならない。

一つのことを必ず成し遂げようと思うならば，他のことがうまくいかないということを嘆き悲しんではならない。他人があざけり笑うことをも恥じてはならない。すべての他のことに替えなくては，一つの大事は成就するはずはない。人々が大勢集まっている中で，ある者が，「ますほのすすきとか，まそほのすすきとかいうがある。(それについて)渡辺にいるある高僧が，これについて，(古来の説を)伝え聞いて知っている」と語ったのを，登蓮法師が，その座におりましたが，(このことを)聞いて，雨が降っていたので，「蓑と笠はありますか，お貸しください。あのすすきのことを教わりに，渡辺の高僧のもとへ尋ねに参りましょう」と言ったので，「あまりにせわしないことです。雨がやんでからにしてはどうですか」と人が言ったところ，「とんでもないことをおっしゃる。人の命は雨が晴れるまでの間をも待ってはくれるものでしょうか。(その間に)私も死に，聖人も死んでしまったら，尋ね聞くことができるでしょうか」と言って，走って出て行って，習い教わりましたと申し伝えていることは，まことにすばらしくめったにないことと思われる。「何事も機敏にやれば成功する」と，論語という書物にもある。(登蓮法師が)このすすきのことを不審に思って尋ねようとしたように，一大事の因縁を深く考えなければならないのである。

問一　最終段落に，引用を表す助詞「と」があることに着目する。「と言ひけるを」とあることから，その直前の「まからん」までが会話文であるとわかる。会話の始まりは，「雨のふりけるに」という状況説明の後，「蓑・笠やある(蓑と笠はありますか)」からが適切。

問二　「あまたの事」とは，多くのこと，という意味で，直前の「その外の事」を指す。

問三　直前の「いづかたをも捨てじ」という心情を指すので，「執着」とする3が適切。

やや難　問四　直後に「これをも捨てず，かれをも取らんと思ふ心に，かれも得ず，これをも失ふべき道なり」と説明されているので，「結局何もかも失う結果になる」とする3が適切。

問五　直前の「これも捨てず，かれも取らんと思ふ心に，かれも得ず，これをも失ふ」という内容を指すので，「道理」が適切。

問六　直前の「西山の事は，帰りてまたこそ思ひ立ためとふ」を指すので，「先送りにする」とある4が適切。前に「西山に行きてその益まさるべき事」とあることにも着目する。

問七　「いたむ」には，嘆く，心に苦痛を感じる，という意味がある。

問八　直後に「敏き時はすなはち功あり」とあるので，「迅速に行動した」とする2が適切。

問九　2は「一事を必ずなさんと思はば，……人のあざけりをも恥づべからず」とあることと合致する。3は「一時の懈怠，すなはち一生の懈怠となる。これを恐るべし」とあることと合致する。4は「たとへば碁を打つ人，一手もいたづらにせず，……」とあることと合致する。1の「情報を得ること」の大切さについては，本文に述べられていないので合致しない。

★ワンポイントアドバイス★

論説文・小説・古文すべて，長文に読み慣れ，時間内に読みこなす読解力を身につけよう！問題数が多めなので，時間配分を考えててきぱきと解答する練習をしておこう！

前期1月18日

2023年度

解答と解説

《2023年度の配点は解答欄に掲載してあります。》

＜数学解答＞ 《学校からの正答の発表はありません。》

1 (1) ア 5 イ 1 ウ 0 エ 3 (2) ア 3 イ 6 (3) ア 2 イ 1 ウ 3 (4) ア 4 イ 9 (5) ア 1 イ 4 (6) ア 1 イ 4 ウ 5

2 (1) ① ア 4 ② イ 3 ウ 1 (2) ① ア 4 イ 4 ウ 1 ② エ 1 オ 5

3 (1) ア 2 イ 8 (2) ウ 2 エ 2 オ 5 (3) カ 1 キ 2 ク 5

4 (1) ア 9 イ 4 (2) ウ 8 エ 7 (3) オ 7 カ 7 キ 2 ク 0

5 (1) ア 3 イ 6 ウ 3 (2) エ 9 オ 2 (3) カ 3 キ 2

○推定配点○

1～4(1) 各5点×14　4(2)～5 各6点×5　計100点

＜数学解説＞

1 (平方根，2次方程式，式の値，関数，数の性質，平面図形)

基本 (1) $\frac{\sqrt{10}}{3}-\sqrt{15}\div\frac{1}{\sqrt{2}}\div\frac{\sqrt{3}}{2}=\frac{\sqrt{10}}{3}-\sqrt{15}\times\sqrt{2}\times\frac{2}{\sqrt{3}}=\frac{\sqrt{10}}{3}-2\sqrt{10}=-\frac{5\sqrt{10}}{3}$

基本 (2) $x^2+ax=40$に$x=a-2$を代入して，$(a-2)^2+a(a-2)=40$　$a^2-4a+4+a^2-2a=40$　$a^2-3a-18=0$　$(a+3)(a-6)=0$　$a=-3,\ 6$

重要 (3) $(a-b)^2=(a+b)^2-4ab=8^2-4\times3=64-12=52$　$a>b$より，$a-b=\sqrt{52}=2\sqrt{13}$

基本 (4) $y=ax^2$，$y=ax+\frac{16}{3}$に$x=-3$を代入して，$y=9a$，$y=-3a+\frac{16}{3}$　$9a=-3a+\frac{16}{3}$　$12a=\frac{16}{3}$　$a=\frac{4}{9}$

基本 (5) $\sqrt{3n}<13<\sqrt{4n}$　$3n<169<4n$　$\frac{169}{4}<n<\frac{169}{3}$　これを満たす自然数nは，43，44，…，56の56－42＝14(個)

重要 (6) 平行線と比の定理より，CF：CD＝GF：AD＝3：5　EG：BC＝AG：AC＝DF：DC＝(5－3)：5＝2：5　よって，$\text{EG}=\frac{2}{5}\text{BC}=\frac{2}{5}\times7=\frac{14}{5}$(cm)

基本 2 (データの活用，文字と式の利用)

(1) ① データの値の低い順から5番目，6番目，15番目，16番目はそれぞれ1回，1回，4回，6回だから，第1四分位数は$\frac{1+1}{2}=1$，第3四分位数は$\frac{4+6}{2}=5$　よって，四分位範囲は，5－1＝4(回)

② 平均値は，$(0\times2+1\times4+2\times5+3\times1+4\times3+6\times3+7\times1+8\times1)\div20=\frac{62}{20}=3.1$(回)

(2)　①　正方形の1辺の長さは，$3+2\times(n-1)=2n+1$だから，正方形の面積は，$(2n+1)^2=4n^2+4n+1$(cm^2)

②　縦1列にはりあわせた紙の枚数をx枚とすると，長方形の縦の長さは，$3+2\times(x-1)=2x+1$　横の長さは，$3+2\times(x+2-1)=2x+5$　長方形の面積について，$(2x+1)(2x+5)=77$　$4x^2+12x+5=77$　$x^2+3x-18=0$　$(x+6)(x-3)=0$　$x>0$より，$x=3$　よって，紙の枚数は，$3\times5=15$(枚)

3 (図形と関数・グラフの融合問題)

基本　(1)　$y=\frac{1}{2}x^2$に$x=4$を代入して，$y=8$　よって，C(0, 8)　したがって，直線CDの式は$y=2x+8$

基本　(2)　$y=\frac{1}{2}x^2$と$y=2x+8$からyを消去して，$\frac{1}{2}x^2=2x+8$　$x^2-4x=16$　$(x-2)^2=16+4$　$x-2=\pm\sqrt{20}$　$x=2\pm2\sqrt{5}$

重要　(3)　A$(-4,\ 8)$で，$AB=4-(-4)=8$　点Dのx座標をtとすると，D$(t,\ 2t+8)$　AB=ADより，$AB^2=AD^2$　$8^2=\{t-(-4)\}^2+(2t+8-8)^2$　$64=t^2+8t+16+4t^2$　$5t^2+8t-48=0$　解の公式を用いて，$t=\frac{-8\pm\sqrt{8^2-4\times5\times(-48)}}{2\times5}=\frac{-8\pm\sqrt{1024}}{10}=\frac{-8\pm32}{10}=\frac{12}{5},\ -4$　$t>0$より，$t=\frac{12}{5}$

重要 4 (平面図形の計量)

(1)　△CEMと△CMAにおいて，仮定より，AM⊥BCだから，AMは円の直径であり，∠AEM=90°　よって，∠CEM=∠CMA=90°　共通だから，∠ECM=∠MCA　2組の角がそれぞれ等しいから，△CEM∽△CMA　CE：CM=CM：CA　$CM=\frac{1}{2}BC=\frac{6}{2}=3$より，$CE=\frac{3\times3}{4}=\frac{9}{4}$(cm)

(2)　△ABCも円も直線AMに関して対称だから，AE：AC=AD：ABより，DE // BC　平行線と比の定理より，DE：BC=AE：AC=$\left(4-\frac{9}{4}\right)$：4=7：16　よって，CF：FD=CM：DE=$\frac{1}{2}$BC：$\frac{7}{16}$BC=8：7

(3)　EF：FM=DF：FC=7：8　$EM=\sqrt{3^2-\left(\frac{9}{4}\right)^2}=\frac{3\sqrt{7}}{4}$より，$EF=\frac{7}{7+8}EM=\frac{7}{15}\times\frac{3\sqrt{7}}{4}=\frac{7\sqrt{7}}{20}$(cm)

重要 5 (空間図形の計量)

(1)　$AM=\sqrt{6^2-3^2}=3\sqrt{3}$より，$\triangle ABC=\frac{1}{2}\times6\times3\sqrt{3}=9\sqrt{3}$　よって，正四面体ABCDの表面積は，$9\sqrt{3}\times4=36\sqrt{3}$(cm^2)

(2)　DM=AMより，ADの中点をNとすると，MN⊥AD　よって，$MN=\sqrt{(3\sqrt{3})^2-3^2}=3\sqrt{2}$より，$\triangle MAD=\frac{1}{2}\times6\times3\sqrt{2}=9\sqrt{2}$(cm^2)

(3)　CM⊥△MADより，EからAMにひいた垂線をEHとすると，EH：CM=AE：AC=2：6=1：3　よって，$EH=\frac{1}{3}CM=1$より，三角すいC−MADの体積は，$\frac{1}{3}\times\triangle MAD\times EH=\frac{1}{3}\times9\sqrt{2}\times1=3\sqrt{2}$(cm^3)

★ワンポイントアドバイス★

出題構成，難易度とも前期1月17日と変わらない。基礎を固めたら，過去の出題例を研究しておこう。

＜英語解答＞ 《学校からの正答の発表はありません。》

【1】 リスニング問題解答省略
【2】 問1 ① 問2 ③ 問3 ② 問4 ③ 問5 ④ 問6 ② 問7 ④
問8 (1) ④ (2) ②
【3】 問1 (1) ③ (2) ① (3) ② (4) ④ (5) ③ 問2 ②，③，⑦
【4】 (1) ④ (2) ③ (3) ① (4) ② (5) ④
【5】 (1) 1 ⑧ 2 ④ (2) 3 ⑤ 4 ① (3) 5 ⑦ 6 ①
(4) 7 ⑥ 8 ② (5) 9 ③ 10 ⑥ (6) 11 ④ 12 ⑧
【6】 (1) ③ (2) ⑤ (3) ① (4) ③ (5) ③ (6) ⑤

○推定配点○
【1】 各2点×5 【2】 問1 2点 他 各3点×8 【3】・【5】 各3点×14(【5】各完答)
【4】・【6】 各2点×11 計100点

＜英語解説＞

【1】 リスニング問題解説省略。

【2】 **(長文読解問題・論説文：語句補充・選択，文整序，脱文補充，内容一致，英問英答，内容吟味)**

(全訳) 私たちはよく「リデュース，リユース，リサイクル！」という言葉を耳にする。もちろん，これは私たち全員にとって環境を守るために役立つ良いアドバイスだ。しかし，あなたはこれらの言葉のそれぞれの違いを立ち止まって考えたことがあるだろうか。なぜなら，これらのうちの1つは他の2つほど環境にとって良くないので，理解しておくことが大切だ。

私たちが「リデュース」(減らす)と言う時，ふつう私たちは買うものや使うものの量を減らすべきだという意味である。例えば，多くの人はほとんど身に着けない靴や服をたくさん持っているが，さらに買い続ける。他の人は，同じ人の場合もあるが，ほとんど使わないバッグをたくさん持っている。人々がとてもたくさんのものを買うので，靴や服やバッグを作る会社はそれらをさらに作る。これらのものを作ることはエネルギーや資源を使う。例えば，工場は商品を作るために，たくさんの原料と同様に多くの電力や燃料を使う。それらの原料のいくつかは，プラスチックのように，環境に悪い。そこでふつう，地球にとって(1)より少なく使うことのほうが良い。

「ミニマリズム」が最近，人気になっている。これは，私たちが買ったり使ったりするものの数を減らすという考えを，極端なレベルにすることである。しかし，非常に少ないもの(2)と一緒に暮らすことに喜びや自由を見出す人もいる。彼らはあまり場所を必要としないし，自分の持っているものの手入れに多くの時間を費やす必要がない。ミニマリストは，ミニマリズムを実践する人のことだが，非常にわずかなものしか使わないので，しばしば大金を節約することができる。彼らはよく「少ない方が豊かだ」と言う。それは「持つものが少ない方が良い」という意味だ。ミニマリズムにはたくさんの種類があるので，それらについて考えることは役立つ。例えば，私たちはミニマリズムを1つのことに当てはめてみるのもよい。例えば食事の道具に。もし皆が常に自分のナイフ，フォーク，スプーン，箸を持ち歩けば，大量のエネルギーや資源が節約できる。これは一種のミニマリズムだ。

「リデュース」という単語のもう1つの使い方は，新しいものを頻繁に買うのではなく，長い間(3)ものを使い続けるということだ。私のスマートフォンは約4年使っているが，今でも速度が速いし，よく動く。②私は新しいものが必要ではない。最新のものが売られてから，もう1年か2年待つことによって，私はスマートフォンの数を減らすことに役立てる。

他方「リユース」(再利用する)は，私がついに新しいスマートフォンを手に入れた時に，古いものを捨てる代わりに，それを使ってくれる誰かに売ったり譲ったり，自分自身で別の利用法を見つけることである。スマートフォンの原料の多くは処分するのが難しく，環境に良くない。私の場合，私は赤ちゃんを自宅で見守るために，古いスマートフォンをベビーモニターとして使っている。古いスマートフォンを自分の子供たちにあげたり，動画を見たり音楽を聞いたりする目的に限ってそれらを使ったりする人もいる。それらはゲームをしたりインターネットを使ったりするにはあまり速くないかもしれないが，それでもまた非常に便利だ！

ものを再利用するもう1つの方法は，その目的(4)を変えることである。ペットボトルを使って家を建てる方法を見つけた，非常にクリエイティブな人もいるのだ！　イ私たちのほとんどはそのようなことは思いつかないが，もっと簡単なことならできる。エ例えば，古い服は家を掃除する時に利用できる。ウペットボトルは花を入れるために利用できる。アインターネットで検索すれば，ものを捨てる代わりに再利用する，たくさんの興味深いアイデアが見つかる。

そしてそうすると，3番目の言葉「リサイクル」につながる。もちろんごみを捨てるよりリサイクルするほうがずっと良い。私の市では，ごみを4種類に分ける。燃えるゴミ，プラスチック，ビンと缶，燃えないゴミだ。しかし以前住んでいた市では，「プラスチック」のカテゴリーがなかったので，ほとんどの人がプラスチックを燃えるゴミと一緒に入れていた。私は悲しかった。リサイクルをするには余分な手間がかかるが，私たちは自分のごみの処分の仕方について気持ちよく思う。

しかしながら，リサイクルにはたくさんのエネルギーが必要である。もちろん，ペットボトルを燃やすよりもリサイクルする方が良いが，リサイクルをすることは実は環境にあまり良くない。そういう訳で，私たちはまず使うものの量を減らすようにし，できるだけ再利用するべきだ。それらのことをした後で，残ったものをリサイクルすべきだ。

よって，おわかりのとおり，3つのRはこの順で行われるべきである。

1　リデュース(減らす)

2　リユース(再利用する)

3　リサイクル

さあ，頑張ろう！

問1　few は数えられる名詞を修飾し，「少ない」を表す。ここでは比較級 fewer を入れて use fewer things「より少ないものを使う，使うものを少なくする」が適切。

問2　全訳下線部参照。この段落はミニマリズムの生活スタイルについて述べている。

重要 問3　空所直後に instead of buying new ones so often「新しいものを頻繁に買う代わりに」とあることから，その対照的な内容の② continue using things「ものを使い続ける」が適切。

問4　直後の文参照。ペットボトルを使って家を作るという例は，ものの使用目的を「変える」ことを示している。

重要 問5　全訳下線部参照。イの something like that「そのようなこと」は空所(4)の直後の文の ways to make houses by using plastic bottles「ペットボトルを使って家を作る方法」を指す。

問6　空所②の直前の文の内容を受けて，「私は新しいものが必要ではない」と続く。a new one はここでは a new smartphone「新しいスマートフォン」の意味である。

問7　①「製品を作るためにたくさんのエネルギーと資源を使うことは環境に良い」(×)　②「たくさんのお金と時間を節約することは大量のエネルギーと資源を節約することを意味する」(×)　③「スマートフォンを捨てることは，正しい方法で処分される場合，環境に悪くない」(×)　④「家を作るためにペットボトルを使うことは環境を守るために私たちができることの1つだ」(○)　第6段落第2文参照。

重要　問8　(1)「『リデュース，リユース，リサイクル』について正しくないものはどれか」　④「『リサイクル』は『リユース』とほとんど同じ意味を持つ」　(2)「リサイクルを環境により良いものにするために，私たちは何をすべきか」　②「私たちはまず自分が使うものの数を減らし，それらを再利用し，それから何かが残ったらリサイクルすべきだ」

【3】（長文読解問題・スピーチ：英問英答，文補充・選択，内容吟味，内容一致）

（全訳）　今日，私はいとこのトニーについて話したい。私たちは田舎で一緒に育ち，彼は私にとって弟のようだった。私たちはスクールバスに一緒に乗り，ほとんど毎日一緒に遊んだ。彼の母親は私にとって2番目の母親のようだった。私には兄弟姉妹がいないので，一緒に遊ぶいとこがいてとてもうれしかった。

私たちは，他の多くの子供たちがすることをたいていやった。例えば，テレビゲームをしたり，おもちゃで遊んだりした。大きくなると，自転車に乗り，一緒にスポーツをした。特に野球とバスケットボールだ。私たちは2人とも，農場暮らしだった。野球をする広い草原もバスケットボール用の硬い平面もなかった。だから私たちは野球を岩だらけの私道で練習し，バスケットボールを未舗装の道で練習した。それは完璧な状況ではなかったが，とにかく楽しかった。

しかし時には，私たちはトラブルになるようなこともやった。私はいとこよりも3歳年上だったので，しばしばより多くの非難を受けた。そして時々，彼が家で何か悪いことをすると，彼の両親は私に「あなたが彼にあんな悪いことを教えたんでしょう！」と言った。それはほとんど，事実ではなかったが，私は笑っただけだった。彼は実際，いたずら好きな少年だった。私はたいてい良い子だったが，私たちが一緒にいる時には，時々良くない選択をした。

田舎に住むことは，常に新鮮な空気と多くの場所があるので，素晴らしいことだった。(1)しかし，時に，私たちは退屈に感じた。このような日には，自分たちを問題に巻き込むようなことをしてしまった。ある土曜日に私がいとこの家に泊まる予定だったことを，私は覚えている。その日の午後，私たちは単なる暇つぶしに，地面に大きな穴を掘ることにした。もし十分に深い穴を掘れば，化石のようなおもしろいものや，価値のあるものが見つかるかもしれないと思った。私たちは掘って，掘って，さらに掘ったが，何も見つからなかった。暗くなり始めたので，私たちは帰宅した。私たちは翌日さらに深く掘るため，その穴を放っておくことにした。

私たちは手を洗って夕食を食べる準備をし，それからおじを待った。なぜなら彼が帰宅してから一緒に食事したかったからだ。彼が玄関を入ってくると，私たちは掘ったためにとてもお腹が空いていたので，うれしかった。しかし私たちの興奮した気持ちは長く続かなかった。おじは私たちを見ると，「お前たちが向こうの道路の横の，あの大穴を掘ったのか」と尋ねた。「うん」と私たちは2人とも言った。私たちは彼が怒っているのがわかったが，なぜかはわからなかった。「(2)何が問題なの？　僕たちは道路の真ん中に穴を掘ったんじゃない。道路の横だよ」と私は言った。おじがその後に言ったことを私は覚えていないが，それは特に夜間，車にとって危険なので，彼は不機嫌だった。私たちは懐中電灯を持って外に戻り，穴を埋めなおさなくてはならなかった。私たちは先に夕食を食べることは許されなかった。私たちはなぜ彼がそんなに怒っているのか，それでもわからなかったが，もちろん彼に何も言わなかった。

私たちは自転車に乗って穴のところに戻り，前に掘り出した土を使って埋め始めた。ようやく終わると，私たちは本当にお腹が空いていた。私たちは自転車でいとこの家に戻り，再び手を洗い，ついに夕食を食べた。大変な作業の後で本当にお腹が空いていたので，いつもよりおいしかった。

私のおじはいい人だが厳しかった。私はよく彼のことを思い，彼がいなくてさみしいと思う。彼は読書が大好きだった。彼は人々についてあれこれ覚えるのが得意で，勤勉に働いた。彼は10年ほど前に亡くなった。

しかしこの話は私のいとこについてだ。私が子供の頃，彼は私の親友だった。当時私はそのことに気づいていなかったけれども。私が大学に行ってからは，私たちはお互いにあまり話したり会ったりしなくなった。私たちは非常に異なる人生の進路を選んだ。しかしおじが亡くなる頃に，いとことは私はもっとたくさん話すようになり，私たちの友情は再び強まった。私はそのことについてとても感謝している。今，私たちは月に1度集まってたくさん話す。1年に1度，私たちは私の家か彼の家で家族と一緒にパーティーをする。私の妻と彼の妻は仲が良い。私の娘と彼の娘は本当の姉妹のようだ。いとこと私は，私たちは1つの大家族のようだ，といつも言う。私は彼のような友達がいて幸せだ。

問1 (1) 「(1)に入れるのに最適なものはどれか」 ③ 「しかし，時に，私たちは退屈に感じた」 (2) 「(2)に入れるのに最適なものはどれか」 ① 「何が問題か」 (3) 「ある時，筆者はトニーを訪問し，彼らは穴を掘った。なぜか」 ② 「地中に何か自分たちが望むものが見つかると思ったから」 (4) 「筆者のおじはなぜ怒ったのか」 ④ 「彼は帰宅する前に，人や車に危険なものを見かけたから」 (5) 「大学後，何が筆者とトニーとの間の友情を再び強めたか」 ③ 「筆者のおじの死」

問2 ① 「筆者は一人っ子だったので，トニーは学校のチームで一緒に遊ぶ，良いチームメートだった」(×) ② 「筆者とトニーが野球とバスケットボールを練習した場所はスポーツには悪い状態だったが，彼らはそこでプレーするのを楽しんだ」(○) ③ 「トニーは筆者より3歳年下だったので，トニーの両親は筆者に対し，実の兄のように怒った」(○) ④ 「トニーはいたずら好きな少年で，時々間違った選択をしたので，彼は筆者よりも多く責められた」(×) ⑤ 「筆者がトニーを訪問した翌日，彼らは穴をより深くした(×) ⑥ 「筆者とトニーはなぜ筆者のおじが怒っているのかわからなかったので，彼より先に夕食を食べることを許されなかった」(×) ⑦ 「穴を掘り，その穴を埋め戻した後，筆者とトニーはとてもお腹が空いていて，いつもよりも夕食を楽しんだ」(○) ⑧ 「トニーは筆者の親友であり，2人ともそのことを子供の頃から知っている」(×)

【4】 (語句補充・選択：時制，代名詞，動名詞，接続詞，仮定法)

(1) 「彼女が帰宅したら，このノートを彼女に渡してくれませんか」 時・条件を表す副詞節中では未来のことでも現在形で表す。

(2) 「私は自分の傘を壊した，そこで明日傘を買うつもりだ」 one は前に出た名詞の繰り返しを避けるために用いられる代名詞で，ここでは an umbrella のこと。

(3) 「私は昨晩10時にその動画を見終えた」 finish ～ing「～するのを終える」

(4) 「天気が良い間に，私は釣りに行くつもりだ」 接続詞 while「～の間に」

(5) 「聴衆がここに留まることができるなら，私は真っ暗な中でもピアノを弾き続けるだろう」 現在において実現の可能性の低いことを仮定する，仮定法過去の文。

重要 **【5】（語句整序：不定詞，前置詞，接続詞，間接疑問，比較，進行形）**

(1)　(This English)book is easy enough to read without(a dictionary.)　<形容詞＋enough to＋動詞の原形>「～できるほど…」 without ～「～なしで」 ⑦ even は不要。

(2)　(I can't decide)which food to eat because there are(many dishes on the menu.)　< which＋名詞＋ to＋動詞の原形>「どの―を～するべきか」 because は理由を表す接続詞。④ of は不要。

(3)　Let us know how good the letters are.　Let us know「私たちに教えて」の後に間接疑問で「手紙がどれほど良いのか」と続ける。< how＋形容詞>「どれほど…か」 ③ what は不要。

(4)　(I)realized Tom is much more interesting after(talking with him.)　英文は「トムと話した後，私はトムがずっとおもしろいと実感した」となる。much は比較級を強めて「ずっと…」の意味。after ～ing「～した後に」 ⑤ in は不要。

(5)　(Our)lives are becoming richer as technology develops.　< be becoming＋比較級>「だんだん～になっている」 接続詞 as ～「～するにつれて，～とともに」 develop「発展する」 ① more は不要。

(6)　(Many people say they are)so busy that they don't have time(to read newspapers.)　so … that ～「…すぎて～」 < don't have time to＋動詞の原形>「～する時間がない」 ② to は不要。

やや難 **【6】（正誤問題：名詞の数，関係代名詞）**

(1)「私は近い将来，他の国の貧しい子供たちのために学校を建てたい」 ③を in other countries または in another country に直す。another は単数名詞を修飾する。

(2)「私たちはオガワさんのおかげで，今夜ここであなた方全員と満天の星空を見られてうれしい」 誤りなし。

(3)「通りは交通が激しいので，横断する時には気をつけなさい」 ①を There is a lot of traffic と直す。traffic は単数で集合的に「交通，往来」の意味。

(4)「私たちは京都へ行った時に，3つの有名な寺を訪問し，私の旧友の1人に会うことができた」 ③を and to see と直す。to see は ②の were able に続くもので「会うことができた」という意味になる。

(5)「先生は生徒たちに『その文章に含まれている場所について教えてください』と言った」 ③を the places which are と直す。関係代名詞 which の先行詞は複数形の places なので，be 動詞は is ではなく are が正しい。

(6)「私は，メアリーが帰宅する前に，おととい彼女のために買った誕生日プレゼントを，彼女に渡すつもりだ」 誤りなし。

★ワンポイントアドバイス★

【2】の長文読解は，資源を守り，ごみを減らすための3つのキーワード「3R」について書かれた文章である。

<理科解答> 《学校からの正答の発表はありません。》

1 (1) ② (2) Ⅰ群 ④ Ⅱ群 ① (3) ① (4) ④
2 (1) ② (2) ④ (3) ⑥ (4) ②
3 (1) ⑤ (2) ⑦ (3) ② (4) X 4 Y 7 Z 6
4 (1) ① (2) ① (3) ⑤ (4) ④
5 (1) Ⅰ群 ② Ⅱ群 ④ (2) ⑥ (3) ③ (4) ④
6 (1) ④ (2) Ⅰ群 ③ Ⅱ群 ② Ⅲ群 ① (3) ③ (4) ⑥
7 (1) ④ (2) Ⅰ群 ① Ⅱ群 ② (3) ③ (4) ⓐ 5 ⓑ 3 ⓒ 4
8 (1) ⑦ (2) X 0 Y 4 Z 8 (3) X 0 Y 6 Z 0 (4) ④

○推定配点○
1 各3点×4((2)完答) 2 各3点×4 3 各4点×4 4 各3点×4
5 各3点×4((1)完答) 6 各3点×4((2)完答) 7 各3点×4((2)・(4)各完答)
8 各3点×4 計100点

<理科解説>

1 (植物の体のしくみ―裸子植物と被子植物の花)

(1) 花Aはマツの雌花，花Bはマツの雄花，花Cはイチョウの雄花，花Dはイチョウの雌花である。

重要 (2) ルーペは目に近づけて持ち，観察するものを動かさないときや動かせないときは，ルーペを目に近づけたまま顔を前後に動かしてピントを合わせる。
図1のりん片Xは雄花のりん片，りん片Yは雌花のりん片である。花粉が入っているのはりん片Xのxの部分で，xの部分を花粉のうという。りん片Yのyの部分は胚珠で，種子になる部分である。

基本 (3) 図3のa～dを外側から内側の順に並べると，a(がく)→b(花弁)→c(おしべ)→d(めしべ)となる。花粉はc(おしべ)の先端にあるやくでつくられる。

重要 (4) いずれも受粉するとやがて胚珠が種子になる。また，ツツジは子房が果実になるが，マツとイチョウには子房がないため果実はできない。

2 (地球と太陽系―惑星，月)

(1) 地点XとYで，同じ日の南中高度の差が $78-73=5(^\circ)$ であることから，同じ子午線上の距離555kmは，半径を地球の半径とし，中心角が5°であるおうぎ形の弧の長さと考えることができる。このことから，地球の直径をRkmとすると，$R(\mathrm{km})\times3.14\times\frac{5(^\circ)}{360(^\circ)}=555(\mathrm{km})$ $R=12726.\cdots$ より，地球の直径は約12730kmと考えられる。

基本 (2) 惑星は太陽から近いものから順に，水星，金星，地球，火星，木星，土星，天王星，海王星となるので，太陽からの距離をもとに考えると，Aが金星，Bが土星，Cが木星，Dが火星，Eが水星となる。

やや難 (3) 惑星Dが1回公転するのにかかる時間は1.88年，惑星Aが公転するのにかかる時間は0.62年なので，惑星Dが1回公転する間に惑星Aは $1.88\div0.62=3.03\cdots$ より，約3回公転する。同様に考えると，惑星Aが1回公転する間に惑星Eは約2.6回，惑星Bが1回公転する間に惑星Cは約2.5回，天王星が1回公転する間に惑星Bは約2.8回公転することから，惑星AとDの関係に最も近いものは，惑星Bと天王星である。

やや難 (4) 地球の北極側から見たとき，地球の自転の向き，地球の公転の向き，月の公転の向きはいずれも反時計回りである。地球は自転とともに同じ向きに公転していることから，太陽が日周運動で見かけ上360°回転している間に，月は360°よりも多く回転する。よって，太陽の日周運動よりも月の日周運動のほうが速くなる。

3 (物質とその変化―密度，質量パーセント濃度)

(1) 何も入れないときの値の1.66倍が83.0cm³なので，何も入れないときの値は 83.0÷1.66＝50.0であることがわかる。このことから，メスシリンダーに入れた2つの固体の体積の和は 83.0−50.0＝33.0(cm³)とわかる。①～⑥の選択肢の中で体積の和が33.0cm³になるのは，15.0cm³の固体Bと18.0cm³の固体Eの組み合わせである。

重要 (2) 密度(g/cm³)＝質量(g)÷体積(cm³)より，固体A～Eそれぞれの密度は次の通りとなる。

固体	A	B	C	D	E
密度(g/cm³)	1.3	0.95	1.1	0.88	0.95

表より，固体BとEは密度が同じで，最も密度の大きい物質でできているのは固体A，最も密度の小さい物質でできているのは固体Dであることがわかる。

やや難 (3) 混ざり合うことのない異なる密度の液体を1つの容器に入れると，密度の大きい液体が下に，密度の小さい液体が上になるように液体は容器内で分かれる。また，固体を液体に入れると，固体が液体よりも密度が大きいと固体は沈み，固体が液体よりも密度が小さいと固体は浮く。固体A～E，水，菜種油，食塩の飽和水溶液を密度が小さいものから大きいものの順に並べると，固体D＜菜種油＜固体B＝固体E＜水＜固体C＜食塩の飽和水溶液＜固体Aとなる。図1のように，1つの固体が上の液体に浮き，1つの固体がビーカーの底に沈むのは，密度が 1つの固体＜液体a＜3つの固体＜液体c＜1つの固体 となるときで，液体と固体は右の図1の通りである。また，図3のように，1つの固体が上の液体に浮き，2つの固体がビーカーの底に沈むのは，密度が 2つの固体＜液体b＜2つの固体＜液体c＜1つの固体 となるときで，液体と固体は右の図3の通りである。

図1

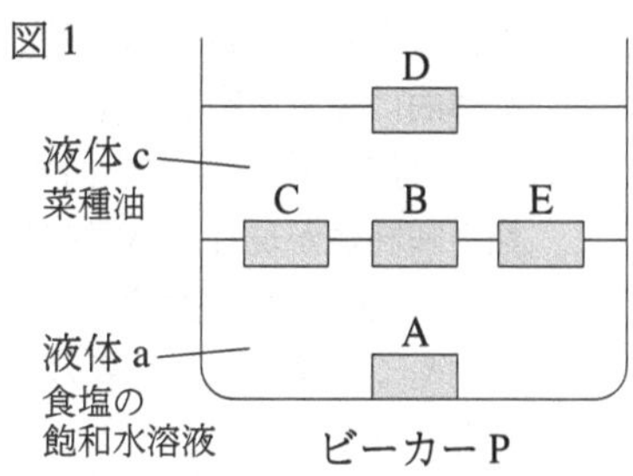

図3

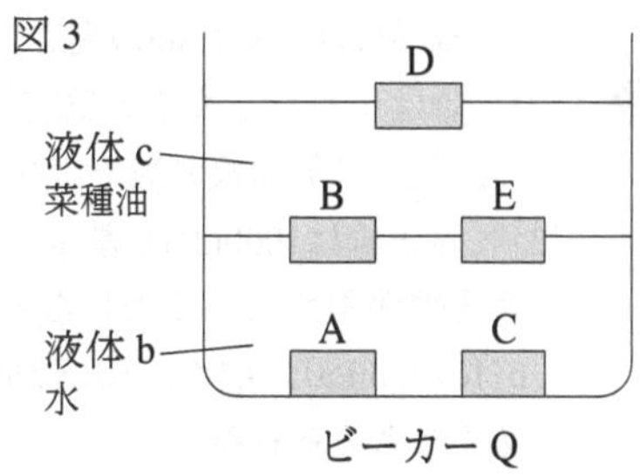

重要 (4) 20℃での食塩の溶解度は36gであることから，20℃の水100gを用いて食塩の飽和水溶液をつくると食塩は36gとけるので，飽和水溶液の質量は 100＋36＝136(g)となる。よって，飽和水溶液180gにとけている食塩をxgとすると，36(g)：136(g)＝x(g)：180(g)　x＝47.64…より，約47.6g

4 (電流と電圧―電子)

基本 (1) 摩擦によって生じる電気は，同じ種類の物質では同じ種類の電気となる。また，同じ種類の電気どうしにはしりぞけ合う力がはたらき，異なる種類の電気どうしには引き合う力がはたらく。よって，ひもの1本1本は同じ種類の電気をもち，しりぞけ合う力がはたらくため大きく広がり，ひもとパイプは同じ種類の電気をもち，しりぞけ合う力がはたらくためひもはパイプから離れて空中で静止する。

(2) 図5のようにクルックス管に光るすじができるのは，クルックス管内で電極aから電極bに向かって電子が移動したときである。電子が移動する向きと電流の向きは逆向きなので，クルックス管内での電流の向きは電極bから電極aの向きとなる。誘導コイルのXが−極，Yが＋極なので，電流の向きが，誘導コイルのY→クルックス管の電極b→クルックス管の電極a→誘導コイルのX

となるように導線をつなぐ。

重要 (3) クルックス管内の光るすじは，－の電気をもった電子の流れである。異なる種類の電気の間には引き合う力がはたらくので，光るすじが－電極c側に曲がるとき，電極cは＋極，電極dが－極につながれている。

(4) 実験2の❹で光るすじが曲がったのは，U字形磁石による磁界から電子(電流)に力がはたらいたからである。同じように磁界内の電流に力がはたらく現象を利用したものにはモーターがある。

5 (生物の類縁関係と進化―脊椎動物の進化)

重要 (1) Ⅰ群…①魚類のほか，爬虫類の体表もうろこにおおわれている。②カメやトカゲは爬虫類である。④鳥類や哺乳類のほか，爬虫類も一生を通じて肺で呼吸する。

Ⅱ群…ヒトのうでやクジラの胸びれなどと，鳥類やコウモリなどのつばさは相同器官である。

基本 (2) シマウマなどの草食動物では，草をかみ切るための門歯とすりつぶすための門歯が発達している。一方，ライオンなどの肉食動物では，えものをしとめるための犬歯が発達している。また，肉食動物の目は顔の前面についていて，草食動物よりも見渡すことができる範囲は狭いが，立体的に見えて距離感をつかみやすい。

(3) 脊椎動物は水中で生活する魚類から，陸上でも生活できる両生類へと進化し，その後，爬虫類や哺乳類が現れ，鳥類が最も最後に現れたと考えられている。

(4) シソチョウは約1億5千万年前の中生代の地層から発見され，鳥類の特徴の他に，骨のある長い尾やくちばしの歯，翼の先のつめなどの爬虫類の特徴も見られ，鳥類が爬虫類から進化した証拠とされている。

6 (天気の変化―気象観測)

(1) 気温は地上約1.5mの高さに温度計の感温部が来るようにして測定する。

重要 (2) ◎はくもりを表す天気図記号である。また，風向は風の吹いてくる方位を矢羽根の向きで表し，風力は矢羽根の数で表す。

(3) 等圧線は1000hPaを基準に4hPaごとに引かれるので，1010hPa付近では，1008hPa，1012hPaの等圧線が引かれることになる。地点X(1010.3hPa)と地点b(1013.5hPa)，地点a(1009.9hPa)と地点b(1013.5hPa)，地点b(1013.5hPa)と地点c(1011.0hPa)の気圧の関係から，ウが1012hPaの等圧線であると考えられる。

やや難 (4) P…2日目の9時の気温は6℃，湿度は85%なので，空気1m^{3}にふくまれている水蒸気量は 7.3(g/m^3)×0.85＝6.205(g/m^3)

Q…空気1m^{3}にふくまれる水蒸気量が飽和水蒸気量より小さくなると，空気中の水蒸気は水滴に変化する。よって，4℃の飽和水蒸気量が6.4g/m^3，3℃の飽和水蒸気量が5.9g/m^{3}なので，Aの水の温度が3℃になるとAの表面に水滴がつき始める。

R…2日目の15時の気温は6℃，湿度は90%なので，空気1m^{3}にふくまれている水蒸気量は 7.3(g/m^3)×0.9＝6.57(g/m^3)である。コップの水の温度は4℃で，4℃の飽和水蒸気量が6.4g/m^{3}であることから，コップの表面近くの空気が4℃まで冷やされ，ふくまれていた水蒸気量より飽和水蒸気量のほうが低いのでコップの表面には水滴がつく。

7 (化学変化―化学変化と熱)

重要 (1)・(2) 鉄粉と空気中の酸素が結びついて酸化鉄ができる化学変化は発熱反応である。このとき，鉄や酸素がもっていた化学エネルギーが熱エネルギーに変換されている。また，実験開始5分後から温度が低下したのは，鉄がすべて酸素と反応して酸化鉄になってしまったからである。

(3) P…反応が始まると，フラスコ内の酸素が鉄との反応に使われて減るため，フラスコ内の圧力は低くなる。そのため，ガラス管内の水の高さはビーカーの水面より高くなる。
Q…実験2では実験1よりも温度上昇が小さかったことから，反応が続いた時間は短かったと考えられる。
R…ゴム栓をはずした後，フラスコ内の温度が再び上がったのは，未反応で残っていた鉄粉が，フラスコ内に新たに入りこんだ空気にふくまれる酸素と反応したからである。

重要 (4) 化学変化の前後で，原子の組み合わせは変化するが，種類と数は変化しないので，化学反応式の矢印の左右で原子の種類と数は等しくなる。プロパン$C_3H_8$1つにふくまれる炭素原子Cの数は3，水素原子Hの数は8，二酸化炭素分子$CO_2$1つにふくまれる炭素原子Cの数は1，水H_2O1つにふくまれる水素原子の数は2であることから，二酸化炭素分子は3つ，水分子は4つであることがわかる。また，二酸化炭素分子3つにふくまれる酸素原子Oの数は $2\times3=6$，水分子4つにふくまれる酸素原子Oの数は $1\times4=4$ より，酸素原子は合計10あることがわかり，酸素分子$O_2$1つにふくまれる酸素原子の数は2だから，酸素分子は5つあることがわかる。よって，化学反応式は$C_3H_8+5O_2\rightarrow3CO_2+4H_2O$と表せる。

8 (運動とエネルギー―エネルギー，仕事)

重要 (1) 小球を等しい高さから静かに放したとき，小球の高さは低い位置にあるほど速くなる。よって，コースⅠとⅡで同じ高さである点Qにおける速さは等しくなる。また，コースⅠとコースⅡで，水平面Xは，コースⅠのほうが高い位置にあって通過時の速さがおそいため，コースⅠのほうが点Qに到達するまでにかかる時間は長くなる。

基本 (2) 質量800gの物体Yにはたらく重力の大きさは8Nであることから，図2のAで物体Yを引き上げるのに必要な力の大きさは8Nである。よって，仕事率は $8(\mathrm{N})\times0.3(\mathrm{m})\div5(\mathrm{s})=0.48(\mathrm{W})$

重要 (3) 動滑車を1個用いると，必要な力の大きさは半分になるが，糸を引く長さは2倍になる。よって，物体Yを30cm＝0.30m引き上げるとき，糸は $0.30(\mathrm{m})\times2=0.60(\mathrm{m})$ 引く必要がある。

(4) Bでは動滑車を1個用いているので，力の大きさはAのときより小さくなる。また，糸を引く長さが長くなるためモーターが糸を引いている時間も長くなるため，仕事の能率を示す仕事率は小さくなる。

★ワンポイントアドバイス★

全問がマークシート方式で，難易度はそれほど高くないが，小問1つに複数の解答が必要であったり，条件設定にやや複雑なものがあるなど，試験時間の設定は厳しいので，すばやく正確に解答できるように練習を重ねておこう。

＜社会解答＞ 《学校からの正答の発表はありません。》

1 (1) エ　(2) ウ　(3) ア　(4) B オ　D ア
2 (1) ア　(2) ウ　(3) エ　(4) ① エ　② オ
3 (1) エ　(2) ウ　(3) ア　(4) イ
4 (1) ウ　(2) イ　(3) イ　(4) エ　(5) Ⅰ ア　Ⅱ エ
5 (1) ウ　(2) ウ　(3) イ　(4) ア　(5) エ
6 (1) カ　(2) イ　(3) エ　(4) ウ　(5) イ
7 (1) ウ　(2) ア　(3) イ
8 (1) ウ　(2) ア　(3) オ

○推定配点○

1 (4) 各2点×2　他 各3点×3　2 (4) 各2点×2　他 各3点×3
3 各3点×4　4 (5) 各2点×2　他 各3点×4　5 (5) 2点　他 各3点×4
6 (5) 2点　他 各3点×4　7 各3点×3　8 各3点×3　計100点

＜社会解説＞

1 (総合―世界の国々の気候・貿易・歴史など)

重要 (1) ブラジル(B)・ロシア(R)・インド(I)・中国(C)・南アフリカ(S)の総称。アはアジア太平洋経済協力会議，イは世界貿易機関，ウは新興工業経済地域。

(2) 第1次世界大戦のきっかけとなったサラエボ事件(1914年)→ファシズムの先駆けとなったムッソリーニ(1922年)→第2次世界大戦へとつながっていった世界恐慌(1929年)。

(3) 1960年はアフリカで17の新興国が独立(アフリカの年)，冷戦終結(1989年)後はソ連の崩壊をはじめ東ヨーロッパで多くの独立国が誕生，Zはヨーロッパ。

(4) 輸出の70%を銅が占めるモノカルチャー経済のザンビア，原油や天然ガスの世界的な産地であるロシア。Aは大韓民国，Cはドイツ，Eはブラジル。

2 (日本の地理―地形図・自然など)

(1) 周囲の県は北から時計回りで新潟・群馬・埼玉・山梨・静岡・愛知・岐阜・富山。

(2) Ⅰ 1968年日本に復帰，自衛隊や気象観測の関係者が駐在。 Ⅱ 200海里の排他的経済水域は約370km。370×370×3.14＝429866(㎢)。沖ノ鳥島は日本の最南端。

基本 (3) 降雪による冬季の降水量に着目(Bの秋田)。アは釧路(A)，イは那覇(D)，ウは高松(C)。

(4) ① 0.5㎢と考えると1km×0.5km，1km(100000cm)÷25000＝4(cm)。 ② 市役所(◎)は北東，直線距離は8cm(2km)以上，広葉樹(Q)や果樹園(ọ)はあるが針葉樹林(Λ)はない。

3 (地理―地図・世界の国々など)

重要 (1) Ⅰ 地球の1周は約40000km。 Ⅱ 太平洋の中央には日付変更線が存在。

(2) Ⅰ 地中海性気候は夏に乾燥し雨は冬に多い。 Ⅱ スペインの植民地であったチリは国民の7割以上がメスチソでキリスト教徒が8割以上を占めている。

(3) Cは世界1のカカオの生産国・コートジボワール，Dは茶の輸出世界1のケニア。

(4) 人口が最少のオーストラリアの人口密度はわずか3人程度。人口増加数はインド・中国の順，中国の自動車保有は20台以下，国民総所得も1万ドル以下，オーストラリアの自動車保有台数は60台以上，国民総所得も5万ドル以上。

4 (日本と世界の歴史—古代～中世の政治・社会・文化史など)

(1) Ⅰ 吉野ケ里遺跡は邪馬台国をほうふつさせる弥生時代の遺跡。 Ⅱ 縄文時代は縄文海進と呼ばれる温暖な気候で，三内丸山は最盛期には500人以上が定住していたといわれる。

(2) 後漢の光武帝が奴国王に授けたとされる金印は江戸時代に志賀島から出土した。

(3) 平城京は710年～784年。鑑真の来日は754年，古事記と日本書紀は712年と720年，大宝律令は701年，富本銭は7世紀後半に天武天皇が使用を命じたとされる。

(4) Ⅰ 白河上皇は1086年に院政を開始。 Ⅱ 保元の乱で勝利したが平清盛と対立して平治の乱を引き起こし敗走中に殺害された源頼朝の父。

やや難 (5) ローマ帝国は紀元前1世紀後半～4世紀末。十字軍は11世紀末～13世紀。イスラム教は7世紀前半，仏教は紀元前5世紀ごろ，ルネサンスは14～16世紀，高麗は10世紀前半～14世紀末，古代ギリシアのポリスは紀元前10世紀～8世紀ごろ。

5 (日本の歴史—中世～近世の政治・経済・文化史など)

(1) 承久の乱(1221年)→御成敗式目(1232年)→元寇(1274年・81年)→永仁の徳政令(1297年)。

(2) 雪舟は明に渡って水墨画を大成，観阿弥父子は義満の庇護(ひご)の下で能楽を大成，東求堂は義政の建立した銀閣の持仏堂。Ⅰは鎌倉，Ⅳは平安，Ⅴは桃山文化。

(3) 1592年は文禄元年，1597年は慶長3年。文永，弘安の役は元寇。

重要 (4) 将軍の代替わりごとに発布された大名を統制する政策。古くからの家来は譜代，関ケ原以降は外様，幕府の領地は全国の4分の1，京都に置かれたのは京都所司代。

(5) 石見・生野銀山，足尾・別子銅山，佐渡・伊豆金山。

6 (日本と世界の歴史—近～現代の政治・外交史など)

(1) 日英通商航海条約，日米通商航海条約の締結で不平等条約の改正に成功。

(2) Ⅰ(1867年12月)→Ⅲ(1868年1月)→Ⅱ(1868年3月)→Ⅳ(1869年5月)の順。

(3) ドイツは山東半島を中心に勢力を伸長。Aは日本が勢力範囲としたリャオトン半島。

重要 (4) 農村における地主と小作の封建的な関係が軍国主義の温床としてその改革を迫った。一定以上の農地を政府が強制的に買い上げ小作人に安く売却した。

(5) Ⅰは1973年，Ⅳは1964年。朝鮮戦争は1950～53年，バブル景気の崩壊は1990年代初頭。

7 (公民—憲法・世論調査の読み取りなど)

重要 (1) Ⅰは人権を保障するための請願権，Ⅱは身体の自由，Ⅵは経済活動の自由。

(2) Ⅰ 市民感覚を司法に導入する目的で取り入れられた制度。 Ⅱ 3人の裁判官と6人の裁判員の合議で有罪や無罪，量刑を決定する。

(3) 大都市では「満足」が8.0%，「やや満足」が50.9%，全体では7.2%と48.0%，町村では「不満」が13.2%，「やや不満」が35.1%，全体では12.0%と32.3%。39歳未満では「不満」の割合が最低，性別では男性の「やや不満」と「不満」の合計45.1%に対し女性は43.6%，40～49歳の「満足」と「まあ満足」の合計は49.6%と50%を下回っている。

8 (公民—企業・労働基本権・地球環境など)

(1) 株主が出席できるのは株主総会，責任は出資金の範囲内。

(2) 労働三法は労働基準法，労働組合法と労働関係調整法，男性の育児休業の取得率は14%程度，非正規労働者の割合は増えているがそれでも4割程度。

やや難 (3) 地球サミット(1992年)→京都議定書(1997年)→パリ協定(2015年)。

★ワンポイントアドバイス★

世界の歴史に関してはあまり触れることがないのでこれを苦手とする受験生も多い。まずは日本との関連の中からその流れをつかんでいこう。

<国語解答> 《学校からの正答の発表はありません。》

一　問一　a 2　b 4　c 1　問二　ア 4　イ 3　ウ 1　問三　2
問四　2　問五　3　問六　1　問七　2　問八　2　問九　4　問十　4
問十一　1　問十二　2

二　問一　a 4　b 2　c 1　問二　ア 4　イ 1　ウ 2　問三　2　問四　1
問五　4　問六　2　問七　2　問八　1　問九　3　問十　4

三　問一　4　問二　4　問三　1　問四　2　問五　3　問六　4　問七　1
問八　3　問九　2

○推定配点○
一　問一～問三・問七　各2点×8　他　各3点×8　二　問一・問二・問四　各2点×7
他　各3点×7　三　問一・問七　各2点×2　他　各3点×7　計100点

<国語解説>

一 (論説文－漢字，脱文・脱語補充，接続語，文と文節，文脈把握，内容吟味，要旨)

問一　a　重宝　1 奉納　2 宝石　3 豊年　4 模倣
　　b　語源　1 削減　2 限界値　3 幻想　4 水源地
　　c　退官　1 器官　2 肝要　3 突貫　4 看過

問二　ア　直前に「手に入るまでに数週間から数ヵ月かかりました」とあり，直後で「本の価格も高かったので……」と付け加えているので，累加を表す「その上」が入る。　イ　直前に「何ページから引用したということをはっきりと書かなければなりません」とあり，直後には「ページ番号が書かれている本はほとんどない」とあるので，逆接を表す「それなのに」が入る。　ウ　直前に「速読」とあり，直後には「私は彼が本当に本を読んで内容を理解しているのか知りたいと思って」とあるので，順接を表す「そこで」が入る。

問三　【B】の直前に「辞書が重いことを講義に出ないことの口実にしていたわけではありません」とあり，「辞書が手元にないと読めないのです」とつながるのでBに補うのが適切。

問四　2は，冒頭に「電子辞書は……買ったことを忘れてしまう……。目に見えるところに本がないと，買ったことを忘れてしまうことがあるのです」とあることと合致しない。

問五　同様のことは，これより前，「このように……」で始まる段落に「電子書籍にページ番号がついていなくて，今どのあたりを読んでいるのかがわかりにくいというのは，私たちの人生のようだともいえます」と述べられているので3が適切。

問六　電子辞書について「検索は圧倒的に速く，……複数の辞書で同じ言葉を調べることも可能です」とした上で，紙の辞書の長所について「検索しない言葉にも思いがけず出会い，……その意味を知り覚えることができる」と説明されているので1が適切。2の「多くの言葉を一度に覚えられる」，3の「他の言葉に気をとられ時間がかかる」，4の「紙の辞書で調べることをくり返すと検索時間はかからなくなる」は，本文の内容と合致しない。

問七 「辞書に／出ない／ことの／口実に／して／いた／わけでは／ありません」となる。

問八 直後に「『引く』なら一瞬ですから一日に数えきれないほど何度も引いています。……『読む』というのであれば，今でもなかなかできないことだと思います」と説明されている。「読む」は，一瞬で引くことにできる「検索」とは対照的な行為であるとしているので，「確認」ではなく「内容を理解しようとすること」とする2が適切。

問九 筆者の考えは，この後，「今の……」で始まる段落に「今の世の中，何でも経済効果，対費用効果などといって，役に立つものとそうでないものを峻別しようとしますが，このような弊害が学問の世界にまで及んできていたわけです。大学が古典語を学ぶ機会をなくしてどうするのか」とあり，続いて「大学は実用的なことを学ぶところではありません。役に立たない文科系の学問など必要でないと考える無知な政治家のために学問の自由が脅かされています」とあるので4が適切。1の「卑怯な手段」，2の「方針転換」，3の「経済的損失」については本文に述べられていない。

問十 直前に，「(月謝は)たぶん取っておられないと思う」「そんな甘い話があるはずがない」というやりとりをふまえているので，4が適切。

問十一 「速読」について，「(内容を)まったく理解していないことがわかりました」とあり，「結論だけを理解してもあまり意味がありません。……長い話は短い話にしなかった必然性があったはずなのです」としているので，「空虚な読書の仕方」とする1が適切。

問十二 1の「ページ番号を書くことが少なくなった」，3の「著者が費やした時間と同じかそれ以上の時間をかけて読まないと」は，本文の内容と合致しない。4は「私にとって遅読というのは読書会や大学の講義でテキストを長い時間かけて読むこと」とあることと合致しない。2は，本文に「紙の辞書は使い込むと勉強したと思えますが，電子辞書はいつまでも新しくそのような感覚を持つことはできません」とあることと合致する。

二 (小説－熟語の構成，語句の意味，慣用句，情景・心情，品詞・用法，脱文・脱語補充，大意)

問一 a 「遅刻」は，下が上の目的語になる構成。1は，上が下を修飾する構成。2は，似た意味を重ねる構成。3は，打消しの意味を上につける構成。4は，下が上の目的語になる構成。 b 「正門」は，上が下を修飾する構成。1は，意味を添える語を下につける構成。2は，上が下を修飾する構成。3は，下が上の目的語になる構成。4は，反対の意味を重ねる構成。 c 「勧誘」は，似た意味を重ねる構成。1は，似た意味を重ねる構成，2・3は，上が下を修飾する構成。4は，反対の意味を重ねる構成。

問二 ア 「音を上げる」は，つらさや苦しさに耐えられず泣き言を言うこと。 イ 「顛末」は，事の始めから終わりまでの事情，という意味。 ウ 「不敵」は，大胆で恐れることがないこと。「大胆不敵」などと使われる。

やや難 問三 この時の歩の様子は，「(三人の)話について行けず黙っている」「取り残されたような気分のまま佇んでいる」というもので，「気分は最悪だが，陽気だけはいい」とあるので，2が適切。1の「あせりや不安」，3の「前向になる」，4の「敵のように」は適切でない。

問四 「機会すらない」の「ない」は，有無を意味する形容詞。1は形容詞。2は「で(助動詞)」に接続する助動詞。3は，動詞の未然形「怖がら」に接続する助動詞。4は，形容詞「おぼつかない」の一部。

問五 直後に「『半年，まともに走ってないとしたら，ちょっと厳しい。……それに，新入生の一番遅い子でもベストタイムは五分を切ってたからなぁ……』」とあるので4が適切。

やや難 問六 直前に「邪魔だから，どいてろ，そう言われたようなものだった」「納得できない」「腹に据えかねる」「……このまま一緒にいると，その怒りを畑谷さんにぶつけてしまいそうだ。苦しい」「もう何も聞きたくない」とあるので2が適切。厳しい現実を知って自分の実力のなさが情けなく，やり場のない怒りを感じ，畑谷さんに感情をぶつけたりしないよう，その場を離れたのである。

問七　A　前に「高瀬先生なら……入部させてくれるかもしれない」という畑谷さんの言葉があるが，直前では「『最近，高瀬先生は部活に顔を出さなくなって……』」と言っているので，「膨らんだ期待が萎んでゆく」が入る。 B　直後の「『私，あなたを知っているよ』」という口調を指すので，「くだけた口調になる」が入る。 C　直後の「――え？　なん？」という驚きや戸惑いの様子を表すので，「息を呑む」が入る。

問八　直前の「『知っとるよ。確か全国大会では，優勝した学校のインタビューの後にゴールしとったね』」という歩の言葉への反発をあらわにする様子なので1が適切。

やや難 問九　直前に「畑谷さんは傍で一緒に走って，熱意を見せればいいと教えてくれた。尻込みしている場合ではなかった。僅かでも可能性があるなら賭けてみたい」と，あゆみの意気込みが示されているので，「頑張ってみよう」とある3が適切。

問十　1の「(工藤ちゃんが)距離を置いている」，2の「悩みを母親に打ち明けた」，3の「(後藤田先生の)強引な人がらに疑問」は，本文の内容と合致しない，4は，畑谷さんの言葉に「高瀬先生なら……入部させてくれるかもしれない」とあり，栞の言葉に「面白い先生よ。……県内の有力選手に声をかけてたんだけど，最初は全然あいてになれなくて苦労したって」とあることと合致する。

三　(古文－会話文，指示語，文脈把握，内容吟味，口語訳，動作主，語句の意味，大意)

〈口語訳〉　旅人が宿を探していたところ，大きな家で，荒れ果てた様子の家があったので，立ち寄って，「ここに泊まらせていただけないでしょうか」と言うと，女の声で，「いいですよ。お泊りください」と言ったので，一行は馬から降りて腰を下ろした。屋敷は大きいけれど，人の気配はない。ただ女が一人だけいるようである。

こうして，夜が明けたので，食事をして，出立しようとしていると，この家の女が出てきて，「外出なさってはいけません。ここにいてください」と言う。「どうしたことか」と聞くと，「あなたは，金千両もの金を借りた。その返済をしてから出て行ってください」と言ったので，この旅人の従者たちは笑って，「そんなはずはない。言いがかりであるようだ」と言うと，この旅人は，「しばらく(お待ちください)」と言って，また馬から降りて，皮籠を取り寄せて，幕を引きめぐらし，少し間を置いて，この女を呼ぶと，女は出て来た。

旅人が「あなたの親は，ひょっとして易の占いということをしていましたか」と尋ねると，(女は)「さあ，そのようなことはどうでしょう。(でも)あなたのなさったようなことはしておりました」と言ったので，「そうでしょう」と言って，「では，どうして，『(あなたには)千両の借金がある，その返済をせよ』などと言うのですか」と聞くと，「私の親が亡くなった折に，この世で生きて行くために必要な物などを与えて，申すことには，『今から十年経って，その月に，ここに旅人が来て泊まろうとする。その人は，私の金千両を借りている人である。その人にその金をもらいなさい。それまでは，生活に困った時には(親の残した物を)売って生活しなさい』と申したので，今までは，親が残してくれた物を少しずつ売って生活していましたが，今年になって売る物がなくなってしまい，私の親が言った月日が早く来てほしいと待っていましたところ，今日になり，(あなたが)いらしてお泊りになりましたので，(親から)お金を借りた人だと思って申し上げたのです」と言うと，「お金のことは本当です。そのようなことはあるでしょう」と言って，女を片隅に連れて行って，他の人には言わず，柱を叩くと，中が空洞になっているような音がするところを指して「さあ，この中に(あなたの親が)おっしゃった金はありますよ。開けて，少しずつ取り出してお使いなさい」と教えて，出て行った。

この女の親は，占いの名人で，この女の様子を考えて，今，十年経って，(まさに)貧しくなろうとしている，その月日に易の占いをする男が来て泊まろうとすると考えたのである。その前にこんな金があると言ってしまったら，早いうちに取り出して使い果たしてしまうだろう。貧しくなって，売る物もなくなっては困るだろうと思って，このように言って聞かせて，(親が)死んだ後にも，この家を売らずに，今日を待ち続けて，この旅人に(返済を)催促すれば(と考えたのである)。この旅人も易の占いをする人だから，わけを知って，占いをして(親の考えを)教えて出て行ったのである。

問一　引用の助詞「と」に着目すると，「～と教へて」の直前までが会話文に該当するとわかる。始まりは，「うつほなる声のする所を」という状況説明の直後の「くは，これが」が適切。

問二　冒頭に「大きやかなる家の，あばれたるがありける」と説明されているので4が適切。

問三　「え」は，後に打ち消し表現を伴って，～できない，という意味になるので，1が適切。

問四　直前に「金千両の負ひ」に対して「～してこそ」としているので2が適切。「わきまへ」には，償い，弁償という意味がある。金千両の借金に対する「返済」である。

問五　前に「『おのれは……そのわきまへしてこそ出で給はめ』」という女の言葉があり，後に「『さても，何事にて，「金千両負ひたる，……」とは言ふぞ』」と疑問を投げかけているので3が適切。「幕引きめぐらして」占いの準備をしたのである。

問六　後に「売りて過ぎよ(売って生活しなさい)」とあるので，「あるべき物」とは，生活に必要な物，という意味であるとわかる。

問七　前に「旅人問ふやうは……」とあるので，女を部屋の隅に引いて行ったのは，女に金のありかを教えようとしている「旅人」。

問八　「わけ」とは，直前の「この女の親の……と思ひて」を指すので3が適切。親が亡くなった後，残された娘が財産を減らすことなく生きてゆくための方法である。

問九　2は，本文に「うつほなる声のする所を，くは，これが中に，のたまふ金はあるぞ，あけて，すこしずつ取り出でて使ひ給へと教へて，出でて去にけり」とあることと合致しない。

★ワンポイントアドバイス★

本文をていねいに読んで，よく練られた選択肢の中から正答を選び出す練習をしておこう！読解に組み込まれる形で幅広く出題される国語知識は，確実に得点できる力をつけよう！

大切なことはメモしておこうネ！

T.G

2022年度

★★★★★★★★★★★★★★★★★★★★★★★

入　試　問　題

2022年度

専修大学松戸高等学校入試問題（前期１月17日）

【数　学】（50分）　＜満点：100点＞

【注意】１．解答は解答用紙の解答欄にマークしなさい。問題文中の［アイ］，［ウ］などの［　］には，特に指示がないかぎり，数値が入ります。これらを次の方法で解答用紙の指定欄に解答しなさい。

注１．ア，イ，ウ，…の一つ一つは，それぞれ０から９までの数字のいずれか一つに対応します。それらを，ア，イ，ウ，…で示された解答欄にマークしなさい。

例えば，［アイ］に10と答えたいとき，右図のようにマークしなさい。

注１

ア	イ
⓪	●
●	①
②	②
③	③
④	④
⑤	⑤
⑥	⑥
⑦	⑦
⑧	⑧
⑨	⑨

注２．分数形で解答が求められているときは，既約分数で答えなさい。

例えば，$\dfrac{\boxed{ウエ}}{\boxed{オ}}$ に $\dfrac{25}{3}$ と答えるところを $\dfrac{50}{6}$ と答えてはいけません。

注３．比の形で解答が求められているときは，最も簡単な自然数の比で答えなさい。

例えば，２：３と答えるところを４：６と答えてはいけません。

注４．根号を含む形で解答が求められているときは，根号の中に現れる自然数が最小となる形で答えなさい。

例えば，$\boxed{カ}\sqrt{\boxed{キ}}$ に $4\sqrt{2}$ と答えるところを $2\sqrt{8}$ と答えてはいけません。

２．定規，コンパス，電卓の使用は認めていません。

［１］　次の問いに答えなさい。

(1)　$(\sqrt{24}-\sqrt{80})(\sqrt{5}+\sqrt{3}\div\sqrt{2})$ を計算すると，$-$［アイ］である。

(2)　x，yについての連立方程式 $\begin{cases} ax-by=16 \\ (a+b)x+(a-b)y=44 \end{cases}$ の解が $x=-2$，$y=3$ になるとき，

$a=$［ア］，$b=-$［イ］である。

(3)　２次方程式 $2x^2-x-21=0$ の２つの解を m，n $(m>n)$ とするとき，$\dfrac{m}{n}=-\dfrac{\boxed{ア}}{\boxed{イ}}$ である。

(4)　関数 $y=\dfrac{1}{3}x^2$ について，$-a-2\leqq x\leqq a$ のとき，$0\leqq y\leqq 27$ である。

このとき，$a=$［ア］である。

(5)　$\sqrt{2n-1}$ の値が１けたの整数となるような自然数 n の個数は［ア］個である。

(6)　次のページの図のように，△ABCの辺AB，BC上に，２点D，Eを，AD：DB＝２：３，BE：EC＝２：１となるようにそれぞれとる。

点Dを通り辺BCに平行な直線と，点Eを通り辺ABに平行な直線との交点をFとし，線分DFと辺ACとの交点をGとする。

このとき，DG：GF＝［ア］：［イ］である。

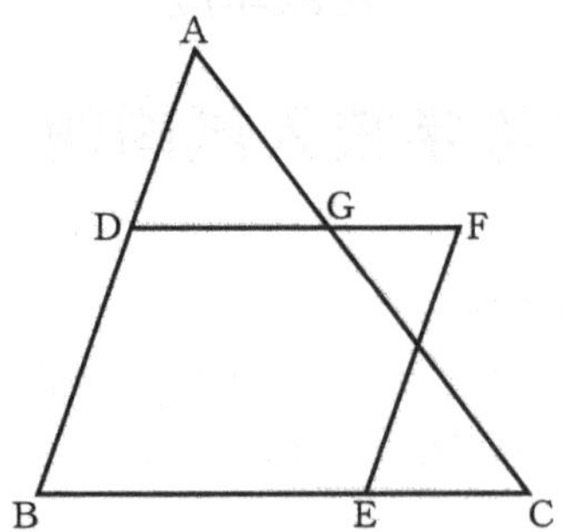

2 次の問いに答えなさい。

(1) ２つの続いた３の倍数の間にある２つの整数を m，$n(m < n)$ とする。
例えば，２つの続いた３の倍数が３，６のとき，$m = 4$，$n = 5$ である。
m と n の積をＰ，m と n のそれぞれの２乗の和をＱとする。

① Ｑ－Ｐの値を９でわって商を整数で求めたときの余りは，［ア］となる。

② Ｑ－Ｐの値が３けたの整数で最小となるのは，$m =$［イウ］，$n =$［エオ］のときである。

(2) あるクラスの生徒40人が数学の小テストを行った。
問題はすべて１問２点で全部で５問あり，満点は10点である。
このときの結果について，以下のことがわかっている。

・10点の生徒が４人，２点の生徒が３人いて，０点の生徒はいなかった。
・中央値は６点，第１四分位数は５点，第３四分位数は８点であった。

① ４点の生徒の人数は［ア］人である。

② ８点の生徒が６点の生徒より４人多いとき，８点の生徒の人数は［イウ］人である。

3 右図のように，放物線 $y = \frac{1}{2}x^2$ のグラフ上に４つの点Ａ，Ｂ，Ｃ，Ｄがある。
四角形ABCDはAD // BCの台形である。
点Ａの座標は（－４，８），点Ｂの座標は（－２，２）である。
また，点Ｃは y 軸について点Ａと対称な点である。

(1) 点Ｄの座標は，（［ア］，［イウ］）である。

(2) 台形ABCDの面積は，［エオ］である。

(3) 直線ADと y 軸との交点をＥとする。
点Ｅを通る直線が台形ABCDの面積を２等分するとき，
この直線の式は，$y = -$［カ］$x +$［キク］である。

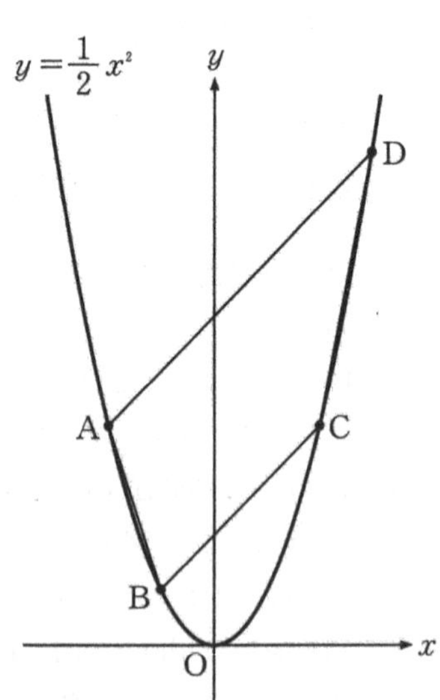

4 下図のように，AB＝４㎝を直径とする円Ｏの中心をＯとする。
円Ｏの周上に，∠AOC＝60°となるような点Ｃをとり，点Ｂにおける円Ｏの接線と直線COとの交点をＤとする。
また，線分ADと円Ｏとの交点をＥとする。

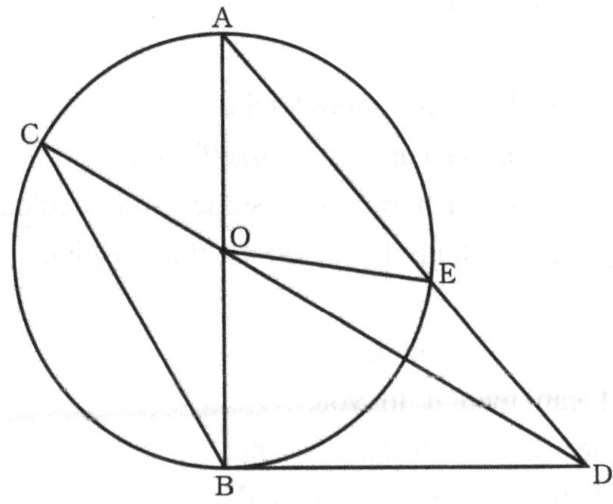

(1) BC＝ $\boxed{ア}\sqrt{\boxed{イ}}$ ㎝である。

(2) 点Ｂと直線ADとの距離は，$\dfrac{\boxed{ウ}\sqrt{\boxed{エオ}}}{\boxed{カ}}$ ㎝である。

(3) △ODEの面積は，$\dfrac{\boxed{キ}\sqrt{\boxed{ク}}}{\boxed{ケ}}$ ㎝²である。

5 右図のように，AB＝８㎝，BC＝５㎝，AE＝10㎝の直方体ABCD－EFGHがある。
辺AE上に点ＰをPF＝BFとなるようにとる。

(1) AP＝ $\boxed{ア}$ ㎝である。

(2) △PFGの面積は，$\boxed{イウ}$ ㎝²である。

(3) 頂点Ｇと直線PBとの距離は，$\sqrt{\boxed{エオカ}}$ ㎝である。

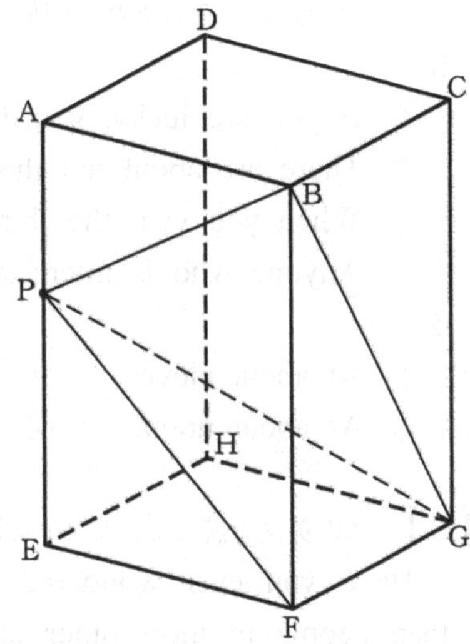

【英　語】（50分）　＜満点：100点＞

※リスニングテストの放送台本は非公表です。

【１】 リスニング試験

1．それぞれの対話を聞いて，最後の発言に対する最も適切な応答を１つ選び，その番号をマークしなさい。対話はそれぞれ２回放送されます。

(1)

① Thank you very much. You should take some.
② Thanks a lot. Take good care of yourself, too.
③ Thank you very much. I'll buy you some cold medicine today.
④ Thanks a lot. I don't think I can go to the hospital.

(2)

① I'm sorry. I've already read it.
② No problem. I can lend it to you.
③ Oh, I like movies, too. I'll read it later.
④ Is it? I've already seen the movie with my family.

(3)

① Yes. He lives in Niigata, so we met at the station first.
② Yes. He's from Nagano, but he cannot drive a car.
③ No. He lives there. He visits his aunt every summer.
④ No. He was staying in Nagano because of his job.

2．英文を聞いて，後に続く質問の解答として最も適切なものを１つ選び，その番号をマークしなさい。英文と質問はそれぞれ２回放送されます。

(1)

① If you are lucky, you'll see photos taken by famous artists.
② There are about ten thousand paintings in the museum.
③ When you visit the third room, you'll see many statues of animals.
④ Anyone who is interested in nature should go to the second room.

(2)

① At about eleven.　② At about eleven thirty.
③ At about noon.　④ At about twelve thirty.

【２】 次の英文を読んで，以下の問題に答えなさい。

Have you ever wondered why we Japanese people are healthier, *on average, than people in most other countries? For example, according to one study, only 3-4% of the Japanese population is very *overweight, though about 30% of people in the United States are very overweight. Also, people in Japan live a lot longer on average.

What is so different? Is it *genetics, culture, lifestyle, or something else? I think it is a combination of these things, but *mostly lifestyle. Our lifestyle includes our *diet and our daily activities. There are many things we could *compare, but let's think about a few of the most important ones.

Let's first think about some differences in the diets of an average American young adult and an average Japanese young adult. For breakfast, the American might have cereal with milk, orange juice, and toast. If it's a big breakfast, they might also have eggs and bacon. These days Japanese people eat bread for breakfast more often, but many of them don't drink orange juice. They drink tea or coffee. Miso soup and rice are still very common breakfast foods. ［①］ Both the American and Japanese breakfasts might be healthy, but the American breakfast often has too much sugar. Fruit juice tastes good and has a lot of *nutrients, but it also has a lot of sugar. Cereal and bread have a lot of sugar, too. Of course, the average American breakfast isn't as (1) as various foods many people eat and drink during the rest of the day.

It is more difficult to compare "average" lunch and dinner menus because there is much more *variety, so instead let's think about drinks. Many people believe one of the keys to Japanese good health is tea, especially green tea. It seems many Japanese people drink green tea several times a day. It has no calories, and it has many things for good health. More and more Americans are starting to drink green tea, also, but there is another kind of drink that is very popular in America and also very bad for their health: soda. Sweet sodas are like candy. ［②］ These drinks taste good, and it is easy to drink them too often, without thinking about all the sugar and calories they contain. Americans enjoy drinks with too many calories. Many people believe that is one of the biggest reasons for the American health problem of being overweight. If everyone in America drank green tea (2), they would be much healthier!

About food, we can say that Japanese food is healthier on average because it includes more fish and vegetables and less bread, but that may be changing. Japanese people also eat a lot of meat and fried foods, and the traditional, healthy Japanese diet seems to be less popular. ［③］ However, there is still one major difference: *portion size. Japanese portion sizes are smaller, so people have eaten less at each meal since they were children. They usually also eat more slowly. For that reason, they can *digest their food and feel full, so they don't eat (3). The average daily *intake of calories in Japan is much lower than in America, and this is one big reason.

One more, very important thing for Japanese health is daily exercise.

(4)

ア. But in Japan, many people usually walk, ride bikes, and take buses and trains.

イ. Walking is a very simple thing that we always do without thinking about it.
ウ. Many Americans drive everywhere, *even if they are just going to the nearest store.
エ. Even if they don't do regular exercise like jogging or swimming, many Japanese people do enough exercise just by going to work or school every day.

But actually walking a lot every day is very good for our health.

Finally, it's not good for us to sit down too long. We should try to stand up and move around at least once every hour. These days, many people wear smartwatches. These smartwatches can remind us to stand up and move around when we have been sitting for too long. [④] Also, standing desks have become very popular. They are desks that allow us to stand up while we are working. Even if many people who sit at desks all day feel good and are working hard, it is not good for their health. Using standing desks helps us finish our work and be healthier at the same time.

There are many other things to think about, but we should all try to drink fewer calories, eat smaller portions, and stand up and walk around more! If we do these (5) things, we will be healthier.

（注） *(on) average 平均（して） *overweight 太り過ぎの *genetics 遺伝的な特徴
*mostly 主に *diet 食事 *compare 比較する *nutrient 栄養素 *variety 種類
*portion １人分の量 *digest ～ ～を消化する *intake 摂取量
*even if ～ たとえ～としても

問１ 空欄（１）に入れるのに最も適切なものを①～④から１つ選び，その番号をマークしなさい。

① low ② small ③ bad ④ high

問２ 空欄（２）に入れるのに最も適切なものを①～④から１つ選び，その番号をマークしなさい。

① with a lot of calories ② instead of sweet soda
③ once a week ④ without lunch and dinner

問３ 空欄（３）に入れるのに最も適切なものを①～④から１つ選び，その番号をマークしなさい。

① too many ② less ③ a little ④ too much

問４ [(4)] 内のア～エの文を文脈が通るように並べかえたとき，順番として最も適切なものを①～④から１つ選び，その番号をマークしなさい。

① アーウーイーエ ② アーエーイーウ ③ ウーアーエーイ ④ ウーエーアーイ

問５ 空欄（５）に入れるのに最も適切なものを①～④から１つ選び，その番号をマークしなさい。

① simple ② exciting ③ hard ④ boring

問６ 次の英文を入れるのに最も適切な位置を，本文中の [①] ～ [④] から１つ選び，その番号をマークしなさい。

This is very helpful for some people.

問７　本文の内容に合うものを①～④から１つ選び，その番号をマークしなさい。

① Only 3-4% of the Japanese population live much longer, on average, than people from other countries.

② There is a variety of differences between Japanese and American lifestyles.

③ Japanese food is healthier because all Japanese people drink green tea at meals.

④ It is not good for us to sit at desks and work hard even for only a short time.

問８　本文の内容について，⑴，⑵の質問に対する答えとして最も適切なものを①～④からそれぞれ１つずつ選び，その番号をマークしなさい。

⑴ What is NOT true about the diets of average Japanese and American young adults?

① These days, many Japanese young adults have more bread for breakfast, and they have tea or coffee, too.

② The American breakfast may be healthy, but it often has too much sugar.

③ There are a greater number of foods for lunch and dinner on average.

④ Japanese people have green tea without thinking about all the sugar and calories it contains.

⑵ What should we Japanese do if we want to be healthier?

① We should have not only miso soup and rice, but also meat and fried fish.

② We should try to have drinks with fewer calories like sweet sodas.

③ We should eat smaller portions and the traditional, healthy Japanese diets.

④ We should stand up and walk around at least once a day.

【３】 次の英文を読んで，以下の問題に答えなさい。

Everyone knows that friends are very important. People often make friends at school or at their jobs, but sometimes we make friends in *unexpected places.

Many years ago, I was planning to go on a camping trip. It was to another island in Japan. I was going to take a ferry and then a train to the camping ground to meet some friends, and some new people from other parts of Japan. I was very excited. My Japanese wasn't very good yet, but I could communicate well enough to *get around.

While I was getting ready to plan my ferry and train schedule, I got a phone call from someone I didn't know. Her name was Patty. She was also planning to join the camping group, but【　　　⑴　　　】She wanted to travel with me because she wanted to get to the right place. I was happy to help, and I felt a little proud that I was able to do something useful for someone with my Japanese communication skills. So I agreed to plan the whole trip and allow her to join.

I bought two ferry tickets, and planned to catch the train near the ferry port late at night. I thought that a train would take a long time, but it would take us very close to the camping area. When I called Patty, she said she would meet me at the ferry port. Everything was going well. I packed my bags with clothes, some books, and even some games to play with everyone at the camp. I was looking forward to the ferry, to the train, and to seeing new places in Japan. And I was looking forward to making a new friend on the way. But things did not go as planned.

When I finally met Patty, 【 (2) 】 It was difficult for me to *get along with her. I even thought her clothes looked strange. She was a good person, but our *personalities were too different. Also, even though we both spoke English, we were from different countries and it was sometimes difficult for me to understand her accent. We did not really *argue, but we did not enjoy traveling together. Of course, we were both very glad to arrive at the ferry port, because we were planning to sleep on the train.

*Unfortunately, the trip from the ferry port to the train station took longer than I thought. When we finally arrived, by taxi, our train was leaving the station. It was the last train of the night. I was angry at myself, and I knew Patty was *upset. I felt really bad and said sorry to her many times.

Patty and I had to wait about five or six hours until the next train. We decided to go to a 24-hour restaurant instead of spending a lot of money for hotel rooms. I was not excited about that six hours, but I knew we had to wait. I thought, “All this happened because I didn’t plan more carefully.” I felt bad. But I tried to be positive, because I didn’t want to upset Patty any more.

When Patty and I walked into the restaurant, things immediately got better. There was a group of young people, and they were very kind to us. They could even speak English! Patty looked really happy. Some of them talked with Patty, and some of them talked with me. After a while, she became so sleepy that she put her head on her arms and slept at the table. We all agreed to let her sleep.

After that, I continued enjoying the time with my new friends. We talked about our jobs, schools, travel experiences, and other things. The time *passed quickly. When it was time to catch the train, we told Patty to wake up, had a cup of coffee, and said goodbye to the group. Patty wasn’t angry at me anymore, and I started to understand her a little better. We got to the camping ground without any trouble, though we were a little late, and we had a great weekend.

This all happened one night, twenty years ago. I became good friends with one of those people in the restaurant. Her name is Harumi, and we still *contact each other! I even went to her wedding, a few years after the camping trip. And recently, my husband and I visited Harumi’s family in Hawaii. I think, “I met Harumi because I made that big mistake in the travel plans for myself and Patty.”

So now I can say I am glad I made that mistake! Sometimes our mistakes become *blessings! Try to remember that the next time you make a mistake.

（注） *unexpected 思いがけない *get around うまく乗り越える
*get along with ～ ～と仲良くする *personality 性格 *argue 言い争う
*unfortunately 不運にも *upset 取り乱して，動揺させる *pass （時が）過ぎる
*contact 連絡を取る *blessing 神様がくれた幸運

問１ 本文の内容について，⑴～⑸の質問に対する答えとして最も適切なものを①～④からそれぞれ１つずつ選び，その番号をマークしなさい。

⑴ Which is the best to put in【 ⑴ 】?
① she didn't have any money.
② she couldn't speak any Japanese.
③ she didn't know my phone number.
④ she didn't want to take a ferry or a train.

⑵ Which is the best to put in【 ⑵ 】?
① I felt so excited. ② I felt lonely.
③ I was very happy. ④ I was a little surprised.

⑶ Why was the writer happy when Patty asked her for help before the camping trip?
① Because she was proud of being able to help Patty through her language skills.
② Because she was looking for someone to go to the camping ground with.
③ Because she thought she should plan the camping schedule with someone.
④ Because she wasn't sure that she could get to the camping area by herself.

⑷ How did the writer go to the camping ground?
① She took a ferry and then a train.
② She took a ferry, walked for some time, and took another ferry.
③ She took a ferry, a taxi, and then a train.
④ She took a ferry and a taxi without taking a train.

⑸ After the writer felt bad at night, what changed the situation?
① Spending time in an expensive hotel room.
② Spending six hours doing nothing.
③ Talking with Patty at a restaurant.
④ Talking with some young people at a restaurant.

問２ 本文の内容に合うものを①～⑧から３つ選び，その番号をマークしなさい。
① There was no problem with the writer's Japanese, so she could communicate very well.
② The writer thought everything went well before meeting Patty, but after that some things didn't go well.
③ Patty met the writer at the ferry port after they got off the ferry.

④ The writer and Patty were looking forward to getting on the train because they were going to sleep there.

⑤ The writer made a mistake about the train time, so she couldn't catch the train.

⑥ The writer said sorry many times at the ferry port, but Patty was still angry when they arrived at the camping ground.

⑦ The writer and Patty didn't enjoy the camping because they were a little late.

⑧ The writer is glad that she made a mistake because she was able to meet Harumi on the way to the camping area.

【４】 次の各文の（　）に最も適する語（句）を①～④から１つ選び，その番号をマークしなさい。

⑴ We help old people (　　　) every week.

① cleaned their rooms　② clean their rooms
③ with clean their rooms　④ with their rooms to clean

⑵ His house is (　　　) yours.

① as large twice as　② larger than twice
③ as twice large as　④ twice as large as

⑶ The boy had no close friends (　　　).

① to talk with　② talked with him　③ to talk　④ talk

⑷ I'll keep studying English (　　　) 8:00 p.m.

① by　② for　③ until　④ on

⑸ If it (　　　) sunny tomorrow, I'll go fishing with my friend

① will be　② be　③ were　④ is

【５】 次の各日本文の内容を表すように，（　）内の語（句）を並べかえたとき，空所 1 ～ 12 に入る語（句）の番号をマークしなさい。ただし，不要な語が１語ずつあります。

⑴ あなたは今日，何回宿題をするように言われたか覚えている？

Do you remember ____ ____ ____ [1] ____ [2] ____ do your homework today?

(① to　② did　③ you　④ many　⑤ were　⑥ how　⑦ told　⑧ times)

⑵ 残念だけど，私は次に何をしたらよいのかわからないわ。

I'm ____ [3] ____ [4] ____ ____ ____ do next.

(① to　② that　③ what　④ know　⑤ don't　⑥ of　⑦ afraid　⑧ I)

⑶ 今朝の地震で妹たちが泣いちゃったんだ。

My sisters ____ ____ ____ [5] ____ [6] ____ morning.

(① happened　② because　③ the earthquake　④ this　⑤ cried　⑥ that　⑦ for　⑧ of)

(4)　２時間後に図書館の前で待ち合わせるのはどう？

Why ＿＿ [7] ＿＿ [8] ＿＿ ＿＿ ＿＿ the library in two hours?

(① of　② don't　③ meet　④ you　⑤ front　⑥ at　⑦ in
⑧ me)

(5)　あなたはそのコーチからどのくらい水泳を教わっているの？

How ＿＿ ＿＿ [9] ＿＿ [10] ＿＿ ＿＿ the coach?

(① swimming　② have　③ learned　④ long　⑤ from　⑥ you
⑦ been　⑧ learning)

(6)　あれはぼくが今までに見た中で二番目に高い塔だよ。

That is ＿＿ [11] ＿＿ [12] ＿＿ ＿＿ ＿＿ seen.

(① have　② I　③ tower　④ taller　⑤ the second　⑥ that
⑦ tallest　⑧ ever)

【6】 次の各文について，下線を引いた部分に誤りのある箇所をそれぞれ①～④から１つずつ選び，その番号をマークしなさい。ただし，誤りのある箇所がない場合は，⑤をマークしなさい。

(1) ①These days, I lost ②a pen given me ③by my grandfather ④on my birthday.
⑤誤りなし

(2) ①If I were you, ②I would go to many countries ③and see many people ④to learn important things.　⑤誤りなし

(3) ①The comics I read last week ②are so popular in Japan ③that they read ④even abroad.　⑤誤りなし

(4) Our teacher ①taught to us ②a lot of difficult math problems, ③so all of us ④are good at math.　⑤誤りなし

(5) ①He almost dropped his cup ②when he learned ③the surprised news ④two days ago.　⑤誤りなし

(6) ①The panda playing with toys ②which is made of wood ③was brought from China ④last year.　⑤誤りなし

【理　科】（50分）　＜満点：100点＞

1　植物のなかまについて調べるため，次の**観察１～３**を行いました。これに関して，あとの(1)～(4)の問いに答えなさい。

観察１

身近な植物のいろいろな特徴を，似ている点や違っている点を手がかりにしてまとめて，次のような**表**を作成した。

表

植物のなかまの名称	コケ植物	シダ植物	**A**	**B**		
				単子葉類	双子葉類	
					C	**D**
植物の名称	スギゴケ ゼニゴケ	イヌワラビ スギナ	イチョウ マツ	ツユクサ ユリ	アサガオ ツツジ	アブラナ サクラ

観察２

ある秋の日にヨモギを観察した。高さは１ｍくらいのものが多く，密集してはえていた。葉はぎざぎざに裂けたような形で，裏返すと少し白っぽく，葉脈は網目状になっていた。たくさんの小さな花が鈴なりのように咲いていて，花弁のつながった花からは毛のようなものが出ており，花粉が飛散する様子も見られた。

観察３

シダ植物のイヌワラビと，コケ植物のスギゴケを観察してスケッチした。**図１**はイヌワラビの葉，茎，根のつき方を，**図２**はイヌワラビの体の一部の断面を，**図３**はスギゴケの雌株を示している。

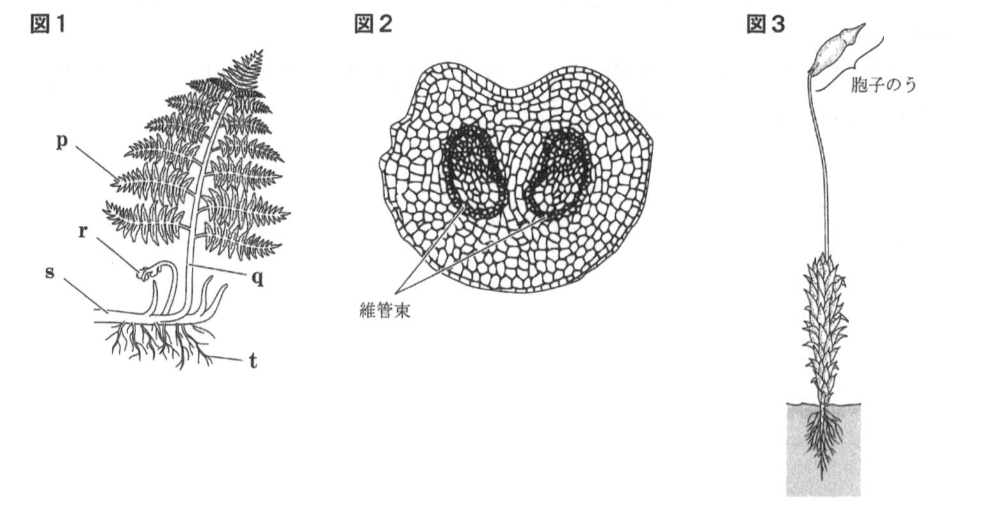

(1)　**観察１**の**表**にある，ＡとＢのふえ方と胚珠（はいしゅ）について述べたものとして最も適当なものを，あとの①～④のうちから一つ選びなさい。

① Aは胞子をつくり，胚珠がむきだしである。Bは種子をつくり，胚珠が子房の中にある。
② Aは胞子をつくり，胚珠が子房の中にある。Bは種子をつくり，胚珠がむきだしである。
③ Aは種子をつくり，胚珠がむきだしである。Bは種子をつくり，胚珠が子房の中にある。
④ Aは種子をつくり，胚珠が子房の中にある。Bは種子をつくり，胚珠がむきだしである。

(2) **観察２**から，**観察１**の表の中でヨモギと同じなかまに属する植物として最も適当なものを，次の①～⑥のうちから一つ選びなさい。

① ゼニゴケ　② イヌワラビ　③ マツ
④ ツユクサ　⑤ ツツジ　⑥ アブラナ

(3) **観察３**の**図１**で，葉・茎・根の組み合わせとして最も適当なものを，次の①～④のうちから一つ選びなさい。

① 葉：p　茎：q，r　根：s，t
② 葉：p，q　茎：r　根：s，t
③ 葉：p，r　茎：q，s　根：t
④ 葉：p，q，r　茎：s　根：t

(4) **観察３**をもとに，シダ植物とコケ植物について述べたものとして最も適当なものを，次の①～⑥のうちから一つ選びなさい。

① 維管束は，シダ植物にはあるがコケ植物にはない。胞子のうは，シダ植物にはないがコケ植物にはある。また，シダ植物は光合成を行うが，コケ植物は光合成を行わない。
② 維管束は，シダ植物にはあるがコケ植物にはない。胞子のうは，シダ植物にもコケ植物にもある。また，シダ植物・コケ植物ともに光合成を行う。
③ 維管束は，シダ植物にはあるがコケ植物にはない。胞子のうは，シダ植物にもコケ植物にもある。また，シダ植物は光合成を行うが，コケ植物は光合成を行わない。
④ 維管束は，シダ植物にもコケ植物にもある。胞子のうは，シダ植物にはないがコケ植物にはある。また，シダ植物・コケ植物ともに光合成を行う。
⑤ 維管束は，シダ植物にもコケ植物にもある。胞子のうは，シダ植物にはないがコケ植物にはある。また，シダ植物は光合成を行うが，コケ植物は光合成を行わない。
⑥ 維管束は，シダ植物にもコケ植物にもある。胞子のうは，シダ植物にもコケ植物にもある。また，シダ植物・コケ植物ともに光合成を行う。

2 地震の揺れの広がり方と地震が起こるしくみについて，次の**調査１，２**を行いました。これに関して，あとの(1)～(4)の問いに答えなさい。ただし，P波，S波が地中を伝わる速さはそれぞれ一定であり，P波もS波もまっすぐ進むものとします。

調査１

ある地方で発生した地震について，震源からの距離が異なる観測地点A～Cの観測データを，気象庁のホームページで調べた。次のページの**図１**は，各観測地点での地震計の記録をまとめたものである。なお，**図１**には，各観測地点での小さな揺れが始まった時刻を結んだ直線と，大きな揺れが始まった時刻を結んだ直線が，補助線として引いてある。

図１

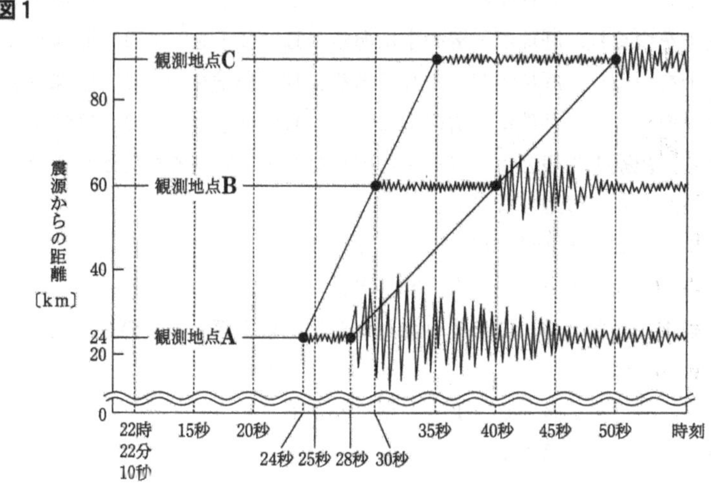

調査２

図２は，地震が起こるしくみに関係する，日本付近にある４枚のプレートの分布の様子を示している。

図２

(1) **調査１の図１**から，この地震におけるＰ波の速さは何km/ｓか。U，Vにあてはまる数字を一つずつ選びなさい。

U．V km/ｓ

(2) **調査１の図１**から，この地震の発生時刻は22時22分何秒か。W，Xにあてはまる数字を一つずつ選びなさい。

22時22分WX秒

(3) **調査１の図１**から，観測地点Cの震源からの距離は何kmか。Y，Zにあてはまる数字を一つずつ選びなさい。

YZ km

(4) **調査２の図２**で，プレートの境界で起こる大きな地震について述べたものとして最も適当なものを，次の①～④のうちから一つ選びなさい。

① 大陸プレートが海洋プレートの下に沈み込んでいるため，引きずり込まれた海洋プレートがゆがみにたえられなくなるとはね上がり，岩盤が破壊されて地震が起こる。

② 大陸プレートが海洋プレートの下に沈み込んでいるため，沈み込んだ大陸プレートがゆがみにたえられなくなるとはね上がり，岩盤が破壊されて地震が起こる。

③　海洋プレートが大陸プレートの下に沈み込んでいるため，引きずり込まれた大陸プレートがゆがみにたえられなくなるとはね上がり，岩盤が破壊されて地震が起こる。

④　海洋プレートが大陸プレートの下に沈み込んでいるため，沈み込んだ海洋プレートがゆがみにたえられなくなるとはね上がり，岩盤が破壊されて地震が起こる。

3　電池のしくみを調べるため，次の**実験**を行いました。これに関して，あとの(1)～(4)の問いに答えなさい。

実験

(i)　図のように，うすい塩酸を入れたビーカーに亜鉛板と銅板を入れ，導線で光電池用プロペラ付きモーターにつないだところ，プロペラが回転した。

(ii)　銅板の表面には泡がついており，気体が発生していることがわかった。

(iii)　しばらくしてから亜鉛板を取り出すと，うすい塩酸に入っていた部分は表面がざらついていた。

図

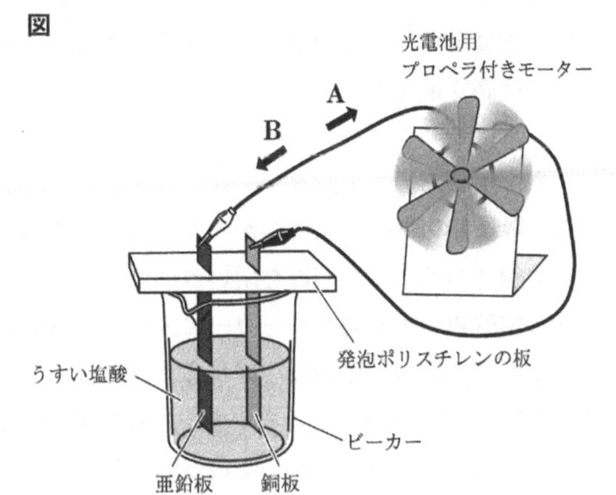

(iv)　亜鉛板のかわりにアルミニウム板をうすい塩酸に入れたところ，プロペラが回転した。さらに，アルミニウム板のかわりに銅板をうすい塩酸に入れたところ，プロペラは回転しなかった。

(v)　砂糖水を入れた別のビーカーを用意して，新しい亜鉛板と銅板を(i)と同様に入れたところ，プロペラは回転しなかった。さらに，食塩水を入れたもう一つのビーカーを用意して，新しい亜鉛板と銅板を(i)と同様に入れたところ，プロペラが回転した。

(1)　**実験**の(ii)で，銅板の表面に発生していた気体と，その気体の性質について述べたものとして最も適当なものを，次の①～⑧のうちから一つ選びなさい。

①　気体は水素であり，水によく溶け，空気よりも密度が大きい。
②　気体は水素であり，水によく溶け，空気よりも密度が小さい。
③　気体は水素であり，水にほとんど溶けず，空気よりも密度が大きい。
④　気体は水素であり，水にほとんど溶けず，空気よりも密度が小さい。
⑤　気体は塩素であり，水によく溶け，空気よりも密度が大きい。
⑥　気体は塩素であり，水によく溶け，空気よりも密度が小さい。
⑦　気体は塩素であり，水にほとんど溶けず，空気よりも密度が大きい。
⑧　気体は塩素であり，水にほとんど溶けず，空気よりも密度が小さい。

(2)　**実験**の(iii)で，亜鉛板の表面がざらついていた理由と，**図**で電流の流れる向きを表す矢印の記号との組み合わせとして最も適当なものを，あとの①～⑧のうちから一つ選びなさい。

①　理由：水溶液中のイオンが電子を受け取って，亜鉛板に付いたため。　　矢印：A

② 理由：水溶液中のイオンが電子を受け取って，亜鉛板に付いたため。　矢印：B
③ 理由：水溶液中のイオンが電子を放出して，亜鉛板に付いたため。　矢印：A
④ 理由：水溶液中のイオンが電子を放出して，亜鉛板に付いたため。　矢印：B
⑤ 理由：亜鉛原子が電子を受け取って，亜鉛板から水溶液中に溶け出したため。　矢印：A
⑥ 理由：亜鉛原子が電子を受け取って，亜鉛板から水溶液中に溶け出したため。　矢印：B
⑦ 理由：亜鉛原子が電子を放出して，亜鉛板から水溶液中に溶け出したため。　矢印：A
⑧ 理由：亜鉛原子が電子を放出して，亜鉛板から水溶液中に溶け出したため。　矢印：B

(3) **実験**から，プロペラが回転するための，水溶液や電極について述べたものとして最も適当なものを，次の①～④のうちから一つ選びなさい。

① 電極とする２枚の異なる種類の金属板のうち，一方は溶けてしまうことがあるため，水溶液には必ず酸を用いる。
② 常に新しい２枚の金属板を導線でつなぎ，電流をよく通す物質を水に溶かし，その水溶液を必ず用いる。
③ 砂糖水以外の，水に溶かすと電離する水溶液を用い，電極とする金属板には，電流をよく通す銅でつくられた銅板を用いればよい。
④ 電解質の水溶液をビーカーに入れ，一方の電極にマグネシウム板を用いる場合，もう一方の電極には銅板，亜鉛板，アルミニウム板のいずれを用いてもよい。

(4) **実験**の回路の中で，エネルギーが移り変わるようすについて述べた次の文のP～Rにあてはまる語句の組み合わせとして最も適当なものを，あとの①～④のうちから一つ選びなさい。

> 電池は，物質が持つPエネルギーをQエネルギーに変換し，さらにプロペラ付きモーターはQエネルギーをRエネルギーに変換している。

① P：化学　Q：電気　R：運動　② P：化学　Q：運動　R：電気
③ P：電気　Q：運動　R：化学　④ P：電気　Q：化学　R：運動

4 音の性質を調べるため，次の**実験**を行いました。これに関して，あとの(1)～(4)の問いに答えなさい。

実験

(i) **図１**のように，モノコードに一定の強さで弦をはり，三角柱とAの間の弦をはじいて出た音をマイクロフォンでコンピューターに取り込んだところ，**図２**（次のページ）のような波形が表示された。

(ii) **図１**で，Aと三角柱の間隔は変えず，弦をはる強さを(i)と同じにして，(i)より弱い力で弦をはじいて出た音をマイクロフォンでコンピューターに取り込んだところ，**図３**（次のペー

図１

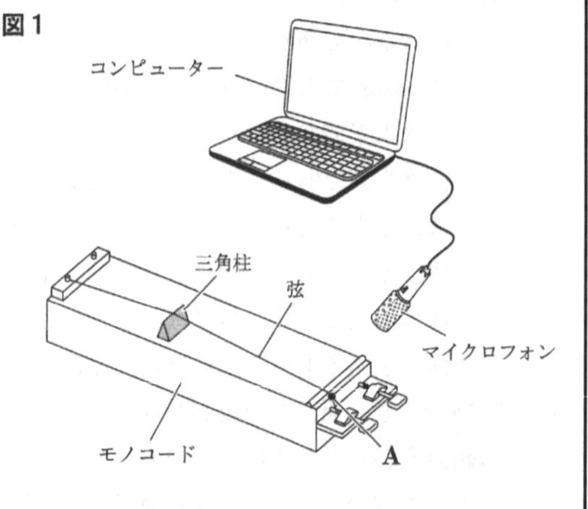

ジ）のような波形が表示された。

(iii) **図１**で，三角柱をAに近い位置に動かし，弦をはる強さは(i)と同じにして，(i)と同じ強さで弦をはじいて出た音をマイクロフォンでコンピューターに取り込んだところ，**図４**のような波形が表示された。ただし，**図２**，**図３**，**図４**の縦軸は振動の振れ幅を，横軸は時間を表しており，目盛りの取り方はすべて同じであるものとする。

(iv) コンピューターにはチューニングメーターとしての機能があり，**図２**の音を出したとき，音階がB２（シ）と表示された。また，**図４**の音を出したときは音階がB３（シ）と表示され，**図２**の音と比べて１オクターブ上がっていることが確認できた。

図２

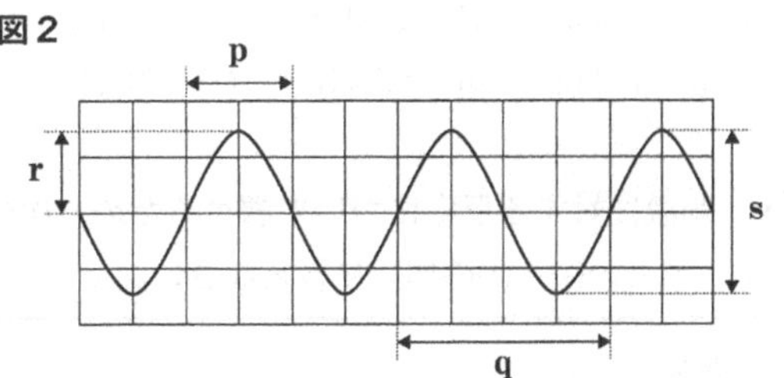

図３

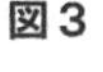

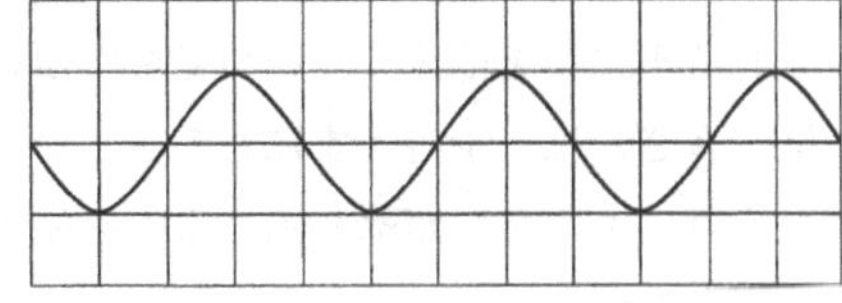

図４

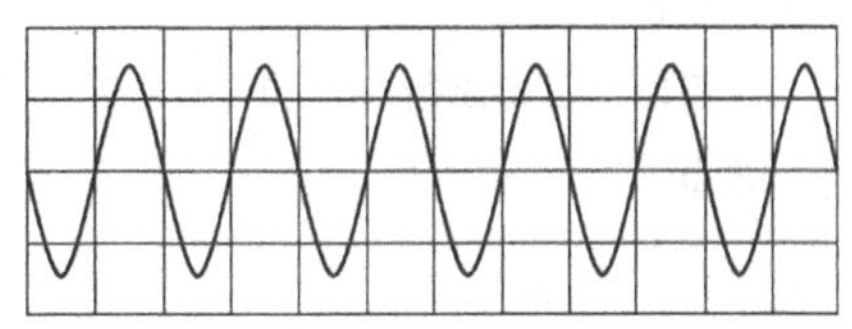

(1) **図２**の波形で，１回の振動と振幅を表す矢印の記号の組み合わせとして最も適当なものを，次の①～⑧のうちから一つ選びなさい。

①	１回の振動：p	振幅：r	②	１回の振動：p	振幅：s
③	１回の振動：q	振幅：r	④	１回の振動：q	振幅：s
⑤	１回の振動：r	振幅：p	⑥	１回の振動：r	振幅：q
⑦	１回の振動：s	振幅：p	⑧	１回の振動：s	振幅：q

(2) **図２**の波形で示された音は何Hzの音か。X～Zにあてはまる数字を一つずつ選びなさい。ただし，**図２**の横軸の１目盛りを0.002秒とする。

XYZ Hz

(3) **実験**の(i)で出た音と比べたときの(ii)で出た音の変化と，**実験**の(i)で出た音と比べたときの(iii)で出た音の変化との組み合わせとして最も適当なものを，次の①～④のうちから一つ選びなさい。

	実験の(i)で出た音と比べたときの(ii)で出た音の変化	**実験**の(i)で出た音と比べたときの(iii)で出た音の変化
①	低くなった。	高くなった。
②	低くなった。	大きくなった。
③	小さくなった。	高くなった。
④	小さくなった。	大きくなった。

(4) **実験**の(iv)から，コンピューターにG２（ソ）と表示された音が98Hzであるとき，G５（ソ）の音は何Hzか。最も適当なものを，次のページの①～⑧のうちから一つ選びなさい。

① 196Hz　② 294Hz　③ 392Hz　④ 490Hz
⑤ 588Hz　⑥ 686Hz　⑦ 784Hz　⑧ 882Hz

5　刺激に対する反応について調べるため，次の**実験**を行い，**資料**を取り寄せました。これに関して，あとの(1)～(4)の問いに答えなさい。

実験

(i)　AさんとBさんは２人１組になり，Aさんはものさしの上端をつかみ，Bさんはものさしの０の目盛りのところに指をそえて，いつでもつかめるようにした。

(ii)　Aさんは，予告せずにものさしから手を放し，Bさんは，ものさしが落ち始めるのを見たら，すぐにものさしをつかんだ。このとき，ものさしの０の目盛りからどのくらいの距離でつかめたかを測定し，その距離を記録した。

表は，この試行を５回行った結果をまとめたものである。

図１

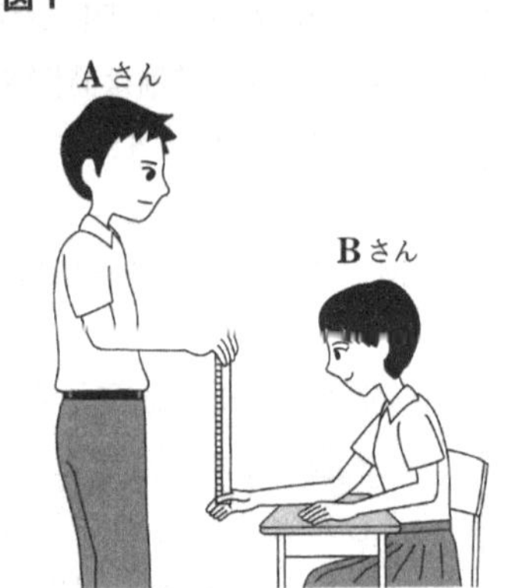

表

回数	1	2	3	4	5
測定結果〔cm〕	17.5	20.0	18.5	19.8	19.2

(iii)　ものさしが落ちる距離と，ものさしが落ちるのに要する時間の関係を調べた。**図２**は，その関係を表すグラフである。

図２

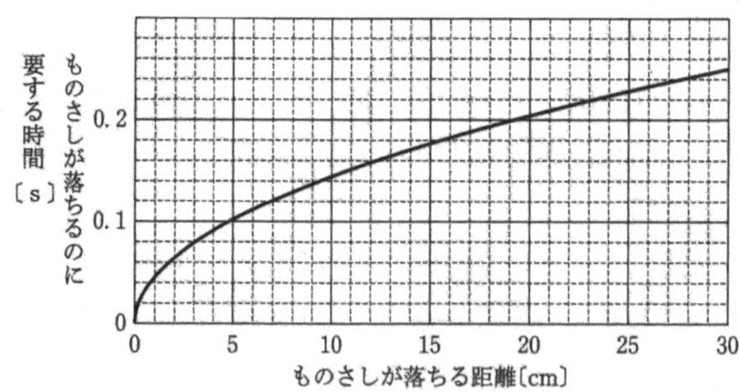

資料

意識してから行動するまでの時間が短い反応についてのテーマ学習で，車の急ブレーキを取り上げ，資料を取り寄せた。そこには，危険を察知してからブレーキを踏むまでの時間には個人差があることなどが書かれていた。

(1)　**実験**で，Bさんにおいて，ものさしが落ち始めるのを見てからものさしをつかむまでの，体の中で信号が伝わる経路として最も適当なものを，あとの①～⑥のうちから一つ選びなさい。

①　目→感覚神経→脳→せきずい→運動神経→手の筋肉

② 目→感覚神経→せきずい→脳→せきずい→運動神経→手の筋肉
③ 目→せきずい→感覚神経→脳→せきずい→運動神経→手の筋肉
④ 目→運動神経→脳→せきずい→感覚神経→手の筋肉
⑤ 目→運動神経→せきずい→脳→せきずい→感覚神経→手の筋肉
⑥ 目→せきずい→運動神経→脳→せきずい→感覚神経→手の筋肉

⑵ **実験**で，Ｂさんが，ものさしが落ち始めるのを見てからものさしをつかむまでに要した時間として最も適当なものを，次の①～⑤のうちから一つ選びなさい。ただし，**実験**の(ii)における５回の試行の平均値と，(iii)のグラフを用いなさい。

① 0.175秒　② 0.189秒　③ 0.197秒　④ 0.208秒　⑤ 0.220秒

⑶ **実験**でのＢさんの反応と異なり，刺激に対して意識と関係なく起こる反応として最も適当なものを，次の①～⑥のうちから一つ選びなさい。

① 背後から急に名前を呼ばれ，思わずふりかえった。
② 100m走で，ピストルの音がした瞬間に走りだした。
③ バレーボールで，目の前に速いボールが飛んできたのでレシーブした。
④ 洗面器にためた水の中に手を入れたらとても冷たく，顔を洗うのをためらった。
⑤ 鏡で顔を見ていたら電灯がついて明るくなり，ひとみの大きさが小さくなった。
⑥ 香りのよい花があったので，自発的に鼻を近づけてにおいをかいだ。

⑷ **資料**から，時速54㎞で車を運転中に，危険回避のため急ブレーキを踏む反応において，刺激に対する反応が0.120秒かかる人と0.230秒かかる人の，ブレーキを踏むまでに進む車の距離の差は何ｍか。X～Zにあてはまる数字を一つずつ選びなさい。

X．YZm

6 星座の動きを調べるため，日本のある場所で，次の**観測１**，**２**を行いました。これに関して，あとの⑴～⑷の問いに答えなさい。

観測１

図１は，日本のある場所で，ある日の夜に北の空を観測したときに見られた北極星と星座Ｍの位置をそれぞれ示している。ただし，点線は，北極星を中心に北の空を45°間隔に８等分しているものとする。

図１

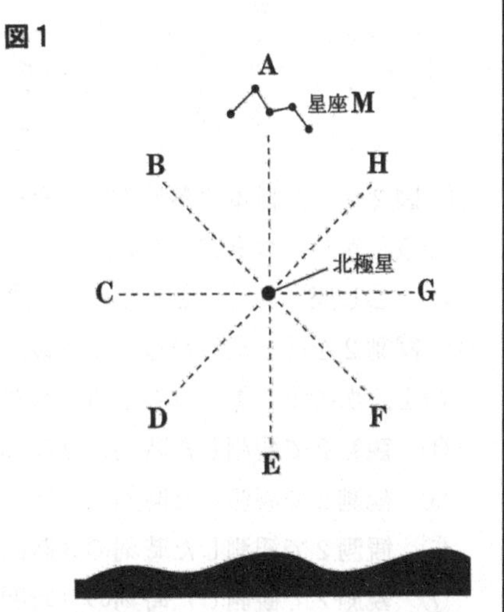

観測２

図２は，太陽のまわりを公転する地球と，いくつかの星座の位置関係を模式的に表したものである。また，図中のＰ～Ｓは，春分，夏至，秋分，冬至のいずれかの日の地球の位置を示している。

観測１と同じ日の夜に観測したとき，南の空高くにおうし座を見ることができた。

図２

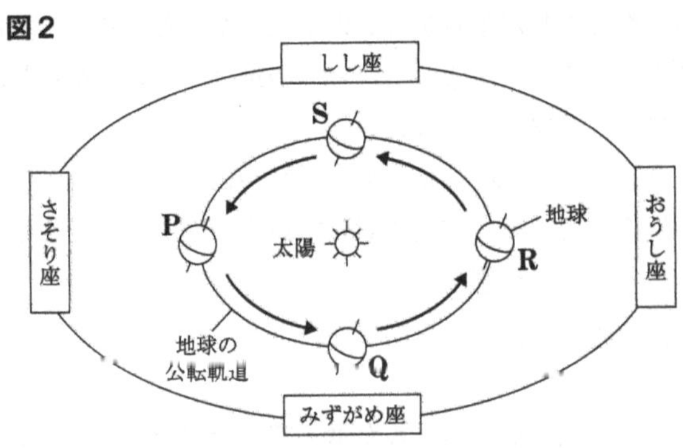

(1) **観測１**で星座ＭがＡの位置に見えた時刻から，９時間後の星座Ｍの位置として最も適当なものを，次の①～⑧のうちから一つ選びなさい。

① Ａ　② Ｂ　③ Ｃ　④ Ｄ　⑤ Ｅ　⑥ Ｆ　⑦ Ｇ　⑧ Ｈ

(2) **観測１**で星座Ｍを観測してから，３か月後の同じ時刻に星座Ｍが見えるようすとして最も適当なものを，次の①～⑧のうちから一つ選びなさい。ただし，①～⑧は，北極星を中心としたときに見えるようすを表したものとする。

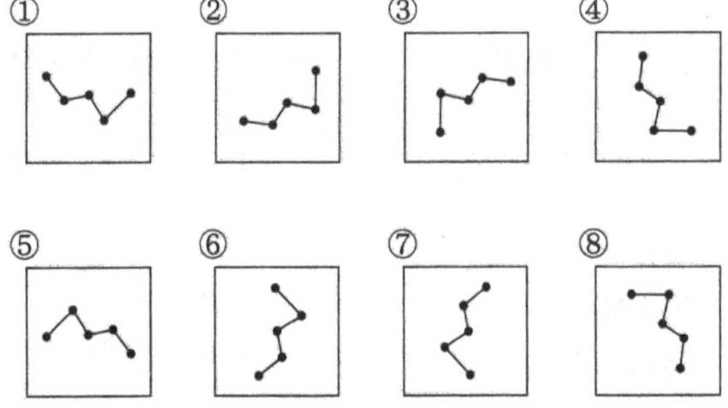

(3) **図２**から，日本の冬至の日，真夜中に西の空に沈む星座として最も適当なものを，次の①～④のうちから一つ選びなさい。

① しし座　② さそり座　③ みずがめ座　④ おうし座

(4) **観測２**を行った日から３か月後，**観測２**と同じ方位におうし座がある時刻として最も適当なものを，次の①～⑦のうちから一つ選びなさい。

① **観測２**で観測した時刻の９時間前の時刻
② **観測２**で観測した時刻の６時間前の時刻
③ **観測２**で観測した時刻の３時間前の時刻
④ **観測２**で観測した時刻と同じ時刻
⑤ **観測２**で観測した時刻の３時間後の時刻
⑥ **観測２**で観測した時刻の６時間後の時刻
⑦ **観測２**で観測した時刻の９時間後の時刻

7 鉄と硫黄の反応について調べるため，次の**実験**を行いました。これに関して，あとの(1)～(4)の問いに答えなさい。

実験

(i) 鉄粉４ｇと硫黄の粉末２ｇをよく混ぜ合わせ，**図１**のように，試験管Aに入れた。同様に，鉄粉3.5ｇと硫黄の粉末２ｇをよく混ぜ合わせて試験管Bに，鉄粉３ｇと硫黄の粉末２ｇをよく混ぜ合わせて試験管Cに，鉄粉2.5ｇと硫黄の粉末２ｇをよく混ぜ合わせて試験管Dに入れた。

図１

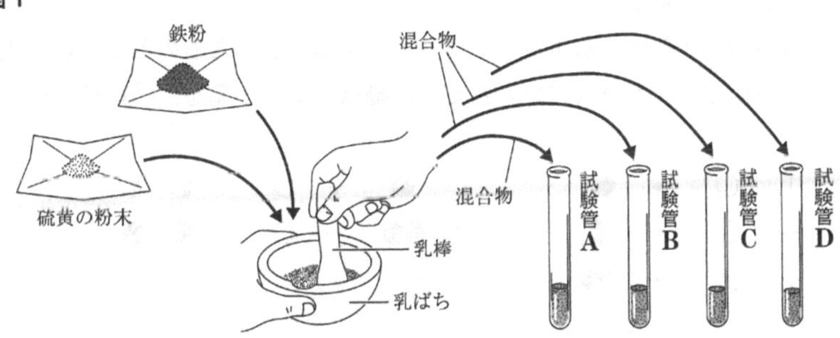

(ii) **図２**のように，それぞれの試験管に磁石を近づけたところ，すべての試験管が磁石に引きつけられた。

(iii) 試験管Dはそのまま放置し，試験管A～Cは，それぞれ**図３**のようにガスバーナーで加熱した。反応が始まったところでガスバーナーの火を消したが，すべての試験管で反応が続いた。このとき，試験管Cのみ，安全のために用意したガス検知器が，二酸化硫黄の発生を知らせた。

(iv) 反応が終わり，試験管が十分冷えたあと，試験管A～Dそれぞれに磁石を近づけた。その結果，試験管AとDが磁石に引きつけられた。

図２

図３

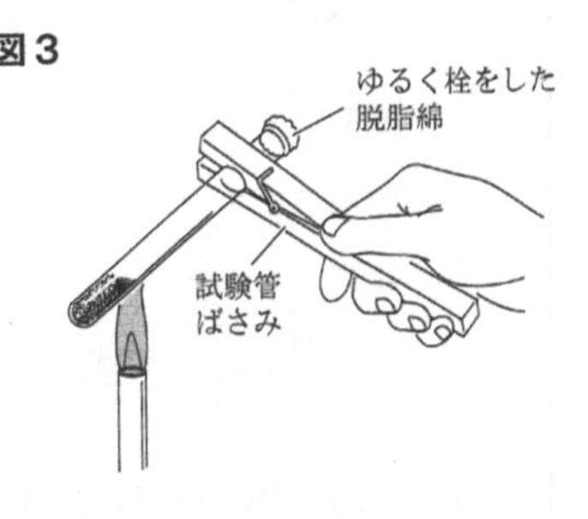

(1) **実験**の(iii)について述べた次の文の P ， Q にあてはまる語句の組み合わせとして最も適当なものを，あとの①～④のうちから一つ選びなさい。

> この化学変化は P であり，反応が始まってからガスバーナーの火を消しても，生じた熱によって反応が継続する。また，混合物の下の方を熱すると， Q ため，混合物の上の方を熱する。

① P：燃焼　　Q：とけた鉄と硫黄が下に落ちてきて硫化鉄と反応してしまう
② P：燃焼　　Q：反応していない鉄と硫黄が下に落ちてきて熱がこもってしまう
③ P：化合　　Q：とけた鉄と硫黄が下に落ちてきて硫化鉄と反応してしまう

④　P：化合　　Q：反応していない鉄と硫黄が下に落ちてきて熱がこもってしまう

(2)　**実験**から，鉄と硫黄が過不足なく反応するときの質量の比を表したものとして最も適当なものを，次の①～⑥のうちから一つ選びなさい。

①　3：4　　②　5：4　　③　7：4　　④　3：2　　⑤　5：2　　⑥　7：2

(3)　**実験**の(iv)のあと，試験管Aにうすい塩酸を加えたとき，化学変化によって新たに生じる気体をすべて挙げたものとして最も適当なものを，次の①～⑦のうちから一つ選びなさい。

①　水素　　②　塩素　　③　硫化水素

④　水素と塩素　　⑤　水素と硫化水素　　⑥　塩素と硫化水素

⑦　水素と塩素と硫化水素

(4)　鉄粉と硫黄の粉末が反応するようすを原子のモデルで表したものとして最も適当なものを，次の①～⑤のうちから一つ選びなさい。ただし，●は鉄原子１個を，○は硫黄原子１個を表すものとする。

①　●　＋　○　→　●○　　　②　●　＋　○　→　◐　◐

③　●　＋　○　→　◐　　　④　●●　−　○　→　●○●

⑤　●　＋　○○　→　○●○

8　小球の運動とエネルギーについて調べるため，次の**実験１，２**を行いました。これに関して，あとの(1)～(4)の問いに答えなさい。ただし，空気抵抗はなく，小球と斜面との間には摩擦がなく，木片とレールとの間には一定の大きさの摩擦がはたらくものとします。

実験１

(i)　**図１**のように，水平な台に斜面をおき，小球を斜面のいろいろな高さから静かに放して木片に当て，木片の移動距離を調べた。

図１

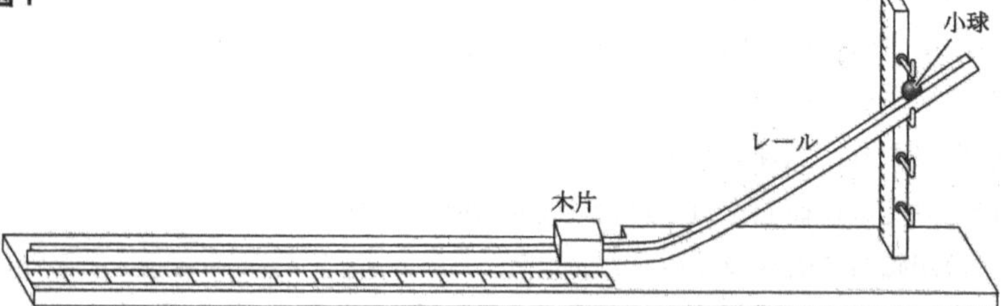

(ii)　質量20ｇ，30ｇ，60ｇの小球を用いて，それぞれについて高さを4.0㎝，8.0㎝，12.0㎝と変えて測定した。

(iii)　(ii)で測定した木片の移動距離をまとめると**表**（次のページ）のようになり，その関係をグラフに表すと**図２**のようになった。

図２

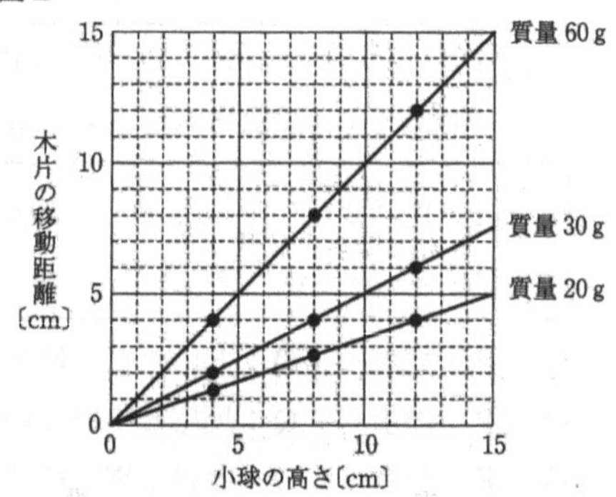

表

	20 g の小球	30 g の小球	60 g の小球
高さ 4.0 cm	1.3 cm	2.0 cm	4.0 cm
高さ 8.0 cm	2.7 cm	4.0 cm	8.0 cm
高さ 12.0 cm	4.0 cm	6.0 cm	12.0 cm

実験２

(i)　**図３**のように，斜面Ａと，傾きが斜面Ａより大きい斜面Ｂをおき，小球の運動を調べた。

(ii)　質量が20ｇの小球を，どちらの斜面についても12.0㎝の高さから静かに放して転がしたところ，木片の移動距離は斜面Ａ，斜面Ｂともに4.0㎝だった。

図３

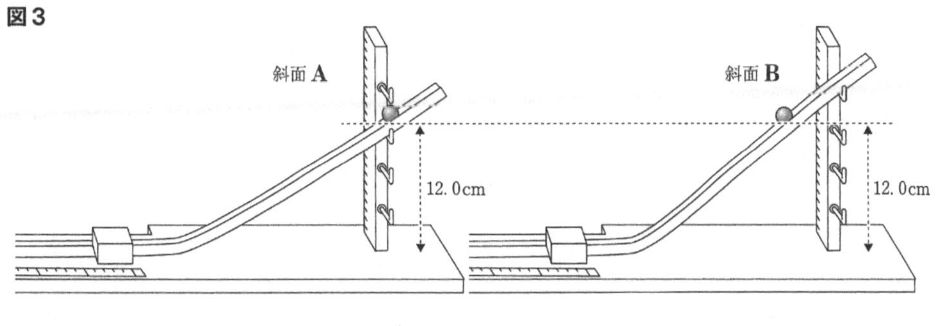

⑴　**実験１**の結果から，質量30ｇの小球を11.0㎝の高さで放して転がしたとき，木片は何㎝移動すると考えられるか。[W]，[X]にあてはまる数字を一つずつ選びなさい。

[W].[X]㎝

⑵　**実験１**の結果から，質量20ｇの小球を15.0㎝の高さで放したときの木片の移動距離と同じにするには，質量60ｇの小球を何㎝の高さで放せばよいか。[Y]，[Z]にあてはまる数字を一つずつ選びなさい。

[Y].[Z]㎝

⑶　**実験２**の斜面Ｂについて，斜面Ａと比較したときの，小球にはたらく斜面に平行な力（重力の分力）の大きさと，水平面に達したときの小球の速さについて述べたものとして最も適当なものを，次の①～④のうちから一つ選びなさい。

①　斜面に平行な力の大きさは大きく，水平面に達したときの速さは等しい。
②　斜面に平行な力の大きさは大きく，水平面に達したときの速さは速い。
③　斜面に平行な力の大きさは等しく，水平面に達したときの速さも等しい。
④　斜面に平行な力の大きさは等しく，水平面に達したときの速さは速い。

⑷　**実験２**で，斜面Ａと斜面Ｂの小球が水平面に達するまでの時間と，小球のエネルギーについて述べた次の文の[P]，[Q]にあてはまる語句の組み合わせとして最も適当なものを，あとの①～⑨のうちから一つ選びなさい。

> 小球が水平面に達するまでの時間は[P]，水平面での小球の運動エネルギーは[Q]。

①　Ｐ：斜面ＡとＢで等しく　　Ｑ：斜面ＡとＢで等しい

② P：斜面AとBで等しく　　Q：斜面Aの方が大きい
③ P：斜面AとBで等しく　　Q：斜面Bの方が大きい
④ P：斜面Aの方が短く　　Q：斜面AとBで等しい
⑤ P：斜面Aの方が短く　　Q：斜面Aの方が大きい
⑥ P：斜面Aの方が短く　　Q：斜面Bの方が大きい
⑦ P：斜面Bの方が短く　　Q：斜面AとBで等しい
⑧ P：斜面Bの方が短く　　Q：斜面Aの方が大きい
⑨ P：斜面Bの方が短く　　Q：斜面Bの方が大きい

【社　会】（50分）　＜満点：100点＞

1　次の文章を読み，あとの(1)～(4)の問いに答えなさい。

a千葉県では，今年度，「エコなライフスタイルの実践・行動」キャンペーンを実施しています。このキャンペーンは，省エネや節電による地球温暖化対策への取り組みの重要性を理解して，率先して行動することを促していこうという内容です。このキャンペーンに賛同しているのは，b埼玉県，千葉県，東京都，神奈川県，横浜市，川崎市，千葉市，さいたま市，相模原市です。自らが率先して行動することを示すとともに，c各地方公共団体の住民や事業者に対し，d理解と協力を求めて活動しています。

(1)　下線部aに関連して，次のⅠ～Ⅲの文は，それぞれ千葉県の歴史に関係することがらについて述べたものである。Ⅰ～Ⅲを年代の**古いものから順**に並べたものとして最も適当なものを，あとの**ア**～**カ**のうちから一つ選び，マークしなさい。

Ⅰ　千葉氏の当主であった千葉常胤は，奥州藤原氏の征伐に尽力した。

Ⅱ　新田開発がさかんに行われ，印旛沼や手賀沼の干拓事業が進められた。

Ⅲ　千葉市にある加曽利貝塚などの，貝殻などのごみを捨てた貝塚がつくられた。

ア　Ⅰ→Ⅱ→Ⅲ　　**イ**　Ⅰ→Ⅲ→Ⅱ　　**ウ**　Ⅱ→Ⅰ→Ⅲ

エ　Ⅱ→Ⅲ→Ⅰ　　**オ**　Ⅲ→Ⅰ→Ⅱ　　**カ**　Ⅲ→Ⅱ→Ⅰ

(2)　下線部bに関連して，次の文章は，関東地方の地理についてまとめたものの一部である。文章中の［Ⅰ］，［Ⅱ］にあてはまる語の組み合わせとして最も適当なものを，あとの**ア**～**エ**のうちから一つ選び，マークしなさい。

> １都６県からなる関東地方には，日本の総人口のおよそ［Ⅰ］にあたる人口が居住している。また，埼玉県，千葉県などでは，低い運送料で新鮮な作物を大消費地に届けられる地理的条件をいかした［Ⅱ］が行われており，全国でも有数の野菜の生産量を誇っている。

ア　Ⅰ：３分の１　　Ⅱ：近郊農業　　**イ**　Ⅰ：４分の１　　Ⅱ：近郊農業

ウ　Ⅰ：３分の１　　Ⅱ：輸送園芸農業　　**エ**　Ⅰ：４分の１　　Ⅱ：輸送園芸農業

(3)　下線部cに関連して，次のⅠ～Ⅳの文のうち，地方公共団体の仕事について正しく述べているものはいくつあるか。最も適当なものを，あとの**ア**～**エ**のうちから一つ選び，マークしなさい。

Ⅰ　手紙の配達などの郵便事業を行うこと。

Ⅱ　地方裁判所を設置すること。

Ⅲ　ごみを収集し，処理をすること。

Ⅳ　条例を制定すること。

ア　一つ　　**イ**　二つ　　**ウ**　三つ　　**エ**　四つ

(4)　下線部dに関連して，次のページの**資料１**は，自然環境保護について，日本と諸外国の18～24歳の人々の意識調査の結果の一部を示したもので，次のページの**資料２**は，**資料１**から読み取ったことをまとめたものである。**資料１**中のＡ～Ｄには，それぞれ質問１と質問２とで共通して，あとの**ア**～**エ**のいずれかの国があてはまる。Ｂにあてはまる国として最も適当なものを，**ア**～**エ**のうちから一つ選び，マークしなさい。

資料１　あなたは，自然環境を守るために，次のようなことを行うつもりがありますか。という質問への結果の一部

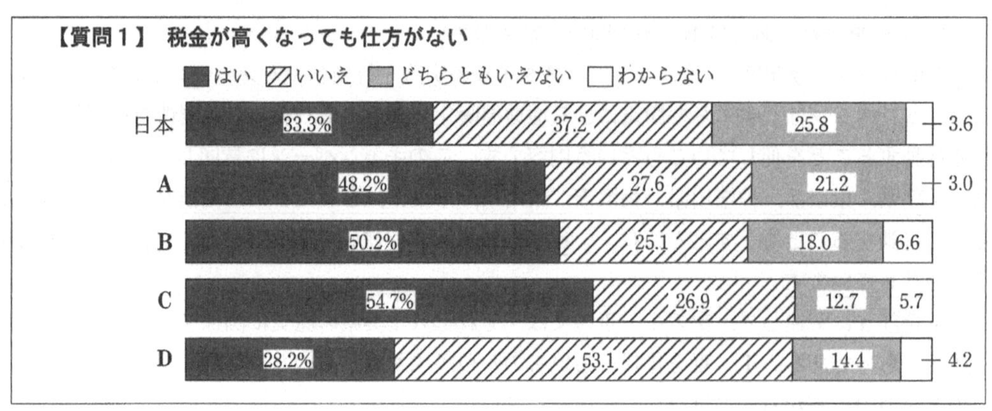

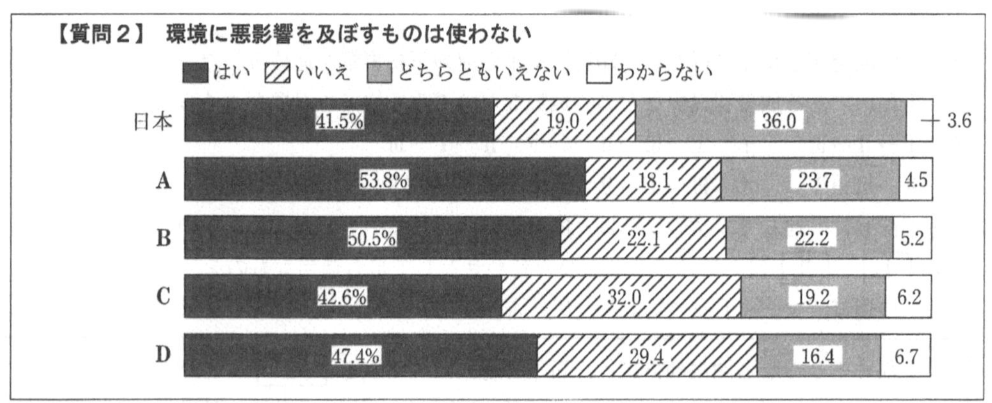

（「第７回　世界青年意識調査」より作成）

資料２　資料１から読み取ったことをまとめたものの一部

・質問１において，「はい」と回答した者の割合と「どちらともいえない」と回答した者の割合の合計が60%以上である国は，韓国，スウェーデン，アメリカ合衆国である。
・質問２において，「はい」と回答した者の割合と「どちらともいえない」と回答した者の割合の合計が70%未満である国は，ドイツとスウェーデンである。
・質問２において，「はい」と回答した者の割合が「いいえ」と回答した者の割合の２倍以上である国は，韓国とアメリカ合衆国である。また，質問２において，「いいえ」と回答した者の割合が日本を上回っている国は，ドイツ，スウェーデン，アメリカ合衆国である。

ア　ドイツ　　　　**イ**　韓国
ウ　スウェーデン　**エ**　アメリカ合衆国

2　次のページの図を見て，あとの(1)～(4)の問いに答えなさい。

(1)　次のページの文章は，図中の**九州**について述べたものである。文章中の［Ⅰ］，［Ⅱ］にあてはまる語の組み合わせとして最も適当なものを，あとの**ア**～**エ**のうちから一つ選び，マークしなさい。

九州には，図中のXに位置する［ I ］をはじめとした活動が活発な火山が多く存在している。また，九州の南部では，火山活動によって出た噴出物が積み重なったことでできたシラスとよばれる地層が広がっている。この地層は，［ II ］ため水田には適していないので，九州の南部では畑作や畜産がさかんである。

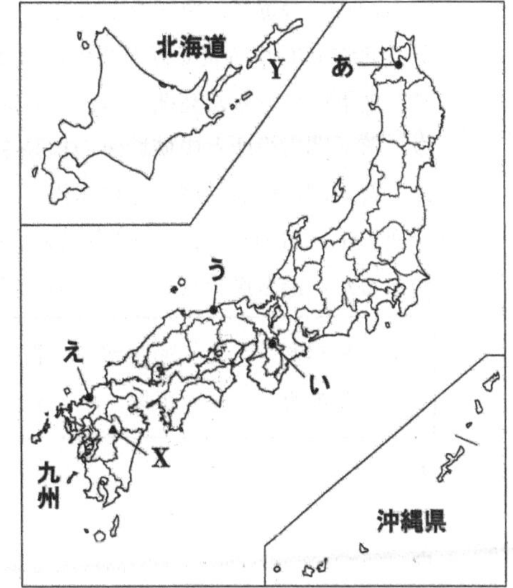

ア　I：阿蘇山　　II：水はけが良い
イ　I：霧島山　　II：水はけが良い
ウ　I：阿蘇山　　II：水はけが悪い
エ　I：霧島山　　II：水はけが悪い

⑵　次の**ア**～**エ**のグラフは，それぞれ図中の**あ**～**え**のいずれかの地点における月平均気温と月降水量の変化の様子を示したものである。これらのうち，**う**の地点の雨温図として最も適当なものを一つ選び，マークしなさい。

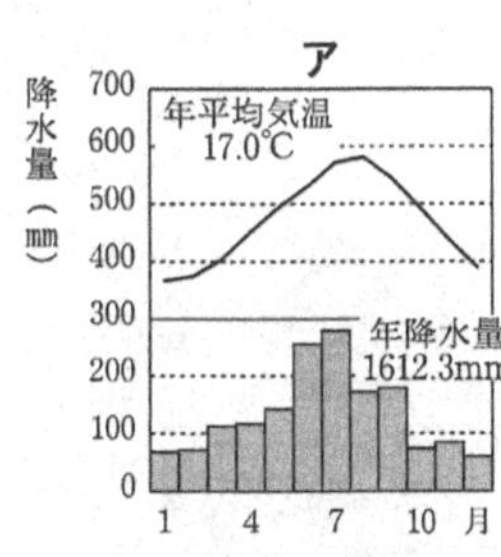

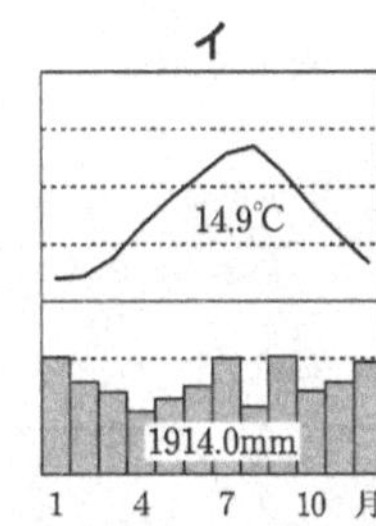

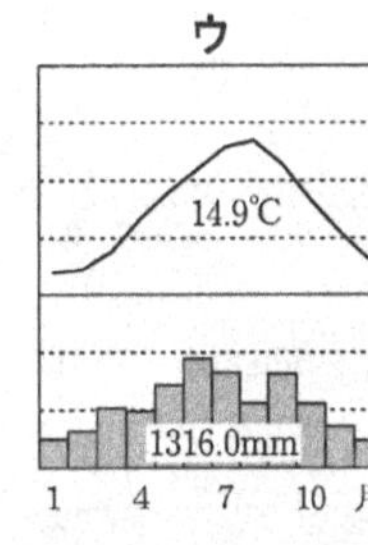

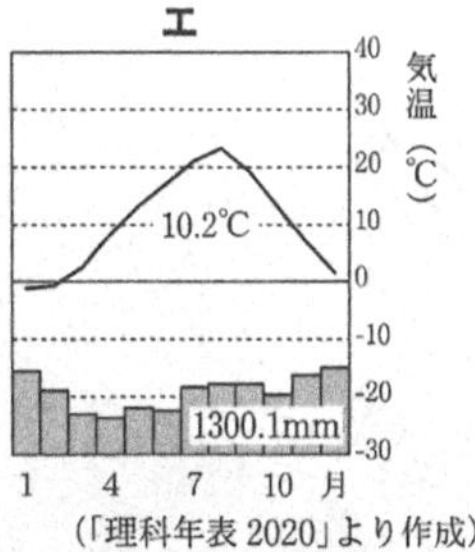

（「理科年表 2020」より作成）

⑶　次の文章は，社会科の授業で，あやさんが，図中の**北海道**に位置する北方領土についてまとめたレポートの一部である。文章中の［ I ］，［ II ］にあてはまる語の組み合わせとして最も適当なものを，あとの**ア**～**エ**のうちから一つ選び，マークしなさい。

北海道の東部に位置する北方領土は，日本最北端となる図中のYの［ I ］を含む四つの島々から成り立っている。また，日本の最南端にある［ II ］では，波の侵食から守るために大規模な護岸工事が行われた。

ア　I：国後島　　II：南鳥島
イ　I：択捉島　　II：南鳥島
ウ　I：国後島　　II：沖ノ鳥島
エ　I：択捉島　　II：沖ノ鳥島

⑷　次のページの地形図は，上の図中の**沖縄県**のある地域を示したものである。これを見て，あとの①，②の問いに答えなさい。

①　次のページの地形図を正しく読み取ったことがらとして最も適当なものを，あとの**ア**～**エ**の

うちから一つ選び，マークしなさい。

ア　北中城ICから見て普天間市役所は，ほぼ南西の方角にある。

イ　地形図に示した範囲では，普天間市役所の付近が最も建物が密集している。

ウ　普天間市役所と中城城跡の標高を比べると，中城城跡の方が約100m高い。

エ　普天間川の流域は，主に水田として利川されている。

②　次のⅠ～Ⅵのうち，普天間市役所を中心とする半径500m以内の範囲に位置するものはいくつあるか。最も適当なものを，あとの**ア**～**カ**のうちから一つ選び，マークしなさい。

Ⅰ	警察署	Ⅱ	消防署	Ⅲ	郵便局
Ⅳ	発電所	Ⅴ	工場	Ⅵ	小・中学校

ア　一つ

イ　二つ

ウ　三つ

エ　四つ

オ　五つ

カ　六つ

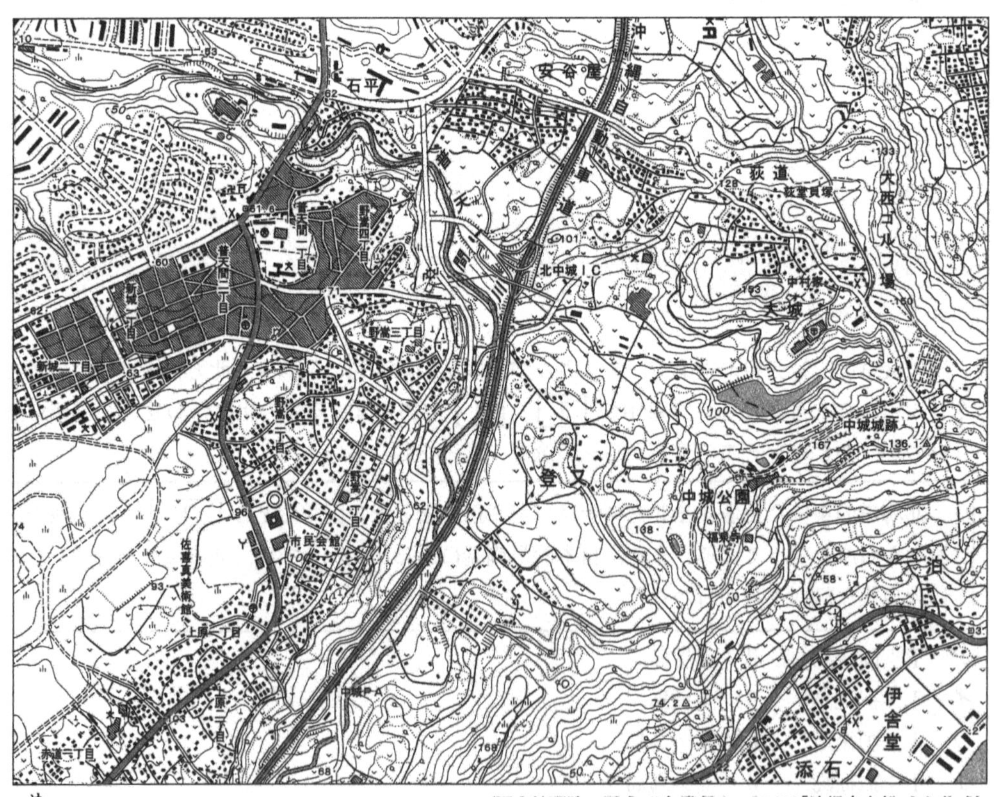

（国土地理院　平成17年発行１：25,000「沖縄市南部」より作成）

3　次の図は，緯線と経線が直角に交わる図法で描かれたものである。これを見て，あとの⑴～⑷の問いに答えなさい。

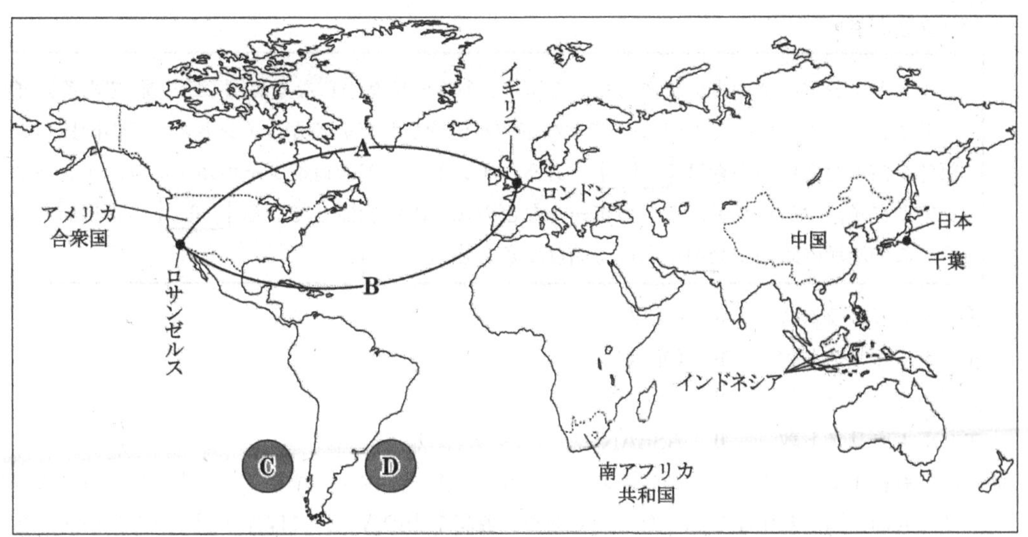

⑴　次の文章は，上の図について述べたものである。文章中の［Ⅰ］，［Ⅱ］にあてはまる記号の組み合わせとして最も適当なものを，あとの**ア**～**エ**のうちから一つ選び，マークしなさい。

> 図中のA，Bのうち，イギリスのロンドンとアメリカ合衆国のロサンゼルスの最短ルートを示しているのは［Ⅰ］である。また，図中のC，Dのうち，日本を地球の正反対の位置に移した場所を示しているのは［Ⅱ］である。

ア　Ⅰ：A　Ⅱ：C
イ　Ⅰ：A　Ⅱ：D
ウ　Ⅰ　B　Ⅱ：C
エ　Ⅰ：B　Ⅱ：D

⑵　次の文章は，千葉県に住むようこさんとアメリカ合衆国のロサンゼルスに住むひとしさんとの国際電話での会話である。会話文中の［　］にあてはまる最も適当な日時を，あとの**ア**～**エ**のうちから一つ選び，マークしなさい。なお，サマータイムは考えないものとする。

> ようこ：もしもし，千葉は今日も快晴で，気持ちの良い朝を迎えているわ。
> ひとし：ロサンゼルスはあいにくの雨だよ。
> ようこ：千葉は今１月30日で，時刻はちょうど午前７時よ。
> ひとし：こちらロサンゼルスは，［　］だよ。
> ようこ：ロサンゼルスは西経120度の経線を標準時子午線にしているから，時差が生じるのね。

ア　１月29日午後２時
イ　１月30日午前２時
ウ　１月30日午後２時
エ　１月31日午前２時

⑶　次の文章は，前のページの図中のインドネシアについて述べたものである。文章中の Ⅰ ，Ⅱ にあてはまる語の組み合わせとして最も適当なものを，あおのア～エのうちから一つ選び，マークしなさい。

　インドネシアは造山帯に位置している国で，多くの島々からなる島国（海洋国）である。インドネシアの人口は約2.7億人で，様々な宗教が信仰されているが，インドネシアの国民の大部分が信仰している宗教は Ⅰ である。インドネシアの首都ジャカルタには，インドネシアやタイ，マレーシア，シンガポールなどの10か国が加盟している Ⅱ の事務局があり，この地域の政治や経済における結びつきを強めている。

ア　Ⅰ：イスラム教　　Ⅱ：OPEC
イ　Ⅰ：キリスト教　　Ⅱ：OPEC
ウ　Ⅰ：イスラム教　　Ⅱ：ASEAN
エ　Ⅰ：キリスト教　　Ⅱ：ASEAN

⑷　次の**資料１**は，前のページの図中のアメリカ合衆国，中国，イギリス及び南アフリカ共和国の面積，人口，国内総生産を示したものである。**資料１**中のＡ～Ｄには４か国のうちのいずれかがあてはまる。**資料２**は，**資料１**から読み取ったことがらをまとめたものの一部である。ＢとＤにあてはまる国の組み合わせとして最も適当なものを，あとの**ア**～**エ**のうちから一つ選び，マークしなさい。

資料１　アメリカ合衆国，中国，イギリス及び南アフリカ共和国の面積，人口，国内総生産

	面積（千 km²）	人口（千人）	国内総生産（百万ドル）
A	9,600	1,439,324	13,608,152
B	242	67,886	2,855,297
C	1,221	59,309	368,094
D	9,834	331,003	20,580,223

（「世界国勢図会 2020/21」より作成）

資料２　資料１から読み取ったことがらをまとめたものの一部

・**資料１**中の４か国のうち，人口密度が最も低い国はアメリカ合衆国であり，人口密度が最も高い国はイギリスである。
・アメリカ合衆国の一人あたり国内総生産は，南アフリカ共和国の一人あたり国内総生産の10倍以上である。
・一人あたり国内総生産が３番目に高い国は中国である。

ア　Ｂ：イギリス　　　　　Ｄ：中国
イ　Ｂ：イギリス　　　　　Ｄ：アメリカ合衆国
ウ　Ｂ：南アフリカ共和国　Ｄ：中国
エ　Ｂ：南アフリカ共和国　Ｄ：アメリカ合衆国

4 社会科の授業で，あやさんは，次のＡ～Ｄの資料をもとに，「古代の歴史」について調べました。調べた結果についての，あやさんと先生の会話文を読み，あとの(1)～(4)の問いに答えなさい。

A

B

C

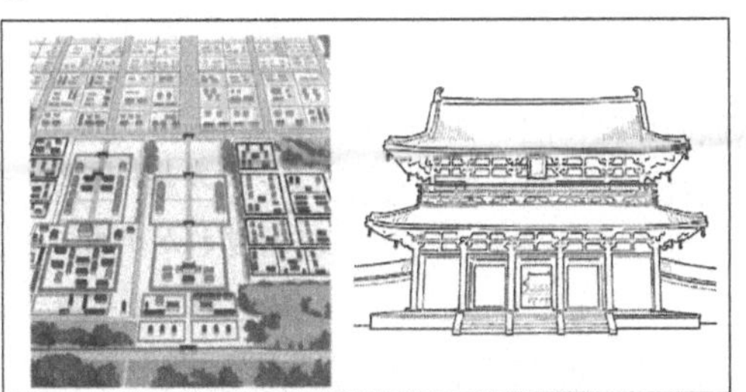

D

先　　生：あやさんは，四つの資料から，「古代の歴史」というテーマで調べたのですね。それでは一つずつ説明してください。

あやさん：はい。Ａの資料は，縄文時代につくられた土偶です。縄文時代の生活は，主に，狩りや漁，採集を行っていて，人々は少人数の集団でたて穴住居で暮らしていました。

先　　生：そうですね。やがて弥生時代になると，大陸から伝わった稲作が広まり，高床倉庫に米を保管するという生活に変化していきました。

あやさん：調べていく中で，古代においては，中国から日本に伝わったものが多いことがわかりました。a中国の歴史についてもう少し調べてみたいと思います。

先　　生：わかりました。さて，Ｂの資料は，b法隆寺ですね。

あやさん：はい。法隆寺は，現存する世界最古の木造建築といわれる寺院です。続いてＣの資料は平城京の様子です。この時代には律令政治が行われ，農民にはc口分田が与えられていました。律令政治はやがて乱れ，桓武天皇が平安京に都を移しました。

先　　生：d平安時代の始まりですね。

あやさん：Ｄの資料は，武士として初めて太政大臣となった平清盛がつくったといわれる厳島神社です。平清盛は，武士の台頭をはっきりと世に知らしめた人物でもあります。

先　　生：平清盛は，中国との貿易のために港を整備しましたね。

あやさん：経済的基盤を整えることで，その地位を確固たるものにしたのです。

先　　生：よく調べましたね。では次は，武士の世の中についても調べてみましょう。

(1)　次のページの文章は，下線部ａに関連して，さらにあやさんが調べてまとめたレポートの一部である。文章中の □ にあてはまる最も適当な語を，次のページのア～エのうちから一つ選び，マークしなさい。

紀元前4000年ごろ，黄河や長江の流域で中国文明がおこり，中国で使われていた甲骨文字は，現在の漢字のもとにもなった。紀元前221年には，［　　］の始皇帝が中国を統一し，長さや重さなどの基準を統一したり，万里の長城を築いたりした。

ア　殷　　イ　魏　　ウ　秦　　エ　漢

(2)　下線部ｂに関連して，次のⅠ～Ⅳのうち，法隆寺を建てた人物が行ったことがらにあてはまるものはいくつあるか。最も適当なものを，あとの**ア～エ**のうちから一つ選び，マークしなさい。

Ⅰ　蘇我蝦夷・入鹿父子を倒して政治改革を始めた。

Ⅱ　仏教や儒教の考えを取り入れて十七条の憲法を定めた。

Ⅲ　全国に国分寺と国分尼寺を建てることを命じた。

Ⅳ　小野妹子を遣隋使に任じて中国に派遣した。

ア　一つ　　イ　二つ　　ウ　三つ　　エ　四つ

(3)　下線部ｃに関連して，下の**資料１**は，ある家族の戸籍に記された性別と年齢を示したものである。**資料１**の家族のうち，口分田が与えられた人数として最も適当なものを，次の**ア～エ**のうちから一つ選び，マークしなさい。

資料１　ある家族の性別と年齢

男	女	男	女	女	男	男	男	女	男
45歳	39歳	23歳	19歳	18歳	16歳	14歳	9歳	4歳	2歳

ア　5人　　イ　7人　　ウ　8人　　エ　10人

(4)　次の**資料２**は，会話文中の下線部ｄの平安時代に起こったできごとを年代の**古いものから順に**左から並べたものである。**資料２**中の［Ⅰ］，［Ⅱ］にあてはまるできごとの組み合わせとして最も適当なものを，あとの**ア～オ**のうちから一つ選び，マークしなさい。

資料２

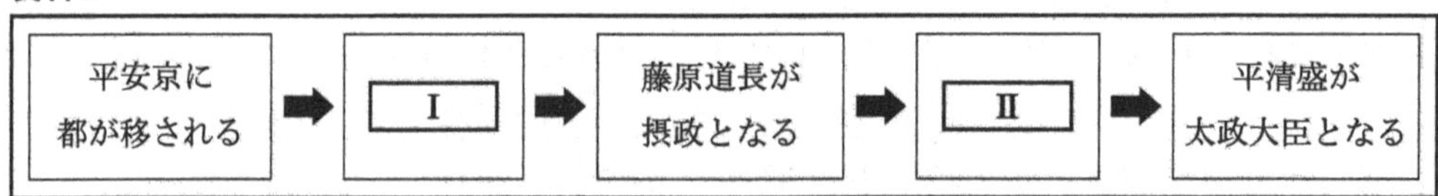

ア　Ⅰ：壬申の乱が起こる　　Ⅱ：承久の乱が起こる

イ　Ⅰ：墾田永年私財法が出される　　Ⅱ：平将門の乱が起こる

ウ　Ⅰ：承久の乱が起こる　　Ⅱ：墾田永年私財法が出される

エ　Ⅰ：平将門の乱が起こる　　Ⅱ：白河上皇が院政を始める

オ　Ⅰ：白河上皇が院政を始める　　Ⅱ：壬申の乱が起こる

5　次のＡ～Ｅのパネルは，社会科の授業で，鎌倉時代以降の歴史について，各班で調べ，まとめたものの一部である。これらを見て，あとの(1)～(5)の問いに答えなさい。

Ａ　源頼朝

平氏を倒した源頼朝は，1192年に征夷大将軍になるなどして鎌倉に幕府を開いた。これにより，本格的な武士政権が誕生した。

B　南北朝の動乱

鎌倉幕府の滅亡後に行われた建武の新政はわずか２年ほどでくずれ，京都と吉野に二つの朝廷が並び立つ南北朝時代を迎えた。

C　勘合貿易

日明貿易では勘合が用いられたため，勘合貿易ともよばれた。明からは銅銭や生糸などを輸入し，日本からは刀や銅，漆器などを輸出した。

D　豊臣秀吉

織田信長は，天下統一を目前にしながらも，本能寺の変で明智光秀に背かれ，自害した。その後，信長の後継者となったのは豊臣秀吉であった。

E　日米和親条約

アメリカの使節ペリーが浦賀に来航し，幕府に開国を求めた。翌年，日米和親条約が締結され，下田と函館を開港した。

(1)　Aのパネルに関連して，次の文章は，鎌倉幕府について述べたものである。文章中の［Ⅰ］，［Ⅱ］にあてはまる語の組み合わせとして最も適当なものを，あとの**ア**～**エ**のうちから一つ選び，マークしなさい。

鎌倉幕府において，将軍に対して御家人は，戦いなどが起こった際には戦いに参加するといった［Ⅰ］を行うことなどの主従関係が結ばれた。1185年に設置された［Ⅱ］は，荘園・公領ごとに置かれ，年貢の取り立てなどを行った。

ア　Ⅰ：御恩　　Ⅱ：守護
イ　Ⅰ：御恩　　Ⅱ：地頭
ウ　Ⅰ：奉公　　Ⅱ：守護
エ　Ⅰ：奉公　　Ⅱ：地頭

(2)　Bのパネルに関連して，次のⅠ，Ⅱの文は，南北朝時代について述べたものである。Ⅰ，Ⅱの文の正誤の組み合わせとして最も適当なものを，あとの**ア**～**エ**のうちから一つ選び，マークしなさい。

Ⅰ　後鳥羽天皇が建武の新政を行ったが，わずか２年あまりで失敗に終わった。
Ⅱ　足利尊氏は北朝の天皇から征夷大将軍に任じられ，京都に幕府を開いた。

ア　Ⅰ：正　Ⅱ：正
イ　Ⅰ：正　Ⅱ：誤
ウ　Ⅰ：誤　Ⅱ：正
エ　Ⅰ：誤　Ⅱ：誤

(3)　Cのパネルに関連して，次のページの文章は，先生と生徒が，次の**資料１**を見ながら，勘合貿易について会話をしている場面の一部である。文章中の［Ⅰ］，［Ⅱ］にあてはまる語の組み合わせとして最も適当なものを，次のページの**ア**～**エ**のうちから一つ選び，マークしなさい。

> 先生：**資料１**は，日明貿易で使われた勘合とよばれる証明書ですね。
> 生徒：はい。［Ⅰ］は，明から［Ⅱ］の取り締まりを求められると，これに応じるとともに正式な船による貿易を始めました。
> 先生：勘合はどのような目的で使われたのですか。
> 生徒：それは，［Ⅱ］と正式な貿易船とを区別するためです。
>
> **資料１**

ア　Ⅰ：足利義満　Ⅱ：悪党　　**イ**　Ⅰ：足利義政　Ⅱ：悪党
ウ　Ⅰ：足利義満　Ⅱ：倭寇　　**エ**　Ⅰ：足利義政　Ⅱ：倭寇

(4)　Ｄのパネルに関連して，次の**資料２**は，豊臣秀吉が出したある法令を示したものである。**資料２**の法令として最も適当なものを，あとの**ア**～**エ**のうちから一つ選び，マークしなさい。

資料２

> ……不必要な武器をたくわえ，年貢その他の税をなかなか納めず，ついには一揆をくわだてたりして，領主に対してよからぬ行為をする者は，もちろん処罰する。

ア　楽市楽座　**イ**　刀狩令　**ウ**　徳政令　**エ**　バテレン追放令

(5)　ＤとＥのパネルの間の期間に起こったできごとを，次のⅠ～Ⅳのうちから**三つ**選び，**年代の古いものから順**に並べたものとして最も適当なものを，あとの**ア**～**カ**のうちから一つ選び，マークしなさい。

Ⅰ　老中松平定信が寛政の改革を始めた。
Ⅱ　ポルトガル人が種子島に漂着し，鉄砲が伝来した。
Ⅲ　オランダ商館を平戸から長崎の出島に移した。
Ⅳ　大塩平八郎が大阪で乱を起こした。

ア　Ⅰ→Ⅱ→Ⅲ　**イ**　Ⅰ→Ⅲ→Ⅳ　**ウ**　Ⅱ→Ⅲ→Ⅳ
エ　Ⅱ→Ⅳ→Ⅲ　**オ**　Ⅲ→Ⅳ→Ⅰ　**カ**　Ⅲ→Ⅰ→Ⅳ

6　次の略年表は，近現代の主なできごとをまとめたものである。これを見て，あとの(1)～(5)の問いに答えなさい。

年代	近現代の主なできごと
a 1868	年号が明治となった。
1873	**b** 地租改正を実施した。
1894	**c** 日清戦争が起こった。
	↕ **d**
1941	**e** 太平洋戦争が始まった。

(1)　略年表中の下線部ａに関連して，次のページの**資料１**は，この年に出されたものの内容の一部を示したものである。**資料１**について述べた下の文章中の［　］に共通してあてはまる語として

最も適当なものを，あとの**ア**～**エ**のうちから一つ選び，マークしなさい。

資料１

一　広ク会議ヲ興シ万機公論ニ決スベシ
一　上下心ヲ一ニシテ盛ニ経綸ヲ行ウベシ
一　官武一途庶民ニ至ル迄各其志ヲ遂ゲ，人心ヲシテ倦マザラシメン事ヲ要ス
一　旧来ノ陋習ヲ破リ，天地ノ公道ニ基クベシ
一　智識ヲ世界ニ求メ，大ニ皇基ヲ振起スベシ

> **資料１**は，1868年３月に定められた［　　］である。この［　　］を含む，明治新政府の改革とそれにともなう社会の動きを明治維新という。

ア　王政復古の大号令　　**イ**　大政奉還　　**ウ**　五箇条の御誓文　　**エ**　大日本帝国憲法

⑵　略年表中の下線部ｂに関連して，次の文章は，地租改正について述べたものである。文章中の［　　］にあてはまる内容として最も適当なものを，あとの**ア**～**エ**のうちから一つ選び，マークしなさい。

> 財政を安定させることが大きな課題であった明治新政府は，1873年に地租改正を実施した。右の**資料２**のような地券を発行し，国民に土地の所有を認め，税については，［　　］こととした。

資料２

地券
越前国坂井郡〇〇村
字〇〇〇番　　同国同郡同村
一　田　七歩　　持主　〇〇〇〇〇
地価　金八十銭
此百分ノ三　　金二銭四厘　地租
明治十年ヨリ
此百分ノ二ケ半　金二銭　地租
右検査ノ上授与之
明治十五年七月　福井県　印

ア　税率を収穫高の３％とし，土地の所有者が米で納めること
イ　税率を地価の３％とし，土地の所有者が現金で納めること
ウ　税率を収穫高の３％とし，土地の所有者が現金で納めること
エ　税率を地価の３％とし，土地の所有者が米で納めること

⑶　略年表中の下線部ｃに関連して，次の文章は，日清戦争について述べたものである。文章中の［Ⅰ］，［Ⅱ］にあてはまるものの組み合わせとして最も適当なものを，あとの**ア**～**エ**のうちから一つ選び，マークしなさい。

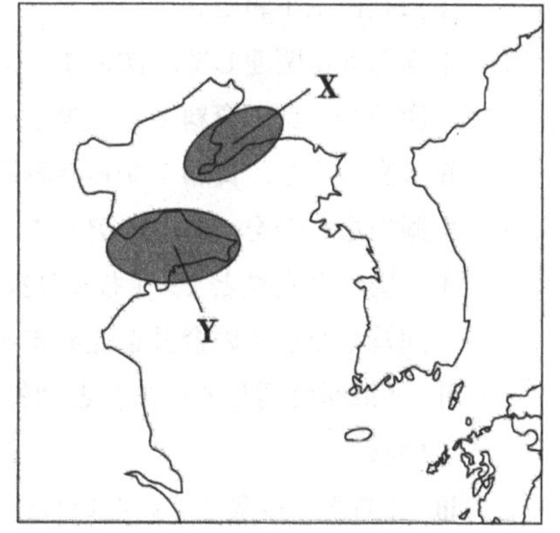

> 朝鮮半島で起こった［Ⅰ］をきっかけに日清戦争が始まった。この戦争は日本の勝利に終わり，下関条約が結ばれたが，下関条約に対して，ロシア，フランス，ドイツから三国干渉を受け，右の図中の［Ⅱ］を清に返還した。

ア　Ⅰ：甲午農民戦争　Ⅱ：Ｘ　　**イ**　Ⅰ：甲午農民戦争　Ⅱ：Ｙ
ウ　Ⅰ：義和団事件　Ⅱ：Ｘ　　**エ**　Ⅰ：義和団事件　Ⅱ：Ｙ

(4) 次のⅠ～Ⅳの文のうち，略年表中のｄの時期に起こった世界のできごとはいくつあるか。最も適当なものを，あとの**ア**～**エ**のうちから一つ選び，マークしなさい。

Ⅰ　レーニンの指導でロシア革命が起こった。

Ⅱ　中国で辛亥革命が起こった。

Ⅲ　アメリカで南北戦争が起こった。

Ⅳ　ドイツでヒトラーが政権を握った。

ア　一つ　　**イ**　二つ

ウ　三つ　　**エ**　四つ

(5) 略年表中の下線部ｅに関連して，次のⅠ～Ⅳの文は，それぞれ太平洋戦争が始まった後のできごとについて述べたものである。Ⅰ～Ⅳを年代の**古いものから順**に並べたものとして最も適当なものを，あとの**ア**～**カ**のうちから一つ選び，マークしなさい。

Ⅰ　朝鮮戦争が始まり，日本は特需景気となった。

Ⅱ　第四次中東戦争がきっかけとなり，第一次オイルショックが起こった。

Ⅲ　アメリカとソ連の首脳がマルタで会談し，冷戦の終結を宣言した。

Ⅳ　ソ連と日ソ共同宣言を発表して国交を回復し，国際連合に加盟した。

ア　Ⅰ→Ⅱ→Ⅳ→Ⅲ

イ　Ⅰ→Ⅲ→Ⅱ→Ⅳ

ウ　Ⅳ→Ⅰ→Ⅱ→Ⅲ

エ　Ⅰ→Ⅳ→Ⅱ→Ⅲ

オ　Ⅳ→Ⅱ→Ⅰ→Ⅲ

カ　Ⅳ→Ⅲ→Ⅰ→Ⅱ

7　次の文章を読み，あとの(1)，(2)の問いに答えなさい。

日本国憲法の三大原理の一つである国民主権の下，国の政治は，ａ選挙によって選ばれた国民の代表者で構成されるｂ国会が中心となって行われる。このように代表者を通して政治を行うことを，議会制民主主義という。

(1) 下線部ａに関連して，次の①，②の問いに答えなさい。

① 次のページの**資料１**は，選挙に関する意識調査の結果の一部を示したものである。下のⅠ～Ⅳの文のうち，**資料１**から読み取れることについて正しく述べているものはいくつあるか。最も適当なものを，あとの**ア**～**エ**のうちから一つ選び，マークしなさい。

Ⅰ　男性と女性とで，「あまり投票していない」と回答した割合と「投票したことがない」と回答した割合の合計を比較すると，男性の方が高い。

Ⅱ　「毎回投票している」と回答した割合は，男性，女性とも年代が高くなるほど高くなっている。

Ⅲ　「あまり投票していない」と回答した割合が最も高いのは，男性，女性とも35～39歳である。

Ⅳ　「毎回投票している」と回答した割合と「できるだけ投票している」と回答した割合の合計が最も高いのは女性25～29歳である。

ア　一つ　　**イ**　二つ

ウ　三つ　　**エ**　四つ

資料１　「あなたは，これまでの選挙でどの程度投票していますか。」という問いに対するアンケート結果

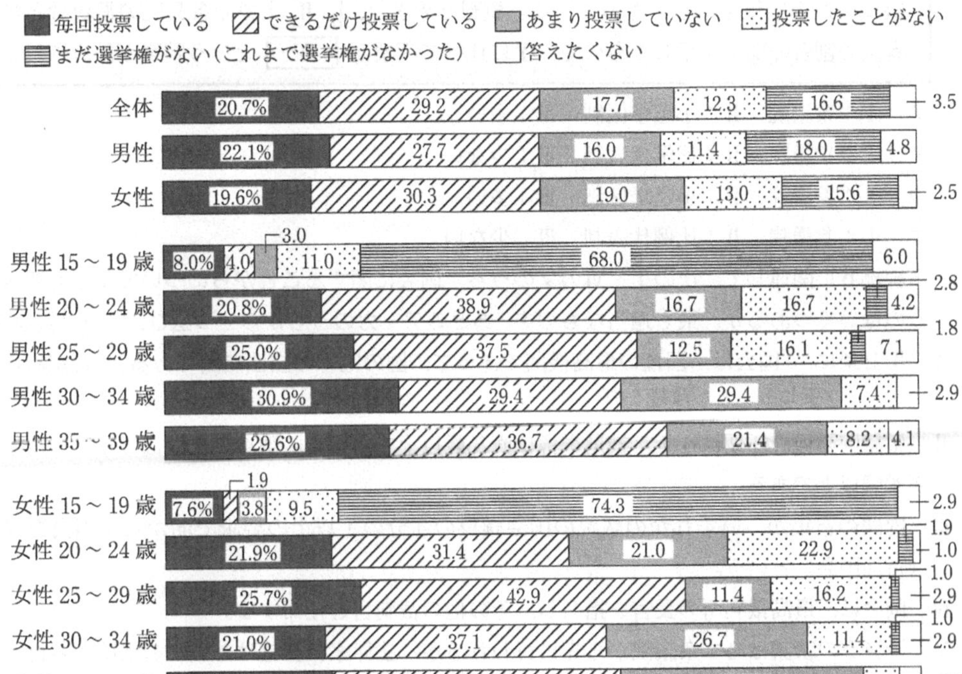

	毎回投票している	できるだけ投票している	あまり投票していない	投票したことがない	まだ選挙権がない	答えたくない
全体	20.7%	29.2	17.7	12.3	16.6	3.5
男性	22.1%	27.7	16.0	11.4	18.0	4.8
女性	19.6%	30.3	19.0	13.0	15.6	2.5
男性 15～19 歳	8.0%	4.0	3.0	11.0	68.0	6.0
男性 20～24 歳	20.8%	38.9	16.7	16.7	2.8	4.2
男性 25～29 歳	25.0%	37.5	12.5	16.1	1.8	7.1
男性 30～34 歳	30.9%	29.4	29.4	7.4		2.9
男性 35～39 歳	29.6%	36.7	21.4	8.2		4.1
女性 15～19 歳	7.6%	1.9	3.8	9.5	74.3	2.9
女性 20～24 歳	21.9%	31.4	21.0	22.9	1.9	1.0
女性 25～29 歳	25.7%	42.9	11.4	16.2	1.0	2.9
女性 30～34 歳	21.0%	37.1	26.7	11.4	1.0	2.9
女性 35～39 歳	21.9%	38.1	32.4	4.8		2.9

（法務省「令和２年度 若者の政治意識アンケート調査結果」より作成）

② 次の**資料２**は，2017年に行われた国会議員の選挙における政党別の得票数と当選者数の割合の関係を示したものである。次のページの文章は，**資料２**から読み取れることがらについてまとめたものである。文章中の [Ⅰ] ～ [Ⅲ] にあてはまる語の組み合わせとして最も適当なものを，次のページの**ア**～**エ**のうちから一つ選び，マークしなさい。

資料２　2017年の国会議員の選挙における得票数と当選者数の割合の関係

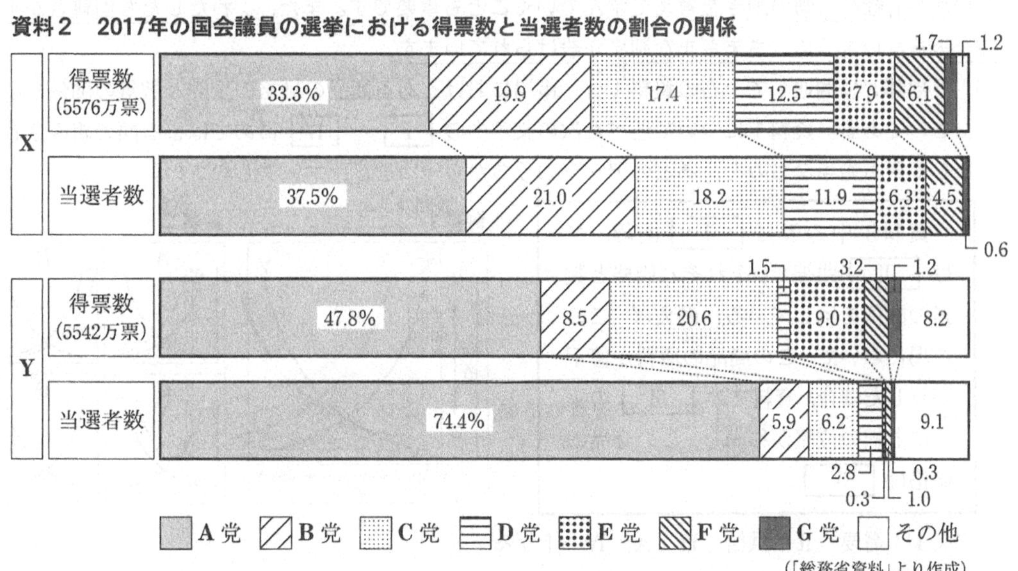

		A党	B党	C党	D党	E党	F党	G党	その他
X	得票数（5576万票）	33.3%	19.9	17.4	12.5	7.9	6.1	1.7	1.2
X	当選者数	37.5%	21.0	18.2	11.9	6.3	4.5	0.6	
Y	得票数（5542万票）	47.8%	8.5	20.6	1.5	9.0	3.2	1.2	8.2
Y	当選者数	74.4%	5.9	6.2	2.8	0.3	1.0	0.3	9.1

（「総務省資料」より作成）

資料２は，国会の二つの議院のうち，小選挙区比例代表並立制で行われている［Ⅰ］議員の選挙結果を示したものである。**資料２**のＸは，［Ⅱ］での各政党の得票数と当選者数の割合の関係を示したもので，Ｙに比べて死票が［Ⅲ］という特徴が読み取れる。

ア　Ⅰ：衆議院　Ⅱ：小選挙区制　Ⅲ：多い
イ　Ⅰ：衆議院　Ⅱ：比例代表制　Ⅲ：少ない
ウ　Ⅰ：参議院　Ⅱ：小選挙区制　Ⅲ：多い
エ　Ⅰ：参議院　Ⅱ：比例代表制　Ⅲ：少ない

(2)　下線部ｂに関連して，次のⅠ～Ⅵの文のうち，国会に関することがらについて正しく述べているものはいくつあるか。最も適当なものを，あとの**ア**～**カ**のうちから一つ選び，マークしなさい。

Ⅰ　第41条に，「国会は，国権の最高機関であって，国の唯一の立法機関である。」と定められている。

Ⅱ　衆議院議員の任期は４年，被選挙権は満25歳以上で，参議院議員の任期は６年，被選挙権は満30歳以上である。

Ⅲ　内閣の召集か，いずれかの議院の国会議員の４分の１以上の要求で開かれる国会を特別会（特別国会）という。

Ⅳ　国会は，最高裁判所の長官を指名し，その他の裁判官を任命する。

Ⅴ　予算案の審議は必ず衆議院から先に行われるが，法律案の審議はどちらの議院から行ってもよい。

Ⅵ　国会が憲法改正の発議を行うためには，各議院の総議員の過半数の賛成が必要である。

ア　一つ　　**イ**　二つ　　**ウ**　三つ　　**エ**　四つ　　**オ**　五つ　　**カ**　六つ

8　次の文章を読み，あとの(1)～(3)の問いに答えなさい。

わたしたちは毎日，さまざまな商品を購入しています。ａ商品の価格の変動について，消費者の立場からｂ経済活動の動きを考えて学んでいくことも重要です。また，ｃわたしたち消費者が不利益を被らないように，さまざまな制度が設けられています。

(1)　下線部ａに関連して，右の**資料１**は，市場におけるある商品の価格の変動と数量の関係を示したものである。**資料１**について述べた次の文章中の［Ⅰ］～［Ⅳ］にあてはまる語の組み合わせとして最も適当なものを，あとの**ア**～**ク**のうちから一つ選び，マークしなさい。

資料１中のＸは［Ⅰ］曲線，Ｙは［Ⅱ］曲線で，それぞれ価格と数量の関係を示している。例えば，この市場において，この商品の原料が値下がりした場合，**資料２**の［Ⅲ］のように曲線の位置が移動し，この商品の価格は［Ⅳ］。

資料１

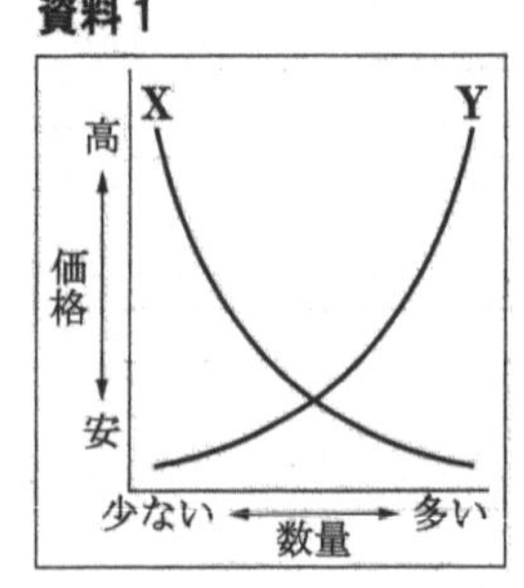

資料２

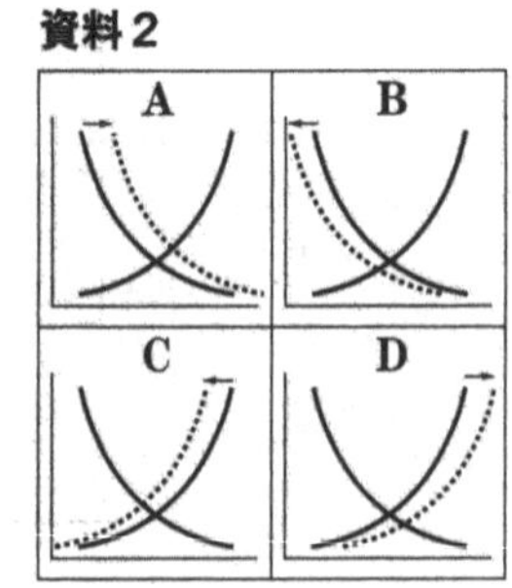

ア　Ⅰ：需要　Ⅱ：供給　Ⅲ：Ａ　Ⅳ：上がる
イ　Ⅰ：需要　Ⅱ：供給　Ⅲ：Ｂ　Ⅳ：下がる

ウ　Ⅰ：需要　Ⅱ：供給　Ⅲ：C　Ⅳ：上がる

エ　Ⅰ：需要　Ⅱ：供給　Ⅲ：D　Ⅳ：下がる

オ　Ⅰ：供給　Ⅱ：需要　Ⅲ：A　Ⅳ：上がる

カ　Ⅰ：供給　Ⅱ：需要　Ⅲ：B　Ⅳ：下がる

キ　Ⅰ：供給　Ⅱ：需要　Ⅲ：C　Ⅳ：上がる

ク　Ⅰ：供給　Ⅱ：需要　Ⅲ：D　Ⅳ：下がる

⑵　下線部ｂに関連して，自由権のうちの経済活動の自由にあてはまるものとして最も適当なものを，次の**ア**～**エ**のうちから一つ選び，マークしなさい。

ア　居住・移転・職業選択の自由　　**イ**　学問の自由

ウ　奴隷的拘束・苦役からの自由　　**エ**　集会・結社・表現の自由

⑶　下線部ｃに関連して，次のⅠ～Ⅳの文のうち，消費者の権利に関することがらについて正しく述べているものはいくつあるか。最も適当なものを，あとの**ア**～**エ**のうちから一つ選び，マークしなさい。

Ⅰ　企業が生産，販売，価格などを不当に制限することを防ぎ，公正かつ自由な競争を促し，消費者の利益を守るために，製造物責任法（PL法）が制定された。

Ⅱ　アメリカのケネディ大統領が，「知らされる権利」，「選択する権利」，「安全を求める権利」，「意見を反映させる権利」という四つの消費者の権利を唱えた。

Ⅲ　消費者契約法が施行され，商品について事実と異なる説明があるなどした場合，一定期間内なら契約を取り消せるようになった。

Ⅳ　消費者の権利を守るため，消費者の自立支援を基本理念とする消費者基本法が制定され，消費者政策をまとめて行う消費者庁が内閣府に設置された。

ア　一つ　　**イ**　二つ　　**ウ**　三つ　　**エ**　四つ

で、湧蓮法師が近くにいるようだということ。

２　紙に書かれた字は、ためらいのない湧蓮法師の筆跡に見えるので、湧蓮法師の心中がわかるようだということ。

３　紙に書かれた歌は疑いなく湧蓮法師の技量が表れているので、湧蓮法師の作った歌だとわかったということ。

４　紙に書かれた字は確実に湧蓮法師の筆跡に見えたので、この家に湧蓮法師がいるようだということ。

問六　傍線部５「かくてもあるべきならねば」の意味として最適なものを後より一つ選び番号で答えなさい。

１　このように待つことをしてはいけないので

２　いつまでもこうして待っていないといけないので

３　ずっとこのまま待ち続けてはいられないので

４　こうやって待ち続けていたいので

問七　傍線部６「住む方は都の西と聞きながら霞隔てて春を経にけり」の和歌の説明として最適なものを後より一つ選び番号で答えなさい。

１　霞がかかると近くの風景さえも不鮮明になってしまう情景の描写によって、居場所を聞いているのに具体的なことがわからなかったという困惑を表現している。

２　霞がかかったので、春が訪れたことを敏感に感じ取ったという描写によって、なかなか会えないためいっそう会いたくなったという心情を表現している。

３　場所がわかっていても霞がかかると見えなくなって遠く感じる様子の描写によって、近くまで来ているのに会えないもどかしさを表現している。

４　近くであっても霞がかかると何が起きているかわからないと思う様子の描写によって、そばにくるとかえって気持ちが離れる寂しさを表現している。

問八　傍線部７「春霞へだてこし身のおこたりを今さら悔し君に訪はれて」から読み取れる湧蓮法師の心情の説明として最適なものを後より一つ選び番号で答えなさい。

１　冷泉大納言と遠く離れたままにしてしまったのは誤りで、会えなかったことが悲しいという思い。

２　冷泉大納言が詠んだ歌は意味不明で誤りだらけなので、かつての歌仲間として情けないという思い。

３　冷泉大納言の行動は礼儀に反する誤ったものだと感じ、もう二度と会いたくないという思い。

４　冷泉大納言が訪ねてきたときに出かけていた自分の行動は誤りで、あのとき出かけたことを悔やむ思い。

問九　本文の内容として不適当なものを後より一つ選び番号で答えなさい。

１　湧蓮法師の暮らしている家はすっかり乱れた状態で、初め冷泉大納言には誰もいないように見えた。

２　冷泉大納言は夕方ごろに湧蓮法師の家に入り、月が見えるようになる頃にもまだそこで過ごしていた。

３　湧蓮法師の詠んだ和歌は、炭を運んでいる男が、冷泉大納言の屋敷まで持ってきた。

４　湧蓮法師は世間をうとましく思う人物で、いつだれが亡［な］くなるかわからないこの世の空虚さを和歌にした。

＊3　冷泉大納言……冷泉為村。
＊4　嵯峨野……地名。現在の京都市右京区嵯峨付近の台地のこと。
＊5　小倉山……現在の京都市右京区嵯峨西部にある山。
＊6　柴の編戸……柴を編んでできている戸。
＊7　炭櫃……いろり。
＊8　手取り鍋……手で持つことができるようなつるのついた鍋。
＊9　天目……茶の湯で用いるすり鉢の形の茶碗。
＊10　畳紙……懐にしまっておき、歌などを書いたり、鼻をかむときに用いたりした紙。
＊11　健児所……使用人などを管理するところ。
＊12　荼毘……火葬。

問一　本文中に「　」（かぎかっこ）のついていない会話文が一箇所ある。その会話文の初めと終わりの組み合わせとして最適なものを後より一つ選び番号で答えなさい。

1　そこの～国より　　2　そこの～見給へ
3　それに～国より　　4　それに～見給へ

問二　傍線部１「かくては猶事に触れて世の交はり止む時なし」の意味として最適なものを後より一つ選び番号で答えなさい。

1　寺を所有していると、いつか何かあっても現世で人とのかかわりがなくなってしまうことだ
2　世間を遠ざける気持ちが強いと、逆に何かにつけて世間からかかわりを求め続けられることだ
3　世間を嫌う思いが強くなると、さらに何かにつけて世間との付き合いを避けたくなるようだ
4　寺を所有したままだと、やはり何かにつけて世間との付き合いをしなくてはいけないようだ

問三　傍線部２「自らおはして」とはどういうことか。その説明として最適なものを後より一つ選び番号で答えなさい。

1　冷泉大納言が、西嵯峨野にいるという湧蓮法師を、人を使って探させていたが、まったく見つからないので、自分で探しに行ったということ。
2　冷泉大納言が、人から頼まれて、西嵯峨野にいるという湧蓮法師を探していたが、なかなか見つからないので自分の責任を感じたということ。
3　冷泉大納言は、湧蓮法師から西嵯峨野に来るように頼まれる度に代理の者を遣わせていたが、人がいないときには、自分で行くようにしたということ。
4　冷泉大納言は、湧蓮法師に対して西嵯峨野から戻るように促したが、湧蓮法師がその気にならないので、自分から会いに行ったということ。

問四　傍線部３「露打ち払ふて」の動作主として最適なものを後より一つ選び番号で答えなさい。

1　湧蓮法師　　2　冷泉大納言
3　草刈童　　4　伊勢の国から訪ねてきた人

問五　傍線部４「紛ふべくもなき彼の法師が手なれば、さてはさなんめり」とはどういうことか。最適なものを後より一つ選び番号で答えなさい。

1　紙に書かれた歌は、迷いのない湧蓮法師の技量が表れているの

三、次の文章は『落栗物語』の一部である。これを読んで後の設問に答えなさい。

*1湧蓮法師は*2伊勢の国の人なるが、和歌を好みて*3冷泉大納言の許へ親しく参り通ひける。始めは寺を持ちて有りしかど、世を厭ふ志深かりしほどに、1かくては猶事に触れて世の交はり止む時なしとて、寺を捨て何地ともなく失せにけり。年経て後、都の西*4嵯峨野の奥に在りしと聞こえしかば、大納言人して度々求めらるるに、さる者なしとて空しく帰りしほどに、後には2自らおはして、かなたこなた懇ろに尋らるれど、定かに知る人もなし。尋ねわびて夕つかた、*5小倉山の辺りにたたずみておはするに、草刈童の過ぎけるを、呼びとどめて問はせ給ふに、そこの林の中に、*6柴の編戸したる庵あり。それに住る古法師を、伊勢の国よりとて、折ふし（ときどき）は人の訪ひ来る事のさむらふなり。行きて見給へとおしゆ。やがて（すぐに）尋ねおはしたれば、門を開きてありし程に、さし覗き見給ふに、軒端傾き破れ、庭には春の草生ひ茂りたり。3露打ち払ふて入りたれば、小さき家のただ一間なるに、*7炭櫃の火かすかに残りて、手取り鍋*8と云ふ物を其の上に釣りたり。あたりに古き*9大目めく物二つあり。窓のもとに足折れて紙縷にて結はへし机の上に、墨筆かけたる硯、和歌の集の表紙かたかた、落ちたるなんど、五六巻も引き散らしたるばかりにて、主は見えず。ほとり（近くの）の紙に文字のありしを見給ふに、4紛ふべくもなき彼の法師が手なれば、さてはさなんめりと思して、やがても帰るべきかとて、久しく待たれしかど音もなし。日も暮れて月の光り隈なくさし入りたり。5かくてもあるべきならねば、*10畳紙取り出して、

6住む方は都の西と聞きながら霞隔てて春を経にけり

と書き付けて、机の上に打ち置きてぞ帰らせ給ひける。日数過ぎて冷泉殿の*11健児所へ炭荷ひたる男、紙を結びたる物を持て来たり、「これ奉らせ給へ」とて置きて出ぬ。取りて見給へば、

7春霞へだてこし身のおこたり（あやまちを）を今さら悔し君に訪はれて

と書きたり。其の後はいかがなりけん。此の法師、*12荼毘の煙を詠みける。

野べ見ればしらぬ煙のけふも立つあすの薪や誰が身なるらん

（『落栗物語』）

*1　湧蓮法師……江戸時代の僧侶、歌人。
*2　伊勢の国……現在の三重県の旧国名。

3　朔が提案したときには新が反発していたことを、突然新の方から積極的にやり始め、そのきっかけが何なのかもわからないため、素直に受け取ることができず、困惑している。

4　先日は強く抵抗していた朔の提案に対して、新が急に力を貸すようになったことを不審に感じ、また、新の陸上に関する知識の豊富さに圧倒され、不気味に感じている。

問九　傍線部６「新が口ごもると朔は口角をあげた」とあるが、この部分の説明として最適なものを後より一つ選び番号で答えなさい。

1　新は、フォームの変更を提案してみたものの、朔の様子がやりたくなさそうに見えたので、突然前向きになった朔の態度に驚いており、朔は、そのような自分を見くびっているような新の態度が気に入らないので、新を挑発する態度を見せている。

2　新は、フォームを変えるという簡単ではない提案をしたのに、悩むことなく決断した朔の返答をうまく理解できずにいるが、朔はそんな新の反応をおもしろがりながら、新が難度の高い練習を勧めてきたことにやりがいを感じ、やる気を出している。

3　新は、自信過剰な朔に現実を思い知らせようとフォームの変更を提案したのに、朔が素直に受け入れたため、思惑がはずれ失望しているが、朔は新の提案の意図や思いを見抜いて、自分を試そうとする新を逆に見返してやろうと、負けん気を覚えている。

4　新は、実現の難しい提案をすることで朔の陸上への思いを確かめようとしていたのに、朔がすぐに返答したため気持ちをはかりかねて動揺し、朔はそんな新の様子をおかしく思いながらも、やっと価値のある練習をできることに、喜びを感じている。

問十　本文の説明として最適なものを後より一つ選び番号で答えなさい。

1　文章全体を通して朔と新の率直なやりとりがわかる会話文で構成されていて、前半の会話文以外の部分は、新の視点から朔に対する反発心を描き、後半の会話文以外の部分は朔の視点から陸上の奥深さを描くことで、新が朔に対して複雑な感情を抱く一方、朔は自由であるという関係性が表現されている。

2　文章全体に渡って朔と新の会話を中心に物語が描かれているが、前半の会話文はテンポよく進めるとともに、比喩を用いた情景描写を多く取り入れて、日常のゆったりとした雰囲気を演出し、後半は陸上の専門的な用語を交えた会話文とともに、風景の写実的な表現を用いて、緊張感のあふれる雰囲気を作り出している。

3　文章全体を通して朔と新の会話文を中心に構成されているが、会話文のほかに、前半では二人の表情や動きを丁寧に描写することによって人柄をわかりやすく伝え、後半では二人の内面の描写を詳しく描くことによって互いがどう思っているかという関係性を明らかにしている。

4　文章全体に渡って朔と新の会話で物語が展開するが、前半は部屋の中で会話する場面を通して重苦しくなっていく二人の関係を表現し、後半は外で練習する場面に移り、陸上の専門用語を多く取り入れながら、二人がより深く陸上に向き合い、陸上を通して互いの理解を深めていくきざしを感じさせている。

B＝それどんなのか説明してくれないと
C＝え？
D＝きつそうだな

2　A＝きつそうだな
B＝え？
C＝い、いや、大丈夫
D＝それどんなのか説明してくれないと

3　A＝い、いや、大丈夫
B＝え？
C＝それどんなのか説明してくれないと
D＝きつそうだな

4　A＝きつそうだな
B＝それどんなのか説明してくれないと
C＝い、いや、大丈夫
D＝え？

問七　傍線部４「今朝、新が下りてきたときほっとした」とあるが、この部分の朔の心情の説明として最適なものを後より一つ選び番号で答えなさい。

1　先日の新との言い合いは、幼い頃のような感情をぶつけあうものではなく、互いに心の底に何かを抱えて本心を見せ合わないまま気まずくなったものだったため、新にどう接するべきなのか悩んでいたが、新がふだんと変わらない様子だったので、ひとまず心配から解放されて落ち着いた気持ちでいる。

2　先日の新との言い合いは、幼い頃のように反抗してくる新の相手をしてやるものではなく、何かに我慢していた様子の新に対して、一方的に自分の気持ちを押し付けて関係を悪化させてしまったため、情けなさを感じていたが、新の様子は普段通りだったので、許してくれたのだろうと安心した思いでいる。

3　先日の新との言い合いは、幼い頃のように自分が優位に立って物事を進められるものではなく、わかりあおうとして何かを言うたびにすれちがってしまうもので何も解決しなかったが、新が平然と姿を見せたことで、もう一度話し合えばわかりあえるかもしれないと、かすかな期待を感じている。

4　先日の新との言い合いは、幼い頃あったような新が素直に気持ちを見せるものではなく、反抗を見せながらも新自身が何かに落ち込んでいるように感じられたため、新のことを心配しつつも会いたくないと思っていたが、新はすっきりした様子だったので、悩みは解消したのだろうと緊張が解けている。

問八　傍線部５「オレとしては、新がそうやって練習メニューを考えてくれるの、すげーありがたいんだけど」とあるが、このように言ったときの朔の心情の説明として最適なものを後より一つ選び番号で答えなさい。

1　朔の提案を、新がちゃんと聞いてくれて準備をしてくれたことはうれしいが、朔がついていけないくらいに、新の方が力を入れこんでいるので、もう少し冷静になってほしいと思っている。

2　先日まで乗り気ではなかった朔の提案を、新の方からやる気になって助けてくれるのはうれしいが、また気持ちが変わって、反対されるのではないだろうかと疑わしく思っている。

ウ　奇異の目で
　１　物珍しそうに　　　２　避けるように
　３　しらけたように　　４　気の毒そうに

問三　傍線部１「ばりばりばりと大木を引き裂くような音に、朔はびくりとして窓のほうに顔を向けた」に、活用のある付属語はいくつ用いられているか。最適なものを後より一つ選び番号で答えなさい。
　１　一つ　　２　二つ　　３　三つ　　４　四つ

問四　傍線部２「ぐっと喉を鳴らして、新は鼻の上にしわを寄せた」とあるが、このときの新の心情として最適なものを後より一つ選び番号で答えなさい。
　１　陸上の練習を始めてまだ間もない朔が、自分から練習の内容を変えたいと言い出したのは、新のことをおもしろがってからかっているからだと思い、新自身が過去に必死に取り組んでいた陸上を朔が甘く見ていると感じて、怒りがこみあげている。
　２　陸上の練習を始めてまだ間もなく、能力が高いともいえないのに、競技として取り組もうと心から思っている朔の、陸上の難しさを知らない非常識さにあきれると同時に、競技に取り組ませたら朔が危ない目にあうのではないかと心配もしている。
　３　陸上の練習を始めてまだ間もない朔が、競技として取り組みたいということを真剣な様子で口にするのを見て、陸上の世界の厳しさを知らない気楽さ、何も恐れないような精神的な強さと朔自身の思い上がりが感じられ、苛立ちを覚えている。
　４　陸上の練習を始めてまだ間もなく、実力もない朔が、具体的に目標を定めようとする様子から、陸上に対する熱意が伝わり後押ししたくなったが、目が見えない中で競技に取り組む危険性を考えて止めるべきだと感じ、どう話そうか悩んでいる。

問五　傍線部３「どろりとしたものが新の内側にこみ上げる」とあるが、この部分の説明として最適なものを後より一つ選び番号で答えなさい。
　１　新にとっては、また陸上をしたいということは考えないようにしてきたことだったのに、朔に率直に指摘されて悔しさを感じつつも、その素直さがうらやましくもあって、嫉妬心と劣等感に苦しめられたということ。
　２　新にとっては、新の気持ちをわかったつもりで陸上に誘う朔の行動は、自分を傷つける行為でしかなく、朔を苦しめるのはいやだが、はっきりとそのことを伝えないといけないという切迫感におそわれているということ。
　３　新にとっては、陸上の練習は朔のやりたいことに付き合ってやっているだけなので、まるで新のためだとでも言うような朔の言葉に意表を突かれ、激しい怒りに襲われて、不満をぶつけたい衝動に駆られたということ。
　４　新にとっては、一緒に陸上の練習をしたいという新の心を見透かしたような朔の言動は恩着せがましいもので、また、自分にはない朔の純粋さがにくらしくもあり、朔に対して攻撃的な気持ちになったということ。

問六　本文中の A ～ D に入る言葉の組み合わせとして最適なものを後より一つ選び番号で答えなさい。
　１　A＝い、いや、大丈夫

だけど、足首への負担が軽くて、ケガなんかも少ない。日本人には合ってるともいわれてる。ただ回転数が多い分、疲れるんだよ」

真剣な表情で頷く朔を見て、新は話を続けた。

「反対に歩幅を広くとるストライド走法っていうのは、足への負担はあるし、筋力のある人に向いてるっていわれてる」

「なら、やっぱりオレはピッチ走法のほうが向いてるんじゃないの？」

「ストライド走法は、スピードが出やすい」

新は唇をなめた。

「朔は筋力はあるとはいえないけど股関節が柔らかい。股関節が柔らかいってことは、関節の可動域が広いってことだよ。それをいかしてみるってのもアリなんじゃないかと思う」

「やる」

へっ？　虚を突かれたような声を新は漏らした。

「なんだよ、気の抜けた声出して」

「いや、だって即答するから」

6新が口ごもると朔は口角をあげた。

「オレがやらないって言うと思ったわけ？」

「そういうわけじゃないけど……フォーム変えるってけっこう大変だから」

「でも新はやってみる価値があると思ったんだろ？」

「そう、だけど」

「ならやる」

朔は頬を伝う汗を手の甲で拭（ぬぐ）うと、立ち上がった。

さわさわと木々の葉が揺れる。柔らかい風が肌を撫（な）でるようにして通り抜けていく。

「帰ろう」

そう言って朔が伸ばした手を新はつかんで、腰をあげた。

（いとうみく『朔と新』）

＊1　ジョグ……ジョギングの略。

＊2　トラック……競走用の走路。

問一　二重傍線部a～cのカタカナの部分を漢字に改めたとき、同じ漢字を用いるものはどれか。後より選びそれぞれ番号で答えなさい。

a　ノばす　　1　支エン　　2　エン岸　　3　遅エン　　4　血エン

b　ヒビく　　1　影キョウ　　2　キョウ台　　3　妥キョウ　　4　即キョウ

c　キタえられる　　1　濃タン　　2　タン錬　　3　感タン　　4　大タンな

問二　傍線部ア～ウの意味として最適なものを後より選びそれぞれ番号で答えなさい。

ア　抑えた声

1　遠くまで聞こえないようにした声

2　感情を表さないようにした声

3　相手を非難する思いをこめた声

4　その場の雰囲気にちょうどよい声

イ　俄然

1　確実な状態で　　2　意欲がわいたように

3　しっかり整った状態で　　4　突如として

呆然(ぼうぜん)と眺めていたことを、朔はいまも覚えている。

　だけど、今回のことはあのときのケンカとは違う。新はあのときのように、かんしゃくを起こしてわめき散らしているわけではない。だから困惑した。なにをどうすればいいのか、なにを言えばいいのか、こじれた関係をどう修復していけばいいのか、朔には見当がつかなかった。新に押し付けるようなことを言った自分自身に、戸惑いもしていた。

　4今朝、新が下りてきたときほっとした。新は三日前のことにはひと言も触れず、何事もなかったように、いつも通り、いつも以上に丁寧な走りだった。そのうえ……。

　広場の奥にあるテニスコートから、カポン、カポンとのどかなボールの音が聞こえた。

「新」

　もう一度朔が言うと、新は「べつに」と答えて、右足にゆっくりと体重をかけながら足の裏を伸ばした。

「ぼーっとしてないで、朔もさっさとストレッチを続けろよ」

　うん、と頷いて朔は芝生に座って足を伸ばした。

「5オレとしては、新がそうやって練習メニューを考えてくれるの、すげーありがたいんだけど」

　どことなく腑(ふ)に落ちないように言う朔を、新はちらと見た。

「朔が言ったんじゃん、メニュー変えたいって」

　そうだけど、と口ごもりながら朔が頷くと、新はぼそりと言った。

「朔がやりたいって言うのに、オレが反対する理由はないかって思っただけ」

　そうか、と朔は足を前に伸ばしてからだを倒した。

「一万メートルの場合だけど、高校で陸上をやっているやつなら三十分を切るっていうのがひとつの目安になる。市民ランナーだと三十五分くらいが目標かな。どっちも大会で上位に食い込むためにはってことだけど」

「境野(さかの)さんは、練習会の平均は一キロ六分だって言ってたけど」

「市民マラソンなんかの平均は六分台だよ。っていっても入賞を狙うなら、四十分台前半が目安だと思う。だからこれから少しタイムを意識した練習を」

　そう言ったところで新はストレッチを続けている朔を見た。

　長座した足先をゆったりとつかんで、ぺたりと前屈している。

「朔って、マジでからだ柔らかいよな」

「そうか？」

「ちょっと、開脚で前屈してみて」

「ああ、うん」

　新に言われた通り、足を広げてからだを倒すと鼻先に芝が当たった。土の匂いがする。

「フォーム、変えてみようか」

「へっ？」

　朔は手を地面につけて、からだを起こした。

「フォームって、走りの？」

　うん、と新は芝の上に腰をおろした。

「朔の走りかたは歩幅が小さいんだ。それが悪いってわけじゃないよ。歩幅を短く刻んで回転数を上げていく走りかたをピッチ走法っていうん思わず朔が聞き返すと、新は朔に腕を貸して広場へ歩き出した。

「決めた距離を走るっていういままでの練習は、持久力とか筋力はつくけどタイムはなかなか上がらないし、上げたタイムをキープするのは難しいんだ」

新からこうした話を始めるのは初めてのことで、朔は戸惑いながら相づちを打った。

「持久力とスピードの両方を支えていくのが心肺機能。これが ^{c}キタえられると持久力もあがるし、^{イ}俄然（がぜん）走れるようになる。いまラスト一周だけペースあげたら息、切れたでしょ」

「そりゃまあ」

「うん。簡単に言うと、いまみたいに息切れする状態を作るトレーニングが必要ってこと」

広場に着くと新はストレッチをしながら話を続けた。

「心肺機能を高めるトレーニングっていうのはいくつかあるんだけど、オレが中学んときやってたのは、ウインドスプリント、ビルドアップ、インターバルとかで」

ちょっと待って、と朔が口を挟む。

「［C］」

「あ、ウインドスプリントっていうのは、ジョグ[*1]のあとに、百メートルくらいの短距離を全力疾走の七、八十パーセントの力で数本走るトレーニングのこと。筋肉の使いかたもジョグとは違うし、歩幅も腕の振りも自然と大きくなるからフォームもダイナミックになる」

「［D］」

朔がつぶやくと新はにやりとした。

「きついよ。オレそれで吐いたことあるし」

「マジで」

「マジ。で、ビルドアップ走ってのは、スロー気味にスタートして、少しずつペースをあげていく方法。例えば、最初の一周を五分で走ったら、二周目は四分五十五秒、三周目は四分五十秒って具合（ぐあい）にあげていく。インターバル走は、短距離ペースの速い走りの間にジョグペースのゆっくりした走りを入れていくっていうトレーニング。ウインドスプリントもインターバルもトラック[*2]だとやりやすいんだけど、ここでやるならビルドアップがいいと思う。それを今度から週に二回くらい入れようと思うんだけど」

アキレス腱（けん）を伸ばしながら耳を傾けていた朔は、右足に手を当てて顔をあげた。

「……新、なんかあった？」

新の部屋で言い合いになって以来、三日ぶりの練習だ。昨日も一昨日も、朝五時に玄関で待っていたけれど新は起きてこなかったし、夜も九時過ぎに帰ってきて部屋にこもっていた。

子どもの頃から、新とはほとんどケンカをした記憶がない。そんなふうに言うと、大抵、信じてもらえないか、^{ウ}奇異の目で見られるかのどちらかの反応が返ってくる。もちろんまったくなかったわけではない。新がまだ幼稚園の年中だか年長の頃、一度取っ組み合いのケンカをした。でも幼い頃の三歳差は大きい。体格も腕力も新が兄にかなうはずもなく、あっさりと勝負はついた。あのときなんでケンカになったのかは覚えていないけれど、腕力でかなわないことを悟った新は、床の上を転げまわりながら、顔を真っ赤にして泣きわめいていた。そんな弟の姿をあんなことを言うつもりはなかった。

たしかに朔の甘さが癇にさわったこともある。練習を始めてまだ二カ月も経たない朔に、競技として走ることの意味などわかるはずがない。一秒、たった一秒にこだわる世界は、そんなに美しいものでもなければ、たやすいものでもない。生活のすべてをかけて走り続けても、求めるなにかを手にできる選手はごく一部だ。それでも、走らずにはいられない。反吐を吐き、涙や血を流してどんなにみじめでも走り続ける。やめようと思ってもどうしても手放せずしがみつく。そんな強固で不器用な人間でなければ踏み込めない世界だ。

握った手のひらの中で、新は爪を立てた。

オレはそれを手放した。手放せたオレも、もうそこへ踏み込む資格なんてない。

朔はなにもわかってない。

……だけど、たぶんそれだけだったらあんなに苛立ったりはしなかった。苛立ったのは、朔がそれを本気で口にしたからだ。常識で考えたらわかるはずの無謀なことに、躊躇なく手を伸ばしていこうとする傲慢ともいえる強さが、新の内側をひっかいた。

〈中略〉

ジジッと頭上でセミが鳴き、うしろからバイクが風を切って走りぬけていく。

「十五メートルくらい前にひとり、その先にもうひとりいる。ふたりとも右側から抜くよ」

小さくロープを動かし、新は朔に腕を当てて右側へ膨らんだ。朔もそれに合わせていく。数秒後、自分たちの足音に、もうひとつ足音が混じる。足音が大きくなり、荒い息づかいが聞こえて、すぐにそれはうしろへ消えていく。

「はい、抜いた。このままもうひとり抜くよ」

たったったっと、心地よい足音が朔のからだの内をはねる。

ふたりを抜いたあと、新は腕時計を見た。

「もう少しペース上げられる？」

うん、朔が頷くと、「よし」と、新はわずかにからだを前に倒した。

ぐっとスピードが上がる。それに朔もついていく。

ぼおぼおと風の音が強くなる。

「ラスト一周、このペースで」

リョウカイ。

「ラスト五十」

風音にのって新の声がｂヒビく。

「三、二、一、オッケー」

新の声にすっと力を抜いて、朔は足を止めた。心臓の音が速い。息があがっている。肩を揺らして膝に手をつくと、からだ中の汗が噴き出し、あごを伝った。

「いまのが一キロ五分。きつかった？」

「［Ａ］」

朔は大きく息をしながらからだを起こした。

「じゃあ、今度から少しメニュー変えようか」

「［Ｂ］」

「そのつもりだけど」

目の前で当然のように答える朔を新はじっと見た。いい加減に言っているわけじゃない。冗談でないこともわかる。朔は大真面目で言っている。

だからこそ、不快だった。

「甘いよ。朔の走力なんて、そのへんの小学生と変わんないし」

「わかってる。だからいますぐどうこうなんて思ってるわけじゃないよ。でも目指すのは自由だろ」

「……どこ目指そうと勝手だよ。だけど、そういうのって」

新はぎゅっと唇を嚙んで、ことばを断った。

「なんだよ」

ア抑えた声で朔が言うと、「べつに」と新は立ち上がった。

「言いたいことがあるなら言えよ」

「……そんなに、甘くないよ。走るって」

朔は小さく顔を動かした。

「なめてるわけじゃないよ。でも新となら。新だって、もっと走りたいだろ」

「はっ？」

3どろりとしたものが新の内側にこみ上げる。

「なんでそこにオレが出てくるんだよ。オレは関係ない」

「だけど」

「あのさ、そういう上昇志向みたいなの、すげーと思うよ、朔はすごい。いつだって前向いて、頑張って、マジですげーと思うよ。でも、オレは朔とは違う」

「なにが」

「全部」

全部、そう全部だ。新はこぶしを握った。

雨音が小さくなり、濡れたアスファルトを走る車のタイヤ音が聞こえた。

「なんでもわかったような顔をして、オレが陸上やめたこと知ってて、なのにこんなことやらせて。……朔は、偽善者だ」

「………」

「朔は昔からそうだ。どうせオレがまだ走りたがってるとか、バカみたいに思ってんだろ！　でもオレはもう走りたくなんてないんだよ」

「じゃあなんで伴走、引き受けた？」

「それは」

ぐっと新の喉が鳴った。

「朔が頼むから」

新がそう答えると、朔は黙って立ち上がった。

「いいよ、それで」

「………」

「偽善者でいい」

そう言って、ドアを開いて振り返った。

「オレが頼んで、おまえは引き受けた。おまえには、オレをちゃんと走れるようにする責任があるんだよ」

ため息をつきながら、新は自転車の鍵をズボンのポケットに入れて、校舎へと足を向けた。

二、次の文章を読んで、後の設問に答えなさい。

〈これまでのあらすじ〉

朔(さく)は、一昨年の大晦日(おおみそか)、本来の予定を変えてバスで帰省している最中、事故に巻き込まれて視力を失った。予定を変えてバスに乗ったのは、弟の新(あき)が、母と揉(も)めたことが原因だった。盲学校から一年ぶりに家に帰ってきた朔は、ブラインドマラソン（視覚の度合いによってクラスが分けられたマラソン）の練習を始め、新に伴走してもらっている。高校生の新は、中学時代に長距離ランナーとして期待されていたが、バス事故のあと、走るのをやめていた。

六月末、例年より二週間近く遅い梅雨入りをした。

昼から降り出した雨は時間とともに激しくなり、七時頃から空を切り裂くような閃光(せんこう)と合わせて、雷が鳴り出した。さすがにランニングは無理そうだな、と新が窓の外を眺めていると「ちょっといい？」と、朔が部屋のドアを開けた。

「あ、ちょっと待って、ストップ」

「取り込み中？　ならあとででいいよ」

「じゃなくて」

新はドアまで行くと、朔の腕をつかんだ。

「オレの部屋散らかってるから」

そう言って片足で床の上に転がっている雑誌やペットボトルを端に追いやりながら、机のイスを引いた。

「サンキュ」朔はイスに腰かけて苦笑した。

「なんだよ」

「いや、少し部屋片付けたらいいのにと思って」

「……いいだろ。あ、今日の夜ランは中止にしよ」

「そうだな、雷はちょっと」

窓の外が一瞬明るくなる。1ばりばりばりと大木を引き裂くような音に、朔はびくりとして窓のほうに顔を向けた。

「すげーな。けっこう近くに落ちたかも。で、なんか用？」

新が言うと、そうそうと朔は顔を戻した。

「練習メニューのことだけど、そろそろ変えてもいいんじゃないかと思って」

「変える？」

「距離aノばすとか、オレ、わりと体力もついてきたと思うし」

「……無理することないと思うけど」

新はベッドの上にばふっと腰をおろした。

「べつに無理してるわけじゃ、いやまあ、無理してないわけじゃないけど、でもこういうのってお気楽にやってるだけじゃ意味ないだろ」

「意味なら、充分あると思うけど」

ん？　と、朔は首をひねった。

「朔は、新しいことを始めたかったんだろ」

「そうだよ。でもやるからにはちゃんとやりたい。大会にも出てみたいし、出るなら完走で満足してるのはいやだし、タイムだってちゃんと目標決めて」

「ちゃんとって」

2ぐっと喉を鳴らして、新は鼻の上にしわを寄せた。

「それ、朔が言ってることって、もしかして競技としてやりたいってこと？」

り入れ、依代、御幣、神饌を捧げるのは、どの主催者でも同じだが、他に何を捧げるのかという点は、主催者によって異なっていて、それぞれの独自性を見せ合う要素であったということ。

４　祭祀で神への感謝と敬意を示すため、人々の生活と同じ条件で神に供物を捧げるやり方は、どういう状況でも共通していたが、何を用意して捧げるかという点は、祭祀を行う場所や季節によって異なっていて、それが祭祀の意味を示していたということ。

問十一　傍線部８「やはり祭の中心は食物献供にあり、祈りの成就に対する謝恩となる神饌の供奉こそが、祭祀においてもっとも重要な核をなす」とあるが、なぜか。その理由として最適なものを後より一つ選び番号で答えなさい。

１　祭祀では、神に対して供物として食事を捧げるという行為が、儀式の開始直後から終わりまで続き、その儀式が終わった後は、食物の獲得を祈った人間が集団で供物として捧げたものを食べるという流れになっていることから、演出などはあっても食物献供が祭祀のほとんどの時間を占めていて、これを行わなければ儀式が成立しなくなると考えられるから。

２　祭祀では、儀式で神に供物として捧げたものを主催した全員で食べることで、神と人間がより近い存在になるのと同時に、神に対して祈っている人間どうしの一体感も高めることができ、集団として神の加護を受けやすい状況になるという点で、食物献供こそが集団としての人間の願いをこめて祈るという祭祀の意義を果たす行いになっているから。

３　祭祀では、儀式で神に供物を捧げた後、集団でその食物を食べながら神を大々的に祝うことではじめて、人間が神をもてなし、神からもたらされた恩恵に対して目に見える形で感謝を伝え、神の加護を実感できるようになるという点で、神に対する食物献供こそが、祭祀において一番盛り上がる場面になっているといえるから。

４　祭祀では、儀式で神に供物として捧げた食事と同じものを人間も集団で食べることで、神と人間が同じ場で食事をするという状況が完成し、神と人間の関係がより密接になって、神から恩恵を与えられやすくなると考えられていたという点で、神に対する食物献供こそが人間の願いをかなえるために祈るという祭祀の目的を果たす行為であるといえるから。

問十二　本文の内容と一致するものを後より一つ選び番号で答えなさい。

１　農耕によって食物を安定して獲得できる状況になり、やがて食物の循環について解明が進んだため、儀礼の数はどんどん減少していった。

２　もともと神に捧げる供物は、食物を人間が食べやすいように加工したものが多かったが、明治には政府の主導で供物は食材をそのまま捧げる形に変更された。

３　儀礼の発生は、人間が食物がなくては生きていけない存在であることが関係しており、原初は個人が独立して儀礼を行ったが、生命の維持のために集団で行うように変化した。

４　食料を安定して得られるようにするために、儀礼の定式化や、人々が一致団結して生活の多くの時間を農耕のための労働に費やすことが不可欠だった。

より一つ選び番号で答えなさい。

1　農耕によって食料を獲得しようとするとき、突発的に訪れて計画的な農作業を阻害する悪天候は、神に祈る以外に退ける方法がないという点で厄難・悪神と同じものであり、被害を最小限に抑えるために、天候が変化する度に集団で祭祀を行うようになった。

2　農耕においては食料の獲得が気象の変化に左右されることが多く、多くの人間が気象に関心を持って研究をすすめたことで気象の周期が判明し、気候の安定した時期に集中して農作業を行って食料を収穫し、気候の不安定な時期に毎年祭祀を行うようになった。

3　農耕を始めると、気象の変化に食料の安定的な獲得をおびやかされるようになったため、一年間の気象の変化とその原因を文明の力によって科学的にとらえたうえで気象そのものを神とみなし、食料の安定的な獲得につながるような祭祀が行われるようになった。

4　農耕による食料の獲得は気象状況に大きく依存するが、人間には操作不可能な気象の変化は、神の業として人々から日常的に関心を向けられるようになり、その結果、一年の気候の周期をふまえたうえで、決まった時期に気象の安定を神に祈るようになった。

問九　傍線部６「それは基本的に、価値が高ければ高いほど効力がある」とあるが、これはどういうことか。その説明として最適なものを後より一つ選び番号で答えなさい。

1　人間が日常で手に入れるのに苦労するような栄養の豊富な動物の肉を捧げれば、人間と同様の身体をもって生活すると考えられていた神々も、供物の価値の高さに喜び、祈りを聞いてくれるようになると考えられていたということ。

2　動物の肉のように人間の身体の維持に有用なもので、当時の人間が手に入れることの難しい貴重なものを捧げれば、神に真剣な願いが伝わり、祈りを聞き入れてくれやすくなるだろうと考えられていたということ。

3　当時の人間の手には入りづらく、価値の高い食べ物を捧げることを儀礼の形とすることで、神に対して祈りを捧げていることをわかりやすく示すことができ、神が人間の願いに気付きやすくなると考えていたということ。

4　当時の人間が食べていたものの中で捕獲するのが特に困難で、人間にとっても価値が高かった動物の肉を捧げれば、神の要求に応えたことになり、引き換えに神が願いをかなえてくれると考えられていたということ。

問十　傍線部７「それこそが祭の特色となる」とあるが、これはどういうことか。その説明として最適なものを後より一つ選び番号で答えなさい。

1　祭祀で神への敬意と感謝を示すため、人間の衣食住に見立てて依代、御幣、神饌を用意する点は、どの主催者でも共通していたが、場を引き立てるための演目は主催者ごとに異なっていて、誰による祭祀なのかを主張する要素となっていたということ。

2　祭祀で神への敬意と感謝を示すため、人々の生活と同じ条件で神に供物を捧げるという形式は、どういう場合でも同じであったが、祭祀をおもしろくするための演出は、その目的や時期によって異なっていて、それが祭祀の意味を示していたということ。

3　祭祀で神への敬意と感謝を示すため、人間の生活と同じ要素を取か。最適なものを後より一つ選び番号で答えなさい。

1　七文節　2　八文節　3　九文節　4　十文節

問五　傍線部２「人間が頭脳という器官をもてたことの意義はきわめて大きい」とあるが、この部分で筆者が言おうとしていることの説明として最適なものを後より一つ選び番号で答えなさい。

1　人間は、知識を蓄積でき、言語や道具の使用を可能にする高度な頭脳をもったことによって、他の動物であれば頭脳を働かせるために多くの食料を要するところを、良質な栄養素を含む少量の肉を摂取するだけで頭脳を駆使することが可能になり、自然界でもっとも繁栄する動物になったということ。

2　人間は、知識を蓄積したり言語や道具を駆使して互いに協力したりするために、カロリーとタンパク質を多く含む肉を摂取することによって頭脳を発達させ、その頭脳をいかして大きな動物を捕獲する狩猟を行うことができるようになり、しだいに他の動物たちを圧倒するようになっていったということ。

3　人間は、自然界で弱い存在で、得られる食料も豊かとはいえない内容だったが、良質な栄養素を含む肉を少しずつ摂取していくなかで頭脳を発達させ、知識を蓄積し、言語や道具を使用した計画的な集団行動を行えるようになり、その結果自然界で優位に立てて、捕獲する食物の量や質も大きく向上したということ。

4　人間は、知識を蓄積し、言語や道具の使用を発達させる頭脳を得たことによって、植物や小動物という、食べても低エネルギーしか得られない食料を採取する食生活から脱却し、よりエネルギーの大きい動物を狩猟によって捕獲する食生活に移行して、頭脳だけではなく身体能力まで発達させたということ。

問六　本文中の 3 に入る言葉として最適なものを後より一つ選び番号で答えなさい。

1　大自然の摂理そのものを神とみなし

2　人間の食事そのものを神とみなし

3　人間の生活そのものを儀式として

4　大自然の脅威そのものを儀式として

問七　傍線部４「招福儀礼と除厄儀礼」とあるが、これらの説明として、不適当なものを後より一つ選び番号で答えなさい。

1　招福儀礼は、生活を豊かにしたいという人間の欲求に従って行われ、その目的の中心は、集団を維持して生きていくための食料の安定を祈ることであった。

2　除厄儀礼で、祈りを捧げる対象である神の顔が恐ろしいほど、悪鬼や悪霊を退ける力が強いと信じられており、優しい顔をした神に除厄を願うことはなかった。

3　除厄儀礼は、集団での生活の安定を損なうような火災や疫病などが起きないように祈るもので、時期を決めず災いが発生したときに行われるものがあった。

4　儀礼とは、心の中の願いや祈りに実効力をもたせるために、目に見える形に整えた祭祀のことで、それを目的に応じて分類したのが招福儀礼と除厄儀礼である。

問八　傍線部５「人類は、採集や狩猟・漁撈という相手待ちの食料獲得法から進めて、計画的に食料を増やす農耕という手段を編み出した」とあるが、このことによる儀礼の変化の説明として、最適なものを後動物の肉は、きわめて高い栄養素を含み、美味なタンパク質を豊富にもつところから、人間にとってもふだんとは異なるご馳走（ちそう）であり、かつ貴重な財産でもあった。東南アジア・東アジアの稲作地帯のみならず、世界史的にみても、神に動物を捧げるという事例は、きわめて一般的な事柄に属する。

ここで動物供犠の理論的考察を試みる余裕はないが、『旧約聖書』にみられる燔祭（はんさい）*8でヒツジを焼き殺して神に捧げるなど、動物の儀礼的殺害に関する事例は決して少なくない。イスラム教でも犠牲祭が行われ、その肉で盛大な共食が催される。もともとヘブライ語で祭壇は「犠牲の場所」を意味したといい、古代アラビアやローマでも祭壇の前に犠牲の肉や血が捧げられたことを想起すべきだろう。

また「犠牲」という漢語については、犠は色の純なるものを指し、牲は完全な形のものをいうとされており、ともに牛偏が用いられている点が重要である。つまり中国で最高の供物とされたウシのうちでも、純粋で完全なるものが求められた。儀礼においては供物こそが、必要不可欠な要素だったのであり、その価値は高ければ高いほど効力が期待された。つまり動物の貴重な生命が、多くの人間の生活の安定と安全のために捧げられるにふさわしかったのである。

（原田信男『神と肉　日本の動物供犠』）

＊1　スカベンジャー……ごみやくずを拾い集めて生活する人。
＊2　陥穽……落とし穴。
＊3　漁撈……漁をすること。
＊4　精進潔斎……肉食を断ち、行いを慎んで身を清めること。
＊5　依代……神が降臨するときに、乗り移るもの。
＊6　御幣……神に供える、たたんで細長く切った紙などのこと。
＊7　屠って……獣の体を切り裂いて。
＊8　燔祭……古代ユダヤ教で、供物となった動物をすべて焼いて神に捧げたこと。

問一　二重傍線部ａ～ｃのカタカナの部分を漢字に改めたとき、同じ漢字を用いるものはどれか。後より選びそれぞれ番号で答えなさい。

ａ　ソウ量
　１　断ソウ　２　物ソウ　３　演ソウ　４　ソウ集編

ｂ　飛ヤク的
　１　ヤク職　２　面目ヤク如　３　服ヤク　４　翻ヤク

ｃ　キ求
　１　キ則的　２　常キ　３　キ望　４　キ行文

問二　本文中の（ア）～（ウ）に入る語として最適なものを後より選びそれぞれ番号で答えなさい。

ア　１　また　２　すなわち　３　例えば　４　だが
イ　１　なぜなら　２　むしろ　３　その上　４　つまり
ウ　１　それでは　２　しかし　３　だから　４　あるいは

問三　本文中には、次の部分が抜けている。これを入れる位置として最適なものを後より一つ選び番号で答えなさい。

植物が排出したものを動物が必要とし、動物が排出したものを植物が必要とする。

１　【Ａ】　２　【Ｂ】　３　【Ｃ】　４　【Ｄ】

問四　傍線部１「これを燃焼させ細胞内に微妙な温度差を生じさせることで、細胞を動かしている」は、いくつの文節に分けることができるが必要だと信じたのである。

　それは、まさに衣食住という生活の三要素であった。まず神の仮り住まいとなる＊5依代（よりしろ）を用意する。これは降臨を願う場所に四本の柱を立て、それぞれを注連縄（しめなわ）で結べばよい。この結界の内部こそが神の降り立つところで、この依代に張られる注連縄には、＊6御幣（ごへい）を括（くく）って飾るが、実はこれが神の衣装となる。

　さらに神の依代の正面には机が据えられるが、そこに神の食べ物つまり神饌（しんせん）が用意される。そして神を招来する儀式を最大に盛り上がらせるために、さまざまな装飾と演出が凝らされ、歌舞音曲（かぶおんぎょく）や演劇などの芸能が供される。

　その工夫は、祭の主催者たちの創意によるもので、7それこそが祭（まつり）の特色となるため、彼らは競って壮麗な演出を試みたのである。ちなみに、こうした依代を恒常的なものとし、特定の神のために設けたのが神社で、ここが地上での神の仮りの住居となる。

　こうした祭を催すこと自体が神への供物であると解釈することも可能であろうが、8やはり祭の中心は食物献供（けんく）にあり、祈りの成就（じょうじゅ）に対する謝恩となる神饌の供奉（ぐぶ）こそが、祭祀においてもっとも重要な核をなす。神饌は、儀式開始直後の献饌（けんせん）から始まり、重要な式次第が済めば撤饌（てっせん）されるところとなる。実はこの間に、神が神饌を食したことになる。

　そして儀式の終了後に、これを主催した集団の直会（なおらい）という共同飲食が行われる。そこで提供される飲食は、神に捧げた神饌そのもので、明治以降は食材をそのまま供える生饌（せいせん）が主流となったが、もともとは調理済みの料理を捧げる熟饌（じゅくせん）があった。

　かつて神々は、それぞれの地域ごとの生産活動に応じて、人々から神饌を受け取っていた。農耕の産物のみならず、山の物・海の物も神々へ捧げており、それどころか本稿で明らかにするように、農耕のために動物を＊7屠（ほふ）って、その肉を供していた場合も決して少なくなかった。

　ところが神道（しんとう）を国家の宗教とした明治政府は、神道祭式を統一的に改め、生饌を中心とした神饌の体系を創り上げた。（　ウ　）狩猟神であった諏訪大社（すわたいしゃ）などの伝統的神社に対しては、これを改めるには至らず、特殊神饌として動物供犠的な部分をも容認しており、明治以前においては、神に肉を捧げる小さな神社はかなりの数にのぼったはずである。

　いずれにせよ、神に供えた神饌を、直会で下ろしと称して全員で食べる祝宴が催されなければ、祭は完結したことにはならない。つまり儀式の間に神が食したのと同じものを、その直後に祭祀者一同が食べるところに祭祀の本義があり、ここで神人共食（しんじんきょうしょく）が完成することになる。

　すなわち願い事の成就を祈る祭祀の場で、神と人が同じものを食べることによって、神と心を同じくし、神の恩恵が食べた人々にもたらされるという仕掛けである。こうして神と共食することによって、神と人との一体化が図られ、神からの加護を集団として受ける。そのために、祭祀という儀式を執り行ってきたのだということになる。こうした祭礼の場における食事は、単なる日々の糧（かて）とは異なり、最高のものでなければならなかったのである。

　この神の食事すなわち供物のうち、もっとも高級なものとは、人間にとっても価値の高いものでなければならず、日常のものとは異なることが重要であった。例えば、その年初めてとれたものが初穂（はつほ）として珍重されたが、これには初めての獲物という意味で、もともとは最初に獲れた動物が捧げられたと考えられる。

災儀礼もしくは攘災(じょうさい)儀礼などとも呼ばれる。こうした除厄儀礼は、基本的には年頭など、区切りのよい時期に執り行われるが、災いはいつ訪れるかわからないことから、疫病の流行などといった突発的な事態に対しては臨時に催されることも少なくない。

いっぽう招福儀礼は、生活自体のよりよい豊かな安定を願うためのもので、これも至極当然の欲求といえよう。招福のうちでも、もっとも大切なのは食料の安定である。やがて社会的分業が発達すると、さまざまな欲望を実現できる貨幣が重視されるようになるが、まずは、人間が集団として生きていくために不可欠の条件は、食料の獲得であり、その安定にあった。

先の除厄も重要な儀礼の要素で、災害や病気などに見舞われれば、たちまち生活は破綻をきたす。それゆえ除厄を願って、悪鬼や悪霊あるいは魔物を近寄らせまいとしたのである。ちなみに日本の神々が恐ろしい形相をしているのは、強い神こそが悪鬼や悪霊を退けてくれると信じたからである。こうした除厄・招福の祈りを、儀礼という形に集約し、生活の安定をもたらしてくれる神に、願いと感謝を表すものとして祭礼が営まれるようになったのである。

やがて5人類は、採集や狩猟・漁撈という相手待ちの食料獲得法から進めて、計画的に食料を増やす農耕という手段を編み出した。植物を積極的に管理生産する農耕こそ、もっとも安定的な食料獲得の手段であった。農耕は人間社会の発展に多大な貢献を果たしたが、しかしこれは気象状況に大きく左右されるものである。豊作の年もあれば、日照りや長雨で不作となる場合も少なくない。しかも、稔(みの)りを左右する気候の変化は、人間の与(あずか)り知らぬ神のなせる業としか思われなかった。もちろん狩猟採集段階でも、多く動物の出現や果樹などの豊かな実りを祈ったが、とくに農耕を始めてからは、気象の変化に最大の関心が注がれるようになった。

こうして農耕の開始後は、年間の気候サイクルに大きな関心が払われるようになり、これに関わる祭祀は、必然的に定期的なものとなる。とくに高度に文明を発達させた農耕社会では、これに関わる太陽と月の運行を調べて暦法を発明した。そして農耕の節目節目に、豊作のための祭祀を催し、やがては年中行事として整備されるようになる。

それが儀礼であり、人々は祭祀を通じて神に祈る以外に、集団の生活を安定させる術(すべ)をもたなかったのである。

こうして創り出された祭祀すなわち儀礼においては、祈るべき対象に最大の敬意と感謝を示す必要があった。つまり単なる祈りだけでは、どのような成果が得られるか、不安に駆られることになる。招福や除厄の成果には、人間の眼に見えない部分が多く、わずかな福でもぎりぎりの安全でも、感謝の対象であることに変わりはなかった。集団としての生活を豊かにし護(まも)ってくれる神の恩恵に対して、それを儀式として眼に見える形にするなら、感謝の気持ちを精一杯示すための捧(ささ)げ物つまり供物(くもつ)が必要となる。

6それは基本的に、価値が高ければ高いほど効力があると考えられた。価値の低い供物では、自らの気持ちを十全に伝えることにはならず、もっとも大切な物を捧げることで、神に喜んでもらおうとした。供物は基本的に食べ物で、恩恵をもたらしてくれる神々にとっても、人間と同様に食べることがもっとも重要だと考えてきた。少なくとも日本の場合では、神の来臨を実現させるためには、人々の生活と全く同じ条件動するために必要なエネルギーは、全体 a ゾウ量の二〇パーセントにも及ぶ。これは脳の細胞密度が高いため多量のタンパク質が必要とされ、その活発な活動には膨大なカロリーが消費されることを意味する。もともと高いカロリーとタンパクを含む肉の摂取の成果が、頭脳の飛 b ヤク的な発達をもたらしたのである。そして、この頭脳を駆使しえたことで、しだいに人間は自然界において優位な位置を占めるようになった。

そもそも人間は、その初源において、植物や小動物の採取を行いながら、猛獣などが食べ残した腐肉をあさるスカベンジャー*1のような生活を、実に長い間続けてきた。やがて脳に蓄えられた知識と二本の腕を駆使しうるようになり、さらには言語という緻密な交信手段を産み出した。これらの積極的な利用によって、優れた武器や巧みな陥穽*2などを創り出し、計画的な集団行動によって狩猟を行い、自らよりもはるかに大きな動物を捕獲するようになった。その集団での生活では、言語による精神の共有が必要とされる。

しかし例えば狩猟や漁撈*3の対象となる獣や魚がみあたらなければ、その出現を皆で大自然に祈るよりほかなかった。厳しい大自然のなかで、人々は生活の安定を必死に c キ求した。天変地異や気象の激しい変化など、自然界にはさまざまな現象が起こるが、それが人間にプラスになることもマイナスに作用することもあった。それゆえ［ 3 ］、それに安全や安定を本能的に祈る形で救いを求めてきたのである。

そうした祈りの目的は、まさに集団の生活の安定と幸福にあり、そのための最大必要条件は、食料の安定的な獲得にあった。食料の安定は、労働時間の短縮に繋がり、その余った時間を利用すれば、新たな技術の習得や道具の改良に振り向けることができる。そしてそれは、さらに豊富な食料を約束し、社会と文化の発展に大きな寄与をもたらす。いっぽう食料の不足は、人間を死に至らしめるほか、不幸を強いることは確実となる。事故や病気などの厄災による生活条件の悪化もまた、誰しもが遠ざけたいところのものであった。

人々の生活の安定と不幸の排除、この二つが祈りの最大の目的であり、これには相異なる二つの姿勢があった。すなわち積極的努力と消極的努力で、進んで行動を起こすか、慎んで結果を待つかである。前者は、次に述べるような祭祀となるが、後者は欲望や快楽を一定期間抑えることで、祈りを実現させようとする。いわゆる斎で、物事を忌み慎むことによって、耐え忍んだ分の見返りを期待する方法である。

しかし集団での祈りは、単なる心のなかの願いや、形だけの口上ではなんとも心細い。そこで祈りの定式化が進むことになる。（　イ　）祈りを形とするための方式が必要となる。祈りに実効力をもたせるために、人々は眼に見える形での祭祀、つまり儀礼というものを創り上げたのである。さらに祭祀の前に斎の期間を設けることで、つまり積極的態度と消極的態度を巧みに組み合わせることで、より効果を高めようとした。実際の祭祀の前に課される精進潔斎*4が、まさしくこれにあたる。

こうして編み出された儀礼を目的別に分ければ、4 招福儀礼と除厄儀礼の二つとなる。すなわち福がもたらされ、不幸が追い払われれば、人々は安泰な生活が送れる。まず人々の生活に害が及ばないようにするための除厄儀礼からみていこう。

悪神や悪霊・魔物が人々の生命を脅やかすことはしばしば起こりうることであったし、火災や疫病などの厄難も極力避けなければならない。これらは集団での生活にマイナスが生じないように予め祈るもので、除

【国　語】（五〇分）〈満点：一〇〇点〉

一、次の文章を読んで、後の設問に答えなさい。

私たちは生きて動いている。地球上には無数の生命体が存在するが、人間は、あくまでもそのうちの一種にすぎない。その私たち人間が生きて動くには、何が必要か？　まず動くためには、熱量つまりカロリーが不可欠とされる。1これを燃焼させ細胞内に微妙な温度差を生じさせることで、細胞を動かしている。それゆえカロリーの補給が止まれば、細胞の集合体である心臓も停止し身体は冷たくなって動かなくなってしまう。

（ア）、私たちの身体の最小単位である細胞は、絶えず入れ替わっている。古い細胞が死滅して、新たな細胞に生まれ替わることで身体が維持される。これはカロリーでは解決されず、細胞の創出にはタンパク質、なかでも必須アミノ酸の補給が必要で、一つ一つの細胞は、個体によってそれぞれ異なるＤＮＡという設計図に基づいて再生されている。そして死んだ細胞は、老廃物として体内から排泄される。その繰り返しが続く限りにおいて、私たちは生きることができるのである。【Ａ】

こうしたカロリーやタンパク質を、毎日毎日摂り続けること、つまり食べ続けることが、生命を維持するための最低必要条件なのである。とくに必須アミノ酸は、その含有量が植物性食品よりも動物性食品の方が高い場合が多く、肉食は栄養学的にみても効率のよい食品となる。もちろん健康を保つためには、カロリーやタンパク質のみならず、さまざまな栄養素をバランスよく摂っていかねばならない。【Ｂ】

こうした事情は植物も同じで、彼らは窒素やリン酸・カリウムを摂取して育ち、水と空気中の二酸化炭素から、光合成によって炭水化物を造る。そして動物が生きていくためには、植物が光合成を行う際に排出する酸素を吸収し、彼らが造る炭水化物を摂取する必要がある。やがて動物は窒素化合物を老廃物として体内から排出するが、今度はこれが植物たちの重要な肥料となる。モンゴルを研究する文化人類学者の小長谷有紀はよく、ヒツジは自動草刈り機で自動種播き機だという。つまり彼らは草原の植物を食べて育つとともに、その糞に含まれた種が大地に撒き散らされ、しかも窒素を含んだ糞に助けられて植物が力強く生長するからである。

【Ｃ】その植物を動物が食べ、動物の遺体も植物の肥料となるという循環が繰り返されている。すべからく生命とは、食べ続けなければならない存在なのである。では私たちは何を食べているのか？　私たち人間が日常口にするものは、水と塩を除けば、すべてが有機物すなわち生命体由来のものにほかならない。植物も立派な生命であり、たとえ菜食主義者といえども生命を口にしなければ、私たちは生きていけないのである。

【Ｄ】しかも人間は、原初、か弱いきわめて小さな存在であった。哺乳類のなかでも、身体的運動能力はきわめて劣り、腕力や走力でみれば、イヌやウマに及ばない。ただ脳の発達と二足歩行による両腕の利用によって、さまざまな道具を発明し、経験に裏打ちされた知識を駆使して、しだいに他の動物たちを圧倒するようになった。

2人間が頭脳という器官をもてたことの意義はきわめて大きい。そしてその頭脳の発達には良質な栄養素を含む肉の摂取が不可欠であった。頭脳の重さは、人体のたった二パーセントにしかすぎないが、頭脳が活

大切なことはメモしておこうネ！

T・G

2022年度

専修大学松戸高等学校入試問題（前期１月18日）

【数　学】（50分）　＜満点：100点＞

【注意】　1．解答は解答用紙の解答欄にマークしなさい。問題文中の $\boxed{\text{アイ}}$，$\boxed{\text{ウ}}$ などの $\boxed{}$ には，特に指示がないかぎり，数値が入ります。これらを次の方法で解答用紙の指定欄に解答しなさい。

注１．ア，イ，ウ，…の一つ一つは，それぞれ０から９までの数字のいずれか一つに対応します。それらを，ア，イ，ウ，…で示された解答欄にマークしなさい。

例えば，$\boxed{\text{アイ}}$ に10と答えたいとき，右図のようにマークしなさい。

注１

ア	イ
⓪	●
●	①
②	②
③	③
④	④
⑤	⑤
⑥	⑥
⑦	⑦
⑧	⑧
⑨	⑨

注２．分数形で解答が求められているときは，既約分数で答えなさい。

例えば，$\dfrac{\boxed{\text{ウエ}}}{\boxed{\text{オ}}}$ に $\dfrac{25}{3}$ と答えるところを $\dfrac{50}{6}$ と答えてはいけません。

注３．比の形で解答が求められているときは，最も簡単な自然数の比で答えなさい。

例えば，２：３と答えるところを４：６と答えてはいけません。

注４．根号を含む形で解答が求められているときは，根号の中に現れる自然数が最小となる形で答えなさい。

例えば，$\boxed{\text{カ}}\sqrt{\boxed{\text{キ}}}$ に $4\sqrt{2}$ と答えるところを $2\sqrt{8}$ と答えてはいけません。

2．定規，コンパス，電卓の使用は認めていません。

1　次の問いに答えなさい。

(1)　$\dfrac{12}{\sqrt{15}}-\dfrac{\sqrt{20}}{5}\div\sqrt{12}$ を計算すると，$\dfrac{\boxed{\text{アイ}}\sqrt{\boxed{\text{ウエ}}}}{\boxed{\text{オカ}}}$ である。

(2)　２次方程式 $ax^2-2ax-b=0$ の１つの解が $x=1+\sqrt{10}$ になるとき，$a:b=\boxed{\text{ア}}:\boxed{\text{イ}}$ である。

(3)　$a=\dfrac{2}{7}$，$b=-\dfrac{2}{3}$ のとき，$ab-\dfrac{3}{2}a-2b+3$ の値は，$\dfrac{\boxed{\text{アイ}}}{\boxed{\text{ウ}}}$ である。

(4)　関数 $y=\dfrac{a}{x}$ について，x の値が１から４まで増加するときの変化の割合は－３である。このとき，$a=\boxed{\text{アイ}}$ である。

(5)　$\sqrt{6(n-4)}$ の値が２けたの整数となるような自然数 n のうち，最小の数は $\boxed{\text{アイ}}$ である。

(6)　次のページの図のように，AB＝５㎝，AC＝10㎝，∠BAC＝90°の直角三角形ABCの辺AC上にAD＝６㎝となるような点Dをとる。

点Aを通り辺BCに垂直な直線と辺BCとの交点をE，点Dを通り辺ACに垂直な直線と辺BCとの交点をFとする。

このとき，四角形AEFDの面積は△ABCの面積の $\dfrac{\boxed{\text{アイ}}}{\boxed{\text{ウエ}}}$ 倍である。

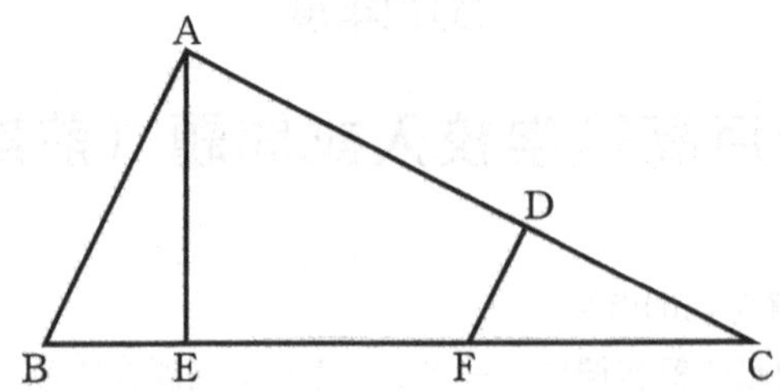

2 次の問いに答えなさい。

(1) 地点Ａから地点Ｂ，Ｃをこの順に通って地点Ｄまで行く。BD間の道のりはＡＢ間の道のりの1.5倍である。

　地点Ａから地点Ｄまで分速60mで移動したところ，BD間の所要時間はAB間の所要時間より３分多かった。

① AD間の道のりは，［アイウ］mである。

② AC間を分速120m，CD間を分速70mで移動したところ，所要時間の合計は10分であった。BC間の道のりは，［エオカ］mである。

(2) 右図のように１辺４cmの正方形ABCDがある。

　大小２つのさいころを同時に１回投げ，大きいさいころの出た目の数を a，小さいさいころの出た目の数を b とする。

　正方形ABCDの辺上を，頂点Ａから反対時計回りに a cm進んだ点をＰ，頂点Ａから時計回りに b cm進んだ点をＱとする。

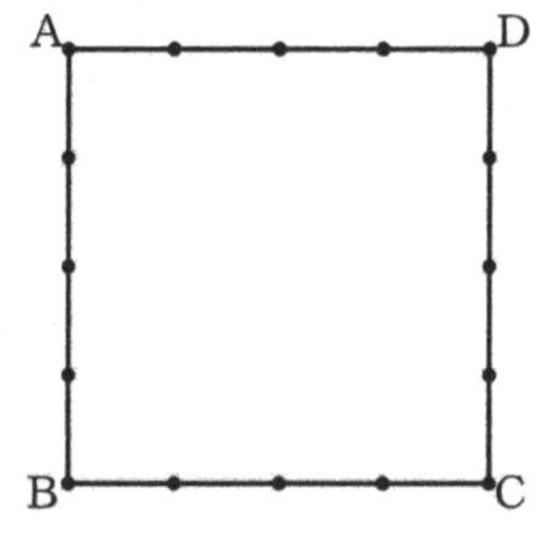

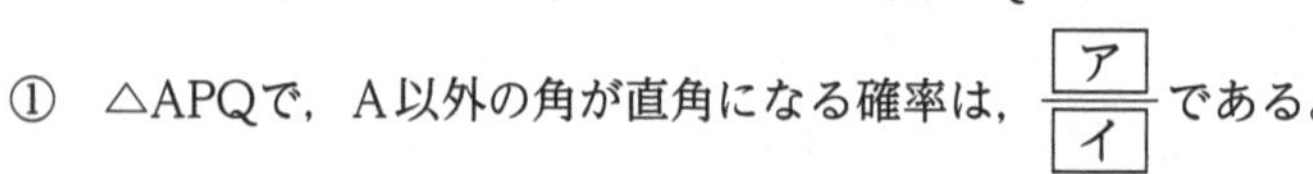
① △APQで，Ａ以外の角が直角になる確率は，$\dfrac{\boxed{ア}}{\boxed{イ}}$ である。

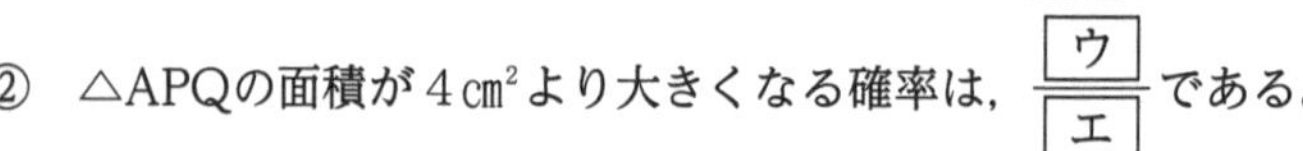
② △APQの面積が４cm²より大きくなる確率は，$\dfrac{\boxed{ウ}}{\boxed{エ}}$ である。

3 右図のように，放物線 $y=\dfrac{1}{4}x^2$ のグラフ上に，２点Ａ，Ｂがあり，x 座標はそれぞれ－６，４である。

　点Ｃは x 軸上の点で，その x 座標は負である。

　直線OAと直線BCとの交点をＤとする。

　△ABDの面積と△ACDの面積は等しい。

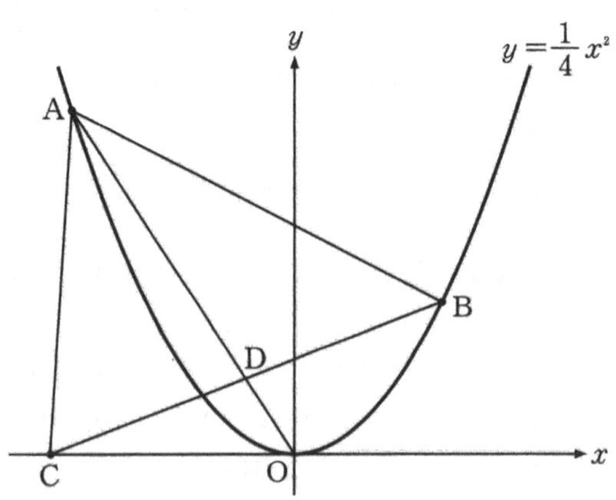

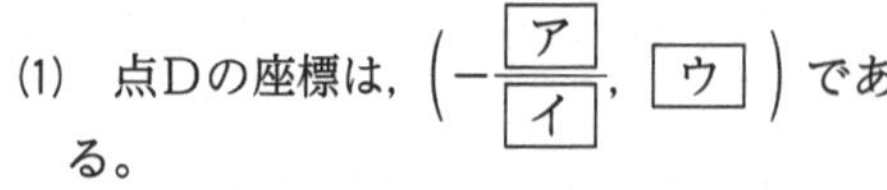
(1) 点Ｄの座標は，$\left(-\dfrac{\boxed{ア}}{\boxed{イ}},\ \boxed{ウ}\right)$ である。

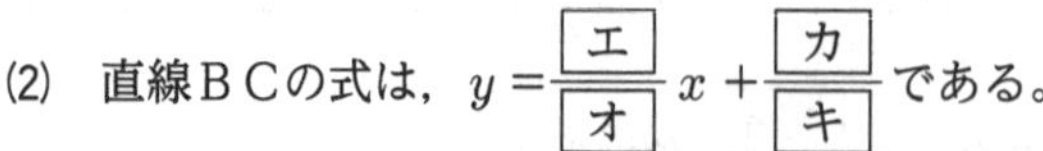
(2) 直線ＢＣの式は，$y=\dfrac{\boxed{エ}}{\boxed{オ}}x+\dfrac{\boxed{カ}}{\boxed{キ}}$ である。

(3) y 軸と直線AB，BCとの交点をそれぞれＥ，Ｆとする。

四角形ADFEの面積は，$\dfrac{\boxed{クケ}}{\boxed{コ}}$である。

4 下図のように，AD // BCの台形ABCDがあり，AB＝５㎝，BC＝９㎝，CD＝６㎝，AD＝４㎝である。

∠BADの二等分線と辺BCとの交点をＥとする。

また，３点A，B，Ｅを通る円の中心をOとする。

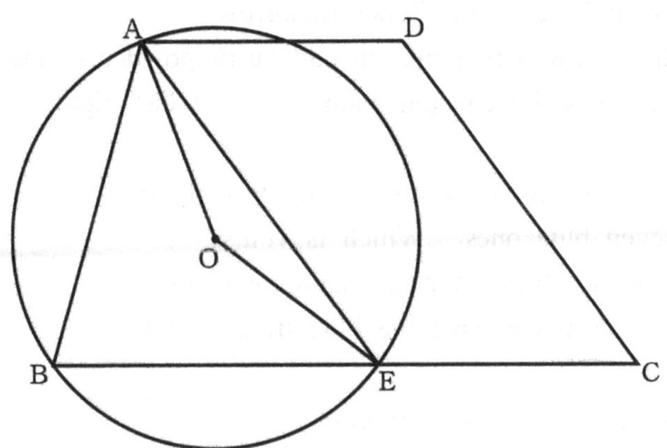

(1) BE＝ $\boxed{ア}$ ㎝である。

(2) 円Oの半径は，$\dfrac{\boxed{イウ}}{\boxed{エ}}$㎝である。

(3) △AOEの面積は，$\dfrac{\boxed{オカ}}{\boxed{キ}}$㎠である。

5 右図のように，すべての辺の長さが４㎝の正四角すいＡ－BCDEがある。

辺BE，BC，ADのそれぞれの中点をＬ，M，Ｎとする。

(1) DM＝ $\boxed{ア}\sqrt{\boxed{イ}}$ ㎝である。

(2) △DLMの面積は，$\boxed{ウ}$ ㎠である。

(3) 四面体ALMNの体積は，

$\boxed{エ}\sqrt{\boxed{オ}}$ ㎤である。

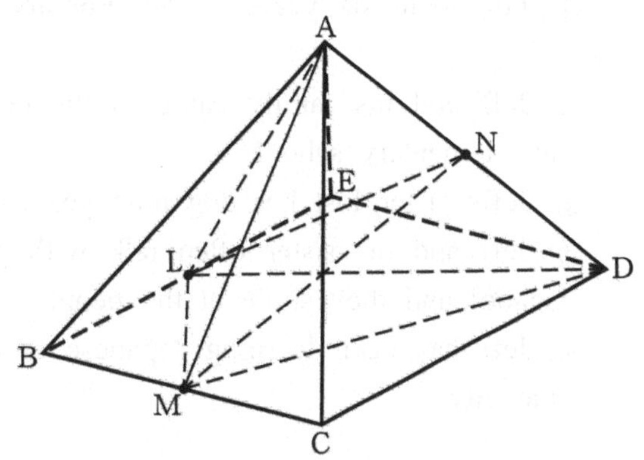

【英　語】（50分）　＜満点：100点＞

※リスニングテストの放送台本は非公表です。

【１】 リスニング試験

1．それぞれの対話を聞いて，最後の発言に対する最も適切な応答を１つ選び，その番号をマークしなさい。対話はそれぞれ２回放送されます。

(1)

① Perfect! But you can't eat it, right?

② Perfect! We'll have it for dinner tomorrow.

③ You're right! Now, I'm going to add curry powder to the soup.

④ That's close! It's the chicken soup I cooked last night.

(2)

① Let's see. There are no trains leaving this station.

② We have seven blue ones. Which is yours?

③ I'm sorry. Please bring it back again tomorrow.

④ Don't worry. You can take the blue train at 7:15.

(3)

① I can't find it. Where are monkeys?

② I cannot see any small ones. Are they eating bananas?

③ Oh, I see. It's too small to find easily.

④ I got it. It's sleeping beside its mother, right?

2．英文を聞いて，後に続く質問の解答として最も適切なものを１つ選び，その番号をマークしなさい。英文と質問はそれぞれ２回放送されます。

(1)

① For about two years.　② For about four years.

③ For about six years.　④ For about nine years.

(2)

① Jeff and his family came to the city because his father started to work for an elementary school.

② Jeffs sister lost her dog nine years ago, and many people helped her find it.

③ Jeff and his sister often talk with people in the city when they're going to school and they smile at the people when they're coming home.

④ Jeff has been learning Japanese and the way to be kind to other people in the city.

【２】 次の英文を読んで，以下の問題に答えなさい。

Do you drink a lot of water every day? Water is a very important thing for us. Most of the human body is water. In fact, about sixty percent of the human body is water. Our blood is ninety percent water. We need water to survive. In many countries around the world, it can be difficult to get clean and safe drinking water. But here in Japan, we can drink the water soon after we turn on the *faucet! We are very lucky to be able to do this, but how many of us really drink enough water?

Japanese people are known for drinking a lot of tea, so of course we use a lot of water. More and more people in Japan enjoy coffee, too. Sweet sodas and juices are also popular. Because we have so many choices, we might not want to drink water. Maybe we think it is (1), or that it lacks taste. Is this true for you? [①] This is a common way of thinking, but I think that most people will agree that water tastes great after running a few kilometers, playing a hard game of basketball, or taking a hot bath.

(2)

ア. But did you know that drinking only water for a period of time can improve your health?

イ. If you don't drink enough water in such condition, you will have health problems, of course.

ウ. People have said for a long time that we should drink more water.

エ. Some people say that if we feel thirsty, it means our body already lacks enough water.

If you continue eating *normally, and if you drink only water for three weeks, you will probably notice a lot of positive changes in your health, how you look, and how you feel. [②] Take a few moments and try to think of some good things when you drink only water for three weeks.

Here are some of the reasons to stop drinking soda and juice, though you are still eating normally.

First, drinking water *boosts metabolism. This means that we burn calories faster when we drink a lot of water. Also, if we drink a lot of water, we feel fuller, so we will (3). This means that drinking a lot of water is one of the best and easiest ways to stay slim, or to lose some weight.

Second, just like we take a shower with water to clean the outside of our bodies, drinking a lot of water can help us clean the inside of our bodies. Sweet drinks are bad for our *kidneys, but water is good for them and *flushes out toxins. In fact, the main reason for kidney stones is a lack of water. Kidney stones may increase the risk of long-lasting kidney disease.

Third, water can help you look and feel younger. Drinking a lot of water helps to keep your skin from getting too dry and it also helps to keep your skin from getting old too fast. Water helps to keep your *joints working well, and it helps to keep your *muscles in good shape. [③]

Fourth, water is good for your brain! Drinking a lot of water improves *concentration.

It helps you（　　4　　）things better, too. So, you may be able to use many words when you write English if you drink a lot of water. Coffee and sweet sodas can actually lead to a lack of water in the body. This is not good for the brain. Drink a lot of water to *maintain a *balanced brain!

Finally, water is good for your heart. It can help lower *blood pressure and stop blood from *thickening. This means your heart doesn't have to work so hard, and that's a very good thing. Just drinking a glass of water before going to bed（　　5　　）a person's risk of a heart *attack!

There are other reasons why water is so good for us, but I hope that you want to drink a lot of water now after learning these five things. It's very easy to drink a lot of water, and it can improve our health now and in the future. Maybe drinking only water for three weeks sounds too difficult. ［④］ Two great things you can start easily are drinking a glass of water before going to bed, and another glass of water after waking up. Your body and your brain will thank you!

（注）　*faucet　蛇口　　*normally　普通に　　*boost metabolism　代謝を上げる
*kidney(stone)　腎臓（結石）　*flush out toxin　毒素を流し出す　*joint　関節
*muscle　筋肉　*concentration　集中力　*maintain ～　～を保つ
*balanced　バランスのとれた　*blood pressure　血圧　*thicken　濃くなる　*attack　発作

問１　空欄（１）に入れるのに最も適切なものを①～④から１つ選び，その番号をマークしなさい。
①　boring　②　poor　③　weak　④　clear

問２　［⑵］内のア～エの文を文脈が通るように並べかえたとき，順番として最も適切なものを①～④から１つ選び，その番号をマークしなさい。
①　ウーアーエーイ　②　ウーエーイーア　③　エーアーウーイ　④　エーウーイーア

問３　空欄（３）に入れるのに最も適切なものを①～④から１つ選び，その番号をマークしなさい。
①　sleep better　②　walk more　③　drink less　④　eat less

問４　空欄（４）に入れるのに最も適切なものを①～④から１つ選び，その番号をマークしなさい。
①　enjoy　②　feel　③　remember　④　look at

問５　空欄（５）に入れるのに最も適切なものを①～④から１つ選び，その番号をマークしなさい。
①　can actually create　②　can actually reduce
③　may actually develop　④　may actually damage

問６　次の英文を入れるのに最も適切な位置を，本文中の［①］～［④］から１つ選び，その番号をマークしなさい。

But you can start with something easier!

問７　本文の内容に合うものを①～④から１つ選び，その番号をマークしなさい。
①　Japanese people often drink a lot of tea, but they don't drink much water.
②　There is no one who thinks water is great after exercise.
③　We should take a few moments to think of something we can get from water.
④　A lack of water in the body supports our kidneys and brains.

問８　本文の内容について，⑴，⑵の質問に対する答えとして最も適切なものを①～④からそれぞれ１つずつ選び，その番号をマークしなさい。

(1) What is NOT true about drinking water?

① We need to fill our bodies with about ninety percent water to survive.

② Most of us may not want to drink water because we can choose various other drinks.

③ Drinking only water for three weeks will probably make your body better.

④ Water can help us clean both the inside and the outside of our bodies.

(2) What can we do to start drinking more water?

① Drink water only when we get thirsty.

② Drink water instead of eating three meals a day.

③ Drink sweet sodas, juices, and water.

④ Drink some water every morning and night.

【３】 次の英文を読んで，以下の問題に答えなさい。

Do you have jobs to do around the house to help your family? When I was growing up on a farm in America, my parents *raised and sold dogs. One of my jobs was to take care of them. Every day I gave them food and water, and cleaned their cages. Actually they were "*kennels," so they had lots of places to run and play.

The oldest dog was named "Rocky." I think his name was from Rocky in the famous boxing movies. He was a big, strong dog, but I knew how to talk to our dogs because my parents taught me well. So I could *make him sit, stay, get in his kennel, and so on. But when I played with a dog outside the kennels, it was always a different dog. I never had a chance to play with Rocky. My parents said that was because Rocky had a *short temper. They said, "【 (1) 】" But he never got angry in front of me, so I wasn't worried about that.

One morning while I was playing outside, Rocky got out of his kennel. He wanted to play. I knew I had to say "Go to your kennel!" in a strong voice. "If I say that, he will probably obey. If he does not, I can ask my mother to come outside and help," I thought. But I didn't want to put Rocky in his kennel. I wanted to play with him.

I didn't have any brothers and sisters, so I often ran around and *pretended I was playing sports with someone. I was happy to run and play with someone real. That someone was a dog that day! Rocky and I ran around our house again and again. We were running together, but he ran in front of me, so it looked like I was *chasing him. We both ran a lot and got tired, so we stopped to rest for a minute.

At that time, I wanted to be an Olympian. While Rocky was sitting in front of me and *breathing hard from running, I imagined that I was in the Olympics.

【　　⑵　　】 But I thought it would be too easy for me to run and jump over him, so I decided to try to stand next to him and jump.

"One, two, three ... JUMP!" As soon as my feet left the ground, I noticed a big mistake. Maybe I jumped high enough, but it was not the important thing. Rocky, the big dog with the short temper, was surprised by my jump and stood up suddenly. And that meant that I didn't jump over him. I jumped ON him.

I landed on top of Rocky, but I didn't stay on top of him for very long. The next thing I remember is that he was on top of me, and that he was angry and *bit my face. I can understand why he was so angry. I don't know why he chose to bite my face, but that was the thing which he did. Of course I tried to protect my face with my hands and arms, so Rocky bit them, too.

My mother was washing the dishes in her pajamas in the kitchen. Soon she noticed that something was wrong. She came outside to check on me. When she saw what was happening, she ran and kicked Rocky, and shouted, "Stop! Go to your kennel!" My face was *bloody. I was covering it with my hands and crying, "Rocky ate my *eyeball."

I continued saying that many times, even when my aunt was driving us to the hospital. When the doctor cleaned me up and we found that both my eyes had no problems, he asked me what happened. I was still excited, and instead of clearly explaining, I said "I *hulked him three times and jumped on him."

I was a big fan of the movie, "The Incredible Hulk." I remembered that Hulk was always chasing someone. Maybe I couldn't remember the word "chase" at that moment, so I said I "hulked" him. My mother and father were angry with me, but they were happy I was not hurt worse. I didn't lose my eye! I was very angry at Rocky, but I knew it was my *fault. My parents were also angry, so I was *punished. From that day on, I was never allowed to watch "The Incredible Hulk" on TV again. I think that made me more *upset than the *scars on my face.

Ten years have passed since that day. I still have the scars now, but I still like dogs very much. Actually, I live in an apartment with a small dog called Rocky now and study about dogs at a university to be a person who raises and sells dogs like my parents.

（注） *raise ～　～を育てる　*kennel　犬の飼育場　*make ～…　～を…させる
*short temper　短気　*pretend(that) ～　～というまねをして遊ぶ　*chase ～　～を追いかける
*breathe　呼吸する　*bit　bite（かむ）の過去形　*bloody　血まみれの　*eyeball　目玉
*hulk ～　まんがの超人ハルクのようにドタドタと～を追いかける　*fault　過ち
*punish　罰を与える　*upset　動揺させる　*scar　傷跡

問1　本文の内容について，⑴～⑸の質問に対する答えとして最も適切なものを①～④からそれぞれ1つずつ選び，その番号をマークしなさい。

⑴ Which sentence is the best to put in【 ⑴ 】?
① He has a short temper and he always plays outside.
② He has a short temper and he always wants to play with us.
③ He gets angry suddenly, so we have to tell him to play with other dogs.
④ He gets angry suddenly, so we have to be careful.

⑵ Which sentence is the best to put in【 ⑵ 】?
① I decided to stand up together. ② I wanted to jump over Rocky.
③ I tried to run to Rocky. ④ I needed to make Rocky do his best.

⑶ How did the writer often play?
① He ran around the house with a dog again and again.
② He ran and played with someone real.
③ He ran around and did something like sports alone.
④ He chased a dog and was chased by the dog.

⑷ What did Rocky bite?
① He bit only the writer's face.
② He bit only the writer's hands and arms.
③ He bit the writer's face, hands, and arms.
④ He bit the writer's eye, hands, and arms.

⑸ Why was the writer more upset finally?
① Because he noticed his own big fault.
② Because he was hurt by the oldest dog named Rocky.
③ Because his parents got angry with him.
④ Because he had to give up his favorite TV program.

問２ 本文の内容に合うものを①～⑧から３つ選び，その番号をマークしなさい。
① The writer took care of dogs to sell when he lived on a farm in America.
② The writer's parents taught him how to talk to their dogs, but he didn't understand well.
③ One morning when Rocky got out of his kennel, the writer said, "Go to your kennel!"
④ When Rocky bit the writer, the writer's mother was in her pajamas in the house.
⑤ The writer's mother knew what was happening outside, so she shouted from the kitchen.
⑥ The doctor asked the writer what happened as soon as he arrived at the hospital.
⑦ The writer was hurt but it was not serious, so his parents were happy, though they were angry with him.
⑧ The writer wants you to choose what animals to play with.

【４】 次の各文の（　）に最も適する語（句）を①～④から１つ選び，その番号をマークしなさい。

(1) People who eat too many sweets are in (　　　) of getting sick.
① charge　② case　③ danger　④ front

(2) He (　　　) to me that he would leave Japan in the near future.
① said　② spoke　③ told　④ talked

(3) (　　　) for two days about how to talk to the new student.
① I was thought　② I've been thinking　③ I tried　④ I'd like to try

(4) She didn't get good results on the test because she understood (　　　) about how to solve the problems.
① enough　② much　③ little　④ few

(5) It costs more than fifteen dollars (　　　) the box.
① sending　② sent　③ send　④ to send

【５】 次の各日本文の内容を表すように，（　）内の語（句）を並べかえたとき，空所 1 ～ 12 に入る語（句）の番号をマークしなさい。ただし，不要な語が１語ずつあります。

(1) ぼくはその祭りにまた参加できるのを楽しみにしているんだ。
I ＿＿ ＿＿ ＿＿ [1] [2] ＿＿ ＿＿ .
(① taking　② joining　③ looking　④ the festival　⑤ again　⑥ to　⑦ forward　⑧ am)

(2) 彼があなたの家に来たら教えてくださいね。
Please ＿＿ ＿＿ [3] ＿＿ [4] ＿＿ ＿＿ your house.
(① he　② at　③ when　④ comes　⑤ me　⑥ let　⑦ know　⑧ to)

(3) イタリア製の机を買えたらいいのに。
I ＿＿ ＿＿ [5] ＿＿ [6] ＿＿ ＿＿ Italy.
(① is　② a desk　③ wish　④ in　⑤ could　⑥ made　⑦ I　⑧ buy)

(4) どうして私たちは少なくとも７時間眠る必要があるの？
Why ＿＿ [7] ＿＿ ＿＿ [8] ＿＿ ＿＿ for at least seven hours?
(① sleep　② it　③ us　④ necessary　⑤ to　⑥ is　⑦ needs　⑧ for)

(5) 姉は今朝父が捕った魚を料理する予定なのよ。
My sister ＿＿ [9] ＿＿ [10] ＿＿ ＿＿ ＿＿.
(① cook　② the fish　③ caught　④ this　⑤ by　⑥ morning　⑦ will　⑧ my father)

(6) スミスさんはあなたに今夜のパーティーの準備をしてもらいたいと言っているんですよね。
Ms. Smith ＿＿ ＿＿ [11] ＿＿ [12] ＿＿ ＿＿ for tonight's party, right?
(① prepare　② says　③ wants　④ would　⑤ to　⑥ she　⑦ you　⑧ like)

【６】 次の各文について，下線を引いた部分に誤りのある箇所をそれぞれ①～④から１つずつ選び，その番号をマークしなさい。ただし，誤りのある箇所がない場合は，⑤をマークしなさい。

(1) ①Hokkaido is about fortieth times ②as large as Tokyo, ③but the population of Hokkaido is less than half ④as large as that of Tokyo. ⑤誤りなし

(2) ①I wonder ②how far it is ③from Osaka Station to the hotel ④that you stayed last night. ⑤誤りなし

(3) ①He doesn't ②remember to visit the amusement park ③with his family ④ten years ago. ⑤誤りなし

(4) ①I have three cats. ②One is gray, ③another is black and white, ④and the other is brown. ⑤誤りなし

(5) ①You must not give them ②too many informations ③about her ④because that will make her sad. ⑤誤りなし

(6) ①One of my parents were born in New York ②and we know the city very well, ③so we want to live there ④in the future. ⑤誤りなし

【理　科】（50分）　＜満点：100点＞

1　植物のはたらきについて調べるため，次の**実験１**，**２**を行いました。これに関して，あとの(1)～(4)の問いに答えなさい。

実験１

(i)　オオカナダモを入れたビーカーを一晩暗室に置いたあと，先端近くの葉を１枚とり，熱湯に数分浸したあとスライドガラスの上にのせ，ヨウ素液を１滴落としてカバーガラスをかぶせ，顕微鏡で観察した。その結果，葉の細胞内にヨウ素液による色の変化は見られなかった。

(ii)　(i)で暗室に置いたビーカーに，**図１**のように日光を数時間当てた。

(iii)　(ii)のあと，先端近くの葉を１枚とり，熱湯に数分浸したあとスライドガラスの上にのせ，ヨウ素液を１滴落としてカバーガラスをかぶせ，顕微鏡で観察した。その結果，**図２**のように，細胞内の小さな粒が青紫色に染まって見えた。

図１

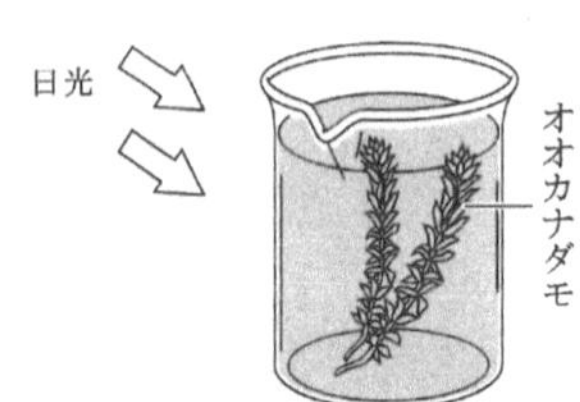

図２

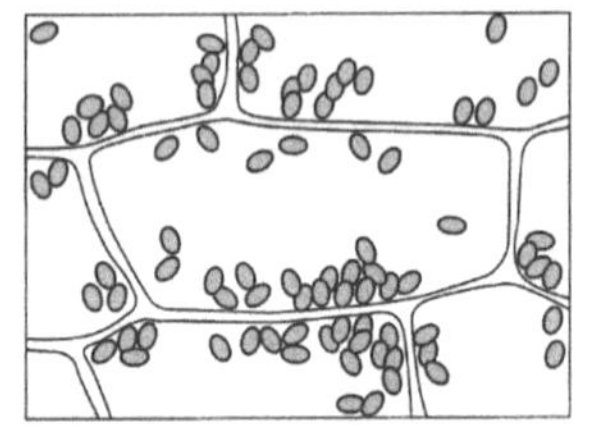

実験２

(i)　青色のBTB溶液をビーカーに入れ，その液にストローで息を吹き込んで緑色にした。

(ii)　(i)の緑色の液を４本の試験管Ａ～Ｄに入れ，ほぼ同じ大きさのオオカナダモを試験管Ｂ～Ｄに入れてゴム栓をし，**図３**のように，試験管Ａは何も入れずにゴム栓をし，試験管Ｃはアルミニウムはくでおおい，光が入らないようにした。

(iii)　試験管Ａ～Ｃを，十分に日光が当たる場所に数時間置いたのち，試験管中のBTB溶液の色を調べた。

(iv)　緑色のLEDを用意し，**図４**のように，その光を試験管Ｄに数時間当てたのち，試験管中のBTB溶液の色を調べた。**表**は，(iii)，(iv)の結果をまとめたものである。

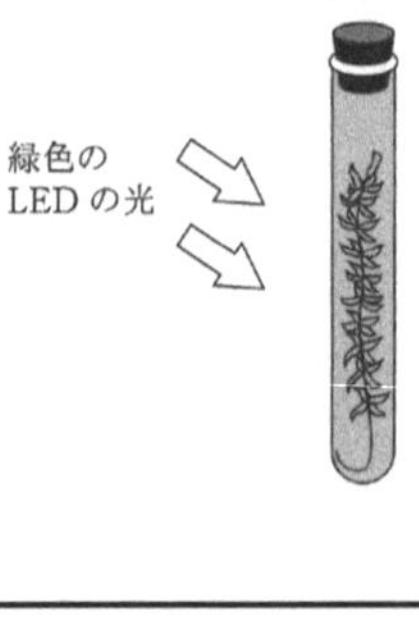

表

試験管	A	B	C	D
BTB 溶液の色	緑色	青色	黄色	緑色

図３

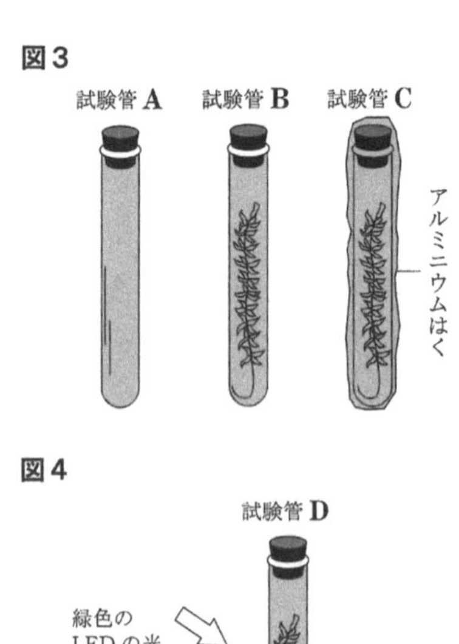

図４

⑴ **実験１**の結果からわかることとして最も適当なものを，次の①～⑥のうちから一つ選びなさい。

① 細胞内の小さな粒が，デンプンからエネルギーをとり出す。

② 細胞内の小さな粒が，遺伝情報を含み，細胞のはたらきや形を決める。

③ 細胞内の小さな粒の中で，デンプンは光によってつくられる。

④ 細胞内の小さな粒の中で，デンプンは熱によってつくられる。

⑤ 細胞内の小さな粒がエネルギーを得て，分裂して数を増やす。

⑥ 細胞内の小さな粒がエネルギーを得て，細胞内を活発に動く。

⑵ **実験２**で，試験管Ａを用意した理由として最も適当なものを，次の①～④のうちから一つ選びなさい。

① BTB溶液の色の変化は，オオカナダモだけでは起こらず，光を当てないようにする必要があることを確認するため。

② BTB溶液の色の変化は，光を当てないようにするだけでは起こらず，オオカナダモのはたらきによることを確認するため。

③ BTB溶液の色の変化は，オオカナダモだけでは起こらず，光を当てる必要があることを確認するため。

④ BTB溶液の色の変化は，光を当てるだけでは起こらず，オオカナダモのはたらきによることを確認するため。

⑶ **実験２**で，試験管Ｂのオオカナダモから気泡が発生した。その気泡に多く含まれる気体として最も適当なものを，次の①～⑥のうちから一つ選びなさい。

① 塩素　② 水素

③ 二酸化炭素　④ 酸素

⑤ アンモニア　⑥ 窒素

⑷ **実験２**で，BTB溶液の色の変化から分かることについて，試験管Ｂは**Ⅰ群**から，試験管Ｃは**Ⅱ群**から，試験管Ｄは**Ⅲ群**から，最も適当なものをそれぞれ次の①～③のうちから一つ選びなさい。

Ⅰ群
① 呼吸による二酸化炭素の吸収量の方が，光合成による二酸化炭素の放出量よりも多い。
② 光合成による二酸化炭素の吸収量の方が，呼吸による二酸化炭素の放出量よりも多い。
③ 呼吸による二酸化炭素の放出量の方が，光合成による二酸化炭素の吸収量よりも多い。

Ⅱ群
① 呼吸による二酸化炭素の放出のみ起こった。
② 光合成による二酸化炭素の放出のみ起こった。
③ 呼吸による酸素の放出のみ起こった。

Ⅲ群
① 光合成は緑色の光のみを当てたとき活発になる。
② 光合成は緑色の光のみを当てたとき不活発になる。
③ 光合成は緑色の光のみを当てたときは起こらない。

2　空気中の水の変化について調べるため，次の**実験１**，２を行いました。これに関して，あとの(1)～(4)の問いに答えなさい。

実験１

(i)　室温が23℃の部屋で，金属製のコップにくみ置きしておいた水を入れ，水温を測定したところ，室温と同じであった。

(ii)　**図１**のように，氷を入れた大型試験管をコップの中に入れ，水をゆっくりとかき混ぜながら水温を下げ，コップの表面がくもり始めたときの水温を測定すると８℃であった。

(iii)　気温と飽和水蒸気量との関係を調べると**表**のとおりであった。

図１

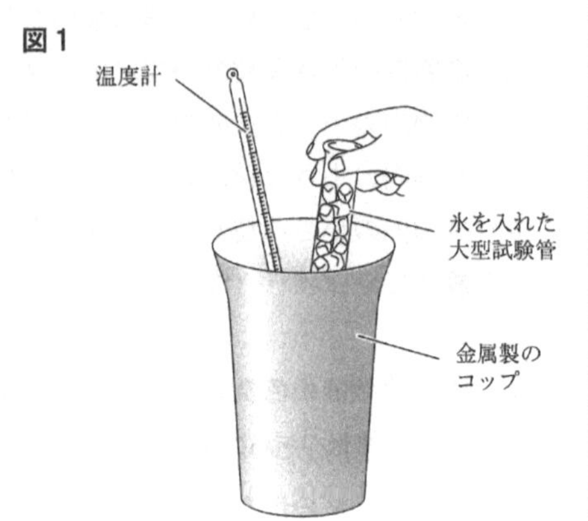

表

気温〔℃〕	2	5	8	11	14	17	20	23	26
飽和水蒸気量〔g/m^3〕	5.6	6.8	8.3	10.0	12.1	14.5	17.3	20.6	24.4

実験２

(i)　**図２**のような装置をつくり，フラスコの内側をぬるま湯でぬらし，線香のけむりを少し入れた。

(ii)　ピストンをすばやく引いたとき，フラスコの中は白くくもった。また，ピストンを戻したとき，フラスコの中のくもりが消えた。

図２

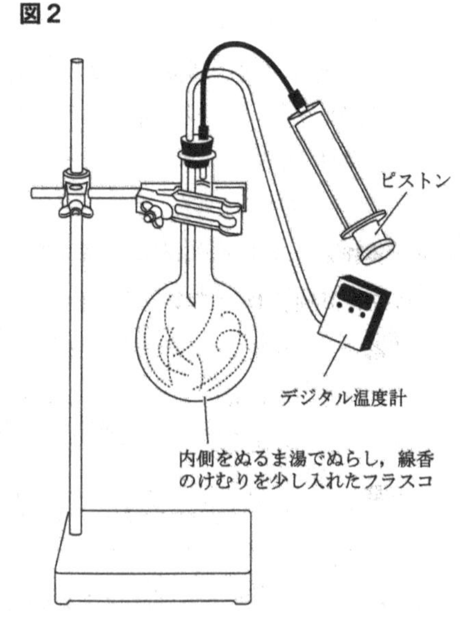

(1)　**実験１**で，コップの表面がくもり始めたときの温度の名称として最も適当なものを，次の①～⑤のうちから一つ選びなさい。

①　飽和点　　②　凝固点　　③　沸点　　④　融点　　⑤　露点

(2)　**実験１**を行った部屋の湿度は何％と考えられるか。X，Yにあてはまる数字を一つずつ選びなさい。ただし，答えは小数第１位を四捨五入して答えなさい。

XY％

(3) **実験２**で，ピストンを引いたときに起きた変化について述べたものとして最も適当なものを，次の①～⑧のうちから一つ選びなさい。

① 空気が圧縮されてフラスコ内の温度が上がり，水が液体から気体に変化した。
② 空気が圧縮されてフラスコ内の温度が上がり，水が気体から液体に変化した。
③ 空気が圧縮されてフラスコ内の温度が下がり，水が液体から気体に変化した。
④ 空気が圧縮されてフラスコ内の温度が下がり，水が気体から液体に変化した。
⑤ 空気が膨張させられてフラスコ内の温度が上がり，水が液体から気体に変化した。
⑥ 空気が膨張させられてフラスコ内の温度が上がり，水が気体から液体に変化した。
⑦ 空気が膨張させられてフラスコ内の温度が下がり，水が液体から気体に変化した。
⑧ 空気が膨張させられてフラスコ内の温度が下がり，水が気体から液体に変化した。

(4) **図３**は，空気が山の斜面に沿って上昇して，山を越える様子を示している。山のふもとの地点Oとの標高差500ｍごとに地点P～Sとし，山を越えてSと標高が同じ地点をTとして，Tとの標高差500ｍごとに地点U～Xとする。地点Oの気温が20℃で，**実験１**のときと同じ水蒸気量を空気中に含んでいるとすると，雲が発生し始めると考えられる地点として最も適当なものを，あとの①～⑨のうちから一つ選びなさい。ただし，標高が100ｍ上がるごとに気温が0.6℃下がるものとする。

図３

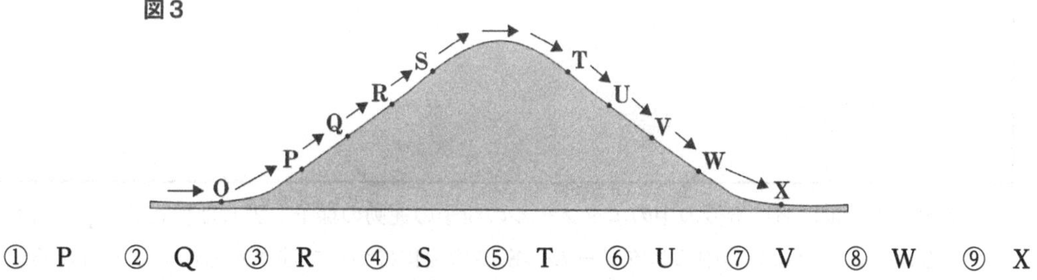

① P　② Q　③ R　④ S　⑤ T　⑥ U　⑦ V　⑧ W　⑨ X

3 状態変化について調べるため，次の**実験１**，**２**を行いました。これに関して，あとの(1)～(4)の問いに答えなさい。

（**図１**～**図４**は次のページにあります。）

実験１

(i) 状態変化についての学習の中で，エタノールを加熱し続けたときの温度変化について調べた。**図１**は，エタノールおける，加熱時間と温度との関係をグラフに表したものである。

(ii) ポリエチレンの袋を二つ用意し，**図２**のように，それぞれの袋の中に少量のエタノールを入れ，空気を入れずに口をしばった。

(iii) バット内に置いた一方の袋の上から，60℃の湯をゆっくりと注いだ。

(iv) バット内に置いたもう一方の袋の上から，90℃の湯をゆっくりと注いだ。

実験２

(i) 水20㎤とエタノール５㎤の混合物を枝付きフラスコに入れた。

(ii) **図３**のような装置を用いて混合物を加熱し，１分ごとに温度を記録した。**図４**は，このときの加熱時間と温度との関係をグラフに表したものである。

(iii) ガラス管から出てきた液体を，３本の試験管A～Cの順に３㎤ずつ集めた。

(iv) 試験管A～Cに集めた液体のにおいについて，それぞれ調べた。

(v) 試験管A～Cに集めた液体をそれぞれ蒸発皿に移し，マッチの火を近づけ，燃えるかどうかを調べた。

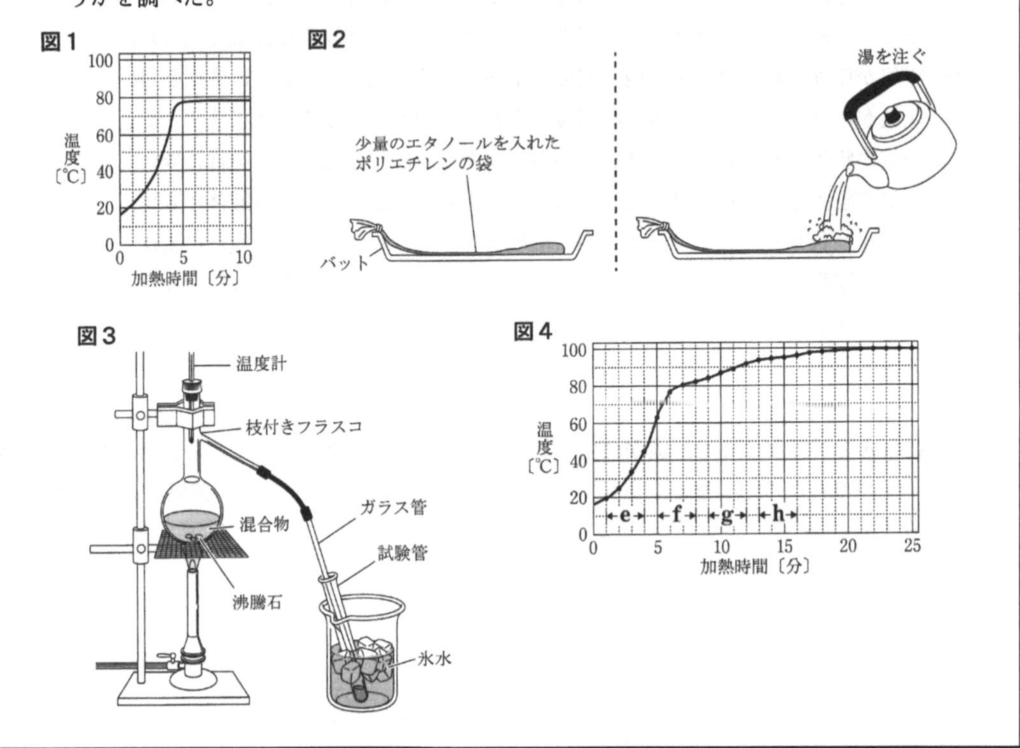

(1) **実験１**で，(iii)における袋の中のエタノールの粒子の運動の様子を表した模式図をp～qから一つ選び，(iv)における袋の中のエタノールの密度の変化について述べたものをs～uから一つ選び，組み合わせたものとして最も適当なものを，あとの①～⑨のうちから一つ選びなさい。

p

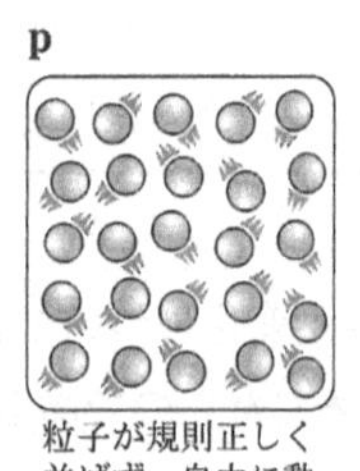

粒子が規則正しく並ばず，自由に動くことができる。

q

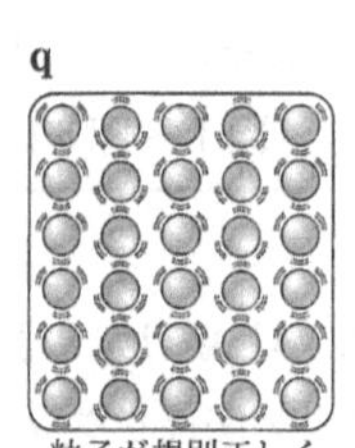

粒子が規則正しく並び，ほとんど移動しない。

r

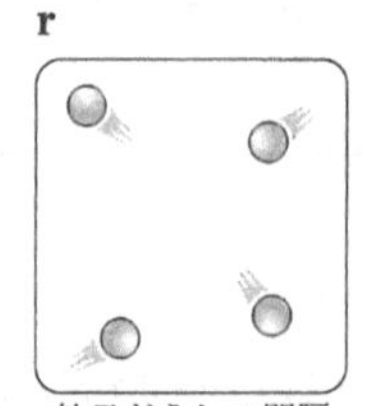

粒子どうしの間隔が広く，自由に飛び回っている。

s　密度は大きくなった。

t　密度は変わらなかった。

u　密度は小さくなった。

①　pとs　②　pとt　③　pとu　④　qとs　⑤　qとt

⑥　qとu　⑦　rとs　⑧　rとt　⑨　rとu

(2) **実験２**の操作上の留意点として**適当でないもの**を，次の①～④のうちから一つ選びなさい。

①　実験を終えるときは，試験管からガラス管を抜く前に火を止める。

②　温度計は，枝つきフラスコの枝のあたりに球部がくるようにする。

③　においを調べるときは，手であおぐようにしてかぎ，深く吸い込まないようにする。

④　加熱するときは，急に沸騰するのを防ぐため，フラスコ内に沸騰石を入れる。

(3) **実験２**の(v)で，試験管A～Cに集めた液体のうち最も長く燃えたと考えられるものを，**Ⅰ群**の

①～③のうちから一つ選びなさい。また，その理由として最も適当なものを，Ⅱ群の①～④のうちから一つ選びなさい。

Ⅰ群　①　試験管Aの液体
　　　②　試験管Bの液体
　　　③　試験管Cの液体

Ⅱ群　①　エタノールよりも沸点の高い水を多く含んだ気体が先に出てくるため。
　　　②　エタノールよりも沸点の低い水を多く含んだ気体が先に出てくるため。
　　　③　水よりも沸点の高いエタノールを多く含んだ気体が先に出てくるため。
　　　④　水よりも沸点の低いエタノールを多く含んだ気体が先に出てくるため。

(4)　エタノールには特有のにおいがあり，量が多いほど強いにおいがする。**実験２**の(iv)で，エタノールのにおいが最も強かった液体を集めた試験管は，**図４**のｅ～ｈのどの時間で液体を集めたものであると考えられるか。最も適当なものを次の①～④のうちから一つ選びなさい。

①　ｅで表された，加熱開始後１分から４分までの時間
②　ｆで表された，加熱開始後５分から８分までの時間
③　ｇで表された，加熱開始後９分から12分までの時間
④　ｈで表された，加熱開始後13分から16分までの時間

4　電圧と電流の関係を調べるため，次の**実験１，２**を行いました。これに関して，あとの(1)～(4)の問いに答えなさい。ただし，電流計にかかる電圧や電圧計に流れる電流は，無視できるものとします。

実験１

図１のように，抵抗器Aを用いて回路をつくり，スイッチを入れて電圧と電流を調べたところ，**表１**のような結果が得られた。

表１

電圧〔V〕	0	1.0	2.0	3.0	4.0
電流〔mA〕	0	50	100	150	200

図１

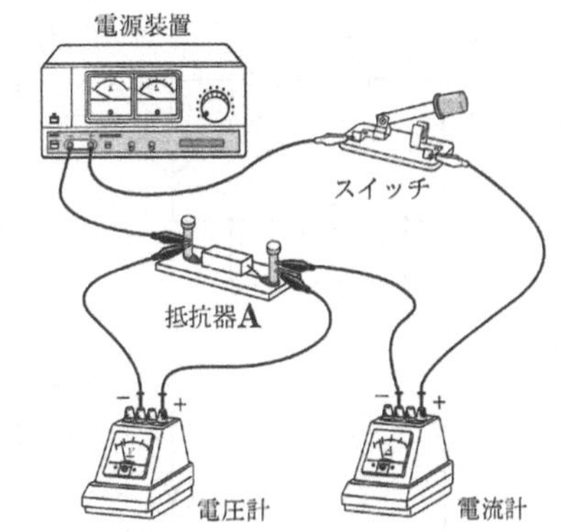

実験２

図２，**図３**のように，電気抵抗が10Ωの抵抗器Bと電気抵抗が30Ωの抵抗器Cを用いた回路をつくり，電源装置で**図２**，**図３**の回路に同じ大きさの電圧を加えたところ，**表２**のような結果が得られた。

（**図２**，**図３**，**表２**は次のページにあります。）

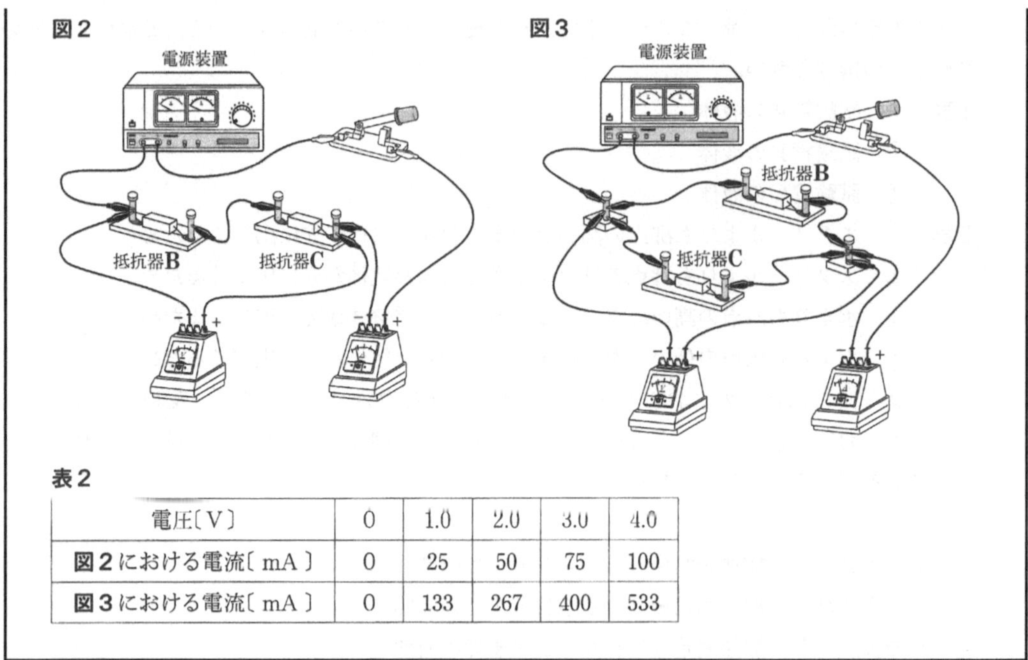

表２

電圧〔V〕	0	1.0	2.0	3.0	4.0
図２における電流〔mA〕	0	25	50	75	100
図３における電流〔mA〕	0	133	267	400	533

(1)　**実験１**の**図１**の回路図として最も適当なものを，次の①～⑧のうちから一つ選びなさい。

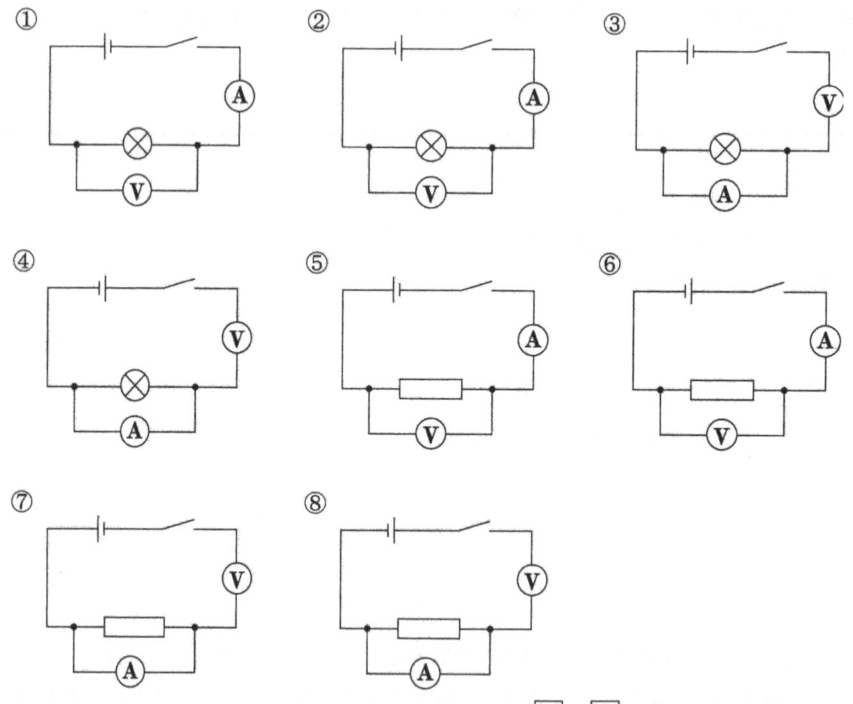

(2)　**実験１**の抵抗器Aの電気抵抗の大きさは何Ωか。[V]，[W]にあてはまる数字を一つずつ選びなさい。

[V][W]Ω

(3)　**実験１**で，抵抗器Aに3.0Vの電圧を加え，５分間電流を流した。このときの電力量は何Ｊか。最も適当なものを，あとの①～⑥のうちから一つ選びなさい。

① 0.45 J　② 2.25 J　③ 135 J　④ 450 J　⑤ 2250 J　⑥ 13500 J

(4) **実験２**において，電源装置で**図２**，**図３**の回路に同じ大きさの電圧を加えたとき，**図２**の抵抗器Cの両端に加わる電圧の大きさは，**図３**の抵抗器Cの両端に加わる電圧の大きさの何倍であると考えられるか。[X]，[Y]，[Z]にあてはまる数字を一つずつ選びなさい。
[X].[Y][Z]倍

5　メンデルが行った**実験１**，２と遺伝の規則性について調べ，次のようにまとめました。これに関して，あとの(1)～(4)の問いに答えなさい。

A　メンデルが行った実験

実験１

図１のように，エンドウの種子の形について，しわのある種子をつくる純系の花の花粉を，丸い種子をつくる純系の花のめしべに他家受粉させると，子の代にあたる種子はすべて丸い種子となった。

実験２

図２のように，**実験１**で得られた丸い種子の子を育てて自家受粉させると，孫の代にあたる種子では，丸い種子としわのある種子が得られた。

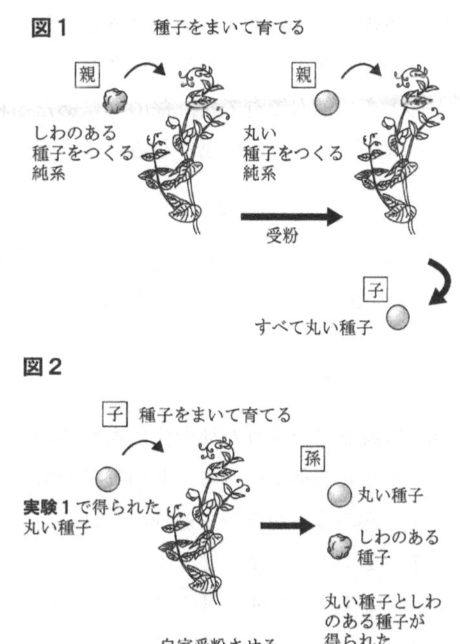

B　遺伝の規則性

(i) エンドウの種子の形には，丸としわがあり，種子の形を決める遺伝子は，細胞の核の中でこの２つが対になっている。

(ii) 丸い種子をつくる遺伝子をR，しわのある種子をつくる遺伝子をｒとすると，**実験１**の親の代の純系のエンドウは，**図３**のように表すことができる。

図３

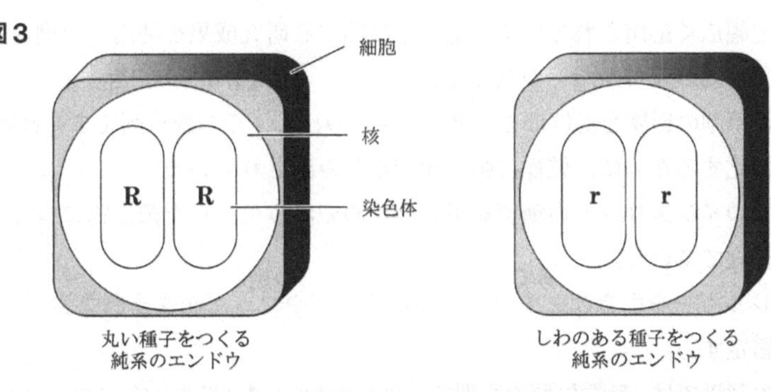

(1) 次のページの文は，**実験２**で得られた孫の代にあたる種子の数について述べたものである。文

中の（M），（N）に入る数として最も適当なものを，あとの①～⑧のうちからそれぞれ一つずつ選びなさい。

> **実験２**で，孫の代にあたる種子が8000個得られたとする。そのうち丸い種子は（　M　）得られたと考えられる。また，孫の代にあたる種子のうち，同じ遺伝子を対に持つ種子は，（　N　）得られたと考えられる。

①　約500個　　②　約1000個
③　約1500個　　④　約2000個
⑤　約4000個　　⑥　約5000個
⑦　約6000個　　⑧　約8000個

⑵　**実験２**で得られた孫の代にあたる種子の中から，丸い種子を一つ選んで育て，しわのある種子をつくる花の花粉を他家受粉させると，丸い種子としわのある種子がほぼ同数ずつ得られた。このとき，選んで育てた，孫の代にあたる種子の遺伝子を表したものとして適当なものを，次の①～⑤のうちから一つ選びなさい。

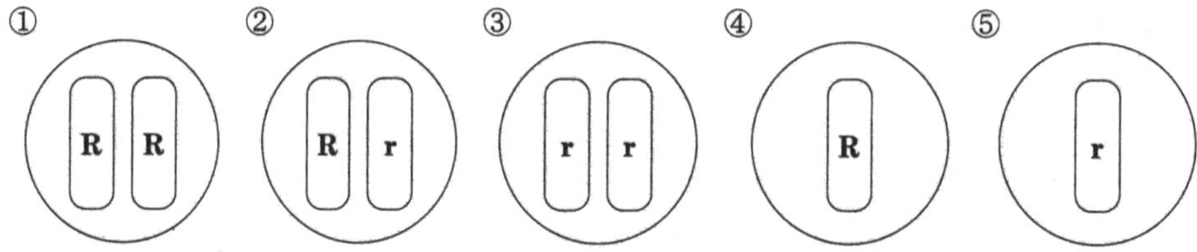

⑶　**実験２**で得られた孫の代にあたる種子の中で，丸い種子をすべて育て，それぞれ自家受粉させて得られる種子のうち，丸い種子の数としわのある種子の数の比として最も適当なものを，次の①～⑨のうちから一つ選びなさい。

①　１：１　　②　２：１
③　３：１　　④　３：２
⑤　４：１　　⑥　４：３
⑦　５：１　　⑧　５：２
⑨　５：３

⑷　遺伝子に関する科学技術は，ここ数十年で飛躍的に進歩しており，食料・環境・医療など，あらゆる分野で幅広く応用されている。遺伝子に関する研究成果を活用した例として**適当でないもの**を，次の①～⑥のうちから一つ選びなさい。

①　特定の除草剤の影響を受けにくいダイズを生み出し，その除草剤をまくと雑草だけが枯れる。
②　砂漠を緑化するために，乾燥に強い植物が生み出されている。
③　ヒトのもつインスリン（血糖値を下げるためのホルモン）を微生物につくらせ，糖尿病などの治療に役立てている。
④　食物アレルギーを引き起こす可能性のあるソバやコムギが含まれた食品かどうかを，DNAを調べて鑑定する。
⑤　ブドウの栽培では，無性生殖の原理を応用した「さし木」によってクローンがつくられている。
⑥　これまでになかった，青いバラやカーネーションが生み出されている。

6 金星の見え方について調べるため，次の**調査**と**観測**を行いました。これに関して，あとの(1)～(4)の問いに答えなさい。

調査

(i) 金星は，地球の公転面とほぼ同じ平面上で太陽のまわりを公転しており，公転周期はおよそ0.62年である。

(ii) 地球から見た金星は，月のように満ち欠けをする。また，地球と金星の距離の変化によって，見かけの大きさが変化する。

(iii) 金星は内惑星であるため，真夜中に観測することはできない。

(iv) 太陽と金星と地球の位置関係は，**図１**のような模式図に表すことができる。

図１

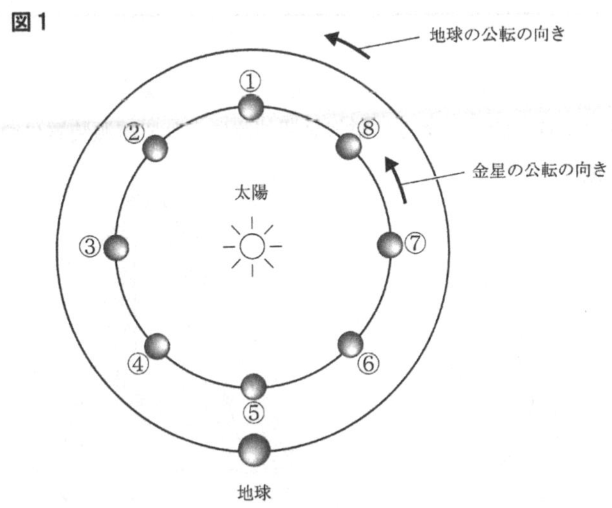

観測

日本のある場所で，ある日，ある時刻に天体望遠鏡を使って金星を観測したところ，金星は**図２**のような形に見えた。ただし，**図２**は，肉眼で見たときと同じ向きに直してある。

図２

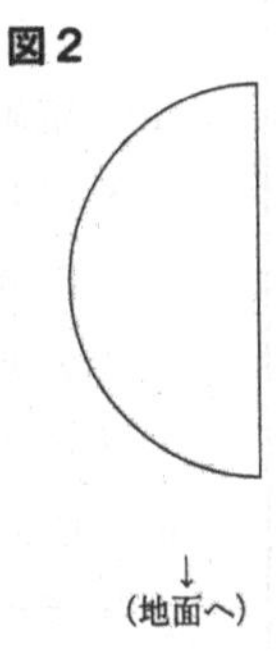

(1) **観測**で，この日に金星を観測した時間帯と方位として最も適当なものを，次の①～⑥のうちから一つ選びなさい。

①	時間帯：明け方	方位：東	②	時間帯：明け方	方位：西
③	時間帯：昼ごろ	方位：東	④	時間帯：昼ごろ	方位：西
⑤	時間帯：夕方	方位：東	⑥	時間帯：夕方	方位：西

(2) **観測**で，この日の金星の公転軌道上の位置として最も適当なものを，**調査**の**図１**の①～⑧のうちから一つ選びなさい。

(3) **観測**で金星を観測した日から21週後にふたたび金星を観察したとき，形と見かけの大きさの変化として最も適当なものを，次の①～④のうちから一つ選びなさい。

① 形は欠けた部分か大きくなり，見かけの大きさも大きくなる。
② 形は欠けた部分が大きくなり，見かけの大きさは小さくなる。
③ 形は欠けた部分が小さくなり，見かけの大きさは大きくなる。
④ 形は欠けた部分が小さくなり，見かけの大きさも小さくなる。

(4) **観測**で金星を観測した日から21週後の，地球から見た金星の位置として最も適当なものを，**調査**の**図１**の①～⑧のうちから一つ選びなさい。

7 水がどのような成分からできているかを調べるため，次の**実験**を行いました。これに関して，あとの(1)～(4)の問いに答えなさい。

実験

(i) 水酸化ナトリウムを水に溶かして，質量パーセント濃度が2.5％の水酸化ナトリウム水溶液110 gをつくり，**図１**のように電気分解装置に入れて電源装置につないだ。

図１

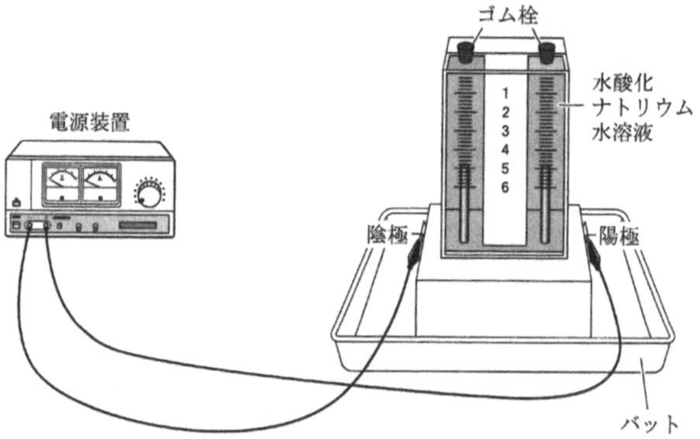

ゴム栓
水酸化ナトリウム水溶液
電源装置
陰極
陽極
バット

(ii) 電源装置の電圧調整つまみを回し，電圧を６Vにして電流を流し，電流を流した時間と発生した気体の体積の関係を**図２**のようにまとめた。そのあと，気体がじゅうぶん集まってから電源を切った。

(iii) 陰極側，陽極側いずれかの極のゴム栓をとり，集まっている気体にマッチの炎をすばやく近づけたところ，気体が音を立てて燃えた。

(iv) (iii)で調べた側の極にゴム栓をしてから，もう一方の極のゴム栓をとり，集まっている気体の中に火のついた線香を入れると，線香が炎を上げて燃えた。

図２

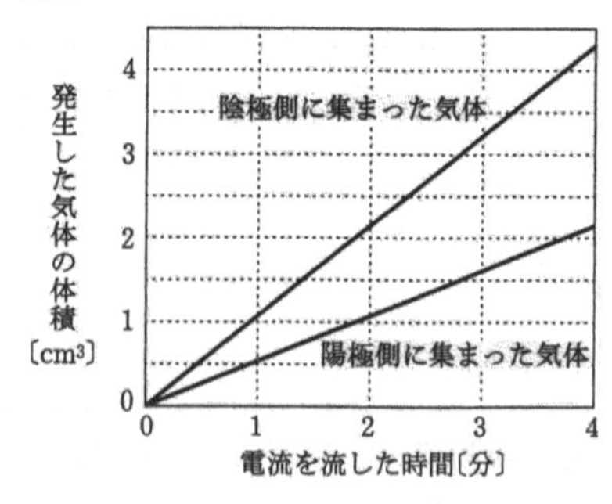

(1) **実験**の(i)で，質量パーセント濃度が2.5％の水酸化ナトリウム水溶液110 gをつくるには，何gの水酸化ナトリウムを水に溶かしたか。W，Xにあてはまる数字を一つずつ選びなさい。ただし，答えは小数第２位を四捨五入して答えなさい。

W．X g

⑵ **実験**で，水に水酸化ナトリウムを加えたのはなぜか。その理由として最も適当なものを，次の①～⑥のうちから一つ選びなさい。

① 発生した気体がふたたび水に溶けないようにするため。
② 水に色をつけて観察しやすくするため。
③ 反応が早く進まないようにするため。
④ ゴム栓や電極を保護するため。
⑤ 水に電流が流れるようにするため。
⑥ 気体以外の物質が発生しないようにするため。

⑶ **実験**の(iii)と(iv)で，陰極側に起きたことを**Ⅰ群**から，陽極側に起きたことを**Ⅱ群**から，最も適当なものをそれぞれ次の①～④のうちから一つ選びなさい。

Ⅰ群 ① 陰極側に集まった気体は酸素であり，**実験**の(iii)の操作によって二酸化炭素が発生した。
② 陰極側に集まった気体は酸素であり，**実験**の(iv)の操作によって二酸化炭素が発生した。
③ 陰極側に集まった気体は水素であり，**実験**の(iii)の操作によって水が発生した。
④ 陰極側に集まった気体は水素であり，**実験**の(iv)の操作によって水が発生した。

Ⅱ群 ① 陽極側に集まった気体は酸素であり，**実験**の(iii)の操作によって二酸化炭素が発生した。
② 陽極側に集まった気体は酸素であり，**実験**の(iv)の操作によって二酸化炭素が発生した。
③ 陽極側に集まった気体は水素であり，**実験**の(iii)の操作によって水が発生した。
④ 陽極側に集まった気体は水素であり，**実験**の(iv)の操作によって水が発生した。

⑷ **実験**で，陰極側に集まった気体の質量と，陽極側に集まった気体の質量の比はいくらか。最も簡単な整数の比で求め，[Y]，[Z]にあてはまる数字を一つずつ選びなさい。ただし，発生した気体は水酸化ナトリウム水溶液に溶けておらず，同体積における酸素と水素の質量の比は16：１であるものとする。

陰極側に集まった気体の質量：陽極側に集まった気体の質量＝[Y]：[Z]

8 力と圧力について調べるため，次の**実験１～３**を行いました。これに関して，あとの⑴～⑷の問いに答えなさい。ただし，100ｇの物体にはたらく重力の大きさを１Ｎとし，糸の質量や体積は無視できるものとします。 （**図１～図６**は次のページにあります。）

実験１

長さ14㎝のばねを用意して**図１**のような装置をつくり，１個50ｇのおもりを１個から４個まで個数を変えてばねにつるし，おもりの質量とばねののびとの関係をグラフに表したところ，**図２**のようになった。

実験２

ビーカーに水を入れ，**図３**のように，**実験１**で使用したばねを用いて，質量が100ｇのおもり１個を，糸でばねにつるして水の中に完全に沈めると，ばねの長さは18㎝になった。

実験３

図４のような直方体がある。この直方体のＡ面にばねをとり付け，**図５**のように，Ａ面がビーカーの水面と一致するようにして，この直方体をつるした。また，この直方体のＢ面にばねをとり付け，**図６**のように，Ｂ面がビーカーの水面と一致するようにして，この直方体

をつるした。

図１

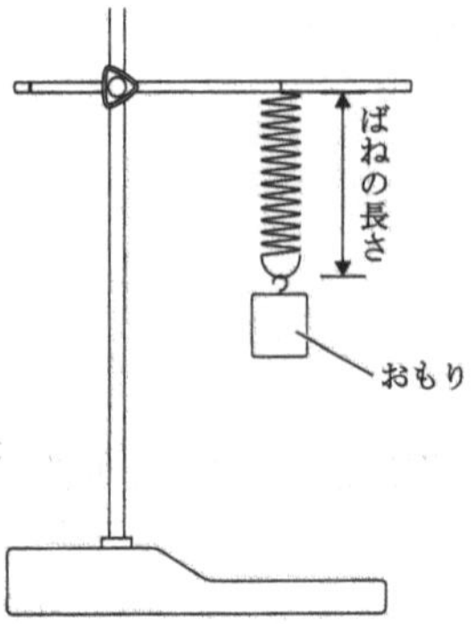

ばねの長さ
おもり

図２

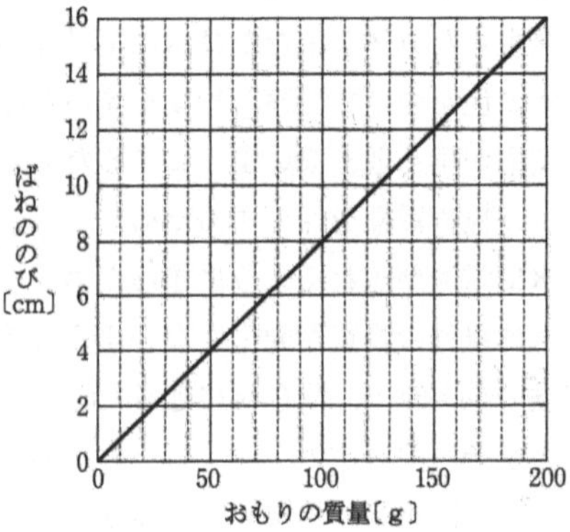

ばねののび〔cm〕
おもりの質量〔g〕

図３

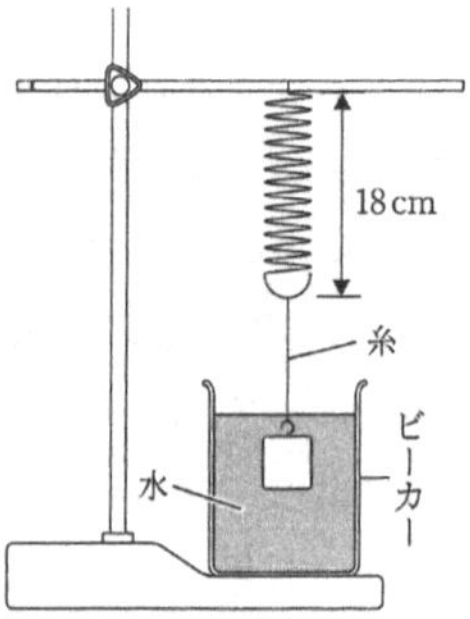

18cm
糸
ビーカー
水

図４

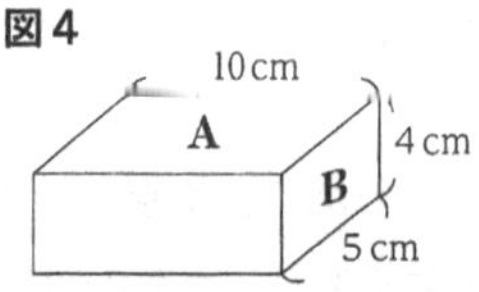

10cm
A
B
4cm
5cm

図５

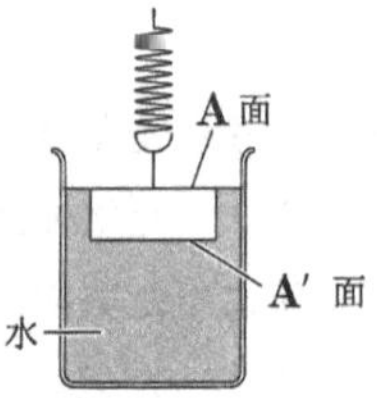

A面
A′面
水

図６

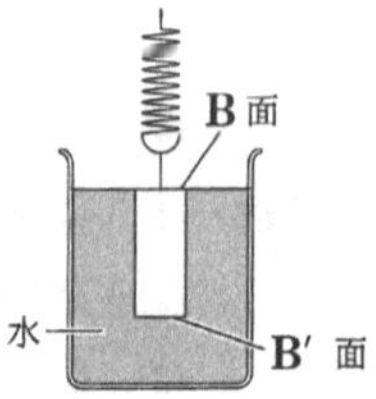

B面
B′面
水

(1)　図１の装置のばねに物体Pをつるすと，ばねの長さは26㎝になった。物体Pの質量として最も適当なものを，次の①～⑥のうちから一つ選びなさい。

①　150ｇ　　②　225ｇ　　③　250ｇ　　④　325ｇ　　⑤　350ｇ　　⑥　425ｇ

(2)　実験２で，図３のようにつるしたおもりにはたらく水圧の向きと大きさの様子を模式的に表したものとして最も適当なものを，次の①～⑥のうちから一つ選びなさい。

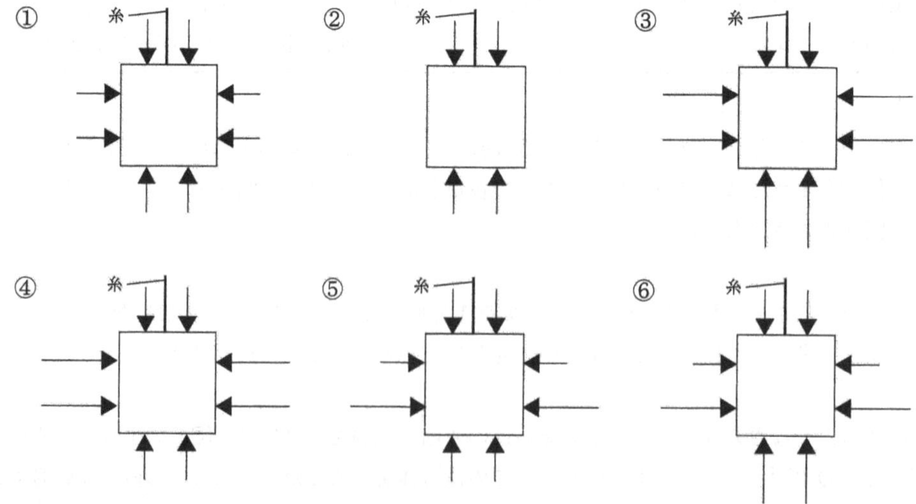

(3)　実験２で，図３のようにつるしたおもりにはたらく浮力の大きさは何Nか。X，Yにあては

まる数字を一つずつ選びなさい。

X．Y N

(4) **実験3の図5**において，**図6**と比べたときの，底面の受ける水圧の大きさの関係（A′面が受ける水圧とB′面が受ける水圧との関係）を**Ⅰ群**から，直方体が受ける浮力の大きさの関係を**Ⅱ群**から，ばねののびの関係を**Ⅲ群**から，最も適当なものをそれぞれ次の①～③のうちから一つ選びなさい。

Ⅰ群
① **図5**の水圧は**図6**の水圧より小さい。
② **図5**の水圧と**図6**の水圧は等しい。
③ **図5**の水圧は**図6**の水圧より大きい。

Ⅱ群
① **図5**の浮力は**図6**の浮力より小さい。
② **図5**の浮力と**図6**の浮力は等しい。
③ **図5**の浮力は**図6**の浮力より大きい。

Ⅲ群
① **図5**のばねののびは**図6**のばねののびより小さい。
② **図5**のばねののびと**図6**のばねののびは等しい。
③ **図5**のばねののびは**図6**のばねののびより大きい。

【社　会】（50分）　＜満点：100点＞

1　次の文章を読み，あとの⑴～⑷の問いに答えなさい。

千葉県では，ａ<u>６月15日を「千葉県民の日」と定め</u>，県民の日にちなんださまざまな催しや行事を行っています。この「県民の日」は，千葉県民がより豊かな千葉県を築くことなどを目的とし，ｂ<u>1984年</u>に制定されました。この日を「県民の日」としたのは，1873年６月15日に，当時の木更津県と印旛県が合併してｃ<u>千葉県</u>が誕生したことに由来しています。

⑴　下線部ａに関連して，次の文章は，千葉県と同じ６月15日を「県民の日」と定めている栃木県について述べたものである。文章中の［Ⅰ］，［Ⅱ］にあてはまる語の組み合わせとして最も適当なものを，あとの**ア**～**エ**のうちから一つ選び，マークしなさい。

> 栃木県は，千葉県と同じく関東地方に属している県で，県庁所在地は［Ⅰ］市である。かつて，栃木県にあった足尾銅山から鉱毒が流出して渡良瀬川の水を汚染する公害問題が発生し，栃木県出身の衆議院議員である［Ⅱ］が，その解決に尽力した。

ア　Ⅰ：宇都宮　Ⅱ：田中正造　**イ**　Ⅰ：前橋　Ⅱ：田中正造
ウ　Ⅰ：宇都宮　Ⅱ：吉野作造　**エ**　Ⅰ：前橋　Ⅱ：吉野作造

⑵　下線部ｂに関連して，次のⅠ～Ⅲの文は，それぞれ1984年以降に世界で起こったことがらについて述べたものである。Ⅰ～Ⅲを年代の**古いものから順**に並べたものとして最も適当なものを，あとの**ア**～**カ**のうちから一つ選び，マークしなさい。

Ⅰ　アメリカが，同時多発テロを理由に，アフガニスタンを攻撃した。
Ⅱ　冷戦の象徴であったベルリンの壁が取り壊された。
Ⅲ　ECを拡大発展させる形で，ＥＵが発足した。

ア　Ⅰ→Ⅱ→Ⅲ　**イ**　Ⅰ→Ⅲ→Ⅱ　**ウ**　Ⅱ→Ⅰ→Ⅲ
エ　Ⅱ→Ⅲ→Ⅰ　**オ**　Ⅲ→Ⅰ→Ⅱ　**カ**　Ⅲ→Ⅱ→Ⅰ

⑶　下線部ｃに関連して，次の文章は，千葉県などの地方公共団体の財政について述べたものである。文章中の［Ⅰ］，［Ⅱ］にあてはまる語の組み合わせとして最も適当なものを，あとの**ア**～**エ**のうちから一つ選び，マークしなさい。

> 千葉県などの地方公共団体の財政において，地方公共団体が独自に集める財源を［Ⅰ］といい，地方税などがある。［Ⅰ］ではまかなえない分を補い，地方公共団体間の財政格差をおさえるために国から配分されるものが［Ⅱ］である。

ア　Ⅰ：自主財源　Ⅱ：国庫支出金　**イ**　Ⅰ：依存財源　Ⅱ：国庫支出金
ウ　Ⅰ：自主財源　Ⅱ：地方交付税交付金　**エ**　Ⅰ：依存財源　Ⅱ：地方交付税交付金

⑷　次のページの**資料１**は，地域の愛着度についての日本と諸外国の18～24歳の人々の意識調査の結果の一部を示したもので，次のページの**資料２**は，**資料１**から読み取ったことをまとめたものである。**資料１**中のＡ～Ｅには，それぞれ質問１と質問２とで共通して，次のページの**ア**～**オ**のいずれかの国があてはまる。Ｃにあてはまる国として最も適当なものを，**ア**～**オ**のうちから一つ選び，マークしなさい。

資料１　地域の愛着度についての日本と諸外国の18～24歳の人々の意識調査の結果の一部

質問１　あなたは，あなたの今住んでいる地域（市町村）が好きですか。

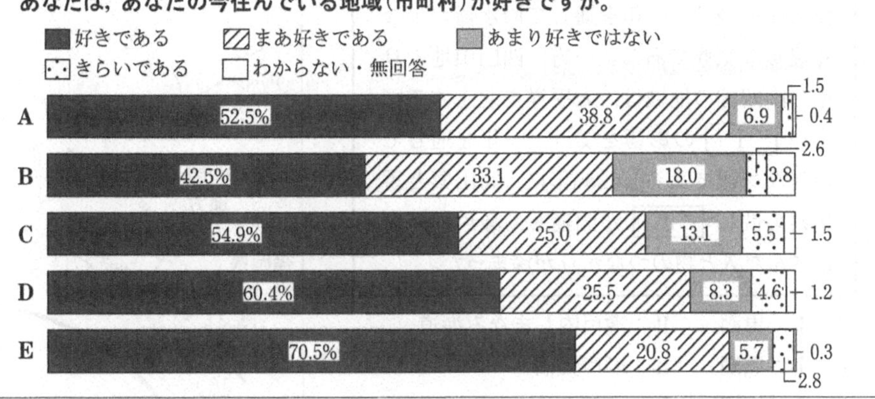

質問２　あなたは，将来もずっと今の地域（市町村）に住んでいたいと思いますか。

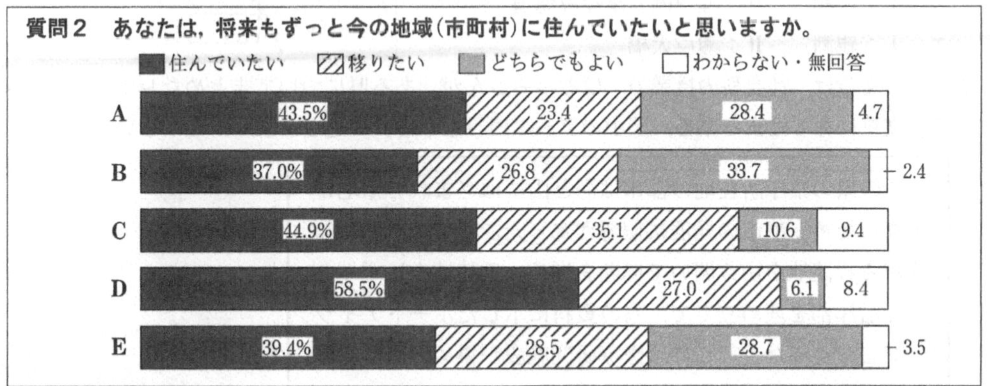

（「第８回　世界青年意識調査」より作成）

資料２　資料１から読み取ったことをまとめたもの

・質問１において，「好きである」と回答した者の割合と「まあ好きである」と回答した者の割合の合計が80％以上である国は，日本，フランス，イギリスである。
・質問２において，「住んでいたい」と回答した者の割合が40％以上である国は，日本，イギリス，アメリカ合衆国である。
・質問１において，「あまり好きではない」と回答した者の割合と「きらいである」と回答した者の割合の合計が10％以上である国は，イギリス，アメリカ合衆国，韓国である。
・質問２において，「住んでいたい」と回答した者の割合と，「移りたい」と回答した者の割合の差が20％以上である国は，日本，イギリスである。

ア　日本　　**イ**　フランス　　**ウ**　イギリス　　**エ**　アメリカ合衆国　　**オ**　韓国

2　次のページの図を見て，あとの(1)～(4)の問いに答えなさい。

(1)　次のページの文章は，図中の**中国・四国地方**について述べたものである。文章中の［Ｉ］，［Ⅱ］にあてはまる語の組み合わせとして最も適当なものを，あとの**ア**～**エ**のうちから一つ選び，マークしなさい。

中国山地と四国山地にはさまれた瀬戸内海沿岸地域は，一年を通して降水量が少なく温暖な気候である。一方，四国山地より南の南四国の地域は，太平洋を北上する図中の［Ｉ］の影響を受け，一年を通して温暖な気候である。1988年に，岡山県と香川県の間に［Ⅱ］が開通し，瀬戸内海をはさんだ人と物のつながりが深まった。

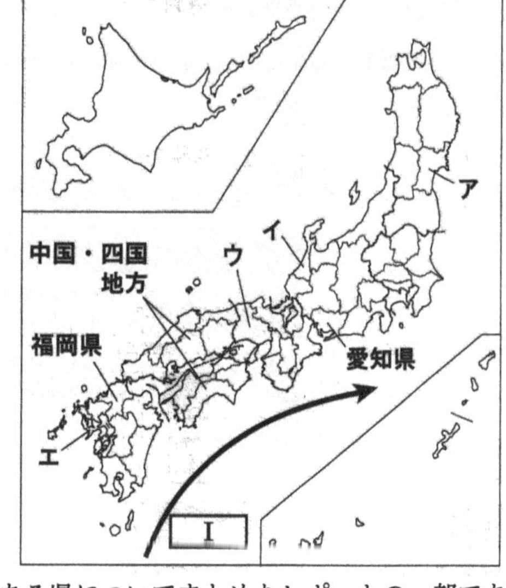

ア　Ｉ：黒潮　Ⅱ：瀬戸内しまなみ海道
イ　Ｉ：黒潮　Ⅱ：瀬戸大橋
ウ　Ｉ：親潮　Ⅱ：瀬戸内しまなみ海道
エ　Ｉ：親潮　Ⅱ：瀬戸大橋

(2)　次の文章は，社会科の授業で，はるふみさんが，ある県についてまとめたレポートの一部である。文章にあてはまる県を，図中の**ア**～**エ**のうちから一つ選び，マークしなさい。

この県の県庁所在地の都市は海と山にはさまれて平地が少ないため，都市の発展に限界があった。そこで，1960年代から丘陵地を切り開いて開発を進め，丘陵地をけずった土で沿岸部を埋め立てて，右の**資料**に示したポートアイランドをつくった。ここには医療研究施設が集められ，空港も建設されるなど，大きな発展を続けている。

資料

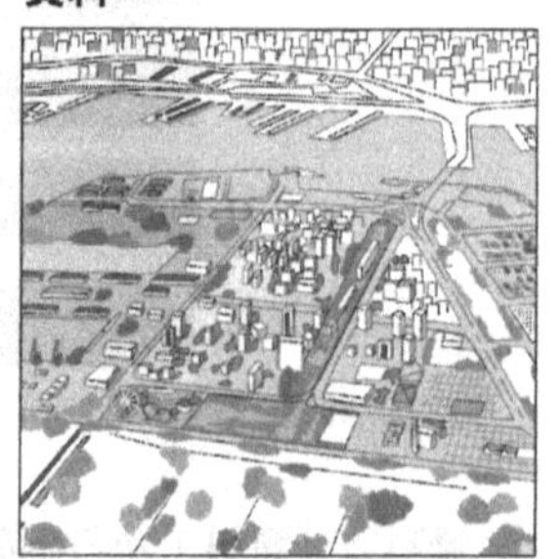

(3)　図中の**愛知県**について述べた次の文章中の［Ｉ］，［Ⅱ］にあてはまる語の組み合わせとして最も適当なものを，あとの**ア**～**エ**のうちから一つ選び，マークしなさい。

愛知県の県庁所在地の名古屋市は，三大都市圏の一つの中心である。県南部に位置する［Ｉ］では施設園芸農業がさかんで，電灯の光をあてることで開花時期を調節する電照菊の栽培で知られる。工業では，中京工業地帯が形成され，［Ⅱ］は自動車工場の企業城下町として発展し，輸送用機械工業がさかんである。

ア　Ｉ：渥美半島　Ⅱ：豊田市　　**イ**　Ｉ：渥美半島　Ⅱ：浜松市
ウ　Ｉ：能登半島　Ⅱ：豊田市　　**エ**　Ｉ：能登半島　Ⅱ：浜松市

(4)　次のページの地形図は，上の図中の**福岡県**のある地域を示したものである。これを見て，あとの①，②の問いに答えなさい。

①　次のページの地形図を正しく読み取ったことがらとして最も適当なものを，次の**ア**～**エ**のうちから一つ選び，マークしなさい。

ア　福岡市役所から見て博多漁港は，ほぼ南東の方角にある。
イ　福岡市役所を中心とした半径500mの範囲内に郵便局，警察署，図書館，老人ホームがある。

ウ　舞鶴公園や護国神社，西公園の周辺には，共通して広葉樹林が見られる。

エ　地形図の範囲で最も標高が高いところは，須崎公園の付近である。

② 地形図中にXで示した範囲の埋め立て地は，地形図上では約２cm×約３cmの大きさの長方形である。Xで示した範囲の実際の面積として最も適当なものを，次の**ア**～**エ**のうちから一つ選び，マークしなさい。

ア　75,000m²　　**イ**　225,000m²

ウ　375,000m²　　**エ**　525,000m²

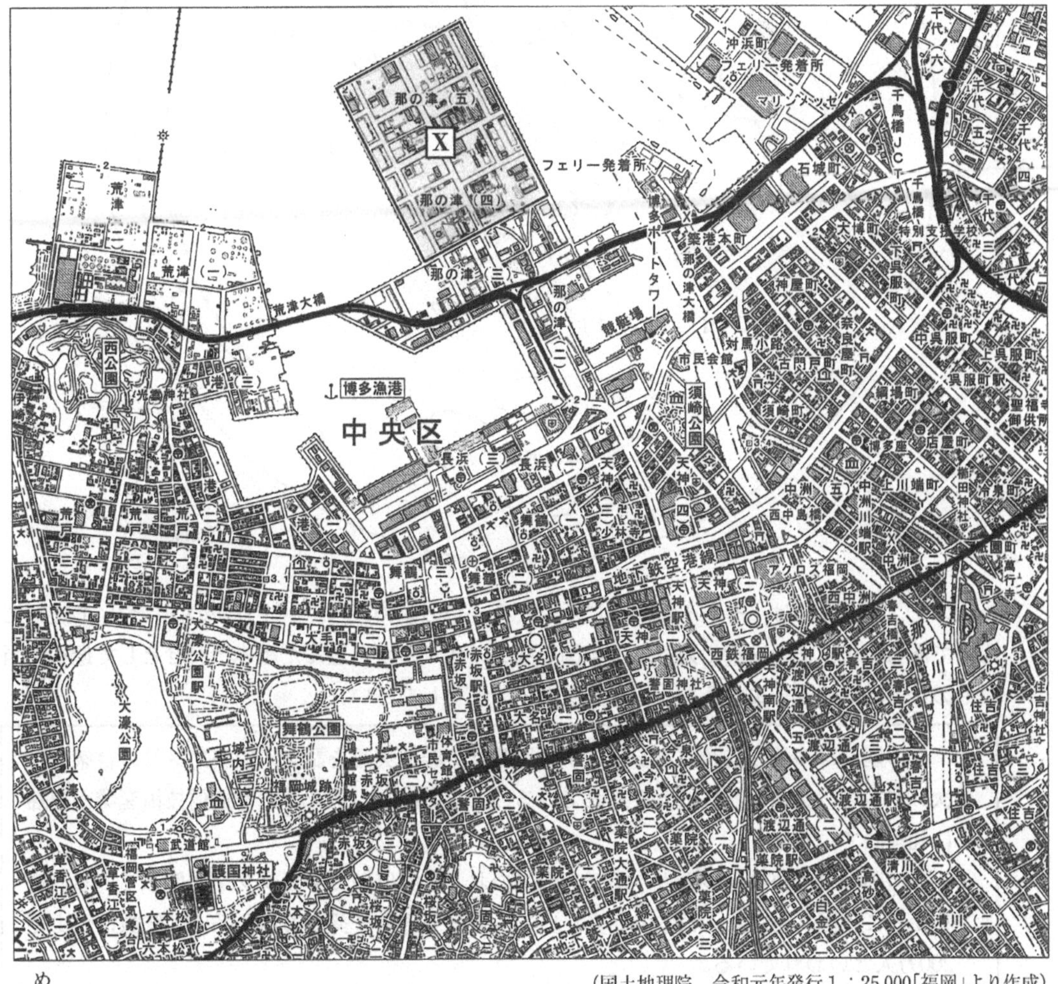

（国土地理院　令和元年発行１：25,000「福岡」より作成）

めもり　0　5cm

3　次のページの図は，中心（東京）からの距離と方位が正しく表される図法で描かれたものである。この図を見て，あとの⑴～⑷の問いに答えなさい。

⑴　赤道と本初子午線が交わる地点として最も適当なものを，図中の**ア**～**エ**のうちから一つ選び，マークしなさい。

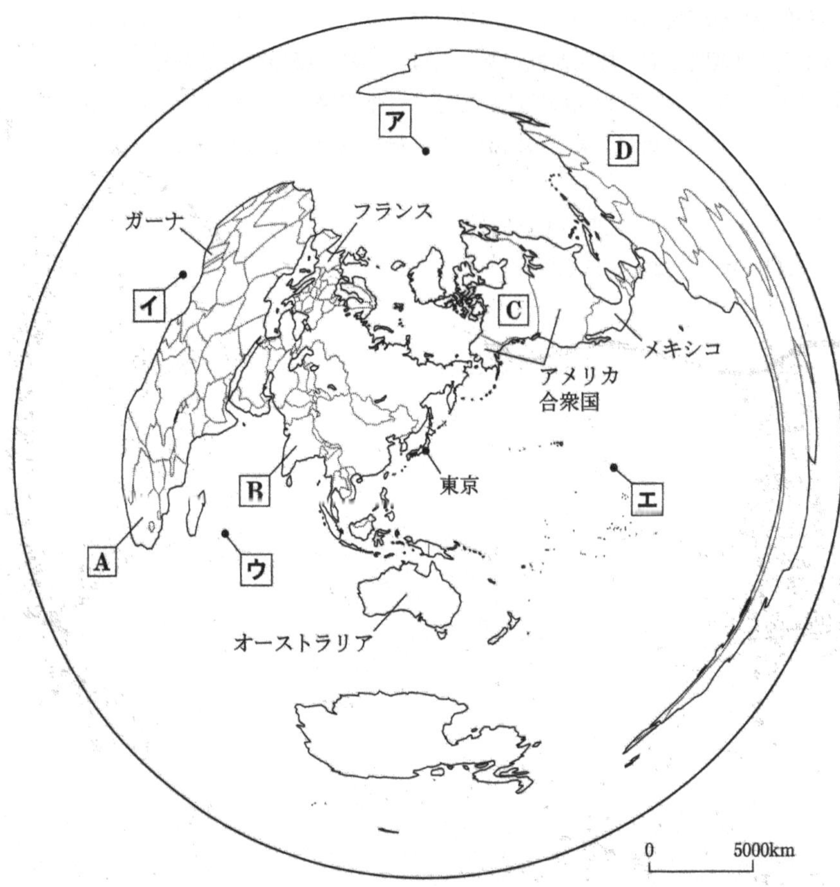

(2) 次の①，②の文章は，それぞれ図中に示したA～Dの国のうち，いずれかの国について述べたものである。①，②の文章で述べている国を図中のA～Dから選んだ組み合わせとして最も適当なものを，あとの**ア**～**エ**のうちから一つ選び，マークしなさい。

> ① この国には多くの言語があるが，準公用語は英語で英語を話す人口がアメリカ合衆国に次いで多い。数学の教育に力を入れていることなどから，近年，情報通信技術産業が急速に発達している。
>
> ② この国の公用語はポルトガル語で，国民のおよそ65％がカトリックを信仰している。古くからこの国へ移民する日本人が多くいて，現在，その子孫である日系人の総数はおよそ200万人といわれている。

ア ①：A ②：C
イ ①：A ②：D
ウ ①：B ②：C
エ ①：B ②：D

(3) 次のページの文章は，上の図中のアメリカ合衆国について述べたものである。文章中の［Ⅰ］，［Ⅱ］にあてはまる語の組み合わせとして最も適当なものを，あとの**ア**～**エ**のうちから一つ選び，マークしなさい。

アメリカ合衆国の西部には，太平洋を取り囲むように連なる環太平洋造山帯に含まれる［Ⅰ］山脈がある。アメリカ合衆国の北緯37度の緯線の南に位置している［Ⅱ］とよばれる工業地帯では，コンピューター産業と共に航空宇宙産業も発達しており，世界をけん引している。

ア　Ⅰ：アパラチア　Ⅱ：サンベルト　　**イ**　Ⅰ：ロッキー　Ⅱ：サンベルト
ウ　Ⅰ：アパラチア　Ⅱ：シリコンバレー　　**エ**　Ⅰ：ロッキー　Ⅱ：シリコンバレー

⑷　次の**資料１**は，前のページの図中のメキシコ，オーストラリア，フランス及びガーナの人口，面積，国内総生産，農林水産業就業人口を示したものである。**資料１**中のＡ～Ｄには４か国のうちのいずれかがあてはまる。**資料２**は，**資料１**から読み取ったことがらをまとめたものの一部である。ＡとＤにあてはまる国の組み合わせとして最も適当なものを，あとの**ア**～**エ**のうちから一つ選び，マークしなさい。

資料１　メキシコ，オーストラリア，フランス及びガーナの1990年と2018年の人口と，2018年の面積，国内総生産，農林水産業就業人口

	人口（1990年）（千人）	人口（2018年）（千人）	面積（2018年）（千km²）	国内総生産（2018年）（百万ドル）	農林水産業就業人口（2018年）（千人）
A	56,667	64,991	552	2,778,892	692
B	16,961	24,898	7,692	1,453,871	327
C	83,943	126,191	1,964	1,223,401	6,969
D	14,773	29,767	239	65,535	3,678

（「世界国勢図会 2020/21」などより作成）

資料２　資料１から読み取ったことがらをまとめたものの一部

・**資料１**中の４か国のうち，1990年から2018年にかけての人口の増加数が最も多い国はメキシコである。
・**資料１**中の４か国のうち，2018年の人口密度が最も大きい国はガーナである。
・2018年の国内総生産が1000億ドル以上の国はメキシコ，オーストラリア，フランスである。
・ガーナの農林水産業就業人口は，オーストラリアの農林水産業就業人口のおよそ11.2倍である。

ア　Ａ：フランス　Ｄ：ガーナ　　**イ**　Ａ：オーストラリア　Ｄ：ガーナ
ウ　Ａ：フランス　Ｄ：メキシコ　　**エ**　Ａ：オーストラリア　Ｄ：メキシコ

4　次のＡ～Ｄのカードは，よしのりさんが「古代までの歴史」について調べ，その内容をまとめたものである。これらを読み，あとの⑴～⑷の問いに答えなさい。

Ａ　古代文明
世界各地の大河のほとりで，農耕や牧畜が発展し，国が誕生した。やがて支配する者と支配される者との区別ができ，都市の形成や金属器がつくられるようになり，ａ文明が生まれた。

B　縄文時代
今からおよそ１万年前に氷期が終わり海水面が上がったため，現在の日本列島の姿がほぼできあがった。このころから紀元前４世紀ごろまでの時代を b 縄文時代という。

C　中国との交流
５世紀から６世紀のころ，中国では南朝と北朝に分かれて国々の対立が激化していた。c 倭の王は，南朝の皇帝にたびたび使いを送っていた。

D　仏教の伝来について
d ６世紀半ばに，渡来人によって日本に仏教が伝えられた。その後，仏教の信仰をめぐって豪族の間で争いが起こったが，仏教の信仰をすすめる蘇我氏が勝利した。

(1)　Aのカード中の下線部aに関連して，次の**資料１**の①，②は，それぞれある文明で使われた文字の一部を示したものである。下の①，②の文は，それぞれの文明について述べたものである。①，②の文の正誤の組み合わせとして最も適当なものを，あとの**ア**～**エ**のうちから一つ選び，マークしなさい。

資料１

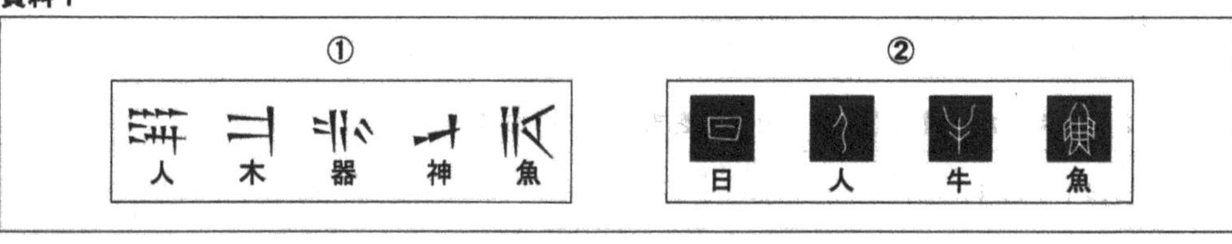

①　この文字は，ナイル川の流域に栄えたエジプト文明で使われていた。この文明では，ピラミッドなどの巨大な建造物がつくられ，ナイル川の氾濫の時期を知るために，太陽暦が使われた。
②　この文字は，黄河や長江の流域に栄えた中国文明で使われ，漢字のもととなった甲骨文字である。中国では，秦の始皇帝が，北方の遊牧民の侵入を防ぐために万里の長城を築くなどした。

ア　①：正　②：正　　**イ**　①：正　②：誤
ウ　①：誤　②：正　　**エ**　①：誤　②：誤

(2)　Bのカード中の下線部bに関連して，次のⅠ～Ⅳの文のうち，縄文時代について述べた文はいくつあるか。最も適当なものを，あとの**ア**～**エ**のうちから一つ選び，マークしなさい。
Ⅰ　大陸から鉄器や青銅器などの金属器が伝わり，銅鏡や銅鐸がつくられた。
Ⅱ　縄文時代の代表的な遺跡として青森県の三内丸山遺跡がある。
Ⅲ　人々は竪穴住居に住み，海岸や水辺には食物の残りかすなどを捨てた貝塚がつくられた。
Ⅳ　魔除けや食物の豊穣などを祈って，土の人形である埴輪がつくられた。
ア　一つ　　**イ**　二つ　　**ウ**　三つ　　**エ**　四つ

(3)　Cのカード中の下線部cに関連して，次のページの**資料２**は，倭王武が中国の皇帝に送った手紙の一部を示したものである。**資料２**中の［　　］には，右の図中のXの国があてはまる。［　　］に共通してあてはまる国名として最も適当なものを，あとの**ア**～**エ**のうちから一つ選び，マークしなさい。

資料２　倭王武の手紙

私の祖先は，自らよろいやかぶとを身に着け，山や川をかけめぐり，東は55国，西は66国，さらに海をわたって95国を平定しました。しかし私の使いが陛下の所に貢ぎ物を持っていくのを，［　　］がじゃまをしています。今度こそ［　　］を破ろうと思いますので，私に高い地位をあたえて激励してください。

ア　百済　　**イ**　新羅　　**ウ**　高句麗　　**エ**　伽耶（任那）

(4)　次の**資料３**は，Ｄのカード中の下線部ｄに関連して，仏教伝来以降に起こったできごとを年代の**古いものから順に**左から並べたものである。**資料３**中の［Ⅰ］，［Ⅱ］にあてはまるできごとの組み合わせとして最も適当なものを，あとの**ア**～**オ**のうちから一つ選び，マークしなさい。

資料３

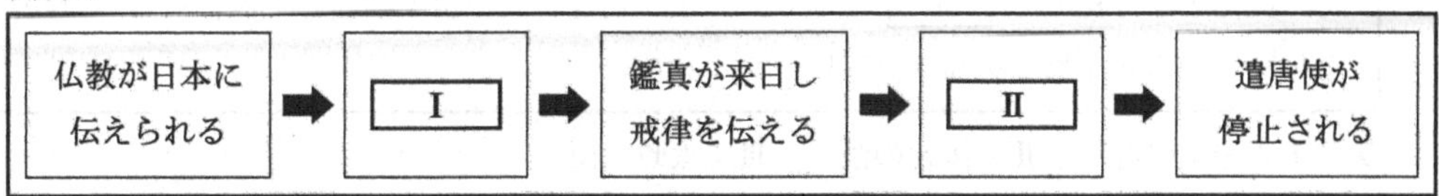

ア　Ⅰ：藤原道長が摂政となる
　　Ⅱ：邪馬台国の卑弥呼が各国を支配する
イ　Ⅰ：栄西が禅宗のうちの臨済宗を日本に伝える
　　Ⅱ：中大兄皇子らが大化の改新を始める
ウ　Ⅰ：邪馬台国の卑弥呼が各国を支配する
　　Ⅱ：栄西が禅宗のうちの臨済宗を日本に伝える
エ　Ⅰ：征夷大将軍の坂上田村麻呂が蝦夷を攻撃する
　　Ⅱ：藤原道長が摂政となる
オ　Ⅰ：中大兄皇子らが大化の改新を始める
　　Ⅱ：征夷大将軍の坂上田村麻呂が蝦夷を攻撃する

5　次のＡ～Ｄのパネルは，社会科の授業で中世から近世までの歴史上の人物について，各班で調べ，まとめたものの一部である。これらを見て，あとの(1)～(5)の問いに答えなさい。

Ａ　平清盛

平清盛は，二つの戦乱に勝利して勢力を強め，自分の娘を天皇と結婚させるなどして権力を拡大した。

Ｂ　フビライ・ハン

中国を征服して国号を元としたフビライ・ハンは，日本も従えようと二度にわたって大軍を送ってきた。

C　足利義政

室町幕府８代将軍の足利義政のあとつぎ問題などが原因となって応仁の乱が起こり，京都の町は荒廃した。

D　徳川吉宗

江戸幕府８代将軍の徳川吉宗は，財政再建などを目指して享保の改革を行い，その後も幕政改革が進められた。

(1)　Aのパネルに関連して，次の文章は，平清盛について述べたものである。文章中の［Ⅰ］～［Ⅲ］にあてはまる語の組み合わせとして最も適当なものを，あとの**ア**～**エ**のうちから一つ選び，マークしなさい。

> 平清盛は，1156年の［Ⅰ］と1159年の［Ⅱ］の二つの戦乱で勝利をおさめた。平清盛は，武士として初めて［Ⅲ］となり，一族で朝廷の高い位を独占して政治を行ったが，次第に平氏に対する反感が高まっていった。

ア　Ⅰ：平治の乱　　Ⅱ：保元の乱　　Ⅲ：太政大臣
イ　Ⅰ：平治の乱　　Ⅱ：保元の乱　　Ⅲ：征夷大将軍
ウ　Ⅰ：保元の乱　　Ⅱ：平治の乱　　Ⅲ：太政大臣
エ　Ⅰ：保元の乱　　Ⅱ：平治の乱　　Ⅲ：征夷大将軍

(2)　Bのパネルに関連して，二度にわたる元軍の襲来後のできごとについて述べた文として最も適当なものを，次の**ア**～**エ**のうちから一つ選び，マークしなさい。

ア　幕府は，京都に六波羅探題を設置し，朝廷の監視などにあたらせた。
イ　源氏の将軍が絶え，京都から藤原氏の一族が将軍として迎えられた。
ウ　執権の北条泰時が，武家社会の道理などをもとに御成敗式目（貞永式目）を定めた。
エ　困窮した御家人を救うために，借金を帳消しにする徳政令（永仁の徳政令）が出された。

(3)　Cのパネルに関連して，次の文章は，このころの社会の様子について述べたものである。文章中の［　］にあてはまる語として最も適当なものを，あとの**ア**～**エ**のうちから一つ選び，マークしなさい。

> 農業生産力の向上とともに力をつけてきた農民は，村ごとにまとまって［　］とよばれる自治のしくみをつくるようになった。団結を強めた農民は，幕府や守護大名に対して，年貢の軽減などを求めて土一揆を起こすこともあった。

ア　座　　**イ**　惣　　**ウ**　問（問丸）　　**エ**　馬借

(4)　Dのパネルに関連して，次の文章は，先生と生徒が，江戸時代の幕政改革について会話をしている場面の一部である。文章中の［Ⅰ］，［Ⅱ］にあてはまる言葉の組み合わせとして最も適当なものを，あとの**ア**～**エ**のうちから一つ選び，マークしなさい。

> 先　生：江戸時代の三大改革のうち，徳川吉宗による享保の改革ではどのようなことが行われましたか。
> 生　徒：はい，［Ⅰ］ことなどが行われました。

先　生：そうですね。享保の改革によって，財政は一時的に安定しました。その後，田沼意次が長崎貿易を拡大するなどの積極的な政治を行いました。三大改革の二つ目は何ですか。
生　徒：はい，老中の［Ⅱ］が行った寛政の改革です。
先　生：その通りです。しかし，質素倹約などの内容が厳しすぎたため，［Ⅱ］は老中を解任されてしまいました。

ア　Ⅰ：物価上昇を抑えるため，株仲間の解散を命じる　　Ⅱ：松平定信
イ　Ⅰ：物価上昇を抑えるため，株仲間の解散を命じる　　Ⅱ：水野忠邦
ウ　Ⅰ：上げ米の制を定めて，大名に米を差し出させる　　Ⅱ：松平定信
エ　Ⅰ：上げ米の制を定めて，大名に米を差し出させる　　Ⅱ：水野忠邦

(5)　Ｃのパネルの足利義政とＤのパネルの徳川吉宗が政治を行っていた間の時期に世界で起こったできごとを，次のⅠ～Ⅳのうちから**三つ**選び，年代の**古いものから順**に並べたものとして最も適当なものを，あとの**ア～カ**のうちから一つ選び，マークしなさい。
Ⅰ　聖地エルサレムの奪還を目指して，第１回の十字軍が派遣された。
Ⅱ　コロンブスが大西洋を横断してカリブ海の島々に到達した。
Ⅲ　イギリスで名誉革命が起こり，権利章典（権利の章典）が定められた。
Ⅳ　ルターらがローマ教皇の免罪符販売を批判して宗教改革を始めた。
ア　Ⅰ→Ⅱ→Ⅲ　　イ　Ⅰ→Ⅲ→Ⅱ　　ウ　Ⅱ→Ⅲ→Ⅳ
エ　Ⅱ→Ⅳ→Ⅲ　　オ　Ⅲ→Ⅳ→Ⅰ　　カ　Ⅳ→Ⅱ→Ⅲ

6　次の略年表は，明治時代以降の主なできごとをまとめたものである。これを見て，あとの(1)～(5)の問いに答えなさい。

年代	明治時代以降の主なできごと
1873	地租改正が行われた。
	↕ X
1889	a 大日本帝国憲法が発布された。
1918	b 第一次世界大戦が終わった。
1924	c 加藤高明内閣が成立した。
1941	d 太平洋戦争が始まった。

(1)　次のⅠ～Ⅳの文のうち，略年表中のＸの時期に起こったできごとはいくつあるか。最も適当なものを，あとの**ア～エ**のうちから一つ選び，マークしなさい。
Ⅰ　西郷隆盛を中心とした鹿児島の士族らの反乱である，西南戦争が起こった。
Ⅱ　急激な米価の上昇に対し，米の安売りなどを求める米騒動が全国に広まった。
Ⅲ　「忠君愛国」などをかかげた教育勅語が出され，道徳のよりどころとなった。
Ⅳ　中央集権国家体制をつくるために，藩を廃止して県を置く廃藩置県が行われた。
ア　一つ　　イ　二つ　　ウ　三つ　　エ　四つ

⑵　略年表中の下線部ａに関連して，次の**資料１**は，大日本帝国憲法の一部を示したものである。**資料１**中の［Ⅰ］，［Ⅱ］にあてはまる語の組み合わせとして最も適当なものを，あとの**ア**～**エ**のうちから一つ選び，マークしなさい。

資料１　大日本帝国憲法（一部）

第３条　天皇ハ神聖ニシテ侵スヘカラス
第４条　天皇ハ国ノ［Ⅰ］ニシテ統治権ヲ総攬シ此ノ憲法ノ条規ニ依リ之ヲ行フ
第20条　日本［Ⅱ］ハ法律ノ定ムル所ニ従ヒ兵役ノ義務ヲ有ス
第29条　日本［Ⅱ］ハ法律ノ範囲内ニ於テ言論著作印行集会及結社ノ自由ヲ有ス

ア　Ⅰ：元首　Ⅱ：国民　　**イ**　Ⅰ：象徴　Ⅱ：国民
ウ　Ⅰ：元首　Ⅱ：臣民　　**エ**　Ⅰ：象徴　Ⅱ：臣民

⑶　略年表中の下線部ｂに関連して，次の文章は，第一次世界大戦について述べたものである。文章中の［Ⅰ］，［Ⅱ］にあてはまるものの組み合わせとして最も適当なものを，あとの**ア**～**エ**のうちから一つ選び，マークしなさい。

第一次世界大戦では，日本は右の図中の［Ⅰ］との同盟を理由に連合国側に立って参戦した。連合国側の勝利で戦争が終わると，［Ⅱ］などの内容が盛り込まれた講和条約が締結された。

※国境線は現在のものである。

ア　Ⅰ：Ａ　Ⅱ：太平洋地域の現状維持
イ　Ⅰ：Ａ　Ⅱ：民族自決の原則
ウ　Ⅰ：Ｂ　Ⅱ：無賠償無併合
エ　Ⅰ：Ｂ　Ⅱ：国際連盟の設立

⑷　略年表中の下線部ｃに関連して，次の文章は，加藤高明内閣が行ったことがらについて述べたものである。文章中の［Ⅰ］，［Ⅱ］にあてはまるものの組み合わせとして最も適当なものを，あとの**ア**～**エ**のうちから一つ選び，マークしなさい。

1924年に誕生した加藤高明内閣は，翌年，普通選挙法を成立させ，［Ⅰ］の男子全員に選挙権を与えた。そのため，有権者数は，右の**資料２**に見られるように1920年から1928年にかけて［Ⅱ］に増加した。しかしながら，まだ女性には選挙権が与えられず，また，普通選挙法と同時に治安維持法が制定され，社会主義者などに対する取り締まりが強化された。

資料２　有権者数と全人口に占める有権者の割合の推移

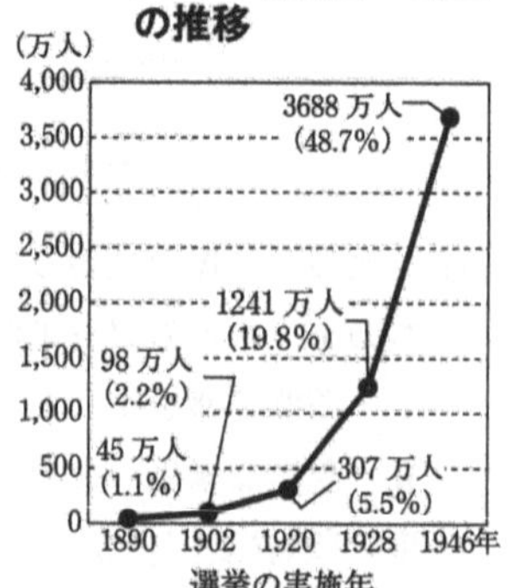

ア　Ⅰ：満20歳以上　Ⅱ：約３倍
イ　Ⅰ：満25歳以上　Ⅱ：約３倍
ウ　Ⅰ：満20歳以上　Ⅱ：約４倍
エ　Ⅰ：満25歳以上　Ⅱ：約４倍

(5) 略年表中の下線部ｄに関連して，次のⅠ，Ⅱの文は，太平洋戦争について述べたものである。Ⅰ，Ⅱの文の正誤の組み合わせとして最も適当なものを，あとのア～エのうちから一つ選び，マークしなさい。

Ⅰ　1941年に，日本はイギリスの植民地であったマレー半島に上陸し，ハワイにあったアメリカ海軍の基地を攻撃して太平洋戦争が始まった。

Ⅱ　1945年８月６日に広島に，8月９日には長崎に原子爆弾を投下され，8月８日に日ソ中立条約を破棄してソ連が参戦したことなどから，日本はポツダム宣言を受諾して太平洋戦争が終わった。

ア　Ⅰ：正　Ⅱ：正　　**イ**　Ⅰ：正　Ⅱ：誤　　**ウ**　Ⅰ：誤　Ⅱ：正　　**エ**　Ⅰ：誤　Ⅱ：誤

7　次の文章を読み，あとの(1)～(3)の問いに答えなさい。

日本の政治には，三権分立のしくみが取り入れられています。立法権を担っているのは国会で，衆議院と参議院の二院制がとられ，いくつかの議案については$_{a}$衆議院の優越が認められています。行政権を担うのは$_{b}$内閣で，国会が決めた法律や予算に基づいて，さまざまな$_{c}$仕事を行っています。

(1) 下線部ａに関連して，衆議院の優越のうち，法律の制定については，参議院で否決した法律案を，衆議院で再可決して成立させることができる。この再可決に必要な衆議院議員の最低人数として最も適当なものを，次のア～エのうちから一つ選び，マークしなさい。なお，衆議院議員の総議員数は465人で，この再可決を審議した本会議に出席した議員は382人であるものとする。

ア　192人　　**イ**　233人　　**ウ**　255人　　**エ**　310人

(2) 下線部ｂに関連して，右の図は，内閣の組織を示したものである。次のⅠとⅡの仕事を行っている省庁の組み合わせとして最も適当なものを，右の図を参考にして，あとのア～エのうちから一つ選び，マークしなさい。

Ⅰ　行政組織や公務員制度を管理するとともに，地方公共団体との連携を行う。

Ⅱ　国民の健康，医療，福祉，介護，雇用や年金に関する行政を扱う。

ア　Ⅰ：総務省　　Ⅱ：経済産業省
イ　Ⅰ：総務省　　Ⅱ：厚生労働省
ウ　Ⅰ：法務省　　Ⅱ：経済産業省
エ　Ⅰ：法務省　　Ⅱ：厚生労働省

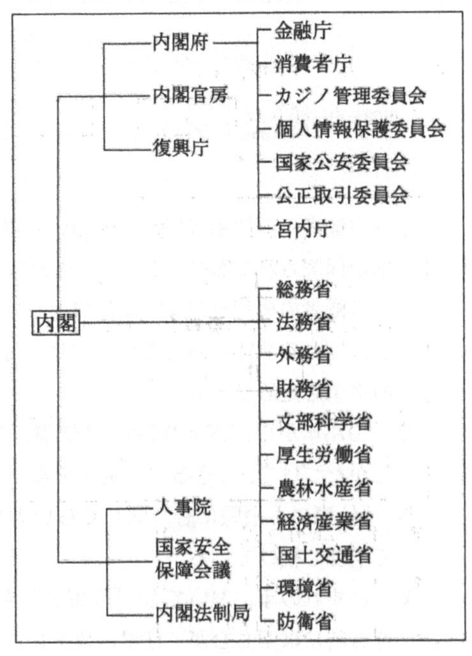

(3) 下線部ｃに関連して，次のページのⅠ，Ⅱの文は，労働に関することがらについて述べたものである。また，次のページの**資料**は，仕事と余暇に関する日本人の意識調査の結果の一部を示したもので，次のページのⅢ～Ⅵの文は，**資料**から読み取れることについて述べたものである。

Ⅰ～Ⅵの文のうち，内容が正しいものはいくつあるか。最も適当なものを，次のページのア～カのうちから一つ選び，マークしなさい。

資料「仕事と余暇のあり方について，あなたが最も望ましいと思うものはどれですか。」というアンケートの結果

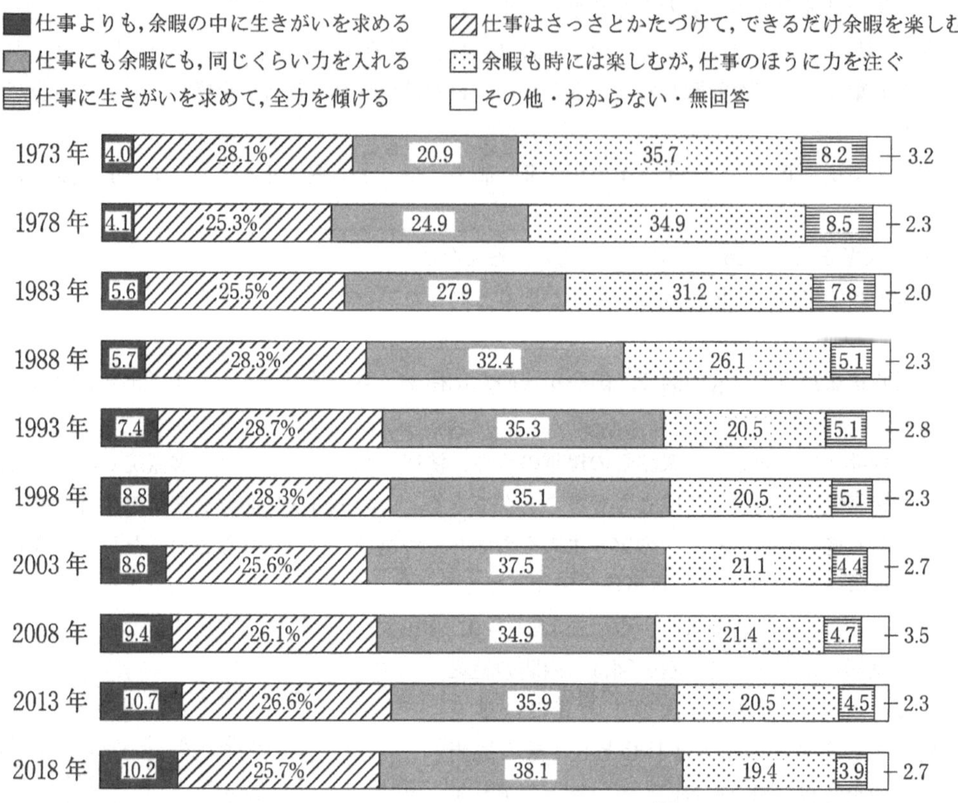

（「第10回　日本人の意識調査」より作成）

Ⅰ　労働者は，使用者に対して弱い立場にあるため，団結権，団体交渉権，団体行動権の労働三権が保障されており，これらの権利は，基本的人権を四つに分類したうちの平等権に含まれる。

Ⅱ　労働者の権利を保障する法律として，労働基準法，労働組合法，労働関係調整法の労働三法とよばれる法律が制定されており，労働基準法では，労働時間や休日などの労働条件の最低限の水準を定めている。

Ⅲ　1973年から2018年の間で，「仕事よりも，余暇の中に生きがいを求める」と「仕事はさっさとかたづけて，できるだけ余暇を楽しむ」と回答した割合の合計が最も高いのは2013年である。

Ⅳ　「仕事にも余暇にも，同じくらい力を入れる」と回答した割合は，1973年から2018年にかけて増加し続けている。

Ⅴ　いずれの年においても，「仕事よりも，余暇の中に生きがいを求める」と回答した割合は，「余暇も時には楽しむが，仕事のほうに力を注ぐ」と回答した割合の半分以下である。

Ⅵ　1973年から1983年までは，「仕事に生きがいを求めて，全力を傾ける」と回答した割合が「仕事よりも，余暇の中に生きがいを求める」と回答した割合を上回っているが，1988年以降は逆転している。また，1973年から1983年までは，「余暇も時には楽しむが，仕事のほうに力を注ぐ」と回答した割合が「仕事はさっさとかたづけて，できるだけ余暇を楽しむ」と回答した割合を上回っているが，1988年以降は逆転している。

ア 一つ　**イ** 二つ　**ウ** 三つ　**エ** 四つ　**オ** 五つ　**カ** 六つ

8 次の文章を読み，あとの(1)～(3)の問いに答えなさい。

日本の a 社会保障制度は，日本国憲法に明記された生存権に基づいて行われています。また，情報化や b グローバル化が進む現代社会では，憲法に明記されていない c 新しい人権も主張されています。

(1) 下線部 a に関連して，次の①，②の文で述べていることがらがあてはまる社会保障制度の組み合わせとして最も適当なものを，あとの**ア**～**エ**のうちから一つ選び，マークしなさい。

> ① 高齢者や障がいのある人など社会的に弱い立場になりやすい人々を支援する。
> ② 国民の「健康で文化的な最低限度の生活」を保障するために，国から生活費などを支給する。

ア ①：社会保険　②：社会福祉　**イ** ①：社会保険　②：生活保護（公的扶助）
ウ ①：社会福祉　②：社会保険　**エ** ①：社会福祉　②：生活保護（公的扶助）

(2) 下線部 b に関連して，次の文章は，為替相場について述べたものである。文章中の［Ⅰ］～［Ⅲ］にあてはまる語の組み合わせとして最も適当なものを，あとの**ア**～**ク**のうちから一つ選び，マークしなさい。

> 通貨と通貨の交換比率を為替相場といい，日々変化する。例えば，日本の円とアメリカのドルの為替相場で，１ドル＝100円であったものが１ドル＝80円となった場合，これを［Ⅰ］といい，一般的に，日本からアメリカへ輸出する企業にとって［Ⅱ］な状況となる。また，日本からアメリカに旅行する場合には，一般的に，［Ⅲ］のときのほうが有利である。

ア Ⅰ：円高　Ⅱ：有利　Ⅲ：円高
イ Ⅰ：円高　Ⅱ：不利　Ⅲ：円高
ウ Ⅰ：円高　Ⅱ：有利　Ⅲ：円安
エ Ⅰ：円高　Ⅱ：不利　Ⅲ：円安
オ Ⅰ：円安　Ⅱ：有利　Ⅲ：円高
カ Ⅰ：円安　Ⅱ：不利　Ⅲ：円高
キ Ⅰ：円安　Ⅱ：有利　Ⅲ：円安
ク Ⅰ：円安　Ⅱ：不利　Ⅲ：円安

(3) 下線部 c に関連して，次のⅠ，Ⅱの文章は，新しい人権について述べたものである。Ⅰ，Ⅱの文章の正誤の組み合わせとして最も適当なものを，あとの**ア**～**エ**のうちから一つ選び，マークしなさい。

Ⅰ　人間が自分の生き方や生活の仕方について自由に決定する「自己決定権」が主張されるようになった。医療の分野では，患者が治療方法などを自分で決定できるように，患者への病気の告知や治療方針などを十分に説明して同意を得るインフォームド・コンセントが行われるようになっている。

Ⅱ　国民が主権者として正しい判断をするために，国や地方公共団体が持つ情報を手に入れる権利として「知る権利」が認められるようになった。国や地方公共団体には，情報公開法や情報公開条例に基づいて情報公開制度が設けられており，国や地方公共団体が情報公開の請求を受けた場合には，すべての情報を開示しなければならないことになっている。

ア　Ⅰ：正　Ⅱ：正　**イ**　Ⅰ：正　Ⅱ：誤　**ウ**　Ⅰ：誤　Ⅱ：正　**エ**　Ⅰ：誤　Ⅱ：誤

３　義光は、時元の弟子で大食調入調の楽譜をもつ義光をにくんで時秋がついてきていることに気付いたということ。

４　義光は、時元の弟子である義光が大食調入調を知っているのか確かめるために時秋がついてきていることに気付いたということ。

問七　傍線部６「いみじくぞ侍りける」とあるが、この部分の説明として最適なものを後より一つ選び番号で答えなさい。

１　時秋が取り出した笙について、義光がひどい状態だと気の毒に感じている。

２　準備のための少しの演奏でも時秋の笙の腕前がすばらしいとわかり、義光が驚いている。

３　しっかりと笙を持ち歩いている時秋の心がけに、義光が感心している。

４　時秋が笙をしっかりと準備していないことに、義光があきれている。

問八　傍線部７「心ざし」とあるが、ここでの意味として最適なものを後より一つ選び番号で答えなさい。

１　恩義　　２　同情　　３　抵抗　　４　期待

問九　本文の内容として**不適当な**ものを後より一つ選び番号で答えなさい。

１　義光は、近江の国で狩衣姿をしている男が遅れまいとしてついてきたことを不審に思った。

２　時秋は、義光からいつか再会しようという言葉や、時秋の立場を思いやる言葉を受けて、都に帰ることにした。

３　陸奥の守である兄の義家が合戦を起こしたとき、義光はまだ都にいて、その話を伝え聞いた。

４　足柄の山の関所を前に、義光は時秋のことも遠ざけて、馬からおりて時元の楽譜を取り出した。

1　あやし～いかに　　2　あやし～たるぞ
3　あれは～いかに　　4　あれは～たるぞ

問二　傍線部１「申して」の動作主として最適なものを後より一つ選び番号で答えなさい。

1　義光　　2　時元　　3　時秋　　4　義家

問三　傍線部２「とかくの事はいはず」の意味として」最適なものを後より一つ選び番号で答えなさい。

1　それほど文句を言わないで
2　名前や身分を明かさず
3　あいさつやお礼を言うこともなく
4　これといった理由を説明しないで

問四　傍線部３「このたびにおきてはしかるべからず」とあるが、これはどういうことか。その説明として最適なものを後より一つ選び番号で答えなさい。

1　今回下向するのは朝廷の命令で任務にあたるからであり、いつもなら時秋を連れていくだろうが、今回は連れていくのが難しいということ。
2　今回の下向は個人的な事情から行おうとするものであり、いつもなら時秋を連れていくだろうが、今回は連れていくのにふさわしい理由がないということ。
3　今回の下向はすでに大勢を連れていくことになっており、時秋を連れていきたいという気持ちはあるが、連れていける余裕はないということ。
4　今回下向するのは緊迫した事態が起きているからであり、時秋も連れていきたいという気持ちはあるが、今回は連れていくことができないということ。

問五　傍線部４「すみやかにこれより帰り給へ」とあるが、義光がこのように言った理由として最適なものを後より一つ選び番号で答えなさい。

1　自分は職をやめて身を隠しながら下向しているので関所も簡単に通れるが、身分を捨てていない時秋が通るのは困難で、自分の邪魔になると思うから。
2　自分は職をやめ命を捨てる覚悟があるので身の危うい関所も恐れずに駆け抜けることができるが、時秋の行動を見ると心持ちは浅く、覚悟がないように思うから。
3　自分は目的のために命を捨てる思いで職をやめているので大変な関所も通らなくてはいけないが、時秋はその目的を知らないので巻き込みたくないから。
4　自分は職もやめていて命を捨てる覚悟もあるので通過の難しい関所も駆け抜けようと思うが、まだ若く職のある時秋までその覚悟をする必要はないから。

問六　傍線部５「義光、時秋が思ふところをさとりて」とはどういうことか。その説明として最適なものを後より一つ選び番号で答えなさい。

1　義光は、時元の弟子であり大食調入調を知る人物である義光を守るために時秋がついてきていることに気付いたということ。
2　義光は、大食調入調の曲の演奏法を義光から伝授してもらいたくて時秋がついてきていることに気付いたということ。

て義光馬を控（ひか）へていはく、「とどめ申せども、用ゐ給はで（お聞き入れにならず）これまで伴ひ給へる事、その心ざしあさからず。さりながらこの山には、さだめて（きっと）関もきびしくて、たやすく通す事もあらじ。義光は所職（しよしよく）を辞し申して都をいでしより、命をなきものになしてまかりむかへば、いかに関きびしくともはばかるまじ。かけやぶりてまかり通るべし。それには（あなたには）その用なし。4すみやかにこれより帰り給へ」といふを、時秋なほ承引せず（聞き入れない）。またいふこともなし。その時、5義光、時秋が思ふところをさとりて、閑所にうちよりて馬よりおりぬ。人を遠くのけて、柴（しば）を切りはらひて楯（たて）二枚を敷きて一枚には我が身座し、一枚には時秋をすゑ（い）けり。うつぼより（腰につけた矢入れから）一紙の文書をとり出でて、時秋に見せけり。「父時元が自筆に書きたる大食調入調の曲の譜。また笙（しやう）はありや」と、時秋に問ひければ、「候ふ」とて、ふところより取り出したりける用意のほど、まづ6いみじくぞ侍りける。その時、「これまでしたひ来たれる（あとをついて）心ざし、さだめてこの料にてぞ侍らん（理由でございましょう）」とて、則ち（すなは）入調の曲をさづけてけり。「義光はかかる大事によりてくだれば、身の安否知りがたし。万が一安穏ならば都の見参を期すべし。貴殿は豊原数代の楽工、朝家要須（てうけえうす）の仁なり（演奏家で、朝廷が必要とする人物である）。我に7心ざしをおぼさば、すみやかに帰洛（きらく）して道をまたうせらるべし（専念されるのがよい）」と、再三いひければ、理に折れてぞのぼりける。

（『古今著聞集』）

＊1　源義光……源頼義（よりよし）の三男。笙（雅楽の管楽器）の演奏に長（た）けていた。
＊2　豊原時元……笛の名手。
＊3　時秋……豊原時元の子。
＊4　大食調入調……雅楽の六調子の一つ。
＊5　陸奥の守……陸奥は現在の青森・岩手・福島・秋田・宮城県の一部の旧国名。守は長官（役職）のこと。
＊6　義家朝臣……義光の兄。
＊7　永保年中……ここでは、永保三年（一〇八三年）の出来事を述べている。
＊8　武衡・家衡……清原（きよはらの）武衡・清原家衡。奥羽（おうう）（現在の東北地方の大半）で勢力を有していた。
＊9　兵衛の尉……朝廷の兵衛府の武官。
＊10　陣に弦袋をかけて……陣は兵衛府の詰め所、弦袋は掛け替え用の弓の弦を入れておく袋のこと。武官が使う弓の弦が入った袋を返還することで、辞意を示したとされている。
＊11　近江の国……現在の滋賀県辺り。
＊12　足柄の山……東海道沿いの神奈川県にある山。

問一　本文中に「　」（かぎかっこ）のついていない会話文が一箇所ある。その会話文の初めと終わりの組み合わせとして最適なものを後より一つ選び番号で答えなさい。

ない集団では本来個人の方が立場が上であるということを理解して、集団が決定したことに対して今回は従ってやるなどと都度考え、自分の意見を持つ習慣をつけることが大切だ。

問十一　傍線部９「生き延びる」と活用の種類が同じものを後から一つ選び番号で答えなさい。

１　言い切る　２　告げる　３　仰ぎ見る　４　決する

問十二　本文の内容と一致するものを後より一つ選び番号で答えなさい。

１　歴史を見直すと、理不尽な支配者を打ち砕くのは、弱い力しか持てない一人一人が協調して新しい制度を作ろうとしたときであり、協調もせずむやみに抵抗するのは無駄になる場合がある。

２　これまでにない非常事態にどう対応するかについて正しい答えを決めることはできず、さまざまな意見を組み合わせながらその時点で最良のものを選択する必要がある。

３　自分でどれだけ自由に決めることができるかという自由の度合いが個人によって差がある状態は、不公平さを生むものであり、差が開くのは理想的ではない。

４　非常事態が発生し、通常よりもさらに先が見通せなくなった状況においては、過去を切り離して未来のことだけを考えるというような図太さが必要である。

二、※問題に使用された作品の著作権者が二次使用の許可を出していないため、問題を掲載しておりません。

（出典：原田マハ『群青　The Color of life』）

三、次の文章は『古今著聞集』の一部である。これを読んで後の設問に答えなさい。

＊1源義光は＊2豊原時元が弟子なり。＊3時秋いまだをさなかりける時、時元はうせにければ、＊4大食調入調の曲をば時秋にはさづけず、義光にはたしかに教へたりけり。

＊5陸奥の守＊6義家朝臣、＊7永保年中に＊8武衡・家衡等を攻めける時、義光は京に候ひてかの合戦の事をつたへ聞きけり。いとまを1申してくだらんとしけるを（京から合戦の地へ行こうとしたが）、御ゆるしなかりければ、＊9兵衛の尉を辞し申して、陣に＊10弦袋をかけて（辞めると申し上げて、陣に弦袋を返して）馳せ下りけり。＊11近江の国鏡の宿につく日、花田のひとへ狩衣に襖（薄い藍色の公家の略服と略服用の袴を着用して）袴きて、引入烏帽子したる男（烏帽子を深くかぶった男が）、おくれじと馳せ来たるあり。あやしうおもひてみれば、豊原時秋なりけり。あれはいかに。なにしに来たりたるぞと問ひければ、2とかくの事はいはず、「ただ御供仕るべし」とばかりぞいひける。義光、「このたびの下向、物さわがしき事侍りて馳せ下るなり。ともなひ給はん事もつとも本意なれども、3このたびにおきてはしかるべからず」と、頻りにとどむるを聞かず、強ひて従ひ給ひけり。力およばでもろともに（一緒に）くだりて、つひに＊12足柄の山まで来にけり。かの山に

る部分が、実は「予想外のこと」を切り抜けるための「ツール」や「魔法」だった

2　浅い考えで「無駄だ」と見なされてきた部分が、実は「予想外のこと」が起きたときに対処できる「余白」や「伸びしろ」だった

3　短絡的な考えで「無駄だ」と決めつけられてきた部分が、実は「危機的状況」に陥ったときに人々の精神的な支えとなる「思いやり」や「温かさ」だった

4　一面的な見方で「合理的」「正しい態度」と思われてきた部分が、実は「危機的状況」にあたっては機能しない「余剰」や「切れ端」だった

問九　傍線部７「精神の自由」とは、ここではどのようなことか。その説明として最適なものを後より一つ選び番号で答えなさい。

1　社会のルールや立場が上の人の提示する条件の範囲から逸脱するかしないかは関係なく、個人が自分の能力を最大限活かすことを前提に、他人に委ねたり既存の知識やあり方にとらわれたりせず、自分で物事を考え決定して行動しようとすること。

2　社会的に責任を負う上の立場の人間が決めた条件の範囲ではなく、立場が弱い人たちのために定められた社会のルールの中で、個人が持っている能力を自分の望む場面で好きなように使うことを前提に、自分の関わる物事について考え、決定しようとすること。

3　社会のルールや特定の人間の提示する条件に基づくのではなく、個人が自分の能力を発揮できる範囲内で、物事を自分自身で考えて決定しながらも、自分の能力の及ばないことは他人に決定を委ねたり、放棄したりすることが許されること。

4　リーダーの定める条件や社会のルールに従うか従わないかは関係なく、個人が自分で物事を考えて、その能力を必要なところで思う存分発揮して、自分の行動やあり方を決定しながら、個人に我慢を強いている社会のあり方を積極的に変えようとすること。

問十　傍線部８「自由という道具を使いこなす能力を、自分で高めていくには、どうすればいいのでしょうか」とあるが、これに対する答えの説明として最適なものを後より一つ選び番号で答えなさい。

1　自由という道具を使いこなす能力を高めるには、自由と反対の状態とは、個人が自分の意思で判断できなくなった状態だけではなく、個人が集団にすべてを任せて自分の責任から逃れた状態も含まれることを理解して、集団にとって不利益にならない範囲で、ときには上の者の言動をいさめ、立ち向かっていくことが大切だ。

2　自由という道具を使いこなす能力を高めるには、集団の中で上の立場にある人の決めたことや命じることにただ付いていくのではなく、服従することによって維持される集団の秩序や安定と、それによって踏みにじられるものを理解し、納得できない仕打ちに対しては反抗も辞さないという意識を持ち続けることが大切だ。

3　自由という道具を使いこなす能力は、的確な判断を下す能力のない無能なリーダーに服従したり隷属したりしなければならない状況では高めづらいので、自らが独立した個人として自由に物事を考え、自身の能力を生かしてアイデアを出し合い、他人と対等にわたりあって、より良い答えを探していくことが大切だ。

4　自由という道具を使いこなす能力は、集団の決定にただ従い続けるだけでは高められるものではなく、個人が集まらなければ成立し

ていることに気付かず惨事を引き起こしてしまったこと。

問五　傍線部２「感染症の拡大という非常事態において、明らかになったこと」とあるが、これについて本文中で筆者が述べている具体的内容として不適当なものを後より一つ選び番号で答えなさい。

1　答えがわからない問題が発生したときは、「知性ベースの学び」によって、現状や先行きなど全体像をとらえて答えを見つけだすことが重要であること。

2　社会の中で他者と関わって直接顔を合わせたり目の前で何かを観戦したりするといった日常における個人の自由が、突然制限される可能性があること。

3　社会の変化や予期せぬ問題に現状一番ふさわしいと思われる解決策を実現するためには、必要なことを選択し、集中して力を入れ、新たな発案・発明をするのが大切だということ。

4　社会の中で重要な立場にいるリーダーの一部は、メディアを通して感染拡大に対応しているように見せかけているが、本当は対応するのに必要な知識や行動力を持ち合わせていないこと。

問六　本文中の［３］・［５］に共通して入る言葉として最適なものを後より一つ選び番号で答えなさい。

1　あらかじめ用意された「正解」

2　「いちばんましな答え」

3　物事を考える習慣

4　「対処するために必要な能力」

問七　傍線部４「世の中を飛び交う情報の中から、有用な情報を選別する『目』を持つこと」とあるが、これはどうすることか。その説明として最適なものを後より一つ選び番号で答えなさい。

1　ある情報について、一見したときの量の多さで、その情報が細部にまでこだわっていると決めつけず、同じような内容をくり返してバランスが悪くなっていないか、受け手にとって必要な内容がしっかりと含まれているかなどを確認し、本当にディテールにこだわっている情報なのかを把握できるようになること。

2　ある情報について、細部まで具体的で専門性があるように見えることに惑わされず、内容が全体に渡って丁寧に作られているかどうかを確かめた上で、情報の根拠となる事実の検証を行い、情報が特定の結論に至るために都合の良い部分だけに選別されている可能性なども考慮し、その情報の信用性を判断できるようになること。

3　ある情報について、その細部まで一つ一つ検討していくのではなく、現時点で自分が知っている事実と知らない事実を整理し、また、自分が対応している問題がどういったものなのかを客観的にとらえて、問題の答えにつながるような正確で適切な情報であるかどうかを判断できるようになること。

4　ある情報について、専門的に感じられる細かな情報に惑わされずに、それらの情報の発信元や想定されている受け手をとらえ、また、根拠として取り上げている事実の偏りの有無、誤解を生む編集がなされていないかなどを確認し、信頼できる情報かどうかを見抜けるようになること。

問八　本文中の［６］に入る言葉として最適なものを後より一つ選び番号で答えなさい。

1　いまの業績向上という観点では「合理的」「正しい態度」とされ

本が自由のない封ｃケン的な古い社会から近代的な自由と民主主義の国へと進む上で、大きな功績があった人物です。

その尾崎行雄は、こんな言葉を遺（のこ）しています。

「人生の過去は予備であり、本舞台は未来にあり」

これから先、日本と世界がどんな状況になっていくのか、正確なことは誰にも予測できません。けれども、自分の中でいろいろな能力を高め、知識だけでなく知性を高め、自由を使いこなす能力を高めていくことで、何があろうと乗り越えることのできる「図太さ」と「しぶとさ」を身に付けられるのでは、と思います。

皆さんのこれからの人生が、おもしろいものになるよう、祈っています。

（山崎雅弘『図太く、しぶとく、生きてゆけ』）

＊エスカレート……物事が段階的に拡大すること。

問一　二重傍線部ａ～ｃのカタカナの部分を漢字に改めたとき、同じ漢字を用いるものはどれか。後より選びそれぞれ番号で答えなさい。

ａ　一セイ　　１　セイ伐　　２　セイ火　　３　忠セイ　　４　セイ唱

ｂ　ショウ突　　１　水ショウ　　２　緩ショウ材　　３　ショウ励　　４　ショウ進

ｃ　封ケン的　　１　ケン約　　２　冒ケン　　３　大気ケン　　４　ケン築

問二　本文中の（ア）～（ウ）に入る語として最適なものを後より選びそれぞれ番号で答えなさい。

ア　１　ただし　　２　だから　　３　そして　　４　では

イ　１　また　　２　あるいは　　３　なお　　４　しかし

ウ　１　つまり　　２　けれども　　３　ただし　　４　例えば

問三　本文中には、次の部分が抜けている。これを入れる位置として最適なものを後より一つ選び番号で答えなさい。

もちろん、中には「この人なら服従してもかまわない」と思える、頼りになるリーダーも存在します。

１【Ａ】　２【Ｂ】　３【Ｃ】　４【Ｄ】

問四　傍線部１「そんな過去の失敗」とあるが、これはどのようなことを指しているか。その説明として最適なものを後より一つ選び番号で答えなさい。

１　情勢を把握する力のないリーダーが強気な姿勢で国を誤った方向へ導いていたとしても、多くの国民が表立って批判することなく受け入れる姿勢を示していることから、誰もリーダーを止めようとせず、結果として多くの犠牲を払うことになってしまったこと。

２　国を導くリーダーが自信を持って決定したことについては、国民は自分の命や重要な問題を自己決定する権利すらも国に委ねてしまいがちであり、それが多くの国民を戦争という意味のない争いへと駆り立ててたくさんの命を失わせる結果をもたらしたこと。

３　自らの政策の正しさを信じて強硬に物事を推し進めるリーダーを前にして、国民が恐れをなしてリーダーに疑問をぶつけたり反論したりすることもできなくなってリーダーの独裁を許した結果、国民の生存がおびやかされて主権すらも失う結末になったこと。

４　戦時中という非常事態であるにも関わらず、国民の意見を聞いたり専門家の意見や科学を裏付けにしたりすることもないままにリーダーが国の進むべき方向を決めてしまったことで、誤った選択をしてほしい、と投げ出してしまいたくなることです。そうならないために、自由という道具を使いこなす能力を、自分で少しずつみがいていかなくてはなりません。

では、8<u>自由という道具を使いこなす能力を、自分で高めていくには、どうすればいいのでしょうか</u>。

その答えを知るには、自由の「反対語」は何だろう、と考えてみることが必要です。

国語的には「不自由」というのが正解になるのでしょうが、概念、つまり考え方の意味から考えると、例えば「服従」や「隷属」などの言葉が思い浮かびます。

上の偉い人に服従すれば、自由がない反面、自分で物事を決めたり責任を取ったりしなくて済む、という「楽な面」もあります。そのため、ボクは自由がなくてもいいや、上の偉い人に服従して、強い集団の一員になるよ、という道を選ぶ人もいるでしょう。

けれども、今回の非常事態が教えているのは、もし集団の全員が従うリーダーが、的確な判断を下す能力のない「無能」なら、集団全体はどうなるのか、ということです。【Ａ】

それを考えれば、集団が非常事態を9<u>生き延びる</u>ために最良の形態は、一人一人が独立した個人として自由に物事を考え、それぞれの持つ能力を活(い)かしてアイデアを出し合い、みんなで対等に「いちばんましな答え」を探し出すことだろうと思います。【Ｂ】

実際の生活では、学校や社会のいろいろな集団の中で、服従という態度をとらざるを得ない場合は多いでしょう。それによって保たれる、秩序や安定も大事です。しかし、子どもの頃からずっと、親や教師などの「上の偉い人」に服従した経験しかなければ、大人になってからも「誰かに服従することしかできない人間」になってしまいます。

そうならないためには何が必要か。上の偉い人に服従するたびに、心の中でそれに「反抗」する気持ちを持っておくことです。偉いとされる上の人に従順に服従するのでなく、心の中で反抗しながら「今回は服従してやる」という意識を持つことです。

こういう考え方を習慣にできると、上の偉い人の横暴な態度が＊エスカレートした時に、「今までは服従してやったけど、これ以上は従えない、もう限界だ」と自分の頭で判断して、心の中でなく実際の言葉と行動で、上の偉い人に反抗できます。

【Ｃ】世界の歴史は、こうした反抗の積み重ねで進歩してきました。一人一人は弱い力しか持たなくても、反抗という考え方が心の中にあれば、それをみんなでつなぎ合わせて大きな力に変え、王様などの「支配者」による理不尽な横暴を打ち砕くことができます。かつては地球上のあちこちで制度化されていた「奴隷」が、今では姿を消し、国際社会の常識は、一人一人が持つ人間としてのいろいろな権利＝人権を大切にする方向へと変わってきました。

【Ｄ】信頼できるリーダーの条件とは、例えば「他人に責任を押し付けない」とか「うそをつかない」、あるいは「自分だけ良い境遇になろうとしない」などが考えられますが、どんなリーダーなら自分が「服従してやってもいい」と思えるか、皆さんもそれぞれの基準を考えてみてください。

最後に、尾崎行雄(おざきゆきお)という政治家の言葉をご紹介して、私の原稿の締めくくりとします。彼の名前を初めて知る人も多いかもしれませんが、日本来持つ想像力を羽ばたかせる必要があります。

そしてもう一つ、大切なことは、長い時間軸で物事を考える習慣をつけることです。

最近の日本では「無駄を省く」や「合理化」など、無駄に思える部分を切り捨てるのが「正しい態度」であるかのような思い込みが、いろんな分野で常識になっています。

けれども、一見すると賢いように見える、そんな単純な考え方は、非常事態にはまったく逆効果になってしまう場合があると、今ではあちこちで判明しています。

（　ウ　）、都道府県と市町村で、同じような仕事をする保健所や医療機関がだぶっているのは「無駄だ」と決めつけて、統合や廃止を進めてきた地域では、感染の拡大という予想外の展開に対処できず、医療体制が危機的な状況に陥っています。

この事例が教えるのは、［６］という事実です。

物事を、昨日、今日、明日、という短い時間軸で考えてしまうと、今すぐに役に立たないものは「無駄だから捨てよう」という早まった結論になりがちです。けれども、３ヵ月後、１年後、５年後、10年後という長い時間軸で考えてみれば、今すぐに役に立たないものでも、いざという時に何かの役に立つかもしれない、という事実に目が向きます。

会社の経営者などが口にする「選択と集中」という言葉も、短い時間軸で物事を考えるパターンのひとつです。

いま好成績を上げている分野に、人やお金を集中して注ぎ込む、という考え方は、短期的な業績の向上には結びつくでしょう。けれども、長い時間軸で見れば、集中されずに捨てられた分野の重要度が急に上がったりすると、社会の変化や予期せぬ非常事態に対応できず、結果としてマイナスの効果をもたらす可能性もあります。

情報の真贋（しんがん）（本当とうそ）や信憑性を自分で判断・選別する「目」を持ち、あらかじめ用意された「正解」の知識に頼りすぎず、長い時間軸で物事を考える習慣が身に付くと、日々の生活においても、少しずつ「７精神の自由」を獲得できるはずです。

自由というのは、上の偉い人が、いくつかの条件の範囲内で、下の者に与えてくれるものだ、という風に理解している人がいるかもしれませんが、そうではありません。

人間は本来、自由に考え、自由に行動する権利を持っています。社会のルールは、各人の自由と自由がｂショウ突した時に、弱い方の人が痛みを感じたり、我慢を強（し）いられたりしないように作られたものですが、先にあるのは自由であって、ルールではありません。

ただし、自由の度合いが大きければ大きいほど、すべての人にとって良いかと言えば、それもまた正しくありません。一人一人にとっての最適な「自由の大きさ」は、その人が持っている「自由を使いこなす能力」に対応しています。

旅慣れた人なら、旅行先で「一日、自由に過ごして下さい」と言われたら、自分で情報を集めて計画を立て、満足できる時間を過ごせるでしょう。けれども、あまり旅慣れていない人なら、自分で内容を自由に決めるという意味での「自由度」が少なくてもいいから、失敗しない計画を誰かに決めてもらえたら、と思うでしょう。

おそろしいのは、自分の能力以上の自由を与えられた時、人はそのストレスに疲れて、自由を手放してもいいから、上の偉い人に物事を決め方」や「対処するために必要な能力の高め方」を教えてくれる先生は、あまりいないと思います。

それどころか、自分が「答えを知らない」という事実を生徒の前で正直に認める先生に巡り会えれば、かなり幸運だと言えるでしょう。自分が生徒になめられることを恐れて、「本当はどうしていいかわからないのに、それを知っているようなフリをする」という態度をとる先生が多いのが現実です。

しかし、まだ答えがない問題への対処については、先生と生徒の立場は対等です。生徒の方が、先生よりも先に、現時点でいちばん良い答えを見つけられる可能性があります。そのためには、「誰も正解を知らない問題で、どんな風にして答えを探すか」という能力を、自分で高めておかなくてはなりません。

そんな、学校では教えてくれない「能力」を、どうやって高めるか。

ここでは、私の経験に基づいて、いくつかヒントを提示します。

まず、4世の中を飛び交う情報の中から、有用な情報を選別する「目」を持つこと。

ネット上を眺めると、ある問題について、一見すると専門的に見える、ディテール（細部）の情報をすぐに見つけることができます。しかし、ここで注意しなくてはならないのは「細かい情報ほど正しい」というわけではない、という事実です。

細々とした情報がたくさん並んでいれば、それをそのまま鵜呑(うの)みにして信じそうになりますが、そこでいったん立ち止まって「どこからどこに向けて発せられた情報なのか」や「事実の裏付けはバランスよくなされているか（特定の結論に誘導するために都合のいい事実だけを根拠にしていないか）」、「全体の一部分だけを切り取った情報ではないか」などの「信憑性(しんぴょうせい)（どの程度信用できるか）」を、確認する必要があります。

それは、食べ物を口に入れる前に「どこで作られた食品か」や「どんな原料が含まれているか」、「腐ったり有害物質が混じったりしていないか」を確認するのと同じです。

（　イ　）、日本国内だけに目を向けるのでなく、よその国がその問題にどう対処しているのかという点にも、視線を向けることが有用です。

新型コロナウイルスへの対応では、韓国や台湾、中国などで「安全に素早く行える新しい検査方法」や「マスク不足にならないようにする販売システム」、「無人で消毒や料理の提供を行える機械」などが次々と発案・発明されました。そんな光景を見て、日本人が韓国や台湾、中国の人々から学ぶべきことは、上の偉い人の許可を待ってから何かを作るのでなく、まず自分が「よいアイデアだ」と思うことを具体的な形にする姿勢です。

それが「正解」かどうかは、作って具体的な形にしてから、評価を待つのです。

［５］を、たくさん覚えることが「優秀」だというのは、いわば「知識ベースの勉強」です。しかし非常事態に対処するには、そんな勉強だけでは限界があります。そこで力を発揮するのが、物事をいろいろな角度から観察し、今までに知った事実と組み合わせて、全体の構造を考えるという「知性ベースの学び」です。

非常事態に「いちばんましな答え」を探し出し、それを実現するために、今までなかったものを発案・発明する。そのためには、「知識」だけでなく「知性」を高め、上の偉い人に怒られることを恐れずに、人が

【国　語】（五〇分）〈満点：一〇〇点〉

一、次の文章を読んで、後の設問に答えなさい。

新型コロナウイルスの感染拡大という、誰も予想しなかった出来事は、私たちが住む社会が「当たり前」だと信じていたことが、実はそうではなかったことを教えました。

飲食店で友だちとワイワイ騒いだり、スポーツをしたり試合を観（み）に行ったり、お盆に帰省して久し振りにおじいちゃんやおばあちゃんに会ったり、いつでも好きな時にできると思っていたことが、いきなりできなくなってしまう。

（　ア　）、社会のリーダーとして、大事な物事を決定してきた総理大臣や一部の都道府県の知事が、感染症の拡大という非常事態にきちんと対応する能力を備えていないことも、その発言と行動によって明らかになりました。新聞やテレビが創り出す「立派なリーダーのイメージ」とは裏腹に、彼ら彼女らは「本当はどうしていいかわからないのに、それを知っているようなフリをする」能力に長（た）けていただけでした。

学校の一 a セイ休校という決定（２０２０年２月27日）も、アベノマスクと呼ばれる小さい布マスクの全戸配付の決定（４月１日）も、専門家の助言や科学的根拠に基づくものではありませんでした。東京都庁やレインボーブリッジを赤くライトアップした「東京アラート」も、うがい薬で「コロナに打ち勝てる」という少し考えれば誰でもおかしいと気づくような説明も、科学的根拠の裏付けがない「メディア向けのアピール」でした。

山登りをしている時、実は地図を読む力がないとみんなに知られているリーダーが「この道が正しい、俺はわかっている」と自信満々に言った時、あなたはどうしますか？

日本人はこういう時、まずみんなの顔色をうかがいます。そして、みんながそのリーダーに従うそぶりを見せれば、自分もまるで最初からそうするつもりだったかのような顔で、リーダーの言うことに従って付いていく。付和雷同、と呼ばれる態度です。

けれども、私たちの国はかつて、このやり方で大失敗したことがあります。

自信満々で「これが国民全員が進むべき、正しい道なのだ」と断言するリーダーたちの言うことに従って、ある方向にみんなで歩いた結果、大勢の人が戦争で死に、生き残った人も心や身体に傷を負い、家が焼かれて、日本は国としての主権（重要な問題を自分たちで決める権利）を７年間も失いました。

私たちは、1そんな過去の失敗を参考にできるという恵まれた境遇にいます。それを「教材」として有効に活用しなければ、何度でも、同じ失敗を繰り返すことになります。

2感染症の拡大という非常事態において、明らかになったことは他にもあります。

それは「誰も正解を知らない問題で、どんな風にして答えを探すか」ということの重要性です。

学校のテストと違い、予期せぬ非常事態には、［ 3 ］はありません。みんなで意見を交換しながら、いちばんましな答えを探していきます。

学校の先生は、すでに正解がある問題については効率よく教えてくれますが、答えのない問題、まだ誰も答えを知らない問題への「対処の仕

大切なことはメモしておこうネ！

前期1月17日

2022年度

解　答　と　解　説

《2022年度の配点は解答欄に掲載してあります。》

＜数学解答＞ 《学校からの正答の発表はありません。》

1 (1) ア 1 イ 4 (2) ア 4 イ 8 (3) ア 7 イ 6
(4) ア 7 (5) ア 5 (6) ア 3 イ 2

2 (1) ① ア 3 ② イ 1 ウ 0 エ 1 オ 1
(2) ① ア 7 ② イ 1 ウ 5

3 (1) ア 6 イ 1 ウ 8 (2) エ 6 オ 4
(3) カ 3 キ 1 ク 2

4 (1) ア 2 イ 3 (2) ウ 4 エ 2 オ 1 カ 7
(3) キ 6 ク 3 ケ 7

5 (1) ア 4 (2) イ 2 ウ 5 (3) エ 1 オ 0 カ 5

○推定配点○

1～4(1) 各5点×14　4(2)～5 各6点×5　計100点

＜数学解説＞

1 (平方根，連立方程式，2次方程式，関数，数の性質，平面図形)

基本 (1) $(\sqrt{24}-\sqrt{80})(\sqrt{5}+\sqrt{3}\div\sqrt{2})=(2\sqrt{6}-4\sqrt{5})\left(\sqrt{5}+\dfrac{\sqrt{6}}{2}\right)=2\sqrt{30}+6-20-2\sqrt{30}=-14$

基本 (2) $ax-by=16$，$(a+b)x+(a-b)y=44$にそれぞれ$x=-2$，$y=3$を代入して，$-2a-3b=16$…① $-2(a+b)+3(a-b)=44$ $a-5b=44$…② ①＋②×2より，$-13b=104$ $b=-8$ これを②に代入して，$a-5\times(-8)=44$ $a=4$

基本 (3) $2x^2-x-21=0$ 解の公式を用いて，$x=\dfrac{-(-1)\pm\sqrt{(-1)^2-4\times2\times(-21)}}{2\times2}=\dfrac{1\pm13}{4}=\dfrac{7}{2}$，$-3$ よって，$\dfrac{m}{n}=\dfrac{7}{2}\div(-3)=-\dfrac{7}{6}$

(4) 最小値が$y=0$より，$a>0$ よって，$x=-a-2=-(a+2)$のとき，最大値$y=27$となる。$27=\dfrac{1}{3}\times\{-(a+2)\}^2$ $(a+2)^2=81$ $a+2=\pm9$ $a=-2\pm9=7$，-11 $a>0$より，$a=7$

重要 (5) 題意より，$2n-1$は奇数の2乗である。よって，$2n-1=1^2$，3^2，5^2，7^2，9^2より，$n=1$，5，13，25，41の5個。

重要 (6) 平行線と比の定理より，DG：BC＝AD：AB＝2：(2＋3)＝2：5 よって，DG＝$\dfrac{2}{5}$BC BE：EC＝2：1より，BE＝$\dfrac{2}{2+1}$BC＝$\dfrac{2}{3}$BC 四角形DBEFは平行四辺形だから，DF＝BE よって，DG：GF＝$\dfrac{2}{5}$BC：$\left(\dfrac{2}{3}\text{BC}-\dfrac{2}{5}\text{BC}\right)=\dfrac{2}{5}:\dfrac{4}{15}=3:2$

2 (文字と式，資料の整理)

(1) aを整数として，$m=3a+1$，$n=3a+2$と表せるから，$P=mn=(3a+1)(3a+2)=9a^2+9a+2$，$Q=m^2+n^2=(3a+1)^2+(3a+2)^2=9a^2+6a+1+9a^2+12a+4=18a^2+18a+5$より，$Q-P=(18a^2+18a+5)-(9a^2+9a+2)=9a^2+9a+3$

基本 ① $Q-P=9a^2+9a+3=9(a^2+a)+3$より，Q－Pの値を9でわって商を整数で求めたときの余りは3となる。

② $Q-P=9a^2+9a+3=9a(a+1)+3$より，Q－Pの値が3けたの整数で最小となるのは，$a=3$のときで，$9\times3\times4+3=111$　よって，$m=3\times3+1=10$，$n=3\times3+2=11$

(2) 得点を小さい順に並べたとき，第1四分位数は10番目と11番目の得点の平均値，中央値は20番目と21番目の得点の平均値，第3四分位数は30番目と31番目の得点の平均値となる。

① 第1四分位数が5点だから，10番目の得点は4点，11番目の得点は6点である。0点の生徒はいないで，2点の生徒は3人だから，4点の生徒は10－3＝7(人)

② 8点の生徒をx人とすると，6点の生徒は$(x-4)$人と表せる。人数の合計について，$3+7+(x-4)+x+4=40$　$2x=30$　$x=15$(人)

3 (図形と関数・グラフの融合問題)

重要 (1) C(4，8)より，直線BCの傾きは，$\frac{8-2}{4-(-2)}=1$　AD//BCより，直線ADの式を$y=x+b$とすると，点Aを通るから，$8=-4+b$　$b=12$　よって，$y=x+12$　これと$y=\frac{1}{2}x^2$からyを消去して，$\frac{1}{2}x^2=x+12$　$x^2-2x-24=0$　$(x+4)(x-6)=0$　$x=-4,\ 6$　$y=x+12$に$x=6$を代入して，$y=18$　よって，D(6，18)

基本 (2) 台形ABCDの面積は，△ABCと△ACDの面積の和に等しい。$AC=4-(-4)=8$より，$\frac{1}{2}\times8\times(8-2)+\frac{1}{2}\times8\times(18-8)=24+40=64$

重要 (3) 点Eを通り台形ABCDの面積を2等分する直線と線分BCとの交点をFとする。$AD:BC=\{6-(-4)\}:\{4-(-2)\}=10:6$，$AE:ED=\{0-(-4)\}:(6-0)=4:6$より，$BF:FC=4:2$とすれば，$(AE+BF):(ED+FC)=(4+4):(6+2)=1:1$より，四角形ABFEと四角形EFCDの面積が等しく題意を満たす。F$(x,\ y)$とすると，$BF:FC=\{x-(-2)\}:(4-x)=(y-2):(8-y)=2:1$　よって，$x+2=2(4-x)$より，$3x=6$　$x=2$　$y-2=2(8-y)$より，$3y=18$　$y=6$　したがって，F(2，6)　直線EFの式を$y=ax+12$とすると，点Fを通るから，$6=2a+12$　$2a=-6$　$a=-3$　よって，$y=-3x+12$

4 (平面図形の計量)

基本 (1) OB＝OCより，$\angle OBC=\frac{1}{2}\angle AOC=30°$　OからBCにひいた垂線をOHとすると，$CH=BH=\frac{\sqrt{3}}{2}OB=\frac{\sqrt{3}}{2}\times\frac{4}{2}=\sqrt{3}$　よって，$BC=2BH=2\sqrt{3}$(cm)

重要 (2) ABは直径だから，$\angle AEB=90°$　よって，点Bと直線ADとの距離は線分BEの長さに等しい。△BCDにおいて，$\angle BCD=\angle OBC=30°$，$\angle CBD=30°+90°=120°$だから，$\angle BDC=180°-30°-120°=30°$　よって，$BD=BC=2\sqrt{3}$　△ABDに三平方の定理を用いて，$AD=\sqrt{4^2+(2\sqrt{3})^2}=2\sqrt{7}$　$\triangle ABD=\frac{1}{2}\times AB\times BD=\frac{1}{2}\times AD\times BE$　したがって，$BE=\frac{4\times2\sqrt{3}}{2\sqrt{7}}=\frac{4\sqrt{21}}{7}$(cm)

重要 (3) 2組の角がそれぞれ等しいから，△ABE∽△BDE　相似比は$AB:BD=2:\sqrt{3}$より，面積比は$2^2:(\sqrt{3})^2=4:3$　よって，AE：ED＝△ABE：△BDE＝4：3　したがって，△ODE＝

$\frac{3}{4+3}\triangle OAD=\frac{3}{7}\times\frac{1}{2}\times 2\times 2\sqrt{3}=\frac{6\sqrt{3}}{7}(cm^2)$

5 (空間図形の計量)

基本 (1) $\triangle PEF$に三平方の定理を用いて, $PE=\sqrt{PF^2-EF^2}=\sqrt{10^2-8^2}=6$ よって, $AP=10-6=4(cm)$

基本 (2) $FG\perp$(平面AEFB)だから, $FG\perp PF$ よって, $\triangle PFG=\frac{1}{2}\times PF\times FG=\frac{1}{2}\times 10\times 5=25(cm^2)$

重要 (3) $GB=GP=\sqrt{5^2+10^2}=5\sqrt{5}$ $BP=\sqrt{AF^2+AB^2}=\sqrt{4^2+8^2}=4\sqrt{5}$ 点GよりBPに引いた垂線をGIとすると, $BI=\frac{1}{2}BP=2\sqrt{5}$ よって, $GI=\sqrt{GB^2-BI^2}=\sqrt{(5\sqrt{5})^2-(2\sqrt{5})^2}=\sqrt{105}(cm)$

★ワンポイントアドバイス★

昨年と出題構成は同じで, 関数, 図形分野も取り組みやすい内容である。できるところからミスのないように解いていこう。

＜英語解答＞ 《学校からの正答の発表はありません。》

【1】 リスニング問題解答省略

【2】 問1 ③ 問2 ② 問3 ④ 問4 ③ 問5 ① 問6 ④ 問7 ②
問8 (1) ④ (2) ③

【3】 問1 (1) ② (2) ④ (3) ① (4) ③ (5) ④ 問2 ②, ④, ⑧

【4】 (1) ② (2) ④ (3) ① (4) ③ (5) ④

【5】 (1) 1 ③ 2 ⑦ (2) 3 ② 4 ⑤ (3) 5 ③ 6 ①
(4) 7 ④ 8 ⑧ (5) 9 ⑥ 10 ⑧ (6) 11 ⑦ 12 ⑥

【6】 (1) ② (2) ⑤ (3) ③ (4) ① (5) ③ (6) ②

○推定配点○

【1】 各2点×5 【2】 問1 2点 他 各3点×8 【3】・【5】 各3点×14(【5】は各完答)
【4】・【6】 各2点×11 計100点

＜英語解説＞

【1】 リスニング問題解説省略。

【2】 (長文読解問題・紹介文：語句補充・選択, 文整序, 脱文補充, 内容一致, 英問英答, 内容吟味)

(全訳) なぜ日本人は平均して他のほとんどの国の人々よりも健康なのか, 考えたことがあるだろうか。例えば, ある研究によるとアメリカのおよそ30%の人々が非常に太りすぎなのに対し, 日本の人口のわずか3-4%が非常に太りすぎである。また日本人は平均してとても長生きだ。

何がそれほど違っているのか。それは遺伝的な特徴か, 文化, 生活様式, それとも別のものか。私はこれらのものが合わさったものだろうと思うが, 主に生活様式だろう。生活様式には食事や毎日の活動が含まれる。比較することができるものはたくさんあるが, 最も重要ないくつかのものについて見てみよう。

まず, 平均的なアメリカ人の若い成人と平均的な日本人の若い成人の食事の違いについて考えてみよう。朝食にアメリカ人は牛乳をかけたシリアル, オレンジジュース, トーストを食べるかもしれない。もし豪華な朝食なら卵とベーコンも食べるかもしれない。最近は日本人も朝食にパンを頻繁に食べるが，彼らの多くはオレンジジュースを飲まない。彼らはお茶かコーヒーを飲む。味噌汁とご飯は今でも非常に一般的な朝食だ。アメリカと日本の朝食はともに健康的かもしれないが，アメリカの朝食はしばしば糖分が多すぎる。フルーツジュースはおいしく，栄養もたくさんあるが，糖分も多い。シリアルとパンも糖分が多い。もちろん，平均的なアメリカの朝食は，多くの人が1日の他の時に食べたり飲んだりする様々な食品ほど(1)悪くない。

「平均的な」昼食と夕食のメニューを比較することは種類がずっと多いために難しいので，代わりに飲み物について考えよう。多くの人が，日本人の健康の秘訣の1つはお茶，特に緑茶だと確信している。多くの日本人は1日に数回緑茶を飲むようだ。それはカロリーがなく，健康に良いものをたくさん含む。ますます多くのアメリカ人が緑茶を飲み始めているが，アメリカには非常に人気があり，健康に大変悪い飲み物がある。炭酸飲料だ。甘い炭酸飲料は飴のようだ。これらの飲み物はおいしくて，含まれる糖分やカロリーについて考えることなく頻繁に飲んでしまう。それがアメリカの健康問題である肥満の最大の理由の1つだと多くの人が確信している。もしアメリカでみんなが(2)甘い炭酸飲料の代わりに緑茶を飲めば，彼らはもっと健康になるのに！

食べ物については，日本の食品は多くの魚と野菜を含み，パンが少ないので，概して健康的だと言えるが，それは変わっていくかもしれない。日本人もたくさんの肉や揚げ物を食べ，伝統的で健康的な日本の食事は人気がなくなっているようだ。しかしそれでも大きな違いが1つある。1人分の量だ。日本の1人分の量は少ないので，人々は子供の頃から毎回の食事の時に食べる量が少ない。また，彼らはゆっくりと食べる。そのため，彼らは食べ物を消化でき満腹だと感じるため(3)食べ過ぎることがない。日本における毎日のカロリー摂取量の平均はアメリカよりずっと少なく，これが大きな理由の1つだ。

さらに，日本の健康にとって非常に大切なことは毎日の運動である。(4)ウ多くのアメリカ人はたとえ最も近い店に行くだけでも，どこへでも車で行く。アしかし日本では多くの人が普段は歩いたり，自転車に乗ったり，バスや電車に乗る。エジョギングや水泳などの運動を定期的にやらなくても，日本人は毎日仕事や学校に行くだけで十分な運動をしているのだ。イ歩くことは考えることなくいつもしている非常に簡単なことだ。しかし，実は毎日たくさん歩くことは健康にとても良い。

最後に，私たちにとって長時間座っていることは良くない。少なくとも1時間に1回は立ち上がって歩き回るべきだ。最近は多くの人がスマートウォッチを身につけている。これらのスマートウォッチは，私たちが長時間座っていると，立ち上がって歩きまわるよう，私たちに知らせることができる。④これは人によってはとても便利である。また，立ち机もとても人気になっている。それらは仕事中に立っていることができる机だ。一日中机のところに座っている多くの人が快適に感じて仕事を一生懸命にしているとしても，それは健康に良くないのだ。立ち机を使うことは仕事を終わらせ，かつ健康的であることを同時に可能にする。

考えることは他にもたくさんあるが，私たちはみな，もっとカロリーを減らして飲み，1人分の量を減らして食べ，立ち上がってもっと歩き回るべきだ。これらの(5)簡単なことを行えば，もっと健康になるだろう。

やや難 問1 ①の直後の文に「アメリカと日本の食事は両方とも健康的」とあることに着目する。アメリカの朝食は糖分が多いが健康的で，1日の他の時に食べる食品，つまり昼食や夕食ほどは「悪くない」という文になる。

問2 全訳下線部参照。instead of ～「～の代わりに」

問3 feel full「満腹だと感じる」ので don't eat too much「あまり多くは食べない」となる。

問4 全訳下線部参照。

問5 食事に気を付けて歩く，ということは日常的であり simple「簡単な」ことである。

問6　全訳下線部参照。この文の This は「スマートウォッチが立って歩くことを知らせること」を指す。

問7　①「平均して,日本の人口のわずか3-4%が他の国の人々よりずっと長く生きる」(×)　②「日本とアメリカの生活様式には様々な違いがある」(○)　③「日本の食事は健康的だ，なぜなら日本人全員が食事の時に緑茶を飲むからだ」(×)　④「短時間であっても，机のところに座って一生懸命に仕事をするのは私たちに良くない」(×)

問8　(1)「平均的な日本とアメリカの若い成人の食事について,当てはまらないのは何か」④「日本人は，緑茶に含まれる糖分やカロリーについて考えずに緑茶を飲む」(2)「私たち日本人はもっと健康的になりたければ何をするべきか」③「私たちは1回分の食事を少なくし，伝統的で健康的な日本食を食べるべきだ」

【3】 (長文読解問題・エッセイ：英問英答，文補充・選択，内容吟味，内容一致)

(全訳)　友達はとても大切だと誰もが知っている。人はよく学校や職場で友達を作るが，時には思いがけない場所で友達を作ることがある。

何年も前，私はキャンプ旅行に行く計画を立てていた。それは日本のある島に行くものだった。私はフェリーと電車に乗ってキャンプ場に行き，何人かの友達と，日本の別の場所から来た初対面の人たちに会うことになっていた。私はとてもわくわくしていた。私の日本語はまだあまり上手ではなかったが，うまくやっていくのに十分なくらいのコミュニケーションはできた。

私がフェリーと電車のスケジュールを組み立てる準備をしていた時，知らない人から電話がかかってきた。彼女の名前はパティだった。彼女もそのキャンプグループに参加する予定だったが，(1)彼女は日本語が全く話せなかった。彼女は正しい場所に到着したかったので，私と一緒に旅行をしたがっていた。私は喜んで手伝うことにし，私は自分の日本語のコミュニケーション能力を使って誰かの役に立つことができるのを少し誇らしく感じた。そこで私は旅行の全体の計画を立て，彼女が一緒に加わることに同意した。

私はフェリーのチケットを2枚買い，フェリーポートの近くで夜遅くに電車に乗る計画を立てた。電車はとても時間がかかると思ったが，それは私たちをそのキャンプ場の近くまで連れて行ってくれる。パティに電話すると，彼女はフェリーポートで私と会うと言った。すべてがうまくいっていた。私はかばんに服や本，キャンプ場でみんなと遊ぶゲームも入れた。私はフェリーや電車，そして日本の初めての場所を見ることを楽しみにしていた。そして私は道中に新しい友達を作ることを楽しみにしていた。でも物事は計画通りには行かなかった。

ついにパティに会った時，(2)私はすこし驚いた。私にとって彼女と仲良くするのは難しかった。私は，彼女の服は変だとさえ思った。彼女は良い人だったが，私たちの性格はあまりにも違っていた。また，私たちは二人とも英語を話すが，違う国の出身で，私にとって彼女のアクセントを理解するのはときどき難しかった。私たちは言い争うことはあまりなかったが，一緒に旅行して楽しいとは思わなかった。もちろん私たちは二人ともフェリーポートに到着して喜んだ，なぜなら電車で寝ることになっていたからだ。

不運にもフェリーポートから電車の駅までの移動は私が思ったよりも時間がかかった。タクシーでようやく到着した時には，私たちの電車は駅を出るところだった。それはその晩の終電だった。私は自分自身に腹を立て，パティが動揺しているのもわかった。私はとても申し訳なく思い，彼女に何度も謝った。

パティと私は次の電車までおよそ5，6時間も待たなくてはならなかった。私たちはホテル代に大金を費やす代わりに24時間営業のレストランに行くことにした。私はその6時間を快く思わなかったが，待たなくてはならないとわかっていた。「私が注意深く計画を立てなかったからこんなことになったんだ」と私は思い，いやな気持ちになった。しかし私は前向きになろうとした，なぜならこれ以上パティを動揺させたくなかったからだ。

パティと私がレストランに入ると，状況はすぐに良くなった。若者グループがいて，彼らは私たちにとても親切だった。彼らは英語も話した！　パティは本当にうれしそうだった。彼らのうち何人かがパティと話し，何人かが私と話した。しばらくすると彼女はとても眠くなり，腕に頭をのせてテーブルで寝てしまった。私たちはみな，彼女を寝かせておくことにした。

その後，私は引き続き新しい友達たちとの時間を楽しんだ。私たちは仕事や学校，旅行の経験などについて話した。時間はすぐに過ぎた。電車に乗る時間になると，私たちはパティに起きるように言い，コーヒーを飲み，そのグループに別れを告げた。パティは私に対してもはや腹を立てておらず，私は彼女のことを少し理解するようになっていた。私たちは少し遅れたが何の問題もなくキャンプ場に到着し，素晴らしい週末を過ごした。

これらのことはすべて，20年前のある夜に起きたことだ。私はレストランにいた人たちの1人と仲良くなった。彼女の名前はハルミで，私たちは今でも連絡を取り合っている！　私はキャンプ旅行の数年後に，彼女の結婚式にさえ行ったのだ。そして最近，夫と私はハワイにいるハルミの家族を訪問した。「私が自分とパティの旅行の計画で大きなミスをしたから，私はハルミと出会った」と私は思っている。だからいま私は，あのミスをしてうれしいと言える！　ミスが幸運になることもあるのだ！　次回あなたがミスをしたら，そのことを思い出してみてほしい。

問1　(1)・(2)「空所に入れるのに最適なものはどれか」全訳下線部参照。　(3)「キャンプ旅行の前にパティが助けを求めてきた時，筆者はなぜうれしかったのか」①「自分の言語能力を通じてパティを手助けできることが誇らしかったから」(4)「筆者はどのようにしてキャンプ場へ行ったか」③「彼女はフェリー，タクシー，そして電車に乗った」(5)「筆者が夜にいやな気分になった後，何が状況を変えたか」④「レストランで何人かの若い人たちと話したこと」

やや難　問2　①「筆者の日本語には何も問題がなく，彼女はとても上手にコミュニケーションできた」(×)　②「筆者はパティに会う前はすべてがうまくいっていると思ったが，その後いくつかのことがうまく行かなかった」(○)　③「フェリーを降りてからパティは筆者にフェリーポートで会った」(×)　④「筆者とパティは電車に乗ることを楽しみにしていた，なぜなら彼女たちはそこで寝るつもりだったからだ」(○)　⑤「筆者は電車の時間を間違えて，電車に乗ることができなかった」(×)　⑥「筆者はフェリーポートで何度も謝ったが，パティはキャンプ場に着いた時もまだ怒っていた」(×)　⑦「筆者とパティは少し遅れたためキャンプを楽しまなかった」(×)　⑧「筆者はキャンプ場に行く途中にハルミと出会うことができたのでミスをしたことを喜んでいる」(○)

基本 **【4】(語句補充・選択：熟語，比較，不定詞，前置詞，時制)**

(1)「私たちは毎週，お年寄りが部屋の掃除をするのを手伝う」< help ＋人＋動詞の原形>「(人)が～するのを手伝う」

(2)「彼の家はあなたの家の2倍の大きさだ」twice as … as ～「～の2倍…」

(3)「その少年は話し相手の仲の良い友達がいない」talk with friends「友達と話す」→ friends to talk with「一緒に話すための友達」

(4)「私は午後8時まで英語を勉強し続けるつもりだ」until ～「～までずっと」

(5)「もし明日晴れたら，私は友達と釣りに行くつもりだ」時や条件を表す副詞節中では未来のことでも現在形で表す。

重要 **【5】(語句整序：間接疑問，受動態，接続詞，不定詞，熟語，関係代名詞，現在完了，進行形，比較)**

(1)　(Do you remember) how many times <u>you</u> were <u>told</u> to (do your homework today ?)

remember の後ろに間接疑問＜疑問詞＋主語＋動詞＞を置く。＜主語＋動詞＞の部分は受動態< be 動詞＋過去分詞>で「言われた」を表す。② did は不要。

(2) (I'm) afraid that I don't know what to (do next.) I'm afraid that ～「残念だが～だと思う」 < what to ＋動詞の原形>「何を～するべきか」 ⑥ of は不要。

(3) (My sisters) cried because of the earthquake that happened this (morning.) because of ～「～が原因で」 that は主格の関係代名詞。⑦ for は不要。

(4) (Why) don't you meet me in front of (the library in two hours ?) Why don't you ～ ?「～したらどうですか」「待ち合わせる」は meet me「私に会う」と表す。in front of ～「～の前で」 ⑥ at は不要。

(5) (How) long have you been learning swimming from (the coach ?) 現在完了進行形の文。How long ～ は期間を尋ねる疑問詞。③ learned は不要。

(6) (That is) the second tallest tower that I have ever (seen.) < the ＋序数詞＋最上級>「～番目に…な」 that は目的格の関係代名詞。④ taller は不要。

やや難 **【6】 (正誤問題：過去分詞，前置詞，仮定法，受動態，時制)**

(1) 「最近，私は誕生日に祖父からもらったペンをなくした」 ②を the pen given to meとする。＜もの＋ given to ＋人＞「(人)に与えられた(もの)」

(2) 「もし私があなただったら，大切なことを学ぶために多くの国に行って大勢の人に会うだろう」 仮定法過去の文。誤りなし。

(3) 「私が先週読んだ漫画本は日本でとても人気なので，海外でも読まれている」 ③を that they are read とする。they は the comics を指すので，受動態で「読まれている」とする。

(4) 「私たちの先生は私たちに難しい数学の問題をたくさん教えてくれたので，私たちはみな数学が得意だ」 ①を taught us とする。< teach ＋人＋もの>「(人)に(もの)を教える」

(5) 「彼は2日前にその驚くべきニュースを知った時，カップを落としそうになった」 ③を the surprising news とする。surprising「驚くべき，人を驚かせるような」

(6) 「木製のおもちゃで遊んでいるそのパンダは昨年中国から連れてこられた」 ②を which were made of wood とする。which の先行詞は複数形の toysなので was ではなく were とすべき。

★ワンポイントアドバイス★

【3】はエッセイの読解問題。エッセイは話の時間的順序がわかりにくい傾向があるので注意が必要である。

<理科解答> 《学校からの正答の発表はありません。》

1 (1) ③ (2) ⑤ (3) ④ (4) ②
2 (1) U 6 V 0 (2) W 2 X 0 (3) Y 9 Z 0 (4) ③
3 (1) ④ (2) ⑧ (3) ④ (4) ①
4 (1) ③ (2) X 1 Y 2 Z 5 (3) ③ (4) ⑦
5 (1) ① (2) ③ (3) ⑤ (4) X 1 Y 6 Z 5
6 (1) ④ (2) ⑦ (3) ③ (4) ②
7 (1) ④ (2) ③ (3) ⑤ (4) ①
8 (1) W 5 X 5 (2) Y 5 Z 0 (3) ① (4) ⑦

○推定配点○
1 各3点×4 2 各3点×4 3 各3点×4 4 各3点×4 5 各3点×4
6 各3点×4 7 各3点×4 8 各4点×4 計100点

<理科解説>

1 (植物の種類と生活―植物のなかま)

重要 (1) イチョウやマツは，種子でふえる種子植物で，胚珠がむきだしの裸子植物に分類される。また，単子葉類と双子葉類に分類されるのは，胚珠が子房の中にある被子植物で，被子植物も種子植物のなかまである。

(2) 観察2より，ヨモギは葉脈は網目状で，花弁のつながった花がさくことから，双子葉類の合弁花類に分類されることがわかる。また，双子葉類のうち，アサガオとツツジが属するCは花弁がつながった花をさかせる合弁花類，アブラナとサクラが属するDは花弁が離れている花をさかせる離弁花類である。よって，ヨモギと同じなかまに属するのはツツジである。

(3) 図1で，p，q，rがイヌワラビの葉，sが茎(地下茎)，tが根である。

重要 (4) 維管束はシダ植物にはあるがコケ植物にはない。シダ植物もコケ植物も胞子でふえる植物で，どちらのなかまも胞子のうをもつ。また，シダ植物もコケ植物も光合成を行う。

2 (地震―地震)

重要 (1) P波は先にゆれを伝える波で，震源から24kmの観測地点Aには22時22分24秒，震源から60kmの観測地点Bには22時22分30秒に伝わっていることから，その速さは，(60－24)km÷(30－24)s＝6.0(km/s)

やや難 (2) 震源から観測地点AまでP波が伝わるのにかかる時間は，(1)より，P波の速さが6.0km/sだから，24(km)÷6.0(km/s)＝4.0(s)である。よって，地震の発生時刻は，P波が観測地点Aに伝わった22時22分24秒の4.0秒前の22時22分20秒とわかる。

やや難 (3) P波は，観測地点Cに22時22分35秒に伝わったことから，地震発生の15秒後に伝わったことがわかる。P波の速さは6.0km/sなので，観測地点Cの震源からの距離は，6.0(km/s)×15(s)＝90(km)

(4) 日本列島付近では，海洋プレートが大陸プレートの下に沈み込んでいて，大陸プレートは沈み込む海洋プレートにひきずられてゆがみが生じ，そのゆがみにたえられなくなると大陸プレートの岩盤が破壊されて地震が起こる。

3 (電気分解とイオン―電池のしくみ)

重要 (1) 銅板の表面では，塩酸中の水素イオンが銅板から電子を受けとって水素原子となり，水素原子2つが結びついて水素分子となり，気体となって発生している。水素は，水にほとんどとけず，気体の中で最も密度が小さい。

重要 (2) 亜鉛板では，亜鉛原子が電子を2個放出して亜鉛イオンとなり，水溶液中にとけだしている。亜鉛が放出した電子は，導線を通って銅板に向かって移動する(図のAの向き)。また，電流の流れる向きは，電子の移動する向きとは逆向き(図のBの向き)になる。

(3) 実験(iv)から,同じ種類の金属板を電極に用いるとプロペラは回転しないことがわかる。また,実験(v)から，非電解質の水溶液ではプロペラは回転せず，電解質の水溶液ではプロペラは回転することがわかる。

重要 (4) 電池(化学電池)は物質がもつ化学エネルギーを電気エネルギーに変換する装置である。実験では，プロペラ付きモーターに電流が流れることで，電気エネルギーが運動エネルギーに変換されてプロペラが回転している。

4 (音の性質—音の性質)

基本 (1) 波の山と谷1つずつが1回の振動となる。振幅は，波のいちばん高いところからいちばん低いところの幅の半分である。

重要 (2) 1回の振動にかかる時間は，0.002(s)×4＝0.008(s)より，振動数は，1÷0.008＝125(Hz)

重要 (3) (ii)の音の波形を(i)の音の波形と比べると，振動数(波の数)が同じで振幅が小さいことから，(ii)の音は(i)の音に比べて同じ高さで小さい音であることがわかる。また，(iii)の音の波形を(i)の音の波形と比べると，振動数(波の数)が多くて振幅が同じであることから，(iii)の音は(i)の音に比べて同じ大きさで高い音であることがわかる。

やや難 (4) 実験(iv)から，音階が1オクターブ上がると振動数(波の数)が2倍になることがわかる。G2からG5では，音階が5－2＝3オクターブ上がるので，振動数は，2×2×2＝8倍になる。よって，G5の音の振動数は，98(Hz)×8＝784(Hz)となる。

5 (ヒトの体のしくみ—反応)

基本 (1) Bさんが，ものさしが落ち始めるのを見てからものさしをつかむまでの動作は，意識して起こる反応で,目で受けた刺激の反応を受けて,脳で判断して手の筋肉に対して命令を出している。また,頭部にある感覚器官からの信号はせきずいを通らない。よって，信号の伝わる経路は，「目→感覚神経→脳→せきずい→運動神経→手の筋肉」となる。

やや難 (2) 実験の(ii)における5回の試行の平均値は，(17.5＋20.0＋18.5＋19.8＋19.2)÷5＝19.0(cm)である。実験の(iii)の図2から，ものさしが落ちる距離が19.0cmのとき，ものさしが落ちるのに要する時間はおよそ0.197秒であることがわかる。

重要 (3) 刺激に対して意識と関係なく起こる反応を反射といい，からだのはたらきを調節したり，危険から身を守ったりするときに起こる反応である。⑤は,目に入る光の量を調節する反射である。

(4) 1時間＝60分＝3600秒，54km＝54000mより，時速54kmは，54000÷3600＝15(m/s)である。よって，刺激に対する反応が0.120秒かかる人と0.230秒かかる人の，ブレーキを踏むまでに進む車の距離の差は，15(m/s)×(0.230－0.120)s＝1.65(m)である。

6 (地球と太陽系—星座の動き)

重要 (1) 北の空の星は，北極星付近を中心に1時間に約15°ずつ反時計回りに動いて見える。よって，9時間では，15(°)×9(h)＝135(°)反時計回りに動いて見えるので，星座MはAの位置に見えた9時間後にはDの位置に見える。

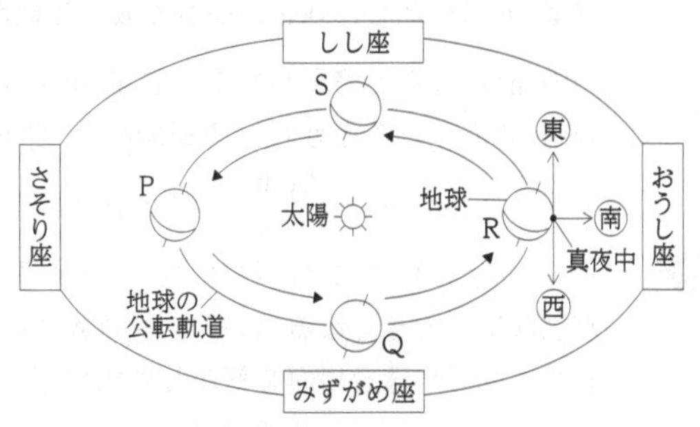

重要 (2) 北の空の星は，北極星付近を中心に1か月に約30°ずつ反時計回りに動いて見える。

よって，3か月後の同じ時刻には，30(°)×3(か月)＝90(°)反時計回りに動いて見え，星座の形も同じように回転して見えるので，⑦のように見える。

(3) 真夜中の南の空に見える星座は，夏至の日はさそり座，秋分の日はみずがめ座，冬至の日はおうし座，春分の日はしし座なので，図2では，Pが夏至の日，Qが秋分の日，Rが冬至の日，Sが春分の日の地球の位置をそれぞれ表している。よって，冬至の日の真夜中に西の空に沈む星座は，みずがめ座となる。

やや難 (4) 南の空に見える星は，同じ時刻に観測すると1か月で約30°西へ動いて見え，同じ日に観測すると1時間で約15°西に動いて見える。よって，観測2を行った日の3か月後，おうし座は30(°)×3(か月)＝90(°)西に動くので，同じ位置に見えるのは，90(°)÷15(°)＝6より，3か月後の6時間前となる。

7 (化学変化—鉄と硫黄の反応)

(1) 鉄と硫黄が結びついて硫化鉄ができるように，2種類以上の物質が結びついて性質の異なる別の物質ができる化学変化を化合という。燃焼は，激しく熱や光を出しながら物質が酸素と結びつく化学変化である。また，鉄と硫黄の反応では，反応によって生じた熱によって反応が進むが，鉄と硫黄の混合物の下の方を加熱すると，反応していない鉄と硫黄が下に落ちてきて熱がこもり，反応が進みにくくなる。

(2) 実験の(ⅳ)で，加熱後の試験管BとCが磁石に引きつけられなかったことから，試験管BとCには鉄が含まれていないことがわかる。また，実験の(ⅲ)で，試験管Cを加熱していると二酸化硫黄が発生したことから，試験管Cでは，鉄がすべて硫黄と反応したが硫黄が残っていて，残った硫黄が加熱されて二酸化硫黄が発生したと考えられる。これらのことから，試験管Bで，鉄と硫黄が過不足なく反応したとわかる。よって，鉄と硫黄が過不足なく反応するときの質量の比は，3.5(g)：2(g)＝7：4

重要 (3) 実験の(ⅳ)で，加熱後の試験管Aが磁石に引きつけられたことから，試験管Aには鉄が残っていることがわかる。よって，加熱後の試験管Aにうすい塩酸を加えると，反応によって生じた硫化鉄と塩酸が反応して硫化水素が発生し，未反応の鉄と塩酸が反応して水素が発生する。

基本 (4) 鉄と硫黄が結びついて硫化鉄ができる化学変化を化学反応式で表すと，$Fe+S \rightarrow FeS$となる。

8 (運動とエネルギー—斜面上の運動)

やや難 (1) 実験1から，木片の移動距離は，小球の質量と高さのそれぞれに比例することがわかる。質量30gの小球を4.0cmの高さから放したときの木片の移動距離が2.0cmであったことから，質量30gの小球を11.0cmの高さで放して転がしたときの木片の移動距離は，$2.0(\text{cm})\times\frac{11.0(\text{cm})}{4.0(\text{cm})}=5.5(\text{cm})$になると考えられる。

やや難 (2) 質量20gの小球を12.0cmの高さから放したときの木片の移動距離が4.0cmであったことから，質量20gの小球を15.0cmの高さで放して転がしたときの木片の移動距離は，$4.0(\text{cm})\times\frac{15.0(\text{cm})}{12.0(\text{cm})}=5.0(\text{cm})$になると考えられる。質量60gの小球を4.0cmの高さから放したときの木片の移動距離が4.0cmであったことから，質量60gの小球をhcmの高さで放したときに木片が5.0cm移動すると考えると，$4.0(\text{cm})\times\frac{h(\text{cm})}{4.0(\text{cm})}=5.0(\text{cm})$より，h＝5.0cm

重要 (3) 斜面上の物体には，物体にはたらく重力の斜面に平行な分力がはたらき，その大きさは斜面が急なほど大きくなる。よって，斜面Aよりも斜面Bの方が斜面に平行な力の大きさは大きくなる。また，同じ小球を斜面を転がして水平面に達したときの速さは，転がし始める高さが高いほど大きくなる。よって，水平面に達したときの速さは，斜面Aで実験を行ったときと斜面Bで実験を行ったときで等しい。

(4) 水平面に達したときの速さが等しいので，小球のもつ運動エネルギーは斜面Aで実験を行ったときと斜面Bで実験を行ったときで等しい。水平面に達したときの速さが同じなので，斜面の長さは角度が急な斜面Bの方が短いことから，斜面Bの方が斜面Aよりも小球が水平面に達するまでの時間は短くなる。

★ワンポイントアドバイス★

全問がマークシート方式で，問題は基礎～標準レベルの問題が中心だが，選択肢の数が多い問題も少なくないので，すばやく正確に問題文や選択肢を読みとって解答できるように練習を重ねておこう。

＜社会解答＞ 《学校からの正答の発表はありません。》

1 (1) オ (2) ア (3) イ (4) エ
2 (1) ア (2) イ (3) エ (4) ① ア ② イ
3 (1) イ (2) ア (3) ウ (4) イ
4 (1) ウ (2) イ (3) ウ (4) エ
5 (1) エ (2) ウ (3) ウ (4) イ (5) カ
6 (1) ウ (2) イ (3) ア (4) ウ (5) エ
7 (1) ① ア ② イ (2) ウ
8 (1) エ (2) ア (3) イ

○推定配点○

1 各3点×4 2 各3点×5 3 各3点×4 4 各3点×4 5 各3点×5
6 各3点×5 7 各3点×3 8 (1)・(3) 各3点×2 (2) 4点 計100点

＜社会解説＞

1 (総合一関東地方の地理・千葉の歴史・環境問題など)

(1) 奥州藤原氏の征伐を行い全国支配を固めたのは源頼朝，印旛沼や手賀沼の干拓事業は江戸時代後半の田沼意次，貝塚は当時の社会を知る貴重な史料であり縄文時代に集中している。

(2) 関東の1都6県の総人口はおよそ4360万人。輸送園芸農業とはトラックファーミングとも呼ばれる遠隔地で行われる園芸農業を意味する。

(3) 郵便事業は2000年代初めに民営化が実現。また，裁判所などの司法権は国家が独占している。地方自治は住民の生活に密接な公共的な事務を分担している。

重要 (4) Aは韓国，Cはスウェーデン，Dはドイツ。

2 (日本の地理一地形図・気候・地形など)

(1) Ⅰ 東西18km，南北24kmにも及ぶ世界最大クラスのカルデラを持つ火山。 Ⅱ 火山性の堆積物は保水力に乏しく，集中豪雨などではしばしば土砂災害を引き起こしている。

(2) 西日本に位置する鳥取だが日本海に面しているため冬季には豪雪に見舞われることも多い。アは福岡，ウは奈良，エは青森。

(3) Ⅰ 第二次世界大戦後ロシアの実効支配が続いている択捉島。 Ⅱ 満潮時には小さな岩礁が顔を出すだけの無人島。排他的経済水域を維持するため大規模な護岸工事が行われている。

重要 (4) ① 市役所の地図記号は◎。建物の密集地は市役所の北側,市役所の標高は100m,中城城跡は150m前後,普天間川流域は畑 ∨ 。 ② 500mは25000分の1で2cm。警察署は⊗,消防署はY,郵便局は〒,発電所は☼,工場は☼,小・中学校は文。

3 (地理―地形・時差・世界の国々など)

(1) Ⅰ 大圏航路といわれ正距方位図法では直線で表されるがメルカトル図法では曲線となる。
Ⅱ 対蹠点(たいせきてん)と呼ばれ北緯と南緯が逆で緯度は180度異なる。

基本 (2) 時差は(135+120)÷15=17時間。日本時間から17時間さかのぼることになる。

(3) Ⅰ 世界第4位の人口大国で90%近くがイスラム教徒の国家。 Ⅱ 東南アジア諸国連合の略。冷戦終了後はEUをモデルとし国家統合を目指した様々な動きが見られる。

(4) 人口密度はイギリス・中国,1人当たりの国内総生産はアメリカ・イギリスの順。

4 (日本と世界の歴史―古代の政治・外交・社会史など)

(1) 中国初の統一王朝。「王」の上の君王として「皇帝」を称し強力な中央集権国家を目指した。

(2) 十七条の憲法は天皇中心の国を理想とし役人の心得を示したもの。隋との積極的な対等外交を目指した政策。大化の改新は中大兄皇子(天智天皇),国分寺・国分尼寺の創建は聖武天皇。

(3) 6歳以上に一定の口分田を支給,女子にも男子の3分の2が与えられた。

やや難 (4) 平将門の乱は10世紀前半,白河上皇の院政は11世紀後半,藤原道長・頼通父子が藤原氏の全盛を謳歌(おうか)したのは11世紀前半。アは飛鳥,イは奈良,ウは鎌倉時代。

5 (日本の歴史―中世~近世の政治・外交史など)

重要 (1) Ⅰ 御家人は所領を安堵(あんど)される(御恩)代わりに軍事奉仕など様々な負担(奉公)を負った。
Ⅱ 荘園などの管理者であり警察権や徴税権なども与えられた。守護は国ごとに任命。

(2) Ⅰ 後鳥羽上皇は承久の乱の首謀者,建武の新政は後醍醐天皇。 Ⅱ 後醍醐天皇と対立した足利尊氏は持明院統の光明天皇を擁立して京都に幕府を開いた。

(3) Ⅰ 南北朝を統一し権力の頂点に立った足利義満は日本国王と称して明と交易した。
Ⅱ 朝鮮半島から中国沿岸を襲った海賊集団。悪党とは鎌倉末期に登場した新興の領主層。

(4) これにより兵農分離が進み封建制度の基礎が確立されることになった。

(5) 17世紀前半の鎖国完成→18世紀後半の寛政の改革→19世紀前半の大塩平八郎の乱の順。鉄砲の伝来は室町時代後半(戦国時代)の1543年。

6 (日本と世界の歴史―近代~現代の政治・外交・社会史など)

(1) 江戸城総攻撃の前日,明治天皇が天地の神に誓うという形式で発表された新政府の基本方針。

(2) 歳入の約80%が地租となり財政は安定したが農民の負担は重く各地で反対の一揆が頻発,続発する士族の反乱と結びつくことを恐れた政府は税率を2.5%に引き下げた。

(3) Ⅰ 朝鮮半島南部で発生した農民一揆。鎮圧に清の派兵を求めたため日清が直接激突した。
Ⅱ 賠償金の増額を代償にリャオトン半島を返還,国内の反ロシア感情は高まっていった。

(4) 辛亥革命(1911年)→ロシア革命(1917年)→ヒトラー政権(1933年)。南北戦争は1861~65年。

やや難 (5) 朝鮮戦争(1950年)→国連加盟(1956年)→オイルショック(1973年)→冷戦終結(1989年)。

7 (公民―金融・消費者問題など)

(1) ①「毎回」と「できるだけ」は女性25~29歳が68.6%,2位は男性35~39歳の66.3%。「あまり」と「ない」の合計は男性の27.4%に対し女性32.0%,「毎回」は年齢と比例せず,「あまり」が最も高いのは男性では30~34歳。 ② Ⅰ 衆議院は小選挙区289名,比例代表176名。
Ⅱ・Ⅲ 比例代表は比較的民意を反映するが小選挙区は落選者に投票した死票が多くなる。

重要 (2) 特別会は総選挙後に召集される国会,最高裁判所の長官の指名やその他の裁判官の任命は内閣の権限，憲法改正の発議は各議院の総議員の3分の2以上の賛成で国会が発議する。

8 (公民—政治のしくみなど)

(1) 一般的に市場で取引されるものの価格は需要が多ければ価格は上昇し供給が多ければ下落する。原料が値下がりすると生産に要する費用が減少し生産量は増大，価格は下落する。

重要 (2) 外国移住や国籍離脱，財産権の不可侵なども含まれる。イとエは精神の自由，ウは身体の自由。

(3) 公正な自由競争を促し消費者の権利を守るのは独占禁止法，一定期間内に取り消しできるのはクーリングオフ。消費者基本法は2004年に消費者保護基本法を改正し消費者を保護の対象から権利の主体としたもの。消費者庁は消費行政の一元化のために2009年に内閣府の外局として設置。

★ワンポイントアドバイス★

意識調査の読み取りは毎年出題されている分野である。決して難しくはないが，焦らず一つ一つの選択肢を丁寧に読み取っていくことが大切である。

<国語解答> 《学校からの正答の発表はありません。》

一 問一 a 4 b 2 c 3 問二 ア 4 イ 4 ウ 2 問三 3
問四 4 問五 3 問六 1 問七 3 問八 4 問九 2 問十 3
問十一 4 問十二 4

二 問一 a 3 b 1 c 2 問二 ア 2 イ 4 ウ 1 問三 2
問四 3 問五 4 問六 3 問七 1 問八 3 問九 2 問十 4

三 問一 2 問二 4 問三 1 問四 2 問五 4 問六 3 問七 3
問八 1 問九 1

○推定配点○

一 問一 各1点×3 問二～問四・問六 各2点×6 他 各4点×7
二 問一 各1点×3 問二・問三 各2点×4 他 各4点×7
三 各2点×9 計100点

<国語解説>

一 (論説文－漢字，脱文・脱語補充，接続語，文と文節，文脈把握，内容吟味，要旨)

問一 a 総量 1 断層 2 物騒 3 演奏 4 総集編
b 飛躍的 1 役職 2 面目躍如 3 服薬 4 翻訳
c 希求 1 規則的 2 常軌 3 希望 4 紀行文

問二 ア 直前に「……体は冷たくなって動かなくなってしまう」とあり，直後では「……その繰り返しが続く限りにおいて，私たちは生きることができる」としているので，逆接を表す「だが」が入る。 イ 直前に「祈りの定式化」とあり，直後で「祈りを形とするための方法が必要となる」と説明しているので，説明・言い換えを表す「つまり」が入る。 ウ 直前に「神饌の体系を創り上げた」とあるのに対し，直後で「……これを認めるには至らず」と打ち消しているので，逆接を表す「しかし」が入る。

問三 【C】の直後で，「その植物を動物が食べ，動物の遺体も植物の肥料になるという循環が繰り返されている」と，脱落文の内容を具体的に説明しているので，【C】に入る。

問四 「これを／燃焼させ／細胞内に／微妙な／温度差を／生じさせる／ことで，／細胞を／動かして／いる」と十文節に分けられる。

問五 直前に「人間は，原初，か弱いきわめて小さな存在であった。……ただ脳の発達と二足歩行による両腕の利用によって，さまざまな道具を発明し，……しだいに他の動物たちを圧倒するようになった」とあり，直後で「その脳の発達には良質な栄養素を含む肉の摂取が不可欠であった。……高いカロリーとタンパクを含む肉の摂取の成果が，頭脳のヤク進的な発達をもたらしたのである。そして，……しだいに人間は自然界において優位な位置を占めるようになった」と説明されているので，これらの内容と合致する3が適切。

問六 直前の「天変地異や気象の激しい変化など，自然界にはさまざまな現象が起こるが，……こともマイナスに作用することもあった」という内容にあてはまるものとしては，1の「大自然の摂理」が適切。「摂理」は，自然界を支配している法則，という意味。

問七 「除厄儀礼」については，「基本的には年頭など，区切りのよい時期に執り行われるが，……突発的な事態に対しては，臨時に催されることも少なくない」と説明されているので，「(除厄儀礼は)時期を決めず災いが発生したときに行われる」とする3は合致しない。

問八 次の段落に「こうして農耕の開始後は，年間の気候サイクルに大きな関心が払われるようになり，これに関わる祭祀は，必然的に定期的なものとなる。……やがては年中行事として整備されるようになる」と説明されているので4が適切。

問九 直前に「祭祀すなわち儀礼においては，祈るべき対象に最大の敬意と感謝を示す必要があった。……感謝の気持ちを精一杯示すための捧げ物つまり供物が必要となる」とあり，直後で「価値の低い供物では，自らの気持ちを十全に伝えることにはならず，もっとも大切な物を捧げることで，神に喜んでもらおうとした。供物は基本的に食べ物で，……食べることがもっとも重要だと考えてきた」と説明されているので，2が適切。

問十 「それ」が指示するのは，直前の「工夫」「創意」。「……，さまざまな装飾と演出が凝らされ，歌舞音曲や演劇などの芸能が供される」と説明されているので3が適切。

問十一 直後に「神饌は，儀式開始直後の献饌から始まり，重要な式次第が済めば撤饌されるところとなる。実はこの間に，神が神饌を食したことになる」「儀式終了後に，これを主催した集団の直会という共同飲食が行われる」「神と人との一体化が図られ，神からの加護を集団として受ける」と説明されているので4が適切。

やや難 問十二 1の「儀礼の数はどんどん減少」，3の「個人が独立して儀礼を行った」という説明は本文にない。2は，本文に「動物を屠って，その肉を供していた」とあることと合致しない。4は，「そうした祈りの……」で始まる段落に述べられている内容と合致する。

二 **(小説－漢字，語句の意味，品詞，情景・心情，脱文・脱語補充，大意，表現)**

問一 a 延ばす　1 支援　2 沿岸　3 遅延　4 血縁

b 響く　1 影響　2 鏡台　3 妥協　4 即興

c 鍛えられる　1 濃淡　2 鍛錬　3 感嘆　4 大胆な

問二 ア 「抑える」には，こみあげる感情をとめる，という意味があるので2が適切。　イ 「俄然」は，急に今までと違った状態になる，にわかに，という意味なので4が適切。　ウ 「奇異」は，ふつうとは様子が違っていて変だ，という意味なので1が適切。

問三 「ばりばりばりと(副詞)・大木(名詞)・を(助詞)・引き裂く(動詞)・ような(助動詞)・音(名詞)・に，(助詞)・朔(名詞)・は(助詞)・びくり(名詞)・と(助詞)・し(動詞)・て(助詞)・窓(名詞)・の(助詞)・ほう(名詞)・に(助詞)・顔(名詞)・を(助詞)・向け(動詞)・た(助動詞)」と品詞分類できる。「活用のある付属語」に該当する「助動詞」は二つ。

問四　「鼻の上にしわを寄せる」は，不快感の表現。この時の新の心情は，「大真面目に言っている」「だからこそ，不快だった」とある。「そのへんの小学生」と変わらない走力しかない朔が，練習メニューを変えたいと言い出したことに対して不快になっているので，3が適切。1の「おもしろがって」，2の「心配」，4の「後押し」は，本文に描かれていない。

やや難　問五　後に「たしかに朔の甘さが癇にさわったこともある。……だけど，たぶんそれだけだったらあんなに苛立ったりはしなかった。苛立ったのは，朔がそれを本気で口にしたからだ。……傲慢ともいえる強さが，新の内側をひっかいた」とあるので4が適切。

問六　A　直前の問いに対する返答なので，「い，いや，大丈夫」が入る。　B　直後に「思わず朔が聞き返す」とあるので，「え？」が入る。　C　直後で「『あ，ウインドスプリントっていうのは……』」と説明しているので,「それどんなのか説明してくれないと」が入る。　D　直後に「『きついよ……』」とあるので，「きつそうだな」が入る。

やや難　問七　直前に「……なにをどうすればいいのか，なにを言えばいいのか，こじれた関係をどう修復していけばいいのか,朔には見当もつかなかった。……自分自身に戸惑いもした」とあるので,「新にどう接するべきなのか悩んでいたが……」とする1が適切。

問八　直後に「どことなく腑に落ちないように」とあるので，「そのきっかけが何なのかもわからないため，……困惑している」とする3が適切。

問九　「口角をあげる」は，機嫌の良い様子の表現。直後の「『オレがやらないって言うと思ったわけ？』」と明るく言う様子なので2が適切。

やや難　問十　本文は，朔と新の会話を中心として展開しており，前半は室内でのやりとり，後半は戸外での練習の場面なので4が適切。1の「反発心」，2の「比喩を用いた情景描写」，3の「内面の描写を詳しく描く」は適切でない。

三　(古文・和歌－会話文，口語訳，動作主，文脈把握，内容吟味，歌意，心情，大意)

〈口語訳〉　湧蓮法師は伊勢の国の人であるが，和歌を好んで冷泉大納言のところへ親しく参上していた。初めは寺を持っていたが，世を厭う気持ちが強くなり，寺を持ったままでは，世間との付き合いをしなくてはいけないと思って，寺を捨てて何処ともなくいなくなってしまった。何年か経ち，都の西の嵯峨野の奥にいるようだと聞いたので，大納言は人を遣って度々お探しになったが，そのような人はいないと空しく帰ってくるので，大納言は，自らお行きになって，あちらこちら熱心に尋ね歩いたが，はっきりとわかる人もいない。探しあぐねて，夕暮れ時に，小倉山あたりにとどまっていると，草刈童が通り過ぎたので，呼び止めて尋ねると「その林の中に，柴で編んだ戸の小さな家があります。そこにいる法師は，伊勢の国から来たということで，ときどき人が尋ねてきます。行ってみてください」と教えてくれた。すぐに訪ねて行かれると，門は開いているので，のぞいて見ると,軒端が傾いて壊れており,庭には春の草が生い茂っていた。露を払って入ってみると,小さな家でたった一間だが，いろりの火がかすかに残り，手取り鍋というものをその上に吊っている。近くに古い茶碗が二つある。窓のところに，足が折れて紙のひもで結ばれた机の上に，墨の付いた筆が載った硯があり，和歌の集の表紙や，下に落ちたものなどが五,六巻もちらかったままで，主の姿はなく，近くの紙に書かれた文字を見ると，間違いなくあの法師の筆跡なので，きっとそうなのだろう，とお思いになって，すぐに帰るだろうと思って，しばらくの間待っていたが声もしない。日も暮れて月の光がくまなく差し入っている。こうしてもいられないので，畳紙を取り出して

都の西の方に住んでいると聞いているものの会えないまま月日が過ぎてゆくことです

と書き付けて，机の上に置いてお帰りになった。数日が過ぎ，冷泉殿(大納言)の健児所へ，炭俵を担いだ男が，紙を結んだものを持ってやって来た。「これをお納めください」と言って置いて行った。手に取って見ると，

遠く離れたままになってしまったあやまちを後悔しています

と書いてあった。その後はどうなったのであろうか。この法師は，火葬の煙を(こう)詠んだ。

野辺を見ると誰とも知らぬ人の煙が今日も立っています明日は誰の身なのかわかりません

問一　「問はせ給ふに」の直後から返答の言葉が始まり，引用を表す「～と」までが会話文になるので，「そこの～見給へ」が該当する。

問二　直前に「始めは寺を持ちて有りしかど」とあり，4が「世の交はり止む時なし(世間の付き合いをやめることはできない)」としているので，4が適切。

問三　直前に「大納言人して度々求めらるるに，さる者なしとて空しく帰りしほどに」と理由が示されているので1が適切。

問四　前に「(大納言が)自らおはして」とあるので，動作主は「大納言」。湧蓮法師の所在を尋ね歩き，教えてもらった庵にたどり着いたのである。

問五　「手」は，筆跡，という意味。「彼の法師」とは，「湧蓮法師」を指すので4が適切。

問六　「このようにしてもいられない」という意味で，後で「机の上に打ち置きてぞ帰らせ給ひける」と帰っているので，3が適切。

問七　直後に「と書き付けて，机の上に打ち置きてぞ帰らせ給ひける」とあることから，近くまで来ているのに会えないまま帰るもどかしさを表現していると考えられるので3が適切。

やや難　問八　「へだてこし身のあやまち」は，本文に「寺を捨て何地へともなく失せにけり」とあることから，大納言から離れたままになってしまったことを指すとわかるので1が適切。

やや難　問九　1は，「やがて尋ねおはしたれば，門を開きてありし程に……」とあることと合致しない。庭は荒れているが，「小さき家のただ一間なるに……」と，人の気配は感じられたのである。

★ワンポイントアドバイス★

論説文・小説ともに，長文を時間内に読みこなす高度な読解力を身につけよう！
古文は，和歌の知識も含め，注釈を参照しながら口語訳できる力をつけておこう！

前期1月18日

2022年度

解　答　と　解　説

《2022年度の配点は解答欄に掲載してあります。》

＜数学解答＞ 《学校からの正答の発表はありません。》

1 (1) ア 1 イ 1 ウ 1 エ 5 オ 1 カ 5 (2) ア 1 イ 9
(3) ア 2 イ 6 ウ 7 (4) ア 1 イ 2 (5) ア 2 イ 8
(6) ア 1 イ 6 ウ 2 エ 5

2 (1) ① ア 9 イ 0 ウ 0 ② エ 1 オ 2 カ 0
(2) ① ア 1 イ 9 ② ウ 4 エ 9

3 (1) ア 4 イ 3 ウ 2 (2) エ 3 オ 8 カ 5 キ 2
(3) ク 4 ケ 9 コ 3

4 (1) ア 5 (2) イ 2 ウ 5 エ 8 (3) オ 2 カ 1 キ 8

5 (1) ア 2 イ 5 (2) ウ 6 (3) エ 2 オ 2

○推定配点○

1～4(1) 各5点×14　4(2)～5 各6点×5　計100点

＜数学解説＞

1 （平方根，2次方程式，式の値，関数，数の性質，平面図形）

基本 (1) $\frac{12}{\sqrt{15}}-\frac{\sqrt{20}}{5}\div\sqrt{12}=\frac{12\sqrt{15}}{15}-\frac{2\sqrt{5}}{5\times2\sqrt{3}}=\frac{12\sqrt{15}}{15}-\frac{\sqrt{15}}{15}=\frac{11\sqrt{15}}{15}$

(2) $x=1+\sqrt{10}$　$x-1=\sqrt{10}$　$(x-1)^2=10$　$x^2-2x+1=10$　$x^2-2x-9=0$　両辺にaをかけて，$ax^2-2ax-9a=0$　もとの2次方程式の定数項と比べて，$b=9a$　よって，$a:b=1:9$

(3) $ab-\frac{3}{2}a-2b+3=a\left(b-\frac{3}{2}\right)-2\left(b-\frac{3}{2}\right)=\left(b-\frac{3}{2}\right)(a-2)=\left(-\frac{2}{3}-\frac{3}{2}\right)\left(\frac{2}{7}-2\right)=-\frac{13}{6}\times\left(-\frac{12}{7}\right)=\frac{26}{7}$

基本 (4) $\left(\frac{a}{4}-\frac{a}{1}\right)\div(4-1)=-\frac{3a}{4}\div3=-\frac{a}{4}$　よって，$-\frac{a}{4}=-3$　$a=12$

(5) 題意より，kを負でない整数として$n-4=6k^2$と表せる。$k=0$のとき，$\sqrt{6(n-4)}=\sqrt{6\times0}=0$　$k=1$のとき，$\sqrt{6(n-4)}=\sqrt{6\times6\times1^2}=6$　$k=2$のとき，$\sqrt{6(n-4)}=\sqrt{6\times6\times2^2}=12$　よって，$n-4=6\times2^2$より，$n=28$

重要 (6) △ABCに三平方の定理を用いて，$BC=\sqrt{5^2+10^2}=5\sqrt{5}$　∠AEB＝∠CDF＝90°より，2組の角がそれぞれ等しいので，△ABC∽△EBA∽△DFC　BC：BA＝$5\sqrt{5}$：5＝$\sqrt{5}$：1より，△ABC：△EBA＝$(\sqrt{5})^2:1^2=5:1$　AC：DC＝10：(10－6)＝5：2より，△ABC：△DFC＝$5^2:2^2=25:4$　よって，四角形AEFDと△ABCの面積比は，$\left(1-\frac{1}{5}-\frac{4}{25}\right):1=16:25$　したがって，$\frac{16}{25}$倍

2 (速さ，方程式の利用，確率)

(1) ① AB間の道のりをxmとすると，BD間の道のりは1.5xmと表せる。時間について，$\frac{1.5x}{60}=\frac{x}{60}+3$　$1.5x=x+180$　$x=360$　よって，AD間の道のりは，$360+360\times1.5=360+540=900$(m)

② BC間の道のりをymとすると，AC間の道のりは$(360+y)$m，CD間の道のりは$(540-y)$mと表せる。時間について，$\frac{360+y}{120}+\frac{540-y}{70}=10$　$7(360+y)+12(540-y)=8400$　$2520+7y+6480-12y=8400$　$-5y=-600$　$y=120$(m)

(2) さいころの目の出方の総数は，全部で6×6＝36(通り)

① ∠APQ＝90°になるのは，$(a,\ b)=(1,\ 5)$，$(2,\ 6)$の2通り。∠AQP＝90°になるのは，$(a,\ b)=(5,\ 1)$，$(6,\ 2)$の2通り。よって，求める確率は，$\frac{2+2}{36}=\frac{1}{9}$

② 題意を満たすのは，$(a,\ b)=(3,\ 3)$，$(3,\ 4)$，$(3,\ 5)$，$(3,\ 6)$，$(4,\ 3)$，$(4,\ 4)$，$(4,\ 5)$，$(4,\ 6)$，$(5,\ 3)$，$(5,\ 4)$，$(5,\ 5)$，$(5,\ 6)$，$(6,\ 3)$，$(6,\ 4)$，$(6,\ 5)$，$(6,\ 6)$の16通りだから，求める確率は，$\frac{16}{36}=\frac{4}{9}$

3 (図形と関数・グラフの融合問題)

重要 (1) $y=\frac{1}{4}x^2$に$x=-6$，4をそれぞれ代入して，$y=9$，4　よって，A$(-6,\ 9)$，B$(4,\ 4)$　直線OAの傾きは，$\frac{9-0}{-6-0}=-\frac{3}{2}$　よって，直線OAの式は$y=-\frac{3}{2}x$　△ABD＝△ACDより，BD＝CDだから，Dは線分BCの中点となり，点Dのy座標は$\frac{4+0}{2}=2$　Dは直線OA上の点だから，$2=-\frac{3}{2}x$　$x=-\frac{4}{3}$　したがって，D$\left(-\frac{4}{3},\ 2\right)$

基本 (2) 直線BCの式を$y=mx+n$とすると，2点B，Dを通るから，$4=4m+n$，$2=-\frac{4}{3}m+n$　この連立方程式を解いて，$m=\frac{3}{8}$，$n=\frac{5}{2}$　よって，$y=\frac{3}{8}x+\frac{5}{2}$

(3) 直線ABの式を$y=ax+b$とすると，2点A，Bを通るから，$9=-6a+b$，$4=4a+b$　この連立方程式を解いて，$a=-\frac{1}{2}$，$b=6$　よって，E$(0,\ 6)$　また，F$\left(0,\ \frac{5}{2}\right)$　四角形ADFEの面積は，△OAEと△ODFの面積の差として求められるから，$\frac{1}{2}\times6\times6-\frac{1}{2}\times\frac{5}{2}\times\frac{4}{3}=18-\frac{5}{3}=\frac{49}{3}$

4 (平面図形の計量)

基本 (1) 仮定より，∠BAE＝∠DAE　平行線の錯角だから，∠DAE＝∠BEA　よって，∠BAE＝∠BEAとなり，△BAEはBA＝BEの二等辺三角形である。したがって，BE＝BA＝5cm

重要 (2) EC＝BC－BE＝9－5＝4(cm)より，EC＝AC　AD//EC，AD＝ECだから，四角形AECDは平行四辺形となり，AE＝DC＝6cm　直線BOと線分AEとの交点をHとすると，Hは線分AEの中点で∠AHB＝90°　よって，AH＝$\frac{1}{2}$AE＝3より，BH＝$\sqrt{5^2-3^2}=4$　円Oの半径を$r$cmとすると，OA＝OB＝r，OH＝$4-r$　△OAHに三平方の定理を用いて，$r^2=(4-r)^2+3^2$　$r^2=16-8r+r^2+9$　$8r=25$　$r=\frac{25}{8}$(cm)

基本 (3) $OH=4-\frac{25}{8}=\frac{7}{8}$より，△AOEの面積は，$\frac{1}{2}\times6\times\frac{7}{8}=\frac{21}{8}$(cm²)

5 (空間図形の計量)

基本 (1) 四角形BCDEは正方形だから，∠BCD=90° $CM=\frac{1}{2}BC=2$より，$DM=\sqrt{2^2+4^2}=2\sqrt{5}$(cm)

基本 (2) △DLM=(正方形BCDEの面積)−△BML−△CDM−△DEL$=4^2-\frac{1}{2}\times2^2-\frac{1}{2}\times2\times4-\frac{1}{2}\times2\times4=16-2-4-4=6$(cm²)

重要 (3) 正四角すいA−BCDEの高さをAHとすると，Hは線分BDの中点で，△ABDは直角二等辺三角形だから，$AH=BH=\frac{1}{2}BD=\frac{1}{2}\times4\sqrt{2}=2\sqrt{2}$ Nから線分BDにひいた垂線をNIとすると，$NI=\frac{1}{2}AH=\sqrt{2}$ よって，四面体ALMNの体積は，三角錐ADLMと三角錐NDLMの体積の差として求められるから，$\frac{1}{3}\times6\times2\sqrt{2}-\frac{1}{3}\times6\times\sqrt{2}=2\sqrt{2}$(cm³)

★ワンポイントアドバイス★

出題構成，難易度とも例年と変わらない。基礎を固めたら，過去の出題例を研究しておこう。

<英語解答> 《学校からの正答の発表はありません。》

【1】 リスニング問題解答省略

【2】 問1 ① 問2 ② 問3 ④ 問4 ③ 問5 ② 問6 ④ 問7 ③
問8 (1) ① (2) ④

【3】 問1 (1) ④ (2) ② (3) ① (4) ③ (5) ④ 問2 ①，④，⑦

【4】 (1) ③ (2) ① (3) ② (4) ③ (5) ④

【5】 (1) 1 ⑥ 2 ② (2) 3 ⑦ 4 ① (3) 5 ⑤ 6 ②
(4) 7 ② 8 ③ (5) 9 ① 10 ⑧ (6) 11 ④ 12 ⑦

【6】 (1) ① (2) ④ (3) ② (4) ⑤ (5) ② (6) ①

○推定配点○

【1】 各2点×5 【2】 問1 2点 他 各3点×8 【3】・【5】 各3点×14(【5】は各完答)
【4】・【6】 各2点×11 計100点

<英語解説>

【1】 リスニング問題解説省略。

【2】 (長文読解問題・紹介文：語句補充・選択，文整序，脱文補充，内容一致，英問英答，内容吟味)

(全訳) あなたは毎日水をたくさん飲みますか。水は私たちにとってとても大切なものだ。人間の体のほとんどは水である。実際，人間の体のおよそ60%は水だ。私たちの血液は90%が水だ。私たちは生存するために水が必要だ。世界の多くの国ではきれいで安全な飲料水を手に入れるのが難しいことがある。しかしここ日本では私たちは蛇口を回せばすぐに水が飲める！ 私たちはこうすることができて幸運だが，私たちのうちの何人が十分に水を飲んでいるだろうか。

日本人はお茶をたくさん飲むことで知られているので，もちろん私たちは水をたくさん使う。日本ではコーヒーを楽しむ人も増えている。甘い炭酸飲料やジュースも人気だ。非常にたくさんの選択肢があるため，私たちは水を飲みたいと思わないかもしれない。水は(1)つまらないと思ったり，味がないと思ったりするかもしれない。あなたにもこれが当てはまりますか。これは一般的な考え方だが，数キロ走った後やバスケットボールのハードな試合をした後，熱いお風呂に入った後などは水がとてもおいしいということにほとんどの人が同意するだろう。

(2)ウ私たちはもっと水を飲むべきだと，長いこと言われている。エのどが渇いたと感じたら，それはすでに体に十分な水分が不足しているということだ，と言う人もいる。イそのような状態で十分な水を飲まなかったら，もちろん健康に問題を生じる。アしかしあなたは，ある一定期間水だけを飲むことが健康を改善できることを知っていただろうか。

普通に食べることを続け，3週間水だけを飲んだら，あなたはおそらく自分の健康，見た目，感じ方にたくさんの良い変化があると気づくだろう。数秒の時間をかけて，3週間水だけを飲んだ時の良い点を考えてみてほしい。

普通に食べていても炭酸飲料やジュースを飲むのをやめる理由はいくつかある。

第1に，水を飲むことは代謝を上げる。これは，たくさん水を飲むとカロリーを早く燃焼するという意味だ。また，水をたくさん飲むと満腹に感じ，(3)食べる量が減る。水をたくさん飲むことはやせた状態を保つ，またはいくらか体重を落とすための最良かつ最も簡単な方法の1つだということだ。

第2に，私たちが体の外側をきれにするために水でシャワーを浴びるのと同じように，たくさんの水を飲むことは体の内側をきれいにするのに役立つ。甘い飲み物は腎臓に悪いが，水は腎臓に良く，毒素を流し出す。実は腎臓結石の主な理由は水分不足だ。腎臓結石は慢性の腎臓病のリスクを高めるかもしれない。

第3に，水はあなたの外見や気持ちを若くするのに役立つ。水をたくさん飲むことは肌が乾燥するのを防ぐのに役立つし，肌が急速に老化するのを防ぐことにも役立つ。水は関節の動きを良く保つのにも役立ち，筋肉を良い形に保つのにも役立つ。

第4に，水は脳にも良い！　水をたくさん飲むことは集中力を高める。よりよく(4)記憶するのにも役立つ。だから水をたくさん飲むと英語を書く時にたくさんの単語を使うことができるかもしれない。コーヒーや甘い炭酸飲料は実は体の水分不足を引き起こす可能性がある。これは脳にとって良くない。バランスのとれた脳を保つために，水をたくさん飲みなさい！

最後に，水は心臓に良い。それは血圧を下げ，血液が濃くなるのを食い止めるのに役立つ。これは，あなたの心臓が一生懸命に動く必要がないということであり，それはとても良いことだ。寝る前にコップ1杯の水を飲むことが心臓発作のリスク(5)を実際に下げることができるのだ。

水が私たちにとって非常に良いものである理由は他にもあるが，今，これらの5つの良い点を知って，あなたが水をたくさん飲みたいと思ってくれると私はうれしい。水をたくさん飲むことはとても簡単で，私たちの健康を今，そして将来においても良くすることができる。水だけを3週間飲むのは難しすぎると思うかもしれない。④でも簡単なことから始めることができる！　簡単に始められる2つの素晴らしいことは，寝る前にコップ1杯の水を飲み，起きた時にまたコップ1杯の水を飲むことだ。あなたの体と脳があなたに感謝するだろう！

やや難 問1　コーヒーや炭酸飲料に比べると，水は魅力がないと感じるかもしれない，という文脈なので，boring「つまらない，面白味がない」が適切。

問2　全訳下線部参照。

問3　feel fuller「より満腹だと感じる」ので eat less「より少なく食べる」が適切。

問4　水をたくさん飲むことは脳に良い，という文脈から，remember「～を記憶する」が適切。

問5　reduce「～を下げる，減らす」 risk「リスク，危険性」

問6　start with ～「～で始める」 something easier「もっと簡単なこと」

問7　①「日本人はよくたくさんのお茶を飲むがあまり水は飲まない」(×) ②「水は運動の後に素晴らしい，と思う人はいない」(×) ③「私たちは数秒の時間をかけて，水から得られる良いものについて考えるべきだ」(○) ④「体内の水分不足が私たちの腎臓や脳を支える」(×)

問8　(1)「水を飲むことについて当てはまらないのは何か」①「私たちは生存するために体をおよそ90％の水分で満たさなくてはならない」 (2)「もっと水をたくさん飲むようにするためにできるか」④「毎朝，毎晩に水を飲む」

【3】 (長文読解問題・エッセイ：英問英答，文補充・選択，内容吟味，内容一致)

(全訳) あなたは家族を手伝うために家でやる仕事があるだろうか。私がアメリカの農場で育った頃，私の両親は犬を育てて売っていた。私の仕事の1つは彼らの世話をすることだった。毎日私は彼らに食事と水を与え，ケージの掃除をした。実際のところそれは犬の飼育場で，走ったり遊んだりする場所がたくさんあった。

最年長の犬は「ロッキー」という名だった。彼の名前は有名なボクシング映画のロッキーに由来するものだと思う。彼は大きくて強い犬だったが，私は犬にどうやって話しかければよいか知っていた，なぜなら両親が私に十分に教えてくれたからだ。だから私は彼を座らせたり，「待て」をさせたり，犬舎に行かせたりすることができた。しかし私が犬舎の外で犬と遊ぶ時には，それはいつも違う犬だった。私はロッキーと遊ぶ機会がなかった。両親は，ロッキーは気が短いから，と言った。彼らは「【(1)】彼は急に怒るから，私たちは気を付けなくてはいけない」と言った。しかし彼は私の前で決して怒らなかったので，私はそのことについて心配していなかった。

ある朝，私が外で遊んでいる時，ロッキーが犬舎から出てきた。彼は遊びたがっていた。私は強い口調で「犬舎に行け！」と言うべきだとわかっていた。「私がそう言えば，彼はおそらく従うだろう。もし彼がそうしなかったら，私はお母さんに外に出てきて手伝ってほしいと頼めばいい」と私は思った。しかし私はロッキーを犬舎に入れたくなかった。私は彼と遊びたかった。

私には兄弟姉妹がいなかったので，私はよく走り回り，誰かとスポーツをしているつもりになって遊んだ。私は実際の人物と一緒に走って遊べるのがうれしかった。その日，その人物は犬だったのだ！　ロッキーと私は家の周りを何度も走った。私たちは一緒に走っていたが，彼は私の前を走っていたので，私が彼を追いかけているように見えた。私たちは両方ともたくさん走って疲れたので，立ち止まって少し休んだ。

当時，私はオリンピック選手になりたかった。ロッキーが私の前に座り，走ったせいで激しく呼吸をしている間，私は自分がオリンピックに出ていると想像した。【(2)】私はロッキーを飛び越えたいと思った。しかし走って彼を飛び越えるのは私には簡単すぎると思ったので，彼の隣に立って飛び越えてみようと決心した。

「1，2，3…ジャンプ！」 私の足が地面を離れるとすぐに，私は大きな間違いに気づいた。多分私は十分に高く飛んだが，それは重要なことではなかった。気の短い大型犬のロッキーは私のジャンプに驚き，急に立ち上がった。そしてそれは私が彼を飛び越えなかったことを意味した。私はジャンプして彼の上に乗ってしまったのだ。

私はロッキーの上に着地してしまったが，長い間彼の上に乗っていたわけではなかった。次に私が覚えていることは，彼が私の上に乗り，怒って私の顔を噛んだことだ。彼がなぜそんなに怒っていたか私は理解できる。なぜ彼が私の顔を噛もうとしたのかわからないが，それが彼のしたことだ。もちろん私は手や腕で顔を守ろうとしたので，ロッキーはそれらも噛んだ。

母は台所でパジャマ姿で皿洗いをしていた。すぐに彼女は何かおかしいと気づいた。彼女は私の様子を確認するために外に出た。彼女は何が起きているのかを見ると，走ってロッキーを蹴り，「やめなさい！ 犬舎に行きなさい！」と叫んだ。私の顔は血まみれだった。私は手で顔を覆い，「ロッキーが僕の目玉を食べた」と言って泣いた。

私は何度もそう言い続けた，おばが私たちを車で病院に連れて行ってくれた間でさえも。医師が私をきれいにして，私の両目は問題ないとわかった時，彼は私に何が起きたのかと尋ねた。私はまだ興奮していて，きちんと説明する代わりに「僕は3回彼をハルクして，彼の上に飛び乗ってしまったんだ」と言った。

私は映画『超人ハルク』の大ファンだった。私はハルクがいつも誰かを追いかけていたことを覚えていた。私は多分その時に「追いかける」という単語を思い出せなかったので，私は彼を「ハルクした」と言った。母と父は私に対して怒ったが，私のけががひどくなくて喜んだ。私は目を失わなかった！ 私はロッキーに対して怒っていたが，私の過ちだったとわかっていた。私の両親も怒って，私は罰を与えられた。その日から，私はテレビで『超人ハルク』を見ることが許されなかった。それは顔の傷よりも私を動揺させたと思う。

その日から10年が過ぎた。私には今でも傷があるが，私は今でも犬が大好きだ。実は，私は今ロッキーという名の小さな犬とアパートで暮らし，私の両親のように犬を育てて売る人になるため，大学で犬について学んでいる。

問1 (1)・(2) 「空所に入れるのに最適なものはどれか」 全訳下線部参照。 (3) 「筆者はどのようにしてよく遊んだか」①「犬と一緒に家の周りを何度も走った」 (4) 「ロッキーは何を噛んだか」③「彼は筆者の顔，手，腕を噛んだ」 (5) 「筆者が最終的にもっと動揺したのはなぜか」④「自分のお気に入りのテレビ番組を諦めなくてはいけなかったから」

やや難 問2 ①「筆者はアメリカの農場に住んでいた時，販売用の犬の世話をした」(○) ②「筆者の両親は彼に犬への話し方について教えたが，彼はよく理解しなかった」(×) ③「ある朝，ロッキーが犬舎から出てくると，筆者は『犬舎へ行け！』と言った」(×) ④「ロッキーが筆者を噛んだ時，筆者の母はパジャマ姿で家の中にいた」(○) ⑤「筆者の母は外で何が起きているか知ったので，台所から叫んだ」(×) ⑥「医師は筆者が病院に到着するとすぐに何が起きたのか尋ねた」(×) ⑦「筆者はけがをしたがあまり深刻ではなかったので，彼の両親は彼に対して怒っていたものの喜んだ」(○) ⑧「筆者はあなたに一緒に遊ぶ動物を選んでほしいと思っている」(×)

基本 **【4】** (語句補充・選択：熟語，動詞，現在完了，進行形，副詞，不定詞)

(1) 「お菓子を食べすぎる人は病気になる危険がある」 in danger of ~ing「~する危険がある」

(2) 「彼は近い将来，日本を出るつもりだと私に言った」 < say to ＋人＋ that ~>「(人)に~ということを言う」

(3) 「私は2日間，その新入生にどうやって話しかけるかについて考えている」「(今まで)ずっと~している」を表す現在完了進行形。

(4) 「彼女は問題の解き方についてあまり理解していなかったので，テストで良い結果が出せなかった」 little「あまり~ない」

(5) 「この箱を送るには15ドル以上かかる」 < It costs ＋金額＋ to ＋動詞の原形>「~するのに(金額)かかる」

重要 **【5】** (語句整序：熟語，進行形，動名詞，接続詞，仮定法，分詞，不定詞，関係代名詞)

(1) (I) am looking forward to joining the festival again. look forward to ~ ing「~するのを楽しみにする」はこの文のように進行形で用いられることが多い。join ~「~に参加する」①taking は不要。

(2) (Please) let me know when he comes to (your house.) let me know「私に知らせ

てください」 when は「～したら」を表す接続詞。② at は不要。

(3) (I) wish I could buy a desk made in (Italy.) I wish I could ～「～できればいいのに」 made in ～「～製の」は後ろから desk を修飾する過去分詞句。① is は不要。

(4) (Why) is it necessary for us to sleep (for at least seven hours ?) 形式主語構文 < It is … for ＋人＋ to ＋動詞の原形>「(人)にとって～することは…」 ⑦ needs は不要。

(5) (My sister) will cook the fish my father caught this morning. my father の前に目的格の関係代名詞が省略されており，my ～ morning が fish を後ろから修飾する。⑤ by は不要。

(6) (Ms. Smith) says she would like you to prepare (for tonight's party, right ?) < would like ＋人＋ to ＋動詞の原形>「(人)に～してもらいたい」③ wants は不要。

やや難 **【6】** (正誤問題：比較，関係副詞，動名詞，名詞)

(1) 「北海道は東京の約40倍の大きさだが，北海道の人口は東京の人口の半分より少ない」 ①の fortieth を fortyとする。< 数詞＋ times as … as ～>「～の―倍…」

(2) 「大阪駅からあなたが昨晩泊まったホテルはどのくらい距離があるのかしら」 ④の that を where に変える。where は場所を表す関係副詞。

(3) 「彼は10年前に家族とそのアミューズメントパークに行ったことを覚えていない」 ②のto visit を visiting とする。remember ～ing「～したことを覚えている」

(4) 「私は3匹猫を飼っている。1匹は灰色，もう1匹は黒白で，残りの1匹は茶色だ」 誤りなし。

(5) 「あなたは彼らに彼女についての情報をあまり与えてはいけない。なぜなら彼女を悲しませるからだ」 ②をtoo much informationとする。information「情報」は数えられない名詞なので複数形にはできない。

(6) 「私の両親のうちの1人はニューヨークで生まれて，私たちはその都市をよく知っている，だから私たちは将来そこに住みたい」 主語が単数なので①の wereを was とする。

★ワンポイントアドバイス★

【2】の長文は「たくさん水を飲むことは健康に良い」というテーマの文章。近年本校では，食生活や健康をテーマにした長文が出題されている。

＜理科解答＞ 《学校からの正答の発表はありません。》

1　(1) ③　(2) ④　(3) ④　(4) Ⅰ ②　Ⅱ ①　Ⅲ ②
2　(1) ⑤　(2) X 4　Y 0　(3) ⑧　(4) ④
3　(1) ③　(2) ①　(3) Ⅰ ①　Ⅱ ④　(4) ②
4　(1) ⑥　(2) V 2　W 0　(3) ③　(4) X 0　Y 7　Z 5
5　(1) M ⑦　N ⑤　(2) ②　(3) ⑦　(4) ⑤
6　(1) ①　(2) ⑥　(3) ④　(4) ⑧
7　(1) W 2　X 8　(2) ⑤　(3) Ⅰ ③　Ⅱ ②　(4) Y 1　Z 8
8　(1) ①　(2) ⑥　(3) X 0　Y 5　(4) Ⅰ ①　Ⅱ ②　Ⅲ ②

○推定配点○
1　各3点×4((4)完答)　2　各3点×4　3　各3点×4((3)完答)　4　各3点×4
5　各3点×4((1)完答)　6　各4点×4　7　各3点×4((3)完答)
8　各3点×4((4)完答)　計100点

＜理科解説＞

1　(植物の体のしくみ―呼吸と光合成)

基本　(1)　デンプンがあるとヨウ素液で青紫色の反応が見られる。実験1では，光を当てたあとの葉にヨウ素液の反応が見られたことから，光が当たることで青紫色に染まった細胞内の小さな粒(葉緑体)にデンプンができたことがわかる。

重要　(2)　試験管Aは，オオカナダモを入れずに光を当てたとき，BTB溶液の色の変化がないことを確認することで，BTB溶液の色の変化が光の当たったオオカナダモのはたらきによるものであることを確認できる。

重要　(3)・(4)　試験管Bでは，BTB溶液の色が，緑色から息を吹き込む前の青色に変化していることから，試験管内の二酸化炭素が減ったと考えられる。また，オオカナダモは，呼吸で二酸化炭素を放出し，光合成で二酸化炭素を吸収している。これらのことから，試験管Bでは，オオカナダモが呼吸よりも光合成をさかんに行っていることがわかり，発生した気泡は光合成で発生する酸素であることがわかる。

試験管Cでは，BTB溶液の色が黄色に変化していることから，水溶液が中性から酸性に変化したことがわかる。また，二酸化炭素が水にとけると水溶液は酸性を示す。これらのことから，試験管Cでは，オオカナダモの呼吸による二酸化炭素の放出のみが起こっていることがわかる。

試験管Dでは，BTB溶液の色の変化が見られなかったことから，試験管内での二酸化炭素の量の変化がなかったと考えられる。オオカナダモはつねに呼吸をして二酸化炭素を放出しているので，光合成による二酸化炭素の吸収も同程度あったことがわかる。光合成が活発に行われると二酸化炭素が吸収されて試験管内の液はアルカリ性になり，光合成が行われないと二酸化炭素が放出されて試験管内の液は酸性になることから，緑色の光では光合成は不活発になることがわかる。

2　(天気の変化―空気中の水の変化)

基本　(1)　コップの表面のくもりは，空気中の水蒸気がコップの表面で冷やされてできた水滴である。空気中の水蒸気が水滴に変化する温度は露点である。

基本　(2)　コップの表面がくもり始めたときの水温が8℃であることから，露点は8℃とわかり，表の8℃の飽和水蒸気量から，部屋の空気に含まれる水蒸気量は8.3g/m^{3}とわかる。気温23℃の飽和水蒸気量は20.6g/m³なので，湿度は，$\frac{8.3(g/m^3)}{20.6(g/m^3)}\times100=40.29\cdots$より40％

(3) ピストンを引くと，フラスコ内の空気が膨張させられて温度が下がる。そして，露点に達するとフラスコ内の水蒸気が水滴に変化してくもりが生じる。

やや難 (4) 実験1のときと同じ水蒸気量を空気中に含んでいることから，露点は8℃であることがわかる。地点Oでの気温が20℃であることから，空気が上昇して温度が20－8＝12(℃)下がると雲ができはじめる。標高が100m上がるごとに気温が0.6℃下がることから，12℃下がるのは，$100(m)\times\frac{12(℃)}{0.6(℃)}=2000(m)$空気が上昇したときである。よって，雲ができはじめる地点はSである。

3 (物質とその変化―状態変化)

重要 (1) 図1から，エタノールの沸点は約78℃であることがわかる。実験1の(iii)で注いだ湯は60℃であることから，エタノールは液体の状態であると考えられる。液体の状態では，物質の粒子は規則正しく並ばず，自由に動くことができる。

実験1の(iv)で注いだ湯は90℃であることから，エタノールは気体の状態であると考えられる。エタノールは，液体から気体になると体積は大きくなるが，質量は変化しないので，密度は小さくなる。

重要 (2) 実験を終えるときは，試験管に集めた液体が逆流するのを防ぐために，試験管からガラス管を出してから火を止める。

重要 (3) 水とエタノールの混合物を加熱すると，沸点の低いエタノールを多くふくむ液体が先に集まり，しだいに沸点の高い水を多くふくむ液体が集まるようになる。エタノールは燃えやすいので，長く燃えたと考えられるのは，エタノールを多くふくむ試験管Aである。

(4) 混合物中の液体のエタノールは，エタノールの沸点の約78℃付近から気体となる。そのため，fで表された，加熱開始後5分から8分までの時間に試験管に集まった液体にエタノールが多くふくまれ，エタノールのにおいが最も強くなる。

4 (電流と電圧―回路と電流，電圧)

基本 (1) 図1の回路は，電源装置とスイッチ，抵抗器がつながった回路に，直列に電流計，抵抗器に並列に電圧計がつながっている。また，電流計と電圧計の＋端子は電源装置の＋極側，－端子は電源装置の－極側につなぐことから，「電源装置の＋極→スイッチ→電流計→抵抗器(並列に電圧計)→電源装置の－極」の順に電流が流れる回路となる。

基本 (2) 4.0Vの電圧を加えたときに200mA＝0.2Aの電流が流れるので，オームの法則から，電気抵抗の大きさは$\frac{4.0(V)}{0.2(A)}=20(\Omega)$

基本 (3) 3.0Vの電流を加えたとき，抵抗器Aに流れる電流の大きさは，表1より150mA＝0.15Aなので，5分間＝300秒間電流を流したときの電力量は，3.0(V)×0.15(A)×300(s)＝135(J)

(4) 図2の回路で，電源装置の電圧を3.0Vにしたとき，電流計は75mA＝0.075Aを示し，抵抗器Bと抵抗器Cは直列につながれていることから，どちらの抵抗器にも0.075Aの電流が流れることがわかる。よって，図2の回路の抵抗器Cの両端に加わる電圧の大きさは，30(Ω)×0.075(A)＝2.25(V)

図3の回路で，電源装置の電圧を3.0Vにしたとき，抵抗器Bと抵抗器Cは並列につながれていることから，どちらの抵抗器にも同じ大きさの電圧が加わるので，抵抗器Cの両端に加わる電圧の大きさは3.0Vである。

よって，図2の抵抗器Cの両端に加わる電圧の大きさは，図3の抵抗器Cの両端に加わる電圧の大きさの2.25(V)÷3.0(V)＝0.75(倍)である。

5 (生殖と遺伝―遺伝の規則性)

重要 (1) しわのある種子をつくる純系のエンドウのもつ遺伝子の組み合わせはrr，丸い種子をつくる純系のエンドウのもつ遺伝子の組み合わせはRRなので，実験1で得られた子の代にあたるエンドウのもつ遺伝子の組み合わせはRrとなる。実験1で得られた子のエンドウを育てて自家受粉させて得られた実験2の孫の代にあたるエンドウのもつ遺伝子の組み合わせは，RR：Rr：rr＝1：2：1の個体数の比で現れる。このうち，RRとRrの遺伝子の組み合わせをもつものは丸い種子，rrの遺伝子の組み合わせをもつものはしわのある種子となるので，丸い種子としわのある種子は(1＋2)：1＝3：1の個体数の比で現れる。よって，8000個の種子のうち，丸い種子は，8000(個)×$\frac{3}{3+1}$＝6000(個)，しわのある種子は8000－6000＝2000(個)得られると考えられる。また，同じ遺伝子を対にもつ種子は，RRをもつものが8000(個)×$\frac{1}{3+1}$＝2000(個)，rrをもつものが8000(個)×$\frac{1}{3+1}$＝2000(個)だから，合わせて2000＋2000＝4000(個)

(2) しわのある種子のもつ遺伝子の組み合わせはrrだから，RRの遺伝子の組み合わせをもつ丸い種子から育てたエンドウに受粉させたときにできるエンドウのもつ遺伝子の組み合わせはすべてRrとなり，Rrの遺伝子の組み合わせをもつ丸い種子から育てたエンドウに受粉させたときにできるエンドウのもつ遺伝子の組み合わせは，Rr：rr＝1：1の個体数の比で現れる。よって，選んで育てた孫の代にあたる丸い種子のもつ遺伝子の組み合わせはRrである。

やや難 (3) 孫の代にあたる丸い種子には，RRの遺伝子の組み合わせをもつものとRrの遺伝子をもつものがあり，その個体数の比は，RR:Rr＝1:2である。また，RRのものを自家受粉させたときにできるエンドウのもつ遺伝子の組み合わせはすべてRRで，Rrのものを自家受粉させたときにできるエンドウのもつ遺伝子の組み合わせは，RR：Rr：rr＝1：2：1となる。これらのことから，得られたエンドウのもつ遺伝子の組み合わせは，RR：Rr：rr＝(4＋1×2)：(0＋2×2)：(0＋1×2)＝6：4:2＝3:2:1であり，RRとRrをもつものは丸い種子，rrをもつものはしわのある種子となるので，個体数の比は，丸い種子：しわのある種子＝(3＋2)：1＝5：1となる。

	R	R
R	RR	RR
R	RR	RR

	R	r
R	RR	Rr
r	Rr	rr

(4) ブドウの栽培でつくられたクローンは，無性生殖によって，子に親とまったく同じ形質が伝わることを利用したものである。

6 (地球と太陽系―金星)

重要 (1)・(2) 金星は太陽にある側がかがやいて見えることから，図2より，太陽は地球から見て金星の左側にあることがわかる。また，図2のように金星のちょうど半分がかがやいて見えるのは，地球と金星，金星と太陽のなす角が90°になるときである。これらのことから，金星の公転軌道上の位置は図1の⑥の位置とわかり，この位置にある金星は，地球からは明け方の東の空に見える。

やや難 (3)・(4) 1年間を52週間とすると，金星はおよそ52(週)×0.62＝32(週)で太陽の周りを1周することになるので，21週では，21÷32＝0.656…より，太陽の周りを約0.66周すると考えられる。また，地球は52週で太陽の周りを1周するので，21週では，21÷52＝0.403…より，太陽の周りを約0.40周すると考えられる。これらのことから，観測した日から21週で，金星と地球の間は，およそ0.66－0.40＝0.26(周)離れることになる。よって，地球と太陽，金星の位置関係は，金星が図1で⑧の位置あたりにあると考えることができる。したがって，地球から見える金星は，欠けた部分は小さくなり，見かけの大きさは小さくなる。

7 （化学変化―水の電気分解）

基本 (1) 質量パーセント濃度2.5％の水酸化ナトリウム水溶液110ｇ中の水酸化ナトリウムの質量は，110(g)×2.5÷100＝2.75(g)より，約2.8g

基本 (2) 純粋な水には電流がほとんど流れないため，電流を流しやすくするために水酸化ナトリウムを加える。

重要 (3) 水酸化ナトリウム水溶液に電流を流すと，水の電気分解が起こり，陰極からは水素，陽極からは酸素が発生する。陰極から発生した水素にマッチの炎を近づけると，水素が音を立てて燃え，水が生じる。また，陽極から発生した酸素に火のついた線香を入れると，線香は炎を上げて燃える。線香の主な原料は植物などの有機物であるため燃えると二酸化炭素が発生する。

(4) 図2より，陰極側に集まった水素と陽極側に集まった酸素の体積の比は，2:1であることから，質量の比は，(1×2)：(16×1)＝1：8

8 （力と圧力―圧力，浮力）

(1) 何もつるさないときのばねの長さは14cmなので，長さが26cmになったときのばねののびは，26－14＝12(cm)である。図2より，ばねののびが12cmになるのは質量150gのおもりをつるしたときである。

重要 (2) 水中にある物体は，水圧を物体の面に対して垂直にあらゆる向きから受ける。また，水圧の大きさは，深さが同じであれば等しく，深いほど大きくなる。

重要 (3) ばねの長さが18cmであることから，ばねののびは18－14＝4(cm)とわかる。図2より，ばねののびが4cmになるのは，質量50gのおもりをつるしたときであることから，ばねを引く力の大きさは0.5Nであることがわかる。質量100gの物体にはたらく重力の大きさは1.0Nなので，図3の状態で，おもりにはたらく浮力の大きさは，1.0－0.5＝0.5(N)

重要 (4) 水圧は深いところほど大きくなるので，図5の水圧は図6の水圧よりも小さい。浮力は，水中にある物体の体積によって決まるので，水中にある物体の体積が同じである図5と図6で浮力の大きさは等しい。同じ直方体を用いて実験を行い，浮力の大きさが等しいので，図5と図6でばねを引く力の大きさは等しく，ばねののびは等しくなる。

★ワンポイントアドバイス★

全問がマークシート方式で，難易度は標準レベル程度までだが，小問１つに複数の解答が必要であるなど，やや問題数が多い。また，計算問題も複数出題されているので，すばやく正確に解答できるように練習を重ねておこう。

＜社会解答＞ 《学校からの正答の発表はありません。》

1	(1) ア	(2) エ	(3) ウ	(4) エ	
2	(1) イ	(2) ウ	(3) ア	(4) ① ウ ② ウ	
3	(1) イ	(2) エ	(3) イ	(4) ア	
4	(1) ウ	(2) イ	(3) ウ	(4) オ	
5	(1) ウ	(2) エ	(3) イ	(4) ウ	(5) エ
6	(1) イ	(2) ウ	(3) イ	(4) エ	(5) ア
7	(1) ウ	(2) イ	(3) ウ		
8	(1) エ	(2) イ	(3) イ		

○推定配点○

1 各3点×4　2 各3点×5　3 各3点×4　4 各3点×4　5 各3点×5

6 各3点×5　7 各3点×3　8 (1)・(2) 各3点×2　(3) 4点　計100点

＜社会解説＞

1 (総合—近～現代の政治史・地方財政・資料の読み取りなど)

(1) Ⅰ 県中央部に位置する北関東最大の都市。江戸時代には城下町や日光東照宮の門前町として繁栄した。 Ⅱ 鉱毒事件では議員を辞任して天皇に直訴するなどその生涯をささげた。

やや難 (2) 1989年のベルリンの壁崩壊→1993年のEU誕生→2001年の同時多発テロの順。

(3) Ⅰ 地方分権が声高に叫ばれるが自主財源の割合は50%にも達していない。 Ⅱ 財政の豊かな自治体には支給されない。国庫支出金は補助金と呼ばれ使途が限定されている。

(4) Aは日本，Bは韓国，Dはイギリス，Eはフランス。

2 (日本の地理—地形図・自然・産業など)

(1) Ⅰ 世界的な大暖流で黒みがかった色をしていることから命名された。 Ⅱ 本四連絡橋は瀬戸大橋の児島・坂出，神戸・鳴門，しまなみ海道と呼ばれる尾道・今治の3ルート。

(2) 六甲山を切り崩した土砂で造成，阪神大震災では液状化など大きな被害も発生した。

(3) Ⅰ 1960年代に豊川用水が完成して以降，農業の先進地域として発展している。 Ⅱ トヨタ自動車の企業城下町。製造品出荷額は日本1で市名も企業名に変更された。

基本 (4) ① 市役所の地図記号は◎，郵便局は〶，警察署は⊗，図書館は🕮，老人ホームは[老人ホームの地図記号]，広葉樹林はQ 。 ② 2万5000分の1では2cm＝500m，3cm＝750m。

3 (地理—地図・地形・世界の国々など)

(1) 赤道はアフリカ中央部からユーラシア大陸の最南端，そして南米ではアマゾン川流域を通過。

(2) ① 人口大国のインドは英語を中心に主要なものだけでも15の言語が使用されている。
② スペインが進出した南米だがブラジルだけはポルトガルの植民地として発展した。

重要 (3) Ⅰ 北アメリカ西部を南北に縦断する大山脈。 Ⅱ 文字通り温暖で暖かな地域。人口が増加し企業も低賃金や広大な土地を背景に盛んに進出している。

(4) 人口増加率ではガーナ，増加数ではメキシコが1位。Bはオーストラリア，Cはメキシコ。

4 (日本の歴史—古代の政治・社会・文化史など)

(1) ① 粘土板に刻まれた楔形(くさびがた)文字。エジプト文明はヒエログリフと呼ばれる神聖文字。
② 占いの内容を亀の甲羅や牛の骨などに記した文字。

(2) 縄文最大規模の遺跡で500人もが暮らしていたとの推測もある。温暖な縄文時代は海進が進み各地で貝塚が出現した。金属器は弥生時代，魔除けや豊穣を祈って作られたのは土偶。

(3) 4世紀後半，先進技術や鉄資源の獲得を目指した大和王権は朝鮮半島に進出，半島北部を支配し南進を目指す高句麗と対立。日本は半島での優位を得るため中国王朝に接近していった。

重要 (4) 仏教伝来は6世紀半ば，鑑真の来日は8世紀半ば，遣唐使の廃止は9世紀末の出来事。大化の改新は7世紀半ば，坂上田村麻呂は8世紀末。卑弥呼は3世紀，道長は11世紀，栄西は12世紀。

5 (日本と世界の歴史ー中世～近世の政治・経済史など)

(1) 保元の乱で勝者の側に立った平清盛と源義朝は3年後に平治の乱で直接対決，義朝を破った清盛は政治の実権を握り「平氏にあらざれば人にあらず」といわれた平氏政権を築いた。

(2) 重い軍事負担に苦しんだ御家人の窮乏化は進み幕府に対する信頼も揺らいでいった。これに対し幕府は徳政令を出して救済を図ったが幕府の崩壊に歯止めはかからなかった。

(3)「惣」とはすべてのものという意味。中世には階層を超えた地域的結合が強くなり寄合などを通じた自治が進んでいった。中には複数の惣がまとまり土一揆などの母体となった。

(4) 三大改革は享保→寛政(松平定信)→天保(水野忠邦)の順。財政再建を目指す吉宗は石高1万石につき100石の米を献上させる代わりに参勤交代制を緩めた。株仲間の解散は天保の改革。

やや難 (5) Ⅱ(1492年)→Ⅳ(1517年)→Ⅲ(1688年)の順。第1回の十字軍派遣は1096年。

6 (日本の歴史ー近～現代の政治・外交史など)

(1) 西南戦争は1877年，教育勅語は1890年。米騒動は1918年，廃藩置県は1871年。

(2) 天皇は主権者として強力な天皇大権を持っていた。臣民とは君主の支配対象とされる国民で，大日本帝国憲法では皇族以外の国民であり天皇への絶対的服従が求められた。

(3) Ⅰ 1902年にロシアに対抗して締結された日英同盟。 Ⅱ ウィルソンの平和14か条を基礎に成立。太平洋の現状維持はワシントン会議での四か国条約。

重要 (4) 納税額による制限は直接国税15円以上が10円，3円となり1925年に撤廃された。

(5) Ⅰ 1941年12月8日，海軍がハワイを，陸軍がマレー半島を奇襲。 Ⅱ 1945年2月，ヤルタ協定で対日参戦を決めたソ連は4月に条約不延長を通告，8月8日に宣戦を布告した。

7 (公民ー憲法・政治のしくみ・労働問題など)

(1) 憲法改正は総議員と厳しいが法律の再議決は出席議員の3分の2以上で決する。

基本 (2) Ⅰ 地方自治や選挙，郵便など国民生活にかかわる行政機能を管理する組織。 Ⅱ 2001年の中央省庁再編で厚生省と労働省が統合されてできたマンモス省庁。

(3) Ⅰ 労働三権は生存権，教育を受ける権利と並び社会権に分類される。 Ⅳ「仕事にも余暇にも同じくらい力を入れる」は1998年と2008年に減少。 Ⅴ 2013年以降は「仕事より余暇に生きがい」は「余暇も時には楽しむが仕事により力を」の半分以上となっている。

8 (公民ー新しい人権・社会保障など)

(1) ① 児童・母子・老人・障がい者等のために国や地方自治体が行う様々なサービス。

② 生存権を保障する制度。社会保険は事故や病気，老後などに備える社会保障の中核をなす制度。

重要 (2) 円高とは円の価値が上がること。1ドル＝100円の時に100万円の自動車は1万ドルだが，1ドル＝80円になると100万円の自動車は1万2500ドルとなり売れなくなってしまう。

(3) Ⅰ 服装やライフスタイルなど各自が自律的に決定できる権利。憲法13条の幸福追求権を根拠に主張される。 Ⅱ 個人情報や他人に不利益を与えるものまで開示されるわけではない。

★ワンポイントアドバイス★

地理の基本は何といっても地図帳の利用にある。日常生活の中で不明な地名や国などに出会ったら必ず自らチェックするという習慣をつけよう。

<国語解答> 《学校からの正答の発表はありません。》

一　問一　a 4　b 2　c 4　問二　ア 3　イ 1　ウ 4　問三 4
問四 3　問五 3　問六 1　問七 4　問八 2　問九 1　問十 3
問十一 3　問十二 2

二　問一　a 1　b 4　c 3　問二　ア 4　イ 1　ウ 3　問三 2
問四 1　問五 3　問六 4　問七 3　問八 1　問九 4　問十 4

三　問一 4　問二 1　問三 4　問四 4　問五 4　問六 2　問七 3
問八 1　問九 4

○推定配点○

一　問一　各1点×3　問二・問三・問十一　各2点×5　他　各4点×8
二　問一　各1点×3　問二・問三・問八　各2点×5　他　各4点×6
三　各2点×9　計100点

<国語解説>

一　(論説文－漢字，脱文・脱語補充，接続語，文脈把握，内容吟味，動詞の活用，要旨)

問一　a　一斉　1　征伐　2　聖火　3　忠誠　4　斉唱
b　衝突　1　水晶　2　緩衝材　3　奨励　4　精進
c　封建的　1　倹約　2　冒険　3　大気圏　4　建築

問二　ア　直前に「……，いきなりできなくなってしまう」とあり，直後で「社会の……その発言と行動によって明らかになりました」と付け加えているので，累加を表す「そして」が入る。イ　直前直後で「……確認する必要があります」「……視線を向ける必要があります」と同様の表現が並んでいるので，並立を表す「また」が入る。　ウ　直前に「非常事態にはまったく逆効果になってしまう場合」とあり，直後には「予想外の展開に対処できず，……」と具体例が示されているので，例示を表す「例えば」が入る。

問三　【D】の直後には，脱落文の「頼りになるリーダー」を受けて，「信頼できるリーダーの条件とは……」と説明されているので，【D】に入る。

問四　直前の「自信満々で……と断言するリーダーたちの言うことに従って，ある方向にみんなで歩いた結果，大勢の人が戦争で死に，生き残った人々も心や体に傷を負い，……日本は国としての主権……を7年間も失いました」という内容を指すので3が適切。

問五　本文冒頭に「新型コロナウイルスの感染拡大という，誰も予測しなかった出来事は，……，実はそうではなかったことを教えました」とあり，「飲食店で友だちとワイワイ騒いだり……いきなりできなくなってしまう」「社会のリーダーとして，大事な物事を決定してきた……明らかになりました。……」と具体例が示されているので，2・4は合致する。直後に「それは『誰も正解を知らない問題で，どんな風にして答えを探すか』ということの重要性です」とあり，後に「非常事態に対処するには……『知性ベースの学び』です」と述べられているので1も合致する。3は，

「必要なことを選択し」という部分が合致しない。

問六 [3] の直前に「学校のテストと違い」とあり，[5] の後で「知識ベースの勉強」と言い換えられているので，「学校のテスト」「知識ベースの勉強」にあてはまる1が適切。

問七 直後に「ここで注意しなくてはならないのは『細かい情報ほどただしい』というわけではないという事実です」とあり，「『どこからどこに向けて発せられた情報なのか』や『事実の裏付けはバランスよくなされているか』……『全体の一部だけを切り取った情報ではないか』などの「信憑性……」を，確認する必要があります」とあるので4が適切。

問八 直後に「物事を，昨日，今日，明日，という短い時間軸で考えてしまうと，今すぐ役に立たないものは……。けれども……今すぐ役に立たないものでもいざという時に何かの役に立つかもしれない，という事実に目が向きます」とあるので2が適切。

やや難 問九 直後に「自由というのは，上の偉い人が，……そうではありません」とあり，直前に「情報の真贋……や信憑性を自分で判断・選別する『目』を持ち，あらかじめ用意された『正解』の知識に頼りすぎず……」と説明されているので1が適切。

問十 筆者の考えは，「それを……」で始まる段落に「一人一人が独立した個人として自由に物事を考え，それぞれの持つ能力を活かしてアイデアを出し合い，みんなで対等に『いちばんましな答え』を探し出すことだろうと思います」と述べられているので3が適切。

問十一 「生き延びる」は，「び／び／びる／びる／びれ／びろ・びよ」と活用する上一段活用。1は五段活用。2は下一段活用。3は上一段活用。4はサ行変格活用。

問十二 2は，本文に「予期せぬ非常事態には，……みんなで意見を交換しながら，いちばんましな答えを探していきます」と述べられていることと合致する。

二 **(小説－熟語の構成，語句の意味，脱文・脱語補充，情景・心情，品詞，内容吟味，大意)**

問一 a 「注力」は，下の字が上の字の目的語になっており，「力を注ぐ」と読むことができる構成。構成が同じものは，「会を閉じる」と読むことのできる1。 b 「巨匠」は，上の字が下の字を修飾する構成。同じものは，4の「好機」。 c 「静寂」は，似た意味の字を組み合わせた構成。同じものは，3の「永久」。

問二 ア 「八面六臂」は，あらゆる仕事を一人で立派にやりこなすことを意味するので4が適切。イ 「食い下がる」は，強い相手に粘り強く立ち向かう，という意味なので1が適切。 ウ 「権威」は，ある分野において抜きん出てすぐれた専門家，という意味。

問三 A 直前に「ドクター」とあり，その前に「病気で亡くなっている」とあるので，「敏感になっている」が入る。 B 前に「珍しいことだった」とあるので，「耳を疑った」が入る。
C 直前に「アーノルドは彼女のお気に入りのキュレーターだった」「アーノルドと一緒にワークショップを開ける」とあるので，「胸が高鳴った」が入る。

問四 直後に「見る，という行為を純粋に人間のかたちにしたよう」とあるので1が適切。

やや難 問五 この後に「『娘は，見えているんです。……それを，障害者と呼ぶなんて』」「指先が，微かに震えている」とあることから，母親の怒りが読み取れるので3が適切。

問六 直前に「永遠の闇」とあることから，「それ」は，視力を失うことを指すとわかる。「美青」については，「子どもの頃からアートが好きで，メトが好きで，美術館で働くために一生懸命勉強したし，ライバルに負けまいと競争もした」「それもこれも，美術館で働くために。大好きなアートの，より近くで生きていくために」とあるので4が適切。

やや難 問七 美青については，「自分には，そのかけらもないじゃないか」「『メトにいられて，そのことだけに満足して，ほんとうにアートを見る目を失っていたんですね。もう，視力を失っていたも同然です』だから，このさきは心でみつめていく努力をする」「そのために退職して，手術をする。

そう決心していた」と前向きな様子が表現されているので3が適切。

問八　「副詞」は用言を修飾する活用のない自立語で，「ふと」「ぼんやりと」が該当する。

問九　直前に「美青は，生まれて初めてこの絵を見たように，絵に向かい合った」とあり，直後に「ふたりの少女は，青のさなかで，同じリズムで呼吸していた」とある。子供の頃にはじめて見たときのことを思い出し，パメラと一緒に一心にピカソの絵を見つめているので，「子供の頃のように絵を見ている」とする4が適切。

問十　4は，「『この子が，どうしても美術館に行ってみたいと言って』「そして，あなたに会いたいと言って」とあることと合致する。

三　**(古文－文脈把握，会話文，動作主，口語訳，内容吟味，語句の意味，大意)**

〈口語訳〉　源義光は豊原時元の弟子である。(時元の子である)時秋がまだ幼かった時に時元は亡くなってしまったので，大食調入調の演奏を時秋には授けず，義光には確かに教えていた。

(義光の兄の)陸奥守義家朝臣が永保三年に清原武衡・家衡を攻めた時，義光は京で仕えていてその合戦のことを伝え聞いた。暇を申し出て京から合戦の地へ行こうとしたが，許しが下りなかったので，兵衛の掾の役職を辞めると申し上げて，陣に弦袋をかけて馳せ下った。近江国の鏡の宿に着いた日，薄い藍色の略服と略服用の袴を着用して，烏帽子を深くかぶった男で，(義光に)遅れまいとやって来る者があった。不審に思って見ると，豊原時秋であった。「どうしたのだ。何をしに来たのだ」と聞くと，あれこれと理由は言わず，「ただお供いたします」とだけ言う。義光は，「この度の下向は，あわただしいことがあって馳せ下るものである。一緒に連れて行きたいが，この度においては，連れて行くことはできない」と，しきりにとめたが(時秋は)聞かず，無理にもついて来なさる。止めるのもかなわず一緒に下って，ついには足柄山まで来た。その山で義光は馬を止めて，「引き止め申し上げてもお聞き入れにならず，ここまでついて来られたのだから，その志は浅くない。しかしこの山は，きっと関も厳しく，たやすく通すことはないだろう。義光は職を辞して都を出て来たときから，命はないものと思って向かっているので，どんなに関所が厳しくとも留まることはない。駆け抜けてでも通過しようと思う。(でも)あなたにはその必要はない。すぐにお帰りください」と言うが，時秋はまだ聞き入れない。さらに言うこともない。その時，義光は，時秋の思うところを悟って，関所で馬から降りた。人を遠ざけて，柴を切って楯二枚を敷いて，一枚には自分が座り，もう一枚には時秋を座らせた。腰につけた矢入れから一枚の文書を取り出し，時秋に見せた。「(時秋の)父である時元が自筆で書いた大食調入調の曲の楽譜です。さて，笙はお持ちか」と，時秋に聞くと，「あります」と言って，懐から取り出す用意は，何はともあれすばらしい。その時，「これまであとをついて来られたのは，きっとこの理由でございましょう」と言って，すぐに入調の曲を授けた。「義光は，このような一大事で下向するので，身の安否はわからない。万が一無事であれば都での再会を約束しましょう。あなたは豊原家代々の演奏家で，朝廷が必要とする人物である。私に恩義を感じるならば，すぐに都に帰って道に専念されるのがよい」と，再三言うと，道理に納得して上洛した。

問一　「豊原時秋なりけり。」の直後から，義光の言葉が始まり，引用の「～と」までが会話文になるので，「あれは～たるぞ」が該当する。

問二　直前の一文の冒頭に「義光は」とあるので，動作主は「義光」。

問三　「とかく」は，あれこれと，という意味。あれこれと言うこともせず，という意味になるので，4が適切。理由は説明せずに「ただ御供仕るべし」と，同行を願い出たのである。

問四　今回はできない，という意味。直前に「『このたびの下向……ともなひ給はん事もつとも本意なれど』」とあり，伴いたい気持ちはあるが今回はできない，という文脈になるので4が適切。1の「朝廷の命令」，2の「理由がない」，3の「大勢を連れていく」は合致しない。

問五　直前に「義光は所職を辞し申して都をいでしより，命をなきものになしてまかりむかへば……まかり通るべし。それにはその用なし」と理由を述べているので4が適切。時秋には，死を覚悟する必要などないのだから帰りなさい，と言っているのである。

問六　この後で「『これまでしたひ来たれる心ざし，さだめてこの料にてぞ侍らん』」と言い，「則ち入調の曲をさづけてけり」とあるので2が適切。時秋は義光に，大食調入調を自分に授けてほしいという思いでついてきたのである。

問七　「いみじ」は,すばらしい,という意味。直前に「ふところより取り出したりける用意のほど」とあり，「笙」をすぐに取り出したことをすばらしいと褒めているので3が適切,

問八　「心ざし」には，誠意，好意，という意味がある。ここでは，大食調入調の曲を授けてくれた義光に対する思いなので,「恩義」とする1が適切。

問九　4は,「時秋のことも遠ざけて」という部分が合致しない。本文には「人を遠くのけて」とある。他の人々を遠くへやり，義光は時秋に曲を授けたのである。

★ワンポイントアドバイス★

論説文・小説・古文すべて，長めの文章に読み慣れておくことが必要！
よく練られた選択肢を吟味し正答を選び出す練習をしておこう！

大切なことはメモしておこうネ！

T G

2021年度
★★★★★★★★★★★★★★★★★★★★★★★★★
入　試　問　題

2021年度

専修大学松戸高等学校入試問題（前期１月17日）

【数　学】（50分）　＜満点：100点＞

【注意】　1　解答は解答用紙の解答欄にマークしなさい。問題文中の [アイ] , [ウ] などの [　] には，特に指示がないかぎり，数値が入ります。これらを次の方法で解答用紙の指定欄に解答しなさい。

注１．ア，イ，ウ，…の一つ一つは，それぞれ０から９までの数字のいずれか一つに対応します。それらを，ア，イ，ウ，…で示された解答欄にマークしなさい。

例えば，[アイ] に10と答えたいとき，右図のようにマークしなさい。

注１

ア	イ
⓪	●
●	①
②	②
③	③
④	④
⑤	⑤
⑥	⑥
⑦	⑦
⑧	⑧
⑨	⑨

注２．分数形で解答が求められているときは，既約分数で答えなさい。

例えば，$\frac{\boxed{\text{ウエ}}}{\boxed{\text{オ}}}$ に $\frac{25}{3}$ と答えるところを $\frac{50}{6}$ と答えてはいけません。

注３．比の形で解答が求められているときは，最も簡単な自然数の比で答えなさい。

例えば，２：３ と答えるところを ４：６ と答えてはいけません。

注４．根号を含む形で解答が求められているときは，根号の中に現れる自然数が最小となる形で答えなさい。

例えば，$\boxed{\text{カ}}\sqrt{\boxed{\text{キ}}}$ に $4\sqrt{2}$ と答えるところを $2\sqrt{8}$ と答えてはいけません。

2　定規，コンパス，電卓の使用は認めていません。

1　次の問いに答えなさい。

(1)　$\frac{5}{\sqrt{60}}-\sqrt{30}\div\frac{3}{\sqrt{98}}$ を計算すると，$\frac{\boxed{\text{ア}}\sqrt{\boxed{\text{イウ}}}}{\boxed{\text{エ}}}$ である。

(2)　x，y についての連立方程式 $\begin{cases} ax+by=17 \\ 3x+2y=-6 \end{cases}$ と $\begin{cases} bx-ay=19 \\ 5x-2y=-26 \end{cases}$ の解が等しくなるとき，

$a=-\boxed{\text{ア}}$，$b=-\boxed{\text{イ}}$ である。

(3)　２次方程式 $x^2-8x-3=0$ の２つの解を m，$n(m>n)$ とするとき，

$m-n=\boxed{\text{ア}}\sqrt{\boxed{\text{イウ}}}$ である。

(4)　関数 $y=ax-3a$ について，x の増加量が２のときの y の増加量は５である。

この関数で，$x=7$ のとき，$y=\boxed{\text{アイ}}$ である。

(5)　$\sqrt{24}$ の小数部分を a とするとき，$(a+1)^2=\boxed{\text{アイ}}-\boxed{\text{ウエ}}\sqrt{\boxed{\text{オ}}}$ である。

(6)　右図のように，線分ABを直径とする円Oの周上に点Cがある。

点Cをふくまない$\overset{\frown}{AB}$上に，$\overset{\frown}{AD}:\overset{\frown}{DB}=3:2$ となるように点Dをとり，線分ABと線分CDとの交点をEとする。

$\angle BAC=24°$ のとき，$\angle BEC=$ アイ °である。

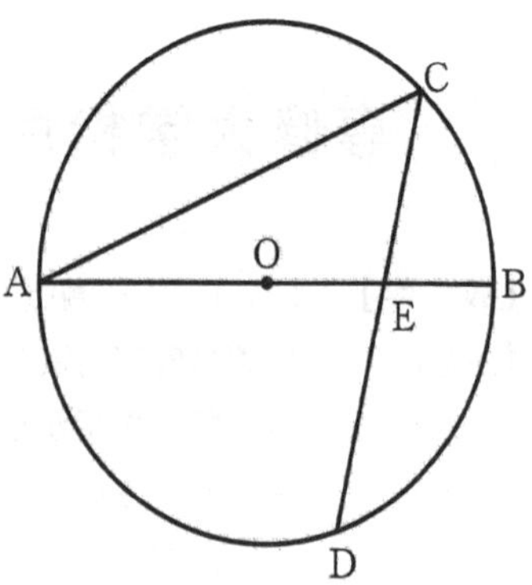

2　次の問いに答えなさい。

(1)　袋の中に，同じ大きさの赤玉２個，白玉３個，青玉１個の合わせて６個の玉が入っている。この袋の中から玉を同時に２個取り出す。

①　赤玉が出ない確率は，$\frac{ア}{イ}$ である。

②　６個の玉それぞれについて，赤玉には２点，白玉には１点，青玉には０点の点数をつける。取り出した２個の玉の点数の合計が２点になる確率は，$\frac{ウ}{エ}$ である。

(2)　あるクラスの生徒40人を対象に，夏休みに読んだ本の冊数を調査し，右の表にまとめた。

この結果，中央値は4.5冊，平均値は4.9冊であった。

①　$x=$ ア である。

②　$y=$ イ ，$z=$ ウ である。

冊数（冊）	人数（人）
1	3
2	6
3	4
4	x
5	y
6	z
7	4
8	5
9	3
合計	40

3　右図のように，放物線 $y=\frac{1}{2}x^2$ 上に，２点A，Bがあり，x座標はそれぞれ-3，２である。

x軸上にあり，x座標が４である点をCとし，直線ABとy軸との交点をDとする。

線分OD上に点Pをとり，点Pのy座標をtとする。

(1)　直線ABの式は，$y=-\frac{ア}{イ}x+$ ウ である。

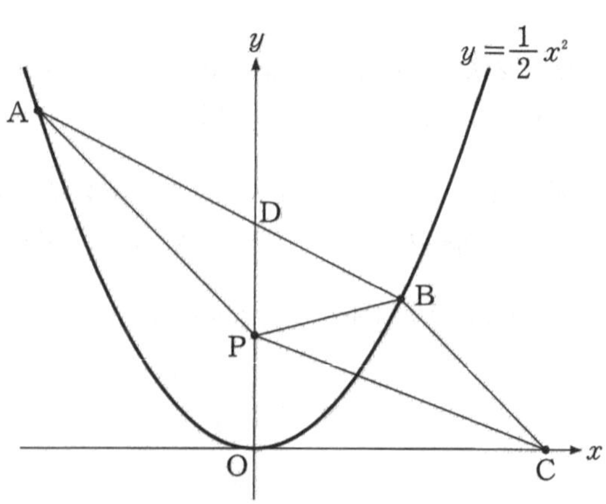

(2)　△ABPの面積を t を使って表すと，$\dfrac{\boxed{エ}}{\boxed{オ}}\left(\boxed{カ}-t\right)$ となる。

(3)　△ABPの面積と△CBPの面積が等しいとき，$t=\dfrac{\boxed{キ}}{\boxed{ク}}$ である。

4　右図のように，AB＝６cm，AD＝４cm，∠ABC＝60°の平行四辺形ABCDの辺BCの中点をMとする。

　また，辺CD上に，∠BAM＝∠DAEとなるように点Ｅをとり，線分AEと線分DMとの交点をＦとする。

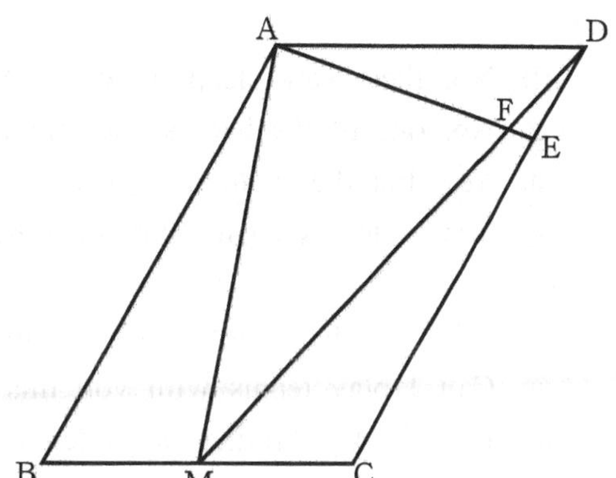

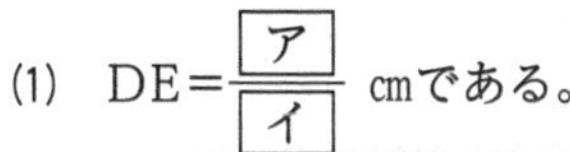

(1)　DE＝$\dfrac{\boxed{ア}}{\boxed{イ}}$ cmである。

(2)　DF：FM＝ $\boxed{ウ}$ ： $\boxed{エ}$ である。

(3)　△AFMの面積は，$\dfrac{\boxed{オカ}\sqrt{\boxed{キ}}}{\boxed{ク}}$ cm² である。

5　右図のように，８cmの線分ABを直径とする円Ｏを底面とし，CA＝12cm を母線とする円すいと，その円すいに内接する球Ｓがある。

(1)　CO＝$\boxed{ア}\sqrt{\boxed{イ}}$ cmである。

(2)　球Ｓの半径は，$\boxed{ウ}\sqrt{\boxed{エ}}$ cmである。

(3)　円周率を π とする。この円すいを，底面に平行で球Ｓと接する平面で２つに分けるとき，円Ｏをふくむ立体から球Ｓを取り除いた立体の体積は，$\boxed{オカ}\sqrt{\boxed{キ}}\pi$ cm³である。

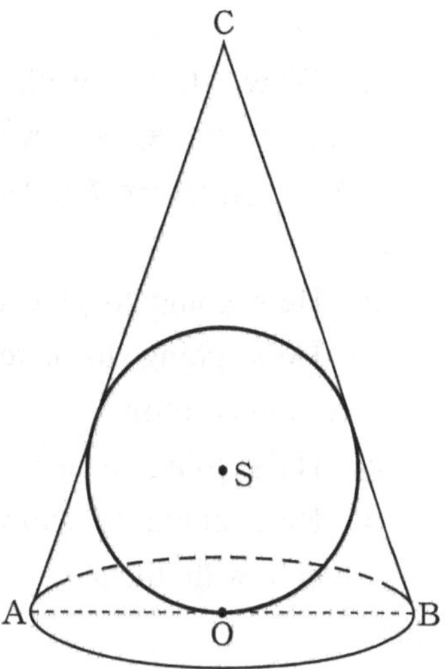

【英　語】（50分）　＜満点：100点＞

※リスニングテストの放送台本は非公表です。

【1】 リスニング試験

1．それぞれの対話を聞いて，最後の発言に対する最も適切な応答を1つ選び，その番号をマークしなさい。対話はそれぞれ2回放送されます。

(1)

① No, they were sleeping well.　No problem.

② No, one of the babies was moving a lot and drinking her mother's milk well.

③ Yes, but the mother cat was a little tired.

④ Yes.　One is small, but the other is big.

(2)

① Where is he going to play tennis on the day?

② Can I play tennis with you this Sunday?

③ Is he?　My brother plays tennis better than I.

④ I'd like to play it with your brother someday.

(3)

① OK.　Please go straight down the street.

② Oh, I should go along this street, right?

③ Oh, no.　I cannot tell you the way.

④ Wow.　Can I walk there tomorrow?

2．英文を聞いて，後に続く質問の解答として最も適切なものを1つ選び，その番号をマークしなさい。英文と質問はそれぞれ2回放送されます。

(1)

① He's going to give the foreign students a school tour after he meets Mr. Jones.

② He's going to take the foreign students to the library before visiting the computer room.

③ He's going to use computers with the foreign students and dance in the gym.

④ He's going to show the foreign students around three places and then have lunch with them.

(2)

① Three will.　② Four will.　③ Five will.　④ Six will.

【2】 次のスーパーボウル（Super Bowl）に関する英文を読んで，以下の問題に答えなさい。

Have you ever heard of the Super Bowl?　It is the championship game of the National Football League in America.　In 2020, it was played by teams from San Francisco and Kansas City.　It was a very exciting game!　Some people in Japan are very interested in American football, but it is not as (　1　) as baseball or soccer.　And of course most countries in the world call soccer "football."　Though American football is very popular in the United States, there are a lot of people (　　2　　). But many of these same people still watch the Super Bowl every year. They go to Super Bowl parties with groups of people, or watch it in their own houses. [　①　] In 2020, about 102 million people watched the Super Bowl. But why? It they don't enjoy the sport, why do they watch the championship game?

The answer is that they aren't really watching the game as much as they are watching something else: the commercials! Are you surprised? Commercials are important for us because we cannot watch TV programs for free without them, but usually we don't like them. This is because they stop the TV programs we are watching and we have to wait for a while. They are often boring, or tell us about products or services that we do not want or need. Many people use the *restroom or go to the kitchen during the commercial breaks, but this is (　　3　　) to do during the Super Bowl! This is because the commercials during the Super Bowl are special. They are usually very *creative and often make us laugh. Most of them are seen for the first time during the Super Bowl, so they are interesting for that reason, too. Because so many people watch the Super Bowl, commercial time is very expensive. One 30-second commercial cost $5 million in 2020. [　②　] That's about 600,000,000 yen! Because these commercials are so expensive, companies work hard to make the best commercial. Actually, they are so good that even if *viewers have no interst in the products or services they *advertise, they can still enjoy them. The commercials *provide entertainment!

(4)
ア. Most of the commercials used joke to keep the viewers' attention, but some of them also used *heartwarming or sad stories.
イ. This is because they are not only interesting, but also because they tell us a lot about American culture in the year 2020.
ウ. Even though the Super Bowl is over, people all around the world continue to watch the commercials.
エ. During the 2020 Super Bowl, there were commercials for things like cars, chocolate, pizza delivery, smartphone service, beer, and so on.

One commercial shows many kinds of *electronic devices talking to each other. It shows us that many American homes are full of new technology. The robot *vacuum cleaner, washing machine, and even toothbrush are all talking to each other. Can you guess what the commercial is for? Maybe a battery? No! It is for a kind of taxi service. Because many people drink *alcohol during the Super Bowl, the taxi service can get them home safely. It is difficult to explain the *connection between the electronic devices and the taxi service, but it *makes sense if you understand the commercial! [③]

Another commercial tells us about a chocolate bar that has peanuts, caramel, and peanut butter. Many people have not heard of this chocolate bar, so the main character in the commercial *teases them by using popular English *idioms. These idioms all have the same meaning: the people are *ignorant —— they don't know about this product, but they should. Here are some examples: "Where have you been? Under a rock?" "What, were you born yesterday?" "Were you raised by wolves?" "Are you clueless?" "Is your head in the sand?" "Are you from another planet?" After each idiom, a character is shown and the character *acts it out. It is quite funny.

Did you know all of these idioms already? [④] Maybe you learned something new by reading about this commercial. We often talk about (5) by watching movies or TV shows, or by listening to music, or by reading books or comics, but how about studying English by watching commercials? They are short, so we can understand the meaning without spending a lot of time on them. It feels good to watch something and understand it well! We can learn new words, new ways to use them, and even little things about culture! Why don't you check online for videos of the 2020 Super Bowl commercials? You may not become an American football fan, but you will learn something and have fun, too! Just try not to spend too much money on chocolate bars and pizza!

(注) *restroom トイレ　*creative 創造的な　*viewer 視聴者　*advertise 宣伝する
*provide ～ ～を提供する　*heartwarming 心温まる　*electronic device 電子機器
*vacuum cleaner 掃除機　*alcohol お酒類　*connection 関係
*make sense 理にかなっている　*tease ～ ～をからかう　*idiom 熟語
*ignorant 無知な　*act ～ out ～を実演する

問１　空欄（１）に入れるのに最も適切なものを①～④から１つ選び，その番号をマークしなさい。

① interested　② difficult
③ popular　④ easy

問２　空欄（２）に入れるのに最も適切なものを①～④から１つ選び，その番号をマークしなさい。

① who don't enjoy it　② who like to watch it
③ who don't visit it　④ who play it

問３　空欄（３）に入れるのに最も適切なものを①～④から１つ選び，その番号をマークしなさい。

① easier　② more important
③ more useful　④ harder

問４　[(4)] 内のア～エの文を文脈が通るように並べかえたとき，順番として最も適切なものを①～④から１つ選び，その番号をマークしなさい。

① イーアーエーウ　② イーエーウーア
③ エーアーイーウ　④ エーアーウーイ

問５　空欄（５）に入れるのに最も適切なものを①～④から１つ選び，その番号をマークしなさい。

①　how we can study English　　②　who can study English

③　why we can study English　　④　when we can study English

問６　次の英文を入れるのに最も適切な位置を，本文中の ① ～ ④ から１つ選び，その番号をマークしなさい。

It is very creative!

問７　本文の内容に合うものを①～④から１つ選び，その番号をマークしなさい。

①　In 2020, more than two hundred million people watched the Super Bowl.

②　Many commercials are usually very interesting, so many people want to watch them.

③　Commercials are important, so we have to pay for watching TV programs.

④　Learning many English idioms in commercials is one good way to study English.

問８　本文の内容について，⑴，⑵の質問に対する答えとして最も適切なものを①～④からそれぞれ１つずつ選び，その番号をマークしなさい。

⑴　What is NOT true about the commercials during the Super Bowl?

①　They are usually very creative and funny.

②　Most of them are seen for the first time during the Super Bowl.

③　These commercials are so expensive that many companies don't want to make them.

④　Because they are so good, people who aren't interested in the products can also enjoy them.

⑵　What is the good point for learning English by watching commercials?

①　Because they show us that many American homes are full of new technology, we can learn about what is new in America.

②　Because they are short, we don't have to spend a lot of time trying to understand.

③　They use many idioms which have almost the same meaning.

④　We don't have to spend a lot of money on chocolate bars and pizza.

【３】 次の聡（Satoshi）に関する英文を読んで，以下の問題に答えなさい。

Satoshi moved to the United States with his family when he was fourteen. It was in late summer. His father's new job was working as a doctor in a hospital in *Philadelphia, *Pennsylvania. They lived in a small town west of the city. The town was called Media. It had many small shops and it was a very clean town.

Satoshi's father rode the train to his hospital every weekday. It took about one and a half hours. He was very surprised at first. In Japan, trains always run *on time. In Media, the trains never ran on time. The *conductors on the Media-

Philadelphia Line were much older too and were not so polite. But Satoshi's father *became used to the regular trip to his hospital.

【 (1) 】 All the signs were in English. His school was far away, and students under 16 took a school bus to school. The bus was dark yellow, and the name of the school and the bus number were written on the side of the bus in big black letters.

Mr. and Mrs. Anderson were Satoshi's family's neighbors. They had a daughter called Susan. She was also a junior high school student and went to the same school as Satoshi, so Satoshi was happy to know her, and she helped him a lot.

On the first day of Satoshi's school, Susan came to Satoshi's house at 7:10 in the morning and took him to their bus stop. Satoshi and Susan took Bus No.33. The bus came at 7:15. The driver's name was Ike, and he was very kind and friendly. The trip to school was long. It took thirty minutes from the bus stop to school, but Satoshi was happy to talk with Susan on the bus, and Susan introduced him to some of her friends on the bus. He soon made many friends. Everyone was interested in Japanese *manga* and *anime*, so Satoshi became very popular in his new school.

Satoshi was very interested in the road signs. They all had big numbers. *Federal roads had signs that were red, white, and blue. The American flag colors are red, white, and blue, too. *State roads had smaller signs that were dark blue and orange. The Pennsylvania flag is also dark blue and orange. Satoshi was interested in the *relationship between the signs and flags. He was also interested in one special sign. It was a red, white, and blue sign. It said "*Route 1," and it was the road in front of his own house. One day, Satoshi asked Susan about the road. Then, she explained that it was part of the oldest road in America. She said, "It goes along the *east coast. It is 2,100 km long. It was built before the United States became a country in 1776. The government started to build the road in 1650, and it was finished after eighty-five years. This was during the Edo Period in Japan. The part of this road that goes through Media is called *Baltimore Pike." "You know about the road very well. Do you know something about the road signs, too?" Satoshi said. Then, Susan said to him, "Yes, I do. The road signs are very important both for people driving and for people walking. US roads with *odd numbers go from north to south, and roads with *even numbers go from east to west. This number system also helps people who are *lost because 【 (2) 】" Satoshi was very surprised when he heard this. After talking with Susan, Satoshi became more interested in the road signs and checked the Internet to learn about them. Then, he had another question about numbers in the United States. He thought, "In Japanese cities two or three houses next to each other often had the same address number.

In this town, my address number is ‘113 East Street,’ and Susan’s address number is ‘115,’ but they are next to each other on the same side of the street. Why?” He wanted to know the reason and asked his father about it. He said, “On streets going east to west, address numbers are odd numbers on the south side of the street like our houses, and even numbers on the north side of the street. On streets going north to south, address numbers are odd numbers on the east side of the street, and even numbers on the west side of the street. This system started in Philadelphia many years ago because it helped people to find houses and buildings easily. Many other American cities decided to copy this system for the same reason.” Satoshi said, “Did they? I didn’t know Philadelphia is such a great city. I want to learn many more things here in my new town!”

㈱ *Philadelphia フィラデルフィア市 *Pennsylvania 米国ペンシルベニア州
*on time 時間通りに *conductor 車掌 *become used to ～ ～に慣れる
*fecderal 連邦の *state 州の *relationship 関係 *Route 1 連邦道１号
*east coast 東海岸 *Baltimore Pike ボルティモア街道 *odd 奇数の
*even 偶数の *lost 道に迷った

問１ 本文の内容について，⑴～⑸の質問に対する答えとして最も適切なものを①～④からそれぞれ１つずつ選び，その番号をマークしなさい。

⑴ Which sentence is the best to put in【 ⑴ 】?
① Satoshi also became used to his new life.
② Everyone in Satoshi’s family had to ride trains.
③ Everything was new to Satoshi.
④ Satoshi missed his life in Japan.

⑵ Which is the best to put in【 ⑵ 】?
① the road sign numbers tell people which way to go.
② it helps people to find their buses easily.
③ everybody can read the road numbers.
④ it has been used by many American people.

⑶ What time did Satoshi arrive at his school on his first day?
① He arrived there at 7:30. ② He arrived there at 7:35.
③ He arrived there at 7:40. ④ He arrived there at 7:45.

⑷ Why could Satoshi make many friends soon in his new school?
① Because Susan introduced him to her good friends.
② Because Japanese *manga* and *anime* were very popular in his school.
③ Because he spoke with Susan a lot on the bus.
④ Because the bus driver was very kind and friendly to him.

⑸ What is “Route 1”?
① It is part of the oldest road going from east to west across the US.
② It is part of the longest road built during the Edo Period.

③ It is the oldest federal road and goes along the east coast.
④ It is one of the most famous state roads on the east coast.

問２　本文の内容に合うものを①～⑧から３つ選び，その番号をマークしなさい。

① Satoshi lived in the US because his father started working there.
② Satoshi was very surprised to hear that trains in the US came on time like Japan.
③ Satoshi was really interested in the road signs and numbers in the US.
④ Susan was not kind to Satoshi at first, so he felt sad.
⑤ "Route 1" was started in 1776, and it took eighty-five years to finish building.
⑥ The US roads with odd numbers go from east to west, and even numbers go from north to south.
⑦ On streets going north to south, address numbers on the west side of the street are even numbers.
⑧ The road number system in Philadelphia was not very useful, so many cities in the US didn't want to copy it.

【４】 次の各文の（　）に最も適する語（句）を①～④から１つ選び，その番号をマークしなさい。

(1) He runs faster than (　　　　) in his class.
① any other boys　② any other boy
③ no other boys　④ no other boy

(2) I hope that she (　　　　) Australia without much trouble.
① will arrive in　② arrives at
③ arrives to　④ would arrive to

(3) What is the best (　　　　) impress many people?
① reason at　② result in　③ wish of　④ way to

(4) What milk is this cheese (　　　　)?
① cooked of　② changed into　③ made from　④ brought into

(5) He wanted to have a lot of good experiences (　　　　) he was young.
① so　② when　③ once　④ if

【５】 次の各日本文の内容を表すように，（　）内の語（句）を並べかえたとき，空所 [1] ～ [12] に入る語（句）の番号をマークしなさい。ただし，不要な語が１語ずつあります。

(1) 昨日私が聞いた歌は，私を幸せにしてくれたよ。
The song ____ ____ [1] ____ [2] ____ ____.
(① listened　② became　③ happy　④ to　⑤ me　⑥ yesterday　⑦ I　⑧ made)

(2) そのサッカーの大会には毎回，100か国以上の国々が参加しているんだ。
More ____ [3] ____ [4] ____ ____ ____ time.

（ ① join ② the soccer tournament ③ than ④ in ⑤ 100 countries ⑥ part ⑦ every ⑧ take ）

(3) この部屋のパソコンは全く作動しないかもしれない。

The computer ＿＿ ＿＿ ＿＿ [5] ＿＿ [6] ＿＿ all.

（ ① this ② out ③ at ④ not ⑤ in ⑥ room ⑦ work ⑧ may ）

(4) 僕は有名な野球選手に会えてとても興奮したよ。

I ＿＿ ＿＿ [7] ＿＿ [8] ＿＿ ＿＿ baseball player.

（ ① so ② famous ③ see ④ excited ⑤ because ⑥ to ⑦ was ⑧ a ）

(5) 彼は若い頃からずっと，困っている人たちを助けてきたんだ。

He ＿＿ [9] ＿＿ ＿＿ [10] ＿＿ ＿＿ was young.

（ ① helped ② since ③ need ④ people ⑤ has ⑥ who ⑦ he ⑧ in ）

(6) あなたの住む町がどれくらい美しいかを他の人々に教えることができますか。

Can you show ＿＿ ＿＿ [11] ＿＿ ＿＿ ＿＿ [12] ?

（ ① people ② town ③ how ④ much ⑤ is ⑥ beautiful ⑦ other ⑧ your ）

【6】 次の各文について，下線を引いた部分に誤りのある箇所をそれぞれ①～④から１つずつ選び，その番号をマークしなさい。ただし，誤りのある箇所がない場合は，⑤をマークしなさい。

(1) ①I asked my mother ②to make big lunch ③for our party ④on the second Sunday next month. ⑤誤りなし

(2) ①These days my English was ②getting better, ③thanks to a program ④held in April. ⑤誤りなし

(3) ①My mother bought a cute bag ②with many pockets ③to me ④last Saturday. ⑤誤りなし

(4) ①If you know, ②can you tell me ③where Mr. Brown lived ④before come to Japan? ⑤誤りなし

(5) ①I think it is necessary ②for students ③to learn how to solve ④many different kinds of problems. ⑤誤りなし

(6) ①He has twice ②as many as books I have, ③but I have ④more CDs than he does. ⑤誤りなし

【理　科】（50分）　＜満点：100点＞

1　無セキツイ動物について調べるため，次の**観察１**，**２**を行いました。これに関して，あとの⑴～⑷の問いに答えなさい。

観察１

アサリを海水とともに水そうに入れ，しばらく放置してから，アサリが運動するようすを観察したところ，アサリは２枚の殻を少し開いて，その間からあしを出して運動することがわかった。

観察２

①　アサリを約40℃の湯につけ，殻が少し開いてきたところで，殻が閉じないよう，すきまに割りばしをはさんだ。

②　図１のように，殻のすきまにメスを入れて貝柱を切り，さらに殻を開いて内部のつくりを観察した。

③　図２はそのようすを模式的に表したもので，内臓がある部分は，やわらかい膜でおおわれていた。

図１

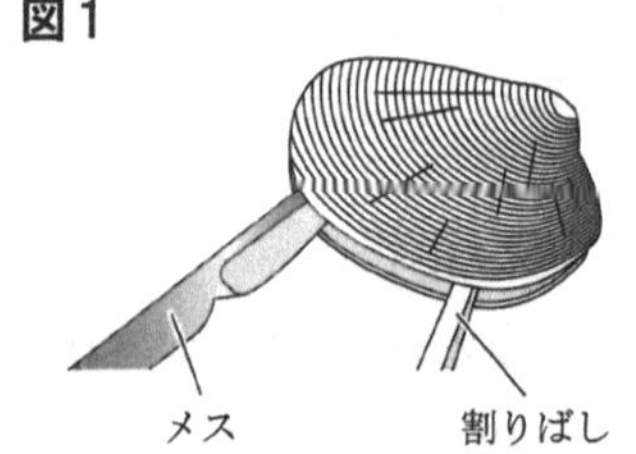

図２

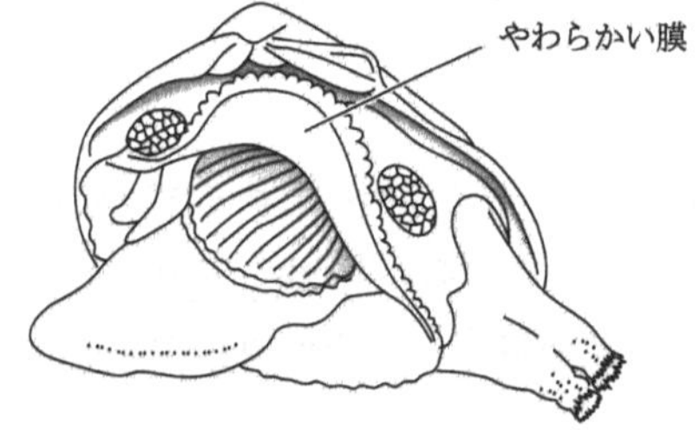

⑴　無セキツイ動物を，次の①～⑥のうちから一つ選びなさい。

①　イモリ　　②　ヘビ　　③　エビ　　④　ウナギ　　⑤　クジラ　　⑥　コウモリ

⑵　**観察１**で，アサリのあしについて述べたものとして最も適当なものを，次の①～⑥のうちから一つ選びなさい。

①　内骨格のはたらきで節のあるあしを動かしている。
②　内骨格のはたらきで節のないあしを動かしている。
③　外骨格のはたらきで節のあるあしを動かしている。
④　外骨格のはたらきで節のないあしを動かしている。
⑤　筋肉のはたらきで節のあるあしを動かしている。
⑥　筋肉のはたらきで節のないあしを動かしている。

⑶　**観察２**で見られた**図２**のやわらかい膜について述べたものとして最も適当なものを，次の①～⑥のうちから一つ選びなさい。

①　細胞膜といい，軟体動物の特徴の１つである。
②　細胞膜といい，甲殻類の特徴の１つである。
③　細胞膜といい，魚類の特徴の１つである。

④　外とう膜といい，軟体動物の特徴の１つである。
⑤　外とう膜といい，甲殻類の特徴の１つである。
⑥　外とう膜といい，魚類の特徴の１つである。

(4)　前のページの**観察２**の**図２**から考えられる，同じ無セキツイ動物であるアサリとマイマイの生活場所について述べたものとして最も適当なものを，次の①～⑧のうちから一つ選びなさい。
①　アサリは陸上で生活し，えら呼吸をするマイマイは水中で生活すると考えられる。
②　アサリは陸上で生活し，えら呼吸をするマイマイも陸上で生活すると考えられる。
③　アサリは陸上で生活し，肺呼吸をするマイマイは水中で生活すると考えられる。
④　アサリは陸上で生活し，肺呼吸をするマイマイも陸上で生活すると考えられる。
⑤　アサリは水中で生活し，えら呼吸をするマイマイも水中で生活すると考えられる。
⑥　アサリは水中で生活し，えら呼吸をするマイマイは陸上で生活すると考えられる。
⑦　アサリは水中で生活し，肺呼吸をするマイマイも水中で生活すると考えられる。
⑧　アサリは水中で生活し，肺呼吸をするマイマイは陸上で生活すると考えられる。

2　ある連続した２日間の気象について調べるため，次の**観測１～３**を行いました。これに関して，あとの(1)～(4)の問いに答えなさい。

観測１

ある連続した２日間の気温と気圧を測定し，**図１**のように，気温と気圧それぞれの変化をグラフにまとめた。

図１

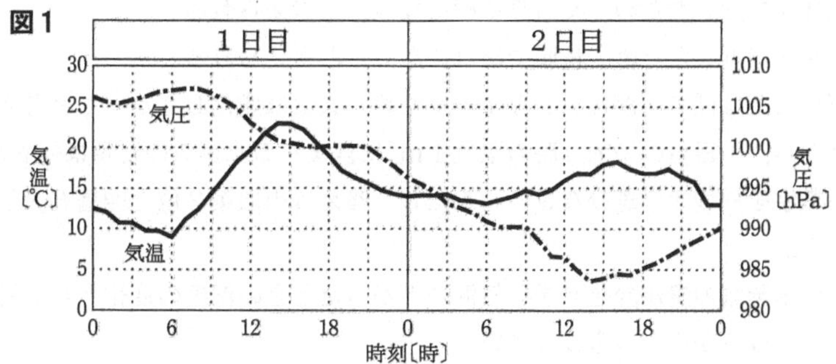

観測２

空気中の水蒸気の量を調べるため，１日目の午前９時に乾湿計を見たところ，**図２**のようになっていた。次のページの表は，乾湿計用湿度表の一部を示したもので，このときの気温に対する飽和水蒸気量は12.1ｇ／m³である。

図２

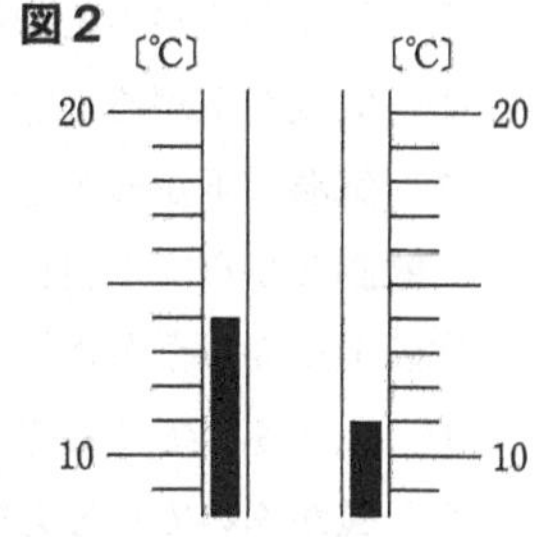

表

乾球の示度〔℃〕	乾球と湿球の示度の差〔℃〕				
	0.0	1.0	2.0	3.0	4.0
17	100	90	80	70	61
16	100	89	79	69	59
15	100	89	78	68	58
14	100	89	78	67	57
13	100	88	77	66	55
12	100	88	76	65	53
11	100	87	75	63	52

観測３

１日目の午前９時の天気，風向，風力を観測した。**図３**は，その結果をまとめた天気図記号である。

図３

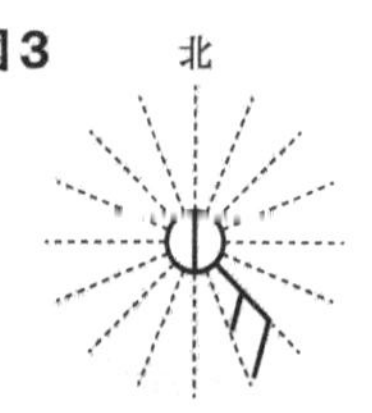

(1) **観測１**から考えられる，２日目の天気の変化として最も適当なものを，次の①～⑤のうちから一つ選びなさい。

① 高気圧が接近したため，くもりや雨になったと考えられる。

② 高気圧が接近したため，快晴や晴れになったと考えられる。

③ 低気圧が接近したため，くもりや雨になったと考えられる。

④ 低気圧が接近したため，快晴や晴れになったと考えられる。

⑤ 高気圧または低気圧が接近しなかったため，天気は変化しなかったと考えられる。

(2) **観測２**から，１日目の午前９時の空気１m^3に含まれる水蒸気の質量は何ｇか。[X]，[Y]にあてはまる数字を一つずつ選びなさい。ただし，答えは小数第２位を四捨五入して答えなさい。

[X].[Y] g

(3) 空気中の水蒸気の量が変化せず，気温が下がったときの湿度の変化として最も適当なものを，次の①～⑤のうちから一つ選びなさい。

① 気温が下がると飽和水蒸気量が小さくなるため，湿度は下がる。

② 気温が下がると飽和水蒸気量が小さくなるため，湿度は上がる。

③ 気温が下がると飽和水蒸気量が大きくなるため，湿度は下がる。

④ 気温が下がると飽和水蒸気量が大きくなるため，湿度は上がる。

⑤ 気温が下がっても空気中の水蒸気の量が変化しないため，湿度は変化しない。

(4) **観測**３から，１日目の午前９時の風がふいてくる方向と雲量の範囲として最も適当なものを，次の①～⑧のうちから一つ選びなさい。

① 風がふいてくる方向：南東　　雲量の範囲：２～８

② 風がふいてくる方向：南東　　雲量の範囲：３～７

③ 風がふいてくる方向：南東　　雲量の範囲：８～10

④ 風がふいてくる方向：南東　　雲量の範囲：９～10

⑤　風がふいてくる方向：北西　　雲量の範囲：２～８
⑥　風がふいてくる方向：北西　　雲量の範囲：３～７
⑦　風がふいてくる方向：北西　　雲量の範囲：８～10
⑧　風がふいてくる方向：北西　　雲量の範囲：９～10

3　水溶液について調べるため，次の**実験１，２**を行いました。これに関して，あとの(1)～(4)の問いに答えなさい。

実験１

①　80℃の水60ｇと塩化ナトリウム50ｇをビーカーに入れてよくかき混ぜたところ，溶け残りがあったので，80℃の水をさらに加えていったところ，塩化ナトリウムはすべて溶けた。

②　40℃の水60ｇとミョウバン25ｇをビーカーに入れてよくかき混ぜたところ，溶け残りがあったので，水溶液の温度を保ったまま，溶け残ったミョウバンをろ過してとりのぞいた。

③　②のろ過した水溶液を入れたビーカーにラップフィルムをかけて一晩放置したところ，ミョウバンの結晶が現れていた。

図は，塩化ナトリウムとミョウバンの溶解度を表したグラフである。

図

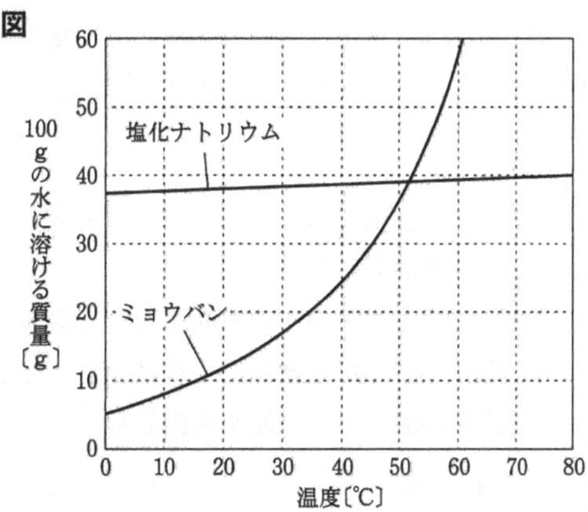

実験２

80℃の水100ｇに塩化ナトリウム20ｇとミョウバン20ｇ（合計40ｇ）をビーカーに入れてよくかき混ぜてから，ゆっくり冷やしていった。

(1)　**実験１**の①で，塩化ナトリウムがすべて溶けたのは，80℃の水をさらに約何ｇ加えたときか。次の①～⑧のうちから最も適当なものを１つ選びなさい。

①　約40ｇ　　②　約45ｇ　　③　約50ｇ　　④　約55ｇ
⑤　約60ｇ　　⑥　約65ｇ　　⑦　約70ｇ　　⑧　約75ｇ

(2)　**実験１**の③で，ミョウバンの結晶が現れた理由として最も適当なものを，次の①～④のうちから一つ選びなさい。

①　水の温度が下がって溶解度が小さくなったため。
②　水の温度が下がって水の質量が小さくなったため。
③　水の温度が下がってミョウバンの密度が小さくなったため。
④　水の温度が下がってミョウバンの密度が大きくなったため。

⑶ 前のページの**実験１**の②で40℃ に保ってろ過した水溶液と**実験**の③の水溶液の濃度を比較したとき，最も適当なものを，次の①～③のうちから一つ選びなさい。

① **実験**の②の水溶液の方が濃い。

② **実験**の③の水溶液の方が濃い。

③ どちらも同じ。

⑷ 前のページの**実験２**のビーカー内の変化として最も適当なものを，次の①～⑦のうちから一つ選びなさい。

① 冷やしはじめて間もなく，塩化ナトリウムの結晶が現れた。

② 冷やしはじめて間もなく，ミョウバンの結晶が現れた。

③ 52℃のとき，塩化ナトリウムの結晶だけが現れた。

④ 52℃のとき，ミョウバンの結晶だけが現れた。

⑤ 52℃のとき，塩化ナトリウムとミョウバンの結晶が現れた。

⑥ 35℃のとき，塩化ナトリウムの結晶が現れた。

⑦ 35℃のとき，ミョウバンの結晶が現れた。

4 物体の運動について調べるため，次の**実験１**，**２**を行いました。これに関して，あとの⑴～⑷の問いに答えなさい。ただし，物体の間にはたらく摩擦や空気抵抗はないものとします。

実験１

① 水平面上に木片と板を用いて斜面をつくり，斜面上に，１秒間に50回打点する記録タイマーを設置した。

② 台車を水平面から斜面に沿って斜面上のA点まで押し上げ，**図１**のように，紙テープを取りつけてから静かに手をはなし，台車の運動を記録したところ，台車は斜面を下ってB点を通過し，水平面を運動した。

図１

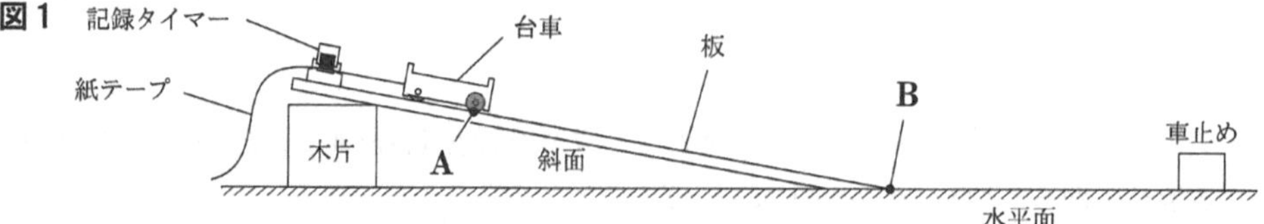

実験２

① **図１**の装置の木片を高さの高いものに取りかえて斜面の角度を大きくした。

② 台車を水平面から斜面に沿って斜面上のA点まで押し上げ，**図２**のように，紙テープを取りつけてから静かに手をはなし，**実験１**と同様に台車の運動を記録した。

図２

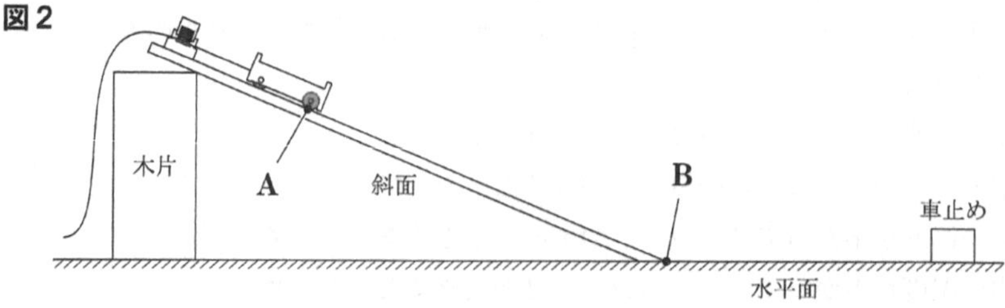

図３は，**実験１**の運動を記録した紙テープを，**図４**は，**実験２**の運動を記録した紙テープを，それぞれ打点のはっきり読み取れる位置から５打点ごとに切り，左から順に並べたものである。

図３

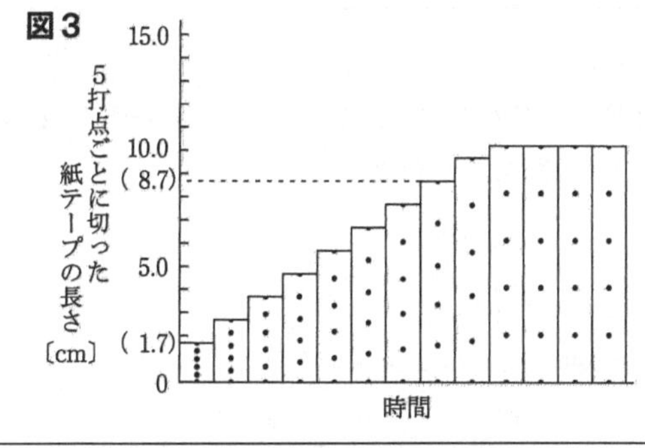

図４

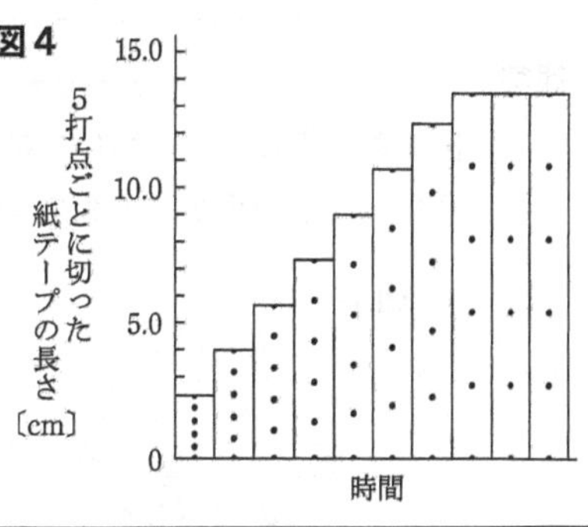

(1) 前のページの**図１**，２のAB間の距離が同じとき，**実験１**，２で台車をB点から斜面上のA点まで移動させた仕事の大きさの違いとして最も適当なものを，次の①～⑤のうちから一つ選びなさい。

① AB間の距離が同じなので仕事の大きさも同じ。

② **実験１**のほうが，B点からA点までの水平距離が長いので仕事も大きい。

③ **実験１**のほうが，B点からA点までの高さが高いので仕事も大きい。

④ **実験２**のほうが，B点からA点までの水平距離が長いので仕事も大きい。

⑤ **実験２**のほうが，B点からA点までの高さが高いので仕事も大きい。

(2) 水平面上を運動する台車にはたらく力として最も適当なものを，次の①～⑦のうちから一つ選びなさい。

① 重力のみ　② 垂直抗力のみ　③ 進行方向の力のみ

④ 重力と垂直抗力　⑤ 重力と進行方向の力　⑥ 垂直抗力と進行方向の力

⑦ 重力と垂直抗力と進行方向の力

(3) **実験１**で，**図３**の最初の打点が記録されたのち，0.2秒後から0.3秒後までの平均の速さは何cm/sか。［X］，［Y］にあてはまる数字を一つずつ選びなさい。

［X］［Y］ cm/s

(4) **実験１**，２からわかることとして最も適当なものを，次の①～⑥のうちから一つ選びなさい。

① **実験１**と２の斜面を下る時間は同じで，水平面からの高さが同じ区間での台車の速さのふえ方は同じである。

② **実験１**と２の斜面を下る時間は同じで，台車の速さのふえ方は斜面の傾きが大きいほど大きくなる。

③ **実験１**のほうが斜面を下る時間は長く，水平面からの高さが同じ区間での台車の速さのふえ方は同じである。

④ **実験１**のほうが斜面を下る時間は長く，台車の速さのふえ方は斜面の傾きが大きいほど大きくなる。

⑤ **実験２**のほうが斜面を下る時間は長く，水平面からの高さが同じ区間での台車の速さのふえ方は同じである。

⑥ **実験２**のほうが斜面を下る時間は長く，台車の速さのふえ方は斜面の傾きが大きいほど大きくなる。

5　タマネギの根の成長について調べるため，次の**観察**を行いました。これに関して，あとの(1)～(4)の問いに答えなさい。

観察

① **図１**のように，水につけて成長させたタマネギの根の一部を５㎜ほど切り取り，**図２**のように，うすい塩酸に入れて60°Ｃの湯で３分間あたためた。

図１

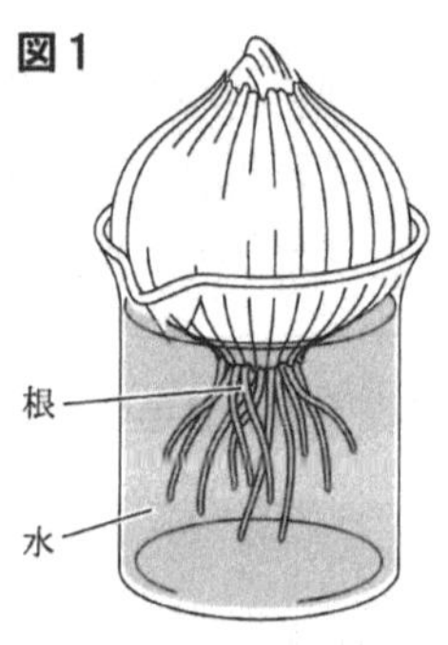

図２

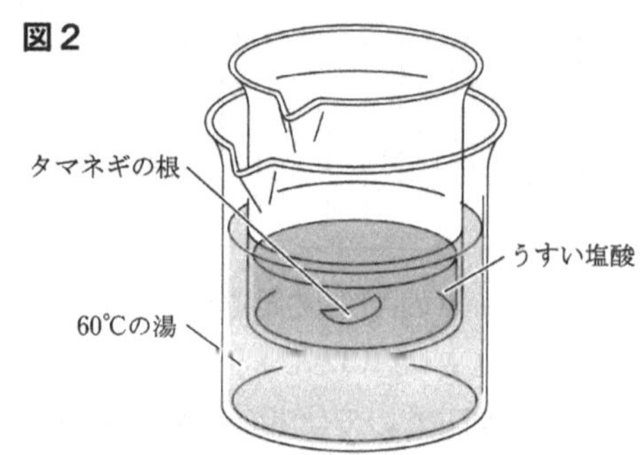

② 根を水洗いしてから，スライドガラスにのせて柄つき針でほぐし，酢酸オルセイン液を１滴たらして，３分間放置した。

③ 根にカバーガラスをかけ，カバーガラスを割らないように指で押しつぶした。

④ 顕微鏡で細胞の様子を観察したところ，**図３**のような細胞が見られた。

図３

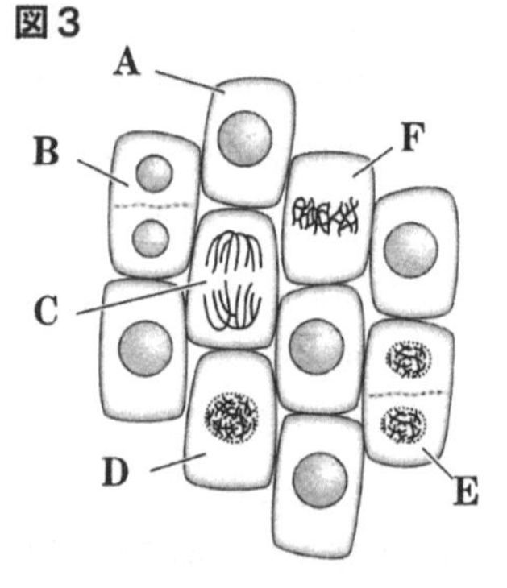

(1) **観察**の①で，タマネギの根のつくりから考えられるタマネギの分類として最も適当なものを，次の①～⑧のうちから一つ選びなさい。

① 根が主根と側根からなる被子植物の単子葉類である。
② 根が主根と側根からなる被子植物の双子葉類である。
③ 根が主根と側根からなる裸子植物の単子葉類である。
④ 根が主根と側根からなる裸子植物の双子葉類である。
⑤ 根がひげ根である被子植物の単子葉類である。
⑥ 根がひげ根である被子植物の双子葉類である。
⑦ 根がひげ根である裸子植物の単子葉類である。
⑧ 根がひげ根である裸子植物の双子葉類である。

(2) **観察**の①で切り取った根の部分を○で示したものとして最も適当なものを，次のページの①～④のうちから一つ選びなさい。

①
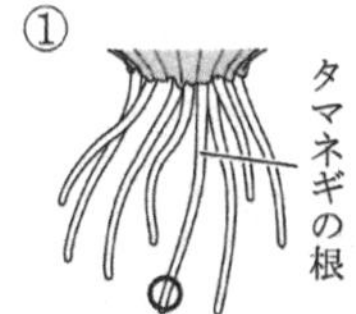

②
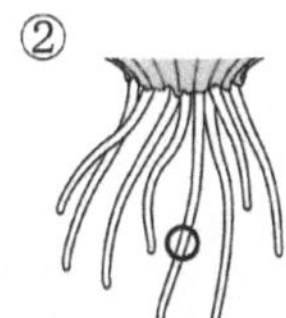
③
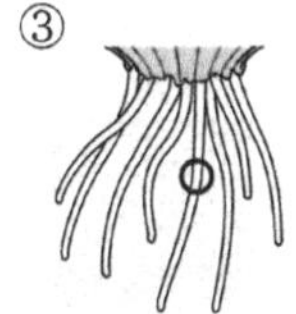
④
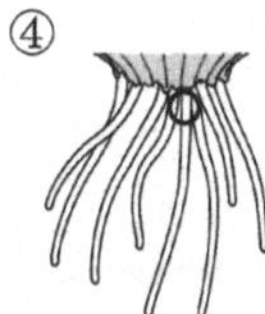

⑶　**観察**の④で，**図３**のＡ～ＦをＡを１番目として細胞分裂の順に並べたものとして最も適当なものを，次の①～⑥のうちから一つ選びなさい。

①　Ａ→Ｃ→Ｄ→Ｆ→Ｅ→Ｂ
②　Ａ→Ｃ→Ｆ→Ｄ→Ｅ→Ｂ
③　Ａ→Ｄ→Ｃ→Ｆ→Ｅ→Ｂ
④　Ａ→Ｄ→Ｆ→Ｃ→Ｅ→Ｂ
⑤　Ａ→Ｆ→Ｃ→Ｄ→Ｅ→Ｂ
⑥　Ａ→Ｆ→Ｄ→Ｃ→Ｅ→Ｂ

⑷　タマネギの根の細胞は，約25時間で１回分裂する。分裂によってできたばかりの細胞１個を100時間後に再び観察すると，何個になっていると考えられるか。最も適当なものを，次の①～⑤のうちから一つ選びなさい。

①　２個　　②　４個　　③　８個　　④　16個　　⑤　32個

6　**図１**は，ある地域の地形を真上から見て模式的に表したもので，数値は標高を，実線は５ｍおきに引いた等高線を表している。次のページの**図２**は，**図１**のＡ～Ｄ地点で行われたボーリング調査から作成された，Ａ～Ｃ地点における地層の柱状図である。Ａ～Ｃ地点の砂岩の層のうち，▨で示された層からは，ビカリアの化石が発見されたという記録が残っていた。これに関して，あとの⑴～⑷の問いに答えなさい。ただし，この地域では地層の逆転はなく，地層がある方向に一定の角度で傾きながら平行に堆積していることがわかっています。

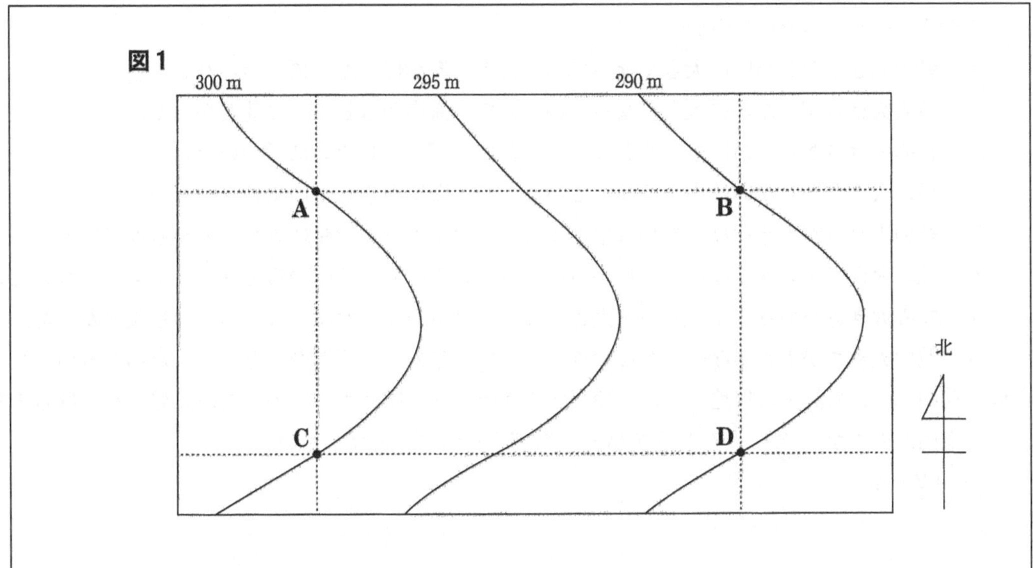

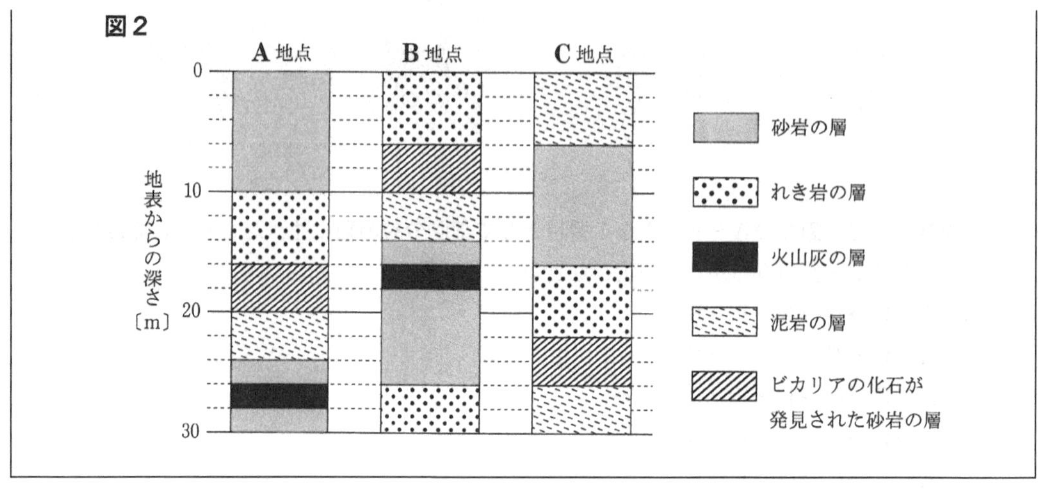

(1) ビカリアの化石は地層が堆積した年代を知る手がかりとなる示準化石である。ビカリアが栄えた地質年代として最も適当なものを，次の①～⑥のうちから一つ選びなさい。

① ナウマンゾウが栄えた古生代
② ナウマンゾウが栄えた中生代
③ ナウマンゾウが栄えた新生代
④ サンヨウチュウが栄えた古生代
⑤ サンヨウチュウが栄えた中生代
⑥ サンヨウチュウが栄えた新生代

(2) 火山灰が堆積してできた岩石の名称として最も適当なものを，次の①～⑤のうちから一つ選びなさい。

① 火山岩　② 石灰岩　③ 凝灰岩　④ 深成岩　⑤ チャート

(3) 図2のC地点の地表から20mまでの層をみると，れき，砂，泥の順に堆積したことがわかる。これらの層が堆積する間のC地点から海岸までの距離の変化として最も適当なものを，次の①～⑧のうちから一つ選びなさい。

① 粒の大きさがしだいに大きくなっているので，海岸にしだいに近づいた。
② 粒の大きさがしだいに大きくなっているので，海岸からしだいに遠ざかった。
③ 粒の大きさがしだいに小さくなっているので，海岸にしだいに近づいた。
④ 粒の大きさがしだいに小さくなっているので，海岸からしだいに遠ざかった。
⑤ 粒の大きさが大きくなってから小さくなっているので，海岸に近づいてから遠ざかった。
⑥ 粒の大きさが大きくなってから小さくなっているので，海岸から遠ざかったあと近づいた。
⑦ 粒の大きさが小さくなってから大きくなっているので，海岸に近づいてから遠ざかった。
⑧ 粒の大きさが小さくなってから大きくなっているので，海岸から遠ざかったあと近づいた。

(4) 前のページの図1のD地点では，地表から何mの深さにビカリアの化石が発見された砂岩の層の上面があるか。 X ， Y にあてはまる数字を一つずつ選びなさい。

X Y m

7　物質の分解について調べるため，次の**実験**を行いました。これに関して，あとの(1)～(4)の問いに答えなさい。

実験

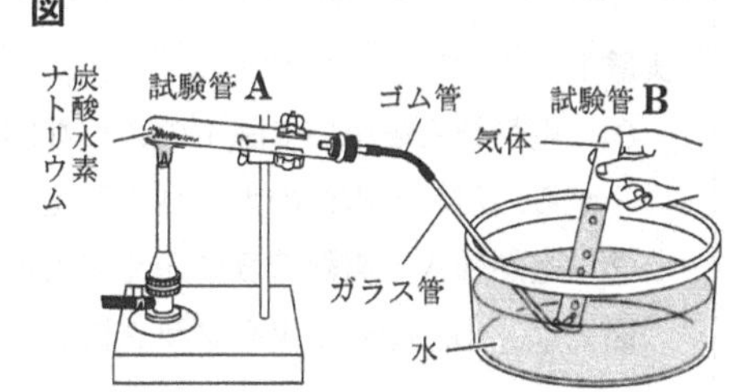

①　**図**のように，試験管Aに炭酸水素ナトリウム0.40ｇを入れて加熱したところ，気体が発生した。

②　発生した気体を水上置換法で試験管Bに集めた。

③　気体の発生が止まったところで，ガラス管を水中から出し，ガスバーナーの火を消した。

④　試験管Aが冷めてから中を調べたところ，底には炭酸ナトリウムが残っており，口付近にたまっていた液体に青色の塩化コバルト紙をつけると，赤色に変化した。

⑤　試験管Aから炭酸ナトリウムをとり出して質量を測定した。

⑥　炭酸水素ナトリウムの質量を0.80ｇ，1.20ｇ，1.60ｇと変えて同様の操作を行った。

表は，その結果をまとめたものである。

表

炭酸水素ナトリウムの質量〔ｇ〕	0.40	0.80	1.20	1.60
炭酸ナトリウムの質量〔ｇ〕	0.25	0.50	0.75	1.00

(1)　ガスバーナーに点火して炎の大きさを調節したあとの操作として最も適当なものを，次の①～④のうちから一つ選びなさい。

①　空気調節ねじをおさえながらガス調節ねじを開いて青い炎にする。

②　空気調節ねじをおさえながらガス調節ねじを開いて赤い炎にする。

③　ガス調節ねじをおさえながら空気調節ねじを開いて青い炎にする。

④　ガス調節ねじをおさえながら空気調節ねじを開いて赤い炎にする。

(2)　次の化学反応式は，炭酸水素ナトリウムを加熱したときの化学変化を表したものである。［W］：［X］：［Y］：［Z］ にあてはまる数字を，最も簡単な整数比となるように一つずつ選びなさい。

［W］$NaHCO_3 \rightarrow$［X］$Na_2CO_3 +$［Y］$CO_2 +$［Z］H_2O

(3)　**図**のように，試験管Aの口を少し下げる理由として最も適当なものを，次の①～⑤のうちから一つ選びなさい。

①　炭酸ナトリウムが再び炭酸水素ナトリウムにもどらないようにするため。

②　ガラス管が割れないようにするため。

③　水そうの水が試験管Aに逆流しないようにするため。

④　試験管Bに水がたまらないようにするため。

⑤　生じた液体が加熱部分に流れないようにするため。

(4)　**表**から，炭酸水素ナトリウム1.84ｇを加熱したときに発生する二酸化炭素と水の質量の合計は何ｇか。［X］～［Z］にあてはまる数字を一つずつ選びなさい。

［X］.［Y］［Z］ｇ

8　電流と電圧の関係について調べるため，次の**実験１～３**を行いました。これに関して，あとの(1)～(4)の問いに答えなさい。

実験１

①　電熱線Aを用いて**図１**のような回路をつくり，電熱線Aに加わる電圧の大きさを変えながら，流れる電流の大きさを測定した。

②　電熱線Aを電熱線Bにかえて①と同様の操作を行った。

図２は，①，②の結果をグラフに表したものである。

図１　**図２**

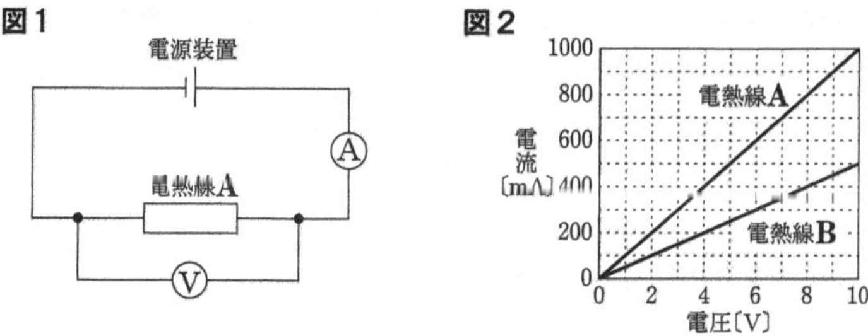

実験２

①　豆電球と電熱線Aを用いて**図３**のような回路をつくり，電熱線Aに加わる電圧の大きさを３Ｖにして豆電球を点灯させた。

②　電熱線Aを電熱線Bにかえて①と同様に電熱線Bに加わる電圧の大きさを３Ｖにして豆電球を点灯させた。

図３

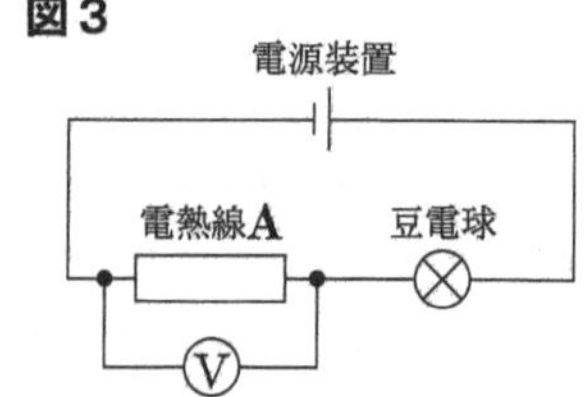

実験３

電熱線Aと電熱線Cを用いて**図４**のような並列回路をつくり，電源装置の電圧を変えながら，それぞれの電圧におけるP点を流れる電流とQ点を流れる電流の大きさを測定した。

表は，その結果をまとめたものである。

図４

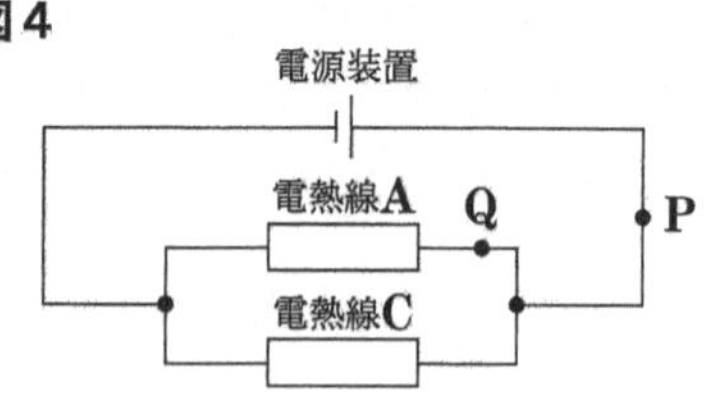

表

電源装置の電圧〔Ｖ〕	0	1	2	3	4
P点を流れる電流〔mA〕	0	125	250	375	500
Q点を流れる電流〔mA〕	0	100	200	300	400

(1)　**実験１**で，電熱線Aを用いたとき，３Ｖの－端子に導線をつないだ電圧計と，電流計の針はそれぞれ次のページの**図５**のようになった。このとき，導線をつないだ電流計の－端子と，電熱線Aに加わった電圧として最も適当なものを，あとの①～⑥のうちから一つ選びなさい。

図５

① 導線をつないだ電流計の－端子は50mAであり，電熱線Aには1.5Vの電圧が加わった。

② 導線をつないだ電流計の－端子は50mAであり，電熱線Aには7.5Vの電圧が加わった。

③ 導線をつないだ電流計の－端子は500mAであり，電熱線Aには1.5Vの電圧が加わった。

④ 導線をつないだ電流計の－端子は500mAであり，電熱線Aには7.5Vの電圧が加わった。

⑤ 導線をつないだ電流計の－端子は５Aであり，電熱線Aには1.5Vの電圧が加わった。

⑥ 導線をつないだ電流計の－端子は５Aであり，電熱線Aには7.5Vの電圧が加わった。

(2) **実験２**で，豆電球の明るさの比較として最も適当なものを，次の①～④のうちから一つ選びなさい。

① 電熱線Aのほうが電熱線Bよりも抵抗が小さいため，**実験２**の①のほうが豆電球が明るかった。

② 電熱線Aのほうが電熱線Bよりも抵抗が小さいため，**実験２**の②のほうが豆電球が明るかった。

③ 電熱線Aのほうが電熱線Bよりも抵抗が大きいため，**実験２**の①のほうが豆電球が明るかった。

④ 電熱線Aのほうが電熱線Bよりも抵抗が大きいため，**実験２**の②のほうが豆電球が明るかった。

(3) **実験３**で，前のページの**図４**の回路全体の抵抗の大きさとして最も適当なものを，次の①～⑥のうちから一つ選びなさい。

① 0.1Ω　② 0.125Ω　③ ８Ω　④ 10Ω　⑤ 100Ω　⑥ 125Ω

(4) **実験３**から，**図４**の回路で電源装置の電圧を６Vにすると，電熱線Cに流れる電流の大きさは何Aになるか。**X**～**Z**にあてはまる数字を一つずつ選びなさい。

X.**Y****Z**A

【社　会】（50分）　＜満点：100点＞

1　次の文章を読み，あとの(1)～(4)の問いに答えなさい。

豊かな自然に囲まれた千葉県では，海の幸・山の幸・里の幸が豊富であり，産地ならではの風土を活かした$_a$郷土料理が多く受け継がれています。中でも，$_b$冠婚葬祭などの集まりの際につくられることが多い「太巻き寿司」は，千葉県を代表する$_c$伝統的な料理の一つであり，古くからその時代に応じて中の具となる農作物や$_d$海産物を変化させており，広く県民に愛されているふるさとの味です。

(1)　下線部ａに関連して，**資料１，２**は，食文化を継承することに関する意識調査の結果である。あとのⅠ～Ⅳの文のうち，**資料１，２**から読み取れることについて正しく述べているものはいくつあるか。最も適当なものを，次のページの**ア～エ**のうちから一つ選び，マークしなさい。

資料１　食文化の継承

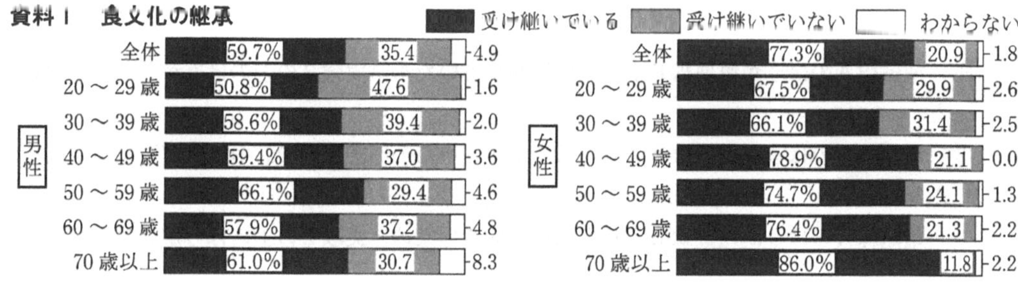

資料２　食文化を継承するために必要なこと（複数回答）

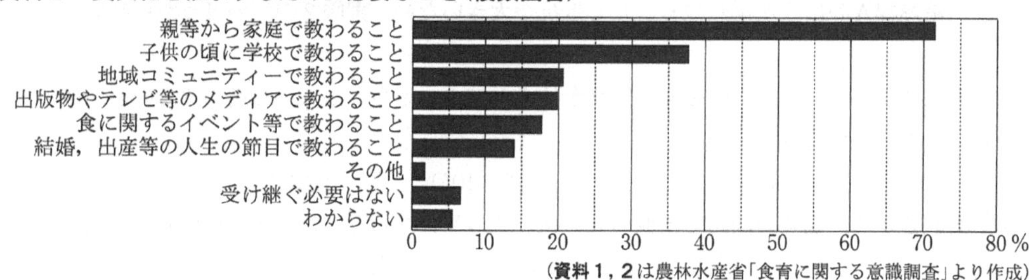

（**資料１，２**は農林水産省「食育に関する意識調査」より作成）

Ⅰ　食文化を「受け継いでいる」と回答した割合は，すべての年代において，男性よりも女性の方が高くなっており，食文化を継承するために必要なことについて，「子供の頃に学校で教わること」と回答した割合は「出版物やテレビ等のメディアで教わること」と回答した割合の２倍以上である。

Ⅱ　食文化を「受け継いでいない」と回答した割合は男性全体では３分の１以上，女性全体では５分の１以下で，食文化を継承するために必要なことについて，「親等から家庭で教わること」と「地域コミュニティーで教わること」と回答した割合の差は50％以上である。

Ⅲ　食文化を「受け継いでいる」と回答した割合は，男女とも，20～39歳では全体よりも低くなっており，食文化を継承するために必要なことについて，「食に関するイベント等で教わること」と「結婚，出産等の人生の節目で教わること」と回答した割合の合計は30％以上である。

Ⅳ　食文化を「受け継いでいない」と回答した割合は，男女とも，全体では「受け継いでいる」と回答した割合の半分以下で，食文化を継承するために必要なことについて，「受け継ぐ必要はない」と回答した割合は５％以上である。

ア 一つ　**イ** 二つ　**ウ** 三つ　**エ** 四つ

⑵ 下線部ｂに関連して，冠婚葬祭の一つには成人式があるが，成年年齢の引き下げなどについてまとめた次の文章中の［Ⅰ］～［Ⅲ］にあてはまる語の組み合わせとして最も適当なものを，あとの**ア**～**カ**のうちから一つ選び，マークしなさい。

> 2018年に［Ⅰ］が改正されたことにより，2022年４月１日から成年年齢が20歳から18歳に引き下げられる。一方，選挙権年齢については，2015年の公職選挙法の改正により，2016年から18歳以上の国民に与えられるようになった。被選挙権については変わらず，地方議会議員は［Ⅱ］，市（区）町村長は［Ⅲ］の住民に与えられている。

ア　Ⅰ：民法　Ⅱ：30歳以上　Ⅲ：30歳以上
イ　Ⅰ：民法　Ⅱ：25歳以上　Ⅲ：30歳以上
ウ　Ⅰ：民法　Ⅱ：25歳以上　Ⅲ：25歳以上
エ　Ⅰ：刑法　Ⅱ：30歳以上　Ⅲ：30歳以上
オ　Ⅰ：刑法　Ⅱ：25歳以上　Ⅲ：30歳以上
カ　Ⅰ：刑法　Ⅱ：25歳以上　Ⅲ：25歳以上

⑶ 下線部ｃに関連して，次のⅠ～Ⅲの文は，それぞれ食に関係するできごとについて述べたものである。Ⅰ～Ⅲを年代の**古いものから順に**並べたものとして最も適当なものを，あとの**ア**～**カ**のうちから一つ選び，マークしなさい。

Ⅰ　文明開化によって衣食住の西洋化が進み，牛鍋を食べる風習などが流行した。
Ⅱ　南蛮貿易によってもたらされたカステラや金平糖などが食べられるようになった。
Ⅲ　すしや天ぷらなどが広く食べられるようになり，葛飾北斎が人々の食事の風景を描いた。

ア　Ⅰ→Ⅱ→Ⅲ　**イ**　Ⅰ→Ⅲ→Ⅱ　**ウ**　Ⅱ→Ⅰ→Ⅲ
エ　Ⅱ→Ⅲ→Ⅰ　**オ**　Ⅲ→Ⅰ→Ⅱ　**カ**　Ⅲ→Ⅱ→Ⅰ

⑷ 下線部ｄに関連して，次のⅠ～Ⅳの文のうち，日本の漁業などについて正しく述べているものはいくつあるか。最も適当なものを，あとの**ア**～**エ**のうちから一つ選び，マークしなさい。

Ⅰ　三陸海岸沖には，対馬海流とリマン海流がぶつかる潮目があり，豊かな漁場となっている。
Ⅱ　稚魚や稚貝を湖や海に放流し，自然の中で育った魚や貝をとる漁業を養殖業という。
Ⅲ　日本の領海は，沿岸から12海里以内の範囲で，領海の外側には排他的経済水域がある。
Ⅳ　排他的経済水域の減少を防ぐため，日本の最南端に位置する沖ノ鳥島の護岸工事が行われた。

ア 一つ　**イ** 二つ　**ウ** 三つ　**エ** 四つ

2　次のページの図を見て，あとの⑴～⑷の問いに答えなさい。

⑴ 図中の近畿地方に位置する府県のうち，府県名と府県庁所在地名が異なる府県の数として最も適当なものを，次の**ア**～**エ**のうちから一つ選び，マークしなさい。

ア 一つ　**イ** 二つ　**ウ** 三つ　**エ** 四つ

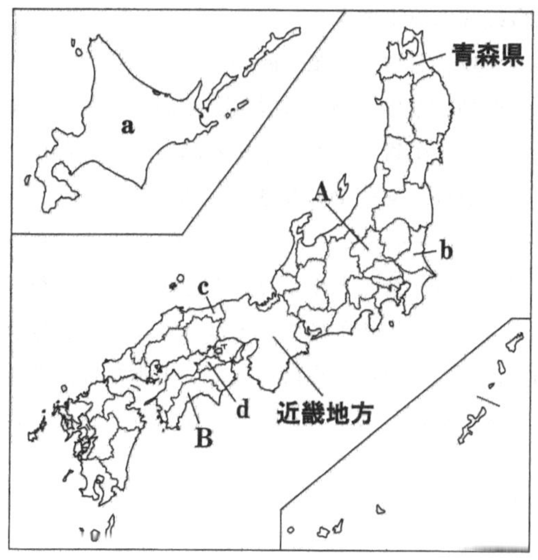

⑵　次の表中のW～Zは，図中のａ～ｄの道県の人口，人口密度，農業産出額及び製造品出荷額を示したものである。表中のXにあてはまる道県の気候について述べた文として最も適当なものを，あとのア～エのうちから一つ選び，マークしなさい。

a ～ d の道県の人口，人口密度，農業産出額及び製造品出荷額

	人口(千人)	人口密度(人 /km²)	農業産出額(億円)	製造品出荷額(億円)
W	560	159.8	765	8,102
X	962	512.6	835	26,106
Y	5,286	67.4	12,762	62,126
Z	2,877	471.9	4,967	123,377

（「データでみる県勢 2020」より作成）

ア　夏は涼しく冬は寒さが厳しい気候で，一年中降水量は少なく，明確な梅雨の現象は見られない。

イ　夏の降水量はあまり多くないが，冬は湿った季節風の影響で降水量が多い。

ウ　夏には季節風の影響で雨が多くて蒸し暑く，冬は乾燥して晴れの日が多い。

エ　季節風がさえぎられる地形のため，一年を通して降水量が少ない。

⑶　次の**資料１，２**は，東京都中央卸売市場における，なすとキャベツのどちらかの月別入荷量を示したものである。また，**資料１，２**中のP，Qは，図中のA，Bのどちらかの県にあてはまる。Pの県と**資料１**にあてはまる農産物の組み合わせとして最も適当なものを，あとの**ア～エ**のうちから一つ選び，マークしなさい。

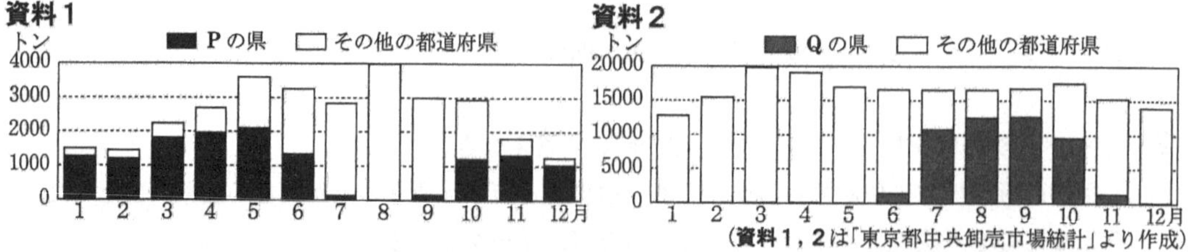

（**資料１，２**は「東京都中央卸売市場統計」より作成）

ア　Pの県：A　　**資料１**の農産物：なす　　イ　Pの県：A　　**資料１**の農産物：キャベツ

ウ　Pの県：B　　**資料１**の農産物：なす　　エ　Pの県：B　　**資料１**の農産物：キャベツ

(4)　次の地形図は，前のページの図中の**青森県**のある地域を示したものである。これを見て，あとの①，②の問いに答えなさい。（編集の都合により90%に縮小してあります。）

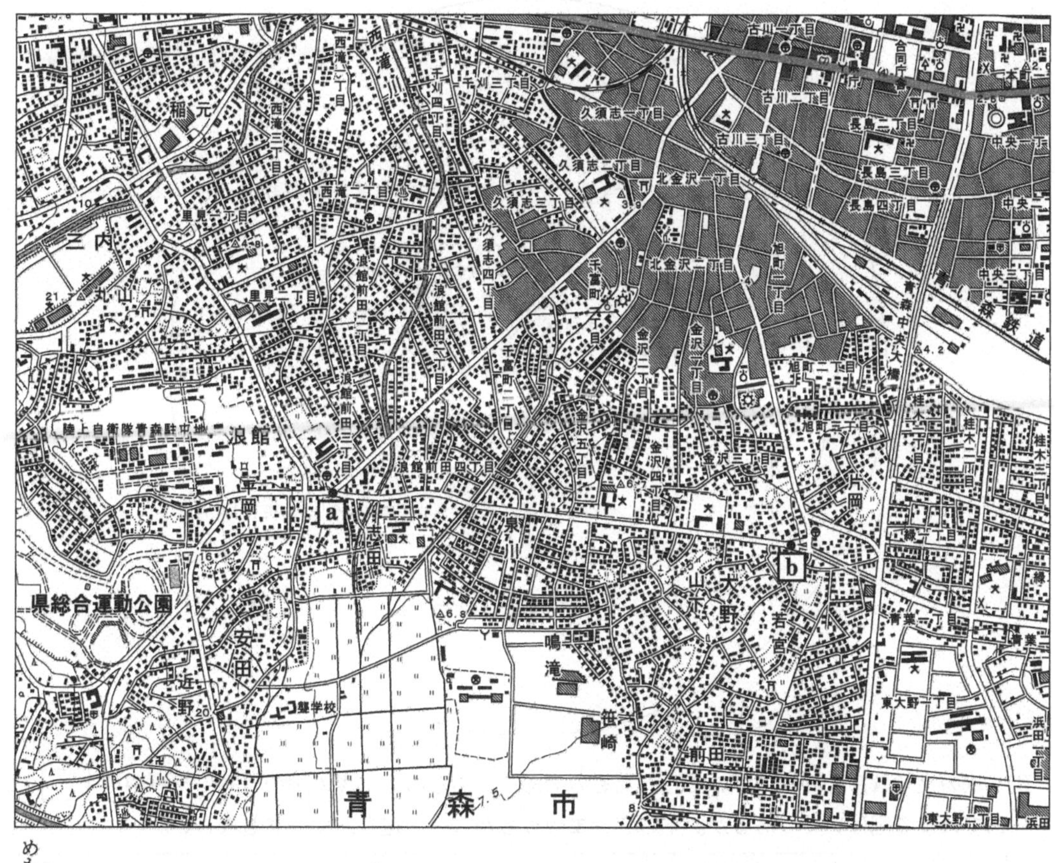

めもり　0　5 cm

（国土地理院　平成24年発行１：25,000「青森西部」より作成）

①　次のⅠ～Ⅳの文のうち，上の地形図を正しく読み取ったことがらはいくつあるか。最も適当なものを，あとの**ア**～**エ**のうちから一つ選び，マークしなさい。

Ⅰ　市役所から見て県総合運動公園は，ほぼ南東の方向にある。

Ⅱ　市役所の北側には，警察署や寺院などが見られる。

Ⅲ　地点ａと地点ｂとの間の直線距離は約750ｍである。

Ⅳ　県総合運動公園の南側には，針葉樹林が見られる。

ア　一つ　　**イ**　二つ　　**ウ**　三つ　　**エ**　四つ

②　次の文章は，りささんが，青森県で行われる行事についてまとめたメモの一部である，文章中の［　　］にあてはまる最も適当な語を，あとの**ア**～**エ**のうちから一つ選び，マークしなさい。

> 青森県を含む東北地方では，それぞれの県で，例年８月上旬の同時期に夏祭りが開催されています。青森市では［　　］が開催されます。

ア　竿燈まつり　　**イ**　七夕まつり　　**ウ**　花笠まつり　　**エ**　ねぶた祭

3 中心（ニューヨーク）からの距離と方位が正しい次の図を見て，あとの(1)～(4)の問いに答えなさい。

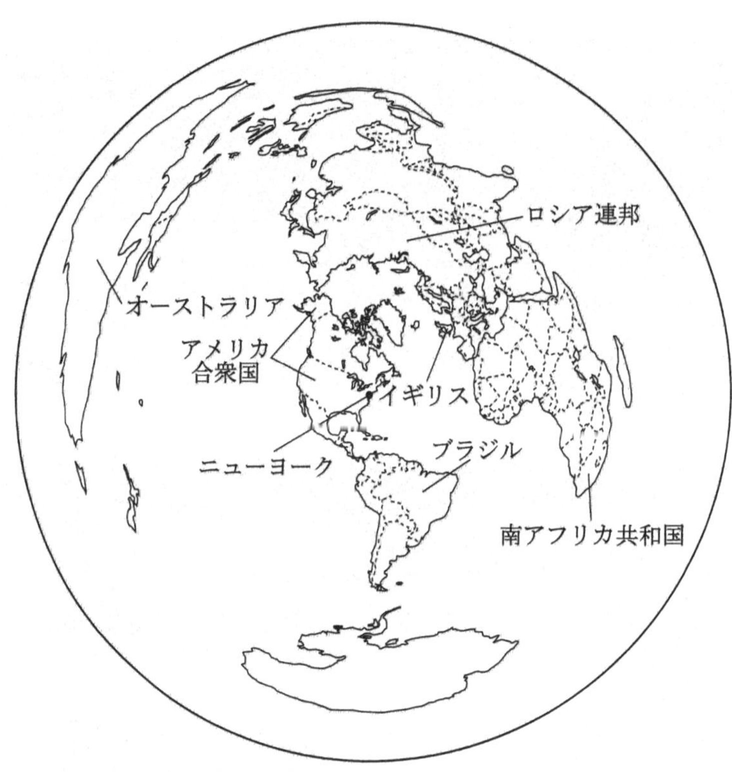

(1) 次の文章は，上の図について述べたものである。あとのⅠ～Ⅳの国のうち，文章中の ［　　］ にあてはまる国はいくつあるか。下の**ア**～**エ**のうちから一つ選び，マークしなさい。

> ニューヨークから南の方角に進むと，南アメリカ大陸のコロンビアやペルーなどを通過する。そのまま南極点を通ってさらに進むと，［　　］ などを通過し，ニューヨークに戻ってくる。

Ⅰ　中国　　Ⅱ　日本　　Ⅲ　インド　　Ⅳ　インドネシア

ア　一つ　　**イ**　二つ　　**ウ**　三つ　　**エ**　四つ

(2) 次の文章は，図中のイギリスについて述べたものである。文章中の ［Ⅰ］，［Ⅱ］ にあてはまる語の組み合わせとして最も適当なものを，あとの**ア**～**エ**のうちから一つ選び，マークしなさい。

> イギリスは，日本の北海道よりも緯度が ［Ⅰ］ が，周辺を流れる海流や偏西風の影響で，北海道に比べて冬の気温が ［Ⅱ］ 。

ア　Ⅰ：低い　Ⅱ：低い　　**イ**　Ⅰ：低い　Ⅱ：高い

ウ　Ⅰ：高い　Ⅱ：低い　　**エ**　Ⅰ：高い　Ⅱ：高い

(3) 次のページの文章は，しゅうじさんが，図中のアメリカ合衆国についてまとめたレポートの一部である。文章中の ［Ⅰ］，［Ⅱ］ にあてはまる語の組み合わせとして最も適当なものを，あとの**ア**～**エ**のうちから一つ選び，マークしなさい。

アメリカ合衆国の豊かな産業を支えている人々の中には，メキシコや西インド諸島の国から移住してきた［Ⅰ］とよばれる人々がいます。また，アメリカ合衆国の北緯37度付近から南に位置する［Ⅱ］では，コンピューターなどの情報技術産業が発達しています。

ア　Ⅰ：ヒスパニック　Ⅱ：サンベルト　イ　Ⅰ：メスチソ　Ⅱ：サンベルト
ウ　Ⅰ：ヒスパニック　Ⅱ：デトロイト　エ　Ⅰ：メスチソ　Ⅱ：デトロイト

⑷　次の**資料１**は，前のページの図中のロシア連邦，オーストラリア，ブラジル及び南アフリカ共和国の1990年と2017年の国内総生産を示したものである。**資料１**中のA～Dには４か国のうちのいずれかが，E，Fには1990年，2017年のいずれかがあてはまる。**資料２**は**資料１**から読み取ったことがらをまとめたものの一部である。BとCにあてはまる国の組み合わせとして最も適当なものを，あとの**ア**～**エ**のうちから一つ選び，マークしなさい。

資料１　４か国の1990年と2017年の国内総生産（百万ドル）

	E	F
A	348,872	116,699
B	1,577,524	575,059
C	2,055,512	406,897
D	1,408,676	323,814

（「世界国勢図会 2019/20」より作成）

資料２　資料１から読み取ったことがらをまとめたものの一部

・ロシア連邦の国内総生産は，1990年から2017年にかけて，約１兆ドル増加している。
・オーストラリアの国内総生産は，1990年から2017年にかけて，４倍以上に増加している。
・ブラジルは，1990年から2017年にかけての国内総生産の増加率が，**資料１**中の４か国で最も高い。
・南アフリカ共和国は，1990年から2017年にかけての国内総生産の増加額が，**資料１**中の４か国で最も少ない。

ア　B：ロシア連邦　C：南アフリカ共和国
イ　B：ロシア連邦　C：ブラジル
ウ　B：オーストラリア　C：南アフリカ共和国
エ　B：オーストラリア　C：ブラジル

4　次のA～Dのカードは，あかりさんが「古代までの歴史」について調べ，その内容をまとめたものである。これらを読み，あとの⑴～⑷の問いに答えなさい。

A　古代文明のおこり
アフリカやアジアの大河のほとりでは，農耕，牧畜が発達し，計画的な食料生産が行われるようになり，たくわえられた食料をめぐって人々が争いを起こすようになった。

B　卑弥呼

邪馬台国にはもともと男性の王がいたが，国内が乱れたので女性の卑弥呼が王となり，卑弥呼は，まじないなどの力を使って，30ほどの国々を従えた。

C　東大寺の大仏

伝染病の流行や災害などの不安から，仏教の力で国家を守ろうと，都に東大寺が建てられ，金銅の大仏がつくられた。

D　摂関政治

藤原氏は，娘を天皇の后とし，生まれた子を次の天皇に立てて，自らは天皇が幼いときは摂政，成人したのちは関白となり，政治の実権を握った。

⑴　Aのカードに関連して，次のⅠ～Ⅳの文のうち，右の図中のXの地域で発達した古代文明について述べた文はいくつあるか。最も適当なものを，あとのア～エのうちから一つ選び，マークしなさい。

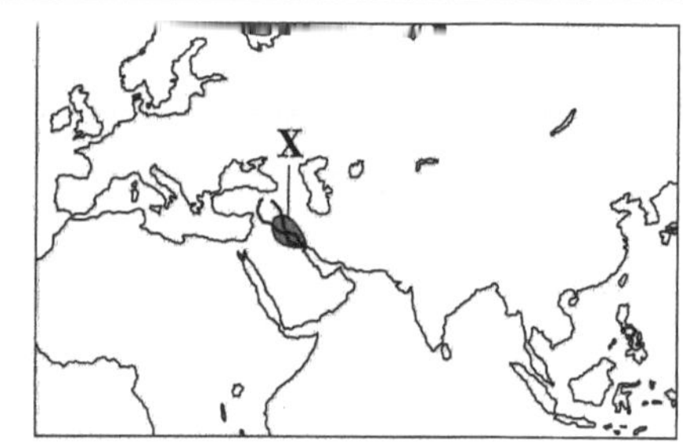

Ⅰ　楔形文字が発明され，粘土板に文字が刻まれた。

Ⅱ　ジッグラトとよばれる聖塔がつくられた。

Ⅲ　太陽を基準として１年を365日とする太陽暦がつくられた。

Ⅳ　チグリス川（ティグリス川），ユーフラテス川の流域に発達した。

ア　一つ　　**イ**　二つ　　**ウ**　三つ　　**エ**　四つ

⑵　Bのカードに関連して，次のⅠ，Ⅱの文は，卑弥呼について述べた文である。Ⅰ，Ⅱの文の正誤の組み合わせとして最も適当なものを，あとの**ア**～**エ**のうちから一つ選び，マークしなさい。

Ⅰ　卑弥呼は５世紀に中国の皇帝に使いを送り，倭の王としての地位を高め，朝鮮半島の国々に対して優位な地位に立とうとした。

Ⅱ　卑弥呼は中国の皇帝から金印や銅鏡などを与えられたが，志賀島で発見された「漢委奴国王」と刻まれた金印は，卑弥呼が中国の皇帝から与えられたものだと考えられている。

ア　Ⅰ：正　Ⅱ：正　　**イ**　Ⅰ：正　Ⅱ：誤　　**ウ**　Ⅰ：誤　Ⅱ：正　　**エ**　Ⅰ：誤　Ⅱ：誤

⑶　Cのカードに関連して，次の**資料**は，大仏建立の詔の内容の一部を示したものである。この資料についてまとめたあとの文章中の［Ⅰ］，［Ⅱ］にあてはまる語の組み合わせとして最も適当なものを，あとの**ア**～**エ**のうちから一つ選び，マークしなさい。

資料　大仏建立の詔

天平15年10月15日をもって，盧舎那仏の金銅像一体をおつくりすることとする。国中の銅を使って像を鋳造し，大きな山を削って仏殿を建てなさい。…天下の富をもつ者は<u>私</u>であり，天下の勢いをもつ者も<u>私</u>である。この富と勢いとをもって仏像をつくることは困難ではないであろうが，それは発願の趣旨にそぐわない。…もし一枝の草やひとにぎりの土でも持って仏像をつくることに協力を願う者があれば，許し受け入れなさい。　（「続日本紀」より，一部要約）

前のページの資料の下線部の「私」は［Ⅰ］のことである。東大寺の建立には，民衆の間で仏教の布教を行っていた［Ⅱ］なども協力した。

ア　Ⅰ：聖武天皇　Ⅱ：行基　イ　Ⅰ：桓武天皇　Ⅱ：行基
ウ　Ⅰ：聖武天皇　Ⅱ：鑑真　エ　Ⅰ：桓武天皇　Ⅱ：鑑真

(4)　Dのカードに関連して，次のⅠ～Ⅳの文のうち，摂関政治が行われていた時期の文化について述べた文はいくつあるか。最も適当なものを，あとのア～エのうちから一つ選び，マークしなさい。

Ⅰ　雪舟は，中国にわたって多くの絵画技法を学び，帰国後，日本の水墨画を完成させた。
Ⅱ　千利休は，禅宗の影響を色濃く受け，内面の精神性を重視したわび茶を完成させた。
Ⅲ　大伴家持がまとめたといわれる「万葉集」には，様々な身分の人々による歌がおさめられている。
Ⅳ　紫式部の「源氏物語」や清少納言の「枕草子」など，仮名文字を使った女性による文学が生まれた。

ア　一つ　イ　二つ　ウ　三つ　エ　四つ

5　次の略年表を見て，あとの(1)～(5)の問いに答えなさい。

年代	主なできごと
1274	a 文永の役が起こる
	↕ X
1573	b 織田信長が室町幕府をほろぼす
1685	生類憐みの令が出される
	↕ Y
1825	異国船打払令が出される
1842	c 薪水給与令が出される
1858	d 日米修好通商条約が結ばれる

(1)　略年表中の下線部ａに関連して，次の文章は，先生と生徒が元寇について会話をしている場面の一部である。文章中の［Ⅰ］～［Ⅲ］にあてはまる語や言葉の組み合わせとして最も適当なものを，あとのア～カのうちから一つ選び，マークしなさい。

先生：元の皇帝［Ⅰ］は，文永の役，弘安の役と二度にわたって日本に攻めてきました。
生徒：そのときの日本の執権は［Ⅱ］です。
先生：そうですね。元軍と日本軍の戦い方にはどのような違いがありましたか。
生徒：［Ⅲ］。

ア　Ⅰ：フビライ・ハン　Ⅱ：北条時政　Ⅲ：日本軍は馬に乗って戦いました
イ　Ⅰ：フビライ・ハン　Ⅱ：北条時宗　Ⅲ：日本軍は「てつはう」を使いました
ウ　Ⅰ：フビライ・ハン　Ⅱ：北条時宗　Ⅲ：元軍は集団戦法で戦いました

エ　Ⅰ：チンギス・ハン　　Ⅱ：北条時宗　　Ⅲ：日本軍は馬に乗って戦いました
オ　Ⅰ：チンギス・ハン　　Ⅱ：北条時政　　Ⅲ：日本軍は「てつはう」を使いました
カ　Ⅰ：チンギス・ハン　　Ⅱ：北条時政　　Ⅲ：元軍は集団戦法で戦いました

⑵　前のページの略年表中のＸの時期に起こったことがらを，次のⅠ～Ⅳのうちから**三つ**選び，年代の**古いものから順に**並べたものとして最も適当なものを，あとの**ア**～**カ**のうちから一つ選び，マークしなさい。

Ⅰ　足利義政の後継者争いや守護大名の対立などから，応仁の乱が起こった。
Ⅱ　後鳥羽上皇が承久の乱を起こしたが失敗し，隠岐に流罪となった。
Ⅲ　後醍醐天皇が建武の新政を行ったが，２年余りで失敗に終わった。
Ⅳ　足利義満が将軍の地位を子にゆずり，太政大臣となった。

ア　Ⅰ→Ⅱ→Ⅲ　　**イ**　Ⅰ→Ⅲ→Ⅱ　　**ウ**　Ⅱ→Ⅲ→Ⅳ
エ　Ⅱ→Ⅳ→Ⅲ　　**オ**　Ⅲ→Ⅳ→Ⅰ　　**カ**　Ⅲ→Ⅰ→Ⅳ

⑶　略年表中の下線部ｂに関連して，次の文章は，織田信長について述べたものである。文章中の［Ⅰ］にあてはまる場所と［Ⅱ］にあてはまる資料の組み合わせとして最も適当なものを，あとの**ア**～**エ**のうちから一つ選び，マークしなさい。

尾張の戦国大名であった織田信長は，足利義昭を京都から追放して室町幕府をほろぼした後，右の図中の［Ⅰ］で行われた戦いで武田氏を破った。また，下の［Ⅱ］を出して商業を活発にしようとした。

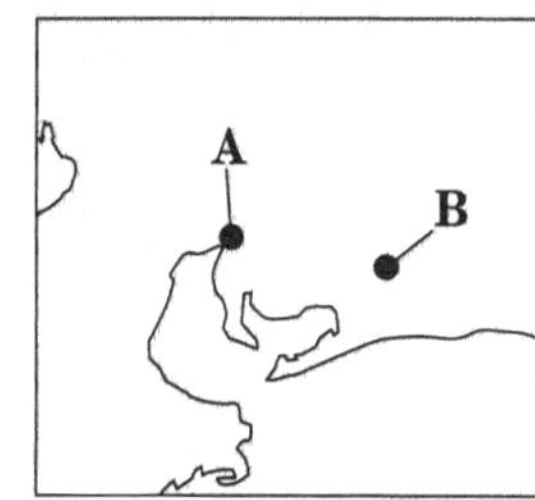

C

一　ポルトガルの貿易船は，商売のために来ているので，バテレン（宣教師）追放とは別である。今後とも長い年月にわたっていろいろと売買するように。

D

一　この安土の町は楽市としたので，いろいろな座は廃止し，さまざまな税や労役は免除する。

ア　Ⅰ：A　Ⅱ：C　　**イ**　Ⅰ：A　Ⅱ：D
ウ　Ⅰ：B　Ⅱ：C　　**エ**　Ⅰ：B　Ⅱ：D

⑷　次のⅠ～Ⅳの文のうち，略年表中のＹの時期に行われた政治について述べた文はいくつあるか。最も適当なものを，あとの**ア**～**エ**のうちから一つ選び，マークしなさい。

Ⅰ　江戸や大阪周辺を幕領にしようとしたが，大名や旗本の反対にあった。
Ⅱ　旗本や御家人の生活苦を救済するため，その借金を帳消しにした。
Ⅲ　大名に対し，参勤交代で江戸に滞在する期間を半減する代わりに米を納めさせた。
Ⅳ　株仲間の結成を奨励し，特権を与えるかわりに営業税をとった。

ア　一つ　　**イ**　二つ　　**ウ**　三つ　　**エ**　四つ

⑸　略年表中の下線部ｃ，ｄに関連して，**資料１**は薪水給与令の一部を，**資料２**は日米修好通商条約の一部を示したものである。**資料１**，２について述べた，あとのⅠ，Ⅱの文の正誤の組み合わせとして最も適当なものを，あとの**ア**～**エ**のうちから一つ選び，マークしなさい。

（**資料１**，２は次のページ）

資料１　薪水給与令

外国船が難破して漂流し，薪や水，食料などを求めてきたときは，ようすを見て必要な品を与え，帰るように言い聞かせよ。

資料２　日米修好通商条約

下田・函館のほか，神奈川，長崎，新潟，兵庫を開港すること。…神奈川を開いた６か月後，下田を閉ざすこと。

Ⅰ　薪水給与令では外国船に薪や水などを与えることが認められたが，1854年に結ばれた日米和親条約でも，アメリカ船に薪や水を与えることが認められた。

Ⅱ　日米修好通商条約で，ペリーが最初に来航した港は閉ざされることとなった。

ア　Ⅰ：正　Ⅱ：正　　**イ**　Ⅰ：正　Ⅱ：誤　　**ウ**　Ⅰ：誤　Ⅱ：正　　**エ**　Ⅰ：誤　Ⅱ：誤

6　次のＡ～Ｅのパネルは，社会科の授業で，明治時代以降の歴史について，班で調べ，まとめたものの一部である。これらを見て，あとの(1)～(5)の問いに答えなさい。

Ａ　明治政府による近代化 中央集権国家を目指すべく，明治新政府は，欧米諸国にならった近代化を推し進めた。明治政府による改革は，日本国民の生活に多大な影響を与えた。

Ｂ　日露戦争 日本軍がロシアの軍事拠点である旅順を攻撃し，韓国の仁川に上陸して，日露戦争が始まった。日本，ロシアとも戦争の継続が困難になると，アメリカの仲介によって条約が結ばれた。

Ｃ　二度の世界大戦 第一次世界大戦において，日本は日英同盟を理由に連合国側で参戦した。一方，第二次世界大戦においては，日独伊三国同盟を結び，枢軸国として参戦した。

Ｄ　戦後の民主化 日本がポツダム宣言を受け入れて降伏すると，アメリカを主力とする連合国軍が日本を占領した。マッカーサー率いるＧＨＱの主導のもと，日本の民主化が進められた。

Ｅ　冷戦の終結 冷戦の象徴であった「ベルリンの壁」が崩壊し，アメリカのブッシュ大統領とソ連のゴルバチョフ書記長が冷戦の終結を宣言した。その後，東西ドイツが統一され，ソ連は解体した。

(1)　Ａのパネルに関連して，次の文章は，明治政府による改革について述べたものである。文章中の［Ⅰ］，［Ⅱ］にあてはまる言葉の組み合わせとして最も適当なものを，あとの**ア**～**エ**のうちから一つ選び，マークしなさい。

明治政府は，学制を公布し，６歳以上の［Ⅰ］を小学校に通わせることとした。また，徴兵令が出され，満20歳になった男子は兵役を負うこととなったが，免除規定があったため，実際に兵役についたのは，［Ⅱ］が多かった。

ア　Ⅰ：すべての男女　　Ⅱ：長男

イ　Ⅰ：すべての男子　　Ⅱ：長男

ウ　Ⅰ：すべての男女　　Ⅱ：次男や三男

エ　Ⅰ：すべての男子　　Ⅱ：次男や三男

(2)　Bのパネルに関連して，次のⅠ，Ⅱの文は，日露戦争について述べたものである。Ⅰ，Ⅱの文の正誤の組み合わせとして最も適当なものを，あとのア～エのうちから一つ選び，マークしなさい。

Ⅰ　日本海での海戦では，東郷平八郎率いる日本艦隊がロシア艦隊を破った。

Ⅱ　ポーツマス条約では，樺太の南半分を日本の領土，千島列島をロシアの領土とすることとなった。

ア　Ⅰ：正　Ⅱ：正　　イ　Ⅰ：正　Ⅱ：誤

ウ　Ⅰ：誤　Ⅱ：正　　エ　Ⅰ：誤　Ⅱ：誤

(3)　Cのパネルに関連して，第一次世界大戦の終結から第二次世界大戦の開戦までの間に起こったできごとを，次のア～エのうちから一つ選び，マークしなさい。

ア　イギリスと清との間でアヘン戦争が起こった。

イ　世界恐慌が起こり，世界中が不景気となった。

ウ　アジアで最初の共和国である中華民国が建国された。

エ　イギリスの支配に抵抗した人々により，インド大反乱が起こった。

(4)　Dのパネルに関連して，次の文章は，先生と生徒が，右の資料を見ながら，農地改革について会話をしている場面の一部である。文章中の［Ⅰ］，［Ⅱ］にあてはまる言葉の組み合わせとして最も適当なものを，あとのア～エのうちから一つ選び，マークしなさい。

自作地・小作地の割合の変化

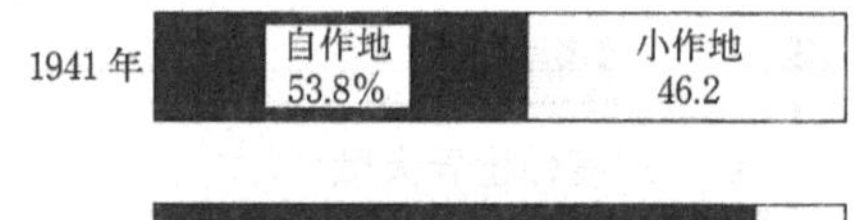

生徒：資料から，1941年の割合に比べて1949年は，［Ⅰ］ことが分かります。
先生：これは，日本の民主化政策の一つとして，農地改革が行われたためですね。
生徒：農地改革によって，［Ⅱ］のですね。
先生：そうですね。農地改革によって，農村の平等化が進みましたね。

ア　Ⅰ：自作地の割合が1.5倍以上に増えた　　Ⅱ：自分の土地を耕す人が増えた

イ　Ⅰ：自作地の割合が1.5倍以上に増えた　　Ⅱ：自分の土地を人に耕作させる人が増えた

ウ　Ⅰ：小作地の割合が４分の１以下に減った　　Ⅱ：自分の土地を耕す人が増えた

エ　Ⅰ：小作地の割合が４分の１以下に減った　　Ⅱ：自分の土地を人に耕作させる人が増えた

(5)　DとEのパネルの間の時期に起こったできごとについて述べたものとして最も適当なものを，次のア～エのうちから一つ選び，マークしなさい。

ア　三井，三菱，住友，安田などの大企業が大きな利益を上げ，財閥に成長した。

イ　北九州に官営の八幡製鉄所がつくられ，鉄鋼の生産が始まった。

ウ　国際競争力が高まり，日本の国民総生産（GNP）が資本主義国の中で世界第２位となった。

エ　アメリカの世界貿易センタービルに飛行機が突入する同時多発テロが起こった。

7 次の文章を読み，あとの(1)～(3)の問いに答えなさい。

現代社会において，市場経済と$_{a}$<u>金融</u>について知ることは大切です。また，$_{b}$<u>消費者</u>であるわたしたちが安心して$_{c}$<u>消費生活</u>を送るためには，消費者の権利と保護についても知っておく必要があります。

(1) 下線部ａに関連して，金融について述べた次の文章中の［Ⅰ］～［Ⅲ］にあてはまる語の組み合わせとして最も適当なものを，あとの**ア**～**エ**のうちから一つ選び，マークしなさい。

> 金融には直接金融と間接金融があるが，銀行は［Ⅰ］をになう代表的な機関である。銀行は，預金者に支払うよりも［Ⅱ］利子で貸し付けを行うことで，利益を得ている。また，日本の中央銀行である日本銀行は，［Ⅲ］を発行している。

ア　Ⅰ：直接金融　Ⅱ：高い　Ⅲ：紙幣
イ　Ⅰ：直接金融　Ⅱ：低い　Ⅲ：硬貨
ウ　Ⅰ：間接金融　Ⅱ：高い　Ⅲ：紙幣
エ　Ⅰ：間接金融　Ⅱ：低い　Ⅲ：硬貨

(2) 下線部ｂに関連して，右の**資料**は，消費生活に関する意識調査の結果の一部を示したものである。次のⅠ～Ⅳの文のうち，**資料**から読み取れることについて正しく述べているものはいくつあるか。最も適当なものを，あとの**ア**～**エ**のうちから一つ選び，マークしなさい。

資料　あなた自身の消費行動について，「買い物が好き」はどの程度あてはまると思いますか。

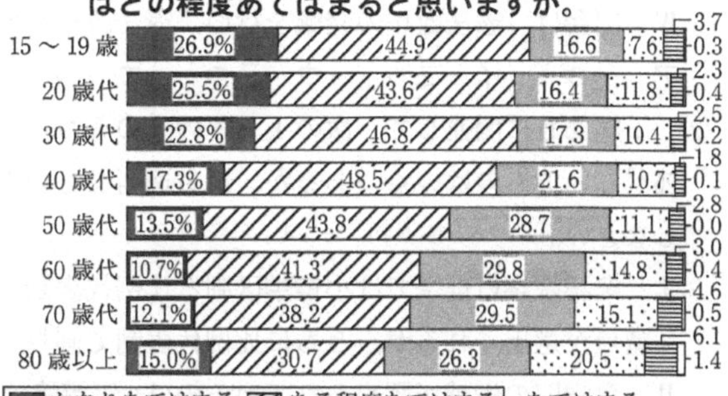

かなりあてはまる　ある程度あてはまる ─あてはまる
どちらともいえない
あまりあてはまらない　ほとんど・全くあてはまらない
無回答　└あてはまらない

（消費者庁「消費者意識基本調査（2016年度）」より作成）

Ⅰ 「買い物が好き」に「あてはまる」と回答した割合は，年代が高くなるほど低くなっている。

Ⅱ 「買い物が好き」に「かなりあてはまる」と回答した割合が最も高いのは15～19歳で，「ほとんど・全くあてはまらない」と回答した割合が最も高いのも15～19歳である。

Ⅲ どの年代においても，「買い物が好き」に「あてはまらない」と回答した割合は，「あてはまる」と回答した割合の半分以下である。

Ⅳ どの年代においても，「買い物が好き」に「ある程度あてはまる」と回答した割合が最も高い。

ア 一つ　**イ** 二つ　**ウ** 三つ　**エ** 四つ

(3) 下線部ｃに関連して，次のⅠ～Ⅳの文のうち，消費に関することがらについて正しく述べているものはいくつあるか。最も適当なものを，あとの**ア**～**エ**のうちから一つ選び，マークしなさい。

Ⅰ 家計の支出は消費支出と貯蓄に分けることができ，消費支出には，食料費，住居費などが，貯蓄には，銀行預金や生命保険の購入，社会保険料の支払いなどが含まれる。

Ⅱ PL法では，商品を使用することによって消費者が被害を受けた場合，商品の欠陥による場合でなくても，消費者が生産者に損害賠償を求めることができる，と定められている。

Ⅲ　様々な省庁に分かれていた消費者行政を一元化するために設置された消費者庁は，内閣府の下に置かれている。

Ⅳ　契約は，契約書を交わすことによって初めて成り立つもので，契約書のない契約は無効であるが，一度契約を結ぶと，結んだ当事者には契約を守る義務が生まれる。

ア　一つ　　**イ**　二つ　　**ウ**　三つ　　**エ**　四つ

8　次の文章を読み，あとの(1)～(3)の問いに答えなさい。

日本のａ国会は，ｂ衆議院と参議院による二院制がとられていますが，国会におけるいくつかの議決については，衆議院の優越が認められています。また，日本では三権分立が採用されており，国会，内閣，ｃ裁判所は，相互に抑制し，均衡を保っています。

(1)　下線部ａに関連して，次のⅠ～Ⅳの文のうち，国会について正しく述べているものはいくつあるか。最も適当なものを，あとの**ア**～**エ**のうちから一つ選び，マークしなさい。

Ⅰ　国会は，国権の最高機関であり，国の唯一の立法機関である。

Ⅱ　臨時会（臨時国会）は，衆議院解散後の総選挙の日から30日以内に召集される。

Ⅲ　国会が行う弾劾裁判の対象となるのは，最高裁判所の裁判官のみである。

Ⅳ　国会は，憲法改正の発議を行い，憲法改正を公布する。

ア　一つ　　**イ**　二つ　　**ウ**　三つ　　**エ**　四つ

(2)　下線部ｂに関連して，次のⅠ～Ⅳの文のうち，衆議院と参議院や衆議院の優越について正しく述べているものはいくつあるか。最も適当なものを，あとの**ア**～**エ**のうちから一つ選び，マークしなさい。

Ⅰ　衆議院議員選挙では小選挙区制と比例代表制，参議院議員選挙では選挙区制と比例代表制で議員が選出されるが，ともに比例代表制で割り当てられる議席数の方が多い。

Ⅱ　衆議院の優越が認められているのは，衆議院は参議院に比べて任期が短く，解散もあるため，国民の意思をより強く反映していると考えられているためである。

Ⅲ　条約の承認と内閣総理大臣の指名についてはともに，参議院が衆議院の可決した議案を受け取った後10日以内に議決しない場合，衆議院の議決が国会の議決となる。

Ⅳ　日本国憲法の改正案について，衆議院の可決後，参議院が否決した場合，衆議院が出席議員の３分の２以上で再可決すれば，国民投票が行われる。

ア　一つ　　**イ**　二つ　　**ウ**　三つ　　**エ**　四つ

(3)　下線部ｃに関連して，裁判所や裁判に関することがらについて述べた文として最も適当なものを，次の**ア**～**エ**のうちから一つ選び，マークしなさい。

ア　地方裁判所では，民事裁判の第一審と刑事裁判の第一審，第二審が行われる。

イ　高等裁判所は，全国で８か所に置かれている。

ウ　最高裁判所長官は，国会の指名に基づき，天皇が任命する。

エ　裁判員裁判では，６名の裁判官とくじで選ばれた３名の裁判員が一緒に審理を行う。

なものを持っておいきなさい。

4　今はまだ私がどうにかできることはない。そのまま何でもいいから持ってきてください。

問五　傍線部4「のちの物語にもし給へ」の説明として最適なものを後より一つ選び番号で答えなさい。

1　船の上で用光が海賊のためにしたことを、いつか雑談の話題にしてほしいということ。

2　小調子という篳篥の曲の内容について、架空の物語にして後世に伝えてほしいということ。

3　海賊たちが用光の船を襲ったことを、後で物語として記録してほしいということ。

4　小調子という篳篥の曲の内容について、今ここにいない仲間たちにも語ってほしいということ。

問六　二重傍線部「押さへて」の動作主として最適なものを後より一つ選び番号で答えなさい。

1　用光　　2　海賊たち　　3　海賊の首領　　4　世間の人々

問七　傍線部5「今はかぎりとおぼえければ」の意味として最適なものを後より一つ選び番号で答えなさい。

1　これで海賊たちも盗みをやめるだろうと思われたので

2　ここで篳篥を吹くことはやめようと思ったので

3　これで自分は死んでしまうだろうと思われたので

4　これで海賊たちに二度と会うこともないだろうと思ったので

問八　傍線部6「かたさりぬ」の説明として最適なものを後より一つ選び番号で答えなさい。

1　篳篥を海賊たちに聞かせたいという用光の誠実な言葉に非常に感銘を受けたので、海賊たちは用光を尊重し、用光の船を襲うのをやめたということ。

2　海賊たちは、金持ちを襲おうと船に近づいたが、船には篳篥を演奏する用光しかいないとわかったので、用光の船を襲うのをやめたということ。

3　用光が、涙を浮かべながら必死に篳篥を演奏する様子を見て、海賊たちは用光をあわれんだため、用光の船を襲うのをやめたということ。

4　用光による篳篥の演奏がたいそうすばらしいものであったため、海賊たちはみな大いに感動して、用光の船を襲うのをやめたということ。

問九　本文の内容として**不適当な**ものを後より一つ選び番号で答えなさい。

1　海賊の首領は、海賊たちへの命令のために言葉を発し、用光に対しても演奏の見事さを言葉で伝えている。

2　用光は、長年心をかけてきた篳篥の名曲である「小調子」を海賊たちに聞かせてやろうと考えた。

3　用光は、船の中でひっそりと隠れながら、海賊たちに声をかけたり、篳篥の演奏を聞かせたりしていた。

4　海賊たちは、海の上を響き渡った用光の篳篥の演奏を静まり返って聞き、何も言うことができなくなった。

や(たちよ)。³今は沙汰に及ばず。とくなにものをも取り給へ。ただし、年ごろ(長年)、思ひしめたる篳篥の、＊6小調子といふ曲、吹きて聞かせ申さむ。さることこそありしかと、⁴のちの物語にもし給へ」といひければ、＊7宗との大きなる声にて、主たち、しばし待ち給へ。かくいふことなり。もの聞けといひければ、船を押さへて、おのおのしづまりたるに、用光、⁵今はかぎりとおぼえければ、涙を流して、めでたき音を吹き出でて、吹きすましたりけり。

をりからにや(時節のためだろうか)、その調べ、波の上にひびきて、かの＊8潯陽江のほとりに、琵琶を聞きし昔語りにことならず。海賊、静まりて、いふことなし。よくよく聞きて、曲終りて、先の声にて、「君が船に心をかけて、寄せたりつれども、曲の声に涙落ちて、⁶かたさりぬ」とて、漕ぎ去りぬ。

（『十訓抄』）

＊1　和邇部用光……平安時代の音楽家。　＊2　土佐……現在の高知県。
＊3　御船遊び……土佐神社で行われていた祭り。
＊4　安芸……現在の広島県西部。　＊5　篳篥……雅楽で使われる管楽器。
＊6　小調子といふ曲……篳篥の秘曲。
＊7　宗と……中心となる者。ここでは、海賊の首領。
＊8　潯陽江……中国の長江の別名。ここでは、詩人の白居易が長江で琵琶を聞いた話として取り上げられている。

問一　本文中に「　」（かぎかっこ）のついていない会話文が一箇所ある。その会話文の初めと終わりの組み合わせとして最適なものを後より一つ選び番号で答えなさい。

1　主たち〜の聞け　　2　主たち〜りたる
3　かくい〜の聞け　　4　かくい〜りたる

問二　傍線部1「海賊押し寄せたりけり」は、具体的にどういうときの出来事か。最適なものを後より一つ選び番号で答えなさい。

1　用光が「御船遊び」を見に行く途中で港に寄ったとき。
2　用光が「御船遊び」を見終えて都へ帰っていくとき。
3　用光が「御船遊び」を港で見ているとき。
4　用光が「御船遊び」を見ずに都に引き返したとき。

問三　傍線部2「弓矢の行方知らねば」の意味として最適なものを後より一つ選び番号で答えなさい。

1　弓矢が飛んできそうに思えないので
2　弓矢がどこにあるかわかったので
3　弓矢の動きをよく理解しているので
4　弓矢の扱い方がわからないので

問四　傍線部3「今は沙汰に及ばず。とくなにものをも取り給へ」の現代語訳として最適なものを後より一つ選び番号で答えなさい。

1　今すでに私が何か対処する状況ではない。ゆっくりと何でも好きなものをお取りなさい。
2　今ならまだ事件には至っていない。すぐに何でもいいから持ちだして行動しなさい。
3　今はもう私があれこれ対応することもできない。早く何でも好き

1　ミサとマユミは、老人に注意されてからはどちらもが自然と電車内で常識的にふるまうようになったので、苦い記憶を忘れず、はっきり注意してくれた老人への感謝の思いを抱いていることを、お互いに察しているということ。

2　ミサとマユミは、老人に注意されたことで知った乗車の際のマナーをその後もきっちり守っていて、非常識な行為をする人を見ると、口には出さないものの、老人のありがたさを再確認し、感謝の思いを共有しているということ。

3　ミサとマユミは、その後、非常識な行為に対して態度や表情で不快感を示すようになっていたので、二人ともが老人の注意を真摯に受け止め、老人に感謝しているということを、お互いに口に出さずとも理解していたということ。

4　ミサとマユミは、老人が注意してくれたことを電車に乗るたびに思い出してありがたく感じていて、非常識な行為を二度とせず、大人しく電車に乗っていようと自分自身に言い聞かせていることを、お互いに気付いていたということ。

問十　本文の説明として最適なものを後より一つ選び番号で答えなさい。

1　前半で、ミサが非常識なおばさんたちの行動を見て強い憤りを感じている様子や、正義感に駆られている様子を描いた後、後半で、ミサが過去に体験した同様の出来事を描くことによって、前半でミサがおばさんたちに対して、どういう言葉をかけ、どのように対応しようとしていたかを暗示している。

2　前半では、ミサがおばさんたちの非常識さを見て自分自身はどうなのかと考えるところから、おばさんと同じようなことをしていたことを思い出して恥ずかしくなる様子を描いており、後半では思い出した出来事について具体的に描写することによって、現在のミサが過去を反省しているということを明らかにしている。

3　前半では、ミサがおばさんたちの非常識な行動を見て過去の自分の過ちを思い出し、おばさんたちと同じようなことをしていた自分はみっともないと感じて落ちこんでいる様子を描いた後、後半で、過去の回想を描くことで、ミサが過去に一度反省していたことを思い出して気持ちを立て直す様子を描いている。

4　前半で、ミサが非常識なおばさんたちの姿を見て過去の自分の姿と重ね、おばさんたちとは違い、過去に常識を学ぶ機会のあったことを幸運だと思っていることや、過去の自分の行為を客観的に振返って恥じる様子を描いた後、後半でその過去の出来事を回想して、前半のミサの思いの背景を明らかにしている。

三、次の文章は『十訓抄』の一部である。これを読んで後の設問に答えなさい。

＊1和邇部用光といふ楽人ありけり。＊2土佐の＊3御船遊びに下りて（向かい）、上りけるに（戻っていると）、＊4安芸の国、なにがしの泊にて（港で）、1海賊押し寄せたりけり。2弓矢の行方知らねば、防ぎ戦ふに力なくて、今はうたがひなく殺されなむずと思ひて、＊5篳篥を取り出でて、屋形の上に（船の屋根の上に）ゐて、「あの党（そこにいる海賊）

1　ミサもマユミも、他人から卑怯であると注意されたことにおびえ、その様子を周囲にさらされたことにいたたまれない思いでいるとともに、卑怯なことをしている自覚がなかった浅はかさや、学校でも大勢に発表されるかもしれない不名誉を思うと、どうしようもなく弱り切ってしまうので、どうにかこらえようと強がってみせているということ。

2　ミサもマユミも、自分たちなりの名案を他人から激しくののしられたことに対する納得がいかない思いや恥ずかしさに加えて、学校に報告されて全校生徒に発表されるかもしれないという恐怖も感じていて、そうしたさまざまな気持ちと一度に向き合うことができずに混乱し、不機嫌そうな表情になってしまっているということ。

3　ミサもマユミも、公衆の面前で怒られたことで、おじいさんへの恐れや自分たちに対する情けなさを感じ、また、これまで迷惑なことをしていた自分たちの心の醜さを指摘されて落ち込んでいるが、さらに、学校で今回の出来事が広まった場合のやり場のない屈辱を想像して、立ち直れない思いになってしまっているということ。

4　ミサもマユミも、他人から自分たちの迷惑な行いを厳しく注意されたことで、自分たちのしてきたことの愚かさを受け止め、しっかりと反省してはいるが、この後学校へ報告され、大勢に知られてしまう可能性があることを思うと不安でたまらず、そのような不安を紛らそうとあえて強気な態度を取っているということ。

問八　傍線部５「またあんなふうに難癖つけられてもイヤやし」とあるが、このように言ったミサの意図を説明したものとして最適なものを後より一つ選び番号で答えなさい。

1　自分たちの行動によってひどい出来事に遭遇したことは理解しているので、本心では悪いことをしたとは決して認めていないが、また老人や周囲の人たちから理不尽に文句を言われるのはいやだから、これからは二人とも席をとることをやめるようにしようと、マユミに対して同意を得ようと話しかけている。

2　自分たちが悪いことをしたとはっきり認めることは自尊心が大きく傷つくことになるため、悪いことをしたと理解はしていながらも、口に出して認めることはやめ、自分たちが間違っていたからだという理由ではなく、老人にまた注意されるのが面倒だからということを理由に、マユミにも席をとることをやめようと呼びかけている。

3　自分たちが悪いことをしたと理解し、老人に注意されたのも当然であり、今度からは席をとることをやめにしようとも思っているが、一方的に怒鳴りつけられたことは許すことができず、素直に反省の思いを口にすることは悔しくて、老人の態度に対して文句を言いつつ、マユミに席をとるのをやめようと確認している。

4　自分たちの行動が周囲に迷惑をかけていたという事実を突き付けられ、周囲から自分たちを全否定されたように感じて沈んだ気持ちになっているので、どうにか気を奮い立たせようと、自分たちは決して悪いことはしていないという体で、老人からまた注意されるのは困るので、席をとるのをやめようとマユミに話しかけている。

問九　傍線部６「そんな顔ができるのはあの老人のおかげだと覚えていることもお互いが知っていた」とあるが、この部分の説明として最適なものを後より一つ選び番号で答えなさい。

ウ　執り成して
1　味方になり相手と争って
2　機嫌の悪い相手をなだめ仲裁して
3　手ごわい相手をやっつけて
4　邪魔な相手をとりのぞいて

問三　傍線部１「素敵なブランドが台無しね」とあるが、このときの「若い女性」の様子の説明として最適なものを後より一つ選び番号で答えなさい。
1　車内でのもめごとをさけるために、素敵なブランドバッグが滑稽に見えると冗談を言うことで、感情的におばさんたちを責めようとしたミサの行動を制止し、その場をうまくおさめようとしている。
2　おばさんたちの非常識な行為にあきれながらも、それを直接的にとがめることはせず、バッグの素敵なブランドに似つかわしくないという皮肉を通じて、ミサの怒りに対する共感を示している。
3　自分が座れたはずの席を取り上げられても余裕のある態度でいるが、おばさんたちの行為がブランドの価値を落としているとつぶやくことで、本心では怒っているということをミサに理解してもらおうとしている。
4　仲間のためとはいえ、バッグを投げて席を確保するおばさんたちは、ブランドに値しない人物であると残念に思っていて、ミサに同意を求めることでその気持ちを分かち合おうとしている。

問四　本文中の［Ａ］～［Ｃ］に入る言葉の組み合わせとして最適なものを後より一つ選び番号で答えなさい。
1　Ａ＝涼しい　　Ｂ＝突発的な　　Ｃ＝心配しながら
2　Ａ＝喧嘩腰な　　Ｂ＝短絡的な　　Ｃ＝ぼんやりしながら
3　Ａ＝険しい　　Ｂ＝反射的な　　Ｃ＝戸惑いながら
4　Ａ＝不満げな　　Ｂ＝道徳的な　　Ｃ＝あきれながら

問五　傍線部２「そう思って周囲を見回してぎくりと身が縮んだ」とあるが、このときのミサの心情として最適なものを後より一つ選び番号で答えなさい。
1　周囲には自分を擁護し助けてくれる人がいるはずだと思っていたが、実際には誰も名乗りを上げてくれないと悟って動揺し、この状況をどう乗り切ればいいのかと追いつめられた気持ちでいる。
2　周囲はミサの状況をあわれみ、老人に白い眼を向けていると考えていたが、自分の方こそ非難されていると知って衝撃を受け、老人も周囲も納得させる言い訳を考えようと焦（あせ）った気持ちでいる。
3　周囲に見られながら老人に怒鳴られる状況を恥ずかしく感じていたが、周囲の目に非難の色が混ざっていることに気づいて動揺し、これまでの自分の行動を振り返って、改めて羞恥を覚えている。
4　周囲の非難の眼差しは老人の方に向いていると思い込んでいたが、実際には自分が周りの苛立ちを一身に集めてしまっていることに気付いて驚き、恐れを感じ、絶望に近い気持ちになっている。

問六　傍線部３「逃げるように電車を降りて、ホームのベンチに座る」に、活用のある付属語はいくつ用いられているか。最適なものを後より一つ選び番号で答えなさい。
1　一つ　　2　二つ　　3　三つ　　4　四つ

問七　傍線部４「ミサも同じ理由でふて腐れていた」とあるが、この部分の説明として最適なものを後より一つ選び番号で答えなさい。

ふて腐れたポーズを取っていないと泣いてしまう。他人に怒られて恐(こわ)かったのと周囲の白い目が恥ずかしかったのと、他人に叱られるまでその行いを恥ずかしいと思わなかった自分たちのバカさ加減が情けないのと、――制服で学校が分かったら言いつけられるかもしれないという心配も少し。

ミサたちの名前まで分かるわけがないけれど、例えば朝礼なんかで「このような苦情が当校にありました」なんて発表されたら内心の屈辱は想像を絶する。

「でも、今度からやめとこな」

ミサのほうから言った。

「[5]またあんなふうに難癖つけられてもイヤやし」

そう付け加えると、マユミも無言で頷いた。

それがそのときのミサたちの精一杯の反省だった。別にあたしらが悪いわけちゃうけどジジイがうるさいからもうやめといたるわ。

思春期の繊細さは自分たちの落ち度を髪の毛一筋ほども認めたがらない。

だが、心の隅に確かにわだかまる疚(やま)しさがその日から来る車両を変えるようになった。

ミサもマユミも、もう荷物で乗り物の席を取っておくようなことはしなくなった。

そしていつの間にか、そんなことは非常識でみっともないと最初から知っていましたよというような顔をするようになっていた。あの老人に叱られて初めて知ったことだなんてお互い口にも出さず。

けれど、[6]そんな顔ができるのはあの老人のおかげだと覚えていることもお互いが知っていた。

（有川　浩『阪急電車』）

＊1　キャリアウーマン……社会の第一線で働いている女性。

＊2　ぎょうさん……たくさん。

＊3　喝破……正論で相手を言い負かすこと。

問一　二重傍線部a～cのカタカナの部分を漢字に改めたとき、同じ漢字を用いるものはどれか。後より選びそれぞれ番号で答えなさい。

a　ホウった　　1　模ホウ　　2　ホウ富　　3　ホウ問　　4　釈ホウ

b　カって　　1　バイ償　　2　バイ収　　3　商バイ　　4　バイ園

c　ツカれて　　1　ヒ害　　2　消ヒ　　3　ヒ弊　　4　回ヒ

問二　傍線部ア～ウの意味として最適なものを後より選びそれぞれ番号で答えなさい。

ア　詰られた

1　問いただされ責められた
2　あやしく思う様子で質問された
3　問いかけられ従わされた
4　悪意のない様子で質問された

イ　敢えなく

1　驚きをおさえることができずに
2　思いがけないような感じで
3　気づかれないような感じで
4　持ちこたえることができずに

て終わる。

誰もウ執り成してくれないことがミサに自分の立場を思い知らせた。

今までの自分たちの『名案』は、他人からは苦々しく思われる小賢しさだったのだ。

「お待たせ！　席取っといてくれてありがと！」

異様な空気を読めないままにマユミが電車に乗ってきた。老人がマユミのほうをじろりと振り向く。

「あんたが友達か」

「えっ、何……」

マユミは［C］ミサのほうに近づいてきた。

「ミサ、このジジイに何かされたん？」

小声で訊いたつもりだったのだろうが、マユミは地声が大きかった。

「何かしとったのはお前らやろが、しょっちゅうしょっちゅう！」

老人が雷のような声を落とした。

「混んでる電車でみんな座りたいのに、鞄座らせてまで連れの分の席取って、どんな教育されとんじゃ！」

え～、ちょっとぉ。何よこのジジイ。マユミが唇を尖らせて言い返しかけたとき、

「どこの学校のガキどもやお前らは！　言うてみい！」

――学校に言いつけられる！

ミサはとっさに席を立った。

「降りよ」

マユミに鞄を押しつけて、老人に頭を下げる。

「すみませんでした、これから気をつけますっ」

言い捨てるような口調で、だが一応は謝った。この辺でマユミも自分たちに向けられている白い目に気づいたらしい。不満そうな顔のままでミサと一緒に頭を下げる。

3逃げるように電車を降りて、ホームのベンチに座る。程なく発車のベルとともにドアが閉まり、電車が走りはじめる。

ミサが取ってあった席は、電車が走り出しても誰も座っていなかった。

「……絶対ホームから見えへんようになったらあのジジイが座るんやで」

ふて腐れたようにマユミがコンクリの床を蹴った。

「自分が座りたかったから難癖つけてただけやで、絶対」

そうじゃないのは二人ともたぶん分かっていた。

一方的にミサたちを怒鳴りつけていた老人。ミサたちに向けられていた白い目。

何かしとったのはお前らやろが、しょっちゅうしょっちゅう！

週に二度か三度はこんなことをやっていた。不愉快に思いながらミサたちを覚えていた乗客は、あの中にどれくらいいたのだろう。

へこんだ。

名案を思いついたつもりでいたのに、それはずるいことだとこっぴどく叱られた。他人から、公衆の面前で。

あの老人が腹に据えかねて人前でミサを怒鳴りつけるほど二人は今まで目立っていて、それもひどくみっともなく目立っていたのだ。

「絶対、自分が座りたかっただけやで」

マユミはまだふて腐れている。でもふて腐れている理由が分かる。

4ミサも同じ理由でふて腐れていたからだ。

ちらだったか気がついた。掃除当番じゃないほうが先に駅に行って席を二人分取っておけばいい。それなら当番のほうが掃除を終わって駅まで走れば二人とも座れる。

当番のほうは滑り込みになるので、取っておく席は改札を通って一番手前の車両の端。

それからお互い、相手が掃除当番のときは先に駅まで走った。二人ともがお気に入りの端っこの席を取って待っておくために。

端の席に鞄を立てて、自分はその隣に背筋を伸ばして座る。ときどきわざと改札のほうを窺いながら鞄の把手に手をかけて、いかにも人待ち風情を見せて。

その様子が周囲の人々にどれほど賢しく見えていたのか。今でも思い出すと恥ずかしくて身をよじりたくなる。

「何をやってんねん、あんたは」

目の前に立ったおじいさんにいきなりア詰られた。

あんたは、というのが自分のことと気づかず、しばらくいつものように改札を窺ったりしていた。

「あんたや、あんた。座席に鞄座らせとるあんたや」

そこまで言われてようやく自分のことだと気づいて振り向いた。

頭の禿げ上がった小柄なおじいさんが、恐い顔で自分を見下ろしていた。

え、何。このおじいさん、あたしに言うてんの。何言うてんの。

その年頃に特有の［ B ］反感は、揺るぎなく自分を見据える怒りの眼差しにイ敢えなくぺしゃんと潰えた。

「混んできとんのに何でその鞄を一人前に席に座らせとんねん」

「あ、あの、これは友達の鞄で、友達が後から来るんです」

「そんなことが理由になるか！　その友達より先に乗ってはる人が＊2ぎょうさんおんのに、後から来るあんたの友達があんたが先取りしといた席にしれっと座るんかい！　おかしいやろが！」

そんな大きい声で怒鳴らんといてや、周りに見られて恥ずかしいやんか！　恥ずかしい――2そう思って周囲を見回してぎくりと身が縮んだ。

うるさい老人に向けられていると思った非難の眼差しは、全て自分に突き刺さっていた。

あんなに怒鳴られてかわいそうに――そんなふうに思っている目はひとつもなかった。俯いて肩を落としている自分が同情されるだろうと思っていたのに。あんな子供を大人げなく怒鳴りつけるなんてかわいそうにと老人のほうが白い目で見られると思っていたのに。

白い目は容赦なく子供であるミサのほうに向けられていた。

それは周囲の人々が老人と同じ苛立ちをミサに抱いているからだ、と気づかない程には子供ではなかった。

恥ずかしい。注目を集めてしまったからではなく注目を集めた理由が恥ずかしい。この車両に同じ学校の生徒は乗っているだろうか、クラスメイトは乗っているだろうか。

「と……友達が、掃除当番でcツカれて帰ってくるから」

「やったらあんたが席替わったったらええやろが！　言い訳すな！」

こんなことで言い訳をするほうが恥ずかしいなんてことはもう分かり切っていたのに、言い訳せずにはいられなかった。案の定＊3喝破され

――コレハイッタイナンダ？

おばさんの仲間が「ちょっとあなた」「やだ、信じられなーい」とくすくす笑う。その笑いで――信じられないと言いながら、まったく悪いとは思っていないその仲間内の笑いで、やっと事態が飲み込めた。

ミサの隣の席を「イトーさん」に確保するために――先に座りかけていたその女性から取り上げるために、そのブランドバッグは投げられたのだ。

「早く早く！　席取っといてあげたからー！」

前の車両からやはり同じテイストのファッションのイトーさんがとことこと追い着いてくる。ひらひらのワンピースにブランドバッグ、ただコートだけは他のおばさんと違ってごくおとなしいベージュのウールだ。

「な……！」

なんちゅうことすんねん、あんたら。

思わず声を上げそうになったミサを、席を取られた女性がさりげない手振りで制した。イトーさんが到着する前に笑みすら含んだ声で囁く。

「1<u>素敵なブランドが台無しね</u>」

気の利いた相槌が思いつかず、ミサが懸命に頷いている間に女性はすっと腰を伸ばし、空席がもうほとんど残っていない車両を次の車両へと歩き去っていった。

他のおばさんに比べてちょっととろそうなイトーさんは「ごめんなさいねえ」とバッグを投げた本人に返しながらミサの隣に座った。

違う。あんたが謝らなあかんのは今歩いていったあのお姉さんや。ミサは自然と［A］表情になりながら、せめて気持ちを落ち着かそうと鞄からテキストを取り出して開いた。

「いいのよぉ、これくらい」

バッグを受け取りながら、投げた本人はこともあろうにこの返事。ババアお前もや、とうとうミサは険のある声で低く吐き捨てた。

「信じられへん。おばさんってサイテー」

向かいの席までは届かないが、隣のイトーさんには聞こえたはずだ。

何やねんアンタ、と食ってかかられたら喧嘩をb<u>カ</u>ってやるつもり満々だったが、イトーさんはちらりとミサを窺っただけで何も言ってはこなかった。

おばさんの群れは今日食べにいくらしい宝塚のレストランの話をしている。決して安くはない店で、土曜のランチでそんな店へ行けるのならお金には不自由していない層だろう。

けどあんたらにはおれへんかったんやろな。――あたしのことこっぴどく叱ってくれた知らんおじいちゃんとか。

ミサは中学の頃から電車通学だった。

行きはぎゅう詰めになる路線なので座るなどあり得なかったが、帰りはタイミング次第では一緒に通学していた友達のマユミと並んで座れた。

どういうタイミングかというと、掃除当番じゃないときだ。

そのとき駅まで歩いて摑まる普通電車が空いているギリギリで、その次の電車からだと前の駅から高校生がたくさん乗ってくるのでもう座る余地はない。

最初のうちはどちらかが掃除当番だったら諦めていたが、そのうちど

3　グループの中で、権限のない人がどんなときも思い切ってリーダーシップを発揮できるように、権限のない人に対し実行することや意見を提案することにその責任を自覚させつつ、個々の意欲が満ちる環境をつくり、最終的な結果がうまくいかない場合は、権限のない人ではなく権限者がかわりに責任をとるようにすることで、権限によらないリーダーシップがうまく機能するようにする役割。

4　グループの中で、権限のない人が自主的にリーダーシップを発揮できるように、権限者が権限のない人のそれぞれの業務環境を整え、個々のやりたいことが成功しやすいように支援し、困難にぶつかっても励ましの言葉をかけて、結果がどうなっても責任は権限のない人ではなく権限者自身がとるようにすることで、権限によらないリーダーシップを個々に奨励するような組織にする役割。

問十二　本文の内容と一致するものを後より一つ選び番号で答えなさい。

1　そのときどきでその状況にふさわしい者がリーダーとなることもあるが、つねに特定のリーダーが組織を運営していく形の方が、それぞれのメンバーは行動しやすい。

2　従来型のリーダーシップは、特定の人が権限を持つリーダーとして参加者を導いていく形だが、人々の意欲を失わせるとして1970年代には否定的な見方をされた。

3　権限を行使するときに必ず伴う責任を誰が負うのかという点が、従来型のリーダーシップと権限によらないリーダーシップとでは、大きく異なっている。

4　権限によらないリーダーシップでは、グループのメンバー一人ひとりが自律的で、互いに影響を与えながら結果を生み出し、社会の動きにも遅れることなく対応できる。

二、次の文章を読んで、後の設問に答えなさい。

〈これまでのあらすじ〉

大学生のミサは、ある土曜日、駅に到着したばかりで混んでいない電車に乗り込み、二両目の端の座席に腰かけた。後からどんどん乗客が来て、その中に四、五人のおばさんの集団がいた。そろって派手なワンピースやアクセサリーで身を飾ってブランド物のバッグを持ち、ミサの向かいの座席を数人で占拠していた。そしておばさんのうちの一人が、隣の車両にいた仲間の「イトーさん」を呼んでいる。

あー、この席ちょっとハズレやったかもしれんなー。この人らうるさそう……

ミサがそんなことを考えていたとき、空いていたミサの隣に若い女性が座ろうとした。思わず見とれるような美人で、かっこいい＊1キャリアウーマン風。

彼女が腰を下ろそうと屈(かが)みかけたとき、信じられないことが起こった。

「えいっ！」

イトーさんを呼んだおばさんが、持っていた自分のブランドバッグを女性が腰を下ろす直前の座席にaホウったのである。

一体何が起こったのか分からなかった。腰を下ろしかけていた女性は、呆気(あっけ)に取られて投げられたバッグを見つめ、ミサもやはりそのバッグを見つめる。

ダーシップを発揮すべきでないとする考え方。

2　権限を行使する場合には責任を伴うが、組織の中で権限のないメンバーも、責任をとることができる場合には、権限によらないリーダーシップを主張してもよいとする考え方。

3　組織の中で権限によらないリーダーシップを発揮したメンバーが責任をとらないのなら、権限によらないリーダーシップの持つポジティブな効果もなくなるという考え方。

4　権限のない者がリーダーシップを発揮しようとすることは、権限者に対して失礼にあたるのだから、権限によらないリーダーシップを主張することは認めないという考え方。

問十　傍線部7「とんでもないタイプも存在します」とあるが、ここからわかる筆者の思いとして最適なものを後より一つ選び番号で答えなさい。

1　権限者が自分の役割を果たすことなく、権限のない人がリーダーシップを発揮してたてた手柄を奪い、失敗の責任をとろうとせずに保身に走ることは、身勝手な行為で、権限のない人の気持ちを萎えさせ、組織の発展をはばむことにもなるので、そのような行為を実際にやられると困るという思い。

2　権限者が権限のない人の相談に乗っていたとしても、権限のない人の手柄を自分のものとして主張したり、失敗の責任を自分と権限のない人で一緒に負おうとしたりする権限者は、役割を果たしているとは言えず、そのようなことをする権限者は自分の役割を今一度考え直すべきであるという思い。

3　権限のない人たちの働きは、権限者が権限のない人の手柄を自分のものにしたり、うまくいかなかったときの責任を権限のない人に押し付けたりすることによって鈍くなるので、権限者の中に、そのようなことをする人がいる組織は、今後の発展が見込めるとは考えられず、残念であるという思い。

4　権限のない人がおさめた成功を権限者が自分の成果としてひとり占めしたり、権限のない人が引き起こした失敗の責任を本人に負わせたりすることは、非常に理不尽で許すことができず、また、権限のない人のやる気を失わせることにもなるので、そのようなことをする権限者にはあきれるという思い。

問十一　傍線部8「権限によらないリーダーシップでの、権限者の新しい役割」とあるが、これはどのような役割のことをいっているか。その説明として最適なものを後より一つ選び番号で答えなさい。

1　グループの中で、権限のない人がやりがいを感じながらリーダーシップを発揮できるように、権限のない人が積極的に提案したり行動したりすることに対して称賛の言葉を与えて、個々が自信を持てる環境をつくり、結果がうまくいった場合もそうでない場合も責任は権限者にあるという意思表示をすることで、権限によらないリーダーシップがさらに奨励されるような組織にする役割。

2　グループの中で、権限のない人が何の不安もなくリーダーシップを発揮できるように、権限のない人に対し自由に行動することや積極的に意見を表明することなどを促して、個々が主体的に働けるような環境をつくり、どのような結果になっても、責任は権限のない人ではなく権限者自身が引き受けることで、権限によらないリーダーシップがきちんと機能するような組織にする役割。

３　日常生活の中で目標を達成するには、周囲の人たちを巻き込み、権限によらないリーダーシップを発揮して、人々を引っ張っていく主体性が不可欠だが、それは難しいことではなく、目の前に急病人が出たときのように懸命に取り組めば、誰でも実現可能であるということ。

４　日常生活の中では誰がリーダーであると決められているわけではないが、解決しなければならない事態に直面したときには、人は主体的に行動し、困難に立ち向かおうとするものなので、権限によらないリーダーシップが現実に発揮されていることは確かであるということ。

問六　傍線部３「互いに言葉をかけ合いながらその人を救護するために行動します」は、いくつの文節に分けることができるか。最適なものを後より一つ選び番号で答えなさい。

１　七文節　　２　八文節　　３　九文節　　４　十文節

問七　本文中の［４］に入る言葉として最適なものを後より一つ選び番号で答えなさい。

１　決して異質なものではなく、ほぼ同じ性質である

２　絶対的に相容（あいい）れないものだが、両立はできる

３　絶対的に反発し合うもので、併存はできない

４　決して対立するものではなく、互いに補完し合う

問八　傍線部５「権限のない人に対してリーダーシップを求めると同時に、責任も負わせるというケースはしばしば起こります」とあるが、このようなケースに対する筆者の考えの説明として最適なものを後より一つ選び番号で答えなさい。

１　新しい役割を果たしていない権限者のもとで、権限によらないリーダーシップを発揮しようとする人はプレッシャーに押しつぶされがちで、組織も発展できないので、このようなやり方は理想的ではなく、権限のない人に実質的なリーダーの役割と責任を与えるときは、権限者に役割をきちんと果たさせる必要がある。

２　権限と責任を常にセットにしてリーダーとして業務に関わらせる人にすべての責任を負わせると、プレッシャーから自由な発想が阻害されて成果も望めなくなるので、このようなやり方は理想的ではなく、権限と責任は切り離して考え、リーダーシップを発揮するからといって責任までも負わせるべきではない。

３　自分がリーダーシップを発揮したときに起きたことの責任を負わなければならないとなると、多くのメンバーの気が重くなり、権限によらないリーダーシップを推進しても、現実にはほぼ発揮されないという状況になるので、このようなやり方は望ましくなく、権限者が最終的な責任を負うようにしなければならない。

４　権限のない人に最終的な責任を負わせようとすると、失敗してはいけないというプレッシャーから、自ら考えることを躊躇い、結局は権限のある人に頼るようになってしまいがちなので、このようなやり方は望ましくなく、すでに権限を与えられている人が表向きの責任を負うようにするべきである。

問九　傍線部６「こうした考え方」とあるが、これはどのような考え方を指しているか。最適なものを後より一つ選び番号で答えなさい。

１　組織の中で権限によらないリーダーシップを発揮しようとする者に対して、権限のないメンバーは責任をとれないのだから、リー

うものです（「サーバント」とは英語で「召使・使用人」という意味）。
　私は、このサーバント・リーダーシップという立ち位置は、8権限によらないリーダーシップでの、権限者の新しい役割を表現していると考えます。
　つまり、権限がない人のリーダーシップを支援し、さらには、結果がうまくいこうが失敗しようが、その結果に対する責任も負う。「責任は私が負う。だから、君たちは自分たちが『これだ』と思うことをまずは自由に提案してみなさい」と言える権限者。これが、権限によらないリーダーシップを奨励する組織の権限者に求められるあり方なのだと私は考えるのです。

（日向野幹也『高校生からのリーダーシップ入門』）

問一　二重傍線部a～cのカタカナの部分を漢字に改めたとき、同じ漢字を用いるものはどれか。後より選びそれぞれ番号で答えなさい。

a　トウ場　1　冷トウ　2　トウ壇　3　トウ突　4　トウ治

b　上シ　1　シ会者　2　趣シ　3　融シ　4　月刊雑シ

c　提ショウ　1　ショウ待　2　独ショウ　3　故ショウ　4　訴ショウ

問二　本文中の（ア）～（ウ）に入る語として最適なものを後より選びそれぞれ番号で答えなさい。

ア　1　なぜなら　2　しかし　3　従って　4　ところで

イ　1　だから　2　ただし　3　さらに　4　たとえば

ウ　1　しかも　2　さて　3　つまり　4　けれども

問三　本文中には、次の部分が抜けている。これを入れる位置として最適なものを後より一つ選び番号で答えなさい。

　実際、会社などの組織には、社長とか部長とかいった「権限者」が必ずいますので。

1　【A】　2　【B】　3　【C】　4　【D】

問四　傍線部1「そこに参加するメンバーは誰もがリーダーシップを発揮する機会がある」とあるが、これにより起こることの説明として、不適当なものを後より一つ選び番号で答えなさい。

1　メンバー一人ひとりが、グループに積極的に関わろうとする。

2　メンバー一人ひとりが、周囲に行動を促すようになる。

3　メンバー一人ひとりが、自分の頭で考えるようになる。

4　メンバー一人ひとりが、状況に機敏に対応しようとする。

問五　傍線部2「というより、みなさんも日々の生活の中で知らず知らずのうちに経験しているはずです」とあるが、このように述べた筆者の考えの説明として最適なものを後より一つ選び番号で答えなさい。

1　日常生活の中でふいに困難な場面に遭遇したときには、明瞭な指示を出してくれるリーダーがいないことが多く、事態の打開に向けて独力で行動するほかないので、そのようなときに人が権限によらないリーダーシップを発揮していることは疑いようがないということ。

2　日常生活の中でその場にいる人たちと声をかけ合い、互いに協力して、課題の解決や目標達成に向けて行動することはよくあることで、誰もがそのような経験を何度か積み重ねているものなので、権限によらないリーダーシップの力は自然と磨かれているものであるということ。

り組んでいるときなども、自然にこうした権限によらないリーダーシップが発揮されているのです。

先に挙げた例を読み、みなさんの頭の中にはもうひとつの疑問が浮かんでくるかもしれません。

それは、会社組織などを中心とした現実の多くのグループにおいては、「すでに権限を与えられている人」が存在しており、そうした権限と、権限によらないリーダーシップは共存し得るのか、という疑問です。【B】

答えは、「共存できる」です。

組織等の中にすでに存在している「権限者」と権限によらないリーダーシップは［４］ものです。権限によらないリーダーシップの実践を促進するために、権限者には新しい役割があるのです。それは、権限を持たない人がリーダーシップを発揮しやすくするために「支援にまわること」と、さらに、彼らの結果に対して「責任を負う」という役割です。

このとき、とくに見逃されがちなのが、「責任を負う」です。【C】「権限」と「責任」はつねにセットです。権限を行使する場合、そこには責任を伴います。

それゆえに、権限によらないリーダーシップを組織内で実践しようとすると、「権限もなく、責任もとれないくせに、リーダーシップを主張するとは何事か！」という発想をする人が必ずいます。逆に、5権限のない人に対してリーダーシップを求めると同時に、責任も負わせるというケースはしばしば起こります。

これらはいずれも、権限によらないリーダーシップが持つポジティブな効果を台無しにするパターンです。

たとえば、前者は権限によらないリーダーシップを完全に否定しています。そのため、6こうした考え方が定着している組織では、従来型の一握りの権限者のリーダーシップに頼らざるを得ません。その結果、先述したように、時代や状況の変化にスピーディーに対応できなくなる可能性があります。【D】

後者の場合は、権限によらないリーダーシップへの期待を掲げているものの、それを実践する人が出ないという状況に遭遇する可能性が高いでしょう。なぜなら、万が一失敗した場合、「責任は自分がすべて負わなければいけないのだ」という状況がプレッシャーとなり、多くの人がリーダーシップを自ら発揮することに躊躇(ためら)ってしまいかねないからです。

（　ウ　）、権限者の中には、成功すればその手柄を自分のものにし、うまくいかなければその責任を実行者に負わせるという、7とんでもないタイプも存在します。こういう人が自分の上bシだったりすると、権限のない人たちの中で「リーダーシップを発揮しよう」というモチベーションは低くなるばかりです。

権限のない人にリーダーシップを発揮してもらえるように支援し、最終的な責任は自ら引き受ける。これが、権限によらないリーダーシップがきちんと機能する組織において、権限者が担(にな)うべき一つの役割です。というより、権限者がそのように行動してくれないと、権限によらないリーダーシップは機能しづらくなってしまいます。

１９７０年代に、アメリカのリーダーシップ研究者、ロバート・グリーンリーフ博士が「サーバント・リーダーシップ」という考え方を提cショウしました。これは「部下のために尽くすリーダーシップ」とい

【国　語】（五〇分）〈満点：一〇〇点〉

一、次の文章を読んで、後の設問に答えなさい。

　時代の流れの中でaトウ場したのが、この本のテーマである「権限によらないリーダーシップ」です。つまり、従来型のように特定の人が権限のあるリーダーとなって、グループを引っ張っていくのではなく、そこに参加する一人ひとりが、権限を持たないままリーダーシップを発揮していくという形です。

　（　ア　）、チームを引っ張っていく人はつねに同じではなく、「このときはAさん、このときはBさん」という具合に交代していきます。つまり、リーダーが流動的に代わっていくのです。

　となると、1そこに参加するメンバーは誰もがリーダーシップを発揮する機会があるわけですから、自ずとそこでの行動は自律的・主体的なものになります。グループが掲げる目標を達成するために、自分には何ができるかを自覚し、実際に行動していく。単に命令に従って行動するのではなく、積極的にそのグループに関わり、目標達成に何が必要かを自律的・主体的に考え、動いていくのです。

　このように、参加するメンバー全員が自律的・主体的であれば、自ずと世の中の変化に対してすばやく対応できるグループになっていきます。なぜなら、従来型のように権限やカリスマ性を持つ固定化したリーダーが変化に気づくのを待つのではなく、気づいた人が、たとえその人に権限がなくても、グループが変化に対応できるように促していくことが可能だからです。

　気づいた人がまず考えて行動する。そうしたことがしやすく、また起こしやすいグループであれば、変化にも即座に対応していけるのです。

　ここでひとつの疑問が、みなさんの頭の中に浮かぶかもしれません。「そんなリーダーシップは本当に可能なのだろうか」と。答えは明白です。可能です。2というより、みなさんも日々の生活の中で知らず知らずのうちに経験しているはずです。

　たとえば、道を歩いているときなどに、目の前で人が倒れたり、具合が悪そうな様子でしゃがみこんだ人がいたりするという場面に遭遇したことはありませんか？　状況はさまざまだと思いますが、これまでの人生において、似たような光景に一度や二度は、出くわしたことがあるのではないでしょうか。【A】

　そのようなとき、そこに居合わせた人たちは、誰に命令されるでもなく、3互いに言葉をかけ合いながらその人を救護するために行動します。倒れた人に声をかけたり、救急車を呼ぶように誰かに頼んだり、頼まれた人はすぐに電話で救急車を呼んだりといった行動を取ったりするものです。

　これは、この救護に関わる人たち一人ひとりがリーダーシップを発揮している状態です。そこにいた誰かひとりがリーダーとなって命令し、まわりの人の行動を促しているのではありません。そこに居合わせた人一人ひとりが、状況に応じて必要と思われる行動を取り、それがまわりの人たちの行動に影響し合い、「倒れた人を救護する」という結果に結びついていくのです。

　これこそが権限によらないリーダーシップの姿であり、自分では意識していなくても、意外に身近なところで実践されています。（　イ　）学校行事などで、クラスや有志で本当に一丸となってゴールに向かって取

大切なことはメモしておこうネ！

前期1月17日

2021年度

解答と解説

《2021年度の配点は解答欄に掲載してあります。》

<数学解答>

《学校からの正答の発表はありません。》

1 (1) ア 9 イ 1 ウ 5 エ 2 (2) ア 5 イ 1
(3) ア 2 イ 1 ウ 9 (4) ア 1 イ 0
(5) ア 3 イ 3 ウ 1 エ 2 オ 6 (6) ア 7 イ 8

2 (1) ① ア 2 イ 5 ② ウ 1 エ 3
(2) ① ア 7 ② イ 2 ウ 6

3 (1) ア 1 イ 2 ウ 3 (2) エ 5 オ 2 カ 3
(3) キ 7 ク 3

4 (1) ア 4 イ 3 (2) ウ 1 エ 4
(3) オ 2 カ 4 キ 3 ク 5

5 (1) ア 8 イ 2 (2) ウ 2 エ 2 (3) オ 1 カ 6 キ 2

○推定配点○

1~4(1) 各5点×14 4(2)~5 各6点×5 計100点

<数学解説>

1 (平方根,連立方程式,2次方程式,関数,数の性質,角度)

(1) $\frac{5}{\sqrt{60}}-\sqrt{30}\div\frac{3}{\sqrt{98}}=\frac{5}{2\sqrt{15}}-\sqrt{30}\times\frac{7\sqrt{2}}{3}=\frac{\sqrt{15}}{6}-\frac{14\sqrt{15}}{3}=-\frac{27\sqrt{15}}{6}=-\frac{9\sqrt{15}}{2}$

重要 (2) $ax+by=17$…①,$3x+2y=-6$…②,$bx-ay=19$…③,$5x-2y=-26$…④ ②+④より,$8x=-32$ $x=-4$ これを②に代入して,$-12+2y=-6$ $2y=6$ $y=3$ これらのx,yの値を①,③にそれぞれ代入して,$-4a+3b=17$…⑤,$-3a-4b=19$…⑥ ⑤×4+⑥×3より,$-25a=125$ $a=-5$ これを⑤に代入して,$20+3b=17$ $3b=-3$ $b=-1$

基本 (3) $x^2-8x-3=0$ $(x-4)^2=3+16$ $x-4=\pm\sqrt{19}$ $x=4\pm\sqrt{19}$ よって,$m-n=(4+\sqrt{19})-(4-\sqrt{19})=2\sqrt{19}$

基本 (4) 題意より,$a=\frac{5}{2}$ $y=\frac{5}{2}x-3\times\frac{5}{2}=\frac{5}{2}x-\frac{15}{2}$に$x=7$を代入して,$y=\frac{5}{2}\times7-\frac{15}{2}=10$

基本 (5) $4<\sqrt{24}<5$より,$a=\sqrt{24}-4$ $(a+1)^2=(\sqrt{24}-3)^2=24-2\times\sqrt{24}\times3+9=33-12\sqrt{6}$

重要 (6) ABは直径だから,∠ACB=90° ∠ACD:∠DCB=$\overset{\frown}{AD}$:$\overset{\frown}{DB}$=3:2だから,∠ACD=$\frac{3}{3+2}$∠ACB=$\frac{3}{5}\times90°=54°$ △CAEで,内角と外角の関係より,∠BEC=∠ACE+∠CAE=54°+24°=78°

基本 2 (確率,資料の整理)

(1) 6個の玉を,赤$_1$,赤$_2$,白$_1$,白$_2$,白$_3$,青とすると,2個の玉の取り出し方は,(赤$_1$,赤$_2$),(赤$_1$,白$_1$),(赤$_1$,白$_2$),(赤$_1$,白$_3$),(赤$_1$,青),(赤$_2$,白$_1$),(赤$_2$,白$_2$),(赤$_2$,白$_3$),(赤$_2$,青),(白$_1$,白$_2$),(白$_1$,白$_3$),(白$_1$,青),(白$_2$,白$_3$),(白$_2$,青),(白$_3$,青)の15通り。

① 赤玉が出ないのは，下線の6通りだから，求める確率は，$\frac{6}{15}=\frac{2}{5}$

② 取り出した2個の玉の点数の合計が2点になるのは，　の5通りだから，求める確率は，$\frac{5}{15}=\frac{1}{3}$

(2) ① 中央値が4.5冊であることから，冊数の少ない順に並べて20番目の生徒は4冊，21番目の生徒は5冊となる。よって，$3+6+4+x=20$より，$x=7$

② $x=7$より，人数の合計について，$20+y+z+4+5+3=40$より，$y+z=8$…(ⅰ)　平均値が4.9冊であることから，$1\times3+2\times6+3\times4+4\times7+5y+6z+7\times4+8\times5+9\times3=4.9\times40$より，$5y+6z=46$…(ⅱ)　(ⅰ)×6−(ⅱ)より，$y=2$　これを(ⅰ)に代入して，$z=6$

3 (図形と関数・グラフの融合問題)

基本 (1) $y=\frac{1}{2}x^2$に$x=-3$，2を代入して，$y=\frac{9}{2}$，2　よって，$A\left(-3,\ \frac{9}{2}\right)$，B(2，2)　直線ABの式を$y=ax+b$とおくと，2点A，Bを通るから，$\frac{9}{2}=-3a+b$，$2=2a+b$　この連立方程式を解いて，$a=-\frac{1}{2}$，$b=3$　よって，$y=-\frac{1}{2}x+3$

基本 (2) $\triangle ABP=\triangle APD+\triangle BPD=\frac{1}{2}\times(3-t)\times3+\frac{1}{2}\times(3-t)\times2=\frac{5}{2}(3-t)$

重要 (3) $\triangle CBP=\triangle OBP+\triangle OBC-\triangle OCP=\frac{1}{2}\times t\times2+\frac{1}{2}\times4\times2-\frac{1}{2}\times4\times t=-t+4$　$\triangle ABP=\triangle CBP$より，$\frac{5}{2}(3-t)=-t+4$　$15-5t=-2t+8$　$-3t=-7$　$t=\frac{7}{3}$

4 (平面図形の計量)

基本 (1) △ABMと△ADEにおいて，仮定より，∠BAM=∠DAE　平行四辺形の対角だから，∠ABM=∠ADE　2組の角がそれぞれ等しいので，△ABM∽△ADE　よって，AB：AD=BM：DE　$6:4=\frac{4}{2}:DE$　$DE=\frac{4}{3}$(cm)

重要 (2) 辺ADの中点をNとし，線分MNと線分AEとの交点をGとする。MN//CDより，$GN=\frac{1}{2}DE=\frac{2}{3}$，$MG=MN-GN=6-\frac{2}{3}=\frac{16}{3}$　平行線と比の定理より，$DF:FM=DE:MG=\frac{4}{3}:\frac{16}{3}=1:4$

重要 (3) △AFM：△ADM=FM：DM=4：(1+4)=4：5　また，△ADMの面積は平行四辺形ABCDの面積の$\frac{1}{2}$に等しい。AからBCにひいた垂線をAHとすると，∠ABC=60°より，$AH=\frac{\sqrt{3}}{2}AB=\frac{\sqrt{3}}{2}\times6=3\sqrt{3}$　よって，平行四辺形ABCDの面積は，$4\times3\sqrt{3}=12\sqrt{3}$　したがって，$\triangle AFM=\frac{4}{5}\triangle ADM=\frac{4}{5}\times\frac{1}{2}\times12\sqrt{3}=\frac{24\sqrt{3}}{5}$(cm²)

5 (空間図形の計量)

基本 (1) $CO=\sqrt{CA^2-AO^2}=\sqrt{12^2-\left(\frac{8}{2}\right)^2}=8\sqrt{2}$(cm)

重要 (2) 平面ABCにおいて，円Sの半径を$r$cmとする。△ABC=△SAB+△SBC+△SCA　$\frac{1}{2}\times8\times8\sqrt{2}=\frac{1}{2}\times8\times r+\frac{1}{2}\times12\times r+\frac{1}{2}\times12\times r$　$16r=32\sqrt{2}$　$r=2\sqrt{2}$　よって，球Sの半径はrに等しく，$2\sqrt{2}$cm

重要 (3) 2つに分けた立体のうち，点Cをふくむ円すいの高さは，$8\sqrt{2}-2\sqrt{2}\times 2=4\sqrt{2}$より，この円すいともとの円すいの相似比は，$4\sqrt{2}:8\sqrt{2}=1:2$　よって，点Oをふくむ円すい台の体積は，$\frac{1}{3}\pi\times 4^2\times 8\sqrt{2}\times\left\{1-\left(\frac{1}{2}\right)^3\right\}=\frac{112\sqrt{2}}{3}\pi$　球Sの体積は，$\frac{4}{3}\pi\times(2\sqrt{2})^3=\frac{64\sqrt{2}}{3}\pi$　したがって，求める立体の体積は，$\frac{112\sqrt{2}}{3}\pi-\frac{64\sqrt{2}}{3}\pi=16\sqrt{2}\pi$ (cm³)

★ワンポイントアドバイス★

①，②の独立小問の構成が変わったが，難易度は変わらない。関数，図形分野も取り組みやすい内容である。ミスのないように全問解答を目指そう。

＜英語解答＞ 《学校からの正答の発表はありません。》

【1】 リスニング試験解答省略

【2】 問1 ③　問2 ①　問3 ④　問4 ④　問5 ①　問6 ③　問7 ④
問8 (1) ③　(2) ②

【3】 問1 (1) ③　(2) ①　(3) ④　(4) ②　(5) ③　問2 ①，③，⑦

【4】 (1) ②　(2) ①　(3) ④　(4) ③　(5) ②

【5】 (1) 1 ④　2 ⑧　(2) 3 ⑤　4 ⑥　(3) 5 ⑧　6 ⑦
(4) 7 ④　8 ③　(5) 9 ①　10 ③　(6) 11 ③　12 ⑤

【6】 (1) ②　(2) ①　(3) ③　(4) ④　(5) ⑤　(6) ②

○推定配点○

【1】 各2点×5　【2】 問1 2点　他 各3点×8　【3】・【5】 各3点×14(【5】各完答)
【4】・【6】 各2点×11　計100点

＜英語解説＞

【1】 リスニング試験解説省略。

【2】 **(長文読解問題・紹介文：語句補充・選択，文整序，脱文補充，内容一致，英問英答，内容吟味)**

(大意) スーパーボウルについて聞いたことがありますか。それはNFLの優勝決定戦だ。日本にもアメリカンフットボールに興味のある人はいるが，野球やサッカーほど(1)人気ではない。アメリカンフットボールはアメリカで非常に人気があるが，(2)それを楽しまない人も大勢いる。しかしこのような人の多くが毎年スーパーボウルを見る。2020年には約1億200万人が見た。そのスポーツを楽しまないのに，なぜ優勝決定戦を見るのか。その答えはコマーシャルだ。コマーシャルがなければ私たちは無料でテレビを見ることができないが，私たちはたいていコマーシャルが好きではない。多くの人がコマーシャルの間にトイレやキッチンに行くが，スーパーボウルの間にこうすることは(3)難しい，なぜならスーパーボウルの間のコマーシャルは特別だからだ。そのほとんどがスーパーボウルの時に初めて公開される。非常に多くの人がスーパーボウルを見るため，コマーシャルの時間は高額で，30秒のコマーシャルが2020年は500万ドル，およそ6億円だった。コマーシャルが非常に高額なため，企業は最高のコマーシャルを作ろうと努力し，とても良いものになる。(4)エ2020年のスーパーボウルの間のコマーシャルは，車，チョコレート，ピザ宅配，スマートフォンのサービス，ビールなどだった。アほとんどのコマーシャルは視聴者の気を引くためジョークを使ったが，感動的な話や悲しい話を使ったものもあった。ウスーパーボウルが終わってからも世界中の人々がコマーシャルを見続ける。イなぜならそれらがおもしろいだけでなく，2020年のアメリカ文化について教えてくれるからだ。あるコマーシャルでは様々な電子機器がお互いに会話していて，多くのアメリカの家庭には新しいテクノロジーがたくさんあることを教えてくれる。これはタクシーサービスのコマーシャルで，電子機器とタクシーサービスの関係を説明するのは難しいが，そのコマーシャルを理解すれば意味がわかる。③それはとても創造的だ。別のチョコバーのコマーシャルでは，多くの人がそのチョコバーを知らないので，メインキャラクターが英語の熟語を使って彼らをからかう。これらの熟語の意味はすべて同じで，「その人たちは無知だ」という意味だ。例えば「あなたはどこにいたの？　岩の下？」「あなたは昨日生まれたの？」「あなたはオオカミに育てられたの？」「あなたは違う惑星から来たの？」などで，とてもおもしろい。あなたはこれらの熟語を知っていましたか。私たちは(5)英語をどうやって学ぶかについて，映画やテレビを見るとか音楽を聴くなどと話すが，コマーシャルを見ることで英語を学ぶのはどうか。短いので長い時間をかけなくても意味が理解できるし，文化について知ることもできる。インターネットでスーパーボウルのコマーシャルをチェックしてみませんか。アメリカンフットボールのファンにはならないかもしれないが，何かを学んで楽しめる！　ただ，チョコやピザにお金を使いすぎないように！

問1～問6　大意下線部参照。

問7　④「コマーシャルで英語の熟語を多く学ぶことは英語の良い学習法の1つだ」(○)

重要　問8　(1)「スーパーボウルの間のコマーシャルについて正しくないものはどれか」③「これらのコマーシャルはとても高額なので多くの会社が作りたがらない」(2)「コマーシャルを見て英語を学ぶことの良い点は何か」②「それらは短いので，理解するためにたくさんの時間を費やす必要がない」

【3】（長文読解問題・物語文：英問英答，文補充・選択，内容吟味，内容一致）

（大意）聡は14歳の時，家族とアメリカに引っ越した。父親がフィラデルフィアの病院で医師として働くことになったのだ。聡の父は病院まで電車に乗っていったが，彼らの住む町のメディアでは電車が時間通りに来ることがなかった。【(1)】聡にとって全てが新しいことだった。標識は全て英語で書かれていた。学校は遠く，生徒たちはバスで学校へ行った。隣人の娘のスーザンは，聡と同じ学校へ通い，聡を助けてくれた。聡の学校の初日，スーザンが聡の家に来て，彼をバス停に連れて行った。バスは7時15分に来て，学校へは30分かかった。バスの中でスーザンは彼を自分の友達に紹介し，彼はすぐにたくさんの友達ができた。みんな日本のマンガやアニメに興味があったからだ。聡は道路標識に興味を持った。連邦道の標識は赤，白，青で，アメリカ国旗と同じ色だった。州道の標識は暗い青とオレンジで，ペンシルベニア州の旗と同じ色だった。「連邦道1号」は彼の家の前の道路で，スーザンがそれはアメリカで最も古い道路の一部だと説明してくれた。スーザンは「それは東海岸に沿っていて，それはアメリカが1776年に国になる前に，1650年に建設が始まり，85年後に完成したの」と言った。またスーザンは「奇数番号のアメリカの道路は北から南へ走り，偶数番号の道路は東から西へ行くの。この番号システムは道に迷った人の役に立つ，なぜなら【(2)】道路標識の番号が人々にどの道を行ったらいいか教えるから」と言った。聡は道路標識にさらに興味を持った。そしてアメリカの番号について別の疑問が生まれた。「日本では隣り合う数件の家が同じ住所を持つことが多いが，この町ではうちの住所は113で，スーザンの住所は115だ，通りの同じ側で隣り合っているのに，なぜだろう？」　父に尋ねると，父は「東から西へ行く通りでは，通りの南側は奇数番号で，通りの北側は偶数だ。北から南へ行く通りでは，通りの東側は奇数番号，通りの西側は偶数だ。このシステムはフィラデルフィアで始まり，他の多くの都市がこのシステムを真似したんだよ」と言った。

問1 (1)・(2) 「空所に入れるのに最適なものはどれか」 大意下線部参照。 (3) 「聡は初日に何時に学校に着いたか」 ④「彼は7時45分に着いた」 (4) 「なぜ聡は新しい学校ですぐにたくさんの友達ができたのか」 ②「彼の学校では日本のマンガやアニメが人気だったから」 (5) 「『連邦道1号』とは何か」 ③「最も古い連邦道で東海岸に沿っている」

やや難 問2 ① 「聡はアメリカに住んだ，なぜなら父親がそこで働き始めたからだ」(○) ③ 「聡はアメリカの道路標識や番号にとても興味をもった」(○) ⑦ 「北から南へ行く通りでは，通りの西側の住所番号は偶数だ」(○)

基本 **【4】 (語句補充・選択：比較，接続詞，時制，前置詞，不定詞，受動態，熟語)**

(1) 「彼はクラスの他のどの男子よりも速く走る」〈比較級＋ than any other 単数名詞〉「他のどの～よりも…」

(2) 「私は彼女がオーストラリアに無事到着することを望む」 that節は未来の事柄を表しているので助動詞 will が必要。〈arrive in ＋広い場所〉「～に到着する」

(3) 「多くの人に感銘を与える最も良い方法は何ですか」〈way to ＋動詞の原形〉「～する方法」空所の後ろの impress は動詞の原形なので，その前に to を置く④が正解。

(4) 「このチーズは何のミルクからできていますか」 be made from ～「～から作られる」

(5) 「彼は若い頃たくさんの良い経験をしたかった」 when は時を表す接続詞。

重要 **【5】 (語句整序：関係代名詞，熟語，助動詞，不定詞，現在完了，接続詞，間接疑問)**

(1) (The song) I listened <u>to</u> yesterday <u>made</u> me happy. I の前に目的格の関係代名詞が省略されており，I listened to yesterday「私が昨日聞いた」が song を後ろから修飾する。〈make ＋目的語＋補語〉「～を…にする」 ② became は不要。

(2) (More) than <u>100 countries</u> take <u>part</u> in the soccer tournament every (time.) more than ～「～以上」 take part in ～「～に参加する」 ① join は不要。

(3) (The computer) in this room <u>may</u> not <u>work</u> at (all.) 助動詞 may「～かもしれない」 work「作動する」 not at all「全く～ない」 ② out は不要。

(4) (I) was so <u>excited</u> to <u>see</u> a famous (baseball player.) 感情を表す形容詞の後の不定詞は「～して」と原因・理由を表す。⑤ because は不要。

(5) (He) has <u>helped</u> people in <u>need</u> since he (was young.) 継続を表す現在完了の文。people in need「困っている人々」 接続詞 since ～「～からずっと」 ⑥ who は不要。

(6) (Can you show) other people <u>how</u> beautiful your town <u>is</u>? 〈show ＋人＋もの〉「(人)に～を教える」 how 以下は間接疑問の語順。④ much は不要。

【6】 (正誤問題：冠詞，時制，進行形，前置詞，動名詞，接続詞，比較)

やや難 (1) 「私は来月の第2日曜日のパーティーのために豪華な昼食を作ってくれるよう，母に頼んだ」 ② to make big lunch を to make a big lunch に直す。一般的な意味で「昼食」と言うときは lunch は数えられない名詞として扱うが，形容詞がつく場合は〈a ＋形容詞＋ lunch〉となる。

(2) 「4月に行われたプログラムのおかげで，最近私の英語はよくなっている」 these days「近頃，最近」とあるので①の was を is にして，現在進行形にする。

(3) 「この前の土曜日，母は私にポケットのたくさんついたかわいいかばんを買ってくれた」 ③を for me に直す。〈buy ＋物＋ for ＋人〉「(物)を(人)に買う」

(4) 「もし知っていたら，ブラウンさんが日本に来る前にどこに住んでいたか教えてくれませんか」 ④を before coming to Japan もしくは before he came to Japan とする。

(5) 「生徒たちにとって様々な種類の問題の解き方を学ぶことは必要だと思う」 誤りなし。

(6) 「彼は私の2倍の本を持っているが，私は彼よりたくさんのCDを持っている」 ②を as many

books as I have とする。

★ワンポイントアドバイス★

【6】の正誤問題は全体的に難度が高いが，特に(1)は高度な文法知識が求められている。

<理科解答> 《学校からの正答の発表はありません。》

1 (1) ③ (2) ⑥ (3) ④ (4) ⑧
2 (1) ③ (2) X 8 Y 1 (3) ② (4) ①
3 (1) ⑥ (2) ① (3) ① (4) ⑦
4 (1) ⑤ (2) ④ (3) X 3 Y 7 (4) ④
5 (1) ⑤ (2) ① (3) ④ (4) ④
6 (1) ③ (2) ③ (3) ④ (4) X 1 Y 2
7 (1) ③ (2) 2($NaHCO_3$→)1(Na_2CO_3＋)1(CO_2＋)1(H_2O) (3) ⑤
(4) X 0 Y 6 Z 9
8 (1) ③ (2) ① (3) ③ (4) X 0 Y 1 Z 5

○推定配点○

1 各3点×4 2 各3点×4 3 各3点×4 4 各3点×4 5 各3点×4
6 各3点×4 7 各3点×4 8 各4点×4 計100点

<理科解説>

1 (動物―無セキツイ動物)

基本 (1) 背骨のない動物を無セキツイ動物といい，エビは無セキツイ動物のなかまで，節足動物の甲殻類に分類される。一方，背骨のある動物をセキツイ動物といい，イモリは両生類，ヘビはは虫類，ウナギは魚類，クジラとコウモリはほ乳類である。

(2) アサリは軟体動物で骨格や節はなく，あしは筋肉のはたらきで動かしている。

基本 (3) アサリなどの軟体動物の特徴のひとつとして，内臓が外とう膜とよばれるやわらかい膜に覆われていることがあげられる。

(4) ふつう，水中で生活する動物は主にえらで呼吸するものが多く，陸上で生活する動物は主に肺で呼吸するものが多い。アサリは水中で生活してえら呼吸を行い，マイマイは陸上で生活して肺呼吸を行う。

2 (天気の変化―気象観測)

重要 (1) 図1から，2日目は昼過ぎにかけて気圧が下がっていることから，低気圧が接近したことがわかる。また，低気圧の中心付近では上昇気流があり，雲ができやすいことから，くもりや雨になることが多い。

重要 (2) 乾湿計では，ふつう，乾球のほうが高い温度を示す。図2から，乾球の示度が14.0℃，湿球の示度が11.0℃であることから，表より，湿度は67%であることがわかる。よって，空気1m^3に含まれる水蒸気の質量は，12.1(g/m^3)×0.67＝8.107より，8.1g

(3) 湿度は空気中に含まれている1m^3あたりの水蒸気量の飽和水蒸気量に対する割合である。飽和水蒸気量は気温が下がると小さくなるため，空気中の水蒸気量が変化しない場合，湿度は上がる。

基本 (4) 天気図記号で風向の矢羽は風の吹いてくる方向に出す。よって，図3の天気図記号から風向は南東であることがわかる。降水がないとき，快晴，晴れ，くもりは雲量によってきまり，快晴は雲量が0～1，晴れは2～8，くもりは9～10である。図3の天気図記号では，天気は晴れを示しているので，雲量は2～8である。

3 (溶液とその性質―溶解度)

やや難 (1) 図より，80℃の水100gに塩化ナトリウムは約40gまでとけることがわかる。80℃の水xgに塩化ナトリウムが50gまでとけるとすると，100(g)：40(g)＝x(g)：50(g)　x＝125(g)。はじめに水60gを用いているので，加える水は，125－60＝65(g)

(2) 図から，ミョウバンは水の温度が低いほどとける量が少なくなることがわかる。

やや難 (3) ろ過をしても水溶液にとけている物質の量は変わらないので，実験1の②の水溶液は飽和水溶液である。実験1の③の水溶液は，ラップフィルムをかけていることから水の質量は変化していないと考えることができる。また，ミョウバンの結晶が現れていたことから，ミョウバンの飽和水溶液であるが，温度が下がっていることがわかる。ミョウバンは温度が下がると溶解度が小さくなることから，質量パーセント濃度は，ミョウバンが多くとけている実験の②のほうが大きいことがわかる。

(4) 図から，塩化ナトリウムの溶解度は0～80℃の範囲では20gよりも大きいので，水溶液を冷やしていっても塩化ナトリウムの結晶が現れることはない。一方，ミョウバンは水100gに対して，約35℃のときの溶解度が100gなので，水溶液を冷やしていき，約35℃になると結晶が現れる。

4 (運動とエネルギー―斜面上の台車の運)

重要 (1) 台車をB点からA点まで移動させたときの仕事の大きさは，仕事の原理より，台車にはたらく重力の大きさと同じ大きさの力で真上に持ち上げたときの仕事の大きさと等しい。実験1，2で台車にはたらく重力の大きさは変わらず，実験2のときのほうが持ち上げる高さが高いので，仕事の大きさは実験2のほうが大きくなる。

基本 (2) 水平面上を運動する台車には，重力と斜面からの垂直抗力がはたらく。なお，垂直抗力は重力の斜面に垂直な分力とつり合い，台車には重力の斜面に平行な分力がはたらく。

重要 (3) 図3のテープは0.1秒ごとに切られたものなので，0.2秒後から0.3秒後までの運動を表すテープは3枚目のものである。図3で，テープは1枚ごとに(8.7－1.7)(cm)÷7＝1.0(cm)ずつ長くなっているので，3枚目のテープの長さは，1.7(cm)＋1.0(cm)×2＝3.7(cm)である。よって，0,2秒後から0.3秒後までの平均の速さは，3.7(cm)÷0.1(s)＝37(cm/s)

(4) 台車は斜面を下っている間はだんだんと速くなる運動，水平面上では等速直線運動をする。図3，図4から，等速直線運動をはじめるまでの時間は実験1のほうが長いことがわかる。また，速さはテープ1枚の長さが長いほど速いので，斜面の傾きが大きいほど速さのふえ方は大きくなることがわかる。

5 (生殖と遺伝―植物の細胞分裂)

重要 (1) 図1のようなタマネギの根のつくりをひげ根といい，被子植物の単子葉類の根の特徴である。

(2) タマネギの根では，先端付近で細胞分裂がさかんに行われているので，細胞分裂の観察には，根の先端付近を用いる。

重要 (3) 体細胞分裂では，まず核の中に染色体が見えはじめ(D)，複製されて中央部に集まった(F)後，細胞の両端に移動する(C)。それから，中央にしきりができ(E)，新しい2個の細胞になる(B)。

やや難 (4) 25時間で1回分裂するので，100時間では100(時間)÷25(時間)＝4(回)分裂する。1回の分裂で細胞の数が2倍になるので，4回の分裂では，1(個)×2×2×2×2＝16(個)になる。

6 (地層と岩石—地層の観察)

基本 (1) ビカリアの化石は新生代の示相化石で，新生代に栄えた生物はナウマンゾウである。なお，サンヨウチュウが栄えたのは古生代である。

基本 (2) 火山灰が堆積してできた岩石を凝灰岩という。火山岩と深成岩はマグマが冷え固まってできた火成岩，石灰岩は炭酸カルシウムをふくむ生物の遺がいが堆積してできた岩石，チャートは二酸化ケイ素をふくむ生物の遺がいが堆積してできた岩石である。

重要 (3) れき・砂・泥の粒の大きさは，れきが最も大きく，泥が最も小さい。また，粒が小さいものほど海岸から遠い海底に堆積する。

やや難 (4) 図2から，A地点の火山灰の層の上面は地表から26mの深さにあるので，標高300−26=274(m)，B地点の火山灰の層の上面は地表から16mの深さにあるので，標高290−16=274(m)であることがわかる。これより，この地域の地層は東西方向に傾きはないことがわかる。図2より，C地点で，ビカリアの化石が発見された砂岩の層の上面は，標高300−22=278(m)であることがわかる。この地域では東西方向に地層の傾きはないため，D地点でもビカリアの化石が発見された砂岩の層の上面の標高は278mである。よって，D地点で，ビカリアの化石が発見された砂岩の層の上面は，地表から290−278=12(m)の深さにある。

7 (化学変化—炭酸水素ナトリウムの分解)

基本 (1) ガスバーナーに点火して炎の大きさを調節した後，ガス調節ねじをおさえながら空気調節ねじを開き，適正な青色の炎にする。

(2) 化学反応式の矢印(→)の左右で原子の種類と数が同じになるようにする。$2NaHCO_3 \rightarrow Na_2CO_3 + CO_2 + H_2O$とすると，ナトリウム原子Naが2個，水素原子Hが2個，炭素原子が2個，酸素原子Oが6個で等しくなる。

(3) 炭酸水素ナトリウムが分解されて生じた水が加熱部分に流れこむと試験管が割れるおそれがあるため，試験管の口を少し下げて水が加熱部分に流れこまないようにする。

重要 (4) 加熱前の炭酸水素ナトリウムの質量と加熱後の炭酸ナトリウムの質量との差が，二酸化炭素と水を合わせた質量になる。炭酸水素ナトリウム1.60gが分解されたとき，炭酸ナトリウムが1.00gできていることから，炭酸水素ナトリウム1.84gを加熱したときに発生する二酸化炭素と水の質量の合計がxgであるとすると，1.60(g)：(1.60−1.00)(g)=1.84(g)：x(g)　x=0.69(g)

8 (電流と電圧—電流回路)

(1) 電圧計の−端子は3Vのものを使用していることから，図5より，電熱線Aには1.5Vの電圧が加わっていることがわかる。図2より，電熱線Aに1.5Vの電圧が加わっているとき，電流は150mAの電流が流れることがわかるので，電流計の−端子には500mAのものを用いたことがわかる。

重要 (2) 図2より，電熱線Aのほうが電熱線Bよりも同じ電圧を加えたときに流れる電流が大きいことから，電熱線Aのほうが電熱線Bよりも抵抗が小さいことがわかる。また，電熱線と豆電球は直列につながれているので，電熱線に流れる電流と豆電球に流れる電流の大きさは等しい。豆電球は流れる電流が大きいほど明るくなるので，電熱線Aをつないだ①のほうが豆電球は明るい。

重要 (3) 図4の回路のP点を流れる電流は回路全体を流れる電流を表している。表より，電源の電圧が4Vのとき，P点を流れる電流が500mA=0.5Aなので，回路全体の抵抗は，4(V)÷0.5(A)=8(Ω)

重要 (4) 回路に流れる電流は，加わる電圧に比例するので，表より，電源の電圧を6Vにすると，P点を流れる電流は$0.375(\mathrm{A}) \times \frac{6(\mathrm{V})}{3(\mathrm{V})} = 0.75(\mathrm{A})$，Q点に流れる電流は$0.3(\mathrm{A}) \times \frac{6(\mathrm{V})}{3(\mathrm{V})} = 0.6(\mathrm{A})$とわかる。電熱線Cに流れる電流は，P点を流れる電流とQ点を流れる電流の差なので，0.75−0.6=0.15(A)

★ワンポイントアドバイス★

基本～標準レベルの問題が中心だが，出題範囲が広く，計算問題なども出題されるので，かたよりのない学習を心がけよう。また，問題数も多いので，時間配分も意識した問題演習もしていこう。

＜社会解答＞ 《学校からの正答の発表はありません。》

1	(1) ア	(2) ウ	(3) エ	(4) イ	
2	(1) ウ	(2) エ	(3) ウ	(4) ① ア　② エ	
3	(1) イ	(2) エ	(3) ア	(4) イ	
4	(1) ウ	(2) エ	(3) ア	(4) ア	
5	(1) ウ	(2) オ	(3) エ	(4) ウ	(5) イ
6	(1) ウ	(2) イ	(3) イ	(4) ア	(5) ウ
7	(1) ウ	(2) ア	(3) ア		
8	(1) ア	(2) ア	(3) イ		

○推定配点○

1　各3点×4　2　各3点×5　3　各3点×4　4　各3点×4　5　各3点×5

6　各3点×5　7　各3点×3　8　(1)・(3)　各3点×2　(2)　4点　計100点

＜社会解説＞

1　(総合―漁業・近世～近代の社会史・政治のしくみなど)

(1)　「学校で教わる」は「メディアで教わる」の2倍以下(Ⅰ)，女性の「受け継いでいない」は5分の1以上(Ⅱ)，男性の「受け継いでいない」は「受け継いでいる」の半分以上(Ⅳ)。

重要　(2)　財産や身分など一般的な事項を規律する法。飲酒や喫煙，ギャンブルなどは従来通り20歳。被選挙権は参議院議員と都道府県知事(30歳)以外はすべて満25歳以上。

(3)　文明開化は明治初期，南蛮貿易は16世紀後半，葛飾北斎は江戸後期の浮世絵師。

(4)　1977年，領海法を定めて12カイリに決定。最南端は東京都小笠原村に属する小さな岩礁でコンクリートにより水没を防いでいる。三陸沖合は黒潮と親潮，放流するのは栽培漁業。

2　(日本の地理―地形図・気候・産業など)

(1)　京都・滋賀(大津)・三重(津)・大阪・兵庫(神戸)・奈良・和歌山の2府5県。

(2)　日本で一番小さな都道府県である香川。降水量の少ない瀬戸内の気候で今でも1万5000ものため池が活躍している。Wは鳥取(イ)，Yは北海道(ア)，Zは茨城(ウ)。

(3)　ナスの生産は高知・熊本・群馬，キャベツは群馬・愛知・千葉の順。高知は暖かい気候を利用した促成栽培，群馬は高原の涼しい気候を利用した抑制栽培が行われている。

重要　(4)　①　針葉樹林の地図記号はΛ。市役所は◎，運動公園は南西，警察署は⊗，Xは交番，ab間は約7cm×25000＝175000cm＝1750m。　②　竹や木，紙を使った人形に明かりを灯して町を練り歩く祭り。東北の四大祭りは青森ねぶた・仙台七夕・秋田竿燈・山形花笠。

3　(地理―地形・気候・世界の国々など)

基本　(1)　南極からはインドネシア・ベトナム・中国・モンゴル・ロシア・カナダを通過する。

(2)　ロンドンの緯度は北緯51度と日本の最北端・択捉島の北緯45度より北に位置する。暖流の北大西洋海流と偏西風の影響(西岸海洋性気候)のため1月の気温は東京より暖かい。

(3) スペイン語を母国語とする人々。人口は黒人を上回り不法移民など社会問題も起きている。メスチソは白人とインディオの混血，デトロイトは自動車産業で栄えた五大湖沿岸の都市。

(4) ソ連崩壊後ロシアの経済は停滞，一方ブラジルは人口も2億人を突破し経済規模も拡大している。Aは南アフリカ，Dはオーストラリア。

4 (日本と世界の歴史―原始～古代の政治・外交・文化史など)

(1) チグリス・ユーフラテスに挟まれたメソポタミアでは粘土板に棒状なもので刻んだ楔形文字や太陰暦，60進法などが発達，城壁で囲まれた都市の中央にはジッグラトも建設された。

(2) 邪馬台国の女王・卑弥呼は3世紀前半に魏に朝貢，皇帝から「親魏倭王」の称号を授けられた。志賀島で発見された金印は1世紀中ごろ奴国王が後漢の光武帝から授けられたもの。

(3) 疫病や飢饉，反乱など社会不安の高まりの中，聖武天皇は仏教による国家の安泰を目指した。朝廷から弾圧を受けていた行基は大仏の造立に協力し大僧正の称号を授かった。

重要 (4) 紫式部は藤原道長の娘・中宮彰子に仕え清少納言などとともに宮廷文化の担い手となった。雪舟は東山文化，千利休は桃山文化，大伴家持が編纂した万葉集は天平文化。

5 (日本の歴史―中世～近世の政治・外交史など)

(1) チンギス・ハンの孫で大都(北京)に遷都し国号を元と改称した皇帝。日本の服属を求めたが執権北条時宗がこれを拒否，日本軍は「てつほう」や集団戦法に苦しめられた。

重要 (2) 建武の新政(1334～36年)→足利義満の太政大臣(1394年)→応仁の乱(1467年)の順。後鳥羽上皇は源氏の直系が途絶えた機を狙って北条義時追討の院宣を発した(承久の乱・1221年)。

(3) 当時最強といわれた武田の騎馬軍団を鉄砲で撃退した長篠の戦(長篠は愛知県東部の新城市)。Dは信長が安土城下に出した楽市令。Cは秀吉の出したバテレン追放令。

(4) Ⅱは寛政の改革(18世紀後半)の棄捐令(きえんれい)，Ⅲは享保の改革(18世紀前半)の上米，Ⅳは田沼意次の政策(18世紀半ば)。Ⅰは天保の改革で出された上知令(1843年)。

(5) アヘン戦争で清の敗北を知った幕府は外交方針を変更，異国船打払令を廃止し薪水給与令を発布。1853年，ペリーは浦賀に来航，日米修好通商条約の締結に伴い下田は閉港された。

6 (日本と世界の歴史―近代～現代の政治・社会・文化史など)

(1) 義務教育の普及を目指したが学費の負担や労働力を奪われることからの反対も多かった。当初は戸主や長男，学生，一定の金額を納めた者など8割程度が免除されたという。

(2) 連合艦隊司令長官としてロシアの旅順艦隊，バルチック艦隊を撃滅させた英雄。千島列島は1875年の樺太・千島交換条約ですでに日本領となっていた。

重要 (3) ニューヨークで始まった株の暴落により全世界に不況が拡大，列国間の対立が激しくなり第二次世界大戦に繋がっていった。アは1840～42年，ウは1912年，エは1857～～1859年。

(4) 寄生地主制が農民の窮乏を招き日本の対外進出の要因となったとしてその解体を目指した政策。地主から土地を安く買い上げ低価格で農民に売ることで自作農を増やした。

(5) 高度経済成長が進行する中，1967年にアメリカに次ぐ経済大国に成長した。財閥は日露戦争後，八幡製鉄所の操業は日清戦争後，世界同時テロは2001年9月11日。

7 (公民―金融・消費者問題など)

やや難 (1) 社債や株式を通じて個人などから資金を調達するのが直接金融。日本銀行は紙幣(日本銀行券)を発行する唯一の銀行。硬貨を発行するのは造幣局(独立行政法人)。

(2) 「あてはまる」は20歳代の69.1%に対し30歳代は69.6%(Ⅰ)，「ほとんど・全くあてはまらない」の割合が最も高いのは80歳代の6.1%(Ⅱ)，80歳代の「あてはまらない」は「あてはまる」の半分以上(Ⅲ)。

(3) 製造物責任法は無過失責任を定め，欠陥商品による被害を救済する法律。消費者庁は2009年に内閣府の外局として設置された。社会保険や税金は貯蓄ではなく，契約は口約束でも成立する。

8 (公民一政治のしくみなど)

重要 (1) 憲法41条の規定。Ⅱは特別会，Ⅲはすべての裁判官が対象，Ⅳは天皇が公布。

(2) 衆議院では小選挙区289に対し比例区176，参議院は選挙区148に対し比例区100。条約の承認は30日。憲法改正に関しては法律のように衆議院の優越は認められない。

(3) 高等裁判所は札幌・仙台・東京・名古屋・大阪・広島・高松・福岡に設置。刑事裁判の控訴審は高等裁判所，最高裁判所長官は内閣の指名，裁判員は6名で裁判官が3名。

★ワンポイントアドバイス★

意識調査の読み取りといった問題は時間のかかる厄介なものである。決して難しいものではないので時間をかけて丁寧に読み取っていこう。

＜国語解答＞ 《学校からの正答の発表はありません。》

一 問一 a 2 b 1 c 2 問二 ア 3 イ 4 ウ 1 問三 2 問四 2 問五 4 問六 2 問七 4 問八 3 問九 1 問十 1 問十一 2 問十二 4

二 問一 a 4 b 2 c 3 問二 ア 1 イ 4 ウ 2 問三 1 問四 3 問五 3 問六 1 問七 1 問八 2 問九 1 問十 4

三 問一 1 問二 2 問三 4 問四 3 問五 1 問六 2 問七 3 問八 4 問九 3

○推定配点○

一 問一～問三・問六・問七 各2点×9 他 各3点×7

二 問一・問二・問四・問六 各2点×8 他 各3点×6 三 各3点×9 計100点

＜国語解説＞

一 (論説文一漢字，脱文・脱語補充，接続語，文脈把握，内容吟味，文と節，指示語，要旨)

問一 a 登場 1 冷凍 2 登壇 3 唐突 4 統治
b 上司 1 司会者 2 趣旨 3 融資 4 月刊雑誌
c 提唱 1 招待 2 独唱 3 故障 4 訴訟

問二 ア 直前の「従来型のように特定の人が……を引っ張って行くのではなく，そこに参加する一人ひとりが，権限を持たないリーダーシップを発揮していくという形です」と，直後の「チームを引っ張っていく人はつねに同じではなく，……交代していきます」は，順当につながるので，順接を表す「従って」が入る。 イ 直前に「意外に身近なところで実践されています」とあり，直後で「学校行事等で……」と具体例が示されているので，例示を表す「たとえば」が入る。 ウ 直前の「なぜなら……自ら発揮することに躊躇ってしまいかねないからです」に，直後の「権限者の中には，……とんでもないタイプも存在します」を付け加えているので，累加を表す「しかも」が入る。

問三 「権限者」とあることに着目する。【B】の直前に「会社組織などを中心とした現実の多くのグループにおいては,『すでに権限を与えられている人』が存在しており……」とあり,それを「社長とか部長とかいった『権限者』……」と説明する文脈なので,【B】が適切。

問四　直後に「自ずとそこでの行動は自律的・主体的なものになります。……積極的にそのグループに関わり,……動いて行くのです」と説明されているので,1・3は合致する。4は,この後に「気づいた人がまず考えて行動する。……変化にも即座に対応していけるのです」とあることと合致する。2は,「誰もがリーダーシップを発揮する」こととは反対の例として「誰かひとりがリーダー……,まわりの行動を促していく」とあるので合致しない。

問五　直後に具体例が示された後に,「そのようなとき,そこに居合わせた人たちは,誰に命令されるでもなく,互いに言葉をかけ合いながらその人を救護するために行動します。……といった行動をとったりするものです」と述べられているので4が適切。1は「独力で行動」が合致しない。2・3は,この部分で述べられているのは「課題解決」や「目標達成」についてではないので合致しない。

問六　「互いに(名詞＋助詞)／言葉を(名詞＋助詞)／かけ合いながら(動詞＋助詞)／その(連体詞)／人を(名詞＋助詞)／救護する(動詞)／ために(名詞＋助詞)／行動します(動詞＋助動詞)。」と八文節に分けられる。

問七　直後の「権限によらないリーダーシップの実践を促進するために,権限者には新しい役割があるのです。それは……『責任を負う』という役割です」という内容に合致するものとしては,「互いに補完し合う」とする4が適切。

問八　直後に「これらはいずれも,権限によらないリーダーシップが持つポジティブな効果を台無しにするパターンです」とあり,「権限によらないリーダーシップへの期待を掲げているものの,それを実践する人が出ないという状況に遭遇する可能性が高いでしょう。なぜなら,万が一失敗した場合,……という状況がプレッシャーとなり,多くの人が……躊躇ってしまいかねないからです」と説明されているので,3が適切。1は「新しい役割」,2は「自由な発想が阻害されて」,4は「自ら考えることを躊躇い」という部分が適切でない。「リーダーシップを発揮すること」が,この部分のテーマである。

問九　直前に「前者」とあることに着目する。ここでいう「前者」とは,「『権限もなく,責任もとれないくせにリーダーシップを主張するとは何事か！』」という考え方を指すので1が適切。

やや難 問十　直前に「成功すればその手柄を自分のものにし,うまくいかなければその責任を実行者に負わせる」とあり,直後に「こういう人が自分の上シだったりすると,権限のない人たちの中で『リーダーシップを発揮しよう』というモチベーションは低くなるばかりです」と述べられているので,「リーダーシップを発揮してたてた手柄を奪い……」とする1が適切。2は「一緒に負おうとしたりする」という部分が適切でない。ここでは,権限のない人がリーダーシップを発揮することについて述べているので,「権限のない人達の働き」とする3,「権限のない人がおさめた成功」とする4は適切でない。

やや難 問十一　直後に「権限がない人のリーダーシップを支援し,……『責任は私が負う。だから,君たちは自分たちが「これだ」と思うことをまずは自由に提案してみなさい』と言える権限者。これが……組織の権限者に求められるあり方なのだ」とあるので,2が適切。1の「称賛の言葉を与えて」,3の「どんなときも思い切って」,4の「励ましの言葉をかけて」が不適切。

問十二　4は,「権限によらないリーダシップ」について,「となると」で始まる段落に「自ずとそこでの行動は自律的・主体的なものになります」とあり,さらに「……,自ずと世の中の変化に対してすばやく対応できるグループになっていきます」とあることと合致する。

二 (小説―漢字,語句の意味,情景・心情,脱語補充,文脈把握,内容吟味,品詞,大意)

問一 a 放った 1 模倣 2 豊富 3 訪問 4 釈放
b 買って 1 賠償 2 買収 3 商売 4 梅園
c 疲れて 1 被害 2 消費 3 疲弊 4 回避

問二 ア 「『何やってんねん,あんたは』」と,とがめられる様子なので,1が適切。「詰る」は,相手の悪い点や不満な点をとがめて責める,という意味。 イ 「敢えなく」は,あっけなく,という意味なので,4が適切。 ウ 「執り成す」は,よい状態になるようにとりはからう,その場の雰囲気などを気まずくさせないように取り繕う,という意味なので2が適切。

やや難 問三 この女性の様子は,直前に「思わず声を上げそうになったミサを,席を取られた女性がさりげない手振りで制した」「笑みすら含んだ声で囁く」とあるので,1が適切。2の「ミサの怒りに対する共感」,3の「本心では怒っている」,4の「ミサに同意を求める」は不適切。

問四 A 直前の「違う。……」という憤りを表すので,「険しい(表情)」とするのが適切。
B 「えっ,何。このおじさん,……」という感情を表すので,「反射的な(反感)」とするが適切。
C 直前の「『えっ,何』」という様子を表すので「戸惑いながら」が適切。

問五 直前に「そんな大きい声で怒鳴らんといてや,――恥ずかしい」とあり,直後には「うるさい老人に向けられていると思った非難の眼差しは,全て自分に突き刺さっていた」「あんなに怒鳴られてかわいそうに――そんなふうに思っている目はひとつもなかった。……自分が同情されるだろうと思っていたのに。……老人のほうが白い目で見られると思っていたのに」とあるので,3が適切。さらに「恥ずかしい。……注目を集めた理由が恥ずかしい」「言い訳をするほうが恥ずかしいなんてことは分かり切っていたのに」と,ひたすら恥じ入る様子が読み取れるので,1の「どう乗り切ればよいのか」,2の「言い訳を考えようと焦った」,4の「絶望に近い気持ち」は不適切。

問六 「逃げる(動詞)・ように(助動詞)・電車(名詞)・を(助詞)・降り(動詞)・て(助詞),・ホーム(名詞)・の(助詞)・ベンチ(名詞)・に(助詞)・座る(動詞)」と分けられる。「活用のある付属語」は「助動詞」を指す。用いられている「助動詞」は一つ。

問七 直後に「ふて腐れたポーズをとっていないと泣いてしまう。他人に怒られて恐かったのと,……自分たちのバカさ加減が情けないのと,……」とあるので,1が適切。

問八 直前に「ミサのほうから言った」とあり,「マユミも無言で頷いた」とあることから,本心では,老人に言われたことをお互いに素直に認めていることがわかる。この時の心情は直後に「それがそのときのミサたちの精一杯の反省だった。……認めたがらない」とあるので,2が適切。1は「悪いことをしたとは決して認めていない」,3は「許すことが出来ず」,4は「どうにか気を奮い立たせようと」という部分が不適切。

やや難 問九 直前に「そんなことは非常識でみっともないと最初から知っていましたよというような顔をするようになっていた。あの老人に叱られて初めて知ったことだなんてお互い口にも出さず」とあるので,1が適切。2は「非常識な行為をする人を見ると」,3は「態度や表情で不快感を示す」,4は「自分自身に言い聞かせている」という部分が適切でない。

問十 1は「正義感に駆られている」,2は「自分自身はどうなのかと考えている」,3は「(前半で)過去の自分の過ちを思い出し」という部分が適切でない。前半で電車内の出来事を描き,後半で過去の自分を回想することでミサの思いを明らかにしているので,4が適切。

三 (古文―文脈把握,口語訳,指示語,内容吟味,動作主,大意)

〈口語訳〉 和邇部用光という楽人があった。土佐の御舟遊びに向かい,戻っていると,安芸の国の某港で,海賊が押し寄せて来た。弓矢の扱い方もわからないので,防ぎ戦う力もなく,今は疑いもなく殺されるだろうと思って，篳篥を取り出して，船の屋根の上にすわり，「そこにいる海賊たちよ，今はもう私があれこれ対応することもできない。早く何でも好きなものを持っておいきなさい。ただし，長年，大事にしてきた篳篥の，小調子という曲を吹いて聞かせましょう。このようなことがあったと，後の語り草にでもしてください」と言ったところ，海賊の首領が大きな声で「お前たち，少し待て。こういうことだ。(篳篥の曲を)聞きなさい」と言ったので，船を動かないようにして，(海賊たちは)それぞれ静かになったので，用光は，これで自分は死んでしまうだろうと思われたので，涙を流してすばらしい曲を吹きはじめ，(そして)吹き終えた。

時節のためだろうか，その調べは，波の上に響いて，あの長江のほとりで琵琶を聞いたという昔話と変わらない(ほどすばらしかった)。海賊たちは静かになり，無言である。

(篳篥の曲を)しみじみと聞いて，曲が終わると，首領の声で，「あなたの船に狙いを決めて襲ったけれども，曲の音色に涙がこぼれたので，退去する」とあり，(海賊たちは)漕ぎ去った。

問一　「宗との大きなる声にて」の直後から会話文が始まり，終わりは，引用の助詞を含む文節「といひて」の直前までになるので，1が適切。

問二　直前に「土佐の御舟遊びに向かい，戻っていると」とあるので，2が適切。

問三　直後に「防ぎ戦う力なくて」とあるので，4が適切。

問四　「とく」は，早く，「持ち給へ」は，持って行きなさい，という意味なので3が適切。

問五　直前の「さること」は，「年ごろ，思ひしめたる篳篥の，小調子といふ曲，吹きて聞かせ申さむ」という内容を指し，「物語」には，雑談，会話，という意味があるので，1が適切。

問六　首領に「主たち，しばし待ち給へ」と命令されて「押さへて」いるので，動作主は2。

問七　「かぎり(限り)」には，最後の時，臨終などの意味があるので，3が適切。

問八　「かたさる(片去る)」は，退く，退去する，という意味。直前に「曲の声に涙落ちて」と理由が示されているので，4が適切。

問九　3は，本文に「篳篥を取り出でて，屋形の上にゐて，『……吹きて聞かせ申さむ……』」とあることと合致しない。

★ワンポイントアドバイス★

問題数が多めなので，制限時間内に現代文2種と古文を読みこなす力をつけておこう！　現代文に含まれる漢字や文法の問題は，確実に得点できるよう，しっかり準備しておこう！

2020年度

★★★★★★★★★★★★★★★★★★★★★★★★

入　試　問　題

2020年度

専修大学松戸高等学校入試問題（前期１月17日）

【数　学】（50分）　＜満点：100点＞

【注意】 1　解答は解答用紙の解答欄にマークしなさい。問題文中の［アイ］，［ウ］などの［　］には，特に指示がないかぎり，数値が入ります。これらを次の方法で解答用紙の指定欄に解答しなさい。

例１．ア，イ，ウ，…の一つ一つは，それぞれ０から９までの数字のいずれか一つに対応します。それらを，ア，イ，ウ，…で示された解答欄にマークしなさい。

例えば，［アイ］に10と答えたいとき，右図のようにマークしなさい。

例１

ア	イ
⓪	●
●	①
②	②
③	③
④	④
⑤	⑤
⑥	⑥
⑦	⑦
⑧	⑧
⑨	⑨

例２．分数形で解答が求められているときは，既約分数で答えなさい。

例えば$\dfrac{\boxed{ウエ}}{\boxed{オ}}$に$\dfrac{25}{3}$と答えるところを$\dfrac{50}{6}$と答えてはいけません。

例３．比の形で解答が求められているときは，最も簡単な自然数の比で答えなさい。

例えば　２：３　と答えるところを　４：６　と答えてはいけません。

例４．根号を含む形で解答が求められているときは，根号の中に現れる自然数が最小となる形で答えなさい。

例えば $\boxed{カ}\sqrt{\boxed{キ}}$ に$4\sqrt{2}$と答えるところを$2\sqrt{8}$と答えてはいけません。

2　定規，コンパス，電卓の使用は認めていません。

1　次の問いに答えなさい。

(1)　$(\sqrt{10}-2\sqrt{5})(\sqrt{10}-\sqrt{5})-(\sqrt{10}-2\sqrt{5})^2$ を計算すると，$-\boxed{アイ}+\boxed{ウ}\sqrt{\boxed{エ}}$ である。

(2)　$a>0$　とする。２次方程式 $x^2+ax-8a=0$ の１つの解が $x=a$ のとき，$a=\boxed{ア}$ である。

(3)　$\sqrt{\dfrac{1800}{n}}$ が整数となるような自然数 n は，［ア］個ある。

(4)　右図のように，△ABCの辺AB，AC上に，２点D，Eを，AD：DB＝１：１，AE：EC＝２：１　となるようにとる。

　このとき，△BDEの面積は，△ABCの面積の$\dfrac{\boxed{ア}}{\boxed{イ}}$倍である。

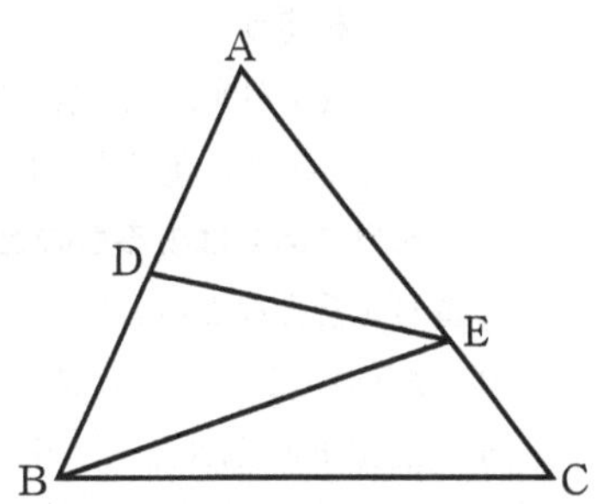

2 次の問いに答えなさい。

(1) 関数 $y=\frac{a}{x}$ について，x が１から３まで増加するときの y の増加量は－12である。
このとき，$a=$ [アイ] である。

(2) m，n を１けたの自然数とする。
このとき，$(m-4)(n+5)$ の値が素数となる m，n の組は [ア] 組ある。

(3) すべての辺の長さが６cmの正四角すいの体積は，[アイ]$\sqrt{[ウ]}$ cm^3 である。

(4) 袋の中に，１から８までの数字が１つずつ書かれた８枚のカードが入っている。
袋の中から同時に２枚のカードを取り出し，２枚のカードに書かれた数字のうち，小さい方の数を十の位，大きい方の数を一の位とする２けたの整数をつくる。
このとき，できる整数が６の倍数になる確率は，$\frac{[ア]}{[イウ]}$である

(5) 12％の食塩水 x ｇと７％の食塩水 y ｇを混ぜたところ，９％の食塩水が65ｇできた。
このとき，$x=$ [アイ]，$y=$ [ウエ] である。

(6) 右図のように，AB＜BC の平行四辺形ABCDがあり，∠ABCの二等分線と辺ADとの交点をＥとし，辺BAの延長上に DE＝AF となる点Ｆをとる。
△AEF≡△DCE であることを次のように証明した。

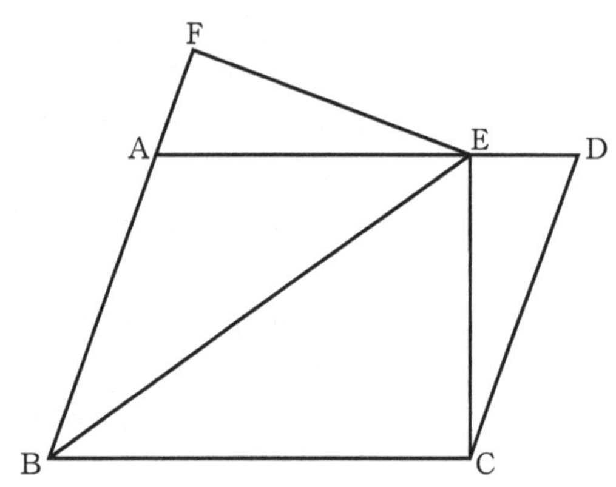

（証明）	△AEFと△DCEにおいて，		
	仮定から，	∠ABE＝∠CBE	……①
	AE//BC で，錯角は等しいから，	∠CBE＝∠AEB	……②
	①，②より，	∠ABE＝∠AEB	……③
	よって，	AB＝ [ア]	……④
	四角形ABCDは平行四辺形だから，	AB＝DC	……⑤
	④，⑤より，	[ア] ＝DC	……⑥
	仮定から，	AF＝DE	……⑦
	AB//DC で，錯角は等しいから，	[イ]	……⑧
	⑥，⑦，⑧より，[ウ] から，	△AEF≡△DCE	（証明終）

ア～ウにあてはまるものとして最も適するものを，次の０～９からそれぞれ１つずつ選び，その番号を答えなさい。

０　AE　　１　EF　　２　CE　　３　∠AFE＝∠EDC
４　∠AEF＝∠DCE　　５　∠AFE＝∠DEC　　６　∠FAE＝∠EDC
７　３組の辺がそれぞれ等しい　　８　２組の辺とその間の角がそれぞれ等しい
９　１組の辺とその両端の角がそれぞれ等しい

3 右図のように，放物線 $y=\frac{1}{3}x^2$ と直線 $y=-x+6$ が２点A，Bで交わっている。

ただし，点Aの x 座標は負である。

また，x 軸上の x 座標が負の部分を動く点をPとする。

(1) 点Aの座標は，（－ ア ， イウ ）である。

(2) △ABPの面積が30のとき，点Pの x 座標は，

$-\frac{エ}{オ}$ である。

(3) 直線OAと直線BPとの交点をQとする。

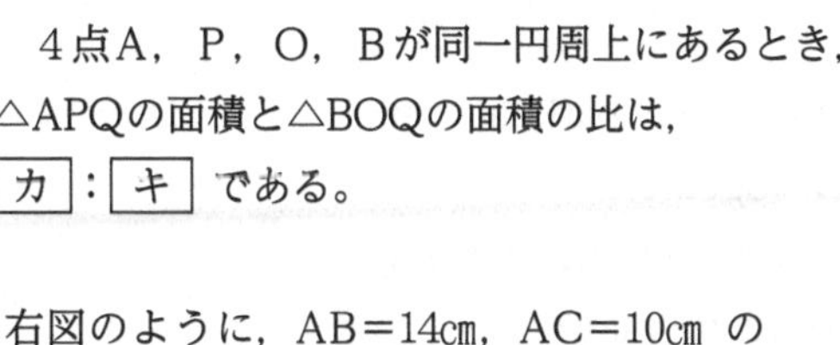

４点A，P，O，Bが同一円周上にあるとき，△APQの面積と△BOQの面積の比は，

カ ： キ である。

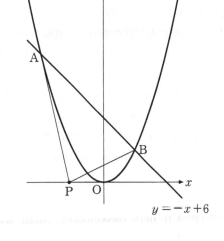

4 右図のように，AB＝14㎝，AC＝10㎝ の△ABCの辺BC上に点Dを BD：DC＝２：１となるようにとり，辺AC上に点EをDE//BAとなるようにとる。

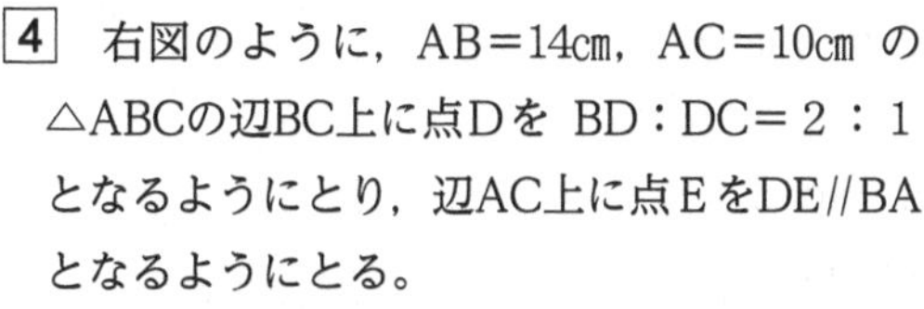

また，辺AB，ACの中点をそれぞれM，Nとし，線分MNと線分ADとの交点をFとする。

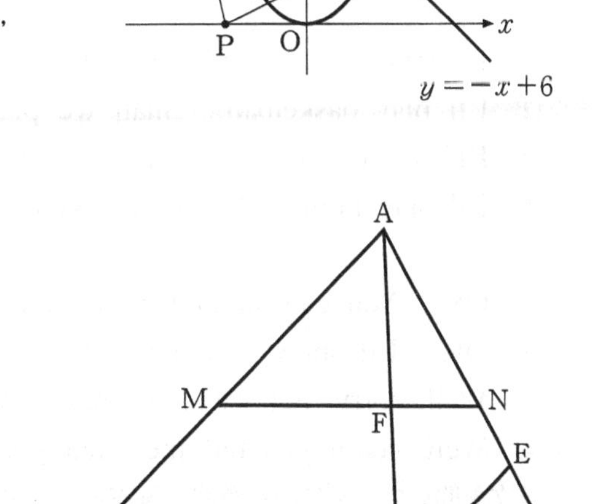

(1) BC＝12㎝ のとき，線分FNの長さは，

ア ㎝である。

(2) 線分ENの長さは，$\frac{イ}{ウ}$㎝である。

(3) BC⊥AD のとき，四角形DENFの面積は，$\frac{エ\sqrt{オカ}}{キ}$ ㎝^{2} である。

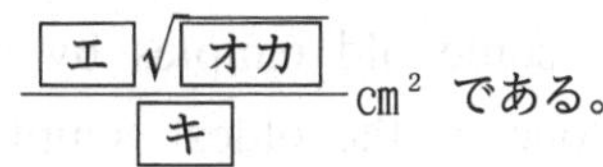

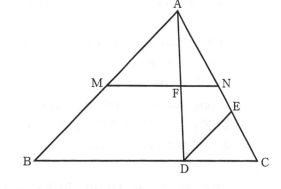

5 右図のように，AB＝BC＝６㎝，∠ABC＝90° の△ABCを底面とする，DA＝DB＝DC＝12㎝ の三角すいD－ABCがある。

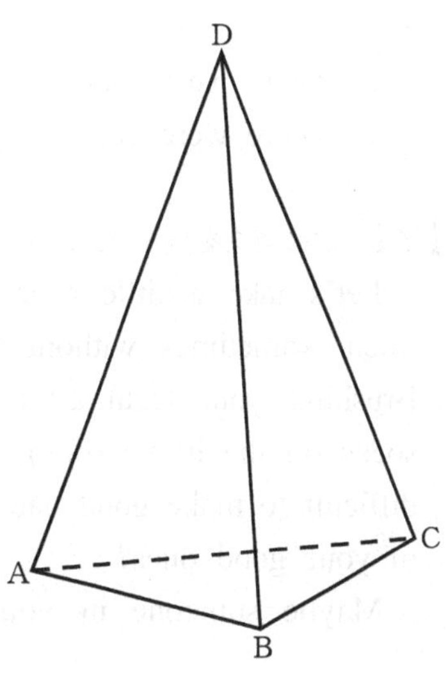

(1) ３点A，B，Cを通る円の中心をOとするとき，線分ODの長さは，ア$\sqrt{イウ}$ ㎝である。

(2) 辺DB上に点Eをとる。

AE＋EC の長さがもっとも短くなるとき，線分AEの長さは，$\frac{エ\sqrt{オカ}}{キ}$ ㎝ である。

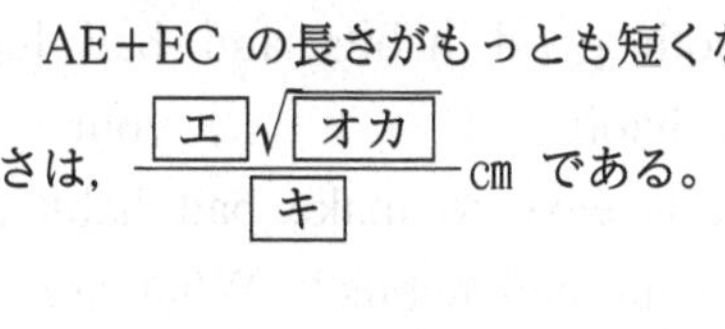

【英　語】（50分）　＜満点：100点＞

※リスニングテストの放送台本は非公表です。

【１】 リスニング試験

1．それぞれの対話を聞いて，最後の発言に対する最も適切な応答を１つ選び，その番号をマークしなさい。対話はそれぞれ２回放送されます。

(1)

① Yes. Could you take me to the airport on Sunday?
② Yes, it is. Please visit me in Japan someday.
③ Not really. We still have a week before that.
④ No. It won't take so long to get there.

(2)

① I'll practice baseball, too. Let's go to the park at ten.
② I'll play basketball. Shall we play together?
③ I'll be at school. I'll watch your game in the morning.
④ I'll stay home. Where are you going to play?

(3)

① OK. You can sit and read them over there.
② OK. I'll show you the computer room now.
③ Well, sorry, but we don't have any.
④ Well, could you tell me what you want?

2．英文を聞いて，後に続く質問の解答として最も適切なものを１つ選び，その番号をマークしなさい。英文と質問はそれぞれ２回放送されます。

(1)

① She had a four-day trip to Kyoto and visited Nijo-jo Castle in the rain.
② She went to some old temples by train with five other students.
③ She visited one of the oldest temples to learn about the history of Kyoto.
④ She bought an umbrella at a shop because it was raining.

(2)

① There were four.　② There were five.
③ There were six.　④ There were twenty.

【２】 次の英文を読んで，以下の問題に答えなさい。

Let's take a little time to think about our *habits. Habits are things we do often, sometimes without thinking. There are both good habits and bad habits. Brushing your teeth after every meal is a good habit. (　1　) your *dirty socks on the living room floor is a bad habit. It is easy to make bad habits, but difficult to make good habits! What are some of your bad habits? What are some of your good ones?

Maybe someone in your family has a bad habit that you do not like. Or maybe one of your friends has one. It is *possible to like a person very much, but it is also possible not to like some of his or her habits. [①] We all have bad habits that we would like to change, but it is not easy!

Some other examples of bad habits are eating too much *junk food or drinking too much soda, *interrupting people while they are talking, doing your homework or studying for tests all night long before class, or even forgetting to *flush the toilet! Part of growing up and learning to be better people is working to *get rid of our bad habits and make new, good habits. In fact, one of the best ways to get rid of a bad habit is to make a good one to *replace it. This way we can "kill two birds with one stone."

Bad habits are easy to make because we don't have to try. But to make good habits, we need to make a plan and work hard, especially at first. But after a while, it becomes easier to do the good things we want to make into habits. Finally it feels natural. [②]

What is a good habit to replace eating too much junk food or drinking too much soda? How about always carrying healthy foods and water or tea? Sometimes we need snacks for energy, but we can eat good foods instead of junk food. Dried fruits and nuts, for example, help us not to feel so hungry between meals, and they are good for us. Green tea has many health *benefits and has no calories, and water is very important for our bodies to *function well. Many students cannot work hard in class when they feel hungry. Keeping some healthy snacks in your bag can solve this problem, too! [③] It's a good habit!

What about interrupting people while they are talking? When we have something we really want to say, it is sometimes difficult to wait. We are (2) we might forget it. But we don't feel happy when people interrupt us, so we should not interrupt others. One good habit to make is to wait until someone finishes speaking before saying something. And if we are really worried that we will forget the things which we want to say, we can write them down! This is not always convenient, but we can just write one word, on a piece of paper or even on our hands! Some people might like to write a memo on their smartphone. It is important to listen carefully and not to interrupt, so try to find your own ways to make this good habit!

How can you stop doing your homework or studying for tests all night long before class? One good habit is to have a study schedule. Just like it is important to *budget money to be careful about (3), it is important to budget time in the same way. Do you study better in the morning or at night? Where? [④] Some people like to study in a quiet library, *while others like to study at home. When you find the best *situation for you to study in, you can plan to study in that situation as a habit. For example, some people like to study every morning for one hour before breakfast. When you make this habit, you can decide (　　4　　) during that time so you will not *procrastinate. And you will feel less stress! This habit is good for your school life and good for your health!

Another way to make a good habit is by making a *mild punishment for our bad habits.

⑸
ア. We don't want to clean the bathroom three times *a day, so we will start to remember to flush!
イ. How can we use this to stop forgetting to flush the toilet?
ウ. Please remember to flush the toilet!
エ. We can make a habit of cleaning the toilet and the bathroom *whenever we realize we didn't flush the toilet.

And let's all try to flush our bad habits away, too, and make some good new ones! Good luck!

（注） *habit 習慣　*dirty 汚い　*possible 可能な　*junk food ジャンクフード
*interrupt ～ ～を妨げる　*flush ～ ～を洗い流す　*get rid of ～ ～をなくす
*replace ～ ～を置き換える　*benefit 利点　*function 機能を果たす
*budget ～ ～を割り当てる　*while ～ ～である一方　*situation 状況
*procrastinate 先延ばしにする　*mild punishment 軽い罰　*a day 一日につき
*whenever ～ ～するときはいつでも

問１　空欄（１）に入れるのに最も適切なものを①～④から１つ選び，その番号をマークしなさい。
① Leaving　② Washing　③ Lying　④ Missing

問２　空欄（２）に入れるのに最も適切なものを①～④から１つ選び，その番号をマークしなさい。
① sorry　② limited　③ ready　④ afraid

問３　空欄（３）に入れるのに最も適切なものを①～④から１つ選び，その番号をマークしなさい。
① where we use it　② when we borrow it
③ how we use it　④ who spends it

問４　空欄（４）に入れるのに最も適切なものを①～④から１つ選び，その番号をマークしなさい。
① what to study　② who helps you
③ how to budget　④ when to eat

問５　⑸ 内のア～エの文を文脈が通るように並べかえたとき，順番として最も適切なものを①～④から１つ選び，その番号をマークしなさい。
① イ－ウ－エ－ア　② イ－エ－ア－ウ
③ エ－ア－ウ－イ　④ エ－イ－ア－ウ

問６　次の英文を入れるのに最も適切な位置を，本文中の ① ～ ④ から１つ選び，その番号をマークしなさい。

Practice makes perfect!

問７　本文の内容に合うものを①～④から１つ選び，その番号をマークしなさい。

① It's easy to like a person very much if he or she has some bad habits, and it's possible for the person to change them.

② "Killing two birds with one stone" means that we can get rid of two of our bad habits at one time.

③ Having a study schedule can reduce your stress, so your life will be healthier with the habit.

④ We can't stop a bad habit like forgetting to flush the toilet by making a mild punishment.

問８　本文の内容について，⑴，⑵の質問に対する答えとして最も適切なものを①～④からそれぞれ１つずつ選び，その番号をマークしなさい。

⑴ What is NOT true about making good habits?

① You often need to make a plan before making a good habit.

② If you keep doing a good thing, it can be made into a habit after a while.

③ Making good habits can sometimes get rid of bad habits.

④ Most people make good habits without thinking.

⑵ Why is it a good habit for students to carry healthy foods and water or tea?

① Because they can work hard in class when they have their favorite foods in bags.

② Because having them will be healthier than having junk food and soda when they feel hungry between classes.

③ Because such foods and drinks have many health benefits for our bodies and have no calories.

④ Because they will no longer think about having junk food and drinking too much soda.

【３】 次の直子（Naoko）が書いた英文を読んで，以下の問題に答えなさい。

Last September, on the first day after the summer vacation, a new student Aya came to my class. When she was introducing herself, she often smiled and looked really friendly. Our homeroom teacher Mr. Ito decided her seat, and it was in front of mine. So I talked to Aya soon and we became friends.

That day at lunchtime, Aya asked me, "【　⑴　】" I answered, "We have the school festival in November. We're in third year, so before that we have a school trip to Minami Town for three days in October. It's called 'English Camp.' We must speak English during the camp." Aya looked happy and said, "Sounds like fun! I like English. I'm really looking forward to it. Are you too, Naoko?" I didn't like English very much, but I said, "Well, yes. I'm excited." Then I added, "We' ll have to talk about our future dreams and make speeches in English, so that will be hard." Aya said, "Why? That will be exciting," and told me some of her dreams. For example, she said she wanted to study abroad and do some volunteer work around the world in the future. I didn't think about my future at that time, so I only listened to her stories. I thought, "I know I should try something for my future, but ..." I felt a little sad when I saw her happy face.

September came and went, and nothing special happened to me. On the first day of English Camp, Aya talked to me, "Good morning, Naoko. I'm so excited! I didn't sleep well last night." I said, "We're going to walk in the *woods by the hotel today. You should sleep on the bus before getting to Minami Town." She said, "I'll try," but she didn't sleep. We were in the same group for the camp, so we sat *side by side on the bus. We talked a lot in Japanese on the bus.

After getting to Minami Town, our English teacher Ms. Green said, "From now, you'll speak only English until we finish eating dinner on the last day. OK?" First, each group was given an English map by Ms. Green. The map showed some points we would have to go to, and when we went to each point, we found a sign with an English quiz. Aya and I solved about seven English quizzes with the other four members. We walked in the woods for about two hours. When we got to the goal, Mr. Ito was waiting for us. He said with a smile, "Good job! Here are your lunch boxes!" I was a little surprised because he spoke good English. Anyway, I enjoyed the game a lot. After lunch, we went to the hotel and watched an English movie about a famous singer. It was interesting, but we had to write a long movie report after that. I needed to *look up a lot of words in my dictionary to finish writing it. I felt tired because of that.

That night, I talked to Aya in our hotel room. "Are you still studying English, Aya?" She was writing something in English in her notebook. She said, "No, I'm writing in my diary. I usually write many things in Japanese, but today is special." I asked, "Why do you *keep a diary?" She said, "To remember a lot of things well and enjoy my life. I started keeping a diary when I was five. My family and I often move because of my father's work. So I always have to change schools before I make good friends." I asked, "How many times have you changed your schools?" She said, "More than ten times. So I've made a lot of friends, 【　　⑵　　】" She was smiling but she looked a little sad. I didn't know what to say. Aya continued, "Each day, I write about two or three of my happy memories and plans for tomorrow. Every day is important for me." I said to her, "You're great. I can't keep a diary like you even in Japanese." Aya laughed, "Yes, you can! Well, my mother often says to me, 'Today never comes again.' So I try to find good things in my life every day. You should try it, too." I was really moved by her words.

On the last day, everyone made a speech about their future dreams. I talked about Aya and said, "I want to keep a diary like her. It's my dream." Ms. Green said, “That’s interesting. You should try!” After my speech, I said to Aya, “*Thanks to you, I got an idea for my speech. Thank you.” Aya said to me, “Thank you, too. I’ll write about your speech in my diary today.” We smiled at each other. I started to keep a diary from that day.

（注） *woods 森　*side by side 隣同士で　*look up ~ in… ～を…で調べる
*keep ~ ～をつける　*thanks to ~ ～のおかげで

問１ 本文の内容について，(1)～(5)の質問に対する答えとして最も適切なものを①～④からそれぞれ１つずつ選び，その番号をマークしなさい。

(1) Which sentence is the best to put in【 (1) 】?
① What was your favorite school event here?
② What school events do we have in fall?
③ What is the next event called at this school?
④ What kind of event is the most popular among students at this school?

(2) Which sentence is the best to put in【 (2) 】?
① and I’ve forgot about them.
② but I’ve never written about them before.
③ though most of them may not remember me.
④ though some of them were really good friends.

(3) Why did Naoko feel a little sad on Aya’s first day at their school?
① Because Aya wasn’t so friendly at first, and Naoko had to talk to her or listen to her a lot.
② Because she wasn’t looking forward to English Camp but she had to agree with Aya.
③ Because she learned that Aya was very good at English and had a lot of future dreams.
④ Because she didn’t have her own dreams, and listening to Aya’s stories was the only thing she could do.

(4) What did Aya do on the bus?
① She was so excited that she talked to Naoko in English.
② She talked with Naoko and some other students in their group.
③ She took a seat next to Naoko and enjoyed talking with Naoko.
④ She tried to sleep on the bus, but Naoko stopped her from doing it.

(5) What made Naoko tired on the first day of English Camp?
① Solving a lot of quizzes.　② Walking in the woods.
③ Watching a long movie.　④ Using her dictionary.

問２ 本文の内容に合うものを①～⑧から３つ選び，その番号をマークしなさい。
① Ms. Green gave each group a map with some English quizzes on it.
② There were six members in Naoko’s group during English Camp.
③ Naoko was surprised when Mr. Ito was waiting at the goal.

④ Naoko thought that the movie about a famous singer was interesting.
⑤ Aya changed her school over ten times because her father liked traveling around Japan.
⑥ Aya's mother told her to try to find good things in her life.
⑦ Naoko has to move in the future, so she started to keep a diary.
⑧ Thanks to Aya, Naoko decided what to talk about in her speech.

【４】 次の各文の（　）に最も適する語(句)を①～④から１つ選び，その番号をマークしなさい。

⑴ I like him as (　　　) as you like him.
① many　② more　③ better　④ much

⑵ What is she going to do after (　　　) her high school?
① she left　② leaving at　③ she leaves　④ she will leave

⑶ I hope you will have more time to (　　　) with your family.
① spend　② feel　③ pay　④ need

⑷ Who is the boy (　　　) a green T-shirt over there?
① from　② to　③ in　④ at

⑸ I think that woman (　　　) is Ms. Smith.
① calls you Tom　② called me on the phone
③ called a taxi　④ calling my name

【５】 次の各日本文の内容を表すように，（　）内の語（句）を並べかえたとき，空所 [1] ～ [12] に入る語（句）の番号をマークしなさい。ただし，不要な語が１語ずつあります。

⑴ フランスでフライドポテトを食べてほしいな。
I want ＿＿ [1] ＿＿ [2] ＿＿ ＿＿ ＿＿.
（① you　② of　③ French　④ France　⑤ fries　⑥ have　⑦ to　⑧ in）

⑵ お母さんに温かい飲み物を頼んでくれる？
Can you ＿＿ ＿＿ [3] ＿＿ ＿＿ [4] ＿＿?
（① something　② for　③ drink　④ ask　⑤ hot　⑥ your mother　⑦ some　⑧ to）

⑶ ボブは忙しすぎて，イヌの世話ができなかったんだよ。
Bob ＿＿ [5] ＿＿ ＿＿ ＿＿ [6] ＿＿ his dog.
（① too　② of　③ care　④ busy　⑤ should　⑥ take　⑦ was　⑧ to）

⑷ あなたはいつパーティーを開くか覚えてる？
Do ＿＿ ＿＿ [7] ＿＿ ＿＿ [8] ＿＿?
（① remember　② you　③ to　④ when　⑤ will　⑥ we　⑦ have　⑧ a party）

⑸　この図書館には，彼が書いた本が何冊かあるのよ。

In this library, ＿＿ ＿＿ ＿＿ ＿＿ [9] ＿＿ [10].

（ ① are　② he　③ some　④ by　⑤ that　⑥ wrote　⑦ books　⑧ there ）

⑹　何色がいちばん好きか私に教えて。

Tell ＿＿ [11] ＿＿ [12] ＿＿ ＿＿ ＿＿.

（ ① do　② me　③ you　④ the　⑤ what　⑥ best　⑦ like　⑧ color ）

【６】 次の各文について，下線を引いた部分に誤りのある箇所をそれぞれ①～④から１つずつ選び，その番号をマークしなさい。ただし，誤りのある箇所がない場合は，⑤をマークしなさい。

⑴ ①Did you enjoy Mary's birthday party ②with your friends and sisters ③in the garden of her house ④two days later?　⑤誤りなし

⑵ ①Each student will be given a prize ②for the nice performance ③he or she made at the hall ④in the morning on Friday.　⑤誤りなし

⑶ ①The tea my sister made ②was too hot ③for me ④to drink it.　⑤誤りなし

⑷ ①We have enough time today, ②so we don't have to ③give up to go to the restaurant ④that was opened last week.　⑤誤りなし

⑸ ①Paul is practicing tennis ②as hard as the older members ③on his team ④to be one of the best players.　⑤誤りなし

⑹ ①Talking about traditional Japanese art and music ②with you here ③are always a lot of fun ④for me.　⑤誤りなし

選び番号で答えなさい。

1　男のせいで仕えていた童とも会えなくなったといううらみ。
2　男との関係が完全になくなってしまったことへの深い嘆き。
3　男のことが忘れられず、どんな方法を使っても会いたいという思い。
4　男がこれからも幸せに暮らしていけるようにという祈り。

Ⅱ　この和歌の表現の説明として最適なものを後より一つ選び番号で答えなさい。

1　船にかかわる言葉を複数用いたり、一語に二重の意味を持たせたりして、情景と歌にこめられた心情が重なり合い、味わい深いものとなっている。
2　第四句目で意味が切れていて、和歌全体の調子を整えながら、第四句目までと第五句目の情景の移り変わりであっと驚かせるものとなっている。
3　第五句目を体言で終わらせたり、語句の順序を入れ替えたりすることによって、作者の心情が味わいをもって伝わるものとなっている。
4　世の中を人と人の関係に間接的にたとえることによって、和歌全体が男と女の関係を暗示する雰囲気になり、感情豊かなものとなっている。

問六　二重傍線部「いひければ」の動作主として最適なものを後より一つ選び番号で答えなさい。

1　男　2　女　3　今の妻　4　童

問七　傍線部5「もとのごとく」とあるが、これは具体的にはどういうことか。最適なものを後より一つ選び番号で答えなさい。

1　男がもとの妻の和歌を聞いて気持ちをとり戻し、もとの妻を男自身のもとへ呼んだということ。
2　男がもとの妻の和歌を聞いた後も、新しい妻のところへ帰っていったということ。
3　男がもとの妻と暮らしていたころのように、思いやりのある性格になったということ。
4　男ともとの妻が、長い間暮らしていた家で仲睦（なかむつ）まじく暮らすようになったということ。

問八　本文の内容として**不適当**なものを後より一つ選び番号で答えなさい。

1　男は、もとの妻と別れた後に、馬の飼葉桶だけもとの妻に残していたが、それすらもとの妻から取り上げようと考えた。
2　童は、男のことだけではなくもとの妻のことも慕っており、男が同伴しなくてももとの妻のところに来るつもりだと言った。
3　もとの妻は、馬の飼葉桶を童に渡したときに、また童が自分のもとを訪れてくれるだろうと思い、そのことを童に頼んだ。
4　もとの妻から男への伝言を預かった童は、もとの妻の頼みを確実にかなえるつもりであると、もとの妻に約束をした。

＊3　従者……主人の供をする者。
＊4　まかぢ……従者の名前。
＊5　きむぢ……お前。

問一　本文中に「　」（かぎかっこ）のついていない会話文が一箇所ある。その会話文の初めと終わりの組み合わせとして最適なものを後より一つ選び番号で答えなさい。

1　このふ～ここに　　2　このふ～じかし
3　きむぢ～ここに　　4　きむぢ～じかし

問二　傍線部1「心憂しと思へど、なほまかせて見けり」とあるが、この部分の説明として最適なものを後より一つ選び番号で答えなさい。

1　男ともとの妻の気持ちがすっかり離れてしまったところ、男に新しい妻ができて、もとの妻は住んでいた家を新しい妻に明け渡すことになったので悔しいと思いつつも、どうすることもできなかったということ。
2　男に新しい妻ができてもとの妻のもとを去ったが、新しい妻がもとの妻の家の物をほとんど奪っていることに対して、男は心苦しく思いながらも、新しい妻の好きにさせるしかなかったということ。
3　男の性格がすっかり変わって新しい妻もできたので、もとの妻は男と住んでいた家の物をこれ以上見たり使ったりするのは悲しいと思って、ほとんどの物を新しい妻の家に運び出させるように指示をしたということ。
4　男が気持ちをすっかり変えて新しい妻を持ち、もとの家にあったもののほとんどを新しい妻との家に運び出したことを、もとの妻はつらいと思いつつも、男のすることを見ているしかなかったということ。

問三　傍線部2「などてか、さぶらはざらむ」の意味として最適なものを後より一つ選び番号で答えなさい。

1　どうしてもあなたのもとへ参らないことはないのです、今度も絶対に参ります。
2　どうしてあなたのもとへ参らないことがあるでしょうか、必ずまた参ります。
3　どうして主人のもとへ参らないことがあるでしょうか、絶対に参ります。
4　どうしても主人のもとへ参らないことはありません、必ず参るつもりです。

問四　傍線部3「文はよに見たまはじ。ただことばにて申せよ」の現代語訳として最適なものを後より一つ選び番号で答えなさい。

1　主人への手紙をあなたは決して読まないでください。ひたすら私から手紙が来たことを主人に伝えてください。
2　主人の手紙を読ませていただくことは絶対できません。だからあなたが口で私に伝えるだけにしてください。
3　主人は決して手紙をご覧にならないでしょう。だから、あなたが内容を口で言い伝えるだけにしてください。
4　主人が決して手紙をご覧にならないようにしてください。その内容だけあなたが主人に話してください。

問五　傍線部4「ふねもいぬまかぢも見えじ今日よりはうき世の中をいかでわたらむ」について、次のⅠ・Ⅱの問いに答えなさい。

Ⅰ　この和歌にこめられた女の気持ちとして最適なものを後より一つ

らも、それらの経験や稽古を通して互いに理解を深めていることや、そのような雰囲気の中でいつの間にか団結して練習に取り組んでいること。

問十　本文の説明として最適なものを後より一つ選び番号で答えなさい。

1　「私」の視点を通してなぎなた部で起きたある騒動の展開や結末を描写しており、その描写の中に会話文や人物の表情や様子を多く取り入れつつ、雰囲気をユーモラスに表現することによって、登場人物たちの個性的な人物像や登場人物どうしの関係を、軽妙な雰囲気を持たせながら浮かび上がらせている。

2　「私」の視点を通してなぎなた部の日常のある一場面を切り取って描写しており、その描写の中に「私」自身の仲間たちに対する気持ちを説明的に何度も書きながら、会話文のくり返しによって「私」以外の登場人物の人がらを繊細に表現すると同時に、日常が少しずつ緊迫したものになる展開を強調している。

3　「私」の視点を通した描写と他の登場人物たちの視点を通した描写によって、なぎなた部で起きたある出来事の結末までを見せており、視点の入れ替えや会話文を次々に続けることで全体的にテンポよく物語が展開し、なぎなた部の混乱や登場人物の心情の変化を読み手に劇的なものとして訴えかけるものになっている。

4　「私」の視点を通してなぎなた部の何気ない日常の場面を描写しており、その描写の中で仲間たちの様子や人がら、仲間どうしのやりとりに対する「私」自身の心情を詳しく表現することで、なぎなた部の鬼気迫った雰囲気を浮かび上がらせたうえで「私」自身の考え方の変化や成長についても伝わるようにしている。

三、次の文章は『大和物語』の一部である。これを読んで後の設問に答えなさい。

＊1下野（しもつけ）の国に男女（をとこをんな）すみわたりけり。年ごろすみけるほどに、男、妻（め）まうけて心かはりはてて、この家にありける物どもを、今の妻のがり（今の妻のところへ）かきはらひもてはこびいく（何も残さずすっかり持ち運んでいく）。1心憂（こころう）しと思へど、なほまかせて見けり。ちりばかりの物も残さず、みなもていぬ（持ち去る）。ただ残りたる物は＊2馬（うま）ぶねのみなむありける。それを、この男の＊3従者（ずさ）、＊4まかぢといひける童使（わらはづかひ）けるして、このふねをさへとりにおこせたり（取りによこした）。この童に、女のいひける、＊5きむぢも今はここに見えじかしなどいひければ、「2などてか、さぶらはざらむ。ぬし、おはせずともさぶらひなむ」などいひ、立てり。女、「ぬしに消息聞（せうそこきこ）えば申してむや。3文はよに見たまはじ。ただことばにて申せよ」といひければ、「いとよく申してむ」といひければ、かくいひける。

「4ふねもいぬまかぢも見えじ今日（けふ）よりはうき世の中をいかでわたらむ

と申せ」といひければ、男にいひければ、物かきふるひいにし男なむ（物を何も残さずすっかり持ち去った男が）、しかながら（そっくりそのまま）はこびかへして、5もとのごとくあからめもせで（心変わりもせず）添ひゐにける。

（『大和物語』）

＊1　下野の国……今の栃木県。

＊2　馬ぶね……馬の飼葉桶（かいばおけ）。飼葉とは、馬の餌となる草やわらのこと。

員の気持ちをほぐし、自分に対してかよちゃんをやめさせないでほしいということをみんなが言いやすいような状況を作ろうとしている。

2　かよちゃんがなぎなた部をやめることに本心では動揺していて、かよちゃんをやめさせないためにはどうしたらよいかという悩みにとらわれるあまり、不注意で足首を怪我（けが）してしまい、いつもとは違ってみんなに助けを求めることで、自分のかよちゃんへの気持ちをわかってもらおうとしている。

3　足首が痛いということを、わざとらしい言い方でかよちゃんやなぎなた部のみんなに聞こえるように訴えて関心を引きつけることで、部員が困ったときにかよちゃんはみんなの助けになるので、部に残ってほしいということを遠回しに伝えるきっかけを作ろうとしている。

4　足首を痛めてしまったことを不自然なほど大げさになぎなた部のみんなに説明することで、自分にはかよちゃんを含めたなぎなた部のみんなが必要なので、かよちゃんになぎなた部をやめないでほしいということを、間接的にわかってもらえるきっかけを作ろうとしている。

問八　傍線部５「『……朝子さん』とだけ言った」とあるが、このように言ったときのゆきちゃんの様子として最適なものを後より一つ選び番号で答えなさい。

1　かよちゃんをやめさせようとした朝子さんが心変わりしていたことに驚くとともに、怒鳴った自分を巻き込む朝子さんの器の大きさに尊敬の念を抱いている様子。

2　朝子さんがかよちゃんを助けるとは思っていなかったので、朝子さんの提案に衝撃を受けて状況をうまく理解できず、混乱しつつも感激している様子。

3　朝子さんがかよちゃんのようなマネージャーを必要としていたことを意外に思ったものの、かよちゃんがなぎなた部に残れそうなのでほっとしている様子。

4　朝子さんがかよちゃんをなぎなた部に残そうとしていることに喜んだが、直接本人に伝えようとせず、周囲の協力を求めていることにあきれている様子。

問九　傍線部６「『なんか、楽しい』と言った」とあるが、ゆきちゃんはどのようなことを楽しいと言っているか。最適なものを後より一つ選び番号で答えなさい。

1　なぎなた部のみんなの実力になかなか追いつけないが、そのような状況の中で問題を解決したり目標に向かって取り組んだりするときに、仲間たちが思わぬやさしさを見せて接してくれること。

2　なぎなた部での人間関係の問題を通して朝子さんのなぎなたに対する強い気持ちを理解できるようになったことと、そのような朝子さんに影響を受けて、不可能に見える目標にみんなが夢中になっていること。

3　今までは運動することが苦手だったのに、仲間からの励ましや指導を受けながら厳しい稽古に取り組んで上達をしていることや、上達をしたことによって、仲間と同じような高い目標を持てるようになったこと。

4　なぎなた部の仲間の間で人間関係や目標について衝突しあいなが

から。

2　かよちゃんはなぎなた部の仲間に迷惑をかけたくなくて悩んでいることを打ち明けているのに、朝子さんはその気持ちを無視して、仲間のことを考えるよりも自分の実力を考えてこれからも続けるかどうかを考えるように促したので、朝子さんが独りよがりになっているように見えたから。

3　なぎなた部をやめると一人ぼっちにもどってしまうというかよちゃんの不安を、朝子さんはしっかりと理解しているにもかかわらず、かよちゃんの戦う意志のなさを問題にして部から出ていくように強く促していたため、朝子さんがかよちゃんをわざと苦しめようとしているように見えたから。

4　なぎなた部の仲間とは離れたくないので部をやめる決心ができないかよちゃんの気持ちを、朝子さんが少しも考慮せずに、かよちゃんのような考えでなぎなたを続けるのは意味がないという事実を淡々と指摘していたため、朝子さんがかよちゃんを突き放しているように見えたから。

問五　傍線部3「みんな、淡々と稽古をした」とあるが、このときの「私」の様子として最適なものを後より一つ選び番号で答えなさい。

1　六人しかいないなぎなた部の大切な仲間であるかよちゃんがやめてしまうのだから、みんながもう少し動揺して稽古に影響が出ると思っていたのに、道場の雰囲気がいつもより暗くはあるもののほとんどの人が気にしていない様子なので、その薄情さに心を痛めている。

2　かよちゃんがなぎなた部をやめることになったせいで、みんなが一斉に暗い気持ちになり、いつもより覇気がない様子で稽古をしているので、かよちゃんと一緒に稽古できる最後の日であるというのに、どんどん重苦しい雰囲気になってしまい、寂しさを感じている。

3　今まで一緒に仲よく練習していたかよちゃんが急になぎなた部をやめることになってみんなも悲しいはずなのに、かよちゃんの退部を気にかける素振りを見せることもなく、いつもと変わらない様子で稽古に励むことのできるみんなの気持ちの強さに圧倒されている。

4　かよちゃんがなぎなた部をやめることになっても、かよちゃんのこれまでの苦労や葛藤をだれもいたわることなく平気そうな様子で練習しているのを見て、部員同士の絆が弱いことに気づき、これからの部活動をみんなと乗り越えていくことに対して不安になっている。

問六　本文中の A ～ C に入る言葉の組み合わせとして最適なものを後より一つ選び番号で答えなさい。

1　A＝冷静だった　B＝嫌になった　C＝自由に
2　A＝不満そうだった　B＝我に返った　C＝強靭（きょうじん）に
3　A＝攻撃的だった　B＝あきらめた　C＝神経質に
4　A＝反抗的だった　B＝うんざりした　C＝頑丈に

問七　傍線部4「だらだら汗かくから、さっき稽古中にすべって、ちょっと足首ひねっちゃったかな。痛いな」とあるが、このように言ったときの朝子さんの様子と心情の説明として最適なものを後より一つ選び番号で答えなさい。

1　いつもなら人前では見せない弱音をさりげなくなぎなた部のみんなに伝えることで、自分の厳しさを恐れて本音を言おうとしない部と言った。
「なにが？」
「全部。朝子さんにむかついたり、稽古きつかったりするときあるけど、なんか、全部、楽しい」
「最初はランニングについていけなくてやめそうになってたのに」
「剣道部倒すとか言われたときはサイアクと思った」
たしかに、私もちょっとサイアクと思った。
「でも、なんか、知らないうちにみんな剣道部倒すこと考えて必死になってるし、そういうのが、なんか、すごく楽しい」
ゆきちゃんてすごく素直だなあと思って、私はうれしくなった。
運転席のミラーに目をやると、ゆきパパが穏やかに笑っているのが見えた。

（小嶋陽太郎『おとめの流儀。』）

問一　二重傍線部a～cのカタカナの部分を漢字に改めたとき、同じ漢字を用いるものはどれか。後より選びそれぞれ番号で答えなさい。

a　スジ　1　キン止　2　キン差　3　キン肉　4　キン慎

b　カクそう　1　イン料水　2　イン鑑　3　イン居　4　山イン

c　ヨ力　1　ヨ想　2　ヨ計　3　ヨ金　4　名ヨ

問二　傍線部ア～ウの意味として最適なものを後より選びそれぞれ番号で答えなさい。

ア　静観
1　おとなしく見守ること
2　周囲の状況を無視すること
3　相手の様子を気にしないこと
4　深く考えながら、見つめること

イ　効率的な
1　物事が支障なくどんどん進む様子で
2　自分の気持ちのまま自由に行動してしまう様子で
3　正しい方法で、きちんと整えている様子で
4　あまり労力を使わずに、大きな成果を得る様子で

ウ　音をあげる
1　激しい緊張から息苦しくなる
2　言いにくいことを思わず言葉にする
3　苦しさに耐えられず声を出す
4　周囲をまとめるために一声かける

問三　傍線部1「岩山君は最初から岩のように押しだまっている」に、活用のない付属語はいくつ用いられているか。最適なものを後より一つ選び番号で答えなさい。

1　二つ　2　三つ　3　四つ　4　五つ

問四　傍線部2「朝子さんは、やっぱりちょっと冷たい」とあるが、「私」がこのように思った理由として最適なものを後より一つ選び番号で答えなさい。

1　なぎなた部の仲間とともになぎなたを続けたいというかよちゃんの気持ちを、朝子さんは頭ごなしに否定して、かよちゃんのような実力や甘い考えでは上達するわけはないと厳しく指摘していたため、朝子さんがかよちゃんのことをすっかり見放していると感じた

のかわからない顔で[5]「……朝子さん」とだけ言った。

「いいと思う?」

……思います、とゆきちゃんは言った。

「ですよね」それから朝子さんはゆきちゃんの顔をじっと見つめた。

「……あれ、そういえばゆきちゃん。君は今日、練習のまえに私に向かってバカ朝子とか冷血漢とかなんとか失礼なことを言ってきたような気がするんだけど。先輩であり部長であり女である私に向かって」

「いや……」

「武道は礼儀が大事なのに、そういうことを言うひとがいると非常に困るな」

ぱっと、ゆきちゃんが立ち上がった。

「どこへ行くんですか?」

「朝子さんのいじわる。校舎周り走ってくるから、許してください」

そう言って彼女は更衣室を飛び出した。私もゆきちゃんに続いて飛び出した。

「なんでさと子も来るの」

私が追いつくと、ゆきちゃんは不機嫌そうに言った。

私たちは色違いのシューズを並ばせて走った。

後ろから音が聞こえたので振り返ると、なぜか井川さんも朝子さんもかよちゃんも、女子更衣室から聞こえるさわぎを聞きつけたのか岩山君も、あと、高野先生まで走っていた。

日はとっくに暮れていた。

私たちは、高野先生が[ウ]音をあげるまで三周も走って、やっと止まった。

「最近、全然運動してないから、もうムリ……」と高野先生がとぎれとぎれに言った。

「朝子さんに許してもらうために走ったのに、みんな走ったら意味ないじゃないですか!」

ゆきちゃんは、まだ[c]ヨ力がありそうだった。当初は泣きながら周回遅れで走っていたのに、練習後に三周も走れるようになったなんて、この数か月でずいぶん［C］なったなと私は思った。蹴ったら折れそうなくらい足が細いのは変わっていないけど。

「今回だけは許してあげよう。あと、君はやっぱり国語をもう少し勉強しなさい」

と朝子さんは言った。たぶん冷血漢と言われたことを根に持っているのだ。

「朝子さんて、なんなんだろう」

帰りの車でゆきちゃんが言った。

「なんなんだろうって?」

「だって、最初からマネージャーになれって言えばいいのにさ。へんなひと」

「厳しいけど、やさしいひとなんじゃない?」と私は言った。

厳しいけどやさしい? それってムジュン。とゆきちゃんは口をとがらせた。かわいい金魚みたいだ。

「ゆきちゃんのくせに、むずかしいコトバ知ってるね」

と言ったら、ゆきちゃんはちょっとすねた。それから、

[6]「なんか、楽しい」

のうちのひとりがやめるときも、こんなものなのか、と私は少し悲しくなった。

稽古が終わると、更衣室でとつぜん朝子さんが大きい声を出した。

「いやー、夜とはいえ、夏の稽古はつらいね！」

急になんだろう、と私は思った。

「4だらだら汗かくから、さっき稽古中にすべって、ちょっと足首ひねっちゃったかな。痛いな」

今日の稽古でそんな場面、あったっけと思い返してみたけど、そんなことはなかった。それに朝子さんは痛いとかなんとか、そういうことを一切言わないからへんだ。岩山君が、振り下ろしたなぎなたを床に当たるまで止められないのを直すために防具なしで彼の前に立って、「私の頭の直前で止めなさい。さすがに先輩の脳天は打てないでしょう」という無茶な練習をして見事に一撃をくらい、涙目で「ハエが止まったかと思ったわ」と言ったくらいのひとなのだ。それ以来、その練習はやらなかったけど。

「こういうときに、いつでも素早くテーピングできるようなひとがいればいいのになあ。ね、そう思わない？　ゆきちゃん」

ゆきちゃんは朝子さんの言葉を思いきり無視した。それでも朝子さんが「だれかいないかなあ」としつこく言っていると、［B］のか、ゆきちゃんが言った。

「……そんなの自分でやればいいじゃないですか。知りませんよ」

「そうしたいけど、足首って自分だと意外とやりにくいんです。巻き方の知識のない素人（しろうと）にぐるぐる巻かれても効果ないし。あー、困ったなあ」朝子さんの口はなかなか止まらなかった。

「……あとは、試合稽古のときにタイマーで時間計ったり、スコアをつけたりしてくれるひとがいたら最高なんだけどなあ。データを取って、管理してくれるひとがいたら、もっとイ効率的な稽古ができると思うんですよ。ね、ゆきちゃん」

「なんなんですか、うるさいな！」

ゆきちゃんが怒った。というか、彼女は今日はずっと怒っている。

そして朝子さんは言った。

「マネージャーがいたら、稽古がスムーズにいく気がするんですよね」

「マネージャー？」

私は朝子さんに聞き返した。

「だれかいないかなあ。少しでもいいからなぎなたの経験があって、私たちのことがきらいじゃなくて、あとは、男にテーピングとかされるのいやだから、できれば女子で、真面目で……」

だれかいないかなあ。朝子さんの声が響いた。もしや、と思った。

あのう、と小さな声が聞こえた。かよちゃんが手をあげていた。

「ん？　どうしたのかよちゃん」

「私、やりたいです……マネージャー」

「なに！」朝子さんがおおげさな声を出した。「なぎなたの経験があって、私たちのことがきらいじゃなくて、女子で、真面目……君はいま私が言った条件を偶然にも満たしているじゃないですか！」

偶然にも、というところを強調して朝子さんは言った。

「かよちゃんがマネージャーですか、いいですね。ねえゆきちゃん、どう思う？」

問いかけられたゆきちゃんは目を丸くして、それからどういう感情なんなぎなた部をやめる覚悟で今回の話を持ち出したのだとは思うし、その覚悟も汲（く）んで朝子さんはいまの発言をしたのだと思うけど、もう少し優しい言い方はなかったのか。

ゆきちゃんは完全に停止しているし、1岩山君は最初から岩のように押しだまっている。井川さんも終始助け船を出したりすることもなく、ただただア静観している。クールな彼女らしいけど、小学校からの友達なら何かしら言ってあげればいいのに。

そう思いつつも、私も何も言うことができなかった。朝子さんの言っていることがすべて正しいとは思わないけど、aスジはとおっている気がしたから。たしかに、私たちに迷惑をかけたくないというだけの理由でなぎなたを続けても、意味はないと私も思う。

でも、かよちゃんはなぎなた部に入ったことで、はじめて井川さん以外の仲間ができて、それがうれしかったから「向いていない」というだけでなぎなた部をかんたんにやめようとは思えないのだ。

そういう事情をもう少し考えてあげたっていいのに、と私は思った。

2朝子さんは、やっぱりちょっと冷たい。

かよちゃんが何も答えないのを見て、朝子さんは言った。

「何も答えないってことは、やめるってことでいいですか？」

五秒くらいたって、かよちゃんが、三ミリくらいうなずいたように見えた。

「わかりました」

かよちゃんがやめることが決まっても、ゆきちゃんがすごく悲しそうな顔をしただけで、井川さんは何も言わなかった。

「じゃあ稽古はじめましょう。かよちゃん、せっかく来たんだから今日はやっていきましょう」

朝子さんの言葉に、かよちゃんは一瞬迷った素振りを見せてまた小さくうなずいた。私たちはぞろぞろと更衣室へ向かった。

更衣室はお通夜（つや）みたいな雰囲気だった。

朝子さんが素早く着替えて道場に行ってしまうと、ゆきちゃんが、

「バカ朝子さんの言うことなんか気にしなくていいんだよ。なぎなた部やめても、私、かよちゃんの友達だからね」

と、かよちゃんに声をかけていた。

かよちゃんは力なく笑って袴（はかま）の前ひもをしめて、最後の稽古に向かった。

稽古がはじまって三十分くらいしてから「すみません遅くなりました」と言いながら高野先生が来た。

みんないつもどおり高野先生の指示に従って稽古をしたけど、道場内の雰囲気はどうにも暗かった。それを察したのか、休憩時間に高野先生がかよちゃんの件はどうなったのかと私にさりげなく聞いてきた。今日が最後の稽古で、かよちゃんはやめることになりましたと私は報告した。高野先生は「そうですか」と言った。

3みんな、淡々と稽古をした。

ゆきちゃんだけはぷりぷりと怒っているのをbカクそうとせずに、朝子さんに何か言われたときだけ、反応がいつもより［A］けど、彼女以外はいつもどおりだった。私は努めていつもどおりにしようと意識していたけど、朝子さんや井川さんに関しては、かよちゃんの退部を意識しているような雰囲気は感じられなかった。たった六人しかいない仲間

1　七文節　　2　八文節　　3　九文節　　4　十文節

問十一　傍線部8「そうした気づきや営み」とあるが、これはどのようなことを指しているか。最適なものを後より一つ選び番号で答えなさい。

1　私たちが普段何気なく見ていて影響を受けている日常的光景を理解するために使っている常識や知識について、それらが本当に他者と生きていくうえで必要なのかを問い直し、変えていけるならどのように自分自身の暮らしを変えていけばいいかを考えること。

2　私たちが普段何気なく生きている日常になんらかの意味を与えている多様なものについて、社会学的にどのような意味があるかを捉え直すため、その日常の中で生きることを受け入れて必要な常識や知識を正しく気持ちよく使えるように身に付けようとすること。

3　私たちが普段何気なく見ている日常の光景について、無意識のうちに自分だけの常識によって捉えることで、さまざまな不満をもっていることを自覚し、社会的な常識によって捉え直すことで、自分の生きている現実を明確に理解して、認めようとすること。

4　私たちが普段何気なく生きている日常の光景や場面の中で、他者とつながるには何が重要なのかをふりかえって理解するうえでは、自分が日常の光景を見つめるときに用いているような常識は全く役に立たないことを自覚して、新しい常識を考えようとすること。

問十二　本文の内容と一致するものを後より一つ選び番号で答えなさい。

1　日常生活世界を社会学として研究し、日常や現実について驚きをもって捉えるためには、実際に自分の住む場所から出て異邦人としての経験を得なければいけない。

2　電車の中の人たちがスマホを一斉に使う光景は筆者にとって異質な日常であり、電車という他者とかかわる空間においてスマホの存在はふさわしくないと考えている。

3　自分の日常生活世界を変えていけると思い、どのように変えていくべきかを実際に考えることは、他者を疑い、他者とのつながりを遮断することにもつながる。

4　日常の場面や光景の中には、社会学的に自分自身の暮らしや人生をふりかえってどのように変えていくかを考えるためのきっかけがたくさん存在している。

二、次の文章を読んで、後の設問に答えなさい。

〈これまでのあらすじ〉

「私（さと子）」は中学一年生で、部員が六人しかいないなぎなた部に所属している。あるとき部員のかよちゃんが部長の朝子さんに、自分は足手まといになっているのではないかという悩みを打ち明けた。その翌日、道場に部員が集まり、かよちゃんの話を改めて聞いた。仲間ができてうれしいが試合がこわいというかよちゃんの思いを聞いた朝子さんは、たたかう気持ちがないならなぎなたをやらなくていい、勝ちをめざしてたたかうことはかよちゃんには向いていないと言い放った。

かよちゃんは下を向いて、何も答えなかった。

これじゃ、やめろと言っているようなものだ、と思った。

朝子さんの言っていることは、少し厳しすぎる。かよちゃんは、たぶ段ではなく、他者の存在やつながりを強く感じるための手段だといえるということ。

3　電車の中で新聞や雑誌を読むことは、一見すると身体の触れあうような距離にいる人たちと儀礼的な方法で距離をとろうとする行為であるようにも思えるが、実際は他者がどのようなものを読んでいるかを感じとることができる距離を保っているので、他者とつながる状態を作り出す行動であるといえるということ。

4　電車の中で新聞や雑誌を読もうとしても、周囲の音が聞こえてしまい近くにいる人たちの姿勢や動きに目を配る必要が生じるので、新聞や雑誌を読むことは、電車の中の周囲の人たちと距離をとろうとする手段ではなく、他者に近づきつながりを持つための手段だといえるということ。

問八　本文中の［5］に入る言葉として最適なものを後より一つ選び番号で答えなさい

1　異質なリアリティを完全に遮断する
2　多様なリアリティを自在に移動できる
3　画一的なリアリティを一瞬で破壊する
4　想定されるリアリティを簡単に知覚できる

問九　傍線部6「他者とつながるうえで、ふりかえって考えるべき興味深い問題」とあるが、これはどのような問題のことをいっているか。その説明として最適なものを後より一つ選び番号で答えなさい。

1　スマホは電車の中にいながら電車の中にはいない他者と交信することができる道具であり、スマホを操作することで近くにいる人たちには無関心であることを示すことができるので、今電車の中に一緒にいる人たちに対してどのような態度で接するべきかを考えずに迷惑な行為をしてしまっても気づかなくなるため、他者とのつながりがどんどん薄れている。

2　スマホは片手で持って運べる大きさであり、いつでもどんなところへも気軽に持っていくことが可能なので、場面や状況を選ばずスマホを通して自分だけの世界に没入することができてしまい、近くにいる人の迷惑になっていることに気づかずにスマホを使い続けたり、周囲の状況変化に気づかずに自分自身が危険に巻き込まれたりしてしまうことが増えている。

3　スマホは電車の中でも周囲の邪魔にならない大きさなので、操作することで他者に迷惑がかからないように気を遣う必要もなく、今いる場所とは違う世界に意識を集中させて楽しむことができるため、人々はその場に一緒にいる他者に対して関心を向ける気持ちを失い、他者とつながるときにどのような距離で接するのが適切かという繊細な気配りを行うことができなくなっている。

4　スマホは物理的に距離の離れた人たちと交信したり、一人で自分の好きなことをしたりできる道具であり、近くにいる他者と触れ合わなくてもスマホがあれば人は楽しく生活することができるため、周囲にいる人たちに気を配って互いに安全な距離を保つために受け継がれてきた儀礼的な行動がすたれて、他者との本当のつながりさえも失われてきている。

問十　傍線部7「なまあたたかい空気にただ浸っているのを、いったんやめる必要があるでしょう」は、いくつの文節に分けることができるか。最適なものを後より一つ選び番号で答えなさい。

4　シュッツは、オーストリアからアメリカに亡命したため、銀行で働きつつ大学で研究するという生活を送る中でも周りの環境になかなかなじめず、疎外感を解消するために人々の多様な日常性に目を向けるようになった。

問五　傍線部２「『驚き』に満ちた数日間でした」とあるが、この部分の説明として不適当なものを後より一つ選び番号で答えなさい。

1　マレーシアのように多種多様な違いがある人々と生きる場所では、自身の価値観が変わるだろうと感じた。

2　さまざまな差異のある人々が共存して国家としての日常が成り立つことを受け入れる難しさを感じた。

3　マレーシアの日常では多民族・多文化の存在することが当然となっていることに対して驚きを感じた。

4　多種多様な違いのある人たちが今同じ場所で生きているからこそ一つであるという主張の重要性を感じた。

問六　傍線部３「私は、毎日大学に向かう電車の中で、常に『驚いて』います」とあるが、この部分の説明として最適なものを後より一つ選び番号で答えなさい。

1　狭い電車の中で、かつては新聞や雑誌を読むことがあたりまえのこととして定着していたが、現在は電車で自分の位置を決めた途端に多くの人がスマホ操作に夢中になり、電車に快適に乗るためにはスマホが必要不可欠になっているという、時代や人々の感性の変化に驚いているということ。

2　狭い電車の中で、だれもが周囲と行動をあわせて自分の立ち位置を決めたうえでスマホを眺め始めるにもかかわらず、すぐに指を忙しそうに滑らせてスマホを操作するようになり、同じ電車にいる周囲の人たちに対して特別な配慮をしようという気持ちがうせてしまう様子に驚いているということ。

3　狭い電車の中で、同じ電車の中の周囲の人たちの気持ちを不快にしてはならないと、自分のいる場所を決めるやいなや、だれもが同じようにスマホの操作を始めて、そのまま周囲の他者への無関心を装うことに集中して気持ちを緊張させたままでいる人の多さに驚いているということ。

4　狭い電車の中で、自分の居場所を決めた途端にだれもが一斉にスマホの画面を眺めるという一様な行動や、スマホの操作に集中することによって、同じ電車の中にいる周囲の人への気配りを失い、関心を向けられることも拒絶している人々の様子に対して、いつも驚いているということ。

問七　傍線部４「新聞や雑誌は、自分の周囲に〝バリアー〟を張る道具ではなく、周囲の他者とつながるための道具なのです」とあるが、この部分の説明として最適なものを後より一つ選び番号で答えなさい。

1　電車の中で新聞や雑誌を読むことは、一見すると周囲とのつながりを断ち切る行動であるようにも思えるが、実際は電車の中の人たちが互いに周囲の気配を察しながら距離をとることで、相手に対して特別な気持ちがないことを伝える手段なので、他者とつながる状態を作り出す行動であるといえるということ。

2　電車の中で新聞や雑誌を読もうとすると、多くの場合、周囲の人々と身体が触れあうような距離まで近づくことになるので、新聞や雑誌を読むことは、他者に対して興味がないということを示す手るのを、いったんやめる必要があるでしょう。言い方を変えれば、目の前の場面や光景を理解するためにほぼ無意識のうちに使っている「処方箋」としての知識、いわば常識的知識をいったんカッコに入れ、この知識をどのように自分が使っているのか、またこの知識を使って場面や光景を理解していく営み自体、はたして〝適切で〟〝気持ちよい〟ものだろうか、などを立ち止まって考えてみる必要があるのです。8そうした気づきや営みこそ、日常生活世界を生きて在る私たちの姿を社会学的に読み解くためのはじめの一歩なのです。

　大事なので繰り返しておきたいと思います。「あたりまえ」に驚き、そこに何が息づいているのかを「見つめ」、その何かが本当に私たちが他者とともに気持ちよく生きていくうえで必要なのかを「疑い」、さらにそれを「変えていける」とすれば、どのように自分の日常を変えていけばいいのかを考える営みこそ、まさに自分自身の暮らしや人生を社会学的にふりかえって考える基本といえるのです。

（好井裕明『「今、ここ」から考える社会学』）

＊　スコール……熱帯地方で、突然激しく降る雨。

問一　二重傍線部a～cのカタカナの部分を漢字に改めたとき、同じ漢字を用いるものはどれか。後より選びそれぞれ番号で答えなさい。

a　蓄セキ　1　功セキ　2　セキ雪　3　セキ務　4　セキ別

b　イ持　1　繊イ　2　経イ　3　イ頼　4　イ跡

c　強セイ　1　セイ掃　2　帰セイ　3　宣セイ　4　セイ限

問二　本文中の（ア）～（ウ）に入る語として最適なものを後より選びそれぞれ番号で答えなさい。

ア　1　しかし　2　たとえば　3　要するに　4　ところで

イ　1　そこで　2　なお　3　その上　4　他方

ウ　1　または　2　したがって　3　ただし　4　なぜなら

問三　本文中には、次の部分が抜けている。これを入れる位置として最適なものを後より一つ選び番号で答えなさい。

　同じように見える混んだ車内の光景ですが、私はこの二つはかなり意味が異なっていると考えます。

1　【A】　2　【B】　3　【C】　4　【D】

問四　傍線部1「A・シュッツ」という人物に対する筆者の考えとして最適なものを後より一つ選び番号で答えなさい。

1　シュッツは、銀行で働くというキャリアを通して、大学にこもって研究と教育に従事するよりも現実に身を置いて日常から学ぶほうが重要であると気付き、人々にも研究よりも日常が面白いと伝えていた。

2　シュッツは、オーストリアで生まれてアメリカに亡命したことや銀行で働きながら大学で研究したことなど、多様な現実に身を置いたことで、新鮮な目で日常を見つめられ、また、そうすることの重要性を発見することができた。

3　シュッツは、大学で研究しているときはもちろん、銀行で働いているときも異国で生まれたことを意識して、何があっても驚くことなく新しい状況を受け入れたため、日常の中の面白さを的確に捉えることができた。

かつては、新聞を四つ折り、八つ折りにして顔を近づけ無心に読む姿や週刊漫画雑誌を丸めて読む姿が中心でした。新聞や雑誌を読む姿とスマホに没入する姿は同じなのでしょうか。それともまったく異質な日常を生きる私たちの姿ができあがっているのでしょうか。【B】

新聞や雑誌は、確かに私たちはそれを読みたいから読むのですが、見方を変えれば、これらは、身体が触れあうぐらい混んだ狭い車内で、お互いが儀礼的に距離をとり、特別な興味や関心がないことを示し、相手に対して距離を保っていることを示す重要な道具と言えます。新聞や雑誌を読んでいても、周囲の音や隣の人の姿勢や動きなど細かい状況はわかるでしょう。その意味でこうした道具は、それに目を落としているとしても、常に周囲の他者の気配は感じ取れるし、私たちは常に周囲に気を配っているとも言えるのです。つまり、4新聞や雑誌は、自分の周囲に〝バリアー〟を張る道具ではなく、周囲の他者とつながるための道具なのです。

（　イ　）、私たちはスマホを通して、混んだ車内でもそこにいない他者と交信したりゲームを楽しんでいます。いわばスマホは、「今、ここ」で全く異質なリアリティへ瞬時に跳躍できる驚きのメディアなのです。さらにスマホは、新聞や雑誌に比べ、小型軽量であり、周囲に迷惑もかけずに私たちは「混んだ車内」で操作ができます。イヤホンやヘッドホンをし、周囲からの音をさえぎり、視線をスマホの画面に集中させるとき、私たちの心や関心は「今、ここ」にはないのです。端的に言えば、スマホは、それを使って［　5　］としても、新聞や雑誌のように「今、ここ」で儀礼的に周囲に無関心を示したり、距離をとるための道具ではないのです。【C】

混んだ車内の二つの光景。一つは、新聞や雑誌を読みながらも、常に周囲の他者に対して儀礼的に無関心を示し、身体が密着しているとしても、そこに安心な距離があることを示しあう秩序が「今、ここ」で作られbイ持されている空間です。そして今一つは、それぞれがスマホに没入することで「今、ここ」に居ながらも、個別のリアリティの跳躍を楽しんでいる空間です。（　ウ　）、そこは、儀礼的に無関心を装（よそお）い常に他者との安心な距離への気配りに満ちているのではなく、まさに周囲の他者への関心を喪失し、安心な距離を保つための儀礼を微細に実践することさえ怠っている人々の身体が満ちている空間なのです。【D】

通勤通学での混んだ車内という、思いっきり「あたりまえ」で日常的光景を詳細に読み解いてみました。そこには、6他者とつながるうえで、ふりかえって考えるべき興味深い問題を私たちが生きていることがわかります。

私たちが何気なく見ている日常的光景。繰り返して流されるテレビコマーシャル。思わず感動して涙を流してしまう映画やドラマ。ワンパターンのフレーズや身ぶりをこれでもかと繰り返し、なかば強cセイ的に笑いを取っていこうとするお笑いタレントたちのトークショー。さまざまな事件を伝え、私たちの日常への危機感をあおるワイドショーや雑誌報道等々。数え上げたらきりがないのですが、日常生活世界になんらかの意味を与えている多様な「あたりまえ」の場面のなかにこそ、私たちが日常生活世界を詳細にふりかえって捉え直すきっかけに溢（あふ）れているのです。

そしてきっかけに気づくためには、ただ「あたりまえ」を漫然と認め、「あたりまえ」がもつ心地よい、7なまあたたかい空気にただ浸ってい

【国　語】（五〇分）〈満点：一〇〇点〉

一、次の文章を読んで、後の設問に答えなさい。

日常生活世界を社会学の主題にと主張した[1]A・シュッツは、第１章でも紹介したようにオーストリア生まれで第二次大戦時、ナチスの迫害を逃れアメリカに亡命した知識人の一人でした。なぜ彼は日常性に注目したのでしょうか。彼は大学という象牙の塔にこもって研究したのではなく、昼間は銀行員として働き、夜に大学で研究し教育したというユニークなキャリアを持っています。彼の学問的営みや人生を詳細に調べ論じた学史の蓄[a]セキは豊かですので、詳しく知りたければ、それらを読んで欲しいと思います。

私は、シュッツの人生を知り、彼の中に鋭くかつ優しい「異邦人のまなざし」があったからこそ、日常性という宝箱を発見し、その中身の面白さを私たちに示すことができたのではと思っています。

その異邦人のまなざしとは何でしょうか。それは、普段私たちが他者とともにさまざまに作り上げ、生きている、多様な日常という現実を「驚きの眼（め）」でもって、今一度眺めなおす力とでも言えるかもしれません。

（　ア　）私たちは、海外へ旅行すれば、期間限定であれ「異邦人」になることができます。最近、私はマレーシアの首都クアラルンプールとマラッカを旅してきました。日中の気温三十度、湿度七〇～八〇％以上。夕方＊スコールが降っても一〇〇％の湿度になるだけで、爽快感などない気候に身体はしっかりとやられてしまいましたが、楽しい[2]「驚き」に満ちた数日間でした。

首都の中心をモノレールが走っています。その狭い車両の中に、マレー系、中国系、インド系、そして私のような外国人観光客が乗ってきます。服装や外見も異なり、複数の言語が飛び交う車内。週末にぎわうショッピングモールでも多様な差異をもつ人々が行き交っています。まさに多民族・多文化の日常がそこにありました。通りの片側に中国の寺院があり、隣にイスラム教のモスクがあり、反対側にはヒンズー教の極彩色の寺院があり、信仰する人々がそれぞれの寺院を訪れているのです。

こうした日常の雰囲気、空気に触れて、私は普段からこうした世界で生きていると、確実に世の中への考え方や見方が変わってくるだろうと実感しました。テレビでは毎日マレーシアは一つだという国のコマーシャルが放送されていました。民族、文化、言語など多種多様な違いがある人々が「今、ここ」でともに生きているからこそ、逆に、マレーシアは一つの国家であるという主張が重要になってくるのです。

（中略）

もちろん、外国に行かなくても、私たちは「異邦人のまなざし」でもって、普段の暮らしや現実のさまざまな部分に「驚く」ことができます。

たとえば[3]私は、毎日大学に向かう電車の中で、常に「驚いて」います。通勤通学ラッシュの中、大半の人が黙々とスマホ画面を眺め、指を忙しそうに滑らせています。私は、この光景を異様に感じ、見事な「画一さ」にいつも驚いています。もちろんスマホがだめだなどと言っているのではありません。これもまた、私たちが普段「あたりまえ」に電車に乗るための重要な実践知と言えるのです。ただ狭い車内で、自分の立ち位置を決めた瞬間、周囲の人への関心を一斉に遮断して〝スマホバリアー〟で守られた世界へ人々が没入していく姿は私にとって、いつも驚きなのです。【A】

前期1月17日

2020年度

解 答 と 解 説

《2020年度の配点は解答欄に掲載してあります。》

<数学解答> 《学校からの正答の発表はありません。》

1 (1) ア 1 イ 0 ウ 5 エ 2 (2) ア 4 (3) ア 8
(4) ア 1 イ 3

2 (1) ア 1 イ 8 (2) ア 3 (3) ア 3 イ 6 ウ 2
(4) ア 3 イ 1 ウ 4 (5) ア 2 イ 6 ウ 3 エ 9
(6) ア 0 イ 6 ウ 8

3 (1) ア 6 イ 1 ウ 2 (2) エ 2 オ 3 (3) カ 8 キ 1

4 (1) ア 2 (2) イ 5 ウ 3 (3) エ 5 オ 3 カ 4 キ 3

5 (1) ア 3 イ 1 ウ 4 (2) エ 3 オ 1 カ 5 キ 2

○推定配点○

1・2 各6点×10 3~5 各5点×8 計100点

<数学解説>

1 (平方根, 2次方程式, 数の性質, 平面図形)

基本 (1) $(\sqrt{10}-2\sqrt{5})(\sqrt{10}-\sqrt{5})-(\sqrt{10}-2\sqrt{5})^2=10-5\sqrt{2}-10\sqrt{2}+10-(10-20\sqrt{2}+20)=20-15\sqrt{2}-30+20\sqrt{2}=-10+5\sqrt{2}$

基本 (2) $x^2+ax-8a=0$に$x=a$を代入して, $a^2+a^2-8a=0$ $a(a-4)=0$ $a>0$より, $a=4$

(3) $1800=2^3\times3^2\times5^2$より, $\sqrt{\dfrac{1800}{n}}$が整数となるような自然数nは, 2, 2^3, 2×3^2, 2×5^2, $2^3\times3^2$, $2^3\times5^2$, $2\times3^2\times5^2$, $2^3\times3^2\times5^2$の8個。

基本 (4) △BDE:△BAE=BD:BA=1:2 △BAE:△ABC=AE:AC=2:3 よって, △BDE=$\dfrac{1}{2}$△BAE=$\dfrac{1}{2}\times\dfrac{2}{3}$△ABC=$\dfrac{1}{3}$△ABCより, $\dfrac{1}{3}$倍。

2 (反比例, 数の性質, 空間図形, 確率, 食塩水, 合同の証明)

基本 (1) $y=\dfrac{a}{x}$に$x=1$, 3をそれぞれ代入して, $y=a$, $\dfrac{a}{3}$ よって, $\dfrac{a}{3}-a=-12$ $-\dfrac{2}{3}a=-12$ $a=18$

(2) $(m-4)(n+5)$の値が素数だから, $m-4=1$より, $m=5$ このとき, $n+5$は6以上14以下の素数だから, $n+5=7$, 11, 13より, $n=2$, 6, 8 よって, m, nの組は3組。

重要 (3) 1辺の長さが6cmの正方形の対角線の長さは$6\sqrt{2}$cmだから, この正四角すいの高さは, $6\sqrt{2}\times\dfrac{1}{2}=3\sqrt{2}$ よって, 体積は, $\dfrac{1}{3}\times6^2\times3\sqrt{2}=36\sqrt{2}$(cm^3)

(4) 8枚から2枚のカードの選び方の総数は, $8\times7\div2=28$(通り) このうち, 題意を満たすのは, 12, 18, 24, 36, 48, 78の6通りだから, 求める確率は, $\dfrac{6}{28}=\dfrac{3}{14}$

(5) $x+y=65\cdots$① $x\times\dfrac{12}{100}+y\times\dfrac{7}{100}=65\times\dfrac{9}{100}$より, $12x+7y=585\cdots$② ②−①×7より,

$5x=130$　$x=26$　これを①に代入して，$y=39$

基本 (6) △AEFと△DCEにおいて，仮定から，∠ABE＝∠CBE…①　平行線の錯角は等しいから，∠CBE＝∠AEB…②　①，②より，∠ABE＝∠AEB…③　よって，AB＝$_{ア}$<u>AE</u>…④　四角形ABCDは平行四辺形だから，AB＝DC…⑤　④，⑤より，AE＝DC…⑥　仮定から，AF＝DE…⑦　平行線の錯角は等しいから，$_{イ}$<u>∠FAE＝∠EDC</u>…⑧　⑥，⑦，⑧より，$_{ウ}$<u>2組の辺とその間の角がそれぞれ等しい</u>から，△AEF≡△DCE

3 (図形と関数・グラフの融合問題)

基本 (1) $y=\frac{1}{3}x^2$と$y=-x+6$からyを消去して，$\frac{1}{3}x^2=-x+6$　$x^2+3x-18=0$　$(x+6)(x-3)=0$　$x=-6,\ 3$　よって，A$(-6,\ 12)$

重要 (2) (1)より，B$(3,\ 3)$　点Pのx座標をpとする。直線AB上にx座標がpの点Cをとると，C$(p,\ -p+6)$　$\triangle ABP=\triangle ACP+\triangle BCP=\frac{1}{2}\times(-p+6)\times\{p-(-6)\}+\frac{1}{2}\times(-p+6)\times(3-p)=\frac{9}{2}(-p+6)$　よって，$\frac{9}{2}(-p+6)=30$　$-p+6=\frac{20}{3}$　$p=-\frac{2}{3}$

重要 (3) 直線ABとx軸との交点をDとすると，△OBDは直角二等辺三角形だから，∠OBD=90°　よって，∠OBA＝90°　したがって，点Pは線分OAを直径とする円周上の点となり，∠OPA＝90°　よって，P$(-6,\ 0)$　△APQと△BOQにおいて，弧OPの円周角だから，∠PAQ＝∠OBQ　対頂角は等しいから，∠PQA＝∠OQB　2組の角がそれぞれ等しいから，△APQ∽△BOQ　よって，$\triangle APQ:\triangle BOQ=AP^2:BO^2=12^2:(3^2+3^2)=8:1$

重要 ## 4 (平面図形の計量)

(1) 中点連結定理より，MN//BCだから，点Fは線分ADの中点である。よって，$FN=\frac{1}{2}DC=\frac{1}{2}\times\frac{1}{2+1}BC=\frac{1}{2}\times\frac{1}{3}\times12=2$(cm)

(2) DE//BAより，AE：EC＝BD：DC＝2：1だから，$AE=\frac{2}{2+1}AC=\frac{2}{3}\times10=\frac{20}{3}$　$AN=\frac{1}{2}AC=5$　よって，$EN=AE-AN=\frac{20}{3}-5=\frac{5}{3}$(cm)

(3) DC＝$x$cmとすると，BD＝$2x$cm　AD^2について，$AC^2-DC^2=AB^2-BD^2$　$10^2-x^2=14^2-(2x)^2$　$3x^2=96$　$x^2=32$　$x>0$より，$x=4\sqrt{2}$　よって，$AD=\sqrt{10^2-32}=2\sqrt{17}$より，$\triangle ADC=\frac{1}{2}\times4\sqrt{2}\times2\sqrt{17}=4\sqrt{34}$　ここで，△CDE：△ADC＝CE：CA＝1：3より，$\triangle CDE=\frac{1}{3}\triangle ADC$　△AFN∽△ADCより，$\triangle AFN:\triangle ADC=1^2:2^2=1:4$　したがって，$\triangle AFN=\frac{1}{4}\triangle ADC$　よって，四角形DENFの面積は，$\left(1-\frac{1}{3}-\frac{1}{4}\right)\triangle ADC=\frac{5}{12}\times4\sqrt{34}=\frac{5\sqrt{34}}{3}$(cm²)

重要 ## 5 (空間図形の計量)

(1) △ABCは直角二等辺三角形だから，点Oは辺ACの中点となり，AC⊥ODである。$AC=\sqrt{2}AB=6\sqrt{2}$　よって，$OD=\sqrt{AD^2-AO^2}=\sqrt{12^2-\left(\frac{6\sqrt{2}}{2}\right)^2}=\sqrt{126}=3\sqrt{14}$(cm)

(2) 右の図で，AE＋EC≧ACだから，AC⊥DBのときである。BE＝$x$cmとすると，AE^2について，$AB^2-BE^2=AD^2-DE^2$　$6^2-x^2=12^2-(12-$

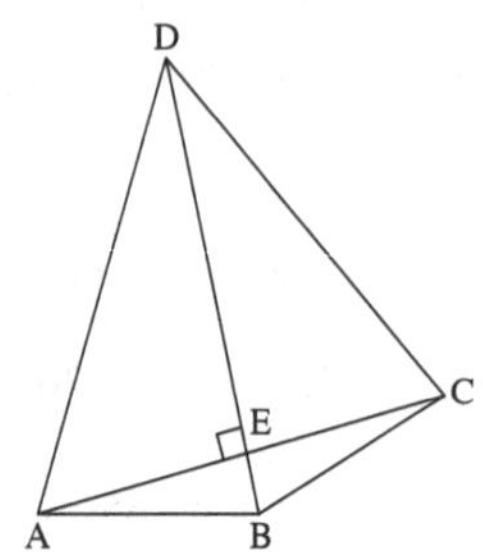

$x)^2$　$36-x^2=144-(144-24x+x^2)$　$24x=36$　$x=\frac{3}{2}$　よって，$AE=\sqrt{6^2-\left(\frac{3}{2}\right)^2}=\frac{3\sqrt{15}}{2}$ (cm)

★ワンポイントアドバイス★

出題構成，難易度とも例年同様である。基礎を固めたら，過去の出題例をよく研究しておこう。特に図形分野はいろいろな問題を解いておこう。

＜英語解答＞《学校からの正答の発表はありません。》

【1】 リスニング試験解答省略

【2】 問1 ①　問2 ④　問3 ③　問4 ①　問5 ②　問6 ②　問7 ③
問8 (1) ④　(2) ②

【3】 問1 (1) ②　(2) ③　(3) ④　(4) ③　(5) ④　問2 ②，④，⑧

【4】 (1) ④　(2) ③　(3) ①　(4) ③　(5) ④

【5】 (1) 1 ⑦　2 ③　(2) 3 ⑤　4 ②　(3) 5 ①　6 ③
(4) 7 ④　8 ⑦　(5) 9 ⑤　10 ⑥　(6) 11 ⑤　12 ③

【6】 (1) ④　(2) ⑤　(3) ④　(4) ③　(5) ⑤　(6) ③

○推定配点○

【1】 各2点×5　【2】 問1 2点　他 各3点×8　【3】・【5】 各3点×14(【5】各完答)
【4】・【6】 各2点×11　計100点

＜英語解説＞

【1】 リスニング試験解説省略。

【2】 (長文読解問題・論説文：語句補充・選択，文整序，脱文補充，内容一致，英問英答，内容吟味)

(全訳) 私たちの習慣についてちょっと考えてみよう。習慣は私たちが頻繁にすることで，考えずにする場合もある。良い習慣と悪い習慣がある。毎食後に歯を磨くことは良い習慣だ。汚れた靴下を居間の床の上に(1)<u>置きっぱなしにすること</u>は悪い習慣だ。悪い習慣を身につけることは簡単だが，良い習慣を身につけるのは難しい！　あなたの悪い習慣は何ですか。良い習慣は何ですか。

もしかしたらあなたの家族の誰かが，あなたの好きではない悪い習慣を持っているかもしれない。もしくはあなたの友人の1人がそうかもしれない。誰かをとても好きになることがあるが，その人の習慣のいくつかを気に入らないこともある。私たちは皆，変えたいと思っている悪い習慣を持っているが，それは簡単ではない！

悪い習慣の例としては他に，ジャンクフードを食べ過ぎたり炭酸飲料を飲みすぎたりすること，人が話しているのをさえぎること，授業の前に徹夜で宿題をしたりテスト勉強をしたりすること，さらにはトイレの水を流すのを忘れることなどがある。成長してより良い人間になることの一部は，悪い習慣をなくし，良い習慣を身につけるよう取り組むことだ。実のところ，悪い習慣をなくす最善の方法は，それを置き換える良い習慣を身につけることだ。このようにすれば「一石二鳥」である。

悪い習慣は努力しなくてもよいのですぐに身につく。しかし良い習慣を身につけるには，私たちは計画を立てて努力する必要がある。特に最初は。しかししばらくすると，私たちが習慣にしたいと思っている良い事柄を簡単にできるようになってくる。ついにはそれが自然に感じられる。②習うより慣れよ！

ジャンクフードを食べ過ぎたり炭酸飲料を飲みすぎたりすることを置き換える，良い習慣は何か。健康的な食品と水やお茶をいつも持ち歩いてはどうか。私たちはエネルギーのために間食が必要になる時があるが，ジャンクフードの代わりに良い食品を食べることができる。例えば，ドライフルーツやナッツ類は食事の合間に空腹を感じないようにするのに役立ち，体に良い。緑茶は多くの健康的な利点があってカロリーはない，そして水は私たちの体がよく機能するのに大変重要だ。多くの生徒は空腹を感じると授業に熱心に取り組めない。カバンの中に健康的なおやつを入れておくことは，この問題も解決できる！　それは良い習慣だ！

人が話している時にさえぎってしまうことについてはどうか。本当に言いたいことがある時は待つのが難しい場合もある。私たちはそれを忘れてしまうかもしれないと(2)恐れる。しかし私たちは人が自分をさえぎるといい気はしないのだから，私たちも他の人をさえぎるべきではない。身につけるべき良い習慣は，何かを言う前に人が話し終わるのを待つことだ。そして，言いたいことを忘れてしまうのを本当に心配しているのなら，それを書き留めることができる！　これは必ずしも便利とはいえないが，紙の上や自分の手の上に，1語だけ書けばよい！　スマートフォンにメモを書くのを好む人もいるだろう。注意深く聞いてさえぎらないことは重要なので，この良い習慣を身につけるための自分自身の方法を見つけよう。

どのようにして，授業の前に徹夜で宿題をしたりテスト勉強をしたりするのをやめることができるか。良い習慣は，学習スケジュールを持つことだ。③お金の使い方に注意するためにお金を割り当てることが重要であるように，同じ方法で時間を割り当てることも重要だ。あなたは朝，それとも夜のほうがよく勉強できるか。どこで勉強するのがよいか。静かな図書館で勉強するのが好きな人もいるし，自宅で勉強するのが好きな人もいる。あなたが勉強するのに最適な状況がわかったら，その状況で勉強することを習慣として計画できる。例えば，毎朝1時間，朝食前に勉強するのが好きな人がいる。これを習慣にすると，あなたはこの時間に(4)何を勉強するか決めることができるので，先延ばしにしないだろう。そしてストレスも少なくなる！　この習慣はあなたの学校生活に良いし，健康にも良い！

良い習慣を身につけるもう1つの方法は，悪い習慣に対して軽い罰を作ることによる。(5)イ私たちはこれをどう利用して，トイレの水を流し忘れるのをやめられるか。エトイレの水を流さなかったと気づいたときはいつでも，トイレとお風呂場を掃除する習慣にする。ア私たちは1日に3回も風呂掃除をしたくはないから，忘れずに水を流すようになる！　ウどうか忘れずにトイレの水を流してください！　そして悪い習慣も水に流すようにして，良い習慣を身につけよう！　頑張って！

問1　leave「～を置きっぱなしにする」

問2　be afraid that ～「～ということを恐れる，心配する」　ここでは接続詞 that が省略されている。

問3　③ how we use it の it は money を指し，「お金をどのように使うか」「お金の使い方」の意味になる。

問4　what to study「何を勉強すべきか」〈what to ＋動詞の原形〉「何を～すべきか」

重要　問5　全訳下線部参照。

重要　問6　Practice makes perfect. は「習うより慣れろ」ということわざで，慣れるとうまくできるようになるという意味。空所②の前の部分に，「良い習慣を身につけるには最初は努力しなければならないが，しばらくすると簡単になり，ついには自然に感じられる」と書かれていることから，②にこのことわざを入れると文脈がつながる。

重要 問7 ①「ある人がいくつか悪い習慣を持っていると，その人を大好きになるのは簡単だ，そしてその人がそれらを変えることは可能である」(×) ②「『一石二鳥』とは，一度に2つの悪い習慣をなくすことができるという意味だ」(×) ③「学習スケジュールを持つことはストレスを減らすことができる，だからあなたの生活は習慣によってより健康になるだろう」(○) ④「私たちは軽い罰を作ることによって，トイレの水を流し忘れるという悪い習慣をやめることはできない」(×)

問8 (1)「良い習慣を身につけることについて正しくないものはどれか」 ④「ほとんどの人は考えずに良い習慣を身につける」 (2)「生徒たちが健康的な食べ物と水やお茶を持ち運ぶことは，なぜ良い習慣なのか」 ②「授業の合間に空腹を感じた時，ジャンクフードや炭酸飲料を飲食するよりもそれらを飲食したほうが健康的だから」

【3】 (長文読解問題・物語文：英問英答，文補充・選択，内容吟味，内容一致)

(全訳) 去年の9月，夏休み明けの初日，転入生のアヤが私たちのクラスに来た。彼女は自己紹介する時によく微笑んで，本当に親しみやすそうだった。担任のイトウ先生が彼女の席を決め，それは私の前だった。そこで私はアヤにすぐに話しかけ，私たちは仲良くなった。

その日，昼食時にアヤは私に「(1)秋にはどんな学校行事があるの？」と尋ねた。私は「11月に学園祭があるよ。私たちは3年生だから，その前に，10月にミナミ町へ3日間の修学旅行があるの。それは『イングリッシュキャンプ』と呼ばれているわ。キャンプ中は英語を話さなければならないの」と答えた。アヤはうれしそうに言った。「楽しそうね！　私は英語が好き。本当に楽しみだわ。直子，あなたも楽しみ？」 私は英語があまり好きではなかったけれど，「うん，そうね。わくわくするわ」と言った。そして私は「私たちは将来の夢について話し，英語でスピーチするから，大変でしょうね」と付け加えた。アヤは「どうして？　それはわくわくするわ」と言い，夢をいくつか私に話してくれた。例えば，彼女は将来，海外留学して世界中でボランティア活動をしたい，と言った。私は当時，自分の将来について考えていなかったので，ただ彼女の話を聞くだけだった。私は「自分の将来のために何かやってみるべきだとわかっているけれど…」と思った。彼女のうれしそうな顔を見て，私は少し悲しい気持ちになった。

9月が過ぎ去り，私には特別なことは何も起こらなかった。イングリッシュキャンプの初日，アヤは私に言った。「おはよう，直子！　私はとてもわくわくしているわ！　昨晩はよく眠れなかった」 私は「私たちは今日，ホテルの横にある森へ散歩に行くのよ。ミナミ町に着く前にバスで眠っておいたほうがいいよ」と言った。彼女は「そうするわ」と言ったけれども，眠らなかった。私たちはキャンプで同じ班なので，バスでは隣同士で座った。私たちはバスで日本語でたくさん話した。

ミナミ町に着いた後，私たちの英語の先生のグリーン先生が言った。「今から最終日の夕食を食べ終わるまで，あなたたちは英語だけを話します。いいですね？」と言った。まず，各班がグリーン先生から英語の地図を渡された。地図には私たちが行かなくてはならないいくつかの地点が示されていて，各地点に行くと，英語のクイズが書かれた看板があった。アヤと私は他の4人のメンバーと一緒に，7つほどの英語のクイズを解いた。私たちは2時間ほど森の中を歩いた。ゴールに着くと，イトウ先生が私たちを待っていた。彼は微笑んで「がんばったね！　お弁当だよ」と言った。私は彼が上手に英語を話したので少し驚いた。ともかく，私はそのゲームをとても楽しんだ。昼食後，私たちはホテルに行き，有名な歌手についての英語の映画を見た。それはおもしろかったが，その後，長い映画評を書かなくてはならなかった。私は書き終えるために辞書でたくさんの単語を調べなくてはならなかった。そのため私は疲労を感じた。

その夜，私はアヤにホテルの部屋で話しかけた。「アヤ，まだ英語の勉強をしているの？」 彼女はノートに英語で何かを書いていた。彼女は「いいえ，日記を書いているの。私はいつも日本語でたくさんのことを書くけれど，今日は特別よ」と言った。私が「どうして日記をつけているの？」と尋ねると，彼女は「たくさんのことをよく覚えておくために，そして人生を楽しむためにね。私は5歳の頃に日記をつけ始めたの。父の仕事のため，家族と私はよく引っ越しするの。だから親友ができる前にいつも転校しなくてはいけないのよ」と言った。私が「何回転校したの？」と尋ねると，彼女は「10回以上よ。だからたくさんの友達ができたわ。(2)そのほとんどが私を覚えていないかもしれないけど」と言った。彼女は微笑んでいたが，少し悲しそうだった。私は何と言ったらよいかわからなかった。アヤは続けて言った。「毎日，私は2つか3つの良い思い出と，翌日の計画について書くの。毎日が私にとって大切だわ」 私は彼女に「あなたはすごい。私は日本語でもあなたのように日記をつけられない」と言った。アヤは笑った。「あなたもできるよ！ 母がよく私に『今日は2度と来ない』って言うの。だから私は毎日暮らしの中で良いことを見つけるようにしているわ。あなたもやってみるといいよ」 私は彼女の言葉にとても感動した。

最終日，全員が将来の夢についてスピーチをした。私はアヤについて話し，「私は彼女のように日記をつけたい。それが私の夢です」と言った。グリーン先生は「それは興味深いですね。やってみるべきです！」と言った。スピーチの後，私はアヤに「あなたのおかげで，スピーチのアイデアが見つかったわ。ありがとう」と言った。アヤは私に「こちらこそありがとう。私は今日，日記にあなたのスピーチについて書くわ」と言った。私たちは微笑み合った。私はその日から日記をつけ始めた。

問1 (1) 「(1)に入れるのに最適なものはどれか」 ②「秋にはどんな学校行事がありますか」
(2) 「(2)に入れるのに最適なものはどれか」 ③「ほとんどが私を覚えていないかもしれないけれども」 though「～だけれども」 most of them の them は前文の a lot of friends を指す。
(3) 「アヤが学校に来た初日に，なぜ直子は少し悲しく感じたのか」 ④「自分の夢がなく，アヤの話を聞くことしかできなかったから」 (4) 「アヤはバスで何をしたか」 ③「彼女は直子の隣の席に座り，直子とおしゃべりを楽しんだ」 (5) 「イングリッシュキャンプの初日，何が直子を疲れさせたか」 ④「辞書を使うこと」

やや難 問2 ① 「グリーン先生は各班に英語のクイズが書かれた地図を渡した」(×) ② 「イングリッシュキャンプの間，直子の班にはメンバーが6人いた」(○) 第4段落第5文参照。アヤと直子に加えて他に4人メンバーがいるので，計6人とわかる。 ③ 「イトウ先生がゴールで待っていたので直子は驚いた」(×) イトウ先生が上手な英語を話したので驚いた。 ④ 「直子は有名な歌手についての英語を興味深いと思った」(○) 第4段落最後から3つ目の文参照。 ⑤ 「アヤの父親が日本中を旅行するのが好きなので，アヤは10回以上転校した」(×) アヤは父親の仕事の都合で10回以上転校した。 ⑥ 「アヤの母親は彼女に暮らしの中で良いことを見つけるよう言った」(×) アヤの母親がアヤにこのように言ったわけではない。アヤ自身が母の「今日は2度と来ない」という言葉を聞いて，暮らしの中で良いことを見つけるように心がけている。
⑦ 「直子は将来引っ越しをしなくてはならないので，日記をつけ始めた」(×) ⑧ 「アヤのおかげで，直子はスピーチで何について話すか決めた」(○)

基本 【4】 (語句補充・選択：比較，接続詞，時制，不定詞，前置詞，分詞)

(1) 「あなたが彼を好きなのと同じくらい，私も彼が好きだ」 〈as ＋原級＋ as ～〉「～と同じくらい…」 ここでは程度を表す副詞の much を用いる。

(2) 「彼女は高校卒業後に何をするつもりですか」 after は時を表す接続詞。時・条件を表す副詞節中では，未来のことであっても現在形で表すので，動詞は leaves となる。

(3) 「あなたが家族と過ごす時間がもっと多くあればいいですね」 to spend 以下は time を後ろから修飾する形容詞的用法の不定詞。

(4) 「向こうの緑色のTシャツを着た少年は誰ですか」 in ～「～を着た」

(5) 「私の名前を呼んでいる女性はスミス先生だと思います」 形容的用法の現在分詞句 calling my name が woman を後ろから修飾する。

【5】 (語句整序：不定詞，熟語，間接疑問，関係代名詞，比較)

(1) (I want) you to have French fries in France. 〈want ＋人＋ to ＋動詞の原形〉「(人)に～してほしい」 French fries「フレンチフライ(フライドポテト)」 ② of は不要。

(2) (Can you) ask something hot to drink for your mother? Can you ～?「～してくれませんか」〈ask ＋物＋ for ＋人〉「(物)を(人)のために頼む〉 something hot to drink「何か温かい飲み物」 ⑦ some は不要。

(3) (Bob) was too busy to take care of (his dog.) 〈too ＋形容詞＋ to ＋動詞の原形〉「…すぎて～できない」 take care of ～「～の世話をする」 ⑤ should は不要。

(4) (Do) you remember when we will have a party? when 以下は間接疑問で〈疑問詞＋主語＋動詞〉の語順。③ to は不要。

(5) (In this library,) there are some books that he wrote. 〈There are ＋複数名詞〉「～がある」 that は目的格の関係代名詞で that he wrote「彼が書いた」が books を後ろから修飾する。④ by は不要。

(6) (Tell) me what color you like the best. what 以下は間接疑問で〈疑問詞＋主語＋動詞〉の語順。① do は不要。

やや難 **【6】** (正誤問題：不定詞，動名詞，比較)

(1) 「あなたは二日前，メアリーの誕生日パーティーを友達や妹たちと一緒に彼女の家の庭で楽しみましたか」 ④ two days later を two days ago「2日前」に直す。

(2) 「各生徒は，金曜日の午前中にホールで行った良い演奏に対し，賞が与えられる」 誤りなし。「金曜日の午前中に」は on Friday morning, on the morning of Friday, in the morning on Friday の3通りの言い方がある。

(3) 「妹が入れたお茶は私には熱すぎて飲むことができなかった」〈too ＋形容詞＋ to ＋動詞の原形〉「…すぎて～できない」 drink の意味上の目的語は文の主語の The tea なので，drink の後ろの it は不要。よって④を to drink に直す。

(4) 「私たちは今日，十分に時間があるので，先週オープンしたレストランに行くのを諦める必要はない」 give up ～ing「～することを諦める」 ③を give up going to the restaurant に直す。

(5) 「ポールは最高の選手の1人になるため，チームの年上のメンバーたちと同じくらい一生懸命にテニスを練習している」 誤りなし。

(6) 「ここであなたと一緒に伝統的な日本の美術や音楽について話すことは，いつも私にとって大変楽しいことです」 文の主語は動名詞句 Talking about traditional Japanese art and music with you here「ここであなたと一緒に伝統的な日本の美術や音楽について話すこと」で，動名詞句は単数扱いであるから，③の are always a lot of fun を is always a lot of fun に直す。

★ワンポイントアドバイス★

【6】の正誤問題は，誤りがない場合もあるため注意が必要で，難度も高い。

＜国語解答＞ 《学校からの正答の発表はありません。》

一 問一 a 2 b 1 c 4 問二 ア 1 イ 4 ウ 3 問三 2 問四 2
問五 2 問六 4 問七 1 問八 2 問九 3 問十 3 問十一 2
問十二 4

二 問一 a 3 b 3 c 2 問二 ア 1 イ 1 ウ 3 問三 3 問四 4
問五 1 問六 4 問七 3 問八 2 問九 4 問十 1

三 問一 4 問二 4 問三 2 問四 3 問五 Ⅰ 2 Ⅱ 1 問六 4
問七 4 問八 3

○推定配点○

一 問一 各1点×3 問二～問四・問八・問十 各2点×7 他 各4点×5
二 問一 各1点×3 問二・問三・問六 各2点×5 他 各4点×6
三 問一 2点 他 各3点×8 計100点

＜国語解説＞

一 (論説文—漢字，脱文・脱語補充，接続語，文脈把握，内容吟味，要旨，文と文節)

問一 a 蓄積 1 功績 2 積雪 3 責務 4 惜別
b 維持 1 繊維 2 経緯 3 依頼 4 遺跡
c 強制 1 清掃 2 帰省 3 宣誓 4 制限

問二 ア 直前に「異邦人」について，「多様な日常という現実を『驚きの眼』でもって，今一度眺めなおす力とでも言えるかもしれません」と説明があり，直後で「私たちは，……『異邦人』になることができます」と別の視点を示しているので，逆接を表す「しかし」が入る。 イ 直前の段落に「新聞や雑誌は……」とあるのに対し，直後では「スマホ」について説明しているので，二つのもののもう一方，という意味の「他方」が入る。 ウ 直前に「そして今ひとつは，それぞれがスマホに没入することで，……楽しんでいる空間です」とあり，直後で「そこは儀礼的に無関心を装い常に他者との安心な距離への気配りに満ちているのではない……」と付け加えているので，補足を表す「ただし」が入る。

問三 【B】の直前に「新聞や雑誌を読む姿とスマホに没入する姿は同じなのでしょうか」とあり，「この二つはかなり意味が異なっている」とつながるので，【B】に補うのが適切。

問四 「A・シュッツ」については，「オーストリア生まれで第二次大戦時，ナチスの迫害を逃れアメリカに亡命した知識人の一人でした」「彼は大学という象牙の塔にこもって研究したのではなく，昼間は銀行員として働き，夜に大学で研究し教育したというユニークなキャリアを持っています」とあり，「私は……彼の中の鋭くかつ優しい『異邦人のまなざし』があったからこそ，日常性という宝箱を発見し，その中身の面白さを私たちに示すことができたのではと思っています」と述べられているので，2が適切。

問五 「驚き」については，直後に「その狭い車両の中に，マレー系，中国系，インド系，そして私のような外国人観光客が乗ってきます。服装や外見も異なり，複数の言語が飛び交う社内，……」とあり，「こうした日常の雰囲気，空気に触れて，私は普段からこうした世界で生きていると，確実に世の中への考え方や見方が変わってくるだろうと実感しました。……民族，文化，言語など多種多様な違いがある人々が『今，ここ』でともに生きているからこそ，逆にマレーシアは一つの国家であるという主張が重要になってくるのです」と述べられているので，1・3・4は合致する。「難しさを感じた」とする2は合致しない。

やや難 問六　直後に「通勤通学ラッシュの中，大半の人が黙々とスマホ画面を眺め，……この光景を異様に感じ，見事な『画一さ』にいつも驚いています」「周囲の人への関心を一斉に遮断して，“スマホバリアー”で守られた世界へと人々が没入していく姿は私にとって，いつも驚きなのです」とあるので，4が適切。

問七　直前に「新聞や雑誌は……，見方を変えれば，かれらは身体が触れあうぐらい混んだ狭い車内で，お互いが儀礼的に距離をとり，特別な興味や関心がないことを示し，相手に対して距離を保っていることを示す重要な道具と言えます。……私たちは常に周囲に気を配っているとも言えるのです」と説明されているので1が適切。

問八　「スマホ」ついて，前に「混んだ社内でもそこにいない他者と交信したりゲームを楽しんだりしている」とあることを言い換えているので，「自在に移動できる」とある2が適切。

やや難 問九　「スマホ」に対する言及であることをおさえる。「スマホ」について，直前に「まさに周囲の他者への関心を喪失し，安心な距離を保つための儀礼を微細に実践することさえ怠っている」とあるので，3が適切。

問十　「なまあたたかい／空気に／ただ／浸って／いるのを，／いったん／やめる／必要が／あるでしょう」と九文節に分けられる。

問十一　直前に「常識的知識をいったんカッコに入れ，この知識をどのように自分が使っているのか，またこの知識を使って場面や光景を理解していく営み自体，はたして“適切で”“気持ちよい”ものだろうか」とあり，直後には「日常生活世界を生きて在る私たちの姿を社会学的に読み解くためにはじめの一歩なのです」とあるので，2が適切。

問十二　4は，「私たちが……」で始まる段落に「多様な『あたりまえ』の場面のなかにこそ，私たちが日常生活世界を詳細にふりかえって捉え直すきっかけに溢れているのです」とあることと合致する。

二　(小説―漢字，語句の意味，品詞，情景・心情，脱語補充，大意，表現)

問一　a　<u>筋</u>　1　<u>禁</u>止　2　<u>僅</u>差　3　<u>筋</u>肉　4　<u>謹</u>慎
　b　<u>隠</u>　1　<u>飲</u>料水　2　<u>印</u>鑑　3　<u>隠</u>居　4　山<u>陰</u>
　c　<u>余</u>力　1　<u>予</u>想　2　<u>余</u>計　3　<u>預</u>金　4　名<u>誉</u>

問二　ア　「静観」は，物事のなりゆきを静かに見守ることなので，1が適切。　イ　「効率」は，あることをするのに費やした労力・時間と，その成果とその割合，という意味。ここでは，テーピングを素早くできる，タイマーで時間を計る，スコアをつける，データを取って管理する人がいてくれる，という状態を指すので，1が適切。　ウ　「音をあげる」は，つらさに耐えられず声を立てる，弱音を吐く，という意味なので，3が適切。

問三　「岩山君(名詞)・は(助詞)・最初(名詞)・から(助詞)・岩(名詞)・の(助詞)・ように(助動詞)・押しだまっ(動詞)・て(助詞)・いる(動詞)」と分けられる。「活用のない付属語」とは「助詞」のことで，「助詞」は四つ。

やや難 問四　直前に「でも，かよちゃんはなぎなた部に入ったことで，はじめて井川さん以外の仲間ができて，それがうれしかったから『向いていない』というだけでなぎなた部をかんたんにやめようとは思えないのだ。」「そういう事情をもう少し考えてあげたっていいのに，と私は思った」とあるので，4が適切。

やや難 問五　直後に「ゆきちゃんは……けど，彼女以外はいつもどおりだった。……かよちゃんの退部を意識しているような雰囲気は感じられなかった。たった六人しかいない仲間のうちのひとりがやめるときも，こんなものなのか，と私は少し悲しくなった」とあるので1が適切。

問六　A 「ぷりぷりと怒っているのをカクそうとせず」という様子なので，「反抗的だった」が入る。　B　直前に「しつこく言った」とある。しつこつ言われたことに対する反応なので，「うんざりした」が入る。　C　直前の「当初は泣きながら周回遅れで走っていたのに，練習後に三周も走れるようになった」様子なので，「頑丈(になった)」となる。

問七　この後，朝子さんは，「『こういうときに，いつでも素早くテーピングできるようなひとがいればいいのになあ……』」「『マネージャーがいたら，稽古がスムーズにいく気がするんですよね』」「『だれかいないかなあ。少しでもいいからなぎなたの経験があって，私たちのことがきらいじゃなくて，……できれば女子で，真面目で……』」と言っているので，3が適切。

問八　直前に「どういう感情なのかわからない顔で」とあり，直後に「……思います，と……言った」とある。朝子さんの意外な言葉に心を動かされている様子が読み取れるので2が適切。

問九　直後に「『全部。朝子さんにむかついたり，稽古きつかったりするときもあるけど，なんか，全部，楽しい』」「『でも，なんか，知らないうちにみんな剣道部倒すこと考えて必死になってるし，そういうのが，なんか，すごく楽しい』」とあるので4が適切。

問十　本文は，「私」の視点で，なぎなた部のできごとが描かれており，会話文や人物の表情を取り入れてユーモラスな雰囲気を形成しているといえるので1が適切。

三　(古文・和歌一文脈把握，口語訳，内容吟味，歌意，表現，大意)

〈口語訳〉　下野の国に男と女が長い間いっしょに住んでいた。何年かたったとき，男は(別に)妻をつくり，心がすっかり変わってしまい，この家にあったいろいろな物を，今の妻のところへ何も残さずすっかり持ち運んでいく。(女は)つらいと思うが，やはり男のなすがままにさせていた。ちりほどの物も残さずみな持って行く。ただ残っている物は，馬の飼葉桶だけであった。ところが，この男の従者で(名を)まかじという童を使っていたが，その童にこの飼葉桶までも取りによこした。この童に女が「おまえもこれからはここに来ないでしょうね」と言ったので，(童は)「どうして参らないことがございましょう。ご主人がおいでにならなくても，きっと参るでしょう」などと言って立っている。女は，「主人は，(お便りを差し上げても)決して手紙を御覧にならないでしょう。だから，あなたが内容を口で言い伝えるだけにしてください」と言うと，(童は)「本当に確実に，きっと申し上げるつもりです」と言ったので，このように言った。

「ふねもいぬまかぢも見えじ今日よりはうき世の中をいかでわたらむ(馬の飼葉桶も行ってしまいました。まかじももう見ることができないでしょう。今日からはつらい世の中をどう渡って行けばよいでしょう)

と申し上げてください」と言ったので，童が男に言ったところ，物を何も残さずすっかり持ち去った男が，そっくりそのまま運び返して，元のとおりに，心変わりもせず，この女と連れ添っていた。

問一　「女のいひける」とあるので，直後から会話文が始まり，「などいひければ」の直前までが会話文に該当する。

問二　「心憂し」は，つらい，という意味。「まかせて」は，するがままにさせて，自由にさせて，という意味なので，「つらいと思いつつも，……見ているしかなかった」とする4が適切。

問三　「か」は，反語を意味する係助詞で，「か～む」の形で，～か，いやない，という意味になる。直前の「きむぢもいまはここに見えしかじ(おまえもこれからはここに来ないでしょうね)」という「女」の言葉に対する返事なので2が適切。

問四　「見たまはじ」は，御覧にならないでしょう，という意味。「ただ」は，だけ，という意味なので，「言葉で言うだけにしてください」となるので3が適切。

問五　Ⅰ　女の気持ちは，「今日よりはうき世の中をいかでわたらむ(今日からはつらい世の中をどう渡って行けばよいでしょう)」というものなので，「深い嘆き」とする2が適切。

Ⅱ　ふね，かぢ(楫)，うき(浮き)，わたらむ，と，船に関わる語を用いて，童の名の「まかぢ」と「かじ(楫)」，「うき世(憂き世)」と「浮き」を掛けて歌に深みをもたらしているので1が適切。

問六　「女」に「『ふねもいぬ……』と申せ」と言いつけられたのは「童」なので，この後，言いつけ通り，「男」に言ったのは「童」。

問七　「もとのごとく」は，冒頭の「下野の国に男女すみわたりけり」を指すので4が適切。

問八　3は，本文に「きむぢも今はここに見えしかじ」とあることと合致しない。

★ワンポイントアドバイス★

読解問題は，良く練られた選択肢を吟味する練習をしておこう！
古文は，和歌や俳句の表現技法の知識も含め，口語訳できる語彙力をを養っておこう！

大切なことはメモしておこうネ！

解答用紙集

○月×日　△曜日　天気（合格日和）

◆ご利用のみなさまへ
＊解答用紙の公表を行っていない学校につきましては、弊社の責任において、解答用紙を制作いたしました。
＊編集上の理由により一部縮小掲載した解答用紙がございます。
＊編集上の理由により一部実物と異なる形式の解答用紙がございます。

人間の最も偉大な力とは、その一番の弱点を克服したところから生まれてくるものである。 ――カール・ヒルティ――

東京学参株式会社

専修大学松戸高等学校(前期1月17日)　2024年度　◇数学◇

※ 115％に拡大していただくと，解答欄は実物大になります。

解答番号			解答記入欄
1	(1)	ア	① ② ③ ④ ⑤ ⑥ ⑦ ⑧ ⑨ ⓪
		イ	① ② ③ ④ ⑤ ⑥ ⑦ ⑧ ⑨ ⓪
		ウ	① ② ③ ④ ⑤ ⑥ ⑦ ⑧ ⑨ ⓪
	(2)	ア	① ② ③ ④ ⑤ ⑥ ⑦ ⑧ ⑨ ⓪
		イ	① ② ③ ④ ⑤ ⑥ ⑦ ⑧ ⑨ ⓪
		ウ	① ② ③ ④ ⑤ ⑥ ⑦ ⑧ ⑨ ⓪
	(3)	ア	① ② ③ ④ ⑤ ⑥ ⑦ ⑧ ⑨ ⓪
		イ	① ② ③ ④ ⑤ ⑥ ⑦ ⑧ ⑨ ⓪
		ウ	① ② ③ ④ ⑤ ⑥ ⑦ ⑧ ⑨ ⓪
		エ	① ② ③ ④ ⑤ ⑥ ⑦ ⑧ ⑨ ⓪
	(4)	ア	① ② ③ ④ ⑤ ⑥ ⑦ ⑧ ⑨ ⓪
	(5)	ア	① ② ③ ④ ⑤ ⑥ ⑦ ⑧ ⑨ ⓪
	(6)	ア	① ② ③ ④ ⑤ ⑥ ⑦ ⑧ ⑨ ⓪
		イ	① ② ③ ④ ⑤ ⑥ ⑦ ⑧ ⑨ ⓪
		ウ	① ② ③ ④ ⑤ ⑥ ⑦ ⑧ ⑨ ⓪

解答番号				解答記入欄
2	(1)	①	ア	① ② ③ ④ ⑤ ⑥ ⑦ ⑧ ⑨ ⓪
		②	イ	① ② ③ ④ ⑤ ⑥ ⑦ ⑧ ⑨ ⓪
	(2)	①	ア	① ② ③ ④ ⑤ ⑥ ⑦ ⑧ ⑨ ⓪
		②	イ	① ② ③ ④ ⑤ ⑥ ⑦ ⑧ ⑨ ⓪
			ウ	① ② ③ ④ ⑤ ⑥ ⑦ ⑧ ⑨ ⓪
			エ	① ② ③ ④ ⑤ ⑥ ⑦ ⑧ ⑨ ⓪
			オ	① ② ③ ④ ⑤ ⑥ ⑦ ⑧ ⑨ ⓪

解答番号			解答記入欄
3	(1)	ア	① ② ③ ④ ⑤ ⑥ ⑦ ⑧ ⑨ ⓪
	(2)	イ	① ② ③ ④ ⑤ ⑥ ⑦ ⑧ ⑨ ⓪
		ウ	① ② ③ ④ ⑤ ⑥ ⑦ ⑧ ⑨ ⓪
	(3)	エ	① ② ③ ④ ⑤ ⑥ ⑦ ⑧ ⑨ ⓪
		オ	① ② ③ ④ ⑤ ⑥ ⑦ ⑧ ⑨ ⓪
		カ	① ② ③ ④ ⑤ ⑥ ⑦ ⑧ ⑨ ⓪

解答番号			解答記入欄
4	(1)	ア	① ② ③ ④ ⑤ ⑥ ⑦ ⑧ ⑨ ⓪
		イ	① ② ③ ④ ⑤ ⑥ ⑦ ⑧ ⑨ ⓪
	(2)	ウ	① ② ③ ④ ⑤ ⑥ ⑦ ⑧ ⑨ ⓪
		エ	① ② ③ ④ ⑤ ⑥ ⑦ ⑧ ⑨ ⓪
		オ	① ② ③ ④ ⑤ ⑥ ⑦ ⑧ ⑨ ⓪
	(3)	カ	① ② ③ ④ ⑤ ⑥ ⑦ ⑧ ⑨ ⓪
		キ	① ② ③ ④ ⑤ ⑥ ⑦ ⑧ ⑨ ⓪
		ク	① ② ③ ④ ⑤ ⑥ ⑦ ⑧ ⑨ ⓪
		ケ	① ② ③ ④ ⑤ ⑥ ⑦ ⑧ ⑨ ⓪

解答番号			解答記入欄
5	(1)	ア	① ② ③ ④ ⑤ ⑥ ⑦ ⑧ ⑨ ⓪
		イ	① ② ③ ④ ⑤ ⑥ ⑦ ⑧ ⑨ ⓪
	(2)	ウ	① ② ③ ④ ⑤ ⑥ ⑦ ⑧ ⑨ ⓪
		エ	① ② ③ ④ ⑤ ⑥ ⑦ ⑧ ⑨ ⓪
		オ	① ② ③ ④ ⑤ ⑥ ⑦ ⑧ ⑨ ⓪
	(3)	カ	① ② ③ ④ ⑤ ⑥ ⑦ ⑧ ⑨ ⓪
		キ	① ② ③ ④ ⑤ ⑥ ⑦ ⑧ ⑨ ⓪
		ク	① ② ③ ④ ⑤ ⑥ ⑦ ⑧ ⑨ ⓪

専修大学松戸高等学校（前期1月17日）　2024年度　◇英語◇

※ 109％に拡大していただくと，解答欄は実物大になります。

解答番号			解答記入欄
【1】	1	(1)	① ② ③ ④
		(2)	① ② ③ ④
		(3)	① ② ③ ④
	2	(1)	① ② ③ ④
		(2)	① ② ③ ④

解答番号			解答記入欄
【2】	問1		① ② ③ ④
	問2		① ② ③ ④
	問3		① ② ③ ④
	問4		① ② ③ ④
	問5		① ② ③ ④
	問6		① ② ③ ④
	問7		① ② ③ ④
	問8	(1)	① ② ③ ④
		(2)	① ② ③ ④

解答番号			解答記入欄
【3】	問1	(1)	① ② ③ ④
		(2)	① ② ③ ④
		(3)	① ② ③ ④
		(4)	① ② ③ ④
		(5)	① ② ③ ④
	問2		① ② ③ ④ ⑤ ⑥ ⑦ ⑧

解答番号		解答記入欄
【4】	(1)	① ② ③ ④
	(2)	① ② ③ ④
	(3)	① ② ③ ④
	(4)	① ② ③ ④
	(5)	① ② ③ ④

解答番号			解答記入欄
【5】	(1)	1	① ② ③ ④ ⑤ ⑥ ⑦ ⑧
		2	① ② ③ ④ ⑤ ⑥ ⑦ ⑧
	(2)	3	① ② ③ ④ ⑤ ⑥ ⑦ ⑧
		4	① ② ③ ④ ⑤ ⑥ ⑦ ⑧
	(3)	5	① ② ③ ④ ⑤ ⑥ ⑦ ⑧
		6	① ② ③ ④ ⑤ ⑥ ⑦ ⑧
	(4)	7	① ② ③ ④ ⑤ ⑥ ⑦ ⑧
		8	① ② ③ ④ ⑤ ⑥ ⑦ ⑧
	(5)	9	① ② ③ ④ ⑤ ⑥ ⑦ ⑧
		10	① ② ③ ④ ⑤ ⑥ ⑦ ⑧
	(6)	11	① ② ③ ④ ⑤ ⑥ ⑦ ⑧
		12	① ② ③ ④ ⑤ ⑥ ⑦ ⑧

解答番号		解答記入欄
【6】	(1)	① ② ③ ④ ⑤
	(2)	① ② ③ ④ ⑤
	(3)	① ② ③ ④ ⑤
	(4)	① ② ③ ④ ⑤
	(5)	① ② ③ ④ ⑤
	(6)	① ② ③ ④ ⑤

専修大学松戸高等学校(前期1月17日)　2024年度　◇理科◇

※ 112%に拡大していただくと，解答欄は実物大になります。

解答番号			解答記入欄
1	(1)		① ② ③ ④ ⑤ ⑥ ⑦ ⑧
	(2)		① ② ③ ④ ⑤ ⑥
	(3)		① ② ③ ④ ⑤ ⑥ ⑦ ⑧
	(4)	X	① ② ③ ④ ⑤ ⑥ ⑦ ⑧ ⑨ ⓪
		Y	① ② ③ ④ ⑤ ⑥ ⑦ ⑧ ⑨ ⓪

解答番号			解答記入欄
2	(1)		① ② ③ ④ ⑤ ⑥ ⑦ ⑧
	(2)		① ② ③ ④
	(3)	X	① ② ③ ④
		Y	① ② ③ ④ ⑤ ⑥ ⑦ ⑧ ⑨ ⓪
		Z	① ② ③ ④ ⑤ ⑥ ⑦ ⑧ ⑨ ⓪
	(4)		① ② ③ ④ ⑤ ⑥

解答番号			解答記入欄
3	(1)	Ⅰ群	① ② ③
		Ⅱ群	① ② ③ ④
	(2)	ⓐ	① ② ③ ④ ⑤ ⑥ ⑦ ⑧ ⑨
		ⓑ	① ② ③ ④ ⑤ ⑥ ⑦ ⑧ ⑨
		ⓒ	① ② ③ ④ ⑤ ⑥ ⑦ ⑧ ⑨
		ⓓ	① ② ③ ④ ⑤ ⑥ ⑦ ⑧ ⑨
	(3)		① ② ③ ④
	(4)		① ② ③ ④ ⑤

解答番号			解答記入欄
4	(1)		① ② ③ ④
	(2)	a	① ② ③ ④ ⑤ ⑥ ⑦ ⑧ ⑨ ⓪
		b	① ② ③ ④ ⑤ ⑥ ⑦ ⑧ ⑨ ⓪
		c	① ② ③ ④ ⑤ ⑥ ⑦ ⑧ ⑨ ⓪
	(3)		① ② ③ ④ ⑤ ⑥
	(4)	d	① ② ③ ④ ⑤ ⑥ ⑦ ⑧ ⑨ ⓪
		e	① ② ③ ④ ⑤ ⑥ ⑦ ⑧ ⑨ ⓪
		f	① ② ③ ④ ⑤ ⑥ ⑦ ⑧ ⑨ ⓪

解答番号				解答記入欄
5	(1)			① ② ③ ④
	(2)			① ② ③ ④
	(3)	(a)	P	① ② ③ ④
			Q	① ② ③ ④
		(b)	X	① ② ③ ④ ⑤ ⑥ ⑦ ⑧ ⑨ ⓪
			Y	① ② ③ ④ ⑤ ⑥ ⑦ ⑧ ⑨ ⓪

解答番号				解答記入欄
6	(1)	Ⅰ群		① ② ③ ④
		Ⅱ群		① ② ③ ④
	(2)			① ② ③ ④ ⑤ ⑥
	(3)	(a)	X	① ② ③ ④ ⑤ ⑥ ⑦ ⑧ ⑨ ⓪
			Y	① ② ③ ④ ⑤ ⑥ ⑦ ⑧ ⑨ ⓪
		(b)		① ② ③ ④ ⑤ ⑥ ⑦ ⑧

解答番号		解答記入欄
7	(1)	① ② ③ ④
	(2)	① ② ③ ④ ⑤ ⑥ ⑦ ⑧
	(3)	① ② ③ ④
	(4)	① ② ③ ④

解答番号			解答記入欄
8	(1)		① ② ③ ④
	(2)	X	① ② ③ ④ ⑤ ⑥ ⑦ ⑧ ⑨ ⓪
		Y	① ② ③ ④ ⑤ ⑥ ⑦ ⑧ ⑨ ⓪
	(3)	P	① ② ③ ④ ⑤
		Q	① ② ③ ④ ⑤
	(4)	Ⅰ群	① ② ③
		Ⅱ群	① ② ③

専修大学松戸高等学校(前期1月17日)　2024年度　◇社会◇

※ 115%に拡大していただくと，解答欄は実物大になります。

解答番号			解答記入欄
1	(1)		㋐ ㋑ ㋒ ㋓
	(2)		㋐ ㋑ ㋒ ㋓
	(3)	①	㋐ ㋑ ㋒ ㋓ ㋔
		②	㋐ ㋑ ㋒ ㋓ ㋔
	(4)		㋐ ㋑ ㋒ ㋓ ㋔ ㋕

解答番号			解答記入欄
2	(1)		㋐ ㋑ ㋒ ㋓
	(2)		㋐ ㋑ ㋒
	(3)		㋐ ㋑ ㋒ ㋓ ㋔ ㋕
	(4)	①	㋐ ㋑ ㋒ ㋓
		②	㋐ ㋑ ㋒ ㋓ ㋔ ㋕ ㋖ ㋗

解答番号			解答記入欄
3	(1)	W	㋐ ㋑ ㋒ ㋓
		Z	㋐ ㋑ ㋒ ㋓
	(2)		㋐ ㋑ ㋒ ㋓
	(3)		㋐ ㋑ ㋒ ㋓
	(4)		㋐ ㋑ ㋒ ㋓ ㋔ ㋕ ㋖ ㋗

解答番号		解答記入欄
4	(1)	㋐ ㋑ ㋒ ㋓
	(2)	㋐ ㋑ ㋒ ㋓
	(3)	㋐ ㋑ ㋒ ㋓
	(4)	㋐ ㋑ ㋒ ㋓ ㋔ ㋕ ㋖ ㋗
	(5)	㋐ ㋑ ㋒ ㋓

解答番号		解答記入欄
5	(1)	㋐ ㋑ ㋒ ㋓
	(2)	㋐ ㋑ ㋒ ㋓ ㋔ ㋕
	(3)	㋐ ㋑ ㋒ ㋓ ㋔
	(4)	㋐ ㋑ ㋒ ㋓
	(5)	㋐ ㋑ ㋒ ㋓

解答番号			解答記入欄
6	(1)		㋐ ㋑ ㋒ ㋓
	(2)		㋐ ㋑ ㋒ ㋓
	(3)		㋐ ㋑ ㋒ ㋓
	(4)		㋐ ㋑ ㋒ ㋓
	(5)	Ⅰ	㋐ ㋑ ㋒ ㋓ ㋔
		Ⅱ	㋐ ㋑ ㋒ ㋓ ㋔

解答番号		解答記入欄
7	(1)	㋐ ㋑ ㋒ ㋓ ㋔ ㋕ ㋖ ㋗
	(2)	㋐ ㋑ ㋒ ㋓
	(3)	㋐ ㋑ ㋒ ㋓ ㋔ ㋕ ㋖

解答番号		解答記入欄
8	(1)	㋐ ㋑ ㋒ ㋓ ㋔
	(2)	㋐ ㋑ ㋒ ㋓
	(3)	㋐ ㋑ ㋒ ㋓ ㋔ ㋕

専修大学松戸高等学校（前期1月17日）　2024年度　◇国語◇

※解答欄は実物大になります。

解答番号			解答記入欄			
一	問一	a	①	②	③	④
		b	①	②	③	④
		c	①	②	③	④
	問二	ア	①	②	③	④
		イ	①	②	③	④
		ウ	①	②	③	④
	問三		①	②	③	④
	問四		①	②	③	④
	問五		①	②	③	④
	問六		①	②	③	④
	問七		①	②	③	④
	問八		①	②	③	④
	問九		①	②	③	④
	問十		①	②	③	④
	問十一		①	②	③	④
	問十二		①	②	③	④

解答番号			解答記入欄			
二	問一	a	①	②	③	④
		b	①	②	③	④
		c	①	②	③	④
	問二	ア	①	②	③	④
		イ	①	②	③	④
		ウ	①	②	③	④
	問三		①	②	③	④
	問四		①	②	③	④
	問五		①	②	③	④
	問六		①	②	③	④
	問七		①	②	③	④
	問八		①	②	③	④
	問九		①	②	③	④
	問十		①	②	③	④

解答番号		解答記入欄			
三	問一	①	②	③	④
	問二	①	②	③	④
	問三	①	②	③	④
	問四	①	②	③	④
	問五	①	②	③	④
	問六	①	②	③	④
	問七	①	②	③	④
	問八	①	②	③	④
	問九	①	②	③	④

専修大学松戸高等学校(前期1月18日)　2024年度　◇数学◇

※ 115%に拡大していただくと，解答欄は実物大になります。

解答番号			解答記入欄									
1	(1)	ア	1	2	3	4	5	6	7	8	9	0
		イ	1	2	3	4	5	6	7	8	9	0
	(2)	ア	1	2	3	4	5	6	7	8	9	0
		イ	1	2	3	4	5	6	7	8	9	0
		ウ	1	2	3	4	5	6	7	8	9	0
		エ	1	2	3	4	5	6	7	8	9	0
	(3)	ア	1	2	3	4	5	6	7	8	9	0
		イ	1	2	3	4	5	6	7	8	9	0
		ウ	1	2	3	4	5	6	7	8	9	0
		エ	1	2	3	4	5	6	7	8	9	0
	(4)	ア	1	2	3	4	5	6	7	8	9	0
		イ	1	2	3	4	5	6	7	8	9	0
	(5)	ア	1	2	3	4	5	6	7	8	9	0
		イ	1	2	3	4	5	6	7	8	9	0
	(6)	ア	1	2	3	4	5	6	7	8	9	0
		イ	1	2	3	4	5	6	7	8	9	0

解答番号				解答記入欄									
2	(1)	①	ア	1	2	3	4	5	6	7	8	9	0
			イ	1	2	3	4	5	6	7	8	9	0
			ウ	1	2	3	4	5	6	7	8	9	0
			エ	1	2	3	4	5	6	7	8	9	0
		②	オ	1	2	3	4	5	6	7	8	9	0
			カ	1	2	3	4	5	6	7	8	9	0
			キ	1	2	3	4	5	6	7	8	9	0
			ク	1	2	3	4	5	6	7	8	9	0
	(2)	①	ア	1	2	3	4	5	6	7	8	9	0
			イ	1	2	3	4	5	6	7	8	9	0
		②	ウ	1	2	3	4	5	6	7	8	9	0
			エ	1	2	3	4	5	6	7	8	9	0

解答番号			解答記入欄									
3	(1)	ア	1	2	3	4	5	6	7	8	9	0
		イ	1	2	3	4	5	6	7	8	9	0
	(2)	ウ	1	2	3	4	5	6	7	8	9	0
		エ	1	2	3	4	5	6	7	8	9	0
	(3)	オ	1	2	3	4	5	6	7	8	9	0
		カ	1	2	3	4	5	6	7	8	9	0
		キ	1	2	3	4	5	6	7	8	9	0
		ク	1	2	3	4	5	6	7	8	9	0

解答番号			解答記入欄									
4	(1)	ア	1	2	3	4	5	6	7	8	9	0
		イ	1	2	3	4	5	6	7	8	9	0
		ウ	1	2	3	4	5	6	7	8	9	0
	(2)	エ	1	2	3	4	5	6	7	8	9	0
		オ	1	2	3	4	5	6	7	8	9	0
	(3)	カ	1	2	3	4	5	6	7	8	9	0
		キ	1	2	3	4	5	6	7	8	9	0
		ク	1	2	3	4	5	6	7	8	9	0
		ケ	1	2	3	4	5	6	7	8	9	0

解答番号			解答記入欄									
5	(1)	ア	1	2	3	4	5	6	7	8	9	0
	(2)	イ	1	2	3	4	5	6	7	8	9	0
		ウ	1	2	3	4	5	6	7	8	9	0
	(3)	エ	1	2	3	4	5	6	7	8	9	0
		オ	1	2	3	4	5	6	7	8	9	0
		カ	1	2	3	4	5	6	7	8	9	0

專修大学松戸高等学校（前期1月18日）　2024年度　◇英語◇

※ 114％に拡大していただくと，解答欄は実物大になります。

解答番号			解答記入欄
【1】	1	(1)	①②③④
		(2)	①②③④
		(3)	①②③④
	2	(1)	①②③④
		(2)	①②③④

解答番号			解答記入欄
【2】	問1		①②③④
	問2		①②③④
	問3		①②③④
	問4		①②③④
	問5		①②③④
	問6		①②③④
	問7		①②③④
	問8	(1)	①②③④
		(2)	①②③④

解答番号			解答記入欄
【3】	問1	(1)	①②③④
		(2)	①②③④
		(3)	①②③④
		(4)	①②③④
		(5)	①②③④
	問2		①②③④⑤⑥⑦⑧

解答番号		解答記入欄
【4】	(1)	①②③④
	(2)	①②③④
	(3)	①②③④
	(4)	①②③④
	(5)	①②③④

解答番号			解答記入欄
【5】	(1)	1	①②③④⑤⑥⑦⑧
		2	①②③④⑤⑥⑦⑧
	(2)	3	①②③④⑤⑥⑦⑧
		4	①②③④⑤⑥⑦⑧
	(3)	5	①②③④⑤⑥⑦⑧
		6	①②③④⑤⑥⑦⑧
	(4)	7	①②③④⑤⑥⑦⑧
		8	①②③④⑤⑥⑦⑧
	(5)	9	①②③④⑤⑥⑦⑧
		10	①②③④⑤⑥⑦⑧
	(6)	11	①②③④⑤⑥⑦⑧
		12	①②③④⑤⑥⑦⑧

解答番号		解答記入欄
【6】	(1)	①②③④⑤
	(2)	①②③④⑤
	(3)	①②③④⑤
	(4)	①②③④⑤
	(5)	①②③④⑤
	(6)	①②③④⑤

専修大学松戸高等学校(前期1月18日)　2024年度　◇理科◇

※ 119％に拡大していただくと，解答欄は実物大になります。

解答番号			解答記入欄
1	(1)		①②③④⑤⑥
	(2)		①②③④⑤⑥⑦⑧
	(3)	Ⅰ群	①②③
		Ⅱ群	①②③
	(4)		①②③④

解答番号			解答記入欄
2	(1)		①②③④⑤
	(2)	a	①②③④⑤⑥⑦⑧⑨⓪
		b	①②③④⑤⑥⑦⑧⑨⓪
		c	①②③④⑤⑥⑦⑧⑨⓪
	(3)	V	①②③④⑤⑥⑦⑧⑨⓪
		W	①②③④⑤⑥⑦⑧⑨⓪
	(4)	X	①②③④⑤⑥⑦⑧⑨⓪
		Y	①②③④⑤⑥⑦⑧⑨⓪
		Z	①②③④⑤⑥⑦⑧⑨⓪

解答番号			解答記入欄
3	(1)		①②③④⑤⑥
	(2)	X	①②③④⑤⑥⑦⑧⑨⓪
		Y	①②③④⑤⑥⑦⑧⑨⓪
	(3)	ⓐ	①②③④⑤⑥⑦⑧⑨
		ⓑ	①②③④⑤⑥⑦⑧⑨
		ⓒ	①②③④⑤⑥⑦⑧⑨
		ⓓ	①②③④⑤⑥⑦⑧⑨
	(4)		①②③④⑤⑥⑦⑧

解答番号			解答記入欄
4	(1)	Ⅰ群	①②③④
		Ⅱ群	①②③④
	(2)		①②③④⑤⑥
	(3)	P	①②③④⑤⑥⑦⑧⑨⓪
		Q	①②③④⑤⑥⑦⑧⑨⓪
		R	①②③④⑤⑥⑦⑧⑨⓪
	(4)		①②③④⑤

解答番号		解答記入欄
5	(1)	①②③④
	(2)	①②③④⑤⑥
	(3)	①②③④
	(4)	①②③④

解答番号		解答記入欄
6	(1)	①②③④
	(2)	①②③④⑤⑥
	(3)	①②③④
	(4)	①②③④

解答番号			解答記入欄
7	(1)		①②③④⑤⑥
	(2)		①②③④⑤⑥
	(3)		①②③④⑤⑥⑦⑧
	(4)	a	①②③④⑤⑥⑦⑧⑨⓪
		b	①②③④⑤⑥⑦⑧⑨⓪
		c	①②③④⑤⑥⑦⑧⑨⓪
		d	①②③④⑤⑥⑦⑧⑨⓪

解答番号			解答記入欄
8	(1)		①②③④
	(2)		①②③④
	(3)		①②③④⑤⑥
	(4)	Ⅰ群	①②
		Ⅱ群	①②

専修大学松戸高等学校(前期1月18日)　2024年度　◇社会◇

※ 112%に拡大していただくと，解答欄は実物大になります。

解答番号			解答記入欄
1	(1)		㋐ ㋑ ㋒ ㋓ ㋔ ㋕
	(2)		㋐ ㋑ ㋒ ㋓
	(3)		㋐ ㋑ ㋒ ㋓ ㋔ ㋕
	(4)	①	㋐ ㋑ ㋒ ㋓ ㋔
		②	㋐ ㋑ ㋒ ㋓ ㋔
2	(1)		㋐ ㋑ ㋒ ㋓
	(2)		㋐ ㋑ ㋒ ㋓
	(3)		㋐ ㋑ ㋒
	(4)	①	㋐ ㋑ ㋒ ㋓
		②	㋐ ㋑ ㋒ ㋓
3	(1)		㋐ ㋑ ㋒ ㋓
	(2)		㋐ ㋑ ㋒ ㋓ ㋔ ㋕ ㋖ ㋗
	(3)		㋐ ㋑ ㋒ ㋓ ㋔ ㋕ ㋖ ㋗
	(4)		㋐ ㋑ ㋒ ㋓

解答番号			解答記入欄
4	(1)		㋐ ㋑ ㋒ ㋓
	(2)		㋐ ㋑ ㋒ ㋓
	(3)		㋐ ㋑ ㋒ ㋓
	(4)		㋐ ㋑ ㋒ ㋓
	(5)		㋐ ㋑ ㋒ ㋓
5	(1)		㋐ ㋑ ㋒ ㋓
	(2)		㋐ ㋑ ㋒ ㋓
	(3)	Ⅰ	㋐ ㋑ ㋒ ㋓ ㋔
		Ⅱ	㋐ ㋑ ㋒ ㋓ ㋔
	(4)		㋐ ㋑ ㋒ ㋓ ㋔ ㋕ ㋖ ㋗
	(5)		㋐ ㋑ ㋒ ㋓ ㋔ ㋕

解答番号		解答記入欄
6	(1)	㋐ ㋑ ㋒ ㋓ ㋔ ㋕
	(2)	㋐ ㋑ ㋒ ㋓
	(3)	㋐ ㋑ ㋒ ㋓
	(4)	㋐ ㋑ ㋒ ㋓
	(5)	㋐ ㋑ ㋒ ㋓
7	(1)	㋐ ㋑ ㋒ ㋓
	(2)	㋐ ㋑ ㋒ ㋓ ㋔
	(3)	㋐ ㋑ ㋒ ㋓ ㋔

解答番号		解答記入欄
8	(1)	㋐ ㋑ ㋒ ㋓ ㋔ ㋕ ㋖ ㋗
	(2)	㋐ ㋑ ㋒ ㋓ ㋔
	(3)	㋐ ㋑ ㋒ ㋓

専修大学松戸高等学校(前期1月18日)　2024年度　◇国語◇

※解答欄は実物大になります。

解答番号			解答記入欄			
一	問一	a	①	②	③	④
		b	①	②	③	④
		c	①	②	③	④
	問二	ア	①	②	③	④
		イ	①	②	③	④
		ウ	①	②	③	④
	問三		①	②	③	④
	問四		①	②	③	④
	問五		①	②	③	④
	問六		①	②	③	④
	問七		①	②	③	④
	問八		①	②	③	④
	問九		①	②	③	④
	問十		①	②	③	④
	問十一		①	②	③	④
	問十二		①	②	③	④

解答番号			解答記入欄			
二	問一	a	①	②	③	④
		b	①	②	③	④
		c	①	②	③	④
	問二	ア	①	②	③	④
		イ	①	②	③	④
		ウ	①	②	③	④
	問三		①	②	③	④
	問四		①	②	③	④
	問五		①	②	③	④
	問六		①	②	③	④
	問七		①	②	③	④
	問八		①	②	③	④
	問九		①	②	③	④
	問十		①	②	③	④

解答番号		解答記入欄			
三	問一	①	②	③	④
	問二	①	②	③	④
	問三	①	②	③	④
	問四	①	②	③	④
	問五	①	②	③	④
	問六	①	②	③	④
	問七	①	②	③	④
	問八	①	②	③	④
	問九	①	②	③	④

専修大学松戸高等学校(前期1月17日)　2023年度　◇数学◇

※ 116%に拡大していただくと，解答欄は実物大になります。

解答番号			解答記入欄
1	(1)	ア	⓪①②③④⑤⑥⑦⑧⑨
		イ	⓪①②③④⑤⑥⑦⑧⑨
		ウ	⓪①②③④⑤⑥⑦⑧⑨
	(2)	ア	⓪①②③④⑤⑥⑦⑧⑨
		イ	⓪①②③④⑤⑥⑦⑧⑨
	(3)	ア	⓪①②③④⑤⑥⑦⑧⑨
		イ	⓪①②③④⑤⑥⑦⑧⑨
	(4)	ア	⓪①②③④⑤⑥⑦⑧⑨
	(5)	ア	⓪①②③④⑤⑥⑦⑧⑨
	(6)	ア	⓪①②③④⑤⑥⑦⑧⑨
		イ	⓪①②③④⑤⑥⑦⑧⑨

解答番号				解答記入欄
2	(1)	①	ア	⓪①②③④⑤⑥⑦⑧⑨
			イ	⓪①②③④⑤⑥⑦⑧⑨
		②	ウ	⓪①②③④⑤⑥⑦⑧⑨
			エ	⓪①②③④⑤⑥⑦⑧⑨
			オ	⓪①②③④⑤⑥⑦⑧⑨
			カ	⓪①②③④⑤⑥⑦⑧⑨
	(2)	①	ア	⓪①②③④⑤⑥⑦⑧⑨
			イ	⓪①②③④⑤⑥⑦⑧⑨
			ウ	⓪①②③④⑤⑥⑦⑧⑨
			エ	⓪①②③④⑤⑥⑦⑧⑨
		②	オ	⓪①②③④⑤⑥⑦⑧⑨
			カ	⓪①②③④⑤⑥⑦⑧⑨
			キ	⓪①②③④⑤⑥⑦⑧⑨

解答番号			解答記入欄
3	(1)	ア	⓪①②③④⑤⑥⑦⑧⑨
		イ	⓪①②③④⑤⑥⑦⑧⑨
		ウ	⓪①②③④⑤⑥⑦⑧⑨
	(2)	エ	⓪①②③④⑤⑥⑦⑧⑨
		オ	⓪①②③④⑤⑥⑦⑧⑨
	(3)	カ	⓪①②③④⑤⑥⑦⑧⑨
		キ	⓪①②③④⑤⑥⑦⑧⑨
		ク	⓪①②③④⑤⑥⑦⑧⑨
		ケ	⓪①②③④⑤⑥⑦⑧⑨

解答番号			解答記入欄
4	(1)	ア	⓪①②③④⑤⑥⑦⑧⑨
		イ	⓪①②③④⑤⑥⑦⑧⑨
	(2)	ウ	⓪①②③④⑤⑥⑦⑧⑨
		エ	⓪①②③④⑤⑥⑦⑧⑨
		オ	⓪①②③④⑤⑥⑦⑧⑨
	(3)	カ	⓪①②③④⑤⑥⑦⑧⑨
		キ	⓪①②③④⑤⑥⑦⑧⑨
		ク	⓪①②③④⑤⑥⑦⑧⑨
		ケ	⓪①②③④⑤⑥⑦⑧⑨
		コ	⓪①②③④⑤⑥⑦⑧⑨

解答番号			解答記入欄
5	(1)	ア	⓪①②③④⑤⑥⑦⑧⑨
		イ	⓪①②③④⑤⑥⑦⑧⑨
		ウ	⓪①②③④⑤⑥⑦⑧⑨
		エ	⓪①②③④⑤⑥⑦⑧⑨
	(2)	オ	⓪①②③④⑤⑥⑦⑧⑨
		カ	⓪①②③④⑤⑥⑦⑧⑨
		キ	⓪①②③④⑤⑥⑦⑧⑨
	(3)	ク	⓪①②③④⑤⑥⑦⑧⑨
		ケ	⓪①②③④⑤⑥⑦⑧⑨

専修大学松戸高等学校(前期1月17日)　2023年度　◇英語◇

※ 116%に拡大していただくと，解答欄は実物大になります。

解答番号			解答記入欄
【1】	1	(1)	① ② ③ ④
		(2)	① ② ③ ④
		(3)	① ② ③ ④
	2	(1)	① ② ③ ④
		(2)	① ② ③ ④

解答番号			解答記入欄
【2】	問1		① ② ③ ④
	問2		① ② ③ ④
	問3		① ② ③ ④
	問4		① ② ③ ④
	問5		① ② ③ ④
	問6		① ② ③ ④
	問7		① ② ③ ④
	問8	(1)	① ② ③ ④
		(2)	① ② ③ ④

解答番号			解答記入欄
【3】	問1	(1)	① ② ③ ④
		(2)	① ② ③ ④
		(3)	① ② ③ ④
		(4)	① ② ③ ④
		(5)	① ② ③ ④
	問2		① ② ③ ④ ⑤ ⑥ ⑦ ⑧

解答番号		解答記入欄
【4】	(1)	① ② ③ ④
	(2)	① ② ③ ④
	(3)	① ② ③ ④
	(4)	① ② ③ ④
	(5)	① ② ③ ④

解答番号			解答記入欄
【5】	(1)	1	① ② ③ ④ ⑤ ⑥ ⑦ ⑧
		2	① ② ③ ④ ⑤ ⑥ ⑦ ⑧
	(2)	3	① ② ③ ④ ⑤ ⑥ ⑦ ⑧
		4	① ② ③ ④ ⑤ ⑥ ⑦ ⑧
	(3)	5	① ② ③ ④ ⑤ ⑥ ⑦ ⑧
		6	① ② ③ ④ ⑤ ⑥ ⑦ ⑧
	(4)	7	① ② ③ ④ ⑤ ⑥ ⑦ ⑧
		8	① ② ③ ④ ⑤ ⑥ ⑦ ⑧
	(5)	9	① ② ③ ④ ⑤ ⑥ ⑦ ⑧
		10	① ② ③ ④ ⑤ ⑥ ⑦ ⑧
	(6)	11	① ② ③ ④ ⑤ ⑥ ⑦ ⑧
		12	① ② ③ ④ ⑤ ⑥ ⑦ ⑧

解答番号		解答記入欄
【6】	(1)	① ② ③ ④ ⑤
	(2)	① ② ③ ④ ⑤
	(3)	① ② ③ ④ ⑤
	(4)	① ② ③ ④ ⑤
	(5)	① ② ③ ④ ⑤
	(6)	① ② ③ ④ ⑤

専修大学松戸高等学校（前期1月17日）　2023年度　◇理科◇

※ 116％に拡大していただくと，解答欄は実物大になります。

解答番号			解答記入欄
1	(1)		① ② ③ ④ ⑤ ⑥
	(2)	Ⅰ群	① ② ③ ④
		Ⅱ群	① ② ③ ④
	(3)		① ② ③ ④ ⑤
	(4)		① ② ③ ④ ⑤ ⑥

解答番号		解答記入欄
2	(1)	① ② ③ ④
	(2)	① ② ③ ④
	(3)	① ② ③ ④
	(4)	① ② ③ ④

解答番号		解答記入欄
3	(1)	① ② ③ ④ ⑤ ⑥
	(2)	① ② ③ ④ ⑤ ⑥ ⑦ ⑧
	(3)	① ② ③ ④
	(4)	① ② ③ ④ ⑤ ⑥

解答番号			解答記入欄
4	(1)	X	⓪ ① ② ③ ④ ⑤ ⑥ ⑦ ⑧ ⑨
		Y	⓪ ① ② ③ ④ ⑤ ⑥ ⑦ ⑧ ⑨
	(2)		① ② ③ ④
	(3)	P	① ② ③ ④ ⑤ ⑥
		Q	① ② ③ ④
	(4)		① ② ③ ④

解答番号				解答記入欄
5	(1)	P群		① ② ③ ④
		Q群		① ② ③ ④
		R群		① ② ③ ④
	(2)	(a)	Ⅰ群	① ② ③ ④ ⑤ ⑥
			Ⅱ群	① ② ③ ④ ⑤ ⑥ ⑦ ⑧
		(b)	X	⓪ ① ② ③ ④ ⑤ ⑥ ⑦ ⑧ ⑨
			Y	⓪ ① ② ③ ④ ⑤ ⑥ ⑦ ⑧ ⑨
			Z	⓪ ① ② ③ ④ ⑤ ⑥ ⑦ ⑧ ⑨
	(3)			① ② ③ ④ ⑤

解答番号			解答記入欄
6	(1)		① ② ③ ④ ⑤ ⑥ ⑦ ⑧
	(2)		① ② ③ ④ ⑤ ⑥
	(3)		① ② ③ ④
	(4)	Ⅰ群	① ② ③ ④
		Ⅱ群	① ② ③ ④ ⑤ ⑥

解答番号				解答記入欄
7	(1)			① ② ③ ④
	(2)	(a)		① ② ③ ④
		(b)	P群	① ② ③ ④ ⑤ ⑥
			Q群	① ②
	(3)			① ② ③ ④

解答番号			解答記入欄
8	(1)		① ② ③ ④
	(2)	P	① ② ③ ④ ⑤ ⑥
		Q	① ② ③ ④ ⑤ ⑥
	(3)		① ② ③ ④ ⑤ ⑥
	(4)		① ② ③ ④

専修大学松戸高等学校(前期1月17日)　2023年度　◇社会◇

※ 116%に拡大していただくと，解答欄は実物大になります。

解答番号			解答記入欄
1	(1)		㋐ ㋑ ㋒ ㋓
	(2)		㋐ ㋑ ㋒ ㋓
	(3)		㋐ ㋑ ㋒ ㋓
	(4)	B	㋐ ㋑ ㋒ ㋓ ㋔
		E	㋐ ㋑ ㋒ ㋓ ㋔

解答番号			解答記入欄
2	(1)		㋐ ㋑ ㋒ ㋓
	(2)		㋐ ㋑ ㋒ ㋓
	(3)		㋐ ㋑ ㋒ ㋓
	(4)	①	㋐ ㋑ ㋒ ㋓
		②	㋐ ㋑ ㋒ ㋓

解答番号		解答記入欄
3	(1)	㋐ ㋑ ㋒ ㋓ ㋔ ㋕ ㋖ ㋗
	(2)	㋐ ㋑ ㋒ ㋓
	(3)	㋐ ㋑ ㋒ ㋓
	(4)	㋐ ㋑ ㋒ ㋓

解答番号			解答記入欄
4	(1)		㋐ ㋑ ㋒ ㋓ ㋔
	(2)		㋐ ㋑ ㋒ ㋓ ㋔ ㋕ ㋖ ㋗
	(3)		㋐ ㋑ ㋒ ㋓
	(4)		㋐ ㋑ ㋒ ㋓
	(5)	Ⅰ	㋐ ㋑ ㋒ ㋓ ㋔
		Ⅱ	㋐ ㋑ ㋒ ㋓ ㋔

解答番号		解答記入欄
5	(1)	㋐ ㋑ ㋒ ㋓
	(2)	㋐ ㋑ ㋒ ㋓
	(3)	㋐ ㋑ ㋒ ㋓
	(4)	㋐ ㋑ ㋒ ㋓
	(5)	㋐ ㋑ ㋒ ㋓ ㋔ ㋕

解答番号		解答記入欄
6	(1)	㋐ ㋑ ㋒ ㋓
	(2)	㋐ ㋑ ㋒ ㋓ ㋔
	(3)	㋐ ㋑ ㋒ ㋓
	(4)	㋐ ㋑ ㋒ ㋓ ㋔ ㋕
	(5)	㋐ ㋑ ㋒ ㋓

7	(1)	㋐ ㋑ ㋒ ㋓ ㋔
	(2)	㋐ ㋑ ㋒ ㋓ ㋔ ㋕
	(3)	㋐ ㋑ ㋒ ㋓

解答番号		解答記入欄
8	(1)	㋐ ㋑ ㋒ ㋓
	(2)	㋐ ㋑ ㋒ ㋓ ㋔ ㋕ ㋖ ㋗
	(3)	㋐ ㋑ ㋒ ㋓

専修大学松戸高等学校(前期1月17日)　2023年度　◇国語◇

※解答欄は実物大になります。

解答番号			解答記入欄			
一	問一	a	①	②	③	④
		b	①	②	③	④
		c	①	②	③	④
	問二	ア	①	②	③	④
		イ	①	②	③	④
		ウ	①	②	③	④
	問三		①	②	③	④
	問四		①	②	③	④
	問五		①	②	③	④
	問六		①	②	③	④
	問七		①	②	③	④
	問八		①	②	③	④
	問九		①	②	③	④
	問十		①	②	③	④
	問十一		①	②	③	④
	問十二		①	②	③	④

解答番号			解答記入欄			
二	問一	a	①	②	③	④
		b	①	②	③	④
		c	①	②	③	④
	問二	ア	①	②	③	④
		イ	①	②	③	④
		ウ	①	②	③	④
	問三		①	②	③	④
	問四		①	②	③	④
	問五		①	②	③	④
	問六		①	②	③	④
	問七		①	②	③	④
	問八		①	②	③	④
	問九		①	②	③	④
	問十		①	②	③	④

解答番号		解答記入欄			
三	問一	①	②	③	④
	問二	①	②	③	④
	問三	①	②	③	④
	問四	①	②	③	④
	問五	①	②	③	④
	問六	①	②	③	④
	問七	①	②	③	④
	問八	①	②	③	④
	問九	①	②	③	④

専修大学松戸高等学校（前期1月18日）　2023年度　◇数学◇

※ 116％に拡大していただくと，解答欄は実物大になります。

解答番号			解答記入欄
1	(1)	ア	⓪ ① ② ③ ④ ⑤ ⑥ ⑦ ⑧ ⑨
		イ	⓪ ① ② ③ ④ ⑤ ⑥ ⑦ ⑧ ⑨
		ウ	⓪ ① ② ③ ④ ⑤ ⑥ ⑦ ⑧ ⑨
		エ	⓪ ① ② ③ ④ ⑤ ⑥ ⑦ ⑧ ⑨
	(2)	ア	⓪ ① ② ③ ④ ⑤ ⑥ ⑦ ⑧ ⑨
		イ	⓪ ① ② ③ ④ ⑤ ⑥ ⑦ ⑧ ⑨
	(3)	ア	⓪ ① ② ③ ④ ⑤ ⑥ ⑦ ⑧ ⑨
		イ	⓪ ① ② ③ ④ ⑤ ⑥ ⑦ ⑧ ⑨
		ウ	⓪ ① ② ③ ④ ⑤ ⑥ ⑦ ⑧ ⑨
	(4)	ア	⓪ ① ② ③ ④ ⑤ ⑥ ⑦ ⑧ ⑨
		イ	⓪ ① ② ③ ④ ⑤ ⑥ ⑦ ⑧ ⑨
	(5)	ア	⓪ ① ② ③ ④ ⑤ ⑥ ⑦ ⑧ ⑨
		イ	⓪ ① ② ③ ④ ⑤ ⑥ ⑦ ⑧ ⑨
	(6)	ア	⓪ ① ② ③ ④ ⑤ ⑥ ⑦ ⑧ ⑨
		イ	⓪ ① ② ③ ④ ⑤ ⑥ ⑦ ⑧ ⑨
		ウ	⓪ ① ② ③ ④ ⑤ ⑥ ⑦ ⑧ ⑨

解答番号				解答記入欄
2	(1)	①	ア	⓪ ① ② ③ ④ ⑤ ⑥ ⑦ ⑧ ⑨
		②	イ	⓪ ① ② ③ ④ ⑤ ⑥ ⑦ ⑧ ⑨
			ウ	⓪ ① ② ③ ④ ⑤ ⑥ ⑦ ⑧ ⑨
	(2)	①	ア	⓪ ① ② ③ ④ ⑤ ⑥ ⑦ ⑧ ⑨
			イ	⓪ ① ② ③ ④ ⑤ ⑥ ⑦ ⑧ ⑨
			ウ	⓪ ① ② ③ ④ ⑤ ⑥ ⑦ ⑧ ⑨
		②	エ	⓪ ① ② ③ ④ ⑤ ⑥ ⑦ ⑧ ⑨
			オ	⓪ ① ② ③ ④ ⑤ ⑥ ⑦ ⑧ ⑨

解答番号			解答記入欄
3	(1)	ア	⓪ ① ② ③ ④ ⑤ ⑥ ⑦ ⑧ ⑨
		イ	⓪ ① ② ③ ④ ⑤ ⑥ ⑦ ⑧ ⑨
	(2)	ウ	⓪ ① ② ③ ④ ⑤ ⑥ ⑦ ⑧ ⑨
		エ	⓪ ① ② ③ ④ ⑤ ⑥ ⑦ ⑧ ⑨
		オ	⓪ ① ② ③ ④ ⑤ ⑥ ⑦ ⑧ ⑨
	(3)	カ	⓪ ① ② ③ ④ ⑤ ⑥ ⑦ ⑧ ⑨
		キ	⓪ ① ② ③ ④ ⑤ ⑥ ⑦ ⑧ ⑨
		ク	⓪ ① ② ③ ④ ⑤ ⑥ ⑦ ⑧ ⑨

解答番号			解答記入欄
4	(1)	ア	⓪ ① ② ③ ④ ⑤ ⑥ ⑦ ⑧ ⑨
		イ	⓪ ① ② ③ ④ ⑤ ⑥ ⑦ ⑧ ⑨
	(2)	ウ	⓪ ① ② ③ ④ ⑤ ⑥ ⑦ ⑧ ⑨
		エ	⓪ ① ② ③ ④ ⑤ ⑥ ⑦ ⑧ ⑨
	(3)	オ	⓪ ① ② ③ ④ ⑤ ⑥ ⑦ ⑧ ⑨
		カ	⓪ ① ② ③ ④ ⑤ ⑥ ⑦ ⑧ ⑨
		キ	⓪ ① ② ③ ④ ⑤ ⑥ ⑦ ⑧ ⑨
		ク	⓪ ① ② ③ ④ ⑤ ⑥ ⑦ ⑧ ⑨

解答番号			解答記入欄
5	(1)	ア	⓪ ① ② ③ ④ ⑤ ⑥ ⑦ ⑧ ⑨
		イ	⓪ ① ② ③ ④ ⑤ ⑥ ⑦ ⑧ ⑨
		ウ	⓪ ① ② ③ ④ ⑤ ⑥ ⑦ ⑧ ⑨
	(2)	エ	⓪ ① ② ③ ④ ⑤ ⑥ ⑦ ⑧ ⑨
		オ	⓪ ① ② ③ ④ ⑤ ⑥ ⑦ ⑧ ⑨
	(3)	カ	⓪ ① ② ③ ④ ⑤ ⑥ ⑦ ⑧ ⑨
		キ	⓪ ① ② ③ ④ ⑤ ⑥ ⑦ ⑧ ⑨

専修大学松戸高等学校(前期1月18日)　2023年度　◇英語◇

※ 116%に拡大していただくと，解答欄は実物大になります。

解答番号			解答記入欄
【1】	1	(1)	① ② ③ ④
		(2)	① ② ③ ④
		(3)	① ② ③ ④
	2	(1)	① ② ③ ④
		(2)	① ② ③ ④

解答番号			解答記入欄
【2】	問1		① ② ③ ④
	問2		① ② ③ ④
	問3		① ② ③ ④
	問4		① ② ③ ④
	問5		① ② ③ ④
	問6		① ② ③ ④
	問7		① ② ③ ④
	問8	(1)	① ② ③ ④
		(2)	① ② ③ ④

解答番号			解答記入欄
【3】	問1	(1)	① ② ③ ④
		(2)	① ② ③ ④
		(3)	① ② ③ ④
		(4)	① ② ③ ④
		(5)	① ② ③ ④
	問2		① ② ③ ④ ⑤ ⑥ ⑦ ⑧

解答番号		解答記入欄
【4】	(1)	① ② ③ ④
	(2)	① ② ③ ④
	(3)	① ② ③ ④
	(4)	① ② ③ ④
	(5)	① ② ③ ④

解答番号			解答記入欄
【5】	(1)	1	① ② ③ ④ ⑤ ⑥ ⑦ ⑧
		2	① ② ③ ④ ⑤ ⑥ ⑦ ⑧
	(2)	3	① ② ③ ④ ⑤ ⑥ ⑦ ⑧
		4	① ② ③ ④ ⑤ ⑥ ⑦ ⑧
	(3)	5	① ② ③ ④ ⑤ ⑥ ⑦ ⑧
		6	① ② ③ ④ ⑤ ⑥ ⑦ ⑧
	(4)	7	① ② ③ ④ ⑤ ⑥ ⑦ ⑧
		8	① ② ③ ④ ⑤ ⑥ ⑦ ⑧
	(5)	9	① ② ③ ④ ⑤ ⑥ ⑦ ⑧
		10	① ② ③ ④ ⑤ ⑥ ⑦ ⑧
	(6)	11	① ② ③ ④ ⑤ ⑥ ⑦ ⑧
		12	① ② ③ ④ ⑤ ⑥ ⑦ ⑧

解答番号		解答記入欄
【6】	(1)	① ② ③ ④ ⑤
	(2)	① ② ③ ④ ⑤
	(3)	① ② ③ ④ ⑤
	(4)	① ② ③ ④ ⑤
	(5)	① ② ③ ④ ⑤
	(6)	① ② ③ ④ ⑤

専修大学松戸高等学校(前期1月18日)　2023年度　◇理科◇

※ 116%に拡大していただくと，解答欄は実物大になります。

解答番号			解答記入欄
1	(1)		① ② ③ ④
	(2)	I群	① ② ③ ④
		II群	① ② ③ ④
	(3)		① ② ③ ④
	(4)		① ② ③ ④
2	(1)		① ② ③ ④
	(2)		① ② ③ ④ ⑤ ⑥
	(3)		① ② ③ ④ ⑤ ⑥
	(4)		① ② ③ ④ ⑤ ⑥ ⑦ ⑧
3	(1)		① ② ③ ④ ⑤ ⑥
	(2)		① ② ③ ④ ⑤ ⑥ ⑦ ⑧
	(3)		① ② ③ ④ ⑤ ⑥
	(4)	X	⓪ ① ② ③ ④ ⑤ ⑥ ⑦ ⑧ ⑨
		Y	⓪ ① ② ③ ④ ⑤ ⑥ ⑦ ⑧ ⑨
		Z	⓪ ① ② ③ ④ ⑤ ⑥ ⑦ ⑧ ⑨

解答番号			解答記入欄
4	(1)		① ② ③ ④
	(2)		① ② ③ ④
	(3)		① ② ③ ④ ⑤ ⑥
	(4)		① ② ③ ④
5	(1)	I群	① ② ③ ④
		II群	① ② ③ ④
	(2)		① ② ③ ④ ⑤ ⑥ ⑦ ⑧
	(3)		① ② ③ ④
	(4)		① ② ③ ④ ⑤ ⑥

解答番号			解答記入欄
6	(1)		① ② ③ ④
	(2)	I群	① ② ③
		II群	① ② ③
		III群	① ②
	(3)		① ② ③ ④ ⑤ ⑥
	(4)		① ② ③ ④ ⑤ ⑥
7	(1)		① ② ③ ④ ⑤ ⑥
	(2)	I群	① ②
		II群	① ②
	(3)		① ② ③ ④ ⑤ ⑥ ⑦ ⑧
	(4)	a	⓪ ① ② ③ ④ ⑤ ⑥ ⑦ ⑧ ⑨
		b	⓪ ① ② ③ ④ ⑤ ⑥ ⑦ ⑧ ⑨
		c	⓪ ① ② ③ ④ ⑤ ⑥ ⑦ ⑧ ⑨

解答番号			解答記入欄
8	(1)		① ② ③ ④ ⑤ ⑥ ⑦ ⑧ ⑨
	(2)	X	⓪ ① ② ③ ④ ⑤ ⑥ ⑦ ⑧ ⑨
		Y	⓪ ① ② ③ ④ ⑤ ⑥ ⑦ ⑧ ⑨
		Z	⓪ ① ② ③ ④ ⑤ ⑥ ⑦ ⑧ ⑨
	(3)	X	⓪ ① ② ③ ④ ⑤ ⑥ ⑦ ⑧ ⑨
		Y	⓪ ① ② ③ ④ ⑤ ⑥ ⑦ ⑧ ⑨
		Z	⓪ ① ② ③ ④ ⑤ ⑥ ⑦ ⑧ ⑨
	(4)		① ② ③ ④ ⑤ ⑥ ⑦ ⑧ ⑨

専修大学松戸高等学校(前期1月18日)　2023年度　◇社会◇

※ 116%に拡大していただくと，解答欄は実物大になります。

解答番号		解答記入欄
1	(1)	㋐ ㋑ ㋒ ㋓
	(2)	㋐ ㋑ ㋒ ㋓ ㋔ ㋕
	(3)	㋐ ㋑ ㋒ ㋓
	(4) B	㋐ ㋑ ㋒ ㋓ ㋔
	(4) D	㋐ ㋑ ㋒ ㋓ ㋔
2	(1)	㋐ ㋑ ㋒ ㋓
	(2)	㋐ ㋑ ㋒ ㋓
	(3)	㋐ ㋑ ㋒ ㋓
	(4) ①	㋐ ㋑ ㋒ ㋓
	(4) ②	㋐ ㋑ ㋒ ㋓ ㋔ ㋕ ㋖ ㋗
3	(1)	㋐ ㋑ ㋒ ㋓
	(2)	㋐ ㋑ ㋒ ㋓
	(3)	㋐ ㋑ ㋒ ㋓
	(4)	㋐ ㋑ ㋒ ㋓

解答番号		解答記入欄
4	(1)	㋐ ㋑ ㋒ ㋓
	(2)	㋐ ㋑ ㋒ ㋓
	(3)	㋐ ㋑ ㋒ ㋓
	(4)	㋐ ㋑ ㋒ ㋓
	(5) Ⅰ	㋐ ㋑ ㋒ ㋓ ㋔
	(5) Ⅱ	㋐ ㋑ ㋒ ㋓ ㋔
5	(1)	㋐ ㋑ ㋒ ㋓
	(2)	㋐ ㋑ ㋒ ㋓ ㋔ ㋕
	(3)	㋐ ㋑ ㋒ ㋓
	(4)	㋐ ㋑ ㋒ ㋓
	(5)	㋐ ㋑ ㋒ ㋓ ㋔ ㋕

解答番号		解答記入欄
6	(1)	㋐ ㋑ ㋒ ㋓ ㋔ ㋕ ㋖ ㋗
	(2)	㋐ ㋑ ㋒ ㋓ ㋔ ㋕
	(3)	㋐ ㋑ ㋒ ㋓
	(4)	㋐ ㋑ ㋒ ㋓
	(5)	㋐ ㋑ ㋒ ㋓
7	(1)	㋐ ㋑ ㋒ ㋓ ㋔ ㋕
	(2)	㋐ ㋑ ㋒ ㋓
	(3)	㋐ ㋑ ㋒ ㋓

解答番号		解答記入欄
8	(1)	㋐ ㋑ ㋒ ㋓ ㋔
	(2)	㋐ ㋑ ㋒ ㋓
	(3)	㋐ ㋑ ㋒ ㋓ ㋔ ㋕

専修大学松戸高等学校（前期1月18日）　2023年度　◇国語◇

※解答欄は実物大になります。

解答番号			解答記入欄			
一	問一	a	①	②	③	④
		b	①	②	③	④
		c	①	②	③	④
	問二	ア	①	②	③	④
		イ	①	②	③	④
		ウ	①	②	③	④
	問三		①	②	③	④
	問四		①	②	③	④
	問五		①	②	③	④
	問六		①	②	③	④
	問七		①	②	③	④
	問八		①	②	③	④
	問九		①	②	③	④
	問十		①	②	③	④
	問十一		①	②	③	④
	問十二		①	②	③	④

解答番号			解答記入欄			
二	問一	a	①	②	③	④
		b	①	②	③	④
		c	①	②	③	④
	問二	ア	①	②	③	④
		イ	①	②	③	④
		ウ	①	②	③	④
	問三		①	②	③	④
	問四		①	②	③	④
	問五		①	②	③	④
	問六		①	②	③	④
	問七		①	②	③	④
	問八		①	②	③	④
	問九		①	②	③	④
	問十		①	②	③	④

解答番号		解答記入欄			
三	問一	①	②	③	④
	問二	①	②	③	④
	問三	①	②	③	④
	問四	①	②	③	④
	問五	①	②	③	④
	問六	①	②	③	④
	問七	①	②	③	④
	問八	①	②	③	④
	問九	①	②	③	④

専修大学松戸高等学校(前期1月17日)　2022年度　◇数学◇

※解答欄は実物大になります。

解答欄

1									
(1)		(2)		(3)		(4)	(5)	(6)	
ア	イ	ア	イ	ア	イ	ア	ア	ア	イ
0	0	0	0	0	0	0	0	0	0
1	1	1	1	1	1	1	1	1	1
2	2	2	2	2	2	2	2	2	2
3	3	3	3	3	3	3	3	3	3
4	4	4	4	4	4	4	4	4	4
5	5	5	5	5	5	5	5	5	5
6	6	6	6	6	6	6	6	6	6
7	7	7	7	7	7	7	7	7	7
8	8	8	8	8	8	8	8	8	8
9	9	9	9	9	9	9	9	9	9

2							
(1)					(2)		
①	②				①	②	
ア	イ	ウ	エ	オ	ア	イ	ウ
0	0	0	0	0	0	0	0
1	1	1	1	1	1	1	1
2	2	2	2	2	2	2	2
3	3	3	3	3	3	3	3
4	4	4	4	4	4	4	4
5	5	5	5	5	5	5	5
6	6	6	6	6	6	6	6
7	7	7	7	7	7	7	7
8	8	8	8	8	8	8	8
9	9	9	9	9	9	9	9

3							
(1)			(2)		(3)		
ア	イ	ウ	エ	オ	カ	キ	ク
0	0	0	0	0	0	0	0
1	1	1	1	1	1	1	1
2	2	2	2	2	2	2	2
3	3	3	3	3	3	3	3
4	4	4	4	4	4	4	4
5	5	5	5	5	5	5	5
6	6	6	6	6	6	6	6
7	7	7	7	7	7	7	7
8	8	8	8	8	8	8	8
9	9	9	9	9	9	9	9

4								
(1)		(2)				(3)		
ア	イ	ウ	エ	オ	カ	キ	ク	ケ
0	0	0	0	0	0	0	0	0
1	1	1	1	1	1	1	1	1
2	2	2	2	2	2	2	2	2
3	3	3	3	3	3	3	3	3
4	4	4	4	4	4	4	4	4
5	5	5	5	5	5	5	5	5
6	6	6	6	6	6	6	6	6
7	7	7	7	7	7	7	7	7
8	8	8	8	8	8	8	8	8
9	9	9	9	9	9	9	9	9

5					
(1)	(2)		(3)		
ア	イ	ウ	エ	オ	カ
0	0	0	0	0	0
1	1	1	1	1	1
2	2	2	2	2	2
3	3	3	3	3	3
4	4	4	4	4	4
5	5	5	5	5	5
6	6	6	6	6	6
7	7	7	7	7	7
8	8	8	8	8	8
9	9	9	9	9	9

専修大学松戸高等学校(前期1月17日)　2022年度　◇英語◇

※解答欄は実物大になります。

解答欄

〔1〕

1			2	
(1)	(2)	(3)	(1)	(2)
①	①	①	①	①
②	②	②	②	②
③	③	③	③	③
④	④	④	④	④

〔2〕

問1	問2	問3	問4	問5	問6	問7	問8	
							(1)	(2)
①	①	①	①	①	①	①	①	①
②	②	②	②	②	②	②	②	②
③	③	③	③	③	③	③	③	③
④	④	④	④	④	④	④	④	④

〔3〕

問1					問2
(1)	(2)	(3)	(4)	(5)	
①	①	①	①	①	①
②	②	②	②	②	②
③	③	③	③	③	③
④	④	④	④	④	④
					⑤
					⑥
					⑦
					⑧

〔4〕

(1)	(2)	(3)	(4)	(5)
①	①	①	①	①
②	②	②	②	②
③	③	③	③	③
④	④	④	④	④

〔5〕

(1)		(2)		(3)		(4)		(5)		(6)	
1	2	3	4	5	6	7	8	9	10	11	12
①	①	①	①	①	①	①	①	①	①	①	①
②	②	②	②	②	②	②	②	②	②	②	②
③	③	③	③	③	③	③	③	③	③	③	③
④	④	④	④	④	④	④	④	④	④	④	④
⑤	⑤	⑤	⑤	⑤	⑤	⑤	⑤	⑤	⑤	⑤	⑤
⑥	⑥	⑥	⑥	⑥	⑥	⑥	⑥	⑥	⑥	⑥	⑥
⑦	⑦	⑦	⑦	⑦	⑦	⑦	⑦	⑦	⑦	⑦	⑦
⑧	⑧	⑧	⑧	⑧	⑧	⑧	⑧	⑧	⑧	⑧	⑧

〔6〕

(1)	(2)	(3)	(4)	(5)	(6)
①	①	①	①	①	①
②	②	②	②	②	②
③	③	③	③	③	③
④	④	④	④	④	④
⑤	⑤	⑤	⑤	⑤	⑤

専修大学松戸高等学校(前期1月17日)　2022年度　◇理科◇

※解答欄は実物大になります。

解答欄

〔1〕

(1)	(2)	(3)	(4)
1	1	1	1
2	2	2	2
3	3	3	3
4	4	4	4
	5		5
	6		6

〔2〕

(1) U	(1) V	(2) W	(2) X	(3) Y	(3) Z	(4)
0	0	0	0	0	0	
1	1	1	1	1	1	1
2	2	2	2	2	2	2
3	3	3	3	3	3	3
4	4	4	4	4	4	4
5	5	5	5	5	5	
6	6	6	6	6	6	
7	7	7	7	7	7	
8	8	8	8	8	8	
9	9	9	9	9	9	

〔3〕

(1)	(2)	(3)	(4)
1	1	1	1
2	2	2	2
3	3	3	3
4	4	4	4
5	5		
6	6		
7	7		
8	8		

〔4〕

(1)	(2) X	(2) Y	(2) Z	(3)	(4)
	0	0	0		
1	1	1	1	1	1
2	2	2	2	2	2
3	3	3	3	3	3
4	4	4	4	4	4
5	5	5	5		5
6	6	6	6		6
7	7	7	7		7
8	8	8	8		8
	9	9	9		

〔5〕

(1)	(2)	(3)	(4) X	(4) Y	(4) Z
			0	0	0
1	1	1	1	1	1
2	2	2	2	2	2
3	3	3	3	3	3
4	4	4	4	4	4
5	5	5	5	5	5
6		6	6	6	6
			7	7	7
			8	8	8
			9	9	9

〔6〕

(1)	(2)	(3)	(4)
1	1	1	1
2	2	2	2
3	3	3	3
4	4	4	4
5	5		5
6	6		6
7	7		7
8	8		

〔7〕

(1)	(2)	(3)	(4)
1	1	1	1
2	2	2	2
3	3	3	3
4	4	4	4
	5	5	5
	6	6	
		7	

〔8〕

(1) W	(1) X	(2) Y	(2) Z	(3)	(4)
0	0	0	0		
1	1	1	1	1	1
2	2	2	2	2	2
3	3	3	3	3	3
4	4	4	4	4	4
5	5	5	5		5
6	6	6	6		6
7	7	7	7		7
8	8	8	8		8
9	9	9	9		9

専修大学松戸高等学校（前期1月17日）　2022年度　◇社会◇

※解答欄は実物大になります。

解答欄

【1】

設問	選択肢
(1)	㋐ ㋑ ㋒ ㋓ ㋔ ㋕
(2)	㋐ ㋑ ㋒ ㋓
(3)	㋐ ㋑ ㋒ ㋓
(4)	㋐ ㋑ ㋒ ㋓

【2】

設問	選択肢
(1)	㋐ ㋑ ㋒ ㋓
(2)	㋐ ㋑ ㋒ ㋓
(3)	㋐ ㋑ ㋒ ㋓
(4)①	㋐ ㋑ ㋒ ㋓
(4)②	㋐ ㋑ ㋒ ㋓ ㋔ ㋕

【3】

設問	選択肢
(1)	㋐ ㋑ ㋒ ㋓
(2)	㋐ ㋑ ㋒ ㋓
(3)	㋐ ㋑ ㋒ ㋓
(4)	㋐ ㋑ ㋒ ㋓

【4】

設問	選択肢
(1)	㋐ ㋑ ㋒ ㋓
(2)	㋐ ㋑ ㋒ ㋓
(3)	㋐ ㋑ ㋒ ㋓
(4)	㋐ ㋑ ㋒ ㋓ ㋔

【5】

設問	選択肢
(1)	㋐ ㋑ ㋒ ㋓
(2)	㋐ ㋑ ㋒ ㋓
(3)	㋐ ㋑ ㋒ ㋓
(4)	㋐ ㋑ ㋒ ㋓
(5)	㋐ ㋑ ㋒ ㋓ ㋔ ㋕

【6】

設問	選択肢
(1)	㋐ ㋑ ㋒ ㋓
(2)	㋐ ㋑ ㋒ ㋓
(3)	㋐ ㋑ ㋒ ㋓
(4)	㋐ ㋑ ㋒ ㋓
(5)	㋐ ㋑ ㋒ ㋓ ㋔ ㋕

【7】

設問	選択肢
(1)①	㋐ ㋑ ㋒ ㋓
(1)②	㋐ ㋑ ㋒ ㋓
(2)	㋐ ㋑ ㋒ ㋓ ㋔ ㋕

【8】

設問	選択肢
(1)	㋐ ㋑ ㋒ ㋓ ㋔ ㋕ ㋖ ㋗
(2)	㋐ ㋑ ㋒ ㋓
(3)	㋐ ㋑ ㋒ ㋓

専修大学松戸高等学校(前期1月17日)　2022年度　◇国語◇

※解答欄は実物大になります。

解答欄

一

問一 a	問一 b	問一 c	問二 ア	問二 イ	問二 ウ	問三	問四	問五	問六	問七	問八	問九	問十	問十一	問十二
①	①	①	①	①	①	①	①	①	①	①	①	①	①	①	①
②	②	②	②	②	②	②	②	②	②	②	②	②	②	②	②
③	③	③	③	③	③	③	③	③	③	③	③	③	③	③	③
④	④	④	④	④	④	④	④	④	④	④	④	④	④	④	④

二

問一 a	問一 b	問一 c	問二 ア	問二 イ	問二 ウ	問三	問四	問五	問六	問七	問八	問九	問十
①	①	①	①	①	①	①	①	①	①	①	①	①	①
②	②	②	②	②	②	②	②	②	②	②	②	②	②
③	③	③	③	③	③	③	③	③	③	③	③	③	③
④	④	④	④	④	④	④	④	④	④	④	④	④	④

三

問一	問二	問三	問四	問五	問六	問七	問八	問九
①	①	①	①	①	①	①	①	①
②	②	②	②	②	②	②	②	②
③	③	③	③	③	③	③	③	③
④	④	④	④	④	④	④	④	④

専修大学松戸高等学校（前期1月18日）　2022年度　◇数学◇

※解答欄は実物大になります。

解答欄

1																		
(1)						(2)		(3)			(4)		(5)		(6)			
ア	イ	ウ	エ	オ	カ	ア	イ	ア	イ	ウ	ア	イ	ア	イ	ア	イ	ウ	エ
0	0	0	0	0	0	0	0	0	0	0	0	0	0	0	0	0	0	0
1	1	1	1	1	1	1	1	1	1	1	1	1	1	1	1	1	1	1
2	2	2	2	2	2	2	2	2	2	2	2	2	2	2	2	2	2	2
3	3	3	3	3	3	3	3	3	3	3	3	3	3	3	3	3	3	3
4	4	4	4	4	4	4	4	4	4	4	4	4	4	4	4	4	4	4
5	5	5	5	5	5	5	5	5	5	5	5	5	5	5	5	5	5	5
6	6	6	6	6	6	6	6	6	6	6	6	6	6	6	6	6	6	6
7	7	7	7	7	7	7	7	7	7	7	7	7	7	7	7	7	7	7
8	8	8	8	8	8	8	8	8	8	8	8	8	8	8	8	8	8	8
9	9	9	9	9	9	9	9	9	9	9	9	9	9	9	9	9	9	9

2									
(1)						(2)			
①			②			①		②	
ア	イ	ウ	エ	オ	カ	ア	イ	ウ	エ
0	0	0	0	0	0	0	0	0	0
1	1	1	1	1	1	1	1	1	1
2	2	2	2	2	2	2	2	2	2
3	3	3	3	3	3	3	3	3	3
4	4	4	4	4	4	4	4	4	4
5	5	5	5	5	5	5	5	5	5
6	6	6	6	6	6	6	6	6	6
7	7	7	7	7	7	7	7	7	7
8	8	8	8	8	8	8	8	8	8
9	9	9	9	9	9	9	9	9	9

3									
(1)			(2)				(3)		
ア	イ	ウ	エ	オ	カ	キ	ク	ケ	コ
0	0	0	0	0	0	0	0	0	0
1	1	1	1	1	1	1	1	1	1
2	2	2	2	2	2	2	2	2	2
3	3	3	3	3	3	3	3	3	3
4	4	4	4	4	4	4	4	4	4
5	5	5	5	5	5	5	5	5	5
6	6	6	6	6	6	6	6	6	6
7	7	7	7	7	7	7	7	7	7
8	8	8	8	8	8	8	8	8	8
9	9	9	9	9	9	9	9	9	9

4						
(1)	(2)			(3)		
ア	イ	ウ	エ	オ	カ	キ
0	0	0	0	0	0	0
1	1	1	1	1	1	1
2	2	2	2	2	2	2
3	3	3	3	3	3	3
4	4	4	4	4	4	4
5	5	5	5	5	5	5
6	6	6	6	6	6	6
7	7	7	7	7	7	7
8	8	8	8	8	8	8
9	9	9	9	9	9	9

5				
(1)		(2)	(3)	
ア	イ	ウ	エ	オ
0	0	0	0	0
1	1	1	1	1
2	2	2	2	2
3	3	3	3	3
4	4	4	4	4
5	5	5	5	5
6	6	6	6	6
7	7	7	7	7
8	8	8	8	8
9	9	9	9	9

専修大学松戸高等学校（前期1月18日）　2022年度　◇英語◇

※解答欄は実物大になります。

解答欄

〔1〕

1			2	
(1)	(2)	(3)	(1)	(2)
①	①	①	①	①
②	②	②	②	②
③	③	③	③	③
④	④	④	④	④

〔2〕

問1	問2	問3	問4	問5	問6	問7	問8 (1)	問8 (2)
①	①	①	①	①	①	①	①	①
②	②	②	②	②	②	②	②	②
③	③	③	③	③	③	③	③	③
④	④	④	④	④	④	④	④	④

〔3〕

問1					問2
(1)	(2)	(3)	(4)	(5)	
①	①	①	①	①	①
②	②	②	②	②	②
③	③	③	③	③	③
④	④	④	④	④	④
					⑤
					⑥
					⑦
					⑧

〔4〕

(1)	(2)	(3)	(4)	(5)
①	①	①	①	①
②	②	②	②	②
③	③	③	③	③
④	④	④	④	④

〔5〕

(1)		(2)		(3)		(4)		(5)		(6)	
1	2	3	4	5	6	7	8	9	10	11	12
①	①	①	①	①	①	①	①	①	①	①	①
②	②	②	②	②	②	②	②	②	②	②	②
③	③	③	③	③	③	③	③	③	③	③	③
④	④	④	④	④	④	④	④	④	④	④	④
⑤	⑤	⑤	⑤	⑤	⑤	⑤	⑤	⑤	⑤	⑤	⑤
⑥	⑥	⑥	⑥	⑥	⑥	⑥	⑥	⑥	⑥	⑥	⑥
⑦	⑦	⑦	⑦	⑦	⑦	⑦	⑦	⑦	⑦	⑦	⑦
⑧	⑧	⑧	⑧	⑧	⑧	⑧	⑧	⑧	⑧	⑧	⑧

〔6〕

(1)	(2)	(3)	(4)	(5)	(6)
①	①	①	①	①	①
②	②	②	②	②	②
③	③	③	③	③	③
④	④	④	④	④	④
⑤	⑤	⑤	⑤	⑤	⑤

専修大学松戸高等学校(前期1月18日)　　2022年度　　◇理科◇

※解答欄は実物大になります。

解答欄

〔1〕

(1)	(2)	(3)	(4) I	(4) II	(4) III
①	①	①	①	①	①
②	②	②	②	②	②
③	③	③	③	③	③
④	④	④			
⑤		⑤			
⑥		⑥			

〔2〕

(1)	(2) X	(2) Y	(3)	(4)
	⓪	⓪		
①	①	①	①	①
②	②	②	②	②
③	③	③	③	③
④	④	④	④	④
⑤	⑤	⑤	⑤	⑤
	⑥	⑥	⑥	⑥
	⑦	⑦	⑦	⑦
	⑧	⑧	⑧	⑧
	⑨	⑨		⑨

〔3〕

(1)	(2)	(3) I	(3) II	(4)
①	①	①	①	①
②	②	②	②	②
③	③	③	③	③
④	④		④	④
⑤				
⑥				
⑦				
⑧				
⑨				

〔4〕

(1)	(2) V	(2) W	(3)	(4) X	(4) Y	(4) Z
	⓪	⓪		⓪	⓪	⓪
①	①	①	①	①	①	①
②	②	②	②	②	②	②
③	③	③	③	③	③	③
④	④	④	④	④	④	④
⑤	⑤	⑤	⑤	⑤	⑤	⑤
⑥	⑥	⑥	⑥	⑥	⑥	⑥
⑦	⑦	⑦		⑦	⑦	⑦
⑧	⑧	⑧		⑧	⑧	⑧
	⑨	⑨		⑨	⑨	⑨

〔5〕

(1) M	(1) N	(2)	(3)	(4)
①	①	①	①	①
②	②	②	②	②
③	③	③	③	③
④	④	④	④	④
⑤	⑤	⑤	⑤	⑤
⑥	⑥		⑥	⑥
⑦	⑦		⑦	
⑧	⑧		⑧	
			⑨	

〔6〕

(1)	(2)	(3)	(4)
①	①	①	①
②	②	②	②
③	③	③	③
④	④	④	④
⑤	⑤		⑤
⑥	⑥		⑥
	⑦		⑦
	⑧		⑧

〔7〕

(1) W	(1) X	(2)	(3) I	(3) II	(4) Y	(4) Z
⓪	⓪				⓪	⓪
①	①	①	①	①	①	①
②	②	②	②	②	②	②
③	③	③	③	③	③	③
④	④	④	④	④	④	④
⑤	⑤	⑤			⑤	⑤
⑥	⑥	⑥			⑥	⑥
⑦	⑦				⑦	⑦
⑧	⑧				⑧	⑧
⑨	⑨				⑨	⑨

〔8〕

(1)	(2)	(3) X	(3) Y	(4) I	(4) II	(4) III
		⓪	⓪			
①	①	①	①	①	①	①
②	②	②	②	②	②	②
③	③	③	③	③	③	③
④	④	④	④			
⑤	⑤	⑤	⑤			
⑥	⑥	⑥	⑥			
		⑦	⑦			
		⑧	⑧			
		⑨	⑨			

専修大学松戸高等学校(前期1月18日)　2022年度　◇社会◇

※解答欄は実物大になります。

解答欄

【1】	
(1)	㋐ ㋑ ㋒ ㋓
(2)	㋐ ㋑ ㋒ ㋓ ㋔ ㋕
(3)	㋐ ㋑ ㋒ ㋓
(4)	㋐ ㋑ ㋒ ㋓ ㋔

【2】	
(1)	㋐ ㋑ ㋒ ㋓
(2)	㋐ ㋑ ㋒ ㋓
(3)	㋐ ㋑ ㋒ ㋓
(4) ①	㋐ ㋑ ㋒ ㋓
(4) ②	㋐ ㋑ ㋒ ㋓

【3】	
(1)	㋐ ㋑ ㋒ ㋓
(2)	㋐ ㋑ ㋒ ㋓
(3)	㋐ ㋑ ㋒ ㋓
(4)	㋐ ㋑ ㋒ ㋓

【4】	
(1)	㋐ ㋑ ㋒ ㋓
(2)	㋐ ㋑ ㋒ ㋓
(3)	㋐ ㋑ ㋒ ㋓
(4)	㋐ ㋑ ㋒ ㋓ ㋔

【5】	
(1)	㋐ ㋑ ㋒ ㋓
(2)	㋐ ㋑ ㋒ ㋓
(3)	㋐ ㋑ ㋒ ㋓
(4)	㋐ ㋑ ㋒ ㋓
(5)	㋐ ㋑ ㋒ ㋓ ㋔ ㋕

【6】	
(1)	㋐ ㋑ ㋒ ㋓
(2)	㋐ ㋑ ㋒ ㋓
(3)	㋐ ㋑ ㋒ ㋓
(4)	㋐ ㋑ ㋒ ㋓
(5)	㋐ ㋑ ㋒ ㋓

【7】	
(1)	㋐ ㋑ ㋒ ㋓
(2)	㋐ ㋑ ㋒ ㋓
(3)	㋐ ㋑ ㋒ ㋓ ㋔ ㋕

【8】	
(1)	㋐ ㋑ ㋒ ㋓
(2)	㋐ ㋑ ㋒ ㋓ ㋔ ㋕ ㋖ ㋗
(3)	㋐ ㋑ ㋒ ㋓

専修大学松戸高等学校(前期1月18日)　2022年度　◇国語◇

※解答欄は実物大になります。

解答欄

一

問一			問二			問三	問四	問五	問六	問七	問八	問九	問十	問十一	問十二
a	b	c	ア	イ	ウ										
①②③④	①②③④	①②③④	①②③④	①②③④	①②③④	①②③④	①②③④	①②③④	①②③④	①②③④	①②③④	①②③④	①②③④	①②③④	①②③④

二

問一			問二			問三	問四	問五	問六	問七	問八	問九	問十
a	b	c	ア	イ	ウ								
①②③④	①②③④	①②③④	①②③④	①②③④	①②③④	①②③④	①②③④	①②③④	①②③④	①②③④	①②③④	①②③④	①②③④

三

問一	問二	問三	問四	問五	問六	問七	問八	問九
①②③④	①②③④	①②③④	①②③④	①②③④	①②③④	①②③④	①②③④	①②③④

専修大学松戸高等学校（前期1月17日）　2021年度

◇数学◇

※解答欄は実物大になります。

解答欄

1																
(1)				(2)		(3)			(4)		(5)					(6)	
ア	イ	ウ	エ	ア	イ	ア	イ	ウ	ア	イ	ア	イ	ウ	エ	オ	ア	イ
0	0	0	0	0	0	0	0	0	0	0	0	0	0	0	0	0	0
1	1	1	1	1	1	1	1	1	1	1	1	1	1	1	1	1	1
2	2	2	2	2	2	2	2	2	2	2	2	2	2	2	2	2	2
3	3	3	3	3	3	3	3	3	3	3	3	3	3	3	3	3	3
4	4	4	4	4	4	4	4	4	4	4	4	4	4	4	4	4	4
5	5	5	5	5	5	5	5	5	5	5	5	5	5	5	5	5	5
6	6	6	6	6	6	6	6	6	6	6	6	6	6	6	6	6	6
7	7	7	7	7	7	7	7	7	7	7	7	7	7	7	7	7	7
8	8	8	8	8	8	8	8	8	8	8	8	8	8	8	8	8	8
9	9	9	9	9	9	9	9	9	9	9	9	9	9	9	9	9	9

2						
(1)				(2)		
①		②		①	②	
ア	イ	ウ	エ	ア	イ	ウ
0	0	0	0	0	0	0
1	1	1	1	1	1	1
2	2	2	2	2	2	2
3	3	3	3	3	3	3
4	4	4	4	4	4	4
5	5	5	5	5	5	5
6	6	6	6	6	6	6
7	7	7	7	7	7	7
8	8	8	8	8	8	8
9	9	9	9	9	9	9

3							
(1)			(2)			(3)	
ア	イ	ウ	エ	オ	カ	キ	ク
0	0	0	0	0	0	0	0
1	1	1	1	1	1	1	1
2	2	2	2	2	2	2	2
3	3	3	3	3	3	3	3
4	4	4	4	4	4	4	4
5	5	5	5	5	5	5	5
6	6	6	6	6	6	6	6
7	7	7	7	7	7	7	7
8	8	8	8	8	8	8	8
9	9	9	9	9	9	9	9

4							
(1)		(2)		(3)			
ア	イ	ウ	エ	オ	カ	キ	ク
0	0	0	0	0	0	0	0
1	1	1	1	1	1	1	1
2	2	2	2	2	2	2	2
3	3	3	3	3	3	3	3
4	4	4	4	4	4	4	4
5	5	5	5	5	5	5	5
6	6	6	6	6	6	6	6
7	7	7	7	7	7	7	7
8	8	8	8	8	8	8	8
9	9	9	9	9	9	9	9

5						
(1)		(2)		(3)		
ア	イ	ウ	エ	オ	カ	キ
0	0	0	0	0	0	0
1	1	1	1	1	1	1
2	2	2	2	2	2	2
3	3	3	3	3	3	3
4	4	4	4	4	4	4
5	5	5	5	5	5	5
6	6	6	6	6	6	6
7	7	7	7	7	7	7
8	8	8	8	8	8	8
9	9	9	9	9	9	9

専修大学松戸高等学校（前期1月17日）　2021年度

◇英語◇

※解答欄は実物大になります。

解答欄

〔1〕				
1			2	
(1)	(2)	(3)	(1)	(2)
①②③④	①②③④	①②③④	①②③④	①②③④

〔2〕								
問1	問2	問3	問4	問5	問6	問7	問8	
							(1)	(2)
①②③④	①②③④	①②③④	①②③④	①②③④	①②③④	①②③④	①②③④	①②③④

〔3〕					
問1					問2
(1)	(2)	(3)	(4)	(5)	
①②③④	①②③④	①②③④	①②③④	①②③④	①②③④⑤⑥⑦⑧

〔4〕				
(1)	(2)	(3)	(4)	(5)
①②③④	①②③④	①②③④	①②③④	①②③④

〔5〕											
(1)		(2)		(3)		(4)		(5)		(6)	
1	2	3	4	5	6	7	8	9	10	11	12
①②③④⑤⑥⑦⑧	①②③④⑤⑥⑦⑧	①②③④⑤⑥⑦⑧	①②③④⑤⑥⑦⑧	①②③④⑤⑥⑦⑧	①②③④⑤⑥⑦⑧	①②③④⑤⑥⑦⑧	①②③④⑤⑥⑦⑧	①②③④⑤⑥⑦⑧	①②③④⑤⑥⑦⑧	①②③④⑤⑥⑦⑧	①②③④⑤⑥⑦⑧

〔6〕					
(1)	(2)	(3)	(4)	(5)	(6)
①②③④⑤	①②③④⑤	①②③④⑤	①②③④⑤	①②③④⑤	①②③④⑤

専修大学松戸高等学校（前期1月17日）　2021年度

◇理科◇

※解答欄は実物大になります。

解答欄

〔1〕(1)	〔1〕(2)	〔1〕(3)	〔1〕(4)
1	1	1	1
2	2	2	2
3	3	3	3
4	4	4	4
5	5	5	5
6	6	6	6
			7
			8

〔2〕(1)	〔2〕(2) X	〔2〕(2) Y	〔2〕(3)	〔2〕(4)
	0	0		
1	1	1	1	1
2	2	2	2	2
3	3	3	3	3
4	4	4	4	4
5	5	5	5	5
	6	6		6
	7	7		7
	8	8		8
	9	9		

〔3〕(1)	〔3〕(2)	〔3〕(3)	〔3〕(4)
1	1	1	1
2	2	2	2
3	3	3	3
4	4		4
5			5
6			6
7			7
8			

〔4〕(1)	〔4〕(2)	〔4〕(3) X	〔4〕(3) Y	〔4〕(4)
		0	0	
1	1	1	1	1
2	2	2	2	2
3	3	3	3	3
4	4	4	4	4
5	5	5	5	5
	6	6	6	6
	7	7	7	
		8	8	
		9	9	

〔5〕(1)	〔5〕(2)	〔5〕(3)	〔5〕(4)
1	1	1	1
2	2	2	2
3	3	3	3
4	4	4	4
5		5	5
6		6	
7			
8			

〔6〕(1)	〔6〕(2)	〔6〕(3)	〔6〕(4) X	〔6〕(4) Y
			0	0
1	1	1	1	1
2	2	2	2	2
3	3	3	3	3
4	4	4	4	4
5	5	5	5	5
6		6	6	6
		7	7	7
		8	8	8
			9	9

〔7〕(1)	〔7〕(2) W	〔7〕(2) X	〔7〕(2) Y	〔7〕(2) Z	〔7〕(3)	〔7〕(4) X	〔7〕(4) Y	〔7〕(4) Z
						0	0	0
1	1	1	1	1	1	1	1	1
2	2	2	2	2	2	2	2	2
3	3	3	3	3	3	3	3	3
4	4	4	4	4	4	4	4	4
	5	5	5	5	5	5	5	5
	6	6	6	6		6	6	6
	7	7	7	7		7	7	7
	8	8	8	8		8	8	8
	9	9	9	9		9	9	9

〔8〕(1)	〔8〕(2)	〔8〕(3)	〔8〕(4) X	〔8〕(4) Y	〔8〕(4) Z
			0	0	0
1	1	1	1	1	1
2	2	2	2	2	2
3	3	3	3	3	3
4	4	4	4	4	4
5		5	5	5	5
6		6	6	6	6
			7	7	7
			8	8	8
			9	9	9

専修大学松戸高等学校（前期1月17日）　2021年度

◇社会◇

※解答欄は実物大になります。

解答欄

【1】			
(1)	(2)	(3)	(4)
ア イ ウ エ	ア イ ウ エ オ カ	ア イ ウ エ オ カ	ア イ ウ エ

【2】				
(1)	(2)	(3)	(4) ①	(4) ②
ア イ ウ エ	ア イ ウ エ	ア イ ウ エ	ア イ ウ エ	ア イ ウ エ

【3】			
(1)	(2)	(3)	(4)
ア イ ウ エ	ア イ ウ エ	ア イ ウ エ	ア イ ウ エ

【4】			
(1)	(2)	(3)	(4)
ア イ ウ エ	ア イ ウ エ	ア イ ウ エ	ア イ ウ エ

【5】				
(1)	(2)	(3)	(4)	(5)
ア イ ウ エ オ カ	ア イ ウ エ オ カ	ア イ ウ エ	ア イ ウ エ	ア イ ウ エ

【6】				
(1)	(2)	(3)	(4)	(5)
ア イ ウ エ	ア イ ウ エ	ア イ ウ エ	ア イ ウ エ	ア イ ウ エ

【7】		
(1)	(2)	(3)
ア イ ウ エ	ア イ ウ エ	ア イ ウ エ

【8】		
(1)	(2)	(3)
ア イ ウ エ	ア イ ウ エ	ア イ ウ エ

専修大学松戸高等学校（前期1月17日）　2021年度

◇国語◇

※解答欄は実物大になります。

解答欄

一

問一 a	問一 b	問一 c	問二 ア	問二 イ	問二 ウ	問三	問四	問五	問六	問七	問八	問九	問十	問十一	問十二
①②③④	①②③④	①②③④	①②③④	①②③④	①②③④	①②③④	①②③④	①②③④	①②③④	①②③④	①②③④	①②③④	①②③④	①②③④	①②③④

二

問一 a	問一 b	問一 c	問二 ア	問二 イ	問二 ウ	問三	問四	問五	問六	問七	問八	問九	問十
①②③④	①②③④	①②③④	①②③④	①②③④	①②③④	①②③④	①②③④	①②③④	①②③④	①②③④	①②③④	①②③④	①②③④

三

問一	問二	問三	問四	問五	問六	問七	問八	問九
①②③④	①②③④	①②③④	①②③④	①②③④	①②③④	①②③④	①②③④	①②③④

専修大学松戸高等学校（前期1月17日）　2020年度

◇数学◇

※解答欄は実物大になります。

解答欄

1							
(1)				(2)	(3)	(4)	
ア	イ	ウ	エ	ア	ア	ア	イ
0	0	0	0	0	0	0	0
1	1	1	1	1	1	1	1
2	2	2	2	2	2	2	2
3	3	3	3	3	3	3	3
4	4	4	4	4	4	4	4
5	5	5	5	5	5	5	5
6	6	6	6	6	6	6	6
7	7	7	7	7	7	7	7
8	8	8	8	8	8	8	8
9	9	9	9	9	9	9	9

2															
(1)		(2)	(3)			(4)			(5)				(6)		
ア	イ	ア	ア	イ	ウ	ア	イ	ウ	ア	イ	ウ	エ	ア	イ	ウ
0	0	0	0	0	0	0	0	0	0	0	0	0	0	0	0
1	1	1	1	1	1	1	1	1	1	1	1	1	1	1	1
2	2	2	2	2	2	2	2	2	2	2	2	2	2	2	2
3	3	3	3	3	3	3	3	3	3	3	3	3	3	3	3
4	4	4	4	4	4	4	4	4	4	4	4	4	4	4	4
5	5	5	5	5	5	5	5	5	5	5	5	5	5	5	5
6	6	6	6	6	6	6	6	6	6	6	6	6	6	6	6
7	7	7	7	7	7	7	7	7	7	7	7	7	7	7	7
8	8	8	8	8	8	8	8	8	8	8	8	8	8	8	8
9	9	9	9	9	9	9	9	9	9	9	9	9	9	9	9

3						
(1)			(2)		(3)	
ア	イ	ウ	エ	オ	カ	キ
0	0	0	0	0	0	0
1	1	1	1	1	1	1
2	2	2	2	2	2	2
3	3	3	3	3	3	3
4	4	4	4	4	4	4
5	5	5	5	5	5	5
6	6	6	6	6	6	6
7	7	7	7	7	7	7
8	8	8	8	8	8	8
9	9	9	9	9	9	9

4						
(1)	(2)		(3)			
ア	イ	ウ	エ	オ	カ	キ
0	0	0	0	0	0	0
1	1	1	1	1	1	1
2	2	2	2	2	2	2
3	3	3	3	3	3	3
4	4	4	4	4	4	4
5	5	5	5	5	5	5
6	6	6	6	6	6	6
7	7	7	7	7	7	7
8	8	8	8	8	8	8
9	9	9	9	9	9	9

5						
(1)			(2)			
ア	イ	ウ	エ	オ	カ	キ
0	0	0	0	0	0	0
1	1	1	1	1	1	1
2	2	2	2	2	2	2
3	3	3	3	3	3	3
4	4	4	4	4	4	4
5	5	5	5	5	5	5
6	6	6	6	6	6	6
7	7	7	7	7	7	7
8	8	8	8	8	8	8
9	9	9	9	9	9	9

専修大学松戸高等学校（前期1月17日）　2020年度

◇英語◇

※解答欄は実物大になります。

解答欄

〔1〕

1			2	
(1)	(2)	(3)	(1)	(2)
①	①	①	①	①
②	②	②	②	②
③	③	③	③	③
④	④	④	④	④

〔2〕

問1	問2	問3	問4	問5	問6	問7	問8 (1)	問8 (2)
①	①	①	①	①	①	①	①	①
②	②	②	②	②	②	②	②	②
③	③	③	③	③	③	③	③	③
④	④	④	④	④	④	④	④	④

〔3〕

問1 (1)	問1 (2)	問1 (3)	問1 (4)	問1 (5)	問2
①	①	①	①	①	①
②	②	②	②	②	②
③	③	③	③	③	③
④	④	④	④	④	④
					⑤
					⑥
					⑦
					⑧

〔4〕

(1)	(2)	(3)	(4)	(5)
①	①	①	①	①
②	②	②	②	②
③	③	③	③	③
④	④	④	④	④

〔5〕

(1)		(2)		(3)		(4)		(5)		(6)	
1	2	3	4	5	6	7	8	9	10	11	12
①	①	①	①	①	①	①	①	①	①	①	①
②	②	②	②	②	②	②	②	②	②	②	②
③	③	③	③	③	③	③	③	③	③	③	③
④	④	④	④	④	④	④	④	④	④	④	④
⑤	⑤	⑤	⑤	⑤	⑤	⑤	⑤	⑤	⑤	⑤	⑤
⑥	⑥	⑥	⑥	⑥	⑥	⑥	⑥	⑥	⑥	⑥	⑥
⑦	⑦	⑦	⑦	⑦	⑦	⑦	⑦	⑦	⑦	⑦	⑦
⑧	⑧	⑧	⑧	⑧	⑧	⑧	⑧	⑧	⑧	⑧	⑧

〔6〕

(1)	(2)	(3)	(4)	(5)	(6)
①	①	①	①	①	①
②	②	②	②	②	②
③	③	③	③	③	③
④	④	④	④	④	④
⑤	⑤	⑤	⑤	⑤	⑤

専修大学松戸高等学校(前期1月17日)　2020年度

◇国語◇

※解答欄は実物大になります。

解答欄

一	問一 a	問一 b	問一 c	問二 ア	問二 イ	問二 ウ	問三	問四	問五	問六	問七	問八	問九	問十	問十一	問十二
	①	①	①	①	①	①	①	①	①	①	①	①	①	①	①	①
	②	②	②	②	②	②	②	②	②	②	②	②	②	②	②	②
	③	③	③	③	③	③	③	③	③	③	③	③	③	③	③	③
	④	④	④	④	④	④	④	④	④	④	④	④	④	④	④	④

二	問一 a	問一 b	問一 c	問二 ア	問二 イ	問二 ウ	問三	問四	問五	問六	問七	問八	問九	問十
	①	①	①	①	①	①	①	①	①	①	①	①	①	①
	②	②	②	②	②	②	②	②	②	②	②	②	②	②
	③	③	③	③	③	③	③	③	③	③	③	③	③	③
	④	④	④	④	④	④	④	④	④	④	④	④	④	④

三	問一	問二	問三	問四	問五 Ⅰ	問五 Ⅱ	問六	問七	問八
	①	①	①	①	①	①	①	①	①
	②	②	②	②	②	②	②	②	②
	③	③	③	③	③	③	③	③	③
	④	④	④	④	④	④	④	④	④

〈ダウンロードコンテンツについて〉

本問題集のダウンロードコンテンツ、弊社ホームページで配信しております。現在ご利用いただけるのは「2025年度受験用」に対応したもので、**2025年3月末日**までダウンロード可能です。弊社ホームページにアクセスの上、ご利用ください。

※配信期間が終了いたしますと、ご利用いただけませんのでご了承ください。

高校別入試過去問題シリーズ

専修大学松戸高等学校　2025年度

ISBN978-4-8141-2984-3

[発行所] 東京学参株式会社

〒153-0043　東京都目黒区東山2-6-4

書籍の内容についてのお問い合わせは右のQRコードから　⇒ 

※書籍の内容についてのお電話でのお問い合わせ、本書の内容を超えたご質問には対応できませんのでご了承ください。

2024年5月30日　初版